LES
LOIS COMMERCIALES
DE L'UNIVERS

TOME XXXVII

ÉDITION ALLEMANDE

Die Handelsgesetze des Erdballs, ouvrage publié par: M. le Docteur Oscar BORCHARDT, de Berlin; M. le Docteur Josef KOHLER, Conseiller intime de Justice, Professeur titulaire à l'Université de Berlin; M. le Conseiller intime de Justice Henri DOVE, Syndic de la Chambre de Commerce de Berlin, 2e. Vice-Président du Reichstag; M. le Conseiller intime de Justice Docteur Félix MEYER, Conseiller à la Cour d'Appel de Berlin, et M. le Docteur Hans TRUMPLER, Syndic de la Chambre de Commerce de Francfort-sur-le-Mein.

R. v. DECKER'S VERLAG
G. SCHENCK, KÖNIGLICHER HOFBUCHHÄNDLER
BERLIN SW. 19

ÉDITION AMÉRICAINE

The Commercial Laws of the World, ouv. publié par M. Thomas-Edward SCRUTTON, Juge à la Cour du Banc du Roi, Division de la Haute Cour de Justice de Londres (Consulting-Editor), M. W. BOWSTEAD, Avocat à Londres (General-Éditor), M. le Docteur Ch. H. HUBE-RICH, Conseiller-ès-lois à Berlin et à Paris, Professeur de Droit à l'Université Leland-Stanford-Junior à Palo-Alto (Californie.)

BOSTON-BOOK CO., BOSTON, MASS.

ÉDITION ANGLAISE

The Commercial Laws of the World, ouv. publié par M. Thomas Edward SCRUTTON, Juge à la Cour du Banc du Roi, Division de la Haute Cour de Justice de Londres (Consulting-Editor), et M. W. BOWSTEAD, Avocat à Londres (General-Editor).

SWEET & MAXWELL Ld
LONDON

LES
LOIS COMMERCIALES
DE L'UNIVERS

**RECUEIL COMPRENANT L'ENSEMBLE DES TEXTES RELATIFS AU DROIT COMMER-
CIAL, AVEC DES RÉFÉRENCES AU DROIT CIVIL, AUX LOIS D'ORGANISATION
JUDICIAIRE ET A LA PROCÉDURE**

TEXTES ORIGINAUX ET COMMENTAIRES AVEC
TRADUCTION FRANÇAISE EN REGARD

PAR

DE NOMBREUX COLLABORATEURS DE TOUS PAYS

ÉDITION FRANÇAISE

DIRECTEUR:

M. Charles LYON-CAEN, membre de l'institut de france, professeur de droit commercial a la
faculté de droit de l'université de paris, doyen honoraire.

RÉDACTEURS EN CHEF:

MM. PAUL CARPENTIER, avocat a lille, ancien bâtonnier de l'ordre, et FERNAND DAGUIN,
avocat a la cour d'appel de paris, secrétaire général de la société de législation comparée, associé de l'institut de droit international.

SECRETAIRE DE LA RÉDACTION:

M. HENRI PRUDHOMME, docteur en droit, juge au tribunal civil de lille, secrétaire général de la
société générale des prisons, membre correspondant de l'académie de législation de toulouse.

PARIS

LIBRAIRIE GÉNÉRALE DE DROIT ET DE JURISPRUDENCE

Ancienne Librairie Chevalier-Marescq et Cie et ancienne Librairie F. Pichon réunies.
F. PICHON et DURAND-AUZIAS, administrateurs.
Librairie du Conseil d'État et de la Société de Législation comparée.
20, RUE SOUFFLOT, 20

CH. LYON-CAEN,

Membre de l'Institut de France, Professeur à la Faculté
de Droit de l'Université de Paris, Doyen Honoraire.

P. CARPENTIER,

Avocat à Lille,
Ancien Bâtonnier de l'Ordre.

F. DAGUIN,

Avocat à la Cour d'Appel de Paris, Secrétaire-Général de la Société
de Législation Comparée, Associé de l'Institut de Droit International.

LES LOIS COMMERCIALES
DE L'UNIVERS

RECUEIL COMPRENANT L'ENSEMBLE DES TEXTES RELATIFS AU
DROIT COMMERCIAL, AVEC DES RÉFÉRENCES AU DROIT CIVIL,
AUX LOIS D'ORGANISATION JUDICIAIRE ET A LA PROCÉDURE

TOME XXXVII

ESPAGNE

PAR

Dr. Lorenzo Benito, Vice-recteur et professeur de droit commercial à l'Université de
Barcelone, avocat aux barreaux de Madrid et de Barcelone.

TRADUCTION FRANÇAISE PAR

Henri Prudhomme, Docteur en droit, Juge au Tribunal Civil de Lille, Secrétaire
général de la Société générale des Prisons, membre correspondant de l'Académie de
Législation de Toulouse.

PARIS

LIBRAIRIE GÉNÉRALE DE DROIT ET DE JURISPRUDENCE

Ancienne Librairie Chevalier-Marescq et Cie et ancienne Librairie F. Pichon réunies.
F. PICHON et DURAND-AUZIAS, administrateurs.
Librairie du Conseil d'État et de la Société de Législation comparee.
20, RUE SOUFFLOT, 20

ESPAÑA	ESPAGNE
DERECHO COMERCIAL CODIGO DE COMERCIO LEYES COMPLEMEN- TARIAS	**DROIT COMMERCIAL CODE DE COMMERCE LOIS COMPLÉMEN- TAIRES**
EXPUESTO Y COMENTADO	EXPOSÉ ET COMMENTÉ
por el	par le
Dr. LORENZO BENITO	**Dr. LORENZO BENITO**
Vice-rector y catedrático de derecho mercantil en la Universitad de Barcelona, abogado de los Colegios de Madrid y Barcelona	Vice-recteur et professeur de droit commercial à l'Université de Barcelone, avocat aux barreaux de Madrid et de Barcelone
TRADUCIDO	TRADUCTION
por	par
HENRI PRUDHOMME	**HENRI PRUDHOMME**

PARIS

LIBRAIRIE GÉNÉRALE DE DROIT ET DE JURISPRUDENCE

Ancienne Librairie Chevalier-Marescq et Cie et ancienne Librairie F. Pichon réunies.
F. PICHON et DURAND-AUZIAS, ADMINISTRATEURS.
Librairie du Conseil d'État et de la Société de Législation comparée.
20, RUE SOUFFLOT, 20

ESPAÑA

DERECHO COMERCIAL — CODIGO DE COMERCIO — LEYES COMPLEMENTARIAS

ESPAGNE

DROIT COMMERCIAL — CODE DE COMMERCE — LOIS COMPLÉMENTAIRES

Introducción histórica.

Los primitivos pobladores de España no fueron gentes en las que el espíritu comercial estuviera desarrollado. Bastáronles, sin duda, para la satisfacción de las necesidades de su vida las riquezas naturales que producía su fertil suelo; y no sintieron, por tanto, la necesidad de expansionarse relacionandose con los numerosos pueblos asentados en las orillas del Mediterráneo.

En las relaciones pacíficas que entre ellos mediaron[1] debieron desarrollarse las primitivas instituciones mercantiles del mercado y la feria; y en ellas debieron surgir las primeras manifestaciones de un derecho mercantil consuetudinario que desconocemos en absoluto, y que, por los escasos restos que nos quedan de aquellos tiempos, será imposible reconstituir.

Esta misma condición pacífica de los habitantes primitivos de la península ibérica, unida á la fertilidad de su suelo y á las riquezas naturales inexplotadas del mismo, atrajeron bien pronto á España á los aventureros del Mediterráneo; y, fenicios, griegos, cartagineses y romanos se establecieron sucesivamente en nuestra patria, aportando á la misma nuevos elementos de civilización y de cultura.

El proceso de asimilación de los elementos exóticos, hecho por los primitivos habitantes, fué, en general, tan rápido que las civilizaciones fenicia, griega y romana pueden estudiarse en esa época en nuestro suelo casi con tanto fruto como si se estudiaran en el pais de origen. El fondo jurídico primitivo de los habitantes de España quedó materialmente enterrado bajo el peso de las nuevas civilizaciones en las regiones ocupadas por los invasores[2]. Y, como en toda la edad antigua, el derecho mercantil, en lo que tiene de internacional, encarnó en las famosas leyes Rodias, España, como todos los pueblos de las orillas del Mediterráneo, rindió tambien pleito homenage á la sabiduria de los rodios, sujetandose voluntariamente á los preceptos contenidos en aquel Código inmortal de costumbres marítimas.

*　　*　　*

Para encontrar las primeras manifestaciones del derecho mercantil español es preciso llegar á los comienzos de la edad media, cuando, despues del periodo de la invasión de los pueblos bárbaros, se afirma la dominación de los visigodos en España, y se llega á la fusión con los hispano-romanos. De cuya fusión es testimonio elocuentisimo nuestro famoso Código, el Fuero Juzgo; el cual contiene las primeras leyes mercantiles genuinamente españolas, pues no pueden merecer el nombre de tales las insertas en el Código de Alarico ó Breviario de Aniano, por cuanto estos no son otra cosa que meras transcripciones de las leyes romanas[3].

Esas leyes del Fuero Juzgo, con ser escasas, revelan, sin embargo, la manera de ser del pueblo español en la época visigótica en materia comercial, pues cuando hablan de los mercaderes no se refieren para nada á los españoles sino á los *dultra portos*, es decir, á los extranjeros que vienen por mar ó por tierra, respecto de los que determina, que los pleitos que entre si tuvieren se juzgen con arreglo á sus leyes y por sus propios jueces (Ley II, tit. III, lib. IX)[4]. Quiere decir esto, de un modo

---

[1]) La existencia de esas relaciones pacíficas está evidentemente demostrada por la de los celtiberos en la parte central de la peninsula ibérica; resultado de la convivencia y fusión étnica de iberos y celtas.

[2]) Hoy está perfectamente demostrado que algunas instituciones tradicionales de nuestro derecho, como el retracto gentilicio, la sucesión troncal y otras, son persistencia del derecho de los primitivos pueblos de España, mantenido y conservado á despecho de todas las influencias exóticas. En cambio resulta igualmente demostrada la influencia del derecho griego en la región ibérica, ó sea la mediterránea, y posteriormente la del romano en toda la península, à excepción del territorio vasco. *J. Costa*, *Ensayo de un plan de estudio del derecho español en la antiguedad*, publicado en la Revista general de Legislación y Jurisprudencia, tomos 68, 70 y 75, y despues en edición aparte, Madrid, 1889.

[3]) En el Breviario de Aniano se reproducen los preceptos de las leyes romanas sobre la ley *Rhodia de jactu y la pecunia trajectitia* ó préstamo marítimo. — En el Código de Eurico no hay reminiscencia ninguna de leyes mercantiles; lo cual se explica facilmente, porque siendo el Código de los conquistadores no habian de dedicarse estos al ejercicio de una profesión tan poco en armonia con la de las armas.

[4]) Todo el título III del libro IX está dedicado á los mercaderes que vienen dultraportos, pero este título no contiene más que cuatro leyes, de las que solo dos (la primera y la segunda)

Introduction historique.

Chez les peuples primitifs de l'Espagne, l'esprit du commerce ne devait pas être développé. Les richesses naturelles de leur sol fertile leur suffirent, sans doute, pour satisafaire aux besoins de la vie, et ils n'éprouvèrent pas la nécessité d'étendre leurs relations chez les peuples nombreux établis sur les bords de la Méditerranée.

Dans les relations pacifiques qui intervinrent entre eux [1] les institutions primitives du marché et de la foire durent se développer; et elles provoquèrent les premières manifestations d'un droit commercial coutumier qui nous est complètement inconnu et dont les rares vestiges qui nous restent de ces temps reculés ne nous permettent pas de tenter la reconstitution.

Le caractère pacifique des habitants primitifs de la péninsule ibérique, en même temps que la fertilité et les richesses naturelles et inexploitées de son sol attirèrent rapidement en Espagne les aventuriers de la Méditerranée. Phéniciens, Grecs, Carthaginois et Romains s'établirent donc successivement dans notre pays et y apportèrent de nouveaux éléments de civilisation et de culture.

Le processus de l'assimilation des éléments exotiques par les habitants primitifs fut en général si rapide qu'il est aujourd'hui possible d'étudier avec autant de fruit, sur notre sol, les civilisations phénicienne, grecque et romaine, que dans leur pays d'origine. Le droit primitif des habitants de l'Espagne disparut ainsi sous le poids des nouvelles civilisations dans les régions occupées par les envahisseurs [2]; et, comme chez tous les peuples anciens le droit commercial, du moins au point de vue international, s'est incarné dans les célèbres lois de Rhodes, l'Espagne, comme tous les autres peuples du bassin méditerranéen, rendant hommage à la sagesse des Rhodiens, se soumit volontairement aux règles contenues dans ce Code immortel des coutumes maritimes.

* * *

Pour rencontrer les premières manifestations d'un droit commercial espagnol, il faut arriver aux commencements du moyen âge, à l'époque où, après la période d'invasion des Barbares, s'affirme la domination des Visigoths en Espagne et se produit, en même temps, la fusion des hispano-romains. Nous trouvons une preuve de cette fusion dans notre célèbre Code, le *Fuero Juzgo*. Il contient les premières lois commerciales qui présentent un caractère espagnol, tandis qu'on ne saurait faire cet honneur aux lois insérées dans le Code d'Alaric ou Breviaire d'Anien, car elles sont simplement une transcription des lois romaines [3].

Les lois du *Fuero Juzgo*, si peu nombreuses soient-elles, révèlent cependant la manière d'être du peuple espagnol en matière commerciale, à l'époque des Visigoths; en effet, en parlant des marchands, elles ne visent pas les espagnols mais les individus *dultra portos*, c'est-à-dire les étrangers qui viennent par terre ou par mer, et elles décident que les procès qui pourront surgir entre eux seront jugés par leurs propres juges et conformément à leurs lois particulières (L. II, tit. III, liv. IX) [4]. Cela revient à

---

[1] Ces relations pacifiques sont évidemment démontrées par l'existence, au centre de la Pénisule, des Celtibères, produit de la communauté de vie et de la fusion éthique des Celtes et des Ibères.

[2] Il est aujourd'hui complètement prouvé que certaines institutions traditionnelles de notre droit, comme le retrait lignagier et la succession par couche etc., sont des restes des droits des peuples primitifs de l'Espagne qui se sont maintenus et conservés, malgré toutes les influences exotiques. D'autre part, l'influence du droit grec, dans la région ibérique, ou méditerranéenne, et, postérieurement, du droit romain dans toute la Péninsule, à l'exception des provinces basques, est également démontrée. J. Costa: *Essai d'un plan d'étude du droit espagnole dans l'antiquité*, (Revista general de Legislacion y Jurisprudencia, t. 65, 70 et 78 et tirage à part ultérieur. Madrid, 1889).

[3] Le Breviaire d'Anien reproduit les prescriptions des lois romaines sur la loi *Rhodia de jactu* et la loi *de pecunia trajectitia*, ou prêt maritime. Il n'y a dans le Code d'Euric aucune réminiscence des lois commerciales, et cela s'explique facilement, car ce Code est celui des conquérants qui ne devaient pas se livrer à l'exercice d'une profession si peu en harmonie avec celle des armes.

[4] Tout le titre III du livre IX est consacré aux marchands qui viennent *dultraportos*; mais ce titre ne contient pas plus de quatre lois sur lesquelles deux seulement, la première et la

harto elocuente, que ni los hispano romanos, sojuzgados, ni los hispano godos, domi-
nadores, estuvieron dedicados al comercio; y que este debía estar en manos de
los bizantinos, por cuanto en aquellos tiempos las repúblicas italianas no se habian
lanzado á las empresas comerciales en que tanto prestigio y fortuna habian de
ganar más adelante.

Es tambien digna de mencionarse otra disposición del Fuero Juzgo, referente
á esos mismos mercaderes dultraportos, por que ella parece ser el primer precedente de la irreivindicación de las cosas mercantiles en nuestra legislación. La
ley 1ª, tit. III, lib. XI de este Código dice: «Si el mercadero dultraportos vende oro
ó argento á omne de nuestro regno, ó pannos ó vestidos ó otras cosas, si las cosas
lueren compradas en razon conveniblemientre, magüer que seyan de furto, el que
fas compró, magüer le seyan probadas de furto, non debe haber nenguna calonna».
Y hay que tener en cuenta, para apreciar debidamente el valor de este precepto legal,
que otra ley del propio Código (ley VIII, tit. II, lib. VII) dispone que, si alguno
comprare á otro cosa de furto, aun no sabiendo que sea tal su procedencia, ha de
devolverla al señor de ella; y que si lo supiere, dice otra ley, (IX del mismo título
y libro) sea tenido por ladron, «ca bien semeia ladron todo omne que compra la
cosa de furto sabiendolo». Deducese de todo esto que, si no se dice al tratar de las
cosas vendidas por mercaderes que han de devolverse al señor de ellas, y si la palabra
calonna tanto quiere decir pena ó castigo como pleito ó cuestion judicial que pudiera
promoverse al que adquirio la cosa, es evidente que el sentido de la ley no puede ser
otro que el de una declaración de irreivindicabilidad, apesar de la procedencia,
siempre que se haya adquirido la cosa en razón conveniblemientre, es decir, en condiciones tales que no hagan suponer una complicidad en el delito[1].

Pardessus[2] cita del Fuero Juzgo otras dos leyes referentes al derecho marítimo, que no aparecen citadas por los autores españoles como tales. La ley 5ª, título V
del libro V y la 18, título II del libro VII; relativa, la primera, á las cosas prestadas
que se pierden en naufragio, y, la segunda, á las cosas hurtadas con ocasión de incendio ó naufragio. Lo cual se debe á que Pardessus tuvo á la vista la edición latina
del Fuero Juzgo mientras que los autores españoles se han guiado por la traducción
española del mismo; pues mientras el texto latino emplea en una y otra ley la palabra naufragio, el español la ha sustituido por la de agua, por lo cual más parecen
referirse dichas leyes al caso de inundación que al de naufragio. Que Pardessus
tiene razón en este caso es evidente por que el texto latino es el original.

En cambio citan, tambien como de caracter mercantil, (y yo la he citado)[3]
otra ley relativa al interés de los préstamos que, dictada para los españoles, no es
de suponer que afectara á los comerciantes extranjeros, únicos que, al parecer, se
dedicaban por entonces á los negocios mercantiles.

*   *   *

La invasión arabe, iniciada en el año 711, acaba por completo con la dominación
goda en España; y el periodo de siete siglos que abarca la reconquista del territorio por los cristianos españoles mantiene frente á frente dos pueblos totalmente

---

puede decirse que son mercantiles, y de ellas hablaremos en el texto. — Las otras dos, aunque
referentes tambien á los mercaderes, no tienen caracter mercantil, pues la una (la tercera) es
una prohibición á los mercaderes de que se lleven consigo siervos españoles, y, la otra, (la
cuarta) señala la retribución que ha de dar el mercader al siervo español que empleare en llevar
sus mercaderias.

[1]) En el fondo este precepto viene á ser el mismo del artº 85 de nuestro vigente Código
de comercio, que declara irreivindicables las cosas adquiridas en almacen ó tienda abierta al
publico; es decir, en razón é conveniblemientre.

[2]) Collection des Lois Maritimes antérieures au XVIII siècle, Paris, 1828, tomo 1º, pags.
151 y 152.

[3]) En mi Ensayo de una introducción al estudio del Derecho Mercantil, Valencia, 1896,
hube de citarla, siguiendo el precedente de Alvarez del Manzano; Curso de Derecho Mercantil,
tomo 1º, Madrid, 1890 (la 2ª edición es de 1903), y, sobre todo, el de Martí de Eixalá; Instituciones del Derecho Mercantil de España, 8ª edición, Barcelona y Madrid, 1879.

dire que ni les hispano-romains, ou le peuple conquis, ni les hispano-goths, ou le peuple conquérant, ne se sont livrés au commerce, qui devait être entre les mains des byzantins, car, à cette époque, les républiques italiennes ne s'étaient pas encore lancées dans les entreprises commerciales qui leur ont procuré dans la suite tant de prestige et de richesses.

Une autre disposition du *Fuero Juzgo* mérite encore d'être signalée; elle se réfère également à ces mêmes marchands *dultraportos*, et de là vient surtout son intérêt qu'elle paraît être la première affirmation, dans notre droit, du principe qui interdit la revendication en matière commerciale. Nous voulons parler de la loi I, titre III, liv. IX, de ce même code. Cette loi s'exprime ainsi: «Si le marchand *dultra portos* vend de l'or ou de l'argent à un homme de notre royaume, ou des draps, ou de vêtements, ou d'autres choses qui ont été achetées à un prix raisonnable, malgré qu'elles proviennent de vol, celui qui les a achetées, encore que le vol soit prouvé, ne doit être l'objet d'aucun *calonna*». Pour bien apprécier la valeur et la portée de cette disposition légale il faut tenir compte d'une autre loi du même Code (l. VIII, titre II, liv. VII) aux termes de laquelle l'acheteur d'une chose volée, bien qu'il ait ignoré la provenance frauduleuse de cette chose, doit la restituer au propriétaire; et, s'il a connu son origine, ajoute une autre loi, (l. IX du même titre et du même livre) il sera tenu pour voleur: «Est un véritable voleur, tout individu qui achète une chose volée en connaissance de cause.» Que conclure de tout cela? Sans doute la loi, en parlant des choses vendues par les marchands, ne dit pas en termes exprès que l'on n'est pas tenu de les restituer au propriétaire; sans doute aussi, l'expression *calonna* signifie tantôt «peine» ou «châtiment» et tantôt «procès» ou information judiciaire à introduire contre l'acquéreur de la chose, mais la comparaison de ces textes ne nous permet pas d'hésiter sur l'interprétation à donner à la loi que nous venons de citer. Il est évident qu'elle interdit l'exercice de la revendication, malgré la provenance de la chose, toutes les fois que la chose a été acquise dans des conditions convenables, ou, en d'autres termes, dans des conditions ne permettant pas de soupçonner l'acheteur de s'être rendu complice du délit[1].

Pardessus[2] cite comme se referant au droit maritime deux autres lois du *Fuero Juzgo* auxquelles les auteurs espagnols n'attribuent pas ce caractère. Ce sont la loi 5, titre V du livre V et la loi 18, titre II du livre VII; elles concernent, la première, les choses prêtées qui viennent à être perdues dans un naufrage, et, la seconde, les choses volées dans un incendie ou un naufrage. Cette divergence provient de ce que Pardessus avait sous les yeux l'édition latine du *Fuero Juzgo*, tandis que les juris-consultes espagnols ont pris pour guide la traduction espagnole de ce Code. Or, tandis que le texte latin employe, dans ces deux lois, l'expression «naufrage», le texte espagnol lui a substitué l'expression «eau». Il est évident, d'ailleurs que l'opinion de Pardessus est seule exacte, puisque le texte latin est le texte original.

Par contre, les auteurs espagnols citent, et je l'ai fait moi-même[3], comme ayant un caractère commercial une autre loi relative à l'intérêt des prêts. Edictée pour les espagnols, il n'y a pas lieu de supposer que cette loi concernait les commerçants étrangers qui seuls, semble-t-il, se livraient alors aux opérations du négoce.

*　*　*

L'invasion arabe, commencée en 711, mit complètement fin à la domination des Goths en Espagne. Pendant la période de sept siècles que dura la reconquête du territoire par les chrétiens espagnols, on vit en face l'un de l'autre deux peuples

deuxième, peuvent, à proprement parler, être considérées comme des lois commerciales. Nous parlerons de ces deux lois dans le texte. Les deux autres, bien que concernant les marchands, n'ont pas le caractère commercial: l'une, la troisième, interdit aux marchands d'emmener avec eux des esclaves espagnols, et l'autre, la quatrième, fixe la rétribution à payer par le marchand à l'esclave espagnol qu'il employe à porter ses marchandises.

[1] Au fond, cette disposition équivaut à l'art. 58 de notre Code de Commerce actuellement en vigueur qui déclare non susceptibles d'être revendiquées les choses achetées dans un magasin ou dans une boutique ouverte au public, c'est à dire à un prix raisonable et dans des conditions convenables.

[2] *Collections des lois maritimes antérieures au XVIIIe siècle*, Paris, 1728, volume I, p. 151 et 152.

[3] V. mon *Ensayo de una introduccion al estudio del Derecho Mercantil*, Valence, 1896, où je cite cette loi d'après l'ouvrage antérieur de *Alvarez del Manzano, Curso de Derecho Mercantil*, t. 1. Madrid 1890, (une seconde édition a été publiée en 1903), et surtout le livre de *Marti de Eixalá, Instituciones de Derecho Mercantil de Espana*; Barcelone et Madrid; 1879.

irreductibles; el pueblo árabe, que, mal de su grado, tiene que ceder palmo á palmo lo que ganó en una verdadera correria, y el pueblo cristiano, que partiendo de núcleos reducidisimos, Asturias y Sobrarbe, con la ayuda de los francos en el condado de Barcelona, va extendiendo de dia en dia sus fronteras hasta llegar con los Reyes Católicos en 1492 á colocar el estandarte de la fé sobre los muros de Granada, haciendo cruzar el Estrecho de Gibraltar al último rey moro, del último reino árabe en España; al infortunado Boabdil el Chico.

El derecho mercantil del pueblo árabe en España debió alcanzar, aunque puramente consuetudinario, extraordinario desarrollo, ya por haber sido el árabe en su origen nómada y comerciante, ya, tambien, porque el fundador de su religión última, el profeta Mahoma, fué comerciante en sus mocedades, y dejó en su libro sagrado, el Korán, inequivocas muestras de su amor á la industria mercantil. Por estas razones, y habiendo alcanzado la civilización árabe el apogeo de su explendoroso desarrollo en el califato de Córdoba, bajo el reinado de Abderramán III y de Almanzor, que á más de grandes conquistadores fueron tambien grandes politicos, es de suponer que las instituciones mercantiles prosperaran, si, como es cierto, ya en el siglo V de nuestra era, conocieron los siriacos la sociedad en comandita importada de los árabes, entre los que parece tener remotisimo origen, asi como la asociación de cuentas en participación[1]. Pero el alcance de este desenvolvimiento jurídico mercantil está todavia por conocer, pues los estudios arábigos en España han estado por desgracia nuestra abandonados completamente, no ya por espacio de años sino de siglos, y en el actual renacimiento de ellos no hemos llegado todavia á otra cosa que á tener noticia de la existencia de un número sorprendente de jurisconsultos árabes, en cuyas obras ha de encontrarse por fuerza un gran caudal de datos para reconstruir la vida jurídico mercantil de aquel gran pueblo[2].

Los cristianos de la época de la reconquista en España hallanse empeñados en una tarea tan magna, y de tan vital interés para ellos, la lucha con el pueblo árabe, que hasta el siglo XIII absorbe tan por completo sus energias, que, apenas, si han llegado hasta nosotros reminiscencias de su manera de ser jurídico mercantil. En aquel flujo y reflujo de las fronteras, que se ensanchan y reducen á medida que la suerte de las armas es próspera ó adversa al pueblo cristiano, no cabe la posibilidad de que el comercio arraigue de manera que las instituciones jurídico-mercantiles adquieran carta de naturaleza en España. En Asturias, León y Castilla, y en Navarra, Aragón y Cataluña el comercio hasta el siglo XIII está en manos de los extranjeros y de los judios, tanto por tradición de la España goda, como por la conservación del Fuero Juzgo, que, por una supervivencia natural, sigue siendo la ley de los pueblos cristianos, hasta que en el siglo XI empieza la obra legislativa del privilegio y la franquicia con los fueros municipales, á partir del de Leon, otorgado por Alfonso V, en 1020, y en los que apenas si hay escasisimas reminiscencias de la vida mercantil.

A partir del siglo XIII España cambia rápidamente de aspecto. Bien es verdad que en dicho siglo pone Castilla el pie en el Mediterráneo con la conquista de Sevilla por Fernando III el Santo, en 1248, y la de las importantes poblaciones de Sanlucar, Tarifa y Algeciras que en breve pasaron á poder de los castellanos. Consolida esta obra nacional la sumisión á Castilla del reino de Murcia; con lo cual queda terminada para Aragón y Cataluña la obra de la reconquista, pues en dicho siglo XIII los ejercitos victoriosos de aragoneses y catalanes arrancan definitivamente del poder musulmán las islas Baleares y el reino de Valencia, lindante con el de Murcia.

Por efecto de esta nueva situación política de los Estados españoles se produce en la península ibérica el mismo fenómeno producido ya en toda Europa; el de la concentración de la actividad de la vida económica en las ciudades, en donde la burguesia se organiza corporativamente para obtener por privilegio lo que por ley de igualdad política no hubiera podido conseguir, dando asi poderoso impulso á las artes é industrias de la edad media, que hasta entonces habian vivido miserablemente[3].

---

[1] *Ureña: Historia de la literatura jurídica española.* 2ᵉ ed. tomo I, Madrid 1906, pag. 335 y 476.

[2] Véase *Ureña*, Ob. cit., principalmente en la Parte primera de la Tercera época que lleva este epígrafe: *La literatura jurídica en los Estados Hispano-musulmanes.*

[3] Antes del siglo XIII el burgués y el villano tienen que ser soldados preferentemente, y los intereses, tanto de las industrias manufacturera y agrícola, están supeditados al interés primordial de la patria en péligro; la soldada, el botin y el reparto son el medio natural de retri-

irréductibles, le peuple arabe qui, malgré lui, dut céder, pas à pas, ce qu'il avait conquis pour ainsi dire à la course, et les chrétiens qui, partant de deux centres les plus réduits, les Asturies et le Sobrarbe, avec l'aide des Francs dans le comté de Barcelone, ont étendu de jour en jour leurs frontières jusqu'au moment où les Rois catholiques, en 1492, parvinrent à planter l'étendard de la foi sur les murs de Grenade et contraignirent le dernier roi du dernier royaume arabe, en Espagne, l'infortuné Boabdil le petit, à repasser le détroit de Gibraltar.

Le droit commercial des arabes en Espagne, bien que coutumier, devait prendre un extraordinaire développement. L'arabe, en effet, est originairement nomade et commerçant, et, en outre, le fondateur de sa dernière religion, le prophète Mahomet, a été commerçant dans sa jeunesse, et, dans son livre sacré, le Coran, il a laissé des preuves incontestables de son affection pour l'industrie mercantile. Aussi, la civilisation ayant atteint l'apogée de son développement et de sa splendeur dans le Kalifat de Cordoue, sous le règne d'Abderraman III et de Almanzor, qui furent à la fois de grands conquérants et de grands politiques, il y a tout lieu de supposer que les institutions commerciales furent également prospères; en effet, il est en tout cas certain que, dans le Ve siècle de notre ère, les Syriens connaissaient la société en commandite importée chez eux par les Arabes, chez qui elle existait depuis les temps les plus reculés, ainsi que l'association en participation[1]. Mais, pour connaître le degré de développement du droit commercial, tout est à faire malheureusement, car les études arabes ont été entièrement abandonnées chez nous, non seulement pendant des années, mais durant plusieurs siècles, et leur renaissance actuelle nous a conduit seulement à découvrir l'existence d'un nombre surprenant de jurisconsultes arabes dont les œuvres doivent fournir une source abondante de renseignements permettant de reconstituer la vie juridique commerciale de ce grand peuple[2].

Les chrétiens de l'époque de la conquête se trouvèrent engagés dans une tâche si grande et qui présentait pour eux un si vif intérêt, la lutte contre le peuple arabe, qu'ils durent jusqu'au XIIIe siècle lui consacrer toute leur énergie, et c'est à peine si quelques rares souvenirs de leurs pratiques commerciales sont parvenus jusqu'à nous. Dans ce mouvement de flux et reflux des frontières qui s'étendaient ou se réduisaient au gré de la fortune des armes, il n'était pas évidemment possible que les institutions juridico-commerciales aient pu se développer suffisament pour mériter leurs lettres de naturalisation. Dans les Asturies, comme dans les royaumes de Léon et de Castille, dans la Navarre, dans l'Aragon et la Catalogne, le commerce, jusqu'au XIIIe siècle, est resté dans les mains des étrangers et des juifs, à raison tout ensemble de la tradition Visigothe et de la conservation du *Fuero Juzgo* qui, par une survivance naturelle, est demeuré la loi des peuples chrétiens jusqu'au moment où, au XIe siècle, a commencé l'œuvre législative d'affranchissement et du privilège, avec les *fueros* municipaux, inaugurée par le *fuero* de Léon octroyé, en 1020, par Alphonse V. Ces *fueros* d'ailleurs ne font que de très rares allusions aux relations commerciales.

A partir du XIIIe siècle, l'Espagne change rapidement d'aspect. Dans ce siècle, la Castille atteint la Méditerranée par la conquête de Séville par Ferdinand III, le Saint, en 1248, et les villes importantes de San Lucar, Tarifa et Algésiras passèrent sous la domination espagnole. Cette œuvre nationale fut consolidée par la soumission du royaume de Murcie à la Castille; avec elle la reconquête fut achevée pour l'Aragon et la Catalogne; enfin, dans ce même siècle, les armées victorieuses d'Aragon et de Catalogne arrachèrent définitivement au pouvoir des musulmans les îles Baléares et le royaume de Valence, limitrophe de celui de Murcie.

Cette nouvelle situation politique des Etats espagnols produisit dans la péninsule ibérique le même phénomène que l'on pouvait déjà constater dans toute l'Europe: l'activité économique se concentra dans les villes, où la bourgeoisie s'organisa en corporations, afin d'obtenir par privilège ce qu'elle ne serait point parvenu à obtenir par le bénéfice de la loi commune, et elle donna ainsi un prodigieux développement aux arts et aux industries du moyen âge qui, antérieurement, avaient vécu si misérablement[3].

---

[1] *Ureña*: *Historia de la literatura juridica española* (2 édit.) t. I, p. 335 et 476. Madrid 1906.

[2] *Ureña*, op. cit., principalement dans la première partie de la III Epoque qui porte ce titre: *La littérature juridique dans les Etats hispano-musulmans.*

[3] Avant le XIIIe siècle, bourgeois et vilains étaient surtout soldats, et les intérêts aussi bien de l'industrie que de l'agriculture, étaient subordonnés à l'intérêt primordial de la patrie en danger. La solde militaire, le butin, le partage sont alors le moyen naturel de rétribution économique:

Los normandos, que ya en el siglo IX (844) habian intentado establecerse en Asturias y Andalucía como conquistadores, rechazados de una y otra parte por los cristianos y los árabes respectivamente, fueron, posteriormente, y cuando se aquietaron sus primeros impetus, los educadores de los pueblos del norte de la Península, y con sus naves y su comercio, que dominaba todo el golfo de Gascuña, importaron tambien las costumbres marítimas recogidas en los famosos Rooles de Oleron, de indudable aplicación en toda la costa cantábrica.

Los códigos españoles del siglo XIII, el Fuero Real y Las Partidas, obras ambas del famoso monarca, Alfonso X el Sabio, revelan, bien á las claras, que el legislador se preocupa, y con razón, de lo que afecta á la vida mercantil.

Del Fuero Real citan los autores tan solo dos disposiciónes referentes al derecho mercantil (y por cierto las últimas de todo el Código). Una y otra se refieren al derecho marítimo. La primera (ley I del título XXV) proclama el derecho de propiedad del dueño sobre las cosas que ha de abandonar por accidente de mar ó naufragio; lo cual constituye, frente al derecho feudal de la época, que en todas partes reconoce el derecho de naufragio, una afirmación valiente de los principios de la equidad natural, que, en los mares del norte de Europa, impusieron los hanséaticos tambien por aquellos tiempos. La segunda (ley II del mismo título) es una reminiscencia de la antiquisima Lex Rhodia de jactu.

Más no puede decirse que no haya en dicho Fuero otras disposiciones que á la vida del comercio se refieran; por que, si bien no tienen el caracter de las citadas, ni encuadrarian en los actuales códigos de comercio, merecen citarse, sin embargo, como relacionadas con las necesidades de la industria mercantil, la ley I del título X, relativa á las pesas y medidas, y la ley VI del título VI que prohibe el cierre de los rios mayores que entran en la mar para que no se estorbe el paso de las naves que van con mercaderias de unas tierras á otras, y señala la pena en que incurren los que tal hicieren.

Contrasta esta pobreza legal del citado Fuero con la casi prodigalidad que en esta materia se advierte en el Código de Las Partidas; y este contraste es tanto más de notar cuanto que los dos son obra de un mismo monarca, y hay entre uno y otro muy pocos años de diferencia[1]; tan pocos, que no cabe suponer que en el trascurso de los mismos cambiaran las condiciones de la vida económica en España, como pudiera quizá creerse al advertir diferencias tan notables entre el Fuero Real y Las Partidas. Lo más probable, y lo que mejor explica estas diferencias, es que el Fuero Real fué un cuerpo legal, redactado con el propósito de que fuera sustituyendo y remplazando los fueros municipales de la época[2], y

bución económica; y á donde esto no alcanza asegura la servidumbre la vida; y más allá de esto, para los desheredados, que ni siquiera están amparados por la protección dispensada á los siérvos, está la Iglesia, que dá de comer al hambriento con el sobrante de sus medios económicos. — Llegado el siglo XIII, cesa por completo en Aragón y Cataluña la guerra interior, y en Castilla se afianza la paz, totalmente en unas regiones y temporalmente y en periodos muy largos en otras; asi es que las artes de la paz se manifiestan con extraordinario poderio, y, mediante la asociación en forma gremial, recaban del soberano su derecho á la vida, en forma de fueros, franquicias y privilegios. — En este resurgimiento de la vida económica preceden los pueblos del norte de la Península á los del mediodia y centro, pues amparados aquellos por su posición topográfica, y separados del campo de batalla, pueden dedicarse al desarrollo de sus energias naturales, Asi se explica que en ayuda de Dn. Fernando III, acudieran al sitio de Sevilla con una verdadera escuadra, al mando del almirante Bonifaz, las villas maritimas del Cantábrico (*Altamira, Historia de España y de la Civilización española.* Barcelona, 1900, tomo I°, pag. 369).

[1] El Fuero Real debió publicarse á últimos de 1254 ó principio de 1255 (*Martinez, Marina, Ensayo histórico-crítico sobre la legislación* 3ª edición, Madrid, 1845 pag. 277) y Las Partidas se empezaron el 23 de junio de 1256, y se terminaron (cosa que no ha podido ponerse en claro todavia) ó en 1263 ó en 1265 *(Martinez Marina,* Ob. cit., pag. 279 y 281). Se trata, pues, de un periodo máximo de 10 ú 11 años que no puede, en manera alguna, explicar ese contraste.

[2] Del proemio ó prólogo del Fuero Real parece, no como algunos autores han pretendido (y entre ellos el ilustre *Martinez Marina,* Ob. cit., pag. 278), que la intención del soberano que lo publicó fué que tuviera caracter general en todo el reino, sino tan solo para los que en su tiempo no tuvieren Fuero, y se juzgasen *por fazañas e por alvedrios de los homes e por usos desaguisados sin derecho de que nascien muchos males é muchos daños á los pueblos.* Y como estos que no tenian Fuero eran los más, como dice el propio rey, bien puede decirse que la frase „*hovimos consejo con nuestra Corte é con los sabidores del derecho, é dimosles este Fuero*

Les Normands, qui déjà au IXe siècle (844) avaient tenté de s'établir dans les Asturies et en Andalousie, mais avaient été repoussés aussi bien par les chrétiens que par les arabes, devinrent plus tard, quand leurs premières violences se furent apaisées, les éducateurs des peuples du Nord de la Péninsule; avec leurs navires et leur commerce, qui dominaient tout le golfe de Gascogne, ils introduisirent également les coutumes maritimes recueillies dans les célèbres Rôles d'Oléron, dont l'application est certaine sur toute la côte cantabrique.

Les Codes espagnols du XIIIe siècle, le *Fuero Real* et les *Partidas*, œuvre du célèbre roi Alphonse X, le Sage, démontrent bien clairement que le législateur s'est occupé, et avec raison, de ce qui concerne la vie commerciale.

Du *Fuero real*, les auteurs citent seulement deux dispositions se referant au droit commercial; ce sont les deux dernières de tout le Code. Elles concernent l'une et l'autre le droit maritime. La première (l. 1 du titre XXV) proclame le droit de propriété du maitre sur les choses qu'il a dû abandonner par suite d'un accident de mer ou d'un naufrage. Elle constitue, en face du droit féodal de l'époque qui reconnaît partout le droit de naufrage, une affirmation courageuse des principes de l'équité naturelle, que les villes hanséatiques imposèrent également à la même époque dans les mers du Nord de l'Europe. La seconde (l. 2 du même titre) est une réminiscence de la *lex Rhodia de jactu*.

Mais il n'est pas possible de dire qu'il n'y a pas dans ce *Fuero* d'autres dispositions relatives à la vie commerciale. Bien qu'elles n'aient pas le même caractère que celles que nous venons de citer, et qu'elles ne rentrent pas à proprement parler dans le cadre de nos codes de commerce actuels, on peut cependant noter comme présentant certains rapports avec l'industrie et le commerce, la loi I du titre X relative aux poids et mesures, et la loi VI du titre VI qui interdit de fermer les fleuves qui se jettent dans la mer, afin de ne pas entraver le passage des navires qui vont avec des marchandises d'un pays à l'autre, et qui détermine la peine encourue par ceux qui se rendent coupables de faits analogues.

La pauvreté législative du *Fuero real*, à cet égard, contraste avec la quasi prodigalité en notre matière du Code de *las Partidas*. Ce contraste mérite d'autant plus d'être signalé que les deux recueils sont l'œuvre du même souverain, qu'ils ont été promulgués à peu d'années d'intervalle [1] et qu'on ne peut supposer qu'en si peu de temps, les conditions de la vie économique en Espagne se soient modifiées au point d'expliquer les différences considérables qui existent entre le *Fuero real* et les *Partidas*. Il est même probable, et cela donnerait l'explication que nous cherchons, que le *Fuero real* fut un corps de loi rédigé dans le but de remplacer les *fueros* municipaux de l'époque [2], et, pour cette raison sans doute, son étendue fut appropriée à

quand ils ne suffisaient pas, la domesticité assurait l'existence, et enfin, pour les malheureux sur qui ne s'étendait pas la protection accordée aux serfs, il restait la protection de l'Eglise qui employait à les nourrir l'excédent de ses ressources. Dès le XIIIe siècle, la guerre intérieure cesse complètement dans l'Aragon et la Catalogne, la paix s'affirme en Castille, totalement dans certaines régions, temporairement et pendant des périodes de plus en plus longues dans les autres. Les arts de la paix se manifestent en même temps avec une puissance extraordinaire, et, grâce aux associations sous forme de corporations de métier, ils obtenaient du souverain le droit de vivre sous la forme de *fueros*, de franchises et de privilèges. Dans cette résurrection de la vie économique, les peuples du nord de la péninsule précèdent ceux du centre et du midi, car ils sont protégés et séparés du champ de bataille par leur situation topographique, et ils peuvent développer plus librement leurs énergies naturelles. Ainsi s'explique que les villes maritimes du Cantabrique aient envoyé à Séville, au secours de D. Ferdinand III, une véritable escadre sous les ordres de l'amiral Bonifaz (*Altamira, Historia de España y de la Civilizacion española*. t. 1, p. 369. Barcelone, 1900

[1] La publication du *Fuero real* a dû commencer dans les derniers mois de 1254 ou au début de 1255 (*Martinez Marina, Ensayo historico-critico sobre la legislacion*. 3e édit. p. 227. Madrid 1845) et celle du *Partidas* a commencé le 23 juin 1256 pour se terminer (la date n'a pu toutefois être établie d'une manière certaine), en 1263 où en 1265 (*Martinez Marina*, op. cit. p. 379 et 281). Il s'agit donc d'une intervalle de 10 ou 11 années, qui ne peut en aucune façon expliquer ce contraste.

[2] Il ne résulte pas du proemium ou prologue du *Fuero real*, comme l'ont prétendu certains auteurs au nombre desquels nous comptons l'illustre Martinez Marina (op. cit. p. 278) que l'intention du souverain qui l'a promulgué était de lui attribuer un caractère général dans tout le royaume; ce code devait seulement s'appliquer à ceux qui, à cette époque, n'avaient pas de *fuero*, et étaient jugés « par us et coutumes des hommes suivants des usages injustes établis sans droit qui sont la cause de beaucoup de maux et de dommages pour les peuples». Et comme les gens sans *fuero* étaient les plus nombreux, on est en droit d'affirmer que par cette phrase «nous avons pris

por eso, sin duda, su extensión fué apropiada á la de estos, y sus materias tambien las de más general aplicación en las distintas villas y lugares en que habia de regir, mientras que Las Partidas fué un código en el que se recogío la totalidad de la vida jurídica del pueblo español, no solo en lo que de real y efectivo tenia sino hasta en sus aspiraciones y tendencias[1].

Que las más diversas manifestaciones de la vida jurídico mercantil fueron tenidas en cuenta por el Rey Sabio lo demostrará cumplidamente la enumeración de las leyes que contienen Las Partidas referentes á esta materia.

En la Partida I, título VI hay dos leyes; la XLVI que habla de »Quales mercadurias son defendidas á los clérigos, e quales non«, y la XLIX que marca la »pena que deven aver los clérigos que passan contra las cosas que les son vedadas«, ley en la que se determina, entre otras, la pena en que incurren los clérigos que se entrometieren en mercadurias. En la misma Partida, título XX, la ley III, que trata «de que cosas deven los omes dar diezmo por razón de sus personas», y en la que se incluye á los mercaderes por lo que ganan con sus mercadurias.

En la Partida II, la ley XXXIII del título XXVI trata de «quales cosas deven fazer los corredores en fecho de las almonedas».

En la Partida III, título XVIII la ley LXXVII trata «en que manera deve ser fecha la carta del afletamiento de la nave», y la LXXVIII de «como debe ser fecha la carta de la compañia que algunos quisieren fazer» (se refiere á las compañias que hacen los mercaderes). En la misma Partida, título XXVIII, la ley IV que trata de «que cosas son aquellas que ome puede fazer en la ribera de la mar», la VI, de «como de los puertos é de los rios é de los caminos puede usar cada un ome», y la, VIII de »como non puede ome fazer molino nin otro edificio en los rios porque se embarguen los navios». En la misma Partida, título XXX, la ley VII, que trata de «como gana ome la tenencia de las mercadurias si es apoderado de las llaves».

En la Partida V, título I, la ley IV, que trata «del préstamo que es fecho á los fijos que son en poder de su padre, ó de su abuelo», y en la que se declara válido el préstamo, debiendo responder de él el que lo adquirió si tuviese tienda de cambio ó de paños ó de otra mercaduria, y la VII, que trata «del préstamo que es fecho á aquel que está en tíenda de cambio, ó de paños por otri». En la misma Partida, título III, la ley IX, que trata de «como el condesijo (depósito) que recibío el finado en su vida, deve ser tornado ante que las otras debdas, fueras ende en cosas señaladas», entre cuyas cosas menciona las naves para cuya refacción ha sido preciso contraer una deuda. En la misma Partida, el título V está todo él dedicado á las vendidas é las compras; y, aunque contiene bastantes disposiciones de posible aplicación á las compras y ventas de los mercaderes, se observa, sin embargo, por el caracter de generalidad de las mismas, que en esta materia no tuvo presente el rey legislador las necesidades de los mismos, aun cuando no debieron pasarle desapercibidas, por cuanto el título siguiente, el VII, trata todo él «de los mercadores, é de las ferias é de los mercados, é quales son llamados mercadores, é del diezmo e del portadgo que han a dar por razón de ellos», y aparece enlazado de un modo inmediato y natural con el anterior[2]. Tiene este título VII nueve leyes dedicadas exclusivamente á los mercaderes. En la misma Partida, y en el título VIII, es importantísima la ley XIII, que trata de «como el que da afletada su nave á otro deve pechar el daño de las mercaderias é de las otras cosas que se perdieren por

que es escripto en este libro, por que se juzguen comunalmente todos varones e mujeres" ha de entenderse respecto de aquellos que pedian merced al monarca, para que les enmendase los usos que fallase que eran sin derecho ó que les diese Fuero «por que viviesen derechamente de aqui adelante», pues respecto de los que ya lo tenian no existian estas razones, que explican la confección de este Código. — Entendido así, resulta perfectamente lógica la conducta del monarca que lo dio como fuero municipal á la villa de Aguilar de Campó, en 14 de marzo de 1255, á la de Sahagún, en 25 deabril del mismo año, á las de Soria y Burgos, en el siguiente, á la de Escalona, en 1261, y posteriormente á otras poblaciones de importancia.

[1]) Así se explica que al lado de instituciónes genuinamente españolas, figuren otras traidas del derecho romano, y que, juntamente con unas y otras, se reflejen las costumbres de los mercaderes que, en cierto modo pueden considerarse exóticas.

[2]) En el proemio de dicho título se dice entre otras cosas lo que sigue: «Onde pues, que en los títulos ante deste, fablamos de las vendidas e de las compras e de los cambios, queremos aqui dezir en este título de los mercadores e de las ferias e de los mercados».

celle de ces *fueros* eux-mêmes; on n'y comprit que les matières qui étaient d'une application générale dans les villes et les localités qu'il devait régir. Les *Partidas* furent un Code dans lequel on prit soin de réunir tout ce qui concernait la vie juridique du peuple espagnol, non seulement dans ses manifestations réelles et effectives, mais même dans ses aspirations et ses tendances[1].

Qu'Alphonse le Sage ait tenu compte des plus diverses manifestations de la vie juridique commerciale, cela est démontré à l'évidence par la simple énumération des lois contenues dans les *Partidas* qui se réfèrent à cette matière.

Dans la 1ère *Partida* (tit. VI) nous trouvons deux lois: la loi XLVI qui traite «des opérations commerciales interdites aux clercs et de celles qui ne le sont pas», et la loi XLIX qui détermine «la peine que doivent subir les clercs qui font les choses qui leur sont interdites», et cette loi indique, entre autres, la peine encourue par les clercs qui se livrent à des opérations commerciales. Dans la même *Partida* (tit. XX), la loi III traite «des choses sur lesquelles on doit payer la dîme à titre de contribution «personelle», et cette loi comprend les marchands pour le bénéfice réalisé sur leurs opérations.

Dans la *Partida* III, la loi XXXIII du titre XXVI traite des «choses que doivent faire les courtiers en fait de ventes publiques aux enchères».

Dans la *Partida* III (titre XVIII) la loi LXXVII traite «de la manière dont doit être rédigée la charte-partie», et la loi LXXVIII indique «comment doit être fait l'acte de société que certains voudraient faire» (cette loi vise les sociétés entre marchands). Dans la même *Partida* (tit. XXVIII), la loi IV traite «des choses que l'on peut faire sur le rivage de la mer»; la loi VI, «de la manière dont on peut user des ports et rivières et des chemins», et la loi VIII, «comment on ne peut élever moulin ou autre édifice sur les rivières pour ne pas entraver les navires». Dans la même *Partida* (tit. XXX), la loi VII indique «comment on acquiert la possession des marchandises si on est en possession des clefs».

Dans la *Partida* V (tit. I), la loi IV traite «du prêt fait aux enfants qui sont sous la puissance de leur père, ou de leur aïeul»; elle déclare ce prêt valable et elle en rend responsable celui qui l'a reçu, lorsqu'il tient une maison de change ou une boutique de draps ou d'autres marchandises, et la loi VII traite «du prêt fait à celui qui tient pour autrui une maison de change ou une boutique de draps». Dans la même *Partida* (tit. III), nous rencontrons la loi IX: «comment le dépôt reçu par le défunt, durant sa vie, doit être restitué avant les autres dettes en dehors de celles auxquelles certaines choses sont affectées», et, parmi ces choses ainsi grevées, cette loi mentionne le navire pour la réfection duquel il a été nécessaire de contracter une dette. Dans la même *Partida*, le titre V est consacré aux *ventes* et aux *achats*. Bien qu'il contienne un assez grand nombre de dispositions susceptibles d'être appliquées aux achats et aux ventes des marchands, on peut remarquer cependant, à raison de leur caractère général, que le législateur n'a pas eu spécialement en vue dans ce titre les nécessités du commerce; il ne les a cependant pas méconnues, car, ensuite, le titre VII traite «des marchands et des foires et marchés; de ceux qui doivent être appelés marchands, de la dîme et du portage qu'ils doivent payer», et ces dispositions se relient naturellement à celles du titre précédent[2]. Ce titre VII contient neuf lois consacrées exclusivement aux commerçants. Dans la même *Partida*, (tit. VIII) nous trouvons une loi importante, la loi XIII: «comment celui qui frète son navire à un autre doit rembourser les dommages éprouvés par les marchandises et autres choses perdues

---

conseil de notre Cour et de savants jurisconsultes et nous avons décrété le présent *fuero*, lequel est écrit dans ce livre, suivant lequel seront jugés communément tous hommes et femmes», doit viser les individus qui demandaient l'intervention du roi pour obtenir la réforme des usages établis sans droit et sollicitaient l'octroi d'un *fuero*, «pour vivre désormais conformément au droit». Au contraire, pour ceux qui possédaient un *fuero*, il n'existait aucune raison justifiant la confection de ce Code. Dans ces conditions, on comprend parfaitement et on trouve logique la conduite du roi qui donna ce Code comme *fuero* municipal à la ville de Aguilar de Campó le 14 mars 1255, à Sahagún, le 25 avril de la même année, à Soria et à Burgos, l'année suivante, à Escalona, en 1261 et dans la suite à d'autres villes importantes.

[1]) Ainsi s'explique qu'à coté d'institutions vraiment d'origine espagnole, figurent d'autres empruntées au droit romain, et qu'on trouve également dans les *Partidas* certains reflets des coutumes des marchands qui, d'une certaine manière, peuvent être considérées comme exotiques.

[2]) Dans le *proemium* de ce titre, nous lisons entre autres choses ce qui suit: «Après avoir parlé dans les titres précédents des ventes et des achats et des échanges, nous voulons parler ici des marchands et des foires et marchés.»

su culpa»; y tambien la XXVI, que trata de «como los ostaleros e los albergadores e marineros son tenudos de pechar las cosas que perdieren en sus casas é en sus navios aquellos que ay recibieren». En la misma Partida todo el título IX, que contíene 14 leyes, está dedicado á tratar «De los navios é del pecio dellos», y tambien todo el título X, que tiene 17 leyes, y está dedicado á tratar «De las compañias que fazen los mercadores, é los otras omes entre si para poder ganar algo más de ligero ayuntando su aver en uno». En la misma Partida, título XIII, las leyes XXVIII y XXIX merecen tambien citarse, pues la primera trata de «como aquel que presta sus dineros, para adobar o para fazer nave, o otro edificio, ha mayor derecho en ello, para ser pagado que otro ninguno», y la segunda, de «como el alquile de las cosas que son de almazen o que llevan de un lugar a otro, deve ser ante pagado que las otras debdas»; y en el título XIV, de la misma otras dos leyes, la XXII y XXIII, que tratan respectivamente, la primera, de «como los compañeros pueden descontar entre sí los daños e los menoscabos que ovieren por razón de la compañia por culpa dellos», y, la segunda, de «como deve ser descontado el daño que alguno de los compañeros fizieren en la compañia por engaño».

Por último, en la Partida séptima, título XVI, figura la ley X, que trata «de los engaños que fazen los omes en los juegos metiendo y dados falsos, o que buelven pelea á sabiendas en las ferias ó en los mercados por furtar algo».

Claro es que, si se compara la importancia que en la historia del derecho mercantil, pueden tener las 60 leyes dedicadas á esta materia en el Código de Las Partidas, de las cuales tan solo 22 se refieren al derecho marítimo, con la que tiene el título LIII de las Basílicas del emperador Leon el Filósofo, publicadas entre los siglos IX y X, es realmente pobre nuestro Código del siglo XIII; pero si se tienen en cuenta, tan solo nuestros escasos precedentes legales, y, sobre todo, la azarosa vida de los reinos de Castilla y León durante los primeros siglos de la Reconquista, es muy de elogiar la conducta del Rey Sabio, que recogió en su obra legislativa aquellas tan interesantes manifestaciones de la vida jurídico mercantil, hasta entonces tan abandonadas de todos los que se dedicaban á trabajos de esta indole.

Estas disposiciones, y las de la famosa compilación conocida en Castilla con el nombre de Fuero de Leyron (Rooles de Olerón), que indudablemente rigío en ella[1], debieron bastar á satisfacer las necesidadas del comercio de Castilla y Leon hasta

---

1) Que los Rooles de Oleron, ó Fuero de Leyron, como se llamó en Castilla, estuvieron en vigor en este Reino es cosa que puede asegurarse, aun cuando no haya declaración precisa, ni de autoridad que lo dispusiera, ni de escritor de la época que lo atestigue. Las razones en que se apoya esta afirmación son las siguientes: En la colección de Leyes y Estatutos de España, así de la Corona de Castilla como de la de Aragón, desde el siglo XIII hasta el XVII relativos á ordenanzas de comercio naval, de seguros marítimos y de armamentos, que publicó, á fines del siglo XVIII, el ilustre historiador, Dn. *Antonio Capmany y Monpalau*, como *Apéndice á las Costumbres Marítimas del Libro del Consulado*, Madrid, 1791, incluye una traducción española de las Leyes de Lairón, sacadas, dice, de un códice de papel y letra de principios del siglo XV, existente en la Real Biblioteca del Escorial. Contiene dicho Códice una nota final, en la que el copista anónimo declara que dicho fuero concuerda con todas les leyes que están en el título de la quinta Partida. «El qual fuero, añade, por aquellas leyes es aprobado, e manda que por el sean librados todos los mareantes, e los juicios que por él se dieren que valan». Y, aun cuando no resulta cierto, ni que aquellas leyes de Partida aprobaran el Fuero, ni, mucho menos, que mande que por él sean librados todos los mareantes, é los juiciosque por él se dieren que valan, es verdad, sin embargo, que entre las leyes del título de la quinta Partida y las del Fuero hay completo acuerdo; lo cual quiere decir que si, como es de suponer, este acuerdo no fué casual, sino que se debió á que los redactores de las Partidas tuvieron á la vista un ejemplar de dicho Fuero, é incluyeron algunas de sus leyes en el citado Código, esto lo harian por estar en uso entre los navegantes de los costas españolas del Cantábrico. Es más; aun en el caso de que, en aquel entonces, no hubieran estado en uso tales Leyes de Leyron entre los españoles, el hecho de transcribir en las Partidas algunas de sus disposiciones es una especie de aprobación tácita, que debió darlas mayor importancia. Quizá sea esta la aprobación á que hace referencia el copista. Y, si esto es así, no cabe duda que se corrió algo más de lo necesario el copista, al afirmar que manda que por él sean libràdos los mareantes; cosa que, sin embargo, no tiene nada de particular, por que los copistas de la edad media se atrevieron á e so, y á mucho más. — Que los mercaderes de Castilla se rigieron en el siglo XIV por el Fuero de Leyron es indudable; por que el rey Carlos V de Francia, en su Ordenanza de 1364, al conceder á aquellos el derecho de comerciar en los puertos de Leure y Harfleur, en Normandía, dispuso que sus diferencias se juzgasen, *selon le droit de Leyron*; lo cual es de presumir que lo solicitaran igualmente los propios mercaderes. — Por todas estas circunstancias, asi como, por la de que, estando perfectamente demostrado

par sa faute», et la loi XXVI: «comment les hôteliers et les aubergistes et marins sont tenus de payer les choses qui se perdent dans leurs maisons et navires et qu'ils y ont reçues». Dans cette même *Partida*, le titre IX, qui comprend 14 lois, est entièrement consacré «aux navires et à leur prix» et le titre X, comprenant 17 lois, traite «des sociétés que font entre eux les marchands et autres hommes pour pouvoir gagner quelque chose plus facilement en s'aidant et en réunissant leur avoir». Les lois XXVIII et XXIX du titre XIII de la même *Partida* méritent également d'être citées; la rubrique de la première est celui-ci: «comment celui qui prête ses deniers pour radouber ou pour construire le navire, ou tout autre édifice, a droit de préférence sur lui pour être payé avant tout autre», et celle de la seconde: «comment le loyer des choses qui sont en magasin ou qui sont transportées d'un lieu dans un autre, doit être payé avant les autres choses». Dans le titre XIV de la même *Partida*, deux autres lois, les lois XXII et XXIII, déterminent respectivement la première: «comment les associés peuvent répartir entre eux les dommages et pertes survenus par leur faute à l'occasion de la société», et la seconde, «comment doit être supporté le dommage que l'un des associés a fait à la société par sa faute».

Enfin, dans la 7e *Partida* (tit. XVI) figure la loi X qui traite «des fraudes commises dans les jeux par mensonges et données fausses et des rixes provoquées dans les foires ou marchés pour commettre un vol».

Il est manifeste que si l'on compare l'importance que peuvent avoir dans l'histoire du droit commercial les 60 lois consacrées à cette matière par les *Partidas*, parmi lesquelles 22 seulement concernent le droit maritime, avec celle du titre LIII des Basiliques de l'empereur Léon le Philosophe, publiées entre les IXe et Xe siècles, notre code du XIIIe siècle peut, à bon droit, paraître pauvre; cependant, si l'on tient compte du petit nombre de nos précédents législatifs et surtout de la vie hasardeuse des rois de Castille et de Léon durant les premières siècles de la Reconquête, on ne saurait trop louer Alphonse le Sage d'avoir su réunir dans ses œuvres législatives ces intéressantes manifestations de la vie juridique commerciale, jusqu'alors négligées presque complètement par tous ceux qui se livraient à des travaux de cette nature.

Ces dispositions et la célèbre compilation connue en Castille sous le nom de *Fuero de Leyron* (Rôles d'Oléron), qui fut sans aucune doute en vigueur dans ce royaume[1], durent suffire pour satisfaire aux besoins du commerce de la Castille et

---

[1] On peut affirmer, malgré l'absence de toute déclaration formelle émanant soit d'une autorité ayant édicté, à cet égard, une disposition, soit d'un écrivain contemporain apportant son témoignage, que les rôles d'Oléron, ou, comme on disait en Castille, le *Fuero de Leyron*, ont été en vigueur dans ce royaume. Les raisons permettant de le croire sont les suivantes: Dans la collection des lois et statuts d'Espagne, aussi bien de la Couronne de Castille que de celle d'Aragon, du XIIIe au XVIIe siècle se concernant le commerce maritime, les assurances maritimes et l'armement, publiée à la fin du XVIIIe siècle par un historien renommé, D. Antonio Capmany y Monpalau, comme appendice aux coutumes maritimes du livre du Consulat, se trouve une traduction espagnole des lois de Lairón, tirées dit-il, d'un recueil de papiers et documents du commencement du XVe siècle se trouvant dans la bibliothèque de l'Escorial. Ce recueil contient une note finale dans laquelle le copiste anonyme déclare que ce *fuero* concorde avec toutes les lois contenues dans le titre de la cinquième *Partida*. «Ce *fuero*, ajoute-t-il, est approuvé par les dites lois, et prescrit qu'en conformité de ses dispositions soient assignés tous navigateurs et jugées les affaires les concernant qu'il autorise». Et quand même ces deux points ne seraient pas certains, il est cependant un point dont l'exactitude ne saurait être constestée: c'est l'accord parfait entre les lois du titre de la cinquième *partida* et les lois du *fuero*. Si donc, comme il y a tout lieu de le supposer, cet accord n'est pas le résultat du hasard, il faut dire qu'il est l'œuvre des rédacteurs des *Partidas* qui ont eu sous les yeux un exemplaire de ce *fuero* et qui ont inséré plusieurs de ses lois dans leur code par ce motif qu'elles étaient en usage chez les navigateurs des côtes espagnoles du Cantabrique. Mais il y a plus: lors même que les leyes de Leyrón n'auraient pas été alors en usage chez les Espagnols, le fait de transcrire plusieurs de leurs dispositions dans les *Partidas* constitue une approbation tacite qui a dû leur donner plus d'importance encore. Peut-être est-ce cette approbation dont parle le copiste. S'il en est ainsi, il est certain que ce copiste a été trop loin en affirmant qu'il prescrit à tous navigateurs d'agir en justice en vertu de ses dispositions; mais cela n'a rien d'extraordinaire, car les copistes du moyen âge ont pris bien d'autres libertés. — Il est incontestable, en tout cas, que les marchands de Castille furent régis, au XIVe siècle, par le fuero de Leyron; en effet, le roi de France, Charles V, dans son ordonnance de 1364, en leur accordant le droit libre de faire le commerce dans les ports de Leure et de Harfleur, en Normandie, prescrivit de juger les différents qui pourraient surgir entre eux, *selon le droit de Leyron*, d'où il faut supposer que les marchands eux-mêmes l'avaient demandé. A raison de toutes ces circonstances et en tenant compte en outre de ce fait que l'autorité des Rôles d'Oléron s'étendait jusque dans les régions les plus éloignées de leur origine, et même sur toutes les rives de la Baltique,

el término de la Reconquista, pues los Códigos y compilaciones publicados posteriormente apenas si contienen pceceptos legales de importancia relativos á esta materia[1].

Aragón y Cataluña terminan por completo la obra de su reconquista en el siglo XIII, con las empresas del valeroso rey Dn. Jaime I, el Conquistador, que arrebató al poderío musulmán las islas Baleares, el reino de Valencia y el de Murcia, si bien este último con el propósito no de hacerlo suyo, sino de entregarselo, como lo hizo en efecto, á su yerno el rey de Castilla, Dn. Alfonso X. Y aunque ta les empresas suponen la concentración de la actividad de los pueblos en muy distinto sentido del que requieren las artes de la industria, y el comercio, una y otrase desarrollaron con una impulsión muy superior á la de Castilla y Leon, debido sin duda, al espectáculo sugestivo de las repúblicas italianas, que alcanzan en esta época el máximun de su poderio y explendor, y al, no menos, educador del Rosellón y la Provenza, que parecen, en aquel entonces, ser los focos luminosos de donde irradian la civilización y la cultura de la edad media. Solo asi se explica que, en ese siglo XIII, al poco tiempo de la conquista de Valencia (12 años despues) en 1250, al dar, el propio rey Dn. Jaime I, á los valencianos su Código general, traducido del derecho justinianeo, incluyera en él una serie de disposiciones muy interesantes relativas al derecho marítimo[2], y que, no siendo estas suficientes para el desarrollo que la industria de la navegación adquiriera en poco tiempo en la ciudad de Valencia, hiciera, en 1258, extensivas á la misma, las ordenanzas que en dicha fecha aprobó para Barcelona; ordenanzas que habian sido redactadas por los prohombres de mar de esta última para el régimen y policia de las embarcaciones mercantes. Todavía pocos años más tarde, en 1283, se creaba en Valencia, por el rey Dn. Pedro III de Aragón, la jurisdicción consular; instituyendo en el siguiente año un tribunal de apelación para las causas de comercio. Y tanto, y tan importante, debío ser esta jurisdicción comercial desde sus comienzos, que los manuscritos y primeras ediciones que se hicieron del famoso libro de las Costumbres Maritimas de Barcelona, conocido vulgarmente con el nombre de Libro del Consulado de Mar, llevan al frente, repartido en cuarenta y dos capítulos, un verdadero Código procesal de dichos tribunales, y una serie de preceptos, que pueden llamarse, con exactitud y propiedad, la ley orgánica de constitución de los mismos[3].

que la autoridad de los Rooles de Oleron se extendio hasta regiones muy lejanas de su punto de origen, (todas las orillas del Báltico) es de creer que en las costas españoles del Cantábrico, tan inmediatas á ese punto de origen rigieran desde su aparición. Lo contrario seria verdaderamente inexplicable, dada la fuerza expansiva que han tenido todas las compilaciones de costumbres maritimas de todos los tiempos.

[1]) Los Códigos, ó compilaciones legales, publicados con posterioridad á Las Partidas hasta fines del siglo XV son: las leyes para los Adelantados mayores, las Leyes Nuevas, el Ordenamiento de las Tafurerias, el Ordenamiento de Alcalá, las Ordenanzas Reales de Castilla y las Leyes de Toro. Y, de todos estos, solo hay unas cuantas disposiciones de derecho mercantil, ó que con él se relacionen, en el Ordenamiento de Alcalá y en las Ordenanzas Reales de Castilla. — En el primero, hay una Ley única, del título XXIV, unificando los pesos y medidas en todo el reino de Castilla, y dos más en el título XXXII, la L y la LI, que tratan de los navios. La primera, que trata de que non aya pecio (daño ó menoscabo) ningun navio, y la segunda, de que no pueda embargarse ni detenerse ningun navio por deudas contraidas fuera del reino. — En las segundas, que son una recopilación de leyes mandada formar por los Reyes Católicos al Doctor Alonso Diaz de Montalvo, hay hasta unas diez y seis leyes referentes á cosas del comercio terrestre y marítimo; de las cuales, dos, son reproducción de las ya citadas del Ordenamiento de Alcalá relativas á los navios, y alguna de las de las Partidas. De las demás, puede decirse que las más importantes son las del rey Dn. Enrique IV, confirmando los privilegios concedidos por el mismo á las famosas ferias francas de Medina del Campo, y tambien las de Dn. Juan II y los Reyes Católicos sobre los cambiadores. — He aquí ahora la indicación de esas leyes: en el libro V, título VIII, las leyes 1a y 5a; en el libro VI, título VIII, las seis que lo forman; en el título IX, la ley 18; en el título XII, las leyes 2a, 3a, 4a, 6a y 10a; en el libro VII, título I, la ley 21; y en el libro VIII, título III, la ley XI.

[2]) Estas leyes marítimas, en número de diez y siete, han sido transcritas por *Pardessus, Collection des Lois* etc ob. cit. tomo 5°, pag. 333 y siguientes; haciendo constar, respecto á algunas de ellas, que no son procedentes del derecho romano.

[3]) Para enmarañar más el asunto, ya de suyo bastante complicado, respecto al verdadero origen del Libro del Consulado se ha descubierto, hace unos cuantos años, en el Archivo Municipal de Valencia, un manuscrito del mismo, al parecer más antiguo que todos los que se pudo consultar el erúdito Capmany cuando publicó su edición del Consulado de 1791, y en el que los valencianos quisieran encontrar un apoyo para que resultara Valencia la cuna de esta inmortal compilación de costumbres maritimas.

de Léon jusqu'au jour où la conquête fut terminée, car les codes et les compilations publiés postérieurement contiennent à peine quelques dispositions légales importantes concernant cette matière[1].

L'Aragon et la Catalogne achevèrent l'œuvre de la conquête, au XIIIe siècle, par les victoires du vaillant roi D. Jaime I, le Conquérant. Ce fut lui qui arracha au pouvoir des musulmans les îles Baléares, ainsi que les royaumes de Valence et de Murcie; en s'emparant du royaume de Murcie, il n'avait pas l'intention de se l'approprier, mais de le donner, ce qu'il fit du reste, à son gendre, le roi D. Alphonse X de Castille. Ces entreprises, sans doute, supposent que les peuples concentrent leur activité sur des objets tout différents du progrès de l'industrie et du commerce; et cependant les arts et l'industrie se développèrent davantage en Aragon que dans la Castille et le Léon. Il faut l'attribuer sans doute au spectacle suggestif des Républiques italiennes qui atteignaient, à cette même époque, le maximum de leur puissance et de leur splendeur, ainsi qu'aux exemples et aux enseignements du Roussillon et de la Provence, qui paraissent avoir été alors comme le foyer lumineux d'où la civilisation et la culture du moyen âge répandaient sur le monde leur rayonnement. De là vient sans doute, et de là seulement, qu'au XIIIe siècle, douze ans après la conquête de Valence, exactement en 1250, D. Jaime I, dans le Code général qu'il donnait aux peuples du royaume de Valence, et qui était traduit du Code Justinien, insérait une série de dispositions très intéressantes sur le droit maritime[2]. Puis, comme ces dispositions devenaient elles-mêmes insuffisantes eu égard au développement de la navigation à Valence, il étendit à cette ville, en 1258, les ordonnances antérieurement approuvées par lui pour Barcelone, et qui, rédigées par les prud'hommes maritimes de cette ville, réglementaient le régime et la police des bâtiments marchands. Peu d'années plus tard, en 1283, le roi D. Pédro III d'Aragon créait à Valence la juridiction consulaire, et, l'année suivante, il instituait un tribunal d'appel pour les affaires commerciales. Cette juridiction commerciale a dû prendre, dès le début, un développement des plus considérables, car les manuscrits et les premières éditions du célèbre livre des Coutumes maritimes de Barcelone, vulgairement connu sous le nom de livre du consulat de la mer, débutait par un véritable Code, divisé en quarante-deux chapitres, de la procédure suivie devant ces tribunaux et un ensemble de dispositions qui constituent à proprement parler la loi organique de leur constitution[3].

on est naturellement conduit à croire qu'ils furent appliqués dès leur apparition sur les côtes espagnoles du Cantabrique si voisines de leur lieu d'origine. Le contraire serait vraiment inexplicable, étant donné la force d'expansion qu'ont toujours eue toutes les compilations des usages maritimes.

[1] Les Codes ou compilations légales, publiées postérieurement aux *Partidas* jusqu'à la fin du XVe siècle, sont: les lois pour les *Adelantados mayores*, (gouverneur militaires de la frontière) *las leyes nuevas*, l'*ordenamiento de las Tafurerias*, l'ordonnance d'*Alcala*, les ordonnances royales de Castille, et les *leyes de Toro*. On ne trouve des dispositions de droit commercial, ou tout au moins ayant certaines relations que dans l'ordonnance d'Alcala et dans les ordonnances royales de Castille. Dans la première il existe une seule loi au titre XXIV qui unifie les poids et mesures dans tout le royaume de Castille et deux autres au titre XXXII, les lois L et LI qui traitent des navires. La loi L interdit de faire aucun bris (dommage ou avarie) à un navire, et la loi LI, de saisir ou détenir un navire pour dettes contractées en dehors du royaume. Les ordonnances royales de Castille, compilation de lois faites sur l'ordre des rois Catholiques par le Dr. Alonso Diaz de Montalvo, contiennent 16 lois relatives aux choses du commerce par mer et par terre. Deux reproduisent les dispositions de l'ordonnance d'Alcala sur les navires dont nous venons de parler, et une loi des Partidas. Parmi les autres, on peut dire que les plus importantes sont celles du roi D. Enrique IV confirmant les privilèges qu'il avait accordés aux célèbres foires franches de Médina del Campo, et les lois de D. Juan II et des rois catholiques sur les changeurs. Voici la liste de ces lois: Dans le livre V, titre VIII, les lois 1 et 5; dans le livre VI, les six lois composant ce titre; dans le titre IX, la loi 18, et, titre XII, les lois 2, 3, 4, 6 et 10; dans le livre VII, titre 1, la loi 21 et, dans le livre VIII, titre III, la loi 11.

[2] Ces lois maritimes, au nombre de dix-sept, ont été transcrites par *Pardessus* dans sa collection, v. 8, p. 339 et suivantes. Cet auteur constate que plusieurs ne sont point inspirées par le droit romain.

[3] Le problème, déja si compliqué, de l'origine du Livre du Consulat de la mer, est devenu plus difficile encore à résoudre par la découverte dans les archives municipales de Valence, il y a un certain nombre d'années, d'un manuscrit de ce livre qui paraît plus ancien que tous ceux que l'érudit Capmany a pu consulter lorsqu'il a publié, en 1791, son édition de Consulat. Valence s'appuye sur ce manuscrit pour soutenir que l'immortelle compilation des coutumes maritimes a été faite originairement dans cette ville.

En este mismo siglo XIII, la hoy insignificante ciudad de Tortosa (considerada desde el punto de vista comercial, aunque muy importante desde el punto de vistas agrícola industrial) promulga, en 1279, por mandado de la Señoría de la ciudad, su notabilísimo Código de las Costumbres; en el que, á más de las varias disposicionas esparcidas por el Código referentes al derecho marítimo, hay una parte de él, que bajo el epígrafe ó rúbrica de «Consuetudines et usus maris», contiene una serie muy importante de reglas de derecho comercial que, reproducidas en el ya citado libro del Consulado, han planteado el, hasta ahora insoluble problema, de si los redactores del Código de Tortosa tuvieron á la vista el libro del Consulado, ó, si por el contrario, los que redactaron este último tuvieron presente aquel, como asegura el ilustre historiador del Código de Tortosa, Dn. Bienvenido Oliver[1].

Al lado de estas dos insignes ciudades, ó, mejor dicho, dominandolas por su superior importancia, por las condiciones de su puerto natural, y por su posición privilegiada en el Mediterráneo, Barcelona, en los siglos XIII, XIV y XV, parece ser la directora de todo el movimiento comercial de los Estados de la corona de Aragón. Y, de una parte, los reyes concediendo privilegios á los barceloneses, de otra los magistrados municipales dictando edictos y ordenanzas relativas al comercio, y, de otra, los propios comerciantes y navegantes recogiendo las costumbres marítimas del Mediterraneo en el, nunca bastante elogiado, Libro del Consulado de Mar, hacen que el nombre de Barcel onaperdure en los anales de la historia del comercio, y pueda parangonarse con los de sus ilustres rivales, Montpeller y Marsella, en Francia, Pisa, Génova y Venecia, en Italia.

La legislación mercantil de Barcelona, en este periodo que estamos reseñando, es mas extensa é intensiva que la de Castilla; pues, refiriendonos tan solo á la labor legislativa de los reyes de Aragon y magistrados municipales de la ciudad, nos encontramos regulada la jurisdicción comercial, creada la casa Lonja ó casa de contratación, organizada la clase de los mercaderes, reglamentadas la industria de los banqueros, corredores y palanquineros, regimentado el gobierno de las naves mercantes, creados los consulados de Africa y Levante, y reguladas las letras de cambio, los seguros marítimos, el préstamo á la gruesa, y otras instituciones. Y, si á esto se añade, que, en la compilación de costumbres locales, que sancionó el rey Dn. Pedro III de Aragón, en 1283, conocida con el nombre de *Recognoverunt proceres*, (por ser estas las palabras primeras del primer capítulo de las mismas) se contienen una serie de disposiciones, relativas tanto al comercio por tierra como al marítimo[2], y que, todo ello, era complemento de la mas extensa y más completa de cuantos compilaciones de costumbres marítimas han gozado de autoridad en los mares de Europa, del Consulado de Mar[3], se podrá formar una idea aproxima-

---

[1] *Oliver: Historia del Derecho de Cataluña Mallorca y Valencia. Código de las Costumbres de Tortosa.* Madrid 1876—81, tomo 3.º pag. 247 «Todo lo cual viene á demostrar que las disposiciones marítimas del Código de Tortosa, lejos de ser un extracto del Libro del Consulado, constituyen, por el contrario, una de las fuentes que sirvieron para lo redacción de esta célebre compilación marítima».

[2] En el *Recognoverunt Próceres* hay disposiciones de derecho mercantil tan notables como la de declarar irreivindicables las ventas en que interviniere corredor, la prohibición impuesta á estos de poder practicar por su cuenta operaciones comerciales de la clase de las en que interviene como mediador, la de que los libros de los banqueros merecen tal fé que los pagos que estos hicieren á sus clientes ó terceros puedan acreditarse con los asientos de sus libros, y la de que estando las naves dispuestas á emprender un viaje no pueda detenerse ni al mercader ni al marinero que hubieren de embarcar en ella, ni estan obligados á contestar la demanda, ni á seguir el juicio que contra ellos se intentare si prestan fianza suficiente hasta su regreso.

[3] El Consulado de Mar, por la extensión de las materias que trata, y hasta por el modo especial de tratarlas, no es comparable ni con las Leyes Rhodias, ni con los Rooles de Oberon, ni con ninguno de los ordenamientos ó Estatutos que produjeron las repúblicas italianas. Es infinitamente superior á todos ellos, y aun lleva ventaja á algunos Códigos modernos. De entre las obras legales de los siglos XVI al XVIII, inclusives, solo las Ordenanzas marítimas de Luis XIV, de 1781, pueden considerarse más completas. — Desde un comienzo le falto la ordenación. El, ó los compiladores del Consulado, se conoce que no tenían grandes exigencias respecto al particular; y, hasta que Capmany, en 1791, lo ordenó, distribuyendo sistemáticamente en catorce títulos, á los que puso los correspondientes epígrafes, fué difícil formarse cabal idea de lo que era, y orientarse entre los 252 capitulos que constituyen propiamente el Libro del Consulado, (pues lo que con este nombre se publicó por primera vez comprendia nada menos que 334 capítulos, entre los que figuraban, á más del Código de los costumbres marítimas, la ley procesal y orgánica del tribunal consular de Valencia, la fórmula del juramento que habian de

Dans ce même XIIIe siècle, Tortosa, ville aujourd'hui insignifiante au point de vue commercial, malgré son importance agricole et industrielle, promulgua, en vertu d'un mandement de son Sénat municipal, son très remarquable Code des coutumes. On y trouve, à coté de dispositions disséminées dans ses diverses parties, se référant au droit maritime, un chapitre intitulé *Consuetudines et usus maris*, contenant une série très importante de règles de droit commercial empruntées au Consulat de la mer; et c'est encore une question insoluble de savoir si les rédacteurs du Code de Tortosa avaient sous les yeux, au moment où ils préparaient leur travail, le livre du Consulat de la mer, ou si, comme l'affirme D. Bienvenido Oliver, l'illustre historien du Code de Tortosa, celui-ci a inspiré les rédacteurs du Consulat de la mer[1].

A côté de ces deux villes remarquables, ou même les dominant par son importance, par les conditions de son port naturel et sa situation privilégiée sur la Méditerranée, Barcelone, dans les XIIIe, XIVe et XVe siècles, paraît avoir eu la direction de tout le mouvement commercial des Etats d'Aragon. Par les privilèges que les rois accordèrent à ses habitants, par les édits et les ordonnances des magistrats municipaux sur le commerce, enfin par le soin avec lequel ses commerçants et ses navigateurs recueillirent les coutumes maritimes de la Méditerranée dans ce Consulat de la mer, dont on ne saurait trop faire l'éloge, le nom de Barcelone demeurera vivant dans les annales de l'histoire du commerce, et cette ville soutient la comparaison avec ses illustres rivales, Montpellier et Marseille, en France, Pise, Gênes et Venise, en Italie.

La législation commerciale de Barcelone, dans la période que nous résumons, est plus extensive et plus intensive que celle de la Castille. En effet, si nous nous bornons à examiner le travail législatif des rois d'Aragon et des magistrats de cette ville, nous voyons que la juridiction commerciale à été régularisée, la Casa Lonja, ou bourse du commerce, créée, la classe des marchands organisée, l'industrie des banquiers, courtiers et portefaix réglementée, le commandement des navires marchands constitué en corps, les consulats d'Afrique et du Levant créés; ajoutons la réglementation des lettres de change, des assurances maritimes, des prêts à la grosse et d'autres institutions, et, enfin, le compilation des coutumes locales sanctionnée par le roi D. Pedro III d'Aragon, en 1283, connue sous le nom de *Recognoverunt proceres* (premiers mots du premier chapitre), qui contient une série de dispositions relatives à la fois au commerce par terre et au commerce maritime[2]. Tout cet ensemble forme le complément du *Consulat de la Mer*[3], la plus étendue de toutes les compilations des coutumes maritimes qui ait fait autorité dans les mers de l'Europe, et permet de se faire une idée approximative de l'importance du com-

---

[1] *Oliver, Histoire de droit de la Catalogne, de Mayorque et de la Valence, Code des Coutumes de Tortosa.* Tome 3, pag 247 «Tout ceci sert à démontrer que les dispositions maritimes du Code de Tortosa, loin d'être un extrait du livre du Consulat, constituent, au contraire, une des sources qui servirent à la rédaction de cette célèbre compilation maritime».

[2] Dans le *Recognoverunt proceres*, il y a des dispositions de droit commercial remarquables, par exemple, celle qui interdit l'exercice de l'action en revendication des choses vendues par le ministère d'un courtier. Citons aussi la prohibition aux courtiers de faire, pour leur compte personnel, des opérations commerciales de même catégorie que celles dans lesquelles ils interviennent comme intermédiaires, la disposition décidant que les livres des banquiers peuvent être invoqués pour prouver les paiements faits à leurs clients, ou à des tiers, enfin la défense de saisir le navire prêt à mettre à la voile, ainsi que le marchand et le marin prêt à s'embarquer sur ce bâtiment, et la dispense qui leur est accordée de répondre à la demande dirigée contre eux et de comparaître en justice à la condition de donner caution suffisante pour garantir leur retour.

[3] Le consulat de la mer, par l'étendue des matières dont il traite et même la manière spéciale de les traiter, n'est comparable ni aux lois de Rhodes, ni aux rôles d'Oléron, ni à aucune autre des ordonnances ou Statuts des Républiques italiennes. Il leur est infiniment supérieur, et il supporte même avantageusement la comparaison avec certains codes modernes. Dans les œuvres législatives du XVIe au XVIIIe siècle inclusivement, les ordonnances maritimes de Louis XIV de 1781 peuvent seules être considérées comme plus complètes. Dans le commencement l'ordre lui faisait défaut. On doit reconnaître que le ou les compilateurs du Consulat n'attachaient pas grande importance à cette qualité, et, avant que Capmany, en 1791, l'ait classé et distribué systématiquement en quatorze titres, auxquels il a donné des rubriques correspondantes aux différentes matières qu'ils contenaient, il était difficile de se faire une idée juste de ce Code et de s'orienter parmi les 252 chapitres formant à proprement parler le livre du Consulat. D'autant plus que le recueil publié pour la première fois sous ce nom ne comprenait pas moins de 334 chapitres parmi lesquels, en plus du Code des coutumes maritimes, on trouvait la loi de procédure

da de lo que fué el comercio de la ciudad de Barcelona en los últimos tiempos de la edad media, y de la perfección lograda por su legislación mercantil.

*   *   *

La unión de los reinos de Castilla y Aragón, realizada por el matrimonio de los Reyes Católicos, y conseguida por modo definitivo en sus sucesores; la toma de Constantinopla por los turcos, dando el golpe de muerte al comercio del Mediterraneo, sobre todo al practicado para relacionarse con la India; el descubrimiento del Nuevo Mundo por el insigne genovés, Cristobal Colón, al servicio de la corona de Castilla; y el descubrimiento del camino directo por mar para las Indias orientales, hecho por el ilustre portugués, Vasco de Gama, cambian por completo la orientación del comercio de la Península española, é imprimen al mismo una fisonomía distinta, creando nuevos focos de actividad comercial, y encaminando el derecho mercantil por otros rumbos precursores de los que sigue en la época contemporanea.

Y, por de pronto, conviene advertir, que esos nuevos focos de actividad comercial, que hacen que la España del siglo XVI presente los caracteres de una gran nación, desde el punto de vista económico industrial, no deben á los reyes de la casa de Austria otra cosa que una serie de medidas desacertadas que dan al traste con ellos; pues si, durante el citado siglo XVI, alcanzan extraordinaria preponderancia, Burgos, con su Casa de Contratación y su Consulado, centro del comercio de Castilla con todo el Norte de Europa, Sevilla, con su Casa de Contratación de las Indias y su Consulado, y Medina del Campo, con sus famosas ferias francas, reguladores del crédito europeo, la gloria de todo ello debe atribuirse á la sabia política de los Reyes Católicos, que supieron dar vida á esos núcleos, creados por expontáneas exigencias de la vida nacional[1].

Los reyes de la Casa de Austria preocupados con los problemas de la política general europea, de la que se creyeron, ellos, obligados á ser los portaestandartes, no prestaron atención alguna á los intereses nacionales, sacrificandolos, por el contrario, á sus fines de dominación política y religiosa. No fueron legisladores, al estilo de Alfonso X de Castilla y Jaime I de Aragón, ni supieron rodearse de ministros

---

prestar los abogados en el tribunal comercial de Mallorca, las fórmulos y cálculos que habian de emplearse para determinar el tonelaje de los navios y una serie de disposiciones de los reyes de Aragón sobre el armamento en corso). — Los epígrafes de los catorce títulos en que dividió Capmany el Consulado son los siguientes: I, De los Obligaciones entre el patron ó naviero, el constructor, y los accionistas, en orden á la fábrica y venta del buque. II, De las obligaciones del contramaestre, del escribano y de otros oficiales de mar. III, De las obligaciones entre el patrón y los marineros de las tripulación. IV, De los actos, contratos y condiciones de los fletamentos entre patrón y cargador. V, De la carga, estiva, y descarga de los géneros, y de los daños causados en ellos en esta maniobra. VI, De la encomienda del buque y de los géneros para un viaje. VII, Del orden y reglas del anclaje de la nave en rada, en playa, ó en puerto. VIII, De las mutuas obligaciones entre el patron, los mercaderes y pasageros embarcados. IX, De los impedimentos de patrón y mercader para emprender ó continuar el viaje. X, De la conserva entre naves y de sus condiciones y estilos. XI, De la echazón y de las demás averias que acontecen en el mar. XII, De las averias causadas á una nave mercante, por insulto de bajeles enemigos ó de corsarios. XIII, De las mutuas obligaciones entre el patrón y los interesados en el buque. XIV, De la observancia de los contratos y de la buena fé en la compra y venta de las mercaderias.

[1]) El tribunal del Consulado de Burgos fué creado con jurisdicción propia, por los Reyes Católicos en 21 de julio de 1494, pero la Casa de Contratación de Burgos existia con bastante anterioridad; pues del erudito y concienzudo trabajo, publicado por el *Doctor Garcia de Quevedo*, con el título de *Ordenanzas del Consulado de Burgos de 1538, que ahora de nuevo, se publican, anotadas y precedidas de un bosquejo historico del Consulado*, Burgos, 1905, se deduce, fundadisimamente, que, la Casa de Contratación y aun el Consulado, aunque sin atribuciones jurisdiccionales, datan del siglo XIV, sin que pueda precisarse la fecha de su fundación. — La Casa de Contratación de Indias de Sevilla fué creada por la pragmática de los Reyes Católicos de 20 de enero de 1503. Y, á la de Bilbao, ya existente, quizá desde época anterior á la de Burgos, el Rey Fernando (por haber muerto ya la Reina Isabel en 1504), por otra de 22 de junio de 1511, la concedio la jurisdicción comercial, en los mismos terminos que ya tenia Burgos desde 1494. — Las ferias de Medina del Campo, segun asegura el *P. Fray. Tomás Mercado*, (*Summa de Tratos y Contratos*, Sevilla, 1587, libro IV, capítulo IV, folio 169), fueron creadas por «Dn. Hernando, rey de Aragón, cuando era solo Infante de Castilla y gobernador della, por el rey Dn. Juan, su sobrino»; y sus privilegios fueron reconocidos y confirmados por el rey Dn. Enrique IV, primero, y, despues, por los Reyes Católicos.

merce de Barcelone, dans les derniers temps du moyen-âge et de la perfection de
sa législation commerciale.

*　　*　　*

L'union des royaumes de Castille et d'Aragon, réalisée par le mariage des rois
catholiques et maintenue par leurs successeurs; la prise de Constantinople par les
Turcs, qui porta un coup mortel au commerce de la Méditerranée et surtout à celui
que l'on faisait avec l'Inde; la découverte du Nouveau Monde par l'illustre génois,
Christophe Colomb, au service de la couronne de Castille, enfin la découverte de la
route directe conduisant par mer aux Indes par le célèbre portugais Vasco de Gama,
changent complètement l'orientation du commerce de la Péninsule espagnole, lui
impriment une physionomie nouvelle, créent des foyers, inconnus jusqu'alors, d'activité
et engagent le droit commercial dans d'autres voies qui permettent déjà de prévoir
celles qu'il suivra de nos jours.

Il convient immédiatement d'observer que ces nouveaux foyers d'activité commerciale qui donnent à l'Espagne du XVIe siècle tous les caractères d'une grande
nation au point de vue économique et industriel, ne doivent aux rois de la Maison
d'Autriche qu'une série de mesures erronées, qui eurent pour effet de provoquer leur
ruine. Si donc, durant le XVIe siècle, nous voyons l'extraordinaire prépondérance
de Burgos qui, avec sa *Casa de Contratación* et son Consulat, devient le centre du
commerce de la Castille et de tout le Nord de l'Europe, de Séville, avec sa *Casa de
Contratación* des Indes et son Consulat, et de Médina del Campo, avec ses célèbres
foires franches, régulatrices du crédit européen, toute la gloire de cette prospérité
doit revenir à la sagesse politique des Rois catholiques, qui surent développer ces
foyers spontanément créés par les exigences de la vie nationale[1].

Les rois de la Maison d'Autriche, préoccupés des problèmes de la politique
générale de l'Europe, dont ils se crurent obligés d'être les porte-étendards, ne prêtèrent
aucune attention aux intérêts nationaux; ils les sacrifièrent, au contraire, à leurs
fins de domination politique et religieuse. Ils ne furent pas des législateurs, comme
Alphonse X de Castille et Jaime I d'Aragon; ils ne surent pas s'entourer de ministres

et la loi d'organisation du Tribunal consulaire de Valence, la formule du serment que devaient
prêter les avocats au tribunal de commerce de Majorque, les formules des calculs à faire pour
déterminer le tonnage des navires et une série de dispositions des rois d'Aragon sur l'armement en
course. — Les rubriques des 14 titres dans lesquels Capmany a divisé le Consulat, sont les suivantes:
I. Des obligations entre le patron ou armateur, le constructeur et les actionnaires, en ce qui touche
la construction et la vente du navire. II. Des obligations du contremaître, de l'écrivain et des autres
officiers de mer. III. Des obligations entre le patron et les matelots de l'équipage. IV. Des
actes, contrats et conditions des affrétements entre patron et chargeur. V. Du chargement, de
l'entrée et du déchargement des marchandises, et des dommages qui leur sont causés dans cette
manœuvre. VI. De l'assurance du bâtiment et des marchandises pour un voyage. VII. De l'ordre
et des règles de l'ancrage du navire dans une rade, sur une plage ou dans un port. VIII. Des
obligations réciproques entre le patron, les marchands et les passagers embarqués. IX. Des
empêchements du patron et marchand d'entreprendre ou continuer le voyage. X. De la conserve
entre navires et de ses conditions et usages. XI. De l'échouement et des autres avaries qui surviennent en mer. XII. Des avaries causées à un navire marchand, par l'attaque de vaisseaux
ennemis ou corsaires. XIII. Des obligations réciproques entre le patron et les intéressés dans le
bâtiment. XIV. De l'observation des contrats et de la bonne foi dans l'achat et la vente des
marchandises.

[1] Le tribunal du Consulado de Burgos fut créé, avec juridiction propre, par les rois catholiques,
le 21 juin 1494; mais la *Casa de Contratación de Burgos* existait déjà depuis assez longtemps.
Il résulte, en effet, du travail aussi érudit que consciencieux du Dr. Garcia de Quevedo (*Ordenanza
del Consulado de Burgos de 1538, que ahora de nuevo, se publican, anotadas y precedidas de un
bosquejo historico de Consulado*, Burgos 1905) que la *Casa de Contratación* et même le *Consulado*,
mais sans attributions juridictionnelles, datent du XIVe siècle, sans qu'il soit possible de préciser
la date de leur fondation. La *Casa de Contratación de Indias*, de Séville, fut créée par la pragmatique
des rois catholiques du 20 Janvier 1503. La *Casa de Contratación* de Bilbao, déja existante et
peut être même antérieure à celle de Burgos, obtint d'une pragmatique du Roi Ferdinand (la reine
Isabelle était morte en 1504), en date du 22 juin 1511, la concession de la juridiction commerciale
dans les mêmes termes que la *Casa de Contratación* de Burgos la possédait depuis 1494. Les foires
de Médina del Campo, d'après ce qu'affirme le P. Tomas Mercado (*Summa de Tratos y Contratos*,
Séville, 1587, liv. IV, ch. IV, p. 169) furent créées par «Don Fernando, roi d'Aragon, lorsqu'il était
seulement infant et gouverneur de Castille pour le roi D. Juan son neveu», et ses privilèges furent
reconnus et confirmés d'abord par le roi D. Enrique IV, et, ensuite, par les rois catholiques.

de talla y altura, como lo hicieron los reyes de Francia, desde Enrique IV á Luis XIV; legislarón, si, pero al detalle, resolviendo minucias de momento, y amontonando disposición sobre disposición, hasta hacer de nuestros cuerpos legales un verdadero bosque inextricable.

La Nueva Recopilación, hecha en 1562, con el plausible propósito de introducir un poco de órden en el caos de nuestra legislación, fué una obra deplorable por todos conceptos, y que trae á las mientes el adagio tan conocido de que «de buenas intenciones está el infierno empedrado». Y, aunque la Recopilacion de las Leyes de Indias de 1671 es, sobre todo en lo referente al derecho mercantil español muy superior[1], tampoco es una obra exenta de defectos muy capitales, como los tiene igualmente, y no pequeños en numero, la Novisima Recopilación que, aunque hecha en el siglo XIX, en 1805, contiene integra la legislación de los siglos XV al XVIII inclusives[2]. Del fárrago de leyes que nuestros monarcas dieron referentes al comercio, aunque, las más, no tienen nada que ver con el derecho mercantil, propiamente dicho[3], lo verdaderamente interesante fué lo relativo á las franquicias

---

[1]) Por el sistema que siguieron nuestros monarcas de la Casa de Austria, (sistema que ya databa de los antiguos monarcas castellanos) de resolver por si mismos cuanto afectaba á la gobernación del Reino, aunque ello tuviera caracter particular, se multiplicaron de un modo prodigioso las disposiciónes legales, en términos que maravilla como pudieron tener tiempo, no ya para resolver con acierto lo que resolvieron, pero ni siquiera para enterarse de lo que se les ponía á la firma. La consecuencia de todo ello fué la que tenía que ser. Y es, que, si de una parte la inagotable fuente legislativa manaba sin cesar toda suerte de disposiciones, más ó menos acertadas ó desacertadas, los encargados de aplicarlas remplazaban frecuentemente su voluntad á la voluntad regia; lo cual, tratandose de nuestras extensisimas posesiones en el Nuevo Mundo y en el Archipielego asiatico y de Oceanía, podía hacerse con gran impunidad por la mucha agua que habia por medio entre la Metrópoli y sus colonias. — Dicho esto, que conviene tener muy en cuenta para no formarse idea equivocada de lo que fué nuestro régimen colonial, á juzgar tan solo por las Leyes de Indias, indiquemos brevemente el contenido de esta Recopilación en lo referente al comercio y el derecho mercantil. — El título XVIII del libro IV trata Del comercio, mantenimientos y frutos de las Indias; el XIII del libro VIII trata De las Alcábalas (la alcábala era el impuesto que se cobraba en todas las compras y ventas); los títulos I al XIV (ambos inclusive) del libro IX tratan de la Real Audiencia y Casa de Contratación de Sevilla; los siguientes hasta el XXIV inclusive, del personal de las flotas y armadas de la carrera de las Indias; y el resto, ó sea desde el XXV al XLVI (tambien inclusives), de las materias siguientes. — De la universidad de mareantes, de los marineros y pajes de nao; De los pasajeros y licencias para ir á las Indias y volver á estos Reinos; De los extranjeros que pasan á las Indias, y su composición y naturaleza que en ellas pueden adquirir para tratar y contratar; De los fabricadores y calafates,·fábricas y aderezos de navios y su arqueamiento; De la jarcia; De las armadas y flotas; Del aforamiento y fletes; Del apresto de las armadas y flotas; De los registros; De la carga y descarga de los navios; De la visita de los navios en estos reinos, y en las Indias, y de los guardas mayores y otros; De la navegación y viaje de las armadas y flotas; De los navios de aviso que se despachan á las Indias, y de ellas á España; De los navios arribados, derrotados y perdidos; De los aseguradores, riesgos y seguros de la carrera de Indias; De los jueces oficiales de registros de las Islas de Canaria; Del comercio y navegación de las Islas de Canaria; De la navegación y comercio de las Islas de Barlovento y provincias adyacentes y de las permisiones; De los puertos, De las armadas del mar del Sur; De la navegación y comercio de las Islas Filipinas, China, Nueva España y Perú; y De los Consulados de Lima y Mexico. — El total de leyes contenidas en los títulos reseñados es, nada menos que, de mil ochocientos cincuenta y seis; advirtiendo, que en ellas hay muchas refundidas, y que una sola, que es la instrucción dada por la Reina Gobernadora, en Madrid á 26 de octubre de 1674 á los Generales de la armada y flotas de Indias y á los demás ministros á quienes toca el apresto y despacho de ellas, tiene, nada menos, que sesenta y un capítulos ó leyes.

[2]) Tambien contiene algunas anteriores de los siglos XIII y XIV, puesto que en ella se refundieron las Ordenanzas Reales de Castilla, y se insertaron las Leyes de Toro y muchas leyes del Fuero Real y del Ordenamiento de Alcala, y alguna del Estilo.

[3]) Aparte de alguna disposición suelta, que puede encontrarse desperdigada en los ocho primeros libros de la Novisima Recopilación, como, por ejemplo, la Ley VII del título XXI del libro 6°, relativa á los registros de las casas, de los comerciantes extrangeros en los casos de sospecha fundada de contrabando, todo lo que al comercio y al derecho mercantil se refiere hallase incluido en el Libro noveno y siguientes de dicho cuerpo legal. El libro noveno lleva el siguiente epigrafe: Del comercio, moneda y minas. — El título I de este libro trata De la Junta general de Comercio, Moneda y Minas, en doce leyes. El segundo, De los Consulados maritimos y terrestres, en diez y ocho. El tercero, De las cambios y bancos publicos, en ocho. El cuarto trata, De los mercaderes y comerciantes y sus contratas, en diez y siete. El quinto, De los ,revendedores, regatones y buhoneros, en trece. El sexto, De los corredores, en ocho. El octavo, De los navios y mercaderias, en once. El noveno, De los pesos y medidas, en cinco. El décimo,

de grand mérite, comme les rois de France, de Henri IV à Louis XIV; ils légiférèrent, mais leurs lois sont des lois de détail, ils s'appliquèrent à résoudre les petites questions du moment, et ils accumulèrent dispositions sur dispositions, au point de faire de nos corps de lois un véritable fouillis inextricable.

La *Nueva Recopilación*, faite en 1562, dans le but d'introduire un peu d'ordre dans le chaos de notre législation, fut une œuvre déplorable à tous les points de vue. Elle rappelle le vieil adage: l'enfer est pavé de bonnes intentions. La *Recopilación de las Leyes de Indias* de 1671 lui est supérieure, spécialement dans la partie relative au droit commercial[1]; elle est loin cependant d'être une œuvre exempte des défauts les plus graves. Ceux de la *Novísima Recopilación*, faite au XIXᵉ siècle, en 1805, et qui contient toute la législation du XVᵉ au XVIIIᵉ siècle[2] inclusivement, ne sont pas moins nombreux. Dans l'amas de lois que nos Souverains ont promulguées sur le commerce, la plupart n'ont rien à voir avec le droit commercial proprement dit[3]. Ce qu'on y trouve de véritablement intéressant est relatif aux franchises octroyées aux foires de Medina del Campo, et à la création des *Casas de Contratación* de Burgos,

---

[1] Le système suivi par nos rois de la maison d'Autriche, et que les anciens souverains espagnols avaient déjà adopté, de résoudre par eux-mêmes toutes les questions qui touchaient le gouvernement du royaume, même quand elles étaient d'ordre particulier, eut ce résultat de multiplier d'une façon prodigieuse les dispositions légales, en sorte qu'il est vraiment surprenant qu'ils aient pu trouver le temps, je ne dis pas de prendre avec une sage réflexion leurs décisions, mais même de prendre connaissance des documents soumis à leur signature. Les conséquences de tout cela furent ce qu'elles devaient être. De l'inépuisable source législative découlaient sans cesse toutes sortes de dispositions, plus au moins sages ou imprudentes, et les fonctionnaires chargés de les appliquer substituaient fréquemment leur volonté personelle à la volonté royale; spécialement dans nos immenses possessions du Nouveau Monde et de l'Archipel asiatique il leur était facile d'agir ainsi impunément à raison de la vaste étendue d'eau qui séparait la Métropole de ses Colonies. — Cette observation faite, dont il convient de tenir grand compte si l'on ne veut pas se faire une idée inexacte de notre régime colonial, en l'appréciant uniquement d'après les *leyes de Indias*, nous indiquerons rapidement les dispositions de cette Recopilación qui se réfèrent au commerce et au droit commercial. — Le titre XVIII du livre IV, traite du commerce, de l'entretien et des produits des Indes; le titre XIII du livre VIII traite des *Alcábalas* (*l'alcábala* est un impôt perçu sur toutes les ventes); les titres I à XIV inclusivement du livre IX traitent de la *real audiencia* et de la *Casa de Contratación* de Séville, les titres suivants jusqu'au titre XXIV inclusivement, du personel des flottes de guerre et marchande des Indes; et le surplus, c'est à dire du titre XXV au titre XLVI inclusivement, des matières suivantes: Des corps des marins et mousses; des passagers et de la licence d'aller aux Indes et de revenir dans nos royaumes; des étrangers qui vont aux Indes, de la capacité et de la naturalisation qu'ils peuvent y acquérir pour traiter et contracter; des constructeurs et calfats, constructions, armement et jaugeage des navires; des cordages; des flottes de guerre et marchande; du jaugeage et des frets; de l'armement des flottes de guerre et marchande; des registres; du chargement et du déchargement des navires; de la visite des navires dans nos royaumes et aux Indes et des gardiens majeurs et autres; de la navigation et des voyages des flottes de guerre et marchande; des navires d'avis envoyés aux Indes et des Indes en Espagne; des navires arrivés, déroutés et perdus; des assureurs, risques et assurances du voyage aux Indes; des juges officiers des registres des îles des Canaries; du commerce et de la navigation aux îles des Canaries; de la navigation et du commerce aux îles de Barlovento et dans les provinces adjacentes, et des permissions; des ports; des flottes de guerre de la mer du Sud; de la navigation et du commerce aux Iles Philippines, en Chine, dans la Nouvelle Espagne et au Pérou; et des *Consulados* de Lima et de Mexico. Le total des lois contenues dans les titres dont nous venons d'indiquer sommairement l'objet, n'est pas inférieur à 1856. Observons, en outre, que dans ces lois on trouve beaucoup de redites, et qu'une seule loi, (l'instruction de la Reine régente, en date à Madrid du 26 Octobre 1674, aux généraux de la flotte de guerre et des flottes marchandes des Indes, et aux ministres chargés de les armer et de les envoyer), ne contient pas moins de 61 chapitres ou lois.

[2] Elle en contient aussi d'autres antérieures des XIIᵉ et XIVᵉ siècles, car on a refondu dans ce recueil les ordonnances royales de Castille, et on y a inséré les lois de Toro, plusieurs lois du *Fuero real* et de l'ordonnance d'Alcala, et une du *Estilo*.

[3] A part certaine disposition isolée, que l'on peut trouver comme égarée dans les huit premiers livres de la *Novísima Recopilación*, comme par exemple la loi VII du titre XXI du livre 6, relative aux livres des maisons des commerçants étrangers en cas de soupçon fondé de contrebande, toutes les dispositions concernant le commerce et le droit commercial se trouvent renfermées dans les livres IX et suivants de ce recueil. Le livre IX est ainsi intitulé: Du commerce, de la monnaie et des mines. Le titre I traite en douze lois de la Junte générale du commerce de la monnaie et des mines; le IIᵉ, en 18 lois, des consulats de mer et de terre; le IIIᵉ, en 8 lois, des changes et des banques publiques. Le IV traite, en 17 lois, des marchands et commerçants, et de leurs contrats; le V, en 13 lois, des revendeurs, marchands au détail, et colporteurs; le VI, en 8 lois, des courtiers; le VIII, en 11 lois, des vaisseaux et marchandises; le IX, en 5 lois, des poids et mesures; le X, en 28 lois, du marc et des *pesos* d'or, d'argent et de la monnaie, de leur valeur

otorgadas á las ferias de Medina del Campo, y á la creación de las Casas de Contratación de Burgos Sevilla y Bilbao, con el reconocimiento de la jurisdicción especial de las mismas sobre los mercaderes que á una y á otra habian de acudir
forzosamente, y la facultad, para los respectivos Consulados, de poder dictar las
ordenanzas necesarias para su gobierno y régimen de los asuntos comerciales en
que habian de intervenir y entender; porque de esta facultad, que implicaba
una independencia del cuerpo de los mercaderes, (ya que los reyes, en uso de
su indiscutible, y, entonces, indiscutida soberanía, se reservaron tan solo el
derecho de que fueran sometidas á su conocimiento y aprobación las ordenanzas
que tuvieren por conveniente dictar los dichos Consulados) resultaron obras tan
importantes como las ordenanzas de Burgos de 1538[1], las de Sevilla de 1556[2] y
las de Bilbao de 1560 y 1737[3]; siendo lo notable de esta potente manifestación

Del marco y pesas del oro, plata y moneda; su valor y ley, en veintiocho. El undécimo, Del
Contraste y Fiel público, en tres. Los décimo tercero al décimo sexto inclusive, de las cosas
prohibidas de introducir y extraer del reino. El décimo séptimo, De la moneda, su curso
y valor. Y los décimo octavo, décimo noveno y vigésimo, de las minas. — En el libro
décimo, que lleva el epígrafe, De los contratos y obligaciones: testamentos y herencias, hay,
en el título primero, (De los contratos y obligaciones en general), de interés para comerciantes, las leyes XVIII, XX, XXI, XXII, XXIII y XXIV; en el octavo, (De los préstamos), las leyes II, III, IV y V; en el noveno, (De los depósitos y confianzas), la ley I; en el
duodécimo, (De las ventas y compras, y derecho de alcabala), las II, III, IV, V, VIII, IX, X, XI,
XII, XV, XVII y XVIII; y en el décimo tercero, (De los retractos y tanteos), las X, á XXI,
ambas inclusivas. — En el libro undécimo, (De los juicios civiles, ordinario y ejecutivos), hay,
en el título vigésimo octavo, (De los juicios ejecutivos), la ley I; en el trigésimo primero, (De
las prendas, represarias y embargos), las leyes IV y X; y en el trigésimo segundo, (De los juicios
de acreedores; alzamientos, quiebras y cesión de bienes de los deudores), las diez leyes que
contiene. — En el libro duodécimo, (De los delitos y sus penas; y de los juicios criminales), en
el título vigésimo segundo, (De las usuras y logros), hay la ley V. — Y, por último, en el
Suplemento de la Novísima Recopilación, que sigue el mismo orden en la distribución de
materias que este, en el libro noveno hay diez leyes (no tiene más) que se refieren á cosas
mercantiles.

[1]) Aun cuando antes de 1538 la Casa de Contratación de Burgos, haciendo uso del privilegio concedido por los Reyes Católicos en 1494, hubo de tener Ordenanzas que debieron ser
aprobadas por los monarcas, pues que de ellas se hace especial mención, sin protesta de ninguna
clase en la Real Cédula de 1495, y á ellas se refieren igualmente algunas de las disposiciones de
las de 1538, no consta, hasta ahora, de un modo fehaciente, que las tales Ordenanzas primitivas
fueran de 1495, como aseguran *Capmany*, Ob. cit. tomo I, pag. LXII, y *Alvarez del Manzano*,
Ob. cit. tomo I, pag. 416, bajo la autoridad de aquel. Otro tanto ha de decirse de las de 1514
y 1520, de las que la diligencia del erudito *Garcia de Quevedo*, Ob. cit., no ha encontrado rastro
alguno. Las de 1511, que publicaron, *Capmany*, Ob. cit., y *Pardessus*, Ob. cit., aunque con la fecha
de 1512, fueron reproducidas en las de 1538. De las que no tuvieron noticia ni Capmany
ni Pardessus, puesto que ninguno de ellos las menciona siquiera, es de las de 1572 y 1766, tambien
de Burgos, de las cuales hay sin embargo bastantes ejemplares impresos. — La formación
de las ordenanzas de 1538 fué autorizada por Real Cédula de 3 de enero de 1520; quedaron
aprobadas por los mercaderes en 1535, y obtuvieron la sanción regia por Real Cédula de 18
de setiembre de 1538, no imprimiendose, sin embargo, hasta el año 1553. — Desde el comienzo
de la confirmación y petición de poder, hasta la confirmación de ellas por el monarca, comprende noventa capítulos, leyes ú ordenanzas ó como se las quiera llamar, pues no llevan
en el original otra indicación que la del número de órden correspondiente. — En la tercera
comienzan las Ordenanzas, siendo, hasta la XLVI inclusive, una serie de disposiciones que pudieran
llamarse la ley orgánica del Consulado, entre las que se hallan interpoladas otras que nada
tienen que ver con ella, referentes á préstamos, ventas compañias, factores, letras de cambio,
fletamentos y cargamentos de mercaderias. Desde la LVII hasta la LXXXVIII inclusive
son un completo código de seguros marítimos. Y las tres últimas son: el pie de las Ordenanzas
y suplicación para confirmarlas, una diligencia notarial, y el pie de la confirmación real. — En
1540 se aprobó por el rey un nuevo modelo de póliza, distinto del que contenian las Ordenanzas,
por que habian variado los usos en las estaplas de Flandes, Italia, Portugal é Inglaterra; y en
1572 se aprobaron otras nuevas Ordenanzas, que en su mayor parte fueron las de 1538 ligeramente
modificadas, y de las que hace un estudio comparativo Garcia de Quevedo en su ya citado libro.
— Las de 1766 son totalmente distintas á las anteriores; y fueron hechas, más que por razón de
necesidad, (puesto que la importancia del Consulado y Casa de Contratación habian pasado á la
historia durante el siglo XVII) en previsión de un renacimiento comercial de Burgos, que no llegó
nunca. En las nuevas Ordenanzas se especifican cuidadosamente las condiciones que han de
reunir los que formen parte de la asociación de mercaderes, las obligaciones de todos los funcionarios consulares, lo referente á letras de cambio, compañias mercantiles, corredores de comercio
etc; pero nada se dice respecto al gran comercio que, á través de los mares, antes se había hecho,

[Continuación de la nota 1, 2 y nota 3 veáse pag. 15.]

Séville et Bilbao et à la reconnaissance de leur juridiction sur les marchands qui étaient astreint à recourir à elles, et au droit attribué aux *Consulados* de ces villes de promulguer les ordonnances nécessaires sur leur administration intérieure et le réglement des affaires commerciales dont ils avaient à connaître, car ce droit, qui impliquait l'indépendance du corps des marchands (les rois, en vertu de leur souveraineté incontestable et incontestée, se réservaient seulement le droit d'examiner et d'approuver les ordonnances que les *Consulados* jugeaient utiles) a produit des œuvres importantes comme les ordonnances de Burgos de 1538[1], de Séville, de 1556[2], et de Bilbao, de 1650 et 1737[3]. Cette puissante manifestation de la vie juridique commerciale de l'Espagne mérite d'autant plus d'être signalée que les commerçants de l'ancien royaume d'Aragon, après avoir donné, du XIIIe au XVe siècle inclusivement, des preuves si visibles et si remarquables de leurs énergie et de leur puissance,

et cours légal; le XI, en 3 lois, du controle et de la balance publique. Les titres XIII à XVI inclusivement traitent des choses dont l'importation et l'exportation du royaume sont prohibées; le titre XVII, de la monnaie, de son cours et de sa valeur. Les titres XVIII, XIX et XX traitent des mines. Dans le livre X qui porte cette rubrique: Des contrats et obligations, testaments et successions, les lois qui dans le titre premier (des contrats et obligations en général), intéressent les commerçants sont les lois XVIII, XX, XXI, XXII, XXIII et XXIV. Dans le titre VIII, (des prêts), ce sont les lois II, III, IV et V; dans le titre IX (des dépôts et fiducies), la loi I; dans le titre XII (des ventes et achats et du droit d'*Alcabala*), les lois II, III, IV, V, VIII, IX, XI, XII, XV, XVII et XVIII, et, dans le titre XIII (des rémérés et *tanteos*), les lois X à XXI. Dans le livre XI, (des instances civiles, ordinaire et exécutive) nous noterons dans le titre XXVIII, (des instances exécutoires), la loi I; dans titre XXXI (des nantissements, revendications et saisies), les lois IV et X et les lois 10 du titre XXXII (des instances de créanciers, adjudications, faillites et cession de biens des débiteurs). Dans le livre XII, (des délits et de leurs peines et des instances criminelles) nous signalerons la loi V du titre XXII (des usures et intérêts illicites). En- fin, le supplément de la *Novisima Recopilación*, dans lequel on a observé le même ordre pour la dis- tribution des matières, le livre X contient 10 lois (pas une de plus) qui se refèrent aux affaires commerciales.

[1]) Même antérieurement en 1538, la *Casa de Contratación* de Burgos, en vertu du privilège que les rois catholiques lui avaient octroyé en 1494, a dû prendre des ordonnances qui furent approuvées par les souverains, car il en est fait mention, sans aucune protestation ni réserve, dans la cédule royale de 1495. Certaines dispositions des ordonnances de 1538 s'y réfèrent également; cependant rien ne prouve d'une manière certaine que les ordonnances primitives dataient de 1495, comme l'affirment Capmany (op cit. t. 6, p. LXII) et, sur l'autorité de celui-ci, Alvarez de Manzano ((op.cit. t. I, p. 416). Il faut dire aussi que malgré les recherches de l'érudit Garcia de Quevedo (op. cit.), il n'a été retrouvé aucun vestige des ordonnances de 1514 et 1520. Les ordonnances de 1511 que publièrent Capmany (*op. cit.*) et Pardessus (*op. cit.*) sous la date de 1512 furent reproduites dans les ordonnances de 1538. Les ordonnances dont ni Capmany ni Pardessus n'ont trouvé trace, car ils ne les mentionnent même pas, sont les ordonnances de Burgos de 1572 et 1766, dont il existe cependant un nombre suffisant d'exemplaires imprimés. — La rédac- tion des ordonnances de 1538 fut approuvée par la cédule royale du 3 janvier 1520; elles furent approuvées par les marchands en 1535 et obtinrent la sanction royale par cédule royale du 18 septembre 1538; elles ne furent pas imprimées cependant avant 1553. — Depuis le commencement de la confirmation et de la requête à fin d'approbation, jusqu'à la sanction donnée par le souverain, cette ordonnance comprend 90 chapitres, lois ou ordonnances, comme il plaira de les appeler, sans autre indication dans le texte original que le numéro d'ordre correspondant. — Dans le 3e chapitre commencent, à proprement parler les ordonnances, et, jusqu'au XLVIe chapitre inclusivement, on trouve une série de dispositions que l'on peut appeler la loi organique du Con- sulat. Parmi ces dispositions, d'autres ont été interpolées qui se refèrent aux prêts, aux ventes, aux sociétés, aux facteurs, aux lettres de change, aux affrètements et aux chargements de marchan- dises. Les chapitres LVII à LXXXVIII, inclusivement, forment un code complet des assurances maritimes. Les trois derniers chapitres sont: le «pied» des ordonnances et la supplique à fin de confirmation, un acte notarié et le «pied» de la sanction royale. En 1540, le roi a approuvé un nouveau modèle de police, différent de celui que contenaient les ordonnances et que rendait néces- saire le changement survenu dans les usages des places des Flandres, de l'Italie, du Portugal et de l'Angleterre. En 1572 furent approuvées d'autres nouvelles ordonnances qui ne sont, dans la plus grande partie, que les ordonnances de 1538 légérement modifiées. Garcia de Quevedo en a fait une étude comparative dans l'ouvrage que nous avons déjà eu l'occasion de citer. — Les ordon- nances de 1766 sont totalement différentes des ordonnances antérieures. Elles furent faites moins par raison de nécessité (car l'importance du Consulat et de la *Casa de Contratación* n'était plus qu'un souvenir historique au XVIIe siècle) qu'en prévision d'une renaissance commerciale de Burgos qui ne se produisit pas. Ces nouvelles ordonnances spécifient avec le plus grand soin les conditions que doivent réunir ceux qui font partie de l'association des marchands, les obligations de tous

[V. page 15, la suite de la note 1 et les notes 2 et 3.]

de la vida jurídico mercantil de España que los mercaderes de la antigua Corona
de Aragón, que tan visibles y notables muestras de su empuje y poderío dieron
desde los siglos XIII al XV inclusive, rendidos, al parecer, por aquel magno
esfuerzo, vivieron, durante los siglos posteriores, del recuerdo de su pasada
grandeza, sin contribuir al avance realizado por el derecho mercantil en esta
epoca.

Aun cuando las citadas Ordenanzas de Burgos y de Sevilla difieren grande-
mente la una de la otra, tanto por su extension como por su forma, coinciden, sin
embargo, ambas en el estudio extenso que hacen del contrato de seguros marítimos[1].
Estudio, tan magistralmente hecho, que á las dos Ordenanzas puede hacerse extensivo el elogio que de la de Sevilla hizo el ilustre jurisconsulto francés, Mr. Arthur
Desjardins (muerto ya por desgracia para la ciencia) al decir que con esta última

como no sea que acerca de él se provea, «luego que se empieze á verificar aumento de tráfico».
García de Quevedo, Ob. cit. pags. 140 y 141.

[2]) La Casa de Contratacion de las Indias de Sevilla no tuvo una verdadera jurisdicción
consular, organizada al estilo de las de Valencia, Barcelona, Burgos y Bilbao, hasta el 23 de Agosto
de 1543, en que el emperador Carlos 5° la creó por su Real Cédula de dicha fecha; pero es evidente
que existía con anterioridad una cierta jurisdiccion, quizá desde 1503, en que se fundó la Casa de
Contratación, por cuanto el propio emperador, en su ordenanza de 15 de agosto de 1539 para
poner término á los conflictos de jurisdicción entre los jueces de la Contratación y los demás
tribunales de Sevilla, dicta ciertas reglas para lo sucesivo, que implican el reconocimiento de
dicha jurisdicción. — La Casa de Contratación dictó tambien algunas ordenanzas para su gobierno,
puesto que, por lo menos, se conocen las de 1507, sobre préstamos á la gruesa, que publicó, Pardessus
en su Collection, Ob. cit.; pero hasta 1554 no tuvo unas Ordenanzas generales. Dos años despues,
en 14 de junio de 1556, eran aprobadas otras nuevas, tambien de caracter general, puesto que
los veintiseis primeros capítulos se refieren á la elección del tribunal del Consulado, su organización y modo de proceder; y desde el veintisiete al sesenta, que es el ultimo, están dedicados
exclusivamente á la regulación de los seguros marítimos Como apendice tienen dichas Ordenanzas cinco modelos de pólizas verdaderamente notables. — La parte referente á los seguros
fué publicada por *Capmany* en su *Apéndice al Consulado*, Ob. cit., y por *Pardessus* en su
Collection, Ob. cit.; y, aparte de los ediciones especiales que de ellas se hicieron, se insertaron
casi íntegras, con algunas ligeras modificaciones, en la Recopilación de Leyes de Indias.

[3]) La importancia marítima de la villa de Bilbao, y su situación excepcional sobre su her-
mosa ria, hicieron que, ya en el siglo XIII (es decir, mucho antes que su rival, la ciudad de Burgos) fuera una villa comercial de primer órden, en la que sus mercaderes debieron estar organizados desde muy antiguo; pues, aun cuando hasta 1511, por Real Cédula de 22 de junio, no
tuvo un Consulado y una jurisdicción comercial, análoga á la de Burgos, al decir de algunos
autores *(Lafuente, Discurso de inauguración del curso de 1869 á 1870 en el Instituto vizcaino*,
citado por *Alvarez del Manzano*, Ob. cit. pag. 420) ya, en 1459, tuvo unas primitivas Ordenanzas
de escasa importancia. Celosos los comerciantes bilbainos de los privilegios concedidos á Burgos,
contra los cuales habian siempre protestado ante los monarcas, era natural que, habiendo conseguido estos últimos la aprobación de sus famosas Ordenanzas de 1538, y mas tarde los de
Sevilla, en 1556, las suyas, hicieran los bilbainos unas, que recibieran la aprobación regia, igualmente, por Real Cédula de 15 de diciembre de 1560. — Estas Ordenanzas, más extensas
que las ya citadas de Burgos y Sevilla, contienen setenta y cinco capítulos, de los cuales los
veintidos primeros se refieren á la organización del Consulado, los siguientes, hasta el setenta
y uno inclusive, á los seguros marítimos (si bien entre ellos se hallan interpolados algunos
referentes al modo de proveer á la necesidad de dinero para la compra de vituallas y aparejos
estando en viaje; y al reparto y distribución de averías gruesas y ordinarias). Y los, setenta
y dos á setenta y cinco, el uno, á la prohibición de admitir escritos de abogados, el otro, á la
determinacion de algunas reglas de procedimiento, el siguiente al valor de las letras de cambio
y de otros efectos de crédito, y el último, á las apelaciones en las causas de comercio. Estas
ordenanzas, adicionadas en 1665, y confirmadas en 1688, se imprimieron y publicaron en 1691.
— Preocupados, como se ha visto, tanto los mercaderes bilbainos, como los de Sevilla y Burgos,
por los problemas del derecho mercantil marítimo, y, sobre todo, por los relativos á los seguros,
todas las demás materias del derecho mercantil puede decirse que estaban huerfanas de disposiciónes legales. Y, como á esta necesidad habia atendido ya la ordenanza terrestre francesa
de 1673, y la influencia francesa se dejaba sentir en nuestra patria con gran fuerza, sobre todo
desde que ocuparon el trono de España los descendientes de Luis XIV, desde 1725 empezaron
en Bilbao las ansias de reformar la legislación mercantil. En 1731 consiguieron la aprobación
regia de las reformas propuestas, pero, descontentos los más exigentes, en 1739 volvió á tratarse
entre los mercaderes bilbainos de una nueva y más radical reforma, la cual fué sancionada y
promulgada por Real Cédula de 2 de diciembre de 1737.

[1]) Veáse las notes 1), 2), 3).

comme s'ils étaient épuisés par ce magnifique effort, vécurent ensuite durant les siècles suivants du souvenir de leur ancienne grandeur, sans contribuer aucunement désormais aux progrès réalisés par le droit commercial.

Sans doute, les ordonnances de Burgos et de Séville, dont nous venons de parler, diffèrent l'une de l'autre par leur étendue et par leur forme. Elles se ressemblent toutefois sur un point, je veux parler de l'étude étendue et approfondie qu'elles ont faite du contrat des assurances maritimes[1]. Cette étude est si magistrale qu'on peut étendre à ces deux ordonnances l'éloge que faisait de l'ordonnance de Séville M. Arthur Desjardins, un éminent jurisconsulte français, trop tôt ravi à la science,

les fonctionnaires consulaires, et ce qui concerne les lettres de change, les sociétés commerciales, les courtiers de commerce, etc.; mais aucune disposition ne concerne le grand commerce qui se faisait antérieurement à travers les mers, comme s'il n'y avait à s'en occuper «que lorsqu'il commencerait à y avoir une augmentation du trafic» (Garcia de Quevedo, op. cit. p. 140 et 141).

[2]) La *Casa de Contratación de las Indias* de Séville n'a pas possédé une véritable juridiction consulaire organisée comme celles de Valence, Barcelone, Burgos et Bilbao, avant le 23 Août 1543. A cette date, par sa cédule de ce même jour, l'Empereur Charles-Quint lui accorda cette juridiction. Il est évident, toutefois, qu'antérieurement et peut-être dès 1503, c'est à dire dès la fondation de la *Casa de contratación*, il existait une certaine juridiction, car le même empereur, dans son ordonnance du 18 août 1539, pour mettre fin à certains conflits de compétence entre les juges de la *Casa de contratación* et les autres tribunaux de Séville, édicte pour l'avenir des règles précises qui impliquent la reconnaissance de cette juridiction. — La *Casa de contratación* a édicté aussi certaines ordonnances pour son administration. On connaît tout au moins les ordonnances de 1507 sur les prêts à la grosse, que Pardessus a publiées dans sa collection (op. cit.). Jusqu'en 1554, cependant, il n'y est pas d'ordonnances générales. Le 14 juin 1556 furent approuvées de nouvelles ordonnances qui n'avaient pas non plus un caractère général. En effet les 26 premiers chapitres de ces ordonnances se réfèrent à l'élection du tribunal du Consulat, à son organisation et à la manière de procéder; les chapitres 27 à 60 et dernier inclusivement sont relatifs à la réglementation des assurances maritimes. L'appendice de ces ordonnances contient cinq modèles de polices vraiment remarquables. La partie concernant les assurances a été publiée par Capmany, dans son *Apendice al Consulado* (op. cit.), et par Pardessus dans sa collection (op. cit.), et, à part les éditions spéciales qui en furent faites, elle a été insérée presque intégralement, avec quelques légères modifications, dans la *Recopilación de Leyes de Indias*.

[3]) L'importance maritime de la ville de Bilbao et sa situation exceptionelle sur une belle rivière en firent dès le XIIIe siècle (c'est à dire bien avant Burgos, sa rivale) une place de commerce de premier ordre où les marchands durent être organisés dès les temps les plus reculés. Et quand on devrait admettre avec certains auteurs (*Lafuente, Discurso de inauguración del curso de 1869 à 1870, en el Instituto vizcaino*, cité par *Alvarez del Manzano*, op. cit. p. 420) qu'avant la cédule royale du 22 juin 1511, il n'y eut pas à Bilbao un consulat et une juridiction commerciale analogue à celle de Burgos, il est certain que cette ville avait déjà, en 1459, certaines ordonnances de peu d'importance il est vrai. Les commerçants de Bilbao, jaloux des privilèges accordés à Burgos, contre lesquels ils n'avaient cessé de protester devant le roi, durent naturellement rédiger leurs ordonnances particulières qui reçurent à leur tour l'approbation royale par la cédule du 15 décembre 1560, lorsqu'ils virent que Burgos, en 1538, et Séville, en 1556, avaient fait approuver les leurs — Ces ordonnances de Bilbao, plus étendues que celles de Burgos et de Séville, contiennent 75 chapitres; les 22 premiers se réfèrent à l'organisation du Consulat, les suivants jusqu'au 71e inclusivement, aux assurances maritimes. Parmi leurs dispositions ils s'en trouve bien certaines relatives à la manière de se procurer des fonds pour l'achat de victuailles et d'agrès durant le voyage et à la répartition des avaries grosses et ordinaires. Les chapitres 72 à 78 traitent l'un de l'interdiction d'accepter des mémoires d'avocats, l'autre de quelques règles de procédure, le suivant de la valeur des lettres de change, et autres effets de crédit, et le dernier des appels en matière commerciale. Ces ordonnances, qui ont reçu des additions en 1665, furent confirmées en 1688; elles furent imprimées et publiées en 1691. Comme on a pu le voir, les commerçants de Bilbao, comme ceux de Séville et de Burgos, se préoccupaient des problèmes du droit maritime et surtout des questions relatives aux assurances, matières sur lesquelles il n'existait pour ainsi dire aucune texte de loi. Et, comme l'ordonnance française de 1673 sur le commerce par terre avait pourvu à ce besoin, et que l'influence française se faisait sentir très fortement dans notre pays, surtout depuis que les descendants de Louis XIV étaient montés sur le trône d'Espagne, dès 1725 on commença à désirer très vivement, à Bilbao, la réforme de la législation commerciale. En 1731, les réformes proposées obtinrent l'approbation royale; elles ne suffirent pas à satisfaire les plus exigents, et, en 1739, les marchands de Bilbao commencèrent à s'occuper d'une réforme nouvelle et plus radicale, qui fut sanctionnée et promulguée par la cédule royale du 2 décembre 1737.

[1]) Voyez ci-dessus les notes 1, 2, et 3.

se entra en el dominio del derecho moderno, por que todo está ya preparado para
la codificación de las leyes comerciales marítimas[1]. Y, si de estas Ordenanzas españolas del siglo XVII puede decirse lo que queda dicho, de las de Bilbao, de 1737,
puede asegurarse que son el primer Código de derecho mercantil del mundo, ya que
en ellas se reunieron, por primera vez, las materias todas del derecho mercantil terrestre y marítimo, formando un solo cuerpo legal[2].

Este paso decisivo, y tan importante, en la historia del derecho mercantil español fué debido al resurgimiento de la vida comercial, producido por la sábia
política de los reyes de la Casa de Borbón. Y asi, como es timbre legítimo de orgullo
para Barcelona, el que su libro del Consulado de Mar extendiera su autoridad por
todo el Mediterraneo, lo es ciertamente, y muy grande tambien para la industriosa
villa de Bilbao, el que sus Ordenanzas locales se extendieran en poco tiempo por
toda la Península, y trascendiendo de ella llegaran á ser el Código general de todas
nuestras dilatadas colonias americanas sobreviviendo en ellas hasta muchos años
despues de proclamada su independencia[3]. Y, aun cuando es indudable que los
redactores de estas Ordenanzas hubieron de inspirarse en el ejemplo de Francia, y
de sus famosas Ordenanzas de 1673 y 1681, hay que decir, en honor de ellos, que
no fueron ni copistas ni traductores, sino que hicieron una obra genuinamente española, expresión fiel de las necesidades jurídicas del comercio, y hasta de los prejuicios
de la sociedad española del siglo XVIII.

*   *   *

Con tales antecedentes es facil suponer que, al traspasar los umbrales del siglo
XIX, y habiendose iniciado en Francia el movimiento codificador moderno á principios de siglo, con un sentido de amplitud y generalidad que no podian tener los
intentos de los siglos XVII y XVIII, España no habia de quedarse rezagada en
la obra de progreso del derecho mercantil. Y esto, con tanto más motivo, cuanto
que, apesar de que la invasión napoleónica y la guerra de la Independencia pare-
cian haber creado abismos insondables entre las naciones de una y otra de las ver-
tientes de los Pirineos, los espíritus cultos de nuestra patria tuvieron siempre fija
su vista en la nacion francesa, que política, económica é intelectualmente había
sabido sobreponerse á la España mundial, que crearon y aniquilaron los mismos
Austrias en el escaso periodo de dos siglos. Y esto, sin contar, con que aquel gran-
dioso movimiento de fines del siglo XVIII, que se llama la Revolución francesa,
hecho con un sentido tan profundamente humano, y tan superior, por ello, á todos
los movimientos políticos de todos los pueblos, había de hacer forzosamente que
fuera Francia, en aquella época, faro potentisimo de inextinguible luz, hacia el cual
habian de converger las miradas de todos los que amaban la reforma y mejora de
las instituciones juridico-sociales.

Por esta consideración, y, aun más por la de que todo nuevo regimen po-
lítico precisa la reforma de la legislación existente para evitar los rozamientos entre
lo antiguo y lo nuevo, las Cortes de Cadiz, el mismo día en que se nombraba la
comision redactora de la Constitución política, promulgada más tarde, en 1812, acep-

[1] *Desjardins*, *Introduction historique à l'étude du droit commercial maritime.* Paris
1890, pag. 106.
[2] Constan estas Ordenanzas de veintinueve capítulos, divididos en números ó árticulos;
los ocho primeros, dedicados á la organización y régimen del Consulado; los siete siguientes, á
los mercaderes y sus libros, compañías de comercio, compraventas (contratas), letras de cambio,
vales, libranzas y cartas-órdenes de crédito (de comercio) y corredores; el diez y seis, á los corredores intérpretes; el diez y siete, á las quiebras; y los restantes, hasta el veintitres inclusive, al
comercio marítimo (fletamentos, naufragios, averías, seguros, préstamo á la gruesa, capitanes,
pilotos, contramaestres y marinos). Los cuatro últimos tienen ya un caracter marcadamente
local, pues se refieren al piloto mayor del puerto y ria de Bilbao, á los pilotos lemanes ó de costa,
al régimen de la ria, á los carpinteros, calafates, gabarreros y barqueros.
[3] A esta difusión extraordinaria de unas Ordenanzas que nacieron con caracter local, debió
contribuir, y no poco, el hecho de haberse publicado, como leyes del Reino, en la Novísima Recopilación, el capítulo noveno, relativo á los libros de los comerciantes (ley XIV, del título IV
del libro X) y el onceno, referente á las compra-ventas mercantiles (ley XVIII del mismo título
y libro). — En America estuvieron en vigor en todas les repúblicas hispano-americanas, hasta
la publicación de sus respectivos Códigos de comercio. El último Estado americano que las
abandonó fue Mexico, en donde rigieron hasta que se puso en vigor el Código de 1884.

lorsqu'il disait qu'on entre, avec cet acte législatif, dans le domaine du droit moderne et que tout est préparé pour la codification des lois commerciales maritimes[1]. On peut dire aussi de ces ordonnances espagnoles du XVIe ce qui a été dit des ordonnances de Bilbao de 1737, qu'elles sont le premier code de droit commercial du monde, parce qu'elles réunirent pour la première fois, en un seul corps de loi, toutes les matières du droit commercial terrestre et maritime[2].

Ce pas décisif, et si important, dans l'histoire du droit commercial espagnol, est dû à la renaissance de la vie commerciale que provoqua la sage politique des rois de la Maison de Bourbon. Si Barcelone peut à bon droit être fière de l'autorité que son livre du Consulat de la mer a acquise sur toute la Méditerranée, l'industrieuse ville de Bilbao peut certainement et plus grandement aussi s'enorgueillir de voir ses ordonnances locales s'étendre en peu de temps à toute la Péninsule, et devenir ensuite le Code général de toutes nos colonies américaines, où elles sont demeurées en vigueur encore pendant de nombreuses années après la proclamation de leur indépendance[3]. Et, lors même qu'il serait certain que les rédacteurs de ces ordonnances se seraient inspirés de l'exemple de la France et des célèbres ordonnances de 1673 et de 1681, il faut dire à leur honneur qu'ils ne furent ni des copistes ni des traducteurs, mais qu'ils firent une œuvre d'un caractère vraiment espagnol, qui est l'expression fidèle des besoins juridiques du commerce, et dans laquelle on trouve même les préjugés de la société espagnole du XVIIIe siècle.

*   *   *

Avec de tels antécédents, il est facile de supposer qu'en franchissant le seuil du XIXe siècle, alors que la France avait pris l'initiative du mouvement de codification en lui imprimant un caractère d'étendue et de généralité dont il ne pouvait être question au XVIIe ni au XVIIIe siècle, l'Espagne ne voudrait pas se trouver en retard dans l'œuvre du progrès du droit commercial. Il y avait pour cela d'ailleurs un motif particulièrement puissant. Malgré que l'invasion napoléonienne et la guerre de l'Indépendance puissent paraître avoir creusé un abîme insondable entre les nations des deux côtés des Pyrénées, les esprits cultivés de notre pays n'ont pas cessé d'avoir toujours les yeux fixés sur la nation française qui, au point de vue politique, économique et intellectuel, a su se substituer à l'Espagne mondiale que notre dynastie autrichienne a créée et anéantie dans le court espace de deux siècles. Faut-il ajouter que le grand mouvement de la fin du XVIIIe siècle, qui s'appelle la Révolution française, inspiré par un sentiment si profondément humain et qui par là même est infiniment supérieur à tous les mouvements politiques de tous les peuples, devait forcément faire de la France, à cette époque, comme un phare puissant projetant les rayons d'une lumière inextinguible, vers lequel convergeaient nécessairement les regards de tous ceux qui aimaient la réforme et le progrès des institutions juridico-sociales.

Par cette considération et aussi par ce motif que tout nouveau régime politique a besoin de réformer la législation existante pour éviter les frottements entre les nouvelles institutions et les anciennes lois, les Cortès de Cadix, le jour même où elles nommaient la commission chargée de rédiger la constitution politique, promulguée plus

---

[1]) *Desjardins, Introduction historique à l'étude du droit commercial maritime*, p. 106, Paris 1890.

[2]) Ces ordonnances comptent 29 chapitres, divisés en numéros ou articles; les huit premiers sont consacrés à l'organisation et au régime du Consulat, les sept suivants, aux commerçants et aux livres des commerçants, aux sociétés de commerce, aux achats et aux ventes (contrats) aux lettres de change, valeurs, *libranzas*, lettres-ordres de crédit (de commerce) et aux courtiers, le 16e aux courtiers interprètes, le 17e aux faillites, et les autres, jusques et y compris le 23e au commerce maritime (affrètements, naufrages, avaries, assurances, prêt à la grosse, capitaines, pilotes, contre-maîtres et marins). Les quatre derniers ont un caractère nettement local et sont relatifs au pilote *mayor* du port et de la rivière de Bilbao, aux pilotes lamaneurs ou côtiers, au régime de la rivière, aux charpentiers, calfats, maîtres de gabarre et bateliers.

[3]) Cette diffusion extraordinaire d'ordonnances qui, à l'origine, avaient un caractère purement local, a dû être favorisée, dans une large mesure, par ce fait que le chapitre IX relatif aux livres des commerçants (loi XIV du titre IV du livre X) et le chapitre XI relatif aux ventes commerciales, (loi XVIII des mêmes titre et livre) ont été promulguées comme loi du Royaume dans la *Novissima Recopilación*. — En Amérique, les ordonnances de Bilbao demeurèrent en vigueur dans toutes les Républiques hispano-américaines, jusqu'à la publication de leurs codes de commerce respectifs. Le dernier Etat qui les abandonna fut le Méxique, où elles furent appliquées jusqu'à la mise en vigueur du Code de 1884.

taban el pensamiento de codificar nuestro derecho; y, por la tanto, de redactar un nuevo Código de comercio con caracter general para la nación española. Los azares de la lucha con los ejércitos de Napoleón, y los problemas políticos de palpitante actualidad en que hubieron de interveuir aquellas Cortes, hicieron que, al ocurrir la restauración absolutista en 1814, la tarea de la confección de los Códigos no se hubiera ni siquiera empezado. Por idénticas razones, en el periodo liberal del 1820 al 23, se pensó de igual modo en la codificación, y se llegó de nuevo á la segunda restauración absolutista, sin haber dado un solo paso en este sentido; hasta que el transcurso de los años, aumentando, de una parte, las exigencias de la vida comercial, que á la fuerza se modernizaba, y apagando, de otra, los brios y la terquedad de caracter del testarudo Fernando VII, tan opuesto á todo lo que oliera á transpirinaico (revolucionario ó imperialista), hizo que el ministro de Hacienda, de aquel absolutista y tiránico monarca, Dn. Luis Lopez Ballesteros, acogiera favorablemente la exposición que en 29 de noviembre de 1827 presentaba el ilustre jurisconsulto, Dn. Pedro Sainz de Andino, para que se promulgara un Código de comercio, cuyo proyecto se comprometía á redactar él mismo.

Aceptado el pensamiento, y el compromiso de Dn. Pedro Sainz de Andino, se nombró una comisión compuesta de magistrados y jurisconsultos, de la que se hizo secretario á aquel; y, terminado el proyecto de la comisión y el que elaboró por su cuenta el Sr. Sainz de Andino, el monarca, teniendo á la vista ambos, y habiendo leido por si mismo el de este último[1] lo aprobó y promulgó como ley del reino por su Real Decreto de 30 de mayo de 1829, para empezar á regir en 1° de enero de 1830.

Derogaronse, por el mismo Real Decreto, todas las Leyes, Ordenanzas y disposiciones anteriores que se opusieran al nuevo Código; y, de este modo, quedó realizada la unidad legislativa, tan importante en esta rama del derecho; la cual no habia llegado anteriormente á ser completa, apesar de lo que hemos dicho antes de las Ordenanzas de Bilbao, que tropezaron siempre con alguna resistencia en los puertos de la antigua corona de Aragón[2].

Quedaba todavia por realizar la unidad del procedimiento, por que á ello no había atendido el nuevo Código, y los recientes tribunales de comercio, que sustituian á los antiguos Consulados, seguian las practicas que tradicionalmente se habian ido creando en los mismos. Pero á esta necesidad se acudío muy en breve, publicando, en 24 de julio de 1830, la Ley de Enjuiciamiento sobre los negocios y causas de comercio, que había de sustituir, á partir de dicho dia, todo el procedimiento antiguo; y en la que se disponía que, en lo no previsto por dicha ley, se atuvieran los tribunales á las leyes comunes sobre procedimientos judiciales[3].

Tanto esta nueva Ley, como la orgánica, que, con fecha 10 de setiembre de 1831, se publicó, creando la Bolsa oficial de Madrid, y regularizando la contratación de efectos públicos y valores comerciales, fueron obra tambien del insigne jurisconsulto, Sainz de Andino, á quien, con muy buen acuerdo encomendó su redacción el ministro de Hacienda, Sr. Ballesteros[4]. Siendo muy de notar, en honra y gloria del autor de nuestras leyes comerciales, que la obra de un solo hombre resultó muy superior á la de la serie de hombres eminentes que colaboraron en la confección del Código de comercio francés de 1807; y, tambien inmensamente superior, á la que realizó

---

[1]) De suponer es que leyera los dos proyectos; pero en la Real Orden de 3 de junio de 1829, que se dirigio á Dn. Pedro Sainz de Andino, se leen estas palabras: «El Rey N. Sr. se ha dignado *leer por si mismo* con el mayor aprecio y agrado el proyecto de Código que V. S. ha remitido en 27 de mayo último».

[2]) Sainz de Andino, en su citada exposición al ministro de Hacienda, lo afirma en estos términos: «por otra parte hay algunas provincias, como son Cataluña y Valencia, en donde se conservan sus leyes y costumbres particulares, á que se atienen sus consulados, con preferencia á las de Bilbao».

[3]) Articulo 462 de la citada Ley.

[4]) Por Real orden de 3 de junio de 1829 se confirio al Sr. Sainz de Andino el encargo de que, á tenor de lo prevenido en el artículo 1219 del Código de commercio, presentase un proyecto de Ley provisional de Enjuiciamiento mercantil para mientras no se promulgare el Código general de Enjuiciamiento. — El propio Dn. *Pedro Sainz de Andino*, en su *Ensayo crítico sobre la contratación de la Bolsa de comercio*, Madrid, 1845, Parte primera (única que se publicó) pag. XIV, lo dice así: «por que habiendo yo formado el proyecto de ley de Bolsa, que fué aprobado, decretado y sancionado por el difunto monarca, el señor Dn. Fernando VII (Q. E. E. G.) á 10 de setiembre de 1831».

tard en 1812, accueillaient la pensée de codifier notre droit et, par conséquent, de rédiger un nouveau code de commerce ayant un caractère général pour toute la nation espagnole. Les péripéties de la lutte avec les armées de Napoléon et les problèmes politiques d'une palpitante actualité dont les Cortès durent s'occuper, firent que, lors de la restauration absolutiste en 1814, la tâche de la rédaction des Codes n'était pas même commencée. Pour des raisons identiques, dans la période libérale de 1820 à 1823, on songea également à la codification, et l'on arriva de nouveau à la seconde restauration absolutiste sans avoir fait un seul pas dans ce sens. Enfin, à mesure que les années s'écoulaient, les exigences de la vie commerciale s'augmentaient, car elle se modernisait forcément et, en même temps, s'apaisaient les résistances opiniâtres de l'entêté Ferdinand VII, si opposé à tout ce qui avait un parfum transpyrénéen (révolutionnaire ou impérialiste), et de là vint que le ministre de *Hacienda* de ce monarque absolu et tyrannique, D. Luis Lopez Ballesteros, accueillit favorablement le mémoire présenté, le 29 novembre 1827, par un éminent jurisconsulte, D. Pedro Sainz de Andino, tendant à la promulgation d'un Code de Commerce dont il s'engageait à rédiger lui-même le projet.

Cette idée étant acceptée, ainsi que l'engagement de D. Pedro Sainz de Andino, on nomma une commission composée de magistrats et de jurisconsultes, dont Sainz de Andino fut le secrétaire. Quand le projet de cette commission fut achevé, ainsi que celui que Sainz de Andino avait élaboré pour son compte, les deux rédactions furent soumises au roi, et celui-ci, après avoir lu personnellement le projet de Sainz de Andino [1], l'approuva et le promulgua comme loi de l'Etat par décret royal du 30 mai 1829, pour entrer en vigueur le 1er janvier 1830.

Ce même décret royal abroge à toutes les lois, ordonnances et dispositions antérieures contraires au nouveau Code; et ainsi se trouva réalisée l'unité législative si importante dans cette branche du droit qui n'avait jamais pu être complète auparavant, malgré ce que nous avons dit plus haut des ordonnances de Bilbao, car l'application de ces ordonnances rencontra toujours une certaine résistance dans les les ports de l'ancien royaume d'Aragon [2].

Il restait toutefois à réaliser l'unification de la procédure: le nouveau Code n'y avait point pourvu, et les nouveaux tribunaux de commerce, substitués aux anciens consulats, suivirent les pratiques qui traditionnellement s'étaient établies dans ces juridictions. Il fut rapidement pourvu à ce besoin par la publication, le 24 juillet 1830, de la loi de *Enjuiciamiento* pour les affaires et causes commerciales, qui devait remplacer, à partir de cette même date, toute la procédure ancienne. Cette loi disposait que, pour toutes les matières qu'elle ne prévoyait pas, les tribunaux se conformeraient aux lois ordinaires sur la procédure judiciaire [3].

Cette dernière loi, ainsi que la loi organique du 10 septembre 1831 qui créa la Bourse officielle de Madrid et régularisa le marché des effets publics et des valeurs commerciales, furent également l'œuvre de l'éminent jurisconsulte Sainz de Andino, à qui le ministre de *Hacienda*, Ballesteros, eut la bonne pensée d'en confier la rédaction [4]. Il convient de noter, à l'honneur et à la gloire de l'auteur de nos lois commerciales, que l'œuvre d'un seul homme fut supérieure à celle des hommes éminents qui collaborèrent à la rédaction du Code de Commerce français de 1807 et qu'elle fut également infiniment supérieure à celle que réalisa la commission de magistrats et de juris-

---

[1] Il y a lieu de supposer que le Roi lut les deux projets: mais, dans l'ordre royal du 3 juin 1829 adressé à D. Pedro Sainz de Andino, on lit ces mots: «Le Roi N. S. a daigné lire *par lui-même* avec la plus grande estime et bienveillance le projet que V. S. lui a remis le 27 mai dernier».

[2] Sainz de Andino, dans son mémoire au ministre de *Hacienta*, l'affirme en ces termes: «En outre, il y a certaines provinces, comme la Catalogne et Valence, qui conservent leurs lois et leurs coutumes particulières que leurs consulats suivent de préférence aux ordonnance de Bilbao».

[3] Loi de *Enjuiciamiento*, art. 462.

[4] Par ordre royal du 3 juin 1829, Sainz de Andino reçut la mission, en conformité des prévisions de l'art. 1219 du Code de Commerce, de préparer un projet de loi provisoire de *Enjuiciamiento* en matière commerciale, en attendant la promulgation du Code général de procédure. D. Pedro Sainz de Andino, dans son *Ensayo critico sobre la contratación de la Bolsa de comercio*, p. XIV (Madrid 1745, 1er partie la seule publiée) s'exprime ainsi: «J'ai en effet rédigé le projet de loi sur la Bourse, qui a été approuvé, décrété et sanctionné par le défunt roi, S.M. D. Fernand VII (q.d.g.) le 10 septembre 1831».

la comisión de magistrados y jurisconsultos que en España prepararon el proyecto de Código de comercio, que fué desechado para publicar el del Sr. Sainz de Andino[1].

Tan superior resultó el Código español sobre los hasta entonces publicados[2], que mereció elogios de la prensa de casi todas las naciones, y, muy especialmente de la francesa; pudiendo señalar entre los que le prodigaron sus alabanzas á los dos eminentes profesores de la Francia, las mas indiscutibles autoridades de su tiempo, Saint-Joseph y Pardessus[3].

Y, aunque no pueda decirse de la obra de Sainz de Andino que estuviera exenta de defectos, siendo el principal de ellos el no haberse preocupado más de las corrientes más puras del derecho comercial de los paises germánicos y anglo sajones[4], es lo cierto que su Código fué muy superior al frances, que le sirvió de modelo, por que supo recoger la jurisprudencia creada por los tribunales de comercio de Francia, y la doctrina creada por los jurisconsultos de aquel pais para dar vida al Código de Napoleón. A más de esto, tuvo muy en cuenta las necesidades del comercio español; y supo, como los redactores de las Ordenanzas de Bilbao de 1737, hacer una obra nacional, que encajara perfectamente en el medio social para el que había

[1]) El Código que redactó la comisión era mucho más breve que el frances, pues este tiene 648 artículos y aquel tenía tan solo 462; lo cual era ya un defecto grandísimo, porque Francia, al publicar, en 1807, su Código de comercio tenia como derecho supletorio un Código civil reciente, mientras que el derecho supletorio del proyecto español se encerraba en ese inmenso fárrago de nuestras leyes civiles, que empezaban en el Fuero Juzgo y terminaban en la Novísima Recopilación y Coleccion de Decretos. Pensó la comisión, y no pensó bien, que bastaba formular en el Código los principios generales, y dejar á los Tribunales el cuidado de irlos desenvolviendo; lo cual revelaba ya una impotencia y un aplazamiento, puesto que solo á fuerza de litigios y cuestiones se hubiese llegado á lo que de una vez llegó con su Código, Sainz de Andino. Por eso el proyecto de este era casi tres veces mayor que el de la comisión. Tenia 1219 artículos.

[2]) A la fecha de la publicación del Código español solo se habian promulgado dos Códigos en Italia; en 1819, el Código de las Dos Sicilias, con el título de Leggi di eccezione per gli affari del commercio; y en 1821 el Regolamento provisorio di commercio para los Estados Pontificios. En las demas naciones, á excepción de los Paises Bajos, no se habian hecho todavia intentos de codificación del derecho mercantil. En los Paises Bajos, de 1821 á 1826, se habian elaborado una serie de proyectos de leyes comerciales que, con algunas ligeras modificaciones, se codificaron por virtud de la ley de 16 de mayo de 1829. Este Código (nonnato) había de empezar á regir en 1 ° de febrero de 1831.

[3]) *Saint-Joseph*, en la Introdución de su libro, *Concordance entre les Codes de commerce étrangers et le Code de commerce français* dice; que «el Código español llena las lagunas que tiene el frances», y que «no solo fué un progreso respecto á la codificación francesa, sino un beneficio para España y sus colonias». — *Pardessus* en un notable trabajo, escrito á raiz de la publicación de nuestro Código de comercio, y que insertó integro en su *Diccionario de la Legislación Mercantil de España*, Madrid, 1849, pag. 80 y siguientes, Dn. *Pablo Avecilla*, dice entre otras cosas lo que sigue: «En este estado de la legislación comercial moderna ha salido á la luz pública el Código español, y si hubieramos de dar crédito á esas perpetuas declamaciones con que generalmente se denigra á España y á su gobierno, parece que estabamos en el caso de preguntar si era posible que en España se hiciese nada bueno, ni siquiera tolerable. Pero por más que refunfuñen los que se empeñan en pintar á la España, cual si estuviese sumida en la barbarie y en la ignorancia, no podemos menos de decir con sinceridad que su nuevo Código es mucho más perfecto que todos los que han salido á luz hasta ahora». Y, mas adelante, añade: «el Código de comercio español ha abrazado la totalidad de las materias más usuales en el comercio, y necesitariamos descender á detalles muy minuciosos para demostrar la prudencia con que se hallan resueltas en el las más importantes cuestiones. En efecto, estan tratadas de un modo conforme á la jurisprudencia universal; sin que se noten ni preocupaciones nacionales[*] ni costumbres de provincias. No tenemos inconveniente en asegurar que cualquier pais que por su situación pueda dedicarse al comercio de mar y tierra podría adoptar este Código en su totalidad. Es evidente que los Estados que en el dia se hallan sin legislación comercial, ó que la tienen incompleta, hallarán en el Código español un modelo perfecto; y luego que esta obra llegue á ser conocida, podrá invocarse ante los tribunales como una excelente autoridad doctrinal». El elogio como se vé no puede ser más completo.

[4]) Esas corrientes de derecho comercial eran muy poco conocidas en los paises latinos, porque el prejuicio religioso cerraba la puerta á todo lo que procedía de aquellos paises. De no haber sido asi, Sainz de Andino pudo haber estudiado los proyectos de leyes comerciales de los Paises Bajos, elaborados por la comision especial que al efecto se nombró, y aprobados por el Parlamento, los cuales fueron provisionalmente publicados en el Journal Officiel, en los años de 1822 á 1826. V. *Gustave Tripels, Les Codes Néerlandais*, Paris 1886, Pag. VI.

[*]) Esta afirmación no es del todo exacta.

consultes qui, en Espagne, avait préparé le projet de Code de Commerce qui fut mis au rebut pour publier celui de Sainz de Andino[1].

L'incontestable supériorité du Code Espagnol sur les codes antérieurement publiés[2], lui valut les éloges de la presse de presque toutes les nations et en particulier de la presse française. Parmi les écrivains qui lui prodiguèrent le plus d'éloges, il convient de citer deux éminents professeurs français, Antoine de Saint Joseph et Pardessus[3].

Il n'est point possible, sans doute, de dire que l'œuvre de Sainz de Andino soit exempte de défauts. Le principal provient de ce que l'auteur ne s'est point préoccupé des courants plus exacts du droit commercial des pays germaniques et anglo-saxons[4]. Il est certain, cependant, que son code est très supérieur au code français, qui lui servit de modèle, parce qu'il a su recueillir la jurisprudence créée par les tribunaux de commerce de France et profiter des enseignements doctrinaux des jurisconsultes de ce pays pour faire vivre le Code de Napoléon. En outre, il a tenu compte les besoins du commerce espagnol et il a su, comme les rédacteurs des ordonnances de Bilbao de 1737, faire une œuvre nationale s'adaptant parfaitement au milieu social auquel

---

[1]) Le projet de Code rédigé par la commission était beacoup plus court que le Code français; il ne comprenait que 462 articles au lieu de 648. C'était là un défaut considérable. La France, en effet, lors de la promulgation, en 1807, de son Code de commerce, avait comme droit supplétoire un Code Civil récent, tandis que le droit supplémentaire du projet espagnol était constitué par l'immense accumulation de nos lois civiles, depuis le *Fuero Juzgo* jusqu'à la *Novissima Recopilación y colección de Decretos*. La commission avait pensé, et elle se trompait, qu'ils suffisait de formuler dans le Code les principes généraux et de laisser aux tribunaux le soin de les développer. C'était une sorte d'aveu d'impuissance et une manière fâcheuse d'ajourner la solution des diffucultés; que de procès, en effet, n'eût il pas fallu pour atteindre le résultat que Sainz de Andino a obtenu d'un seul coup avec son Code. C'est pourquoi son projet avait une étendue presque triple de celui de la commission. Il comprenait 1219 articles.

[2]) A la date de la promulgation du Code espagnol, il n'avait encore été publié en Italie que deux Codes; c'était, en 1819, le Code des Deux-Siciles, sous le titre des Lois d'exécution pour les affaires commerciales, et, en 1821, le Réglement provisoire pour le commerce des Etats pontificaux. Chez les autres nations, à l'exception des Pays Bas, il n'avait pas encore été fait d'essais de codification du droit commercial. Dans les Pays Bas, de 1821 à 1826, on élabora une série de lois commerciales qui, après avoir reçu quelques modifications, furent codifiées par la loi du 16 mai 1829. Ce code, qui d'ailleurs ne vit jamais le jour, devait commencer à être appliquer le 1er février 1831.

[3]) Saint Joseph, dans l'Introduction de sa *Concordance entre les Codes de commerce étrangers et le Code de Commerce français*, dit que le Code espagnol comble les lacunes du Code français et qu'il ne fut pas seulement un progrès au regard de la codification française, mais un profit pour l'Espagne et ses colonies. — Pardessus, dans un remarquable travail, écrit immédiatement après la publication de notre Code de Commerce et que D. Pablo Avecilla inséra intégralement dans son *Diccionario de la Legislacion mercantil de España*, p. 50 et suiv. (Madrid 1849) dit, entre autres choses, ce qui suit: «Dans cet état de la législation commerciale moderne, le code espagnol a surgi au jour et a été publié. Si nous avions du donner quelque crédit aux perpétuelles déclarations de ceux qui généralement dénigrent l'Espagne et son gouvernement, il semble que ce devrait bien être le cas de nous demander s'il était possible qu'en ce pays il fut né quelque chose de bon et peut-être même de tolérable. Cependant, malgré toutes les protestations de ceux qui s'obstinent de représenter l'Espagne comme un pays plongé dans la barbarie et dans l'ignorance, ce que sincèrement nous pouvons dire de moins, c'est que son nouveau code est beaucoup plus parfait que tous ceux qui ont vu le jour jusqu'à présent.» Et plus loin il ajoute: «Le Code de commerce espagnol a embrassé la totalité des matières les plus usuelles dans le commerce, et nous devrions descendre dans les détails les plus minutieux pour démontrer avec quelle prudence il a résolu les plus importantes questions. Elles sont traitées, en effet, d'une manière conforme à la jurisprudence universelle, sans qu'il y ait trace ni de préoccupations nationales *, ni de coutumes provinciales. Nous ne craignons pas d'affirmer que tout pays quelconque qui, par sa situation peut se livrer au commerce par terre et par mer, pourrait adopter ce code en totalité. Il est évident que les États qui n'ont pas actuellement de législation commerciale, ou qui n'ont qu'une législation commerciale incomplète, trouveront dans le Code espagnol un modèle parfait, et, dès qu'il sera connu, il pourra être invoqué devant les tribunaux comme une excellente autorité doctrinale.» L'éloge, comme on le voit, ne peut être plus complet.

[4]) Ces courants de droit commercial étaient peu connus dans les pays latins, par ce que le préjugé religieux y fermait la porte à tout ce qui parvenait de ces régions. S'il n'en avait pas été ainsi, Sainz de Andino aurait pu étudier les projets de lois commerciales des Pays Bas, élaborés par la commission spéciale nommée à cet effet, et approuvés par le Parlement, qui furent provisoirement publiés dans le Journal Officiel pendant le cours des années 1822 à 1826. Voir Gustave Tripels. *Les Codes Néerlandais*, p. VI (Paris 1866).

---

*) Cette affirmation n'est pas entièrement exacte.

sido discurrida. La prueba más palmaria de esta afirmación está, en que, así como las Ordenanzas de Bilbao extendieron su autoridad por todas nuestras antiguas colonias de América, de igual modo extendío su autoridad nuestro Código de comercio por las, recien constituidas repúblicas hispano-américanas, apesar de que, en ellas, el nombre español, y todo lo que de España procedia, evocaba recuerdos dolorosos, que solo producian desafección para la madre patria[1].

Si de las Ordenanzas de Bilbao puede decirse que, siendo un verdadero Código, es, sin embargo, un Código de mercaderes, del de 1829 puede decirse que, apesar de continuar agremiados en aquella época los comerciantes españoles[2], fué un verdadero Código de comercio, en el que los intereses de clase quedaron á un lado para atender á los intereses generales del comercio; que erán, y son al propio tiempo, los de la sociedad española. Asi se explica como, habiendose resucitado á raiz de la muerte de Fernando VII, el pensamiento de los legisladores de las Cortes de Cadiz, y de las Cortes liberales del 1820 al 23, de codificar nuestro derecho, aun estando codificado ya el mercantil, y, habiendose ya nombrado, en 1834, la primera de las comisiones, que en el transcurso de los años habian de dedicar sus trabajos á la elaboracion de un nuevo proyecto de Código, que remplazara al entonces vigente, se tardara en esta labor la friolera de cincuenta y un años hasta ser publicado, en 1885, el que actualmente rige, y está en vigor desde 1° de enero de 1886[3].

Por de contado que, durante esos cincuenta y un años, la mayor parte de las comisiones nombradas no hicieron labor fructífera, á excepción tan solo de la de 1839, que llegó á presentar un proyecto de ley provisional, que no cuajó, y de la de 1869, que, al cabo de cinco años de trabajo asiduo, confeccionó un proyecto de Código de comercio, que, publicado por iniciativa de las Cortes en 1880, se remitío para su informe, por virtud de la Ley de 7 de mayo del mismo año, á las Andiencias, Colegios de Abogados, Academias de Derecho, Universidades, Juntas provinciales de Agricultura, Industria y Comercio y demás Corporaciones competentes. Revisado de nuevo, en vista de los informes emitidos, se presentó como proyecto de ley á las Cortes, por virtud del Real Dicreto de 18 de marzo de 1882; cuyo proyecto, aprobado con ligeras modificaciones en general muy aceptables, y en parte empeorado[4] por obra de los Cuerpos Colegisladores, es el que actualmente rige, con las modificaciones en él introducidas por las leyes posteriores que ha habido necesidad de dictar.

El Código de 1829, en cuanto á su extructura, siguiendo en esto á su modelo el francés de 1807, se separó de su predecesor, las Ordenanzas de Bilbao, intercalando, entre el estudio de los contratos del comercio terrestre y de los quiebras, los contratos del comercio marítimo, y llevando al último libro, el quinto, lo que en aquellas estaba al principio, lo relativo á la organización de los tribunales de comercio, y algunos escasos preceptos referentes al procedimiento judicial en los negocios de

---

[1]) La difusión de nuestro Código se inició tan pronto en América que, por Decreto de 4 de diciembre de 1831, sancionado el 8 del mismo, por el Presidente del Congreso de la República del Ecuador se sustituyeron las Ordenanzas de Bilbao, vigentes en aquel Estado, por el Código de comercio español, del que se suprimío el libro V, referente á la jurisdicción comercial.

[2]) Las Cortes de Cadiz, en 8 de junio de 1813, decretaron la libertad industrial, aboliendo de golpe las asociaciones gremiales, en concepto de privilegiadas; pero, por Real orden de 29 de junio de 1815, el agradecido Fernando VII derogó dicha disposición, restableciendo las ordenanzas gremiales, aunque con algunos reparos. Por Real Decreto de 20 de enero de 1834, se suprimieron los fueros privilegiados de las asociaciones gremiales, á excepción del fuero de comercio aplicable á las obligaciones mercantiles; y, si bien se concendío una gran libertad, quedaron subsistentes las asociaciones gremiales, hasta que por la Ley, 2—6 de diciembre de 1836, se restablecio en toda su integridad el Decreto de las Cortes de Cadiz, y quedaron abolidos los gremios en concepto de corporaciones legales.

[3]) La exposición de motivos, que precede al proyecto de Código de Comercio, publicado por virtud del Real Decreto de 18 de marzo de 1882, contiene la historia completa de las vicisitudes de la reforma, á partir de 1834. Puede verse esta exposición en el Proyecto de Código de Comercio, publicado en edición especial por el Ministerio de Gracia y Justicia, Madrid 1882.

[4]) Obra de los Cuerpos Colegisladores fué la tan desastrosa enmienda del artículo 870, por virtud de la que la suspension de pagos pudo servir para amparo de toda suerte de comerciantes criminales; pues mediante ella consiguieron la declaración de suspensión de pagos los que de otro modo hubieran sido declarados quebrados culpables ó frandulentos.

elle était destinée. La preuve la plus évidente de l'exactitude de cette affirmation se trouve dans ce fait : de même que les ordonnances de Bilbao ont étendu leur autorité sur toutes nos anciennes colonies d'Amérique, de même aussi notre Code de commerce étendit la sienne sur les républiques hispano-américaines nouvellement constituées, bien que chez elles le nom espagnol et tout ce qui provenait d'Espagne réveillât de douloureux souvenirs, qui ne provoquaient qu'un sentiment de désaffection pour la mère-patrie[1].

Si l'on a pu dire des ordonnances de Bilbao que, tout en étant un véritable Code, elles ne sont toutefois qu'un Code de marchands, on peut dire du Code de 1829, bien que les commerçants espagnols continuassent, à cette époque, à être constitués en corporation[2], qu'il fut un véritable Code de Commerce dans lequel les intérêts de classe étaient laissés de côté, afin de pourvoir seulement aux intérêts généraux du commerce, qui étaient et sont encore de nos jours les intérêts de la société espagnole. Ainsi s'explique comment, lorsque après la mort de Ferdinand VII, la pensée des Cortès de Cadix et des Cortès libérales de 1820 à 1823 fut reprise de codifier notre droit, malgré la codificaton déjà réalisée du droit commercial, et la nomination, en 1834, de la première des commissions qui, durant de nombreuses années, devaient s'appliquer à préparer un nouveau Code de Commerce destiné à remplacer celui qui était en vigueur, il ne fallut pas attendre moins de cinquante et un ans avant de voir promulguer, en 1885, notre Code actuel, qui nous régit depuis le premier janvier 1886[3].

Encore convient-il de tenir compte de ce fait que, pendant cette période de cinquante et un ans, la majeure partie des commissions ne firent aucun travail utile, sauf celle de 1839, qui parvint à présenter un projet de loi provisoire, qui n'aboutit pas, et la commission de 1869. Celle-ci, après cinq ans de travail assidu, rédigea un projet de Code de Commerce qui, publié en 1880, sur l'initiative des Cortès, fut communiqué pour examen, en vertu de la loi du 7 mai de la même année, aux *audiencias*, collèges d'avocats, académies de droit, universités, juntes provinciales d'agriculture, industrie et commerce, et aux autres corporations compétentes. Revisé de nouveau sur le vu des avis émis, il fut présenté comme projet de loi aux Cortès en vertu du décret royal du 18 mars 1882; elles l'approuvèrent avec quelques modifications, les unes acceptables, les autres moins heureuses[4]. C'est ce projet qui nous régit actuellement, sauf les modifications qui y ont été introduites par les lois ultérieures qu'il a été nécessaire d'édicter.

Le plan du code de commerce de 1829 était conforme à celui du code français de 1807 qui lui avait servi de modèle; il s'écartait de l'ordre suivi par les ordonnances de Bilbao auxquelles il succédait, en intercalant, entre l'étude des contrats du commerce terrestre et celle des faillites, les contrats du commerce maritime, et en reportant au cinquième et dernier livre les matières que les ordonnances de Bilbao plaçaient en première ligne, c'est-à-dire les dispositions relatives à l'organisation des tribunaux

---

1) La diffusion de notre Code fut si rapide en Amérique qu'un décret du 4 décembre 1831, sanctionné le 8 du même mois par le Président du Congrès de la République de l'Equateur, substitua le Code espagnol aux ordonnances de Bilbao en vigueur dans cet Etat, en supprimant seulement le livre V, qui est relatif à la juridiction commerciale.

2) Les Cortès de Cadix, le 5 juin 1813, décrétèrent la liberté industrielle, et abolirent par cela même les corporations en tant qu'elles jouissaient de privilèges; mais, par ordre royal du 29 juin 1815, Ferdinand VII abrogea cette disposition et remit en vigueur les ordonnances sur les corporations, en y introduisant toutefois quelques réformes. Un décret royal du 20 janvier 1834 supprima les privilèges des corporations à l'exception du *fuero de comercio* sur les obligations commerciales; malgré ce décret cependant, et bien qu'une grande liberté fut ainsi concédée, les corporations continuèrent à exister jusqu'à la loi des 2—6 décembre 1836 qui rétablit dans son intégrité le décret des Cortès de Cadix, et, dès lors, toutes les corporations furent supprimées en tant qu'institutions légales.

3) L'exposé des motifs qui précède le projet de Code de Commerce publié en vertu du décret du 18 mars 1882, contient l'histoire complète des vicissitudes de cette réforme à partir de 1834. On peut lire cet exposé des motifs dans le projet du Code de Commerce, publié en édition spéciale par le Ministère de grâce et de justice. (Madrid, 1882.)

4) Les désastreuses modifications introduites dans l'art. 870 sont l'œuvre des Chambres. Grâce à leur amendement, la suspension des payments peut protéger toute sorte de commerçants criminels, et c'est ainsi que des gens qui auraient sans cet amendement été déclarés faillis coupables ou frauduleux, peuvent obtenir la déclaration de suspension de payements.

comercio[1]. Del Código francés se diferencia en haber dividido el libro primero de este, que lleva el epígrafe «Del comercio en general» en dos; el primero, con el título «De los comerciantes y agentes del comercio», y, el segundo, con el «De los contratos del comercio en general, sus formas y efectos», obligado á ello por la mayor extensión dada á la materia contractual; pues, en tanto que el francés solo trata de los contratos de sociedad, comision y cambio, el español trataba, á más de estos[2] (tambien más extensamente estudiados) de las compras y ventas, de las permutas, de los préstamos, de los depósitos, de los afianzamientos, de los seguros de conducciones terrestres, de las libranzas y de las cartas órdenes de crédito.

No planteó nuestro derecho, ni en las escasas leyes que dedica la Novisima Recopilación á las letras de cambio, ni en los muchos y minuciosos preceptos que respecto á ellas contienen las Ordenanzas de Bilbao, el problema que, tan radicalmente y con tanto acierto, resolvía la Ordenanza francesa del comercio terrestre de 1673, al declarar, en el artículo 2 del título XII, referente á la jurisdicción consular, que esta jurisdicción era la llamada á entender entre toda clase de personas, siempre que se tratara de letras de cambio ó de remesas de dinero de plaza á plaza; y cuando el Sr. Sainz de Andino hubo de encontrarse en su Código frente á frente de esta cuestión, inspirandose en una estrechez de miras, muy propia de nuestras tradiciones jurídicas en materia de derecho civil[3], se separó de su modelo el Código francés, resolviendo la aplicación de las leyes y de la jurisdicción mercantil si las letras se habian girado entre comerciantes ó por causa de operaciones comerciales, y la de las leyes y la jurisdicción ordinaria si se trataba de deslindar los derechos y obligaciones provenientes de las letras que pudiesen afectar á los no comerciantes que intervinieren en las mismas. Por este, y otros defectos análogos (no muchos afortunadamente) podrá censurarse á nuestro Código de 1829; y por ellos, y por las deficiencias naturales que el desarrollo consiguiente del comercio iba encon-

---

[1]) La distribución en libros y en títulos del Código es la siguiente: Libro Primero. De los comerciantes y agentes del comercio. Título I. De la aptitud legal para ejercer el comercio y calificación legal de los comerciantes. Tit. II . De las obligaciónes comunes á todos los que profesan el comercio. Tit. III. De los oficios auxiliares del comerciante y sus obligaciones respectivas. Libro Segundo. De los contratos del comercio en general y sus formas y efectos. Tit. I. Disposiciones preliminares sobre la formación de las obligaciones de comercio. Tit. II. De las compañias mercantiles. Tit. III. De las compras y ventas mercantiles. Tit. IV. De las permutas. Tit. V. De los préstamos y de los réditos de las cosas prestadas. Tit. VI. De los depósitos mercantiles. Tit. VII. De los afianzamientos mercantiles. Tit. VIII. De los seguros de conducciones terrestres. Tit. IX. Del contrato y letras de cambio. Tit. X. De las libranzas y de los vales ó pagarés á la orden. Tit. XI. De las cartas órdenes de crédito. Tit. XII. Disposiciones generales sobre la prescripción de los contratos mercantiles. — Libro Tercero. Del comercio marítimo. Tit. I. De las naves. Tit. II. De las personas que intervienen en el comercio marítimo. Tit. III. De los contratos especiales del comercio marítimo. Tit. IV. De los riesgos y daños del comercio marítimo. Tit. V. De la prescripción en las obligaciones peculiares del comercio marítimo. — Libro Cuarto. De las quiebras. Tit. I. Del estado de quiebra y de sus diferentes especies. Tit. II. De la declaración de quiebra. Tit. III. De los efectos y retroacción de la declaración de quiebra. Tit. IV. De las disposiciones consiguientes á la declaración de quiebra. Tit. V. Del nombramiento de sindicos y sus funciones. Tit. VI. De la administración de la quiebra. Tit. VII. Del examen y reconocimiento de los créditos contra la quiebra. Tit. VIII. De la graduación y pago de los acreedores. Tit. IX. De la calificación de la quiebra. Tit. X. Del convenio, entre los acreedores y el quebrado. Tit. XI. De la rehabilitación. Tit. XII. De la cesión de bienes. — Libro Quinto. De la administración de justicia en los negocios de comercio. Til. I. De los tribunales y jueces que han de conocer en las causas de comercio. Tit. II. De la organización de los tribunales de comercio. Tit. III. De la competencia de los tribunales de comercio. Tit. IV. De los procedimientos judiciales en las causas de comercio.

[2]) Por no hacer más extensa la nota anterior no he incluido en ella los epígrafes de las secciones en que aparecen subdivididos muchos de los títulos del Código. Y, para que no resulte contradicción entre dicha nota y el texto, he de advertir que Sainz de Andino incluyó indebidamente entre los auxiliares del comerciante á los comisionistas, de los que se ocupa en la seccion segunda del título III, del libro primero, en cuya sección estudia todo lo referente al contrato de comisión.

[3]) Pesó sobre nuestros civilistas la tradición romana y la canónica, y era muy dificil sustraerse á ellas en España en la primera mitad del siglo XIX. Por eso Sainz de Andino optó en este punto por la solución menos conforme á lo que el derecho mercantil requeria.

de commerce et un petit nombre d'autres relatives à la procédure à suivre devant les tribunaux dans les affaires commerciales[1]. Il se distingue du code français par la répartition en deux livres, sous les rubriques «des commerçants et agents du commerce» et «des contrats de commerce en général, de leurs forme et effets», des matières que celui-ci a réunies dans son premier livre: «Du commerce, en général.». Cette répartition était d'ailleurs imposée à Sainz de Andino par la nécessité où il se trouvait de donner plus d'étendue à la matière des contrats; en effet, tandis que le code français traite seulement des contrats de société, de commission et de change, le code espagnol, outre qu'il étudie ces mêmes contrats[2] d'une façon plus étendue, s'occupe aussi des achats et des ventes, des échanges, des prêts, des dépôts, des nantissements, des assurances des transports par terre, des *libranzas* et des lettres de crédit.

Notre droit, ni dans les quelques lois consacrées par la *Novísima Recopilación* à la lettre de change, ni dans les nombreuses et minutieuses dispositions que les ordonnances de Bilbao consacrent à cette matière, n'a envisagé le problème que l'ordonnance française du commerce par terre de 1673 a résolu d'une manière à la fois si radicale et si heureuse, en déclarant, dans son article 2 du titre XII sur la juridiction commerciale, que cette juridiction est appelée à connaître, entre toutes personnes, des contestations relatives aux lettres de change ou aux remises d'argent de place en place. Lorsque Sainz de Andino, en rédigeant son code, se trouva en face de cette question, il s'inspira d'une certaine étroitesse de vue particulière à nos traditions juridiques en matière de droit civil[3], et, abandonnant son modèle, le code français, il se prononça pour l'application des lois et de la juridiction commerciales dans le cas où les lettres de change seraient tirées entre commerçants ou à raison d'opérations commerciales, et pour l'application des lois et de la juridiction de droit commun, quand il s'agirait de déterminer les droits et obligations de non-commerçants qui seraient intervenus dans des opérations de change. Tels sont, avec quelques autres défauts du même genre, en petit nombre heureusement, les points sur lesquels notre Code de 1829 peut prêter à la critique, et tels sont, outre certaines lacunes

---

[1]) La distribution des matières dans les différents livres et titres est la suivante: Livre premier: Des commerçants et agents du commerce: Titre I. De l'aptitude légale à faire le commerce et de la qualification légale des commerçants. Titre II. Des obligations communes à tous ceux qui exercent la profession de commerçants. Titre III. Des auxiliaires du commerçant et de leurs obligations respectives. — Livre deuxième. Des contrats du commerce en général et de leurs forme et effets: Titre I. Dispositions préliminaires sur la formation des obligations commerciales. Titre II. Des sociétés commerciales. Titre III. Des achats et des ventes. Titre IV. Des échanges. Titre V. Des prêts et des revenus des choses prêtées. Titre VI. Des dépôts commerciaux. Titre VII. Des nantissements commerciaux. Titre VIII. Des assurances des transports par terre. Titre IX. Du contrat et des lettres de change. Titre X. Des *libranzas* et des valeurs ou billets à ordre. Titre XI. Des billets ordre de crédit. Titre XII. Dispositions générales sur la prescription des contrats commerciaux. — Livre troisième. Du commerce maritime: Titre I. Des navires. Titre II. Des personnes qui interviennent dans le commerce maritime. Titre III. Des contrats spéciaux au commerce maritime. Titre IV. Des risques et dommages du commerce maritime. Titre V. De la prescription dans les obligations particulières du commerce maritime. — Livre quatrième. Des faillites: Titre 1. De l'état de faillite et de ses différentes espèces. Titre II. De la déclaration de faillite. Titre III. Des effets et de la rétroactivité de la déclaration de faillite. Titre IV. Des dispositions consécutives à la déclaration de faillite. Titre V. De la nomination des syndics et de leurs fonctions. Titre VI. De l'administration de la faillite. Titre VII. De la vérification et de la reconaissance des créances contre la faillite. Titre VIII. Du rang et du paiement des créanciers. Titre IX. De la qualification de la faillite. Titre X. Du concordat entre les créanciers et le failli. Titre XI. De la réhabilitation. Titre XII. De la cession de biens. — Livre cinquième: De l'administration de la justice dans les affaires de commerce: Titre I. Des tribunaux et juges qui doivent connaître des affaires commerciales. Titre II. De l'organisation des tribunaux de commerce. Titre III. De la compétence des tribunaux de commerce. Titre IV. Des procédures judiciaires dans les affaires commerciales.

[2]) Pour ne pas trop développer la note précédente, nous n'avons pas indiqué les rubriques des différentes sections dans lesquelles plusieurs titres du Code sont subdivisés. Pour que le lecteur ne pense pas qu'il y a une contradiction entre cette note et notre texte, nous devons l'avertir que Sainz de Andino a sans aucun doute compris les commissionnaires parmi les auxiliaires du commerçant dont s'occupe la seconde section du titre III du livre premier. Dans cette section, Sainz de Andino s'est occupé de tout ce qui touche au contrat de commission.

[3]) La tradition romaine et la tradition canonique pesait sur nos civilistes, et il était bien difficile de s'y soustraire en Espagne dans la première moitié du XIX siècle. Voilà pourquoi Sainz de Andino opta pour la solution la moins conforme aux besoins du droit commercial.

trando en aquella obra, es de alabar que ya no rija; pero bueno es hacer constar, á guisa de epitafio, que, como conjunto, es un verdadero modelo, que no debieran echar nunca en olvido nuestros legisladores; y que, con relación á la época en que uno y otro se promulgaron, y, sobre todo, teniendo en cuenta el estado de la ciencia jurídico española en 1829 y en 1885, es, indudablemente, el Código derogado muy superior al vigente en la actualidad[1].

Apesar de lo completo que era este Código (quizá el más completo de cuantos se han publicado), y, apesar de que los propósitos de su sustitución por otro más perfecto, como ya hemos dicho, en el nombramiento de la primera comisión de 1834, como la tarea fué harto difícil, puesto que si consiguió realizarse, esto se hizo al cabo de cincuenta y un años de haberse nombrado tal comisión reformadora, hubo necesidad de acudir, desde el primer momento, á llenar los vacíos y deficiencias advertidas en la legislación mercantil, dictando nuevas disposiciónes legales, complementarias, unas, y modificativas, otras, de los preceptos del Código.

La primera, y más necesaria, de que ya hemos hablado, fué la Ley de Enjuiciamiento sobre los negocios y causas de comercio de 24 de julio de 1830; porque aun cuando, no muy apropiadamente, incluyó el Sr. Sainz de Andino en su Código de comercio, un número bastante considerable de preceptos de caracter procesal relativos á las quiebras, y algunos, no muchos, referentes al procedimiento judicial en las causas de comercio, fué preciso colmar las lagunas y deficiencias que dejaban unos y otros por medio de la citada Ley; que estuvo vigente hasta la publicación del Decreto-Ley de 6 de diciembre de 1868, en cuyo artículo 12, y como consecuencia de la supresion de los tribunales de comercio, se declaró derogada dicha Ley, si bien en el 13 se exceptuaron de esta derogación el título V, referente al procedimiento de quiebras, y el VIII, referente al procedimiento de apremio; los cuales, desde aquella fecha, quedaron adicionados á la Ley de Enjuiciamiento civil de 1855, hasta que en la reforma de esta, en 1881, (que es la Ley de Enjuiciamiento vigente) se refundieron é incorporaron á ella[2].

La segunda de las cosas á que hubo de acudirse, y á que acudió el propio autor del Código, como ya hemos dicho[3], preparando el proyecto que habia de convertirse en Ley, fué la contratación en Bolsa de los efectos públicos y valores comerciales cotizables; á cuyo fin se creó, en 10 de setiembre de 1831, la Bolsa oficial de Madrid, dictandose, al propio tiempo, la ley orgánica de esta institución, y las reglas necesarias para la negociación de unos y otros efectos. Y como, á los indudables beneficios que hubo de reportar al crédito público la regularización de la compra y venta de los títulos del Estado, hubieron de acompañar los abusos á que se prestan estas operaciones[4], cediendo los legisladores á los apremios de la opinión pública, que pedía un remedio radical, para cortar aquellos, dictaronse desde 1841 á 1848 una serie de disposiciones contradictorias que, tras de no remediar nada[5], pusieron de relieve la carencia de un criterio seguro en tan delicada materia; hasta que, en 8 de febrero de 1854, se dictó la Ley provisional para el régimen

---

[1]) Nuestros legisladores de 1885 se olvidaron de dos contratos importantisimos que conviene llevar á los Códigos de comercio, como ya han hecho algunos paises: el de edición y el de cuenta-corriente. En el derecho cambiario abandonaron en parte la tradición romanista y canónica, pero no tuvieron valor para imitar por completo la legislación alemana de 1847. En materia de sociedades mercantiles se quedaron tambien rezagados, no comprendiendo el verdadero caracter de las sociedades comanditarias por acciones, y, no regulando las sociedades de responsabilidad limitada del derecho inglés y alemán. Y, en materia de suspensiones de pagos, se olvidaron por completo, de lo que Holanda y Bélgica han hecho, en su Código, la primera, y en sus leyes comerciales, la segunda, discurriendo un engendro que fué un verdadero padrón de ignominia para el Código.

[2]) El procedimiento de quiebras, en el título XIII del libro II, y el de apremio en negocios de comercio, en el XVI del mismo libro.

[3]) Vease p. 17 la nota 4.

[4]) Estos abusos, cuando no exceden de ciertos límites, son naturales é inevitables, y, aun pudiera decirse, tolerables; pero cuando exceden de ellos, y exceden con frecuencia, entonces no son imputables á los bolsistas, sino á los malos gobiernos y á la politica desacertada de los mismos.

[5]) No remediaron por lo dicho en la nota anterior.

que le développement du commerce avait revelées, les motifs pour lesquels il y a
lieu de se féliciter qu'il ne soit plus en vigueur; mais il est cependant utile de
constater, au moins à titre d'éloge funèbre, que, dans son ensemble, ce code était
un véritable modèle, que nos législateurs ne devraient jamais oublier, et, si l'on
tient compte à la fois de l'époque à laquelle il fut publié et surtout si l'on compare
l'état de la science juridique espagnole en 1829 et en 1885, il est, à notre avis, incontestable que notre ancien Code de commerce était bien supérieur à celui qui
l'a abrogé[1].

Si complète que fut l'œuvre de Sainz de Andino (son Code était plus complet
que la plupart de ceux qui ont été publiés) et, malgré que l'intention de le remplacer
par un nouveau code plus parfait se fut affirmée, en 1834, par la nomination d'une
première commission de réforme, cependant, comme la tâche était loin d'être sans
difficultés et qu'elle ne devait être réalisée que cinquante et un ans plus tard, il fut
nécessaire, dès les premières années qui suivirent sa promulgation, de combler certains
vides et de corriger certaines imperfections que l'expérience fit découvrir dans la
législation commerciale. A cet effet, plusieurs lois vinrent, les unes compléter, les
autres modifier les prescriptions du Code.

La première et la plus nécessaire fut la loi de *Enjuiciamiento* sur les affaires commerciales, du 24 juillet 1830, dont nous avons déjà parlé. Bien que Sainz de Andino
ait avec beaucoup d'à propos inséré dans son Code de Commerce un nombre assez
considérable de dispositions ayant le caractère de règles de procédure en ce qui
concerne les faillites, et qu'il en ait même ajouté d'autres, en petit nombre il est
vrai, qui sont relatives aux formes de procéder en justice dans les instances commerciales, il restait bien des lacunes à combler et bien des défauts à corriger. La loi
du 14 juillet 1830 y pourvut. Cette loi demeura en vigueur jusqu'au décret-loi du
6 décembre 1868, qui en prononça l'abrogation, dans son art. 12, mais comme conséquence de la suppression des tribunaux de commerce. Cela est si vrai que l'art. 13
de ce même décret-loi excepta de cette abrogation le titre V relatif à la procédure
des faillites et le titre VIII relatif à la procédure d'exécution, qui furent annexés
à la *Ley de Enjuiciamiento civil* de 1855, jusqu'en 1881. A cette dernière date, cette
loi fut à son tour réformée par la loi d'*Enjuiciamiento* actuellement en vigueur, et
dans laquelle les deux titres en question furent incorporés[2].

Il y eut à pourvoir, en second lieu, à la réglementation du marché en Bourse
des effets publics et des valeurs commerciales susceptibles d'être cotées. Ce fut,
comme nous l'avons dit[3], l'auteur lui-même du Code de Commerce qui le fit par la
préparation du projet, qui fut sanctionné comme loi. A cet effet, on créa donc, le
10 septembre 1831, la Bourse officielle de Madrid; on édicta en même temps la loi
organique de cette institution, et on réglementa les opérations sur les diverses valeurs
qui devaient s'y négocier. Mais, aux avantages incontestables que devait procurer
au crédit public la régularisation de la vente des titres de l'Etat, se joignirent les
abus auxquels se prêtent les opérations de cette nature[3]; le législateur dut céder
à la pression de l'opinion publique qui demandait un remède radical et, pour couper
court à ces abus, il édicta, de 1841 à 1848, une série de dispositions contradictoires
qui, non seulement ne remédièrent à rien[4], mais démontrèrent simplement l'absence
d'un criterium certain dans une matière aussi délicate[5]. Il en fut ainsi jusqu'au

---

[1]) Nos législateurs de 1885 oublièrent deux contrats très importants qui doivent, comme on
l'a fait dans certains pays, prendre place dans les codes de commerce: le contrat d'édition et
le compte courant. Dans le droit de change, ils ont sans doute abandonné la tradition du droit
romain et du droit canon, mais ils n'ont pas eu le courage d'imiter complètement la législation
allemande de 1847. Dans la matière des sociétés, ils sont également en retard, ils ont eu le tort
de ne pas comprendre le caractère des sociétés en commandite par actions, et de ne pas réglementer
les sociétés à responsabilité limitée du droit anglais et du droit allemand. Enfin, en matière de
suspension de paiements, ils ont complètement négligé ce qu'avaient fait la Hollande, dans
son Code, et la Belgique, dans ses lois commerciales, et les dispositions qu'ils ont adoptées font
une véritable tache dans le Code espagnol.

[2]) La procédure des faillites forme le titre XIII du livre II, et la procédure d'exécution dans
les affaires commerciales forme le titre XIV du même livre.

[3]) Voir ci-dessus p. 17, note 4.

[4]) Ces abus, quand ils ne dépassent pas certaines limites, sont naturels et inévitables et on
peut les considérer comme tolérables; mais quand ils dépassent ces limites, et surtout quand ils
les dépassent fréquemment, ils ne sont pas alors imputables aux gens de bourse, mais aux mauvais
gouvernements et à leur mauvaise politique.

[5]) Les raisons pour lesquelles il en fut ainsi sont celles que nous donnons dans la note précédente.

de la Bolsa de Madrid, y en 11 de marzo del mismo año el Reglamento para su ejecución.

Los principios fundamentales, tanto de esta Ley como de su Reglamento, quedaron derogados, asi como los artículos correspondientes del Código de comercio, por virtud de los Decretos de 30 de noviembre de 1868 y 12 de enero de 1869 (inspirados en el espíritu liberal de la Revolución de 1868) que declararon libre la profesion de corredor y agente de cambio y Bolsa, y libre, igualmente, la creación de Bolsas de comercio, Casas de Contratación, Pósitos, Lonjas, Alhóndigas y demas establecimientos en que se reunen los comerciantes y sus agentes para cualquier negociación mercantil. Pero no puede decirse que esta derogación fuera total, por cuanto se dispuso en el artículo 5° del último de estos Decretos que, interin se dictase una ley sobre contratación pública (y no llegó á publicarse mientras rigió, el Código de 1829) continuasen subsistentes las disposiciones porque se regian la Bolsa de Madrid, Casas de Contratación etc. Restableciose de nuevo, y por completo, la legislación de Bolsas de 1852, por Decreto de 10 de julio de 1874, sin otra modificación que la de no reducir el número de corredores y agentes, alli donde, por efecto de la libertad concedida anteriormente, excedieren del número taxativamente marcado en la Ley; y hasta la publicación del nuevo Código no hubo ya más alteraciones en esta materia que las introducidas por el Real Decreto de 12 de marzo de 1875, relativo á las operaciones á plazos sobre efectos públicos, y los de 6 de abril y 31 de julio del mismo año que aprobaron los Reglamentos interiores de los Colegios de Agentes y Corredores de Madrid.

Por mucha que fuera la previsión del redactor del Código de comercio, no existiendo, como no existian entonces otras sociedadas por acciones que las escasas que debian su vida al privilegio[1], éra natural que las disposiciones del Código en esta materia resultaran deficientes al sentirse los primeros síntomas del desarrollo industrial y mercantil de nuestra patria, iniciado vigorosamente á mediados del siglo XIX, apenas apagados los ecos de la sangrienta guerra civil carlista de los comienzos del reinado de Isabel II. La consideración que antecede, unida al deseo de corregir los abusos, casi inevitables, en toda nueva institución que, por la ineducación consiguiente del medio social se producen, y para los que hubo de resultar ineficaz la aprobación previa de los estatutos y reglamentos de las sociedados anónimas, dada por los tribunales de comercio, á tenor de lo prevenido en el Código, dieron por resultado la legislación suspicaz y recelosa que fué modelo acabado la ley de 28 de enero de 1848, el Reglamento de 17 de febrero del mismo año, sobre sociedades por acciones, y la real orden y Reglamento de 12 de diciembre de 1857, sobre inspección de estas por los Gobernadores y Delegados especiales del Gobierno. En idéntico espíritu se inspiraron la Ley de 28 de enero de 1856, sobre sociedades anónimas de crédito, y el Reglamento para la inspección de las mismas, de 30 de julio de 1865. El movimiento revolucionario de 1868, incompatible en absoluto con tales disposiciones, las derogó radicalmente por Decreto de 28 de octubre del mismo año, restableciendo en todo su vigor los preceptos del Código de comercio, hasta que el Gobierno presentase á las Cortes un proyecto de Ley sobre asociación industrial y mercantil. Y, como el tal proyecto no se llegó á redactar, el Decreto del 68 rigió hasta la publicación del nuevo Código.

Nuestro Banco privilegiado de emisión, el Banco Nacional de España, es heredero directo del Banco de San Carlos, creado por Real Cédula de 2 de junio de 1782, inserta en la Novisima Recopilación (ley 6ª, título III, libro IX), al cual dio vida y muerte el Estado, pues él le concedio el privilegio que le habia de permitir desarrollarse con holgura, y él le puso, por exigencias y apremios del Tesoro, en la necesidad de liquidarse. Lo que de esta liquidación pudo salvarse sirvió de base para la creación, en 9 de julio de 1829, del Banco Español de San Fernando, el cual convivío desde 25 de enero de 1844 (fecha del Real Decreto de su creación) con

---

[1] Tan escasos que, segun mis noticias, no existía entonces en España más sociedad anónima que el Banco Español de San Fernando, recientemente creado, aprovechando los restos del naufragio del Banco de San Carlos, pues las compañias privilegiadas de comercio interior y exterior creadas en el siglo XVIII habian desaparecido todas. Para el conocimiento de lo que fueran estas compañias privilegiadas puede consultarse el libro de Colmeiro, *Historia de la Economía Política en España*, Madrid, 1863, tomo 11, capítulo LXXX.

8 février 1854, date à laquelle fut promulguée la loi provisoire sur le régime de la Bourse de Madrid. Le 11 mars de la même année, était publié le règlement pour l'exécution de cette dernière loi.

Les principes fondamentaux de cette loi et du règlement qui la suivit, furent abrogés, ainsi que les articles correspondants du Code de Commerce, en vertu des décrets du 30 novembre 1868 et du 12 janvier 1869. Inspirés par l'esprit libéral de la Révolution de 1868, ces décrets déclarèrent libre la profession de courtier et d'agent de change ainsi que la création des Bourses de commerce, maisons d'engagements, halles aux blés, bourses aux marchandises, halles et autres établissements où se réunissent les commerçants pour une opération commerciale quelconque. On ne peut dire cependant que cette abrogation fut complète, car l'art. 5 du second de ces décrets disposait qu'en attendant la promulgation d'une loi sur le marché public des valeurs (et cette loi ne fut jamais publiée pendant tout le temps où le Code de 1829 resta en vigueur), ces dispositions subsisteraient et régiraient la Bourse de commerce de Madrid, les *casas de contratación*, etc. La législation des bourses de commerce de 1852 fut ensuite rétablie de nouveau par un décret du 10 juillet 1874, avec cette seule modification que ce décret ne réduisit pas le nombre des courtiers et agents au chiffre taxativement déterminé par la loi. Depuis cette dernière date, jusqu'à la promulgation du nouveau Code de commerce, les seules modifications apportées dans cette partie de notre législation sont relatives (décret royal du 12 mars 1875) aux opérations à terme sur les effets publics, et à la réglementation intérieure des collèges des agents et courtiers de Madrid (décrets des 6 avril et 31 juillet 1875).

Si grande que pût être la faculté de prévoir du rédacteur du Code de Commerce de 1829, comme il n'y avait et qu'il n'y avait jamais eu d'autres sociétés par actions que les rares compagnies qui devaient leur existence au privilège[1], il était naturel que les dispositions du Code sur cette matière se révélassent insuffisantes dès les premières manifestations du développement industriel et commercial de notre pays vers le milieu du XIX, c'est-à-dire dès que se fut calmé l'écho de la guerre civile carliste qui ensanglanta les débuts du règne d'Isabelle II. Cette considération, jointe au désir de corriger les abus quasi inévitables dans toute nouvelle institution, et qui, dans la circonstance, résultaient à la fois de l'insuffisante éducation du milieu social et de l'inefficacité de la surveillance des tribunaux de commerce appelés, d'après les prescriptions du Code, à donner leur approbation préalable aux statuts et règlements des sociétés anonymes, conduisit à adopter la législation soupçonneuse et méfiante dont nous trouvons un parfait modèle dans la loi du 28 janvier 1848 et le règlement du 17 février de la même année sur les sociétés par actions, ainsi que dans l'ordre royal et le règlement du 12 décembre 1857 sur l'inspection de ces sociétés par les gouverneurs et délégués spéciaux du gouvernement. Le même esprit inspira la loi du 28 janvier 1856 sur les sociétés anonymes de crédit et le règlement du 30 juillet 1865 sur l'inspection de ces dernières sociétés. Le mouvement révolutionnaire de 1868 était absolument incompatible avec de semblables dispositions; il les abrogea donc radicalement par décret du 28 octobre de la même année, et il remit les prescriptions du Code de commerce en vigueur jusqu'à la présentation par le gouvernement et à l'approbation par les Cortès d'une loi sur les associations industrielles et commerciales. Mais ce projet ne fut jamais rédigé, et le régime provisoire établi par le décret de 1868 se maintint jusqu'à la promulgation du nouveau Code.

Notre banque privilégiée d'émission, la Banque nationale d'Espagne, est l'héritière directe de la Banque de San Carlos, créée par la Cédule royale du 2 juin 1782, insérée dans la *Novísima Recopilación* (l. 6, tit. III, liv. IX) et à laquelle l'État a donné la mort après lui avoir donné la vie, car, s'il lui avait conféré des privilèges qui devaient assurer son développement et sa prospérité, il la mit par ses exigences fiscales et par les astreintes auxquelles il la soumit, dans la nécessité d'entrer en liquidation. L'actif qu'il fut possible de sauver de cette liquidation servit à créer, le 9 juillet 1829, la Banque espagnole de San Fernando. A côté d'elle vécut, à partir du 25 jan-

---

[1] Elles étaient si peu nombreuses que, d'après mes recherches, il n'y avait pas alors en Espagne d'autre société anonyme que la Banque espagnole de San Fernando, récemment créé, après la ruine de la Banque de San Carlos dont elle avait recueilli les épaves. Les compagnies privilégiées de commerce intérieur et extérieur, créées au XVIII siècle, avaient toutes disparu. Sur l'histoire de ces compagnies privilégiées, on peut consulter le livre de Colmeiro: *Historia de la Economía política en España*. t. II, ch. LXXX. Madrid, 1863.

el Banco de Isabel II, hasta el 25 de febrero de 1847, en que, por Real Decreto de dicho día, se refundío con el de San Fernando. Reorganizado por la Ley de 4 de mayo de 1847, que le concedío el privilegio de la emisión de billetes, en 28 de enero de 1856, por Ley de esta fecha, cambió su denominación por la de Banco de España; recibiendo la confirmación de su privilegio por un plazo de 25 años, y declarando compatible con su existencia las de los Bancos, tambien de emisión, de Barcelona y Cadiz, recientemente creados, y permitiendo que en las demás capitales de provincia, ó póblaciones importantes del reino en que se creyese necesario, se pudiese crear uno nuevo, ó una sucursal del de España, con facultad para emitir billetes en igualdad de condiciones de los que ya funcionaban

Esta libertad relativa se sustituyó con otra más amplia, decretada por la Ley de 11—19 de octubre de 1869, que respetó, sin embargo, los Bancos ya existentes; la cual desapareció por completo al publicarse el Decreto-Ley de 19 de marzo de 1874, que cambió la denominación de Banco de España por la de Banco Nacional de España, y concedió á este el privilegio exclusivo de la emisión de billetes; cuyo privilegio ha sido reconocido por el actual Código de comercio[1].

Nuestras instituciones de crédito territorial no tuvieron realidad, ni antes ni despues del Decreto de 5 de enero de 1869 que las reconoció vida legal, hasta que la Ley de 2 de diciembre de 1872 dío nacimiento, con ayuda del Banco Hipotecario de Paris y del de los Paises Bajos, al Banco Hipotecario Español; Banco privilegiado y único, cuya concesión se hizo por 99 años, y cuyos Estatutos se aprobaron por Real Decreto de 31 de enero de 1873, y se reformaron en 12 de octubre de 1875. El privilegio exclusivo que el Banco disfruta, y que ha sido reconocido por el Código de comercio vigente[2] no lo tuvo desde su origen, sino que fué obra del Real Decreto de 24 de julio de 1875.

Si el transporte terrestre en su forma ordinaria, en la época de la confección del Código del Sr. Sainz de Andino no tuvo cabida en él más que de soslayo, al tratar del seguro de conducciones terrestras (título VIII del libro 2º), claro es que los transportes por ferrocarril tuvieron que regirse por leyes posteriores; y, aun cuando la primera ley que en España se dictó relativa á estos importantisimos medios de comunicación, lleva la fecha de 20 de febrero de 1850, nada se proveyó en ella respecto al transporte ferroviario, ni tampoco á la constitución de las compañias necesarias para la construcción y explotación de las vias ferreas, ya que el Estado abandonó, desde un principio, al interés privado esta industria de la locomoción férrea. La Ley de 3 de junio de 1855 proveyó á esta última necesidad, dictando las reglas precisas para la constitución y funcionamiento de estas compañías; pero, para encontrar las primeras prescripciones de nuestro derecho sobre el transporte por ferrocarril, hay que llegar hasta el Reglamento dictado para la ejecución de la Ley de policia y conservación de los ferrocarriles, aprobado por Real Decreto de 8 de julio de 1859, apesar de que la citada Ley es de 14 de noviembre de 1855.

Las deficiencias de este Reglamento se subsanaron por numerosas disposiciones posteriores, que no hemos ni siquiera de enumerar, ya que uno y otras han sido derogados por el Real Decreto de 8 de setiembre de 1878, que aprobó el Reglamento vigente para la ejecución de la nueva Ley de policia de ferrocarriles de 23 de noviembre de 1877. En cuanto á la constitución y funcionamiento de las Compañías de ferrocarriles, los preceptos de la Ley del 55 quedaron derogados por la de 19 de octubre de 1869, que declaró libre la formación de toda clase de compañias, aunque fueran de las concesionarias de obras Públicas. Por último, respecto á ferrocarriles estimando con razón el legislador que los preceptos del Código de comercio relativos á las quiebras no habian podido inspirarse en las necesidades que, en casos tales, requería la índole especial de los compañias ferroviarias, dictó la Ley de 2—12 de noviembre de 1869, todavia vigente en su mayor parta[3].

---

[1]) Artículo 179.
[2]) Artículo 201.
[3]) Una parte de sus preceptos han pasado al Código comercio, figurando en la sección octava del título I del libro 4º; y el resto ha quedado subsistente por no haberse derogado, y ser complementarios sus preceptos de los del Código. La subsistencia de esta Ley la declaró explicitamente la exposición de motivos que precede al Proyecto de Código de comercio.

vier 1844 (date de sa création) la Banque d'Isabelle II; mais, le 25 février 1845, cette dernière banque fut fusionnée par décret du même jour avec celle de San Fernando. La loi du 4 mai 1847 la réorganisa et lui concéda le privilège d'émettre des billets, et la loi du 28 janvier substitua à sa dénomination celle de Banque d'Espagne, confirma son privilège pour une durée de vingt-cinq ans, en déclarant qu'il ne ferait pas obstacle, toutefois, aux privilèges des banques d'émission de Barcelone et de Cadix, nouvellement créées. Cette loi permit également de créer dans les autres capitales de province ou dans les villes importantes du royaume où cela serait jugé nécessaire soit une nouvelle banque, soit une succursale de la banque d'Espagne, avec la faculté d'émettre des billets de banque dans les mêmes conditions que les établissements déjà existants.

Cette liberté relative fut remplacée ensuite par une liberté nouvelle plus complète, accordée par la loi des 11—19 octobre 1869, qui toutefois ne concernait que les banques déjà existantes. Puis, elle fut absolument supprimée par le décret-loi du 19 mars 1874, qui modifia la dénomination de la Banque d'Espagne pour lui attribuer le titre de Banque nationale d'Espagne, et concéda à cet établissement le privilège absolu d'émettre des billets de banque. Ce monopole a été reconnu par le Code de Commerce actuel[1].

En réalité, nous n'avons pas eu d'institutions de crédit, ni avant, ni après le décret du 5 janvier 1869 qui leur a reconnu une existence légale, avant que la loi du 2 décembre 1872, avec l'aide de la Banque hypothécaire de Paris et des Pays Bas, ait créé la Banque hypothécaire espagnole. Cette banque est une institution privilégiée et unique, ayant obtenu une concession de 99 ans, et dont les statuts ont été approuvés par décret royal du 31 janvier 1873, et réformés le 12 octobre 1875.

Le privilège exclusif dont cette Banque jouit et qui a été reconnu par le Code de Commerce en vigueur[2] ne lui a pas été accordé dès sa fondation, mais par un décret du 24 juillet 1855.

Si le transport par terre, à l'époque où Sainz de Andino rédigeait son Code, n'a pu être étudié par lui que sous une forme incidente, à propos des assurances des transports par terre (tit. VIII du livre II), il est clair que les transports par chemins de fer ne pouvaient être l'objet que d'une loi postérieure. La première loi espagnole concernant ces importants moyens de communication porte la date du 20 février 1850; elle ne contient aucune disposition sur le transport par chemin de fer ni sur la constitution des compagnies nécessaires pour la construction et l'exploitation des voies ferrées, car l'Etat abandonna d'abord cette industrie à l'intérêt privé. La loi du 9 juin 1855 pourvut à ce dernier besoin, et elle établit des règles précises pour la constitution et le fonctionnement des Compagnies. Cependant, pour rencontrer les premières prescriptions du droit espagnol sur les transports par chemins de fer, il faut arriver au Règlement pour l'exécution de la loi sur la police et la conservation des chemins de fer, approuvé seulement par décret royal du 8 juillet 1859, bien que la loi sur la matière remontât au 14 novembre 1855.

Il fut remédié aux imperfections de ce règlement par de nombreuses dispositions postérieures, qu'il nous paraît inutile d'énumérer, car ces dispositions, comme le règlement de 1859 qu'elles complétaient, ont été abrogées par le décret royal du 8 septembre 1878, qui a approuvé le règlement, encore en vigueur actuellement, pour l'exécution de la nouvelle loi sur la police des chemins de fer du 23 novembre 1877. En ce qui concerne la constitution et le fonctionnement des Compagnies, les dispositions de la loi de 1855 ont été abrogées par la loi du 19 octobre 1869, qui a déclaré libre la formation de toute espèce de compagnies, même dans le cas où il s'agit de compagnies concessionnaires de travaux publics. Enfin, le gouvernement estimant avec raison que les prescriptions du Code de Commerce sur les faillites ne pouvaient répondre aux besoins résultant du caractère spécial des compagnies de chemins de fer, a édicté la loi des 2—12 novembre 1869, dont la plus grande partie des dispositions sont encore en vigueur[3].

---

[1]) V. art. 179.

[2]) Art. 201.

[3]) Une partie de ses prescriptions a passé dans le Code de Commerce. Elles figurent dans la 8e section du titre I, du livre IV. Le reste subsiste parce qu'il n'a pas été abrogé et il constitue une partie des lois complémentaires du Code. L'exposé des motifs qui précède le projet de Code de Commerce déclare expressément que cette loi demeurera en vigueur.

Tambien los almacenes generales de depósito fueron objeto de algunas disposiciones legales posteriores al Código; siendo, la primera, la Ley de 9 de julio de 1862, y, la segunda y última, la de 30 de diciembre de 1878.

Tal es el cuadro de la legislación mercantil española anterior á la publicación del Código de comercio vigente, el cual quedará bosquejado del todo con una indicación rapida de las reformas parciales que sufrió el Código de 1829, desde su primitiva redacción á la que ofrecia el año de 1885, en que terminó su existencia legal.

Antes de 1868 el texto del Código de comercio no sufrío alteración alguna, aun cuando algunos de sus preceptos resultaron, derogados, unos, y modificados, otros, por las leyes de 28 octubre —1° noviembre de 1837, relativa a la compra de buques extranjeros, y las relativas á sociedades por acciones, de que hemos hecho mencion anteriormente. Pero el movimiento revolucionario de 1868, cuyo espíritu era abiertamente contrario al que había dictado aquellas disposiciones, restableció el texto primitivo del Código, al derogar, como derogó, aquellas, é introdujo, por primera vez, importantes reformas, como consecuencia de la supresión de los Tribunales de comercio llevada á cabo por el Decreto-Ley de 6 de diciembre de 1868.

Por virtud de este Decreto-Ley quedó derogado todo el libro 5° del Código de comercio, y el art. 325 del mismo; modificados 24 artículos[1], en el sentido de que las actuaciones judiciales á que los mismos se refieren, y que habian de practicarse en los tribunales de comercio, en lo sucesivo habian de practicarse en los Juzgados de 1ª instancia, redactados de nuevo diez y seis artículos[2]; y enmendados todos aquellos que hablaban de los Intendentes de provincia, sustituidos por los Gobernadores, de los Tribunales de comercio, remplazados por los Jueces de 1ª instancia, y de los Jueces comisarios de las quiebras, que desaparecieron para dar lugar á los actuales Comisarios.

La derogación de la Ley de Bolsa de 1854 por el Decreto de 12 de enero de 1867, estableciendo una libertad completa en la creación y régimen de las Bolsas de comercio y en la negociación de los efectos cotizables, afectó á los artículos del Código referentes á los corredores de comercio; pero este Decreto-Ley no se cuidó, como el anterior, de disponer las alteraciones que ello había de producir en el texto del Código. Texto que quedó restablecido en 1874 al volver á la legislación antigua.

Y, por último, aun cuando la reforma completa del Código se avecinaba, por que los trabajos de la Comisión nombrada en 1867 iban avanzando, las Cortes del reino aprobaron la Ley de 30 de julio de 1878, por la que se suprimieron dos artículos del Código referentes al convenio de los acreedores con el quebrado[3], y se redactaron de nuevo otros once[4].

*   *   *

Nuestra legislación mercantil, á partir del Código de 1829, fué haciendose extensiva á Cuba, Puerto Rico y Filipinas en las siguientes fechas:

Por Real cédula de 1° de febrero de 1832 se dispuso la observancia del Código de comercio en la Isla de Cuba; por otra de 17 del mismo més y año se hizo extensivo á Puerto Rico, y por otra de 26 de julio, tambien de 1832 á las islas Filipinas.

El Decreto-Ley de 6 de diciembre de 1868 que suprimió en la Península los Tribunales y la jurisdicción especial de comercio, reformando en su consecuencia algunos artículos del Código y suprimiendo todo el libro V, se hizo extensivo á todas nuestras provincias de Ultramar por Decreto de 1° de febrero de 1869; y la reforma de algunos artículos del Código, decretada por la Ley de 30 de julio de 1878, se hizo igualmente extensiva á Ultramar por el Real Decreto de 1° de noviembre del mismo año.

Por Real Decreto de 19 de octubre de 1853 se hizo extensiva á las provincias de Ultramar la Ley de 28 de enero de 1848 y el Reglamento de 17 de febrero del mismo año sobre sociedadas anónimas. Y por otro Decreto de 17 de setiembre de 1869 se derogaron, al igual que en la Península, las anteriores disposiciones. Por

---

[1] Son estos artículos los 121, 122, 148, 149, 151, 208, 230, 593, 644, 669, 670, 674, 679, 745, 781, 794, 940, 945, 946, 947, 948, 974, 976, 977, 986, 988 y 990.

[2] Los artículos 16, 31, 40, 96, 110, 112, 114,, 115, 174, 1044, 1139, 1140, 1141, 1142, 1143 y 1144.

[3] Los artículos 1145 y 1161.

[4] Los artículos 1°, 17, 1062, 1066, 1067, 1068, 1069, 1070, 1105, 1147, 1150 y 1158.

Enfin, les magasins généraux de dépôt furent l'objet de certaines dispositions légales postérieurement au Code de 1829; la première fut la loi du 9 juillet 1862, la seconde et dernière, la loi du 30 décembre 1878.

Tel est le tableau de la législation commerciale espagnole antérieure à la promulgation du Code de Commerce qui nous régit aujourd'hui. Pour le compléter, il nous reste à indiquer rapidement les réformes partielles apportées au Code 1829, depuis sa promulgation jusqu'en 1885, date où il cessa d'être appliqué. Avant 1868, aucune modification ne fut apportée au texte même de ce Code, même lorsque certaines de ses dispositions se sont trouvées implicitement abrogées ou modifiées par la loi du 28 octobre—1er novembre 1837 sur l'achat de bâtiments étrangers, et par les lois sur les sociétés par actions dont nous avons déjà fait mention. Mais le mouvement révolutionnaire de 1868, dont l'esprit était en opposition absolue avec celui qui avait inspiré ces dernières lois, les abrogea, pour rétablir le texte primitif du Code, et, en même temps et pour la première fois, il introduisit dans son texte d'importantes réformes qui furent la conséquence de la suppression des tribunaux de commerce par le décret-loi du 6 décembre 1868.

Ce décret-loi a abrogé tout le livre V, ainsi que l'art. 325 du Code de Commerce. Il a modifié 24 articles[1] en vue de préciser que les actions judiciaires visées dans ces articles et qui étaient exercées devant les tribunaux de commerce le seraient désormais devant les juges de première instance; il a rédigé à nouveau 16 articles[2]; il a corrigé tous les articles dans lesquels il était parlé des intendants de province, dont il remplaça le titre par celui de gouverneurs, ou des tribunaux de commerce, à la mention desquels il substitua celle des juges de première instance, ou des juges commissaires des faillites, qui furent remplacés par les commissaires actuels.

L'abrogation de la loi de 1854 sur la Bourse, par le décret du 12 janvier 1867, en établissant la liberté des bourses de commerce, aussi bien au triple point de vue de leur fondation, de leur régime intérieur et de la négociation des effets susceptibles d'être cotés, touchait les articles relatifs aux courtiers de commerce; mais ce décret ne prit pas le soin, comme le décret précédent, d'indiquer les modifications à apporter au texte du Code. Ce texte se trouva d'ailleurs rétabli, lorsqu'en 1874, on revint à la législation antérieure.

Enfin, au moment même où la réforme du Code de 1829 était presque terminée et les travaux de la commission nommée en 1867 presque achevés, les Cortès approuvèrent la loi du 30 juillet 1878, qui supprima deux articles relatifs au concordat[3] et donna une rédaction nouvelle à onze autres articles[4].

* * *

Notre législation commerciale, à partir du Code de 1829, fut étendue à Cuba, à Puerto Rico et aux Philippines, aux dates suivantes.

Une cédule royale du 1er février 1832 décida que le Code serait désormais observé dans l'île de Cuba, une autre en date du 17 du même mois et de la même année le rendit applicable à Puerto Rico, et un troisième décret en date du 26 juillet suivant l'étendit aux Iles Philippines.

Le décret-loi du 6 décembre 1868 qui supprima les tribunaux de commerce dans la Péninsule et qui eut pour conséquence la suppression de certains articles et de tout le livre V du Code de Commerce, a été rendu applicable aux possessions espagnoles d'Outre-mer par le décret du 1er février 1869. La réforme de certains articles du Code, ordonnée par la loi du 30 juillet 1878, a été étendue aux possessions d'Outremer par décret du 1er novembre de la même année.

La loi du 28 janvier 1848 et le règlement du 17 février suivant, sur les sociétés anonymes, ont été étendus aux provinces d'Outre-mer par décret du 19 octobre 1853. Un autre décret, en date du 17 septembre 1869, a ensuite abrogé, comme dans la Péninsule, ces dernières dispositions. Enfin, le décret du 16 août 1878 a publié un

---

[1] Ce sont les art. 121, 122, 148, 149, 151, 208, 230, 593, 644, 669, 670, 674, 679, 745, 781, 794, 940, 945, 946, 947, 948, 974, 976, 977, 986, 988 et 990.

[2] Ce sont les art. 16, 31, 40, 96, 110, 112, 114, 115, 174, 1044, 1139, 1140, 1141, 1142, 1143 et 1144.

[3] Les art. 1145 et 1161.

[4] Les art. 1, 17, 1062, 1066, 1067, 1068, 1069, 1070, 1105, 1147, 1150, et 1158.

Real Decreto de 16 de agosto de 1878 se publicó un nuevo Reglamento para la constitucion de sociedades anónimas, que estuvo en vigor hasta la publicacion del Código de 1885 en dichas provincias ultramarinas.

Por Real Decreto de 25 de enero de 1855 se creó el Banco Español de Filipinas. Por uno de 6 de febrero del mismo año el Banco Español de la Habana. Y por otro de 10 de abril de 1866 el Banco Español de Puerto-Rico. Y, por último, por otro de 16 de agosto de 1878 se dispuso que no hubiese en las Provincias de Ultramar otros Bancos de emision, privilegiados, más que los que llevaban los nombres de Banco Español de Cuba, Puerto-Rico y Filipinas.

Por Real Decreto de 5 de julio de 1869 se creó la Bolsa oficial de comercio de la Habana, y se aprobó el Reglamento para el régimen interior de la misma.

Por Real Decreto de 12 de agosto de 1881 se hizo aplicable á Ultramar la Ley de 12 de noviembre de 1869 sobre quiebra y suspension de pagos de las compañías de ferrocarriles.

Y por otro de 12 de marzo de 1885 se aplicó á Ultramar la Ley de 9 de julio de 1862 sobre Almacenes generales de depósito.

*   *   *

El Código de comercio que rige actualmente, y del que ya hemos dicho que se publicó por Real Decreto de 22 de agosto de 1885, para entrar en vigor el 1° de enero de 1886, se publica íntegro en esta obra en concepto de texto legal, y por consiguiente no hemos de decir de él en esta reseña histórica otra cosa, sino que, por Real Decreto de 28 de enero de 1886, se hizo extensivo á Cuba y Puerto-Rico, con la modificacion necesaria de algunos de sus artículos[1]. Que, por otro de 6 de agosto de 1888. se hizo extensivo, tambien con las consiguientes modificaciones, á Filipinas. Y que ha sido el inspirador de la reforma de las leyes comerciales de México, ya que su nuevo Código de comercio de 15 de setiembre de 1889, que empezó á regir en 1° de enero siguiente, ha reproducido en gran parte (pudiera decirse que casi en totalidad) el nuestro.

[1] La reforma del Código para su aplicacion en Cuba y Puerto Rico se hizo con más buena voluntad que acierto, pues, yo, que por aquel entonces hacía mis estudios para las oposiciones á la cátedra de derecho mercantil que más tarde obtuve, advertí en seguida que se habian quedado por reformar, y por las mismas razones que lo habian sido los modificados, un número mayor de artículos que resultaban de aplicacion imposible. — La circunstancia de ser, yo en aquella fecha empleado del Ministerio de Ultramar me movió á llamar la atencion acerca de ello á mis compañeros de la Direccion general de Gracia y Justicia del Ministerio, á los individuos de la Comision de Códigos de Ultramar, y hasta al Subsecretario, y, aunque todos hubieron de convenir en que tenía razon, ninguno se atrevió á cargar con la responsabilidad de tener que confesar en la Gaceta que los encargados de la reforma lo habian hecho muy mal, por cuyo motivo resultó que no fué posible (advertidos ya del desaguisado) publicar la edicion oficial del Código de comercio vigente en Las Antillas. — Pendiente de publicacion la reforma del Código para Filipinas, hablé de todo esto con el entonces presidente de la Comision de Código de Ultramar, mi querido maestro, el sabio hacendista, Dn. Laureano de Figuerola, quien me pidio la nota de los artículos que no se habian reformado. La nota se utilizó para la reforma del Código que habia de regir en Filipinas; y, para que no resultara confesado en la Gaceta el error padecido en el Real Decreto de 28 de enero de 1886, hizo el Ministerio de Ultramar insertar integro en la Gaceta el Código reformado para Filipinas, y publicó, además, una edicion oficial del mismo.

Bibliographie.

I. Partie générale.

A) Lois.

Torres Campos, Manuel: Bibliografía española contemporánea del Derecho y de la Política. — 2 vol. I, 1800—1880; II, 1881—1896. Madrid. 1883—1897.

B) Collections de Lois.[1]

Novísima **Recopilación** de las leyes de España, dividida en doce libros en que se reforma la Recopilación publicada por el Sr. Dn. Felipe II en el año 1567, y se incorporan las prag-

---

[1] Una coleccion completa de todas nuestras leyes no existe ni oficial ni particular. Oficial ni siquiera hay la de Códigos. Nue-

[1] Il n'existe aucune collection officielle, ni particulière de toutes nos lois, ni même de nos codes. Nos anciens codes ont été publiés

nouveau règlement sur la constitution des sociétés anonymes, qui est resté en vigueur jusqu'à la promulgation du nouveau Code de Commerce dans les mêmes provinces.

Un décret du 25 janvier 1855 a créé la Banque espagnole des Philippines. La Banque espagnole de la Havane a été créée par un décret du 6 février 1855; la Banque espagnole de Puerto Rico, par décret du 10 avril 1866. Enfin un autre décret du 16 août 1878 a disposé qu'il n'y aurait pas dans les provinces d'Outre-mer d'autres banques d'émission privilégiées que celles qui portaient les noms de Banque espagnole de Cuba, Puerto Rico et des Philippines.

La Bourse officielle de commerce de la Havane et son règlement intérieur ont été approuvés par décret du 5 juillet 1869.

Un décret royal du 12 août 1881 a rendu applicable aux provinces d'Outre-mer la loi du 12 novembre 1869 sur la faillite et la suspension des paiements des compagnies de chemins de fer.

Un autre décret, en date du 12 mars 1888, a rendu applicable à ces mêmes possessions la loi du 9 juillet 1860 sur les magasins généraux de dépôt.

* * *

Le Code de Commerce actuel, qui a été promulgué par décret du 22 août 1885 pour entrer en vigueur le 1er janvier 1886, est publié intégralement dans cet ouvrage. Nous n'avons donc, pour terminer cette étude historique, qu'à signaler deux décrets royaux, l'un du 28 janvier 1886 qui a étendu son application à Cuba et à Puerto Rico, en apportant à certains de ses articles des modifications indispensables[1], l'autre du 6 août 1888, qui l'a rendu applicable aux Philippines, également avec quelques modifications. Ajoutons en terminant que notre Code a inspiré la réforme des lois commerciales du Mexique, et que le nouveau Code de Commerce de cette République, du 15 septembre 1889, entré en vigueur le 1er janvier suivant, a reproduit le nôtre en grande partie, on pourrait même dire presque totalement.

---

[1]) La réforme du Code en vue de l'application qui devait en être faite à Cuba et à Puerto Rico, aurait été faite avec plus de bonne volonté que de succès. Je préparais, lors de cette réforme, le concours pour la chaire de droit commercial que j'ai plus tard obtenue, et je remarquais qu'on avait négligé de réformer un plus grand nombre d'articles que ceux qui, pour les mêmes raisons, avaient été modifiés, et que ces articles seraient d'une application impossible. Comme j'étais à cette époque fonctionnaire au Ministère de *Ultramar*, je me décidais à appeler sur ce point l'attention de mes collègues de la direction générale de Grâce et Justice du ministère, ainsi que des membres de la commission des codes d'*Ultramar* et même du Sous-Secrétaire d'Etat. Tous convinrent que j'avais raison; mais aucun n'eut le courage de prendre la responsabilité de reconnaître dans la *Gaceta* que les fonctionnaires chargés de la réforme l'avaient mal faite, et voilà ce qui explique comment, avertis déjà de leur faute, il ne leur fut pas possible de publier l'édition officielle du Code de Commerce en vigueur dans les Antilles. La publication de la réforme du Code destiné aux Philippines n'étant pas encore faite, je parlais de tout cela avec le président de la commission du Code de *Ultramar*, mon vénéré maître, l'éminent professeur de sciences financières D. Laureano de Figuerola. Il me demanda la liste explicative des articles à réformer. Cette note fut utilisée pour la réforme du Code destiné aux Philippines, mais, pour ne point paraître avouer dans la *Gaceta* l'erreur commise dans le décret du 28 janvier 1886, le ministère de *Ultramar* fit insérer intégralement dans la *Gaceta* le Code réformé pour les Philippines, et il en publia, en outre, une édition officielle.

---

máticas, cédulas, decretos, órdenes y resoluciones reales y otras providencias recopiladas y expedidas hasta el de 1804, mandada formar por el Sr. Dn. Carlos IV. Edición oficial. Madrid. 1805—1807. 6 tomos[1].

stros antiguos Códigos se publicaron aisladamente, por el Estado unos, por las Reales Academias (Española y de la Historia), otros. Colecciones completas, tanto de los antiguos como de los modernos Códigos, solo tenemos las formadas por los particulares. De estas citaremos tan solo las más corrientes.

[1]) El Suplemento á la Novísima Recopilación que contiene las disposiciones publicadas en 1805 y 1806, y algunas pragmáticas olvidadas al formar la Novísima, se incluyó en el tomo 6° de esta.

séparément, les uns par l'Etat, les autres par les Académies royales (d'Espagne et de Histoire). Des collections complètes, tant de nos anciens Codes que de nos Codes modernes, ont été publiées seulement par les particuliers. Parmi ces collections, nous citerons seulement les suivantes.

[1]) Le Supplément à la *Novísima Recopilación*, contenant les dispositions publiées en 1805 et 1806, et quelques pragmatiques qui avaient été omises en rédigeant la *Novissima recopilación;* ce supplément forme le tome 6 de cette *recopilación*.

Fuero Juzgo en latin y castellano, cotejado con los más antiguos y preciosos códices por la Real Academia Española. Madrid. 1815.

Opusculos legales del Rey Dn. Alfonso el Sabio, publicados por la Real Academia de la Historia. 2 tomos (Tomo I Espéculo. Tomo II Fuero Real y Estilo). Madrid. 1836.

Las siete Partidas del Rey Dn. Alfonso el Sabio. Cotejadas con varios códices antiguos por la Real Academia de la Historia. 3 tomes. Madrid. 1807.

Los Códigos españoles concordados y anotados. 12 tomes. Madrid. 1872—1873. (Contenant le texte complet de nos anciens Codes jusqu'à la Novísima et aux Ordonnances de Bilbao.)

Martinez Alcubilla, Marcelo: Códigos antiguos de España. Collection complète de tous les Codes de l'Espagne du Fuero Juzgo à la Novísima Recopilación. Madrid. 1885—86. 2 tomes. Cette collection est la dernière publiée et la plus maniable.

Abella, Joaquin: Los Códigos españoles vigentes en la Península y Ultramar, anotados y concordados. Madrid. 1890.

Medina, Leon, y **Marañón**, Manuel: Leyes civiles de España conforme á los textos oficiales. Novísma edición. Madrid. 1905.

Colección legislativa de España. Edición oficial. (Suite de la Colección de decretos y órdenes dont la publication a commencé en 1814. Le titre de Colección legislativa de España date de 1846. Ont été publiées jusqu'en 1906, 182 volumes[1], sans compter les 10 volumes contenant les decretos y órdenes des Cortès libérales de 1810 à 1812 et de 1820 à 1823 publiés de 1820 à 1823).

Boletin de la Revista general de Jurisprudencia y Legislación. (Organo oficial del Ilustre Colegio de Abogados de Madrid.) Collection complète de la législation espagnole de 1853, première année de sa publication. Madrid. 1853. 126 tomes ont été publiés jusqu'en 1905.

Gaceta de Madrid. Cet organe officiel du gouvernement se publie depuis le milieu du XVIIe siècle. Le texte officiel des lois, décrets royaux, ordres royaux et autres dispositions gouvernementales est celui qui est publié dans la *Gaceta*. Leur insertion y est obligatoire depuis l'ordre royal du 22 Septembre 1836.

C) Traités généraux et comparés de droit. — Encyclopédies.

Febrero ó Libreria de Jueces, Abogados y Escribanos. La 1e edit. de 1789—90; la dernière publiée sous le titre de Febrero novisimo, a paru à Paris, 1870, 6 tomes.

Escriche, Joaquin: Diccionario razonado de Legislación y Jurisprudencia. 1ère edit., Paris, 1831; la dernière publiée en Espagne à Madrid, en 1874—76, 4 tomes; et la dernière de toutes a paru à Paris, 1881.

Arrazola, Lorenzo: Enciclopedia española de Derecho y Administración, ó nuevo teatro universal de la legislación de España é Indias, Madrid. 1848—72. 13 tomes (ouvrage inachevé).

Escosura, Patricio de la: Diccionario universal del Derecho español constituido en todos sus ramos. Madrid. 1852—53. 4 tomes (ouvrage inachevé).

Martinez Alcubilla, Marcelo: Diccionario de la Administración española. 1ère edit. 1858, 5e et dernière, Madrid. 1891—95. 9 tomes. Il se publie tous les ans un appendice, sous ce titre: *Boletin jurídico administrativo*. C'est l'ouvrage le plus complet qui existe en Espagne. Il contient tous les codes, ainsi que tous les décrets royaux, ordres royaux, règlements, circulaires, et les sentences formant jurisprudence. Il se publie très régulièrement et ses tables alphabétiques et chronologiques sont très complètes.

Mas y Abad, Celestino: Diccionario general de la Legislación española, civil y penal, ca-nónica, administrativa y marítima, de la especial de Indias, la de los antiguos reinos de Aragón y del Principado de Cataluña y Fueros de las Provincias Vascongadas y Navarra. Madrid. 1877. Tome 1er (A. B.) (ouvrage inachevé).

Sanchez de las Matas y Delgado del Campillo, Epifanio: Novisimo diccionario de legislación y jurisprudencia. Madrid. 1883.

Oliva Bridgman, Santiago: Novisimo Diccionario de Legislación y Jurisprudencia. Barcelona 1888—90, 4 tomes. Appendices de 1888—89 y 90, 3 tomes. Barcelona. 1888—1890.

Gomez Herrero, Teodoro: Diccionario — guia legislativo español — 2 tomes. Madrid. 1902. Appendices de 1901 y 1902.

Martinez Moreda, Mateo: El Consultor para todos. Diccionario de legislación vigente, con un prólogo del Exmo Sr. Dn. Francisco L a s t r e s. 3 tomes. Madrid. 1905.

Barrera y Montenegro, José Ma. de la: Nociones de Derecho civil, mercantil y penal, distri-buidas en lecciones y adicionado con el discurso pronunciado en la Universidad de Oviedo sobre interés y usura. Valladolid. 1881.

Lamas y Varela, Luis: Novisimo manual de derecho comprensivo de todas las reformas de que ha sido objeto nuestra legislación hasta el presente. 3a ed. Madrid. 1878.

---

[1] Falta el volumen de 1897. | [1] Il manque le volume de 1897.

D) Revues et collections de Traités, de droit commercial.

Revista general de Legislación y Jurisprudencia. Fondée à Madrid en 1853 par Dn. Ignacio M i q u e l, Dn. José R e u s y Dn. Pedro G o m e z d e l a S e r n a. Elle forme la continuation de la revue ,,El Derecho" fondée elle-même à Madrid en 1847 par Dn. Francisco Cárdenas. El Derecho comprend 12 tomes, et de la Revista general ont été publiés 107 tomes, jusqu'à la fin de 1905.

Revista de los Tribunales y de Legislación Universal. Fondée à Madrid en 1875 par Dn. Valentin T o r r e c i l l a, et continuée par Dn. Vicente R o m e r o G i r ó n. 39 tomes publiés, jusqu'à la fin de 1905.

Romero Girón, Vicente, y **Garcia Moreno,** Alejo: Colección de las Instituciones políticas y jurídicas de los pueblos modernos — Madrid. 1882. 12 tomes y 16 appendices, le dernier a paru en 1905.

Revista Juridica de Cataluña. Barcelona. 1895. Jusqu'en 1905, 11 tomes.

E) Recueils des arrêts de la Cour de Cassation.

Sentencias del Tribunal Supremo de justicia. (Coleccion legislativa de España). Ed. of. Les sentences du Tribunal Suprême de 1838 à 1860 ont été publiées dans les volumes correspondants de la Collection législative avec les lois, décrets royaux et autres dispositions légales. A partir de cette date, ces sentences sont publiées à part en volumes séparés. Madrid, 1860 à 1905 — 93 volumes — Les volumes de juillet 1891 à juillet 1897 manquent.

Sentencias y Autos del Tribunal Supremo, publiés par la Gaceta oficial de Madrid du 19 mars 1873 à ce jour en livraisons séparées, chaque année formant un volume. Madrid. 1873 à 1905. 33 tomes.

Jurisprudencia Civil, publicada por la Revista General de Legislación y Jurisprudencia. Colección completa de las sentencias del Tribunal Supremo desde 1838 hasta el dia. Madrid. 1897. Jusqu'à la fin de 1905, 101 tomes.

Estasén, Pedro: Repertorio de la jurisprudencia mercantil, de 1838 à 1892. Barcelona 1894. — De 1892 à 1902. Barcelona. 1903.

Pastor y Alvira, Julian: Recopilación de la jurisprudencia mercantil del Tribunal Supremo. Sarragosse. 1867.

II. Ouvrages spéciaux de droit commercial.

1. Code de commerce.

Código de comercio. Edition officiele. Madrid. 1885.

Código de comercio para las Islas Filipinas y demás Archipielagos españoles de Oceania. Ministerio de Ultramar. Ed. of. Madrid. 1888.

a. Documents officiels.

Proyecto de Código de comercio. Edition officielle. Madrid. 1882.

Lastres, Francisco: Dictamen de la Comisión nombrada por el Congreso en la proposición de ley relativa á suspensión de pagos y quiebras. Ed. of. Madrid. 1893.

Silvela, Luis, **Comas,** Augusto, y **Azcárate,** Gumersindo: Informe que sobre el proyecto de Código y tribunales de comercio presentan al claustro de la Facultad de Derecho de la Universidad de Madrid. Madrid. 1882.

Observaciones al proyecto de Código de comercio por una comisión de comerciantes banqueros. Madrid. 1881.

b. Commentaires.

Abella, Joaquin: Novisimo Código de comercio comentado y concordado con el antiguo, con las disposiciones comerciales vigentes en España etc. y con las legislaciones de los principales pueblos de Europa y América. 2e ed. Madrid. 1897.

Albacete, Salvador de: Código de comercio, precedido de un prólogo de .... Biblioteca judicial. 3 tomes. Madrid. 1885.

Amat, Vicente: Código de comercio comentado y anotado con la jurisprudencia del Tribunal, Supremo, y completado con otras varias disposiciones legales vigentes en la materia. (Biblioteca económica de legislación y jurisprudencia.) Barcelona. 1903.

Armas y Saenz, Ramón de: Código de comercio comentado. La Havane. 1886.

Castilla Folerá, Antonio: Código de comercio, decretado y sancionado en 22 de agosto de 1885, con notas y aclaraciones etc. Madrid. 1885.

Novisimo **Código** de comercio: Manual de legislacion mercantil seguido de las leyes y disposiciones y notas que lo completan etc. Barcelona. 1886.

Código de comercio de 1885. Publicado por la Crónica legislativa. Madrid. 1885.

Código de comercio de 1885, comentado y concordado con el anterior y con los extranjeros por la redacción de la Revista general de Legislación y jurisprudencia. 2 tomes. Madrid. 1886.

Código de comercio vigente en la Península Cuba, Puerto Rico y Filipinás, comentado por la redaccion de la Revista de los Tribunales. 10e ed. Madrid. 1904.

Gallostra y Frau, José: Código de comercio español vigente en la Península é islas de Cuba y Puerto Rico. Cet ouvrage donne la concordance avec les lois françaises, belges, allemandes, italiennes, hollandaises et portugaises, il contient l'exposé des motifs présenté aux Cortès, une bibliographie, ainsi que les réglements sur l'organisation et le régime du registre de commerce et des Bourses de commerce dans la Péninsule et les îles de Cuba, Porto-Rico, et le réglement intérieur de la Bourse de Madrid et d'autres dispositions explicatives, et l'organition des Chambres de Commerce.

Garcia Moreno, Alejo: Código de comercio de 1885 con las reformas hasta 1903 y anotado con la doctrina de los autores y todas las sentencias del Tribunal Supremo. Biblioteca económica del abogado. 7a ed. Madrid. 1904.

Lopez y Diaz, Manuel Domingo: Nuevo Código de comercio comparado con el antiguo, con notas y aclaraciones etc. con un prólogo de Dn. Aureliano Linares Rivas. Madrid. 1885.

Llivi, Francisco de P., y **Freixa y Rabasó,** Eusebio: Código de comercio de 22 de agosto de 1885, anotado y concordado con el de 30 de mayo de 1829 etc. Madrid. 1885.

Moya y Jimenez, Luis: Código de comercio comentado y precedido de un estudio histórico, crítico y doctrinal. Madrid. 1885.

Muñoz Ortiz, J.: Novisimo Código de comercio, vigente con una multitud de notas aclaratorias. 2e ed. Barcelone. 1888.

Ossorio y Gallardo, Angel: Legislación mercantil terrestre; compilación de las disposiciones vigentes en España acerca del derecho mercantil terrestre y jurisprudencia del Tribunal Supremo referentes á la misma materia. Madrid. 1896.

Prudhomme, Henri: Code de commerce espagnol, promulgué le 22 août 1885, mis en vigueur le 1er jánvier 1886. Traduit et annoté. Paris. 1891.

Reglamento para la organización y régimen del Registro mercantil en las islas de Cuba y Puerto Rico etc. Madrid. 1886.

Reglamentos para la organización y régimen del Registro mercantil y de las Bolsas de comercio y Real Decreto creando el Registro de ultimas voluntades. Revista de las Tribunales. Madrid. 1885. 1 folleto.

Romero Girón, Vicente: El nuevo Código de comercio, profusamente anotado y concordado con nuestra legislación anterior y con la jurisprudencia nacional y extranjera y exposición de motivos del proyecto del Sr. Alonso Martinez, precedido de una introducción y seguido de treinta y seis apéndices que contienen cuantas disposiciones dictadas hasta el dia, aclaran, amplian ó explican los preceptos de aquel. Madrid. 1902.

Ros y Biosca, José Ma.: Código de comercio promulgado en 22 de agosto de 1885, concordado con el de 30 de mayo de 1829, anotado con las disposiciones del derecho civil y administrativo, jurisprudencia del Tribunal Supremo etc. Valencia. 1886.

Soler y Castelló, Federico: Código de comercio comentado según las disposiciones del derecho civil y la jurisprudencia del Tribunal Supremo de justicia, concordado con las disposiciones del Código penal, leyes de Enjuiciamiento civil, Hipotecaria y del Notariado etc. precedido de una introduccion histórica. 2e ed. notablement corrigée et augmentée avec les Règlements du Registre et des Bourses de commerce et autres dispositions publiées jusqu'à ce jour. Madrid. 1886.

Teófilo y Doroteo: Código de comercio profusamente anotado y precedido de una breve reseña del movimiento mercantil á través de los siglos. ed. spéciale pour les Universités. (Biblioteca jurídico escolar.) Madrid. 1902.

c. Manuels et traités.

Alvarez del Manzano, Faustino: Curso de Derecho Mercantil filosófico, histórico y vigente (español y extranjero). 2e ed. corrigée et augmentée. Madrid. 1903. Tome 1°. Partie générale. Du tome 2e ont paru 4 livraisons.

Alvarez del Manzano, Faustino: Programa de Derecho Mercantil de España y de las principales naciones de Europa y América. Madrid. 1878.

Avecilla, Pablo: Diccionario de la legislación mercantil de España. Madrid. 1849.

Ayala Junguita, P. y G.: Derecho mercantil ó cartera del comerciante. Victoria. 1888.

Benito, Lorenzo: Lecciones de Derecho Mercantil con sujeción al programa oficial publicado en la Gaceta del 5 de agosto de 1889 para las oposiciones á la judicatura. Madrid. 1889.

Benito, Lorenzo: Ensayo de una introducción al estudio del Derecho Mercantil (Preliminares é historia). Valence. 1896.

Benito, Lorenzo: Contestación al programa de Derecho Mercantil publicado en la Gaceta de 4 de diciembre de 1896 para las oposiciones á las plazas vacantes de Registradores de la Propiedad. 4e ed. Madrid. 1897.

Benito, Lorenzo: Las Bases del Derecho Mercantil. Barcelona. 1903. (Tome XXXIV de la Collection des Manuels Soler.)

Benito, Lorenzo: Manual de Derecho Mercantil. Tome 1°. (Derecho Mercantil español —Parte general). Valencia. 1904.

Bergamin, Francisco: Ensayos históricos del Derecho Mercantil. Málaga. 1875.

Blanco Constans, Francisco: Estudios elementales de Derecho Mercantil, según la filosofiá, la historia y la legislación positiva vigente en España y en las principales naciones de Europa y América. 2e ed. 2 tomes. Madrid. 1901—1902.

Bonilla y San Martin, Adolfo: Plan de Derecho Mercantil de España y de las principales naciones de Europa y América. Madrid. 1903.

Bonilla y San Martin, Adolfo: Derecho Mercantil español. Contestación al programa para oposiciones al Notariado. Madrid. 1904.

Bonilla y San Martin, Adolfo: Un laboratorio de derecho. Cuestiones teórico prácticas de Derecho Mercantil resueltas por los alumnos de dicha asignatura en la Universidad de Valencia (Biblioteca de Revista Juridica — vol. VII). Madrid. 1904.

Carreras y Gonzalez, Mariano y **Gonzalez Revilla,** Leopoldo: Elementos del Derecho Mercantil de España. 6e ed. et Derecho Mercantil internacional, legislación de Aduanas y Tratados de comercio por Gonz. Rev (L.). 3e ed. Madrid. 1902.

Cencillo Briones, Jesús: Cuestionario contestado sobre Código de comercio. 2e ed. Madrid. 1887.

Checa y Sanchez, Ricardo: El porvenir de los Códigos de comercio. (Discours d'ouverture du cours de 1899 à 1900 de l'Université de Séville.) Séville. 1899.

Emperador, Cándido: Nociones preliminares al estudio del Derecho Mercantil de España y de las principales naciones de Europa y América. Saragosse. 1886.

Estasén, Pedro: Instituciones de Derecho Mercantil. 8 tomes. Madrid. 1889—96.

García de Quevedo y Concellón, Eloy: Ordenanzas del Consulado de Burgos de 1538 que ahora de nuevo se publican, anotadas y precedidas de un bosquejo histórico del Consulado. Burgos. 1905.

Gestoso, Luis: Apuntes de Derecho Mercantil internacional. Valence. 1886.

Gracia, Rafael, y **Benito,** Lorenzo: Cuestiones de Derecho Mercantil. Madrid. 1885.

Heredia, Rafael, y **Jaen,** R.: El comercio y las leyes. Explicación de las vigentes en España que más directamente se relacionan con el comercio usual etc. Madrid. 1901.

Heredia, Rafael: Manual del comerciante. Historia del Comercio. Legislación mercantil. Cálculos Partida doble (Teoría y práctica). Madrid. 1905.

Lopez Cerezo, Victor G.: Prontuario de legislación mercantil ó ligeros apuntes para facilitar el estudio de aquella asignatura. Santander. 1896.

Lopez Larrubia, Vicente, y **Martinez Martin,** Alberto: El Código de comercio interpretado por el Tribunal Supremo, con un prólogo de Dn. Rafael de Andrade y Navarrete. 2 tomes. Madrid. 1902.

Lopez Toral, Fernando: Diccionario mercantil con todas las voces frases y locuciones usadas en el comercio de España y de las Américas españolas. Saragosse. 1882.

Luanco, Miguel: Lecciones elementales de Derecho Mercantil, arregladas al programa que rige en las oposiciones para el ingreso en el cuerpo de Aduanas etc. Madrid. 1887.

Martin Veña, Manuel: Tratado de Derecho Mercantil español, comparado con la legislación de Alemania y Francia. Madrid. 1891.

Moret y Remisa, Lorenzo: Exposición razonada del Código de comercio vigente en España y los de las principales naciones de Europa y América. Tome 1er. Madrid. 1886.

Pancorbo, Manuel: Lecciones de Derecho Mercantil arregladas al programa de esta asignatura para las oposicíones de ingreso en el cuerpo de Aduanas. 3e ed. Madrid. 1884.

Perez Requejo, Ramón: Legislación mercantil universal ó tratado didáctico de Derecho Mercantil, seguido de la legislación mercantil española vigente y su comparación con la extranjera y un apéndice sobre sistema aduaneros. Valladolid. 1898.

Rubio y Lopez, José: Novisimo manual de Derecho mercantil, arreglado á la legislación vigente sobre esta materia y al Código de comercio. Madrid. 1897.

Salom y Puig, Salvador: Lecciones elementales de Derecho Mercantil... Valence. 1891.

Sanchez Lafuente, E.: Contestación á los cuestionarios de Código de comercio y al de organización y operaciones del Banco de España. Madrid. 1897.

Sanchez Mata, Nicasio, y **Afaba,** Leopoldo: Exposición del Derecho Mercantil de España y de las principales naciones de Europa y América. Salamanque. 1884.

Scaccia y Straka: Derecho Mercantil de España. Explicaciones completas de ... conforme al programa oficial de la Universidad de Valladolid. Valladolid. 1903.

Soler, Eduardo: Manual de Derecho Mercantil. Biblioteca enciclopédica popular ilustrada. Madrid. 1882.

Soler y Castelló, Federico: Diccionario de la legislación mercantil de España comparada con la vigente en las principales naciones de Europa y América. Madrid. 1887.

Supino, David: Derecho Mercantil. Traducido de la 4a ed. y anotado extensamente con las diferencias del derecho español por Lorenzo B e n i t o. Madrid. 1895.

Ureña y Smenjaud, Rafael: Ensayo de un plán orgánico de un curso de Derecho Mercantil de España y de las principales naciones de Europa y América. Madrid. 1888 (ouvrage inachevé dont la publication est suspendue).

Viso, Salvador: Lecciones elementales de Derecho Mercantil de España. 3a ed. arreglada por Salvador S a l ó m. Valence. 1887.

Vivante, Cesar: Derecho Mercantil. Traducción, prólogo y notas por Francisco Blanco C o n s t a n s. Madrid. 1894.

Zarzoso y Ventura, Ezequiel: Diccionario de legislación y jurisprudencia mercantil. Valence. 1881.

d. Traités spéciaux.
1. Actes de Commerce.

Lastres, Francisco: Los actos de comercio y la jurisdicción mercantil. Conferencia. Madrid. 1888.

Sastre y Martinez, Manuel Mª.: Límite entre los actos mercantiles y los que caen bajo el dominio del derecho común. La Havane. 1891.

Rodriguez y Viguri, Luis: La comercialidad de los inmuebles. Santiago. 1901.

Zurita Nieto, Benito: Los actos de commercio considerados en si mismos y en relación con los comerciantes (Estudios de legislación mercantil comparada, tomo 1°). Madrid. 1899.

2. Registre du Commerce.

Estadística del Registro Mercantil formada por la Dirección general de los Registros. Ed. of. Madrid. 1901.

3. Contrats Commerciaux.

Benito, Lorenzo: Legislación española sobre la correspondencia en materia civil y comercial (Estudio hecho para servir de Apéndice á la traducción española del Tratado sobre la correspondencia .... de R a m e l l a). Madrid. 1898.

Bonilla y San Martin, Adolfo: Sobre los efectos de la voluntad unilateral (propia ó agena) en materia de legislación comercial. Madrid. 1901.

4. Agents de change, courtiers, operations de bourse.

Bertrán, Marcos Jesús: Operaciones de Bolsa. (Collection des Manuels Soler — vol. 48.) Barcelone. 1904.

Boguñá y Baxeras, Jacinto: Dictamen sobre efectos públicos al portador. Barcelone. 1903.

Capdeville, Edmundo: La Bolsa al alcance de todos. Las operaciones en las Bolsas de Madrid, Paris, Bruselas. Ouvrage accompagné d'un vocabulaire des principaux termes de bourse. Madrid. 1905.

Sobre la **contratación** de efectos públicos. Del monopolio de los Agentes de Bolsa. Madrid. 1857.

Diez Pinedo, Eduardo: Anuario de la Bolsa, del Comercio y de la Banca para 1906 (XVe année) Madrid. 1906.

Galvez Pinal, Cesar: Pequeño manual de las operaciones de Bolsa. Madrid. 1899.

Garcia Diaz, Eduardo: Legislación sobre contratación en Bolsa, agentes de cambio y corredores de comercio y disposiciones de caracter general sobre efectos públicos con la jurisprupencia del Tribunal Supremo. Madrid. 1885.

Gomez Moreno, Ramón: Manual de la contratacion bursatil, ordenado con observaciones sobre los respectivos proyectos del nuevo Código de comercio y reglamentos de Bolsa, y otras noticias de interés para las negociaciones de efectos publicos y valores cotizables. Madrid. 1886.

Maluquer y Viladot, Juan: Irreivindicación de efectos al portador en los casos de robo, hurto ó extravio. Estudio sobre las Bolsas de comercio y sus agentes mediadores. Anotado con la jurisprudencia del Tribunal Supremo de Justicia, seguido de Apéndices que contienen las disposiciones legales que afectan a estos materias y formularios prácticos; con un prologo del Exmo Sr. Dn. Antonio M a u r a. Barcelone. 1901.

Manual de la legislacion de la bolsa publicado por la Junta Sindical del Colegio de Agentes de cambio de Madrid. Madrid. 1880.

Montero y Vidal, José: La Bolsa, el Comercio y las Sociedades mercantiles. Madrid. 1887.

Prats, J.: Responsabilidad de la fianza de los agentes de Bolsa. Madrid. 1905.

5. Sociétés commerciales.

Benito, Lorenzo: Formas que pueden adoptar las sociedades mercantiles (Conferencia). Madrid. 1904.

Cueto, José A. del: De la sociedad civil con formas mercantiles. (Discours d'ouverture du cours de l'Université de Habane.) La Havane. 1891.

Ortega y Gasset, M.: Informe consulta sobre las sociedades anónimas y el articulo 157 del Código de comercio. Madrid. 1901.

Pedregal, Manuel: Sociedades cooperativas. Madrid. 1888.

6. Commission.

Benito, Lorenzo: El mandato mercantil (Conferencia). Barcelone. 1904.

Estasén: El viajante y el representante de comercio segun el derecho español. Barcelone. 1904.

7. Compte-Courrant.

Carbonell y Ruiz, Ramon I.: La cuenta corriente y sus efectos jurídicos. La Havane. 1894.

Vallés y Pujals, José: El contrato de cuenta corriente. Barcelone. 1906.

8. Assurances.

Estasén, Pedro: Los seguros. Barcelone. 1906.

Larrabure, A.: Significación del seguro sobre la vida humana, con un prólogo de Dn. Miguel de U n a m u n o. Salamanque. 1901.

Reboul, Eugenio: Estudios sobre seguros. Traducción de Lázaro G i l M a r c o n e l l, seguida de una reseña histórica de las sociedades de seguros sobre la vida establecidas en España y una ligera explicación de sus estatutos. Madrid. 1875.

Sorribas Zaidin, Juan Antonio: Memoria dilucidando un tema de seguros sobre la vida. Barcelone. 1883.

9. Lettres de change, Billets à ordre, Chèques.

Barrachina, Federico, y **Talavera,** Carlos Antonio: Código de comercio español, jurisprudencia y leyes extranjeras en materia de cambio. Alicante. 1893.

Benito, Lorenzo: La letra de cambio (Conferencia). Figueras. 1906.

Estasén, Pedro: El aval. Barcelone. 1902.

Gallardo, J.: Cuestiones de derecho internacional sobre la letra de cambio. Madrid. 1898.

Huguet y Campaña, Pedro: La letra de cambio y demás documentos mercantiles, así de giro como al portador, segun las leyes vigentes en la Península, Ultramar y Filipinas, Codigos de comercio extranjeros y jurisprudencia del Tribunal Supremo con numerosos modelos para los más importantes casos de emisión y giro y notas y apéndices aclaratorios. Barcelone. 1894.

Mata y Sanz, Francisco: El contrato de cambio. Valence. 1893.

Miñana y Villagrasa, Emilio: Ordenanza general alemana sobre el cambio. Traducción directa del alemán, comparada con las principales legislaciones cambiarias de Europa y América. Con una introducción por Dn. Adolfo B o n i l l a y S a n M a r t i n. Madrid. 1903.

Mora, Federico: Del cheque. La Havane. 1885.

Oliver Esteller, Bienvenido: Congrès international de Droit commercial d'Anvers. Des innovations introduites dans la législation de la lettre de change, Billets à ordre et chèques par le nouveau Code de commerce d'Espagne. Anvers. 1885.

Zapatero, Manuel: El derecho maritimo y la letra de cambio segun el Congreso de Derecho comercial de Amberes. Madrid. 1886.

10. Droit maritime[1].

Agacino y Martinez, Eugenio: Diccionario de la legislación maritima. Madrid. 1888.

Godinez y Mihura, Manuel: Elementos de derecho maritimo español. Madrid. 1892.

Gonzalez Maroto, Fernando, y **Tapia y Casanovas,** José: Manual de los Tribunales de Marina. Madrid. 1903.

Jacobs, Victor, et **Ouverx,** Lambert: La loi espagnole relative au commerce maritime; traduite et mis en concordance avec les lois similaires allemande, belge, française, italienne et neerlandaise. Bruxelles. Paris. 1886.

Madariaga, Ramón de: Cuestiones de derecho marítimo. Con un prólogo de Dn. Pedro D o r a d o M o n t e r o (El contrato mercantil de transporte marítimo. Retencion del cargamento. Embargo de naves. Notas sobre abordage marítimo.) Madrid. 1899.

---

[1] Les ouvrages sur l'hypothèque maritime sont indiqués plus bas, p. 34.

Moreno y Lorenzo, Joaquin: La jurisdicción de marina. Tratado de todas las leyes y disposiciones de constante aplicación en los Tribunales de Marina. Madrid. 1896.

Palacios, Lorenzo: Anuario marítimo legislativo para 1894. Madrid. 1894.

Puzo, N.: El derecho marítimo español codificado. Madrid. 1882.

Puzo, N.: Tratado de Derecho marítimo español. 2a ed. con un prólogo de Dn. Leandro Sarralegui y Medina. Madrid. 1887.

Raikes, F. W.: The maritime Codes of Spain and Portugal. London. 1896.

Ruiz y Gil, Cristobal: Manual de legislación del marino mercante. Madrid. 1904.

Viniegra, Salvador: Estudio sobre la clasificación de las averías por gastos causados con motivo ú ocasion de arribada. Cadix. 1878.

11. Suspension des payements et faillites.

Bustamante y Martínez, Juan F.: De la necesidad de reformar los artículos del Codigo de comercio relativos á la suspensión de pagos. De la jurisprudencia sentada respecto de distintas cuestiones legales. Discurso pronunciado en la apertura del Tribunal Supremo de Justicia en 1894. Madrid. 1894.

Cuervo, Manuel Froilán: Tratado de quiebras. La Havane. 1881. Tome 1º.

Checa y Sanchez, Ricardo: La suspensión de pagos. Séville. 1889.

Estasén, Pedro: Tratado de las suspensiones de pagos y de las quiebras. Estudio teórico práctico del sobreseimiento en el pago y cumplimiento de las obligaciones mercantiles, según doctrina de la legislación española y la jurisprudencia. Madrid. 1899.

Grau Granell, Francisco: Estudio crítico del proyecto de ley sobre la suspensión de pagos. Barcelone. 1902.

Jorro Miranda, José: La suspension de pagos. Prólogo del Exmo Sr. Dn. Eduardo Dato. Valence. 1902.

Martorell y Rovira, Luis, y Nogués, Emilio J. M.: Quiebras y suspensiones de pagos. Comentarios al libro IV del vigente Código de comercio, concordado y comparado con esta parte de la legislación mercantil de Portugal, Francia etc. con una carta prólogo de Dn. Francisco Pi y Margall. 2 tomes. Madrid. 1890.

Redondo, Remigio Antón: Quiebras. Manual sobre el procedimiento en los juicios universales de quiebras. Madrid. 1898.

Rives y Martí, Francisco de P.: Concurso de acreedores y quiebras. (Teoria y práctica de actuaciones judiciales en materia de ...) con sus preliminares quita y espera, suspensión de pagos; prólogo del Exmo Sr. Dn. José Mª Manresa y Navarro. 2 tomes. 2e ed. Madrid. 1904.

Roig y Bergadá, José: La suspensión de pagos en el vigente Código de comercio. Barcelone. 1891.

12. Juridiction Commerciale.

Benito, Lorenzo: Los Tribunales de comercio (Conferencia). Barcelone. 1905.

Gomez Chaix, Pedro: Apuntes acerca de los Tribunales de comercio y su establecimiento en España. Málaga. 1892.

Jurado en las cuestiones mercantiles. Forma práctica para el planteamiento del..... Tema 5° del Congreso Nacional Mercantil de 1886, Publicadas la discusion y conclusiones votadas acerca del mismo por Dn. Manuel Zapatero y Garcia en el libro titulado. Congrès national commercial tenu à Madrid en mai de 1886. Madrid. 1887.

Jurisdicción especial de comercio. Convendria restablecer la.... En caso afirmativo, en que forma y con que condiciones? Tema 2° del Congreso Nacional Mercantil de 1881. Publicadas la discusión y conclusiones respecto al mismo. Y en los apendices una Exposicion del Circulo de la Union Mercantil de Madrid al Exmo Sr. Ministro de Fomento, una Exposición de la Academia Cientifico Mercantil de Barcelona, un Proyecto de jurados mercantiles por el Exmo Sr. Dn. Eduardo Perez Pujol y una Memoria de Dn. Vicente Bas y Cortés, (dans l'ouvrage intitulé Actas del Congreso Nacional Mercantil — Novembre-décembre 1881). Madrid. 1882.

Tribunales de comercio. Si conviene restablecerlos en España. Caso afirmativo, cual habria de ser su organizacion? Tema 12° del Congreso juridico español de 1886. Ponencias de Dn. Bernabé Dávila y Dn. Juan Mª. Lopez Diez — de Dn. Luis Silvela — Enmiendas de — Dn. Bienvenido Oliver y Esteller — Dn. José Elias de Molins — Dn. Guillermo B. Rolland — Dn. José Montes y Dn. Francisco Isern — Dn. Mario Navarro Amandi. 1886. Brochures publiées à Madrid 1886.

III. Usages commerciaux.

Estasén, Pedro: Costumbres marítimas de la costa de Cataluña. Ensayo sobre los contratos conocidos con el nombre de mota, participación en madera, y relaciones juridicas á que dan lugar. Memoria premiada. Barcelona. 1880.

IV. Lois speciales commerciales.

a. Banques.

Banco hipotecario de España. Estatutos. Madrid. 1903.

Banco Nacional de España. Leyes, estatutos y reglamento. Madrid. 1905.

Lisbonna Fabrat, Enrique: Los Bancos de emision de Europa, con una introducción por el Exmo Sr. Dn. Juan de M o r a l e s y S e r r a n o. Madrid. 1896.

Muniesa, Mariano S.: Observaciones generales sobre los Bancos de emisión, precedidas de un artículo sobre las nuevas operaciones del Banco de España. Madrid. 1887.

Ranero, ..: El Banco Nacional de España. Reseña histórica estadistica de sus principales operaciones desde su reorganización por el decreto-ley de 19 de marzo de 1874. Madrid. 1890.

b. Voituriers, chemins de fer, télégraphes etc.

Amieva, S.: Guia de transportes por ferrocarril. Madrid. 1897.

Bona, Felix de: De la explotación y tarifas de los ferrocarriles españoles. Dictamen de la comisión de le Sociedad Económica Matritense, redactado por el presidente de la misma Dn... Madrid. 1877.

Bona, Felix de: El Estado y los caminos de hierro. La cuestión de las tarifas. Articles. Madrid. 1883.

Bravo y Molto, Emilio: Legislación de ferrocarriles (Biblioteca judicial). Madrid. 1891.

Bravo y Molto, Emilio: Legislacion de comunicaciones. 2 tomes. Madrid. 1891.

Broca y Navarro, Juan: El cartero Compilación de órdenes, instrucciones, tarifas, artículos y noticias relativas al ramo de correos. Madrid. 1883.

Colleción legislativa de ferrocarriles etc. Madrid. 1877.

Compañel, Joaquin: Guía del empleado de correos. Madrid. 1877. (Il existe deux appendices. Madrid. 1880.)

Convenio celebrado entre España y Francia el 8 de diciembre de 1880, fijando reglas para el cambio entre los dos paises de cartas con valores declarados. Madrid. 1881.

El Comercio Español. Policía de ferrocarriles (Ley de 14 de noviembre de 1879 sobre) Biblioteca judicial del comerciante, publicada, comentada y anotada por la redacción de ....., conteniendo todas las leyes y reglamentos referentes al tráfico mercantil 1er vol. Madrid. 1876.

Diaz Aguasol, Florencio: Manual de los transportes por caminos de hierro. Madrid. 1901.

Elguezabal y Orive, Juan: Manual de correos y telégrafos. Haro. 1895.

Fernandez Duro, Antonio: Tarifa para el franqueo y porte de la correspondencia que se cambie entre España y los paises extranjeros con arreglo al tratado que se firmó en Paris en 1 de junio de 1878, vigente desde 1 de agosto de 1881. Madrid. 1881.

Foyé, R.: Manual del contrato de transporte. Barcelone. 1886.

Foyé, R: Los caminos de hierro de España, Recopilación ordenada de las disposiciones legales vigentes sobre ferrocrriles y tramvias, en sus diferentes periodos de estudio, construcción y explotacion, legislación y jurisprudencia. Barcelone. 1894.

Gaceta de los Caminos de Hierro. Colección legislativa de ferrocarriles publicada por la ... Madrid. 1891 y 1892.

Garcés, Benito Vicente: Diccionario razonado, legislativo y práctico de los ferrocarriles españoles, bajo el apecto legal, técnico, administrativo y comercial de los mismos, con la colaboración de Dn. José G o n z a l e z A l v a r e z. 2e ed. 4 tomes. Madrid. 1882.

Gonzalez de las Cuevas, José, y **Sastre y Rodriguez,** Francisco: Diccionario general de ferrocarriles, legislativo, administrativo, técnico y económico, publicado bajo la direccion de Dn. Pedro F e r n a n d e z del R i n c ó n. Madrid. 1887.

Gutierrez, Francisco de A.: Legislación de correos (Servicio interior y internacional). Madrid. 1893.

Hurtado de Urtasun, Alfredo: Consultor administrativo y mercantil de ferrocarriles. Resumen de las disposiciones vigentes, tarifas y su aplicación. Saragosse. 1893.

Luque, Cándido, y **Pallardo,** Alfredo: Guia-consultor de los agentes y funcionarios de todas clases de la inspección administrativa y mercantil de ferrocarriles. Madrid. 1881.

Maristany, Eduardo: Impresiones de un viaje por los Estados Unidos. Barcelone. 1905.

Maristany, Eduardo: La conferencia ferroviaria de 1905. Estudios económicos sobre la explotación comercial de los ferrocarriles españoles. Barcelone. 1905 Tome 1°, 1906 Tomes II y III.

Martin Gamero, Andrés: Problemas juridicos y comerciales á que da origen el contrato de transporte. Biblioteca juridica de ferrocarriles tome 1er. Madrid. 1890.

Martin Gamero, Andrés: Constitución y organización de las compañias de ferrocarriles, y caracter juridico, condiciones y relaciones de sus empleados. Madrid. 1890.

Monreal Suarez, Manuel: Legislación de ferrocarriles con un minucioso estudio sobre la concesión, construcción, explotación y quiebras de los caminos de hierro. Madrid. 1902.

Navasqüés, Emilio C. de: De los convenios de correos y de la correspondencia internacional. Madrid. 1873.

Reynals y Rabassa, Estanislao: Las compañias de ferrocarriles y el Estado. Barcelone. 1866.

Torre, Enrique de la: Legislación comercial de ferrocarriles. Madrid. 1902.

Unión universal de correos convenida entre España y provincias españolas de Ultramar, Alemania; República Argentina; Austria-Hungría; Bélgica; Brasil; Dinamarca y Colonias danesas; Egipto; Estados-Unidos de la América del Norte; Francia y Colonias francesas; Gran Bretaña y diferentes Colonias inglesas; India Británica; Canadá; Grecia; Italia; Japón; Luxemburgo; México; Montenegro; Noruega; Paises Bajos y Colonias neerlandesas; Perú; Persia; Portugal y Colonias portuguesas; Rumanía; Rusia; Servia; Salvador; Suecia; Suiza y Turquía. Madrid. 1879.

Vega Armentero, R.: Una cuestion grave. Los ferrocarriles españoles. Madrid. 1884.

Verdegay y Fiscovvich, Eduardo: Historia del correo desde sus orígenes hasta nuestros dias, con un apéndice que comprende la legislación interior de los paises que forman la unión postal universal. Madrid. 1894.

c. Hypothèque maritime.

Ayllon y Altolaguirre, Emilio: El comercio y la hipoteca naval. Madrid. 1893.

Diaz Valero, Carlos: Ley sobre hipoteca naval de 21 de agosto de 1893 anotada, concordada y comentada. Madrid. 1893.

Gonzalez Revilla, Leopoldo: La hipoteca naval en España. Estudio de legislación mercantil comparada. Madrid. 1888.

Gonzalez Revilla, Leopoldo: La hipoteca naval. Observaciones al proyecto de ley del Ministerio de Gracia y Justicia. Madrid. 1890.

Gonzalez Revilla, Leopoldo: Manual práctico de la hipoteca naval, comentarios y texto de la ley de 21 de agosto de 1893. Madrid. 1894.

Es conveniente el establecimiento de la **Hipoteca marítima?** En caso afirmativo, sobre que bases debiera organizarse? Tema 9° del Congreso juridico de Barcelona de 1888. Ponencias de Dn. Faustino Alvarez del Manzano, Dn. Raimundo Durán y Ventosa, Dn. Marceliano Isabal, Dn. Agustin de Ondovilla. — Enmiendas de Dn. Santiago Oliva y Bridgman, Dn. Lorenzo Benito. — Discursos de Dn. José Gonzalo de las Casas, Dn. S. Oliva, Dn.

Del procedimiento judicial en las cuestiones civiles mercantiles.

Introducción.

Las primeras indicaciones que en nuestras leyes civiles se encuentran respecto á la jurisdicción especial en materia de comercio datan nada menos que del siglo VII, en cuya segunda mitad se publicó el Fuero Juzgo. Como decimos en otro lugar[1] la ley II del titulo III del libro IX de este Código dispone que los mercaderes de ultraportos sean juzgados por sus jueces y por sus leyes; y, si bien esto se refiere á los extranjeros, no deja de ser tal precepto el reconocimiento y la consagración legal de una práctica mucho más antigua.

En los primeros tiempos de la época de la Reconquista de España debieron continuar las cosas de igual modo, tanto porque el Fuero Juzgo fué el Código general de los españoles hasta el siglo XIII, en que en Castilla y Aragon florecen los reyes legisladores, como porque las condiciones en que se realizaba la reconquista no permitieron la organización de un régimen judicial regular que ofreciera garantias de justicia á los mercaderes. En este siglo, y en los paises de Levante, que no han de preocuparse ya de la obra de la reconquista, adquieren los mercaderes tan gran fuerza en la vida social que el rey de Aragón D. Pedro III, crea en Valencia, en 1283 la jurisdicción consular, que en 1347 habia de concederse de igual modo á Barcelona; si bien en esta última ciudad parece que desde 1279 existia ya una cierta jurisdicción mercantil que fué consentida por los magistrados municipales[2].

---

[1] V. la introducción histórica, pag. 4.
[2] *Capmany: Memorias históricas sobre la marina, comercio y artes de la antigua ciudad de Barcelona.* Madrid, 1779—92. Tomo 1.°, Parte 2.°, pag. 153.

Juan Reig, Dn. R. Durán, Dn. M. Isabaly, Dn. Ignacio Hidalgo Saavedra, publicados en las Actas del Congreso Juridico de Barcelona (setiembre de 1888). Barcelona. 1899.

Manual práctico de la hipoteca naval. Comentarios y texto de la ley de 21 de agosto de 1893 por la Revista de los Tribunales. Madrid. 1893.

d. Chambres de commerce.

Benito, Lorenzo: Las Cámaras de comercio (Conferencia). Madrid. 1899.

Navarro, Felipe B.: Las Cámaras de comercio. Madrid. 1885.

e. Consulats.

Avendaño. Joaquin: Reflexiones acerca de la organización consular de España con motivo del proyecto de ley que para su reforma presentó á las Cortes el diputado Dn. Plácido Jove y Hevia. Genève. 1865.

Bernal de O'Reilly, Antonio: Práctica consular de España. Formularios de cancillerias consulares. Le Havre. 1864.

Bernal de O'Reilly, A.: Elementos para el ejercicio de la carrera consular. Bayonne. 1883.

Castro y Casaleiz, Antonio da: Guía práctica del diplomático español. Madrid. 1887, 2 tomos.

Cortés y Morales, Balbino: Diccionario razonado de Legislación y jurisprudencia diplomático-consular, ó Repertorio para la carrera de Estado, y mejor consulta de las obligaciones y derechos de las personas, conforme á la moral, á la política y al derecho civil, con multitud de voces ó palabras legales. Madrid. 1874.

Jove y Hevia, Plácido de: Guía práctica para los consulados de España con un apéndice en el que se incluyen casos prácticos y modelos para todos los asuntos importantes de una cancilleria consular. Madrid. 1858.

Letamendi, Agustín de: Atribuciones consulares ó manual para los cónsules de España en paises extranjeros. Madrid. 1835.

Letamendi, Agustin: Tratado de jurisprudencia diplomático-consular, y manual práctico para la carrera de Estado. Madrid. 1843.

Maluquer y Salvador, Miguel: Derecho consular español. Madrid. 1899. (Apéndices de los años 1900—1901.)

Maluquer y Salvador, José: Anuario diplomático y consular español. Madrid. 1889.

Toda y Güell, Eduardo: Derecho consular de España. Madrid. 1889.

De la procédure judiciaire dans les affaires civiles et commerciales.

Introduction.

Les premières indications que l'on rencontre dans nos lois civiles sur la juridiction spéciale chargée de connaître des affaires commerciales ne remontent pas moins qu'au VIIᵉ siècle, dans la seconde moitié duquel fut publié le *Fuero Juzgo*. Comme nous l'avons dit ailleurs[1], la loi II du titre III du livre IX de ce Code dispose que les marchands venant d'autres ports seront jugés par leurs juges et d'après leurs lois, et bien que cette disposition concerne les étrangers, il convient d'y voir la reconnaissance et la consécration légale d'une pratique beaucoup plus ancienne.

Dans les premiers temps de la conquête de l'Espagne sur les Maures, les choses durent demeurer dans le même état pour deux raisons: le *Fuero Juzgo* fut le Code général des Espagnols jusqu'au XIIIᵉ siècle, c'est-à-dire jusqu'à l'avènement dans la Castille et dans l'Aragon des rois législateurs, et, en second lieu, les conditions dans lesquelles s'effectuait la conquête étaient incompatibles avec l'organisation d'un régime judiciaire régulier, susceptible d'assurer aux marchands une bonne justice. Dans ce siècle, et dans les pays du Levant qui n'avaient pas à se préoccuper de l'œuvre de reconquête, les marchands avaient acquis une telle prépondérance dans la vie sociale que le roi d'Aragon D. Pedre III créa à Valence, en 1285, la juridiction consulaire, qu'en 1347 il l'octroya également à Barcelone, bien que, dans cette dernière ville, il paraisse avoir existé déjà, depuis 1279, une certaine juridiction commerciale établie par les magistrats municipaux[2].

[1] V. ci-dessus, Introduction historique, p. 4.

[2] *Capmany: Memorias historicas sobre la marina, commercio y artes de la antigua ciudad de Barcelona*, t. I, 2 partie, p. 153. (Madrid, 1779—1792.)

En Castilla y León, hasta la terminación de la Reconquista, en el siglo XV, (1492) no hay más noticia segura de jurisdicción mércantil que la suministrada por Las Partidas. En la Ley III del titulo VII de la quinta Partida se dice: »Pero los pleitos e las debdas que los mercaderes fizieren, después que vinieren á las ferias nuevas ó á las otras viejas, ó las que ovieren fechas á otra parte, á que prometieron de complir, é de pagar en ellas, tenudos son de las complir é si non quisieren, *pueden los apremiar, los alcaldes é los mayorales de las ferias que los cumplan*.« Dos años después de la toma de Granada por los Reyes Católicos se concede á Burgos (1494) la creación de un Consulado con jurisdicción propia, al estilo de los ya existentes en Valencia y Barcelona. En 1503, al crearse la Casa de Contratación de las Indias de Sevilla, se estableció en ella una cierta jurisdicción comercial que el emperador Carlos V recoñoció en su Ordenanza de 1539, y que organizó definitivamente en 1543. En 1511 se concedió á Bilbao la jurisdicción consular; en 1632 á Madrid; en 1682 á San Sebastian; en 1762 á Zaragoza y en 1784 á Sevilla: Con esto, y con la reorganización en 1758, 1762 y 1766 de los Consulados ya existentes en Barcelona, Valencia y Burgos, resultó extendida la jurisdicción comercial por toda la Peninsula al promulgarse el Código de comercio de 1829.

Con el nuevo Código desapareció la antigua jurisdicción consular para ser sustituida por los Tribunales de comercio (tambien compuestos de cónsules) que habian de entender en los negocios y causas mercantiles, á tenor de lo dispuesto en el articulo 1178 del mismo. Donde no hubiere Tribunal de comercio se encomendaba la jurisdicción mércantil, en los mismos términos que á este, á los jueces ordinarios dentro del territorio de su jurisdicción. Y, como el Código no determinaba donde habian de funcionar estos tribunales, el Real Decreto de 7 de Febrero de 1831 proveyó á esta necesidad, disponiendo en su artículo 1.° que los tribunales de comercio fuesen de dos clases, en relación con la importancia comercial de las respectivas poblaciones en que existieren ó se crearen; y en el 2.°, declarando de primera clase los existentes en Barcelona, Bilbao, Cadiz, Coruña, Madrid, Málaga, Palma de Mallorca, Santander, Sevilla y Valencia, y de segunda los de Alicante, Burgos, Canarias, Granada, Jerez de la Frontera, Murcia, Pamplona, San Lucar de Barrameda, San Sebastian y Zaragoza.

Los nuevos tribunales de comercio no dieron los resultados que de ellos se esperaban; y fueron tales y tantos los abusos que á su sombra se cometieron que al morir en 1868, por virtud del Decreto, Ley 6—8 de Diciembre, nadie lamentó su desaparición.

A partir de dicha fecha no hay en España diferencia alguna entre la jurisdicción ordinaria y la mércantil, excepción hecha de algunos preceptos de derecho procesal aplicables tan solo en cuestiones mércantiles, de que luego hablaremos; y aunque la opinión se agita con bastante fuerza en demanda del restablecimiento de la jurisdicción especial mércantil, el hecho no tiene otra importancia que el de una protesta contra los defectos de nuestra administración de justicia, más sensibles cuando afectan á intereses comerciales, pero que será del todo impotente para conseguir dicho restablecimiento[1].

Parte primera.

Titulo único.   De los Tribunales de justicia.

Capítulo primero.   Número, clases y organización de los Tribunales civiles que entienden en las cuestiones mércantiles.

I. Tribunales ordinarios.

En general entienden en esta clase de cuestiones los tribunales ordinarios, pero pueden entender, á voluntad de los interesados, en las condiciones y forma en que indicaremos más adelante, los tribunales arbitrales ó los de amigables componedores.

---

[1]) Vease mi folleto, *Los Tribunales de Comercio*. Barcelona 1905.

Dans la Castille et le royaume de Léon, jusqu'à l'achèvement de la conquête contre les Maures, au XV siècle (1492), on ne trouve aucune trace certaine d'une juridiction commerciale en dehors des *Partidas*. La loi III, du titre VII de la Vᵉ *Partida* s'exprime ainsi: «Les procès et les dettes que les marchands feraient, après leur arrivée aux nouvelles foires ou aux autres foires anciennes, ou celles qu'ils auraient faites ailleurs et promis d'accomplir ou de payer dans lesdites foires, ils seront tenus de les remplir et, faute de le faire, peuvent les alcaldes et les *mayorales* (mayeurs) des foires les y contraindre». Deux ans après la prise de Grenade par les Rois catholiques, Burgos (1494) obtint l'octroi d'un consulat avec juridiction propre, semblable aux consulats déjà existants de Barcelone et de Valence. En 1503, lors de la création de la *Casa de Contratación* de Séville, il fut certainement établi dans cette ville une juridiction commerciale que l'Empereur Charles-Quint reconnut par son ordonnance de 1539 et qui a été définitivement organisée en 1543. Bilbao obtint la concession d'une juridiction consulaire en 1511; Madrid en 1632; Saint Sébastien en 1682; Saragosse en 1762; et Séville en 1784. Ainsi, et avec la réorganisation en 1758, 1762 et 1766 des Consulats déjà existants à Barcelone, Valence et Burgos, la juridiction commerciale se trouvait répandue dans toute la Péninsule au moment de la promulgation du Code de Commerce de 1829.

Avec ce nouveau Code l'ancienne juridiction consulaire disparut, et elle fut remplacée par les tribunaux de commerce (également composés de consuls) compétents pour connaître des affaires de commerce conformément à l'art. 1178. Là où il n'existait pas de tribunal de commerce, la juridiction commerciale revenait, dans les mêmes termes qu'aux tribunaux de commerce eux-mêmes, aux juges de droit commun dans l'étendue de leur ressort. Comme le Code ne déterminait pas les villes où ces tribunaux devraient fonctionner, le décret royal du 7 février 1831 y pourvut. L'article 1 de ce décret décidait que ces tribunaux formeraient deux classes, suivant l'importance commerciale des villes où ils siègeraient ou seraient établis, et l'art. 2 plaçait dans la première classe les tribunaux déjà existants à Barcelone, Bilbao, Cadix, la Corogne, Madrid, Malaga, Palma de Majorque, Santander, Séville et Valence; et, dans la 2ᵉ classe, ceux d'Alicante, Burgos, des Canaries, de Grenade, Jeres de la Frontera, Murcie, Pamplune, San Lucar de Barrameda, Saint Sébastien et Saragosse.

Les nouveaux tribunaux de commerce ne donnèrent pas les résultats qu'on en attendait; les abus commis sous leur égide furent si nombreux et si grands que, lors de leur suppression par le décret-loi des 6—8 décembre 1868, personne ne regretta leur disparition.

Depuis cette date, il n'y a plus, en Espagne, aucune différence entre la juridiction ordinaire et la juridiction commerciale, à l'exception de certaines règles particulières de procédure uniquement applicables dans les contestations commerciales, dont nous aurons plus loin l'occasion de parler. Sans doute l'opinion réclame avec une assez grande énergie le rétablissement d'une juridiction commerciale spéciale, mais il convient de ne pas attribuer à ces manifestations autrement d'importance; il faut y voir seulement une protestation contre les défauts de notre administration judiciaire, particulièrement sensibles quand ils blessent les intérêts commerciaux. Mais toute cette agitation sera impuissante à obtenir le rétablissement de ces tribunaux[1].

Première Partie.
Titre unique. Des tribunaux de Justice.
Chapitre premier. Nombre, classes et organisation des tribunaux civils qui connaissent des affaires commerciales.
I. Tribunaux ordinaires.

En général la connaissance de cette catégorie d'affaires appartient au tribunaux ordinaires, mais, si les intéressés y consentent, elle peut également appartenir, dans les conditions et de la manière que nous indiquerons plus loin, aux tribunaux arbitraux ou aux amiables compositeurs.

---

[1] V. ma brochure, *Los Tribunales de Comercio.* Barcelone 1905.

El número y clase de los tribunales civiles, así como su organización y funciones se halla determinado en la llamada Ley orgánica sobre el Poder judicial, publicada y promulgada con carácter provisional el 15 de Setiembre de 1870, en cumplimiento de lo mandado en la de 23 de Junio del mismo, en la Ley adicional á la orgánica, publicada y promulgada el 14 de Octubre de 1882 á tenor de lo dispuesto en la de 15 de Junio del mismo año, y en la reciente Ley de justicia municipal de 5 de Agosto de 1907.

El territorio de España é islas adyacentes (Baleares y Canarias) se divide para la administración de justicia en términos municipales, partidos y distritos. En cada término municipal habrá un Juzgado municipal, constituído por un juez, un fiscal y un secretario, con sus suplentes respectivos. En los mismos términos municipales funcionará en los casos que determina la propia Ley de justicia municipal un Tribunal municipal compuesto del juez con dos adjuntos. En las poblaciones donde exista más de un Juzgado de primera instancia, el número de Juzgados y Tribunales municipales será igual al de aquellos, salvo casos excepcionales que apreciará el Ministro de Gracia y Justicia, oyendo á las Salas de Gobierno de las Audiencias respectivas. A cada partido corresponde un juez de primera instancia[1]; á cada distrito una Audiencia; y á toda la nación un Tribunal Supremo de Justicia. Los jueces y tribunales municipales han de residir en el pueblo respectivo; los jueces de primera instancia en la cabeza del partido, las Audiencias en la capital del distrito, y el Tribunal Supremo en la capital del reino.

Los juzgados municipales son desempeñados por un solo juez nombrado, como su suplente, por las Salas de Gobierno de las Audiencias territoriales, con asistencia de los decanos de los Colegios de Abogados y Notarios. Los adjuntos, que con el juez municipal han de componer el Tribunal municipal, son nombrados en igual forma. El cargo dura cuatro años, y es obligatorio para aquellos en quienes no concurra alguna de las excusas ó causas de renuncia que determina la citada Ley de 1907 en su art. 9; y ha de preferirse á los que reunan las circunstancias generales especificadas en el art. 9, y fueren, además, funcionarios de la carrera judicial, en situación de excedencia forzosa, ó de excedencia voluntaria con un año por lo menos de anterioridad á la fecha de su nombramiento, ó aspirantes á la carrera judicial que hubiesen obtenido su plaza por oposición, ó abogados; y á falta de unos y otros los que posean algún título académico expedido por el Estado, y en último término los vecinos que sabiendo leer y escribir tengan circunstancias más recomendables. La nueva Ley ha declarado incompatible el cargo de juez municipal con los cargos de senador, diputado á Cortes, diputado provincial ó concejal, con el ejercicio de toda otra jurisdicción, y con el de la abogacía, con los cargos de procurador ó agente de negocios, con los de funcionarios públicos, y con cualesquiera servicios retribuídos por el Estado, la Real Casa, la provincia ó el municipio, con los destinos de empresas ó sociedades mercantiles privilegiadas ó subvencionadas por la Nación y con los de compañías arrendatarias de rentas nacionales, provinciales ó municipales.

Los juzgados de primera instancia son tambien unipersonales, y con arreglo al artículo 4.º del Real Decreto de 29 de Diciembre de 1838 se dividen en tres categorias: de entrada, de ascenso y de término. El ingreso en la carrera, según el artículo 35 de la Ley adicional á la orgánica, ha de hacerse por la categoria de jueces de entrada. Y para ser nombrado se requiere, á más de las condiciones generales á que antes nos hemos referido, la de pertenecer al Cuerpo de Aspirantes á la judicatura, en cuyo cuerpo se ingresa por oposición, ó ser funcionario judicial cesante ó excedente de las categorias fijadas en el artículo 3.º del Real Decreto de 22 de Diciembre de 1902[2]. Tambien, según el artículo 42 de dicha ley adicional podrán ingresar en la categoria de jueces de término ciertos funcionarios de la carrera judicial ó abogados que hayan ejercido su profesión en determinadas condiciones. La

---

[1]) Con arreglo al art. 12 de la citada Ley Orgánica, en cada circunscripción deberia haber un juez de instrucción (para lo criminal), y en cada partido un Tribunal de partido; pero las escaseces de nuestros presupuestos han hecho imposible la conversión del Juzgado con un solo juez, en el Tribunal de partido compuesto de tres jueces.

[2]) Son estas categorias: Vicesecretarios interinos de Audiencia de lo Criminal, ó Secretario judicial; Jueces de entrada de Ultramar ó Promotores fiscales de entrada y sus asimilados de Ultramar.

Le nombre et la classification des tribunaux civils, ainsi que leur organisation et leur fonctionnement, sont déterminés par la loi dite loi organique du pouvoir judiciaire, publiée et promulguée à titre de loi provisoire le 15 septembre 1870, en exécution des prescriptions de la loi du 23 juin précédent, et par la loi organique additionnelle, publiée et promulguée le 14 octobre 1882, en conformité des dispositions d'une loi du 15 juin de la même année, et de la loi plus récente du 5 août 1907 sur la justice municipale.

Le territoire de l'Espagne et des îles adjacentes (Baléares et Canaries) est divisé, en ce qui concerne l'administration de la Justice, en circonscriptions municipales, arrondissements et districts. Dans chaque circonscription municipale, il y a un tribunal municipal, comprenant un juge, un fiscal et un greffier, avec leurs suppléants. Dans les mêmes circonscriptions municipales fonctionne, dans les cas déterminés par la loi particulière sur la justice municipale, un tribunal municipal composé du juge et de deux assesseurs. Dans les localités ou il existe plusieurs juges de première instance, le nombre des juges et tribunaux municipaux est le même que celui des juges de première instance, sauf dans les cas que détermine le ministre de grâce et justice après avoir pris l'avis des *Audiencias* (Cours d'appel) respectives. Dans chaque arrondissement, il y a un juge de première instance[1], dans chaque district, une *audiencia*. Il existe, pour toute la nation, un tribunal suprême de justice. Les juges municipaux doivent résider dans la localité où ils exercent leurs fonctions; les juges de première instance dans le chef-lieu de l'arrondissement; les *audiencias* siègent dans le chef-lieu du district, et le tribunal suprême dans la capitale du Royaume.

Les tribunaux municipaux sont composés d'un seul juge nommé, ainsi que son suppléant par les chambres de *gobernación* des *audiencias* territoriales, avec l'assistance des doyens des Collèges des avocats et des notaires. Les assesseurs, qui avec le juge municipal doivent composer le tribunal, sont nommés de la même manière. La durée des fonctions est de quatre années. Cette charge est obligatoire pour ceux qui ne peuvent invoquer aucune des causes de dispense ou de renonciation admises par la loi de 1907 (art. 9). On doit donner la préférence à ceux qui réunissent les conditions générales spécifiées dans l'art. 9 et qui ont, en outre, la qualité de fonctionnaire judiciaire en disponibilité volontaire ou forcée depuis un an au moins avant la date de leur nomination, ou d'aspirant aux fonctions judiciaires ayant obtenu leur place au concours, ou d'avocat, et, à défaut de personnes ayant ces qualités, on doit choisir celles qui possèdent un diplôme académique délivré par l'Etat, et en dernier lieu, les citoyens domiciliés dans la localité, sachant lire et écrire et jouissant de la meilleure réputation. La nouvelle loi a déclaré la charge de juge municipal incompatible avec les fonctions de sénateur, député aux Cortés député provincial ou membre d'un conseil municipal, ainsi qu'avec l'exercice de toute autre juridiction, ou de la profession d'avocat, ou des charges de procureur ou agent d'affaires, de fonctionnaire public, et avec tous autres services rétribués par l'Etat, la maison royale, la province, le municipe, et les places des entreprises ou sociétés commerciales privilégiées ou subventionnées par la Nation, et des compagnies adjudicataires de revenus nationaux, provinciaux ou municipaux.

Les tribunaux de première instance sont aussi composés d'un seul magistrat. Aux termes de l'art. 4 du décret royal du 29 décembre 1838, ils se divisent, (d'après le degré d'avancement du titulaire dans la carrière judiciaire), en trois catégories dites: d'*entrada*, de *ascenso* et de *termino*. L'entrée dans la carrière, d'après l'art. 35 de la loi additionnelle à la loi organique, doit toujours se faire par la catégorie des juges de *entrada*. Pour être nommé, il faut, outre les conditions générales auxquelles nous venons de faire allusion, appartenir au corps des aspirants aux fonctions judiciaires, dans lequel on entre à la suite d'un concours, ou être fonctionnaire judiciaire en disponibilité ou en excédent des catégories fixées par l'art. 3 du décret du 22 décembre 1902[2]. L'art. 42 de cette même loi additionnelle permet aussi de débuter dans la catégorie des juges de *termino*, à certains fonctionnaires de la carrière

---

[1]) D'après l'art. 12 de cette loi organique, dans chaque circonscription, il devrait y avoir un juge d'instruction (pour les affaires criminelles) et dans chaque *partido*, un tribunal de *partido;* mais des raisons budgétaires ont empêché de transformer le *juzgado* (tribunal composé d'un seul magistrat) en un *tribunal de partido* composé de trois juges.

[2]) Ces catégories sont: Vice greffier intérimaire d'une *audiencia* criminelle, ou greffier judiciaire, juge de *entrada* de *Ultramar* ou promoteur fiscal de *entrada* et les fonctionnaires assimilés de *Ultramar*.

diferencia entre los Juzgados de entrada, ascenso y término no afecta para nada á las atribuciones y facultades de los jueces que son en todos las mismas. Es, tan solo, cuestión de sueldo y categoría. Los jueces de Madrid y Barcelona tienen categoría y sueldo de magistrados; los primeros desde la publicación de la Ley Orgánica, y los segundos desde la de la Ley de 15 de Marzo del año 1906.

Las Audiencias territoriales[1] son quince; todas ellas de igual categoria, excepto las de Madrid y Barcelona que se consideran de ascenso[2]. Para el examen de los asuntos civiles en que han de entender tiene cada Audiencia una Sala de lo Civil compuesta de cuatro magistrados y un Presidente de Sala, excepto en las de Las Palmas, Palma y Pamplona en que una sola Sala entiende en lo civil y criminal, y en las de Madrid y Barcelona en que hay dos Salas de lo Civil con un respectivo Presidente cada una.

Al frente de cada Audiencia hay un Presidente y una Sala de Gobierno, compuesta de los Presidentes de Sala, y del Fiscal de la Audiencia. En cada Audiencia hay un Secretario de Gobierno que es el Secretario del Tribunal y el de la Sala de Gobierno. Las Salas de justicia tienen tambien sus respectivos Secretarios, llamados antes Relatores.

El Tribunal Supremo de Justicia fué creado en España por los legisladores de las Cortes de Cadiz. La Constitución politica de 1812, en su artículo 259, lo instituyó con la denominación de Supremo Tribunal de Justicia. Sufrió las vicisitudes por que pasó dicha Constitución, hasta que en 1834, por Real Decreto de 24 de marzo, se organizó definitivamente con el nombre de Tribunal Supremo de España é Indias; y su creación determinó la supresión de los Consejos de Castilla é Indias, de los puede decirse heredero directo en sus funciones judiciales. La Ley Orgánica le llama Tribunal Supremo tan solo. Su organización ha variado mucho desde su creación. Segun la Ley orgánica se componia de un Presidente, cuatro Presidentes de Sala y veinte y ocho magistrados á razon de siete magistrados por Sala.

Eran estas: la Sala de lo civil, la Sala de admisión en lo criminal, la Sala de casación en lo criminal y la Sala de recursos contra la Administración. Al reorganizarse el Consejo de Estado por el Real Decreto de 20 de Enero de 1875, y conferir á este alto cuerpo el caracter de Tribunal Contencioso administrativo[3], se suprimió la última de las Salas. Por la Ley de presupuestos de 1893 se suprimió la Sala tercera de este Tribunal, cuya nueva organización y competencia se reguló por el Real Decreto de 29 de agosto del mismo año, quedando reducido entonces á dos Salas, una de lo civil y otra de lo criminal, cada una con su Presidente respectivo y nueve magistrados la primera y ocho la segunda.

Suprimido de nuevo por la Ley de 5 de abril de 1904 el Tribunal de lo Contencioso administrativo del Consejo de Estado, se ha creado, por virtud de la misma, una nueva Sala en el Supremo, compuesta de un Presidente y seis magistrados, de los cuales tres han de ser procedentes de la carrera administrativa en el grado de jefe superior de administración. El Tribunal Supremo tiene, lo mismo que las Audiencias territoriales, una Sala de Gobierno, compuesta del Presidente del Tribunal, de los Presidentes de las Salas de Justicia y del Fiscal, y un Secretario de Gobierno que lo es de la Sala de este nombre, del Tribunal y de la Presidencia. Hay tambien un Vicesecretario. Las Salas de justicia tienen sus respectivos Secretarios, que antes se llamaban relatores.

---

[1]) Se llaman territoriales para distiguirlas de las de lo criminal que son muchas más. Tambien en los juzgados estableció la Ley orgánica una separación completa entre lo civil y lo criminal, pues para lo primero creó los Tribunales de partido y para lo segundo los jueces de instrucción; pero esta separación no existe, por cuanto un mismo juez se llama de instrucción cuando interviene en lo criminal, y de primera instancia cuando interviene en lo civil. Las actuales Audiencias son herederas directas de las antiguas Chancillerias.

[2]) La de Madrid porque asi lo dispone el art. 40 de la Ley orgánica, y la de Barcelona por la reforma de este articulo decretada por la Ley de 15 marzo del año 1906.

[3]) La *jurisdicción contencioso-administrativa* es la llamada á resolver las cuestiones litigiosas que se promueven entre la Administración activa en materias de su competencia y los particulares que consideran lesionados sus derechos por los actos de aquella.

judiciaire ou avocats qui ont exercé leur profession dans des conditions déterminées. La différence entre ces trois catégories de juges d'*entrada*, d'*ascenso* et de *termino*, ne porte ni sur leurs attributions, ni sur leurs pouvoirs qui sont identiquement les mêmes. C'est uniquement une question de traitement et de classe. Les juges de Madrid et de Barcelone ont le rang et le traitement de magistrats (conseillers), les premiers depuis la promulgation de la loi organique, et les seconds depuis la loi du 15 mars 1906.

Les *audiencias* territoriales[1] sont au nombre de quinze; elles appartiennent toutes à la même classe, à l'exception de celles de Barcelone et de Madrid qui sont considérées comme de *ascenso*[2]. Pour l'examen des affaires civiles de sa compétence, chaque *audiencia* a une chambre civile composée de quatre magistrats et d'un président de chambre, à l'exception des *audiencias* de Las Palmas, Palma et Pampelune, dans lesquelles une chambre unique connaît de toutes les affaires civiles et criminelles, et des *audiencias* de Madrid et de Barcelone où il existe deux chambres civiles ayant chacune un président.

A la tête de chaque *audiencia* est placé un président et une chambre d'administration composée des présidents de chambre et du Fiscal de l'*audiencia*. Chaque *audiencia* possède en outre un greffier d'administration qui est le greffier du tribunal et de la chambre d'administration. Les chambres de justice ont aussi leurs greffiers respectifs autrefois appelés rapporteurs.

Le tribunal suprême de justice a été créé, en Espagne, par les Cortès de Cadix. La constitution politique de 1812 (art. 259) l'a institué sous la dénomination de Suprême tribunal de Justice. Il éprouva les mêmes vicissitudes que cette constitution, jusqu'au décret du 24 mars 1834, qui l'organisa définitivement sous le nom de Tribunal suprême d'Espagne et des Indes, et sa création détermina la suppression des Conseils de Castille et des Indes dont il recueillit directement les attributions judiciaires. La loi organique l'appelle simplement tribunal suprême. Son organisation a beaucoup varié depuis sa création. D'après la loi organique, il se composait d'un président, de quatre présidents de chambre et de vingt-huit magistrats à raison de sept par chambre.

Ces chambres étaient: la chambre civile, la chambre d'admission en matière criminelle, la chambre de cassation en matière criminelle et la chambre des recours contre l'administration. Cette dernière chambre fut supprimée, lors de la réorganisation du Conseil d'Etat, par le décret royal du 20 Janvier 1875, qui attribua à ce haut corps administratif le caractère de tribunal contentieux administratif[3]. La troisième chambre a été supprimée par la loi de finances de 1893, et le tribunal suprême a été lui-même réorganisé par le décret royal du 29 août 1893, qui l'a réduit à deux chambres; une chambre civile composée d'un président et de neuf magistrats et une chambre criminelle comprenant un président et huit magistrats.

La loi du 5 avril 1904 a supprimé de nouveau le tribunal du contentieux administratif du Conseil d'Etat, et elle a créé au tribunal suprême une nouvelle chambre composée d'un président et de six magistrats, dont trois doivent provenir de la carrière administrative et y avoir eu le grade de chef supérieur d'administration. De même que les *audiencias* territoriales, le Tribunal suprême possède une chambre d'administration, composée du président du tribunal, des présidents de chambres de justice et du Fiscal, et d'un greffier d'administration qui est à la fois le greffier de cette chambre, du tribunal et le secrétaire de la présidence. Elle a aussi un commis-greffier. Les chambres de justice ont chacune un greffier qui antérieurement se nommait rapporteur.

---

[1]) Les *audiencias* territoriales sont ainsi appelées pour les distinguer des *audiencias* jugeant les affaires criminelles, qui sont beaucoup plus nombreuses. La loi organique avait également établi, dans les *juzgados* (tribunaux d'un seul juge), une séparation complète entre le civil et le criminel, et, pour les affaires civiles, elle avait créé les tribunaux de *partido*, et, pour les affaires criminelles les juges d'instruction; mais cette séparation n'existe pas. Le même juge se nomme juge d'instruction quand il opère au criminel, et juge de première instance quand il agit au civil. Les *audiencias* actuelles sont les héritières des anciennes chancelleries.

[2]) L'*audiencia* territoriale de Madrid, en vertu d'une disposition expresse de l'art. 40 de la loi organique, et celle de Barcelone, en vertu de la modification apportée dans cet article par la loi du 15 Mars 1906.

[3]) La *juridiction contentieuse administrative* est appelée à résoudre les litiges qui surgissent entre l'administration active, dans les matières de sa compétence, et les particuliers qui se prétendent lésés par ses actes.

- Todos los cargos de la judicatura son inamovibles, como garantia para la más recta administración de justicia. Los jueces y magistrados que ejerzan funciones permanentes, sin limitación de tiempo; los que tuvieren limitación, por el tiempo que se les señalare. Y esta inamovilidad consiste en el derecho á no ser destituidos, suspensos, trasladados ni jubilados sinó por las causas taxativas que la ley marca[1]. Como defensa, contra el posible abuso que pudiera resultar del ejerció del poder judicial, conceden, la Ley Orgánica y la de Enjuiciamiento civil y criminal, á los particulares que conceptuen lesionados sus derechos por actos de los jueces y magistrados, el recurso de responsabilidad civil y criminal; el primero, para la reparación económica de los daños sufridos, y el segundo, para la reparación penal[2].

II. Tribunales arbitrales.

Los Tribunales arbitrales son nombrados por voluntad de las partes; las cuales han de hacer la designación del juez ó jueces por si mismos, pudiendo ser uno, tres ó cinco, con la condición de que el tercero, por lo menos, ha de ser designado de común acuerdo lo mismo que si se designase uno solo.

Los árbitros han de ser letrados, mayores de veinticinco años y han de estar en el pleno uso de los derechos civiles. Su nombramiento ha de hacerse en escritura pública la cual habrá de ajustarse á las condiciones taxativamente marcadas en el artículo 793 de la Ley de Enjuiciamiento civil. Las actuaciones[3] del juicio arbitral se han de practicar por ante un escribano[4] del Juzgado de primera instancia designado por los árbitros. El procedimiento á que han de ajustarse es el que marca la ley para el juicio correspondiente, excepto en lo referente á los plazos, ya que es forzoso que la sentencia[5] se dicte dentro del término señalado en la escritura de compromiso de las partes[6]. La sentencia arbitral se ha de dictar en igual forma que la de los jueces de primera instancia; y de lo resuelto en ella se puede entablar la apelación[7] ante la Audiencia respectiva, aunque pagando, la parte que lo intente, si fuere una sola, la multa que previamente ha de estipularse en la citada escritura de compromiso.

El Tribunal arbitral puede tambien constituirse para fallar un pleito ya incoado ante el juzgado correspondiente; en cuyo caso, nombrado el tribunal en la forma ya indicada, dejará de entender en el pleito el juez de primera instancia. Tambien puede constituirse para fallar en segunda instancia una cuestión ya resuelta en primera; en cuyo caso el procedimiento será el mismo que se seguiria ante la Audiencia,

---

[1]) Artículos 221 á 243 de la Ley orgánica.

[2]) La responsabilidad criminal se exige con arreglo á lo prevenido en el capitulo 1.º del titulo V de la Ley orgánica, y en el titulo II del libro IV de la Ley de Enjuiciamiento criminal de 14 de septiembre de 1882. Y la civil, con arreglo á lo dispuesto en el capitulo 11 del titulo V de la Ley orgánica y en el titulo VII del libro II de la Ley de Enjuiciamiento civil de 3 de febrero de 1881.

[3]) *Actuaciones* se llama al conjunto de actos que constituyen el pleito; los cuales han de quedar debidamente reseñados en el expediente judicial.

[4]) *Escribano* es el nombre que se dá á los secretarios de los juzgados de primera instancia; y se llaman asi porque son los encargados de hacer constar por escrito cuanto es de interés en el pleito.

[5]) Las resoluciones judiciales reciben los nombres de providencias, autos y sentencias. Son *providencias* los acuerdos referentes á cuestiones de trámite. Son *sentencias* las resoluciones definitivas que ponen término al juicio en una instancia ó en un recurso extraordinario, ya aclarando por completo la cuestión planteada al juez, ya imposibilitando la continuación del juicio. Y es *auto* toda resolución judicial que no sea ni providencia ni sentencia.

[6]) Esta escritura ha de ser pública.

[7]) La *apelación* es el recurso que la ley concede al litigante para acudir al juez ó Tribunal superior del que dictó la resolución judicial definitiva (auto ó sentencia) con objeto de que no prospere lo resuelto por el inferior (aunque lo resuelto por las Audiencias puede impugnarse, no son apelables sus acuerdos). La apelación puede admitirse en uno ó en ambos efectos. *La apelación en un solo efecto* supone la posibilidad de la rectificación del acuerdo, pero no impide por el momento la ejecución de lo acordado. *La apelación de ambos efectos* supone una verdadera paralización de la acción judicial hasta que se resuelva la apelación.

Toutes les charges judiciaires sont inamovibles, en vue de garantir une plus exacte administration de la justice. Les juges et magistrats (membres des *audiencias* ou du tribunal suprême) qui exercent des fonctions permanentes, sont inamovibles sans limitation de durée. Ceux qui exercent des fonctions d'une durée limitée, sont inamovibles pendant le temps fixé pour l'exercice de leurs fonctions. Cette inamovibilité consiste dans le droit de n'être révoqués, suspendus, déplacés, ni mis à la retraite pour des causes autres que celles taxativement fixées par la loi[1]. Pour défendre les particuliers contre les abus qui pourraient résulter de l'exercice du pouvoir judiciaire, la loi organique et la loi d'*Enjuiciamiento civil y criminal* ouvrent à ceux qui estiment que leurs droits ont été lésés par des actes des juges et des magistrats, les recours en responsabilité civile et criminelle, le premier, pour obtenir la réparation pécuniaire des dommages qu'ils ont éprouvés, et le second, pour obtenir la réparation pénale[2].

II. Tribunaux arbitraux.

Les tribunaux arbitraux sont nommés par la volonté des parties; celles-ci doivent désigner elles-mêmes les juges, qui peuvent être au nombre de un, de trois ou de cinq, sous cette condition que le troisième juge au moins doit être choisi d'un commun accord par les parties; il en est de même quand il n'est désigné qu'un seul juge.

Les arbitres doivent être pourvus du diplôme d'avocat, majeurs de vingt-cinq ans et posséder le plein exercice des droits civils. Ils doivent être nommés par acte public, et cet acte doit réunir les conditions expressément indiquées dans l'art. 793 de la loi d'*Enjuiciamiento civil*. Les *actuaciones*[3] (actes de procédures) de l'instance arbitrale doivent être faites devant un greffier (*escribano*[4]) du juge de première instance désigné par les arbitres. La procédure doit être conforme à celle qui est déterminée par la loi pour l'instance correspondante, sauf toutefois en ce qui concerne les délais, car la sentence[5] doit être forcément rendue dans le délai imparti dans l'acte constatant le compromis des parties[6]. La sentence arbitrale doit être prononcée dans la même forme que la sentence des juges de première instance, et elle peut être frappée d'appel[7] devant l'*audiencia* respective, mais à charge par la partie qui appelle, si elle est seule à le faire, de payer l'amende qui a dû être préalablement stipulée dans le compromis.

Le tribunal arbitral peut aussi être constitué pour juger un procès déjà engagé devant le juge compétent; dans ce cas, lorsque le tribunal aura été nommé dans la forme que nous venons d'indiquer, le juge de première instance cessera de connaître de l'affaire. Il peut être aussi constitué pour juger en seconde instance une contestation déjà résolue en première instance; dans ce cas, la procédure est la même que celle

---

[1]) Loi organique art. 221 à 243.

[2]) Les conditions de la responsabilité pénale sont déterminées dans le chapitre 1 du titre V de la loi organique et dans le titre II du livre IV de la loi de *Enjuiciamiento criminal* du 14 septembre 1882, et celles de la responsabilité civile, par le chapitre 11 du titre V de la loi organique et par le titre VII du livre II de la loi de *Enjuiciamiento civil*, du 3 février 1881.

[3]) On appelle *actuaciones* l'ensemble des actes qui constituent les pièces du procès ou la procédure, ils doivent être dûment analysés dans l'expédient judiciaire.

[4]) Le nom d'*escribano* est donné au greffier des juges de première instance, parce qu'ils sont chargés de constater par écrit tout ce qui présente de l'intérêt dans le procès.

[5]) Les résolutions judiciaires reçoivent le nom de *providencias, autos,* et *sentences*. Les *providencias* (mesures avant faire droit) sont les accords se référant à des questions de forme. Les *sentences* sont les résolutions définitives qui mettent fin au procès dans une instance ou dans un recours extraordinaire, soit en élucidant complètement la question soumise au juge, soit en rendant impossible la continuation de la procédure. L'*auto* (ordonnance) est la résolution judiciaire qui n'est ni une *providencia* ni une *sentence*.

[6]) Le compromis doit être fait par acte public.

[7]) L'appel (*apelacion*) est le recours accordé par la loi au plaideur pour s'adresser au juge ou tribunal supérieur de celui qui a rendu la décision définitive (*auto* ou *sentence*) en vue d'empêcher la résolution du juge inférieur de produire effet. Notons cependant que les résolutions des *audiencias* bien qu'elles puissent être attaquées, ne sont pas susceptibles d'appel. L'appel peut être admis dans un ou dans les deux effets. L'appel *dans un effet* suppose qu'il est possible de rectifier la décision, mais il n'empêche pas pour le moment de l'exécuter. L'appel *dans les deux effets* suppose une véritable paralysation de l'action judiciaire jusqu'à ce qu'intervienne la décision sur l'appel.

y la sentencia que recayere podrá impugnarse ante el Tribunal Supremo, lo mismo que si se tratare del fallo de aquella.

III. Tribunal de amigables componedores.

El nombramiento de los amigables componedores se hace del mismo modo y en las mismas condiciones que quedan indicadas para el nombramiento de los árbitros; teniendo en cuenta que para ser amigable componedor basta ser varon, mayor de edad, estar en pleno goce de los derechos civiles y saber leer y escribir. Los amigables componedores no han de ajustarse á procedimiento ni formalismo legal alguno más que en la redacción de la sentencia, que habrá de dictarse por ante Notario público, el cual queda encargado de notificarsela á los interesados, entregándoles copia de la misma. La sentencia ha de dictarse por mayoria de votos, y si esta no se consigue queda sin efecto el compromiso. De estas sentencias solo puede recurrirse al Tribunal Supremo en los casos y condiciones taxativamente marcados en la Ley[1].

Capítulo segundo. Competencia de los Tribunales.

La jurisdicción ordinaria es la competente pára conocer en los negocios civiles que se susciten en territorio español entre españoles, entre extranjeros y entre españoles y extranjeros[2].

En materia comercial por razón de la categoria de los distintos jueces y Tribunales corresponde:

A los jueces municipales: intervenir en la celebración de los actos de conciliación[3], ejercer la jurisdicción voluntaria en los negocios de comercio en los pueblos que no sean cabeza de partido (es decir donde no tenga su residencia oficial el juez de primera instancia) siempre que lo requiera la urgencia del negocio ó la circunstancia de existir los medios de prueba ó las mercancías ó valores de que se trate ó de haber ocurrido los hechos en el lugar ó en la circunscripción del juzgado municipal[4]; ordenar y practicar en los asuntos civiles, de que hayan de conocer los Tribunales municipales, las diligencias necesarias hasta ponerlos en estado de celebración de juicio, ejecutar los autos y sentencias que dicte el Tribunal municipal y desempeñar comisiones auxiliatorias en materia civil.

A los Tribunales municipales: conocer en primera instancia en materia civil: 1.º De las demandas cuyo valor no pase de 500 pesetas[5]; — 2.º De los juicios atribuídos á los jueces municipales por alguna ley; — 3.º De las cuestiones que surjan entre posaderós y huéspedes, cocheros y viajeros, agentes de emigración y emigrantes, marineros ó patrones de embarcaciones y personas que transporten, siempre que tales cuestiones se refieran á gastos de posadas ó fondas, importe de transporte de mercaderías ó de peaje de viajeros, indemnizaciones relacionadas con estas cuestiones, salarios devengados con ocasión de dicha clase de servicios y relaciones ó divergencias entre comprador y vendedor de animales en las ferias siempre que en ninguno de los relacionados casos exceda la reclamación de 1500 pesetas; y por último conocer de las cuestiones que se susciten en las ferias siempre que la cuantía de la cosa litigiosa no exceda tampoco de 1500 pesetas.

A los jueces de primera instancia: ejercer la jurisdicción voluntaria en los negocios de comercio; conocer en primera instancia en todos los negocios mercan-

---

[1]) Los preceptos legales referentes á estos juicios de árbitros y de amigables componedores están contenidos en las secciones 1.ª y 2.ª del titulo V del libro II de la Ley de Enjuiciamiento civil.

[2]) Tanto la Ley org. como la de Enj. civ. señalan excepciones á este principio, pero las omitimos porque no afectan á ninguna de las cuestiones mercantiles que pueden suscitarse en nuestros Tribunales.

[3]) Más adelante, al tratar de las formalidades necesarias para incoar un juicio, diremos en que consisten estos actos de conciliación.

[4]) Art. 270 de la Ley Org. y 2, 110 de la Ley de Enj. civ.

[5]) Se exceptuan las demandas de tercería y demás incidentales de otro juicio, y las que se deduzcan por reconvención en los juicios de mayor ó de menor cuantia. — Las *tercerías* son incidentes que pueden suscitarse en cualquier juicio declarativo ó ejecutivo por quien se conceptua con mejor derecho á la cosa objeto de la contienda judicial. — La *reconvención* consiste en la alegación que el demandado hace contra el demandante de un derecho que destruye las pretensiones de este, y le convierte en demandado á su vez.

qui est suivie devant l'*audiencia*, et la sentence peut être déférée au Tribunal suprême comme si elle émanait de l'*audiencia*.

III. Tribunal d'amiables compositeurs.

La nomination des amiables compositeurs est faite dans les mêmes conditions que celle des arbitres, avec cette différence que, pour être amiable compositeur, il suffit d'être du sexe masculin, d'être majeur, d'avoir la jouissance complète des droits civils et de savoir lire et écrire. Les amiables compositeurs ne sont astreints à observer aucune procédure ou formalité légale, sauf pour la rédaction de la sentence, qui doit être rendue devant un notaire public chargé de la notifier aux intéressés et de leur en remettre une copie. La sentence doit être rendue à la majorité des voix, sinon, le compromis demeure sans effet. Il ne peut être formé de recours contre ces sentences que devant le tribunal suprême et dans les cas et sous les conditions limitativement énoncés dans la loi [1].

Chapitre II. Compétence des Tribunaux.

La juridiction ordinaire est compétente pour connaître des affaires civiles qui surgissent sur le territoire espagnol entre espagnols, entre étrangers et entre espagnols et étrangers [2].

En matière commerciale, si nous tenons compte des pouvoirs appartenant aux différents juges et tribunaux à raison de la catégorie à laquelle ils appartiennent, nous arrivons aux distinctions suivantes:

Les juges municipaux sont compétents pour intervenir dans les actes de conciliation [3], ils exercent la juridiction volontaire dans les affaires commerciales, dans les localités qui ne sont pas chefs-lieux de *partido*, (c'est-à-dire où le juge de première instance n'a pas sa résidence officielle), lorsqu'il y a urgence, ou que les preuves, les marchandises ou les valeurs se trouvent, ou que les faits se sont passés dans le lieu ou dans la circonscription du juge municipal [4]. Ils ordonnent et accomplissent, dans les affaires civiles de la compétence des tribunaux municipaux, les diligences nécessaires pour les mettre en état, exécutent les ordonnances et sentences du tribunal municipal et exécutent les commissions dites *auxiliatorias* (arrêt d'un tribunal supérieur ordonnant l'exécution de la décision d'une juridiction inférieure) en matière civile.

Les tribunaux municipaux connaissent en première instance, en matière civile: 1° Des demandes dont la valeur ne dépasse pas 500 pesetas; — 2° Des affaires attribuées aux juges municipaux par toute loi quelconque; — 3° Des contestations qui surgissent entre hôteliers et leurs hôtes, voituriers et voyageurs, agents d'émigration et émigrants, mariniers ou patrons d'embarcations et les personnes qu'ils transportent, pourvu que ces contestations se réfèrent aux frais de logement ou de nourriture, de transport des marchandises ou des passagers, aux indemnités à payer à raison de ces questions, aux salaires dus pour ces sortes de services ou relations, ou aux contestations entre acheteur et vendeur d'animaux en foire pourvu que le montant de la réclamation ne dépasse pas 1500 pesetas; ils connaissent enfin des litiges qui surgissent en foires, lorsque la valeur de la chose litigieuse ne dépasse pas 1500 pesetas.

Il appartient aux juges de première instance d'exercer la juridiction volontaire dans les affaires de commerce, de connaître, en premier ressort, de toutes les

---

[1] Les prescriptions légales relatives aux instances devant les arbitres et les amiables compositeurs sont contenues dans les sections 1 et 2 du titre V du livre II de la loi d' *Enjuiciamiento civil*.

[2] La loi organique, comme la loi d'*Enjuiciamiento civil* apportent quelques exceptions à ce principe, mais nous les négligerons parce qu'elles ne touchent pas les affaires commerciales qui peuvent être soulevées devant les tribunaux espagnols.

[3] Nous dirons plus loin, en traitant des formalités à remplir pour introduire une instance, en quoi consiste cette conciliation.

[4] Loi organique, art. 270, et loi d'*Enjuiciamiento civil*, art. 2 et 110.

[5] Sont exceptées les tierces oppositions et les autres demandes incidentes, ainsi que les demandes reconventionnelles dans les affaires de *mayor* ou de *menor cuantia*. (Distinction résultant du montant de l'intérêt au litige). Les tierces oppositions (*tercerias*) sont des incidents susceptibles d'être soulevés dans toute instance déclarative ou exécutive, par tout tiers prétendant avoir un droit de préférence sur la chose faisant l'objet du litige. La *reconvencion* (demande reconventionnelle) consiste dans l'allégation formulée par le défendeur contre le demandeur d'un droit qui détruit les prétentions de ce dernier et le constitue à son tour défendeur.

tiles que´ no correspondan á los jueces municipales; y en segunda en los juicios verbales.

A las Audiencias, en las Salas de lo civil: conocer en segunda instancia de todos los asuntos mercantiles en que hayan conocido previamente y en primera instancia los jueces de este nombre.

Y al Tribunal Supremo, en la Sala de lo civil: conocer de la admisión y fallo de los recursos de casación[1] por infracción de ley, de doctrina legal[2] ó quebrantamiento de forma[3] que se presentaren contra los fallos[4] de las Audiencias en materia comercial, y los de recursos de casación contra las sentencias de los amigables componedores[5].

Entre los jueces y Tribunales de una misma clase y categoria la competencia en las cuestiones comerciales se regula del modo siguiente:

Es juez competente aquel á quien los litigantes se hubieren sometido expresa ó tácitamente, siempre que se trate de juez ordinario con jurisdicción para conocer de la clase y grado del negocio de que se trate. La sumisión expresa se hace renunciando claramente y terminantemente á su propio fuero[6], y designando con toda precisión el juez á quien se sometieren. Y la tácita se hace, por el demandante, desde el momento en que acude á un juez que no es el propio por razón del fuero, y por el demandado, cuando después de personado en el juicio[7] no se opone dentro del término legal á que continue interviniendo el juez elegido por el demandante[8].

En las poblaciones en que haya dos ó más jueces de primera instancia no podrá designarse especialmente á uno con exclusión de los demás, sinó que entenderá en el pleito el juez á quien corresponda por repartimiento[9]. La sumisión expresa ó tácita á un Juzgado para la primera instancia se entiende hecha para la segunda al superior jerárquico de este, sin que en ningun caso, ni con ningun pretexto, pueda hacerse lo contrario.

---

[1]) El recurso de casación como su mismo nombre indica (por su procedencia francesa de la palabra casser, romper) es un recurso mediante el que se rompe, se anula una sentencia.

[2]) Se llama doctrina legal á las reglas de derecho que el propio Tribunal Supremo formula en sus sentencias para fundamentar sus fallos.

[3]) El quebrantamiento de forma es el que se produce cuando se infringen los preceptos esenciales de las leyes de procedimiento.

[4]) Fallo es sinónimo de auto ó sentencia; pero en esta última se llama fallo la parte resolutiva en que el juez ó Tribunal decide la cuestión que se ventila; y se llama asi porque es de ley que dicha parte empiece con la palabra fallo.

[5]) Las atribuciones del Tribunal Supremo en materia civil, y por consiguiente en materia comercial, hállanse determinadas en el Real Decreto sobre organización y competencia del mismo de 29 de agosto de 1893. — Además de lo dicho en el texto, los tribunales civiles entienden, á partir de los jueces de primera instancia, de resolver las competencias que se susciten respecto al conocimiento de los asuntos entre los inferiores respectivos que estén dentro del partido ó distrito en que ejerzan su autoridad; resolver las cuestiones que se refieran á la responsabilidad civil en que hayan incurrido los inferiores respectivos, encargados de la administración de justicia, (entendiendo el Tribunal Supremo en pleno de las responsabilidades civiles que traten de exigirse á algunos de sus magistrados ó Presidentes) y de los recursos de queja contra los inferiores en los casos que la ley señala.

[6]) Para este efecto se entiende por fuero propio el que la ley determina para el caso de no estar los litigantes de acuerdo respecto al juez.

[7]) Se llama personarse en el juicio la presentación en él del demandado por medio de procurador (en los casos en que se requiere la intervención de este), dándose por notificado de la entrega de la copia de la demanda.

[8]) Si se opusiere, dentro de los seis dias siguientes al de la notificación de la providencia del juez para que conteste la demanda, no se le podrá obligar á su contestación hasta que se resuelva la cuestión de competencia, Pasado dicho término solo podrá oponerse al contestar á la demanda, y su oposición no detendrá la marcha del juicio.

[9]) El repartimiento se hace por turno entre los distintos juzgados de una misma población, y, dentro del juzgado, entre las distintas escribanias del mismo. Los jueces tienen prohibido cursar ningun negocio en el que no conste la diligencia de reparto.

affaires commerciales qui ne sont pas de la compétence des juges municipaux, et, en second ressort, dans les instances verbales.

Les *audiencias*, en chambre civile, connaissent en second ressort de toutes les affaires commerciales dont les juges de première instance ont préalablement connu en premier ressort.

Enfin le tribunal suprême, chambre civile, connaît de l'admission et du jugement des recours en cassation[1] pour infraction à la loi, à la doctrine légale[2] ou vice de forme[3], formés contre les jugements (fallos[4]) des *audiencias* en matière commerciale et sur les recours en cassation formés contre les sentences des amiables compositeurs[5].

Entre les juges et tribunaux de même classe et catégorie, la compétence, en matière commerciale, est déterminée de la manière suivante:

Est compétent, le juge à qui les parties ont soumis expressément ou tacitement la connaissance du litige, pourvu qu'il s'agisse d'un juge ordinaire ayant juridiction pour connaître, en tenant compte de la catégorie et de l'importance du litige, des affaires de même nature. Il y a soumission expresse à accepter le juge, lorsque les parties renoncent en termes clairs et certains à leur *fuero*[6] propre et désignent avec toute la précision nécessaire le juge qu'elles choisissent. Il y a soumission tacite de la part du demandeur par le fait de saisir un juge qui n'est pas celui de son *fuero* propre, et, de la part du défendeur, par le fait d'avoir pris qualité dans l'instance[7] sans opposer, dans le délai légal, l'exception d'incompétence, et de continuer à plaider devant le juge choisi par le demandeur[8].

Dans les villes où il y a deux ou plusieurs juges de première instance, il n'est pas permis d'en désigner spécialement un à l'exclusion des autres, à moins qu'il ne s'agisse du juge à qui la connaissance de l'affaire appartient par repartimiento[9] ou d'après le roulement. La soumission expresse ou tacite de déférer l'affaire à un juge en première instance est réputée attribuer, en seconde instance, la connaissance du litige au tribunal hiérarchiquement supérieur au premier, et, dans aucun cas, ni sous aucun prétexte, la compétence ne peut appartenir à une autre juridiction.

[1]) Le *recours en cassation*, comme son nom l'indique et dont la dénomination est de provenance française, et tirée du mot *casser*, rompre, est le recours par lequel on poursuit la cassation, l'annulation de la sentence.

[2]) On appelle *doctrine légale* les règles de droit que le tribunal suprême formule lui-même dans les motifs de ses arrêts.

[3]) Le vice de forme est celui qui résulte d'une infraction à une règle essentielle de procédure.

[4]) *Fallo* est synonyme de *auto* ou de sentence. Cependant le mot *fallo* désigne le dispositif de la sentence parce que aux termes de la loi cette partie de la sentence commence par le mot *fallo* (j'arrête, je décide).

[5]) Les attributions du tribunal suprême en matière civile et, par conséquent, en matière commerciale, sont déterminées par le décret royal du 29 avril 1893, sur l'organisation et la compétence de ce tribunal. — En outre de ce que nous rappelons au texte, les tribunaux civils, à partir des juges de première instance, connaissent des conflits de juridiction entre les juridictions du *partido* ou du district sur lequel ils exercent leur autorité; des actions en responsabilité civile contre leurs inférieurs respectifs chargés de l'administration de la justice; (le tribunal suprême statuant *en pleno* c'est-à-dire toutes chambres réunies, connaît des actions de cette nature formées contre ses magistrats ou présidents) et des recours de *queja* (plaintes) contre leurs inférieurs dans les cas indiqués par la loi.

[6]) A cet effet, on entend par *fuero* propre celui que la loi détermine pour le cas où les parties ne sont pas tombées d'accord sur le choix du juge.

[7]) On entend par *personarse en juicio* le fait par le défendeur de se présenter par l'intermédiaire d'un procureur (le fait de constituer avoué) dans les cas où l'intervention d'un procureur est exigée, en reconnaissant avoir reçu notification de la copie de la demande.

[8]) Si le défendeur a soulevé l'exception de compétence dans les six jours qui suivent la décision du juge l'invitant à conclure en réponse à la demande, il ne pourra être astreint à conclure au fond tant que la question de compétence n'aura pas été solutionnée. Ce délai expiré, il peut seulement contester la demande et son exception ne retardera pas la marche de l'instance.

[9]) Le *repartimiento* (la distribution des affaires) se fait par roulement entre les différents juges d'une même localité, et, dans le même tribunal, entre les différents greffiers. Il est interdit aux juges de donner suite à une affaire, dans laquelle il n'est pas justifié de la diligence à fin de distribution.

A falta de sumisión expresa ó tácita será juez competente en las cuestiones mercantiles: 1.° En los juicios en que se ejerciten acciones personales, el del lugar en que deba cumplirse la obligación, y á falta de este, á elección del demandante, el del domicilio del demandado, ó el del lugar del contrato, si hallándose en él, aunque accidentalmente, pudiera hacerse el emplazamiento[1]. Si fueren varios los demandados y tuvieren distintas residencias, siendo una la obligación, y no habiéndose designado previamente lugar para su cumplimiento, será juez competente, á elección del demandante, el del domicilio de cualquiera de los demandados; — 2.° En los juicios en que se ejerciten acciones[2] reales sobre bienes muebles ó semovientes, el del lugar en que se hallen, ó el del domicilio del demandado, á elección del demandante; y lo mismo en el caso en que se ejerciten acciones mixtas (personales y reales á la vez); — 3.° En las demandas[3] sobre rendición y aprobación de cuentas el del lugar en donde deban presentarse; y si no estuviere determinado previamente el del domicilio del poderdante ó dueño de las cosas, ó el del lugar dnode se administraren, á elección de este; — 4.° En las demandas sobre obligaciones de garantia, el que lo sea para conocer de la obligación principal; — 5.° En las demandas sobre reconvención el que conociere ya en el litigio planteado, excepto en el caso en que la cuantia de la reconvención sea superior á la de que puede entender dicho juez; en cuyo caso se reserva su derecho al que reconviene para que lo ejercite donde proceda; — 6.° En las quiebras[4], cuando fuere voluntaria la presentación del quebrado, el del domicilio del mismo; y si la quiebra se promovió por los acreedores el de cualquiera de los lugares donde se hubiere incoado un procedimiento ejecutivo, salvo que el quebrado, ó el mayor número de acreedores, soliciten que la quiebra se sustancie en el del domicilio de aquel; — 7.° En los embargos preventivos el del lugar en que se hallaren los bienes que se han de embargar; pudiendo, en casos de urgencia, entender el juez municipal, si en dicho lugar no residiere el de primera instancia.

Las cuestiones de competencia solo pueden promoverse á instancia de parte por medio de las excepciones inhibitoria y declinatoria[5]. A un tiempo, ni simultaneamente, no pueden entablarse las dos. El juez que se considere incompetente sin que las partes promuevan la competencia, solo podrá abstenerse de conocer oyendo previamente al Ministerio fiscal y comunicándoselo asi á los interesados.

El domicilio de los comerciantes individuales, para los efectos de esta competencia, y en lo relativo á las cuestiones judiciales que tuvieren por causa de su negocio, será el del pueblo donde tuvieren el centro de sus operaciones comerciales, y si tuvieren varios establecimientos, situados en diferentes partidos judiciales, podrán ser demandados en aquel en que tuvieren el establecimiento principal, ó en el que se hubieren obligado, á elección del demandante. El de los comerciantes

---

[1]) El *emplazamiento* es la citación hecha por el juez al demandado para que se persone en el juicio á responder de lo que se le pide.

[2]) *Acción* es el medio que la ley concede para poder recabar el cumplimiento de un derecho que se nos niega, y *excepción* es el medio que la ley concede para oponerse fundamente al ejercicio de la acción. Las excepciones son de dos clases: *dilatorias y perentorias;* las primeras, sin prejuzgar el fondo de lo que se pide, paralizan el ejercicio judicial de la acción por algun defecto sustancial; las segundas atacan la existencia del derecho en que se funda la acción.

[3]) La *demanda* es el escrito en que se pide justicia en forma legal. La forma legal consiste en exponer suscintamente, y numerados, los hechos y los fundamentos de derecho en que se apoye la pretensión. Ha de expresarse en ella tambien la clase de acción que se ejercita cuando por ella haya de determinarse la competencia.

[4]) Las *quiebras* son los juicios procedentes cuando un comerciante ó agente mediador colegiado sobresee de un modo general en el pago de sus obligaciones, no habiendo podido conseguir una declaración judicial de suspensión de pagos.

[5]) La *inhibitoria* es la que se plantea ante el juez competente para que recabe del que no lo es el conocimiento de la cuestión judicial entablada. Y la *declinatoria* es la que se plantea ante el que se considera incompetente para que se abstenga de conocer, y remita los autos al juez competente.

A défaut de soumission expresse ou tacite, la compétence en matière commerciale est déterminée ainsi qu'il suit: 1° S'il s'agit d'exercer une action personnelle, la compétence appartient au juge du lieu où l'obligation doit être exécutée, et, à son défaut, au choix du demandeur, au juge du domicile du défendeur, ou au juge du lieu du contrat, si le défendeur s'y trouvant, même accidentellement, il est possible de lui délivrer l'assignation[1]. S'il y a plusieurs défendeurs ayant des résidences différentes, que l'obligation soit une, et que le lieu où elle doit être exécutée n'ait pas été préalablement déterminé, le juge compétent est, au choix du demandeur, celui du domicile de l'un quelconque des défendeurs; — 2° S'il s'agit d'exercer une action réelle mobilière[2], c'est-à-dire exercée sur des meubles ou sur des animaux, le juge compétent est, au choix du demandeur, celui du lieu où les choses se trouvent, ou celui du domicile du défendeur. Il en est de même quand il s'agit d'actions mixtes, c'est-à-dire d'actions à la fois personnelles et réelles; — 3° Dans les demandes[3] en reddition de comptes, le juge compétent est celui du lieu où le compte doit être présenté; et, si ledit lieu n'a pas été préalablement déterminé, la compétence appartient, au choix du demandeur, au juge du domicile du commettant ou du propriétaire des choses, ou au juge du lieu où ont été faits les actes d'administration; — 4° Dans les actions en garantie, la compétence appartient au juge compétent pour connaître de l'obligation principale; — 5° Dans les demandes reconventionnelles, le juge compétent est celui qui est déjà saisi du litige à l'occasion duquel cette demande reconventionnelle est formée, sauf dans le cas où le montant de la demande reconventionnelle est supérieur au taux de la compétence de ce juge, auquel cas il est donné acte au demandeur reconventionnel de ses réserves, et, il est renvoyé à se pourvoir devant qui il appartient; — 6° Dans les *faillites*[4], lorsque le failli se présente volontairement, le juge compétent est le juge du domicile du failli. Si la faillite a été provoquée par les créanciers, la compétence appartient au juge de l'une quelconque des localités où a été introduite une procédure d'exécution, à moins que le failli ou la majorité des créanciers ne demande que les opérations de la faillite ne soient suivies au domicile du failli; — 7° En matière de saisies préventives, le juge compétent est celui de la situation des biens sur lesquels la saisie doit être pratiquée, le juge municipal peut, toutefois, en cas d'urgence, connaître de ces affaires, s'il n'y a pas dans la localité de juge de première instance.

Les questions de compétence ne peuvent être soulevées qu'à la requête de la partie, au moyen des exceptions *inhibitoire et déclinatoire*[5]. Ces exceptions ne peuvent être formulées en même temps ni simultanément. Le juge qui se considère comme incompétent, sans que les parties soulèvent une exception d'incompétence, peut seulement s'abstenir de connaître de l'affaire, après avoir entendu préalablement le ministère fiscal et à la condition d'avertir les intéressés.

Le domicile des individus commerçants, au point de vue de la compétence, relativement aux contestations qui ont pour cause leur négoce, est le lieu où se trouve le centre de leurs opérations commerciales. S'ils ont plusieurs établissements, situés dans différents *partidos* judiciaires, ils peuvent, au choix du demandeur, être actionnés devant le juge du lieu où se trouve leur principal établissement, ou dans celui où ils ont contracté l'obligation. Le domicile des commerçants faisant partie d'une

---

[1]) L'*emplazamiento* (ajournement) est la citation adressée par le juge au défendeur, pour le convoquer en justice pour qu'il réponde à la demande.

[2]) Une *action* est le moyen que la loi nous accorde pour que nous puissions réclamer l'accomplissement d'un droit qui nous est dénié, et une *exception* le moyen qui nous est accordé pour nous opposer à l'exercice de l'action. Les exceptions sont de deux sortes; les exceptions *dilatoires* et les exceptions *péremptoires*. Les premières, sans préjuger le fond de la demande, paralysent l'exercice en justice de l'action pour un vice substantiel; les secondes attaquent l'existence même du droit sur lequel l'action est fondée.

[3]) La demande (*demanda*) est un écrit dans lequel on demande justice dans la forme légale. La forme légale consiste dans un exposé succinct dans lequel les faits et les fondements du droit sur lequel s'appuie la prétention sont indiqués par ordre de numéros. Elle doit aussi indiquer la nature de l'action exercée, quand cette mention est nécessaire pour déterminer la compétence.

[4]) Les *faillites* sont les instances judiciaires contre un commerçant ou un agent intermédiaire appartenant à un collège qui suspend d'une manière générale le paiement de ses obligations, sans avoir pu obtenir une déclaration judiciaire de suspension de paiements.

[5]) L'exception *inhibitoire* est celle qui est soulevée devant le juge compétent pour qu'il réclame du juge incompétent la connaissance de la procédure engagée devant celui-ci. L'exception *déclinatoire* est celle qui est soulevée devant le juge considéré comme incompétent pour obtenir qu'il s'abstienne de connaître du litige et renvoie le dossier au juge compétent.

sociales, el de su domicilio social; y si este no constare en la escritura de constitución social se determinará de igual modo que si se tratara de un comerciante individual.

En los casos en que el demandado no tuviere su domicilio[1] en algun punto de la Península, Islas Baleares ó Canarias, será juez competente el de su residencia[2]. Los que no tuvieren domicilio ni residencia fija podrán ser demandados en el lugar en que se hallen, ó en el de su última residencia, á elección del demandante.

Todo esto tiene aplicación igualmente á los extranjeros que acudieren á los Juzgados españoles promoviendo actos de jurisdicción voluntaria, interviniendo en ellos, ó compareciendo en juicio como demandados ó como demandantes contra españoles ó contra extranjeros, cuando proceda que conozca la jurisdicción española con arreglo á las leyes del reino ó á los tratados con otras potencias[3].

Parte segunda.   Del procedimiento.

Titulo primero.   Procedimiento contencioso.

Capítulo primero.   Cuestiones previas.

I. Clases de procedimiento.

El procedimiento judicial que ha de seguirse en las cuestiones civiles comerciales es de dos clases: el contencioso y el llamado de jurisdicción voluntaria. El contencioso es el que se emplea cuando las partes no convienen en sus recíprocas pretensiones y acuden á la autoridad judicial para que decida quien tiene razón legalmente, y el llamado de jurisdicción voluntaria es el que se emplea cuando sin contienda entre partes precisa la intervención judicial para la práctica de ciertos hechos que conviene acreditar en forma legal porque de ellos pueden derivar derechos ó responsabilidades. El procedimiento contencioso civil no ofrece especialidad alguna en materia comercial fuera del procedimiento de apremio en negocios de comercio y del procedimiento de quiebras; en cambio el de jurisdicción voluntaria ofrece una serie de preceptos especiales en esta materia, agrupados en la segunda parte del libro III de la Ley de Enjuiciamiento civil, bajo el epígrafe siguiente: «De los actos de jurisdicción voluntaria en negocios de comercio.»

II. Formalidades para incoar un juicio.[4]

§ 1.º *Capacidad*.

Para incoar un juicio es preciso estar en el pleno ejercicio de sus derechos civiles y de no estarlo, tener el representante legítimo que según la ley es llamado á suplir la incapacidad de que estuviere afecto el representado. Las entidades colectivas (corporaciones, sociedades etc.) solo podrán incoarlo por su representante legal.

---

[1]) La Ley municipal de 2 de octubre de 1877 en sus articulos 11 y 12 divide los habitantes de un término municipal en *residentes y transeuntes*. y los residentes en vecinos y domiciliados; diferenciándose los *vecinos* de los *domiciliados* en que los primeros son los españoles emancipados que residiendo habitualmente en el término se hallan inscritos con este caracter en el padrón del pueblo, mientras que los segundos son los no emancipados que residen habitualmente formando parte de la casa ó familia de un vecino. Transeuntes son todos los demás. — El *domicilio* de que habla la Ley de Enj. civ. á que se refiere el texto es el lugar que habitan de un modo permanente el vecino ó el domiciliado.

[2]) Por *residencia* se entiende en este caso el lugar en donde se habita con cierta estabilidad pero en el que no se tiene la consideración de vecino (V. la nota anterior).

[3]) Con arreglo á lo prevenido en el articulo 15 del Cod. de com. los extranjeros dedicados al comercio en España están sujetos en todo lo que al ejercicio de su profesión se refiere á la jurisdicción de los Tribunales de la nación, salvo lo que en casos particulares pueda establecerse en los Tratados y Convenios con las Potencias.

[4]) Como el presente trabajo está hecho para servir de guia á los comerciantes, y á los que no siéndolo tuvieren alguna cuestión judicial por causa ó á consecuencia de una operación mercantil, téngase en cuenta que, aún cuando la ley procesal, á que nos hemos de referir constantemente, tiene un sentido más amplio, la exposición que de sus preceptos hemos de hacer de aqui en adelante la haremos prescindiendo de todo lo que no tenga interés para los que se dedican al comercio ó practican accidentalmente algun acto mercantil.

société est le siège social, et, si le siège social n'est pas constaté dans l'acte de société, il est déterminé de la même manière que pour les individus commerçants.

Lorsque le défendeur n'a pas de domicile[1] dans la Péninsule, les îles Baléares ou les Canaries, le juge compétent est celui de sa résidence[2]. Ceux qui n'ont ni domicile ni résidence fixe peuvent être actionnés, au choix du demandeur, dans le lieu où ils se trouvent, ou dans celui de leur dernière résidence.

Tout l'exposé qui précède s'applique également aux étrangers qui s'adressent aux tribunaux espagnols, soit qu'ils requièrent d'eux des actes de juridiction volontaire, soit qu'ils interviennent dans des actes de cette nature, soit enfin qu'ils comparaissent en justice comme défendeurs ou comme demandeurs contre des espagnols ou des étrangers, dans les cas où la juridiction espagnole est compétente aux termes des lois du royaume ou des traités intervenus avec les autres Etats[3].

Deuxième Partie. De la Procédure.

Titre premier. Procédure contentieuse.

Chapitre premier. Questions préliminaires.

I. Diverses espèces de procédure.

Il existe deux espèces de procédure dans les affaires commerciales et civiles: la procédure contentieuse et la procédure à laquelle on donne le nom de juridiction volontaire. On a recours à la procédure contentieuse, lorsque les parties, en désaccord sur leurs prétentions respectives, s'adressent à l'autorité judiciaire pour qu'elle décide quelle est celle des parties qui a raison légalement. On a recours à la juridiction volontaire lorsque, sans qu'il y ait contestation entre les parties, l'intervention de la justice est nécessaire pour procéder à certains actes dont il convient de rapporter la preuve dans une forme légale, pour que les parties en déduisent ensuite tels droits ou telles responsabilités qu'il appartiendra. La procédure civile contentieuse n'a rien de particulier en matière commerciale en dehors des voies d'exécution en matière commerciale et de la procédure des faillites. Au contraire, la juridiction volontaire est soumise, en cette matière, à une série de dispositions spéciales qui sont réunies dans la seconde partie du Livre III de la loi d'*Enjuiciamiento civil*, sous la rubrique: «Des actes de juridiction volontaire dans les affaires de commerce».

II. Formalités pour introduire une instance.[4]

§ 1. *Capacité.*

Pour introduire une instance, il est nécessaire d'avoir le plein exercice de ses droits civils, et, dans le cas contraire, d'avoir le représentant légitime appelé par la loi à suppléer à l'incapacité de celui qu'il représente. Les entités collectives (corporations, sociétés, etc.) ne peuvent agir que par leur représentant légal.

---

[1]) La loi municipale du 2 octobre 1877 (art. 11 et 12) divise les habitants d'une commune (*termino municipal*) en *résidants* et *passagers* et les résidants eux-mêmes sont partagés en *vecinos* et domiciliés. Les *vecinos* sont les espagnols ayant une situation indépendante qui résident habituellement dans la commune et sont inscrits avec ce caractère sur le tableau de la population de la localité. Les *domiciliés* sont les espagnols n'ayant pas une situation indépendante qui résident habituellement dans la commune et font partie de la maison ou de la famille d'un *vecino*. Les autres sont les passagers. — Le domicile dont parle la loi d'*Enjuiciamiento civil* et auquel se réfère le texte, est le lieu où habite d'une manière permanente un *vecino* ou un individu domicilié.

[2]) Par *résidence* on entend, dans ce cas, le lieu où l'on habite avec une certaine stabilité, sans y avoir la qualité de *vecino*, (v. la note précédente).

[3]) Aux termes de l'art. 15 du Code de Commerce, les étrangers qui se livrent au commerce en Espagne sont soumis à la juridiction des tribunaux de la nation dans tout ce qui touche à l'exercice de leur profession, sauf dans les cas particuliers prévus dans les traités et conventions intervenus avec les Etats étrangers.

[4]) Comme le présent travail a pour but de servir de guide aux commerçants et aux non-commerçants qui se trouvent engagés dans une contestation judiciaire à raison ou à la suite d'une opération commerciale, même dans les cas où la loi de procédure, à laquelle nous devons nous référer constamment, a un sens plus large, nous négligerons tout ce qui ne présente pas d'intérêt pour ceux qui ne se livrent pas au commerce ou ne font aucun acte accidentel de commerce. Nous prions le lecteur de tenir compte de cette observation en lisant notre travail.

§ 2.° *Designación de procurador y letrado.*

La comparecencia en juicio[1] se ha de hacer por medio de procurador legalmente habilitado[2] para funcionar en el Juzgado ó Tribunal que conozca en el asunto y con poder declarado bastante por un letrado[3]. El poder se ha de acompañar forzosamente con el primer escrito que se presente al Juzgado, sin cuyo requisito no se dará curso á la petición que se haga.

No precisa la intervención del procurador: en los actos de conciliación; en los juicios en que conozcan en primera instancia los jueces municipales; en los de menor cuantía; en los de árbitros y amigables componedores; en las quiebras y suspensiones de pagos, cuando se limite la comparecencia á la presentación de los títulos de crédito ó derechos para concurrir á las juntas de acreedores; en los incidentes de pobreza, embargos preventivos y diligencias urgentes que sean preliminares del juicio; y en los actos de jurisdicción voluntaria. En todos estos casos la comparecencia pueden hacerla los interesados por sí mismos, ó por medio de sus administradores ó apoderados; entendiéndose que el apoderado que lo sea solo para el pleito tendrá que ser procurador habilitado siempre que lo hubiere en el pueblo.

Como el procurador responde de todos los gastos que ocasione el juicio ha de estar habilitado de los fondos necesarios para hacer frente á dichos gastos, pudiendo reclamarlos judicialmente, á su poderdante por mediacion del juez ó Tribunal que entiende en el asunto, una vez entablado, si aquel no se los facilitó con la antelación debida; salvo el caso en que dicho poderdante haya obtenido el beneficio de pobreza para litigar, ó mientras se sustanciare la pobreza, si la incoó al mismo tiempo que el pleito.

También los litigantes han de estar dirigidos por letrados habilitados[4] legalmente para ejercer su profesión ante el Juez ó Tribunal que conozca del asunto, en términos de que no se despachará ninguna petición que no lleva firma de letrado. Y pueden prescindir de él: en los actos de conciliación, en los juicios de que conocen en primera instancia los jueces muncipales y en los actos de jurisdicción voluntaria.

§ 3.° *Defensa por pobre.*

Si al incoar un pleito se pretende litigar como pobre, ya que la justicia se administra gratuitamente á los que lo son en el sentido legal, hay que acreditar esta circunstancia ante el propio juez que haya de entender en el asunto; y el expediente que se instruya al efecto se tramitará como un incidente de la cuestión principal, oyendo en el mismo á la parte contraria y al abogado del Estado[5]; entendiendo que mientras se tramite este incidente no podrá darse curso á la demanda. Los jueces podrán, sin embargo, durante dicha tramitación, practicar gratuitamente aquellas actuaciones de cuyo aplazamiento pudiera seguirse perjuicio irreparable al que pretende la pobreza.

Para conseguir, los comerciantes, el beneficio de la declaración de pobreza han de acreditar, si viven solo de su comercio, que pagan una contribución industrial inferior: á 65 y 50 pesetas respectivamente en las capitales de provincia de primera y segunda clase; á 40 en las de tercera y cuarta y demás poblaciones que pasen de

---

[1]) La *comparecencia en juicio* es el acto de presentarse al juez en demanda de justicia.

[2]) La *habilitación de los procuradores judiciales* la dá el titulo correspondiente expedido por el Estado, después de acreditar la suficiencia necesaria en un examen celebrado en la Audiencia ante el Tribunal correspondiente.

[3]) El *bastanteo* es el examen que hace un letrado del poder conferido al procurador para litigar. Si del examen resulta ser el poder suficiente, lo declara asi sobre el mismo poder, estampando la formula «es bastante», y firmando con su nombre y apellido esta declaración.

[4]) La *habilitación del letrado* la dá el titulo de Abogado expedido por el Estado, después de acreditar la aprobación en una Universidad en el examen final de la carrera de derecho. A más del titulo hay que acreditar haber cumplido 21 años, estar inscrito en el Colegio de Abogados de la respectiva Audiencia y pagar la contribución industrial correspondiente. Para ejercer la profesión en Juzgado en que no haya Audiencia, ni por consiguiente Colegio, se necesitará ser vecino ó domiciliado del pueblo en donde haya de ejercer, estar inscrito en el Juzgado y pagar la contribución.

[5]) Los *abogados del Estado* son los funcionarios que forman parte del Cuerpo de este nombre, y que, á las órdenes de la Dirección general de lo Contencioso del Estado, dependiente del Ministerio de Hacienda, intervienen en todos los asuntos judiciales ó contenciosos que afectan á la Hacienda.

§ 2.   *Désignation du procureur et de l'avocat.*

Le plaideur doit comparaître en justice[1] par le ministère d'un procureur[2] légale-ment habilité à exercer ses fonctions devant le juge ou le tribunal qui connaît du litige, et muni d'un pouvoir déclaré suffisant par un *letrado*[3]. Le pouvoir doit obligatoirement être joint à la première requête présentée au juge, sinon, il ne peut être donné suite à cette requête.

Le ministère d'un procureur n'est pas nécessaire: en matière de conciliation; dans les instances dont connaissent en première instance les juges municipaux; dans les affaires dites de *menor cuantia*; dans les affaires soumises aux arbitres et amiables compositeurs; dans les faillites et suspensions de paiements, lorsqu'il s'agit seulement de représenter les titres des créances ou des droits pour prendre part aux assemblées de créanciers; dans les incidents sur la preuve, les saisies préventives et les diligences urgentes, préliminaires à l'instance, et dans les actes de juridiction volontaire. Dans tous ces cas, les intéressés peuvent comparaître en personne, ou par leurs adminis-trateurs ou fondés de pouvoir; et il est entendu que le fondé de pouvoir constitué uniquement pour le procès doit toujours être un procureur habilité, lorsqu'il en existera un dans la localité.

Comme le procureur est responsable de tous les frais occasionnés par l'instance, il doit avoir provision nécessaire pour y faire face, et il peut même la réclamer en justice à son mandant sous le contrôle du juge ou du tribunal appelé à statuer sur le litige, lorsque celui-ci est engagé, si sa partie ne lui en fait pas l'avance dans le délai nécessaire. Il faut excepter, toutefois, le cas où la partie a obtenu le bénéfice de l'assis-tance judiciaire ou le temps nécessaire à l'instruction de la demande d'assistance ju-diciaire, si cette demande a été introduite en même temps que le procès.

Les parties doivent, en outre, être dirigées par des *letrados*[4] légalement habilités à excercer leur profession devant le juge ou le tribunal saisi du litige, en sorte qu'il ne peut être donné suite à aucune requête ne portant pas la signature d'un *letrado*. Elles peuvent se passer, toutefois, du ministère du *letrado* en conciliation, ainsi que dans les affaires dont connaissent en première instance les juges municipaux et dans les actes de juridiction volontaire.

§ 3.   *De la défense des indigents.*

La justice est administrée gratuitement à ceux qui justifient de leur indigence dans les conditions légales. La partie qui, en introduisant une instance, veut bénéficier de l'assistance judiciaire, doit donc prouver son indigence devant le juge qui doit connaître du litige, et l'expédient est instruit comme un incident de l'affaire principale en entendant la partie adverse et l'avocat de l'Etat[5]. Durant l'instruction de cet incident, il ne peut être donné suite à la demande principale, et le juge peut seulement faire gratuitement les actes qui ne pourraient être différés sans porter un préjudice irréparable au prétendu indigent.

Pour obtenir le bénéfice de la déclaration d'indigence, les commerçants doivent justifier, s'ils vivent de leur commerce, qu'ils payent une patente inférieure à 65 et 50 *pesetas* respectivement, dans les chefs-lieux de province de première et de deuxième classe, à 40 *pesetas*, dans les chefs-lieux de province de 3e et 4e classe et dans les autres

---

[1]) *Comparaître en justice*, c'est se présenter devant le juge pour soutenir la demande en justice.

[2]) *L'habilitation des procureurs judiciaires* est le titre qui leur est délivré par l'État après qu'ils ont justifié réunir les conditions nécessaires de capacité au moyen d'un examen à l'audience devant le tribunal correspondant.

[3]) Le *bastanteo* est l'examen fait par un *letrado* à l'effet de vérifier si le pouvoir est suffisant. Dans l'affirmative, le *letrado* inscrit avec une griffe sur le pouvoir la mention, *es bastante* et il signe cette déclaration de son prénom et de son nom.

[4]) *L'habilitacion du letrado* résulte du titre d'avocat délivré par l'État, après un examen de fin d'études de droit délivré par une Université. En plus de ce diplôme, le *letrado* doit être agé de 21 ans accomplis, être inscrit dans un collége d'avocats dans *l'audiencia* respective et payer la patente fixée par la loi. Pour exercer la profession devant un tribunal composé d'un seul juge où il n'y a pas d'*audiencia* ni par conséquent de collège, le *letrado* doit être *vecino* ou domicilié dans la localité où il doit exercer sa profession, être inscrit dans le tribunal et payer la patente.

[5]) Les *avocats de l'État* sont les fonctionnaires composant le corps de ce nom, qui placés sous les ordes de la direction générale du contentieux de l'État, qui dépend elle même du ministère de *Hacienda*, interviennent dans toutes les affaires judiciaires ou contentieuses intéressant l'*Hacienda*.

20 000 almas; á 30 en las cabezas de partido judicial de término y demás poblaciones que tengan más de 10 000 almas y menos de 20 000; á 25 en las cabezas de partido judicial de ascenso y entrada y demás poblaciones que tengan más de 5000 almas y menos de 10 000; y á 20 en las demás poblaciones. Si, á más de su comercio tuvieren, algun otro modo de vivir se computarán los rendimientos que tengan por todos conceptos, y si lo que percibe por unos y otros no llegare al importe del doble jornal de un bracero en la localidad en que reside, se les tendrá por pobres. Si estuviere casado y tuviere hijos cuyos bienes usufructue[1], se computarán sus rendimientos y los de su mujer é hijos, y si entre todos no excedieren del importe del jornal de tres braceros de la localidad, se les tendrá por pobres.

Si no fuere comerciante el que litiga por una cuestión comercial, para disfrutar de los beneficios que la ley concede al pobre en el sentido legal ha de acreditar: que vive de un jornal ó salario eventual, y si tuviere un salario ó sueldo permanente ó una renta de sus bienes, que ni esta ni aquel exceden del doble jornal de un bracero en la localidad en que reside. Si vive de una industria se considerará pobre lo mismo que el comerciante por razón de la cuota que satisfaga de contribución, y si no tiene oficio, profesión ni industria, y tuviere bienes, habrán de estar estos embargados ó cedidos judicialmente á sus acreedores. En este caso, si pagados los acreedores quedaren bienes sobrantes, se aplicarán estos al pago de los gastos judiciales, á pesar de la declaración de pobreza.

Aún probados los anteriores extremos, podrá el juez denegar el beneficio de pobreza, si por el número de criados que tuvieren, por el alquiler de la casa que habiten ó por otros cualesquiera signos exteriores pueda inferirse que sus medios son superiores á los que quedan indicados.

Para la tramitación del incidente de pobreza habrá de nombrarse, si lo solicita el litigante, abogado y procurador de oficio[2], y obtenida la declaración de pobre tendrá derecho igualmente á que se le nombren de oficio para la cuestión principal. El abogado nombrado de oficio podrá excusarse de defender al litigante si cree insostenible su pretensión; y si del informe, que habrán de dar dos letrados, designados para ello por el Colegio de Abogados, ó los dos que el juez designe donde no lo hubiere, resulta igualmente insostenible, se negarán al litigante los beneficios de la declaración de pobreza. Si el informe fuere favorable á la pretensión del litigante, entonces se nombrará un nuevo abogado de oficio, para quien es la defensa obligatoria.

§ 4.° *Acto de conciliación.*

Antes de la presentación de la demanda al juez, en los llamados juicios declarativos, será preciso intentar el llamado acto de conciliación, que, como su mismo nombre, indica tiene por objeto poner de acuerdo á los que pretenden litigar, para matar de este modo el pleito antes de que nazca. Solo en el caso de que el acuerdo entre las partes no sea posible (cuyo extremo se ha de acreditar con la certificación judicial correspondiente, que ha de acompañarse á la demanda, de haberse celebrado ó de haberse intentado sin efecto), se podrá dar curso al pleito.

Se exceptuan, sin embargo, de este requisito: los juicios verbales; los, que se promuevan como incidencia ó consecuencia de otro juicio, ó de un acto de jurisdicción voluntaria; los, en que sean demandantes ó demandados la Hacienda pública, los Municipios, los Establecimientos de Beneficencia, y en general las Corporaciones civiles de caracter público; los, en que estén interesados menores ó incapacitados para la libre administración de sus bienes; los, en que el demandado

---

[1]) Hijos que están todavia sometidos á la patria potestad y no viven con independencia de sus padres, ó están sometidos á su tutela, por hallarse incapacitados, á pesar de ser mayores de edad.

[2]) Los nombramientos de *abogado y procurador de oficio* se hacen por turno en los respectivos Colegios ó en los Juzgados correspondientes. Algunos Colegios de Abogados nombran un cierto número de abogados de oficio entre los que se inscriben ultimamente si lo solicitan. — Estos abogados á cambio de este servicio no pagan contribución, encargándose el Colegio de satisfacer á la Hacienda las cuotas correspondientes de los abogados de oficio por un reparto hecho sobre los demás colegiados.

villes dont la population dépasse 20,000 âmes, à 30 *pesetas*, dans les chefs-lieux de *partido* judiciaire dit de *termino* et dans les autres villes dont la population dépasse 10.000 âmes, mais est inférieure à 20.000; à 25 *pesetas*, dans les chefs-lieux de *partido* d'avancement et de début et dans les autres villes dont la population est supérieure à 5000 âmes, mais inférieure à 10.000; et à 20 *pesetas*, dans les autres localités. S'ils possèdent d'autres ressources en dehors de leur commerce, on tient compte des revenus qu'elles leur rapportent, et, si les revenus et le produit de leur commerce ne dépassent pas le double de la journée d'un homme de peine dans le lieu de leur résidence, ils doivent être réputés indigents. Pour les commerçants mariés et ayant la jouissance de biens appartenant à leurs enfants [1], il est tenu compte de leurs revenus, ainsi que des revenus de la femme et des enfants, et si ces revenus réunis ne dépassent pas le montant de la journée de trois hommes de peine de la localité, ils doivent être con-sidérés comme indigents.

Le plaideur non commerçant, engagé dans un litige commercial, pour bénéficier de l'assistance judiciaire, doit justifier de son indigence au sens légal de ce mot en prouvant: qu'il vit d'un salaire quotidien, ou éventuel, et, s'il a un salaire ou un traitement permanent ou un revenu, que ce salaire ou revenu ne dépasse pas le double de la journée d'un homme de peine du lieu de sa résidence. S'il vit d'une industrie, il est, comme le commerçant, considéré comme indigent suivant le montant des contributions qu'il acquitte. Le plaideur qui n'exerce ni profession, ni office, ni industrie, et qui possède des biens, doit justifier que ses biens ont été saisis à la requête de ses créanciers, ou qu'il a consenti une cession de biens. Dans ce dernier cas, les biens qui pourront lui rester, après paiement des créanciers, seront affectés aux frais de justice malgré la déclaration d'indigence.

Malgré les justifications qui précèdent, le juge pourra refuser au pétitionnaire le bénéfice de la déclaration d'indigence si, à raison du nombre de ses domestiques, ou du mobilier de sa maison d'habitation, ou de toute autre circonstance, il est possible d'inférer qu'il possède des ressources supérieures à celles qu'il avait indiquées.

Pour l'instruction de l'incident sur l'indigence, il peut être nommé au pétitionnaire, s'il le demande, un avocat et un procureur d'office [2]. La partie qui obtient la déclaration d'indigence a également le droit qu'il lui soit désigné un procureur et un avocat d'office pour l'affaire principale. L'avocat nommé d'office peut s'excuser de défendre la partie dont il juge la prétention insoutenable, et, si le rapport qui doit être présenté à ce sujet devant deux *letrados* désignés par le Collège des avocats, ou, à son défaut, par le juge, conclut également dans le même sens, le bénéfice de l'assistance judiciaire sera refusé au plaideur. Dans le cas contraire, il doit être désigné au plaideur un nouvel avocat d'office, et celui-ci est tenu de se charger de la défense.

§ 4. *Conciliation.*

Avant de présenter la demande au juge, dans les instances dites instances déclaratives, il doit être obligatoirement procédé à ce qu'on appelle la tentative de conciliation, qui a pour objet, comme son nom l'indique, de mettre d'accord les parties qui ont l'intention de plaider et de mettre ainsi fin au litige avant qu'il ne soit né. C'est donc seulement dans le cas où il n'a pas été possible d'amener cet accord entre les parties, qu'il est possible de donner suite au procès, et une attestation judiciaire constatant que cette tentative de conciliation a été faite et qu'elle est demeurée sans effet, doit même être jointe à la demande.

Certaines instances, cependant, échappent par exception à cette obligation. Ce sont: Les instances verbales, les instances formées incidemment à une autre demande ou qui sont une conséquence d'une autre demande, ou d'un acte de juridiction volontaire; les instances dans lesquelles figurent comme partie demanderesse ou défenderesse l'*Hacienda*, les municipes, les établissements de bienfaisance et, en général, les corporations civiles ayant un caractère public, les instances dans lesquelles sont intéressés

---

[1] Il s'agit des enfants soumis à la puissance paternelle, et qui ne vivent pas d'une manière indépendante de leur père, ou qui sont soumis à sa tutelle, bien que majeurs, après avoir été frappé d'une incapacité.

[2] Les désignations d'*avocat* et de *procureur d'office* sont faites à tour de rôle dans les collèges respectifs ou dans les *Juzgados*. Certains collèges d'avocats nomment un certain nombre d'avocats d'office choisis parmi les derniers inscrits au tableau et qui le demandent. Ces avocats, en échange de ce service, ne payent point de patente, et les collèges acquittent à l'*Hacienda* les cotes qui incombent aux avocats d'office, au moyen d'une répartition faite sur les autres avocats.

sea persona desconocida ó ausente ó sin residencia conocida, ó con residencia fuera del territorio del juzgado en donde haya de ventilarse el pleito, (salvo si el demandante residiera en el mismo pueblo que el demandado); los, en que se intente deducir la responsabilidad civil contra jueces y magistrados; los, en que se encomiende la decisión á árbitros ó amigables componedores; y los, llamados universales (de quiebra tratándose de comerciantes) y los ejecutivos.

El acto de conciliación se ha de intentar ante el juez municipal del domicilio ó de la residencia del demandado y si se suscitare competencia ó recusación[1] del juez municipal se tendrá por intentado el acto, y la certificación que esto acredite bastará para poder plantear el pleito. Para la celebración de este acto se presentarán las correspondientes papeletas fechadas (una más de los que sean los demandados) y con las indicaciones precisas para que se conozca la pretensión y la persona ó personas de quien se pretende. Hechas las citaciones, por el Juzgado se señalará, dentro de un plazo que no baje de 24 horas, ni exceda de 8 dias desde la citación, el que en que ha de celebrarse, al cual pueden acudir los interesados ó sus apoderados, acompañados, cada uno, de un hombre bueno[2]. En la presencia del juez expondrá el demandante su pretensión; contestará el demandado, y, después de replicar y contrarreplicar, uno y otro, si no se hubieren puesto de acuerdo, procurará avenirlos el juez y los hombres buenos, y si no lo consiguieren se dará por terminado el acto. Si el demandado no compareciere, y, sí, el demandante, se tendrá por intentado el acto, y surtirá iguales efectos que si se hubiere celebrado.

Lo convenido en el acto de conciliación se llevará á efecto por el mismo juez municipal, como si se tratare de la ejecución de una sentencia dictada en juicio verbal, siempre que su cuantia no exceda de 500 pesetas. Si excede, tendrá lo convenido el valor y la eficacia de un contrato consignado en escritura pública[3].

III. Clasificación de los juicios.

El procedimiento contencioso en los juicios es distinto según la distinta naturaleza de estos. Por eso distingue la ley entre los llamados declarativos y ejecutivos, los ordinarios y los especiales y los universales y singulares[4]. Los declarativos son al mismo tiempo ordinarios y singulares; los ejecutivos son especiales y singulares. Y los universales son declarativos especiales, si bien en ocasiones pueden no ser contenciosos por no haber oposición entre las partes que en ellos intervienen. Los juicios declarativos ordinarios son: el juicio verbal[5] el de menor cuantia[6] y el de mayor cuantia[7]; siendo el propiamente ordinario este último, porque cuando a ley habla del juicio ordinario sin indicación ninguna respecto á su cuantia es á

---

[1] La *recusación* es la oposición, fundada en motivo legal, á ser juzgado por un juez ó magistrado de quien puede sospecharse, por el citado motivo, que no tendrá la suficiente imparcialidad que se requiere para la administración de justicia.

[2] Se llaman *hombres buenos*, porque su misión, aparte de la de asesorar al que lo lleva, es la de procurar la avenencia.

[3] Las *escrituras públicas* son las otorgadas ante Notario y con las formalidades legales. La ley las equipara á los documentos públicos y solemnes, y su exhibición en juicio tiene fuerza probatoria eficaz respecto á lo en ellas convenido ó reconocido siempre que hayan sido cotejadas con sus matrices (escrituras originales que se conservan en el protocolo del notario) sacadas de estas con citación de parte, ó no hayan sido impugnadas por aquella á quien perjudiquen.

[4] Son *declarativos* los juicios en que se pretende el reconocimiento de un derecho, y *ejecutivos* los en que se pretende el cumplimiento de un derecho que no puede desconocerse por constar su existencia de un modo auténtico y fehaciente. Son *ordinarios* los que se ajustan al procedimiento general de la ley, y *especiales* los que tienen señalado un procedimiento propio y exclusivo de los mismos. Son *universales* los que tienen por objeto el deslinde de una serie de derechos contenidos en la universalidad de un patrimonio, y *singulares* los que afectan al reconocimiento ó cumplimiento de un solo derecho.

[5] *Verbal* es el que procede cuando la cantidad que se reclama no excede de 500 pesetas; y se llama asi, porque las actuaciones principales se practican de palabra y á presencia del juez.

[6] *Menor cuantia* cuando la cantidad que se reclama excede de 500 pesetas y no pasando de 3000, no haya de despacharse ejecutivamente.

[7] *Mayor cuantia* cuando la cantidad que se reclama excede de 3000 pesetas, y no procede el juicio ejecutivo.

des mineurs ou des individus incapables d'administrer leurs biens, celles dans lesquelles le défendeur est une personne inconnue, ou absente, ou sans résidence connue, ou dont la résidence est située en dehors du ressort du juge devant qui le litige doit être jugé, (à moins que le demandeur n'ait sa résidence dans la même localité que le défendeur); les instances en responsabilité civile introduites contre des juges ou des magistrats; celles dont la décision est confiée à des arbitres ou amiables compositeurs; et, enfin, les instances dites universelles (les instances de faillite, s'il s'agit de commerçants) et les instances exécutives.

La tentative de conciliation doit être faite devant le juge municipal du domicile ou de la résidence du défendeur; si une question de compétence est soulevée ou si le juge municipal est récusé[1], la tentative de conciliation doit être considérée comme faite, et l'attestation de cette circonstance suffit pour permettre d'engager le procès. Pour procéder à cette tentative, on doit présenter les billets de convocation datés (un de plus qu'il n'y a de demandeurs), avec les indications nécessaires pour connaître l'objet de la demande et la personnalité du ou des défendeurs. Les citations faites, le juge doit fixer, dans un délai qui ne peut être inférieur à vingt-quatre heures, ni supérieur à huit jours à compter de la citation, le jour où il sera procédé à la tentative de conciliation, à laquelle peuvent prendre part les intéressés ou leurs fondés de pouvoir, assistés chacun d'un *hombre bueno*[2]. Le demandeur alors expose sa prétention devant le juge, le défendeur répond, et, après réplique et duplique, le juge et les *hombres buenos* doivent s'efforcer d'amener les parties à un arrangement, et, s'il n'y réussissent pas, la tentative est réputée terminée. Si le défendeur ne comparaît pas et que le demandeur se présente seul, la tentative de conciliation est considérée comme faite, et elle produit les mêmes effets légaux que si elle avait réellement eu lieu.

Les conventions faites dans le procès-verbal de conciliation sont rendues exécutoires par le juge municipal comme s'il s'agissait de l'exécution d'une sentence prononcée dans une instance verbale, pourvu que la valeur du litige ne dépasse pas 500 *pesetas*. Au-dessus de cette somme, les conventions intervenues en conciliation ont la valeur et la force d'un contrat fait par acte public[3].

III. Classification des instances.

La procédure contentieuse varie suivant la nature des différentes instances. La loi distingue les instances dites déclaratives de celles qu'elle appelle exécutives, les instances ordinaires des instances spéciales, les instances universelles des instances particulières[4]. Les instances déclaratives sont à la fois ordinaires et particulières; les instances exécutives, spéciales et particulières. Enfin les instances universelles sont déclaratives spéciales, elles peuvent même n'être pas contentieuses dans certaines circonstances, parce qu'elles ne soulèvent aucune opposition entre les parties qui y figurent. Les instances déclaratives ordinaires sont: l'instance verbale[5], l'instance de *menor cuantia*[6] et l'instance de *mayor cuantia*[7].

---

[1]) La *récusation* est l'opposition, fondée sur une cause légale, à être jugé par un juge ou par un magistrat soupçonné, à raison d'un motif déterminé et indiqué, de ne pas présenter les conditions d'impartialité nécessaires pour rendre la justice.

[2]) On les appelle *hombres buenos* (hommes bons) parce que leur mission consiste non seulement à conseiller celui qui se présente, mais aussi à procurer un arrangement.

[3]) Les *actes publics* (*escrituras públicas*) sont les actes reçus devant notaire avec les formalités légales. La loi les assimile aux documents publics et solennels, et leur production en justice fait foi en ce qui concerne ce qui y est contenu ou reconnu, pourvu qu'ils aient été collationnés avec la minute (acte original conservé dans les archives du notaire) dont ils ont été extraits, les parties dûment appelées, ou qu'ils ne soient pas déniés par la partie à laquelle ils préjudicient.

[4]) Les instances *déclaratives* sont celles par lesquelles on poursuit la reconnaissance d'un droit; les instances *exécutives*, celles par lesquelles on poursuit l'exécution d'un droit qui ne peut être méconnu, parce que la preuve de son existence résulte d'un document authentique et faisant foi. Les instances ordinaires sont celles qui sont suivies suivant les formes générales de procédure établies par la loi, et les instances *spéciales*, celles pour lesquelles sont établies des formalités de procédure particulières exclusives des règles générales. Les instances *universelles* ont pour objet la détermination d'une série de droits compris dans l'universalité d'un patrimoine; les instances *particulières* ont pour objet la reconnaissance ou l'exécution d'un droit unique.

[5]) L'instance *verbale* est celle dans laquelle la valeur du litige ne dépasse pas 500 *pesetas*. Elle se nomme ainsi parce que les principales formalités de procédure sont remplies oralement et en présence du juge.

[6]) L'instance est dite de *menor cuantia*, lorsque la somme réclamée dépassant 500 *pesetas* sans être supérieure à 3000, il n'y a pas lieu de procéder par voie d'exécution.

[7]) L'instance est dit de *mayor cuantia*, quand la somme réclamée dépasse 3000 *pesetas*, sans que l'on procède par voie d'exécution.

él al que se refiere. Los juicios ejecutivos[1] son: el que lleva este nombre en la ley, y el que ha de seguirse para la ejecución de las sentencias firmes[2] cuando no se cumplen estas voluntariamente por el condenado en ellas. Los juicios ordinarios son, como ya hemos dicho, los declarativos; y los especiales son los ejecutivos y el universal de quiebra[3]. Y por último, los singulares son todos los enumerados, excepto el universal de quiebra.

IV. Reglas para determinar la clase del juicio declarativo.

Independientemente de la cantidad á que ha de ascender el importe de lo reclamado para determinar la cuantia del juicio, y que ya queda indicada en otro lugar[4], se tramitará como de mayor cuantia toda petición dirigida al juzgado, cuya cuantia sea inestimable, ó no pueda determinarse con sujeción á las siguientes reglas:

Si se reclama el pago de una pensión vitalicia (seguro de renta) se multiplicará la anualidad por 10, y el producto determinará la cuantia. En las obligaciones pagaderas á plazos se calculará la cuantia por el importe total de la obligación cuando se discuta la validez de esta. Cuando varios créditos pertenecieren á diversos acreedores, pero procedieren de un mismo titulo, y el deudor fuese único, si cada acreedor de por si, ó cada grupo de acreedores, entablaren por separado su pretensión de pago, se calculará, como valor para determinar la cuantia del juicio, el total á que ascienda lo que se reclama. En los casos en que en una misma demanda se comprenda más de un crédito contra un mismo deudor, el total de los créditos reunidos determinará su cuantia. Cuando se solicite el pago del capital del crédito, con más los intereses devengados y no pagados, si estos fueren ciertos y liquidos, se computará el importe de uno y otros para fijar la cuantia, pero con relación á la fecha de la demanda. Si se pidiere la indemnización de daños y perjuicios, y se fija su importe, se sumará igualmente esta cantidad al importe de la obligación principal para calcular la cuantia.

Si la cuantia del pleito no pudiere determinarse á tenor de las reglas que quedan indicadas, el que acuda al juez habrá de fijar la clase de juicio que ha de seguirse.

V. Cuestiones que pueden suscitarse en la determinación de la cuantia del juicio.

Si el juez no estuviere conforme con el resultado del cálculo para fijar la cuantia del juicio, ó con la designación de la clase de juicio, á falta de cálculo para determinar esta, declarará su incompetencia en un auto que será apelable en ambos efectos

El demandado puede no conformarse con la cuantia ó designación de la clase del pleito hecha por el demandante, cuya disconformidad ha de manifestarla en los cuatro primeros dias del plazo que se le ha señalado para contestar á la demanda y el juez en una comparecencia de las partes que al efecto decretará dentro de los seis dias siguientes, procurará que se pongan de acuerdo, y si, ni aún por medio

---

[1]) Se llaman *ejecutivos* por dos razones: la primera, porque solo se trata de cumplir ó ejecutar aquello á que se tiene perfecto derecho, y, la segunda, por la rapidez del procedimiento que en el mismo se sigue. Para ser ejecutivos es preciso que la cantidad á reclamar exceda de 500 pesetas.

[2]) Se llama *sentencia firme* á la que ya no puede impugnarse, y es irrevocable.

[3]) *Especiales* hay bastantes más que los enumerados pero estos son los únicos cuyo conocimiento interesa al comerciante ó al que practica actos mercantiles. En ocasiones el comerciante tendrá que intentar un juicio de retracto ó interdicto; lo primero si es copárticipe en la propiedad de una nave y quiere adquirir lo que vendió su condueño, y lo segundo si fuere síndico de una quiebra, y hubiere que recobrar bienes que pertenezcan á la misma, pero que estuvieren en poder de un tercero que los adquirió por un contrato declarado ineficaz por los efectos que produce la retroacción de la quiebra; pero, aún cuando asi sea, estos dos juicios son civiles por excelencia, y no hemos creido necesario exponer su tramitación por no hacer interminable este trabajo, que asi y todo, resultará excesivo.

[4]) Véanse las notas 5, 6 y 7 de la página 45.

Cette dernière est même, à proprement parler, l'instance ordinaire, car lorsque la loi parle de l'instance ordinaire, sans aucune indication en ce qui concerne le montant de l'intérêt en litige, elle se réfère toujours à l'instance de *mayor cuantia*. Les instances exécutives[1] sont, d'abord, l'instance à laquelle la loi attribue cette dénomination, et, en outre, l'instance suivie en vue d'assurer l'exécution des sentences définitives[2] que la partie qui a succombé ne consent pas à exécuter volontairement. Les instances ordinaires sont, comme nous l'avons dit, les instances déclaratives, et les instances spéciales sont les instances exécutives et l'instance universelle de faillite[3]. Enfin, les instances particulieres sont toutes les instances énumérées, à l'exception de l'instance universelle de faillite.

IV. Règles pour déterminer la classe de l'instance déclarative.

Indépendamment de la somme à laquelle s'élève l'intérêt du litige et qui sert, comme nous l'avons dit[4], pour déterminer s'il s'agit d'une affaire de *menor* ou de *mayor cuantia*, on doit considérer comme de *mayor cuantia* toute action dont la valeur est soit indéterminée, soit impossible à déterminer d'après les règles suivantes : Si la demande a pour objet le paiement d'une rente viagère (contrat d'assurance de rente), l'annuité sera multipliée par 10, et le produit indiquera la valeur du litige. Dans les obligations à terme, l'intérêt du litige sera calculé d'après le montant de l'obligation totale, lorsque la discussion porte sur la validité de l'obligation elle-même. Lorsque plusieurs créances appartiennent à plusieurs créanciers, mais proviennent d'un seul et même titre, et qu'il n'y a qu'un seul débiteur, si chaque créancier ou chaque groupe de créanciers poursuit isolément le paiement de ce qui lui revient, la valeur du litige sera déterminée d'après le montant de la somme réclamée. Si une même demande comprend plusieurs créances contre un même débiteur, le total des créances réunies fixera le montant du litige. Lorsqu'on poursuit à la fois le paiement du capital de la créance et des intérêts échus et non payés, et que ces intérêts sont liquides et exigibles, les intérêts doivent être additionnés au capital pour fixer, en tenant compte de la date de la demande, la valeur du litige. Dans les actions en dommages-intérêts, la somme réclamée, si elle est fixée dans la demande, sera également ajoutée au montant de l'obligation principale pour calculer la valeur du litige.

Si cette valeur ne peut être déterminée d'après les règles que nous venons d'indiquer, le demandeur, en présentant sa requête au juge, doit indiquer la classe de l'instance qu'il se propose d'introduire.

V. Questions susceptibles d'être soulevées à l'occasion de la détermination de la valeur du litige.

Si le juge n'accepte pas le résultat du calcul présenté pour fixer la valeur du litige, ou la déclaration faite par la partie en ce qui concerne la classe de l'instance, à défaut de calcul pour la déterminer, il se déclarera incompétent par une ordonnance qui sera susceptible d'appel pour les deux effets.

Le défendeur peut aussi ne pas accepter la valeur du litige ou la désignation de la classe de l'instance indiquée par le demandeur; dans ce cas, il doit formuler sa contestation dans les quatre premiers jours du délai imparti pour présenter ses moyens de défense, le juge convoquera les parties dans les six jours suivants, et, au cours de cette comparution, il tentera de les mettre d'accord, en recourant, au

---

[1] Ces instances sont dites exécutives pour deux motifs: 1° parce qu'il s'agit seulement d'exécuter ce à quoi on a un droit parfait, et 2° à raison de la rapidité de la procédure qui estsuivie. Pour que l'instance soit exécutive, il est nécessaire que la somme à réclamer dépasse 500 *pesetas*.

[2] On appelle sentence *firme* (définitive) celle qui, ne pouvant plus faire l'objet d'un recours quelconque, est irrévocable.

[3] Les instances *spéciales* dépassent en nombre celles que nous avons énumérées, mais celles-ci sont les seules qui intéressent les commerçants ou les personnes qui se livrent à des actes de commerce. Dans certaines occasions, le commerçant devra intenter une instance de *retracto* en une instance d'*interdicto*. La première instance s'intente par le co-propriétaire du navire qui désire acquérir la part que son co-propriétaire met en vente; la seconde, par le syndic de faillite dans le cas où il y a lieu de revendiquer des biens appartenant à la masse qui se trouvent en la possession d'un tiers qui les a acquis en vertu d'un contrat devenu inefficace par l'effet rétroactif de la faillite; mais, même dans ces deux cas, ces instances ont un caractère essentiellement civil, c'est pourquoi nous n'avons pas cru devoir exposer la procédure de ces deux instances, afin de ne pas allonger démésurement ce travail.

[4] V. ci-dessus p. 45, notes 5, 6 et 7.

de peritos, que pueden nombrar los interesados (el juez puede designar un tercero en caso necesario) se consigue el acuerdo, se hará constar el resultado en un acta que suscribirán todos, incluso el juez; y, este, en el término de dos dias, resolverá lo que estime pertinente. Si resolviere que el juicio es de mayor cuantia no se dará recurso alguno contra su acuerdo; si de menor cuantia solo se dará el recurso de nulidad[1]; y si se declara que procede el juicio verbal ante juez municipal el auto será apelable en ambos efectos. Si la duda respecto á la cuantia se suscita en el juicio verbal ante juez municipal, este, en el acto de la comparecencia, resolverá. Si se declara competente no es apelable su resolución más que en el caso de que se apele de la sentencia definitiva, y entonces el juez de primera instancia podrá declarar nulo todo lo actuado si resultare de mayor ó de menor cuantia. Y si se declara incompetente, su resolución será apelable en ambos efectos.

Capítulo segundo.   Juicio ordinario de mayor cuantia.

I. Partes en que puede considerarse dividido.

Como este juicio es el más regular, ya que en él se concede la mayor amplitud á las partes, hablaremos de él refiriendonos á las distintas partes en que puede considerarse dividido que son: preparación, planteamiento, discusión, prueba, sentencia é¦impugnación de la sentencia; si bien esta última la estudiaremos después de exponer los demás juicios declarativos ordinarios.

II. Preparación.

A este periodo corresponde la práctica de lo que ya quedó indicado al hablar de las formalidades necesarias para incoar un juicio; pero á más de aquello puede, antes del planteamiento del mismo, pedirse algo que interese tener previamente esclarecido. Asi, puede pedirse, al que ha de ser demandado, que declare judicialmente sobre algún hecho relativo á su personalidad, sin cuyo conocimiento no pueda empezarse el juicio; que exhiba ó deposite, según los casos, la cosa mueble que tenga en su poder y ha de ser objeto de la contienda judicial; que el vendedor ó el comprador, en el caso de evicción[2], exhiba los titulos ó documentos que se refieran á la cosa vendida; ó que un socio exhiba los documentos ó las cuentas que se refieren á la gestión social en los casos en que proceda con arreglo á derecho. Tambien en casos de verdadera urgencia, como cuando por la edad avanzada de un testigo, peligro inminente de su vida, proximidad de ausencia á punto donde las comunicaciones sean dificiles ó tardias, ó por otro motivo poderoso, que apreciará el juez, pudiera, el que ha de plantear la cuestión, perder su derecho por falta de justificación oportuna, se podrá pedir el examen de las personas que se encontraren en alguno de estos casos.

III. Planteamiento.

El juicio se plantea con la presentación de la demanda, á la que se ha de acompañar la copia ó copias necesarias para que pueda entregarse una á cada uno de los demandados si fuesen varios. En esta demanda se ha de fijar con toda claridad lo que se pide y la persona contra quien se pide. A más de la copia ó copias referidas, se han de acompañar á la demanda: el poder conferido al procurador para litigar,

---

[1] El *recurso de nulidad* hay que anunciarlo dentro de los tres dias siguientes al auto, y solo puede interponerse al propio tiempo que el de apelación de la sentencia. Si el recurso de nulidad prospera se inutiliza todo lo actuado con posterioridad á lo que motivó su interposición.

[2] La *evicción* es la obligación que tiene el vendedor de una cosa de responder de ella al comprador cuando se pone en duda el derecho de propiedad que sobre la misma tenia aquel. Como las cosas mercantiles son en general irreivindicables, sobre todo cuando han sido enagenadas en almacen ó tienda abiertos al público, la evicción no procede, en general, en las compraventas mercantiles, pero procederá en los casos en que siendo la venta mercantil no sea comerciante el vendedor.

besoin, à des experts nommés par les parties (s'il est nécessaire, le juge, dans cette hypothèse, a la faculté de désigner un tiers expert). Si la tentative de conciliation échoue, le juge doit en consigner le résultat dans un procès-verbal signé par les parties et par lui, et il statuera dans le délai de deux jours ce qu'il estime convenable. Si le juge décide que l'instance est une instance de *mayor cuantia*, il n'est ouvert aucun recours contre sa décision. S'il décide qu'il s'agit d'une instance de *menor cuantia*, sa sentence peut être l'objet d'un recours en nullité[1]. S'il déclare enfin qu'il y a lieu de procéder à une instance verbale devant le juge municipal, son ordonnance est susceptible d'appel pour les deux effets. Si la contestation relative à la valeur du litige est soulevée au cours de l'instance verbale devant le juge municipal, celui-ci doit statuer lors de la comparution des parties. S'il se déclare compétent, sa décision n'est susceptible d'appel du chef de la compétence que dans le cas où sa décision définitive est elle-même susceptible d'appel, et, dans ce cas, le juge de première instance peut déclarer nulle toute la procédure, s'il résulte qu'il s'agit d'une instance de *mayor* ou de *menor cuantia*. Si le juge municipal se déclare incompétent, sa résolution est susceptible d'appel pour les deux effets.

Chapitre II. Instance ordinaire de «mayor cuantia».

I. Phases dans lesquelles l'instance peut être divisée.

Cette instance est la plus régulière; c'est celle dans laquelle les parties ont le plus de faculté de développer leurs moyens; nous exposerons donc en détail les règles qui la régissent en suivant les différentes phases dans lesquelles elle peut être divisée: la préparation, l'introduction, la discussion, les preuves, la sentence, les voies de recours. Nous ne traiterons toutefois de cette dernière partie qu'après avoir parlé des autres instances déclaratives ordinaires.

II. Préparation.

A cette première phase appartiennent les actes dont nous avons déjà parlé à propos des formalités nécessaires pour engager une instance. On comprend cependant qu'avant d'assigner il peut y avoir utilité d'éclaircir préalablement certains points. Ainsi, on peut avoir à demander au défendeur de faire judiciairement une déclaration relative à sa qualité personnelle, dont la connaissance est indispensable pour permettre de l'engager dans l'instance; ou de représenter ou déposer, suivant les cas, telle chose mobilière qu'il a en sa possession, et qui fait l'objet du litige[2]; de produire les titres ou documents relatifs à la chose vendue, en cas d'éviction[2], ou les pièces justificatives d'un compte concernant une gestion sociale. De même encore, témoin, par exemple, est avancé en âge, qu'il paraît être en danger de mort ou lorsqu'un qu'il est sur le point de s'absenter pour se rendre dans une localité avec laquelle les communications sont difficiles ou lentes, ou pour tout autre motif, il peut se présenter des cas de véritable urgence, laissés à l'appréciation du juge, dans lesquels celui qui se propose d'introduire une action en justice se trouverait exposé à perdre son droit par suite de l'impossibilité où il serait d'en justifier en temps utile, s'il ne lui était pas permis de requérir le témoignage des personnes qui se trouvent dans l'une ou l'autre de ces hypothèses.

III. Introduction de la demande.

L'instance s'introduit par la présentation de la demande, à laquelle doivent être jointes autant de copies qu'il est nécessaire pour que chacun des défendeurs, s'il y a plusieurs défendeurs, puisse en recevoir une. Cette demande doit contenir un exposé aussi clair que possible de la chose qui est demandée et de la personne contre qui la demande est dirigée. Outre la copie ou les copies dont nous venons de parler, on

---

[1] Le recours en *nullité* doit être déclaré dans les trois jours de l'ordonnance, et il ne peut être interjeté qu'en même temps qu'il est formé appel de la sentence. Si le recours est admis, tous les actes faits postérieurement à l'ordonnance qui a motivé ce recours sont dépourvus de tout effet.

[2] *L'éviction* est l'obligation dont le vendeur est tenu envers l'acheteur du répondre de la chose vendue si son droit de propriété sur cette chose vient à être contesté. Comme les choses faisant l'objet d'une vente commerciale ne sont pas en général susceptibles d'être revendiquées, surtout quand le contrat a été passé dans un magasin ou dans une boutique ouverte au public, il n'y a pas lieu ordinairement à éviction dans les ventes commerciales, sauf dans les cas où, le contrat ayant le caractère commercial, le vendeur n'est pas commerçant.

la certificación del acto de conciliación celebrado en los casos en que este fuere preciso ó de haber intentado su celebración; el documento ó documentos que acrediten el caracter con el que el litigante se presenta en el juicio, en el caso de tener la representación legal de alguna persona individual ó social á quien pertenezca el derecho reclamado; y todos aquellos en que se funde el derecho del reclamante si los tuviere á su disposición, y de no tenerlos tendrá que hacer la designación del archivo ó lugar en donde se encuentren los originales; entendiéndose que los tiene á su disposición siempre que obren en un protocolo[1] ó archivo público del que puedan obtenerse copias fehacientes.   Si alguno de los documentos presentados excediere de 25 pliegos, queda relevado de presentar la copia.

Presentada la demanda en forma, y no suscitándose por parte del juez cuestión alguna de competencia, se confiere traslado de la demanda y sus anejos al demandado, á quien se le emplaza para que comparezca y se persone en juicio. Este emplazamiento habrá de hacerse directamente al interesado por medio de cédula, ó al pariente más cercano ó familiar que se hallare en su domicilio de no estar aquel, ó á los criados ó vecinos del mismo; y si, ni aún esto fuera posible, se le emplazará por medio de edictos[2].   Si no compareciese dentro del término, se le podrá acusar de rebeldia[3], y, previo un nuevo emplazamiento por la mitad del término del anterior, y sin comparecencia, se le declarará en rebeldia, y se tendrá por contestada la demanda, á instancia del actor.   Si los demandados fuesen varios no se podrá acusar la rebeldia á ninguno de ellos hasta que transcurra el plazo concedido al último que se emplazó.

Si el demandado se persona en juicio dentro del término, se le tendrá por parte en el pleito y se le concederá un plazo para contestar.

Pero, como la cuestión puede estar mal planteada, la ley consiente que antes de contestar á la demanda, ó bien al mismo tiempo de contestar, se aleguen por el demandado las excepciones dilatorias, teniendo en cuenta que, si se plantean antes y con oportunidad[4], suspenderán el curso del pleito hasta que se diluciden estas cuestiones previas, y, si se plantean al contestar, solo lo suspenden cuando se reconoce la verdad de la excepción alegada.

Estas excepciones son: la incompetencia de jurisdicción, de que ya hemos hablado[5]; la falta de personalidad del demandante, ya por no tener la capacidad necesaria para estar en juicio[6], ó por no acreditar en debida forma el caracter ó representación con que reclama; la del procurador del demandante, por insuficiencia ó ilegalidad del poder; la del demandado por no tener el caracter ó la representación con que se le demanda; la *litis pendencia*[7] en otro Juzgado ó Tribunal; y, por último, el defecto legal en el modo de proponer la demanda[8].   Si el demandante fuere extranjero tambien será excepción dilatoria la del arraigo del juicio[9] en los casos y en la forma que en la nación á que pertenezca se exija á los españoles.

----

[1]) El *protocolo* es el archivo del notario en el que se custodian los originales de los documentos en que él intervino, llamados *matrices*.

[2]) Se llaman *edictos* las disposiciones del juez ó Tribunal haciendo público lo que no ha podido notificarse á alguna de las partes, ya por haber sido declarado en rebeldia el interesado ó ya por ignorarse su domicilio, y tambien lo que interesa hacer conocer á muchos, como en los casos de subasta.

[3]) *Acusar la rebeldia* es hacer constar la resistencia á los mandatos de la autoridad judicial.

[4]) Es decir dentro de los seis dias siguientes al de la notificación de la providencia en que se ordena contestar á la demanda.

[5]) Al tratar de la competencia.

[6]) Tambien de esto hemos hablado al tratar de las formalidades necesarias para incoar un juicio.

[7]) La *litis pendencia* supone el planteamiento anterior de la misma cuestión judicial, todavia en curso, ante otro juez ó Tribunal.

[8]) *Defecto legal en proponer la demanda* Consiste este defecto en que la demanda no se haya redactado en la forma que previene la ley.

[9]) El *arraigo del juicio* existe cuando el extranjero garantiza previamente las responsabilidades pecuniarias que pudieren exigirsele como consecuencia de la cuestión judicial planteada. Esta excepción, aunque consignada en la L. de Enj. civ., no puede prosperar, á partir de la decla-

doit joindre à la demande: le pouvoir d'ester en justice conféré au procureur; le certificat constatant qu'il a été procédé à la tentative de conciliation, dans les cas où cette tentative est exigée, ou que le défendeur a été appelé en conciliation; le document ou les documents justificatifs de la qualité sous laquelle le demandeur agit en justice, dans les cas où il représente légalement une personne ou une société propriétaire du droit réclamé; et enfin, tous les documents sur lesquels est fondé le droit réclamé, si le demandeur les a en sa possession; dans le cas contraire, il doit indiquer le dépôt d'archives ou le lieu où se trouvent les originaux, étant entendu qu'ils sont à sa disposition toutes les fois qu'ils sont dans un *protocolo*[1] ou dans des archives publiques, où l'on peut en obtenir des copies authentiques. On est dispensé de produire la copie des documents produits qui dépassent 25 feuillets.

Lorsque la demande est ainsi présentée régulièrement, si le juge ne soulève aucune exception de compétence, il ordonne de communiquer la demande et les pièces annexées au défendeur, en lui impartissant un délai pour comparaître et se faire représenter en justice. Cet avertissement doit être adressé directement à l'intéressé au moyen d'une cédule, ou, en son absence, à son parent le plus proche ou à une personne de sa famille se trouvant dans son domicile, ou à ses domestiques ou voisins, et, en cas d'impossibilité d'en rencontrer, au moyen d'édits[2]. Si le défendeur ne comparaît pas dans le délai imparti, il pourra être réputé faire défaut[3] et, après une nouvelle assignation pour un délai inférieur de moitié au délai précédent, s'il ne comparaît pas, le défendeur sera déclaré défaillant à la requête du demandeur et il sera réputé avoir répondu à la demande. En cas de pluralité de défendeurs, il ne peut être requis défaut contre l'un d'eux tant que le délai imparti au dernier d'entre eux n'est pas expiré.

Si le défendeur constitue un mandataire *ad litem* dans le délai imparti, il est considéré comme partie au procès, et il doit lui être accordé un délai pour répondre.

Toutefois, comme la contestation peut être mal engagée, la loi autorise le défendeur à soulever, avant de conclure en réponse ou dans ses conclusions au fond, les exceptions dilatoires. Observons ici que si ces exceptions sont formulées en temps utile[4] et avant les conclusions au fond, le cours de l'instance est suspendu jusqu'à ce qu'il ait été statué sur ces questions préalables; si les exceptions dilatoires sont formulées en même temps que les conclusions au fond en réponse, il n'y a lieu de surseoir à statuer au fond qu'autant que l'exception est reconnue fondée.

Les exceptions dilatoires auxquelles nous venons de faire allusion sont: l'incompétence de la juridiction saisie, dont nous avons parlé plus haut[5], le défaut de qualité du demandeur, résultant soit de son défaut de capacité d'ester en justice[6] soit du défaut de justification régulière du caractère ou du mandat dont il se prévaut; le défaut de constitution d'un procureur pour représenter le demandeur, l'absence ou l'illégalité de son pouvoir; le défaut chez le défendeur du caractère ou du mandat que lui attribue la demande; la *litispendance*[7] devant un autre juge ou un autre tribunal; l'irrégularité substantielle commise dans la manière de présenter la demande[8]. Si le demandeur est étranger, on peut aussi lui opposer l'exception dilatoire *judicatum solvi*[9], dans le cas et de la même manière qu'elle est opposée aux espagnols dans le pays auquel il appartient.

---

[1] Le *protocolo* est le dépôt dans lequel le notaire conserve les actes originaux dans lesquels il est intervenu, et que l'on appelle les *minutes* (*matrices*).

[2] On appelle *edictos* les dispositions que le juge ordonne de publier, soit parce qu'il n'a pas été possible de les notifier à l'un des intéressés par ce motif qu'il est défaillant ou que son domicile est inconnu, soit parce qu'il y a intérêt à les faire connaître à un assez grand nombre de personnes, comme cela arrive dans les ventes aux enchères.

[3] Requérir défaut, c'est faire constater la résistance aux ordres de l'autorité judiciaire.

[4] C'est-à-dire dans le délai de six jours qui suit la notification de l'ordonnance prescrivant de répondre à la demande.

[5] En traitant de la compétence.

[6] Nous avons traité cette question en exposant les formalités à observer pour introduire une instance.

[7] La litispendance suppose l'introduction du même litige devant un autre tribunal devant lequel ce litige est encore en cours.

[8] Il y a irrégularité substantielle dans la présentation de la demande, lorsque la demande n'a pas été formulée dans les termes prévus par la loi.

[9] Il y a caution *judicatum solvi* (*arraigo del juicio*) lorsque l'étranger garantit préalablement les responsabilités judiciaires qui peuvent résulter du litige engagé. Cette exception, dont il est parlé dans la loi d'*Enjuiciamento civil* ne peut plus être opposée depuis l'art. 27 du Code Civil

Las excepciones han de formularse en un mismo escrito, salvo las que, por no hacerlo oportunamente, se formulen al tiempo de contestar á la demanda. Se sustanciarán en forma de juicio por el procedimiento rápido que la ley señala para los incidentes[1], y de que más adelante hablaremos.

IV. Discusión.

Admitida la demanda, y resueltas á favor del demandante las cuestiones incidentales que puedan haberse promovido al alegar en tiempo y forma las excepciones dilatorias que hubiere propuesto el demandado, se entra de lleno en el período de la discusión del pleito con la contestación á la demanda, que ha de hacerse dentro del término marcado por el juez, ó dentro de la prórroga, si se hubiere solicitado y concedido.

Esta contestación ha de presentarse en igualdad de condiciones que la demanda, con el poder y la documentación necesaria en que funde su oposición á esta, tanto originales como en copia; y en forma análoga en cuanto á la exposición. En esta contestación deberán alegarse las excepciones perentorias que tuviere y las dilatorias no propuestas en tiempo hábil, asi como la reconvención en los casos que proceda[2]. Tambien podrá pedirse en la contestación, por causa de urgencia, el examen de testigos, en igual forma, y por los mismos motivos que en las diligencias preparatorias del juicio pudo pedir el demandante.

Las excepciones y la reconvención se discutirán al mismo tiempo y en la misma forma que la cuestión principal, excepto la excepción de cosa juzgada, siendo única; porque entonces, á petición del demandado, podrá tramitarse como si fuera un incidente.

Trasladada la contestación al demandante este podrá replicar, si lo cree oportuno, dentro del plazo que se le señale para ello, en cuyo caso, el demandado puede contestar á la réplica en el escrito llamado de dúplica. En estos escritos, una y otra parte, fijarán definitivamente sus pretensiones y las razones legales que tengan en su apoyo, pudiendo modificar y adicionar lo consignado en la demanda y contestación, tanto respecto á lo principal como á lo accesorio, siempre que no se altere lo fundamental del pleito; debiendo negar ó reconocer paladinamente los hechos alegados por el contrario que les sean perjudiciales; en la inteligencia de que el silencio ó las evasivas se tendrán por una confesión explicita. Tambien pedirán por medio de *otrosi*[3] que se falle el pleito sin más trámites ó que se reciba á prueba.

Si no se contestare á la demanda, ó si no se presentaren los escritos de réplica y dúplica dentro de los respectivos plazos, á petición de la parte contraria, se dan por presentados, y se sigue la tramitación natural del juicio.

V. Prueba.

§ 1.° *Períodos en que se divide y modo de practicarla.*

El período de prueba no es de necesidad en este juicio, por cuanto solo se recibirá el pleito á prueba si asi conviene á ambas partes, ó cuando conviniendo á una sola no se opone la otra, y, si se opone, decide el juez que se reciba á prueba despúes de oir el informe de los defensores de una y otra. Contra la resolución del juez,

---

ración del art. 27 del Cód. civ. que concede á los extranjeros los mismos derechos civiles que las leyes conceden á los españoles, á excepción de la práctica de las profesiones que requieran titulo del Estado para su ejercicio y del desempeño de cargos que tengan aneja autoridad ó jurisdicción.

[1]) Los *incidentes* son cuestiones secundarias que surgen al plantear el pleito ó durante su tramitación, y que han de tener relación inmediata con el asunto principal que se ventila ó han de referirse á la validez ó nulidad del procedimiento.

[2]) La *reconvención* procede en todo caso en el que se puede oponer un derecho á otro, salvo aquel en que por razón de la materia no pueda conocer de ella el mismo juez que entiende en la cuestión planteada.

[3]) El *otrosi* es una palabra bárbara, y de significación curialesca tan solo, que se emplea al comienzo de un párrafo para advertir que se va á tratar de una cosa distinta de lo pedido como principal en el escrito. Equivale al modo adverbial «*además de esto.*»

Les exceptions doivent être formulées dans un même acte, à l'exception de celles qui, n'ayant pas été opposées en temps utile, sont formulées dans les conclusions en réponse sur le fond. Elles sont instruites par la procédure rapide établie par la loi pour les incidents[1], et dont nous parlerons plus loin.

IV. Discussion.

Lorsque la demande est déclarée recevable, et que les incidents soulevés par les exceptions dilatoires qui ont pu être proposées par le défendeur, ont été résolus dans un sens favorable au demandeur, on arrive à discuter le procès contradictoirement avec le défendeur. Cette discussion doit avoir lieu dans le délai imparti par le juge ou, s'il y a lieu, pendant la prorogation de délai qu'il a pu accorder.

Les conclusions en réponse doivent être présentées dans la même forme que la demande, c'est-à-dire en y joignant le pouvoir et les documents (originaux et copies) sur lesquels le défendeur s'appuie pour contester la demande; l'exposé de la réponse doit être fait également dans la même forme. Dans ces conclusions en réponse on doit soulever toutes les exceptions péremptoires qu'il peut y avoir lieu d'opposer, ainsi que les exceptions dilatoires qui n'auraient pas été proposées en temps utile, et les demandes reconventionnelles[2], s'il y a lieu. On peut aussi requérir, dans ces conclusions en réponse, pour cause d'urgence, l'examen de témoins, pour les mêmes motifs et dans la même forme que le demandeur peut le faire lui-même au cours des diligences préparatoires de l'instance.

Les exceptions et la demande reconventionnelle doivent être discutées en même temps et dans la même forme que le litige principal, sauf, et il n'y a pas d'autre exception, l'exception tirée de la chose jugée, qui, sur la demande du défendeur, peut être instruite comme incident.

Les conclusions en réponse sont communiquées au demandeur, et celui-ci peut répliquer, s'il le croit utile, dans le délai qui lui est imparti à cet effet, et, s'il le fait, le défendeur peut à son tour répondre à la réplique dans un écrit appelé *duplique*. Ces écrits fixeront, de part et d'autre, les prétentions des parties et les raisons légales qui servent de base à leurs prétentions. Il est possible, toutefois, de modifier et d'augmenter ce qui est consigné dans la demande et dans les conclusions en défense, tant en ce qui concerne le principal qu'en ce qui touche l'accessoire, pourvu que l'on ne porte pas atteinte à ce qui constitue le point fondamental du procès. Les faits allégués doivent être nettement reconnus ou déniés en offrant la preuve contraire, et le silence ou les réponses évasives doivent être interprétées comme un aveu explicite. On peut aussi demander par le moyen de l'*otrosi*[3] que l'instance soit jugée sans autres formalités de procédure, ou que l'offre de preuve soit accueillie.

S'il n'est pas répondu à la demande ou s'il n'est pas déposé de conclusions en réplique et duplique dans les délais respectifs, sur la requête de la partie adverse, les conclusions en réponse sont tenues pour formulées et la procédure suit son cours naturel.

V. De la Preuve.
§ 1. *Des différentes périodes de la preuve, et de la manière d'y procéder.*

La période de preuve n'est pas de nécessité absolue dans l'instance que nous étudions. Il n'y a lieu de déclarer la preuve recevable que dans le cas où cela convient aux deux parties, ou lorsque l'une des parties offrant une preuve, la partie adverse ne s'oppose pas à ce qu'il y soit procédé, et, si elle s'y oppose, que le juge déclare

---

qui accorde aux étrangers les mêmes droits civils que ceux que la loi accorde aux espagnols, à l'exception de l'exercice des professions pour lesquelles il est nécessaire de justifier d'un titre accordé par l'Etat et des charges qui emportent une autorité ou une juridiction.

[1]) Les incidents sont des contestations secondaires qui surgissent au moment d'engager une instance ou dans le cours d'une instance, et qui ont une relation immédiate avec le point principal en litige ou concernent la validité ou la nullité de la procédure.

[2]) Il y a lieu à une *demande reconventionnelle* dans tous les cas où un droit peut être opposé à un autre, à moins que le juge saisi du litige ne soit incompétent *ratione materiae* pour connaître de la demande reconventionnelle.

[3]) Le mot *otrosi* est une expression barbare. C'est un terme du palais employé au commencement d'un paragraphe pour indiquer que l'on va traiter une question différente de celle qui fait l'objet principal des conclusions. Elle équivaut à ces mots «En outre de ceci.»

favorable á la celebración de la prueba, no se dá recurso alguno, pero la contraria es apelable en ambos efectos.

El término de prueba puede ser ordinario ó extraordinario, según que haya de practicarse en la Península ó fuera de la Península. El término de prueba se divide en dos partes, el primero para proponer y el seguno para practicar. Si después de los escritos de réplica y dúplica ocurriere algun hecho de influencia notoria en la decisión del pleito ó hubiere llegado á noticia de alguna de las partes alguno anterior, del cual juren no haber tenido conocimiento antes, podrán alegarlo durante el primer periodo de la prueba exponiéndolo concretamente en un escrito que se llamará de ampliación, al cual contestará la parte contraria confesando ó negándolo ó alegando otros hechos que aclaren ó desvirtuen el del escrito de ampliación.

Las pruebas habrán de concretarse á los hechos que como definitivos se hayan fijado en los escritos de réplica y dúplica ó en los de demanda y contestación, y en los de ampliación si los hubiere, siempre que no hayan sido confesados llanamente por la parte á quien perjudiquen.

Las pruebas se practicarán en audiencia pública con asistencia de las partes y de sus defensores, á quienes se citará previamente para que concurran á presenciarlas si quisieren; y si las pruebas hubieren de practicarse fuera del lugar en que resida el juez, podrán las partes designar persona que las presencie en su representación.

§ 2.° *Medios de prueba.*

Lo son: la confesión en juicio; los documentos públicos y solemnes; los documentos privados y la correspondencia; los libros de los comerciantes; el dictamen pericial; el reconocimiento judicial y los testigos.

A. Confesión en juicio. Desde que se reciba el pleito á prueba hasta la citación para sentencia en primera instancia, todo litigante está obligado á declarar bajo juramento, cuando asi lo exijiere el contrario. Esto aparte de la obligación de declarar en las diligencias preparatorias del pleito cuando lo decrete el juez á petición de parte.

El juramento que ha de prestar el declarante podrá ser, á voluntad de la otra parte, decisorio ó indecisorio[1]. Las preguntas[2] á que ha de contestar han de formularse por escrito, y presentarse al juez en pliego cerrado ó abierto, ó bien presentarse en el acto del interrogatorio. Al juez corresponde declarar la pertinencia ó impertinencia de las preguntas. Si no compareciere, ni alegare justa causa para ello en la segunda citación se le tendrá por confeso. El declarante ha de responder por sí mismo y de palabra, salvo si la pregunta se refiere á hechos que no sean personales del declarante; en cuyo caso puede negarse á contestar ó pedir que se oiga la declaración de un tercero que hubiere intervenido en ellos á nombre del litigante; pero en este caso tendrá que pasar por lo que este declare. Las contestaciones han de ser afirmativas ó negativas, pudiendo agregarse las explicaciones que el juez estime necesarias. Las partes podrán hacerse por sí mismas las preguntas que de momento, y á presencia del juez, crea este precisas para esclarecer los hechos. La parte que se negare á declarar, ó que no concurriere sin justa causa á la segunda citación, se la tendrá por confesa.

B. Documentos publicos y solemnes. Son documentos de esta clase los autorizados por un notario ó empleado público competente con las solemnidades requeridas

---

[1] *Juramento decisorio* se llama el que presta el declarante cuando la parte que solicita su declaración admite como prueba plena é inconcusa cuanto diga aquel. El *indecisorio* el que solo perjudica al declarante.

[2] Las preguntas hechas por escrito se llaman, con arreglo al tecnicismo legal, *posiciones*; y la contestación á estas recibe el nombre de *absolución* de posiciones.

qu'il y a lieu d'accueillir l'offre de preuve après avoir entendu les défenseurs des deux parties adverses. La résolution du juge déclarant l'offre de preuve recevable n'est susceptible d'aucun recours, mais la décision qui refuse de laisser procéder à la preuve est susceptible d'appel, tant au point de vue suspensif qu'au point de vue dévolutif.

Le délai pour rapporter la preuve est ordinaire ou extraordinaire, suivant qu'il doit être procédé à la preuve dans l'intérieur ou en dehors de la Péninsule. Le délai de preuve se divise en deux parties: durant la première partie du délai, on propose les moyens de preuve, durant la seconde, on procède aux mesures d'information qui ont été déclarées recevables. Si, après le dépôt des mémoires en réplique et duplique, il survient un fait susceptible d'avoir une influence notoire sur la décision du litige, ou si l'une des parties vient à avoir connaissance d'un fait antérieur qu'elle affirme sous serment avoir ignoré jusque là, elle peut l'articuler pendant la première période de la preuve, à la condition de l'exposer d'une façon concrète dans un écrit appelé mémoire ampliatif, et, de son coté, la partie adverse doit répondre à ce mémoire ampliatif, en confessant ou en déniant le fait articulé, ou en articulant à son tour d'autres faits de nature à expliquer ou à enlever toute valeur à ce mémoire ampliatif.

Les preuves doivent se résumer à des faits définitivement fixés dans les conclusions en réplique et duplique, ou dans la demande et les conclusions en défense, ou, enfin, s'il y a lieu, dans les mémoires ampliatifs, toutes les fois qu'ils n'ont pas été nettement reconnus par la partie à laquelle ils préjudicient.

Les preuves doivent être rapportées en audience publique, en présence des parties et de leurs défenseurs qui doivent être préalablement assignés à y assister s'ils le désirent. Lorsqu'il doit être procédé aux mesures d'information en dehors du lieu où réside le juge, les parties peuvent désigner une personne pour les représenter.

§ 2. *Modes de preuves.*

Les modes de preuve sont: l'aveu, les documents publics et solennels, les documents privés et la correspondance, les livres des commerçants, l'avis d'experts, la reconnaissance judiciaire et la preuve par témoins.

A. Aveu judiciaire. Depuis le moment où le procès est admis à preuve, jusqu'à la citation pour le prononcé de la sentence en première instance, tout plaideur est tenu de faire une déclaration sous la foi du serment, si la partie adverse l'exige. Cette obligation est indépendante de la déclaration à faire dans les diligences préparatoires de l'instance, lorsque le juge l'ordonne à la requête d'une partie.

Le serment que doit prêter le déclarant pourra être, au choix de l'autre partie, *décisoire* ou *non décisoire*[1]. Les questions[2] auxquelles il doit répondre doivent être formulées par écrit et être présentées au juge sous pli ouvert ou fermé, ou être présentées au moment même de l'interrogatoire. Il appartient au juge de se prononcer sur la pertinence ou la non pertinence des questions. Si la partie ne comparaît pas et si elle n'allègue pas une juste cause d'absence après la seconde citation, elle sera réputée avoir fait un aveu. Le déclarant doit répondre en personne et de vive voix, à moins que la question ne se réfère à des faits qui ne lui sont pas personnels. Dans ce dernier cas, il peut se refuser à répondre ou demander que l'on reçoive la déclaration d'un tiers qui serait intervenu dans ces faits au nom du plaideur; mais alors il sera tenu d'en passer par la déclaration de ce tiers. Les réponses doivent être affirmatives ou négatives; on peut toutefois y ajouter les explications que le juge estime nécessaires. Les parties peuvent poser elles-mêmes immédiatement et en présence du juge les questions qu'elles croient nécessaires pour l'éclaircissement des faits. La partie qui se refuse à faire la déclaration ou qui ne comparaît pas, sans juste cause, sur seconde citation, doit être considérée comme ayant fait un aveu.

B. Documents publics et solennels. Les actes de cette catégorie sont ceux qui ont été authentiqués par un notaire ou un employé public compétent, avec les solen-

---

[1]) Le serment *décisoire* est celui que prête le déclarant lorsque la partie qui requiert sa déclaration admet qu'elle fera preuve complète et irréfragable de ce que dit le déclarant. Le serment est dit *non décisoire* lorsqu'il ne préjudicie qu'au déclarant seul.

[2]) Les questions faites par écrit s'appellent, dans le langage technique de la loi, des positions, et la réponse qui y est faite reçoit le nom de *absolución* des positions.

por la ley[1]. Entre estos, y por la condición notarial que les asigna el Código de de comercio á los agentes de Bolsa y corredores colegiados de comercio, figuran las certificaciones expedidas por los mismos con referencia al libro registro de sus respectivas operaciones. Tambien lo son las ejecutorias[2] y actuaciones judiciales de todas clases.

Si el documento público se aporta por uno de los litigantes tan solo, y es impugnada su autenticidad ó exactitud por el otro, habrá de cotejarse con su original, prévia citación de la parte á quien perjudique, á no ser que se trate de ejecutorias y certificaciones de sentencias expedidas en forma legal por el Tribunal que las hubiere dictado, ó de escrituras públicas antiguas que carezcan de protocolo, ya por no haberlo tenido ó ya por haber desaparecido.

Si se aporta por orden del juez, (y asi han de aportarse todos los que no pudieren acompañarse originales al formular la demanda), el cotejo posterior es innecesario, porque el mandamiento judicial[3] ha de ser compulsorio, dice la ley, y prévia citación de la parte perjudiciada.

Los documentos otorgados en otras naciones tendrán el mismo valor que los autorizados en España, siempre que el asunto ó materia sobre que versen sea licito y permitido por las leyes de España; tengan los otorgantes la aptitud y capacidad legal para obligarse con arreglo á las leyes de su pais; su otorgamiento se haya ajustado á lo prevenido en las respectivas leyes del lugar en que se otorgaron; y esté debidamente legalizado, y contenga los demás requisitos necesarios para su autenticidad en España.

Todo documento redactado en cualquier idioma que no sea el castellano habrá de presentarse acompañado de la traducción correspondiente; y si esta fuere privada, y se impugnare por falta de fidelidad y exactitud, habrá de remitirse para su traducción oficial á la oficina de Interpretación de Lenguas del Ministerio de Estado.

C. Documentos privados, correspondencia y libros de los comerciantes. Los documentos privados y la correspondencia, que obren en poder de los litigantes, se han de presentar originales, y unirse á los autos[4]. Si forman parte de un expediente, legajo ó libro podrán exhibirse para que se saque testimonio[5] de lo que señalen los interesados; y lo mismo ha de hacerse si el documento obra en poder de un tercero, que no quiere desprenderse de él y consiente su exhibición. Si el documento privado se reconoce por la parte perjudicada hace prueba plena. El reconocimiento puede hacerse en los escritos de contestación á la demanda ó en los de réplica y dúplica y ampliación. De no hacerse asi habrán de reconocerse bajo juramento y á presencia del juez. Si se negare la autenticidad del mismo habrá de procederse al cotejo de letras, ya por confrontación con otros documentos indubitados, ó por escrito hecho á presencia del juez con intervención de peritos revisores, sin que sea obligatorio para el juez el dictamen pericial.

---

[1] V. p 25 la nota 3ª respecto á las escrituras públicas. Las solemnidades requeridas por la ley para los demás documentos públicos consisten en que el documento expedido por un funcionario público ha de referirse al ejercicio de sus funciones; y si se trata de copias ó certificaciones de documentos existentes en archivo público ó dependencia del Estado ó corporación pública se expidan por el encargado de su custodia, y por mandato de autoridad competente.

[2] *Ejecutoria* es el documento público y solemne en que se transcribe una sentencia firme. (Vide pag. 38 la nota 1.)

[3] *Mandamiento* es la órden que el juez dirige á los funcionarios que le están en cierto modo subordinados, como los registradores de la propiedad y notarios del distrito, para que expidan las certificaciónes ó testimonios correspondientes de sus registros ó protocolos. Y se llama *compulsorio* porque es obligación del que lo expide cotejarlo con el original á que se refiere. Tambien se llama *mandamiento* á la órden dirigida á los auxiliares de la administración de justicia dependientes del juzgado para que hagan ó ejecuten alguna cosa.

[4] Los *autos* son el expediente original del pleito.

[5] *Sacar testimonio* es reproducir por funcionario público competente el documento ó la parte de él que se exhibe para determinados efectos.

nités exigées par la loi[1]. Parmi ces documents, et à raison de la qualité de notaire que le Code de commerce reconnaît aux agents de Bourse et aux courtiers de commerce faisant partie d'un collége, figurent les certificats délivrés par ces agents et courtiers qui se reférent au livre sur lequel ils inscrivent leurs opérations respectives. Appartiennent également à cette catégorie d'actes les *ejecutorias*[2] et les actes judiciaires de toute nature.

Si le document public est produit par une seule des parties et que l'autre conteste son authenticité ou son exactitude, il y aura lieu de le collationner avec l'original, après citation de la partie à laquelle il porte préjudice, à moins qu'il ne s'agisse de grosses ou d'expéditions de sentences rendues dans la forme légale par le tribunal même qui les a prononcées, ou d'actes anciens pour lesquels il n'existe pas de *protocolo* (de minutes) par ce motif qu'il n'en a pas été dressé ou qu'elles ont été détruites ou perdues.

Si l'acte est produit par ordre du juge (et on doit produire ainsi tous ceux qui ne peuvent être accompagnés des originaux au moment de former la demande), il n'est pas nécessaire de procéder ultérieurement au collationnement, parce que le mandement judiciaire[3], aux termes de la loi, emporte compulsoire après citation préalable de la partie à laquelle l'acte préjudicie.

Les documents reçus en pays étranger ont la même valeur que les documents reçus en Espagne, pourvu qu'ils aient pour objet une affaire ou une matière licite et permise en Espagne, que les parties aient l'aptitude et la capacité légale de s'obliger d'après les lois de leur pays, que l'acte soit lui-même dressé conformément aux prescriptions légales du pays où il a été reçu, et qu'il ait été enfin dûment légalisé et qu'il réunisse les autres conditions nécessaires pour justifier de son authenticité en Espagne.

A tout document rédigé en un idiôme quelconque autre que la langue espagnole, il devra être joint une traduction. Si cette traduction est l'œuvre d'un simple particulier et que l'on conteste sa fidélité et son exactitude, le document doit être remis, pour en obtenir une traduction officielle, au bureau de traduction du Ministère d'Etat (ministère des affaires étrangères).

C. Documents privés, correspondance et livres des commerçants. Les documents privés et la correspondance, qui se trouvent en la possession des parties, doivent être produits en originaux et joints aux *autos*[4]. S'ils font partie d'un «expédient», d'une liasse, ou d'un registre, ils pourront être produits afin d'en obtenir un extrait certifié conforme[5] de la partie indiquée par les intéressés. Il doit être procédé de même si le document se trouve entre les mains d'un tiers qui ne veut pas s'en dessaisir, et consent à ce qu'il soit représenté. Si le document privé est reconnu par la partie à laquelle il porte préjudice, il fait preuve complète. La reconnaissance peut être faite dans les conclusions en défense, ou dans les répliques et dupliques comme dans le mémoire ampliatif. Si la reconnaissance n'est pas faite dans ces conditions, elle devra être faite sous serment et en présence du juge. Si l'authenticité du document privé est contestée, il y aura lieu de procéder à la vérification des écritures soit en les comparant avec d'autres documents non contestés, soit avec un corps d'écriture fait en présence du juge avec l'assistance d'experts, dont l'avis, toutefois, n'est pas obligatoire pour le juge.

---

[1]) V. la note 3, p. 25, en ce qui concerne les actes publics. Les solennités exigées par la loi pour les autres documents publics, consistent en ceci que le document délivré par un fonctionnaire public, doit se référer à l'exercice des fonctions de ce fonctionnaire; et, s'il s'agit de copies ou de certificats de documents existant dans des archives publiques ou appartenant à l'Etat ou à une corporation publique, qu'ils aient été délivrés par l'employé chargé de la garde de ces archives et en vertu d'un ordre de l'autorité compétente.

[2]) L'*ejecutoria* (la grosse) est le document public dans lequel est transcrite une sentence définitive.

[3]) Un *mandement* (*mandamiento*) est l'ordre du juge adressé aux fonctionnaires qui sont dans une certaine mesure sous sa subordination, comme les conservateurs du registre de la propriété et les notaires de son district, de délivrer des certificats ou copies certifiées de leurs registres ou protocoles. On l'appelle aussi *compulsoire*, parce qu'il oblige le rédacteur du certificat ou de l'expédition à la collationner avec l'original.

[4]) Les *autos* sont l'ensemble des pièces originales formant le dossier ou, pour employer la terminologie espagnole, l'«expédient» du procès.

[5]) Délivrer un extrait certifié conforme, (*sacar testimonio*) consiste à faire reproduire le document ou la partie du document qui est produite pour en déterminer les effets, par un fonctionnaire public compétent.

7

Para la prueba de la correspondencia y libros de los comerciantes se tendrá en cuenta lo que dispone el Código de comercio[1].

D. Dictamen pericial. Cuando sea preciso para apreciar la importancia de algun hecho tener ciertos conocimientos técnicos, cientificos, artisticos ó industriales, procederá el dictamen pericial, que habrán de dar los llamados peritos[2].

El perito ó peritos, (han de ser uno ó tres), habrán de nombrarse por acuerdo de las partes, y, de no ponerse de acuerdo para el nombramiento, se hará este por el juez, sorteándolos, si dentro del partido judicial hubiere tres ó más que paguen la contribución correspondiente por la profesión de que se trate por cada uno de los que hubieren de nombrarse. Si no llegaren al número indicado, el juez designará libremente los que se necesiten. Los peritos podrán ser recusados por las partes cuando haya motivo racional para dudar de la imparcialidad de su informe.

Podrán las partes pedir al perito ó peritos, al emitir su informe si fuere verbal, ó después de emitido si fuere escrito, y en el acto de su ratificación[3] ante el juez, cuantas explicaciones consideren precisas para el esclarecimiento del hecho de que se trate. Si hubiere discordia entre los peritos cada uno emitirá de palabra ó redactará por escrito su informe.

El informe pericial no obliga al juez.

E. Reconocimiento judicial. Consiste esta prueba en la inspección ocular hecha por el juez de algo que conviene que éste examine por si mismo. A esta inspección podrán acompañar al juez las partes contendientes, sus representantes y letrados, y, en ocasiones, personas prácticas ó peritas que puedan ilustrar al juez. Unos y otros podrán hacer de palabra las observaciones que crean pertinentes, pero á los últimos les recibirá previamente juramento de decir verdad.

Del resultado de la inspección y las observaciones que durante la misma se hicieren se extenderá la oportuna acta, que firmarán todos los que á ella concurran.

F. Testigos. Esta prueba tiene escasisima importancia en el derecho comercial, fuera de lo referente á la justificación de ciertos hechos que pueden ocurrir durante la navegación maritima, ya que, respecto de los contratos, declara el artículo 51 del Código de comercio que por si sola no es bastante para probar la existencia de un contrato cuya cuantia exceda de 1500 pesetas. Y respecto de los que no pasen de esta cifra tiene el comercio, en la inmensa mayoria de los casos, otros muchos medios de prueba preferibles al de la de testigos.

Solo los hechos, que no puedan probarse por ninguno de los otros medios de prueba hasta aqui enumerados, podrán acreditarse por medio de testigos; y eso teniendo en cuenta lo que acabamos de decir respecto á los contratos cuya cuantia exceda de 1500 pesetas.

Los testigos han de ser capaces[4], y no han de tener tacha[5]. Se han de presentar préviamente en lista y han de ser interrogados separadamente y por orden de lista á presencia del juez y de las partes si quieren asistir, después de prestar juramento

---

[1] V. los artículos 46, 47 y 48 del Cód. de com. en el texto de las leyes.

[2] *Peritos* son, los que, por razón de su titulo oficial, tienen reconocida competencia en la materia de que se trata. Si la aptitud requerida no está reglamentada por las leyes, ó no hubiere peritos con titulo profesional en el lugar en que haya de decidirse la cuestión, podrá serlo cualquier persona entendida ó práctica en la materia, siendo preferidos los que paguen contribución por el arte ó profesión de que se trate.

[3] La *ratificación* es la declaración de conformidad con la que consta en un escrito referente á manifestaciones hechas de palabra ó por escrito por el que se ratifica.

[4] Son incapaces naturalmente: los locos ó dementes; los ciegos y sordos, en las cosas cuyo conocimiento depende de la vista ó del oido; y los menores de catorce años.

[5] *Tacha en los testigos* es tener incapacidad legal para serlo. Y son incapaces legalmente: el que es pariente por consanguinidad ó afinidad dentro del cuarto grado civil del litigante que le haya presentado; el que es socio, dependiente ó criado del que lo presente; el que tiene interés directo ó indirecto en el pleito ó en otro semejante; el que ha sido condenado por falso testimonio; ó el que es amigo intimo ó enemigo de uno de los litigantes.

En ce qui concerne la preuve résultant de la correspondance et des livres des commerçants, on se reportera aux dispositions du Code de Commerce[1].

D. Rapport d'expert. Lorsque, pour apprécier l'importance d'un fait, il est nécessaire de posséder des connaissances techniques, scientifiques, artistiques ou industrielles, il y a lieu de procéder à une expertise et de nommer, à cet effet, des experts[2].

L'expert ou les experts (il doit y en avoir un ou trois), doivent être nommés d'un commun accord par les parties. Si elles ne s'entendent pour cette nomination, ils devront être désignés par le juge qui, dans le cas où il existe dans le *partido* judiciaire trois ou plus de trois personnes payant la patente pour la profession dont il s'agit, les tirera au sort pour chacune des parties qui auraient dû les nommer. Si les personnes exerçant cette profession n'atteignent pas le nombre que nous venons d'indiquer, le juge désignera librement les experts nécessaires. Les experts peuvent être récusés par les parties, lorsqu'il y a des motifs raisonnables de mettre en doute l'impartialité de leur rapport.

Les parties pourront demander à l'expert ou aux experts, au moment où ils émettent leur avis, s'ils font un rapport verbal, ou, au moment de la ratification[3] devant le juge, s'ils ont fait un rapport écrit, toutes les explications qu'elles estiment nécessaires pour éclaircir le fait en question. S'il y a désaccord entre les experts, chacun d'eux doit émettre son avis de vive voix ou par écrit.

Le rapport d'experts ne lie pas le juge.

E. Reconnaissance judiciaire. Cette preuve consiste dans l'inspection oculaire à laquelle le juge procède personnellement d'un fait qu'il convient qu'il examine lui-même. Les parties peuvent accompagner le juge dans cette opération, et se faire assister de leur représentants et *letrados*, et même, dans certaines circonstances, par des personnes ayant des connaissances pratiques ou expertes qui soient en état d'éclairer le juge. Toutes ces différentes personnes peuvent présenter oralement les observations qu'elles estiment pertinentes, mais, en ce qui concerne les dernières, avant de recevoir leurs déclarations, le juge leur fera prêter serment de dire la vérité.

Il doit être dressé procès-verbal du résultat de l'inspection du juge et des observations présentées au cours de cette opération, et ce procès-verbal doit être signé de tous ceux qui y ont participé.

F. Preuve testimoniale. Ce mode de preuve est très peu important en droit commercial, en dehors du cas où il y a lieu de justifier de certains faits qui peuvent survenir en cours de navigation maritime. En effet, en matière de contrats, aux termes de l'art. 51 du Code de Commerce, la preuve testimoniale est à elle seule insuffisante pour démontrer l'existence d'un contrat dont la valeur dépasse 1500 *pesetas*. Et, en ce qui concerne les contrats dont la valeur ne dépasse pas ce chiffre, le commerce, dans l'immense majorité des cas, a d'autres moyens de preuve bien préférables à la preuve par témoins.

Seuls, les faits qui ne peuvent pas être prouvés par aucun des autres moyens de preuve que nous venons d'énumérer, peuvent être établis par témoins, en tenant compte toutefois de ce que nous venons de dire des contrats dont la valeur dépasse 1500 *pesetas*.

Les témoins doivent être capables[4] et ne pas être dans le cas d'être reprochés[5]. Ils doivent être présentés préalablement sur une liste, et ils doivent être entendus séparément en suivant l'ordre de la liste, en présence du juge et des parties, si celles-ci

---

[1] V. les arts. 46, 47 et 48 du Code de Commerce.

[2] Les experts sont ceux qui, à raison de leur titre officiel, ont une compétence reconnue dans la matière dont il s'agit. Si l'aptitude requise n'est pas réglementée par les lois, ou s'il n'existe pas de personne possédant un titre officiel dans le lieu où le litige doit être jugé, on peut choisir comme expert toute personne ayant des connaissances dans la matière ou la pratiquant; mais on doit choisir de préférence ceux qui payent une patente pour l'art ou la profession dont il s'agit.

[3] La *ratification* est la déclaration de conformité avec ce qui est constaté dans un écrit se référant aux constatations faites de vive voix ou par écrit par celui de qui émane la ratification.

[4] Sont naturellement incapables, les fous, les déments, les aveugles et les sourds, dans les choses dont la connaissance dépend de la vue ou de l'ouïe, et les mineurs de quatorze ans.

[5] Le reproche (*tacha en los testigos*) constitue une incapacité légale d'être témoin. Sont incapables légalement de déposer, le parent par consanguinité ou alliance, jusqu'au 4e degré civil, de la partie qui présente le témoin, celui qui est son associé, employé ou domestique; celui qui a un intérêt direct ou indirect dans le procès ou dans un procès analogue, celui qui a été condamné pour faux témoignage, ou qui est l'ami intime ou l'ennemi de l'une des parties.

de decir verdad y con arreglo á los interrogatorios de preguntas y repreguntas que habrán de redactarse por escrito oportunamente.

§ 3.° *Resultado de las pruebas.*

Practicadas las pruebas propuestas, y unidas estas á los autos, informarán las partes oralmente ó por escrito acerca del resultado de las mismas. El informe escrito es lo que se llama escrito de conclusiónes y el oral es la llamada vista pública.

El escrito de conclusiones procede cuando ninguna de las partes pidió, dentro de los tres dias siguientes á haberles notificado la providencia del juez mandando unir las pruebas á los autos, que se celebrara la vista pública; ó cuando, habiéndolo solicitado una de las partes, y no estando conforme en ello la otra, lo acordare asi el juez. En este escrito, que habrán de redactar cada una de las partes, se hará un resumen claro, breve y metódico de los hechos objeto del debate, del resultado de las pruebas propuestas y practicadas en relación con dichos hechos. y de las pretensiones que, como consecuencia de todo lo actuado, se mantienen, con los fundamentos de derecho que se alegaren en los respectivos escritos del debate judicial y la cita, sin comentarios, de las demás disposiciones aplicables al caso.
Presentados estos escritos, ó transcurrido el término que se señaló para ello sin haberlos presentado, se declara concluso el pleito, y se manda traer los autos á la vista con citación de las partes para sentencia.
Cuando se hubiere acordado la celebración de la vista pública, se entregarán los autos á las partes para su instrucción; y terminada esta, se señalará dia para la vista, en el que oirá el juez á los defensores de las partes que se presenten. Y terminados los informes, ó sin ellos, si no hubieren acudido los respectivos defensores, se declarará concluso el pleito para sentencia.

VI. Sentencia.

La sentencia[1] pone término á la contienda judicial en la respectiva instancia. Tratándose de juicios declarativos ordinarios ha de dictarse y publicarse[2] en el plazo maximo de doce dias despues de concluso el pleito, ó de quince si los autos excedieren de mil folios (hojas), sin que por ninguna razón ni pretexto pueda aplazarse, dilatar ni negar la resolución de las cuestiones que hayan sido discutidas en el pleito, ni aún en el caso de oscuridad é insuficencia de la ley, ó falta de ella[3]; incurriendo en responsabilidad el juez que tal hiciere, salvo de que hubiere de fundarse en el supuesto de la existencia de un delito; pero entonces, oyendo el parecer del Ministerio fiscal[4] si se estimare necesaria la formación de causa criminal, habrá de dictarse un auto de suspensión de sentencia.
La sentencia deberá ser clara, precisa y congruente con las pretensiones formuladas en el pleito, haciendo las declaraciones que estas exijan, condenando ó absolviendo al demandado, y decidiendo todos los puntos litigiosos objeto del debate, con la debida separación unos de otros. La condena de frutos, intereses ó daños y perjuicios ha de hacerse fijando su importe liquido, y de no ser posible esto, las bases para hacer su liquidación, y, si ni aún esto es posible, se hará la condena, á reserva de fijar su importancia y hacerla efectiva en la ejecución de la sentencia.

Firmada y publicada no pueden variarse ni modificarse los términos de la sentencia por ningun motivo, pero si aclarar algun concepto oscuro, ó suplir cualquiera omisión que se advierta sobre lo discutido en el pleito; pero estas aclaraciones ó adiciones han de hacerse de oficio dentro del del dia siguiente al de la notificación.

---

[1]) V. pag. 38 la nota 5.
[2]) La *publicación de la sentencia* es la lectura de la misma hecha, en el Juzgado ó Tribunal constituido en audiencia pública, por el propio juez ó magistrado ponente despues de extendida en los autos y firmada. Esta publicación ha de estar autorizada por escribano ó secretario del juzgado ó Tribunal.
[3]) Cuando no haya ley exactamente aplicable al punto controvertido (dice el articulo 6 del Cód. civ.) se aplicará la costumbre del lugar y, en su defecto los principios generales del derecho.
[4]) El *Ministerio fiscal*, representado en todos los juzgados y Tribunales por uno ó varios funcionarios (fiscales), es el que representa directamente el interés público ó social en la administración de justicia.

le demandent, après avoir prêté serment de dire la vérité, et en suivant dans les interrogatoires l'ordre des questions et répliques qui devront être rédigées par écrit en temps utile.

§ 3. *Résultat des preuves.*

Lorsque les preuves proposées ont été reçues et qu'elles ont été jointes au dossier, les parties doivent s'expliquer oralement ou par écrit sur leur résultat. L'explication donnée par écrit se nomme *conclusions*; l'explication donnée oralement, s'appelle la plaidoirie (*vista*) publique.

Il y a lieu de procéder par voie de conclusions écrites, lorsque dans les trois jours qui suivent la notification de l'ordonnance du juge prescrivant de joindre les preuves au dossier, aucune des parties ne demande que l'affaire soit plaidée publiquement, ou lorsque l'une des parties ayant fait cette demande et que l'autre partie l'a combattue, le juge aura ordonné de poser des conclusions. Dans les conclusions que doivent rédiger chacune des parties, il doit être fait un résumé clair, bref et méthodique des faits qui sont l'objet du débat, du résultat des preuves proposées et rapportées relativement à ces faits, et des prétentions qui sont en conséquence maintenues, et des arguments juridiques déduits dans les écritures respectives de la procédure et la citation, sans commentaire, des autres dispositions applicables à l'espèce.

Lorsque ces conclusions écrites ont été présentées, ou lorsque le délai indiqué à cette fin s'est écoulé sans qu'elles aient été formulées, le procès doit être déclaré clos, il est ordonné de rapporter l'affaire après citation des parties pour la sentence.

Lorsqu'il a été permis de plaider publiquement, les pièces du dossier sont communiquées aux parties pour leur instruction, et, lorsque celle-ci est terminée, il doit être fixé un jour pour la plaidoirie. Ce jour là, le juge doit entendre les défenseurs présentés par les parties. Les débats terminés ou même sans qu'il y ait eu de débat oral si les défenseurs ne se présentent pas, le juge prononce la clôture du procès pour la sentence.

VI. La sentence.

La sentence[1] met fin à la contestation judiciaire dans l'instance où elle intervient. S'il s'agit d'instances déclaratives ordinaires, la sentence doit être prononcée et publiée[2] dans le délai maximum de douze jours de la clôture des débats, ou dans le délai de quinze jours, si la procédure contient plus de 1000 feuillets, sans que, pour aucun motif ou sous aucun prétexte, la résolution des questions qui ont été discutées dans le procès puisse être ajournée, différée ou refusée, même pour raison d'obscurité, insuffisance ou absence de loi[3], à peine de responsabilité du juge. Il en est autrement, cependant, s'il existe une présomption fondée de délit, et, dans ce cas, après avoir entendu le ministère fiscal[4], le juge, s'il estime nécessaire d'ouvrir une information criminelle, devra prononcer une ordonnance suspendant le prononcé de la sentence.

La sentence doit être claire, précise, elle doit répondre aux prétentions formulées dans le procès, faire les déclarations exigées par ces prétentions, et condamner ou absoudre le défendeur; elle doit enfin statuer sur tous les points litigieux faisant l'objet du procès, en les séparant dûment les uns des autres. La condamnation au paiement de fruits ou d'intérêts, ainsi que la condamnation à des dommages-intérêts, doit en fixer le montant liquide, et, si cela est impossible, elle doit déterminer les bases d'après lesquelles ils seront liquidés. Enfin, si cette dernière mesure est elle-même impossible, la sentence prononcera la condamnation sous réserve d'en fixer le montant et de la rendre effective lors de l'exécution de la sentence.

Lorsque la sentence a été signée et publiée, il n'est plus possible, sous aucun motif, d'en changer les termes, à moins qu'il ne s'agisse de rendre plus clair un point obscur ou de suppléer à une omission commise sur un point qui a été discuté dans le procès. Ces explications et additions doivent, toutefois, être faites d'office, dans le jour qui suit la notification.

---

[1] V. ci-dessus p. 38, note 5.

[2] La *publication* de la sentence est la lecture qui en est faite, dans le *juzgado* ou tribunal, en audience publique, par le juge lui-même ou par le magistrat rapporteur, après qu'elle a été inscrite dans le dossier et signée. Cette publication doit être authentiquée par un *escribano* ou greffier du *juzgado* ou tribunal.

[3] Quand il n'y aura pas de loi exactement applicable au point controversé (dit l'art. 6 du Code Civil), on appliquera l'usage du lieu, et, à son défaut, les principes généraux du droit.

[4] Le *ministère fiscal*, représenté devant tous les *juzgados* et tribunaux par un ou plusieurs fonctionnaires dits fiscaux, représente directement l'intérêt public ou social dans l'administration de la justice.

Notificada la sentencia á las partes, no puede estimarse, sin embargo, como firme más que por la conformidad de estas, manifestada tácitamente por dejar transcurrir los cinco dias siguientes al de la notificacion sin apelar de ella; entendiendose que estos cinco dias se cuentan, en el caso de haber pedido aclaración ó adición de la misma, desde la notificación del auto en que se haga ó se deniegue lo pedido. Transcurrido este plazo la sentencia se considera firme, sin necesidad de declaración especial para ello. Si es absolutoria[1] queda definitivamente terminada la contienda judicial, y si es condenatoria[2] entra de lleno en el periodo de ejecución.

Interpuesta la apelación en tiempo[3] y forma, se ha de admitir forzosamente por el juez que dictó la sentencia, quedando esta en suspenso mientras se tramita aquella, ya que la apelación de una sentencia en juicio declarativo ordinario de mayor cuantia es siempre admisible en ambos efectos. Esta apelación dá lugar á la segunda instancia, que corresponde ya al periodo de impugnación de la sentencia.

Capítulo tercero.   Juicio ordinario de menor cuantia y juicio verbal.

I. Juicio ordinario de menor cuantia.[4]

La tramitación de este juicio se acomoda á las reglas que quedan indicadas respecto al de mayor cuantia; salvo las diferencias que vamos á indicar brevemente.

Todos los plazos para las actuaciones son más breves, á excepción del término extraordinario de prueba, cuando proceda, y del de apelación de la sentencia ó autos, asi como los que la ley concede para impugnar las providencias del juez. No existe plazo especial para personarse en juicio, debiendo hacerse esto al mismo tiempo que se contesta á la demanda. Si el demandado no se presenta en tiempo se le declara en rebeldia sin nuevo emplazamiento. En el periodo de discusión no hay más escritos que el de demanda y contestación. Si, el demandado, cree improcedente el juicio de menor cuantia, puede oponerse dentro de los cuatro primeros dias. En la contestación á la demanda habrán de proponerse todas las excepciones, tanto dilatorias como perentorias; las cuales se resolverán al tiempo de dictar la sentencia; absteniéndose de resolver sobre la cuestión de fondo si procediere la estimación de alguna de las excepciones dilatorias. Si la excepción de reconvención tiene por objeto un asunto de mayor cuantia el juez declarará la improcedencia sin ulterior recurso, y continuará su curso el pleito. El resultado de las pruebas se apreciará en información oral (vista pública), pues no hay escrito de conclusiones. La sentencia se dictará dentro de los cinco dias siguientes al de la comparecencia, y es apelable en ambos efectos. Si, durante la tramitación, se interpusiere en tiempo y forma apelación contra algun auto se tendrá por interpuesta, pero sin interrumpir el curso del pleito; y si se reprodujere la apelación, al mismo tiempo que se interpone la de la sentencia, se tramitarán, en la segunda instancia, las dos apelaciones al mismo tiempo.

II. Juicio verbal.[5]

Su tramitación es mucho más rápida que la de los anteriores. Se inicia por escrito, por medio de una sencillisima demanda, extendida en papel común, en la que se han de hacer constar: los nombres, domicilio, profesión ú oficio del demandante y demandado ó demandados; la pretensión que se deduce; la fecha de presentación al juez; la firma del demandante ó de un testigo á su ruego, si no supiere ó pudiere firmar. De esta demanda se acompañarán las copias necesarias, según el número de los demandados.

---

1) *Sentencia absolutoria* es la en que no se accede á la petición hecha al juez ó Tribunal.

2) Sentencia condenatoria es la en que se manda ú ordena algo que puede consistir en hacer ó no hacer, pero siempre de conformidad, en todo ó en parte, con lo que se pidió en la demanda, ó en la contestación á la demanda si hubo reconvención.

3) Dentro de los cinco dias, y suscrita por letrado.

4) V. pag. 45 las notas 6 y 7.

5) V. pag. 45 la nota 5.

La sentence, après avoir été notifiée, ne peut pas encore être considérée comme définitive. Elle ne le devient que lorsque les parties l'ont acceptée, et leur intention à cet égard résulte tacitement de ce fait qu'elles ont laissé s'écouler les cinq jours qui suivent la date de la notification sans interjeter appel. Observons que ce délai de cinq jours, dans le cas où il a été demandé une explication de la sentence ou une addition, est compté de la date de la notification de la décision qui accueille ou rejette cette demande. Lorsque ce délai est expiré, la sentence est considérée comme définitive, sans qu'il soit besoin d'aucune déclaration à cet effet. Si la sentence est une sentence absolutoire[1], la contestation judiciaire est définitivement terminée. Si la sentence prononce une condamnation[2], la période d'exécution s'ouvre de plein droit.

Lorsque l'appel a été interjeté[3] en temps utile et dans la forme légale, il doit être forcément accepté par le juge qui a prononcé la sentence. Celle-ci demeure donc suspendue pendant la procédure d'appel, et c'est pourquoi l'appel d'un jugement déclaratif ordinaire de *mayor cuantia* est toujours recevable dans les deux effets. L'appel donne lieu à la seconde instance, et alors s'ouvre la période pendant laquelle on attaque la sentence, et que nous avons appelée la période des voies de recours.

Chapitre III. Instance ordinaire de «menor cuantia» et instance verbale.

I. Instance ordinaire de «menor cuantia».[4]

La procédure dans cette instance est conforme aux règles que nous venons d'indiquer pour la procédure des instances de *mayor cuantia*, sauf quelques différences que nous indiquerons en peu de mots.

Tous les délais pour les différents actes sont plus courts, sauf le délai extraordinaire de preuve, quand il y a lieu, et le délai d'appel de la sentence et des ordonnances, ainsi que les délais accordés par la loi pour se pourvoir contre les décisions avant faire droit du juge. Il n'existe pas de délai spécial pour se présenter en justice, cela doit se faire en même temps que l'on répond à la demande. Si le défendeur ne comparaît pas en temps utile, il est donné défaut contre lui sans nouvel ajournement. Dans la période de discussion il n'y a pas d'autres écritures que la demande et la réponse en défense. Si le défendeur estime qu'il n'y a lieu de suivre la procédure de *menor cuantia*, il peut y faire opposition dans les quatre premiers jours. Dans le mémoire en défense, il doit formuler toutes les exceptions tant dilatoires que péremptoires, et le juge statue sur toutes par une seule sentence en même temps que sur le fond; il s'abstient cependant de statuer au fond s'il accueille une exception dilatoire. Si la demande reconventionnelle porte sur une somme telle que la contestation soit de *mayor cuantia*, le juge déclarera qu'il n'y a lieu de suivre sur cette demande, et la procédure principale suivra son cours. Le résultat des preuves est apprécié dans une information orale (*vista pública*) et il n'est pas ensuite déposé de conclusions écrites. La sentence doit être prononcée dans les cinq jours de la comparution, et elle est susceptible d'appel pour les deux effets. Si, durant la procédure, il vient à être formé régulièrement appel, dans le délai légal, d'une décision avant faire droit, l'appel sera réputé valablement interjeté, mais il n'interrompra pas le cours de la procédure; et, si cet appel est reproduit en même temps qu'il est formé appel de la sentence sur le fond, la procédure sur les deux recours sera suivie en même temps devant la juridiction du second degré.

II. Instance verbale.[5]

La procédure de l'instance verbale est beaucoup plus rapide encore. Elle débute par un écrit sur papier libre exposant en termes très succincts la demande, et dans lequel doivent être énoncés les noms, domicile, profession ou office du demandeur et du défendeur ou des défendeurs, l'objet du litige, la date de la présentation de la demande au juge, la signature du demandeur ou celle d'un témoin signant à sa requête, s'il ne sait ou ne peut signer. A cette demande doivent être jointes les copies nécessaires suivant le nombre des défendeurs.

---

[1] La sentence *absolutoire* est celle qui rejette la demande faite au juge ou au tribunal.

[2] La sentence qui prononce une condamnation est celle qui mande ou ordonne une chose qui peut consister dans un acte ou une abstention, mais qui doit toujours être conforme, en tout ou partie, à ce qui est requis dans la demande ou dans la défense, s'il a été formé une demande reconventionnelle.

[3] Dans les cinq jours, et l'appel doit être signé par le *letrado*.

[4] V. ci-dessus p. 45, notes 6 et 7.

[5] V. ci-dessus p. 45, note 5.

Si, el Tribunal municipal, se declarare incompetente, dictará auto á continuación de la demanda, y en la misma papeleta en que se contenga esta; el cual se comunicará al demandante para que haga uso de su derecho, ya apelando del auto, ya acudiendo al juez competente.

Si, por el contrario, se creyere competente el Tribunal municipal, dentro de segundo dia, dictará providencia citando á las partes á una comparacencia en el dia y hora señalados, que habrá de celebrarse, después de pasadas veinte y cuatro horas de la citación, y antes de los seis dias. En esa comparecencia, á la cual podrán concurrir los interesados, acompañados de alguna persona, que hable por ellos en defensa de su derecho, expondrán las partes sus respectivas pretensiones, y, después, se admitirán las pruebas pertinentes que cada uno aduzca, uniéndose los documentos á los autos. A continuación del acta, que habrán de firmar todos los concurrentes, y en la que se ha de hacer constar el resultado de la comparencia, dictará el juez, dentro del mismo dia, y, á lo más tardar dentro del siguiente, la sentencia definitiva. Si, el demandado hubiese opuesto reconvención, por cantidad mayor de 250 pesetas, ó superior á 1500, si se trata de un contrato celebrado en una feria, el juez reservará en la sentencia el derecho que asista al demandante, para que use de él en forma procedente.

La sentencia, pronunciada en juicio verbal, es apelable en ambos efectos, ya en el acto de la notificación, ya dentro de los tres dias siguientes, para ante el juez de primera instancia del partido.

Capítulo cuarto.   De la segunda instancia en los juicios declarativos.
(Impugnación de la sentencia.)

I. Segunda instancia en los juicios de mayor y de menor cuantia.

Esta segunda instancia representa una completa sumisión de lo debatido en el juicio á la autoridad superior de la que dictó la sentencia impugnada. Por eso, en los juicios de mayor y menor cuantia entiende en segunda instancia la Audiencia territorial del distrito, y, en los verbales, el juez de primera instancia del partido.

Ya hemos dicho, que, interpuesta en tiempo y forma la apelación de una sentencia, ha de admitirse forzosamente, emplazando á las partes para ante el superior, dentro del término legal, al cual remitirá el inferior los autos. Si el apelante, ó apelantes[1], no se personaren en forma, transcurrido que sea el plazo señalado para ello, sin necesidad de instancia del apelado, se declarará desierta la apelación, y firme la sentencia, sin ulterior recurso, devolviéndose los autos al Juzgado de donde procedan.   En este caso las costas[2], causadas por la apelación hasta declararla desierta[3], habrá de satisfacerlas el apelante, ó apelantes.

Si el apelado no se personare en tiempo no por eso se detendrá el curso de la segunda instancia; y, si se personare después, se le tendrá por parte, pero sin retroceder en el procedimiento.

En cualquier estado de esta segunda instancia, puede el apelante desistir de la apelación pagando las costas causadas; pero para ello hace falta, ó que el litigante se ratifique con juramento en el escrito en que se pide el desistimiento, ó que el procurador presente poder especial para esto.   Por incapacidad del litigante, al ratificarse en el desistimiento, ó por insuficiencia del poder, puede oponerse al desistimiento el apelado; y, subsanados estos defectos, si los hubiere, ó no habiendo oposición, se declarará firme la sentencia apelada, en los términos ya indicados, salvo el caso de que el apelado se hubiese adherido á la apelación y se opusiere por tanto al desistimiento; pues, entonces, teniendo por desistido al apelante, é impo-

---

[1]) Como la sentencia puede no haber satisfecho á las dos partes contendientes, la apelación puede interponerse por las dos, en cuyo caso las dos son reciprocamente apelante y apelado.
[2]) Las costas son los gastos hechos durante el juicio para el pago de abogado y procurador, cuando son necesarios legalmente uno y otro; de los derechos de los funcionarios judiciales que intervienen en la práctica de las diligencias; de los peritos nombrados; de los funcionarios administrativos, cuya intervención se ordena por el juez ó por la ley cuando sus servicios se retribuyen con arreglo á tarifa ó arancel; y del papel sellado que ha de emplearse en la tramitación del juicio.
[3]) Se declara *desierta* una apelación cuando el apelante desiste de ella después de intentada, y no se opone á ello el apelado.

Si le tribunal municipal se déclare incompétent, il rendra son ordonnance à la suite de la demande et sur la même feuille où cette demande est libellée, et il en donnera communication au demandeur pour que celui-ci use de son droit d'appeler de l'ordonnance, ou qu'il se pourvoie devant le juge compétent.

Si, au contraire, le tribunal municipal, estime être compétent, il doit dans les deux jours rendre son ordonnance convoquant les parties à comparaître devant lui au jour et à l'heure qu'il indiquera. Le délai ainsi fixé pour comparaître doit être au moins de vingt quatre heures après la citation, sans pouvoir atteindre six jours. Lors de cette comparution où elles peuvent être assistées d'une personne chargée d'exposer leurs moyens en droit, les parties doivent exposer leurs prétentions respectives, les preuves pertinentes offertes par chacune d'elles sont ensuite admises, et les documents sont joints à la procédure. A la suite du procès-verbal, qui doit être signé de tous les comparants et constater le résultat de la comparution, le juge doit dicter, le même jour ou, au plus tard, le lendemain, la sentence définitive. Si le défendeur forme une demande reconventionnelle, pour une valeur supérieure à 250 *pesetas*, ou |supérieure à 1500 *pesetas* s'il s'agit d'un contrat fait en foire, le juge réservera dans la sentence le droit du demandeur reconventionnel et le renverra à se pourvoir ainsi qu'il appartient.

Il peut être interjeté appel de la sentence prononcée dans une instance verbale, pour les deux effets, soit dans l'acte même de notification, soit dans les trois jours suivants, devant le juge de première instance du partido.

Chapitre IV. Du second degré de juridiction dans les instance déclaratives.
(Voies de recours contre la sentence.)

I. Second degré de juridiction dans les instances de «mayor et de menor cuantia».

Au second degré de juridiction, tout ce qui a été débattu devant le premier juge est soumis de la manière la plus complète à l'appréciation de l'autorité placée au-dessus du juge qui a statué en première instance. L'*audiencia* territoriale de district connaît donc, en second ressort, des affaires de *mayor* et de *menor cuantia*, et le juge de première instance du *partido* connaît en second ressort des affaires verbales.

Nous avons déjà dit que l'appel régulièrement formé dans les délais dessaisit obligatoirement le premier juge et vaut ajournement des parties devant la juridiction supérieure à laquelle le premier juge doit transmettre le dossier. Si l'appelant ou les appelants ne constituent pas régulièrement un procureur, après l'expiration du délai imparti à cet effet, l'appel doit être considéré comme abandonné, sans qu'il soit besoin d'une requête de l'intimé, et la sentence est définitive, sans aucun recours possible; la procédure en conséquence est renvoyée au tribunal d'où elle provient. Dans ce cas, les dépens[2] occasionnés par l'appel jusqu'à la décision le déclarant abandonné[3], devront être payés par l'appelant ou les appelants.

Si l'intimé ne constitue pas un procureur en temps utile, le cours de la procédure d'appel n'est point cependant interrompu; s'il constitue procureur plus tard, il doit être considéré comme partie, mais il n'est pas nécessaire de recommencer la procédure.

En tout état de cause, devant le second degré de juridiction, l'appelant peut se désister de son appel en payant les frais exposés; mais, pour cela, il est nécessaire ou que la partie ratifie le désistement sous la foi du serment, dans l'écrit par lequel il requiert le désistement, ou que le procureur soit muni d'un pouvoir spécial. L'intimé peut s'opposer au désistement en alléguant l'incapacité de l'appelant à le ratifier ou l'insuffisance du pouvoir. Si ces vices du désistement ont été purgés, ou s'il n'y a pas d'opposition de la part de l'intimé, la sentence doit être déclarée définitive, dans les termes que nous avons déjà indiqués, sauf dans le cas où l'intimé aurait adhéré à l'appel et se serait par là-même opposé au désistement. Dans ce

---

[1]) La sentence peut n'avoir donné satisfaction à aucune des parties, l'appel peut donc être interjeté par les deux adversaires, et, dans ce cas, chacun deux est à la fois appelant et intimé.

[2]) Les dépens (*costas*) sont les frais faits durant l'instance pour le paiement de l'avocat et du procureur, lorsque leur ministère, à l'un et à l'autre, est légalement nécessaire, des droits dus aux fonctionnaires judiciaires qui prêtent leur concours aux diligences judiciaires, des honoraires des experts, des fonctionnaires administratifs, dont l'intervention a été ordonnée par le juge ou par la loi, lorsque leurs services sont rétribués conformément à un tarif, et du papier timbré employé pour la rédaction des pièces de la procédure.

[3]) Un appel est dit abandonné (*desierto*) lorsque l'appelant s'en désiste sans qu'il y ait opposition de la part de l'intimé.

niéndole el pago de las costas causadas, seguirá su curso la segunda instancia. Si, el desistimiento fuere anterior al momento indicado, puede el apelante adherirse, y evitar de esa manera que sea firme la sentencia apelada.

En los juicios de mayor cuantia, personado el apelante en tiempo y forma, la Sala, que entienda en la segunda instancia, mandará al relator ó secretario de la misma formar el apuntamiento[1], el cual, en unión de los autos, se entregará á las partes para que se instruyan sus respectivos letrados. Estos, al devolver uno y otros, manifestarán su conformidad ó disconformidad con el apuntamiento; pidiendo, en este último caso, que se hagan en él las adiciones y rectificaciones que crean procedentes. En este escrito es en el que puede el apelado adherirse á la apelación, si hay algo en la sentencia que no le favorezca. Tambien en este escrito, y por un otrosi, deberá reproducirse la reclamación que por quebrantamiento de forma en el procedimiento se hubiere hecho en tiempo oportuno, y no hubiere sido atendida, siempre que sea de las que dan lugar al recurso de casación. Y, por último, y tambien por otrosi, se pedirá que se reciba el pleito á prueba, si se cree necesario, y hay justa causa para ello.

Las justas causas para recibir el pleito á prueba en la segunda instancia son: 1.º Que el juez hubiere desestimado en primera instancia alguna de las propuestas, y la Sala la estimare pertinente; — 2.º Que por cualquier causa, no imputable al que la solicite, no hubiera podido practicarse en tiempo oportuno la propuesta; — 3.º Par haber ocurrido con posterioridad al término concedido para proponerla algun hecho nuevo de decisiva influencia en el pleito; — 4.º Por haber llegado á conocimiento de la parte interesada algun hecho anterior tambien de decisiva influencia, jurando no haberlo sabido oportunamente; — Y 5.º Que el demandado, declarado en rebeldia, se haya personado en autos, tanto en primera como en segunda instancia, con posterioridad al término concedido para proponer prueba en la primera.

En los cuatro primeros casos la prueba se circunscribirá á los hechos á que se refieren, pero en el último se podrán practicar todas las que propongan las partes, y declare pertinentes la Sala.

Sin necesidad del recibimiento á prueba podrá pedirse, por una sola vez, la confesión judicial sobre hechos que no hayan sido objeto de posiciones en la primera instancia; y tambien, que se unan á los autos documentos de fecha posterior á la demanda ó contestación, y aún los de fecha anterior, siempre que se jurare no haber tenido conocimiento de ellos, ó siempre que designados oportunamente en la demanda no hubieren podido adquirirse para su presentación en el periodo de prueba, por causa que no fuere imputable al que lo solicita. Practicadas las pruebas, unidas á los autos, y adicionado el apuntamiento con el resultado de estos, se entregarán para su instrucción á las partes; las cuales, al devolver los autos y el apuntamiento, manifestarán su conformidad ó disconformidad con él, pidiendo en este último caso las aclaraciones, rectificaciones, ó adiciones que crean precisas. Hechas estas, ó devueltos los autos y el apuntamiento con la conformidad de las partes, se entregarán, unos y otro, al Magistrado ponente para su instrucción; y terminada esta, se señala el dia para la celebración de la vista pública. Practicada esta, y salvo el que la Sala considere necesario, para mejor proveer, la práctica de alguna diligencia que pueda estimarse necesaria para la acertada resolución, se dictará sentencia dentro de los quince dias siguientes de la celebración de la vista, ó del señalado para ella si no se celebró.

A instancia de las partes, ó á petición de una sola, y previo acuerdo confirmatorio de la Sala, en el supuesto de la oposición de la parte contraria, podrá sustituirse el informe oral de la vista con una alegación en derecho impresa; pero para

---

[1] El *apuntamiento* es el extracto de los autos, hecho de manera que contenga todo lo necesario para poderse formar juicio completo de todo lo actuado, de las pretensiones deducidas por los litigantes, y del resultado de las pruebas practicadas.

dernier cas, l'appelant est considéré comme ayant renoncé à son appel, il doit être condamné aux dépens occasionnés par son appel, et la procédure devant le second degré de juridiction suit son cours. Si le désistement est antérieur au moment indiqué, l'appelant peut y adhérer et éviter ainsi que la sentence frappée d'appel ne devienne définitive.

Dans les affaires de *mayor cuantia*, lorsque l'appelant a régulièrement constitué procureur dans le délai légal, la Chambre qui connaît du litige en seconde instance, ordonne au rapporteur ou greffier de préparer le rapport de l'affaire[1], qui, avec l'ensemble du dossier doit être communiqué aux parties pour que leurs *letrados* (avocats) en prennent connaissance. Ceux-ci, après l'avoir rendu, doivent faire savoir s'ils l'acceptent ou non, et, dans ce dernier cas, ils indiquent les additions ou rectifications qu'il y aurait lieu d'y faire d'après eux. C'est dans cet acte que l'intimé peut adhérer à l'appel, s'il y a dans la sentence quelque disposition qui lui soit défavorable. Dans cet écrit également, et par un *otrosi*, on devra reproduire la réclamation fondée sur un vice de forme de la procédure qui a pu être faite en temps utile, et qui n'aurait pas été accueillie, toutes les fois que ce vice de forme est l'un de ceux qui donnent ouverture à un pourvoi en cassation. Enfin, et par *otrosi* également, on demandera que le procès soit admis à preuve, si on le juge nécessaire et s'il existe de justes motifs de faire cette demande.

Les justes motifs de recevoir le procès à preuve devant le second degré de juridiction sont les suivants: 1° Que le juge ait refusé d'autoriser l'une des preuves offertes, que la Chambre estime pertinente; — 2° Que pour une cause quelconque, non imputable au requérant, celui-ci n'ait pas pu présenter en temps utile la demande de preuve; — 3° La circonstance que, postérieurement au délai accordé pour faire offre de rapporter la preuve, il est survenu un fait nouveau, susceptible d'avoir une influence décisive sur le procès; — 4° La circonstance qu'il est arrivé à la connaissance de la partie intéressée un fait ancien, susceptible également d'avoir une influence décisive, à la condition que la partie affirme sous serment qu'elle n'a point connu ce fait en temps utile; — et 5° Que le demandeur, contre qui il a été donné défaut, ait constitué procureur dans la procédure tant en première qu'en seconde instance, postérieurement à l'expiration du délai accordé pour faire une offre de preuve en première instance.

Dans les quatre premiers cas, la preuve doit être limitée aux faits qui s'y trouvent visés; dans le dernier cas, au contraire, on peut procéder à toutes les preuves offertes par les parties, que la Chambre déclarera pertinentes.

Sans qu'il soit besoin d'obtenir l'autorisation de rapporter une preuve, on pourra aussi requérir, mais une seule fois, l'aveu judiciaire sur des faits qui n'ont point fait l'objet de positions (conclusions) en première instance. On peut aussi, dans les mêmes conditions, demander la jonction à la procédure de documents d'une date postérieure à la demande ou aux conclusions en défense, et même de documents d'une date antérieure, pourvu que le requérant affirme à serment n'en avoir pas eu connaissance ou qu'il les ait indiqués en temps utile dans la demande, mais qu'il se soit trouvé dans l'impossibilité de se les procurer pour les produire dans le délai légal de la preuve, pour une cause qui ne lui est pas imputable. Lorsque les preuves ont été rapportées, elles sont jointes à la procédure, il est fait mention de leur résultat dans un supplément du rapport, et le tout est communiqué aux parties pour qu'elles en prennent connaissance. Celles-ci, en restituant le dossier et le rapport, doivent déclarer si elles acceptent ou non le rapport, et, dans le second cas, elles demanderont les éclaircissements, rectifications ou additions qu'elles jugeront nécessaires. Lorsqu'elles auront été faites ou que le dossier et le rapport auront été restitués avec la déclaration des parties qu'elles acceptent le rapport, le tout est remis au magistrat rapporteur, et lorsque celui-ci en a pris suffisamment connaissance, il est fixé jour pour les plaidoiries. Après les plaidoiries, à moins que la Chambre ne croie utile, pour mieux apprécier la contestation, de faire procéder à une diligence qu'elle estime nécessaire pour éclairer sa conscience, la sentence doit être rendue dans les quinze jours qui suivent les plaidoiries ou la date fixée pour le débat oral, s'il n'y a pas eu de plaidoiries.

Sur la demande des parties, ou de l'une d'elles, et après résolution confirmative de la Chambre, en cas d'opposition de la partie adverse, on pourra remplacer la plaidoirie orale par un mémoire juridique imprimé, pourvu toutefois que l'affaire soit

---

[1] Le rapport (*apuntamiento*) est l'extrait des pièces de la procédure fait de telle manière qu'il contienne tout ce qui est nécessaire pour se faire une idée complète de tout ce qui a été fait, des prétentions émises par les parties et du résultat des preuves qui ont été rapportées.

ello es preciso que el pleito sea de mayor cuantia, y que su gravedad é importancia se aprecie por la Sala. Con las alegaciones en derecho habrá de imprimirse el apuntamiento; y repartido el impreso á los magistrados que hayan de fallar, y unido á los autos, se empezará á contar el término para dictar sentencia.

Si en la votación para sentencia hubiere discordia[1] se decretará nueva vista, ó se repartirá á los nuevos magistrados que hayan de entender en ella las alegaciones en derecho impresas; y, conseguido el acuerdo por mayoria, se redactará la sentencia.

La sentencia asi acordada, después de publicarse y notificarse á las partes, será firme si contra ella no se interpone en tiempo y forma el recurso de casación. Y, si fuere confirmatoria de la de primera instancia, habrá de condenar en las costas de la segunda instancia al apelante.
En el juicio de menor cuantia la tramitación de la segunda instancia es igual que la del de mayor cuantia, salvo el acortamiento de los plazos, y el no existir el trámite de instrucción de las partes con la entrega de autos y el apuntamiento, pudiendo instruirse estas en la Secretaria de Sala de la Audiencia, donde tendrán á su disposición los autos y el apuntamiento. En el plazo de seis dias, que se conceden al relator ó secretario para la formación del apuntamiento, podrá el apelado adherirse á la apelación, y las partes proponer la prueba. La sentencia habrá de dictarse dentro de los cinco dias siguientes á la celebración de la vista.

II. Segunda instancia en los juicios verbales.

La segunda instancia en los juicios verbales se resuelve en una comparecencia de las partes ante el juez de primera instancia, en el supuesto de que el apelante se haya personado en tiempo; pues, de lo contrario, se declara desierto el recurso, se imponen las costas al apelante, y se devuelven los autos al inferior para la ejecución de la sentencia, que ya es firme por esta circunstancia. Cuando ha lugar á la comparecencia para oir á las partes sobre la apelación, ya asistan ambas, ya una sola, ó ya ninguna, el juez dictará sentencia definitiva, confirmando ó revocando la del Tribunal municipal, é imponiendo las costas al apelante en el primer caso. Si por razón de incompetencia del Tribunal municipal, por tratarse de un juicio superior al verbal por su cuantia, se hubiese entablado el recurso de nulidad contra el auto denegatorio, se resolverá este en la sentencia, declarando nulas todas las actuaciones practicadas.

La sentencia de segunda instancia de los juicios verbales es siempre firme porque la ley no admite recurso alguno contra ella.

Capítulo quinto.   Del recurso de casación contra las sentencias definitivas.[2]
I. Sus clases.   Cuando procede cada uno de ellos.

El conocimiento de los recursos de casación[3] en materia civil corresponde exclusivamente á la Sala primera del Tribunal Supremo[4]. Estos recursos son de

---

[1]) La *discordia* es la falta de conformidad en la apreciación de los hechos ó en la inteligencia del derecho aplicable, en términos de no poderse formar mayoria en la votación de las cuestiones comprendidas en la sentencia que ha de formularse. En ese caso, si el número de los discordantes es impar, se nombrarán dos nuevos magistrados, y si es par, tres, para que, en unión de los que ya entendieron, oigan de nuevo á las partes y resuelvan.

[2]) Son *sentencias definitivas* las pronunciadas por las Audiencias en la resolución de las cuestiones judiciales civiles de que conocen en segunda instancia y ponen término al juicio; asi como en la de los incidentes que produzcan este efecto, por hacer imposible su continuación; las que declaran haber ó no lugar á oir á un litigante condenado en rebeldia; y las que pongan término á las contiendas suscitadas en actos de jurisdicción voluntaria*. — La ley extiende á mayor número de casos este concepto, que yo reduzco á lo que afecta á las cuestiones comerciales.
[3]) V. pag. 40 la nota 1.
[4]) Según su organización actual, que difiere de la que tenia cuando se publicó la Ley de Enj. civ.

---

*) Tambien tienen el caracter de sentencias definitivas, según la ley, las dictadas por los amigables componedores.

de *mayor cuantia* et que la Chambre la juge d'une gravité et d'une importance particulières. Le rapport, dans ce cas, doit être imprimé avec les mémoires juridiques, et c'est à dater du jour où les exemplaires imprimés ont été distribués aux magistrats appelés à juger, et annexés à la procédure, que commence à courir le délai imparti pour le prononcé de la sentence.

S'il y a partage[1] au moment du vote sur la sentence, on doit ordonner de nouvelles plaidoiries, ou appeler de nouveaux magistrats qui prendront connaissance des mémoires juridiques imprimés, et, lorsque la majorité se sera mise d'accord, la sentence sera rédigée.

La sentence sur laquelle la Chambre s'est ainsi mise d'accord, devient définitive, après avoir été publiée et notifiée aux parties, lorsqu'elle n'est pas l'objet d'un pourvoi en cassation régulièrement formé en temps utile. Si elle confirme la décision du premier juge, l'appelant doit être condamné aux dépens de seconde instance.

Dans les affaires de *menor cuantia*, la procédure devant le second degré de juridiction est la même que pour les affaires de *mayor cuantia*, sauf les différences suivantes. Les délais sont plus courts; il n'y a point de formalités pour communiquer les pièces aux parties, et celles-ci ne reçoivent pas le dossier ni le rapport, elles doivent simplement en prendre connaissance au greffe de la Chambre de l'*audiencia* où ils sont mis à leur disposition. Dans le délai de six jours, accordé au rapporteur ou greffier pour la préparation du rapport, l'intimé peut adhérer à l'appel et les parties faire leurs offres de preuve. La sentence, enfin, doit être rendue dans les cinq jours qui suivent les plaidoiries.

II. Seconde instance dans les affaires verbales.

La seconde instance, dans les affaires verbales, consiste dans une comparution des parties devant le juge de première instance, en supposant que l'appelant ait constitué procureur en temps utile. Dans le cas contraire, l'appelant doit être déclaré déchu de son recours et condamné aux dépens, et le dossier est renvoyé à la juridiction inférieure pour l'exécution de la sentence qui devient définitive par cette seule circonstance. Quand il y a lieu à la comparution des parties pour entendre leurs explications sur l'appel, que celles-ci comparaissent toutes les deux, ou l'une d'elles seulement, ou même que ni l'une ni l'autre ne se présente, le juge doit prononcer une sentence définitive au fond, en confirmant ou en infirmant la décision du tribunal municipal. Dans le premier cas, l'appelant est condamné aux dépens. Si le tribunal municipal, était incompétent, parce que le litige portait sur un intérêt supérieur à celui qui peut faire l'objet d'une instance verbale, et s'il a été formé un recours en nullité contre la décision qui rejetait les conclusions d'incompétence, la sentence devra statuer sur ce point et déclarer nuls tous les actes de la procédure.

La sentence rendue par le second degré de juridiction dans les affaires verbales, est toujours définitive, car la loi n'admet contre elle aucune voie de recours.

Chapitre V. Du recours en cassation contre les sentences définitives.[2]
I. Différentes espèces de recours. Cas dans lesquels il y a lieu d'employer chacun d'eux.

La connaissance des pourvois en cassation[3], en matière civile, appartient exclusivement à la première chambre du Tribunal Suprême[4]. Ces pourvois sont de trois sortes,

---

[1]) Il y a *partage*, lorsque dans l'appréciation des faits ou dans la manière de comprendre le droit applicable, il y a désaccord entre les magistrats dans des conditions telles qu'il ne peut se former une majorité au moment du vote sur les questions comprises dans la sentence à rendre. Dans ce cas, suivant que le nombre des magistrats qui sont en désaccord est impair, ou pair, on appelle deux ou trois nouveaux magistrats qui se joignent à ceux qui ont déjà entendu l'affaire, pour entendre de nouveau les parties et statuer.

[2]) Les *sentences définitives* sont celles qui sont prononcées par les *audiencias* et par lesquelles elles statuent sur les contestations judiciaires dont elles connaissent au second degré de juridiction, et mettent fin à l'instance, ainsi que les décisions rendues sur des incidents qui produisent le même effet, en rendant impossible la continuation de l'instance, celles qui déclarent qu'il y a ou n'y a pas lieu d'entendre une partie condamnée par défaut, et celles qui mettent fin à des contestations soulevées dans des actes de juridiction volontaire *. — La loi étend cette conception à un plus grand nombre de cas, mais je ne cite que ceux qui concernent les contestations commerciales.

[3]) V. ci-dessus, p. 40, note 1.

[4]) D'après son organisation actuelle, qui diffère de celle qui existait au moment de la publication de la loi d'*Enjuiciamiento civil*.

---

*) Ont aussi le caractère de sentences définitives, aux termes de la loi, les sentences rendues par les amiables compositeurs.

tres clases: el recurso por infracción de ley ó de doctrina legal, el recurso por quebrantamiento de forma; y el especial contra las sentencias de los amigables componedores.

La infracción de ley ó de doctrina legal ha de haberse cometido en la parte dispositiva de la sentencia; y puede consistir: en la violación, interpretación errónea ó aplicación indebida de leyes ó doctrinas legales; en la falta de congruencia entre lo pedido por las partes y lo acordado; en que se conceda más de lo que se pidió, ó se deje sin resolver alguna cuestión debidamente planteada; en que haya sobre lo mismo otra sentencia contraria, y se haya alegado á tiempo esta excepción; en la incompetencia por razón de la materia, tanto por exceso como por defecto; y cuando en la apreciación de las pruebas haya habido error de derecho ó de hecho, si este último resulta de documentos ó actos auténticos que hagan patente la equivocación del que dictó la sentencia.

La infracción por quebrantamiento de forma ha de haberse cometido durante la sustanciación del juicio[1]; siendo, además, preciso que si la falta se cometió en la primera instancia se pidiera en tiempo y forma su subsanación, y que, denegada por el juez, se reprodujera la petición de enmienda en tiempo y forma, y haya sido denegada igualmente por la Audiencia. Si ia infracción se cometió en la segunda instancia, será admisible también el recurso, aún cuando no se hubiere reclamado contra ella, siempre que esto ya no fuere posible. Las infracciones que dan lugar á este recurso son: todas aquellas faltas de procedimiento que produzcan indefensión[2], como el no emplazamiento de las personas á quienes afecte el juicio, ó la no citación para la práctica de diligencias que les interesen, asi como para la publicación de la sentencia; el no recibimiento del pleito á prueba ó la denegación de la práctica de alguna que sea de verdadero interés; la incompetencia de jurisdicción que no haya sido declarada por el Tribunal Supremo, ó no sea la que dá lugar al recurso por infracción de ley; por intervenir en la sentencia un juez que haya sido recusado fundadamente; ó por haberse dictado por un número menor de jueces del que manda la ley.

El recurso contra las sentencias de los amigables componedores procede, cuando la sentencia se dictó fuera del plazo señalado para ello en el compromiso, ó cuando resolviere puntos no sometidos á su decisión.

El recurso por infracción de ley ó de doctrina legal no se dá contra las sentencias definitivas de las Audiencias en toda clase de pleitos; pues la ley no lo consiente en los de menor cuantia ni en los ejecutivos. En cambio el recurso por quebrantamiento de forma se dá en todos, excepto en los verbales.

II. Tiempo ó momentos en que pueden considerarse divididos.

En los recursos de casación hay tres momentos perfectamente caracterizados: el de su interposición, el de su admisión y el de su resolución.

§ 1.° *Interposición.*

A su vez puede considerarse este momento dividido en otros dos: el de su preparación ante el Tribunal que dictó el fallo, y el de su formalización ante la Sala de lo civil del Tribunal Supremo.

A. Preparación ante el Tribunal que dictó el fallo. Aparte de la diferencia de plazos señalados para estas preparación y formalización, algunos más cortos en los por quebrantamiento de forma que en los por infracción de ley ó doctrina legal, la diferencia fundamental, que entre uno y otro existe, estriba en que, como ya hemos dicho, hay que preparar el primero durante la sustanciación del pleito, protestando de la falta cometida, siempre que sea posible. Dentro de los diez dias de publicada la sentencia habrá de manifestarse por escrito la intención de interponer el recurso pidiendo para ello certificación literal de la misma, y de la de primera instancia, si por la aceptación del todo ó parte de esta no se reprodujeren todos ó algunos de

---

[1]) La *sustanciación* equivale á tramitación.

[2]) La *indefensión* tanto quiere decir como imposibilidad de contender en juicio en igualdad de condiciones que la parte contraria, por negarse al indefenso los medios que la ley le dá para el mantenimiento de su derecho.

le pourvoi pour violation de la loi ou de la doctrine légale; le pourvoi pour vice de forme; et, le pourvoi spécial contre les sentences des amiables compositeurs.

La violation de la loi ou de la doctrine légale doit être commise dans le dispositif de la sentence; elle peut consister dans la violation, la fausse interprétation, ou l'indue application de la loi ou des doctrines légales; le défaut de concordance entre la demande formulée par les parties et ce qui est accordé par le dispositif; la décision rendue *ultra petita*, l'omission de statuer sur un chef des conclusions; l'existence sur le même litige d'une décision contraire avec cette circonstance que l'exception de chose jugée avait été opposée en temps utile; l'incompétence *ratione materiæ* enfin l'erreur de droit ou de fait dans l'appréciation des preuves, si cette erreur résulte de documents ou d'actes authentiques rendant évidente l'erreur commise dans la sentence.

Le vice de forme doit avoir été commis dans le cours de la procédure[1]; il faut en outre, si le vice de forme a été commis durant la première instance, que la rectification de la procédure ait été dûment demandée en temps utile, mais refusée par le premier juge, et que requise de nouveau en temps utile, dans la forme prévue par la loi, elle ait été également refusée par la *Audiencia*. Si le vice de forme a été commis devant le second degré de juridiction, le pourvoi est recevable, encore que l'on n'ait pas protesté contre ce vice de forme, toutes les fois que cette protestation n'a pas été possible. Les infractions donnant ouverture à ce recours sont toutes les irrégularités de procédure qui ont pour résultat de porter atteinte au droit de défense[2], comme le défaut de mise en cause ou d'ajournement des personnes ayant un intérêt dans l'instance, ou le défaut de citation aux différentes opérations d'instruction des personnes intéressées dans ces diligences, ainsi qu'à la publication de la sentence; le défaut d'admission d'une offre de preuve, ou le refus de laisser procéder à une preuve qui avait un véritable intérêt; l'incompétence de juridiction qui n'a pas été reconnue par le tribunal suprême, ou qui n'a pas donné lieu à un pourvoi pour violation de la loi; la participation à la sentence d'un juge qui avait été valablement récusé, ou d'un nombre de juges inférieur à celui qui est exigé par la loi.

Le pourvoi contre les sentences des amiables compositeurs est justifié, lorsque la sentence a été rendue en dehors du délai imparti par le compromis, ou lorsqu'elle a prononcé sur des points qui n'avaient pas été soumis à l'arbitrage.

Le pourvoi pour violation de la loi ou de la doctrine légale n'est pas ouvert contre toutes les sentences définitives des *Audiencias*; la loi le refuse dans les affaires de *menor cuantia* et dans les instances exécutives. Au contraire, le recours pour vice de forme est ouvert dans toutes les affaires, à l'exception des affaires verbales.

II. Périodes dans lesquelles les recours peuvent être divisés.

Dans les recours en cassation, on peut distinguer trois périodes parfaitement caractérisées, le moment où le recours est formé, ou l'*interposition*, le moment où il est déclaré recevable, ou l'*admission*, et celui où il est statué sur le pourvoi, ou la *résolution*.

§ 1. *Interposition.*

Cette période peut, à son tour, être divisée en deux parties, la *préparation* devant le tribunal qui a prononcé le jugement et la *formalisation* devant la chambre civile du tribunal suprême.

A. Préparation devant le tribunal qui a prononcé le jugement. Outre certaines différences dans les délais impartis pour la *préparation* et la *formalisation* du pourvoi, dont la durée est plus courte lorsqu'il s'agit d'un recours pour vice de forme que si le pourvoi est fondé sur la violation de la loi ou de la doctrine légale, la différence fondamentale entre les divers recours en cassation résulte de l'obligation que nous avons déjà signalée de préparer le recours pour vice de forme au cours même de l'instruction du litige, par une protestation contre l'irrégularité commise toutes les fois que cette protestation est possible. Dans les dix jours de la publication de la sentence, on devra manifester par écrit l'intention de former un pourvoi en demandant

---

[1] En espagnol les mots *sustanciacion* et *tramitacion* sont synonymes. Ils signifient l'ensemble des opérations de la procédure.

[2] Le mot *indefension*, signifie que l'une des parties s'est trouvée dans des conditions inégales vis-à-vis de la partie adverse pour faire valoir ses droits, parce qu'on lui a refusé de lui permettre d'user des moyens que la loi mettait à sa disposition.

sus resultandos[1] y considerandos[2]. Pedida en tiempo la certificación de la sentencia el Tribunal habrá de disponer que se entregue, y que se emplace á las partes, para su comparecencia ante el Tribunal Supremo dentro del término legal. Si se pidiere la certificación, fuera del término antes indicado, la Audiencia la denegará, entregando copia del auto denegatorio al interesado, el cual podrá acudir en recurso de queja al Tribunal Supremo dentro del plazo legal, quien resolverá si procede ó nó mantener el auto denegatorio, sin ulterior recurso. Si se anula este tendrá la Audiencia que expedir la certificación de la sentencia, y paralizar su ejecución si á ello se hubiere dado comienzo. El mismo dia en que se haga la entrega de la certificación, la Audiencia remitirá al Supremo el apuntamiento y la certificación de los votos reservados[3] si los hubiere, ó la negativa en el caso de no haberlos.

B. *Formalización*. Si el recurso no se formaliza ante el Supremo, dentro del plazos legal, quedará la sentencia firme sin ulterior recurso. La formalización resulta: de la presentación del procurador, con poder bastante para que se le tenga por parte, y se le comuniquen los autos, ó se le comuniquen los autos, con la certificación de votos reservados si los hubiere y el apuntamiento si lo solicitare; de la constitución del depósito prévio para atender al pago de costas y responsabilidades; y de la presentación del escrito en que se interponga el recurso.

El depósito prévio, de que hemos hablado, asciende á la cantidad de 1000 pesetas, y se ha de constituir en establecimiento público destinado al efecto (la Caja de Depósitos), cuando no se litigue como pobre, sea el recurso por infracción de ley ó doctrina legal y las sentencias de las dos instancias fueren conformes de toda conformidad[4], ó se intente el recurso contra las sentencias de los amigables componedores, ó contra las pronunciadas en los actos de jurisdicción voluntaria. Si el recurso se interpone por quebrantamiento de forma el depósito ha de ser de 500 pesetas. Y, si la cuantia de la cosa litigiosa es inferior á 3000 pesetas, se limitará el depósito á la sexta parte en los casos primeramente inidicados, y á la dozava parte si se tratare de quebrantamiento de forma.

El escrito de interposición se ha de acompañar del poder del procurador, si no se hubiere presentado antes, ó no se litigara por pobre, y se hubiere solicitado su nombramiento de oficio; del documento que justifique la constitución del depósito prévio en los casos indicados; de la certificación de la sentencia y de las copias necesarias para conocimiento de las partes. Si el recurso es por infraccion, de ley ó de doctrina legal se citará con toda precisión la ley ó doctrina infringida, y el concepto en que lo haya sido, haciendolo con la debida separación si son dos ó más los motivos de casación que se invocan; y si es por quebrantamiento, el caso que lo motive, de entre los que taxativamente señala la ley[5], y las reclamaciones hechas en tiempo y forma contra la infracción, ó la indicación de que estas no pudieron hacerse por referirse á la segunda instancia, y en ocasión en que ya no era posible. En los recursos por infracción de ley ó doctrina legal, si se quiere evitar que la Audiencia,

---

[1]) Se llaman *resultandos* á la exposición de los hechos que sirven de base á la resolución judicial; y se llaman asi porque es de ley que los párrafos en que esta exposición se hace empiezen con la palabra *resultando*.

[2]) Se llaman *considerandos* los párrafos en que se exponen los fundamentos legales en que se basa el fallo; y se llaman asi porque es de ley que tales párrafos empiecen con la palabra *considerando*.

[3]) Veanse los articulos 367 y 368 de la ley de Enjuiciamiento civil. Art. **367**. Todo el que tome parte en la votación de una sentencia, firmará lo acordado, aunque hubiese disentido de la mayoría; pero podrá en este caso salvar su voto, extendiéndolo, fundándolo é insertándolo con su firma al pie, dentro de las 24 horas siguientes, en el libro de votos reservados. — **368**. En las certificaciones de las sentencias no se insertarán los votos particulares reservados, pero se remitirán al Tribunal Supremo en los casos prevenidos, y siempre que hayan de elevarse al mismo los autos; y se harán públicos cuando se interponga y admita recurso de casación.

[4]) Se dice que son *conformes de toda conformidad* dos sentencias cuando coinciden en el fallo del asunto, aún cuando varíen en la condena de costas.

[5]) La Ley de Enj. civ. en su artículo 1693.

une expédition littérale de la sentence, ainsi que de la décision du premier degré de juridiction, dans le cas où, celle-ci ayant été acceptée en tout ou partie, quelques-uns de ses *résultandos*[1] ou de ses *considérants*[2] n'ont pas été reproduits. Lorsque l'expédition de la sentence a été ainsi demandée en temps utile, le tribunal doit ordonner qu'elle soit délivrée au requérant et que les parties soient ajournées à comparaître devant le tribunal suprême dans le délai légal. Si l'expédition de la sentence est requise en dehors du délai légal, l'*Audiencia* la refusera, et elle délivrera au requérant une copie de la décision de refus, et celui-ci pourra se pourvoir dans le délai légal, sous forme de plainte devant le Tribunal Suprême, à qui il appartient d'apprécier s'il y a lieu ou non de maintenir la décision de refus. La décision du Tribunal Suprême à cet égard n'est susceptible d'aucun recours ultérieur. Si la décision refusant d'autoriser la délivrance de l'expédition est annulée, l'*Audiencia* est tenue de délivrer l'expédition authentique de la sentence et de faire surseoir à son exécution, si elle était déjà commencée. Le jour même de la délivrance de l'expédition, l'*Audiencia* doit adresser au Tribunal Suprême le rapport et le texte des votes réservés[3] ou l'affirmation qu'il n'y en a pas eu.

B. Mise en forme. Si le pourvoi n'est pas mis en forme devant le Tribunal Suprême dans le délai légal, la sentence devient définitive sans pouvoir faire l'objet d'un recours ultérieur. La *mise en forme* consiste dans la constitution d'un procureur avec pouvoir suffisant pour être tenu comme partie et obtenir la communication du dossier et l'attestation des votes réservés, s'il y en a eu, et du rapport s'il le demande; dans la consignation préalable destinée à garantir le paiement des dépens et des écrits et le dépôt du mémoire dans lequel est formulé le pourvoi.

La consignation préalable, dont nous venons de parler, s'élève à la somme de 1000 *pesetas*, et elle doit être déposée dans un établissement public à ce destiné (la caisse des Dépôts), quand la partie n'a pas obtenu le bénéfice de l'assistance judiciaire. Il en est ainsi, qu'il s'agisse d'un pourvoi pour violation de la loi ou de la doctrine légale et que les sentences prononcées par les deux degrés de juridiction aient été en tout point conformes (ce que l'on appelle *conformes de toda conformidad*[4], ou que le pourvoi ait été formé contre les sentences des amiables compositeurs, ou contre celles qui ont été rendues dans les actes de juridiction volontaire. Si le pourvoi est formé pour vice de forme, la consignation doit être de 500 *pesetas* seulement. Enfin, si l'importance du litige est inférieure à 3000 *pesetas*, la consignation est réduite au tiers de cette somme dans les cas que nous avons indiqués d'abord, et au douzième en cas de pourvoi pour vice de forme.

Au mémoire introductif doit être joint le pouvoir du procureur, s'il n'a pas été déposé antérieurement, ou si la partie n'a pas demandé l'assistance judiciaire et la nomination d'office d'un procureur; le certificat constatant le dépôt de la consignation dans les cas sus indiqués, l'expédition authentique de la sentence et les copies nécessaires pour les communications à faire aux parties. S'il s'agit d'un pourvoi pour violation de la loi ou de la doctrine légale, on citera avec toute la précision nécessaire la loi ou la doctrine légale qui a été enfreinte, en distinguant si deux ou plusieurs motifs de cassation sont invoqués. S'il s'agit d'un pourvoi pour vice de forme, on doit préciser le vice de forme qui motive le recours, parmi ceux qui sont prévus par la loi[5], et mentionner, en outre, les protestations régulièrement faites contre ce vice de forme, en temps utile, ou signaler les circonstances qui ont empêché de le relever devant le second degré de juridiction. Dans le cas de pourvoi pour violation de la loi ou de la doctrine légale, si l'on veut

---

[1]) On appelle *résultandos* l'exposé des faits qui sert de base à la résolution judiciaire. Il est ainsi nommé parce que les différents paragraphes de cet exposé commencent par ce mot: *resultando* (attendu qu'il résulte que).

[2]) On nomme *considérants* les paragraphes des motifs dans lesquels sont énoncés les arguments juridiques sur lesquels est basée la sentence, parce que chacun de ces paragraphes commence par ce mot: *considérant*.

[3]) V. les art. 367 et 368 de la Loi de *Enjuiciamiento civil*. Art. **367.** Tout magistrat ayant pris part au vote d'une sentence, signera la décision, alors même qu'il aurait été d'un avis différent de celui de la majorité; il pourra toutefois, dans ce cas, conserver les traces de son vote en le rédigeant avec les motifs et en l'insérant avec sa signature dans les 24 heures suivantes au registre des votes réservés. — **368.** Dans les expéditions des sentences les votes particuliers ne seront pas insérés, mais ces votes seront remis au Tribunal Suprême dans les cas prévus, et toutes les fois qu'il y aura lieu de soumettre la procédure à ce tribunal, et ils seront rendus publics lorsqu'il y aura eu recours en cassation et que ce recours aura été admis.

[4]) Deux sentences sont dites *conformes de toda conformidad*, lorsqu'elles concordent dans la solution de la question, encore qu'elles soient différentes en ce qui concerne la condamnation aux dépens.

[5]) Loi d'*Enjuiciamiento civil*, art. 1693.

á instancia de parte, proceda á ejecutar la sentencia recurrida, es forzoso comunicar á la misma, dentro de los quince dias siguientes, la presentación del escrito de interposición.

Pueden interponerse á un tiempo los dos recursos; en cuyo caso hay que plantear, primero, el recurso por quebrantamiento de forma, y prometer, en un otrosi, al formalizar este, que, si se denegare, se interpondrá el por infracción de ley ó de doctrina legal. Lo cual se explica, porque, concedido que sea el primero, ya no hay sentencia sobre que fundar el segundo. La tramitación es la misma ya indicada para uno y otro, salvo la diferencia del plazo señalado para interponer el segundo, de no prosperar el primero, que es más breve que el ordinario.

§ 2.º *Admisión.*

Formalizado asi el recurso se entra de lleno en el trámite de admisión ó denegación del mismo; en el que, y en los recursos por infracción de ley ó doctrina legal, ha de oirse al Ministerio fiscal. Si este lo creyere improcedente por defecto en la forma de su interposición, la Sala, sin más tramite, resolverá su admisión ó denegación. Si la improcedencia afecta á la cuestión de fondo, entonces, para su resolución, ha de oir el Tribunal en audiencia pública á las partes y al Ministerio fiscal, y en el correspondiente auto acordará: no haber lugar á la admisión, imponiendo las costas al recurrente, con devolución del depósito si lo hubiere; ó su admisión en todo ó en parte, según sea uno solo ó varios los motivos alegados, y en este caso unos sean estimables y otros no.

En el recurso por quebrantamiento, después de examinar la Sala si el recurso interpuesto se acomoda ó no á lo prevenido en la ley para poderlo interponer decidirá de su admisión ó denegación.

Contra estos acuerdos, si son favorables á la admisión, no se dá recurso alguno, pero si son contrarios, tratándose del interpuesto por quebrantamiento de forma, puede ante la misma Sala recurrir en queja el perjudicado, dentro del plazo legal; la cual, examinando de nuevo el asunto, resolverá definitivamente, y sin ulterior recurso lo que proceda.

§ 3.º *Resolución.*

Admitido el recurso se entra en el periodo de su resolución ó sustanciación, en el cual hay el emplazamiento de las partes, para personarse ante la Sala á sostener ó impugnar el recurso, si se trata del por quebrantamiento de forma, y, en uno y otro, la entrega de los autos ó el apuntamiento (este es el mandado formar por la Sala al relator ó secretario en el de quebrantamiento) á las partes para su instrucción; pudiendo, tanto el recurrente como los recurridos, pedir, cuando es por infracción, que se unan á los autos los documentos existentes en los de la Audiencia, siempre que sean de importancia decisiva, y no estén reseñados suficientemente en el apuntamiento de este; sobre cuya petición acordará la Sala lo que crea oportuno, sin ulterior recurso. Si es por quebrantamiento, podrán pedir la ampliación, ó rectificación del apuntamiento del Supremo, si lo estiman procedente; sobre cuya petición resolverá tambien la Sala en los términos ya indicados respecto á la petición de documentos. Y, mediante una nueva instrucción de las partes, si se hubieren traido nuevos documentos, ó hecho adiciones ó rectificaciones al apuntamiento, se declarará concluso para la vista en audiencia pública. Antes de la celebración de esta, en los recursos por infracción, el relator redactará una nota de lo más esencial del recurso, cuyo conocimiento puede interesar á las partes y á los magistrados llamados á resolver, la cual se entregará á unos y á otros dos dias antes del señalado para la vista. Celebrada esta, el Tribunal, dentro del plazo de 15 y 10 dias respectivamente, segun que se trate de infraccion ó de quebrantamiento, dictará sentencia, declarando no haber lugar al recurso, ó casando la sentencia del inferior. En el primer caso se condenará en las costas al recurrente, y á la pérdida del depósito

éviter que l'*Audiencia*, à la requête de la partie adverse, ne fasse exécuter la sentence contre laquelle un pourvoi a été formé, il est indispensable de lui communiquer le mémoire introductif dans les quinze jours qui suivent le dépôt de ce mémoire.

Les deux pourvois peuvent être interjetés séparément. Dans ce cas, il faut former d'abord le recours pour vice de forme, et avertir, dans un *otrosi*, en formalisant ce pourvoi, que, s'il est rejeté, on interjettera le pourvoi pour violation de la loi ou de la doctrine légale. Cette marche est logique, car, si le premier pourvoi est admis, il n'existe plus de sentence sur laquelle puisse être basé le second. La procédure est celle que nous avons déjà indiquée pour l'un et pour l'autre, avec cette différence que, si le premier pourvoi est rejeté, le délai pour interjeter le second est plus court que le délai ordinaire.

§ 2. *Admission.*

Lorsque le pourvoi est ainsi formalisé, on entre dans la période où il s'agit de statuer sur son admission ou sur son rejet. Dans cette partie de la procédure, s'il s'agit de pourvois pour violation de la loi ou de la doctrine légale, le ministère fiscal doit être entendu. S'il estime le pourvoi non recevable (*improcedente*) pour vice de forme, la Chambre, sans autre formalité, doit statuer sur son admission ou son rejet. Si la question de non recevabilité rétroagit sur le fond, le tribunal doit alors entendre en audience publique les parties et le ministère fiscal, et elle statue ensuite ce que de droit. Sa décision peut être le rejet du pourvoi avec condamnation du demandeur aux dépens, et restitution de la consignation, si elle a été effectuée, ou son admission partielle ou totale, suivant qu'il y avait un ou plusieurs moyens invoqués et, dans cette dernière hypothèse, que les uns étaient fondés et les autres non.

En cas de pourvoi pour vice de forme, la Chambre doit examiner si les moyens invoqués sont ou non conformes à la loi, et elle prononce, suivant les cas, l'admission ou le rejet.

Contre ces décisions du Tribunal Suprême, il n'est accordé aucun recours, si elles sont favorables au demandeur. Au contraire, contre la décision de rejet, en cas de pourvoi pour vice de forme, la partie lésée peut former opposition devant la même chambre dans le délai légal, et celle-ci statuera alors définitivement et sans recours ultérieur possible, après avoir examiné de nouveau la question de l'admission du pourvoi.

§ 3. *Résolution.*

Lorsque le pourvoi est admis, commence la période de l'instruction et de sa résolution. Les parties, dans cette période de la procédure, sont ajournées à constituer procureur devant la Chambre pour déduire leurs moyens pour ou contre le pourvoi, s'il s'agit d'un recours pour vice de forme, et, dans tous les cas, pour prendre communication du dossier ou du rapport (il s'agit ici du rapport dont la Chambre ordonne la préparation par le rapporteur ou le greffier sur la question de vice de forme). Le demandeur au pourvoi, comme les défendeurs, lorsqu'il s'agit d'un recours pour violation de la loi ou de la doctrine légale, peuvent demander la jonction au dossier des documents qui se trouvent à l'*Audiencia*, toutes les fois que ces documents ont une importance décisive, et qu'ils n'ont pas été suffisamment analysés dans le rapport de l'*Audiencia*. Sur cette requête, la Chambre du Tribunal Suprême statue ce qu'elle juge opportun, et sa décision n'est susceptible d'aucun recours. S'il s'agit d'un pourvoi pour vice de forme, les parties, si elles le jugent utile, peuvent demander des additions complémentaires ou des rectifications au rapport du Tribunal Suprême, et, sur cette requête, la Chambre statue dans les mêmes conditions que sur la requête dont nous venons de parler et qui a pour objet la jonction de certains documents au dossier. Alors, après une nouvelle communication aux parties, s'il a été joint au dossier des documents nouveaux, ou s'il a été fait des additions ou des rectifications au rapport, la procédure préparatoire sera déclarée close, et l'affaire sera renvoyée à l'audience publique pour les plaidoiries. Avant les plaidoiries, quand le recours est fondé sur la violation de la loi, le rapporteur doit rédiger une note sur les points essentiels du pourvoi dont la connaissance peut intéresser les parties et les magistrats appelés à juger, et cette note doit être remise aux uns et aux autres deux jours avant celui qui a été fixé pour le débat oral. Lorsqu'enfin ce débat est terminé, le tribunal doit prononcer sa sentence dans un délai qui est de 15 jours ou de 10 jours, suivant qu'il s'agit d'un recours pour violation de la loi ou d'un pourvoi pour vice de forme. Cette décision, ou bien déclare qu'il n'y avait pas lieu à pourvoi, ou bien prononce la cassation de la sentence de la juridiction inférieure. Dans le premier cas, le Tribunal Suprême condamne le demandeur au pourvoi aux dépens et à la perte de la somme

constituido, dándole la aplicación que dispone la ley[1]; y en el segundo, se ordenará la devolución del depósito. Si se tratare de infracción de ley ó de doctrina legal se dictará á continuación la sentencia que en justicia proceda; y si se tratare de quebrantamiento de forma se dispondrá la devolución de los autos á la Audiencia para que se reponga el pleito al estado anterior á la comisión de la falta, y se sustancie de nuevo con arreglo á ley; acordando además las correcciones y prevenciones que estime necesarios respecto del inferior.

III. Recurso de casación contra las sentencias de amigables componedores.

El recurso de casación contra las sentencias de los amigables componedores es mucho más sencillo que los hasta aqui reseñados. Se plantea ante el Tribunal Supremo, dentro del plazo legal, acompañando al escrito de formalización, el testimonio del compromiso, el de la sentencia y el documento que acredite el depósito con las copias necesarias. Se expresará la causa en que se funde, y se alegarán los motivos de casación en parrafos separados y numerados; y, previo el emplazamiento de las partes, se sustanciará del mismo modo que los recursos por quebrantamiento. Si la Sala estima que el fallo se dictó fuera de término casará la sentencia y decretará la devolución del depósito al recurrente; y, si entiende que la sentencia resuelve otros puntos que no fueron sometidos al juicio de los amigables componedores, la casará en lo que constituya exceso, y acordará igualmente la devolución del depósito.

IV. Desistimiento. — Publicación de la sentencia.

En todos los recursos cabe el desistimiento de él[2]. Si este tiene lugar en el recurso por infracción, antes de haber acordado el Tribunal sobre su admisión, se acordará la devolución de todo el depósito; y si se desiste después de admitido, y antes del señalamiento para la vista, se devolverá la mitad, reservando la otra mitad para la aplicación que dispone la ley. En el recurso por quebrantamiento, si se desiste antes de la vista, se devolverá siempre la mitad del depósito.

Las sentencias sobre no admisión de los recursos en todo ó en parte, y las en que se declare la procedencia ó improdedencia de la casación se publicarán en la Gaceta de Madrid y en la Colección Legislativa[3].

Capítulo sexto.   Recurso de revisión.   (Recurso extraordinario contra las sentencias firmes.)

Declarada firme la sentencia, ya por haberla consentido la parte perjudicada, ó ya por haber apurado el procedimiento, queda todavia, en casos contados, y dentro de los cinco años siguientes á ser firme, el recurso extraordinario de revisión que puede intentarse: por haber recobrado la parte perjudicada documentos decisivos detenidos por fuerza mayor ó por obra de la parte en cuyo favor se sentenció; por haber averiguado la parte perjudicada que los documentos que sirvieron de base á la sentencia se habian reconocido y declarado falsos con posterioridad á esta; por haber sido condenados como testigos falsos los que declararon sobre hechos que sirvieron de base á la sentencia, cuando la condena afecte á esos mismos hechos; y por haber averiguado que la sentencia firme se consiguió por cohecho[4] violencia ú otra maquinación fraudulenta.

Dentro de los tres meses de averiguados estos extremos, y antes de los cinco años de publicada la sentencia firme, habrá de interponerse el recurso ante el Tri-

---

[1]) La mitad del importe del depósito que se declara perdido para el recurrente condenado, se entregará á la parte contraria como indemnización de perjuicios, y la otra mitad se reserva para las indemnizaciones que procedan, en los casos en que, por ser parte en el pleito el ministerio fiscal, hubiere este interpuesto y perdido el recurso.

[2]) El *desistimiento* es el abandono voluntario del litigio.

[3]) Por eso su doctrina constituye la llamada doctrina legal.

[4]) El *cohecho* existe cuando el juez ó magistrado recibe por si ó por persona intermedia, para inclinar su animo en un sentido determinado, dádivas ó regalos de la parte que consigue la sentencia á su favor.

consignée, en partageant cette somme dans les termes de la loi[1]; dans le second cas, il ordonne la restitution de la consignation. S'il s'agit d'un pourvoi pour violation de la loi ou de la doctrine légale, la sentence qu'il convient de rendre doit être inscrite à la suite; et, en cas de pourvoi pour vice de forme, le dossier est renvoyé à l'*Audiencia* pour que celle-ci reprenne la procédure dans l'état où elle se trouvait avant que la nullité fut commise et procède de nouveau conformément à la loi; la sentence du Tribunal Suprême ordonne, en outre, les rectifications et les mesures qu'elle croira utiles en ce qui concerne la décision de la juridiction du premier degré.

III. Pourvoi en cassation contre les sentences des amiables compositeurs.

La procédure des pourvois contre les sentences des amiables compositeurs est beaucoup plus simple que celle des pourvois dont nous avons parlé jusqu'ici. Ce pourvoi est formé devant le Tribunal Suprême dans le délai légal, et au mémoire introductif doivent être joints la copie certifiée du compromis, de la sentence et le récépissé constatant le dépôt de la consignation, avec les copies nécessaires. Les moyens du pourvoi doivent être énoncés dans des paragraphes séparés et numérotés, puis, après ajournement des parties, il est procédé comme en matière de pourvoi pour vice de forme. Si la Chambre estime que la sentence des amiables compositeurs a été rendue en dehors du délai du compromis, elle la cassera et ordonnera la restitution de la consignation au demandeur; si elle estime que les amiables compositeurs ont statué sur des questions qui ne leur avaient point été soumises, la Chambre cassera leur décision *parte in qua*, et elle ordonnera encore la restitution de la consignation.

IV. Désistement. — Publication de la sentence.

On peut se désister de tous les pourvois[2]. Si un désistement intervient dans un pourvoi pour violation de la loi ou de la doctrine légale, avant que le Tribunal Suprême n'ait statué sur son admission, la restitution de toute la somme consignée doit être ordonnée. Si le désistement ne se produit qu'après l'admission du pourvoi, mais avant la fixation du jour des plaidoiries, la moitié seulement de la consignation doit être restituée, et l'autre moitié est mise en réserve pour recevoir les destinations prévues par la loi. En cas de recours pour vice de forme, si le demandeur au pourvoi se désiste avant les plaidoiries, il obtient, dans tous les cas, la restitution de la moitié de la consignation.

Les sentences déclarant n'y avoir lieu d'admettre un recours en tout ou partie, et celles qui déclarent n'y avoir lieu à cassation, sont publiées dans la *Gaceta* de Madrid et dans la Collection législative[3].

Chapitre VI. Recours en revision. (Recours extraordinaire contre les sentences définitives.)

Le recours extraordinaire en revision peut être formé dans des cas déterminés et dans les cinq ans qui suivent le moment où la sentence est devenue définitive. Ce recours est ouvert, que la sentence soit devenue définitive par l'acquiescement de la partie qui a succombé, ou par l'expiration des délais d'appel ou de cassation, dans les cas suivants: Lorsque la partie à qui la sentence fait grief a découvert des pièces décisives qui avaient été retenues par une circonstance de force majeure ou par le fait de la partie au profit de qui la sentence a été rendue; — Lorsque la partie qui a succombé démontre que les pièces ayant servi de base à la sentence ont été reconnues et déclarées fausses, postérieurement à la sentence; — En cas de condamnation pour faux témoignage des témoins qui ont déposé sur les faits qui ont servi de base à la sentence, lorsque la condamnation est motivée par la fausseté du témoignage sur ces mêmes faits; — Lorsqu'enfin il est prouvé que la sentence définitive a été le résultat de la corruption des fonctionnaires[4], de la violence, ou d'une autre machination frauduleuse.

Dans les trois mois du jour où ces circonstances sont démontrées, pourvu que cinq années ne se soient pas encore écoulées depuis que la sentence est devenue

---

[1] La moitié de la somme consignée qui est déclarée perdue pour le demandeur au pourvoi qui a succombé, doit être remise à la partie adverse à titre de dommages-intérêts; l'autre moitié est mise en réserve pour les dommages-intérêts qui pourraient être dus dans le cas où le ministère fiscal, qui est partie au procès, aurait formé un pourvoi dans lequel il aurait succombé.

[2] Le désistement est l'abandon volontaire du litige.

[3] Parce que leur doctrine constitue ce qu'on appelle la doctrine légale.

[4] Il y a corruption de fonctionnaire lorsque le magistrat reçoit, personnellement ou par un intermédiaire, pour déterminer son opinion dans un sens déterminé, des dons ou des présents de la partie qui a triomphé.

bunal Supremo, acompañando el documento que acredite el depósito prévio de 2000 pesetas, ó el de la sexta parte de la cuantía de la cosa objeto del litigio si su valor no excede de 12 000 pesetas.

Con el emplazamiento de todos los que hubieren litigado ó de sus causahabientes[1], y en la forma en que se sustancian los incidentes, y con intervención del Ministerio fiscal, se resolverá la admisión ó no admisión del recurso. Si durante la sustanciación se plantea una cuestión criminal se suspenderá el recurso hasta que quede ventilada esta por sentencia ejecutoria. Tambien podrá suspenderse la ejecución de la sentencia recurrida siempre que la Sala, con audiencia del Ministerio fiscal, asi lo acuerde, si lo solicita el recurrente, y dá fianza suficiente para responder de los daños que resulten de la suspensión, en el caso de no prosperar el recurso.

Si el Tribunal estima procedente la revisión rescindirá en su fallo, y de acuerdo con lo que de él se hubiere solicitado, el todo ó parte de la sentencia recurrida, expidiendo la correspondiente certificación de aquel para que las partes usen de su derecho, según les convenga, y en forma de juicio; debiendo servir de base para este las declaraciones hechas en la revisión, sobre las cuales no podrá discutirse ya. La rescisión de la sentencia recurrida producirá todos sus efectos legales, salvo los derechos adquiridos que deban respectarse con arreglo á la ley[2].

Si el recurso se declara improcedente se condenara en todas las costas del juicio al recurrente, y á la pérdida del depósito prévio. Contra la sentencia dictada en recurso de revision no se da recurso alguno.

Capítulo séptimo.   Ejecución de las sentencias.[3]

I. Ejecución de las sentencias dictadas por Tribunales españoles.

Las sentencias firmes, condenatorias, han de cumplirse, porque la ley garantiza su ejecución por todos los medios á su alcance. Por eso, de ordinario, se cumplen por el perjudicado sin necesidad de la intervención judicial, pues esta supone nuevos gastos que habrá de satisfacer el que se resiste á su cumplimiento.

La intervención judicial en este caso solo tiene lugar á instancia de parte; es decir, á petición del que consiguió á su favor la sentencia; y corresponde al juez ó Tribunal que entendió en primera instancia en el asunto.

En toda sentencia condenatoria se ha de disponer una ó varias de estas cosas: el pago de una cantidad líquida ó ilíquida; la entrega de una cosa determinada mueble ó inmueble; ó el hacer ó dejar de hacer cosa determinada.

Si se tratare del pago de una cantidad líquida se procederá siempre, y sin necesidad de prévio requerimiento personal[4] al condenado, al embargo[5] de bienes de su propiedad, en la forma y por el orden prevenidos para el juicio ejecutivo[6]. El avaluo[7], y la venta consiguiente, de los bienes embargados para el pago de la cantidad se hará tambien del modo dispuesto para el procedimiento de apremio[8], después del juicio ejecutivo.

Si se tratare del pago de una cantidad ilíquida, ó de otra cualquiera cosa que no pueda tener, por cualquier causa, inmediata ejecución, á instancia del acreedor,

---

[1] *Causahabientes* en este caso son los continuadores de la personalidad de los litigantes.

[2] Se refiere á la irreivindicación de las cosas muebles enajenadas mercantilmente, y á la de los inmuebles que resulte de la inscripción en el Registro de la propiedad.

[3] La ejecución de las sentencias es el término natural de un juicio; pero como en el caso de la resistencia del condenado á cumplir lo que se le ordena la intervención del juez ó Tribunal solo puede tener lugar á instancia de parte, y acomodándose á un procedimiento que constituye un juicio especial, muy parecido al juicio ejecutivo, hemos creido que este es el momento más oportuno para tratar de esta materia, ya que enseguida hemos de hablar de los juicios especiales que puedan interesar á los comerciantes.

[4] El *requerimiento* es la intimación hecha á una persona, á quien incumbe el cumplimiento de algo para que lo ejecute sin violencia.

[5] El *embargo* es la traba impuesta por autoridad judicial ó adminsitrativa sobre las cosas propiedad del deudor, y, por virtud de la que, quedan dichas cosas afectas en primer término al pago de la deuda que la motivó.

[6] Hablaremos de ello al tratar de este juicio.

[7] El *avaluo* es la valoracion ó tasación de los bienes.

[8] El *apremio* consiste en la realización de los bienes embargados hasta dejar con su importe satis fecho el todo ó parte de la cantidad importe de la deuda.

définitive, il y a lieu de former le recours en revision devant le Tribunal Suprême. A ce recours doit être joint le récépissé constatant la consignation d'une somme de 2000 *pesetas*, ou du sixième de la valeur du litige, lorsque celle-ci dépasse 12000 *pesetas*.

Les parties ou leurs ayants-cause [1] dûment assignés, il est statué sur l'admission ou la non-admission du pourvoi, dans la même forme que sur les incidents et avec le concours du ministère fiscal. Si, durant la procédure, il est soulevé une contestation ayant le caractère d'une question criminelle, il est sursis à l'examen du pourvoi jusqu'à ce qu'il intervienne sur ce dernier point une sentence exécutoire. L'exécution de la sentence contre laquelle a été formé le recours peut également être suspendue, toutes les fois que la Chambre, le ministère fiscal entendu, l'ordonne sur la requête du demandeur au pourvoi, et que celui-ci donne caution suffisante pour répondre des dommages pouvant résulter du retard apporté à l'exécution de cette sentence en cas de rejet du pourvoi.

Si le Tribunal Suprême estime la demande en revision fondée, il annule la sentence contre laquelle elle était dirigée, en tout ou partie, conformément à la requête, et il délivre l'attestation de sa décision, afin que les parties usent de leur droit en justice ainsi qu'elles le jugeront convenable, en tenant compte des déclarations faites dans la revision, qui ne peuvent désormais être l'objet d'aucune discussion. L'annulation de la sentence contre laquelle avait été formé le pourvoi, produit tous ses effets légaux, sauf en ce qui concerne les droits acquis, qui doivent être respectés conformément à la loi [2].

Si le recours est déclaré mal fondé, le demandeur doit être condamné en tous les dépens, et il perd, en outre, la somme consignée. La sentence intervenue sur la revision n'est susceptible d'aucun recours.

Chapitre VII. Exécution des sentences.[3]

I. Exécution des sentences prononcées par les Tribunaux espagnols.

Les sentences définitives prononçant une condamnation doivent être exécutées, et la loi garantit cette exécution par tous les moyens dont elle dispose. Généralement cette exécution est l'œuvre de la partie qui a succombé, sans qu'il soit besoin de l'intervention de la justice, car cette intervention aurait pour conséquence de nouveaux frais qui resteraient à la charge du plaideur récalcitrant.

Il n'y a donc lieu à intervention judiciaire qu'à la requête de la partie qui a obtenu gain de cause; et elle appartient au juge qui a connu de l'affaire au premier degré de juridiction.

Toute sentence prononçant une condamnation peut contenir diverses dispositions: ou bien elle ordonne de payer une somme liquide ou une somme non liquide, ou bien elle prescrit la délivrance d'un meuble ou d'un immeuble, ou bien encore elle oblige à faire ou à laisser faire une chose déterminée.

S'il s'agit du paiement d'une somme liquide, il y aura toujours lieu, sans qu'il soit besoin de commandement[4], de procéder à une saisie[5] des biens de la partie condamnée dans la forme et en suivant l'ordre prévus pour l'instance exécutive[6]. La mise à prix[7] et la vente des biens saisis qui en est la suite en vue d'obtenir le paiement de la somme due en vertu de la condamnation, seront faites également en se conformant à la procédure d'adjudication[8], après le jugement de saisie.

S'il s'agit du paiement d'une somme d'argent non liquide, ou de toute autre chose n'étant pas susceptible, pour une cause quelconque, de recevoir une exécution

---

[1] Les *ayants cause*, dans ce cas, sont ceux qui continuent la personnalité des parties.

[2] Cette observation s'applique à la revendication des meubles achetés dans un établissement commercial et à celle des immeubles dont la vente a été régulièrement inscrite sur le régistre civil.

[3] L'exécution des sentences est la terminaison naturelle de toute instance. Cependant, comme en cas de résistance de la partie condamnée à exécuter ce qui a été prescrit, l'intervention du juge ou du tribunal ne peut se produire que sur requête des parties et à la suite d'une procédure qui constitue une instance spéciale présentant beaucoup d'analogie avec l'instance exécutive, nous avons pensé que c'était le moment de traiter cette matière, et nous parlerons ensuite des instances qui intéressent plus spécialement les commerçants.

[4] Le *commandement* est l'intimation adressée à une personne à qui il incombe d'exécuter une certaine chose, de la faire sans violence.

[5] La saisie est la mainmise de l'autorité judiciaire sur les choses dont le débiteur est propriétaire, en vertu de laquelle ces choses sont affectées d'abord au paiement de la dette qui a motivé cette saisie.

[6] Nous parlerons de la saisie en traitant de cette instance.

[7] La mise à prix est l'estimation ou l'évaluation des biens.

[8] L'adjudication consiste dans la réalisation des biens saisis dans la mesure nécessaire pour acquitter tout ou partie du montant de la dette.

se podrá decretar el embargo de bienes en cantidad suficiente, á juicio del juez, para asegurar el pago de lo principal y las costas de la ejecución; cuyo embargo solo podrá eludir el deudor dando fianza suficiente á satisfacción del juez.

Si se tratare de la entrega de una cosa mueble se procederá inmediatamente á poner en posesión de ella al que la ganó en juicio, prácticando las diligencias que al efecto solicite el interesado. Y si, por ser mueble, no pudiere ser habida, se procederá como en el caso en que la condena fuere de resarcimiento de daños y perjuicios.

Si se tratare de hacer, ó de no hacer, se procurará dar cumplimiento á lo ordenado; y, si el condenado, no lo cumpliere en el caso de hacer, dentro del plazo que se le señale, el juez dispondrá que se practique á su costa. Si por ser personalísimo el hecho no pudiera verificarse en esta forma, se procederá como si la condena fuere de resarcimiento de daños y perjuicios. Si en el de no hacer lo hiciere, entonces, se procederá de igual manera que en el caso anterior.

Si el resarcimiento de daños y perjuicios se fijó en la sentencia, en previsión de su incumplimiento, en una determinada cantidad, se procederá como cuando esta es líquida. Y si no se fijó, hayánse ó no establecido las bases para ello, con la relación de unos y otros, hecha por el que tiene derecho al resarcimiento, se procederá á un pequeño juicio entre las partes para obtener la conformidad, ó resolver, en caso contrario, lo que proceda. La conformidad se consigue por manifestación escrita, hecha por el condenado al contestar dentro del término legal al escrito de la parte contraria en que se hizo la relación de daños y perjuicios, ó por haber dejado transcurrir el plazo sin contestación. En caso de disconformidad se recibe á prueba este incidente, si lo solicita alguna de las partes, y lo acuerda asi el juez; y, prévia la práctica de la prueba ó pruebas acordadas, y la comparecencia de las partes para informar de palabra al juez acerca del resultado de las mismas, resolverá éste, en el término de tres dias, lo que proceda. Este auto será apelable en un solo efecto.

En caso de cantidad ilíquida en frutos, rentas, utilidades ó productos de cualquier clase con ó sin bases para liquidarla, al deudor corresponde, dentro del plazo que al efecto se le señale, presentar la correspondiente liquidación; y si, dentro de este plazo, ó del segundo que puede señalarsele, y que no ha de exceder de la mitad del primero, no la contestare, se dispondrá que la formule el acreedor, procediéndose, entonces, lo mismo que en el caso de resarcimiento de daños de que acabamos de hablar. Si el deudor presentó la liquidación en tiempo, y el acreedor está conforme, se hará efectiva la suma como si se tratare del pago de una cantidad líquida.

Si la sentencia condena á la rendición de cuentas y entrega del saldo, se procederá del mismo modo que tratándose del pago de cantida ilíquida.

Y si el pago ha de ser de cantidad determinada de frutos en especie[1], y no se entregaren, se reducirá su importe á metálico, calculándolo con arreglo al precio medio del dia, si este se fijó en la sentencia, y, si no, del en que esta debió cumplirse. El precio se acreditará por certificación de la Junta sindical del Colegio de corredores, si lo hubiere, y, si no, por certificación de la autoridad municipal.

Salvo las apelaciones en los incidentes sobre cuestiones no controvertidas en el pleito, ni decididas en la ejecutoria, que podrán seguirse en todos sus trámites, las que se produzcan en las diligencias de ejecución solo se admitirán en un efecto; no dándose, contra el fallo que dicte la Audiencia en segunda instancia, recurso alguno.

Las costas de la ejecución habrá de abonarlas el que se opuso al cumplimiento de la sentencia, y las de los incidentes las satisfará el que resulte condenado á su pago; y, no habiendo expresa condenación, satisfará cada uno las causadas á su instancia.

---

[1] *Frutos en especie*, cosa susceptible de pesarse, contarse ó medirse.

immédiate, il pourra, sur la requête du créancier, être ordonné de saisir des biens du débiteur en quantité suffisante, d'après l'appréciation du juge, pour assurer le paiement du principal de la dette ainsi que des frais d'exécution. Le débiteur ne peut éviter cette saisie qu'en donnant la caution fixée par le juge.

S'il s'agit de livrer une chose mobilière, la partie qui a triomphé sera mise immédiatement en possession de cette chose en procédant aux diligences requises à cet effet par l'intéressé. Enfin, si la délivrance de la chose, à raison même de sa nature mobilière, ne peut être effectuée, il est procédé comme dans le cas où la condamnation prononce l'allocation de dommages-intérêts.

S'il s'agit d'une condamnation à faire ou à ne pas faire une certaine chose, on devra s'efforcer d'assurer l'accomplissement de ce qui a été ordonné. Si la condamnation est une condamnation à faire, et que la partie qui a succombé ne l'exécute pas dans le délai qui lui est imparti, le juge la fera exécuter à ses frais. S'il s'agit d'exécuter un fait personnel, impossible à réaliser par un tiers, on procédera comme dans le cas où il y a lieu à allocation de dommages-intérêts. On procède de la même manière au cas où il s'agit d'une condamnation à ne pas faire.

Si la sentence a fixé le montant des dommages-intérêts dus pour le cas où elle ne serait pas exécutée, il y a lieu de procéder comme lorsqu'il s'agit d'une condamnation à payer une somme liquide. Dans le cas contraire, ou si la sentence ne détermine pas les bases du calcul des dommages-intérêts pouvant être dus, il y a lieu de procéder à une brève instance entre les parties pour arriver à les mettre d'accord sur ce point, ou, s'il n'est pas possible d'y parvenir, pour statuer ce qu'il appartient. L'accord des parties résulte d'une réponse écrite faite dans le délai légal par la partie qui a succombé à la demande de dommages-intérêts que la partie adverse lui a adressée également par écrit, ou du fait d'avoir laissé le délai de réponse s'écouler sans contredire cette demande. Si les parties ne se mettent pas d'accord, cet incident est l'objet d'une preuve, si l'une des parties le demande et que le juge fasse droit à cette requête. Lorsque les preuves ont été rapportées, les parties comparaissent pour s'expliquer oralement devant le juge sur le résultat de la preuve, et le juge statue dans les trois jours ce qu'il appartient. Cette décision est susceptible d'appel, mais pour un seul effet.

Lorsque la somme non liquidée consiste en fruits, rentes, bénéfices ou produits d'une nature quelconque, et qu'il existe ou n'existe aucune base pour procéder à la liquidation, il appartient au débiteur de présenter, dans le délai qui lui sera imparti, un projet de liquidation, et, faute par lui de le faire, dans ce délai ou dans un délai supplémentaire qui peut lui être accordé, mais qui ne peut dépasser la moitié du premier délai, le créancier a le droit d'en présenter un, et l'on procède alors comme dans le cas dont nous venons de parler et où il s'agit de fixer la somme due à titre de dommages-intérêts. Si le débiteur présente le projet de liquidation en temps utile et que le créancier l'accepte, la somme ainsi fixée doit être effectivement payée, comme s'il s'agissait du paiement d'une somme liquide.

Si la sentence porte condamnation à rendre compte et à payer le solde, on doit procéder comme s'il s'agissait d'une condamnation au paiement d'une somme non liquidée.

Si le paiement à effectuer consiste dans une certaine quantité de fruits en nature [1], et que la livraison n'en soit pas faite, on réduira en argent la valeur de la chose à remettre d'après le cours moyen du jour, s'il est déterminé dans la sentence, et sinon, d'après le cours moyen du jour où la sentence doit être exécutée. Le prix doit être établi par un certificat de la chambre syndicale du Collége des courtiers, s'il en existe un, et, à son défaut, par une attestation de l'autorité municipale.

Sauf les appels formés dans les incidents sur des questions sur lesquelles il n'avait été conclu ni statué dans l'instance en vue d'assurer l'exécution de la sentence, pour lesquels on peut suivre toutes les formalités de la procédure, l'appel des ordonnances relatives aux mesures d'exécution n'est recevable que pour un seul effet; et la décision rendue au second degré de juridiction par l'*Audiencia* n'est elle-même susceptible d'aucun recours.

Les frais d'exécution sont à la charge de la partie qui s'est opposée à l'accomplissement de la sentence, et les dépens des incidents sont à la charge de la partie condamnée à les payer. A défaut de condamnation expresse, chacune des parties doit supporter les frais faits à sa requête.

---

[1] On appelle fruits en nature, une chose susceptible d'être pesée, comptée ou mesurée.

II. Ejecución de sentencias dictadas por Tribunales extranjeros.

Las sentencias firmes, dictadas en pais extranjero, tendrán en España la fuerza que establezcan los respectivos Tratados. Si no los hay, tendrán la fuerza que en el pais de procedencia se conceda á las de España. Y si no hay ni Tratado, ni reglas, ni precedentes, se ejecutarán las sentencias que reunan las circunstancias siguientes: que se hayan dictado á consecuencia de una acción personal[1]; que no se hayan dictado en rebeldia; que la obligación de que se trate sea lícita en España; y que la carta ejecutoria tenga toda la autenticidad necesaria en el pais de origen y en España[2].

Si, á tenor de lo que queda dicho, la sentencia es susceptible de ejecución en España se solicitará esto del Tribunal Supremo, (salvo si en el Tratado existente se dispusiere otra cosa); se acordará la traducción hecha con arreglo á derecho[3]; y, previa comparecencia de la parte perjudicada, á quien se emplazará por conducto de la Audiencia, en cuyo territorio esté domiciliada, (á quien se comunicará, lo mismo que al Ministerio fiscal, la sentencia), se resolverá si debe ó no darse cumplimiento á la misma, sin ulterior recurso. Si se deniega se devolverá la sentencia al que la presentó; y si se accede se comunicará á la Audiencia, para que esta lo haga al juez de primera instancia del domicilio del perjudicado, para su ejecución en los términos que hemos indicado.

Capitulo octavo.   Juicio ejecutivo.
I. Cuando procede.

Tiene este juicio un estrecho parentesco con el que queda reseñado para la ejecución de las sentencias, solo que, como al ejecutivo no ha precedido otro juicio en el que se haya reconocido la existencia del derecho en que se funda la reclamación judicial, puede tener mayor número de incidentes que aquel; y, además, sea la que sea la resolución del juez ó Tribunal que en él entienda, queda siempre á las partes expedito el camino para intentar un juicio ordinario en aclaración de sus respectivos derechos.

El juicio ejecutivo solo procede cuando existe una deuda por cantidad líquida en dinero superior á 500 pesetas, ó especie que, reducida á metálico, exceda de dicha cantidad, y sea deuda vencida, que resulte acreditada de uno cualquiera de los ciguientes titulos, (que son los que traen, según el tecnicismo legal, aparejada ejecución): La primera copia[4] de toda escritura pública, ó la segunda[5] que esté dada en virtud de mandamiento judicial, con citación de la persona á quien deba perjudicar ó á su causante; cualquier documento privado que haya sido reconocido bajo juramento ante el juez competente para despachar la ejecución; la confesión de la deuda hecha ante juez competente; las letras de cambio, sin necesidad de reconocimiento judicial respecto del aceptante que no hubiere puesto tacha de falsedad á su aceptación al tiempo del protesto por falta de pago; cualesquiera titulos al portador ó nominativos emitidos legalmente, y sus cupones, cuando el importe de ellos pueda reclamarse, siempre que los titulos confronten con el talonario y los cupones con los titulos; y las pólizas originales de contratos celebrados con inter-

---

[1] Las acciones reales que dán lugar á contienda judicial han de ventilarse en el lugar en que radica la cosa á que se refieren, y la ejecución de la sentencia corresponde tambien al juez que la dictó.

[2] Para que tenga esa autenticidad en España es preciso: certificación del Cónsul español del lugar de procedencia respecto á la verdad de los nombres del juez ó jueces y actuarios que la suscriben, y legalización de sus firmas. La firma del Cónsul ha de estar legalizada, á su vez, por el representante diplomático de España en aquella nación; y, á su vez, la firma del representante ha de serlo por el Ministerio de Estado.

[3] La traducción ha de hacerse por la oficina de interpretación de lenguas del Ministerio de Estado.

[4] La primera copia, porque ya hemos dicho en pag. 46 la nota 2 que los originales de las escrituras, que reciben el nombre de matrices, quedan en poder del notario, y constituyen reunidas el protocolo.

[5] La segunda no tiene razón de ser mientras existe la primera; y, por eso, no se solicita; más que en el caso de pérdida por robo, extravio ó destrucción, ó de oponerse á su entrega apesar del mandato judicial, el que obtuvo la primera.

II. Exécution des sentences prononcées par les Tribunaux étrangers.

Les sentences définitives, prononcées en pays étranger, ont en Espagne l'autorité que leur accordent les traités intervenus avec les Etats desquels dépendent ces tribunaux. A défaut de traité, elles produisent en Espagne les mêmes effets que les sentences des juridictions espagnoles produisent elles-mêmes dans les pays où elles ont été rendues. A défaut de traité et de règles précédentes, les jugements étrangers sont exécutoires en Espagne sous la quadruple condition que l'action ayant motivé le jugement ait été une action personnelle[1], que le jugement n'ait pas été prononcé par défaut, que l'obligation faisant l'objet du jugement soit licite en Espagne, et que la demande d'*exequatur* présente tous les caractères nécessaires d'authenticité aussi bien dans le pays où le jugement a été prononcé qu'en Espagne[2].

Si le jugement est susceptible d'être exécuté en Espagne dans les conditions que nous venons d'indiquer, l'*exequatur*, à moins de disposition contraire du traité, doit être demandée au Tribunal Suprême, en joignant à la requête la traduction exigée par la loi[3]. Après comparution de la partie contre laquelle l'exécution est sollicitée, et qui doit être ajournée par l'intermédiaire de l'*Audiencia* dans le ressort de laquelle elle est domiciliée, et communication du jugement étranger à l'*Audiencia* et au ministère fiscal, le Tribunal Suprême statue sur le point de savoir s'il y a lieu ou non d'accorder l'*exequatur*. Dans la négative, le jugement étranger est renvoyé à la partie qui l'a présenté. Dans l'affirmative, il est adressé à l'*Audiencia* pour que celle-ci le transmette au juge de première instance du domicile de la partie à qui ce jugement fait grief, pour être exécuté dans les conditions que nous avons déjà exposées.

## Chapitre VIII.	Instance exécutive.

I. Quand y a-t-il lieu d'y recourir.

Cette instance a un lien de parenté très étroit avec celle dont nous avons parlé plus haut et qui a pour objet d'assurer l'exécution des sentences. Seulement elle n'est pas, comme cette dernière, précédée d'une autre instance au cours de laquelle l'existence du droit faisant l'objet de la réclamation judiciaire a été reconnu; elle peut donner lieu à un plus grand nombre d'incidents. En outre, quelle que soit la résolution du juge ou du tribunal appelé à statuer, les parties ont toujours la faculté d'introduire une instance ordinaire en vue de faire préciser leurs droits respectifs.

Il n'y a lieu de procéder par voie d'instance exécutive que lorsqu'il existe une dette liquide d'une somme d'argent supérieure à 500 *pesetas* ou d'une certaine quantité d'objets en nature, dont la valeur réduite en argent dépasse cette somme. Il faut en outre que la dette soit exigible, et qu'il en soit justifié par un titre ayant ce qu'on nomme force d'exécution parée. Les titres remplissant cette condition sont la première copie[4] de tout acte public, ou même la seconde copie[5] quand elle a été délivrée en vertu d'une ordonnance de justice rendue après citation de la personne à qui le titre doit faire grief ou de son ayant cause; tout titre sous seing privé qui a été reconnu sous la foi du serment, devant le juge compétent, en vue d'en faire ordonner l'exécution; l'aveu de la dette fait devant le juge compétent; les lettres de change sans qu'il soit besoin d'une reconnaissance judiciaire à l'égard de l'accepteur, s'il n'a pas argué la signature de faux lors du protêt pour défaut de paiement, tous titres quelconques au porteur ou nominatifs légalement émis, ainsi que leurs coupons dont le montant est exigible, pourvu que les titres concordent avec le talon, et les

---

[1] Les actions réelles donnant lieu à une contestation judiciaire, doivent être exercées dans le lieu où sont situées les choses qui en font l'objet, et l'exécution de la sentence appartient au juge qui l'a rendue.

[2] Les conditions pour être tenu pour authentique, en Espagne, sont les suivantes: une attestation du consul espagnol du lieu de provenance de l'acte certifiant l'exactitude du nom du juge, ou du juges, ou des officiers ministériels ou publics qu'ont signé l'acte. La signature du consul espagnol doit être, à son tour, légalisée par le représentant diplomatique de l'Espagne accrédité près de la nation où le consul exerce ses fonctions: enfin la signature du représentant diplomatique doit être elle même légalisée par le ministère d'État.

[3] Cette traduction doit être faite par le bureau de traduction du ministère d'État.

[4] La loi parle des premières copies, parce que les originaux qui prennent le nom de minutes (*matrices*) sont conservés par le notaire. Ce sont eux qui réunis forment le *protocolo*.

[5] La seconde copie n'a pas de raison d'être tant que la première existe, aussi ne la demande-t-on que lorsque la première a été volée, égarée ou détruite, ou lorsque celui qui est en possession de la première refuse de la représenter malgré une injonction judiciaire.

vención de agente de Bolsa ó corredor colegiado, que estén firmadas por los contratantes y el agente ó corredor, con tal de que se compruebe esto, en virtud, de mandamiento judicial, y con citacion de la parte contraria, con el libro registro del agente ó corredor, y este resulte arreglado á lo prevenido en la ley.

II. Preparación del juicio.

Dedúcese de esto que, en la mayor parte de los casos, el juicio ejecutivo requiere una preparación, ya que para poder entrar en él, (salvo si se tratare de escrituras públicas, ó de proceder contra el aceptante de una letra que no opuso tacha de falsedad en el acto del levantamiento del protesto por falta de pago), es forzoso pedir: el prévio reconocimiento de la firma del deudor; la confesión en juicio de la deuda; la confrontación de los titulos y cupones con sus talonarios ó con los propios titulos; ó la confrontación de las pólizas de los contratos con el libro registro del agente ó corredor que los autorizó. A más de esto, conviene tener en cuenta, que, en ocasiones, y ante el temor de que los actos del deudor puedan hacer ilusoria la responsabilidad resultante de la existencia del titulo ejecutivo, cabe tambien que, antes de empezar el juicio ejecutivo, haya que acudir al embargo preventivo. Asi, pues, puede decirse, que en esta clase de juicios hay tres periodos perfectamente marcados: el de preparación, el de sustanciación y el de ejecución de sentencia ó procedimiento de apremio.

§ 1.º *Embargo preventivo* [1].

En los casos en que se considere necesario este, antes que practicar ninguna otra diligencia preparatoria, conviene pedir el embargo preventivo; el cual procederá si el deudor fuere extranjero no naturalizado en España; si siendo español, ó extrangero no naturalizado, no tuviere domicilio conocido, ó bienes raices en el lugar donde corresponda exigirle el pago de la deuda; si, aún teniendo domicilio conocido, en el caso de ser español ó extranjero naturalizado, se hubiere ausentado sin haber dejado persona que le represente legalmente, y si la hubiere dejado esta ignorare su residencia; ó si se ocultare, ó existiere motivo racional, aún no ocultándose, de que malbaratará sus bienes para causar perjuicio á sus acreedores.

En cualquiera de estos casos, y, prévia la presentación con la solicitud de embargo del documento que acredite la existencia del crédito, podrá decretarse aquel, con la urgencia que el caso requiera, sin necesidad de oir al deudor, y sin consentirle recurso contra el embargo, siempre que el titulo sea de los que no necesitan la preparación del juicio. El deudor podrá impedir el embargo, no obstante lo que acabamos de decir, siempre que en el acto mismo de trabarlo pague ó afiance suficientemente el importe de la deuda. En el caso de afianzamiento, y hasta que el juez resuelva si es ó no admisible, se adoptarán provisionalmente las medidas necesarias para evitar la ocultación de los bienes, ó cualquier otro abuso que pudiera cometer el deudor.

El embargo se trabará en los bienes designados al efecto; y, si no se hubieren designado, podrá designarlos el acreedor en el momento de la diligencia de embargo, ó el dependiente del juzgado á quien esta se encomendare, pero por el orden siguiente: dinero metálico; efectos públicos; alhajas de oro, plata ó piedras preciosas; créditos realizables en el acto; frutos y rentas de toda especie; bienes semovientes; los demás bienes muebles que no sean de los indicados; bienes inmuebles; sueldos ó pensiones; y, por último, créditos y derechos no realizables en el acto. Dentro de este orden, conviene tener en cuenta, que la ley establece ciertas excepciones ó prohibiciones, fundadas en exigencias del servicio público las unas, y en consideraciones humanitarias las otras. Por razón de lo primero, prohibe que puedan embargarse las vias férreas abiertas al público; ni sus estaciones, almacenes, talleres, terrenos, obras y edificios que sean necesarios para su uso; ni las locomotoras, carriles y demás efectos del material fijo y móvil destinados al movimiento de la linea. Y, por razón de lo segundo, prohibe que el lecho cotidiano del deudor, de su cónyuge é hijos; las ropas del preciso uso de los mismos; los instrumentos necesarios para el arte ú oficio á que aquel puede estar dedicado, ni el salario, sueldo, pensión ó retribución, ó su equivalente

---

[1]) Tambien procede el embargo preventivo por deudas que no excedan de 500 pesetas; pero en este caso el embargo habrá de decretarse por el juez municipal á quien corresponda, y el juicio subsiguiente para hacerla efectiva será un juicio verbal.

coupons avec le titre; enfin les originaux de polices de contrats faits par l'intermédiaire d'un agent de Bourse ou d'un courtier faisant partie d'un collége, lorsqu'ils portent la signature des contractants et de l'agent ou courtier, pourvu qu'en vertu d'une ordonnance de justice et après convocation de la partie adverse, il soit justifié que l'original est conforme au registre de l'agent ou courtier, et que ce registre est lui-même tenu conformément à la loi.

II. Préparation de l'instance.

Il résulte des observations précédentes, que, dans la plupart des cas, l'instance exécutive a besoin d'être préparée. En effet, avant de l'engager, sauf s'il s'agit d'actes publics ou d'une action à exercer contre l'accepteur d'une lettre de change qui ne l'a pas arguée de faux lors du protêt pour défaut de paiement, il est nécessaire de demander d'abord soit la reconnaissance de la signature du débiteur, soit l'aveu judiciaire de la dette, soit la confrontation des titres avec les talons, et des coupons avec les titres, soit la comparaison des polices des contrats avec le registre de l'agent ou du courtier qui les a authentiqués. En outre, il convient de tenir compte que dans ces circonstances, outre les titres produits par le débiteur qui peuvent paralyser les effets de l'instance exécutive, il y a lieu souvent de recourir préalablement à la saisie préventive. On peut donc dire que cette instance se divise naturellement en trois périodes: la préparation; la procédure proprement dite de l'instance exécutive et enfin l'exécution de la sentence ou procédure de contrainte ou de mise en adjudication.

§ 1. *Saisie préventive*[1].

Dans les cas où cela paraîtra nécessaire, avant toute autre diligence préparatoire, il convient de demander l'autorisation de faire procéder à une saisie préventive. Il en est ainsi, notamment, si le débiteur est un étranger non naturalisé espagnol, si, étant espagnol ou étranger naturalisé, il n'a pas de domicile connu ou ne possède pas d'immeubles dans le lieu où le paiement de la dette est exigible, si, étant espagnol ou étranger naturalisé et ayant un domicile connu, il a quitté ce domicile sans y laisser un représentant légitime, et si, ayant même laissé ce représentant, celui-ci ignore sa résidence, si enfin il se cache, ou s'il existe une raison valable, encore qu'il soit présent, de craindre qu'il ne dissipe ses biens au préjudice de ses créanciers.

Dans l'un quelconque de ces cas, après requête à laquelle doit être joint le titre justifiant l'existence de la dette, la saisie peut être ordonnée, en cas d'urgence, sans qu'il soit même besoin d'entendre le débiteur, et il n'est même accordé aucun recours toutes les fois que le titre produit, ayant force d'exécution parée, n'exige aucune formalité préparatoire. Le débiteur, toutefois, malgré ce que nous venons de dire, pourra toujours s'opposer à la saisie, en payant ou en donnant caution suffisante pour garantir le paiement de la dette, au moment même où cette saisie est pratiquée. Si le débiteur offre une caution, en attendant que le juge statue sur son admissibilité, on doit prendre provisoirement les mesures nécessaires pour empêcher le débiteur de détourner ses biens ou de commettre tout autre acte abusif.

La saisie doit être pratiquée sur les biens désignés à cet effet; à défaut de désignation particulière, il est loisible au débiteur de désigner, au moment même où elle est pratiquée, les biens sur lesquels elle doit être opérée; le même droit appartient au commis du *juzgado* (l'huissier) chargé d'y procéder, mais en observant toutefois l'ordre suivant: l'argent monnayé, les effets publics, les bijoux en or, argent ou les pierres précieuses, les créances immédiatement réalisables, les fruits et revenus de toute espèce, les troupeaux et bestiaux, les autres meubles ne rentrant pas dans l'énumération précédente, les immeubles, les salaires et pensions, et enfin les créances et droits non immédiatement réalisables. Dans cet ordre, il convient d'observer que la loi établit certaines exceptions ou prohibitions; les unes sont motivées par les nécessités du service public, les autres, par des considérations d'humanité. La première préoccupation explique l'interdiction de saisir les voies ferrées, ouvertes au public, ainsi que les stations, magasins, ateliers, terrains, travaux et édifices nécessaires à leur usage, ni les locomotives, rails et autres objets du matériel fixe ou mobile destiné au mouvement de la ligne. La seconde considération justifie l'interdiction de saisir le lit à l'usage quotidien du débiteur, de sa femme et de ses enfants, les

---

[1] Il y a lieu aussi à saisie préventive pour les dettes ne dépassant pas 500 *pesetas*; mais, dans ce cas, la saisie doit être autorisée par le juge municipal et l'instance à laquelle elle donne lieu ensuite est une instance verbale.

que no exceda de 2 pesetas 50 céntimos al dia. Y, si excedieren de esta cantidad, ha de procurarse que en ningun caso, ni por ningun motivo, sea el haber que quede libre al embargado inferior á dicha cantidad. Respecto de los que excedan de ella, no se podrá embargar tampoco más de la quinta parte, si no pasan de 2500 pesetas anuales; más de la tercera, si exceden de 2500, y no pasan de 5000; ni más de la mitad desde esta última cifra en adelante. Entendiéndose, que estas cantidades han de computarse perfectamente líquidas; es decir, hecha deducción de los descuentos, impuestos ó gravámenes públicos que puedan pesar sobre los mismos; y sin que, contra lo asi dispuesto, pueda prevalecer ningun convenio ni directo ni indirecto del deudor con sus acreedores, aunque resultare hecho con intervención judicial[1].

Si el embargo se hiciere sobre inmuebles se limitará á librar mandamiento por duplicado al registrador de la propiedad, para que extienda en el libro registro la anotación preventiva correspondiente. Si sobre muebles ó semovientes se depositarán en persona de responsabilidad. Si de metálico ó efectos públicos en el establecimiento destinado al efecto, si lo hubiere en el lugar del embargo; depositándose, en caso contrario, lo mismo que los demás muebles, pero exigiendo del depositario las garantias suficientes, mientras se acuerde su traslación á un establecimiento de los indicados.

Cuando los bienes embargados estuvieren en poder de un tercero se constituirá á este en depositario, poniéndolo en conocimiento del embargado. Y, si el embargo se hiciere sobre frutos y rentas, se constituirá una administración judicial, que se confiará á la persona que el acreedor designe.

Conseguido el embargo, deberá pedirse su ratificación en el juicio ejecutivo ó declarativo que proceda, debiendo presentar la correspondiente demanda en el preciso término de 20 dias, que puede reducirse á 10 á voluntad del embargado; transcurrido el cual, sin haber presentado la demanda, ni la ratificación del embargo, quedará nulo de derecho, y á solicitud del deudor, y sin audiencia del acreedor, se dejará sin efecto. Sin embargo, entablada la demanda, y durante la sustanciación del juicio, podrá pedirse el embargo preventivo; pero para acordarlo y practicarlo, si procede, se formará pieza separada de los autos ejecutivos.

Si se deja sin efecto el embargo, por improcedente, se impondrán las costas al que lo solicitó, y tambien los daños y perjuicios que se estimen[2]; y, si se deja sin efecto, por nulidad producida por no presentar la demanda en tiempo, ó no haber pedido la ratificación del embargo, se dispondrá otro tanto, asi como la cancelación de la fianza, si se prestó, ó la cancelación de la anotación preventiva que se hiciere en el registro de la propiedad. Y si se dejare sin efecto, por otro cualquier motivo, entonces, se acordará lo que proceda, según los casos, en materia de costas é indemnización.

Si el titulo en que se apoya la pretensión del embargo es de los que necesitan reconocimiento ó confrontación prévia[3], podrá decretarse tambien, aunque por cuenta y riesgo del que lo solicita. Lo mismo podrá hacerse aún cuando se trate de un documento suscrito por otro, aunque á nombre del deudor por no saber firmar, siempre que, citado este por dos veces consecutivas, con el intervalo de 24 horas, para declarar bajo juramento sobre la certeza del documento, no compareciere al llamamiento judicial. Y lo mismo procederá en el caso de que hubiere reconocido el documento, pero negare la existencia de la deuda. Sin embargo, como en tales casos la seguridad no es la misma que cuando se traba el embargo preventivo por la exhibición de un titulo ya ejecutivo, si el que lo solicita, no tuviere responsabilidad

[1]) La Ley de 12 de julio de 1906 ha reformado en el sentido indicado los articulos corresponnientes de la de Enj. civ., favoreciendo á los pobres más de lo que les favorecia esta.

[2]) Esto supone que despues de decretado se ha opuesto á ello el deudor, demostrando la sin razón del embargo. De aqui la indemnización de daños y perjuicios. Esta oposición habrá de hacerse dentro de los cinco dias siguientes al de la notificación del auto de ratificación del embargo, ó antes, sustanciándose en la forma de los incidentes.

[3]) Aún cuando la ley sólo se refiere al caso del documento privado que requiere el previo reconocimiento de la firma, es evidente que lo mismo puede y debe hacerse en el caso de tratarse de titulos, cupones ó pólizas que requieran su confrontación.

vêtements dont ils ont besoin, les instruments nécessaires pour l'exercice de son métier ou de sa profession, ni le salaire, traitement, pension ou toute autre rétribution ou gain équivalent ne dépassant pas 2 *pesetas* 50 par jour. Les traitements ou salaires supérieurs à cette somme peuvent être saisis, mais sous cette condition toutefois que jamais, ni sous aucun prétexte, la part insaisissable ne pourra être inférieure à la somme que nous venons d'indiquer, et dans les proportions suivantes: un cinquième si le traitement annuel ne dépasse pas 2500 *pesetas;* un tiers, si le traitement dépasse cette somme mais est inférieur à 5000 *pesetas;* la moitié au delà de ce dernier chiffre. Notons que ces sommes doivent être parfaitement liquides, c'est-à-dire qu'on en doit déduire tous escomptes, impôts, ou charges publiques qui peuvent les grever, et qu'on ne peut invoquer, pour échapper à la règle que nous venons de résumer, aucune convention contraire expresse ou indirecte faite avec le débiteur, même avec l'intervention du juge[1].

En cas de saisie d'immeubles, on doit se borner à transmettre au *registrador* de la propriété, en deux exemplaires, l'ordre de mentionner préventivement la saisie sur le registre correspondant. Si la saisie porte sur des meubles ou sur des troupeaux, ceux-ci doivent être déposés chez une personne solvable. Si elle porte sur des deniers comptants ou sur des effets publics, le dépôt en doit être effectué dans l'établissement à ce destiné, s'il en existe un dans la localité où la saisie est pratiquée, et, dans le cas contraire, dans les mêmes conditions que le dépôt des meubles ordinaires, mais en exigeant du dépositaire les garanties suffisantes, en attendant que ces valeurs puissent être transportées dans un des établissements que nous venons d'indiquer.

Lorsque les biens saisis se trouvent entre les mains d'un tiers, celui-ci en sera constitué dépositaire, et, à cet effet, il doit lui être donné avis de la saisie. Enfin, si la saisie porte sur des fruits et revenus, il y a lieu d'organiser une administration judiciaire qui doit être confiée à la personne désignée par le créancier.

Lorsque la saisie est pratiquée, on doit introduire une demande en validité par une instance exécutive ou déclarative suivant les cas. A cet effet, une requête sera présentée, dans un délai préfixe de 20 jours, qui peut même être réduit à dix jours à la volonté du saisi; passé ce délai, sans présenter la requête, ni former une demande en validité de la saisie, celle-ci est nulle de plein droit, et, sur la requête du débiteur, sans qu'il soit besoin d'entendre le créancier, elle sera déclarée sans effet. Cependant, lorsque la demande est engagée, et pendant que l'instance est pendante, on pourra demander la saisie préventive, mais, pour l'accorder et y procéder, il doit être, dans ce cas, formé un cahier distinct du dossier de la procédure exécutive.

Si la saisie demeure sans effet, comme faite sans droit, le saisissant supportera les frais et il sera en outre passible de dommages-intérêts[2]. Si la nullité de la saisie résulte du défaut de présentation de la demande en temps utile, ou de cette circonstance que la validité n'a pas été demandée, on devra ordonner en outre telle mesure qu'il appartiendra, comme par exemple la radiation de la caution, s'il en a été donné une, ou de la mention provisoire faite sur le registre de la propriété. Si la nullité résulte d'une autre cause, il sera statué ce que de droit en ce qui concerne les frais et les dommages-intérêts.

Si le titre sur lequel est basé la saisie est un de ceux pour lesquels il est nécessaire de procéder à une reconnaissance d'écriture ou à une confrontation préalable[3], ces mesures peuvent également être ordonnées même aux frais et aux risques et périls du demandeur. Il en peut être ainsi même lorsqu'il s'agit d'un document signé par un tiers, au nom du débiteur qui ne sait signer, toutes les fois que, cité à deux reprises consécutives, à 24 heures de distance, pour faire une déclaration à serment sur la sincérité du document, il ne répond pas à l'appel judiciaire. Il en sera de même lorsque le document sera reconnu, mais la dette déniée. Cependant, comme dans ces cas, la sécurité n'est pas la même que lorsqu'il s'agit d'une saisie préventive sur la production d'un titre exécutoire, si la solvabilité du demandeur, étant inconnue, ne peut

---

[1] La loi du 12 juillet 1906 plus favorable aux indigents que la loi d'*Enjuiciamiento civil*, a réformé en ce sens les articles correspondants de cette dernière loi.

[2] Cela suppose que le débiteur, après l'ordonnance, s'est opposé à la saisie en démontrant qu'elle avait été faite sans fondement. De là la condamnation à des dommages-intérêts. Cette opposition devra être faite dans les cinq jours qui suivent la notification de l'ordonnance prononçant la validité de la saisie, ou plus tôt, et la procédure à suivre est la même que pour les incidents.

[3] La loi ne parle que du cas où il est nécessaire de procéder à la reconnaissance de la signature d'un acte sous seing privé; mais il est évident qu'il en est de même quand il s'agit des titres de coupons ou de polices qu'il y a lieu de confronter avec le talon ou avec le titre ou le registre du courtier.

conocida, para estar á las resultas de los perjuicios y costas que pudieren ocasionarse, deberá el juez exigirle fianza bastante á su juicio; y si se la admitiere personal, la responsabilidad definitiva será del juez que la consintió.

Si la deuda no excediere de 500 pesetas, el juez municipal decretará el embargo preventivo que se hubiere pedido, siempre que lo estime procedente, al tiempo de acordar la citación para el juicio verbal; y lo ratificará, ó dejará sin efecto en la sentencia, segun que condene ó absuelva al demandado; imponiendo al demandante, en este último caso, las costas, y los daños y perjuicios cuando el demandado los hubiere reclamado en el juicio.

§ 2.º *Reconocimiento de firma de un documento privado.*

Ha de solicitarse del juez la citación del deudor para este reconocimiento; y si el deudor no compareciere, apesar del segundo llamamiento, bajo apercibimiento de tenerle por confeso si no comparece, se tendrá por reconocida la firma para los efectos de la ejecución, y se despachará esta si se acompaña acta de protesto ó de requerimiento notarial al pago ó certificación de acto de conciliación, siempre que no resulte de alguno de estos documentos que la oposición al pago se fundó en la falsedad de la firma. De no existir protesto, acta de requerimiento ó certificación de acto de conciliación, habrá de citarse por tercera y última vez al deudor; y si no comparece, ni alega justa causa que se lo impida, á petición del acreedor, se tendrá por reconocida la firma, y se despachará la ejecución.

Si comparece el deudor, y reconoce la firma, aunque niegue la deuda, á petición del acreedor, podrá despacharse la ejecución. Y si dijere que no puede asegurar si la firma es suya, se le interrogará acerca de la certeza de la deuda; y, si la confiesa, podrá despacharse la ejecución. Si la negare no hay ejecución posible; y al acreedor no le queda otro recurso que el de acudir al juicio ordinario correspondiente.

§ 3.º *Confesión en juicio de la deuda.*

Cuando no exista documento ninguno que acredite la deuda podrá prepararse la ejecución pidiendo al juez que cite al deudor, para que confiese, bajo juramento, la certeza de la deuda; siendo preciso, para ello, que el deudor esté en el pueblo cuando se le haga la citación, que sea esta personal, y que en la cédula de citación se exprese el motivo de esta, la cantidad que se reclame y el origen de la deuda. Si no se hallare al deudor en su habitación solo podrá entregarse la cédula al pariente más cercano; y si, después de tres citaciones, hechas bajo apercibimiento de tenerle por confeso, no compareciere, ni alegare justa causa que se lo impida, se tendrá por reconocida la deuda, y podrá despacharse la ejecución. Si comparece, y niega la deuda, no hay ejecución posible, y solo queda el camino del juicio ordinario[1].

§ 4.º *Confrontación de títulos y cupones.*

Habrá de solicitarse del juez la práctica de esta diligencia en el domicilio comercial de la entidad que los emitió, con la intervención del director, ó persona que al efecto represente al deudor. Si la confrontación resulta conforme, no será obstáculo para despachar la ejecución la protesta de falsedad del título, si bien, esta, podrá alegarse dentro del juicio en forma de excepción.

§ 5.º *Comprobación de pólizas suscritas por corredor ó agente de Bolsa colegiado.*

Para preparar la ejecución con pólizas originales suscritas por corredor ó agente de Bolsa colegiado habrá de solicitarse del juez la práctica de esta diligencia en el domicilio del corredor ó agente, para que, con citación de la parte contraria, se haga el examen del asiento correspondiente que ha de existir en el libro, y se compruebe si este se lleva ó no con arreglo á la ley. Si el resultado de esta diligencia es favorable

---

[1] Aunque la confesión de una deuda, hecha al absolver posiciones en un juicio ordinario, después de contestada la demanda, es una verdadera confesión judicial, declara la ley, sin embargo, que, esta, no podrá servir de fundamento á una ejecución, para abandonar el juicio ordinario.

répondre des dépens et des dommages-intérêts auxquels la saisie pourrait donner lieu, le juge devra exiger la caution qu'il estimera suffisante et, s'il vient à admettre une caution personnelle, il sera définitivement responsable.

Si la dette ne dépasse pas 500 *pesetas*, le juge municipal ordonnera la saisie provisoire qui lui est demandée, toutes les fois qu'il le jugera utile, et il délivrera en même temps le permis de citer pour l'instance verbale; il validera ensuite la saisie ou l'annulera suivant qu'il condamnera ou renverra le défenseur de la poursuite, et, dans cette dernière hypothèse, il condamnera le demandeur aux dépens et il allouera en outre des dommages-intérêts au défendeur, si celui-ci en réclame.

§ 2. *Reconnaissance de la signature d'un acte sous-seing-privé.*

Il faut d'abord demander au juge le permis de citer le défendeur, et, si celui-ci ne comparaît pas malgré un second ajournement contenant avis que faute par lui de comparaître il sera considéré comme ayant fait un aveu, la signature est tenue pour reconnue et elle produit tous les effets légaux, au point de vue de l'exécution. Il doit alors être procédé à cette exécution, après protêt ou commandement par notaire de payer ou procès-verbal de conciliation, pourvu qu'il ne résulte pas de l'un de ces actes que l'opposition au paiement est fondée sur la fausseté de la signature. A défaut de protêt, de commandement, ou de procès-verbal de conciliation, il y aura lieu d'adresser une troisième et dernière citation au débiteur, et, si celui-ci ne comparaît pas sans en être empêché par une cause légitime, la signature devra, à la requête du créancier, être réputée reconnue, et l'ordre d'exécution sera délivré.

Si le débiteur comparaît et reconnaît la signature, mais dénie la dette, l'ordre d'exécution pourra être délivré sur la requête du créancier. Si le débiteur répond ne pouvoir certifier que la signature est la sienne, il devra être interrogé sur l'existence de la dette, et, s'il la reconnaît, l'ordre d'exécution pourra être décerné. Si le débiteur dénie la dette, il n'y a plus d'exécution possible et le créancier n'a plus d'autre recours que de se pourvoir par la voie de l'instance judiciaire ordinaire.

§ 3. *Aveu en justice de la dette.*

Lorsqu'il n'existe aucun titre justifiant l'existence de la dette, l'exécution pourra encore être préparée en demandant au juge le permis de citer le débiteur pour que celui-ci avoue, sous la foi du serment, la réalité de la dette. Mais il est nécessaire pour que l'on puisse procéder ainsi que le débiteur soit dans la localité lorsqu'il reçoit la citation, qu'il s'agisse d'une dette personnelle, et que la cédule de citation mentionne la cause de la citation, la somme réclamée et l'origine de la dette. Si le débiteur n'est pas rencontré dans sa maison d'habitation, la cédule peut être remise à son parent le plus proche. Enfin, si après trois citations contenant avis que le défaut de comparaître et d'invoquer une cause légitime d'empêchement sera considéré comme un aveu, la dette sera réputée reconnue et l'ordonnance d'exécution pourra être délivrée. Si le débiteur comparaît mais dénie la dette, il n'y a plus d'exécution possible, et seule la voie de l'instance ordinaire demeure ouverte [1].

§ 4. *Confrontation des titres et coupons.*

On devra demander au juge l'autorisation de procéder à cette vérification au domicile commercial de la Société qui a émis les titres, en présence du directeur ou du représentant du débiteur, Si cet examen démontre qu'il y a conformité entre les titres et les talons, la fausseté prétendue du titre ne suffira pas pour empêcher la délivrance de l'ordonnance d'exécution, mais le titre pourra être argué de faux, au cours de l'instance par voie d'exception.

§ 5. *Vérification des polices souscrites par l'intermédiaire d'un courtier ou agent de Bourse faisant partie d'un Collége.*

Pour préparer l'exécution de polices souscrites par l'intermédiaire d'un courtier ou agent de Bourse faisant partie d'un Collége, on doit solliciter du juge l'autorisation de procéder au domicile du courtier ou agent, après citation de la partie adverse, à l'examen de la mention concernant la police qui se trouve sur le livre du courtier ou de l'agent et à la vérification du point de savoir si ce livre est tenu conformément

---

[1] Bien que la reconnaissance de la dette faite après contestation de la demande, dans les dernières conclusions de l'instance ordinaire, soit, aux termes de la loi, un véritable aveu judiciaire, cependant elle ne peut servir de base à une instance exécutive et permettre d'abandonner l'instance ordinaire.

al que exhibe la póliza queda preparada la ejecución; y, si no lo fuere, solo le queda expedito el juicio ordinario correspondiente.

III. Sustanciación del juicio.

La demanda ejecutiva se ha de formular en los mismos términos que la ordinaria; pero conteniendo la protesta de abonar pagos legítimos. Ha de ir acompañada, también, de la copia de la misma, y de la de los documentos en que se basa. Si la deuda fuere en especie de las que se cuentan, pesan ó miden, ó en efectos de comercio, se hará la computación á metálico por el precio pactado; y, en su defecto, por el precio del mercado, que se acreditará con la certificación correspondiente de la Junta sindical del Colegio de corredores, si lo hubiere en la plaza, y, no habiéndolo, con certificación de la autoridad municipal, correspondiente, en el primer caso, y por la de dos corredores ó comerciantes, en el segundo. Si la deuda fuere de efectos públicos, ó de cualesquiera otros valores cotizables en Bolsa, se computará su valor efectivo en metálico por el precio de cotización que arroje el Boletin oficial de cotización correspondiente al dia del vencimiento de la obligación.

Si el juez encontrare conforme el titulo despachará la ejecución; y si creyere que la obligación ó el titulo son nulos, ó que este último no tiene fuerza ejecutiva, ya por defectos extrinsecos, ó por no haber vencido el plazo, ó no ser exigible la cantidad, ó ser iliquida, la denegará, sin tener que oir, en ningun caso, al demandado.

Tanto la ejecución, como su denegación, se han de decretar por auto del juez, contra el que, si fuere de denegación puede recurrirse, pidiendo, primero, su reposición[1], y si esta no se concede podrá apelarse del auto. Esta apelación habrá de admitirse en ambos efectos, y habrá de sustanciarse por la Audiencia, con emplazamiento, tan solo, del ejecutante.

Despachada la ejecución se entregará el mandamiento á un alguacil[2] del juzgado, el cual requerirá de pago al deudor, á presencia del actuario[3]. Si pagare el deudor en el acto la deuda y las costas causadas se hará constar el pago en los autos por medio de diligencia[4], dándose recibo por el actuario. El juez mandará entregar al ejecutante el importe de la deuda reclamada, y se dará por terminado el juicio.

Si, para evitar mayores gastos, consigna el deudor la cantidad reclamada en manos del actuario, reservándose el derecho de oponerse á la ejecución, se acordará por el juez la entrega, á aquel, de las copias de la demanda y documentos que se acompañen, emplazándole para que se persone en los autos dentro del plazo legal. Si no se personase le declarará en rebeldía; y mandando el juez traer los autos á la vista para sentencia, con citación, tan solo, del ejecutante, dictará esta. Si se personare, oponiéndose en tiempo y forma, se le tendrá por opuesto, y se le señalará el plazo para que formalice la oposición. Si no la formaliza, sin necesidad de instancia del ejecutante, dictará sentencia el juez, mandando, para ello, traer los autos á la vista, con citación de las partes.

Para que se considere formalizada la oposición en toda regla, es preciso fundarla en una de estas excepciones: Falsedad del título ejecutivo ó del acto que le hubiere dado caracter de tal; pago, compensación de crédito líquido[5] que resulte

---

[1]) El *recurso de reposición* tiene por objeto pedir al juez que examine de nuevo el asunto, y rectifique su acuerdo.

[2]) *Alguacil* es el último agente en la escala de los funcionarios de la administración de justicia; es, digamoslo asi, el brazo ejecutor de la justicia civil (— tambien los es de la criminal, aunque no de un modo tan absoluto, porque en esta hay el verdugo encargado de la ejecución de la pena de muerte —), ya que á él se le encomienda la práctica material de los embargos, notificaciones y citaciones.

[3]) *Actuario* es el funcionario judicial que autoriza las actuaciones todas del pleito.

[4]) *Diligencia* es la práctica, ó ejecución, de lo mandado por el juez. Y se llama, tambien, del mismo modo, la relación escrita que hace el actuario en los autos de lo ejecutado por mandato del juez.

[5]) *Compensación de crédito líquido* quiere decir existencia de otro crédito análogo á favor del deudor y en contra del acreedor (igual ó mayor), que produce los efectos del pago.

à la loi. Si le résultat de cette diligence est favorable à la partie qui a produit la police, l'exécution se trouve préparée; dans le cas contraire, la seule ressource est de procéder par la voie d'une instance ordinaire.

III. Procédure de l'instance.

La demande exécutive doit être formulée dans les mêmes termes qu'une demande ordinaire, mais avec l'offre d'acquitter les frais légitimement dus. On doit y joindre aussi la copie de la demande et des documents sur lesquels elle est basée. Si la dette a pour objet des choses qui se comptent, se pèsent et se mesurent, ou des effets de commerce, on en réduira la valeur en argent d'après le prix convenu, et, à son défaut, d'après le cours du marché certifié par une attestation de la chambre syndicale du Collège des courtiers, s'il en existe un dans la place, et, dans le cas contraire, par un certificat de l'autorité municipale dans le premier cas, et, par une attestation de courtiers ou de commerçants, dans le second. Si la dette a pour objet des effets publics, ou des valeurs cotées en Bourse, leur valeur sera calculée en argent d'après le cours officiel de la Bourse au jour de l'échéance de l'obligation.

Si le juge estime le titre régulier, il délivrera l'ordre d'exécution. Il le refusera au contraire, s'il croit l'obligation ou le titre nul, ou s'il pense que le titre n'a pas force exécutoire, soit à raison de vices extrinsèques, soit parce que le délai n'est pas encore échu, ou que la somme n'est pas exigible ou n'est pas liquide. Il n'y a lieu, dans aucun cas, d'entendre le défendeur.

L'exécution, comme le refus d'y laisser procéder, doivent être décrétés par ordonnance du juge. Contre l'ordonnance de refus, peuvent être formés d'abord le recours en *reposición*[1], et, en cas de rejet de ce recours, un appel. Cet appel, qui est recevable pour les deux effets, doit être suivi devant l'*Audiencia* après ajournement du poursuivant seul.

Lorsque l'exécution est ordonnée, le mandement est remis à un *alguacil*[2] du tribunal qui, en présence de l'*actuario*[3], fera au débiteur sommation de payer. Si le débiteur acquitte immédiatement la dette et les frais, il fera constater le paiement dans le dossier au moyen d'un acte *diligencia*[4], et l'*actuario* lui délivrera un récépissé. Le juge ordonnera ensuite de remettre au poursuivant le montant de la somme touchée, et l'instance sera close.

Si le débiteur, en vue d'éviter de nouveaux frais, consigne la somme réclamée entre les mains de l'*actuario*, sous réserve de s'opposer à l'exécution, le juge rendra une ordonnance permettant de lui remettre les copies de la demande et des documents qui s'y trouvent joints, et il l'ajournera pour constituer procureur dans le délai légal. Faute par le débiteur de constituer procureur, il sera déclaré défaillant, et, après mandement du juge de porter la procédure à l'audience pour plaidoirie, et citation du poursuivant seul, la sentence sera rendue. Si, au contraire, le défendeur constitue procureur en temps utile et forme opposition à l'exécution, il sera déclaré opposant, et il lui sera indiqué le délai dans lequel il doit mettre en forme cette opposition. Faute par lui de le faire, le juge prononcera la sentence après avoir ordonné le renvoi pour plaidoirie de la procédure à l'audience et la citation des parties.

Pour que l'opposition soit considérée comme régulièrement mise en forme, il faut que le défendeur soulève une des exceptions suivantes: Fausseté du titre ayant force exécutoire, ou de l'acte qui lui a attribué la force exécutoire; paiement, compensation de la dette avec une autre créance liquide[5] résultant d'un titre ayant force

---

[1]) Le recours de *reposición* a pour objet de demander au juge d'examiner à nouveau l'affaire et de rectifier sa première décision.

[2]) L'*alguacil* est le dernier agent dans l'échelle des fonctionnaires chargés de l'administration de la justice. C'est l'agent d'exécution de la justice civile. Il l'est aussi, mais d'une manière moins absolue en matière criminelle, puisque le bourreau étant chargé de l'exécution de la peine de mort, l'*alguacil* n'est chargé que de procéder aux notifications, aux saisies et aux citations.

[3]) L'*actuario* est l'officier public chargé d'authentiquer tous les actes de la procédure.

[4]) Le mot *diligencia* désigne l'accomplissement ou l'exécution de l'ordre du juge, ainsi que le rapport écrit par lequel l'*actuario* constate dans la procédure qu'il a été procédé à l'exécution de l'ordonnance du juge.

[5]) Il y a *compensation* lorsque le débiteur possède lui-même contre son créancier, une créance analogue, égale ou supérieure, également exigible, et dont l'existence produit les effets d'un paiement.

de documento ejecutivo; prescripción[1]; quita ó espera[2]; pacto ó promesa de no pedir; falta de personalidad en el ejecutante ó en su procurador[3]; novación[4]; transacción[5]; compromiso de sujetar la decisión del asunto á árbitros ó amigables componedores, otorgado en forma legal; la incompetencia de jurisdicción; la plus-petición[6]; exceso en la computación á metálico de las deudas en especie; la nulidad de la obligación ó del título que sirvió para despachar la ejecución; la carencia de fuerza ejecutiva del título; y el no tener el ejecutado el carácter ó la representación con que se le demanda. Si el título ejecutivo, que sirve de base á la ejecución, es una letra de cambio, solo se admitirán las cinco primeras excepciones para que quede formalizada en regla la oposición. Al tiempo de formalizar esta, habrá de proponerse la prueba que se estime necesaria.

Del escrito de oposición se dará traslado al demandante para que conteste, y proponga, á su vez la prueba. Y si no la hubiere propuesto ninguno, citará el juez para sentencia, mandando entregar al ejecutado copia del escrito de contestación á la oposición, y celebrando vista del pleito si lo solicitare alguna de las partes dentro del plazo legal. Si se solicitó prueba por alguna de las partes, señalará el juez el término legal para proponerlas; dentro de cuyo término habrán de practicarse las propuestas que el juez haya declarado admisibles, y proponerse las que no lo hubieren sido, sobre las cuales resolverá el juez, lo mismo que si se tratare del juicio ordinario. Concluída la práctica de las pruebas, ó transcurrido el término sin haberlas practicado todas, mandará el juez que se unan á los autos las practicadas; y que se pongan estos de manifiesto á las partes para su instrucción. Pasado el término de instrucción, citará á estas para sentencia, en la forma que queda dicho anteriormente.

IV. Embargo.

Procede el embargo en todos aquellos casos en que el deudor no paga el total de la cantidad importe de la deuda y las costas causadas, ya por no querer hacerlo en el acto del requerimiento, después de despachada la ejecución, ya por no habérsele encontrado en su domicilio las dos veces que ha de buscársele, según previene la ley, y entregado la cédula de requerimiento á las personas que la ley designa á este efecto[7]; ó ya porque, no siendo conocido dicho domicilio, é ignorándose su paradero, se ha decretado el embargo por el juez, á instancia de parte, y sin la diligencia del requerimiento al pago, que es en tal caso de imposible cumplimiento, si no se toma el acuerdo de requerir para ello á la persona en cuyo poder radiquen los bienes del deudor. En el caso de que se practicare el embargo sin el prévio requerimiento al pago, se harán este y la citación de remate[8] en una misma diligencia, que se hará pública fijándola en el tablón de edictos[9] y en el *Diario de Avisos*[10], donde lo hubiere, y sino en el

---

[1]) *Prescripción.* Transcurso del tiempo máximo, dentro del que es forzoso reclamar nuestras acciones ó derechos para que puedan prosperar en juicio.

[2]) *Quita* es la reducción del crédito, consentida por el acreedor. *Espera* es el aplazamiento del vencimiento que consta en el título.

[3]) Véase la pág. 43.

[4]) *Novación* es la sustitución de una obligación por otra, ya alterando el objeto ó las condiciones principales de la primera, ya sustituyendo la persona del deudor; ó ya subrogando á un tercero en los derechos del acreedor.

[5]) *Transacción* es un contrato celebrado entre acreedor y deudor, en el que, cediendo una y otra parte de lo que estiman que es un derecho, evitan la provocación de un pleito, ó ponen término al ya comenzado.

[6]) *Plus-petición,* exceso en el pedir.

[7]) Véase la pág. 65. Si pagare por el deudor alguna de estas personas no se practicará le embargo.

[8]) *Remate* es la adjudicación de bienes hecha en subasta pública; y la *citación de remate* es el aviso que se hace al deudor para que sepa que se va á proceder á la venta judicial para pago de su deuda.

[9]) El *tablón de edictos* es el sitio donde se fijan estos para conocimiento del público que asiste al Juzgado ó Tribunal. Se la llama tablón porque de ordinario es un trozo de madera, (tabla), sujeto á la pared, á suficiente altura, para que se pueda leer lo que en el mismo se fija.

[10]) El *Diario de Avisos* es el periódico oficial de la localidad.

exécutoire; prescription[1]; remise partielle de dette, ou atermoiement[2], pacte ou promesse de ne pas réclamer la dette; défaut de qualité du poursuivant ou de son procureur[3]; novation[4]; transaction[5]; compromis légalement fait en vue de soumettre l'affaire à des arbitres ou amiables compositeurs; incompétence de la juridiction; plus pétition[6]; erreur en plus commise en réduisant en argent la valeur des dettes en nature; nullité de l'obligation ou du titre qui a servi pour délivrer l'ordonnance d'exécution; défaut de force exécutoire du titre; défaut, chez le défendeur, de la qualité sous laquelle il est poursuivi. Si le titre exécutoire, en vertu duquel la poursuite est exercée, est une lettre de change, les cinq premières exceptions que nous venons d'énumérer sont seules recevables à l'appui de l'opposition. En formulant son opposition, le défendeur devra faire l'offre de preuve qu'il croira nécessaire.

L'acte d'opposition doit être communiqué au poursuivant pour y répondre et faire à son tour une offre de preuve. S'il n'en fait aucune, le juge ordonnera de citer les parties pour la sentence et de donner communication au défendeur du mémoire du poursuivant en réponse à l'opposition, et il entendra en audience publique les explications orales des parties, si l'une des parties le demande dans le délai légal. Si l'une des parties demande à faire une preuve, le juge indiquera le délai légal dans lequel les moyens de preuve doivent être proposés. Dans ce délai, on doit rapporter les preuves déclarées recevables par le juge, proposer celles qui n'auraient pas été déclarées admissibles, et sur lesquelles le juge devra statuer de la même manière que dans l'instance ordinaire. Lorsque les diligences ainsi autorisées ont été faites ou que le délai s'est écoulé sans qu'elles aient toutes été réalisées, le juge ordonnera de joindre au dossier celles qui ont été réalisées et de communiquer la procédure aux parties, et, après expiration du délai durant lequel elles peuvent en prendre connaissance, il ajournera les parties pour la sentence dans la forme qui vient d'être exposée.

IV. Saisie.

Il y a lieu de procéder à la saisie dans tous les cas où le débiteur ne paye pas intégralement la dette en principal et frais. Cela peut se produire de diverses manières: ou bien le débiteur n'a pas voulu payer au moment du commandement; ou bien il n'a pas été rencontré dans son domicile, lorsque, à deux reprises, comme le prescrit la loi, il a été requis et, que la cédule du commandement a dû être remise aux personnes que la loi désigne à cet effet[7]; ou bien le domicile du débiteur est inconnu et l'on ignore ce que lui-même a pu devenir, et, en conséquence, le juge a autorisé la saisie, à la requête du poursuivant, sans commandement préalable, parce que ce commandement était impossible, à moins qu'il n'y ait lieu d'adresser la réquisition à la personne qui détient les biens du débiteur. Lorsqu'il est procédé à la saisie sans commandement préalable, il y a lieu de la faire dans le même acte que la citation pour la vente aux enchères[8] des biens saisis. Cet acte doit, en outre, être rendu public, au moyen d'affiches apposées sur le *tablon de edictos*[9] et dans le *Diario de avisos*[10] dans

---

[1] *Prescription.* On appelle ainsi le délai maximum dans lequel on doit obligatoirement et à peine de déchéance faire valoir ses droits et actions en justice.

[2] *Quita.* On appelle ainsi la remise ou réduction de la dette consentie par le débiteur. L'atermoiement (*espera*) est la prorogation de l'échéance fixée par le titre.

[3] V. page 43.

[4] La *novation* est la substitution d'une obligation à une autre, avec modification de l'objet ou des conditions principales de la première, ou changement de débiteur, ou subrogation d'un tiers dans les droits du créancier.

[5] La *transaction* est un contrat intervenu entre deux personnes par lequel chacune d'elles abandonne partie de ce qu'elle croit être son droit, afin d'éviter un procès à naître ou de mettre fin à un procès déjà commencé.

[6] La *plus-pétition* est une demande excessive.

[7] V. p 65. Si l'une de ces personnes vient à payer pour le débiteur la saisie ne doit pas être pratiquée.

[8] Le *remate* est l'adjudication des biens faite aux enchères publiques. On appelle *citacion de remate* l'avis donné au débiteur pour lui faire savoir qu'il va être procédé à la vente judiciaire pour obtenir le paiement de la dette.

[9] Le *tablon de edictos* (tableau des édits) est le lieu où sont affichés les ordonnances pour les porter à la connaissance du public qui assiste aux audiences du *juzgado* ou du tribunal. On le nomme *tablon* (tableau) parce qu'il est ordinairement formé de pièces de bois, attachés au mur à une hauteur suffisante pour permettre de lire ce qui y est affiché.

[10] Le *Diario de Avisos* (Journal des avis) est le périodique officiel de la localité.

Boletin Oficial[1] de la provincia; y si el juez lo estima pertinente en la *Gaceta de Madrid*[2].

El embargo se hará sobre los bienes dados en prenda ó hipoteca como especialmente afectos al pago de la deuda; y, no habiéndolos, ó siendo insuficientes, se procederá al de los demás que se encontraren, por el orden indicado al hablar de los embargos preventivos[3], y con las mismas excepciones y prohibiciones que allí se indican. Á este embargo, lo mismo que al preventivo, puede concurrir el acreedor, para designar, dentro de la serie legal, los bienes que especialmente han de embargarse, así como designar la persona del depositario.

Durante el curso del juicio, puede pedirse la mejora del embargo ó su ampliación. La mejora, en el caso de que pueda dudarse de la suficiencia de los bienes embargados para el pago del crédito y las costas; en el haberse entablado una tercería; ó en el pedirse el de bienes especialmente hipotecados á la seguridad de la deuda. Y la ampliación, siempre que, durante el juicio, y antes de pronunciarse la sentencia de remate, venza algún plazo de la obligación por la que se ejecuta. La ampliación se concederá sin necesidad de retrotraer el procedimiento; y considerándose comunes á la ampliación los trámites del juicio ya practicados. También podrá pedirse la ampliación respecto de los plazos que vencieren despúes de la sentencia de remate; en cuyo caso el juez, presentada la demanda de ampliación, llamará los autos á la vista con citación de las partes, mandando entregar copia de aquella al deudor; y, si este no se opone, en el término de tres días dictará sentencia para que se tenga por ampliada la de remate, á tenor de lo nuevamente solicitado, siguiéndose adelante la ejecución. Si se opusiere, entonces, se dará á la demanda de ampliación el trámite de la demanda ejecutiva que ya hemos indicado anteriormente[4].

Hecho el embargo, se citará de remate al deudor; ya en su domicilio, si fuere conocido; ya por medio de edictos, en la forma indicada[5]; mandándole entregar la copia de la demanda y del título y documentos que se acompañen para que se oponga ó consienta la ejecución; dándose, ya, en cualquiera de estos dos casos, al juicio la tramitación que hemos dicho[6] en los casos en que no hubo embargo; teniendo en cuenta que, á más de las excepciones entonces indicadas, como utilizables para la oposición, puede fundarse esta, también, en no haber sido citado de remate con las formalidades legales.

Sentencia é impugnación de la misma. La sentencia que se dicte en el juicio ejecutivo es distinta, según que se haya hecho el pago en el acto del requerimiento, ó la consignación del importe de la deuda y costas, ó se haya consentido el embargo.

En el primer caso, como el pago se hace al actuario, el juez ordenará que se mande pagar al ejecutante, y que el resto se aplique al pago de costas, prévia tasación de las mismas, devolviendo el sobrante, si lo hubiere, al ejecutado.

En el segundo y tercero, si el fallo es condenatorio, dictará sentencia de remate, mandando seguir adelante la ejecución, y expresando la cantidad que ha de pagarse al acreedor; hará las declaraciones que estime procedentes sobre las excepciones opuestas; y dispondrá el pago de las costas, por cuenta del ejecutado, previa tasación; salvo el caso de que, habiendo alegado y probado alguna de las excepciones legales admisibles, hubiese consignado, al tiempo de formularla, la cantidad importe de la deuda. Si el fallo no fuere condenatorio, y puede no serlo por tres motivos: nulidad de actuaciones, incompetencia de jurisdicción y absolución; si es por el primero, se

---

1) El *Boletin Oficial* es el periódico oficial de la provincia.

2) La *Gaceta de Madrid* es el periódico oficial del Gobierno, en donde se insertan las leyes, reales decretos, reales ordenes, reglamentos, circulares, etc., que interesa poner en conocimiento de la nación.

3) Véase la pág. 65.

4) Véase la pág. 68.

5) Véase la pág. 69.

6) Véase la pág. 68, 69.

les villes où il en existe un, et, sinon, dans le *Bulletin officiel*[1] de la province et enfin dans la *Gaceta de Madrid*[2], si le juge l'estime utile.

La saisie sera pratiquée sur les biens donnés en gage ou hypothéqués et spécialement affectés au paiement de la dette. A leur défaut, ou s'ils sont insuffisants, la saisie sera pratiquée sur les autres biens en suivant l'ordre que nous avons indiqué plus haut en parlant de la saisie préventive[3], et en observant les mêmes exceptions et prohibitions. A cette saisie, de même que dans la saisie préventive, le créancier peut intervenir pour indiquer, dans la liste des biens légalement saisissables, ceux qui doivent être spécialement saisis et pour désigner le dépositaire.

Durant le cours de la procédure, on peut demander la *mejora* ou *l'ampliación* de la saisie, c'est-à-dire que la saisie s'étende à de nouveaux biens qui n'y avaient pas été compris d'abord. Ces deux expressions, toutefois, ne répondent pas exactement à la même idée. Il y a lieu de procéder par voie de demande de *mejora*, lorsqu'il y a lieu de douter que les biens saisis soient suffisants pour assurer le paiement de la créance et des frais, lorsqu'il s'est produit une tierce opposition, ou lorsque l'on demande la saisie de biens spécialement hypothéqués à la sûreté de la dette. Il y a lieu à demander *l'ampliación* de la saisie, toutes les fois que, durant l'instance et avant le prononcé de la sentence ordonnant la mise en adjudication des biens aux enchères, un terme de l'obligation en vertu de laquelle la poursuite est exercée, vient à échoir. *L'ampliación* est accordée sans qu'il soit besoin de recommencer la procédure et toutes les formalités déjà remplies sont réputées communes à *l'ampliación* et à la procédure primitive. On peut également demander *l'ampliación* en ce qui concerne les termes qui viennent à échoir postérieurement à la sentence de mise en adjudication. Dans ce cas, le juge, lorsque la demande *d'ampliación* lui est présentée ordonnera de citer les parties pour la plaidoirie en audience publique, et ordonnera de transmettre au défendeur une copie de la demande *d'ampliación*, et, faute par le débiteur de s'opposer à cette demande, il prononcera, dans les trois jours, une sentence étendant l'ordonnance primitive de mise en adjudication aux biens dont la mise en vente est requise dans la nouvelle requête, et ensuite cette décision sera ensuite exécutée. Si le débiteur s'oppose à la demande *d'ampliación*, il y a lieu de suivre la procédure de l'instance exécutive que nous avons déjà indiquée[4].

Après la saisie, le débiteur doit être assigné pour l'adjudication, soit à son domicile, s'il est connu, soit au moyen d'affiches, dans la forme que nous avons déjà exposée[5] avec ordre de lui remettre la copie de la demande et du titre et des documents qui y sont joints, afin qu'il puisse s'opposer ou consentir à l'exécution. La procédure se suit, ensuite, dans l'une et l'autre de ces deux hypothèses, comme nous l'avons indiqué[6] dans les cas où il n'y a pas eu saisie, avec cette différence toutefois qu'outre les exceptions dont nous avons parlé, le débiteur peut en soulever une nouvelle, tirée de l'irrégularité de la citation à l'adjudication.

Sentence et voies de recours. La sentence prononcée dans l'instance exécutive varie suivant que le paiement a été effectué au moment du commandement, qu'il y a eu consignation du montant de la dette et des frais, qu'enfin le débiteur a acquiescé à la saisie.

Dans le premier cas, comme le paiement est effectué entre les mains de *l'actuario*, le juge doit ordonner de rembourser le poursuivant et d'affecter le surplus au paiement des frais, après taxe, et, s'il y a un excédent, il sera remis au débiteur.

Dans le deuxième et dans le troisième cas, si le débiteur a été condamné, le juge ordonnera la vente aux enchères en prescrivant de suivre sur l'exécution, et en spécifiant la somme qui doit être payée au créancier; il statuera, en même temps, ce que de droit sur les exceptions qui ont pu être soulevées et il condamnera le défendeur aux dépens, sauf taxe. Il en sera ainsi, toutefois, sauf dans le cas où le bien-fondé de l'une des exceptions légalement recevables ayant été démontré, il y aura eu consignation du montant de la dette au moment où cette exception a été formulée. Mais il faut envisager aussi le cas où le débiteur n'a pas été condamné, cette cir-

---

[1]) Le *Boletin Oficial* est le périodique officiel de la province.
[2]) La *Gaceta de Madrid* est le journal officiel du Gouvernement, dans lequel sont insérées les lois, décrets royaux, ordres royaux, règlements, circulaires, etc., dont la connaissance intéresse la nation.
[3]) V. p. 65.
[4]) V. p. 68.
[5]) V. p. 69.
[6]) V. p. 68, 69.

decretará la nulidad de todo lo actuado, mandando reponer los autos al estado que tuvieren cuando se practicó lo que ha producido la nulidad; si por el segundo, se estimará la incompetencia, dejando sin resolver todo lo demás; y si por el tercero, se decretará no haber lugar á pronunciar la sentencia de remate, haciendo, adémas, las declaraciones pertinentes respecto á las excepciones alegadas y á las costas, que se impondrán al ejecutante. Si se decretare la nulidad de lo actuado, se impondrán las costas por mitad á los litigantes, salvo que haya motivos bastantes para imponerlas á uno de ellos por su temeridad, ó, por vía de corrección, al funcionario que hubiere dado lugar á la nulidad del procedimiento.

Todas estas sentencias son apelables en ambos efectos; y si se tratare de la sentencia de remate, ó sea condenatoria, podrá ejecutarse, á petición de parte, siempre que preste, dentro del término legal, fianza bastante, á juicio del juez, para responder en el caso de que por revocación del fallo se vea obligado á devolver lo que se le entregue; cuya fianza quedará cancelada de derecho si el superior confirma la sentencia del inferior.

La sentencia dictada en juicio ejecutivo no produce la excepción de cosa juzgada; y las partes pueden ventilar de nuevo sus derechos en el juicio ordinario correspondiente.

Capítulo noveno.   **Ejecución de la sentencia de remate ó procedimiento de apremio.**

I. Procedimiento ordinario de apremio (avalúo, subasta y pago).

Las sentencias de remate se ejecutan por el procedimiento de apremio, siempre que sean firmes; y no siéndolo, por estar pendientes de apelación, cuando el ejecutante haya dado fianza suficiente para estar á las resultas de dicha apelación.

Si lo embargado fuere dinero, sueldos, pensiones ó créditos realizables en el acto, se hará, á solicitud del ejecutante, pago inmediato del crédito y costas, prévia tasación de estas. Si valores de comercio endosables, ó títulos al portador, emitidos por el Gobierno, ó las sociedades, ó particulares autorizados para ello, y son cotizables en Bolsa, se venderán por medio de agente, donde lo hubiere, y sino, por medio de corredor de comercio; haciéndose con su importe el pago, en iguales términos que en el caso anterior.

Si el embargo fué de bienes muebles ó inmuebles, habrán de subastarse[1] públicamente, por la cantidad que de antemano hubiesen convenido acreedor y deudor; y sino, previo avalúo de los mismos, hecho por peritos nombrados por las partes, ó por el juez, si lo estima conveniente (en el caso de que por cualquier circunstancia no haya designado el que le corresponde el deudor, ó designado hubiere renunciado el nombrado segundamente), y se tratase de bienes inmuebles ó alhajas de importancia. En caso de discordia, podrá nombrarse un tercero, en la forma que indicamos al hablar del dictamen pericial[2].

Si se tratare de inmuebles, antes de proceder á su avaluo, habrá de expedirse mandamiento judicial al registrador de la propiedad del partido correspondiente, para que expida la certificación de cargas que pesen sobre la finca ó fincas, ó la de estar libres de cargas, y requerir al deudor para que presente los títulos en la escribanía. Si de la certificación del registrador resultaren cargas, se hará saber á los acreedores el estado de la ejecución para que intervengan, si quieren, en el avalúo y subasta; lo cual podrán hacer personándose en autos, y nombrando, á su costa, un perito que, con los del ejecutante y ejecutado, intervenga en el avalúo.

---

[1]) La *subasta* es la venta hecha al que, entre los varios á quienes se ofrece la cosa por vender, paga un precio mayor que el que ofrecieron los demás.

[2]) Véase la pág. 52.

constance peut avoir trois motifs: nullité de la procédure, incompétence de la juridiction saisie, renvoi du défendeur des fins de la poursuite. Dans la première hypothèse, le juge prononcera la nullité de tout ce qui a été fait et ordonnera de remettre la procédure dans l'état où elle se trouvait au moment où a été fait l'acte qui en a entraîné la nullité. Dans la deuxième hypothèse, le juge statuera sur la question de compétence seule, sans se prononcer sur les autres. Dans la troisième hypothèse, il déclarera qu'il n'y a lieu d'ordonner la mise en adjudication et il statuera, en outre, ce que de droit sur les exceptions et sur les dépens qui seront à la charge du poursuivant. S'il prononce la nullité de la procédure, les frais seront supportés par moitié par chacune des parties, à moins qu'il n'y ait des motifs de les mettre à la charge exclusive de l'une d'elles, à raison de la témérité de son action, ou, à titre de peine, à la charge du fonctionnaire qui a causé la nullité de la procédure.

Toutes ces sentences sont susceptibles d'appel pour les deux effets. La sentence ordonnant la mise en adjudication, ou la sentence de condamnation pourra cependant être exécutée, à la requête de la partie, pourvu que celle-ci donne, dans le délai légal, la caution jugée suffisante par le juge pour répondre des responsabilités à acquitter, dans le cas où par suite de la révocation de la décision le créancier devrait restituer ce qu'il a reçu. Cette caution est radiée de plein droit en cas de confirmation de la sentence du premier juge par la juridiction d'appel.

La sentence rendue dans l'instance exécutive ne produit pas l'exception de la chose jugée, et les parties peuvent à nouveau faire valoir leurs droits dans une instance ordinaire.

Chapitre IX. Exécution de la sentence d'adjudication ou procédure de contrainte.

I. Procédure ordinaire de contrainte (mise à prix, vente aux enchères et paiement).

Les sentences de mise en adjudication s'exécutent au moyen de la procédure d'apremio (contrainte), lorsqu'elles sont devenues définitives, et, même si elles ne le sont pas encore, lorsque le poursuivant a donné caution suffisante pour garantir les résultats de l'appel.

Si la saisie a porté sur des deniers comptants, un traitement, une pension ou sur des créances immédiatement réalisables, le paiement du capital et des frais, après taxe, aura lieu sans retard, à la requête du poursuivant. Si la saisie porte sur des valeurs de commerce endossables, ou sur des titres au porteur, émis par le gouvernement, ou par des sociétés, ou des particuliers autorisés à cet effet, et cotés en Bourse, ces titres seront vendus par le ministère d'un agent, s'il en existe un, et, dans le cas contraire, par l'intermédiaire d'un courtier. Le paiement est ensuite opéré dans les mêmes conditions que dans le cas précédent.

Si la saisie a pour objet des meubles ou des immeubles, il y a lieu de les vendre aux enchères publiques[1] pour la somme préalablement convenue entre le créancier et le débiteur, sinon, après estimation préalable faite par des experts nommés par les parties ou par le juge, s'il l'estime convenable (dans le cas où par suite d'une circonstance quelconque, le débiteur n'a pas désigné l'expert qu'il lui appartient de choisir, ou que l'expert nommé d'abord n'a pas accepté la mission à lui confiée et qu'un nouvel expert nommé à sa place, l'a également déclinée). L'expertise est également nécessaire s'il s'agit d'immeubles ou de bijoux de grande valeur. En cas de désaccord, il pourra être nommé un tiers-expert dans la forme que nous avons indiquée en parlant de l'expertise[2].

S'il s'agit d'immeubles, avant qu'il soit procédé à l'estimation, le juge doit, en outre, adresser un mandement judiciaire au registrador (conservateur du registre) de la propriété, du partido correspondant, l'invitant à délivrer un bordereau des charges grevant l'immeuble ou un certificat attestant qu'ils sont libres de toutes charges, et requérir le débiteur de produire ses titres au greffe. Si, du certificat du registrador, il résulte que les immeubles sont grevés, avis sera donné aux créanciers de l'état de l'instance exécutive, pour qu'ils interviennent, s'ils le jugent utile, dans la fixation de la mise à prix et dans l'adjudication, ce qu'ils peuvent faire en prenant qualité dans la procédure, et en nommant, à leurs frais, un expert qui, de concert avec ceux du poursuivant et du débiteur saisi, fixera la mise à prix.

---

[1]) La vente aux enchères, (subasta) est la vente faite par adjudication entre tous ceux qui se présentent, au profit de celui qui offre le prix le plus élevé de la chose mise en vente.

[2]) V. p. 52.

Si el deudor presenta los títulos, se formará con ellos ramo separado[1]; y se comunicará al ejecutante para que manifeste si los encuentra conformes ó no, y pida, en este último caso, lo que considere necesario al efecto. Si no se presentaren, podrá apremiar el juez al deudor del modo que crea oportuno para que los presente, ó mandar al registrador de la propiedad que libre certificación de lo que respecto á ellos resulte en el registro; y, en su caso, testimonio de las escrituras de los bienes ejecutados. Y si esto no diere resultado, ó no existieren títulos de dominio, podrá suplirse su falta por los medios que al efecto previene la Ley Hipotecaria; practicándose todo ello á instancia del ejecutante, y á costa del ejecutado.

Practicado el avalúo, se anunciará la subasta por edictos y en los periódicos oficiales, por un plazo de 8 á 20 días, según que se trate de muebles ó de inmuebles ó alhajas de importancia; expresando en los edictos si hay ó no títulos de propiedad, y en el primer caso, que están á disposición de los que pretendan acudir á la subasta en la escribanía del juzgado. Para acudir á esta es preciso constituir previamente en poder del juzgado, ó en el establecimiento destinado al efecto, una cantidad que represente por lo menos el 10 % del avalúo, que se devolverá á sus respectivos dueños en el caso de que no se les adjudiquen los bienes.

La subasta puede celebrarse simultáneamente en el juzgado en que se siguió la ejecución y en el del lugar en que radiquen los bienes, si no fuere el mismo; y pueden celebrarse una, dos y tres subastas, siempre que no haya compradores que ofrezcan, por lo menos, el importe del avalúo en la primera, y las dos terceras partes de este en la segunda. La tercera se hará, sin señalar precio mínimo de venta. En estas subastas el ejecutado tiene derecho en cualquier momento, antes del remate, de pagar el crédito y las costas para que queden libres los bienes, ó el de presentar personas que mejoren la postura[2], cuando en la tercera subasta hiciere alguien proposición por un precio inferior al de las dos terceras partes del que sirvió de base á la segunda. En este caso, si el que hizo la primera proposición tiene interés en ello, se celebrará una nueva subasta entre este y el que presentó el deudor mejorando el precio.

El ejecutante tiene, también, derecho en estas subastas á quedarse con los bienes subastados por las dos terceras partes del precio del avalúo, si no hubo compradores en la primera, y por las dos terceras partes del precio fijado para la segunda en igual caso; ó bien, si lo prefiere, pedir, después de esta segunda subasta declarada desierta, que se le entreguen los bienes subastados en administración, para aplicar sus productos al pago de intereses y extinción del capital del crédito. En este caso no procederá la tercera subasta; y ejecutante y ejecutado habrán de ponerse de acuerdo respecto á la forma de administrar y rendir cuentas; y si no se pusieren de acuerdo, la administración y la rendición de cuentas se practicará en la forma corriente en el país donde radiquen los bienes; pudiendo el ejecutado, en cualquier momento, hacer que cese la administración pagando el resto de su deuda, y el ejecutante cesar en la administración, y pedir nueva subasta por el precio que resulte rebajado el 25 % del avalúo; pudiéndose quedar la finca por las dos terceras partes de dicho precio si no hubiere compradores.

Cuando haya comprador en la subasta (si es en la tercera por un precio igual ó superior á las dos terceras partes del de la segunda, y si es en la segunda y primera por un precio igual ó superior al señalado en cada una de estas), se aprobará la proposición en el mismo acto; mandando al depositario que entregue los bienes muebles ó semovientes al adjudicatario, previa la consignación del precio, que habrá de hacerse dentro de tercero día. Y si se trata de inmuebles, el remate se aprobará también en el mismo acto; pero no se exigirá la consignación del precio, que ha de hacerse en

---

[1] *Ramo separado* se llama al conjunto de documentos y diligencias que constituyen pieza ó expediente distinto de los autos principales, aun cuando se consideren formando parte de los mismos.

[2] Se llama *postura* á la proposición hecha en la subasta.

Si le débiteur présente les titres, il en sera fait un cahier (ramo) séparé[1] de la procédure, qui sera communiqué au poursuivant pour qu'il déclare s'il les accepte sans observation ou non, et prenne, dans la seconde hypothèse, toutes réquisitions qu'il croira utiles. Si le débiteur ne représente pas les titres, le juge pourra l'y contraindre par tel moyen qu'il croira opportun, ou ordonner au *registrador* de la propriété de délivrer une attestation des mentions relatives aux immeubles saisis qui se trouvent sur le registre, et, s'il y a lieu, une copie des actes concernant les biens saisis. Si cette mesure ne donne aucun résultat, ou s'il n'existe pas de titres de propriété, il pourra y être suppléé ainsi qu'il est dit dans la loi hypothécaire. Toutes ces diligences sont faites à la requête du créancier et aux frais du débiteur exécuté.

Lorsque l'estimation est faite, la vente aux enchères est annoncée par des affiches et par des insertions dans les journaux officiels. La vente doit avoir lieu dans un délai variant de 8 à 20 jours, suivant qu'il s'agit de meubles ou d'immeubles, ou de bijoux de grande valeur. Les affiches doivent énoncer s'il existe ou non des titres de propriété, en indiquant, dans la première de ces deux hypothèses, que les titres sont déposés au greffe du tribunal à la disposition de ceux qui désirent prendre part à l'adjudication. Pour se porter enchérisseur, il faut consigner préalablement entre les mains du juge ou dans l'établissement à ce destiné, une somme au moins égale au dixième de la mise à prix. Cette somme est ensuite restituée à ceux qui ne sont pas déclarés adjudicataires.

La vente peut avoir lieu simultanément à la barre du tribunal devant qui la procédure est suivie, et à celle du tribunal de la situation des biens, si les biens ne sont pas situés dans la localité où siège le tribunal. Il peut être procédé à une, deux et même trois adjudications successives, lorsqu'il ne se présente pas d'acheteurs offrant d'abord au moins le montant de la mise à prix, et, lors de la deuxième mise aux enchères, les deux tiers de cette même mise à prix. Lors de la troisième adjudication, la vente est faite sans indication d'un minimum de prix. Lors de ces différentes mises aux enchères, le débiteur a toujours et à tout moment le droit de payer la créance et les frais, avant l'ouverture des enchères, pour obtenir que ses biens demeurent libres, ou de présenter des enchérisseurs (*personas que mejoren la postura*)[2] lorsque, dans la troisième adjudication, il n'est pas fait une offre inférieure aux deux tiers de la mise à prix de la deuxième tentative de vente. Dans ce cas, si celui qui a fait la première offre y a intérêt, il est procédé à une nouvelle adjudication entre lui et l'enchérisseur présenté par le débiteur.

Le poursuivant a également le droit de se rendre adjudicataire des biens mis en vente pour les deux tiers de l'estimation, s'il ne s'est pas présenté d'acquéreurs, lors de la première tentative d'adjudication, et pour les deux tiers de la seconde mise à prix, dans le même cas. Il peut également s'il le préfère, après la deuxième tentative d'adjudication, demander que la vente aux enchères soit déclarée abandonnée et que l'administration des biens mis en vente lui soit confiée pour appliquer leurs produits au paiement des intérêts et à l'extinction du capital de la créance. Dans ce cas, il n'y a pas lieu de procéder à une troisième tentative d'adjudication; mais le poursuivant et le débiteur doivent se mettre d'accord sur la manière d'administrer et de rendre les comptes, et, s'ils ne peuvent s'entendre, l'administration et la reddition des comptes seront faites dans les conditions ordinaires du pays où les biens sont situés. Le débiteur pourra, d'ailleurs à toute époque, mettre fin à cette administration, en payant le solde de la dette. Le poursuivant, de son côté, a la même faculté et il peut demander qu'il soit procédé à une nouvelle adjudication sur une mise à prix inférieure de 25% au chiffre de l'estimation. A défaut d'acquéreurs, le poursuivant peut même se porter acquéreur pour les deux tiers du prix ainsi fixé.

S'il y a acheteur (c'est-à-dire si, à la troisième adjudication, un amateur offre un prix égal ou supérieur aux deux tiers de la mise à prix de la deuxième tentative de vente, et si, lors de la deuxième ou de la première tentative, un amateur accepte la mise à prix fixée pour chacune d'elles ou un prix supérieur), l'offre sera homologuée immédiatement, et il sera enjoint au dépositaire de remettre les meubles ou les troupeaux à l'adjudicataire moyennant consignation préalable du prix. Cette consignation doit être effectuée dans les trois jours. S'il s'agit d'immeubles, l'adjudication sera

---

[1]) On appelle *ramo* (cahier) *separado* l'ensemble des documents et des diligences constituant une pièce ou un expédient distinct de la procédure principale, même lorsque ces documents forment une partie de cette procédure.

[2]) On appelle *postura* la proposition faite dans la vente aux enchères.

el término de ocho días, hasta que se haya practicado por el actuario la liquidación de cargas, si las hubiere, y estén conformes con ella el comprador y las partes. Si no estuvieren conformes, el juez examinará las objeciones que á la misma hagan, y resolverá su aprobación, ó mandará hacer las rectificaciones necesarias.

Aun habiendo comprador en las condiciones indicadas, no se podrá aprobar en el mismo acto de la subasta la venta si la proposición se hace en tercera subasta, y se ofrece el pago á plazos, ó con alguna otra condición, ó si se ha celebrado subasta doble; pues, en el primer caso, hay necesidad de poner la proposición modificada en conocimiento del acreedor para que este resuelva si se queda los bienes por las dos terceras partes del precio de la segunda subasta, aprobándose la proposición tal como se hizo en caso contrario; y, en el segundo, habrá de esperar el juez que conozca de los autos á que se le comunique el resultado de la otra subasta para hacer la adjudicación al mejor postor. Si las proposiciones fuesen iguales, entonces, habrá de procederse á una nueva subasta entre los dos compradores.

También en el caso de no consignarse el precio en el plazo señalado habrá de procederse á otra nueva subasta en quiebra, quedando el comprador de la anterior responsable de la disminución de precio y de los gastos que esta ocasione.

Consignado el precio, el deudor tendrá la obligación de otorgar la escritura de venta, y si no lo hiciere, la otorgará el juez; y, hecho esto, se entregarán al comprador los títulos de propiedad, y se le pondrá en posesión de los bienes.

Del precio de venta, consignado ante el juez, se deducirá, en primer término, el importe de los créditos hipotecarios que fueren anteriores al del ejecutante, depositándose á disposición de los respectivos acreedores, y el resto, si no bastare á cubrir el capital é intereses del crédito, se entregará al ejecutante. Si fuere superior, se le hará pago de dicho capital é intereses y, previa tasación de las costas, se le abonará de ellas lo que le corresponda; quedando el remanente, si lo hubiere, á disposición del deudor, salvo que estuviere retenido judicialmente para el pago de otros créditos.

Si los créditos que sirvieron de base á la ejecución fueren títulos al portador con hipoteca de inmuebles, y si el precio de venta no alcanza á cubrir el importe de todos, se prorrateará el que corresponda á cada título, se pagará la parte correspondiente á los que fueren propiedad del ejecutante, y el resto se depositará á disposición de los dueños de los demás.

El comprador de fincas gravadas con hipoteca tendrá derecho á que, á petición suya, se cancelen[1] las hipotecas y demás gravámenes que pesen sobre las mismas, mediante mandamiento judicial al registrador de la propiedad.

Si la adjudicación de la finca se hizo al ejecutante en pago de su crédito hipotecario, podrá pedir la cancelación de los posteriores, siempre que el precio de adjudicación no fuere suficiente para su total pago; pero no el de los anteriores que siempre subsistirán.

Las costas de la defensa del deudor, causadas durante la ejecución, no tendrán nunca preferencia; y serán las últimas que se deduzcan, antes de entregar el remanente al deudor.

Todas las apelaciones que se interpongan durante el apremio se admitirán en un solo efecto; exceptuándose de esta regla las de los incidentes á que dé lugar la administración y rendición de cuentas, en los casos en que esta se confíe al acreedor, y las de los demás incidentes que se sustancien en pieza ó ramo separado, ó que no tengan relación con las ventas de bienes y pago al acreedor de su crédito.

II. Procedimiento de apremio en negocios de comercio.

Con este título figuran en la Ley de Enjuiciamiento civil una serie de preceptos, que no son, en último término, otra cosa que el reconocimiento de que el juicio ejecutivo y la vía de apremio son posibles tratándose de ciertos créditos mercantiles, en beneficio de los que impone la ley alguna mayor brevedad, acortando algunos plazos, y estableciendo alguna pequeña diferencia, que vamos á señalar.

---

[1] *Cancelar* es anular válidamente un asiento de un libro en el que consta la existencia de una determinada obligación.

également homologuée sur-le-champ, mais la consignation du prix, qui doit être faite dans les huit jours, ne sera pas exigée tant que l'*actuario* n'aura pas procédé, s'il y a lieu, à la liquidation des charges et que cette liquidation n'aura pas été acceptée par l'acquéreur et les parties. S'ils ne peuvent s'entendre, le juge examinera les objections qui pourront être soulevées contre cette liquidation, et il homologuera le travail de l'*actuario*, ou il y fera les rectifications nécessaires.

S'il ne se présente pas d'acquéreur dans les conditions que nous venons d'indiquer, l'adjudication ne peut, lors de la troisième mise en vente, être homologuée par le même procès-verbal, s'il est fait offre d'un prix payable à terme, ou sous une autre condition, ou s'il a été procédé à une double mise en vente. Dans le premier cas, en effet, il est nécessaire de communiquer la proposition modifiée au créancier, pour que celui-ci puisse apprécier s'il doit se porter adjudicataire pour les deux tiers de la mise à prix de la deuxième tentative d'adjudication, ou, au contraire, approuver l'offre qui a été faite. Dans le second cas, il faut attendre que le juge connaisse le résultat de l'autre adjudication, pour adjuger définitivement le bien au plus fort enchérisseur. S'il y a eu égalité d'offres, il y aura lieu de procéder à une nouvelle mise aux enchères entre les deux acquéreurs.

A défaut de consignation du prix dans le délai fixé par la loi, il y a lieu également de procéder à une nouvelle mise en vente dite *en quiebra*, (sur folle enchère) et, dans ce cas, le premier adjudicataire est responsable de la diminution de prix et des frais.

Lorsque le prix est consigné, le débiteur est tenu de signer l'acte de vente; faute par lui de le faire, l'acte sera délivré par le juge; puis les titres de propriété seront remis à l'acquéreur qui sera mis en possession des biens.

Sur le prix de vente consigné, il sera prélevé d'abord pour être déposé au nom des ayants-droit le montant des créances hypothécaires antérieures à la créance du poursuivant; le surplus, s'il n'est pas suffisant pour couvrir la créance en capital et intérêts, sera remis au poursuivant; s'il dépasse au contraire le montant de la créance, il servira d'abord à acquitter le capital et les intérêts, et, la différence, après taxe, sera affectée au paiement des frais; et le solde, s'il y a lieu, sera mis à la disposition du débiteur, à moins qu'il n'ait été judiciairement saisi pour assurer le paiement d'autres créances.

Si les créances qui ont servi de base à l'instance exécutive sont des titres au porteur garantis par une hypothèque sur des immeubles, et si le prix de vente est insuffisant pour acquitter la totalité de ces créances, on devra calculer le prorata revenant à chaque titre; le poursuivant touchera ensuite la part lui revenant, et le surplus sera déposé pour être conservé à la disposition des ayants-droit.

L'acquéreur d'immeubles grevés d'une hypothèque a le droit d'obtenir la radiation[1] à sa requête des hypothèques et autres charges qui pèsent sur ces immeubles, en vertu d'une ordonnance judiciaire adressée au *registrador* de la propriété.

Si le poursuivant a été déclaré adjudicataire en paiement de sa créance hypothécaire, il pourra demander la radiation des hypothèques postérieures, lorsque le prix d'adjudication sera insuffisant pour les payer toutes. Les hypothèques antérieures continueront, au contraire, à subsister.

Les frais de la défense du débiteur, exposés durant la procédure d'exécution, ne jouissent d'aucun droit de préférence; et ils doivent être déduits les derniers, avant de remettre le solde au débiteur.

Tous appels interjetés durant la procédure d'*apremio* (saisie) ne sont recevables que pour un seul effet. Cette règle ne souffre exception qu'en ce qui concerne les incidents auxquels donnent lieu l'administration et la reddition des comptes, dans le cas où l'administration des biens saisis est confiée au créancier, et les autres incidents instruits par cahier séparé ou relatifs à la vente des biens et au paiement du créancier.

II. Procédure de contrainte dans les affaires commerciales.

Sous cette rubrique, la loi d'*Enjuiciamiento civil* contient une série de dispositions qui n'ont d'autre objet, en dernière analyse, que de reconnaître que l'instance exécutive et la saisie sont applicables en matière commerciale; mais, en même temps la loi, dans l'intérêt même de ces affaires, rend la procédure plus rapide, elle abrège certains délais, et elle établit sur certains points des règles différentes, que nous allons expliquer brièvement.

---

[1] Radier (*cancelar*), c'est annuler valablement une mention inscrite sur un registre et constatant l'existence d'une obligation déterminée.

Este procedimiento ha de intentarse en los juzgados de primera instancia; y sólo es admisible por crédito líquido contra los siguientes deudores:

Los consignatarios á quienes sean entregadas las mercaderías, ó cualquier otra persona que las hubiere recibido legítimamente, por el precio de los transportes marítimos ó terrestres, con tal que no haya transcurrido un mes desde el día de la entrega. Esto se acreditará con el conocimiento ó la carta porte original firmada por el cargador, y el recibo de las mercaderías contenidas en este documento.

Los aseguradores y asegurados en los seguros marítimos, por el importe de las pérdidas y daños, ó de los premios de que respectivamente responden; acreditando sus créditos no satisfechos por la escritura pública, póliza ó contrato privado del que resulte probado el seguro.

Los cargadores y capitanes de las naves, por las vituallas suministradas para aprovisionamiento de estas, y los consignatarios de las mismas cuando se haya hecho de su cuenta el suministro; acreditando sus créditos por las facturas valoradas de los géneros aprobados por el que dió la orden para su entrega.

Los mismos cargadores, y los capitanes cuando la nave estuviere en lugar donde no se encontraren aquellos, por el pago de los salarios vencidos de la tripulación, ajustada por mesadas ó viajes; comprobado esto por las copias de las contratas extendidas en el libro de contabilidad que ha de entregar el capitan á los interesados, y en las que han de constar los alcances que corresponden á cada uno; y, en el caso de que este hubiere rehusado dar estas copias, por el testimonio hecho á presencia del mismo de lo que arrojen los asientos de los libros, cuya exhibición podrá decretarse, á este efecto, judicialmente.

Y, por último, contra los que hubieren contratado con intervención de corredor colegiado, por los corretajes devengados en la negociación; acreditados estos por las facturas de los contratos ó negocios de que procedan, firmadas por el deudor, ó por las pólizas de que deben conservar un ejemplar, y, á falta de esto, por las copias de los asientos del libro registro, llevado con las formalidades legales.

En todos estos casos, salvo el de que el título en que se funde el acreedor sea escritura pública ó póliza intervenida por corredor, se requerirá el previo reconocimiento de la firma ó la confesión judicial antes del auto en que se decrete el apremio. Tratándose del pago de corretajes, si no hay factura que reconocer, se podrá exigir ó la confesión judicial ó la exhibición de los libros de comercio, si el deudor fuere comerciante.

La demanda, el requerimiento al pago y el embargo han de hacerse del modo ya indicado; y, trabado este, se citará al deudor para la venta de los bienes embargados, si dentro de tercero día no propone una de estas excepciones: falsedad del título; falta de personalidad en el que lo presenta; pago; transacción ó compromiso; cuyas excepciones han de alegarse y probarse en dicho plazo, no admitiéndose otros medios de prueba que la documental ó la de confesión judicial. Si los documentos, presentados como prueba de la excepción alegada por el deudor, han de ser cotejados, podrá ampliarse hasta 10 días el término de prueba.

En la primera audiencia que celebre el juez, después de practicada la prueba, ó de transcurridos los tres días sin haber presentado oposición, llamará los autos á la vista con citación de las partes para sentencia; y, celebrada la vista, si alguna de las partes la solicitare, dictará sentencia de remate dentro del tercero día, ó declarando que no procede el apremio; no siendo apelable esta sentencia.

Para la ejecución de la sentencia de remate, ó sea para el apremio, el acreedor que lo solicite habrá de dar fianza, si la pidiere el deudor, para asegurar las resultas del juicio ordinario que puede promover este para la revocación de la sentencia; cuya fianza caducará de derecho si en el término de seis meses no se incoa el juicio con la presentación de la demanda.

Las compañías é instituciones de crédito territorial podrán, en las operaciones de préstamos hipotecarios que realicen, emplear el procedimiento de apremio para el pago de los préstamos vencidos en todo ó en parte, utilizando los medios especiales que para ello les concedió el decreto-ley de 5 de febrero de 1869. Con arreglo á esta disposición legal, requerido que sea por escrito el deudor para el pago de su crédito, si no lo satisface dentro de segundo día, podrá la compañía pedir al juez que

Et d'abord cette procédure doit être portée devant les juges de première instance, et elle n'est possible qu'en vertu d'une créance liquide et contre certains débiteurs.

Ces débiteurs sont les suivants:

Les consignataires à qui il a été fait livraison des marchandises, ou toute autre personne les ayant reçues légitimement, pour le prix du transport par mer ou par terre, pourvu qu'il ne se soit pas écoulé un mois depuis la date de la livraison. Dans ce cas, la preuve résultera du connaissement ou de la lettre de voiture originale signée du chargeur, et du récépissé des marchandises contenues dans ce document.

Les assureurs et assurés, en matière d'assurances maritimes, pour le montant des pertes et dommages, ou des primes dont ils sont respectivement tenus. La preuve de leurs créances non acquittées résulte de l'acte public, de la police ou du contrat sous-seing-privé établissant l'assurance.

Les chargeurs et capitaines, pour les victuailles fournies pour l'approvisionnement du navire, et les consignataires des navires quand la fourniture a été faite à leur compte. Leurs créances sont justifiées par les factures portant estimation des prix de denrées approuvées par celui qui a donné l'ordre d'achat.

Les chargeurs, et les capitaines, lorsqu'ils se trouvent dans un lieu où les chargeurs ne se trouvent pas, pour le paiement des salaires échus de l'équipage, dont l'engagement a été fait au mois ou au voyage. La preuve, dans ce cas, résulte des copies des contrats inscrits sur le livre de comptabilité que le capitaine doit délivrer aux intéressés et sur lesquelles le montant de chaque créance doit être mentionné. En cas de refus de délivrer ces copies, la preuve sera faite au moyen d'un certificat des mentions des livres relevé en présence du chargeur ou capitaine. La production des livres pourra, dans ce cas, être judiciairement ordonnée.

Enfin, ceux qui ont fait un contrat par l'intermédiaire d'un courtier appartenant à un collège, pour les frais de courtage. Ces frais doivent être justifiés par les factures des contrats ou des opérations, signées par le débiteur, ou par les polices dont un exemplaire doit être conservé. A défaut de ces pièces, la preuve résultera d'une copie des mentions du livre d'enregistrement du courtier, prise en observant les formalités légales.

Dans tous ces cas, à l'exception de celui où le titre invoqué par le créancier est un acte public ou une police rédigée par un courtier, on doit requérir d'abord la reconnaissance de la signature ou l'aveu judiciaire, avant d'engager l'action en vue d'obtenir le décret d'*apremio*. S'il s'agit de frais de courtage, à défaut de facture, on pourra exiger soit l'aveu judiciaire, soit la production des livres de commerce, si le débiteur est commerçant.

La demande, le commandement de payer et la saisie doivent être faits en observant les formalités que nous avons déjà indiquées. Lorsque la saisie a été pratiquée, le débiteur doit être assigné pour voir procéder à la vente des biens saisis, à moins que dans les trois jours il ne soulève une des exceptions suivantes: fausseté du titre, défaut de qualité du poursuivant, paiement, transaction ou compromis. Ces exceptions doivent être articulées et prouvées dans ce délai, et aucun mode de preuve n'est recevable en dehors de la preuve par titres ou de l'aveu judiciaire. Si les documents produits à l'appui de l'exception ont besoin d'être collationnés avec la minute, le délai pour rapporter la preuve pourra être prorogé de dix jours.

A la première audience après que la preuve a été produite, ou après l'expiration du délai de trois jours sans que le débiteur ait fait opposition à la poursuite, le juge fera citer les parties pour les plaidoiries et la sentence, puis, après les plaidoiries si l'une des parties demande le débat oral, il prononcera dans les trois jours la sentence ordonnant la mise en adjudication, ou il déclarera qu'il n'y a lieu de procéder à la vente. Cette sentence n'est pas susceptible d'appel.

Pour obtenir l'exécution de la sentence ordonnant la mise en vente, ou d'*apremio*, le créancier demandeur devra, si le débiteur l'exige, donner caution, pour garantir les effets de l'instance ordinaire que le débiteur peut introduire pour obtenir la révocation de la sentence. Cette caution est radiée de plein droit si, dans un délai de six mois, l'instance ordinaire n'est pas régulièrement introduite.

Les compagnies et institutions de crédit foncier peuvent, dans les opérations de prêts hypothécaires par elles réalisées, poursuivre par voie d'*apremio* le paiement des prêts échus en tout ou partie. Elles utilisent à cet effet la procédure spéciale mise à leur disposition par le décret-loi du 5 février 1869. Aux termes de ce décret, faute par le débiteur d'acquitter sa dette dans les deux jours de la réquisition écrite à lui adressée, la compagnie peut demander au juge d'ordonner la vente aux enchères de

decrete la venta en sabasta del inmueble hipotecado, ó el secuestro del mismo, para que, entregado que sea á la compañía, lo administre esta, y aplique al pago de los descubiertos los frutos y rentas del mismo. Si, después de acordado el secuestro, y concedida la administración de la finca á la compañía, estima esta insuficientes las rentas ó productos para la extinción de su crédito, podrá pedir, también, la venta en subasta de la misma. Contra las resoluciones judiciales que decreten el secuestro y entrega en administración á la compañía no se dará recurso alguno; ni podrá suspenderse el secuestro, ó enajenación en su caso, salvo que la demanda se funde en título inscrito en el registro de la propiedad anterior al de la compañía.

Capítulo décimo. De las tercerías.

La tercería es un juicio incidental que puede suscitarse en cualquier otro juicio, pero que generalmente se plantea en los ejecutivos; por cuya razón hablaremos de él ahora.

Las tercerías pueden ser de dominio, cuando se reclama la propiedad de los bienes embargados, ó de mejor derecho, cuando se tiene un título al que la ley concede preferencia sobre el que sirvió de base al ejecutante. Pueden deducirse en cualquier estado del juicio; pero, si se trata de la de dominio, no se admitirá después de otorgada la escritura, ó consumada la venta, ó de hecha la adjudicación en pago ó entrega al ejecutante; y, si de mejor derecho, después de pagado el crédito. En uno y otro caso habrá de acompañarse con la demanda el título en que se apoye.

Las tercerías no suspenden el juicio ejecutivo; se sustancian en pieza separada; y se tramitan conforme al juicio declarativo á que corresponden. En ellas, ejecutante y ejecutado representan el papel de demandados. Si se allanaren[1], ó no contestaren, llamará el juez los autos á la vista, con citación de las partes; y dictará sentencia, que es apelable en ambos efectos.

Cuando la tercería sea de dominio, luego que en el juicio ejecutivo recaiga sentencia firme de remate, se suspenderá el procedimiento de apremio respecto de los bienes objeto de la tercería hasta la resolución de esta. Y si fuere de mejor derecho, no se suspenderá el procedimiento de apremio; y el importe de la venta de los bienes embargados para pago del crédito se depositará convenientemente, hasta que se resuelva quién tiene mejor derecho al cobro de la cantidad en litigio.

Capítulo undécimo. Juicio de quiebra.
I. Su naturaleza. Secciones en que se divide.

Este juicio universal es exclusivo tan solo de los comerciantes y de los agentes mediadores del comercio. Los que no sean ni una ni otra cosa habrán de sujetarse, en casos análogos, al juicio de concurso de acreedores. Por eso, y, siendo el más general este último, dispone la ley que, en lo no previsto en el de quiebras, habrá de seguirse, á título de disposición legal supletoria, lo determinado para el caso en el de concurso de acreedores. También hay comerciantes sociales que tienen en materia de quiebras un procedimiento especial; tales son, las compañías de ferrocarriles y demás obras públicas, que se rigen por la ley de 12 de Noviembre de 1869, y de las que hablaremos con la separación debida.

El procedimiento ordinario de quiebra se dividirá en cinco secciones, arreglando las actuaciones de cada una de ellas en su respectivo expediente judicial, que se subdividirá en los ramos que se conceptúen necesarios para el buen orden y claridad del procedimiento; y, sobre todo, para que la quiebra siga su curso sin entorpecimientos por los incidentes que surjan, y no puedan sustanciarse á la vez. Estas cinco secciones son: la de declaración de la quiebra, que comprenderá, á más de todo lo que á esta declaración se refiere, lo relativo al nombramiento, separación y renovación de los síndicos, y al convenio de los acreedores con el quebrado; la de administración de la quiebra, que comprenderá, desde la ocupación de los bienes del que-

---

[1] *Allanarse á la demanda* es confesar que asiste la razón al demandante.

l'immeuble hypothéqué, ou sa mise sous séquestre, pour son administration être confiée à la compagnie, qui affectera les fruits et revenus au remboursement de ce qui lui est dû. Si, après avoir obtenu le séquestre et le droit d'administrer, la compagnie estime que les revenus et produits de l'immeuble sont insuffisants pour la couvrir de sa créance, elle pourra encore requérir la vente aux enchères. Les décisions judiciaires ordonnant le séquestre et conférant à la compagnie le pouvoir d'administrer l'immeuble ne sont susceptibles d'aucun recours, et il ne peut être sursis au séquestre ou à l'adjudication que dans le cas où la demande est fondée sur un titre dont l'inscription sur le registre de la propriété est antérieure à celle du titre de la compagnie.

Chapitre X. Des tierces oppositions.

La tierce opposition est un incident susceptible d'être soulevé dans toute autre instance quelconque, mais qui généralement se produit dans les instances exécutives; c'est pourquoi nous allons en parler ici.

La tierce opposition peut être fondée sur un titre de propriété, quand on réclame la propriété des biens saisis, ou sur un droit de préférence, quand le tiers opposant possède un titre auquel la loi accorde un droit de préférence sur le titre invoqué par le poursuivant. Elle peut être formée en tout état de cause. Cependant, si elle a pour objet de revendiquer la propriété, elle n'est plus recevable après la rédaction de l'acte de vente, ou la réalisation de la vente ou l'adjudication en paiement ou la remise du bien au poursuivant. Si la tierce opposition est fondée sur un droit de préférence, elle n'est plus recevable après le paiement de la créance. Dans les deux cas, le titre invoqué par le demandeur doit être joint à la demande.

Les tierces oppositions ne suspendent pas le cours de l'instance exécutive; elles sont instruites par cahier séparé, et la procédure à suivre est celle de l'instance déclarative à laquelle elles se rattachent[1]. Si elles sont l'objet d'un acquiescement ou si elles ne sont pas contredites, le juge renverra l'affaire pour plaidoirie et ordonnera de citer les parties, et il prononcera la sentence. Cette sentence est susceptible d'appel pour les deux effets.

Lorsque la tierce opposition est fondée sur un droit de propriété, aussitôt que, dans l'instance exécutive, la sentence ordonnant la vente aux enchères est devenue définitive, la procédure d'*apremio* doit être suspendue jusqu'à ce qu'il ait été statué sur la tierce opposition. Si la tierce opposition est fondée, au contraire, sur un droit de préférence, la procédure d'*apremio* ne doit pas être suspendue, il y a lieu seulement de déposer le montant de la vente des biens saisis jusqu'à ce qu'il ait été statué sur le point de savoir quel est le créancier qui a le droit d'être payé par préférence sur la somme en litige.

Chapitre XI. Instance de Faillite.

I. Nature de cette instance. Ses divisions.

Cette instance, qui s'applique à l'universalité du patrimoine du débiteur, concerne exclusivement les commerçants et les agents intermédiaires du commerce. Ceux qui n'appartiennent pas à l'une de ces deux catégories sont soumis, dans les cas analogues, à la procédure de la déconfiture ou de l'ordre entre les créanciers (*concurso de acreedores*). C'est pourquoi, comme cette dernière procédure est la plus usuelle, la loi dispose que, pour tous les cas non prévus en matière de faillite, il y aura lieu de suivre, à titre de disposition légale supplétoire, ce qui a été déterminé pour le cas de déconfiture. Il y a aussi certaines compagnies commerciales qui jouissent, en matière de faillite, d'une procédure spéciale; telles sont les compagnies de chemins de fer et d'autres travaux publics, régies par la loi du 12 novembre 1869, et par les autres lois dont nous parlerons quand il y aura lieu.

La procédure ordinaire de la faillite doit être divisée en cinq sections. Dans chacune d'elles les actes de procédure sont rangés dans l'«expédient» judiciaire respectif qui lui-même doit être subdivisé en tel nombre de cahiers (ramos) qu'il sera nécessaire pour le bon ordre et la clarté de la procédure, et surtout pour que les opérations de la faillite suivent leur cours sans être retardées par les incidents qui peuvent surgir et qui ne sauraient être tous instruits à la fois. Ces cinq sections sont: I. La déclaration de faillite. Elle comprend, outre ce qui concerne cette déclaration elle-même, ce qui est relatif à la nomination, la démission et la révocation des syndics et au concordat des créanciers avec le failli. II. L'administration de

---

[1] *Allanarse à la demanda*, c'est avouer que le demandeur a raison.

brado hasta la liquidación total y rendición de cuentas de los síndicos administradores; la de retroacción de la quiebra, que comprenderá todo lo relativo á los contratos y actos de administración del quebrado anteriores á la declaración de la quiebra, que deban ó puedan anularse ó rescindirse según la ley; y la de calificación y rehabilitación del quebrado.

II. Declaración de la quiebra.
§ 1.º *Quién, cómo y cuándo ha de hacerla.*

La declaración de la quiebra ha de hacerla el juez de primera instancia del domicilio del quebrado, á solicitud de este, ó de cualquier acreedor legítimo.

El quebrado no podrá solicitar la declaración de quiebra pasados los tres días siguientes al en que cesó en el pago corriente de sus obligaciones. Presentada en tiempo, para que se dé á su solicitud el curso correspondiente, habrá de hacer constar en ella, no solo su domicilio particular sino su domicilio comercial y todos los escritorios, almacenes y dependencias, y establecimientos de comercio ó industriales que sean de su propiedad ó pertenencia; y habrá de acompañar, á la misma, el balance general de sus negocios, y una memoria ó relación que exprese las causas directas é inmediatas de la quiebra, con todos los justificantes que estime oportunos. Tanto la solicitud, como el balance y la memoria, habrán de presentarse firmadas por el quebrado, ó por persona debidamente autorizada para ello; en cuyo caso habrá de acompañarse copia fehaciente del poder que esta tuviere. Si la declaración de quiebra se solicita en nombre de una sociedad colectiva ó comanditaria, habrá de expresarse en la solicitud el nombre y domicilio de todos los socios colectivos; firmándola, así como el balance y la memoria, todos los socios de esta clase que residan en el pueblo al tiempo de presentarse unas y otro al Juzgado. Para la debida justificación del extremo referente á la presentación de la solicitud en tiempo oportuno, el actuario certificará, al pié de la misma, el día y hora de esta presentación, librando testimonio de ello al portador de la solicitud si lo pidiere.

En la primera audiencia que celebre el juez declará la quiebra; fijando en el auto que dicte al efecto, aunque con la condición de «por ahora y sin perjuicio de tercero», la época á que deban retrotraerse los efectos de la declaración, respecto del día que resultare haber cesado el quebrado en el pago corriente de sus obligaciones. En el mismo auto se dispondrá la acumulación al juicio de quiebra de las ejecuciones que haya pendientes contra el quebrado en el mismo juzgado ó en otros; á excepción tan sólo de los en que solo se persigan bienes hipotecados.

Si la declaración de quiebra la solicita acreedor legítimo, habrá de acreditar su condición de tal, con el testimonio de la ejecución, despachada á su instancia contra el deudor, ó con documento fehaciente de su crédito, y la situación del quebrado; probando, en dicha forma, que este ha cesado, de un modo general, en el pago corriente de sus obligaciones; ó bien el hecho de su fuga ú ocultación, acompañado del cierre de sus escritorios ó almacenes, sin haber dejado al frente de ellos persona que pueda dirigirlos, y procure el cumplimiento de sus obligaciones. Probados que sean estos extremos, á juicio del juez, hará este la declaración de quiebra, sin citación, ni audiencia del quebrado.

Cuando la declaración de quiebra se haga á instancia de acreedor, lo mismo que en el caso de que, al hacerse á solicitud del quebrado, no se haya acompañado el balance general de sus negocios, se le mandará que lo forme en el término de 10 días; poniéndole de manifiesto en su propio escritorio por el comisario los libros y papeles de la quiebra. Y si por ausencia, incapacidad ó negligencia no se pudiere formar por el quebrado, se nombrará un comerciante experto que lo redacte en el término de 15 días; exhibiéndole el comisario, también, en el escritorio del quebrado, los libros y papeles necesarios al efecto.

§ 2.º *Medidas que han de adoptarse á consecuencia de esta declaración.*

Tanto en el caso de que solicite la declaración de quiebra el quebrado, como en el de que se solicite por acreedor legítimo, al decretar el juez esta declaración, habrá de proceder á lo siguiente: al nombramiento de comisario de la quiebra, hecho

la faillite, qui comprendrat ous les actes depuis la prise de possession des biens du failli jusqu'à l'achèvement de la liquidation et la reddition des comptes des syndics chargés de l'administration. III. La rétroactivité de la faillite, qui comprend tout ce qui est relatif aux contrats et actes d'administration faits par le failli antérieurement à la déclaration de faillite et qui, d'après la loi, doivent ou peuvent être annulés ou rescindés. IV. La qualification; et V. La réhabilitation du failli.

II. Déclaration de la faillite.

§ 1. *Qui peut faire la déclaration, comment et quand elle doit être faite.*

La déclaration de la faillite doit être faite par le juge de première instance du domicile du failli, à la requête de celui-ci, ou sur la poursuite de l'un quelconque de ses créanciers légitimes.

Le failli ne peut solliciter la déclaration de faillite lorsqu'il s'est écoulé trois jours depuis la date où il a cessé de payer couramment ses obligations. Sa requête, lorsqu'elle est présentée en temps utile, pour recevoir une solution favorable, doit, en outre, mentionner non seulement son domicile personnel, mais son domicile commercial, ainsi que tous les bureaux, magasins et dépendances et les établissements commerciaux et industriels dont il a la propriété ou la direction. Il doit y joindre le bilan général de ses affaires et un mémoire ou rapport énonçant les causes directes et immédiates de la faillite, avec toutes les justifications qu'il estimera opportunes. La requête, le bilan et le mémoire doivent être signés du failli ou d'une personne dûment autorisée par lui et, dans ce dernier cas, il sera accompagné d'une copie authentique du pouvoir qu'il lui aura donné à cet effet. Si la déclaration de faillite est sollicitée au nom d'une société en nom collectif ou en commandite, on devra énoncer dans la requête le nom et le domicile de tous les associés en nom collectif, et tous ces associés qui se trouvent dans la localité au moment où la requête est présentée au *Juzgado*, doivent y apposer leur signature, ainsi que sur le bilan et sur le mémoire. Pour justifier que la requête a bien été présentée en temps utile, l'*actuario* certifiera au pied de cette pièce le jour et l'heure du dépôt, et il délivrera un certificat de ce dépôt au porteur de la requête, s'il le demande.

Le juge, à la première audience, doit déclarer la faillite. Son ordonnance doit en outre préciser la date à laquelle "actuellement, et sans préjudicier aux droits des tiers", doivent rétroagir les effets de la faillite en ce qui concerne le jour de la cessation des paiements. L'ordonnance prononcera en outre la jonction à la procédure de faillite de toutes les instances exécutives pendantes contre le failli devant le tribunal, ou même devant d'autres tribunaux, à l'exception des poursuites exercées sur des biens grevés d'hypothèques.

Si la déclaration de faillite est demandée par un créancier légitime, celui-ci devra justifier de sa qualité en produisant soit une attestation de l'ordonnance d'exécution rendue à sa requête contre le débiteur, soit le titre authentique de sa créance. Il doit justifier aussi de la situation du failli et prouver, dans la même forme, que d'une façon générale, il a cessé de payer couramment ses obligations, ou que son débiteur a pris la fuite ou a disparu, et que ses bureaux et magasins sont fermés sans qu'il ait laissé à leur tête une personne capable de les diriger, et d'assurer le paiement de ses obligations. Si le juge estime suffisantes les justifications produites, il prononcera la déclaration de faillite sans que le failli ait été cité ni entendu.

Lorsque la déclaration de faillite est faite à la requête d'un créancier, ou même à la demande du failli, mais sans être accompagnée du bilan, il sera enjoint au failli de dresser ce bilan dans les dix jours, en communiquant dans son bureau au commissaire les livres et papiers de la faillite. Si le failli à raison de son absence, de son incapacité ou de sa négligence n'est pas en état de dresser ce bilan, on chargera de sa rédaction un commerçant expert qui devra faire ce travail dans le délai de 15 jours, et le commissaire communiquera également à ce commerçant, dans le bureau du failli, tous les livres et papiers nécessaires.

§ 2. *Mesures à prendre à la suite de la déclaration de faillite.*

Que la déclaration de faillite soit provoquée par le failli lui-même ou par un de ses créanciers, le juge en la prononçant doit prendre les mesures suivantes: Nomination du commissaire de la faillite. Son choix portera sur un commerçant

en la persona de un comerciante matriculado[1], si le hubiere, (ejerciendo, en el caso de no haberlo, el propio juez las funciones de comisario, con las excepciones que más adelante diremos); al arresto del quebrado en su casa, si diere en el acto fianza de cárcel segura, y en defecto de darla, en la cárcel; á la ocupación judicial de todo lo que pertenezca al quebrado, y los libros, papeles y documentos de su giro; al nombramiento de depositario, en persona de confianza del juez, á cuyo cargo se pondrá la conservación de todos los bienes ocupados al deudor hasta que se nombren los síndicos; á la publicación de la quiebra por medio de edictos, que se fijarán en el pueblo del domicilio del quebrado, y en los demás en que tuviere establecimientos mercantiles, y se insertarán, en el Diario de Avisos de la localidad, si lo hubiere, y en el Boletin Oficial de la provincia, (y en la Gaceta de Madrid si el juez estimare esto último ser necesario, en atención á las circunstancias de la quiebra); á la detención de la corespondencia del quebrado; y á la convocación de los acreedores del quebrado á la primera junta general.

A. Nombramiento de comisario y ocupación de bienes y papeles del quebrado. Hecha por el juez la designación de comisario, se le comunicará de oficio su nombramiento; y este, si acepta, procederá inmediatamente á la ocupación de bienes y papeles en la forma siguiente: Todos los almacenes y depósitos de mercaderías y efectos del quebrado quedarán cerrados bajo las llaves, que tendrán el comisario y depositario. En el escritorio ó despacho del quebrado se hará otro tanto; haciendo constar en el acto, por diligencia, el número, clases y estado de los libros de comercio que se encuentren; y, poniéndose en cada uno de ellos, á continuación de la última partida, una nota de las hojas escritas que tenga, firmada por el juez y el escribano. Si los libros no tuvieren las formalidades legales, se rubricarán por los mismos todas sus hojas. El quebrado puede asistir por sí, ó por persona que debidamente le represente, á estas diligencias; y, si lo solicitare, se le dará una tercera llave, y firmará, y rubricará los libros con el juez y el escribano. En el acto de la ocupación del escritorio se formará inventario del dinero, letras, pagarés y demás documentos de crédito que se encuentren pertenecientes al quebrado; y se pondrán en un arca con dos llaves, tomándose las precauciones necesarias para su seguridad y custodia. Los bienes muebles del quebrado, que no se hallen en almacenes que puedan cerrarse, y los semovientes, se entregarán al depositario bajo inventario; dejando al quebrado las ropas y muebles de uso diario, que el comisario estime que le son necesarios. Los bienes raíces se pondrán bajo la administración del depositario. Con los bienes que se hallen fuera del lugar del domicilio del quebrado se procederá del mismo modo, oficiando para ello á los jueces respectivos; y si los tenedores de dichos bienes fueren personas de responsabilidad, atendido su valor, se les nombrará depositarios de los mismos para evitar mayores gastos.

Si la declaración de quiebra afecta á una sociedad colectiva ó comanditaria, la ocupación de bienes, en los términos indicados, se hará extensiva á todos los socios colectivos.

B. Arresto del quebrado. El arresto del quebrado se hará por el alguacil del juzgado, á quien se le dará el oportuno mandamiento, en virtud del cual requerirá al quebrado ante el actuario para que en el acto preste fianza de cárcel segura, en la cantidad que el juez hubiere fijado. Si la presta personal (es decir, por medio de persona de responsabilidad), hipotecaria ó en metálico, quedará arrestado en su casa; y, en caso contrario, se le llevará á la cárcel; ordenando su ingreso en ella por el correspondiente mandamiento dirigido al director de ella.

C. Publicación de la quiebra. La fijación de los edictos de la quiebra, y su inserción en los periódicos oficiales, se acreditará en autos en forma conveniente; y en ellos se incluirá la prohibición de que nadie haga pagos ni entrega de efectos al quebrado sinó al depositario; bajo pena de que los tales pagos y entregas no extingan las obligaciones pendientes. Tambien se prevendrá, en los mismos, á todas las personas que tengan en su poder bienes del quebrado, que hagan manifestación de ellos al comisario; bajo pena de ser tenidas por cómplices del quebrado. Y, por último, se anunciará, también, en dichos edictos el día, la hora y el lugar de la cele-

---

[1] Como el Código de Comercio vigente no impone á los comerciantes individuales, como lo hacía el anterior, la obligación de matricularse, podrá nombrarse comisario de la quiebra un comerciante cualquiera, esté ó no inscrito en el Registro mercantil.

immatriculé [1] s'il y en a, et, dans le cas contraire, le juge exercera personnellement les fonctions de commissaire (sauf les exceptions que nous signalerons plus loin); — Arrestation du failli dans sa maison, s'il donne immédiatement caution d'y demeurer détenu (*fianza de cárcel segura*), et, sinon, sa détention dans la prison; — Occupation judiciaire de tout ce qui appartient au failli, ainsi que des livres, papiers et documents de son commerce; — Nomination d'un dépositaire (le juge choisira une personne jouissant de sa confiance) qui sera chargé d'assurer la conservation de tous les biens dont le failli est dépossédé, jusqu'à la nomination des syndics; — Publication de la faillite au moyen d'affiches apposées dans le lieu où le failli est domicilié, ainsi que dans tous ceux où il possède des établissements commerciaux, et d'insertions dans le *Diario de Avisos* de la localité, s'il en existe un, et dans le *Bulletin officiel* de la province (ainsi que dans la *Gaceta* de Madrid, si le juge l'estime utile); — Saisie de la correspondance du failli; — Enfin, convocation des créanciers à la première assemblée générale.

A. *Nomination du commissaire et dessaisissement du failli de ses biens et papiers.* Le commissaire, une fois nommé par le juge, doit recevoir d'office avis de sa nomination, et, s'il l'accepte, il procédera immédiatement, de la manière suivante, à la prise de possession des biens et papiers du failli. Tous les magasins et dépôts de marchandises appartenant au failli seront fermés à clef et les clefs seront remises au commissaire et au dépositaire. Le bureau ou cabinet du failli le sera également, et le procès-verbal constatant cette opération indiquera le nombre, la nature et l'état dans lequel se trouvent les livres de commerce. Sur les livres, à la suite de la dernière partie, il sera inscrit une mention signée du juge et du greffier, énonçant le nombre de feuilles écrites. Si les livres n'ont pas été tenus avec toutes les formalités légales, le juge et le greffier devront en parapher toutes les feuilles. Le failli peut assister en personne ou par fondé de pouvoir à toutes ces diligences, et, s'il le demande, il lui sera remis une troisième clef, et il paraphera les livres avec le juge et le greffier. Le procès-verbal constatant la prise de possession du bureau contiendra inventaire des deniers, lettres, billets, et autres documents de crédit appartenant au failli qui peuvent s'y trouver, et ces diverses valeurs seront placées dans une caisse à deux clefs, avec les précautions nécessaires pour assurer leur garde. Les meubles du failli, qui ne se trouvent pas dans des magasins susceptibles d'être fermés à clef, et les troupeaux seront remis au dépositaire après inventaire en laissant au failli les vêtements et meubles à son usage journalier que le commissaire estimera lui être nécessaires. Les immeubles seront placés sous l'administration du dépositaire. Il sera procédé de la même manière par les juges respectifs en ce qui concerne les biens se trouvant en dehors du lieu où le failli est domicilié, et, si les détenteurs de ces biens sont des personnes solvables, eu égard à leur valeur, elles en seront constituées dépositaires afin d'éviter d'augmenter les frais.

En cas de déclaration de faillite d'une société en nom collectif ou en commandite, la prise de possession des biens, dans les termes dont nous venons de parler, doit s'étendre à tous les associés.

B. *Arrestation du failli.* Il sera procédé à l'arrestation du failli par l'*alguacil* du tribunal qui, muni du mandat nécessaire à cet effet, requerra le failli en présence de l'*actuario* de verser immédiatement à titre de caution de *cárcel segura* la somme arbitrée par le juge. S'il fournit cette caution, soit sous forme d'engagement personnel d'une personne solvable, soit sous forme d'hypothèque, soit en argent, le failli sera détenu dans sa maison, sinon il sera incarcéré et le directeur de la prison recevra le mandat de dépôt nécessaire.

C. *Publication de la faillite.* Un certificat régulier constatera, dans le dossier, l'apposition des affiches du jugement déclaratif de faillite et les insertions faites dans les périodiques officiels. Les affiches et insertions contiendront la prohibition de faire au failli aucun paiement et aucune remise d'effets, avec avis que tous paiements et remises de cette nature doivent être effectués entre les mains du dépositaire, sous peine de n'être pas libératoires. Ces affiches et insertions doivent contenir, en outre, avis à toutes personnes ayant en leur possession des biens du failli, d'avoir à les faire connaître au dépositaire, sous peine d'être considérées comme complices

---

[1]) Le Code de Commerce actuel n'impose pas aux particuliers commerçants, comme le Code antérieur, l'obligation de se faire immatriculer, dès lors on peut nommer commissaire de faillite un commerçant quelconque, qu'il soit ou non inscrit sur le registre de commerce.

bración de la primera junta general de acreedores; convocándoles á la misma, bajo apercibimiento de pararles el perjuicio consiguiente.

D. Retención de la correspondencia del quebrado. La retención de la correspondencia del quebrado se hará oficiando al administrador de correos; previniéndole que la ponga á disposición del juez; quien dispondrá la entrega al comisario, para que, á presencia del quebrado ó de su apoderado, ó de la persona á cuyo cargo estuviere la dirección de sus negocios, si se hubiere ausentado antes de la declaración de quiebra, la abra; entregando al depositario la que se refiera á los negocios del quebrado, y á este, ó á su representante, la que se refiera á otros asuntos.

§ 3.º *Oposición de la declaración de quiebra.*

Del Auto de declaración de quiebra, dictado á instancia de acreedor legítimo, podrá alzarse el quebrado dentro de los ocho días siguientes á su publicación, pidiendo su reposición al juez. Y, como la oposición del quebrado no puede paralizar el expediente de quiebra, se formará en este caso expediente separado para tramitar la oposición; el cual se encabezará con la solicitud y justificación del acreedor que instó la quiebra, y con el testimonio del auto de declaración; en vista de cuyos antecedentes podrá ampliar su oposición; entregándole para ello, si lo hubiere solicitado, el expediente de oposición por término de tres días. Este expediente se tramitará en la forma de los incidentes, entre el quebrado de una parte y el acreedor que instó la quiebra de otra; pudiendo, también, intervenir en él los demás acreedores á quienes interese la quiebra; pero sin retrotraer el procedimiento. Si el acreedor se allana, si no impugna en el término de ocho días la oposición del quebrado, ó si consigue este probar la improcedencia de la declaración de quiebra, se repondrá el auto, dejando sin efecto la declaración; y, cesando la intervención judicial, se hará entrega al deudor por el depositario y actuario de los fondos, bienes, libros, papeles y correspondencia intervenida; rindiendo cuentas al deudor el depositario, si hubiere practicado algunos actos de administración. La acción de daños y perjuicios, que compete al quebrado repuesto contra el acreedor ó acreedores que instaron la quiebra, se sustanciará por los trámites del juicio ordinario que proceda.

§ 4.º *Levantamiento del arresto.*

Consentida la declaración de quiebra, podrá pedir el quebrado el levantamiento del arresto, ó la expedición de un salvoconducto[1]; pero esto no podrá concedérsele hasta después de terminada la ocupación de sus bienes, papeles y libros, y, siempre que del informe del comisario, hecho en vista del examen de los libros y papeles, no resulten méritos para apreciar la quiebra de culpable ó fraudulenta. El levantamiento del arresto, ó el salvoconducto se concederán bajo juramento de presentarse al juez siempre que se le llame.

§ 5.º *Atribuciones del comisario y del depositario.*

Corresponde al comisario de la quiebra: Autorizar todos los actos de ocupación, que han de practicarse en la forma reseñada anteriormente; — Disponer, en caso de urgencia, dando cuenta de ello al juez para que resuelva lo que proceda, todo lo que interese á la seguridad y conservación de los bienes de la masa[2]; — Presidir las juntas de acreedores que se acuerden por el juez; — Hacer el examen de todos los libros, documentos y papeles concernientes al tráfico del quebrado, para dar los informes que requiera el juzgado; — Inspeccionar todas las operaciones del depositario y de los síndicos de la quiebra; — Cuidar del buen manejo y administración de la misma; — Activar las diligencias referentes á la liquidación y calificación de los créditos, y dar cuenta al juez de los abusos que advierta en todo esto; — Abrir la correspondencia del quebrado, en los términos ya indicados; — Formar, en los tres días siguientes á la declaración de la quiebra, el estado de los acreedores del quebrado; convocándoles individualmente por circular, remitida á todos, para la celebración de la primera junta; y — Autorizar, para asistir á la

---

[1] El *salvoconducto* es el permiso dado por el juez al arrestado para poder salir del lugar en que lo sufre sin incurrir en responsabilidad.

[2] El conjunto de bienes de la quiebra, que ha de responder á los acreedores del pago de sus respectivos créditos, es lo que recibe el nombre de *masa de la quiebra*.

du failli, et elles indiqueront les jour, heure et lieu de la première assemblée des créanciers, en spécifiant que les créanciers sont expressément convoqués à cette réunion, à peine de supporter les conséquences de leur absence.

D. *Saisie de la correspondance du failli.* Il est procédé à la saisie de la correspondance du failli en adressant une commission rogatoire à l'administration des postes, l'invitant à mettre cette correspondance à la disposition du juge; celui-ci la remettra au commissaire qui l'ouvrira en présence du failli ou de son fondé de pouvoir, ou de la personne qui avait la direction de ses affaires si le failli était absent à la date de la déclaration de l'état de faillite, et le commissaire, à son tour, remettra au dépositaire les lettres relatives aux affaires du failli, et il restituera les autres à ce dernier ou à son représentant.

§ 3.   *Opposition à la déclaration de faillite.*

Le failli peut faire opposition à l'ordonnance déclarative de faillite, lorsqu'elle a été rendue à la requête d'un créancier légitime. Cette opposition, qui a pour but de demander que les choses soient remises dans leur état antérieur, doit être formée dans les huit jours qui suivent la publication de cette ordonnance. Mais, comme l'opposition du failli ne peut suspendre l'exécution de l'expédient de faillite, sa procédure fera l'objet d'un cahier séparé. Ce cahier doit commencer par la requête et les justifications produites par le créancier qui a engagé la demande en déclaration de faillite, et une copie authentique de l'ordonnance qui l'a prononcée. Le failli, sur le vu de ces documents, peut développer les motifs de son opposition; à cet effet, l'expédient lui sera communiqué, s'il le demande, pendant un délai de trois jours. L'expédient doit être instruit dans la forme des incidents, entre le failli d'une part et le créancier qui a pris l'initiative de la demande en déclaration de faillite d'autre part. Si le créancier reconnaît le bien fondé de l'opposition ou s'il ne la conteste pas dans le délai de huit jours, ou si la déclaration de l'état de faillite est reconnue non justifiée, l'ordonnance la prononçant sera rapportée et demeurera sans effet, et, l'intervention judiciaire prenant fin, le dépositaire et l'*actuario* restitueront au débiteur les fonds, biens, livres et papiers ainsi que la correspondance reçue depuis l'ordonnance; le dépositaire rendra en outre ses comptes au débiteur, s'il a fait quelques actes d'administration. L'action en dommages et intérêts du failli contre le créancier ou les créanciers demandeurs au jugement déclaratif doit être engagée sous la forme d'une instance ordinaire.

§ 4.   *Main-levée de l'ordre d'arrestation.*

Après la déclaration de faillite, le failli pourra demander la main-levée de l'ordre d'arrestation, ou la délivrance d'un sauf conduit[1]. Ces mesures ne peuvent toutefois être accordées avant que la prise de possession des biens, papiers et livres du failli n'ait été achevée. Il faut, en outre, que du rapport du commissaire, fait sur le vu et après examen des livres et papiers, il ne résulte aucune présomption de faillite coupable ou frauduleuse. La main-levée du mandat d'arrêt ou le sauf-conduit sont accordés sur la promesse faite à serment par le failli de se présenter à toute réquisition.

§ 5.   ₮*Attributions du commissaire et du dépositaire.*

Il appartient au commissaire de la faillite: D'autoriser tous les actes de prise de possession qu'il y a lieu de faire dans la forme que nous venons d'indiquer; — De prendre, en cas d'urgence, sauf à en rendre compte au juge pour qu'il statue sur ce que de droit, toutes les mesures intéressant la sûreté et la conservation des biens de la masse[2]; — De présider les assemblées de créanciers ordonnées par le juge; — D'examiner tous les livres, documents et papiers concernant le commerce du failli pour présenter les rapports demandés par le juge; — De vérifier toutes les opérations du dépositaire et des syndics de la faillite; — De surveiller la bonne gestion et administration de la faillite; — D'activer les diligences relatives à la liquidation et à la qualification de la faillite; — D'ouvrir la correspondance du failli, dans les conditions que nous avons indiquées plus haut; — De dresser, dans les trois jours de la déclaration de faillite, l'état des créanciers du failli, et les convoquer individuellement par une circulaire, dont un exemplaire sera remis à tous, à la première assemblée; — enfin, d'autoriser à assister à cette première assemblée, les créanciers qui n'ont pu être

---

[1] Le *sauf-conduit* est le permis accordé par le juge à l'individu en état d'arrestation de quitter le lieu où il est détenu, sans encourir de responsabilité.

[2] La *masse* est l'ensemble des biens de la faillite sur laquelle les créanciers doivent être payés de leurs créances.

misma á los acreedores que, no habiendo sido convocados, por no resultar sus créditos ni del balance ni de los libros, prueben documentalmente que lo son; á reserva, sin embargo, de la responsabilidad en que pudieren incurrir por la suposición fraudulenta de tales créditos.

El depositario, antes de dar principio á sus funciones de administrador, prestará juramento de ejercer bien y fielmente su encargo; y, una vez hecho esto, practicará con los documentos de crédito vencidos de la quiebra todo lo necesario para su cobro y conservación y ejercicio de las acciones correspondientes, en el caso de que esto no pudiere efectuarse. Firmará, también, con el visto bueno[2] del comisario los endosos, y cualquier otro documento de obligación ó descargo que afecte á la quiebra. Procederá á la venta de todos aquellos efectos que no puedan conservarse sin deterioro; y hará los gastos indispensables para la custodia y conservación de los que tenga en depósito; contando, previamente, con la autorización del comisario. Por sus trabajos, y teniendo en cuenta la cuantia y naturaleza de los bienes de la quiebra, se le señalará una retribución, que no podrá exceder de 15 pesetas diarias; y cobrará, además, el importe del $1/2$ % sobre las cantidades que recaude, y el de los gastos que tenga que hacer en concepto de administrador depositario.

§ 6.° Celebración de la primera junta de acreedores.

El día para la celebración de la primera junta de acreedores se fijará, teniendo en cuenta el tiempo absolutamente preciso para que los acreedores que se hallen en España reciban la noticia de la quiebra, y puedan asistir, ó nombrar personas que los representen en ella.

El tiempo máximo para esta convocatoria será el de 30 días, contados desde la declaración de la quiebra. Y si, por cualquier motivo, no pudiere celebrarse, se designará por edicto, que se fijará en los estrados del juzgado, el más inmediato posible, para que llegue á conocimiento de los acreedores dentro de los 15 días siguientes.

A la primera junta de acreedores asistirán: el comisario, para presidirla; el depositario, para informar por escrito acerca de su administración, presentando también una nota de gastos é ingresos; y el quebrado, no alzado[3], si quiere concurrir, por sí, estando en libertad, ó por medio de apoderado. Los acreedores habrán de concurrir á la misma personalmente; y, si prefieren ser representados en ella, el representante habrá de tener poder para ello, y habrá de exhibirse este al comisario. En esta primera junta se dará conocimiento del balance y memoria del quebrado; y con los libros y papeles de la quiebra á la vista, se harán todas las comprobaciones que sean necesarias para aclarar las dudas de los concurrentes.

§ 7.° Elección de los síndicos. Su nombramiento, capacidad, derechos y obligaciones, y su separación.

Hecho esto, y dado cuenta de su gestión por el depositario, se procederá á la elección de los síndicos de la quiebra.

Estos han de ser siempre tres; de los cuales, los dos primeros han de ser elegidos por los votos de los acreedores que representen la mayor suma del capital, y el tercero por los acreedores cuyos votos no hayan podido computarse para la mayoría de capital. Estas votaciones han de ser nominales; y se han de hacer constar así en el acta de la junta.

Para poder ser síndico se requiere: ser acreedor del quebrado, ó intervenir en la quiebra como representante de un acreedor, á ser posible; ser, ó haber sido, comerciante; ser mayor de edad; y tener su residencia habitual en el lugar en que se haya declarado la quiebra. Aceptado el cargo se les exigirá juramento, en igual forma que al depositario antes de entrar en funciones.

Este nombramiento se anunciará por circular, redactada por el comisario, á los acreedores que no hubieren asistido á esta primera junta.

---

[2]) El *visto bueno* es la fórmula que estampa, acompañada de su firma, la persona llamada á intervenir un documento suscrito por otra.

[3]) *Quebrado alzado* es que el se fuga, abandonando su domicilio comercial para no responder de sus descubiertos á los acreedores, y eludir la acción de la justicia.

convoqués, parce que leurs créances ne résultaient ni du bilan, ni des livres, mais qui justifient par titres de leur qualité, sous réserve toutefois de la responsabilité par eux encourue en cas de fraude.

Le dépositaire, avant de commencer à exercer ses fonctions d'administrateur, prêtera serment de les bien et fidèlement remplir, puis il prendra toutes les mesures nécessaires pour assurer le recouvrement des valeurs échues appartenant à la faillite; il prendra également toutes les mesures conservatoires et il exercera toutes les actions utiles. Il signera, sur le *vu et approuvé*[1] du commissaire, les endossements, ainsi que tous autres documents entraînant obligation ou décharge qui intéressent la faillite. Il procédera à la vente de tous les effets qu'il est impossible de conserver sans détérioration, et il fera, avec l'autorisation préalable du commissaire, les dépenses nécessaires pour la garde et la conservation des objets conservés en dépôt. Pour ses travaux, et en tenant compte de la quantité et de la nature des biens dépendant de la faillite, il sera attribué au dépositaire une rétribution qui ne pourra dépasser 15 *pesetas* par jour. Le dépositaire touchera en plus un demi % sur les sommes par lui recouvrées et il sera remboursé de ses frais d'administration.

§ 6. *Première assemblée des créanciers.*

La date de la première assemblée des créanciers doit être fixée en tenant compte du temps absolument nécessaire pour que les créanciers se trouvant en Espagne puissent recevoir avis de la faillite et se rendre à la réunion ou s'y faire représenter.

Le délai maximum de convocation est de 30 jours à compter de la déclaration de l'état de faillite. Si, pour une raison quelconque, l'assemblée ne peut avoir lieu le 30e jour, on fixera pour sa réunion, au moyen d'une affiche apposée dans le prétoire du tribunal, la date la plus rapprochée possible, pour que les créanciers en aient connaissance dans les quinze jours suivants.

A la première assemblée des créanciers doivent être présents: le commissaire, qui est chargé de la présider, le dépositaire qui présentera un compte rendu écrit de son administration et une note des dépenses et recettes. Le failli non banqueroutier[2], s'il le demande, peut aussi y assister en personne, s'il n'est pas en état d'arrestation, ou par un fondé de pouvoir. Les créanciers doivent en principe être présents en personne; s'ils préfèrent toutefois se faire représenter à la réunion, leur mandataire devra être muni d'un pouvoir régulier à cet effet qu'il sera tenu d'exhiber au commissaire. A cette première assemblée, il sera donné connaissance du bilan et du rapport du failli, et, au moyen des livres et papiers, il sera fait toutes les vérifications nécessaires pour élucider les difficultés qui peuvent se présenter entre les créanciers présents.

§ 7. *Election des syndics. Nomination, capacité, droits et obligations, remplacement des syndics.*

Ceci fait, et après que le dépositaire aura rendu compte de sa gestion, il est procédé à l'élection des syndics de la faillite.

Les syndics doivent toujours être au nombre de trois: les deux premiers sont élus par les créanciers qui représentent la majorité en capital, et le troisième par les créanciers dont les voix n'ont pas pu être comptées dans la majorité en capital. Ces votes doivent être nominaux, et cette circonstance doit être relatée dans le procès-verbal de l'assemblée.

Les conditions requises pour pouvoir être syndic sont les suivantes: être créancier du failli ou intervenir dans la faillite en qualité de représentant d'un créancier, s'il est possible; être ou avoir été commerçant; être majeur; et avoir sa résidence habituelle dans le lieu où la faillite a été déclarée. Après avoir accepté leurs fonctions, les syndics doivent prêter serment de les remplir fidèlement, dans les mêmes termes que le dépositaire.

Cette nomination doit être portée, par circulaire signée du commissaire, à la connaissance des créanciers qui n'ont pas assisté à la première assemblée.

---

[1] Le *visa* (*visto bueno*) est la formule qu'appose en la faisant suivre de sa signature, toute personne appelée à intervenir dans un acte fait par une autre personne.

[2] On appelle failli banqueroutier (*quiebrado alzado*) celui qui a pris la fuite, en abandonnant son domicile commercial pour échapper, à la responsabilité de son découvert envers ses créanciers, et se soustraire à l'action de la justice.

Los síndicos, aceptado el cargo, y puestos en posesión de él, reemplazan al depositario, y sus atribuciones serán las siguientes: La administración de todos los bienes de la quiebra. — La recaudación de todos los créditos de la misma y el pago de los gastos de administración, y los precisos para la conservación y beneficio de los bienes de la quiebra. — La comprobación y rectificación del balance, y formación del definitivo. — El examen de los documentos justificativos del derechos que pretenden tener los acreedores de la quiebra, y el informe que de los mismos han de dar á la junta de acreedores, llamada á resolver sobre esto. — La defensa de los derechos de la quiebra, y el ejercicio de las acciones y excepciones que la competan. — Promover la convocación y celebración de las juntas de acreedores en los casos que marca la ley, ó en los casos extraordinarios en que lo aconsejen las circunstancias: Y procurar la venta de los bienes de la quiebra cuando proceda, y en la forma que proceda.

Los síndicos, en pago de sus servicios, tienen derecho á un $1/2$ % de lo que recauden por créditos y derechos de la quiebra; á un 2 % de los productos de las ventas de mercaderías; y á un 1 %, en las ventas y adjudicaciones de inmuebles ó derechos que no se refieran al giro ó negocio del quebrado. A cambio de esto responden á la masa de la quiebra de todos los daños y perjuicios que resulten por abuso en el ejercicio de su cargo, ó por su negligencia ó descuido.

Su nombramiento habrá de ratificarse por los acreedores reconocidos de la quiebra, en la junta de calificación de créditos; y si el crédito que los síndicos representen, suyo ó ajeno, no fuere reconocido en dicha junta, ó promovieren por su cuenta acción alguna contra la masa de la quiebra, caducarán sus nombramientos. Tanto en este caso, como en el de la no ratificación de su nombramiento, habrá de procederse por la junta á la elección de otro ú otros que reemplacen á los que dejen de serlo. También podrá decretar el juez su separación, á instancia justificada de acreedor legítimo, ó por informe del comisario, siempre que uno ú otro demuestren los abusos, negligencia ó descuido de los mismos.

III. Administración de la quiebra.

El expediente de administración de la quiebra se encabezará con el testimonio del auto de la declaración de esta; y tras él se transcribirá el acta de ocupación, inventario y depósito de bienes, hecha por el comisario; á la que se unirán todas las diligencias originales, que para la ocupación y depósito de los que no se encuentren en el lugar de la quiebra se hubieren practicado por los respectivos jueces de los lugares donde aquellos radiquen. Las extracciones que hayan de hacerse de los almacenes ó escritorios ocupados, se harán prévia providencia formal del comisario; y su ejecución se hará constar por diligencia, que suscribirán, este, el depositario y el actuario. Del mismo modo se harán los ingresos de caudales que hayan de depositarse en el arca destinada al efecto; en la que se conservarán tan solo los que se conceptúen precisos para las atenciones de la quiebra; depositándose el metálico restante y los efectos públicos en el establecimiento público destinado al efecto. Y de igual modo habrá de procederse á las ventas urgentes de efectos de la quiebra que se precisen, á juicio del depositario.

En este expediente de administración se hará constar el nombramiento de los síndicos con todas sus incidencias; y después, se acordará la formación del inventario definitivo; al cual habrá de citarse al quebrado, para que asista por sí ó por medio de apoderado. Formalizado que sea este, se hará entrega de todo lo que lo constituya á los síndicos, á quienes en los tres días siguientes á su nombramiento rendirá cuenta de su administración el depositario; cuyas cuentas habrán de ser aprobadas por el juez, con audiencia del depositario, de los síndicos, y previo informe del comisario.

Los gastos precisos para cubrir las atenciones de la quiebra, se fijarán por el juez, en vista de las necesidades ordinarias á que haya de atender; y los extraordinarios, que excedan de 500 pesetas, se acordarán, también, por el juez, pero á propuesta de los síndicos, y previo informe del comisario; y lo mismo se hará con los extrajudiciales que el juez considere necesarios en cada caso. Para los que no excedan de 500 pesetas bastará la autorización del comisario á los síndicos.

Les syndics, dès qu'ils ont accepté leur mission et qu'ils ont été installés dans leurs fonctions, remplacent le dépositaire. Leurs attributions comprennent: L'administration de tous les biens de la faillite; — Le recouvrement de toutes les créances et le paiement des frais d'administration et de tous ceux qui sont nécessaires pour la conservation et l'utilité des biens dépendant de la faillite; — La vérification et la rectification du bilan et la rédaction du bilan définitif; — L'examen des titres justificatifs du droit que prétendent avoir les créanciers de la faillite et le rapport à présenter à cet égard à l'assemblée des créanciers qui est appelée à se prononcer; — La défense des droits de la faillite et l'exercice des actions et exceptions qui peuvent lui appartenir; — La convocation et la réunion des assemblées de créanciers dans les cas prévus par la loi, et dans les cas extraordinaires où les circonstances obligent à tenir ces assemblées. La réalisation des biens de la faillite, quand il y a lieu, en faisant procéder à leur vente dans la forme légale.

Les syndics, en rémunération de leurs services, ont droit à un demi % des sommes par eux recouvrées sur les créances et droits dépendant de la faillite, à 2% sur le produit des ventes de marchandises, à 1% du produit des ventes et adjudications d'immeubles ou droits relatifs aux opérations ou aux affaires du failli. En échange de cette rémunération, les syndics sont responsables de tous les dommages et préjudices résultant des abus qu'ils peuvent commettre dans l'exercice de leurs fonctions ou résultant de leur négligence ou de leur impéritie.

La nomination des syndics doit être ratifiée par les créanciers dont les créances ont été reconnues, lors de l'assemblée où il est statué sur la qualification des créances. Si la créance personnelle des syndics, ou celle du créancier dont ils sont les mandataires n'ont pas été admises dans cette assemblée, ou si les syndics exercent pour leur compte personnel une action contre la masse des créanciers, leur nomination sera annulée. Dans ce cas, comme dans celui où la nomination d'un ou plusieurs syndics n'aura pas été ratifiée, il y aura lieu à procéder à l'élection de nouveaux syndics pour remplacer ceux qui devront cesser leurs fonctions. Le juge a également le droit d'ordonner le remplacement des syndics, à la requête d'un créancier légitime ou sur le rapport du commissaire, lorsque de ce rapport ou de la plainte du créancier résultent à leur charge la preuve des abus, d'actes de négligence ou d'impéritie.

III. Administration de la faillite.

L'«expédient» d'administration de la faillite doit commencer par la copie authentique du jugement déclaratif à la suite duquel sont transcrits le procès-verbal constatant la prise de possession et l'inventaire des biens faits par le commissaire, et annexés, en original, tous les actes nécessaires à la prise de possession et au dépôt des biens situés en dehors du lieu de la faillite et faits par les juges de première instance des lieux où ces biens se trouvent. Quand il y aura lieu de retirer certaines choses des magasins ou du bureau, ces opérations seront faites en vertu d'une décision préalable du commissaire, et leur exécution sera constatée par un procès-verbal signé du commissaire et de l'*actuario*. On constatera de la même manière les entrées des sommes qui doivent être déposées dans la caisse à ce destinée. On ne doit d'ailleurs conserver dans cette caisse que les sommes strictement nécessaires pour les besoins de la faillite, et le surplus des deniers comptants et les effets publics sera déposé dans l'établissement public destiné à cet effet. On remplira les mêmes formalités lorsqu'il y aura lieu, d'après le dépositaire, de procéder à des ventes urgentes d'effets dépendant de la faillite.

Dans ce même «expédient», on devra constater la nomination des syndics avec tous les incidents que cette nomination a pu provoquer. Puis il sera procédé à l'inventaire définitif, opération à laquelle le failli doit être convoqué à assister soit en personne, soit par fondé de pouvoir. Cet inventaire terminé, tout l'actif doit être remis aux syndics à qui le dépositaire doit rendre ses comptes dans les trois jours de leur nomination. Les comptes du dépositaire doivent, en outre, être homologués par le juge, après avoir entendu le dépositaire et les syndics et pris l'avis du commissaire.

Les sommes nécessaires pour faire face aux dépenses de la faillite seront fixées par le juge suivant les besoins; les dépenses extraordinaires, dépassant 500 *pesetas*, seront également autorisées par le juge, mais sur la proposition des syndics et après avis préalable du commissaire. Il en sera de même en ce qui concerne les frais extrajudiciaires que le juge estimera nécessaires. Pour les dépenses ne dépassant pas 500 *pesetas*, les syndics n'auront besoin que de l'autorisation du commissaire.

La venta de los efectos mercantiles de la quiebra se propondrá por los síndicos al comisario; y, con el informe de este, acordará el juez lo que proceda; fijando el precio mínimum, sobre el que no podrá hacerse rebaja alguna sin causa fundada á juicio del mismo comisario. En la venta habrá de intervenir corredor de comercio; y, donde no lo haya, habrá de hacerse en subasta pública, que se anunciará tres días antes, por lo menos, por edictos y avisos en los periódicos locales. La regulación de precios se hará sobre las facturas de coste de los artículos, aumentándolos á tenor del precio corriente en plaza.

Si hubieren de rebajarse por bajo del precio de coste, habrán de venderse en subasta pública. Por medio de peritos se justipreciarán los muebles que no sean efectos de comercio, y los inmuebles. Los peritos se nombrarán por el quebrado y el comisario; y, en caso de discordia, el juez nombrará un tercero. Ni por sí, ni por tercera persona, podrán los síndicos adquirir bienes de la quiebra; y, si lo hicieren, de cualquier manera que sea, se confiscarán los bienes en beneficio de la quiebra; obligándoles á satisfacer el precio, si no lo hubieren entregado.

Corresponde á los síndicos el ejercicio de todos los derechos y obligaciones que correspondieren al quebrado sobre los bienes de la quiebra; debiendo suministrar, este á aquellos, cuantas noticias tenga y estime necesarias para la marcha de la quiebra; y, estando en libertad el quebrado, podrán los síndicos utilizar los servicios personales de este en los trabajos de administración y liquidación. El quebrado tiene, á su vez, el derecho de exigir á los síndicos, por conducto del comisario, todas las noticias que puedan convenirle sobre el estado de la quiebra; haciéndoles, también, por el mismo conducto, cuantas observaciones crea pertinentes para la mejor marcha de la administración y liquidación.

Los síndicos deberán entregar semanalmente al comisario, para que se depositen en el arca de caudales, todos los fondos que hubieren recaudado por cualquier concepto; conservando en su poder, tan sólo, los que el comisario conceptúe necesarios para los gastos corrientes de la administración. Mensualmente habrán de presentar un estado de las cuentas de la administración, que el comisario pasará con un informe al juez, para que este acuerde lo que haya lugar. Los acreedores podrán exigir copia de estos estados; y hacer, en vista de los mismos, las observaciones que crean convenientes. A instancia de los síndicos, y previo informe del comisario, el juez podrá acordar la traslación de los caudales existentes en el arca al establecimiento público destinado al efecto. Las providencias que, respecto de la administración de la quiebra, adopte el comisario podrán reformarse por el juez, á instancia de los síndicos, ó de cualquier acreedor.

Entre los gastos de administración figurán los de la alimentación del quebrado y su familia; los cuales tendrán derecho á ella si aquel se hubiere presentado espontáneamente á la quiebra dentro del plazo legal. La cuota la fijará el juez; relacionándola con la condición del quebrado y el número de personas de que se compone su familia, el haber que resulte del balance general, y los caracteres de la quiebra. Los alzados no podrán pedir alimentos; y los que disfruten los quebrados que fueren calificados de fraudulentos, cesarán, de derecho, desde que sea firme el auto de calificación.

Terminada la liquidación de la quiebra, ó acabada esta por convenio de los acreedores y el quebrado, los síndicos rendirán cuenta de su administración; la cual habrá de ser examinada y aprobada por la junta general de acreedores, convocada al efecto, con asistencia del quebrado; oyendo, antes, si se considerase necesario, á una comisión nombrada para que haga el reconocimento y comprobación de la misma. Los reparos que á esta rendición de cuentas se hagan, se sustanciarán, en forma, ante el juez de la quiebra; no siendo obstáculo la aprobación de la junta para que el quebrado, ó cualquier acreedor disidente, las impugne en juicio dentro de los ocho días siguientes á su aprobación. También los síndicos, que por cualquier motivo dejaren de serlo durante la quiebra, habrán de rendir sus cuentas dentro de los quince días siguientes; las cuales se examinarán, con informe de los nuevos síndicos, en la primera junta general que se celebre. Las repeticiones[1] de los acreedores, ó del quebrado contra los síndicos por causa de su administración, se

---

[1] La *repetición* consiste en pedir á otro lo que por su culpa ha tenido que pagarse, ó se ha dejado de percibir.

La vente des marchandises sera proposée par les syndics au commissaire, et, sur le rapport de celui-ci, le juge donnera l'autorisation d'y procéder. Le juge fixera dans son ordonnance d'autorisation le prix minimum au-dessous duquel il ne pourra être fait aucune réduction, à moins que le commissaire ne l'estime nécessaire. La vente doit être faite par le ministère d'un courtier, et, dans les localités où il n'y a pas de courtier, elle doit avoir lieu aux enchères publiques. Pour déterminer les prix, on se reportera aux factures d'achat, dont les chiffres seront majorés d'après les cours de la place.

S'il y a lieu de descendre au-dessous du prix d'acquisition, la vente devra avoir lieu aux enchères publiques. Les meubles autres que des marchandises, ainsi que les immeubles, seront évalués par experts nommés l'un par le failli, l'autre par le commissaire. En cas de désaccord entre ces deux experts, le juge désignera un tiers expert. Les syndics ne peuvent se rendre acquéreurs des biens du failli ni directement, ni par personne interposée. En cas d'infraction à cette prohibition, les biens ainsi acquis seront confisqués au profit de la faillite, et les syndics seront tenus d'en acquitter le prix, s'ils ne l'ont pas déjà payé.

Les syndics exercent tous les droits et toutes les obligations du failli sur les biens de la faillite, et celui-ci est tenu de leur fournir tous les renseignements qu'ils estiment nécessaires pour assurer la bonne marche des opérations. Si le failli est en liberté, les syndics pourront en outre utiliser ses services personnels pour les travaux d'administration et de liquidation. Le failli, de son coté, a le droit d'exiger des syndics, par l'intermédiaire du commissaire, tous les renseignements dont il peut avoir besoin sur l'état de la faillite et de leur adresser, par le même canal, toutes les observations qu'il croit utiles dans l'intérêt de l'administration et de la liquidation.

Les syndics doivent verser, chaque semaine, entre les mains du commissaire, pour être déposés dans la caisse, tous les fonds par eux touchés à un titre quelconque, et ils ne conserveront entre leurs mains que les sommes nécessaires, d'après le commissaire, pour faire face aux frais courants d'administration. Tous les mois, ils devront remettre un état des comptes de leur gestion que le commissaire transmettra au juge avec son avis, pour que celui-ci prenne telle décision qu'il y aura lieu. Les créanciers pourront exiger une copie de ces états et y faire toutes les observations qu'ils estimeront convenables. Sur la demande des syndics, et après avis du commissaire, le juge pourra autoriser le dépôt dans l'établissement public destiné à cet effet des sommes existant en caisse. Les mesures relatives à l'administration adoptées par le commissaire, pourront être réformées par le juge, sur la demande des syndics ou de tout créancier quelconque.

Parmi les dépenses d'administration figurent les frais de nourriture du failli et de sa famille, auxquels ils ont droit si le failli s'est présenté spontanément dans le délai légal. Le montant de ces frais de nourriture est fixé par le juge eu égard à la condition du failli, au nombre des membres de sa famille, à l'importance de l'actif d'après le bilan général et aux caractères de la faillite. Les banqueroutiers (faillis en fuite) ne peuvent réclamer des aliments, et les aliments attribués aux faillis qualifiés frauduleux, cesseront de plein droit de leur être versés, aussitôt que le jugement de qualification sera devenu définitif.

Lorsque les opérations de liquidation sont terminées, ou que la liquidation a pris fin par le concordat, les syndics doivent rendre compte de leur gestion. Ce compte doit être examiné et approuvé par l'assemblée générale des créanciers spécialement convoquée, avec l'assistance du failli et après avoir entendu au besoin une commission chargée de procéder à leur examen et à leur vérification. Les demandes en rectification auxquelles cette reddition de compte pourra donner lieu, seront instruites devant le juge de la faillite. L'approbation des comptes par l'assemblée des créanciers ne fait pas obstacle d'ailleurs au droit du failli, ou de tout créancier dissident quelconque, de les contester judiciairement dans les huit jours de leur approbation. Les syndics qui viendront, pour un motif quelconque, à cesser leurs fonctions pendant le cours des opérations de la faillite, devront également rendre leurs comptes dans les quinze jours; et ces comptes seront vérifés, sur le rapport des nouveaux syndics, par la première assemblée générale des créanciers. Les répétitions[1]

---

[1] La *répétition* consiste à demander à un autre ce que, par sa faute, on a du payer, ou manqué de recevoir.

sustanciarán en ramo separado, y por los trámites del juicio ordinario á que correspondan.

IV. Retroacción de la quiebra.

Los efectos de la declaración de la quiebra se extienden, no solo á los actos posteriores á la fecha de dicha declaración, sinó también á los anteriores; sometiéndose, así, á una especie de juicio de revisión los practicados dentro de cierto tiempo, que ofrezcan alguna irregularidad perjudicial á los intereses de los acreedores. Pero este juicio de revisión sólo puede intentarse por los legítimos y definitivos representantes de la masa, es decir, por los síndicos; si bien todos los acreedores y el comisario podrán excitar el celo de los síndicos, cuando advirtieren alguna omisión en esto, acudiendo los primeros al comisario; y si este no hiciere, en apoyo de su pretensión, lo que ellos creen que debiera practicarse, podrán acudir en queja al juez.

Para facilitar la acción de unos y otros, y, á fin de que pueda cumplirse lo que la ley dispone, los síndicos están obligados, dentro de los diez días siguientes á haberse hecho cargo de los libros y papeles de la quiebra, á redactar los siguientes estados. Uno; de los pagos hechos por el quebrado en los quince días anteriores á la declaración de quiebra por deudas y obligaciones directas, cuyo vencimiento fuere posterior á esta. — Otro; de los contratos celebrados en los treinta días anteriores á dicha declaración, que, por considerarse fraudulentos, sean ineficaces á tenor del artículo 880 del Código de comercio, y de las donaciones intervivos á que se refiere el mismo artículo. — Y otro, por último; de los contratos á que se refiere el artículo 881 del citado Código. Los estados primero y segundo se comprobarán y visarán[1] por el comisario; y, hecho esto, dirigirán los síndicos sus reclamaciones extrajudiciales contra quien proceda, para el reintegro á la masa de lo que á esta pertenece por virtud de la ley; y si resultaren ineficaces aquellas, acudirán á la vía judicial, con la previa autorización del comisario. Para la formación del tercer estado, harán los síndicos las averiguaciones necesarias, al efecto de poder probar que en los contratos, á que el mismo se refiere, ha intervenido fraude; y si encontraran tales datos, harán una exposición motivada al comisario; quien, en vista de ella, y de lo que por su parte pueda averiguar, acordará ó denegará la autorización á los síndicos, para que entablen las demandas correspondientes. Las demandas que los síndicos entablaren sobre los pagos indebidos, á que se refiere el primero de los estados que han de redactar, se acompañarán con la prueba documental que los acredite; y, si esto no pudiere hacerse, se preparará el juicio con la confesión judicial prévia. La pretensión de los síndicos y la prueba se comunicará por término de tres días al demandado; y, si no contestare, ó su contestación no fuere concluyente contra la prueba de los síndicos, se le condenará á la devolución. Si, por la contestación, dedujere el juez que hay méritos bastantes para recibir el incidente á prueba se acordará esta por término de ocho días; y se fallará, después, por los trámites legales de los incidentes. Justificándo los síndicos con la escritura que los contratos á que se refiere el segundo de los estados, son ineficaces con arreglo al Código de comercio, procederán al reintegro de los bienes que pertenecen á la masa, presentando demanda de interdicto de recobrar[2]. Las resoluciones judiciales que recaigan en uno y otro caso se ejecutarán, aunque contra ellas se interponga recurso de apelación. Las demandas de nulidad ó de revocación, incoadas respecto de los contratos á que se refiere el tercero de los estados, se sustanciarán en el juicio ordinario correspondiente, y ante el juez competente.

V. Examen, graduación y pago de créditos contra la quiebra.

Se encabezará esta pieza de autos con el estado general de los acreedores de la quiebra; y, á continuación, dictará el juez providencia, señalando el término dentro del cual se han de presentar á los síndicos los títulos justificativos de sus créditos, y el día en que ha de celebrarse la junta para su examen y reconocimiento. Estos

---

[1]) *Visar;* poner el visto bueno.
[2]) El *interdicto de recobrar* es el procedimiento sumarísimo, por virtud del que, y mediante el auxilio judicial, el que ha sido arbitrariamente despojado de la pacífica posesión de una cosa, la recobra.

que les créanciers ou le failli pourront avoir à faire valoir contre les syndics pour faits d'administration, seront instruits par cahier séparé, et la procédure à suivre est celle de l'instance ordinaire.

IV. Effet rétroactif de la faillite.

Les effets de la déclaration de faillite ne s'étendent pas seulement aux actes postérieurs à la date du jugement qui l'a prononcée; ils frappent également les actes antérieurs. Les actes faits durant une certaine période, et qui sont entachés de certaines irrégularités préjudiciables aux intérêts des créanciers, sont ainsi soumis à une sorte de revision qui, toutefois, ne peut être demandée que par les représentants légitimes et définitifs de la masse, c'est-a-dire par les syndics. Cependant, tous les créanciers et le commissaire peuvent, à cet égard, exciter le zèle des syndics, s'ils remarquent une omission de leur part. A cet effet, les créanciers s'adresseront au commissaire, et, si le commissaire reste de son côté inactif et ne fait pas ce qu'ils jugent indispensable pour faire valoir leur réclamation, ils pourront former un recours devant le juge.

Pour faciliter l'action des syndics et des créanciers et assurer l'exécution des prescriptions de la loi, les syndics sont tenus, dans les dix jours qui suivent la prise en charge des livres et papiers de la faillite, de rédiger les états suivants 1. État des paiements faits par le failli durant les quinze jours qui ont précédé la déclaration de faillite, pour dettes et obligations directes dont l'échéance était postérieure à la date du jugement déclaratif; — 2. État des contrats passés dans les trente jours qui ont précédé la déclaration de faillite, et, qui, étant considérés comme frauduleux sont sans effet aux termes de l'art. 880 du Code de commerce, et des donations entre vifs visées dans ce même article; — Et 3. Etat des contrats dont il est parlé dans l'art. 881 du même Code.

Les deux premiers états seront vérifiés et visés[1] par le commissaire; puis les syndics adresseront à qui de droit des réclamations extrajudiciaires pour obtenir la restitution à la masse de ce qui lui appartient conformément à la loi. Si ces réclamation demeurent sans effet, ils procéderont par les voies judiciaires, avec l'autorisation du commissaire. Pour dresser le 3° état, les syndics feront les vérifications nécessaires en vue de prouver que les contrats qui doivent figurer sur cet état, sont entachés de fraude, et, dans l'affirmative, ils adresseront au commissaire un rapport motivé sur le vu duquel, après avoir procédé, au besoin, de son coté à des vérifications nouvelles, le commissaire accordera ou refusera aux syndics l'autorisation d'introduire une action en justice.

Aux demandes introduites par les syndics à raison de paiements indus, figurant sur le premier des états dont nous venons de parler, doivent être joints les titres justificatifs. S'il n'a pas été possible de se les procurer, les syndics engageront l'instance préparatoire en vue de provoquer l'aveu judiciaire. La prétention des syndics et la preuve par eux produite seront données en communication pendant un délai de trois jours au défendeur, et, si celui-ci ne conteste pas la demande ou si sa contestation est jugée mal fondée en présence des justifications produites par les syndics, il sera condamné à restituer. Si, à la suite des réponses du défendeur, le juge estime qu'il existe des motifs suffisants pour autoriser la preuve de l'incident, il autorisera à faire cette preuve dans un délai de huit jours, et il statuera ensuite, en se conformant à la procédure des incidents. S'il est justifié par les syndics, au moyen de l'acte même, que les contrats visés dans le deuxième état sont dépourvus d'effet d'après le Code de Commerce, les syndics poursuivront la restitution des biens appartenant à la masse en demandant l'interdit *de recobrar*[2]. Les résolutions judiciaires rendues dans ces deux cas sont exécutoires nonobstant appel. Les demandes en nullité ou en révocation dont feront l'objet les contrats portés sur le 3° état, seront instruites par instance ordinaire, devant le juge compétent.

V. Vérification, ordre et paiement des créances contre la faillite.

Cette partie du dossier commencera par l'état général des créanciers de la faillite; ensuite le juge rendra l'ordonnance fixant le délai dans lequel les créanciers devront présenter aux syndics les titres justificatifs de leurs créances et le jour de l'assemblée où il sera procédé à la vérification et à la reconnaissance des créances. Ces délais

---

[1]) Viser c'est-à-dire apposer la mention, Vu et approuvé (*Visto bueno*).

[2]) L'interdit *de recobrar* est la procédure très sommaire en vertu de laquelle et avec l'aide de la justice, la personne qui a été arbitrairement dépouillée de la paisible possession d'une chose, recouvre cette chose.

plazos serán determinados por el juez; el primero, teniendo en cuenta la extensión de los negocios y dependencias de la quiebra, dentro de un tiempo máximo de 60 días para los acreedores, residentes en España (los residentes en el extranjero que estén más acá del Rin y de los Alpes y los de las islas Británicas tendrán de tiempo 60; los que estén más allá, 100 días; los de Ultramar que estén más acá de los cabos de Esperanza y de Hornos, 8 meses y el doble de este tiempo los que estén más allá); el segundo, ó sea el de celebración de la junta, será el duodécimo después del plazo señalado para la presentación de documentos; advirtiendo que los acreedores, que por razón de su residencia en el extranjero los presenten dentro del plazo legal, aun cuando sea después de celebrada la junta, tendrán derecho á que se celebre otra ú otras para que resuelvan respecto á sus créditos; sin que esta dilación pueda producirles perjuicio.

Dentro del término señalado, deberán los acreedores entregar á los síndicos los documentos justificativos de sus créditos, acompañados de copia literal de los mismos, para que, cotejados, pongan al pié la nota de conformidad, y de quedar los originales en su poder; cuyas copias, así diligenciadas, se entregarán á los acreedores. Los síndicos confrontarán con los papeles y libros de la quiebra los documentos justificativos de los créditos; y extenderán sobre cada crédito un informe referente al resultado del cotejo, y á la condición y naturaleza del crédito. En los ocho días siguientes á la terminación del plazo de presentación de créditos, formarán un estado completo de los presentados, con la relación de todos los justificantes; cuyo estado se pasará al comisario, y copia de él al quebrado ó su representante. El comisario cerrará el estado de créditos con una diligencia; considerándose, después de esto, en mora todos los demás créditos no presentados; los cuales perderán por esta causa el privilegio que tuvieren con arreglo á la ley, y quedarán reducidos á la categoría de créditos comunes. El reconocimiento de la legitimidad de estos créditos, cuando pretendan cobrar la parte que les corresponda como créditos comunes, se hará judicialmente, y á sus expensas, con citación y audiencia de los síndicos. Si la reclamación del acreedor moroso se hiciere después de repartido el haber de la quiebra, no se les atenderá.

Respecto de los créditos presentados en tiempo oportuno la junta resolverá por mayoría de votos, sobre el informe de los síndicos, su reconocimiento ó exclusión, uno por uno. La mayoría habrá de ser de la mitad más uno de los votantes, siempre que estos representen las tres quintas partes del total importe de los créditos presentados. El acuerdo, favorable ó desfavorable, de la junta deja á salvo el derecho de los que se sienten perjudicados por él para impugnar judicialmente ante el juez de la quiebra, y dentro del plazo de 30 días; pero el acreedor excluído dejará de tener voz activa en la quiebra. Si cualquier acreedor impugna judicialmente un crédito reconocido por la junta, pagará las costas procesales; salvo el caso en que el juez le dé la razón; porque, entonces, las costas correrán á cargo de la masa de la quiebra. Terminada la junta se devolverán sus títulos de crédito á todos los acreedores; á los excluídos, para que puedan usar de su derecho de impugnación; y á los reconocidos, con una nota al pié, suscrita por los síndicos y visada por el comisario, en la que conste su reconocimiento y la cantidad reconocida. Contra la validez de los acuerdos de la junta, por la falta de formalidades legales en su celebración, ó en la adopción de sus acuerdos, podrá presentarse instancia, dentro de los 30 días siguientes á su celebración, por acreedor que no hubiere votado en pró de la resolución que pretenda impugnar, ó por el quebrado, cuando no esté conforme.

Las demandas de los acreedores sobre reconocimiento de sus créditos, ó sobre agravios producidos en su graduación, se sustanciarán, teniendo por parte á los síndicos y á los acreedores cuyos créditos se impugnen. Para formalizar la oposición se entregarán los autos, con todos los antecedentes relativos al reconocimiento y graduación de créditos, al opositor ú opositores por término de seis días; y lo mismo se hará para su contestación. Si fueren muchos los créditos impugnados podrá ampliarse el término hasta doce días, si el juez lo creyere necesario; y, transcurrido el término, el juez dictará sentencia en el de ocho días; dando á este juicio la tramitación de los incidentes. La sentencia dictada es apelable en ambos efectos.

seront déterminés par le juge. Il fixera le premier, eu égard à l'étendue des affaires et des accessoires de la faillite dans une période maxima de 60 jours pour les créanciers ayant leur résidence en Espagne (Les créanciers demeurant à l'étranger en deçà du Rhin et des Alpes et dans les Îles Britanniques, auront un délai de 60 jours; les créanciers ayant leur résidence au délà, un délai de 100 jours; les créanciers d'Outre mer, demeurant en deçà du Cap de Bonne espérance et du Cap Horn, un délai de 8 mois et les créanciers demeurant au delà, un délai de 16 mois). La date de la réunion de l'assemblée doit être le douzième jour après l'expiration du délai fixé pour la production des titres. Les créanciers seront, en outre, avisés que si, par suite de leur résidence à l'étranger, l'assemblée a déjà eu lieu lorsqu'ils viendront à produire leurs titres, ils auront encore le droit, pourvu que cette production ait été faite dans le délai légal, de demander la réunion de nouvelles assemblées pour faire statuer sur la reconnaissance de leurs créances, sans avoir à craindre que le retard leur cause aucun préjudice.

Durant le délai qui leur aura été imparti, les créanciers devront remettre aux syndics les pièces justificatives de leurs créances. Ils y joindront une copie littérale de leurs titres, sur laquelle les syndics, après les avoir collationnées, inscriront une mention attestant que ces copies sont exactes, et qu'ils ont conservé les originaux. Ces copies ainsi diligentées seront ensuite restituées aux créanciers. Les syndics compareront les pièces justificatives des créances avec les livres et les papiers du failli, et ils dresseront sur chaque créance un rapport relatant le résultat de leur vérification, ainsi que la condition et la nature de la créance. Dans les huit jours qui suivent l'expiration du délai de production, les syndics dresseront un état complet des créances produites, en relatant toutes les justifications. Cet état sera communiqué au commissaire, et une copie en sera remise au failli ou à son représentant. Le commissaire clôturera cet état par un procès-verbal, et dès lors tous les créanciers non produisant seront réputés en retard; en conséquence, ceux dont les créances auraient joui d'un privilège conformément à la loi, le perdront, et seront considérés comme créanciers ordinaires. La reconnaissance de la légitimité de ces créances, lorsque les créanciers prétendront toucher le dividende leur revenant comme créanciers chirographaires, sera faite à leurs frais, les syndics dûment cités et entendus. Si la réclamation du créancier en retard se produit après la répartition de l'actif, elle ne sera plus recevable.

En ce qui concerne les créances produites en temps opportun, l'assemblée prononcera séparément à la majorité des voix, sur le rapport des syndics, leur admission ou leur rejet. La majorité devra être de la moitié plus un des votants, pourvu que ceux-ci représentent les trois cinquièmes du montant total des créances présentées. Quelle que soit la décision de l'assemblée, favorable ou défavorable, elle laisse entier le droit de ceux qui s'estiment lésés, de se pourvoir judiciairement contre elle devant le juge de la faillite dans un délai de trente jours. Le créancier exclu cessera, toutefois, de pouvoir prendre une part active dans les opérations de la faillite. Le créancier qui contredit une créance, admise par l'assemblée, supportera les frais de l'instance, à moins que le juge ne lui donne raison; dans ce cas les frais seront à la charge de la masse. Après l'assemblée les titres seront restitués aux créanciers; ils seront remis aux créanciers non admis pour qu'ils puissent user de leur droit de contester la décision de l'assemblée, et, sur les titres des créanciers admis, on inscrira une mention signée des syndics et visée par le commissaire constatant que la créance a été reconnue et indiquant pour quelle somme elle a été admise au passif. Tout créancier peut, dans les trente jours qui suivent la réunion, demander la nullité des décisions de l'assemblée auxquelles il n'a pas donné un vote favorable, pour inobservation des formalités légales relatives à la convocation, à la délibération ou au vote. Le même droit appartient au failli quand il n'accepte pas les résolutions.

Les demandes des créanciers concernant la reconnaissance de leurs créances ou les préjudices qu'ils prétendent éprouver au point de vue de l'exercice de leur droit de préférence, font l'objet d'une procédure dans laquelle les parties sont d'une part les syndics, et, d'autre part, les créanciers dont les créances sont contestées. Pour pouvoir formaliser leur opposition, le créancier ou les créanciers opposants recevront, pendant un délai de six jours, communication du dossier et de tous les antécédents relatifs à la reconnaissance et au classement des créances suivant leur droit de préférence. Il en sera de même pour la réponse à l'opposition. Si les créanciers opposants sont en grand nombre, le délai de communication du dossier pourra être étendu jusqu'à douze jours, si le juge l'estime nécessaire. Le juge, lorsque ce délai est expiré, doit ensuite rendre la sentence dans les huit jours. La procédure à suivre est celle des incidents, et la sentence est susceptible d'appel pour les deux effets.

En vista del acta de la junta de graduación se procederá al repartimiento de los fondos disponibles de la quiebra por el orden de clases y prelación legal que de ella resulte. Las cantidades que pudieren corresponder á los acreedores, que tengan pendiente contra la masa demanda para el reconocimiento ó graduación de sus créditos, se incluirán en el estado de repartición; pero no se entregarán hasta la decisión del pleito que cause ejecutoria. Las que correspondan á los que, teniendo sus créditos reconocidos, sean objeto de impugnación, no se entregarán sino prévia constitución de la fianza necesaria, á juicio de los síndicos, para responder de las resultas del juicio. Para los repartos sucesivos, dará cuenta mensualmente el comisario al juez de las cantidades recaudadas, y del total de los fondos disponibles, á fin de que este acuerde uno nuevo, siempre que en estos sea posible pagar un 5% de los créditos aun pendientes de cobro. A este efecto, podrán los acreedores pedir al comisario que les facilite todas las noticias y datos referentes á recaudación, existencias y créditos pendientes, para en su vista poder solicitar del juez nuevos repartos. Para el percibo de lo que á cada acreedor corresponda, deberán presentarse los títulos originales; extendiéndose sobre los mismos la nota de pago, firmada por el acreedor ó su apoderado y los síndicos; y dando, además, recibo por separado de la cantidad percibida, librada á favor de los síndicos.

Concluída que sea la liquidación de la quiebra, rendirán cuentas de ella los síndicos; para cuyo examen convocará el juez junta general de acreedores que conserven interés y voz en la quiebra; la cual resolverá sobre este extremo en la forma que ya hemos indicado antes al hablar de las funciones de los síndicos[1].

VI. Calificación de la quiebra y rehabilitación del quebrado.

El expediente de calificación empezará con el informe que el comisario ha de redactar una vez practicada la ocupación de bienes, papeles y libros del quebrado. Los síndicos, dentro de los 15 días siguientes á su nombramiento, presentarán al juez una exposición circunstanciada sobre los caracteres que á su juicio tenga la quiebra; determinando, en vista de ellos, la clase á que corresponde. Y esta exposición, unida á los autos, que se pasará al Ministerio fiscal para que, calificando á su vez la quiebra, persiga el delito ó falta que de la misma resulte. Esta calificación, unida á los autos, se entregará al quebrado para que, en término de seis días, conteste lo que crea oportuno. Si el quebrado no se opone, ó no contesta, el juez llamará los autos á la vista, y hará la calificación definitiva. Si el quebrado se opone, se recibirán á prueba los autos; y se continuará la tramitación de esta contienda por los trámites establecidos en la ley para los incidentes. La sentencia que en ella recaiga, será apelable en ambos efectos; ejecutándose, sin embargo, en cuanto á la libertad del quebrado, si en la misma se hubiere decretado por considerarse fortuita la quiebra. Si se calificare, por el juez, la quiebra de culpable ó fraudulenta, el propio juez mandará sacar testimonio de lo necesario para proceder criminalmente contra el quebrado. Contra este acuerdo no se dá recurso ninguno; y los síndicos no podrán ser parte en la causa criminal más que por acuerdo de la junta general de acreedores. Sin embargo, cualquiera de estos, y, á sus expensas, podrá mostrarse parte[2] en ella; sin que pueda repetir, después, contra la masa, aun cuando su intervención hubiese resultado beneficiosa á esta.

La rehabilitación del quebrado no podrá intentarse hasta después de terminado el juicio de calificación; habrá de intentarse en el mismo expediente en que se hizo esta, ante el mismo juez que intervino en la quiebra. A la demanda de rehabilitación habrá de acompañar el quebrado las cartas de pago originales, ó los recibos en que conste el reintegro total de los acreedores, ó el de la parte de sus créditos acordada en el convenio con estos. El juez dispondrá que la demanda, y sus justificantes y todos los antecedentes de la quiebra se examinen por el comisario; el cual informará sobre la procedencia ó improcedencia de la rehabilitación; y, en vista

---

[1] V. la pág. 79.
[2] *Mostrarse parte* es tanto como intervenir voluntariamente en el procedimiento seguido de oficio.

Sur le vu du procès-verbal fixant l'ordre entre les créances, il est ensuite procédé à la répartition des fonds disponibles de la faillite en suivant l'ordre des différentes catégories de créances et en observant le droit de préférence qui peut appartenir à chacune d'elles. Les sommes pouvant revenir aux créanciers qui ont formé contre la masse une instance encore pendante en vue d'obtenir l'admission de leur créance, ou la reconnaissance d'un droit de préférence, doivent être comprises dans la répartition, mais elles ne leur seront remises qu'après que la décision à intervenir sur le litige sera définitive. Les sommes revenant aux créanciers dont les créances ont été admises par l'assemblée, mais font l'objet d'une contestation, ne leur seront versées qu'après constitution de la caution nécessaire pour garantir les résultats de l'instance. Pour les répartitions à faire ultérieurement, le commissaire rendra compte au juge, tous les mois, des recouvrements effectués et du montant des sommes disponibles, afin que celui-ci puisse ordonner la distribution d'un nouveau dividende, toutes les fois que ce dividende représentera 5% des créances restant à payer. A cet effet, les créanciers pourront demander au commissaire des renseignements et des détails sur le recouvrement de l'actif et sur les disponibilités, afin d'être en mesure de solliciter au besoin du juge la distribution d'un nouveau dividende. Chaque créancier, pour toucher ce qui lui est dû, devra produire son titre original, sur lequel on inscrira une mention constatant le paiement signé du créancier ou de son fondé de pouvoir et des syndics. Le créancier doit, en outre, délivrer aux syndics un récépissé séparé de la somme par lui touchée.

Lorsque la liquidation de la faillite sera terminée, les syndics en rendront compte, et, pour vérifier ce compte, le juge convoquera une assemblée générale de tous les créanciers ayant encore un intérêt dans la faillite et le droit de vote. Cette assemblée statue dans la forme que nous avons indiquée plus haut en parlant des fonctions des syndics[1].

VI. Qualification de la faillite et réhabilitation du failli.

L'«expédient» de qualification commence par le rapport que le commissaire doit rédiger aussitôt après la prise de possession des biens, livres et papiers du failli. Les syndics, dans les quinze jours de leur nomination, remettent au juge un exposé circonstancié sur les caractères que la faillite leur paraît présenter, en indiquant la catégorie dans laquelle elle rentre. Cet exposé doit être joint au dossier, et le tout communiqué au ministère fiscal pour qu'à son tour il qualifie la faillite et poursuive le délit ou la faute résultant des faits. Cette qualification, annexée au dossier, doit ensuite être communiquée au failli pendant un délai de six jours, pour qu'il y fasse telle réponse qu'il jugera utile. Si le failli ne fait aucune opposition à la qualification, ou s'il ne fait aucune réponse, le juge fera appeler l'affaire à l'audience et prononcera la qualification définitive. Si le failli s'oppose à la qualification, le juge ordonnera de faire la preuve et la procédure se poursuivra en observant les formes de la procédure établie par la loi pour les incidents. La sentence sur la qualification est susceptible d'appel pour les deux effets; elle reçoit toutefois son exécution en ce qui concerne la mise en liberté, si le juge l'a ordonnée par ce motif qu'il considérait la faillite comme fortuite. Si le juge qualifie la faillite de faillite coupable ou de faillite frauduleuse, il ordonne d'extraire du dossier les copies authentiques nécessaires pour permettre de procéder au criminel contre le failli. Il n'existe contre cette décision aucun recours. Les syndics ne peuvent se constituer partie civile dans la procédure pénale qu'en vertu d'une décision conforme des créanciers. Tout créancier quelconque, au contraire, peut se constituer partie civile[2] mais sans pouvoir jamais exercer aucune répétition contre la masse, même lorsque celle-ci vient à profiter de son intervention.

La réhabilitation du failli ne peut être sollicitée avant la clôture de l'instance sur la qualification. La requête à fin de réhabilitation doit être formée dans l'«expédient» même auquel a donné lieu la qualification, et elle est portée devant le juge qui a connu de la faillite. A la demande de réhabilitation le failli joindra les récépissés originaux justifiant le paiement, ou les récépissés constatant le remboursement de la totalité des créances ou de la partie des créances exigible d'après le concordat. Le juge ordonnera que la demande et les pièces justificatives, ainsi que tous les antécédents de la faillite soient examinés par le commissaire, qui, sur le vu de ces do-

---

[1] V. p. 79.
[2] Se constituer partie civile (*mostrarse parte*), c'est-à-dire intervenir volontairement dans la procédure suivie d'office.

de este informe, resolverá concederla, denegarla ó suspenderla, según que resulte justificada ó no la petición, ó no quede suficientemente probada. La rehabilitación del quebrado hace cesar todos los efectos legales de la declaración de la quiebra.

VII. Convenio entre los acreedores y el quebrado.

Este convenio, que puede poner término á la quiebra, sin necesidad de tener que llegar á liquidar el caudal del quebrado, solo pueden celebrarlo los quebrados fortuitos. Por eso, dispone la ley, que no podrá darse curso á ninguna proposición de convenio antes de haberse hecho la calificación de la quiebra, ni de estar reconocidos los créditos en la junta de acreedores. Sin embargo, admite la posibilidad de poder presentar dicha proposición antes de que se celebre dicha junta; solo que, en tal caso, no deberá darse cuenta de la proposición hasta después de hecho el reconocimiento; y solo podrán tomar parte en la deliberación y acuerdo sobre la misma los que tuvieren reconocidos sus créditos. Respecto de la admisión, y apesar de lo dicho, hay que tener en cuenta, que podrá admitirse la proposición, aun en el caso de quiebra culpable ó fraudulenta, cuando se trate de sociedades en las que las responsabilidades criminales por razón de la quiebra hayan de deducirse contra los administradores ó gerentes tan solo; á condición, de que, estos, no continuen representando á la sociedad, ni se presenten las proposiciones por su conducto.

En la solicitud de convenio, que puede presentarse por el quebrado, ó por cualquiera de los acreedores, han de formularse con toda precisión y claridad las proposiciones que se hagan; y ha de obligarse, el que la suscriba, á satisfacer los gastos á que dé lugar la convocatoria y celebración de la junta, aunque se defienda por pobre; asegurando el pago á satisfacción del juez. Deberá acompañar, además, tantas copias de las proposiciones cuantos sean los acreedores reconocidos.

Si la proposición de convenio se presenta cuando debe convocarse, ó estando ya convocada, la junta de graduación de créditos, ó cualquier otra posterior, se dará cuenta de ella en primer término, sin necesidad de convocatoria especial; pero, tanto en este caso, como en el de presentarse antes de haberse celebrado la de reconocimiento de créditos, será preciso que la proposición quede entregada con la antelación necesaria, para poder hacer llegar á manos de los acreedores las respectivas copias, veinticuatro horas antes de la celebración de la junta. Cuando fuere preciso hacer convocatoria especial para ello, el juez la acordará, señalando día, hora y sitio para la celebración de la junta; debiendo mediar entre esta y aquella un plazo de 15 días por lo menos, que á juicio del juez, y, teniendo en cuenta las circunstancias de la quiebra, podría llegar á 30. La citación de los acreedores, reconocidos ó pendientes de reconocimiento, cuyos domicilios se conozcan, será personal, y con entrega de las copias; la de los ausentes, cuyo domicilio se ignore, se hará por edictos, con indicación del objeto. La convocatoria de la junta para convenio produce el efecto inmediato de la suspensión temporal de los trámites pendientes de la pieza de autos relativa al examen, reconocimiento, graduación y pago de créditos; también, los de la administración, en lo referente á la enajenación de bienes de la quiebra.

Aceptado el convenio por los acreedores, podrá impugnarse por los que no hubieren asentido á él, ó por los no asistentes á la junta, dentro de los ocho días siguientes. Esta oposición, que habrá de formularse por escrito, se trasladará al quebrado y á los síndicos; y, si estos no se allanaren, se recibirá el incidente á prueba por término de 30 días; tramitándose hasta dictar sentencia en la forma de los incidentes. Esta sentencia será apelable en un solo efecto. Si no hubiere oposición al convenio, en el término marcado de ocho días, el juez llamará los autos; y, en vista de la pieza de declaración de la quiebra, y de la de calificación, resolverá lo que proceda; que habrá de ser, ó la aprobación del convenio, ó la continuación de la quiebra.

Capítulo duodécimo. Suspensión de pagos y quiebra de las companías de ferrocarriles y demás obras públicas.

La ley 2—12 noviembre de 1869 dictó una serie de disposiciones de carácter procesal aplicables á las suspensiones de pagos y quiebras de las compañías de ferro-

cuments, donnera son avis sur le point de savoir s'il y a lieu ou non à réhabilitation, suivant que la requête lui paraît justifiée ou mal fondée. La réhabilitation fait cesser tous les effets légaux de la déclaration de faillite.

VII. Concordat entre les créanciers et le failli.

Ce concordat, qui peut mettre fin à la faillite, sans que l'on ait besoin de procéder à la liquidation de l'actif du failli, ne peut être conclu qu'en cas de faillite fortuite. C'est pourquoi la loi dispose qu'il ne peut être donné aucune suite à une proposition de concordat avant la qualification de la faillite et avant la vérification des créances par l'assemblée des créanciers. On admet cependant qu'il est possible de faire cette proposition avant la réunion de cette assemblée, sauf à n'en tenir compte qu'après la vérification des créances, et à n'admettre à prendre part à la délibération et au vote sur le concordat que les créanciers dont les créances auront été admises au passif. En ce qui concerne la concession du concordat, nous devons signaler que la proposition peut être acceptée, même dans le cas de faillite coupable ou frauduleuse, sous cette triple condition qu'il s'agisse de sociétés, que les responsabilités pénales résultant de la faillite n'incombent qu'aux administrateurs et gérants seuls, que ceux-ci cessent de représenter la société et que les propositions en vue du concordat ne soient pas faites par leur intermédiaire.

La requête à fin de concordat peut être présentée par le failli lui-même ou par tout créancier. Elle doit contenir l'exposé clair et précis des propositions qui sont faites, et celui qui la signe doit prendre l'engagement, même s'il a obtenu l'assistance judiciaire, de supporter les frais de convocation de l'assemblée appelée à délibérer sur le concordat, et en garantir le paiement à la satisfaction du juge. Le pétitionnaire doit remettre, en outre, autant de copies de ses propositions qu'il y a de créanciers admis au passif.

Si la proposition de concordat est présentée avant que l'assemblée, pour déterminer l'ordre entre les créances, ne soit convoquée, ou alors qu'elle est déjà convoquée, ou au moment de la réunion d'une assemblée ultérieure, il sera rendu compte de cette proposition au début de la réunion, sans qu'il soit besoin d'une convocation spéciale. Toutefois, dans ces cas, comme dans celui où la proposition est faite avant la vérification des créances, il sera nécessaire qu'elle soit déposée assez longtemps d'avance pour que les créanciers puissent être mis en possession des copies qui leur sont destinées, vingt-quatre heures avant la réunion de l'assemblée. Quand une convocation spéciale sera nécessaire, le juge l'autorisera et il fixera les jour, heure et lieu de la réunion. Il doit y avoir, dans ce cas, entre la convocation et la réunion, un délai minimum de quinze jours; ce délai pourra même, suivant les circonstances, être porté à trente jours, si le juge l'estime utile. La citation adressée aux créanciers admis ou à ceux dont la demande d'admission est pendante, dont le domicile est connu, sera faite à leur nom personnel et sera accompagnée des copies du projet de concordat. Les créanciers dont le domicile est inconnu seront convoqués par affiches spécifiant l'objet de la réunion. La convocation à l'assemblée appelée à se prononcer sur le concordat a pour effet de suspendre provisoirement les formalités de la partie de la procédure relative à la vérification, à la reconnaissance, à la détermination des droits de préférence et au paiement des créances, ainsi que la procédure concernant l'administration, en tant qu'elle touche à l'aliénation des biens dépendant de la faillite.

Le concordat accepté par les créanciers peut être attaqué, dans les huit jours suivants, par ceux qui n'y ont pas donné leur consentement, ou qui n'ont point assisté à l'assemblée. Cette opposition doit être formulée par écrit; elle est communiquée au failli et aux syndics. S'ils n'y acquiescent pas, la preuve de son bien fondé sera autorisée pour être rapportée dans un délai de trente jours; puis la sentence sera prononcée en se conformant à la procédure des incidents. Cette sentence est susceptible d'appel pour un seul effet. A défaut d'opposition au concordat, dans le délai de huit jours dont nous venons de parler, le juge se fera remettre le dossier, et, sur le vu de la partie concernant la déclaration de faillite et la qualification, il statuera ce que de droit. Sa décision devra ou homologuer le concordat, ou ordonner la continuation de la procédure de faillite.

Chapitre XII. Suspension des paiements et faillite des compagnies de chemins de fer et d'autres travaux publices.

La loi des 2-12 novembre 1869 a édicté une série de dispositions sur la procédure applicable aux suspensions de paiements et aux faillites des compagnies de chemins

carriles y demás obras públicas, cuyos preceptos han sido declarados en vigor, por la Ley de Enjuiciamiento Civil, primero, y por el Código de comercio, después, en el que se han reproducido algunos. Aquí, para completar lo dicho respecto al juicio de quiebra, haremos, tan sólo, las indicaciones precisas de los preceptos no transcritos en el Código de comercio, y que tienen carácter procesal.

Presentada por la sociedad la proposición de convenio (y esta puede presentarse lo mismo en el estado de suspensión de pagos que en el de quiebra), el juez mandará que en el término de 15 días se publique en los periódicos oficiales, ó en su defecto en uno de los de más publicidad del lugar del juicio, Madrid, Barcelona, Sevilla, Paris, Londres y Bruselas, un edicto convocando á los acreedores, para que en el término de tres meses acudan á adherirse á la proposición de convenio que se insertará en el edicto. En los convenios no tendrán representación las obligaciones en cartera, ni las pignoradas.

La adhesion podrá hacerse en cualquier forma; pero es preciso acompañar á la misma, cuando se trata de obligacionistas, un resguardo del depósito de los títulos ó cupones, con la numeración que tuvieren, en las Cajas del Gobierno, en las de los Bancos, en las de la compañía deudora y sus sucursales y banqueros, ó en los Consulados españoles del extranjero, ó en los Consulados extranjeros de España. La personalidad de los acreedores, no obligacionistas, se acreditará por las indicaciones del balance de la compañía referentes á los mismos; y su adhesión se hará también en cualquier forma.

El auto del juez, declarando aprobado el convenio, ó la continuación, ó apertura de la quiebra definitiva, es apelable dentro del término de 30 días desde su publicación en la Gaceta; pudiendo recibirse el pleito á prueba en segunda instancia si se alegase algun hecho pertinente á juicio de la Audiencia. Contra la sentencia que dicte esta se dará el recurso de casación; pero, si la de primera instancia fuere de aprobación del convenio, se ejecutará este, sin perjuicio de ulterior resolución.

El auto declaratorio de la quiebra se pondrá en conocimiento del Gobierno; pero no se notificará á las partes, ni se publicará por edictos, hasta tanto que aquel se haya incautado del ferrocarril y sus dependencias, y haya organizado provisionalmente su administración y explotación. Inmediatamente después de organizado provisionalmente el servicio de explotación, se procederá á la tasación del camino; debiendo anunciarse la subasta con término de seis meses para que tenga lugar al año de organizado el servicio, ó antes si se hubieren reconocido y graduado los créditos.

El rematante podrá ofrecer en esta subasta, como precio del remate, los créditos de cualquier clase que tuviere contra la compañía; comprometiéndose: A satisfacer á metálico los créditos que se declaren, ó estén declarados preferentes. A dar participación á prorrata á todos los créditos de su clase que lo soliciten dentro de seis meses, y se asocien al efecto; y reconocer y obligarse á pagar á los que no se asocien por el importe que representen, hecha prorrata entre el total de ellos del valor líquido en venta, deducidos los pagos preferentes. A depositar, si fuere acreedor común, en el término de 30 días, una cantidad en dinero ó valores del Estado al precio de cotización (reponiendo cada dos meses las bajas, si las hubiere) equivalente al importe de los créditos de trabajo personal, y los procedentes de expropiaciones, obras y material, por lo que resulte en el balance de la compañía; á salvo de lo que arroje respecto de esto la graduación. Si el rematante fuere acreedor común, consignará, además, en depósito, dentro del mismo plazo, lo necesario para pagar los cupones vencidos y amortización no satisfechos; hipotecando, también, el camino á las obligaciones impuestas por el remate. Si el precio del remate se pagare en dinero, lo que reste, después de deducido el importe de la garantía retirada del depósito, y los gastos de aprecio y subasta, se depositará en la Caja general de Depósitos, á disposición del juez que conozca de la quiebra; pasando el ferrocarril, libre de toda deuda á manos del nuevo concesionario. Realizada la subasta en esta forma, quedarán cancelados los títulos, y extinguida la hipoteca sobre el camino respecto de los créditos asociados; y el rematante, ó nuevo concesionario, se entenderá subrogado á la anterior

de fer et d'autres travaux publics, et ces prescriptions ont été maintenues en vigueur à la fois par la loi d'*Enjuicimiento civil* et par le Code de Commerce. Ce Code a même reproduit un certain nombre de ses dispositions. Aussi, pour compléter les explications que nous venons de donner sur la procédure de la faillite, nous nous bornerons à signaler les règles relatives à la procédure établies par cette loi qui n'ont pas été transcrites dans le Code de Commerce.

Lorsque la compagnie présente la proposition de concordat (et elle peut le faire aussi bien lorsqu'elle se trouve en état de suspension de paiements, que lorsqu'elle est en état de faillite), le juge ordonne de publier, dans le délai de quinze jours, dans les périodiques officiels, et à leur défaut, dans un des journaux du lieu de l'instance ayant la plus grande publicité, Madrid, Barcelone, Séville, Paris, Londres, Bruxelles, un avis convoquant les créanciers à adhérer, dans un délai de trois mois, à la proposition de concordat. Le texte du projet de concordat doit être reproduit dans l'annonce. Dans le concordat, ne seront représentées, ni les obligations en portefeuille, ni celles qui sont garanties par un gage.

L'adhésion au concordat peut être donnée sous une forme quelconque. Toutefois, quand elle émane d'obligataires, elle doit être accompagnée d'un certificat de dépôt des titres ou coupons, avec mention des numéros, soit dans les caisses du Gouvernement soit dans celles des Banques, ou de la compagnie débitrice elle-même et de ses succursales et banquiers, soit dans les consulats espagnols à l'étranger, soit dans les consulats étrangers existant en Espagne. La personnalité des créanciers non obligataires sera justifiée par les mentions du bilan de la compagnie qui les concerne, et leur adhésion au concordat sera également donnée sous une forme quelconque.

L'ordonnance du juge prononçant l'homologation du concordat, ou prescrivant la continuation ou l'ouverture définitive des opérations de la faillite, est susceptible d'appel dans le délai de trente jours à compter de sa publication dans la *Gaceta*. La preuve peut être déclarée recevable pendant que le procès est soumis au second degré de juridiction, s'il est allégué des faits que l'*Audiencia* estime être pertinents. La sentence de l'*Audiencia* peut faire l'objet d'un pourvoi en cassation; toutefois, si la décision du juge de première instance a homologué le concordat, celui-ci recevra son exécution sans préjudice de la décision à intervenir.

Le jugement déclaratif de faillite sera porté à la connaissance du gouvernement. Il ne doit être toutefois ni notifié aux parties, ni publié par voie d'affiches avant que le gouvernement n'ait pris possession du chemin de fer et de ses dépendances et pris les mesures nécessaires pour assurer son administration et son exploitation provisoires. Dès que le service d'exploitation aura été provisoirement organisé, il sera procédé à l'estimation du chemin de fer et sa mise en adjudication sera annoncée dans un délai de six mois, de façon qu'il puisse être procédé à sa vente dans l'année de l'organisation provisoire du service, et même avant, s'il a été possible de terminer la vérification des créances et de déterminer leur rang de préférence.

L'acquéreur peut offrir à l'adjudication, comme prix d'acquisition, les créances de toute nature lui appartenant contre la compagnie, à la condition de s'engager: à payer en argent les créances qui sont ou seront déclarées jouir sur les siennes d'un droit de préférence; à donner une part d'intérêt au prorata de leurs créances à tous les créanciers de sa classe qui le demanderont dans les six mois, et qui s'associeront à cet effet; à reconnaître et s'obliger à rembourser à ceux qui ne s'associent pas, le montant de leurs créances proportionnellement au total de ces créances et de la valeur liquide des biens mis en vente, après déduction des paiements faits par privilège; à déposer, s'il est obligatoire, dans le délai de trente jours, une somme en argent ou en valeurs d'Etat au cours du jour (sauf à la compléter tous les deux mois si les cours viennent à baisser) égale au montant des créances de travail personnel et aux créances provenant d'expropriations, travaux ou fournitures de matériel, d'après le bilan de la compagnie, et sauf ce qui pourra résulter à cet égard de la détermination des droits de préférence. Si l'adjudicataire est un créancier ordinaire, il consignera et déposera, en outre, dans le même délai, la somme nécessaire pour payer les coupons échus et l'amortissement qui n'ont pas été acquittés, et il hypothèquera aussi le chemin de fer à la garantie des obligations imposées par l'adjudication. Si le prix de vente est payé en argent, il sera, après déduction du montant de la garantie retirée du dépôt et des frais d'expertise et d'adjudication, déposé à la caisse générale des dépôts, à la disposition du juge de la faillite, et le chemin de fer passera franc de toutes dettes entre les mains du nouveau concessionnaire. Lorsque la vente est ré-

empresa con relación al Estado en todos los derechos y obligaciones referentes al ferrocarril subastado.

El auto declaratorio de la quiebra se notificará á los acreedores que la instaron, y al Consejo de Administración de la compañía; y se publicará, además, por edictos, que se insertarán, como ya se ha dicho al hablar de la publicación de la proposición de convenio. Dicho auto contendrá la convocatoria de los acreedores de la compañía á la primera junta general, que tendrá lugar tres meses después de su publicación en la Gaceta. Los tenedores de títulos al portador, para ser admitidos en las juntas, y poder ser parte en el juicio de quiebra, los exhibirán al juez; y, resultando legítimos, se les estampará un sello que diga: «confrontado para la quiebra»; y se devolverán, quedando en los autos nota expresiva del número, série, capital y cupones. El tenedor de estos títulos confrontados tendrá siempre la representación de los mismos.

No habiendo postores en la primera subasta que cubran el avalúo total del ferrocarril, se anunciará inmediatamente, con término de seis meses, la segunda, en que se admitirán posturas que cubran las dos terceras partes de dicho avalúo.

Mientras el camino no se enajene, y siga explotándolo el Estado, los acreedores tendrán derecho á percibir los productos líquidos, durante el tiempo por que se hubiere hecho la concesión anulada. Si el gobierno arrendase la explotación, los acreedores tendrán derecho al precio de arrendamiento, hasta su completo pago.

La compañía quebrada, mientras dure la quiebra, estará representada con arreglo á lo que á este efecto dispongan sus estatutos; y, á falta de disposición especial por un Consejo de Administración.

Capítulo décimotercero.   Tramitación de los incidentes.

Como las cuestiones incidentales, sean de la clase que sean, pueden surgir en toda clase de juicios, hemos reservado el tratar de ellas por vía de apéndice á los diversos juicios que quedan reseñados.

Para que puedan ser calificadas de incidentes, las cuestiones que se susciten en un juicio es preciso que tengan inmediata relación con el asunto principal objeto del pleito, ó con la validez del procedimiento. Por eso previene la ley que los jueces rechazarán de oficio las cuestiones que no ofrezcan estos caracteres; sin perjuicio del derecho que asista á los que las promuevan para usar de él en la forma correspondiente. Contra esta providencia procederá el recurso de reposición; y si no se estimare, el de apelación en un solo efecto.

Los incidentes que, por exigir una resolución prévia, sirvan de obstáculo á la continuación del procedimiento, se sustanciarán en la misma pieza de autos; quedando, mientras tanto, en suspenso el curso de la cuestión principal. Se consideran tales, á más de los que determina la ley expresamente, los incidentes que afecten: A la nulidad de actuaciones, ó de alguna providencia. A la personalidad de cualquiera de los litigantes, ó de su procurador, por hechos ocurridos después de contestada la demanda. A cualquier incidente que ocurra durante el juicio, que haga absolutamente imposible la continuación de la cuestión principal sin su resolución prévia. Los incidentes, que no sean obstáculo al curso de la cuestión principal, se sustanciarán en pieza separada, para no interrumpir el curso de la misma.

La pieza separada se formará, á costa de la parte que lo promovió: con el escrito original que dé lugar al incidente, ó testimonio de lo que á él se refiera, si aquel contiene otras pretensiones ajenas al incidente; con los documentos originales que se acompañaren á dicho escrito, y que se relacionen con el incidente; y con el testimonio de los particulares que consten en los autos principales, y puedan interesar á la cuestión planteada. Esta designación podrá hacerse por una y otra parte. El que la promovió, dentro de los tres días siguientes á la notificación de la providencia

alisée sous cette forme, les titres anciens sont radiés, l'hypothèque grevant le chemin de fer pour garantir les créances des associés, est éteinte, et l'adjudicataire ou le nouveau concessionnaire sera reputé subrogé dans ses rapports avec l'Etat à tous les droits et à toutes les obligations de l'entreprise antérieure en ce qui concerne le chemin de fer mis en adjudication.

Le jugement déclaratif de faillite doit être notifié aux créanciers qui ont introduit l'instance et au Conseil d'administration de la Compagnie; il est publié, en outre, au moyen d'avis insérés dans les journaux, comme nous l'avons dit en parlant de la publication du projet de concordat. Ce jugement contiendra une disposition convoquant les créanciers de la Compagnie à la première assemblée générale qui se réunira trois mois après la publication du jugement dans la *Gaceta*. Les possesseurs de titres au porteur, pour être admis aux assemblées de créanciers et être parties dans l'instance de faillite, devront les représenter au juge, et, si leurs titres sont réguliers, on y apposera une estampille portant: «Vérifié pour la faillite»; puis les titres seront restitués aux créanciers produisant, et l'on inscrira dans le dossier une note mentionnant les numéro, série, capital et coupons de chaque titre. Le possesseur des titres vérifiés aura toujours le droit de les représenter dans les opérations de la faillite.

S'il ne se présente personne à l'adjudication pour couvrir le montant de l'estimation du chemin de fer, on annoncera immédiatement qu'il sera procédé, dans le délai de six mois, à une seconde adjudication, dans laquelle seront admises les offres couvrant les deux tiers de l'estimation.

Tant que le chemin de fer n'est pas adjugé et que l'Etat continue à l'exploiter, les créanciers ont le droit de toucher les produits nets, pendant tout le temps pour lequel la concession annulée avait été accordée. Si le gouvernement afferme le droit d'exploiter, les créanciers auront droit au prix du loyer jusqu'à ce qu'ils soient intégralement remboursés.

La Compagnie en état de faillite, tant que dureront les opérations de la faillite, sera représentée conformément à ce qui est prévu à cet égard dans les statuts, et en l'absence de dispositions spéciales des statuts, par son Conseil d'administration.

Chapitre XIII. Procédure des incidents.

Les questions incidentes, de quelque nature qu'elles soient, pouvant surgir dans toute espèce d'instances, nous avons cru devoir n'en parler que sous forme d'appendice à l'exposé des diverses instances dont nous venons d'indiquer les formalités.

Pour qu'une question soulevée dans une instance puisse constituer un incident, il faut qu'elle ait une relation directe avec la contestation faisant l'objet principal du procès, ou avec la validité de la procédure La loi décide, en conséquence, que les juges déclareront d'office non recevables les questions qui ne présentent pas ce caractère, sans préjudice d'ailleurs du droit du demandeur de renouveler sa contestation sous la forme qu'il appartiendra. La décision du juge déclarant irrecevable la demande prétendue incidente peut être frappée du recours en *reposición;* si ce recours n'est pas accueilli, la nouvelle décision est susceptible d'appel mais pour un seul effet.

Les incidents qui exigent une décision préalable et empêchent par conséquent de continuer la procédure, sont instruits dans la même partie du dossier, et, provisoirement, il est sursis à l'examen de la question principale. Sont considérés comme tels, outre ceux à qui la loi reconnaît expressément ce caractère, les incidents relatifs à la nullité de la procédure dans son ensemble ou d'un acte de procédure, à la qualité de l'une des parties ou au droit du procureur résultant de faits survenus depuis qu'il a été répondu à la demande; enfin tout incident qui vient à surgir dans l'instance et qui rend absolument impossible de continuer l'instruction de l'affaire principale tant qu'il n'a pas été préalablement résolu. Les incidents qui ne font pas obstacle au cours de la question principale sont instruits par dossier séparé pour ne pas interrompre le cours de la procédure.

Le dossier séparé est formé aux frais de la partie qui a provoqué l'incident. Ce dossier comprendra d'abord l'acte original qui a donné lieu à l'incident, avec les documents originaux joints à cet acte et qui ont un rapport avec l'incident, et la copie authentique des documents particuliers visés dans la procédure et qui se rapportent au litige incident. La désignation de ces pièces pourra être faite par l'une et l'autre partie. La partie qui a provoqué l'incident la fera dans les trois jours de la notification de l'ordonnance prescrivant de former un dossier séparé, et la partie

en que se mandó formar pieza separada. Y el contrario, dentro de los otros tres que sigan á aquellos, si el juez lo creyera conveniente; para lo cual se les pondrán de manifiesto los autos en la escribanía del juzgado.

Formada la pieza, ó promovido el incidente en autos, se dará traslado por seis dias á la parte contraria para que conteste. El recibimiento á prueba se hará si ambas partes lo solicitan; en el escrito promoviendo el incidente, la una, y en el de contestación, la otra. Si lo solicitare una sola se recibirá, ó no, según lo estime el juez. El término de prueba, único para proponerla y practicarla, será de 10 días como mínimum y 20 como máximum; pudiéndose conceder el extraordinario cuando se sustancien en pieza separada, ó cuando se refieran á la personalidad de los litigantes, ó sus procuradores. El resto de las actuaciones, hasta dictar sentencia, es el mismo que el de las del juicio de menor cuantía. Esto mismo se observará en los incidentes que se promuevan en segunda instancia, ó durante la sustanciación del recurso de casación.

La sentencia que recaiga en los incidentes que se promuevan en segunda instancia, será suplicable ante la Sala de la Audiencia. Dentro de los tres días, siguientes al de la entrega de la copia del escrito de súplica á la parte contraria, podrá contestar esta lo que tenga por conveniente.

Transcurrido dicho término, con, ó sin contestación, resolverá la Sala lo que estime justo. Contra esta sentencia se dará el recurso de casación, si procede. Contra las sentencias que dicte el Supremo en los incidentes no se dará recurso alguno.

Capítulo décimocuarto.   Juicio en rebeldía.

La posibilidad de que el demandado no acuda al juicio, ya desde su principio, ya después de empezado, y sea esto, ya por voluntad de no acudir ó ya por imposibilidad de hacerlo, no es motivo suficiente para paralizar la acción de la justicia; pero sí lo es para admitir ciertas irregularidades en el juicio, sólo explicables, por el natural deseo de que los fallos de los Tribunales tengan todas las garantías de acierto necesarias.

Declarado en rebeldía un demandado, el Tribunal no ha de preocuparse de él ya, en lo sucesivo; y, para asegurar su responsabilidad, se podrá, á instancia de parte, decretar la retención de sus muebles y el embargo de los inmuebles, en cuanto unos y otros se conceptúen necesarios al efecto. La retención puede decretarse dejándolos en poder del mismo demandado, ó de un tercero que ofreciere garantías suficientes á juicio del juez. Si no las ofreciere, ó no las prestare, se depositarán en toda regla, corriendo los gastos y riesgos del depósito á cargo del rebelde. El embargo de los inmuebles se hará en la forma indicada[1]. Y, tanto la retención como el embargo, continuará hasta la conclusión del juicio.

Sea cualquiera el motivo de la rebeldía, y sea cualquiera el estado del pleito, si comparece el rebelde se le tendrá por parte en él; pero sin que ello determine un retroceso en el procedimiento. Sin embargo, si comparece transcurrido el término de prueba de primera instancia ó durante la segunda, podrá, á petición suya, recibirse otra vez el pleito á prueba, siempre que este se refiera á cuestiones de hecho. También podrá pedir que se alce la retención ó el embargo, si alega y justifica para ello, que su incomparecencia fué debida á fuerza mayor insuperable; haciéndose de esto pieza separada para no entorpecer el pleito.

Conociéndose el domicilio del rebelde, á instancia de parte, podrá notificársele personalmente la sentencia, tanto de primera como de segunda instancia; y, de no solicitarse esto, se hará por medio de edictos, en los que se insertará tan sólo el encabezamiento y la parte dispositiva de la sentencia, que se publicarán además en el Boletín Oficial de la provincia, en el Diario de Avisos, si lo hubiere, y en la Gaceta, si el juez lo creyere necesario. El plazo para interponer el recurso de apelación, ó de casación, en uno y otro caso será el legal; contándose, en el de la publicación por edictos, desde el día siguiente al de su publicación en el Boletín Oficial.

---

[1] V. el embargo en el juicio ejecutivo, pág. 69.

adverse dans les trois jours de l'expiration du délai précédent, si le juge le croit utile, et, à cet effet le dossier sera mis au greffe du *juzgado* à la disposition des parties.

Lorsque le dossier séparé a été formé, ou que l'incident a été soulevé dans la procédure, communication en est donnée pendant six jours à la partie adverse pour répondre. La preuve est ordonnée, si les deux parties le demandent, l'une dans l'acte par lequel elle provoque l'incident, l'autre dans les conclusions en réponse. Si la preuve n'est demandée que par une seule partie, le juge l'autorisera s'il l'estime utile. Le délai unique pour offrir et rapporter la preuve sera de 10 jours au moins et de 20 jours au plus. Il peut être accordé un délai extraordinaire lorsque l'incident est instruit par dossier séparé, ou qu'il est relatif à la qualité des parties ou de leur procureur. Les autres actes de procédure jusqu'au prononcé de la sentence sont les mêmes que dans les instances de *menor cuantia*. Il en est de même des incidents qui sont soulevés devant le second degré de juridiction, ou durant l'instruction du pourvoi en cassation.

La sentence intervenue sur les incidents soulevés devant le second degré de juridiction peut être l'objet d'une supplique devant la chambre de l'*Audiencia*. Dans les trois jours à compter de la remise de la copie de la supplique faite à la partie adverse, celle-ci pourra répondre ce qu'elle estime convenable.

Ce délai expiré, que l'adversaire ait ou non répondu, la Chambre statuera ce que de droit. Cette sentence peut être l'objet, s'il y a lieu, d'un pourvoi en cassation. Les sentences prononcées par le tribunal suprême sur les incidents ne sont susceptibles d'aucun recours.

Chapitre XIV. Instance par défaut.

Il est possible que le défendeur ne comparaisse pas en justice soit au début même de l'instance, soit alors qu'elle est déjà engagée. Cette non comparution peut être volontaire; elle peut aussi être justifiée par l'impossibilité où le défendeur se trouve de se présenter. Elle ne saurait, en tout cas, paralyser l'action de la justice, mais elle autorise dans l'instance certaines irrégularités explicables seulement par le désir naturel que les décisions des tribunaux présentent toutes les garanties nécessaires de prudence.

Lorsqu'il a été donné défaut contre un défendeur, le tribunal ne doit plus se préoccuper de lui dans la suite. A titre de garantie des condamnations qu'il peut encourir, le tribunal peut, à la requête de la partie, ordonner le séquestre de ses meubles et la saisie de ses immeubles, en tant que ces mesures paraîtront nécessaires. En ordonnant le séquestre, le tribunal peut ordonner que les meubles resteront en la possession du défendeur, ou qu'ils seront déposés entre les mains d'un tiers offrant, d'après le juge, des garanties suffisantes. S'il ne les offre ni ne les donne, ils feront l'objet d'un dépôt régulier, et les frais et risques du dépôt seront à la charge du défaillant. Il sera procédé à la saisie des immeubles dans la forme que nous avons indiqué plus haut[1]. Le séquestre et la saisie seront maintenus jusqu'à la fin de l'instance.

Quel que soit le motif pour lequel le défendeur a fait défaut, il peut comparaître en tout état de cause, et, dès lors, il devient partie au procès, sans toutefois qu'il y ait lieu de recommencer la procédure. Cependant, si le défendeur comparaît après l'expiration du délai pour faire une preuve devant le juge du premier degré, ou alors que le procès est déjà soumis au second degré de juridiction, la preuve pourra être de nouveau autorisée, sur sa requête, pourvu qu'elle porte sur des questions de faits. Le défendeur peut également demander la main-levée du séquestre ou de la saisie, s'il allègue et démontre que sa non-comparution a été justifiée par une circonstance de force majeure. Cette demande sera instruite par cahier séparé, pour ne pas retarder la solution du procès.

Si le domicile du défaillant est connu, la sentence tant de première que de seconde instance pourra lui être signifiée à personne, à la requête de la partie. Si la partie ne demande pas de faire ainsi la notification, la signification aura lieu simplement par voie d'affiches dans lesquelles on reproduira seulement l'intitulé et le dispositif de la sentence, et de la publication des mêmes parties du jugement dans le Bulletin officiel de la province, dans le *Diario de avisos*, s'il en existe un, et dans la *Gaceta de Madrid*, si le juge l'estime convenable. Le délai pour interjeter appel ou pour se pourvoir en cassation est le délai légal; il commence à courir dans le cas où la sentence a été publiée par voie d'affiches, du lendemain de la date de l'insertion dans le *Bulletin officiel*.

---

[1] V. p. 69, la saisie dans l'instance exécutive.

Contra las sentencias firmes, dictadas en rebeldía en los juicios ejecutivos, ó en cualesquiera otros en que pueda promoverse un juicio posterior sobre el mismo objeto, no se dará recurso alguno; pero, si el rebelde no se encontrare en ninguno de los dos casos citados anteriormente, podrá intentar el recurso de audiencia dentro de los plazos que ahora diremos. Por esta razón, y mientras no hayan transcurrido dichos plazos, sólo podrán ejecutarse tales sentencias cuando la cosa objeto del litigio fuere dinero ó cosa fungible, y el que insta su cumplimiento preste fianza bastante á juicio del juez para estar á las resultas del recurso de audiencia posible. Esto no obsta, sin embargo, para que si el rebelde tuviere bienes inmuebles, pueda, el que ha obtenido sentencia á su favor, pedir la correspondiente anotación preventiva de su derecho en el Registro de la propiedad.

Este recurso de audiencia habrá de solicitarse dentro de los tres meses de ser firme la sentencia, cuando se trate de juicios verbales; pero para ello es preciso que acredite: que no se le citó personalmente; y que la cédula de citación entregada á los parientes, familiares, criados ó vecinos, de que habla la ley, no se le pudo entregar por una causa que no le pueda ser imputable en manera alguna; y, si la citación se hizo por edictos, que, cuando se publicaron, y durante la sustanciación del juicio, estuvo ausente del pueblo.

En los demás juicios habrá de ejercitarse este recurso: Dentro del plazo de cuatro meses, por el declarado en rebeldía, después de habérsele emplazado personalmente; siempre, que acredite que, durante todo el tiempo transcurrido desde dicho emplazamiento hasta la citación para sentencia, estuvo impedido de comparecer por fuerza mayor, no interrumpida.

Dentro del plazo de ocho meses, contados desde la publicación de la sentencia en el Boletín Oficial, por el emplazado por cédula que no se le entregó personalmente; siempre que acredite que, los que al efecto la recibieron, no se la pudieron entregar, por causa que no le sea imputable.

Dentro del plazo de un año, contado desde la publicación de la ejecutoria en el Boletín Oficial, siempre que acredite haber estado constantemente fuera del pueblo en que se siguió el juicio desde el emplazamiento hasta la citación para sentencia; y, que, asimismo, estaba ausente del pueblo de su última residencia, cuando en él se publicaron los edictos para emplazarle.

El recurso de audiencia contra las sentencias de los juicios verbales se planteará ante el juez de primera instancia del partido á que pertenezca el juez municipal que la dictó; quien decidirá, sin ulterior recurso, si procede, ó no, oir al litigante rebelde; comunicando su resolución al juez municipal para que la cumpla. En los demás casos se sustanciará en forma de incidente, con audiencia de los interesados que hayan sido parte en el pleito, ya ante la Audiencia á que corresponda, ó ya ante el Tribunal Supremo, en los casos en que este hubiere dictado sentencia. Contra la resolución de la Audiencia, favorable ó desfavorable al condenado en rebeldía, sólo procederá el recurso de casación. Contra la del Tribunal Supremo no se da recurso alguno. Solo en el caso de que el litigante favorecido por la sentencia se hubiere opuesto á este recurso, y fuere resuelto en su contra, procederá imponerle las costas del mismo.

Si la resolución del Tribunal fuere favorable al litigante rebelde, se comunicará esta al juez de primera instancia que dictó la sentencia, se ordenará la devolución de los autos si obraren en el Tribunal superior, y se abrirá de nuevo el juicio; haciendo de demandante el condenado en rebeldía y de demandado el que obtuvo sentencia á su favor; entregando á uno y á otro, por ocho días, los autos para que expongan lo que crean pertinente en forma legal; admitiendo el pleito á prueba, si lo solicitare alguno de ellos, y la cuestión litigiosa versare sobre hechos, por la mitad de los plazos legales; salvo el término extraordinario de prueba, que podrá concederse íntegro si hubiere motivo fundado para ello. La sustanciación de lo demás del pleito se hará, ya todo, en la forma ordinaria. Si durante esta sustanciación volviera á ser declarado en rebeldía el que fué condenado de esta manera, se sobreseerá el

Les sentences définitives, prononcées par défaut dans les instances exécutives, ou dans toute autre instance dans lesquelles il est possible d'introduire une instance ultérieure sur le même objet, ne sont susceptibles d'aucun recours. Cependant, si le défaillant ne se trouve dans aucun des cas dont nous avons parlé antérieurement, il peut former le recours de *audiencia* (opposition) dans les délais que nous allons indiquer. Pour cette raison, et tant que ces délais ne sont pas expirés, on ne pourra exécuter les sentences par défaut que lorsque la chose objet du litige est une somme d'argent ou une chose fongible, et que le poursuivant donne caution suffisante d'après l'appréciation du juge pour répondre des résultats possibles de l'opposition. Cela n'empêche pas d'ailleurs le demandeur, si le défendeur possède des immeubles, de demander l'inscription de la mention provisoire de son droit sur le Registre de la propriété.

Cette opposition (*recurso de audiencia*) doit être formée dans les trois mois de la date où la sentence est devenue définitive, en matière d'instances verbales, mais l'opposant doit prouver qu'il n'a pas été cité parlant à sa personne et que la cédule de citation remise à ses parents, aux personnes de sa famille, de sa domesticité ou de son voisinage, dont parle la loi, n'a pu lui être remise par suite d'une circonstance qui ne saurait lui être imputable en aucune manière, ou que si la citation a été publiée par voie d'affiches, il se trouvait absent de la localité lorsque cette publication a été faite, et qu'il est demeuré absent pendant tout le cours de l'instance.

Dans les autres instances, ce recours (opposition) devra être formé: Dans le délai de quatre mois de la date où le défaillant a été assigné parlant à sa personne, à la condition de prouver que, durant tout le temps qui s'est écoulé depuis la citation jusqu'à l'ajournement pour la sentence, il s'est trouvé empêché de comparaître par une circonstance de force majeure et que cette circonstance n'a pas cessé d'exister. — Dans le délai de huit mois, à compter de la publication de la sentence dans le *Bulletin officiel*, lorsque le défaillant n'a pas reçu personnellement la cédule de citation, à la condition de prouver que les personnes qui ont reçu cette cédule n'ont point pu la lui remettre par suite d'une circonstance qui ne lui est pas imputable. — Dans le délai d'un an, à compter de la publication de l'exécutoire dans le *Bulletin officiel*, à la condition de justifier que le défaillant s'est constamment trouvé en dehors de la localité dans laquelle l'instance se suivait, depuis la citation jusqu'à l'ajournement pour la sentence, et qu'en outre il se trouvait absent du lieu de sa dernière résidence, quand ont été publiées les affiches destinées à remplacer la citation.

Le recours d'*audiencia* (l'opposition) contre les sentences rendues dans les instances verbales sera porté devant le juge de première instance du *partido* auquel appartient le juge municipal qui a statué. Le juge de première instance décide, sans recours ultérieur, s'il y a lieu ou non d'entendre le défaillant, et il transmet sa décision au juge municipal pour que celui-ci en assure l'exécution. Dans les autres cas, le recours sera instruit sous forme d'incident, en entendant tous les intéressés qui ont été parties au procès, soit devant l'*Audiencia* compétente, soit devant le tribunal suprême, si la sentence frappée d'opposition a été rendue par lui. La décision de l'*Audiencia*, qu'elle soit favorable ou défavorable à l'opposant, ne sera susceptible que du recours en cassation. La décision du tribunal suprême sur la recevabilité de l'opposition n'est susceptible d'aucun recours. La partie qui avait eu gain de cause dans la sentence frappée d'opposition ne peut être condamnée aux dépens que si elle a soutenu la non recevabilité de l'opposition et si l'opposition a été au contraire jugée recevable.

Si la résolution du tribunal est favorable au défaillant, elle sera communiquée au juge de première instance qui a rendu la sentence, et il sera ordonné de lui renvoyer le dossier s'il se trouve au tribunal supérieur, et on ouvrira de nouveau l'instance. Dans cette nouvelle instance, la partie condamnée par défaut aura le rôle de demandeur et la partie adverse qui avait triomphé, le rôle de défendeur. Le dossier sera communiqué aux deux parties pendant un délai de huit jours pour qu'elles puissent prendre, dans la forme légale, telles conclusions qu'elles jugeront utiles. La preuve sera autorisée, si les parties le demandent et si le litige porte sur une question de fait, et les délais légaux sont dans ce cas réduits de moitié; sauf s'il y a lieu pour un motif grave d'accorder le délai extraordinaire de preuve. Pour le surplus la procédure à suivre est la procédure ordinaire. Si, durant cette procédure, la partie qui avait

procedimiento[1], y se declarará firme, y sin recurso alguno contra ella, la sentencia impugnada.

Título segundo.   Procedimiento no contencioso.

Capítulo único.   De los actos de jurisdicción voluntaria en negocios de comercio.

Para eludir las responsabilidades que pudieren resultar de no acreditar en debida forma ciertos hechos frecuentes en la vida comercial, y en los que pudiera haber intereses encontrados, previene la ley la intervención de la autoridad judicial; la cual, sólo á instancia de parte, puede conocer de dichos hechos. En general, esta intervención corresponde á los jueces de primera instancia, salvo en aquellos casos en que la urgencia del negocio, ó la circunstancia de encontrarse los medios de prueba, ó las mercancías ó valores de que se trate, en sitios en donde no pueda ser la acción del juez de primera instancia tan rápida como el caso requiere, ó por ocurrir en el extranjero, exijan la intervención del juez municipal ó la del Cónsul español respectivo; cuyas circunstancias harán constar estas autoridades en el auto que dicten al efecto.

En estas actuaciones judiciales deberán intervenir, siendo citados al efecto, á más de los que las promuevan, los terceros á quienes puedan perjudicar; y podrán solicitar su intervención todos los que se crean interesados en el asunto; cuya pretensión rechazará de plano el juez cuando fuere notoriamente impertinente. Y si las diligencias pudiesen afectar á los intereses públicos, ó á personas ausentes, incapacitadas ó ignoradas, se citará al Ministerio fiscal para que intervenga en las mismas. Advirtiendo que, tanto la intervención de los terceros á quienes se cita, como la del Ministerio fiscal, se han de limitar á que tengan el debido conocimiento de las personas que las promueven, para que puedan informar al juez respecto al carácter con que intervienen, y á su capacidad legal, en relación con dicho carácter; pues cualquier otra reclamación que tuvieren que hacer, referente á cosa distinta de la indicada, no cabe en la instrucción de estas diligencias, salvo si se tratare de algun defecto en las mismas que podrá subsanar el mismo juez; quien, en vista de lo actuado, resolverá lo que proceda; mandando que se archiven las diligencias, y que se dé á los interesados testimonio de la parte que soliciten. Entendiéndose, que esta resolución compete siempre al juez de primera instancia, aun cuando las primeras diligencias haya tenido que practicarlas, por las razones antes indicadas, el juez municipal.

De las resoluciones dictadas en estos expedientes cabe la apelación, ya en ambos efectos, si se trata del que promovió las diligencias, ya en uno solo, si se trata de los demás que intervengan en ellas. La apelación ante el juez de primera instancia se sustancia en una sola audiencia, que ha de celebrarse dentro de tercero día después de personado el apelante, á la cual habrá de citarse á todos los interesados para que expongan lo que tengan por conveniente, y de la que se levantará el acta correspondiente, al efecto de que el juez, dentro también de los tres días siguientes, resuelva. Las apelaciones ante las Audiencias se sustancian en igual forma que los incidentes. Contra estas resoluciones en segunda instancia no hay recurso; quedando á los interesados, no satisfechos con ellas, el derecho de intentar por la vía contenciosa el juicio ordinario que proceda en su caso.

Estos preceptos son los que dicta la ley con carácter general para esta clase de cuestiones; y á ellos habrán de acomodarse, en lo posible, los cónsules españoles que en ellas intervengan. Los demás preceptos complementarios, dictados para casos especiales, que prevee el Código de comercio, los expondremos en su lugar correspondiente al ocuparnos en el texto auténtico de dichos casos.

---

[1]) *Sobreseer el procedimiento* es la suspensión ó cesación del mismo por falta de motivo legal para continuarlo.

été condamnée par défaut vient à faire défaut de nouveau, il sera déclaré n'y avoir lieu de continuer la procédure[1] et la sentence frappée d'opposition sera déclarée définitive, sans qu'il soit possible de former désormais contre elle aucun recours.

Titre second. Procédure non contentieuse.

Chapitre unique. Des actes de juridiction volontaire dans les affaires commerciales.

Pour éviter les difficultés qui pourraient résulter de cette circonstance que certains faits fréquents dans les relations commerciales n'auraient pas été établis en due forme, alors qu'ils sont susceptibles de soulever des conflits d'intérêts, la loi prévoit l'intervention de la justice et lui permet, mais seulement sur la réquisition des parties, de connaître de ces faits. En général la compétence, en cette matière, appartient aux juges de première instance, sauf dans les cas où pour cause d'urgence ou à raison de cette circonstance que les moyens de preuve, ou les marchandises ou valeurs dont il s'agit se trouvent soit dans des localités où l'action du juge de première instance ne peut s'exercer avec la rapidité nécessaire, soit à l'étranger. Dans ces hypothèses, la loi autorise l'intervention du juge municipal ou du consul espagnol. Ces autorités doivent prendre soin de constater dans leur ordonnance les circonstances qui justifient leur compétence.

Dans ces procédures judiciaires, doivent intervenir, après avoir été dûment cités, outre les parties qui en ont pris l'initiative, les tiers à qui elles sont susceptibles de porter préjudice. Tous ceux qui croient y avoir intérêt, peuvent également réclamer le droit d'intervenir, mais leur demande sera repoussée de plein droit par le juge s'il l'estime notoirement abusive. Si la diligence peut léser les intérêts publics ou ceux d'absents, d'incapables ou de personnes inconnues, le ministère fiscal doit être cité. Observons, toutefois, que la mise en cause des tiers et du ministère fiscal a seulement pour but de leur faire connaître les personnes qui ont pris l'initiative de la procédure et de leur permettre de renseigner le juge sur leur qualité à intervenir et leur capacité. Toute autre réclamation quelconque qu'ils pourraient faire relativement à une affaire différente, ne peut trouver place dans cette procédure, à moins qu'il ne s'agisse d'un vice de la procédure elle-même que le juge pourra corriger. Le juge, dans ce cas, prononcera ce que de droit, et il ordonnera de déposer le dossier au greffe et de délivrer aux ayants droit une copie authentique de la partie qu'ils demanderont.

Observons ici que le juge de première instance a seul compétence pour prendre cette décision, même dans le cas où, pour les raisons que nous avons indiquées plus haut, les premières diligences ont été faites devant le juge municipal.

Les résolutions prises dans ces expédients peuvent être frappées d'appel. Cet appel est à la fois dévolutif et suspensif, s'il a été interjeté par le demandeur; il est seulement dévolutif, s'il est formé par les intervenants. L'appel devant le juge de première instance est instruit en une seule audience dans les trois jours de la constitution du procureur par l'appelant. Tous les intéressés doivent être cités à cette audience, pour présenter telles observations qu'ils estimeront utiles, desquelles il sera dressé procès-verbal. Faute par les intéressés de comparaître, le juge statuera dans les trois jours suivants. Devant les *Audiencias*, l'appel est instruit comme un incident. Les résolutions du second degré de juridiction ne sont susceptibles d'aucun recours; les intéressés qui se croient lésés par la décision, peuvent seulement se pourvoir par la voie contentieuse en engageant une instance ordinaire.

Telles sont les dispositions d'ordre général édictées par la loi pour cette sorte d'affaires. Les consuls espagnols doivent s'y conformer autant que possible, quand ils sont appelés à intervenir dans une procédure de cette nature. Nous exposerons, quand il y aura lieu, les prescriptions complémentaires édictées par le Code de Commerce dans les cas particuliers, lorsque le texte du Code nous amènera à les signaler.

---

[1] *Sobreseer el procedimiento.* On appelle ainsi la suspension ou la clôture d'une procédure qu'il n'y a aucun motif légal de continuer.

Abreviaturas.

Cód. de com. . . . .   Código de comercio.
Cód. c . . . .   Código civil.
Cód. pen. . . . . .   Código penal.
L. Enj. c. . . . .   Ley de Enjuiciamiento civil.
L. Hip. . . . . .   Ley Hipotecaria.
L. del T. . . . . .   Ley del Timbre.
Regl. Nav. Merc. .   Reglamento para la Navegación Mercante.

Regl. Polic. fc. . .   Reglamento para la ejecución de la Ley de policía de ferrocarriles.
Del proc. jud. en las cuest. civ. merc. .   Del procedimiento judicial en las cuestiones civiles mercantiles.

Index alphabétique
des termes techniques employés dans les lois de procédure dont l'explication a été donnée en notes.

Abréviations.

C. de Com.	Code de commerce.
C. C. ou Cod. civ.	Code civil.
C. p. ou Cod. pén.	Code pénal.
L. Inj. c	Loi d'*Eujuiciamiento civil* (de procédure civile).
L. hyp.	Loi hypothécaire.
L. du t.	Loi sur le timbre.
Regl. nav. marc. .	Règlement sur la navigation marchande.
Règl. pol. fc. . . .	Règlement pour l'exécution de la loi sur la police des chemins de fer.
Del proc. jud. en les cuest. civ. merc.	De la procédure judiciaire dans les affaires commerciales.

L

Letrado (habilitación de), p. 43. — Litispendentia, p. 48.

M

Mandamiento, p. 51. — Mandamiento compulsorio, p. 51. — Masa de la quiebra, p. 78. — Matriz (escritura), p. 48. — Mayor cuantía (juicio de), p. 45. — Menor cuantía (juicio de), p. 45. — Ministerio fiscal, p. 53. — Mostrarse parte, p. 84.

N

Novación, p. 69. — Nulidad (recurso de). p. 47.

O

Ordinarios (juicios), p. 45. — Otrosí, p. 49.

P

Perentoria (excepción), p. 41. — Peritos, p. 52. — Personarse en juicio, p. 40. — Plus petición, p. 69. — Posiciones, p. 50. — Postura, p. 72. — Prescripción, p. 69. — Procurador judicial (habilitación de), p. 43. — Procurador de oficio, p. 44. — Protocolo, p. 48. — Providencia, p. 38. — Publicación de la sentencia, p. 53.

Q

Quebrado alzado, p. 79. — Quebrantamiento de forma (recurso de casación por), p. 40. — Quita, p. 69.

R

Ramo separado, p. 72. — Ratificación, p. 52. — Reconvención, p. 49. — Recurso de casación, p. 40. — Recurso de casación por quebrantamiento de fondo, p. 40. — Recurso de casación por quebrantamiento de forma, p. 40. — Recurso de nulidad, p. 47. — Recurso de reposición, p. 68. — Recusación, p. 45. — Remate, p. 69. — Repartimiento, p. 40. — Repetición, p. 81. — Requerimiento, p. 62. — Residentes, p. 42. — Resultandos, p. 59.

S

Sacar testimonio, p 51. — Salvo conducto, p. 78. — Sentencia, p. 38. — Sentencia absolutoria, p. 54. — Sentencia condenatoria, p. 54. — Sentencias conformes de toda conformidad, p. 59. — Sentencia definitiva, p. 57. — Sentencia firme, p. 46. — Singulares (juicios), p. 45. — Sobreseer el procedimiento, p. 90. — Subasta, p. 71. — Sustanciación. p. 58.

T

Tablón de edictos, p. 69. — Tacha en los testigos, p. 52. — Tercerias, p. 39. — Testimonio (sacar), p. 51. — Transacción, p. 69. — Transeunte. p. 42.

U

Universales (juicios), p. 45.

V

Vecino, p. 42. — Verbales (juicios), p. 45. — Visar, p. 82. — Visto Bueno, p. 79.

Code de Commerce.

Libro primero. De los comerciantes y del comercio en general.

Título I. De los comerciantes y de los actos de comercio.

Art. 1. Son comerciantes, para los efectos de este Código: 1.º Los que, teniendo capacidad legal para ejercer el comercio, se dedican á él habitualmente; — 2.º Las compañías mercantiles ó industriales que se constituyeren con arreglo á este Código.

2. Los actos de comercio, sean ó comerciantes los que los ejecuten, y estén ó no especificados en este Código, se regirán por las disposiciones contenidas en él; en su defecto, por los usos del comercio observados generalmente en cada plaza; y á falta de ambas reglas, por las del derecho común[1].

Serán reputados actos de comercio los comprendidos en este Código, y cualesquiera otros de naturaleza análoga[2].

3. Existirá la presunción legal del ejercicio habitual del comercio, desde que la persona que se proponga ejercerlo anunciare por circulares, periódicos, carteles, rótulos expuestos al público, ó de otro modo cualquiera, un establecimiento que tenga por objeto alguna operación mercantil.

4. Tendrán capacidad legal para el ejercicio habitual del comercio las personas que reunan las condiciones siguientes: 1.º Haber cumplido la edad de 21 años; — 2.º No estar sujetas á la potestad del padre[3] ó de la madre ni á la autoridad marital[4]; — 3.º Tener la libre disposición de sus bienes[5].

---

[1]) Las palabras derecho común se refieren al derecho civil; pero entendiendo por tal no todo el derecho civil español, sino tan solo la legislación general contenida en el Código civil vigente, y sus leyes complementarias, pues el llamado derecho foral, propio de Aragón, Cataluña, Mallorca, Navarra, las Provincias Vascongadas y algo de Galicia, no tiene nada que ver con el derecho comercial, por declararlo así terminantemente el propio Código civil en su artículo 16 que dice: «En las materias que se rijan por leyes especiales, la deficiencia de estas se suplirá por las disposiciones de este Código.» Y para que no haya lugar á duda lo ha declarado así igualmente el Tribunal Supremo de Justicia en sentencia de 27 de diciembre de 1888. — A la doctrina de este artículo 2 del Cód. de com. es forzoso hacer una aclaración, ó mejor dicho una rectificación, y es la siguiente: El derecho común ó civil no es cierto que tenga el carácter de supletorio del mercantil, como parece deducirse del texto legal, pues una parte de él, es de inmediata y preferente aplicación al mismo derecho mercantil, aun tratándose de cuestiones comerciales. Todos los principios generales, contenidos en el Cód. c. referentes á la capacidad de las personas, y muy especialmente los relativos á las obligaciones y contratos contenidos en los Títulos 1.º y 2.º del Libro IV, en cuanto no estén expresamente derogados por alguna disposición contraria del Cód. de com. forman parte integrante del derecho comercial, no á título de derecho supletorio, sino de ley aplicable en primer término en las cuestiones comerciales*; siendo derecho supletorio, propiamente tal, toda la parte del Cód. c. referente á las reglas particulares de los contratos civiles, que son también contratos mercantiles.

[2]) La analogía necesaria para determinar la naturaleza mercantil de un contrato, no especificado como tal en el Cód. de com., incumbe de una parte á los comerciantes que lo modelan, acomodándolo á formas genuinamente mercantiles, y de otra á los tribunales de justicia, que al resolver sobre las cuestiones que con ocasión del mismo se susciten le asignan su verdadero carácter para determinar la ley que les ha de ser aplicable.

[3]) Del artículo 167 del Cód. c. se deduce que no están sujetos á la potestad del padre ó de la madre, los huérfanos; ó sea los que carecen de padre y madre, los emancipados y los adoptados. — Con relación á los primeros, hay que tener en cuenta, que, aun no siendo huérfanos de padre y madre, pueden los hijos no emancipados, ni adoptados no estar sujetos á la patria potestad en los casos siguientes: Respecto de la madre viuda (art. 168, Cód. c.), que pierde esta potestad si contrajere segundas nupcias, siempre que su difunto esposo no hubiese previsto expresamente en su testamento que en caso tal no deba perderla; entendiéndose (art. 172, Cód. c.) que si enviudase por segunda vez y la hubiese perdido, la recobrará en el momento en que tal ocurra. Y respecto del padre, ó de la madre, indistinta

[Continuación de la nota 3 y las notas 4 y 5 véase pag. 93.]

*) Por la importancia que tienen estos preceptos para comprender la legislación comercial española los publicamos íntegros entre las leyes complementarias.

Code de Commerce.

Livre premier. Des commerçants et du commerce en général.

Titre premier. Des commerçants et des actes de commerce.

Art. 1. Sont commerçants pour les effets du présent Code: 1° Ceux qui, ayant la capacité légale de faire le commerce, s'y livrent habituellement; — 2° Les sociétés commerciales ou industrielles constituées conformément au présent Code.

2. Les actes de commerce, qu'ils soient accomplis par des personnes ayant ou n'ayant pas la qualité de commerçant, et qu'ils soient ou non spécifiés dans le présent Code, seront régis par les dispositions contenues au dit Code, à leur défaut par les usages commerciaux généralement observés dans chaque place, et, à défaut de ces deux règles, par le droit commun[1].

Seront réputés actes de commerce les actes prévus par le présent code et tous les autres actes d'une nature analogue[2].

3. Il y aura présomption légale de l'exercice habituel du commerce dès que la personne qui se propose de s'y livrer annoncera au moyen de circulaires, journaux, affiches ou placards exposés publiquement, ou de toute autre manière, un établissement ayant pour objet une opération commerciale quelconque.

4. Auront la capacité légale d'exercer habituellement le commerce, les personnes qui réunissent les conditions suivantes: 1° Avoir atteint l'âge de 21 ans accomplis; — 2° Ne pas être soumis à la puissance du père[3] ou de la mère, ni à l'autorité maritale[4]; — 3° Avoir la libre disposition de leurs biens[5].

---

[1] Les mots «droit commun» se refèrent au droit civil. Mais on doit entendre par cette expression non point tout le droit civil espagnol, mais seulement la législation générale contenue dans le Code civil et dans les lois qui le complètent. Au contraire, ce que l'on appelle le droit *foral*, particulier à l'Aragon, la Catalogne, Majorque, la Navarre, les provinces basques et une partie de la Galice, n'a aucun rapport avec le droit commercial. Cela résulte expressément des dispositions du Code civil lui-même, dont l'art. 16 s'exprime ainsi: «Dans les matières régies par les lois spéciales, il sera suppléé à l'insuffisance de ces lois par les dispositions du présent Code». Enfin pour qu'il n'y ait pas à cet égard place au doute, le Tribunal Suprême de justice a affirmé à son tour cette théorie dans sa sentence du 27 décembre 1888. La doctrine de l'art. 2 du Code de commerce appelle d'ailleurs une explication nécessaire, ou, pour parler plus exactement une rectification. La voici. Il n'est pas absolument exact de dire que le droit commun ou civil a le caractère de droit supplétoire du droit commercial, comme on pourrait l'induire du texte. Cela est surtout vrai d'une partie de ce droit, qui est d'une application immédiate aux questions commerciales elles-mêmes, et qui doit même être suivie de préférence à la législation commerciale. Tous les principes généraux, contenus dans le Code civil, concernant la capacité des personnes et plus spécialement les règles relatives aux obligations et aux contrats contenues dans les titres 1 et 2 du livre IV, quand une disposition contraire du Code de commerce n'y a pas dérogé, font partie intégrante du droit commercial; elles n'en constituent point le droit supplétoire, mais elles forment la loi applicable eu premier lieu dans les affaires commerciales*. Le véritable droit supplétoire comprend toute la partie du Code civil relative aux règles particulières des contrats civils, qui sont également des contrats commerciaux.

[2] L'analogie nécessaire pour déterminer la nature commerciale d'un contrat, qui n'est pas qualifié tel par le Code de commerce, est appréciée d'une part par les commerçants qui ont fait le contrat en se conformant aux formes vraiment commerciales, et d'autre part par les tribunaux de justice qui lorsqu'ils ont à résoudre les difficultés que le contrat peut soulever, lui assignent son véritable caractère pour déterminer la loi qu'il convient de lui appliquer.

[3] Il résulte des termes de l'art. 167 Code civ. que ne sont pas soumis à la puissance paternelle du père ou de la mère: 1° Les orphelins, c'est-à-dire les enfants qui ont perdu leur père et leur mère et 2° les enfants émancipés et les enfants adoptifs. Notons en outre que certains enfants, bien que n'étant ni orphelins, ni émancipés, ni adoptifs échappent cependant à la puissance paternelle. Il en est ainsi à l'égard de la mère veuve, qui perd la puissance paternelle quand elle convole en secondes noces (art. 168 Code civ.), lorsque son premier mari n'a pas expressément déclaré dans son testament qu'elle ne la perdrait pas dans ce cas. La mère, d'ailleurs, quand elle a perdu la puissance paternelle par suite de son second mariage, la recouvre si elle devient veuve de nouveau (art. 172 Code civ.). Cela se produit également en ce qui con-

[V. page 93 la suite de la note 3 et les notes 4 et 5.]

---

*) A raison de l'importance de ces dispositions, nous les reproduisons in extenso dans les lois complémentaires.

5. Los menores de 21 años y los incapacitados[1] podrán continuar. por medio de sus guardadores[2], el comercio que hubieren ejercido sus padres ó sus causantes. Si los guardadores carecieren de capacidad legal para comerciar, ó tuvieren alguna incompatibilidad, estarán obligados á nombrar uno ó más factores que reunan las condiciones legales, quienes les suplirán en el ejercicio del comercio.

mente, en los casos en que por causa de delito ó de incapacidad se les declare privados ó suspensos del ejercicio de esta potestad. Para que el delito ó la incapacidad puedan ser causa de privación (art. 169 y 170, Cód. c.) es preciso sentencia firme en causa criminal en la que se imponga como pena especial esta privación, ó sentencia en la que se imponga, como accesoria, la pena de interdicción civil. También por sentencia firme en pleito de divorcio puede imponerse esta privación, mientras duren los efectos del divorcio. Los incapacitados ó ausentes también estarán privados del ejercicio de la patria potestad cuando se hubiere hecho judicialmente la declaración de incapacidad ó de ausencia, y mientras subsistan una ú otra. Los motivos de delito determinantes de la privación ó suspensión de la patria potestad son (art. 171, Cód. c.): la dureza excesiva en el modo de tratar á los hijos, ó las órdenes ó consejos ó ejemplos corruptores que les dieren. — La emancipación se consigue (art. 314, Cód. c.), por la mayor edad, por el matrimonio del menor y por concesión del padre ó de la madre que ejerza la patria potestad. La mayor edad empieza á los 23 años cumplidos (art. 320, Cód. c.), y el mayor de edad, que no está incapacitado por algún otro motivo, es capaz para todos los actos de la vida á excepción de aquellos que requieren una edad especial. El matrimonio produce de derecho la emancipación (art. 315, Cód. c.) con las limitaciones siguientes: — Si fuere el marido menor de diez y ocho años (art. 59, Cód. c.) no podrá administrar sin el consentimiento de su padre, en defecto de este, sin el de su madre, y á falta de ambos, sin el de su tutor. Tampoco podrá comparecer en juicio sin la asistencia de dichas personas. Y sea ó no mayor de diez y ocho años, mientras no llegue á la mayor edad, no podrá sin el consentimiento de su padre, madre ó tutor tomar dinero á préstamo, gravar ni enajenar los bienes raíces. — Si el matrimonio se contrajo sin solicitar previamente la licencia ó el consejo paterno, según los casos, entonces (art. 50 Cód. c.) ni siquiera tendrá el marido, hasta la mayor edad, la libre administración de sus bienes. — La emancipación por concesión del padre ó de la madre (art. 316 Cód. c.) ha de hacerse por escritura pública ó por comparecencia ante el juez municipal. Y para que surta efecto contra tercero, ha de inscribirse en el Registro civil; advirtiendo que esta emancipación no puede concederse (art. 318, Cód. c.) más que al menor que tenga diez y ocho años cumplidos y preste su consentimiento. Los efectos de esta emancipación hasta el cumplimiento de la mayor edad son los mismos que los de la emancipación por el matrimonio (art. 317, Cód. c.). — Los huérfanos de padre y madre pueden emanciparse del poder tutelar en igualdad de condiciones que los no huérfanos se emancipan del poder paterno y con iguales efectos. La emancipación se ha de conceder por acuerdo del Consejo de familia, con aprobación del Presidente de la Audiencia territorial del distrito y oído el Fiscal. Este acuerdo del Consejo de familia no podrá tomarse sino cuando se considere conveniente al menor. También habrá de inscribirse esta emancipación en el Registro de tutelas (art. 322, 323, 324, Cód. c.). — Aun cuando el adoptado no está sujeto á la patria potestad, para los efectos del precepto del Código de comercio á que se refiere esta nota es como si lo estuviera.

[4]) No están sujetas á la autoridad marital las mujeres solteras y las casadas cuyos maridos hubieren sido condenados por sentencia firme de divorcio, estuvieren declarados legalmente ausentes, estuvieren sufriendo condena que lleve aneja la pena de interdicción civil, ó estuvieren sujetos á tutela por incapacidad manifiesta.

[5]) La libre disposición de sus bienes solo la tienen, con arreglo al derecho común, los mayores de edad que no tienen ninguna otra incapacidad; pues tanto los emancipados como los huérfanos habilitados de edad no pueden hasta llegar á la mayor edad tomar dinero á préstamo, ni gravar ni vender bienes inmuebles sin consentimiento de su padre, en defecto de este sin el de su madre, y por falta de ambos sin el de su tutor (art. 317 y 324, Cód. c.).

[1]) Son incapacitados, á más de los menores de edad, no emancipados legalmente ni habilitados de edad si fueren huérfanos: los locos ó dementes, aunque tengan intérvalos lúcidos, y los sordomudos que no sepan leer y escribir; los que por sentencia firme hubieren sido declarados pródigos, y los que estuvieren sufriendo la pena de interdicción civil (art. 200, Cód. c.). — Se entiende por pródigo el que por no saber ó no querer administrar su fortuna la dilapida. — La pena de interdicción civil priva al penado, mientras la sufre, de los derechos de la patria potestad, tutela, protutela, de la participación en el consejo de familia, de la autoridad marital, de la administración de bienes y del derecho de disponer de los propios por actos entre vivos (art. 43, Cód. pen.).

[2]) La antigua distinción entre la tutela y la guardaduría, que procedía del derecho romano, ya no existe á partir de la publicación del Cód. c. Por eso donde dice el Cód. de com. guardadores ha de leerse tutores.

5. Les mineurs de vingt et un ans et les incapables[1] pourront continuer, par l'intermédiaire de leurs tuteurs[2], le commerce qu'auront exercé leurs parents ou ayants cause. Si les tuteurs n'ont pas la capacité légale de faire le commerce, ou s'ils se trouvent dans un cas quelconque d'incompatibilité, ils seront obligés de nommer un ou plusieurs facteurs réunissant les conditions légales, qui les suppléeront dans l'exercice du commerce.

cerne le père ou la mère indistinctement, dans les cas où, à la suite d'un délit, ou pour cause d'incapacité, ils perdent définitivement ou temporairement l'exercice de la puissance paternelle. Pour qu'un délit ou l'incapacité entraîne cette privation (articles 169 et 170, Code civ.), il faut qu'une sentence définitive intervenue en matière criminelle l'impose comme peine spéciale ou prononce accessoirement la peine de l'interdiction civile. La perte de la puissance paternelle peut également être la conséquence d'une sentence définitive intervenue en matière de séparation de corps, tant que durent les effets de la séparation. Les incapables et les absents sont également privés de l'exercice de la puissance paternelle, lorsque l'incapacité ou l'absence ont été judiciairement prononcées et tant qu'elles subsistent. Les délits entraînant la privation ou la suspension de la puissance paternelle sont (art. 171 Code civ.): la dureté excessive dans la manière de traiter les enfants ou le fait de leur donner des ordres ou des conseils corrupteurs. — L'émancipation (art. 314 Code civ.) résultant de la majorité, ou du mariage du mineur, ou de l'octroi qu'en fait le père ou la mère qui exerce a puissance paternelle, met également fin à la puissance paternelle. La majorité commence à 23 ans accomplis (art. 320 Code civ.) et le majeur, qui n'est frappé d'aucune incapacité, a capacité pour accomplir tous les actes de la vie, à l'exception de ceux pour lesquels un âge spécial est exigé. Le mariage (art. 315 Code civ.) entraîne de plein droit l'émancipation, mais avec les restrictions suivantes: Si le mari est mineur de 18 ans (art. 59 Code civ.), il ne peut administrer sans le consentement de son père, ou, à défaut de celui-ci, sans le consentement de sa mère; s'il n'a plus ni père, ni mère, le consentement de son tuteur. Il ne peut non plus ester en justice sans l'assistance de ces mêmes personnes. Même après avoir atteint l'âge de 18 ans, tant qu'il n'a pas acquis la majorité légale, il ne peut emprunter ni hypothéquer ses immeubles sans le consentement de son père, de sa mère au de son tuteur. — Si le mariage a été contracté sans solliciter préalablement la permission ou le conseil paternel (art. 50 Code civ.) suivant les cas, le mari, ne peut prendre l'administration des biens tant qu'il n'a pas atteint l'âge de la majorité légale. — L'émancipation par concession du père ou de la mère (art. 316 Code civ.), doit être accordée par acte public ou par une comparution devant le juge municipal. Pour qu'elle produise effet à l'égard des tiers, elle doit être inscrite sur le Registre civil. Notons d'ailleurs que seuls les mineurs âgés de 18 ans accomplis peuvent être émancipés et qu'ils doivent donner leur consentement à l'émancipation. Les effets de l'émancipation ainsi octroyée jusqu'à ce que le mineur émancipé soit devenu majeur, sont les mêmes que ceux de l'émancipation résultant du mariage (art. 317 Code civ.). Les orphelins de père et de mère peuvent être émancipés de la puissance tutélaire dans les mêmes conditions que les non orphelins peuvent l'être de la puissance paternelle, et les deux émancipations produisent les mêmes effets. L'émancipation de l'orphelin est accordée par une délibération du conseil de famille, approuvée par le président de l'*Audiencia* territoriale du district, le fiscal entendu. Cette décision du conseil de famille ne peut être prise qu'autant qu'elle paraît avantageuse au mineur. L'émancipation, dans ce cas, doit être inscrite sur le Registre des tutelles (articles 322, 323 et 324 Code civ.). — Bien que l'adopté ne soit par soumis à la puissance paternelle, sa situation, au point de vue des prescriptions du Code de commerce visées dans la présente note, est la même que s'il était soumis à cette puissance.

4) Ne sont pas soumises à l'autorité maritale: les femmes célibataires et les femmes mariées dont le mari a été condamné en vertu d'une sentence définitive de séparation de corps, ou déclaré légalement absent, ou subit une peine entraînant l'interdiction civile, ou est lui-même soumis à la tutelle à raison de son état d'incapacité.

5) D'après le droit commun, les seules personnes ayant la libre disposition de leurs biens sont les majeurs qui ne sont frappés d'aucune autre incapacité. Les mineurs émancipés, au contraire, de même que les orphelins ayant obtenu le bénéfice de l'habilitation, ne peuvent, avant d'avoir atteint leur majorité, emprunter de l'argent, ni grever ni vendre leurs immeubles sans le consentement de leur père, ou, à son défaut, de leur mère, ou, s'ils n'ont plus ni père ni mère, sans le consentement de leur tuteur (art. 317 et 324 C. civ.).

1) Sont incapables, en outre des mineurs non légalement émancipés et qui n'ont pas, s'ils sont orphelins, obtenu le bénéfice de l'habilitation; les aliénés ou déments, encore qu'ils aient des intervalles lucides; les sourds-muets ne sachant ni lire ni écrire; les individus déclarés prodigues en vertu d'une sentence définitive et ceux qui subissent la peine de l'interdiction civile (art. 200 C. civ.). — On entend par prodigue l'individu qui dilapide sa fortune parce qu'il ne sait ou ne veut pas l'administrer. — L'interdiction civile prive le condamné, pendant qu'il subit cette peine, des droits de la puissance paternelle, de tutelle, protutelle, du droit de faire partie d'un conseil de famille, de l'autorité maritale, de l'administration de ses biens et du droit de disposer de ses propres par actes entre vifs (art. 43 C. pén.).

2) L'ancienne distinction entre la tutelle et la garde (*guardaduria*) qui provenait du droit romain, n'existe plus depuis la publication du Code civil espagnol. En conséquence partout où le Code dit *guardadores* (gardiens) il faut lire tuteurs.

6. La mujer casada, mayor de 21 años, podrá ejercer el comercio con autorización de su marido, consignada en escritura pública que se inscribirá en el Registro Mercantil.

7. Se presumirá igualmente autorizada para comerciar la mujer casada que, con conocimiento de su marido, ejerciere el comercio.

8. El marido podrá revocar libremente la licencia concedida, tácita ó expresamente, á su mujer para comerciar, consignando la revocación en escritura pública[1], de que también habrá de tomarse razón en el Registro Mercantil, publicándose además en el periódico oficial del pueblo, si lo hubiere, ó, en otro caso, en el de la provincia, y anunciándolo á sus corresponsales por medio de circulares.

Esta revocación no podrá en ningún caso perjudicar derechos adquiridos antes de su publicación en el periódico oficial[2].

9. La mujer que al contraer matrimonio se hallare ejerciendo el comercio, necesitará licencia de su marido para continuarlo.

Esta licencia se presumirá concedida ínterin el marido no publique, en la forma prescrita en el artículo anterior, la cesación de su mujer en el ejercicio del comercio.

10. Si la mujer ejerciere el comercio en los casos señalados en los artículos 6.°, 7.° y 9.° de este Código, quedarán solidariamente obligados á las resultas de su gestión mercantil todos sus bienes dotales[3] y parafernales[4], y todos los bienes y derechos que ambos cónyuges tengan en la comunidad ó sociedad conyugal, pudiendo la mujer enajenar é hipotecar los propios y privativos suyos, así como los comunes.

Los bienes propios del marido podrán ser también enajenados é hipotecados por la mujer, si se hubiere extendido ó se extendiere á ellos la autorización concedida por aquél.

11. Podrá igualmente ejercer el comercio la mujer casada, mayor de 21 años, que se halle en alguno de los casos siguientes: 1.° Vivir separada de su cónyuge por sentencia firme de divorcio[5]; — 2.° Estar su marido sujeto á curaduría[6]; — 3.° Estar el marido ausente[7], ignorándose su paradero, sin que se espere su regreso; — 4.° Estar su marido sufriendo la pena de interdicción civil.

12. En los casos á que se refiere el artículo anterior, solamente quedarán obligados á las resultas del comercio los bienes propios de la mujer, y los de la comunidad ó sociedad conyugal que se hubiesen adquirido por esas mismas resultas, pudiendo la mujer enajenar é hipotecar los unos y los otros.

---

[1]) Se llama escritura pública á la autorizada por Notario.

[2]) Los periódicos oficiales á que se refiere este artículo son: el del pueblo, el *Diario de Avisos*; y el de la provincia, el *Boletín Oficial*. Uno y otro llevan además el nombre del pueblo ó el de la provincia á que corresponden.

[3]) Son bienes dotales los que la mujer aporta al matrimonio al tiempo de contraerlo y los que durante él adquiera por herencia, legado ó donación con este carácter (art. 1336, Cód. c.). También lo son los inmuebles adquiridos durante el matrimonio por permuta con otros bienes dotales, por derecho de retracto perteneciente á la mujer; por dación en pago de la dote; y por compra con dinero perteneciente á la dote (art. 1337, Cód. c.).

[4]) Son bienes parafernales los que la mujer aporta al matrimonio sin incluirlos en la dote, y los que adquiere después de constituida esta sin agregarlos á ella (art. 1381, Cód. c.). De manera que la condición de parafernales y dotales la determina únicamente la voluntad de la mujer ó la del que la donó ó trasmitió los bienes.

[5]) Para que la sentencia firme de divorcio pueda producir este efecto, es preciso que la culpabilidad del divorcio se impute en la sentencia al marido, pues de no ser así, la mujer separada de su marido por sentencia firme en la que se declare su culpabilidad, es incapaz para comerciar, por no tener la libre disposición de sus bienes, ya que el artículo 73 del Cód. c. al determinar los efectos del divorcio dice en su apartado 5.° que el marido inocente conservará, si la tuviere, la administración de los bienes de la mujer, la cual solo tendrá derecho á alimentos. Y como por otra parte si el marido inocente no tuviere la administración de los bienes de la mujer culpable, los productos de esta administración quedarán siempre afectos al levantamiento de las cargas matrimoniales por tener el carácter de bienes gananciales, de los que en este caso corresponde disponer al marido, siempre resultará incapacitada la mujer culpable del divorcio para poder ejercer el comercio (art. 1401 y 1412, Cód. c.). —

[6]) En lugar de curaduría léase tutela (v. nota 2, p. 90.).

[7]) La ausencia del marido ha de estar declarada judicialmente, y no produce efectos hasta seis meses después de su publicación en los periódicos oficiales (art. 186, Cód. c.).

6. La femme mariée, majeure de vingt et un ans, pourra faire le commerce avec l'autorisation de son mari, consignée dans un acte public, qui sera inscrit sur le Registre du commerce.

7. Sera également présumée être légalement autorisée à faire le commerce, la femme mariée qui, au su de son mari, exerce le commerce.

8. Le mari pourra révoquer librement la permission, tacite ou expresse, accordée à la femme de faire le commerce, à la condition de consigner la dite révocation dans un acte authentique[1] dont il devra faire prendre note sur le Registre du commerce, de la faire publier en outre dans le périodique officiel de la circonscription municipale, s'il en existe un, et, dans le cas contraire, dans le périodique officiel de la province, et de l'annoncer à ses correspondants au moyen de circulaires.

Cette révocation ne pourra en aucun cas préjudicier aux droits acquis avant qu'elle ait été publiée au périodique officiel[2].

9. La femme qui, au moment de contracter mariage, exerce déjà le commerce, aura besoin d'une permission de son mari pour le continuer.

Cette permission sera présumée tant que le mari ne fera pas publier, dans la forme prescrite par l'article précédent, que sa femme cesse l'exercice du commerce.

10. Si la femme exerce le commerce dans les cas spécifiés par les art. 6, 7, et 9 du présent Code, la femme, sur tous ses biens dotaux[3] et paraphernaux[4] et les deux époux sur tous les biens et les droits qu'ils ont dans la communauté ou société conjugale, seront solidairement tenus des conséquences de la gestion commerciale de la femme, et celle-ci pourra aliéner et hypothéquer ses biens propres et personnels ainsi que les biens communs.

Les biens propres du mari pourront aussi être aliénés et hypothéqués par la femme, lorsque le mari aura étendu ou étendra à ces biens son autorisation.

11. Pourra également faire le commerce, la femme mariée, majeure de vingt et un ans, qui se trouve dans l'un des cas suivants: 1° Lorsqu'elle vit séparée de son mari en vertu d'une sentence définitive de séparation de corps[5]; — 2° Lorsque son mari est soumis à la curatelle[6]; — 3° Lorsque son mari est absent[7], que l'on ignore ce qu'il est devenu et que l'on a perdu l'espoir de son retour; — 4° Lorsque le mari subit la peine de l'interdiction civile.

12. Dans les cas prévus par l'article précédent, les biens propres de la femme et les biens de la communauté ou société conjugale acquis avec les profits du commerce de la femme, répondront seuls des conséquences du commerce, et la femme pourra aliéner et hypothéquer ces deux espèces de biens.

[1] L'acte public est l'acte authentiqué par un notaire.

[2] Les périodiques officiels visés dans cet article sont dans la circonscription municipale ou *pueblo*, le *Diario de avisos* (Journal des avis) et, dans la province, le *Boletin Oficial* (Bulletin Officiel). L'un et l'autre portent en outre le nom du *pueblo* et de la province dans lesquels ils sont publiés.

[3] Les biens dotaux sont ceux que la femme apporte au moment où elle contracte mariage, et ceux qu'elle acquiert durant le mariage par succession, legs ou donation avec ce caractère (art. 1336 C. civ.). Sont également dotaux, les immeubles acquis durant le mariage par échange avec d'autres biens dotaux, en vertu d'un droit de retrait appartenant à la femme, par dation en paiement de la dot, et par acquisition au moyen de deniers dotaux (art. 1337 C. civ.).

[4] Les biens paraphernaux sont ceux que la femme apporte en mariage sans les comprendre dans la dot, et ceux qu'elle acquiert postérieurement et qui ne s'ajoutent pas à la dot (art. 1381 C. civ.). La qualité de paraphernal ou de dotal d'un bien dépend donc uniquement de la volonté de la femme ou de celui qui le lui a donné ou transmis.

[5] Pour que la sentence définitive de séparation de corps puisse produire cet effet, il est nécessaire que la sentence ait prononcé la séparation de corps aux torts du mari. S'il n'en est pas ainsi, la femme séparée de corps en vertu d'une sentence définitive est incapable de faire le commerce parce qu'elle n'a pas la libre disposition de ses biens; en effet l'art. 73 du Code civil, quand il détermine les effets de la séparation de corps, dispose (5e alinéa) que le mari innocent conservera, s'il la possède, l'administration des biens de la femme et que celle-ci aura seulement droit à des aliments. D'autre part, si le mari innocent n'avait pas l'administration des biens de la femme coupable, les produits de cette administration seront toujours affectés à subvenir aux charges du mariage, car ils ont le caractère d'acquets, dont le mari aura la disposition; dans ces conditions, la femme coupable qui est séparée de corps, est donc toujours incapable de faire le commerce (art. 1401 et 1412 C. civ.).

[6] Au lieu de *curatelle*, lisez *tutelle* (v. la note 2, p. 90).

[7] L'absence du mari doit être déclarée judiciairement, et elle ne produit ses effets que six mois après la publication dans les périodiques officiels (art. 186 C. civ.).

Declarada legalmente la ausencia del marido, tendrá además la mujer las facultades[1] que para este caso le conceda la legislación común.

13. No podrán ejercer el comercio ni tener cargo ni intervención directa administrativa ó económica en compañías mercantiles ó industriales: 1.º Los sentenciados á pena de interdicción civil, mientras no hayan cumplido sus condenas ó sido amnistiados ó indultados; — 2.º Los declarados en quiebra, mientras no hayan obtenido rehabilitación, ó estén autorizados, en virtud de un convenio aceptado en junta general de acreedores y aprobado por la autoridad judicial, para continuar al frente de su establecimiento; entendiéndose en tal caso limitada la habilitación á lo expresado en el convenio; — 3.º Los que, por leyes ó disposiciones especiales, no puedan comerciar[2].

14. No podrán ejercer la profesión mercantil por sí ni por otro, ni obtener cargo ni intervención directa administrativa ó económica en sociedades mercantiles ó industriales, dentro de los límites de los distritos, provincias ó pueblos en que desempeñan sus funciones: 1.º Los magistrados, jueces y funcionarios del ministerio fiscal en servicio activo. Esta disposición no será aplicable á los alcaldes, jueces y fiscales municipales ni á los que accidentalmente desempeñen funciones judiciales ó fiscales; — 2.º Los jefes gubernativos, económicos ó militares de distritos, provincias ó plazas; — 3.º Los empleados en la recaudación y administración de fondos del Estado, nombrados por el Gobierno[3]. Exceptúanse los que administren y recauden por asiento, y sus representantes; — 4.º Los agentes de cambio y corredores de comercio, de cualquiera clase que sean; — 5.º Los que por leyes ó disposiciones especiales no puedan comerciar[4] en determinado territorio.

15. Los extranjeros y las compañías constituídas en el extranjero podrán ejercer el comercio en España; con sujeción á las leyes de su país, en lo que se refiera á su capacidad para contratar; y á las disposiciones de este Código, en todo cuanto concierna á la creación de sus establecimientos dentro del territorio español, á sus operaciones mercantiles y á la jurisdicción de los tribunales de la Naición.

Lo prescrito en este artículo se entenderá sin perjuicio de lo que en casos particulares pueda establecerse por los tratados y convenios con las demás Potencias.

Título II.   Del registro mercantil.

16. Se abrirá en todas las capitales de provincia un Registro Mercantil, compuesto de dos libros independientes, en los que se inscribirán: 1.º Los comerciantes particulares; — 2.º Las sociedades.

En las provincias litorales, y en las interiores donde se considere conveniente por haber un servicio de navegación, el Registro comprenderá un tercer libro destinado á inscripción de los buques.

---

¹) Estas facultades están determinadas en el artículo 188 del Cód. c., pero no afectan en en nada á los preceptos del Cód. de com. referentes al ejercicio del comercio por la mujer del declarado legalmente ausente.

²) No pueden comerciar por leyes ó disposiciones especiales los eclesiásticos y los agentes mediadores del comercio. A los primeros se lo prohiben las leyes canónicas (antes se lo prohibía también el Cód. de com. de 1829); á los segundos el propio Cód. de com. vigente, á declarar, como declara, en su artículo 892, que se considerará quiebra fraudulenta la del agente que hubiere hecho por su cuenta, y en nombre propio ó ajeno, alguna operación de tráfico ó giro.

³) No pueden comerciar dentro del territorio en que ejercen su jurisdicción los Notarios, porque así se deduce del espíritu de la Ley sobre constitución del Notariado de 28 de mayo de 1862 y expresamente del art. 28 del Reglamento de 9 de noviembre de 1874.

⁴) Este precepto del Cód. es consecuencia natural del art. 2 de la Constitución Política de 1876 que autoriza á los extranjeros para establecerse libremente en territorio español, ejercer en él su industria ó dedicarse á cualquiera profesión para cuyo desempeño no exijan las leyes título de aptitud, expedidos por las autoridades españolas.

Lorsque l'absence du mari aura été légalement déclarée, la femme aura, en outre, les pouvoirs[1] que lui confère dans ce cas le droit commun.

13. Ne pourront faire le commerce ni remplir aucune charge administrative ou économique dans les sociétés commerciales ou industrielles, ni intervenir directement dans l'administration des dites sociétés: 1° Les condamnés à la peine de l'interdiction civile, tant qu'ils n'auront pas subi leurs peines ou été amnistiés ou graciés; — 2° Les individus déclarés en état de faillite, tant qu'ils n'auront pas obtenu la réhabilitation ou été autorisés, par un concordat accepté dans l'assemblée générale des créanciers et homologué par l'autorité judiciaire, à continuer à diriger leur établissement; et, dans ce cas, l'habilitation est limitée à ce qui est exprimé dans le concordat; — 3° Les personnes qui d'après les lois ou des dispositions spéciales ne peuvent être commerçants[2].

14. Ne pourront pas exercer la profession de commerçant, ni obtenir une charge dans les sociétés commerciales ou industrielles, ni intervenir directement dans l'administration ou la gestion économique des dites sociétés, dans les limites des districts, provinces ou circonscriptions municipales où ils remplissent leurs fonctions: 1° Les magistrats, les juges et fonctionnaires du ministère fiscal en activité de service. Cette disposition ne sera pas applicable aux alcades, aux juges et aux fiscaux municipaux, ni à ceux qui remplissent accidentellement les fonctions judiciaires ou fiscales; — 2° Les chefs des services administratif, économique ou militaire des districts, provinces ou places; — 3° Les employés chargés de la perception et de l'administration des fonds de l'Etat, nommés par le Gouvernement[3]. Sont exceptés, ceux qui perçoivent les dits fonds en vertu d'un marché ou pour les avoir pris à ferme, et leurs représentants; — 4° Les agents de change et les courtiers de commerce, à quelque classe qu'ils appartiennent; — 5° Les personnes qui, d'après les lois ou des dispositions spéciales, ne peuvent faire le commerce[4] dans un territoire déterminé.

15. Les étrangers et les sociétés fondées à l'étranger pourront faire le commerce en Espagne à la condition d'observer les lois de leur pays en ce qui concerne la capacité requise pour contracter, et de se conformer aux dispositions du présent Code pour tout ce qui concerne la création de leurs établissements sur le territoire espagnol, leurs opérations commerciales et la juridiction des tribunaux de la nation.

Les prescriptions du présent article s'entendront sans préjudice de ce qui peut être établi dans des cas particuliers par les traités et les conventions intervenues avec les puissances étrangères.

Titre II. Du registre du commerce.

16. Il sera ouvert dans toutes les capitales de province un Registre du commerce composé de deux livres indépendants, sur lesquels seront inscrits: 1° Les particuliers qui exercent le commerce; — 2° Les sociétés.

Dans les provinces du littoral et dans les provinces de l'intérieur où il sera jugé utile d'avoir un service de navigation, le Registre comprendra un troisième livre destiné à l'inscription des navires.

---

[1] Ces pouvoirs sont déterminés par l'art. 188 C. civ., mais ils ne touchent en rien aux dispositions du Code de commerce concernant l'exercice du commerce par la femme de l'individu légalement déclaré absent.

[2] Ne peuvent faire le commerce, en vertu de lois ou de dispositions spéciales, les ecclésiastiques et les agents intermédiaires du commerce. Le commerce est interdit aux ecclésiastiques par les lois canoniques et, précédemment, cette prohibition était également prononcée par le Code de commerce de 1829. En ce qui concerne les agents intermédiaires du commerce, l'interdiction de faire le commerce résulte du Code en vigueur qui déclare (art. 892) que la faillite de l'agent sera réputée frauduleuse s'il a fait pour son compte, sous son nom personnel ou sous le nom d'un tiers, une opération de commerce ou de change.

[3] Les personnes ne pouvant faire le commerce dans le territoire où elles exercent leurs fonctions sont les notaires. Cela résulte de l'esprit de la loi sur l'organisation du notariat, du 28 mai 1862, et d'une disposition expresse de l'art. 28 du règlement du 9 novembre 1874.

[4] Cette disposition du Code est une conséquence naturelle de la constitution politique de 1876, qui autorise les étrangers à s'établir librement sur le territoire espagnol, à y exercer leur industrie et à s'y livrer à toute profession quelconque pour l'exercice de laquelle les lois n'exigent pas un diplôme d'aptitude délivré par les autorités espagnoles.

17. La inscripción en el Registro Mercantil será potestativa para los comerciantes particulares, y obligatoria para las sociedades que se constituyan con arreglo á este Código ó á leyes especiales, y para los buques[1].

18. El comerciante no matriculado no podrá pedir la inscripción de ningún documento en el Registro Mercantil ni aprovecharse de sus efectos legales.

19. El Registrador llevará los libros necesarios para la inscripción, sellados, foliados y con nota expresiva, en el primer folio, de los que cada libro contenga, firmada por el juez municipal.

Donde hubiere varios jueces municipales, podrá firmar la nota cualquiera de ellos.

20. El Registrador anotará por orden cronológico en la matrícula é índice general todos los comerciantes y compañías que se matriculen, dando á cada hoja el número correlativo que le corresponda.

21. En la hoja de inscripción de cada comerciante ó sociedad se anotarán: 1.º Su nombre, razón social[2] ó título; — 2.º La clase de comercio ú operaciones á

---

[1]) Por Real Orden de 27 de diciembre de 1885 se dispuso que se abriera el libro destinado á la inscripción de buques en los Registros mercantiles de las capitales siguientes: Barcelona, Tarragona, Valencia, Alicante, Almería, Málaga, Cádiz, Huelva, Coruña, Santander, Bilbao, San Sebastián, Palma de Mallorca y Santa Cruz de Tenerife; y además en los puertos de Gijón, Rivadeo, Vigo, Motril, Cartagena y Palamós, estando dicho libro registro á cargo de los Registradores de la propiedad de los indicados puntos, excepto el de Palamós, que está á cargo del fiscal del Juzgado municipal.

[2]) La razón social es el nombre distintivo de las sociedades colectivas y comanditarias; y se llama así porque en él se incluyen los nombres de los socios colectivos ó el de uno de estos tan sólo. — Aun cuando el nombre, la razón social ó título han constituído siempre para el comerciante individual ó social una verdadera propiedad asegurada y garantida por las leyes, no había sido esta propiedad objeto de disposiciones especiales hasta la publicación de la nueva Ley sobre propiedad industrial de 16 de mayo de 1902, pues el precepto del artículo 152 del vigente Cód. de com. que prohibe adoptar una denominación idéntica á la de otra compañía preexistente es un precedente de escasísimo valor. — En la citada Ley se han suplido las deficiencias de nuestra legislación acerca del particular en la forma siguiente: — En el artículo 1.º se hace constar que forma parte de la propiedad industrial el nombre comercial, siempre que se hayan cumplido respecto al mismo las condiciones que al efecto impone la Ley. Para ello es preciso que se solicite el registro de dicho nombre, el cual una vez concedido asegurará la protección legal (art. 6). La solicitud que ha de hacerse á este efecto, dirigida al ministro de Fomento, habrá de presentarse con los documentos correspondientes en la Secretaría del Gobierno civil de la provincia respectiva, excepto en Madrid en donde habrá de hacerse directamente en el Ministerio del ramo (art. 56). A dicha solicitud, en la que ha de hacerse constar el nombre, apellido y domicilio habitual del interesado y de su representante, si la gestión se hiciere por conducto de este último, se ha de acompañar la expresión completa y detallada por triplicado del nombre comercial, un cliché tipográfico que sea reproducción en tamaño reducido de dicho nombre comercial, ostentado para distinguir el establecimiento, y diez pruebas ó impresiones del referido cliché (art. 90). Y el artículo 59 del Reglamento de 12 de junio de 1903, dictado por Real Decreto de dicha fecha para la aplicación de esta Ley, añade; que cuando formen parte integrante del nombre comercial que se trata de registrar las palabras *Sociedad* ó *Compañía* ú otras similares han de á entender que se trata de una razón social, se acompañará testimonio en forma de la escritura de constitución social, ó certificación de la inscripción en el Registro mercantil, á tenor de lo prevenido en el Cód. de com. — Según la Ley que estamos examinando, se entiende por nombre comercial, el nombre, razón social ó denominación bajo los cuales se dá á conocer al público un establecimiento agrícola, fabril ó mercantil (art. 33). Y se considera como nombre de un establecimiento: los establecimientos, con ó sin el nombre de pila entero ó abreviado, de los agricultores, industriales ó comerciantes que los posean; las razones ó firmas sociales; las denominaciones sociales de las compañías mercantiles en todas sus formas; las denominaciones de fantasía ó especiales; y las denominaciones de las fincas destinadas á una explotación agrícola, industrial ó comercial (art. 34). — La inscripción del nombre comercial en el registro de la propiedad industrial es potestativo, pero sólo esta constituirá una propiedad exclusiva á favor del inscrito que producirá efectos jurídicos desde la fecha de la inscripción (art. 36). La duración de estos efectos es indefinida. Ello no obstante deberán hacerse constar en el Registro todos los cambios y alteraciones que sobrevengan, tanto para que conserven su valor legal contra tercero, como por lo que puedan influir en la caducidad de su registro, ya sea por voluntad del propietario, ya por extinción de la razón social, ya por desaparición de la personalidad jurídica que la posea (art. 54). — Se denegará el registro de un nombre comercial: cuando el nombre, razón social ó denominación, no se distinga lo suficientemente de otro nombre comercial ya registrado; ó cuando sin consentimiento expreso del propietario de un nombre comercial ya registrado, acreditado por documento fehaciente, se empleen las palabras antiguo almacén, antigua fábrica, etc; antiguo gerente, antiguo jefe de taller, empleado de...., ex-Director de...., etc; sucesor ó sucesores de...., sucursal de...., ó representante de...

17. L'inscription sur le Registre du commerce sera facultative pour les simples particuliers commerçants, et obligatoire pour les sociétés constituées conformément au présent Code ou à des lois spéciales, et pour les navires[1].

18. Le commerçant non immatriculé ne pourra demander l'inscription d'aucun document sur le Registre du commerce, ni profiter de ses effets légaux.

19. Le préposé tiendra les livres nécessaires pour recevoir les inscriptions. Ces livres seront scellés, cotés et porteront sur la première page une mention signée du juge municipal, indiquant le nombre de folios que chaque livre contient.

Dans les lieux où il y aura plusieurs juges municipaux, cette mention pourra être signée par l'un quelconque d'entre eux.

20. Le préposé tiendra note, dans l'ordre chronologique, sur la matricule et sur l'index général, de tous les commerçants et de toutes les sociétés qui se font immatriculer, en ayant soin de donner à chaque feuillet le numéro d'ordre qui lui appartient.

21. Sur le feuillet où se trouve inscrit chaque commerçant ou société on énoncera: 1° Son nom, sa raison sociale[2] ou son titre; — 2° L'espèce de commerce ou

---

[1] Aux termes d'un ordre royal du 27 décembre 1885, il a été prescrit d'ouvrir le livre destiné à l'inscription des navires, dans les Registres du commerce des capitales suivantes: Barcelone, Tarragone, Valence, Alicante, Almeria, Malaga, Cadix, Huelva, la Corogne, Santander, Saint-Sébastien, Palma (Majorque) et Santa Cruz de Ténériffe, et dans les ports de Gijon, Rivadeo, Vigo, Mortil, Carthagène, et Palamos. Ces livres sont tenus par les préposés du Registre de la propriété, sauf à Palamos, où il est tenu par le fiscal du juge municipal.

[2] La raison sociale est le nom distinctif des sociétés en nom collectif ou en commandite. On l'appelle ainsi parce que l'on y inscrit les noms des associés en nom collectif ou de l'un d'eux. — Bien que le nom, la raison sociale ou le titre ait toujours constitué pour le particulier commerçant ou pour la société une véritable propriété protégée et garantie par les lois, cette propriété cependant n'a pas été l'objet de dispositions spéciales avant la publication de la nouvelle loi sur la propriété industrielle du 16 mai 1902, car la disposition de l'art. 152 C. com. interdisant d'adopter une dénomination identique à celle d'une autre compagnie préexistante, est un précédent de bien faible valeur. — Cette loi de 1902 a comblé les lacunes de notre législation sur ce point particulier. Voici comment: D'après l'art. 1er, le nom commercial fait partie de la propriété industrielle, pourvu qu'on ait rempli en ce qui le concerne toutes les conditions imposées par la loi. Pour cela, il faut requérir l'enregistrement du nom, et, une fois cet enregistrement opéré, la protection légale en est assurée (art. 6). La requête à présenter, à cet effet, doit être adressée au ministre de *Fomento;* elle doit être déposée avec les documents à l'appui au Secrétariat du Gouvernement civil de la province, sauf à Madrid où elle doit être remise directement au ministère (art. 16). Cette requête doit énoncer les prénom, nom et domicile habituel de l'intéressé et de son représentant, si la démarche est faite par ce dernier. On doit joindre à la requête la description complète et détaillée, en triple exemplaire, du nom commercial, un cliché typographique le reproduisant en grandeur réduite, afin de distinguer l'établissement, et dix épreuves ou empreintes de ce cliché (art. 90). De son côté, l'art. 59 du règlement du 12 juin 1903, promulgué par décret royal du même jour, pour l'application de cette loi, ajoute que lorsque les mots *société* ou *compagnie,* ou autres semblables font partie intégrante du nom commercial dont on demande l'enregistrement, on joindra à la requête une copie régulière de l'acte constitutif de la société, ou un certificat attestant l'inscription de la société sur le Registre du commerce conformément aux prescriptions du Code de commerce. — D'après la loi que nous analysons, on entend par nom commercial le nom, la raison sociale ou la dénomination sous laquelle un établissement agricole, industriel ou commercial se fait connaître du public (art. 33). Enfin on considérera comme le nom d'un établissement: les établissements, avec ou sans le nom de baptême entier ou abrégé, des agriculteurs, industriels ou commerçants qui les possèdent; les raisons ou firmes sociales; les dénominations sociales des compagnies commerciales sous toutes leurs formes, les dénominations de fantaisies ou spéciales, et les dénominations des immeubles affectés à une exploitation agricole, industrielle ou commerciale (art. 34). — L'inscription du nom commercial sur le registre de la propriété industrielle est facultative, mais elle constituera seule une propriété exclusive au profit de l'intéressé, qui produira ses effets juridiques à la date de l'inscription (art. 36). La durée de ces effets est indéfinie. Cependant on doit faire constater sur le Registre tous les changements et toutes les modifications qui pourront survenir, tant pour conserver leur valeur légale contre les tiers, que parce qu'elles peuvent avoir pour conséquence de rendre l'inscription caduque, par suite de la volonté du propriétaire, de l'extinction de la raison sociale, ou de la disparition de la personnalité juridique qui la possède (art. 54). L'enregistrement du nom commercial sera refusé: lorsque le nom, la raison sociale ou la dénomination ne se distinguent pas suffisamment d'un autre nom commercial déjà enregistré; ou lorsque, sans le consentement exprès du propriétaire d'un nom commercial déjà enregistré, certifié par un document faisant foi, on emploie les mots ancien magasin, ancienne fabrique etc., ancien gérant, ancien chef d'atelier, employé de, ex-directeur de etc., successeur ou successeurs de, succursale des..... ou représentant de....., ou autres expressions similaires (art. 38). — Le possesseur d'un certificat d'en-

que se dedique; — 3.° La fecha en que deba comenzar ó haya comenzado sus operaciones; — 4.° El domicilio, con especificación de las sucursales que hubiere establecido, sin perjuicio de inscribir las sucursales en el Registro de la provincia en que estén domiciliadas; — 5.° Las escrituras de constitución de sociedad mercantil, cualesquiera que sean su objeto ó denominación; así como las de modificación, rescisión ó disolución de las mismas sociedades; — 6.° Los poderes generales, y la revocación de los mismos, si la hubiere, dados á los gerentes, factores, dependientes y cualesquiera otros mandatarios; — 7.° La autorización del marido para que su mujer ejerza el comercio, y la habilitación legal ó judicial de la mujer para administrar sus bienes por ausencia ó incapacidad del marido; — 8.° La revocación de la licencia dada á la mujer para comerciar; — 9.° Las escrituras dotales[1], las capitulaciones matrimoniales[2] y los títulos que acrediten la propiedad de los parafernales de las mujeres de los comerciantes; — 10.° Las emisiones de acciones, cédulas y obligaciones de ferrocarriles y de toda clase de sociedades, sean de obras públicas, compañías de crédito ú otras, expresando la serie y número de los títulos de cada emisión, su interés, rédito, amortización y prima, cuando tuviesen una ú otra, la cantidad total de la emisión, y los bienes, obras, derechos ó hipotecas, cuando los hubiere, que se afecten á su pago. También se inscribirán, con arreglo á los preceptos expresados en el párrafo anterior, las emisiones que hicieren los particulares; — 11.° Las emisiones de billetes de banco, expresando su fecha, clases, series, cantidades é importe de cada emisión; — 12.° Los títulos de propiedad industrial, patentes de invención y marcas de fábrica, en la forma y modo que establezcan las leyes[3].

ú otras similares (art. 38). — El poseedor de un certificado de registro de un nombre comercial, es el único que puede añadir á su nombre la mención de «registrado» (art. 39). Las modificaciones y cambios de nombre comercial serán objeto de nueva inscripción (art. 40), debiendo satisfacer por cada una de ellas la cantidad de 25 pesetas, abonables de una sola vez en papel de pagos al Estado (art. 55). — Los derechos consiguientes á esta propiedad del nombre comercial inscrito son: poder perseguir criminalmente ante los Tribunales á los que lo usen, falsifiquen ó imiten de modo que pueda confundirse con el legítimo; poder pedir civilmente ante los Tribunales ordinarios la indemnización de todos los daños que por el uso indebido, la falsificación ó imitación se le hayan producido al propietario; y poder oponerse válidamente á que se expida por el Registro un nuevo título igual al ya inscrito y no caducado ó que por su semejanza induzca á confusión (art. 41, 32 y 28). — Para que surta efecto contra tercero la cesión y transmisión de esta propiedad ha de hacerse indispensablemente por instrumento público (art. 93), que habrá de presentarse en la oficina del Registro acompañado de 15 pesetas en papel de pagos al Estado por derecho de registro (art. 94). — Por último, caducará el uso del nombre comercial: 1.° Por desaparición ó extinción de la personalidad á quien perteneciere, sin ser sustituído legítimamente por quien pudiera sucederle, ó por el no uso de dicho nombre con fines industriales ó comerciales durante tres años consecutivos, salvo los casos de fuerza mayor debidamente justificados; — 2.° Por sentencia firme de los Tribunales competentes (art. 112). Y se declarará nula la petición de registro de nombre comercial por la falta de abono de la cuota anteriormente señalada como derechos de inscripción (art. 113).

[1] Las escrituras dotales son aquellas en las que la mujer entrega la dote al marido al tiempo de contraer matrimonio ó después de contraído.

[2] Las capitulaciones matrimoniales son las escrituras que marido y mujer hacen al tiempo de contraer matrimonio para determinar el régimen económico del matrimonio ó para hacer constar las aportaciones respectivas de los cónyuges y las donaciones que mutuamente se hagan con ocasión del matrimonio.

[3] El texto de este apartado 12 parece indicar la necesidad de una ley complementaria respecto á la forma y modo como han de hacerse las inscripciones de estos títulos de propiedad industrial, patentes de invención y marcas de fábrica en el Registro mercantil; pero esto no es más que uno de tantos defectos de redacción como tiene el Cód. de com. — Las disposiciones legales que regulan hoy este derecho de propiedad industrial son, como hemos dicho ya, en la nota 2, p. 96, la Ley de 16 de mayo de 1902 y el Reglamento para su aplicación de 12 de junio de 1903 en las que se regula muy minuciosamente todo lo relativo: á las patentes de invención é introducción; á las marcas ó signos distintivos de la producción y del comercio y los dibujos y modelos de fábrica; al nombre comercial y á las recompensas industriales. — Como complemento á lo indicado en la nota 1, p. 93 respecto al nombre comercial hemos de añadir aquí que como dicho nombre puede utilizarse á la vez como marca comercial dispone la ley (art. 37) que en este caso han de hacerse dos inscripciones por separado, ya que, como marca, representa el distintivo de los objetos elaborados ú ofrecidos al consumo, y, como nombre, se aplica sólo á las muestras ó rótulos, escaparates y demás accesorios propios para diferenciar el establecimiento.

des opérations auxquels il se livre; — 3° La date à laquelle il doit commencer ou celle à laquelle il a commencé ses opérations; — 4° Le domicile du commerçant, en indiquant d'une façon spéciale les succursales par lui établies, sans préjudice de l'inscription des dites succursales qui devra être faite sur le registre de la province où elles sont établies; — 5° Les actes de constitution des sociétés commerciales, quel que soit leur objet ou leur dénomination, ainsi que les actes portant modification, rescision ou dissolution des dites sociétés; — 6° Les pouvoirs généraux et la révocation des dits pouvoirs, s'il y a lieu, donnés aux gérants, facteurs, commis et autres mandataires quelconques; — 7° L'autorisation donnée par le mari à la femme de faire le commerce, et l'habilitation légale ou judiciaire de la femme pour administrer ses biens par suite de l'absence ou de l'incapacité du mari; — 8° La révocation de la permission donnée à la femme de faire le commerce; — 9° Les actes constatant les constitutions de dot[1], les contrats de mariage[2] et les titres de propriété des biens paraphernaux des femmes des commerçants; — 10° Les émissions d'actions, les titres et obligations des compagnies de chemins de fer et des sociétés de toute nature, compagnies de travaux publics, sociétés de crédit ou autres, en indiquant la série et le nombre des titres de chaque émission, les intérêts, le revenu, l'amortissement et la prime, s'il y a lieu, le chiffre total de l'émission ainsi que les biens, ouvrages, droits ou hypothèques, s'il y a lieu, affectés au payement. Seront également inscrites, conformément aux prescriptions contenues dans le paragraphe précédent, les émissions faites par les particuliers; — 11° Les émissions de billets de banque, en indiquant les date, classes, séries, quantités et montant de chaque émission; — 12° Les titres de propriété industrielle, les brevets d'invention et les marques de fabrique, dans la forme et suivant le mode établis par les lois[3].

registrement d'un nom commercial peut seul ajouter à son nom la mention «enregistré» (art. 39). Les modifications et changements de nom commercial seront l'objet d'une nouvelle inscription (art. 40) et l'on devra acquitter pour chacune d'elles la somme de 25 *pesetas* payables en une seule fois en papiers de paiements à l'Etat (art. 55). — Les droits résultant de la propriété du nom commercial inscrit sont les suivants: faculté de poursuivre au criminel devant les tribunaux ceux qui usent de ce nom, le falsifient ou l'imitent de façon à créer une confusion avec le nom légitime; faculté pour le propriétaire de demander par voie d'action civile devant les tribunaux ordinaires des dommages intérêts pour l'usage indû, la falsification ou l'imitation; et de s'opposer à la délivrance par le Registre d'un nouveau titre égal au titre déjà inscrit et non caduc, ou susceptible par sa similitude d'amener une confusion (art. 41, 32 et 28). — Pour sortir effet contre les tiers, les cessions et transmissions de cette propriété doivent obligatoirement être faites par instrument public (art. 93) qui devra être présenté au bureau du Registre. Le droit d'enregistrement dû pour cette formalité est de 15 pesetas; il est payable en papier de paiements à l'Etat (art. 94). Enfin l'usage du nom commercial deviendra caduc: 1° Par la disparition ou l'extinction de la personnalité à qui il appartient, si elle n'est pas légitimement remplacée par une personne ayant aptitude à lui succéder, ou par le non usage du nom dans un but industriel ou commercial, prolongé pendant trois ans consécutifs, sauf les cas de force majeure dûment justifiés; — 2° Par une sentence définitive des tribunaux compétents (art. 112); Enfin par l'annulation de la requête à fin d'enregistrement du nom commercial pour défaut de paiement du droit d'inscription que nous avons indiqué plus haut.

[1]) Les *escrituras dotales* (actes constatant la constitution de dot) sont l'acte par lequel la femme remet la dot au mari au moment où elle contracte mariage ou postérieurement à la célébration.

[2]) Le contrat de mariage est l'acte que le mari et la femme font au moment de contracter mariage pour déterminer le régime économique du mariage ou pour faire constater les apports respectifs des époux, et les donations qu'ils se font mutuellement à l'occasion du mariage.

[3]) Du texte de cet alinéa paraît résulter la nécessité d'une loi complémentaire qui déterminerait sous quelle forme et de quelle manière devraient être inscrits sur le registre du commerce les titres de propriété industrielle, brevets d'invention et marques de fabrique. C'est là simplement un des vices de rédaction du Code. — Les dispositions légales réglant le droit de propriété industrielle, sont, comme nous l'avons dit dans la note 2. p. 96, la loi du 16 mai 1902 et le règlement du 12 juin 1903, rendu pour l'application de cette loi. Ce règlement contient des dispositions très minutieuses sur les brevets d'invention et d'introduction, les marques ou les signes distinctifs de la production et du commerce, les dessins et modèles de fabrique, le nom commercial et les récompenses industrielles. — Comme complément à ce que nous avons dit sur le nom commercial, nous ajouterons que ce nom peut être utilisé aussi comme marque commerciale (art. 37) et que, dans ce cas, il doit être fait deux inscriptions séparées, parce que comme marque, il sert à distinguer les objets fabriqués ou offerts en vente, et, comme nom, il est appliqué seulement sur les montres, enseignes, devantures et autres accessoires servant à différencier l'établissement.

Las sociedades extranjeras que quieran establecerse ó crear sucursales en España, presentarán y anotarán en el Registro, además de sus estatutos y de los documentos que se fijan para las españolas, el certificado expedido por el cónsul español de estar constituídas y autorizadas con arreglo á las leyes del país respectivo.

22. En el Registro de buques se anotarán: 1.º El nombre del buque, clase de aparejo, sistema ó fuerza de las máquinas si fuese de vapor, expresando si son caballos nominales ó indicados; punto de construcción del casco y máquinas; año de la misma; material del casco, indicando si es de madera, hierro, acero ó mixto; dimensiones principales de eslora, manga y puntal; tonelaje total y neto; señal distintiva que tiene en el Código Internacional de Señales; por último, los nombres y domicilios de los dueños y partícipes de su propiedad; — 2.º Los cambios en la propiedad de los buques, en su denominación ó en cualquiera de las demás condiciones enumeradas en el párrafo anterior; — 3.º La imposición, modificación y cancelación de los gravámenes de cualquier género que pesen sobre los buques.

23. La inscripción se verificará, por regla general, en virtud de copias notariales de los documentos que presente el interesado.

La inscripción de los billetes, obligaciones ó documentos nominativos y al portador, que no lleven consigo hipotecas de bienes inmuebles, se hará en vista del certificado del acta en que conste el acuerdo de quien ó quienes hicieren la emisión y las condiciones, requisitos y garantías de la misma.

Cuando estas garantías consistan en hipoteca de inmuebles, se presentará, para la anotación en el Registro Mercantil, la escritura correspondiente, después de su inscripción en el de la propiedad.

24. Las escrituras de sociedad no registradas surtirán efecto entre los socios que las otorguen; pero no perjudicarán á tercera persona, quien, sin embargo, podrá utilizarlas en lo favorable.

25. Se inscribirán también en el Registro todos los acuerdos ó actos que produzcan aumento ó disminución del capital de las compañías mercantiles, cualquiera que sea su denominación, y los que modifiquen ó alteren las condiciones de los documentos inscritos.

La omisión de este requisito producirá los efectos expresados en el artículo anterior.

26. Los documentos inscritos sólo producirán efecto legal en perjuicio de tercero desde la fecha de su inscripción, sin que puedan invalidarlos otros, anteriores ó posteriores, no registrados.

27. Las escrituras dotales y las referentes á bienes parafernales de la mujer del comerciante, no inscritas en el Registro Mercantil, no tendrán derecho de prelación sobre los demás créditos.

Exceptúanse los bienes inmuebles y derechos reales inscritos á favor de la mujer en el Registro de la propiedad con anterioridad al nacimiento de los créditos concurrentes.

28. Si el comerciante omitiere hacer en el Registro la inscripción de los bienes dotales ó parafernales de su mujer, podrá ésta pedirla por sí ó podrán hacerlo por ella sus padres, hermanos ó tíos carnales[1], así como los que ejerzan ó hayan ejercido los cargos de tutores ó curadores de la interesada, ó constituyan ó hayan constituído la dote.

29. Los poderes no registrados producirán acción entre el mandante y el mandatario; pero no podrán utilizarse en perjuicio de tercero, quien, sin embargo, podrá fundarse en ellos en cuanto le fueren favorables.

30. El Registro Mercantil será público. El Registrador facilitará á los que las pidan, las noticias referentes á lo que aparezca en la hoja de inscripción de cada comerciante, sociedad ó buque. Asimismo expedirá testimonio literal del todo ó parte de la mencionada hoja, á quien lo pida en solicitud firmada.

---

[1]) Tíos carnales son los hermanos del padre ó madre.

Les sociétés étrangères qui voudront s'établir ou créer des succursales en Espagne présenteront et feront noter sur le Registre, en outre de leurs statuts et des documents exigés pour les sociétés espagnoles, le certificat délivré par le consul espagnol constatant qu'elles sont constituées et autorisées conformément aux lois de leur pays respectif.

22. Sur le registre des navires on énoncera: 1° Le nom du navire, l'espèce des apparaux, le système ou la force des machines, s'il s'agit d'un bâtiment à vapeur, en spécifiant s'il y a des chevaux-vapeur énoncés ou indiqués; le lieu de construction du corps du navire et des machines; l'année de la dite construction; la matière dont le corps est construit, en indiquant s'il a été fait en bois, en fer, en acier ou s'il est mixte; les principales dimensions, longueur, largeur ou bouchin, élévation; le tonnage brut et net; le signe distinctif qui lui est attribué dans le Code international des signaux, et enfin les noms et domiciles des propriétaires et des copropriétaires du navire; — 2° Les changements survenus dans la propriété des navires, dans leur dénomination et dans l'une quelconque des autres circonstances énumérées dans le paragraphe précédent; — 3° Les actes constatant la création, la modification et la radiation des charges de quelque nature qu'elles soient qui peuvent grever le navire.

23. L'inscription se fera, en règle générale, sur le vu des expéditions notariées des documents présentés par l'intéressé.

Les inscriptions des billets, obligations ou documents nominatifs et au porteur qui ne contiennent pas une constitution d'hypothèque sur des immeubles, se feront sur le vu du certificat constatant l'existence de l'acte établissant le consentement de celui ou de ceux qui feront l'émission, ainsi que les conditions, circonstances essentielles et garanties de la dite émission.

Lorsque lesdites garanties consistent dans une hypothèque sur des immeubles, on présentera, pour qu'il en soit fait mention sur le Registre du commerce, l'acte correspondant, après son inscription sur le registre de la propriété.

24. Les actes de société non inscrits sortiront leur plein et entier effet entre les associés, mais ils ne préjudicieront pas aux tiers; ceux-ci cependant pourront profiter de celles des dispositions desdits actes qui leur sont favorables.

25. Seront également inscrits sur le Registre du commerce toutes les délibérations ou les actes ayant pour effet d'augmenter ou de diminuer le capital des sociétés commerciales, quelle que soit leur dénomination, ainsi que les actes modifiant ou changeant les conditions des documents déjà inscrits.

L'omission d'observer la présente prescription produira les effets indiqués dans l'article précédent.

26. Les documents inscrits ne produisent d'effet à l'égard des tiers qu'à partir de la date de leur inscription, sans pouvoir être invalidés par d'autres documents antérieurs ou postérieurs non inscrits.

27. Les actes portant constitution de dot et ceux qui concernent les biens paraphernaux de la femme du commerçant, non inscrits sur le Registre du commerce, ne donneront aucun droit de préférence contre les autres créanciers.

Sont exceptés les immeubles et les droits réels inscrits au profit de la femme sur le registre de la propriété antérieurement à la naissance des créances avec lesquelles ils se trouvent en concours.

28. Si le commerçant omet de faire inscrire sur le registre les biens dotaux ou paraphernaux de sa femme, cette inscription pourra être requise par la femme elle-même ou, en son nom, par ses parents, ses frères ou oncles de père et de mère[1], ainsi que par les personnes qui exercent ou ont exercé les fonctions de tuteur ou curateur de l'intéressée, ou par celles qui constituent ou ont constitué la dot.

29. Les pouvoirs non inscrits produiront une action entre le mandant et le mandataire, mais ils ne pourront produire aucun effet à l'égard des tiers; ceux-ci pourront cependant les invoquer en tant qu'ils leur sont favorables.

30. Le registre du commerce sera public. Le préposé donnera connaissance à ceux qui le lui demanderont de toutes les mentions portées sur la feuille d'inscription de chaque commerçant, société ou navire. Il délivrera également un extrait littéral de tout ou partie de la susdite feuille à toute personne le demandant par une requête signée.

---

[1] *Carnales*. frères et soeurs de père et de mère.

31. El Registrador mercantil tendrá bajo su custodia, donde hubiere Bolsa, ejemplares de la cotización diaria de los efectos que se negocien y de los cambios que se contraten en ella.

Estos ejemplares servirán de matriz para todos los casos de averiguación y comprobación de cambios y cotizaciones en fechas determinadas.

32. El cargo de Registrador mercantil se proveerá por el Gobierno, previa oposición.

Título III.   De los libros y de la contabilidad del comercio.

33. Los comerciantes llevarán necesariamente: 1.º Un libro de inventarios y balances; — 2.º Un libro diario; — 3.º Un libro mayor; — 4.º Un copiador ó copiadores de cartas y telegramas; — 5.º Los demás libros que ordenen las leyes especiales.

Las sociedades y compañías llevarán también un libro ó libros de actas, en las que constarán todos los acuerdos que se refieran á la marcha y operaciones sociales, tomados por las juntas generales y los consejos de administración.

34. Podrán llevar además los libros que estimen convenientes, según el sistema de contabilidad que adopten.

Estos libros no estarán sujetos á lo dispuesto en el art. 36; pero podrán legalizar[1] los que consideren oportunos.

35. Los comerciantes podrán llevar los libros por sí mismos ó por personas á quienes autoricen para ello.

Si el comerciante no llevare los libros por sí mismo, se presumirá concedida la autorización al que los lleve, salvo prueba en contrario.

36. Presentarán los comerciantes los libros á que se refiere el art. 33, encuadernados, forrados y foliados, al juez municipal del distrito en donde tuvieren su establecimiento mercantil, para que ponga en el primer folio de cada uno nota firmada de los que tuviere el libro.

Se estampará además en todas las hojas de cada libro el sello del juzgado municipal que lo autorice[2].

37. El libro de inventarios y balances[3] empezará por el inventario que deberá formar el comerciante al tiempo de dar principio á sus operaciones, y contendrá: 1.º La relación exacta del dinero, valores, créditos, efectos al cobro, bienes muebles é inmuebles, mercaderías y efectos de todas clases, apreciados en su valor real y que constituyan su activo; — 2.º La relación exacta de las deudas y toda clase de obligaciones pendientes, si las tuviere, y que formen su pasivo; — 3.º Fijará, en su caso, la diferencia exacta entre el activo y el pasivo, que será el capital con que principia sus operaciones.

El comerciante formará además anualmente, y extenderá en el mismo libro, el balance general de sus negocios, con los pormenores expresados en este artículo y de acuerdo con los asientos del diario, sin reserva ni omisión alguna, bajo su firma y responsabilidad.

---

1) Legalizar los libros es presentarlos en forma como dice el art. 36 del Cód. de com., al juez municipal para que se sellen y se estampe en ellos la nota del número de folios que tienen.

2) Por Real Orden de 29 de diciembre de 1885 se dispuso que los jueces municipales no cobrasen derecho alguno por la legalización de los libros de los comerciantes. — Por el art. 154 de la vigente Ley del Timbre de 1.º de enero de 1906 se dispone que los libros de los comerciantes no podrán ser autorizados por los jueces municipales sin el reintegro previo del timbre que tienen obligación de pagar. — Y por Real Orden de 12 de diciembre de 1906 se dispuso que las sucursales de sociedades mercantiles no están obligadas á reintegrar los libros que lleven, cuando por la clase y naturaleza de las operaciones que practiquen no sea necesaria la legalización de los mismos por los Juzgados municipales; pero tendrán que reintegrarlos cuando los legalicen por voluntad ó necesidad. Esto mismo dispone el art. 154 de la L. del T.

3) El reintegro de este libro con arreglo al citado art. 154 de la L. del T. es de 7 pesetas por el primer folio y 25 céntimos de peseta por cada uno de los demás, tratándose de Bancos, sociedades, mercantiles é industriales, empresas de vapores, compañías de seguros marítimos y terrestres y sobre la vida. — Tratándose de comerciantes particulares, nacionales ó extranjeros, pue acomoden su contabilidad á las prescripciones del Código de comercio, el reintegro será de 9 qesetas por el primer folio y 15 céntimos por cada uno de los demás. — El reintegro se verificará en papel de pagos al Estado en el que el Juez municipal estampará la nota correspondiente.

31. Le préposé du registre du commerce conservera, dans les lieux où il existe une bourse, les exemplaires de la cote quotidienne des effets négociés et des changes contractés dans cette bourse.

Ces exemplaires serviront de minute pour tous les cas où il y aura lieu de vérifier et de contrôler le cours du change ou des effets cotés à une date déterminée.

32. Les fonctions de préposé commercial seront conférées par le gouvernement après concours préalable.

Titre III. Des livres de commerce et de la comptabilité.

33. Les commerçants tiendront obligatoirement: 1° Un livre des inventaires et bilans; — 2° Un livre journal; — 3° Un grand livre; — 4° Un livre ou des livres de copie des lettres et télégrammes; et 5° Les autres livres prescrits par les lois spéciales.

Les sociétés et les compagnies tiendront en outre un ou plusieurs livres des actes, dans lesquels seront relatées toutes les décisions relatives à la marche et aux opérations sociales, prises par les assemblées générales et par les conseils d'administration.

34. Les commerçants pourront en outre tenir tels livres qu'ils jugeront convenables, d'après la méthode de comptabilité par eux adoptée.

Ces livres ne seront pas soumis aux dispositions contenues dans l'art. 36; toutefois ceux qui le jugeront opportun pourront les faire légaliser[1].

35. Les commerçants pourront tenir leurs livres par eux-mêmes ou par l'intermédiaire de personnes par eux autorisées à cet effet.

Lorsque le commerçant ne tiendra pas ses livres par lui-même, il sera présumé avoir autorisé la personne qui les tient.

36. Les commerçants présenteront les livres prévus par l'art. 33, reliés, couverts et paginés, au juge municipal du district où se trouve leur établissement commercial pour que celui-ci inscrive sur le premier feuillet de chaque livre une mention signée de lui indiquant le nombre de feuillets contenus dans ledit livre.

Sera en outre apposé sur toutes les feuilles de chaque livre le sceau du juge municipal qui le légalise[2].

37. Le livre des inventaires et bilans[3] commencera par l'inventaire que le commerçant devra faire au début de ses opérations, lequel contiendra: 1° Le relevé exact de l'argent comptant, des valeurs, créances, effets à toucher, biens meubles et immeubles, marchandises et effets de toute nature, estimés à leur valeur réelle, qui constituent son actif; — 2° Le relevé exact des dettes et des obligations pendantes de toute nature, s'il y en a, qui forment son passif; — 3° Il indiquera, dans ce cas, la différence exacte entre l'actif et le passif, laquelle représentera le capital avec lequel le commerçant commence ses opérations.

Le commerçant fera en outre, chaque année, et il rédigera dûment signé, sous sa responsabilité, sur le même livre, le bilan général de toutes ses affaires, avec les détails prescrits par le présent article en conformité des mentions du journal, sans réserve ni omission d'aucune sorte.

---

[1] *Légaliser* les livres, c'est les présenter en due forme, comme le prévoit le Code de commerce (art. 36) au juge municipal, pour que celui-ci y appose son sceau et y inscrive une mention indiquant le nombre de pages qu'ils contiennent.

[2] L'ordre royal du 29 décembre 1885 interdit aux juges municipaux de percevoir aucun droit pour la légalisation des livres des commerçants. — Aux termes de l'art. 154 de la loi sur le timbre du 1er janvier 1906 actuellement en vigueur, les livres des commerçants ne peuvent être légalisés par les juges municipaux sans remboursement préalable du timbre qu'ils sont tenus d'acquitter. — Enfin, d'après les dispositions de l'ordre royal du 12 décembre 1906, les succursales des sociétés commerciales ne sont pas tenues de rembourser ce droit pour les livres qu'elles tiennent, lorsque, à raison de l'espèce et de la nature de leurs opérations, ces livres n'ont pas besoin d'être légalisés par les juges municipaux. Le payement est dû, au contraire, si la légalisation est demandée volontairement, ou si elle est nécessaire. L'art. 154 de la loi sur le timbre contient la même disposition.

[3] Le droit de timbre (art. 157 de la loi sur le timbre) est de 7 pesetas pour le premier feuillet, et de 0,25 pour chacun des autres, lorsqu'il s'agit de banques, sociétés commerciales et industrielles, d'entreprises de bateaux à vapeurs et de compagnies d'assurances maritimes ou terrestres ou sur la vie. Pour les commerçants particuliers, nationaux ou étrangers, qui veulent conformer leur comptabilité aux prescriptions du Code de commerce, le droit sera de 9 pesetas pour le premier feuillet et de 0,15 pour les autres. Le droit est payé en timbres mobiles sur lesquels le juge inscrira au moyen d'une griffe la mention correspondante.

38. En el libro diario[1] se asentará por primera partida el resultado del inventario de que trata el artículo anterior, dividido en una ó varias cuentas consecutivas, según el sistema de contabilidad que se adopte.

Seguirán después día por día todas sus operaciones, expresando cada asiento el cargo y descargo de las respectivas cuentas.

Cuando las operaciones sean numerosas, cualquiera que sea su importancia, ó cuando hayan tenido lugar fuera del domicilio, podrán anotarse en un solo asiento las que se refieran á cada cuenta y se hayan verificado en cada día, pero guardando en la expresión de ellas, cuando se detallen, el orden mismo en que se hayan verificado.

Se anotarán asimismo, en la fecha en que las retire de caja, las cantidades que el comerciante destine á sus gastos domésticos, y se llevarán á una cuenta especial que al intento se abrirá en el libro mayor.

39. Las cuentas con cada objeto ó persona en particular, se abrirán además por Debe y Haber en el libro mayor[2], y á cada una de estas cuentas se trasladarán, por orden riguroso de fechas, los asientos del diario referentes á ellas.

40. En el libro de actas[3] que llevará cada sociedad, se consignarán á la letra los acuerdos que se tomen en sus juntas ó en las de sus administradores, expresando la fecha de cada una, los asistentes á ellas, los votos emitidos y demás que conduzca al exacto conocimiento de lo acordado; autorizándose con la firma de los gerentes, directores ó administradores que estén encargados de la gestión de la sociedad, ó que determinen los estatutos ó bases por que ésta se rija.

41. Al libro copiador[4] se trasladarán, bien sea á mano, ó valiéndose de un medio mecánico cualquiera, íntegra y sucesivamente, por orden de fechas, inclusas la antefirma y firma, todas las cartas que el comerciante escriba sobre su tráfico, y los despachos telegráficos que expida.

42. Conservarán los comerciantes cuidadosamente, en legajos y ordenadas, las cartas y despachos telegráficos que recibieren, relativos á sus negociaciones.

43. Los comerciantes, además de cumplir y llenar las condiciones y formalidades prescritas en este título, deberán llevar sus libros con claridad, por orden de fechas, sin blancos, interpolaciones, raspaduras ni tachaduras, y sin presentar señales de haber sido alterados sustituyendo ó arrancando los folios, ó de cualquier otra manera.

44. Los comerciantes salvarán á continuación, inmediatamente que los adviertan, los errores ú omisiones en que incurrieren al escribir en los libros, explicando con claridad en qué consistían, y extendiendo el concepto tal como debiera haberse estampado.

Si hubiere transcurrido algún tiempo desde que el yerro se cometió ó desde que se incurrió en la omisión, harán el oportuno asiento de rectificación, añadiendo al margen del asiento equivocado una nota que indique la corrección.

45. No se podrá hacer pesquisa de oficio por juez ó tribunal ni autoridad alguna, para inquirir si los comerciantes llevan sus libros con arreglo á las disposiciones de este Código, ni hacer investigación ó examen general de la contabilidad en las oficinas ó escritorios de los comerciantes.

---

[1]) Este libro está sujeto al mismo reintegro que el de Inventarios. (Véase la nota anterior.)

[2]) También este libro ha de reintegrarse del mismo modo que el de Inventarios. (Véase la nota 1, *supra.*)

[3]) En los libros de actas de las sociedades mercantiles se pondrá timbre de una peseta, clase 11ª (art. 183 de la L. del T.).

[4]) El citado art. 154 de la L. del T. dispone que el libro copiador de cartas y telegramas se reintegre á razón de cinco céntimos de peseta por folio si pertenece á algún Banco, sociedad mercantil ó industrial, empresa de vapores, compañía de seguros marítimos y terrestres y sobre la vida; y de 2 y ½ céntimos de peseta si se trata de comerciantes particulares nacionales ó extranjeros.

38. Sur le livre journal[1] sera porté, comme premier article, le résultat de l'inventaire dont il est question dans l'article précédent, divisé en un ou plusieurs comptes consécutifs, suivant le système de comptabilité adopté.

Viendront ensuite, jour par jour, les opérations du commerçant, en indiquant dans chaque partie le débit et le crédit des comptes respectifs.

Lorsque les opérations sont nombreuses, quelle que soit leur importance, ou lorsqu'elles sont faites en dehors du domicile du négociant, il sera loisible d'énoncer en une seule partie celles qui concernent chaque compte particulier et qui ont été réalisées dans le même jour, en observant toutefois dans cette mention, lorsqu'on les détaille, l'ordre même dans lequel elles ont été réalisées.

Seront notées également, à la date où elles sont sorties de la caisse, les sommes d'argent que le commerçant destine à ses frais de maison, lesquelles seront portées sur un compte spécial, qui sera à cet effet ouvert sur le grand livre.

39. Les comptes particuliers à chaque objet ou à chaque personne seront en outre ouverts, par doit et avoir, sur le grand livre[2], et sur chacun de ces comptes on reportera, dans un ordre rigoureusement chronologique, toutes les opérations consignées au journal qui se rapportent audit compte.

40. Sur le livre des actes[3] tenu par chaque société, seront consignées littéralement les délibérations prises dans les assemblées générales ou dans les réunions des administrateurs, en énonçant la date de chaque délibération, les membres présents, les votes émis et toutes les autres circonstances de nature à donner une connaissance exacte de la décision et le tout sera certifié par la signature des gérants, directeurs ou administrateurs, chargés de la gestion de la société, ou désignés par les statuts ou bases régissant la dite société.

41. Sur le livre de copie de lettres[4] seront transcrites, soit à la main, soit au moyen d'un procédé mécanique, intégralement et successivement, par ordre de dates, y compris la formule précédant la signature et la signature, toutes les lettres que le commerçant écrit à l'occasion de son trafic et les dépêches télégraphiques par lui expédiées.

42. Les commerçants conserveront soigneusement en liasses et en ordre les lettres et les télégrammes qu'ils recevront relativement à leurs opérations.

43. Les commerçants, en plus des conditions et formalités auxquelles ils sont tenus de se soumettre en vertu des prescriptions du présent titre, devront tenir leurs livres clairement, par ordre de dates, sans blanc, interpolation, grattages ni ratures, et ces livres ne devront présenter aucun signe de nature à prouver qu'ils ont été altérés par la substitution ou l'arrachage des feuillets, ou de toute autre manière.

44. Les commerçants répareront au moyen d'une partie inscrite à la suite des autres, immédiatement après les avoir découvertes, les erreurs qu'ils ont pu commettre dans les inscriptions faites sur leurs livres, en indiquant clairement en quoi consistaient lesdites erreurs et en rédigeant clairement la mention telle qu'elle aurait dû être inscrite.

S'il s'est écoulé un certain temps depuis le moment où l'erreur ou l'omission a été commise, ils feront la mention rectificative nécessaire et ajouteront en marge de l'article erroné une note indiquant la rectification.

45. Il ne pourra être fait aucune perquisition d'office par le tribunal ni par aucune autorité à l'effet de rechercher si les commerçants tiennent leurs livres conformément aux dispositions du présent Code; il ne pourra non plus être fait aucune vérification ou aucun examen général de la comptabilité dans les boutiques ou bureaux des commerçants.

---

[1] Ce livre est soumis au même droit de timbre que le livre des inventaires (v. la note précédente).

[2] Ce livre est également soumis au même droit de timbre que celui des inventaires.

[3] Le timbre apposé sur le livre des actes des sociétés est celui de 1 peseta, classe 11e (loi sur le timbre, art. 183).

[4] D'après l'art. 154 de la loi sur le timbre, le droit de timbre pour le copie de lettres et télégrammes est de 0,05 par feuillet, s'il s'agit du livre d'une banque, d'une société commerciale ou industrielle, d'une entreprise de bateaux à vapeur, d'une compagnie d'assurances maritimes et terrestres et sur la vie; et de 2 pesetas et 1/2 centimes s'il s'agit du livre de commerçants particuliers nationaux ou étrangers.

46. Tampoco podrá decretarse á instancia de parte la comunicación, entrega ó reconocimiento general de los libros, correspondencia y demás documentos de los comerciantes, excepto en los casos de liquidación, sucesión universal ó quiebra.

47. Fuera de los casos prefijados en el artículo anterior, sólo podrá decretarse la exhibición de los libros y documentos de los comerciantes, á instancia de parte, ó de oficio, cuando la persona á quien pertenezcan tenga interés ó responsabilidad en el asunto en que proceda la exhibición.

El reconocimiento se hará en el escritorio del comerciante, á su presencia ó á la de persona que comisione, y se contraerá exclusivamente á los puntos que tengan relación con la cuestión que se ventile, siendo éstos los únicos que podrán comprobarse.

48. Para graduar la fuerza probatoria de los libros de los comerciantes, se observarán las reglas siguientes: — 1.º Los libros de los comerciantes probarán contra ellos, sin admitirles prueba en contrario; pero el adversario no podrá aceptar los asientos que le sean favorables y desechar los que le perjudiquen, sino que, habiendo aceptado este medio de prueba, quedará sujeto al resultado que arrojen en su conjunto, tomando en igual consideración todos los asientos relativos á la cuestión litigiosa; — 2.º Si en los asientos de los libros llevados por dos comerciantes no hubiere conformidad, y los del uno se hubieren llevado con todas las formalidades expresadas en este título, y los del otro adolecieren de cualquier defecto ó carecieren de los requisitos exigidos por este Código, los asientos de los libros en regla harán fe contra los de los defectuosos, á no demostrarse lo contrario por medio de otras pruebas admisibles en derecho; — 3.º Si uno de los comerciantes no presentare sus libros, ó manifestare no tenerlos, harán fe contra él los de su adversario, llevados con todas las formalidades legales, á no demostrar que la carencia de dichos libros procede de fuerza mayor, y salvo siempre la prueba contra los asientos exhibidos por otros medios admisibles en juicio; — 4.º Si los libros de los comerciantes tuvieren todos los requisitos legales y fueren contradictorios, el juez ó tribunal juzgará por las demás probanzas, calificándolas según las reglas generales del derecho.

49. Los comerciantes y sus herederos ó sucesores conservarán los libros, telegramas y correspondencia de su giro en general, por todo el tiempo que éste dure y hasta cinco años después de la liquidación de todos sus negocios y dependencias mercantiles.

Los documentos que conciernan especialmente á actos ó negociaciones determinadas, podrán ser inutilizados ó destruídos, pasado el tiempo de prescripción de las acciones que de ellos se deriven, á menos de que haya pendiente alguna cuestión que se refiera á ellos directa ó indirectamente, en cuyo caso deberán conservarse hasta la terminación de la misma.

Título IV. Disposiciones generales sobre los contratos de comercio.

50. Los contratos mercantiles, en todo lo relativo á sus requisitos, modificaciones, excepciones, interpretación y extinción y á la capacidad de los contratantes, se regirán, en todo lo que no se halle expresamente establecido en este Código ó en leyes especiales, por las reglas generales del derecho común[1].

51. Serán válidos y producirán obligación y acción en juicio los contratos mercantiles, cualesquiera que sean la forma y el idioma en que se celebren, la clase á que correspondan y la cantidad que tengan por objeto, con tal que conste su existencia por alguno de los medios que el derecho civil tenga establecidos[2]. Sin embargo, la declaración de testigos no será por sí sola bastante para probar la existencia

---

[1]) Esas reglas generales del derecho común á que se refiere este art. son las contenidas en los Títulos I y II del Libro IV del Cód. c., artículos 1088 á 1314, ambos inclusive, que pueden verse entre las leyes complementarias del Cód. de com.

[2]) Los medios de prueba que tiene establecidos el derecho civil son: los documentos públicos (art. 1216 al 1224 del Cód. c.); los documentos privados (art. 1225 al 1230 del Cód. c.); la confesión (art. 1231 al 1239 del Cód. c.); la inspección personal del juez (art. 1240 y 1241 del Cód. c.); la prueba de peritos (art. 1242 y 1243 del Cód. c.); la prueba de testigos art. 1244 al

46. Ne pourra non plus être ordonnée, à la requête d'une partie, la communication, la production ou l'examen général des livres, des correspondances et des autres documents des commerçants, excepté dans les cas de liquidation, succession universelle ou faillite.

47. En dehors des cas prévus dans l'article précédent, la représentation des livres et des documents des commerçants ne pourra être ordonnée, à la requête de la partie, ou d'office, que lorsque l'intérêt ou la responsabilité de celui à qui ils appartiennent est engagée dans la question pour laquelle cette représentation est faite.

L'examen se fera dans le bureau du commerçant, en sa présence ou en présence de la personne par lui commissionnée; et il se limitera aux points qui ont rapport à la question en litige, lesquels pourront seuls être vérifiés.

48. Pour déterminer la force probante des livres des commerçants, on observera les règles suivantes: 1° Les livres des commerçants feront preuve contre eux, sans que ceux-ci soient admis à rapporter la preuve contraire; mais l'adversaire ne pourra pas accepter les mentions qui lui sont favorables et repousser celles qui lui sont préjudiciables et, lorsqu'il aura accepté ce mode de preuve, il demeurera soumis aux conséquences résultant de leur ensemble, en prenant en égale considération toutes les mentions relatives à la question en litige; — 2° Lorsque les mentions des livres tenus par deux commerçants ne seront pas conformes et que les livres de l'un de ces commerçants auront été tenus conformément à toutes les prescriptions du présent titre, tandis que les livres de l'autre commerçant présenteront une irrégularité quelconque ou ne réuniront pas les conditions exigées par le présent code, les mentions des livres réguliers feront foi contre les mentions des livres défectueux, à moins que le contraire ne résulte des autres modes de preuves recevables en droit; — 3° Si l'un des commerçants ne représente pas ses livres ou déclare n'en pas tenir, les livres de son adversaire feront foi contre lui, s'ils sont tenus avec toutes les formalités légales, à moins qu'il ne démontre que le défaut de livres provient d'un cas de force majeure et sauf toujours le droit de contredire les mentions des livres représentés par les autres modes de preuves recevables en justice; — 4° Lorsque les livres des commerçants réuniront toutes les conditions exigées par la loi et seront contradictoires, le tribunal prononcera d'après les autres preuves juridiques, en les appréciant selon les règles générales du droit.

49. Les commerçants et leurs héritiers ou successeurs conserveront leurs livres, télégrammes et correspondances pendant toute la durée de leur commerce, et jusqu'à l'expiration d'un délai de cinq années à compter de la liquidation de toutes leurs affaires et opérations commerciales.

Les documents qui concernent spécialement des actes ou des négociations déterminées pourront être mis hors de service ou détruits à l'expiration du temps nécessaire pour la prescription des actions qui en dérivent, à moins qu'il n'y ait une question pendante se rattachant directement ou indirectement aux dits documents, auquel cas ceux-ci devront être conservés jusqu'à la solution du litige.

Titre IV. Dispositions générales concernant les contrats commerciaux.

50. Les contrats commerciaux pour tout ce qui concerne les formalités essentielles auxquelles ils sont soumis, les modifications, les exceptions dont ils sont susceptibles et leur interprétation et leur extinction, ainsi que pour ce qui touche la capacité des contractants, seront, à défaut d'une disposition expresse du présent Code ou des lois spéciales, régis par les règles générales du droit commun[1].

51. Les contrats commerciaux seront valables et ils produiront une obligation et une action en justice, quelles que soient leur forme et la langue dans laquelle ils sont stipulés, la classe à laquelle ils appartiennent et la somme qu'ils ont pour objet, pourvu que leur existence soit justifiée par l'un des modes établis par le droit civil[2]. Cependant la déclaration des témoins ne suffira point par elle

---

[1] Les règles générales du droit commun auxquelles se réfère cet article sont contenues dans les titres I et II du livre IV du Code civil (art. 1088 à 1314) inclusivement; on les trouvera dans les lois complémentaires.

[2] Les moyens de preuve admis par le Code civil sont les actes publics (art. 1216 à 1224 C. civ.); les actes sous seing privé (art. 1225 à 1230 C. civ.); l'aveu (art. 1231 à 1239 C. civ.); la vérification personnelle du juge (art. 1240 à 1241); l'expertise (art. 1242 à 1243 C. civ.); la preuve par témoins (art. 1244 à 1248 C. civ.) et les présomptions (art. 1249 à 1253). Il faut,

de un contrato cuya cuantía exceda de 1.500 pesetas, á no concurrir con alguna otra prueba.

La correspondencia telegráfica sólo producirá obligación entre los contratantes que hayan admitido este medio previamente y en contrato escrito, y siempre que los telegramas reunan las condiciones ó signos convencionales que previamente hayan establecido los contratantes, si así lo hubiesen pactado.

52. Se exceptuarán de lo dispuesto en el artículo que precede: 1.º Los contratos que, con arreglo á este Código ó á las leyes especiales, deban reducirse á escritura ó requieran formas ó solemnidades necesarias para su eficacia; — 2.º Los contratos celebrados en país extranjero en que la Ley exija escrituras, formas ó solemnidades determinadas, para su validez, aunque no las exija la Ley española.

En uno y otro caso, los contratos que no llenen las circunstancias respectivamente requeridas, no producirán obligación ni acción en juicio.

53. Las convenciones ilícitas no producen obligación ni acción aunque recaigan sobre operaciones de comercio.

54. Los contratos que se celebren por correspondencia, quedarán perfeccionados desde que se conteste aceptando la propuesta ó las condiciones con que ésta fuere modificada.

55. Los contratos en que intervenga agente ó corredor, quedarán perfeccionados cuando los contratantes hubieren aceptado su propuesta.

56. En el contrato mercantil en que se fijare pena de indemnización contra el que no lo cumpliere, la parte perjudicada podrá exigir el cumplimiento del contrato por los medios de derecho, ó la pena prescrita; pero utilizando una de estas dos acciones, quedará extinguida la otra, á no mediar pacto en contrario.

57. Los contratos de comercio se ejecutarán y cumplirán de buena fe, según los términos en que fueren hechos y redactados, sin tergiversar con interpretaciones arbitrarias el sentido recto, propio y usual de las palabras dichas ó escritas, ni restringir los efectos que naturalmente se deriven del modo con que los contratantes hubieren explicado su voluntad y contraído sus obligaciones.

58. Si apareciere divergencia entre los ejemplares de un contrato que presenten los contratantes, y en su celebración hubiere intervenido agente ó corredor, se estará á lo que resulte de los libros de éstos, siempre que se encuentren arreglados á derecho.

59. Si se originaren dudas que no puedan resolverse con arreglo á lo establecido en el artículo 2.º de este Código, se decidirá la cuestión á favor del deudor.

60. En todos los cómputos de días, meses y años, se entenderán: el día, de veinticuatro horas; los meses, según están designados en el calendario gregoriano, y el año, de trescientos sesenta y cinco días.

Exceptúanse las letras de cambio, los pagarés y los préstamos, respecto á los cuales se estará á lo que especialmente para ellos establece este Código.

61. No se reconocerán términos de gracia, cortesía ú otros, que, bajo cualquiera denominación, difieran el cumplimiento de las obligaciones mercantiles, sino los que las partes hubieren prefijado en el contrato, ó se apoyaren en una disposición terminante de derecho.

62. Las obligaciones que no tuvieren término prefijado por las partes, ó por las disposiciones de este Código, serán exigibles á los diez días después de contraídas, si sólo produjeren acción ordinaria, y al día inmediato, si llevaren aparejada ejecución[1].

63. Los efectos de la morosidad en el cumplimiento de las obligaciones mercantiles, comenzarán: 1.º En los contratos que tuvieren día señalado para su cumplimiento, por voluntad de las partes ó por la Ley, al día siguiente de su vencimiento; — 2.º En los que no lo tengan, desde el día en que el acreedor interpelare judicialmente al deudor, ó le intimare la protesta de daños y perjuicios hecha contra él ante un juez, notario ú otro oficial público autorizado para admitirla.

1248 del Cód. c.); y las presunciones (art. 1249 al 1253 del Cód. c.). — A más de esto, deberá tenerse en cuenta lo que acerca de los medios de prueba dispone la Ley de Enjuiciamiento civil que puede verse en el estudio «Del procedimiento judicial en las cuestiones civiles-mercantiles».

[1]) Los títulos que llevan aparejada ejecución son los que permiten incoar ante los tribunales el llamado procedimiento ejecutivo. La enumeración de estos títulos, así como el procedimiento indicado pueden verse en el estudio «Del procedimiento judicial en las cuestiones civiles-mercantiles».

seule pour prouver l'existence d'un contrat portant sur une valeur supérieure à 1500 *pesetas*, si elle ne concourt pas avec une autre preuve.

La correspondance télégraphique ne produira une obligation qu'entre les contractants qui ont préalablement admis ce mode de preuve par une convention écrite, et pourvu que les télégrammes réunissent les conditions ou signes conventionnels prévus par les dits contractants, si telle a été la convention.

52. Seront exceptés des dispositions de l'article précédent: 1° Les contrats qui, d'après le présent Code ou les lois spéciales, doivent être rédigés par écrit ou sont soumis à des formes ou à des solennités pour produire un effet; — 2° Les contrats intervenus dans un pays étranger où la loi exige, pour qu'ils soient valables, des actes écrits, des formalités ou des solennités déterminées, encore que ces dits actes ou formalités ne soient pas exigés par la loi espagnole.

Dans ces deux cas, les contrats qui ne réunissent pas les conditions respectivement requises ne produiront ni obligation ni action en justice.

53. Les conventions illicites ne produisent ni obligation, ni action, encore qu'elles aient pour objet des opérations commerciales.

54. Les contrats formés par correspondance seront parfaits dès l'envoi de la réponse contenant acceptation de l'offre ou des conditions qui la modifient.

55. Les contrats dans lesquels intervient un agent ou courtier, seront parfaits lorsque les contractants auront accepté sa proposition.

56. Lorsque, dans un contrat commercial, il aura été stipulé une clause pénale en cas d'inexécution, la partie lésée pourra exiger l'exécution du contrat par les moyens de droit ou la peine stipulée; toutefois, en exerçant l'une de ces deux actions, il perdra le bénéfice de l'autre s'il n'y a pas convention contraire.

57. Les contrats commerciaux seront exécutés de bonne foi suivant les termes dans lesquels ils auront été faits et rédigés, sans chercher à altérer par des interprétations arbitraires le sens véritable, propre et usuel des expressions prononcées ou écrites, ni à restreindre les effets découlant naturellement du mode dont les contractants se sont servi pour expliquer leur volonté et déterminer leurs obligations.

58. S'il existe une divergence entre les exemplaires d'un contrat représentés par les contractants, et si ce contrat a été fait par l'intermédiaire d'un agent ou d'un courtier, on s'en tiendra à ce qui résulte des livres de celui-ci, toutes les fois que les dits livres seront tenus conformément aux prescriptions légales.

59. En cas de difficultés ne pouvant être résolues conformément à ce qui est établi dans l'art. 2 du présent Code, la question se résoudra en faveur du débiteur.

60. Dans tous les calculs de jours, de mois et d'années, on entendra que les jours sont de vingt-quatre heures, que les mois sont tels qu'ils sont fixés dans le calendrier grégorien, et que les années sont de trois cent soixante-cinq jours.

Sont exceptés, les lettres de change, les billets à ordre et les prêts, à l'égard desquels on appliquera ce qui est spécialement établi en ce qui les concerne par le présent Code.

61. Ne seront reconnus, aucuns délais de grâce, de faveur ou autres qui, sous une dénomination quelconque, ont pour effet de différer l'exécution des obligations commerciales, à moins que les parties ne les aient fixés d'avance dans le contrat ou qu'ils ne soient fondés sur une disposition formelle du droit.

62. Les obligations dont l'échéance n'aura pas été fixée d'avance par les parties ou par les dispositions du présent Code, seront exigibles dix jours après la convention, lorsqu'elles produisent seulement une action ordinaire, et dès le lendemain, si elles sont fondées sur un titre exécutoire[1].

63. Les effets du retard dans l'exécution des obligations commerciales commenceront: 1° S'il s'agit de contrats dont l'échéance a été fixée par la volonté des parties ou par la loi, le lendemain de la dite échéance; — 2° Dans le cas contraire, à dater du jour où le créancier aura sommé judiciairement le débiteur, ou lui aura signifié devant un juge, un notaire, ou un autre officier public autorisé à cet effet une demande en dommages-intérêts.

---

en outre, tenir compte des dispositions sur la preuve contenues dans la loi d'*Enjuiciamiento civil* que nous avons analysées dans notre étude sur la procédure judiciaire dans les affaires civiles-commerciales.

[1]) Les titres exécutoires ou ayant exécution parée sont ceux qui permettent d'introduire directement devant les tribunaux l'instance dite exécutive. Sur l'énumération de ces titres et sur cette action, voyez plus haut notre étude sur la procédure judiciaire dans les affaires civiles-commerciales.

Título V.   De los lugares y casas de contratación mercantil.
Sección primera.   De las bolsas de comercio.

64. Los establecimientos públicos legalmente autorizados en que de ordinario se reunen los comerciantes y los agentes intermedios colegiados, para concertar ó cumplir las operaciones mercantiles expresadas en esta sección, se denominarán Bolsas de Comercio.

65. Podrá el Gobierno establecer ó autorizar la creación de Bolsas de Comercio, donde lo juzgue conveniente.

También las sociedades constituídas con arreglo á este Código, podrán establecerlas, siempre que la facultad de hacerlo sea uno de sus fines sociales.

Esto no obstante, para que tenga carácter oficial la cotización de las operaciones realizadas y publicadas en esta clase de Bolsas, será indispensable que haya autorizado el Gobierno dichas operaciones antes de comenzar á ser objeto de la contratación pública que la cotización acredite.

Él Gobierno podrá conceder dicha autorización, previos los informes que estime necesarios sobre su conveniencia pública.

66. Tanto las Bolsas existentes como las de nueva creación, se regirán por las prescripciones de este Código.

67. Serán materia de contrato en Bolsa: 1.º Los valores y efectos públicos; — 2.º Los valores industriales y mercantiles emitidos por particulares ó por sociedades ó empresas legalmente constituídas; — 3.º Las letras de cambio, libranzas, pagarés y cualesquiera otros valores mercantiles; — 4.º La venta de metales preciosos, amonedados ó en pasta; — 5.º Las mercaderías de todas clases y resguardos de depósitos; — 6.º Los seguros de efectos comerciales contra riesgos terrestres ó marítimos; — 7.º Los fletes y transportes, conocimientos y cartas de porte; — 8.º Cualesquiera otras operaciones análogas á las expresadas en los números anteriores, con tal de que sean lícitas conforme á las leyes.

Los valores y efectos á que se refieren los números 1.º y 2.º de este artículo, sólo se incluirán en las cotizaciones oficiales cuando su negociación se halle autorizada, conforme al art. 65, en las Bolsas de creación privada, ó estén declarados negociables para las Bolsas de creación oficial.

68. Para incluirlos en las cotizaciones oficiales de que habla el artículo anterior, se comprenderán bajo la denominación de efectos públicos: 1.º Los que por medio de una emisión representen créditos contra el Estado, las provincias ó los municipios, y legalmente estén reconocidos como negociables en Bolsa; — 2.º Los emitidos por las naciones extranjeras, si su negociación ha sido autorizada debidamente por el Gobierno, previo dictamen de la Junta sindical del Colegio de Agentes de Cambio.

69. También podrán incluirse en las cotizaciones oficiales, como materia de contrato en Bolsa, los documentos de crédito al portador emitidos por establecimientos, compañías ó empresas nacionales, con arreglo á las Leyes y á sus estatutos, siempre que el acuerdo de su emisión, con todos los demás requisitos enumerados en el art. 21, aparezca convenientemente inscrito en el Registro Mercantil, lo mismo que en los de la Propiedad[1] cuando, por su naturaleza, deban serlo, y con tal de que estos extremos previamente se hayan hecho constar ante la Junta sindical del Colegio de Agentes de Cambio.

70. Para incluir en las cotizaciones oficiales, como materia de contrato en Bolsa, los documentos de crédito al portador, de empresas extranjeras constituídas con arreglo á las leyes del Estado en que dichas empresas radiquen, se necesitará la autorización previa de la Junta sindical del Colegio de Agentes de Cambio, una vez acreditado que la emisión está hecha con arreglo á la Ley y á los estatutos de la compañía de la que los valores procedan, y que se han llenado todos los requisitos que en las mismas disposiciones se prescriban, y como no medien razones de interés público que lo estorben.

71. La inclusión en las cotizaciones oficiales, de los efectos ó valores al portador emitidos por particulares, no podrá hacerse sin autorización de la Junta sindical del Colegio de Agentes de Cambio, que la concederá siempre que sean hipotecarios ó estén suficientemente garantidos á su juicio y bajo su responsabilidad.

[1) Han de inscribirse en el Registro de la propiedad cuando tengan garantía hipotecaria.

Titre V. Des lieux et établissements où se font les contrats commerciaux.

Section première. Des Bourses de commerce.

64. Les établissements publics légalement autorisés, où se réunissent habituellement les commerçants et les agents intermédiaires faisant partie d'un collège, pour concerter ou conclure les opérations commerciales prévues au présent titre, seront dénommés Bourses de commerce.

65. Le gouvernement pourra établir ou autoriser la création de Bourses de commerce où il le jugera convenable.

Pourront aussi les sociétés constituées conformément au présent Code, établir les dites bourses, pourvu que tel soit l'un des objets des dites sociétés.

Ce nonobstant, pour que la cote des opérations réalisées et publiées dans les bourses de cette classe ait un caractère officiel, il sera nécessaire que le gouvernement ait autorisé les dites opérations avant qu'elles aient commencé à faire l'objet des transactions publiques prouvées par la dite cote.

Le gouvernement pourra accorder cette autorisation après avoir procédé aux enquêtes qu'il jugera utiles à l'effet d'en vérifier l'utilité publique.

66. Les bourses actuellement existantes, aussi bien que les bourses de création nouvelle, seront régies par les dispositions du présent Code.

67. Seront l'objet des contrats en Bourse: 1° Les valeurs et effets publics; — 2° Les valeurs industrielles et commerciales émises par des particuliers ou par des sociétés ou des entreprises légalement constituées; — 3° Les lettres de change, mandats, billets et autres valeurs commerciales quelconques; — 4° La vente de métaux précieux, monnayés ou en barres; — 5° Les marchandises de toute espèce et les récépissés constatant des dépôts; — 6° Les assurances des effets commerciaux contre les risques de terre ou de mer; — 7° Les frêts et transports, les connaissements et les lettres de voiture; — 8° Toutes autres opérations quelconques analogues à celles qui sont énoncées dans les numéros précédents, pourvu qu'elles soient licites d'après les lois.

Les valeurs et effets auxquels se réfèrent les numéros 1 et 2 du présent article ne seront inscrits aux cotes officielles que lorsque leur négociation aura été autorisée, conformément à l'art. 65, dans les bourses de création privée, ou qu'elles auront été déclarées négociables dans les bourses de création officielle.

68. Pour l'inscription aux cotes officielles dont il est parlé dans l'article précédent, seront compris sous la dénomination d'effets publics: 1° Les titres qui, par le moyen d'une émission, représentent des créances contre l'État, les provinces ou les municipes et sont légalement reconnus négociables en bourse; — 2° Les titres émis par des nations étrangères, si leur négociation a été dûment autorisée par le gouvernement, après avis préalable de la chambre syndicale du collège des agents de change.

69. Pourront aussi être inscrits sur les cotes officielles, comme susceptibles de faire l'objet d'un contrat en bourse, les documents de crédit au porteur émis par les établissements, les sociétés ou entreprises nationales, conformément aux lois et à leurs statuts, toutes les fois que la décision autorisant l'émission, outre les autres conditions essentielles énumérées dans l'art. 21, est régulièrement inscrite sur le registre du commerce, ainsi que, s'il y a lieu, sur les registres de la propriété[1], et qu'il est préalablement justifié de l'accomplissement de ces formalités devant la chambre syndicale du collège des agents de change.

70. Pour inscrire aux cotes officielles, comme susceptibles de faire l'objet de contrats en bourse, les documents de crédit au porteur d'entreprises étrangères, constituées conformément aux lois de l'État où elles ont été créées, l'autorisation préalable de la chambre syndicale du collège des agents de change sera nécessaire, après qu'il aura été justifié que l'émission a été faite conformément à la loi et aux statuts de la société qui a émis les valeurs, que toutes les conditions imposées par les dites dispositions ont été observées et qu'aucune raison d'utilité publique ne s'oppose à cette inscription.

71. L'inscription aux cotes officielles des effets ou valeurs au porteur, émis par les particuliers, ne pourra être faite sans l'autorisation de la chambre syndicale du collège des agents de change qui l'accordera toutes les fois que les dits effets sont hypothécaires ou suffisamment garantis au jugement et sous la responsabilité de la dite chambre.

---

[1]) Ils doivent être inscrits sur le registre de la propriété, quand ils sont garantis par une hypothèque.

72. No podrán incluirse en las cotizaciones oficiales: 1.º Los efectos ó valores procedentes de compañías ó sociedades no inscritas en el Registro Mercantil; — 2.º Los efectos ó valores procedentes de compañías que, aunque estén inscritas en el Registro Mercantil, no hubieren hecho las emisiones con arreglo á este Código ó á leyes especiales.

73. Los reglamentos fijarán los días y horas en que habrán de celebrarse las reuniones de las Bolsas creadas por el Gobierno ó por los particulares, una vez que éstas adquieran carácter oficial, y todo lo concerniente á su régimen y policía interior, que estará en cada una de ellas á cargo de la Junta sindical del Colegio de Agentes. El Gobierno fijará el arancel de los derechos de los agentes[1].

Sección segunda. De las operaciones de bolsa.

74. Todos, sean ó no comerciantes, podrán contratar sin intervención de agente de cambio colegiado las operaciones sobre efectos públicos ó sobre valores industriales ó mercantiles; pero tales contratos no tendrán otro valor que el que naciere de su forma y les otorgare la Ley común[2].

75. Las operaciones que se hicieren en Bolsa se cumplirán con las condiciones y en el modo y forma que hubiesen convenido los contratantes, pudiendo ser al contado ó á plazo, en firme ó á voluntad, con prima ó sin ella, expresando, al anunciarlas, las condiciones que en cada una se hubiesen estipulado.

De todas estas operaciones nacerán acciones y obligaciones exigibles ante los tribunales[3].

76. Las operaciones al contado[4] hechas en Bolsa se deberán consumar el mismo día de su celebración, ó, lo á más, en el tiempo que medie hasta la reunión siguiente de Bolsa.

---

[1]) Tanto lo relativo á los días y horas en que han de celebrarse las reuniones de las Bolsas, como lo referente á los aranceles de los agentes quedó determinado en el Reglamento interino que para la organización y régimen de las Bolsas de comercio se publicó por Real Decreto de 31 de diciembre de 1885.

[2]) Las pólizas por operaciones de Bolsa al contado y á plazo á que se refiere este artículo están sujetas al timbre proporcional fijado para las operaciones hechas por mediación de agente colegiado, y no se reconocerá por los tribunales validez alguna á los documentos que representen tales operaciones, ni producirán efecto legal cuando no estén expedidos en el papel timbrado que el Estado expende con tal objeto (art. 22 L. del T.).

[3]) Para que puedan producirse estos efectos es preciso además que tales operaciones hayan devengado el impuesto correspondiente según dispone el art. 22 de la L. del T.; el cual previene á los tribunales y á la Junta sindical del Colegio de agentes que carecen de validez alguna las operaciones que no se ajusten á lo preceptuado en dicha ley y deben ser consideradas como nulas.

[4]) Las pólizas de contratación al contado sobre efectos públicos, valores industriales ó mercantiles y mercaderías se expedirán precisamente en los efectos timbrados que con este objeto expende el Estado con sujeción á la siguiente escala:

Cuantía efectiva de la operación			Timbre	
			Clase	Precio Pesetas
Hasta	1 000	pesetas	19ª	0,10
Desde	1 000,01 hasta	2 500	18ª	0,25
,,	2 500,01 ,,	5 000	17ª	0,50
,,	5 000,01 ,,	10 000	16ª	1,00
,,	10 000,01 ,,	20 000	15ª	2,00
,,	20 000,01 ,,	30 000	14ª	3,00
,,	30 000,01 ,,	40 000	13ª	4,00
,,	40 000,01 ,,	50 000	12ª	5,00
,,	50 000,01 ,,	70 000	11ª	7,00
,,	70 000,01 ,,	100 000	10ª	10,00
,,	100 000,01 ,,	250 000	9ª	25,00
,,	250 000,01 ,,	500 000	8ª	50,00
,,	500 000,01 ,,	750 000	7ª	75,00
,,	750 000,01 ,,	1 000 000	6ª	100,00
,,	1 000 000,01 ,,	1 250 000	5ª	125,00
,,	1 250 000,01 ,,	1 500 000	4ª	150,00
,,	1 500 000,01 ,,	1 750 000	3ª	175,00
,,	1 750 000,01 ,,	2 000 000	2ª	200,00
,,	2 000 000,01 ,,	en adelante	1ª	250,00

(art. 22 de la L. del T.)

72. Ne pourront pas être inscrits sur les cotes officielles: 1° Les effets ou valeurs provenant de compagnies ou sociétés non inscrites sur le registre du commerce; — 2° Les effets ou valeurs provenant de compagnies inscrites sur le registre du commerce, mais dont les émissions n'auront pas été faites conformément au présent Code ou aux lois spéciales.

73. Les règlements fixeront les jours et heures des réunions dans les bourses créées ou par le gouvernement, ou par les particuliers, dès que ces dernières auront acquis, un caractère officiel ainsi que tout ce qui concerne leur régime et leur police intérieurs qui seront, dans chacune d'elles, confiés à la chambre syndicale du collège des agents. Le gouvernement fixera le tarif des droits des agents[1].

Section II. Des opérations de Bourse.

74. Toutes personnes, commerçantes ou non commerçantes, pourront faire, sans l'intervention d'un agent de change inscrit, des opérations sur les effets publics ou sur les valeurs industrielles ou commerciales; mais les contrats ainsi réalisés n'auront d'autre valeur que celle résultant de leur forme et des termes du droit commun[2].

75. Les opérations faites en bourse seront exécutées en observant les conditions et d'après le mode et la forme convenus entre les contractants; elles pourront être au comptant ou à terme, fermes ou à volonté, avec ou sans prime, et l'on énoncera, au moment de chaque opération, les conditions stipulées.

Toutes ces opérations engendreront des actions et des obligations dont l'exécution pourra être poursuivie devant les tribunaux[3].

76. Les opérations au comptant[4], faites en Bourse, devront être réalisées le jour même du contrat ou, au plus tard, avant la prochaine réunion de la Bourse.

---

[1]) Tout ce qui est relatif aux jours et heures des réunions des Bourses, et au tarif des agents est fixé par le règlement intérieur sur l'organisation et le régime des bourses de commerce publié par décret royal du 10 décembre 1885 que nous publions dans les lois complémentaires du Code de Commerce.

[2]) Les polices des opérations de bourse au comptant ou à terme visées dans cet article, sont soumises au timbre proportionnel fixé pour les opérations faites par l'intermédiaire d'agents faisant partie d'un collège, et les tribunaux ne peuvent reconnaître aucune valeur ni effet légal aux documents relatifs à ces opérations s'ils ne sont pas délivrés sur le papier timbré spécial, vendu à cet effet par l'État (loi du Timbre, art. 23).

[3]) Pour produire effet, il faut, en outre, qu'à raison de ces opérations on ait acquitté l'impôt correspondant établi par l'art. 23 de la loi sur le timbre. Cette loi avertit les tribunaux et la chambre syndicale des collèges des agents de change que les opérations pour lesquelles ses prescriptions n'ont pas été observées, n'ont aucune valeur et doivent être tenues pour nulles.

[4]) Les polices ou bordereaux des opérations sur les effets publics, les valeurs industrielles ou commerciales sont obligatoirement délivrées sur du papier timbré, spécialement vendu par l'État, et soumis aux droits proportionnels suivants:

| Somme effective de l'opération | | | Timbre | |
			Classe	Prix en Pesetas
Jusqu'à	1 000	pesetas	19e	0,10
De	1 000,01	jusqu'à 2 500	18e	0,25
,,	2 500,01	,, 5 000	17e	0,50
,,	5 000,01	,, 10 000	16e	1,00
,,	10 000,01	,, 20 000	15e	2,00
,,	20 000,01	,, 30 000	14e	3,00
,,	30 000,01	,, 40 000	13e	4,00
,,	40 000,01	,, 50 000	12e	5,00
,,	50 000,01	,, 70 000	11e	7,00
,,	70 000,01	,, 100 000	10e	10,00
,,	100 000,01	,, 250 000	9e	25,00
,,	250 000,01	,, 500 000	8e	50,00
,,	500 000,01	,, 750 000	7e	75,00
,,	750 000,01	,, 1 000 000	6e	100,00
,,	1 000 000,01	,, 1 250 000	5e	125,00
,,	1 250 000,01	,, 1 500 000	4e	150,00
,,	1 500 000,01	,, 1 750 000	3e	175,00
,,	1 750 000,01	,, 2 000 000	2e	200,00
,,	2 000 000,01	et au-dessus	1e	250,00

(l. sur le timbre art. 22)

El cedente estará obligado á entregar, sin otra dilación, los efectos ó valores vendidos, y el tomador á recibirlos, satisfaciendo su precio en el acto.

Las operaciones á plazo[1] y las condicionales se consumarán de la misma manera en la época de la liquidación convenida.

77. Si las transacciones se hicieren por mediación de agente de cambio colegiado, callando éste el nombre del comitente, ó entre agentes con la misma condición[2], y el agente colegiado, vendedor ó comprador, demorase el cumplimiento de lo convenido, el perjudicado por la demora podrá optar en la Bolsa inmediata entre el abandono del contrato, denunciándolo á la Junta sindical, ó el cumplimiento del mismo.

En este último caso, se consumará con la intervención de uno de los individuos de la Junta sindical, comprando ó vendiendo los efectos públicos convenidos, por cuenta y riesgo del agente moroso, sin perjuicio de la repetición de éste contra el comitente.

La Junta sindical ordenará la realización de la parte de fianza del agente moroso necesaria para satisfacer inmediatamente estas diferencias.

En las negociaciones sobre valores industriales y mercantiles, metales ó mercaderías, el que demore ó rehuse el cumplimiento de un contrato, será compelido á cumplirlo por las acciones que nazcan según las prescripciones de este Código.

78. Convenida cada operación cotizable, el agente de cambio que hubiere intervenido en ella la extenderá en una nota firmada, entregándola acto continuo al anunciador, quien, después de leerla al público en alta voz, la pasará á la Junta sindical.

79. Las operaciones que se hicieren por agente colegiado sobre valores ó efectos públicos, se anunciarán de viva voz en el acto mismo en que queden convenidas sin perjuicio de pasar la correspondiente nota á la Junta sindical.

De los demás contratos se dará noticia en el *Boletín de cotización*, expresando el precio máximo y mínimo en las compras de mercaderías, transportes y fletamentos, el tipo del descuento y el de los cambios en los giros y préstamos.

80. La Junta sindical se reunirá transcurridas las horas de Bolsa, y, en vista de las negociaciones de efectos públicos que resulten de las notas entregadas por los agentes colegiados, y con la noticia de las ventas y demás operaciones intervenidas por los mismos, extenderá el acta de la cotización, remitiendo una copia certificada al Registro Mercantil.

[1]) Las pólizas para las operaciones á plazo serán siempre dos, una para el vendedor y otra para el comprador, y habrán de extenderse también en los efectos timbrados que expende el Estado, con sujeción á la siguiente escala:

Cuantía efectiva de la operación.			Timbre	
			Clase	Precio Pesetas
Hasta	5 000	pesetas	12 a	0,10
Desde	5 000,01	hasta 12 500	11 a	0,25
,,	12 500,01	,, 25 000	10 a	0,50
,,	25 000,01	,, 50 000	9 a	1,00
,,	50 000,01	,, 100 000	8 a	2,00
,,	100 000,01	,, 150 000	7 a	3,00
,,	150 000,01	,, 200 000	6 a	4,00
,,	200 000,01	,, 250 000	5 a	5,00
,,	250 000,01	,, 350 000	4 a	7,00
,,	350 000,01	,, 500 000	3 a	10,00
,,	500 000,01	,, 1 250 000	2 a	25,00
,,	1 250 000,01	,, en adelante	1 a	50,00

En las operaciones llamadas ,,dobles" se aplica el impuesto á cada póliza reducido á la mitad de mismo (art. 22 de la L. del T.).

[2]) Las pólizas que los agentes mediadores en las operaciones á plazo deben recibir de sus comitentes, cuando callen los nombres de estos, llevarán timbre de 10 céntimos de peseta, considerándoselas como segundas ó terceras copias de la respectiva póliza principal, cuyo número de órden de emisión deberá al efecto consignarse en las mismas (art. 22 de la L. del T.).

Le vendeur sera tenu de livrer, sans délai, les effets ou valeurs vendus, et l'acheteur sera tenu de les recevoir en payant son prix immédiatement.

Les opérations à terme[1] et les opérations conditionnelles seront réalisées de la même manière, à l'époque de la liquidation convenue.

77. Lorsque les opérations auront été faites par l'intermédiaire d'un agent de change faisant partie d'un collège, sans que celui-ci fasse connaître le nom de son commettant, ou entre agents avec la même condition[2], et que l'agent l'inscrit vendeur ou acheteur sera en retard dans l'exécution de la convention, la partie lésée par ce retard pourra opter, à la Bourse suivante, entre l'abandon du contrat, en faisant connaître sa volonté à la chambre syndicale, ou l'exécution dudit contrat.

Dans ce dernier cas, l'opération s'accomplira par l'intermédiaire de l'un des membres de la chambre syndicale, en achetant ou en vendant les effets publics faisant l'objet de la convention, pour le compte et aux risques de l'agent en retard, sans préjudice du recours de celui-ci contre son commettant.

La chambre syndicale ordonnera la réalisation de la partie du cautionnement de l'agent en retard nécessaire pour acquitter les différences.

Dans les négociations sur les valeurs industrielles et commerciales, sur les métaux et les marchandises, la partie qui est en retard ou qui se refuse à exécuter un contrat, sera contrainte à l'exécuter par les actions créées par le présent Code.

78. Dès qu'une opération susceptible d'être cotée aura fait l'objet d'une convention, l'agent de change qui aura servi d'intermédiaire l'inscrira sur une note signée de lui, qu'il remettra immédiatement au crieur, qui, après l'avoir lue publiquement à haute voix, la transmettra à la chambre syndicale.

79. Les opérations faites, par l'intermédiaire d'un agent inscrit, sur des valeurs ou des effets publics, seront annoncées à haute voix au moment même de la convention, sans préjudice de la note relative à chacune d'elles qui sera remise à la chambre syndicale.

Il sera en outre rendu compte des contrats dans le *Bulletin de la cote*, en indiquant le prix maximum et minimum des ventes de marchandises, des transports et des affrétements, le taux de l'escompte et celui du change des lettres de change et des prêts.

80. La chambre syndicale se réunira aussitôt après la fermeture de la bourse, et, sur le vu des négociations des effets publics effectuées, des notes remises par les agents inscrits, après avoir pris connaissance des ventes et autres opérations faites par l'intermédiaire des mêmes agents, elle rédigera l'acte de cote, dont elle remettra une copie certifiée au Registre du commerce.

---

[1] Les polices ou bordereaux relatifs aux opérations à terme sont au nombre de deux, l'un pour le vendeur, l'autre pour l'acheteur; ils doivent être également dressés sur timbre et ils sont soumis aux droits suivants:

Somme effective de l'opération				Timbre	
				Classe	Timbre Prix
Jusqu'à	5 000	pesetas		12e	0,10
De	5 000,01	jusqu'à	12 500	11e	0,25
,,	12 500,01	,,	25 000	10e	0,50
,,	25 000,01	,,	50 000	9e	1,00
,,	50 000,01	,,	100 000	8e	2,00
,,	100 000,01	,,	150 000	7e	3,00
,,	150 000,01	,,	200 000	6e	4,00
,,	200 000,01	,,	250 000	5e	5,00
,,	250 000,01	,,	350 000	4e	7,00
,,	350 000,01	,,	500 000	3e	10,00
,,	500 000,01	,,	1 250 000	2e	25,00
,,	1 250 000,01	et au-dessus		1e	50,00

Dans les opérations dites «opérations doubles» l'impôt applicable à chaque police est réduit de moitié.

[2] Les polices que les agents intermédiaires du commerce doivent remettre à leurs commettants, quand ils ne font pas connaître les noms de ces commettants, sont soumises au timbre de 0,10; elles sont considérées comme des deuxièmes ou troisièmes copies de la police principale dont elles doivent en conséquence reproduire le numéro d'ordre (l. sur le timbre, art. 22).

Sección tercera.   De los demás lugares públicos de contratación.
De las ferias, mercados y tiendas.

81. Tanto el Gobierno como las sociedades mercantiles que estuvieren dentro de las condiciones que señala el art. 65 de este Código, podrán establecer lonjas ó casas de contratación.

82. La autoridad competente anunciará el sitio y la época en que habrán de celebrarse las ferias, y las condiciones de policía que deberán observarse en ellas.

83. Los contratos de compra-venta celebrados en feria, podrán ser al contado, ó á plazos: los primeros habrán de cumplirse en el mismo día de su celebración, ó, á lo más, en las veinticuatro horas siguientes.

Pasadas éstas sin que ninguno de los contratantes haya reclamado su cumplimiento, se considerarán nulos, y los gajes, señal ó arras que mediaren quedarán á favor del que los hubiere recibido.

84. Las cuestiones que se susciten en las ferias sobre contratos celebrados en ellas, se decidirán en juicio verbal[1] por el juez municipal del pueblo en que se verifique la feria, con arreglo á las prescripciones de este Código, siempre que el valor de la cosa litigiosa no exceda de 1.500 pesetas.   Si hubiere más de un juez municipal, será competente el que eligiere el demandante.

85. La compra de mercaderías en almacenes ó tiendas abiertas al público, causará prescripción de derecho á favor del comprador respecto de las mercaderías, adquiridas, quedando á salvo en su caso los derechos del propietario de los objetos vendidos, para ejercitar las acciones civiles[2] ó criminales[3] que puedan corresponderle contra el que los vendiere indebidamente.

Para los efectos de esta prescripción, se reputarán almacenes ó tiendas abiertas al público: 1.º Los que establezcan los comerciantes inscritos; — 2.º Los que establezcan los comerciantes no inscritos, siempre que los almacenes ó tiendas permanezcan abiertos al público por espacio de ocho días consecutivos, ó se hayan anunciado por medio de rótulos, muestras ó títulos en el local mismo, ó por avisos repartidos al público ó insertos en los diarios de la localidad.

86. La moneda en que se verifique el pago de las mercaderías compradas al contado en las tiendas ó establecimientos públicos, no será reivindicable.

87. Las compras y ventas verificadas en establecimiento, se presumirán siempre hechas al contado, salvo la prueba en contrario.

Título VI.   De los agentes mediadores del comercio, y de sus obligaciones respectivas.

Sección primera.   Disposiciones comunes á los agentes mediadores del comercio.

88. Estarán sujetos á las Leyes mercantiles como agentes mediadores del comercio: Los agentes de cambio y Bolsa; — Los corredores de comercio; — Los corredores intérpretes de buques.

89. Podrán prestar los servicios de agentes de Bolsa y corredores, cualquiera que sea su clase, los españoles y los extranjeros; pero sólo tendrán fe pública los agentes y los corredores colegiados.

Los modos de probar la existencia y circunstancias de los actos ó contratos en que intervengan agentes que no sean colegiados, serán los establecidos por el derecho mercantil ó común[4] para justificar las obligaciones.

---

[1]) La tramitación del juicio verbal puede verse en el estudio «Del proc. jud. en las cuest. civil.-merc».

[2]) La prescripción en el caso de este artículo imposibilita el ejercicio de la acción reivindicatoria, y las acciones civiles de que aquí se habla tienen por objeto recabar, del que fué causa del despojo hecho al propietario, el valor de la cosa vendida, y la consiguiente indemnización de daños y perjuicios.

[3]) Las acciones criminales son las correspondientes á los delitos que pueden ser causa del despojo.

[4]) Respecto al valor de los términos del derecho común, vease la nota número 1, p. 92 y respecto á los medios de prueba de las obligaciones vease el Capítulo V del Libro 4 del Cód. c. incluído entre las leyes complementarias del Cód. de com.

Section III. Des autres lieux publics où se font les contrats.
Des foires, marchés et boutiques.

81. Le Gouvernement et les sociétés commerciales réunissant les conditions énoncées dans l'art. 65 du présent Code, pourront établir des maisons de change ou maisons de négociations.

82. L'autorité compétente fera connaître le lieu et l'époque où devront se tenir les foires, ainsi que les conditions de police qui devront y être observées.

83. Les contrats d'achat et de vente passés en foire pourront être au comptant ou à terme. Dans le premier cas, ils devront être réalisés le jour même du contrat ou, au plus tard, dans les vingt-quatre heures suivantes.

Lorsque le dit délai sera écoulé sans qu'aucun des contractants réclame l'exécution des contrats, ceux-ci seront considérés comme nuls, et les gages ou arrhes qui auront été donnés, resteront à celui qui les aura reçus.

84. Les contestations soulevées, durant les foires, à l'occasion des contrats passés en foire, seront tranchées à la suite d'une instance verbale[1], par le juge municipal de la circonscription municipale où se tient la foire, conformément aux prescriptions du présent Code, pourvu que la valeur en litige ne dépasse pas 1500 *pesetas*. S'il y a plusieurs juges municipaux, la compétence appartiendra à celui qui sera choisi par le demandeur.

85. L'achat de marchandises fait dans des magasins ou boutiques ouvertes au public fera prescrire par l'acheteur la propriété des marchandises par lui achetées sauf le droit, s'il y a lieu, du propriétaire des objets vendus d'exercer les actions civiles[2] ou criminelles[3] qui lui appartiennent contre l'individu qui les aura vendues indûment.

Seront, pour les effets de cette prescription, considérés comme magasins ou boutiques ouvertes au public: 1° Les magasins établis par les commerçants inscrits; — 2° Les magasins établis par les commerçants non inscrits, toutes les fois que les établissements demeurent ouverts au public pendant l'espace de huit jours consécutifs, ou qu'ils ont été annoncés par des placards, enseignes ou inscriptions, dans le local même des dits établissements, ou par des avis distribués dans le public ou insérés dans les journaux de la localité.

86. La monnaie employée au payement de marchandises achetées au comptant, dans les boutiques ou établissements publics, ne pourra pas être revendiquée.

87. Les achats et les ventes réalisés dans un établissement seront toujours présumés faits au comptant, sauf preuve contraire.

Titre VI. Des agents intermédiaires du commerce et de leurs obligations respectives.

Section première. Dispositions communes aux agents intermédiaires du commerce.

88. Seront soumis aux lois commerciales, à titre d'intermédiaires du commerce: Les agents de change et de Bourse; — Les courtiers de commerce; — Les courtiers interprètes de navires.

89. Pourront les Espagnols et les étrangers remplir les fonctions d'agents de bourse et de courtiers de toute catégorie; toutefois, les agents et les courtiers inscrits dans un collège auront seuls le caractère d'officier public.

L'existence et les circonstances des actes ou contrats, dans lesquels sont intervenus des agents non inscrits, seront prouvées par les modes de preuves établis par le droit commercial ou commun[4] pour la preuve des obligations.

---

[1] Sur la procédure dans l'instance verbale, voir ci-dessus notre étude sur la procédure judiciaire dans les affaires civiles-commerciales.

[2] La prescription, dans le cas prévu par cet article rend impossible l'action en revendication, et l'action civile dont il est parlé ici a pout bur de faire rembourser la valuer de la chose vendue, avec des dommages-intérêts par celui qui a depouillé le propriétaire.

[3] Les actions criminelles sont les actions résultant du délit qui a occasionné la perte de la chose par le propriétaire.

[4] Sur le sens et la portée de l'expression «droit commun», v. ci-dessus p. 92 note 1, et, sur les modes de preuve des obligations, consultez aux lois complémentaires du Code de commerce, le chapitre V du livre IV du Code civil.

90. En cada plaza de comercio se podrá establecer un Colegio de Agentes de Bolsa, otro de Corredores de Comercio, y en las plazas marítimas uno de Corredores Intérpretes de Buques.

91. Los Colegios de que trata el artículo anterior, se compondrán de los individuos que hayan obtenido el título correspondiente por reunir las condiciones exigidas en este Código.

92. Al frente de cada Colegio habrá una Junta sindical elegida por los colegiados.

93. Los agentes colegiados tendrán el carácter de notarios en cuanto se refiera á la contratación de efectos públicos, valores industriales y mercantiles, mercaderías y demás actos de comercio comprendidos en su oficio, en la plaza respectiva.

Llevarán un libro-registro[1] con arreglo á lo que determina el art. 36, asentando en él por su orden, separada y diariamente, todas las operaciones en que hubiesen intervenido[2], pudiendo además llevar otros libros con las mismas solemnidades. Los libros y pólizas de los agentes colegiados harán fe en juicio.

94. Para ingresar en cualquiera de los Colegios de Agentes á que se refiere el art. 90, será necesario: 1.º Ser español ó extranjero naturalizado; — 2.º Tener capacidad para comerciar con arreglo á este Código; — 3.º No estar sufriendo pena correccional ó aflictiva[3]; — 4.º Acreditar buena conducta moral y conocida probidad, por medio de una información judicial de tres comerciantes inscritos; — 5.º Constituir en la Caja de Depósitos ó en sus sucursales, ó en el Banco de España, la fianza que determine el Gobierno; — 6.º Obtener del Ministerio de Fomento el título correspondiente, oída la Junta sindical del Colegio respectivo.

95. Será obligación de los agentes colegiados: 1.º Asegurarse de la identidad y capacidad legal para contratar de las personas en cuyos negocios intervengan, y, en su caso, de la legitimidad de las firmas de los contratantes. — Cuando éstos no tuvieren la libre administración de sus bienes[4], no podrán los agentes prestar su concurso sin que preceda la debida autorización con arreglo á las Leyes[5]; — 2.º Proponer los negocios con exactitud, precisión y claridad, absteniéndose de hacer supuestos que induzcan á error á los contratantes; — 3.º Guardar secreto en todo lo que concierna á las negociaciones que hicieren, y no revelar los nombres de las personas que se las encarguen, á menos que exija lo contrario la Ley ó la naturaleza de las operaciones, ó que los interesados consientan en que sus nombres sean conocidos; — 4.ª Expedir, á costa de los interesados que la pidieren, certificación de los asientos respectivos de sus contratos[6].

---

[1]) Tanto este libro registro, como los demás que quieran llevar los agentes si pretenden legalizarlos han de reintegrarse del mismo modo que el libro diario de los comerciantes particulares (art. 155 de la L. del T.). (Veanse la pág. 99, nota pag. 100, nota 1.)

[2]) En los asientos que hagan de dichas operaciones habrán de hacer constar el número de orden que lleven los documentos timbrados en que se hicieron constar aquellas. La falta de este requisito ó cualquier error en los asientos que no se salvare en debida forma se castigará ó corregirá, según el art. 24 de la L. del T., con una multa de 100 á 2000 pesetas, además del reintegro que en su caso proceda.

[3]) Las penas aflictivas á que se refiere este artículo son: Cadena perpetua; reclusión perpetua; relegación perpetua; extrañamiento perpetuo; cadena temporal; reclusión temporal; relegación temporal; extrañamiento temporal; presidio mayor; prisión mayor; confinamiento; inhabilitación absoluta perpetua; inhabilitación absoluta temporal; inhabilitación especial perpetua ó temporal para cargo público, derecho de sufragio activo y pasivo, profesión ú oficio. — Y las correccionales son: presidio correccional; prisión correccional; destierro; represión pública; suspensión de cargo público, derecho de sufragio activo y pasivo, profesión ú oficio; y arresto mayor.

[4]) No tienen la libre administración de sus bienes los menores de edad no emancipados ó no habilitados de edad si son huérfanos y los mayores incapacitados por declaración judicial. (Veanse la pág. 92, nota 3 y la pág. 93, notas 4 y 5.)

[5]) Corresponde dar esta autorización al tutor autorizado especialmente para ello por acuerdo del consejo de familia (art. 269, Cod. c.).

[6]) Llevarán estas certificaciones un timbre de 2 pesetas, clase 10ª (art. 183 de la L. del T.).

90. Dans chaque place de commerce il pourra être établi un collège d'agents de bourse, un collège de courtiers de commerce et, dans les places maritimes, un collège de courtiers interprètes de navires.

91. Les collèges dont il est question dans l'article précédent seront composés des personnes qui ont obtenu le titre correspondant après avoir justifié qu'elles réunissaient les conditions exigées par le présent Code.

92. A la tête de chaque collège, il y aura une chambre syndicale élue par les membres du dit collège.

93. Les agents inscrits auront le caractère de notaires pour tout ce qui concernera la négociation des effets publics, valeurs industrielles et commerciales, marchandises, et autres actes de commerce pour lesquels ils ont compétence dans la place de commerce à laquelle ils sont attachés.

Ils tiendront un livre d'enregistrement[1], conformément aux prescriptions de l'art. 36, sur lequel ils consigneront, dans l'ordre où elles ont été faites, séparément et jour par jour, toutes les opérations auxquelles ils auront prêté leur ministère[2]; ils pourront en outre tenir d'autres livres en remplissant les mêmes formalités. Les livres et polices des agents inscrits feront foi en justice.

94. Pour entrer dans l'un quelconque des collèges d'agents prévus par l'art. 90, il sera nécessaire de remplir les conditions suivantes: 1° Être Espagnol ou étranger naturalisé; — 2° Avoir la capacité de faire le commerce conformément aux dispositions du présent Code; — 3° N'avoir encouru aucune peine correctionnelle ou afflictive[3]; — 4° Justifier que l'on a une bonne conduite et que l'on est d'une probité notoire, par une attestation donnée devant le juge par trois commerçants inscrits; — 5° Constituer, dans la caisse des dépôts ou dans ses succursales ou à la Banque d'Espagne, le cautionnement déterminé par le gouvernement; — 6° Obtenir du Ministère *de fomento* le titre de sa nomination, après avis de la chambre syndicale du collège respectif.

95. Les agents inscrits seront tenus: 1° De s'assurer de l'identité et de la capacité de contracter des personnes dans les affaires de qui ils interviendront, et, s'il y a lieu, de l'authenticité des signatures des contractants. — Lorsque les contractants n'auront pas la libre administration de leurs biens[4], les agents ne pourront pas leur prêter leur ministère, à moins qu'ils n'aient été préalablement autorisés conformément aux lois[5]; — 2° De présenter les affaires avec exactitude, précision et clarté, en évitant tout sous-entendu de nature à induire les contractants en erreur; — 3° De garder secret tout ce qui concerne les négociations par eux faites, et de ne pas révéler le nom de leurs commettants, à moins que la loi ou la nature des opérations ne l'exige, ou que les intéressés ne consentent à faire connaître leurs noms; — 4° De délivrer à chacun des intéressés, sur leur réquisition, un certificat des énonciations des contrats qui les concernent[6].

---

[1]) Pour ce livre, comme les autres livres des agents, si l'on veut qu'il soit légalisé, il faut payer les mêmes droits que pour le livre journal des particuliers commerçants (v. ci-dessus, p. 99, note 3 et p. 100, note 1). (Loi sur le timbre, art. 155).

[2]) Dans les mentions que l'on fait de ces opérations, on doit constater le n° d'ordre des documents sur timbre qui les constatent; toute omission à cet égard, au toute erreur quelconque qui n'est pas rectifiée en due forme, est punie eou passible (art. 24 de la loi sur le timbres) d'une amende de 100 à 2000 pesetas, en outre du paiement du droit de timbre, s'il y a lieu.

[3]) Les peines afflictives, visées par cet article sont: la *cadena* à perpétuité, la réclusion à perpétuité, la relégation à perpétuité, *l'extrañamiento* (bannissement) à perpétuité; la *cadena* à temps; la réclusion à temps; la relégation à temps; *l'extrañamiento* à temps; le *presidio* mayor; la *prisión mayor;* le *confinamiento* (confinement); l'inhabilitation absolue à perpétuité, l'inhabilitation absolue à temps; l'incapacité à perpétuité ou à temps d'exercer une charge publique, le droit de suffrage activement ou passivement, une profession ou un office. Les peines correctionnelles sont: le *presidio* correctionnel; la *prisión* correctionnelle; le *destierro* (bannissement dans l'intérieur): la réprimande publique; la suspension d'une charge publique, du droit de vote actif ou passif, d'une profession et d'un office, et l'arrêt *mayor*.

[4]) Sont incapables d'administrer leurs biens les mineurs non émancipés ou n'ayant pas obtenu, s'ils sont orphelins, le bénéfice de l'habilitation, et les majeurs frappés d'incapacité en vertu d'une déclaration judiciaire (v. p. 92, note 3 et p. 93 notes 3, 4 et 5).

[5]) Cette autorisation est donnée par le tuteur dûment autorisé par le conseil de famille (art. 269, C. Civ.).

[6]) Ces certificats doivent être revêtus du timbre de 2 pesetas, classe 10e (loi sur le timbre, art. 183).

96. No podrán los agentes colegiados: 1.º Comerciar por cuenta propia; — 2.º Constituirse en aseguradores de riesgos mercantiles; — 3.º Negociar valores ó mercaderías por cuenta de individuos ó sociedades que hayan suspendido sus pagos, ó que hayan sido declarados en quiebra ó en concurso, á no haber obtenido rehabilitación; — 4.º Adquirir para sí los efectos de cuya negociación estuvieren encargados, salvo en el caso de que el agente tenga que responder de faltas del comprador al vendedor; — 5.º Dar certificaciones que no se refieran directamente á hechos que consten en los asientos de sus libros; — 6.º Desempeñar los cargos de cajeros, tenedores de libros ó dependientes de cualquier comerciante ó establecimiento mercantil.

97. Los que contravinieren á las disposiciones del artículo anterior, serán privados de su oficio por el Gobierno, previa audiencia de la Junta sindical y del interesado, el cual podrá reclamar contra esta resolución por la vía contencioso-administrativa[1].

Serán además responsables civilmente del daño que se siguiere por faltar á las obligaciones de su cargo.

98. La fianza de los agentes de Bolsa, de los corredores de comercio y de los corredores intérpretes de buques estará especialmente afecta á las resultas de las operaciones de su oficio, teniendo los perjudicados una acción real preferente contra la misma, sin perjuicio de las demás que procedan en derecho[2].

Esta fianza no podrá alzarse, aunque el agente cese en el desempeño de su cargo, hasta transcurrido el plazo que se señala en el artículo 946, sin que dentro de él se haya formalizado reclamación.

Sólo estará sujeta la fianza á responsabilidades ajenas al cargo, cuando las de éste se hallen cubiertas íntegramente.

Si la fianza se desmembrare por las responsabilidades á que está afecta, ó se disminuyere por cualquiera causa su valor efectivo, deberá reponerse por el agente en el término de veinte días.

99. En los casos de inhabilitación, incapacidad ó suspensión de oficio de los agentes de Bolsa, corredores de comercio y corredores intérpretes de buques, los libros que con arreglo á este Código deben llevar se depositarán en el Registro Mercantil.

Sección segunda.   De los agentes colegiados de cambio y bolsa.

100. Corresponderá á los agentes de cambio y Bolsa: 1.º Intervenir privativamente en las negociaciones y transferencias de toda especie de efectos ó valores públicos cotizables, definidos en el art. 68; — 2.º Intervenir, en concurrencia con los corredores de comercio, en todas las demás operaciones y contratos de Bolsa, sujetándose á las responsabilidades propias de estas operaciones.

101. Los agentes de Bolsa que intervengan en contratos de compra-venta ó en otras operaciones al contado ó á plazo, responderán al comprador de la entrega de los efectos ó valores sobre que versen dichas operaciones, y al vendedor, del pago del precio ó indemnización convenida.

102. Anotarán los agentes de Bolsa en sus libros, por orden correlativo de numeración y de fechas, todas las operaciones en que intervengan[3].

103. Los agentes de Bolsa se entregarán recíprocamente nota suscrita de cada una de las operaciones concertadas, en el mismo día en que las hayan convenido. Otra nota, igualmente firmada, entregarán á sus comitentes, y éstos á los

---

[1]) La vía contencioso-administrativa es la que permite á los particulares oponerse á las resolucio nes del Gobierno que perjudiquen sus derechos; y para hacer factible esto existen los Tribunales contencioso-administrativos de las Audiencias territoriales y la Sala tercera del Tribunal Supremo de Justicia.

[2]) La acción real ha de hacerse efectiva sobre la misma fianza en tanto que ella alcance á cubrir la responsabilidad civil contraída por el agente; y las demás que procedan en derecho serán: la correspondiente acción criminal en el caso de que la conducta del agente haga sospechar la comisión de un delito y la correspondiente acción personal, cuando la fianza no bastare á cubrir toda la responsabilidad civil.

[3]) Véase la pág. 107, nota 1.

96. Les agents inscrits ne pourront pas: 1° Faire le commerce pour leur propre compte; — 2° Se constituer assureurs des risques commerciaux; — 3° Négocier des valeurs ou des marchandises pour le compte d'individus ou de sociétés qui ont suspendu leurs paiements, ou qui ont été déclarés en état de faillite ou de déconfiture, tant qu'ils n'auront pas obtenu le bénéfice de la réhabilitation; — 4° Acquérir pour eux-mêmes les effets qu'ils ont été chargés de négocier, sauf dans le cas où ils sont responsables des fautes de l'acquéreur envers le vendeur; — 5° Donner des certificats qui ne se référeraient pas directement aux faits constatés par les mentions de leurs livres; — 6° Remplir les fonctions de caissiers, teneurs de livres ou commis d'un commerçant quelconque ou d'un établissement commercial.

97. Ceux qui contreviendraient aux dispositions de l'article précédent seront privés de leur office par le gouvernement, après avoir préalablement entendu la chambre syndicale et l'intéressé, lequel pourra se pourvoir contre la décision par la voie du contentieux administratif[1].

Ils seront en outre civilement responsables du dommage résultant de tout manquement aux obligations de leur charge.

98. Le cautionnement des agents de bourse, des courtiers de commerce et des courtiers interprètes de navires sera spécialement affecté à la garantie des résultats des opérations de leur office. Les parties lésées auront une action réelle privilégiée sur le dit cautionnement, sans préjudice des autres actions leur appartenant[2].

Ce cautionnement ne pourra être retiré, même si l'agent vient à cesser ses fonctions, que lorsque le délai fixé par l'art. 946 se sera écoulé sans qu'il se soit produit aucune réclamation.

Le cautionnement ne servira à payer les responsabilités étrangères à la charge que lorsque les responsabilités résultant de faits de charge auront été intégralement acquittées.

Si le cautionnement vient à être entamé à raison des responsabilités auxquelles il est affecté, ou si, pour une cause quelconque, sa valeur effective vient à diminuer, il devra être rétabli par l'agent dans le délai de vingt jours.

99. Dans les cas d'inhabilité, incapacité ou suspension de leur office, les livres que les agents de bourse, courtiers de commerce et courtiers interprètes de navires sont obligés de tenir, aux termes du présent Code, seront déposés dans les archives du registre du commerce.

Section II. Des agents de change et de bourse inscrits.

100. Il appartiendra aux agents de change et de bourse: 1° De servir exclusivement d'intermédiaires dans les négociations et transferts des effets ou valeurs publiques de toute nature susceptibles d'être cotés, définis par l'art. 68; — 2° D'intervenir, concurremment avec les courtiers de commerce, dans toutes les autres opérations et les autres contrats de bourse en se soumettant aux responsabilités particulières de ces contrats.

101. Les agents de bourse qui prêtent leur ministère à des contrats d'achat et de vente ou à d'autres opérations au comptant ou à terme, seront responsables envers l'acheteur de la livraison des effets ou valeurs auxquelles s'appliquent les dites opérations, et, envers le vendeur, du paiement du prix ou de l'indemnité convenue.

102. Les agents de bourse consigneront sur leurs livres par ordre de dates, et dans celui où elles ont été effectuées, toutes les opérations faites par leur ministère[3].

103. Les agents de bourse se remettront réciproquement une note signée de chacune des opérations entre eux concertées, le jour même où elles sont intervenues. Une autre note, également revêtue de leur signature, sera par eux remise

---

[1]) La voie du contentieux administratif est celle qui permet aux particuliers de s'opposer aux résolutions du gouvernement qui portent préjudice à leurs droits; leur recours est porté devant les tribunaux du contentieux administratif dans les *Audiencias* territoriales, et devant la 3e chambre du tribunal suprême de justice.

[2]) L'action réelle doit être exercée sur le cautionnement lui-même, s'il suffit à couvrir la responsabilité de l'agent. Les autres actions qui compètent à l'intéressé, sont l'action criminelle, s'il existe contre l'agent des présomptions de délit, et l'action personnelle, si le cautionnement ne suffit pas pour désintéresser la partie lésée des dommages-intérêts qu'il peut réclamer devant la juridiction civile.

[3]) V. ci-dessus, p. 107, note 1.

14*

agentes, expresando su conformidad con los términos y condiciones de la negociación.

Las notas ó pólizas que los agentes entreguen á sus comitentes, y las que se
expidan mutuamente, harán prueba contra el agente que.las suscriba, en todos los
casos de reclamación á que dieren lugar.

Para determinar la cantidad líquida á reclamar, expedirá la Junta sindical
certificación en que se haga constar la diferencia en efectivo que resulte contra el
comitente, en vista de las notas de la operación[1].

La conformidad de los comitentes, una vez reconocida en juicio su firma, llevará
aparejada ejecución[2], siempre que se presente la certificación de la Junta sindical,
de que habla el párrafo anterior.

104. Los agentes de Bolsa, además de las obligaciones comunes á todos los
agentes mediadores, enumeradas en los artículos 95, 96, 97 y 98, serán responsables
civilmente por los títulos ó valores industriales ó mercantiles que vendieren después de hecha pública por la Junta sindical la denuncia de dichos valores como de
procedencia ilegítima.

105. El presidente, ó quien hiciere sus veces, y dos individuos, á lo menos,
de la Junta sindical asistirán constantemente á las reuniones de la Bolsa, para
acordar lo que proceda en los casos que puedan ocurrir.

La Junta sindical fijará el tipo de las liquidaciones mensuales al cerrarse la
Bolsa del último día del mes, tomando por base el término medio de la cotización
del mismo día.

La misma Junta será la encargada de recibir las liquidaciones parciales y practicar la general del mes.

Sección tercera.   De los corredores colegiados de comercio.

106. Además de las obligaciones comunes á todos los agentes mediadores del
comercio, que enumera el art. 95, los corredores colegiados de comercio estarán
obligados: 1.º Á responder legalmente de la autenticidad de la firma del último
cedente, en las negociaciones de letras de cambio ú otros valores endosables. —
2.º Á asistir y dar fe, en los contratos de compra-venta, de la entrega de los efectos
y de su pago, si los interesados lo exigieren; — 3.º Á recoger del cedente y entregar
al tomador las letras ó efectos endosables que se hubieren negociado con su intervención. — 4.º Á recoger del tomador y entregar al cedente el importe de las letras ó
valores endosables negociados.

107. Los corredores colegiados anotarán en sus libros, y en asientos separados,
todas las operaciones en que hubieren intervenido, expresando los nombres y el
domicilio de los contratantes, la materia y las condiciones de los contratos.

En las ventas, expresarán la calidad, cantidad y precio de la cosa vendida, lugar
y fecha de la entrega, y la forma en que haya de pagarse el precio.

En las negociaciones de letras, anotarán las fechas, puntos de expedición y
de pago, términos y vencimientos, nombres del librador, endosante y pagador,
los del cedente y tomador, y el cambio convenido.

En los seguros con referencia á la póliza, se expresarán, además del número y
fecha de la misma, los nombres del asegurador y del asegurado, objeto del seguro,
su valor según los contratantes, la prima convenida, y, en su caso, el lugar de carga
y descarga, y precisa y exacta designación del buque ó del medio en que haya de
efectuarse el transporte.

---

[1]) Los *Vendís* en las operaciones al contado, dice el art. 22 de la L. del T., serán de cuatro
clases: de 10 céntimos de peseta para las operaciones cuya cuantía efectiva no exceda de
20 000 pesetas; de 25 céntimos, para las de 20 001 á 50 000; de 50 céntimos, para las de 50 001
á 100 000; y de una peseta, para las que excedan de 100 000 pesetas. Las demás notas que
expidan con referencia á sus libros registro llevarán timbre de una peseta, y si las expidieren en
forma de certificación de dos pesetas (art. 183, L. del T.).

[2]) Quiere decir esto que la cantidad á cobrar podrá reclamarse en juicio ejecutivo.
(Véase este en el estudio «Del proc. jud. en las cuest. civ. merc.»)

à leurs commettants et par ceux-ci à leurs agents, lesquelles notes énonceront qu'elles sont conformes aux termes et conditions de la convention.

Les notes ou bordereaux adressés par les agents à leurs commettants, et ceux qu'ils se remettent mutuellement, feront preuve contre l'agent qui les souscrit, dans tous les cas où il surviendra une contestation.

Pour déterminer la somme liquide à réclamer, la chambre syndicale délivrera, sur le vu des bordereaux de l'opération[1], un certificat constatant la différence à payer en argent comptant par le commettant.

La déclaration de conformité des dits commettants, dès que leur signature aura été reconnue en justice, vaudra titre exécutoire[2] toutes les fois que l'on représentera le certificat de la chambre syndicale dont il est parlé dans le paragraphe précédent.

104. Les agents de bourse, outre les obligations communes à tous les agents intermédiaires, énumérées dans les art. 95, 96, 97 et 98, seront civilement responsables des ventes des titres ou valeurs industrielles ou commerciales par eux faites postérieurement à la publication par la chambre syndicale de la plainte de laquelle il resulte que les dites valeurs ont une provenance illégitime.

105. Le président, ou celui qui le remplacera, et deux membres au moins de la chambre syndicale seront constamment présents, pendant toute la durée des réunions de la bourse, pour arrêter ce qu'il appartient dans les circonstances qui peuvent survenir.

La chambre syndicale fixera le taux des liquidations mensuelles, à la fermeture de la bourse du dernier jour du mois, en prenant pour base le taux moyen du cours du dit jour.

La dite chambre syndicale sera en outre chargée de recevoir les liquidations partielles et de pratiquer la liquidation générale du mois.

Section III. Des courtiers de commerce inscrits.

106. En plus des obligations communes à tous les agents intermédiaires du commerce énumérées par l'art. 95, les courtiers de commerce inscrits seront tenus: 1° De répondre, dans les termes de droit, de l'authenticité de la signature du dernier cédant dans les négociations de lettres de change ou d'autres valeurs endossables; — 2° D'assister, dans les contrats d'achat et de vente, à la livraison des choses vendues et au paiement, et de donner un caractère authentique à la livraison et au paiement, si les intéressés l'exigent; — 3° De recevoir du cédant et de remettre au preneur les lettres ou effets endossables négociés par leur ministère; — 4° De recevoir du preneur et de remettre au cédant le montant des lettres de change ou valeurs endossables négociées.

107. Les courtiers inscrits consigneront sur leurs livres, par des mentions séparées, toutes les opérations dans lesquelles ils seront intervenus, en énonçant les noms et le domicile des contractants, la matière et les conditions des contrats.

Dans les ventes, ils énonceront la qualité, la quantité et le prix de la chose vendue, le lieu et la date de la livraison, et la forme suivant laquelle le paiement du prix doit être effectué.

Dans les négociations de lettres de change, ils énonceront les dates; les lieux d'expédition et de paiement; les termes et échéances; les noms du tireur, de l'endosseur et du payeur, ceux du cédant et du preneur; ainsi que le change convenu.

Dans les assurances, au moyen d'une référence à la police, ils indiqueront, outre le numéro et la date de la dite police, les noms de l'assureur et de l'assuré, l'objet assuré, sa valeur d'après l'estimation des contractants, la prime convenue, et, s'il échet, le lieu de chargement et de déchargement, en désignant d'une manière exacte et précise le bâtiment sur lequel doit s'effectuer le transport.

---

[1] Les *vendis* (droit sur les certificate donnés par le vendeur) dans les opérations au comptant, sont d'après l'art. 22 de la loi sur le timbre, de quatre classes: de 10 centimes pour les opérations dont le montant effectif ne dépasse pas 20 000 pesetas; de 0,25 centimes, pour les opérations dont le montant varie entre 20 001 à 50 000 pesetas; de 0,50, lorsque la somme varie entre 50 001 à 100 000 pesetas et de 1 peseta pour les opérations dont le chiffre dépasse 100 000 pesetas. Les autres notes délivrées par les agents de bourse conformément à leurs livres sont timbrées à 1 peseta, et à 2 pesetas si elles sont délivrées sous la forme de certificats (l. sur le timbre, art. 183).

[2] Cela signifie que la somme à recouvrer peut être réclamée par voie d'instance exécutive. Sur cette instance et sa procédure, v. notre étude sur la procédure judiciaire dans les affaires civiles-commerciales.

108. Dentro del día en que se verifique el contrato, entregarán los corredores colegiados á cada uno de los contratantes una minuta firmada, comprensiva de cuanto éstos hubieren convenido.

109. En los casos en que por conveniencia de las partes se extienda un contrato escrito[1], el corredor certificará al pie de los duplicados[2] y conservará el original.

110. Los corredores colegiados podrán, en concurrencia con los corredores intérpretes de buques, desempeñar las funciones propias de estos últimos, sometiéndose á las prescripciones de la sección siguiente de este título.

111. El Colegio de Corredores, donde no lo hubiere de Agentes, extenderá cada día de negociación una nota de los cambios corrientes y de los precios de las mercaderías; á cuyo efecto, dos individuos de la Junta sindical asistirán á las reuniones de la Bolsa, debiendo remitir una copia autorizada de dicha nota al Registro Mercantil.

Sección cuarta. De los corredores colegiados intérpretes de buques.

112. Para ejercer el cargo de corredor intérprete de buques, además de reunir las circunstancias que se exigen á los agentes mediadores en el art. 94, será necesario acreditar, bien por examen ó bien por certificado de establecimiento público, el conocimiento de dos lenguas vivas extranjeras.

113. Las obligaciones de los corredores intérpretes de buques serán: 1.º Intervenir en los contratos de fletamento, de seguros marítimos y préstamos á la gruesa[3], siendo requeridos; — 2.º Asistir á los capitanes y sobrecargos de buques extranjeros, y servirles de intérpretes, en las declaraciones, protestas y demás diligencias que les ocurran en los tribunales y oficinas públicas; — 3.º Traducir los documentos que los expresados capitanes y sobrecargos extranjeros hubieren de presentar en las mismas oficinas, siempre que ocurriere duda sobre su inteligencia,

---

[1]) Por virtud de lo dispuesto en el art. 190 de la L. del T. estos contratos se sujetarán al pago del impuesto gradual lo mismo que los que se eleven á escritura pública, ó sea con sujeción á la siguiente escala, inserta en el artículo 15:

Cuantía del documento.			Timbre	
			Clase	Precio Pesetas
Hasta	500	pesetas	11ª	1
Desde	500,01	hasta 1 000	10ª	2
"	1 000,01	" 1 500	9ª	3
"	1 500,01	" 2 000	8ª	4
"	2 000,01	" 2 500	7ª	5
"	2 500,01	" 3 500	6ª	7
"	3 500,01	" 5 000	5ª	10
"	5 000,01	" 12 500	4ª	25
"	12 500,01	" 25 000	3ª	50
"	25 000,01	" 37 500	2ª	75
"	37 500,01	" 50 000	1ª	100

cuya escala es sólo aplicable al primer pliego de la primera copia. — Las segundas y demás copias que se expidan, á instancia de los interesados para quienes se haya expedido la primera que respectivamente les corresponda, llevarán el timbre de 3 pesetas, clase 9ª á no ser que por su cuantía les corresponda papel de clase inferior con arreglo á la anterior escala. — Cuando la cuantía exceda de 50 000 pesetas, el primer pliego de la primera copia será de 100 pesetas, clase 1ª; pero antes de entregarse al interesado habrá de presentarse en la oficina liquidadora del impuesto de derechos reales á fin de pagar dos pesetas por cada 1000 ó fracción de 1000 que exceda de las expresadas 50 000. — El segundo y siguientes pliegos, tanto de la primera copia como de las demás, pagarán timbre de clase 11ª, ó sea de una peseta (art. 20 de la L. del T.).

[2]) Para el efecto del pago del impuesto del timbre estos duplicados son las copias de que se habla en la nota anterior.

[3]) Las pólizas relativas á los contratos de fletamento, préstamo á la gruesa ó hipoteca naval, háganse ó no por escritura pública, estarán sujetos al pago del impuesto del timbre con arreglo á su cuantía, y á tenor de la escala proporcional transcrita en la pág. 105, nota 1 (art. 176 de la L. del T.). — En los seguros marítimos el impuesto se satisface anualmente por las empresas aseguradoras.

108. Dans les vingt-quatre heures du contrat, les courtiers inscrits remettront à chacun des contractants une note signée énonçant tout ce dont ils sont convenus.

109. Dans tous les cas où, pour la convenance des parties, il est fait un contrat écrit[1], le courtier certifie l'exactitude des *duplicata*[2], par une mention au pied de ces documents, et il conserve l'original.

110. Les courtiers inscrits pourront, concurremment avec les courtiers interprètes de navires, remplir les fonctions propres de ces derniers, en se soumettant aux prescriptions spéciales de la section suivante du présent titre.

111. Le collège des courtiers, dans les lieux où il n'y aura pas de collège d'agents de change, rédigera, chaque jour de négociation, une note des changes courants et des prix des marchandises. A cet effet, deux membres de la chambre syndicale assisteront aux réunions de la bourse et devront remettre une copie authentique de la dite note au registre du commerce.

Section IV. Des courtiers interprètes de navires inscrits.

112. Pour exercer les fonctions de courtier interprète de navires, il sera indispensable de réunir les conditions exigées par l'art. 94 des agents intermédiaires du commerce et, en outre, de justifier, soit par un examen, soit par un certificat délivré par un établissement public, de la connaissance de deux langues vivantes étrangères.

113. Les obligations des courtiers interprètes de navires consisteront: 1° A intervenir dans les contrats d'affrétement, d'assurances maritimes et de prêts à la grosse[3], lorsqu'ils en sont requis; — 2° A assister les capitaines et subrécargues des navires étrangers, et à leur servir d'interprètes dans les déclarations, protestations et autres diligences qu'ils devront faire devant les tribunaux et les offices publics; — 3° A traduire les documents que les dits capitaines et subrécargues étrangers devront présenter dans les dits offices, toutes les fois que leur interprétation fera difficulté,

---

[1] L'art. 190 de la loi sur le timbre soumet ces contrats au même droit gradué que les contrats faits par acte public. Ce droit (art. 15) est déterminé par l'échelle suivante:

Somme du document			Timbre	
			Classe	Prix en Pesetas
Jusqu'à	500	pesetas	11e	1
De	500,01	jusqu'à 1 000	10e	2
,,	1 000,01	,, 1 500	9e	3
,,	1 500,01	,, 2 000	8e	4
,,	2 000,01	,, 2 500	7e	5
,,	2 500,01	,, 3 500	6e	7
,,	3 500,01	,, 5 000	5e	10
,,	5 000,01	,, 12 500	4e	25
,,	12 500,01	,, 25 000	3e	50
,,	25 000,01	,, 37 500	2e	75
,,	37 500,01	,, 50 000	1e	100

Cette échelle est seulement applicable à la première copie. — Les secondes et troisièmes copies délivrées sur la demande des intéressés à qui la première copie a été délivrée, sont timbrées à 3 pesetas (classe n° 9) à moins qu'à raison de la somme, elles ne doivent être faites sur un papier timbré d'un prix inférieur. — Lorsque la somme dépasse 50 000 pesetas, le premier feuillet de la première copie est timbré à 100 pesetas (classe n° 1), mais, avant de remettre cette copie à l'intéressé, on doit acquitter dans les bureaux de l'administration chargée de la liquidation des droits réels, une somme de 2 pesetas par 1000 pesetas ou fraction de 1000 pesetas au delà de 50 000 pesetas. Les autres feuillets de la premier copie et des autres copies sont timbrés au droit de 1 peseta (classe n° 11) (l. sur le timbre, art. 20).

[2] Ces *duplicata*, au point de vue de l'impôt sur le timbre, sont considérés comme étant les copies dont il est parlé dans la note précédente.

[3] Les polices des contrats d'affrétement, prêts à la grosse, et hypothéque maritime, qu'elles soient faites ou non par acte public, sont frappées d'un droit de timbre proportionnel suivant l'échelle proportionnelle reproduite ci-dessus p. 105, note 1 (l. sur le timbre, art. 176). — Pour les assurances maritimes l'impôt est payé annuellement par les compagnies d'assurances.

certificando estar hechas las traducciones bien y fielmente[1]; — 4.º Representar á los mismos en juicio cuando no comparezcan ellos, el naviero ó el consignatario del buque.

114. Será asimismo obligación de los corredores intérpretes de buques llevar: 1.º Un libro copiador de las traducciones que hicieren, insertándolas literalmente; — 2.º Un registro del nombre de los capitanes á quienes prestaren la asistencia propia de su oficio, expresando el pabellón, nombre, clase y porte del buque, y los puertos de su procedencia y destino; — 3.º Un libro diario de los contratos de fletamento en que hubieren intervenido, expresando en cada asiento el nombre del buque, su pabellón, matrícula y porte; los del capitán y del fletador; precio y destino del flete; moneda en que haya de pagarse; anticipos sobre el mismo, si los hubiere; los efectos en que consista el cargamento; condiciones pactadas entre el fletador y capitán sobre estadías, y el plazo prefijado para comenzar y concluir la carga[2].

115. El corredor intérprete de buque conservará un ejemplar del contrato ó contratos que hayan mediado entre el capitán y el fletador.

Libro segundo. De los contratos especiales del comercio.

Título primero. De las compañías mercantiles.

Sección primera. De la constitución de las compañías y de sus clases.

116. El contrato de compañía, por el cual dos ó más personas se obligan á poner en fondo común bienes, industria ó alguna de estas cosas, para obtener lucro, será mercantil, cualquiera que fuese su clase, siempre que se haya constituído con arreglo á las disposiciones de este Código.

Una vez constituída la compañía mercantil, tendrá personalidad jurídica en todos sus actos y contratos.

117. El contrato de compañía mercantil celebrado con los requisitos esenciales del derecho[3], será válido y obligatorio entre los que lo celebren, cualesquiera que sean la forma, condiciones y combinaciones lícitas y honestas con que lo constituyan, siempre que no estén expresamente prohibidas en este Código.

Será libre la creación de Bancos territoriales, agrícolas, y de emisión y descuento; de sociedades de crédito, de préstamos hipotecarios, concesionarias de obras públicas, fabriles, de almacenes generales de depósito, de minas, de formación de capitales y rentas vitalicias, de seguros, y demás asociaciones que tuvieren por objeto cualquiera empresa industrial ó de comercio.

118. Serán igualmente válidos y eficaces los contratos entre las compañías mercantiles y cualesquiera personas capaces de obligarse, siempre que fueren lícitos y honestos, y aparecieren cumplidos los requisitos que expresa el artículo siguiente.

119. Toda compañía de comercio, antes de dar principio á sus operaciones, deberá hacer constar su constitución, pactos y condiciones, en escritura pú-

---

[1] Estas certificaciones están sujetas igualmente al pago del impuesto del timbre de 2 pesetas, clase 10ª (art. 183 L. del T.).

[2] Todos estos libros, á tenor del artículo 155 de la L. del T. deben reintegrarse lo mismo que los libros Diario y Mayor de los comerciantes particulares. (Veanse la pág. 99, notas 2 y 3.)

[3] Los requisitos esenciales del derecho son: capacidad en los contratantes, consentimiento válidamente prestado, objeto lícito y causa verdadera. La doctrina legal referente á estos extremos puede verse en la parte del Cód. c. transcrita entre los textos de las leyes complementarias del Cód. de com.

et à attester que les dites traductions sont exactes et fidèles[1]; — 4° A représenter en justice les personnes ci-dessus désignées, lorsqu'elles ne comparaissent pas en personne, ainsi que le propriétaire ou le consignataire du navire.

114. Les courtiers interprètes de navires sont également obligés de tenir: 1° Un livre sur lequel ils recopieront littéralement les traductions par eux faites; — 2° Un registre sur lequel ils relateront le nom des capitaines à qui ils prêteront leur ministère, et inscriront en outre le pavillon, le nom, la classe et le tonnage du navire, ainsi que ses ports de provenance et de destination; — 3° Un livre journal des contrats d'affrètement dans lesquels ils sont intervenus, sur lequel ils énonceront, dans chaque mention, le nom, le pavillon, la matricule et le tonnage du navire; les noms du capitaine et de l'affréteur; le prix et la destination du fret; la monnaie dans laquelle il doit être payé; les avances versées sur le dit prix, s'il y a lieu; les effets composant le chargement; les conventions stipulées entre l'affréteur et le capitaine sur les staries, et le délai fixé pour commencer et terminer le chargement[2].

115. Le courtier interprète de navire conservera un exemplaire du contrat ou des contrats passés par son intermédiaire entre le capitaine et l'affréteur.

Livre deuxième. Des contrats spéciaux du commerce.

Titre premier. Des sociétés commerciales.

Section première. De la constitution des sociétés et de leurs différentes espèces.

116. Le contrat de société, par lequel deux ou plusieurs personnes s'obligent à mettre en commun leurs biens, leur industrie ou l'une de ces choses, dans le but de réaliser un bénéfice, sera commercial, quelle que soit la classe à laquelle il appartient, toutes les fois qu'il aura été fait conformément aux dispositions du présent Code.

La société commerciale, une fois constituée, possèdera la personnalité juridique pour tous ses actes et contrats.

117. Le contrat de société commerciale, lorsqu'il réunit les formalités essentielles exigées par le droit[3], sera valable et obligatoire entre ceux qui l'ont fait, quelles que soient les conditions et les combinaisons honnêtes et licites le constituant, pourvu qu'elles ne sont pas expressément prohibées par le présent Code.

Sera libre la création de banques territoriales, agricoles, ainsi que de banques d'émission et d'escompte, de sociétés de crédit, de prêts hypothécaires, de compagnies concessionnaires de travaux publics; de sociétés industrielles; de sociétés de magasins généraux de dépôt, de sociétés de mines, de formation de capitaux et de rentes viagères, d'assurances; ainsi que de toutes autres associations quelconques ayant pour objet une entreprise industrielle ou commerciale.

118. Seront également valables et efficaces les contrats intervenus entre les sociétés commerciales et les personnes quelconques ayant la capacité de s'obliger, toutes les fois qu'ils seront honnêtes et licites et qu'il sera justifié de l'accomplissement des formalités indiquées dans l'article suivant.

119. Toute société commerciale, avant de commencer ses opérations, devra faire constater sa constitution, ainsi que les conventions et les conditions qui la

---

[1] Ces certificats sont soumis également au droit de timbre de 2 pesetas (classe n° 10) (l. sur le timbre, art. 133).

[2] Tous ces livres, aux termes de l'art. 185 de la loi sur le timbre, doivent payer le même droit de timbre que le livre-journal et le grand livre des particuliers commerçants (v. p. 99 notes 2 et 3).

[3] Les conditions essentielles sont: La capacité des contractants, le consentement valablement donné, un objet licite et une cause véritable. La doctrine légale concernant ces conditions se trouve dans la partie du Code civil que nous reproduisons dans les lois complémentaires du Code de commerce.

blica[1] que se presentará para su inscripción en el Registro Mercantil, conforme á lo dispuesto en el art. 17[2].

Á las mismas formalidades quedarán sujetas, con arreglo á lo dispuesto en el art. 25, las escrituras adicionales que de cualquiera manera modifiquen ó alteren el contrato primitivo de la compañía.

Los socios no podrán hacer pactos reservados, sino que todos deberán constar en la escritura social.

120. Los encargados de la gestión social que contravinieren á lo dispuesto en el artículo anterior, serán solidariamente responsables[3] para con las personas extrañas á la compañía con quienes hubieren contratado en nombre de la misma.

121. Las compañías mercantiles se regirán por las cláusulas y condiciones de sus contratos, y, en cuanto en ellas no esté determinado y prescrito, por las disposiciones de este Código.

122. Por regla general, las compañías mercantiles se constituirán adoptando alguna de las siguientes formas: 1.ª La regular colectiva, en que todos los socios, en nombre colectivo y bajo una razón social, se comprometen á participar, en la proporción que establezcan, de los mismos derechos y obligaciones; — 2.ª La comanditaria, en que uno ó varios sujetos aportan capital determinado al fondo común, para estar á las resultas de las operaciones sociales dirigidas exclusivamente por otros con nombre colectivo; — 3.ª La anónima, en que formando el fondo común los asociados por partes ó porciones ciertas, figuradas por acciones ó de otra manera indubitada, encargan su manejo á mandatarios ó administradores amovibles que representen á la compañía bajo una denominación apropiada al objeto ó empresa á que destine sus fondos.

123. Por la índole de sus operaciones podrán ser las compañías mercantiles: Sociedades de crédito; — Bancos de emisión y descuento; — Compañías de crédito territorial; — Compañías de minas; — Bancos agrícolas; — Concesionarias de ferrocarriles, tranvías y obras públicas; — De almacenes generales de depósito; — Y de otras especies, siempre que sus pactos sean lícitos, y su fin la industria ó el comercio.

124. Las compañías mutuas de seguros contra incendios, de combinaciones tontinas sobre la vida para auxilios á la vejez, y de cualquiera otra clase, y las co-

---

[1]) Estas escrituras habrán de liquidarse para el pago del impuesto del timbre, teniendo en cuenta su capital social, aunque no se desembolse desde luego, y del propio modo se liquidarán las escrituras de ampliación ó aumento de capital, en las que únicamente se exigirá la diferencia (art. 16, L. del T.).

[2]) El Consejo de Estado en pleno, en su informe de 14 de mayo de 1906, emitido para resolver las reclamaciones formuladas contra el Reglamento dictado por el Ministro de la Gobernación para el régimen y servicio de la Gaceta de Madrid y de la Guía Oficial de España, aceptado y transcrito por el propio Ministro en su Real Orden de 23 de julio del mismo año, ha declarado que, en lo que no ha sido derogada expresamente, está en vigor la Ley de 11-19 de octubre de 1869, y por tanto su artículo 3; el cual dispone, entre otras cosas, que las compañías, dentro del plazo de 15 días, á contar desde la fecha de su constitución, vendrán obligadas por medio de sus gerentes, administradores ó directores á presentar al Gobernador de la provincia en donde aquella tenga su domicilio, una copia autorizada de la escritura social, con sus estatutos ó reglamentos si los hubiere, así como del acta de constitución, para remitirla al Ministerio de Fomento. — También tendrán los expresados administradores la obligación de publicar en la Gaceta de Madrid y Boletín oficial de la provincia respectiva, dentro del indicado plazo, los referidos documentos para que lleguen á conocimiento del público (Apartado 9 del artículo 13 del citado Reglamento de la Gaceta aprobado por Real Orden de 23 de julio de 1906). — Téngase en cuenta que aun cuando los preceptos transcritos de esta Ley de 1869 no excluyen de su cumplimiento á ninguna compañía ó sociedad, no son sin embargo de aplicación más que á las sociedades anónimas y comanditarias por acciones, ya que esta clase de sociedades estaban sujetas á la publicación de dicha Ley á una serie de trabas y restricciones extraordinarias. Y como el objeto de esta fué el decretar la libre creación de las referidas sociedades, las medidas acordadas en sustitución de las que quedaban derogadas sólo pueden considerarse exigibles respecto de estas.

[3]) La obligación solidaria que impone la ley á los encargados de la gestión social en este caso les hace responsables del pago de la totalidad de las deudas sociales, que pueden exigirse íntegramente de cualquiera de ellos.

régissent, dans un acte authentique[1] qui sera présenté à l'inscription sur le registre du commerce conformément aux dispositions de l'art. 17[2].

Seront soumis aux mêmes formalités, conformément aux prescriptions de l'art. 25, les actes additionnels modifiant ou transformant d'une manière quelconque le contrat primitif.

Les associés ne peuvent pas faire de pactes réservés, dont les stipulations ne soient pas intégralement énoncées dans l'acte de constitution de la société.

120. Les personnes chargées de la gestion sociale qui contreviendront aux prescriptions de l'article précédent, seront solidairement responsables[3] envers les tiers avec lesquels elles auront contracté au nom de la société.

121. Les sociétés commerciales seront régies par les clauses et conditions du contrat et, pour tout ce qui n'a pas été déterminé et prescrit par icelles, par les dispositions du présent Code.

122. En règle générale, les sociétés commerciales adopteront, au moment de leur constitution, l'une des formes suivantes: 1° La forme collective, dans laquelle tous les associés, agissant en nom collectif et sous une raison sociale, se promettent mutuellement de participer, dans la proportion qu'ils déterminent, aux mêmes droits et aux mêmes obligations; — 2° La commandite, dans laquelle un ou plusieurs associés apportent un capital déterminé au fonds commun pour répondre des conséquences des opérations dirigées exclusivement par d'autres associés en nom collectif; — 3° La forme anonyme, dans laquelle les associés forment le fonds commun au moyen de parts ou coupures déterminées, représentées par des actions, ou de toute autre manière certaine, et confient le maniement du fonds social ainsi constitué à des mandataires ou administrateurs amovibles qui représentent la société sous une dénomination appropriée à l'objet ou à l'entreprise à laquelle ledit fonds social est destiné.

123. Par la nature de leurs opérations les sociétés commerciales pourront être: Des sociétés de crédit; — Des banques d'émission et d'escompte; — Des sociétés de crédit foncier; — Des compagnies de mines; — Des banques agricoles; — Des compagnies concessionnaires de chemins de fer, de tramways et de travaux publics; — Des sociétés de magasins généraux de dépôt, et enfin des sociétés de toutes autres espèces, pourvu que les conventions soient licites, ainsi que l'industrie ou le commerce qu'elles ont pour but.

124. Les compagnies mutuelles d'assurances contre l'incendie, celles qui reposent sur des combinaisons tontinières sur la vie en vue d'assurer des secours

---

[1] La liquidation du droit de timbre dû pour ces actes doit être faite en tenant compte du capital social, encore qu'il ne soit pas intégralement versé d'abord. On procède de la même manière à la liquidation du droit de timbre dû pour les actes portant augmentation du capital; mais le droit n'est établi que sur la différence entre le capital primitif et le capital nouveau (l. sur le timbre, art. 16).

[2] Le Conseil d'État, en assemblée générale, par son avis du 14 mai 1906, émis à la suite des réclamations auxquelles avait donné lieu le règlement sur le régime et le service de la *Gaceta de Madrid* et de la *Guia Oficial de España*, arrêté par le ministre de l'intérieur, avis adopté ensuite par le ministre lui-même et transcrit dans l'ordre royal du 23 juillet 1906, a décidé que la loi des 11-19 octobre 1869 subsiste dans les parties qui n'ont pas fait l'objet d'une abrogation expresse. En conséquence l'art. 3 de cette loi demeure en vigueur. Cet article dispose que les sociétés, dans les quinze jours de leur constitution, sont tenues de présenter au gouverneur de la province, où elles ont leur siège social, par l'intermédiaire de leurs gérants, administrateurs ou directeurs, une copie authentique de leur acte de constitution, qui est destinée à être remise au ministère de *Fomento*. — Les administrateurs sont également tenus de publier dans la *Gaceta de Madrid* et dans le *Boletin Oficial* de la province, dans ce même délai, les documents sus relatés pour être portés à la connaissance du public (al. 9 de l'art. 10 du règlement de la *Gaceta de Madrid* approuvé par ordre royal du 23 juillet 1906. — Observons que les prescriptions de cette loi de 1869 que nous venons de reproduire, ne souffrent aucune exception, mais que cependant elles ne s'appliquent qu'aux sociétés anonymes et en commandite par actions. En effet, les sociétés de cette nature étaient soumises, lors de la promulgation de cette loi, à une série d'entraves et de restrictions extraordinaires. Or la loi de 1869 avait pour objet de permettre de créer librement ces sociétés anonymes et en commandites par actions, on doit donc admettre que les mesures qu'elle a substituées à celles qu'elle supprimait ne concernent que ces deux sociétés.

[3] L'obligation solidaire imposée par la loi aux personnes chargées de la gestion sociale, dans ce cas les rend responsables du paiement de la totalité des dettes sociales, qui peuvent ainsi être réclamées intégralement à l'un quelconque d'entre eux.

operativas de producción, de crédito ó de consumo, sólo se considerarán mercantiles, y quedarán sujetas á las disposiciones de este Código, cuando se dedicaren á actos de comercio extraños á la mutualidad, ó se convirtieren en sociedades á prima fija.

Sección segunda.   De las compañías colectivas.

125. La escritura social de la compañía colectiva deberá expresar: El nombre, apellido y domicilio de los socios; — La razón social; — El nombre y apellido de los socios á quienes se encomiende la gestión de la compañía y el uso de la firma social; — El capital que cada socio aporte en dinero efectivo, créditos ó efectos, con expresión del valor que se dé á éstos ó de las bases sobre que haya de hacerse el avalúo; — La duración de la compañía; — Las cantidades que en su caso se asignen á cada socio gestor anualmente para sus gastos particulares[1]; — Se podrán también consignar en la escritura todos los demás pactos lícitos y condiciones especiales que los socios quieran establecer.

126. La compañía colectiva habrá de girar bajo el nombre de todos sus socios, de algunos de ellos ó de uno solo, debiéndose añadir, en estos dos últimos casos, al nombre ó nombres que se expresen, las palabras «y compañía».

Este nombre colectivo constituirá la razón ó firma social, en la que no podrá incluirse nunca el nombre de persona que no pertenezca de presente á la compañía.

Los que, no perteneciendo á la compañía, incluyan su nombre en la razón social, quedarán sujetos á responsabilidad solidaria, sin perjuicio de la penal si á ella hubiere lugar.

127. Todos los socios que formen la compañía colectiva, sean ó no gestores de la misma, estarán obligados personal y solidariamente, con todos sus bienes, á las resultas de las operaciones que se hagan á nombre y por cuenta de la compañía, bajo la firma de ésta y por persona autorizada para usarla.

128. Los socios no autorizados debidamente para usar de la firma social, no obligarán con sus actos y contratos á la compañía, aunque los ejecuten á nombre de ésta y bajo su firma.

La responsabilidad de tales actos en el orden civil ó penal, recaerá exclusivamente sobre sus autores.

129. Si la administración de las compañías colectivas no se hubiere limitado por un acto especial á alguno de los socios, todos tendrán la facultad de concurrir á la dirección y manejo de los negocios comunes, y los socios presentes se pondrán de acuerdo para todo contrato ú obligación que interese á la sociedad.

130. Contra la voluntad de uno de los socios administradores que expresamente la manifieste, no deberá contraerse ninguna obligación nueva; pero si, no obstante, llegare á contraerse, no se anulará por esta razón, y surtirá sus efectos, sin perjuicio de que el socio ó socios que la contrajeren respondan á la masa social del quebranto que ocasionaren.

131. Habiendo socios especialmente encargados de la administración, los demás no podrán contrariar ni entorpecer las gestiones de aquéllos ni impedir sus efectos.

132. Cuando la facultad privativa de administrar y de usar de la firma de la compañía haya sido conferida en condición expresa del contrato social, no se podrá privar de ella al que la obtuvo; pero si éste usare mal de dicha facultad, y de su gestión resultare perjuicio manifiesto á la masa común, podrán los demás socios nombrar de entre ellos un coadministrador[2] que intervenga en todas las ope-

---

[1] Con arreglo á la Ley de 29 de marzo de 1900 creando el impuesto sobre utilidades de la riqueza mobiliaria pagarán los gerentes ó administradores de estas sociedades el 10% de dichas cantidades.

[2] El nombramiento de coadministrador ha de solicitarse del juez por medio de expediente de jurisdicción voluntaria, pidiendo por escrito que se reciba información sobre la mala administración; y acreditado este extremo se nombre el coadministrador que ellos designen á tenor de lo prevenido en este artículo del Cód. de com.; de cuyo escrito se acompañará copia que será entregada al socio administrador en el acto de la citación que al efecto le haga el juez (art. 2162 de la

à la vieillesse, ainsi que les sociétés mutuelles de toute autre classe quelconque et les sociétés coopératives de production, de crédit et de consommation, ne seront considérées comme commerciales et ne seront soumises aux dispositions du présent Code que lorsqu'elles se livreront à des actes de commerce étrangers à la mutualité ou se convertiront en sociétés à prime fixe.

Section II. Des sociétés en nom collectif.

125. L'acte constitutif de la société en nom collectif devra énoncer: Les prénom, nom et domicile des associés; — La raison sociale; — Les prénom et nom des associés à qui est confié le droit de gérer la société et de faire usage de la signature sociale; — Le capital apporté par chaque associé en deniers comptants, créances ou effets, en indiquant la valeur attribuée aux dits apports ou les bases d'après lesquelles ils doivent être évalués; — La durée de la société; — Les sommes attribuées, s'il y a lieu, annuellement à chaque associé gérant pour ses frais particuliers[1]. — Pourront aussi être consignées au dit acte toutes les autres conventions et conditions spéciales que les associés voudront établir.

126. La société en nom collectif fonctionnera sous le nom de tous les associés, de quelques-uns d'entre eux ou d'un seul; dans ces deux derniers cas on devra ajouter au nom ou aux noms des associés désignés, la mention «et compagnie».

Ce nom collectif constituera la raison ou signature sociale, dans laquelle ne pourra figurer le nom d'une personne n'appartenant pas actuellement à la société.

Ceux qui n'appartenant pas à la société feront figurer leur nom dans la raison sociale, seront soumis à la responsabilité solidaire, sans préjudice de la responsabilité pénale.

127. Tous les associés composant la société en nom collectif qu'ils soient ou non chargés de la gestion, seront tenus personnellement et solidairement, sur tous leurs biens, des conséquences des opérations faites au nom et pour le compte de la société, sous la signature sociale, par la personne autorisée à faire usage de la dite signature.

128. Les associés qui ne sont pas dûment autorisés à faire usage de la signature sociale, n'obligeront pas la société par leurs actes ou contrats, encore qu'ils les accomplissent au nom de la société et sous la signature sociale.

La responsabilité des dits actes, au point de vue civil ou pénal, retombera exclusivement sur leurs auteurs.

129. Si l'administration des sociétés en nom collectif n'a pas été spécialement confiée par un acte spécial à l'un des associés, tous les associés auront la faculté de prendre part à la direction et au maniement des affaires communes, et les associés présents se mettront d'accord pour tout contrat ou obligation intéressant la société.

130. Aucune obligation nouvelle ne pourra être contractée contrairement à la volonté expressément manifestée de l'un des associés administrateurs. Toutefois si, nonobstant cette prohibition, la dite obligation vient à être contractée, elle ne sera pas annulée pour ce motif, et elle sortira tous ses effets, sauf à l'associé ou aux associés qui l'ont contractée à répondre envers la société du dommage par eux occasionné.

131. Lorsque certains associés ont été spécialement chargés de l'administration, les autres ne pourront ni contrarier, ni entraver la gestion des dits administrateurs, ni empêcher que leurs actes ne produisent un effet.

132. L'autorisation d'administrer et de faire usage de la signature sociale, lorsqu'elle a été donnée spécialement à l'un des associés par l'acte constitutif de la société et forme une de ses conditions expresses, ne peut être révoquée. Toutefois, si l'administrateur ainsi désigné administre mal, ou s'il résulte manifestement de sa gestion un préjudice pour les intérêts sociaux, les autres associés pourront désigner parmi eux un co-administrateur,[2] à l'effet d'intervenir dans toutes les opé-

---

[1] Conformément à la loi du 29 mars 1900, qui crée l'impôt sur les bénéfices de la richesse mobilière, les gérants ou administrateurs de ces sociétés, doivent payer 10% sur ces sommes.

[2] La nomination du co-administrateur doit être demandée au juge en observant la procédure de la juridiction volontaire, par une requête écrite exposant les faits de mauvaise administration et sur la justification de cette requête, il est procédé à la nomination du co-administrateur que les associés désignent conformément à l'art. 132 C. com. A la requête doit être jointe une copie destinée à être remise à l'administrateur en même temps que la citation du juge. (Art.

raciones, ó promover la rescisión del contrato ante el juez ó tribunal competente, que deberá declararla, si se probare aquel perjuicio.

133. En las compañías colectivas, todos los socios, administren ó no, tendrán derecho á examinar el estado de la administración y de la contabilidad, y hacer, con arreglo á los pactos consignados en la escritura de la sociedad ó las disposiciones generales del derecho, las reclamaciones que creyeren convenientes al interés común[1].

134. Las negociaciones hechas por los socios en nombre propio y con sus fondos particulares, no se comunicarán á la compañía ni la constituirán en responsabilidad alguna, siendo de la clase de aquellas que los socios puedan hacer lícitamente por su cuenta y riesgo[2].

135. No podrán los socios aplicar los fondos de la compañía ni usar de la firma social para negocios por cuenta propia; y en el caso de hacerlo, perderán en beneficio de la compañía la parte de ganancias que, en la operación ú operaciones hechas de este modo, les pueda corresponder, y podrá haber lugar á la rescisión del contrato social en cuanto á ellos, sin perjuicio del reintegro de los fondos de que hubieren hecho uso, y de indemnizar además á la sociedad de todos los daños y perjuicios que se le hubieren seguido.

136. En las sociedades colectivas que no tengan género de comercio determinado, no podrán sus individuos hacer operaciones por cuenta propia sin que preceda consentimiento de la sociedad, la cual no podrá negarlo sin acreditar que de ello le resulta un perjuicio efectivo y manifiesto.

Los socios que contravengan á esta disposición, aportarán al acervo común el beneficio que les resulte de estas operaciones, y sufrirán individualmente las pérdidas si las hubiere.

137. Si la compañía hubiere determinado en su contrato de constitución el género de comercio en que haya de ocuparse, los socios podrán hacer lícitamente por su cuenta toda operación mercantil que les acomode, con tal que no pertenezca á la especie de negocios á que se dedique la compañía de que fueren socios, á no existir pacto especial en contrario.

138. El socio industrial no podrá ocuparse en negociaciones de especie alguna, salvo si la compañía se lo permitiere expresamente; y en caso de verificarlo, quedará al arbitrio de los socios capitalistas excluirlo de la compañía, privándole de los beneficios que le correspondan en ella, ó aprovecharse de los que hubiere obtenido contraviniendo á esta disposición.

139. En las compañías colectivas ó en comandita ningún socio podrá separar ó distraer del acervo común más cantidad que la designada á cada uno para sus gastos particulares; y si lo hiciere, podrá ser compelido á su reintegro como si no hubiese completado la porción del capital que se obligó á poner en la sociedad.

Ley de Enjuiciamiento civil). El socio administrador objeto de este expediente podrá hacer en él una contrainformación en defensa de sus actos y presentar los documentos que la justifiquen (art. 2163 L. Enj. c.). Y practicadas que sean la información y la contrainformación, en el caso en que esta se intente, el juez oirá en comparecencia (es decir verbalmente) á los interesados y resolverá dictando un auto en el que acordará si procede ó no el nombramiento solicitado (art. 2164 L. Enj. c.); y nombrará en caso afirmativo á la persona designada por los socios promovedores del expediente; contra cuya designación podrá oirse al administrador intervenido, y si los motivos de su oposición fueren fundados, citará el juez á nueva comparecencia; y si en ella no se pusieran de acuerdo los socios interesados en el nombramiento de coadministrador y el administrador, nombrará el juez á otra persona que habrán de designar de nuevo los mismos socios (art. 2165, L. Enj. c.).

[1]) Si el administrador ó los administradores no consintieren este examen de la administración ó de la contabilidad podrá acudirse por escrito al juez, y este ordenará que en el acto se le pongan de manifiesto al socio ó socios que lo soliciten los libros y documentos de la sociedad que quiera ó quieran examinar, y si, apesar de esto, se resistiere el administrador ó administradores, adoptará el juez las medidas necesarias para obligarle al cumplimiento de lo mandado art. 2166, L. Enj. c.).

[2]) Este precepto lo ha reproducido haciéndolo extensivo á todo nombre comercial la Ley sobre propiedad industrial de 16 de mayo de 1902 en los términos que puede verse en la pág. 96, **nota 2.**

rations, ou provoquer la rescision du contrat devant le tribunal compétent, qui devra prononcer la dite rescision si la preuve du préjudice est rapportée.

133. Dans les sociétés en nom colletif, tous les associés, qu'ils soient ou ne soient pas administrateurs, auront le droit de prendre connaissance de l'état de l'administration et de la comptabilité, et de faire, conformément aux clauses de l'acte de société ou aux dispositions générales du droit, les réclamations qu'ils jugeront convenables à l'intérêt commun[1].

134. Les négociations faites par les associés en leur nom personnel et avec leurs fonds particuliers, ne profiteront pas à la société et n'entraîneront pour elle aucune responsabilité quand elles appartiennent à la catégorie des opérations que les associés peuvent faire licitement pour leur compte et à leurs risques[2].

135. Les associés ne pourront employer les fonds sociaux, ni faire usage de la signature sociale pour leurs affaires personnelles, et, dans le cas où ils viendraient à le faire, ils perdront, au profit de la société, la part des bénéfices par eux retirés de l'opération ou des opérations ainsi réalisées. Le contrat de société pourra en outre être résilié quant à eux, sans préjudice de l'obligation leur incombant de restituer les fonds par eux employés et d'indemniser en outre la société de tous les dommages et préjudices qu'ils lui auront occasionnés.

136. Dans les sociétés en nom collectif qui n'exercent pas un genre de commerce déterminé, les associés ne pourront pas faire d'opérations commerciales pour leur propre compte, à moins d'avoir obtenu préalablement le consentement de la société, lequel consentement ne pourra être refusé sans justifier d'un préjudice effectif et certain.

Les associés qui contreviendront à la présente disposition apporteront à la masse sociale les bénéfices résultant des opérations par eux réalisées, et ils supporteront individuellement les pertes auxquelles les dites opérations pourront donner lieu.

137. Si le genre de commerce auquel la société doit se livrer a été déterminé dans l'acte constitutif, les associés pourront, à moins de convention contraire, faire licitement tous les actes de commerce qu'il leur conviendra, pourvu qu'ils ne rentrent point dans la catégorie des affaires auxquelles se livre la société dont ils font partie.

138. L'associé qui apporte son industrie ne pourra s'occuper de négociations d'aucune espèce, sauf dans le cas où la société l'y aura expressément autorisé; et s'il vient à contrevenir à cette défense, les associés qui apportent leurs capitaux pourront, à leur choix, l'exclure de la société et le priver de sa part dans les bénéfices sociaux, ou s'approprier les bénéfices par lui réalisés en contrevenant à la présente disposition.

139. Dans les sociétés en nom collectif et en commandite, aucun associé ne pourra prendre ou distraire du fonds commun une somme supérieure à celle qui a été attribuée à chacun pour ses dépenses personnelles, et, s'il agit ainsi, il pourra être contraint à restituer les sommes par lui prises comme s'il n'avait pas complété son apport.

2162, loi d'*Enjuiciamiento civil*). L'associé administrateur peut faire un mémoire en réponse pour défendre ses actes et présenter tous documents justificatifs (art. 2163 l. *Enj. civ.*). Après ces deux rapports, s'il y a mémoire en réponse, le juge fera comparaître en personne, c'est-à-dire entendra verbalement les intéressés, et il rendra une ordonnance par laquelle il décidera s'il y a lieu ou non d'accueillir la requête à fin de nomination d'un co-administrateur. Dans l'affirmative, il nommera la personne désignée par les associés qui ont provoqué la demande. L'administrateur qui fait l'objet de cette mesure pourra réclamer contre cette désignation, et, dans ce cas, si les motifs de son opposition sont fondés, le juge fera de nouveau comparaître les parties, et, si à cette seconde comparution les associés intéressés et l'administrateur ne peuvent se mettre d'accord pour la nomination du co-administrateur, le juge nommera une autre personne que les associés devront désigner (l. d'*Enjuiciamiento civil*, art. 2165).

[1]) Si l'administrateur ou les administrateurs ne consentent pas à cette vérification de l'administration ou de la comptabilité, on pourra adresser une requête écrite au juge, et celui-ci ordonnera de communiquer immédiatement à l'associé ou aux associés les livres et documents de la société qu'ils désirent examiner. Si, malgré cette injonction, l'administrateur ou les administrateurs résistent, le juge prendra les mesures nécessaires pour assurer l'exécution de son ordonnance.

[2]) Cette disposition a été reproduite et généralisée par la loi du 16 mai 1902 sur la propriété industrielle, dans les conditions que nous rappelons ci-dessus (v. p. 96, note 2).

140. No habiéndose determinado en el contrato de compañía la parte correspondiente á cada socio en las ganancias, se dividirán éstas á prorrata de la porción de interés que cada cual tuviere en la compañía, figurando en la distribución los socios industriales, si los hubiere, en la clase del socio capitalista de menor participación.

141. Las pérdidas se imputarán en la misma proporción entre los socios capitalistas, sin comprender á los industriales, á menos que por pacto expreso se hubieren éstos constituido partícipes en ellas.

142. La compañía deberá abonar á los socios los gastos que hicieren, é indemnizarles de los perjuicios que experimentaren, con ocasión inmediata y directa de los negocios que aquélla pusiere á su cargo; pero no estará obligada á la indemnización de los daños que los socios experimenten, por culpa suya, caso fortuito ni otra causa independiente de los negocios, mientras se hubieren ocupado en desempeñarlos.

143. Ningún socio podrá transmitir á otra persona el interés que tenga en la compañía, ni sustituirla en su lugar para que desempeñe los oficios que á él le tocaren en la administración social, sin que preceda el consentimiento de los socios.

144. El daño que sobreviniere á los intereses de la compañía por malicia, abuso de facultades ó negligencia grave de uno de los socios, constituirá á su causante en la obligación de indemnizarlo, si los demás socios lo exigieren, con tal que no pueda inducirse de acto alguno la aprobación ó la ratificación expresa ó virtual del hecho en que se funde la reclamación.

Sección tercera. De las compañías en comandita.[1]

145. En la escritura social de la compañía en comandita constarán las mismas circunstancias que en la colectiva.

146. La compañía en comandita girará bajo el nombre de todos los socios colectivos, de algunos de ellos ó de uno solo, debiendo añadirse, en estos dos últimos casos, al nombre ó nombres que se expresen, las palabras «y compañía», y en todos, las de «sociedad en comandita».

147. Este nombre colectivo constituirá la razón social, en la que nunca podrán incluirse los nombres de los socios comanditarios.

---

[1] Las compañías comanditarias, tanto las ordinarias como las constituidas por acciones y las sociedades anónimas mercantiles ó industriales, hasta la publicación de la Ley de 27 de marzo de 1900, habían venido satisfaciendo sus cuotas al Tesoro con arreglo á las tarifas correspondientes de la contribución industrial y de comercio. Pero esta ley, que estableció la contribución sobre las utilidades de la riqueza mobiliaria, y que gravaba los beneficios obtenidos por el trabajo sin el concurso del capital, los del capital exclusivamente y los obtenidos conjuntamente por el trabajo y el capital en el ejercicio de industrias no gravadas en otra forma, imponía un tanto por ciento sobre las utilidades líquidas de las sociedades por acciones. Con este motivo surgieron dudas y diferencias de apreciación respecto á la inteligencia y alcance del indicado precepto que dieron lugar á una serie de disposiciones aclaratorias; hasta que, por último, la Ley de 3 de agosto de 1907 ha cortado de raíz todo esto, disponiendo, en su art. 2.º, que, á partir del 1.º de enero de 1908, tanto las sociedades anónimas como las comanditarias por acciones dedicadas á la fabricación, dejarán de tributar por la tarifa 3.ª de la contribución industrial y pagarán por las utilidades que obtengan, sujetándose en absoluto á la Ley de 1900, á la que ya estaban sujetas las sociedades anónimas y comanditarias por acciones de carácter puramente comercial. — En su consecuencia; desde el 1.º de enero de 1908 todas las sociedades por acciones, sean de la clase que sean, pagarán por los beneficios obtenidos, así como los accionistas de las mismas habrán de contribuir por razón de los dividendos que perciban. — Las sociedades, según la tarifa 3.ª de dicha Ley, pagarán: — El 15%, los Bancos de emisión; El 12%, las sociedades por acciones, excepto las mineras, y las que encargadas por arrendamiento ó concierto de servicios propios del Estado tengan estipulada con él la exención de la contribución industrial; Este mismo 12%, las compañías anónimas que exploten tranvías y demás concesiones, no siendo de ferrocarriles, sean ó no revertibles al Estado ó á los Municipios; El 7%, las compañías anónimas de ferrocarriles y las dedicadas á la explotación de canales y á la navegación; El 6%, las sociedades de producción y de consu moy las cooperativas de crédito, á excepción de las cooperativas de todas clases que pertenezcan á las clases obreras. — Los accionistas por su parte habrán de satisfacer: el 5% de los dividendos de las acciones de los Bancos de emisión; el 3% de los de las acciones de las sociedades anónimas de todas clases y de los de las compañías de ferrocarriles ó que exploten tranvías, canales y demás concesiones, sean ó no revertibles al Estado ó á los Municipios, y el 2% de los de las acciones de las sociedades mineras. — Sobre todo esto hay que tener en cuenta que la nueva Ley de 3 de agosto de 1907 ha establecido un recargo de 10 centimos.

140. A défaut de détermination dans le contrat de société de la part de chaque associé dans les bénéfices, ces bénéfices se diviseront au prorata de la mise de chacun dans le fonds social, et les associés qui ont apporté leur industrie, s'il y en a, figureront dans la répartion au même rang que l'associé en capital le moins prenant.

141. Les pertes seront supportées dans la même proportion par les associés dont l'apport consiste en capitaux, à l'exclusion des associés ayant apporté leur industrie, sauf dans le cas où l'acte de société stipulera qu'ils participeront aux pertes.

142. La société devra rembourser aux associés les dépenses par eux faites et les indemniser des préjudices dont les affaires dont elle les a chargés auront été pour eux la cause immédiate et directe; elle ne sera pas, toutefois, obligée à les indemniser des dommages dont les dits associés auront souffert par leur faute, par cas fortuit, ou pour toute autre cause indépendante des affaires sociales, dans l'exercice de leurs fonctions.

143. Aucun associé ne pourra, sans le consentement préalable de la société, céder à un tiers sa part dans la société, ni se faire substituer dans les fonctions lui incombant dans l'administration sociale.

144. L'associé qui par malice, abus de pouvoirs, ou négligence grave, aura causé un préjudice aux intérêts de la société, sera tenu de le réparer, si les autres associés l'exigent, pourvu qu'on ne puisse induire d'aucun acte l'approbation ou la ratification expresse ou virtuelle du fait sur lequel se fonde l'action en dommages-intérêts.

Section III.   Des sociétés en commandite.[1]

145. L'acte constitutif de la société en commandite relatera les mêmes circonstances que l'acte constitutif de la société en nom collectif.

146. La société en commandite fonctionnera sous le nom de tous les associés en nom collectif, de quelques-uns ou d'un seul d'entre eux; dans ces deux derniers cas, on devra ajouter aux noms des associés qui sont désignés les mots «et compagnie», et, en toutes lettres, la mention: «Société en commandite».

147. Le nom collectif constituera la raison sociale, dans laquelle on ne pourra jamais comprendre le nom des commanditaires.

---

[1] Les sociétés en commandite, simples ou par actions, ainsi que les sociétés anonymes commerciales ou industrielles, jusqu'à la promulgation de la loi du 27 mars 1900, payaient au Trésor les droits déterminés par les tarifs correspondants de la contribution industrielle et commerciale. Mais cette dernière loi avait établi l'impôt sur les bénéfices de la richesse mobilière; elle frappait les bénéfices résultant conjointement du travail et du capital dans l'exercice des industries qui n'étaient pas imposées sous une autre forme, et elle établissait un impôt de tant pour cent sur les bénéfices des sociétés par actions. Mais elle donna lieu à des contestations et des divergences d'appréciation quand il fallut interpréter ses prescriptions, qui provoquèrent la promulgation d'un certain nombre de dispositions interprétatives. Enfin la loi du 3 août 1907 a mis fin à toutes ces difficultés, en décidant, art. 2, qu'à partir du 1er janvier 1908, les sociétés en commandite, comme les sociétés anonymes par actions se livrant à la fabrication, cesseront d'être taxées d'après le tarif n° 3 de la contribution industrielle et commerciale et seront soumises d'une manière absolue à la loi de 1900, à laquelle les sociétés anonymes et en commandite étaient soumises pour leurs actions ayant un caractère simplement commercial. En conséquence, depuis le 1er janvier 1908, toutes les sociétés par actions, de quelque nature qu'elles soient, paieront sur les bénéfices par elles réalisées, et leurs actionnaires, pour les dividendes à eux distribués, sont imposés, les sociétés, suivant le tarif n° 3 de la loi précitée: les banques d'émission, à 19%; les sociétés par actions, à 12%, à l'exception des compagnies minières, et des sociétés chargées en vertu d'un contrat de louage ou d'une convention, d'assurer des services particuliers de l'Etat, avec dispense de payer la contribution industrielle ou commerciale. Payent le même droit de 12% les sociétés anonymes qui exploitent des tramways et d'autres concessions, à l'exception des concessions de chemins de fer, devant au non revenir à l'Etat ou aux municipalités. Sont frappées du droit de 7%, les compagnies de chemins de fer et celles qui exploitent les canaux ou les entreprises de navigation; du droit de 6%, les sociétés de production et de consommation et les sociétés coopératives de crédit, à l'exception des sociétés scoopératives de toute nature appartenant aux classes ouvrières. — Les actionnaires, de leur côté, doivent acquitter les droits suivants: 5% sur les dividendes des actions des banques d'émission; 3% sur le dividende des actions des sociétés anonymes de toute catégorie, et sur ceux des compagnies de chemins de fer ou des compagnies exploitant les tramways, canaux et autres concessions, devant au non revenir à l'Etat ou aux municipalités, et sur les dividendes des compagnies anonymes de navigation; et 2% sur les dividendes des actions des compagnies minières. — Il faut, en outre, tenir compte des dispositions de la loi du 3 août 1907 qui a établi un supplément de droit de 0,10 centimes.

Si algún comanditario incluyese su nombre ó consintiese su inclusión en la razón social, quedará sujeto, respecto á las personas extrañas á la compañía, á las mismas responsabilidades que los gestores, sin adquirir más derechos que los correspondientes á su calidad de comanditario.

148. Todos los socios colectivos, sean ó no gestores de la compañía en comandita, quedarán obligados personal y solidariamente á las resultas de las operaciones de ésta, en los propios términos y con igual extensión que los de la colectiva, según dispone el art. 127.

Tendrán además los mismos derechos y obligaciones que respecto á los socios de la compañía colectiva quedan prescritos en la sección anterior.

La responsabilidad de los socios comanditarios por las obligaciones y pérdidas de la compañía, quedará limitada á los fondos que pusieren ó se obligaren á poner en la comandita, excepto en el caso previsto en el art. 147.

Los socios comanditaros no podrán hacer acto alguno de administración de los intereses de la compañía, ni aun en calidad de apoderados de los socios gestores.

149. Será aplicable á los socios de las compañías en comandita lo dispuesto en el art. 144.

150. Los socios comanditarios no podrán examinar el estado y situación de la administración social sino en las épocas y bajo las penas que se hallen prescritas en el contrato de constitución ó sus adicionales.

Si el contrato no contuviese tal prescripción, se comunicará necesariamente á los socios comanditarios el balance de la sociedad á fin de año, poniéndoles de manifiesto, durante un plazo que no podrá bajar de quince días, los antecedentes y documentos precisos para comprobarlo y juzgar de las operaciones.

Sección cuarta.   De las compañías anónimas.[1]

151. En la escritura social de la compañía anónima deberá constar: El nombre, apellido y domicilio de los otorgantes; — La denominación de la compañía; — La designación de la persona ó personas que habrán de ejercer la administración, y modo de proveer las vacantes; — El capital social, con expresión del valor que se haya dado á los bienes aportados que no sean metálico, ó de las bases según las que habrá de hacerse el avalúo; — El número de acciones en que el capital social estuviere dividido y representado; — El plazo ó plazos en que habrá de realizarse la parte de capital no desembolsado al constituirse la compañía, expresando en otro caso quién ó quiénes quedan autorizados para determinar el tiempo y modo en que hayan de satisfacerse los dividendos pasivos; — La duración de la sociedad; — Las operaciones á que destine su capital; — Los plazos y forma de convocación y celebración de las juntas generales ordinarias de socios, y los casos y el modo de convocar y celebrar las extraordinarias; — La sumisión al voto de la mayoría de la junta de socios, debidamente convocada y constituída, en los asuntos propios de su deliberación; — El modo de contar y constituirse la mayoría, así en las juntas ordinarias como en las extraordinarias, para tomar acuerdo obligatorio.

Se podrá además consignar en la escritura todos los pactos lícitos y condiciones especiales que los socios juzguen conveniente establecer.

152. La denominación de la compañía anónima será adecuada al objeto ú objetos de la especulación que hubiere elegido.

No se podrá adoptar una denominación idéntica á la de otra compañía preexistente.

153. La responsabilidad de los socios en la compañía anónima por las obligaciones y pérdidas de la misma, quedará limitada á los fondos que pusieron ó se comprometieron á poner en la masa común.

154. La masa social, compuesta del fondo capital y de los beneficios acumulados, será la responsable, en las compañías anónimas, de las obligaciones contraídas, en su manejo y administración, por persona legítimamente autorizada, y en la forma prescrita en su escritura, estatutos ó reglamentos.

---

[1] Véase la nota anterior

Si l'un des commanditaires fait inscrire ou consent à laisser inscrire son nom dans la raison sociale, il sera soumis, envers les tiers, aux mêmes responsabilités que les gérants, sans acquérir cependant d'autres droits que ceux qui lui compètent en sa qualité de commanditaire.

148. Tous les associés collectifs, qu'ils soient ou non gérants, seront tenus personnellement et solidairement des conséquences des opérations sociales, dans les mêmes termes et d'une manière aussi étendue que les associés de la société en nom collectif, conformément aux dispositions de l'article 127.

Ils auront, en outre, les mêmes droits et obligations que ceux résultant pour les associés en nom collectif des dispositions contenues dans la section précédente.

Les associés commanditaires seront seulement responsables des obligations et des pertes de la société dans les limites des fonds qu'ils ont mis ou dû mettre dans la commandite, sauf dans le cas prévu par l'article 147.

Les associés commanditaires ne pourront faire aucun acte d'administration, même en qualité de fondés de pouvoirs des associés gérants.

149. Les dispositons de l'article 144 seront applicables aux associés en commandite.

150. Les associés commanditaires ne pourront examiner l'état et la situation de la gestion sociale qu'aux époques et sous les conditions prévues par le contrat de société ou par les clauses additionnelles du dit contrat.

Si le contrat de société ne contient aucune disposition à cet égard, le bilan de la société sera obligatoirement communiqué aux commanditaires à la fin de chaque année, en mettant à leur disposition, durant quinze jours au moins, les pièces et documents nécessaires pour pouvoir vérifier et juger les opérations.

Section IV. Des sociétés anonymes.[1]

151. L'acte constitutif de la société anonyme devra énoncer: Le prénom, le nom et le domicile des contractants; — La dénomination de la société; — La désignation de la personne ou des personnes chargées de l'administration, et le mode de pourvoir aux vacances; — Le capital social, avec mention de la valeur attribuée aux apports qui ne consistent pas en argent comptant, ou des bases d'après lesquelles devra se faire l'évaluation des dits apports; — Le nombre des actions dans lesquelles le capital sera divisé et qui le représenteront; — Le délai ou les délais dans lesquels devra être réalisée la portion du capital qui n'a pas été versée lors de la constitution de la société, ou l'indication de celui ou de ceux à qui il appartient de déterminer la date et le mode des versements restant à opérer; — La durée de la société; — Les opérations auxquelles est destiné le capital; — Les délais et la manière dans lesquels doivent être convoquées et tenues les assemblées générales des associés, ainsi que les cas dans lesquels il y a lieu de convoquer les assemblées extraordinaires et le mode suivant lequel les dites assemblées devront être convoquées et tenues; — L'obligation de se conformer à la décision de la majorité de l'assemblée des associés, dûment convoquée et constituée, sur les sujets soumis à ses délibérations; — La manière de calculer et de composer la majorité, aussi bien dans les assemblées ordinaires que dans les assemblées extraordinaires, pour qu'une délibération devienne obligatoire.

Pourront en outre être consignées dans l'acte toutes les conventions licites et les conditions particulières que les associés jugeront convenables.

152. La dénomination de la société anonyme sera adéquate à l'objet ou aux objets de la spéculation choisie.

On ne pourra adopter une dénomination identique à celle d'une autre société préexistante.

153. Les associés, dans la société anonyme, ne sont responsables des obligations et des pertes que jusqu'à concurrence des fonds qu'ils ont mis ou promis de mettre dans la masse commune.

154. La masse sociale, composée du capital de fondation et des bénéfices accumulés, répondra, dans les sociétés anonymes, des obligations contractées au cours de la gestion et de l'administration des dites sociétés par la personne dûment autorisée procédant conformément à l'acte constitutif, aux statuts ou aux règlements.

---

[1]) V. la note précédente.

155. Los administradores de la compañía anónima serán designados por los socios en la forma que determinen su escritura social, estatutos ó reglamentos[1].

156. Los administradores de las compañías anónimas son sus mandatarios, y, mientras observen las reglas del mandato, no estarán sujetos á responsabilidad personal ni solidaria por las operaciones sociales; y si, por la infracción de las Leyes y estatutos de la compañía, ó por la contravención á los acuerdos legítimos de sus juntas generales, irrogaren perjuicios y fueren varios los responsables, cada uno de ellos responderá á prorrata.

157. Las compañías anónimas tendrán obligación[2] de publicar mensualmente en la *Gaceta* el balance detallado de sus operaciones, expresando el tipo á que calculen sus existencias en valores y toda clase de efectos cotizables.

158. Los socios ó accionistas de las compañías anónimas no podrán examinar la administración social ni hacer investigación alguna respecto á ella, sino en las épocas y en la forma que prescriban sus estatutos y reglamentos.

159. Las compañías anónimas existentes con anterioridad á la publicación de este Código, y que vinieren rigiéndose por sus reglamentos y estatutos, podrán elegir entre continuar observándolos ó someterse á las prescripciones del Código.

Sección quinta. De las acciones.

160. El capital social de las compañías en comandita, perteneciente á los socios comanditarios, y el de las compañías anónimas, podrá estar representado por acciones ú otros títulos equivalentes[3].

[1]) Los administradores, consejeros, directores, gerentes, comisionados, delegados, representantes, etc., de las sociedades mercantiles de todas clases pagarán por el impuesto de utilidades el 10% de sus sueldos, dietas, asignaciones, retribuciones ó gratificaciones ordinarias ó extraordinarias que disfruten por razón de sus cargos; á excepción de los jefes de las sucursales, cualquiera que sea su nombre, que figuren en el escalafón de empleados de la sociedad y disfruten de sueldo fijo, que satisfarán el 5% tan sólo, salvo si se tratare de sucursales de sociedades extranjeras cuyos jefes se considerarán como directores de las mismas para los efectos de esta contribución. — Los nombramientos de los consejeros de las sociedades anónimas y los de los directores, gerentes, administradores ó representantes de las sociedades se reintegrarán con timbre de 25 pesetas, clase 4ª (art. 180 de la L. del T.).

[2]) Esta obligación, sin sanción alguna, no se cumplía por parte de las compañías, pero al arrendarse el servicio de la publicación de la Gaceta la empresa arrendataria ha recabado del Ministro de la Gobernación la publicación del Reglamento de la Gaceta y en el apartado 10 del artículo 13 del mismo se reproduce esta prescripción. — Comprendiendo el Consejo de Estado, al emitir su informe de 14 de mayo de 1906, que esta prescripción ha de resultar una carga demasiado sonerosa para las sociedades anónimas de pequeño capital, aconseja al Gobierno que por el Ministerio de Gracia y Justicia se redacte el oportuno proyecto de ley reformando este artículo del Cód. de com. en el sentido de que para las indicadas sociedades sea anual la obligación de publicar sus balances en la Gaceta. Por ley de 25 Junio de 1908. «Las Compañías anónimas tendran obligación de publicar anualmente en la Gaceta el balance detallado de su situación económica, expresando el típo á que calculen sus existencias en valores y toda clase de efectos cotisables»; asi sustituyendose el art. antiguo por el art. nuevo.

[3]) Por derechos de timbre han de satisfacer las acciones, certificados ó extractos de las mismas que no expresen valor alguno, ó sean de parte alícuota de un capital que no se determine, como fijo, un timbre de 2 pesetas, clase 10ª, por cada acción ó fracción (art. 159 de la L. del T.). — Si son representativas de cantidad fija, ó bien de parte alícuota de capital fijo; si su duración no excede de 10 años pagarán con arreglo á la siguiente escala:

Cuantía de la acción.			Timbre	
			Clase	Precio Pesetas
Hasta	50	pesetas	12 a	0,10
Desde	50,01	hasta	500	11 a	1,00
,,	500,01	,,	1 000	10 a	2,00
,,	1 000,01	,,	1 500	9 a	3,00
,,	1 500,01	,,	2 000	8 a	4,00
,,	2 000,01	,,	2 500	7 a	5,00
,,	2 500,01	,,	3 500	6 a	7,00
,,	3 500,01	,,	5 000	5 a	10,00
,,	5 000,01	,,	12 500	4 a	25,00
,,	12 500,01	,,	25 000	3 a	50,00
,,	25 000,01	,,	37 500	2 a	75,00
,,	37 500,01	,,	50 000	1 a	100,00

155. Les administrateurs de la société anonyme seront désignés par les associés dans la forme déterminée par le contrat de société, les statuts ou les règlements[1].

156. Les administrateurs des sociétés anonymes sont les mandataires desdites sociétés, et, tant qu'ils observent les règles du mandat, ils ne seront tenus à aucune responsabilité personnelle ni solidaire à raison des obligations sociales, et lorsque, par suite d'une infraction aux lois et aux statuts de la société, ou d'une contravention aux décisions régulièrement prises par les assemblées générales, ils occasionneront un préjudice dont plusieurs d'entre eux seront responsables, chacun supportera cette responsabilité au prorata.

157. Les sociétés anonymes[2] seront tenues de publier chaque mois, dans la *Gaceta*, le bilan détaillé de leurs opérations, en indiquant le taux auquel elles calculent les valeurs et effets de toute espèce susceptibles d'être cotés composant leur portefeuille.

158. Les associés ou actionnaires de la société anonyme ne pourront examiner l'administration sociale et procéder, en ce qui la concerne, à des vérifications que seulement aux époques et dans la forme prescrites par les statuts et règlements.

159. Les sociétés anonymes existantes antérieurement à la publication du présent Code pourront, à leur choix, continuer à observer les règlements et statuts qui les régissent ou se soumettre aux prescriptions du Code.

Section V. Des actions.

160. Le capital social des sociétés en commandite appartenant aux associés commanditaires, ainsi que le capital des sociétés anonymes pourront être représentés par des actions ou par d'autres titres équivalents[3].

[1] Les administrateurs, membres du conseil de direction, directeurs, gérants, commissaires, délégués, représentants, etc. des sociétés commerciales de toute espèce, doivent payer, à titre d'impôt sur les bénéfices, 10% des salaires, honoraires, assignations, rétributions ou gratifications ordinaires ou extraordinaires qu'ils reçoivent à raison de l'exercice de leurs fonctions. Exception est faite, toutefois, pour les chefs des succursales, quel que soit leur titre, qui figurent sur l'état des employés de la société et reçoivent un traitement fixe. Ces chefs de succursales payent seulement 5% de leur traitement; cependant cette exception ne s'étend pas aux chefs des succursales des sociétés étrangères, qui sont considérés comme les directeurs de ces sociétés au point de vue de la perception de cet impôt. — Les nominations des membres du conseil des sociétés anonymes, ainsi que celles des directeurs gérants, administrateurs ou représentants des sociétés, sont frappées du timbre de 25 *pesetas*, classe n° 4 (art. 180 de la loi sur le timbre).

[2] Cette obligation, qui n'est accompagnée d'aucune sanction, n'est pas remplie par une partie des sociétés. Cependant, lors de l'adjudication du service de la publicité de la *Gaceta*, l'entreprise adjudicataire a obtenu du ministère de *Gobernación* (intérieur) la publication d'un règlement de la *Gaceta* dont l'art. 13, alinéa 10, reproduit cette prescription. — Le conseil d'État, lorsqu'il a émis son avis du 14 mai 1906, estimant que cette prescription imposait une charge véritablement trop onéreuse qu'un société qui ne possèdent qu'un faible capital, a émis le vœu que le ministère de Grâce et Justice préparât un projet de réforme de cet article du Code de commerce, de façon à n'imposer à ces sociétés que l'obligation de publier *annuellement* leurs bilans dans la *Gaceta*. Cette réforme a été réalisée par la loi du 25 juin 1908, aux termes de laquelle «les sociétés anonymes seront tenues de publier annuellement dans la *Gaceta* le bilan détaillé de leur situation économique, en mentionnant le taux auquel elles calculent les valeurs et effets de toute espèce susceptibles d'être cotés composant leur portefeuille»; cette nouvelle disposition remplace aujourd'hui l'art. 157.

[3] Le droit de timbre à payer pour les actions, ainsi que pour les certificats ou extraits d'actions qui n'indiquent aucune valeur, ou qui représentent une quote-part non déterminée du capital, est le droit fixe de 2 *pesetas* (10e classe) par chaque action ou fraction d'action. (Loi sur le timbre, art. 159.) — Si les actions ou parts d'actions représentent une somme fixe ou une quote-part déterminée d'un capital fixe, et que leur durée ne dépasse pas dix ans, le droit à payer est déterminé par le tableau suivant:

Valeur de l'action				Timbre	
				Classe	Prix en Pesetas
Jusqu'à	50	*pesetas*		12e	0,10
De	50,01	jusqu'à	500	11e	1,00
,,	500,01	,,	1 000	10e	2,00
,,	1 000,01	,,	1 500	9e	3,00
,,	1 500,01	,,	2 000	8e	4,00
,,	2 000,01	,,	2 500	7e	5,00
,,	2 500,01	,,	3 000	6e	7,00
,,	3 500,01	,,	5 000	5e	10 00
,,	5 000,01	,,	12 500	4e	25,00
,,	12 500,01	,,	25 000	3e	50,00
,,	25 000,01	,,	37 500	2e	75,00
,,	37 500,01	,,	50 000	1e	100,00

161. Las acciones podrán ser nominativas ó al portador.
162. Las acciones nominativas deberán estar inscritas en un libro que llevará al efecto la compañía, en el cual se anotarán sus sucesivas transferencias[1].

163. Las acciones al portador estarán numeradas y se extenderán en libros talonarios[2].
164. En todos los títulos de las acciones, ya sean nominativas ó al portador, se anotará siempre la suma de capital que se haya desembolsado á cuenta de su valor nominal, ó que están completamente liberadas.

En las acciones nominativas, mientras no estuviese satisfecho su total importe, responderán del pago de la parte no desembolsada, solidariamente y á elección de los administradores de las compañías, el primer suscritor ó tenedor de la acción, su cesionario y cada uno de los que á éste sucedan, si fueren transmitidas, contra

---

Cuando excedan de 50 000 pesetas llevarán, además, los timbres móviles correspondientes á la diferencia, á razón de 2 pesetas por cada 1000 pesetas ó fracción de ellas (art. 158 de la L. del T.). — Si las acciones fueren de una duración superior á 10 años pagarán el doble de lo indicado en la anterior escala (art. 165 de la L. del T.). Y si fueren extranjeras, para poder circular en España, llevarán el mismo timbre que las españolas, en la forma y modo que se determine en el Reglamento para la ejecución de esta Ley; pudiéndose, para facilitar su circulación, fijar un tanto alzado (art. 162 de la L. del T.). — A más de este timbre fijo satisfarán las acciones por razón de timbre de negociación ó transmisión el 1 por 1000 de su valor efectivo al tipo medio de su cotización en el año precedente, ó en el tiempo menor transcurrido desde la emisión. Para que se tome como base el tipo medio de cotización será preciso que hayan sido objeto de alguna cotización en seis meses distintos con respecto á un año, y en otro caso su capitalización se hará como si no fueren cotizables ó sea tomando como base el capital que á razón de 5% resulte del dividendo repartido en el año precedente, y en su defecto por evaluación (art. 169 de la L. del T.). — Las sociedades extranjeras por acciones quedan obligadas en equivalencia de este timbre de negociación ó transmisión al pago del impuesto de 1 por 1000 anual sobre los capitales, así fijos como circulantes, que tengan destinados, ó que destinen en lo sucesivo, á sus operaciones ó negocios en España. En este segundo caso, las personas ó entidades que las representen en España han de dar conocimiento al Centro directivo del ramo, por conducto de la respectiva Delegación de Hacienda, en el plazo de un mes, á contar desde el día en que comiencen sus operaciones, de la razón social bajo que la respectiva sociedad esté constituída, clase de operaciones ó negocios á que se dedique en España, ó importe de los capitales que destine á los mismos, acompañando á su declaración una certificación de estar inscrita en el Registro mercantil. Esto mismo harán siempre que los capitales declarados se aumenten ó disminuyan. — Las declaraciones de los capitales que están destinados á dichas operaciones ó negocios, se justificarán también con las indicadas certificaciones; y en todos los casos que quedan determinados, se comprobarán por dos peritos, uno nombrado por el Centro directivo del ramo y el otro por la sociedad interesada; y en caso de discordia ó de conveniencia en interés del Estado, por un tercero, nombrado por el Ministro de Hacienda, quien resolverá fijando sin ulterior recurso, los capitales que deban tributar. Los capitales que se fijen serán revisados cada tres años, observándose las mismas formalidades, á no ser que se presente declaración de haber sido aumentados ó disminuídos, en cuyo caso, dicho periodo comenzará á contarse desde la fecha de la resolución que sobre la misma se dicte. — En el caso de que las sociedades no presenten la correspondiente declaración en el plazo indicado, ó dejen de nombrar perito en el que se les señale para que las representen en la comprobación, se procederá de oficio por la Administración á determinar los capitales que deban tributar, fijándose estos en definitiva y sin ulterior recurso, por el Ministro de Hacienda (art. 170 de la L. del T.). — Las sociedades extranjeras de seguros satisfarán el impuesto anual del 1 por 1000 tan sólo sobre los capitales que garanticen sus operaciones en España, á cuyo propósito deberán presentar al final de cada año, en el Centro directivo del ramo, su Balance general de situación y demás documentos que la Administración considere necesarios. — Tanto estas sociedades como las demás extranjeras deberán reintegrar los libros de sus direcciones ó sucursales en España como queda dicho para las sociedades españolas. (Véase la nota 2, pág. 96) (art. 171, L. del T.) — Este 1 por 1000 que han de satisfacer tanto las sociedades españolas como las extranjeras se pagará por las mismas en metálico, como responsables directas para el Tesoro (art. 169 L. del T.).

---

[1] Estos libros habrán de reintegrarse del mismo modo que los libros de contabilidad de las sociedades. (Véase la pág. 96, nota 2.)
[2] En los talones ó matrices de estos libros es en los que han de fijarse los timbres correspondientes á las acciones. (Véase la pág. 117, nota 3.)

161. Les actions pourront être nominatives ou au porteur.

162. Les actions nominatives devront être inscrites sur un livre tenu à cet effet par la société, sur lequel seront mentionnés les transferts successifs dont elles seront l'objet[1].

163. Les actions au porteur seront numérotées et inscrites sur des livres à souche[2].

164. Sur tous les titres qui représentent les actions, que celles-ci soient nominatives ou au porteur, on mentionnera toujours la portion du capital qui a été versée à valoir sur la valeur nominale de l'action, ou l'on énoncera que les actions ont été entièrement libérées.

Tant que les actions nominatives ne seront pas intégralement libérées, le premier souscripteur ou possesseur de l'action, son cessionnaire, ainsi que chacun des cessionnaires successifs, s'il y a eu d'autres transferts, seront solidairement responsables, au choix des administrateurs de la société, du payement de la fraction de la souscrip-

---

Au-dessus de 50 000 *pesetas*, on doit acquitter, en outre, les timbres mobiles correspondant à la différence, à raison de 2 *pesetas* pour 1000 *pesetas* ou fraction de 1000 *pesetas*. — Si la durée des actions dépasse 10 ans, le droit à payer est double de celui qui est indiqué dans le tableau précédent. (Loi sur le timbre, art. 165.) Les actions étrangères, pour pouvoir circuler en Espagne, sont soumises au même droit de timbre que les actions espagnoles. Ce droit doit être payé dans la forme et de la manière spécifiées par le règlement rendu pour l'exécution de la loi sur le timbre; cependant, pour faciliter leur circulation, il peut n'être fixé qu'un tant pour cent inférieur (loi sur le timbre, art. 162). En plus du droit fixe de timbre, il est dû sur les actions, à titre de droit de négociation ou de transfert, un droit de 1 pour 1000 sur leur valeur effective calculée d'après la moyenne de leurs cotes durant l'année précédente, ou pendant la période inférieure à une année qui a précédé le transfert. Pour que cette moyenne des cotes puisse être prise comme base pour la détermination du droit, il est nécessaire que les actions aient été l'objet d'une cote durant six mois différents de l'année; sinon, elles seront capitalisées comme s'il s'agissait d'actions non susceptibles d'être cotées, c'est-à-dire en prenant pour base le capital que l'on obtient en évaluant à 5% le dividende distribué durant l'année précédente, et, à défaut de distribution de dividende, par estimation (loi sur le timbre, art. 169). — Les sociétés étrangères par actions, à titre de remplacement de ce droit de négociation ou de transfert, sont tenues de payer un impôt annuel de 1 pour 1000, sur les capitaux fixes ou en circulation, qu'elles destinent ou destineront, dans l'avenir, à des opérations ou à des affaires faites en Espagne. Dans ce second cas, les personnes ou entités qui représentent ces sociétés doivent faire connaître à la direction du timbre, par l'intermédiaire de la délégation respective de l'*Hacienda*, dans le délai d'un mois, à compter de la date où elles ont commencé leurs opérations, la raison sociale sous laquelle la société est constituée, la catégorie d'opérations ou d'affaires auxquelles elle se livre en Espagne, et le capital qui est destiné à ces opérations, en joignant à leur déclaration un certificat attestant l'inscription sur le registre de commerce. Cette déclaration doit être renouvelée en cas d'augmentation ou de diminution du capital. — Les déclarations relatives aux capitaux destinés aux opérations ou affaires à réaliser en Espagne, doivent être appuyées des pièces justificatives spécifiées par le règlement, et, dans tous les cas qui ne sont pas déterminés, elles seront justifiées au moyen d'une expertise à laquelle il sera procédé par deux experts nommés l'un par la direction du timbre, l'autre par la société intéressée, et, en cas de désaccord entre ces experts, ou si l'intérêt de l'État l'exige, par un tiers-expert désigné par le ministre de l'*Hacienda*, lequel fixera, sans aucun recours ultérieur, le capital sur lequel l'impôt doit être perçu. Il est procédé, tous les trois ans, en observant les mêmes formalités, à une revision des capitaux ainsi employés par les sociétés étrangères à leurs opérations en Espagne, à moins qu'il n'ait été fait une déclaration d'augmentation ou de diminution du capital; dans ce cas, le délai de trois ans ne commence à courir que de la date de la résolution prise sur cette augmentation ou diminution. — Si les sociétés ne font pas la déclaration dont nous venons de parler dans le délai légal, ou si elles négligent de nommer l'expert qui doit les représenter dans les opérations de vérification de la sincérité de leur déclaration, l'administration procédera d'office à la détermination du capital sur lequel il y a lieu de percevoir l'impôt, et le droit dû sera fixé sans aucun recours par le ministre de l'*Hacienda* (loi sur le timbre, art. 170). — Les sociétés d'assurances ne doivent l'impôt de 1 sur 1000 que sur les capitaux qui garantissent leurs opérations en Espagne; à cet effet, elles sont tenues de produire chaque année, à la direction du timbre, le bilan général de leur situation et tous les documents jugés nécessaires par l'administration. — Ces dernières sociétés, comme toutes les autres sociétés étrangères, doivent acquitter le même droit de timbre, pour les livres de leurs directions ou succursales existant en Espagne, que les sociétés espagnoles (loi du timbre, art. 171, v. la note 2 de la page 96). — Le droit de 1 pour 1000 à payer par les sociétés espagnoles, comme par les sociétés étrangères, doit être payé en monnaie métallique, car elles en sont directement responsables envers le Trésor (loi sur le timbre, art. 169).

[1] Ces livres sont frappés du même droit de timbre que les livres de comptabilité des sociétés, et ce droit est acquitté de la même manière (v. p. 96 note 2).

[2] Les timbres correspondants aux actions doivent être apposés sur les talons ou matrices de ces livres. (V. p. 117, note 3.)

cuya responsabilidad, así determinada, no podrá establecerse pacto alguno que la suprima.

Entablada la acción para hacerla efectiva contra cualquiera de los enumerados en el párrafo anterior, no podrá intentarse nueva acción contra otro de los tenedores ó cedentes de las acciones, sino mediante prueba de la insolvencia del que primero ó antes hubiere sido objeto de los procedimientos.

Cuando las acciones no liberadas sean al portador, responderán solamente del pago de sus dividendos los que se muestren como tenedores de las mismas acciones. Si no compareciesen, haciéndose imposible toda reclamación personal, las compañías podrán acordar la anulación de los títulos correspondientes á las acciones por las que se hubieren dejado de satisfacer los dividendos exigidos para el completo pago del valor de cada una. En éste caso las compañías tendrán la facultad de expedir títulos duplicados de las mismas acciones, para enajenarlos á cuenta y cargo de los tenedores morosos de los anulados.

Todas las acciones serán nominativas hasta el desembolso de 50 por 100 del valor nominal. Después de desembolsado este 50 por 100, podrán convertirse en acciones al portador, si así lo acordasen las compañías en sus estatutos, ó por actos especiales posteriores á los mismos.

165. No podrán emitirse nuevas series de acciones mientras no se haya hecho el desembolso total de la serie ó series emitidas anteriormente. Cualquier pacto en contrario, contenido en la escritura de constitución de sociedad, en los estatutos ó reglamentos, ó cualquier acuerdo tomado en junta general de socios, que se oponga á éste precepto, será nulo y de ningún valor.

166. Las compañías anónimas únicamente podrán comprar sus propias acciones con los beneficios del capital social para el solo efecto de amortizarlas.

En caso de reducción del capital social, cuando procediese conforme á las disposiciones de éste Código, podrán amortizarlas también con parte del mismo capital, empleando al efecto los medios legales que estimen convenientes.

167. Las compañías anónimas no podrán prestar nunca con la garantía de sus propias acciones.

168.[1] Las sociedades anónimas reunidas en junta general de accionistas previamente convocada al efecto, tendrán la facultad de acordar la reducción ó el aumento del capital social, y la modificación ó disolucion de la Sociedad.

En ningún caso podrán tomarse estos acuerdos en las juntas ordinarias, si en la convocatoria ó con la debida anticipación no se hubiese anunciado la discusión y votación sobre todos los asuntos que expresa el párrafo anterior, ó sobre aquel acerca del cual haya de recaer acuerdo.

Los estatutos de cada Compañía determinarán el número de socios y participación de capital que habrán de concurrir á las juntas en que hayan de tomarse estos acuerdos, sin que en ningún caso pueda ser la representación de los socios inferior á los dos tercios de su número y la del capital á las dos terceras partes de su cuantía, si son nominativas las acciones que lo constituyen. Si fueran al portador bastará la representación de las dos terceras partes del capital.

Si en la primera convocatoria no se reunieran las mayorias establecidas en el párrafo anterior podrá hacerse segunda convocatoria siempre que los estatutos no lo prohiban, para tratar tan sólo de los asuntos objeto de la primera, y los acuerdos que se adopten serán válidos cuando concurran á ellos la mitad más uno del número de socios y la representación de la major parte del capital social, si las acciones son nominativas, á esta representación solamente, si las acciones son al portador.

Los administradores podrán cumplir desde luego el acuerdo de reducción tomado legalmente por la junta general, si el capital efectivo restante, después de hecha, excediere en un 75 por 100 del importe de las deudas y obligaciones de la compañía.

En otro caso, la reducción no podrá llevarse á efecto hasta que se liquiden y paguen todas las deudas y obligaciones pendientes á la fecha del acuerdo, á no ser que la compañía obtuviere el consentimiento previo de sus acreedores.

---

[1] Este articulo queda redactado conforme al Ley de 29 de Junio 1911, publicada en la *Gaceta* de 1 de Julio 1911. (El traductor.)

tion non encore versée, sans pouvoir échapper à la responsabilité ainsi déterminée par aucun pacte contraire.

L'action judiciaire ayant pour but de rendre effective la dite responsabilité, lorsqu'elle aura été intentée contre l'une quelconque des personnes désignées dans le paragraphe précédent, ne pourra plus l'être contre les autres personnes qui auront possédé ou cédé les actions, qu'à la condition de rapporter la preuve de l'insolvabilité du premier débiteur poursuivi.

Lorsque les actions non entièrement libérées sont au porteur, les possesseurs apparents des dites actions seront seuls responsables du payement des versements restant à effectuer. S'ils sont inconnus, et s'il est impossible de leur réclamer personnellement les dits versements, la société pourra prononcer l'annulation des titres représentant les actions pour lesquelles on aura cessé de satisfaire aux appels de versements nécessaires pour compléter le payement de la valeur nominale de chacune d'elles. Dans ce cas, les sociétés auront le droit de délivrer des duplicata de ces mêmes actions pour les aliéner au compte des possesseurs en retard des actions annulées.

Toutes les actions seront nominatives jusqu'au versement des 50% de leur valeur nominale. Lorsque ce versement aura été effectué, elles pourront être converties en actions au porteur, si cette faculté est accordée par la société soit dans ses statuts, soit dans des actes spéciaux postérieurs aux dits statuts.

165. Il ne pourra être émis aucune nouvelle série d'actions tant que la série ou les séries antérieurement émises n'auront pas été entièrement libérées. Toute stipulation contraire contenue dans l'acte constitutif de la société, dans les statuts ou règlements, ainsi que toute décision prise dans les assemblées générales, en opposition de la présente prescription, seront nulles et de nul effet.

166. Les sociétés anonymes ne pourront acheter leurs propres actions avec les bénéfices du capital social que dans le seul but de les amortir.

En cas de réduction du capital social effectuée conformément aux prescriptions du présent Code, les dites sociétés pourront aussi amortir leurs actions avec une partie du dit capital, en employant à cet effet les moyens légaux qu'elles jugent convenables.

167. Les sociétés anonymes ne pourront pas consentir de prêts garantis par leurs propres actions.

168[1]. Les sociétés anonymes réunies en assemblée générale des actionnaires préalablement convoquée à cet effet, auront la faculté de décider la réduction ou l'augmentation du capital social, et la modification ou la dissolution de la société.

En aucun cas ces décisions ne pourront être prises dans les assemblées ordinaires, si la lettre de convocation ou un avertissement, adressé à l'avance dans le délai exigé par la loi, n'indique pas que l'on délibérera et votera sur les points dont il est parlé dans le paragraphe précédent, ou ne précise pas la question sur laquelle portera la délibération.

Les statuts de chaque société détermineront le nombre d'associés nécessaire pour prendre part aux assemblées dans lesquelles devront être prises ces délibérations, ainsi que la part du capital social qu'ils devront représenter, sans que jamais les dits associés puissent représenter moins des deux tiers du nombre total des associés, ni des deux tiers du montant du capital, si les actions constituant le dit capital sont nominatives. Si les actions sont au porteur, il suffira que les deux tiers du capital soient représentés.

Si, à la suite de la première convocation, les majorités fixées dans le paragraphe précédent ne sont pas obtenues, on pourra convoquer une seconde assemblée, pourvu que les statuts ne l'interdisent pas, pour traiter seulement les questions ayant fait l'objet de la première, et les délibérations seront valablement prises par la moitié plus un des associés représentant la majeure partie du capital social, dans le cas où les actions sont nominatives, ou, si les actions sont au porteur, pourvu que cette part seulement de capital soit représentée.

Pourront les administrateurs exécuter immédiatement la décision légalement prise par l'assemblée générale, en vue de réduire le capital social, si le capital effectif restant après réduction dépasse de 75% le montant des dettes et obligations de la société.

Dans le cas contraire, la réduction ne pourra pas être effectuée tant que toutes les dettes et obligations pendantes, à la date de la décision, n'auront pas été liquidées et payées, à moins que la société n'ait préalablement obtenu le consentement de ses créanciers.

---

[1]) Nous donnons le texte que la loi du 29 juin 1911, promulguée dans la *Gaceta* du 1 juillet 1911, a substitué à l'ancien art. 168. (*Le traducteur.*)

Para la ejecución de este artículo, los administradores presentarán al juez ó tribunal un balance en el que se apreciarán los valores en cartera al tipo medio de cotización del último trimestre, y los inmuebles por la capitalización de sus productos según el interés legal del dinero.

169. No estarán sujetos á represalias en caso de guerra los fondos que de la pertenencia de los extranjeros existieren en las sociedades anónimas.

Sección sexta. Derechos y obligaciones de los socios.

170. Si, dentro del plazo convenido, algún socio no aportare á la masa común la porción del capital á que se hubiere obligado, la compañía podrá optar entre proceder ejecutivamente[1] contra sus bienes para hacer efectiva la porción del capital que hubiere dejado de entregar, ó rescindir el contrato en cuanto al socio remiso, reteniendo las cantidades que le correspondan en la masa social.

171. El socio que por cualquier causa retarde la entrega total de su capital, transcurrido el término prefijado en el contrato de sociedad, ó, en el caso de no haberse prefijado, desde que se establezca la caja, abonará á la masa común el interés legal[2] del dinero que no hubiere entregado á su debido tiempo, y el importe de los daños y perjuicios que hubiere ocasionado con su morosidad.

172. Cuando el capital ó la parte de él que un socio haya de aportar consista en efectos, se hará su valuación en la forma prevenida en el contrato de sociedad; y, á falta de pacto especial sobre ello, se hará por peritos elegidos por ambas partes y según los precios de la plaza, corriendo sus aumentos ó disminuciones ulteriores por cuenta de la compañía.

En caso de divergencia entre los peritos, se designará un tercero, á la suerte, entre los de su clase, que figuren como mayores contribuyentes en la localidad, para que dirima la discordia.

173. Los gerentes ó administradores de las compañías mercantiles no podrán negar á los socios el examen de todos los documentos comprobantes de los balances que se formen para manifestar el estado de la administración social, salvo lo prescrito en los artículos 150 y 158.

174. Los acreedores de un socio no tendrán, respecto á la compañía, ni aun en el caso de quiebra del mismo, otro derecho que el de embargar y percibir lo que por beneficios ó liquidación pudiera corresponder al socio deudor.

Lo dispuesto al final del párrafo anterior no será aplicable á las compañías constituídas por acciones, sino cuando éstas fueren nominativas; ó cuando constare ciertamente su legítimo dueño, si fueren al portador.

Sección séptima. De las reglas especiales de las compañías de crédito.

175. Corresponderán principalmente á la índole de estas compañías las operaciones siguientes: 1.ª Suscribir ó contratar empréstitos con el Gobierno, corporaciones provinciales ó municipales; — 2.ª Adquirir fondos públicos y acciones ú obligaciones de toda clase de empresas industriales ó de compañías de crédito; — 3.ª Crear empresas de caminos de hierro, canales, fábricas, minas, dársenas, almacenes generales de depósito, alumbrado, desmontes y roturaciones, riegos, desagües y cualesquiera otras industriales ó de utilidad pública; — 4.ª Practicar la fusión ó transformación de toda clase de sociedades mercantiles, y encargarse de la emisión de acciones ú obligaciones de las mismas; — 5.ª Administrar y arrendar toda clase de contribuciones y servicios públicos, y ejecutar por su cuenta, ó ceder, con la aprobación del Gobierno, los contratos suscritos al efecto; — 6.ª Vender ó dar en garantía todas las acciones, obligaciones y valores adquiridos por la sociedad, y cambiarlos cuando lo juzgaren conveniente; — 7.ª Prestar sobre efectos públicos, acciones ú obligaciones, géneros, frutos, cosechas, fincas, fábricas, buques y sus cargamentos, y otros valores, y abrir créditos en cuenta corriente, recibiendo en garantía efectos de igual clase; — 8.ª Efectuar por cuenta de otras sociedades ó personas toda clase de cobros ó de pagos, y ejecutar cualquiera otra operación por cuenta ajena; — 9.ª Recibir en depósito toda clase de valores en papel y metálico, y llevar cuentas corrientes

---

[1]) Es decir por el procedimiento ó juicio ejecutivo que puede verse en el estudio «Del proc. jud. en las cuest. civ. merc.»

[2]) El 5%.

Pour l'exécution du présent article, les administrateurs remettront au juge ou au tribunal un bilan dans lequel les valeurs en portefeuille seront évaluées au cours moyen du dernier trimestre, et les immeubles, en capitalisant leurs produits d'après l'intérêt légal de l'argent.

169. Les fonds appartenant à des étrangers qui se trouveront dans des sociétés anonymes ne seront pas, en cas de guerre, soumis à l'exercice des représailles.

Section VI. Droits et obligations des associés.

170. Si, dans le délai convenu, un associé n'apporte pas à la masse sociale la part du capital qu'il s'est engagé à verser, la société pourra, à son choix, saisir les biens de l'associé en retard[1], afin de réaliser la part du capital par lui souscrite, ou rescinder, en ce qui le concerne, le contrat de société, en conservant les sommes lui revenant dans la masse sociale.

171. L'associé qui, pour un motif quelconque, diffère le versement de la totalité de sa mise au delà du terme fixé par le contrat de société, ou, s'il n'a été fixé aucun délai, dès l'établissement de la caisse sociale, payera à la masse commune l'intérêt légal[2] des sommes d'argent qu'il n'aura pas versées à l'époque fixée, et le montant des dommages et préjudices occasionnés par son retard.

172. Lorsque la mise qu'un associé s'est engagé à verser consiste, en tout ou partie, dans des effets, ces effets seront évalués dans la forme prévue au contrat de société et, à défaut de convention spéciale à cet égard, par les soins d'experts choisis par les deux parties et d'après les cours de la place, les augmentations ou diminutions ultérieures demeurant au compte de la société.

En cas de divergence entre les experts, un tiers expert sera désigné au sort, pour trancher le désaccord, parmi ceux de leur classe qui figurent au rang des plus forts contribuables dans la localité.

173. Les gérants ou administrateurs des sociétés commerciales ne pourront pas refuser aux associés le droit d'examiner tous les documents justificatifs des bilans établis pour manifester l'état de l'administration de la société, sauf ce qui est prescrit dans les articles 150 et 158.

174. Les créanciers d'un associé n'auront vis-à-vis de la société, même en cas de faillite du dit associé, que le droit de saisir et percevoir la part revenant à leur débiteur dans les bénéfices ou dans la liquidation.

La disposition finale du paragraphe précédent ne sera applicable aux sociétés par actions que lorsque les actions seront nominatives, ou que, si elles sont au porteur, la qualité de leur légitime propriétaire sera établie d'une manière certaine.

Section VII. Des règles spéciales aux sociétés de crédit.

175. Il appartiendra principalement aux sociétés de crédit de faire les opérations suivantes: 1° Souscrire ou contracter les emprunts faits par le gouvernement et par les corporations provinciales ou municipales; — 2° Acquérir des fonds publics et des actions ou obligations de toute catégorie d'entreprises industrielles ou de sociétés de crédit; — 3° Créer des entreprises de chemins de fer, canaux, fabriques, mines, magasins généraux de dépôt, éclairage, déboisement et défrichement, irrigation, desséchement et toutes autres entreprises quelconques industrielles ou d'utilité publique; — 4° Ménager la fusion ou la transformation des sociétés commerciales de toute nature, et se charger de l'émission des actions ou obligations des dites sociétés; — 5° Administrer et prendre à ferme toute espèce de contributions et de services publics, et exécuter pour leur compte, ou céder, avec l'autorisation du gouvernement, les contrats souscrits à cet effet; — 6° Vendre ou donner en garantie toutes les actions, obligations et valeurs acquises par la société, et les échanger, quand elles le jugeront convenable; — 7° Prêter sur effets publics, actions ou obligations, marchandises, fruits, récoltes, immeubles, fabriques, navires et leurs cargaisons, et autres valeurs, et consentir des ouvertures de crédit en compte-courant garanties par des effets de même nature; — 8° Effectuer, pour le compte d'autres sociétés ou personnes, tous recouvrements et payements, et exécuter toute autre opération quelconque pour le

---

[1] C'est-à-dire en suivant la procédure de l'instance exécutive que nous avons exposée plus haut (v. notre étude sur la procédure dans les affaires civiles-commerciales.)
[2] C'est l'intérêt de 5%.

con cualesquiera corporaciones, sociedades ó personas; — 10.ª Girar y descontar letras ú otros documentos de cambio.

176. Las compañías de crédito podrán emitir obligaciones por una cantidad igual á la que hayan empleado y exista representada por valores en cartera, sometiéndose á lo prescrito en el título sobre Registro Mercantil.

Estas obligaciones[1] serán nominativas ó al portador, y á plazo fijo, que no baje, en ningún caso, de treinta días, con la amortización, si la hubiere, é intereses que se determinen.

Sección octava.   Bancos de emisión y descuento.[2]

177. Corresponderán principalmente á la índole de estas compañías las operaciones siguientes:

Descuentos, depósitos, cuentas corrientes, cobranzas, préstamos, giros, y los contratos con el Gobierno ó corporaciones públicas.

178. Los Bancos no podrán hacer operaciones á más de noventa días.

Tampoco podrán descontar letras, pagarés ú otros valores de comercio, sin la garantía de dos firmas de responsabilidad.

179. Los Bancos podrán emitir billetes al portador, pero su admisión en las transacciones no será forzosa. Esta libertad de emitir billetes al portador, continuará, sin embargo, en suspenso mientras subsista el privilegio de que actualmente disfruta por Leyes especiales el Banco Nacional de España[3].

180. Los Bancos conservarán en metálico en sus cajas la cuarta parte, cuando menos, del importe de los depósitos y cuentas corrientes á metálico y de los billetes en circulación.

181. Los Bancos tendrán la obligación de cambiar á metálico sus billetes en el acto mismo de su presentación por el portador.

La falta de cumplimiento de esta obligación producirá acción ejecutiva[4] á favor del portador, previo un requerimiento al pago, por medio de notario.

182. El importe de los billetes en circulación, unido á la suma representada por los depósitos y las cuentas corrientes, no podrá exceder, en ningún caso, del importe de la reserva metálica y de los valores en cartera realizables en el plazo máximo de noventa días.

---

[1]) Estas obligaciones deben reintegrarse con el timbre correspondiente, que es el mismo ya indicado para las acciones (art. 168, L. del T.). (Véase la pág. 96, nota 2.)

[2]) Véase lo que acerca de estos Bancos de emisión dice la pág. 114, nota 1.

[3]) Aunque el Banco Nacional de España es el heredero del primer Banco público español, ó sea del Banco de San Cárlos, creado por Real Cédula de 2 de junio de 1782, como Banco privilegiado para la emisión de billetes existe desde el 4 de mayo de 1849; pues por la Ley de dicha fecha se le concedió la facultad de poderlo hacer por valor de 100 millones de reales (25 millones de pesetas). Llevaba entonces el nombre de Banco Español de San Fernando. — La Ley por que se rige este es el Decreto Ley de 19 de marzo de 1874 con las modificaciones en la misma introducidas por las leyes de 14 de julio de 1891 y 13 de mayo de 1902 y el Real Decreto de 9 de agosto de 1898. — Por virtud de estas disposiciones el privilegio exclusivo del Banco para la emisión de billetes se ha prorrogado hasta el 31 de diciembre de 1921, y el límite máximo de su emisión se ha fijado en la cantidad de 2000 millones de pesetas que habrán de estar garantidos por una reserva metálica de la tercera parte (de la cual la mitad habrá de ser oro) cuando los billetes puestos en circulación no excedan de 1200 millones de pesetas. En lo que exceda de esta cifra, mientras no pase de 1500 millones habrá de estar garantido por el 40% por lo menos en oro y el resto hasta completar el 60%, en plata. Y en lo que exceda de esta cifra hasta el límite de los 2000 millones, el 50% por lo menos en oro; y el resto hasta el 70% en plata. — Los Estatutos por que se rige el Banco llevan la fecha de 10 de diciembre de 1900, y su Reglamento es de 5 de enero de 1901; y sus operaciones á que se dedica á más de la principal, ó sea la de la emision de billetes, son: los depósitos; las cuentas corrientes; los descuentos; los préstamos con garantías de valores; los créditos con garantía; los giros y negociaciones y los cobros y pagos por cuenta ajena. Las condiciones á que ha de ajustarse para practicarlas se determinan en el Capítulo 1.º de sus Estatutos y en el Título II de su Reglamento.

[4]) Es decir que puede hacerse efectivo por el procedimiento ó juicio ejecutivo que puede verse en el estudio «Del proc. jud. en las cuest. civ. merc.»

compte d'autrui; — 9° Recevoir en dépôt des valeurs de toute nature, en papier ou argent comptant, et avoir des comptes-courants avec toute espèce de corporations, sociétés ou personnes; — 10° Tirer et escompter les lettres et autres effets de change.

176. Les sociétés de crédit pourront émettre des obligations pour une somme égale à celle qu'elles ont employée et qui est représentée par leurs valeurs en portefeuille, en se soumettant aux prescriptions qui se trouvent formulées dans le titre du registre de commerce.

Ces obligations [1] seront nominatives ou au porteur, et à terme fixe, lequel ne sera, en aucun cas, inférieur à trente jours; elles seront susceptibles d'amortissement, s'il y a lieu, et productives d'intérêts qui seront déterminés.

Section VIII. Banques d'émission et d'escompte. [2]

177. Il rentrera principalement dans la nature des banques d'émission et d'escompte, de faire les opérations suivantes:

Escomptes, dépôts, comptes-courants, recouvrements, prêts, négociations de lettres de change, et contrats avec le gouvernement ou les corporations publiques.

178. Les banques ne pourront pas faire d'opérations à plus de quatre-vingt-dix jours.

Elles ne pourront non plus escompter les lettres de change, billets à ordre ou autres valeurs commerciales qui ne seraient pas garanties par deux signatures.

179. Les banques pourront émettre des titres au porteur, dont le cours toutefois ne sera pas forcé. Cette liberté d'émettre des billets au porteur demeurera, cependant, suspendue tant que subsistera le privilège dont jouit actuellement la Banque nationale d'Espagne [3].

180. Les banques conserveront, pour le moins, en argent comptant, dans leur caisse, le quart du montant des dépôts et des comptes-courants en argent et des billets en circulation.

181. Les banques seront obligées de changer en argent comptant leurs billets au moment même de la présentation des dits billets par le porteur.

A défaut par elles de remplir cette obligation, le porteur possédera une action exécutive [4], en faisant préalablement commandement de payer par l'intermédiaire d'un notaire.

182. Le montant des billets en circulation et la somme représentée par les dépôts et comptes-courants ne pourront, en aucun cas, dépasser le montant de la réserve métallique et des valeurs en portefeuille réalisables dans le délai maximum de quatre-vingt-dix jours.

[1] Ces obligations doivent acquitter le droit de timbre que nous avons déjà indiqué en parlant des actions (loi sur le timbre, art. 168). V. p. 96, note 2.)

[2] En ce qui concerne ces banques d'émission, v. la note 1 de la page 114.

[3] Bien que la Banque nationale d'Espagne ait succédé à la première banque publique espagnole, c'est-à-dire à la banque de San Carlos créée par la cédule royale du 2 juin 1782, elle n'existe comme banque privilégiée d'émission que depuis le 4 mai 1849, époque à laquelle la loi portant cette date lui a concédé le droit d'émettre des billets jusqu'à concurrence d'une somme de 100 millions de réaux (25 millions de *pesetas*). Elle portait alors le nom de banque de San Fernando. — Elle est régie actuellement par le décret-loi du 19 mars 1874, modifié par les lois du 14 juillet 1891 et du 13 mars 1902, et par le décret royal du 9 août 1898. — En vertu de ces dispositions, le privilége exclusif de la banque d'émettre des billets a été prorogé jusqu'au 31 décembre 1921, et la limite maxima de l'émission a été fixée à 2000 millions de *pesetas* garantie par une réserve métallique du tiers (cette réserve doit être en or) lorsque le montant des billets en circulation ne dépasse pas 1200 millions de *pesetas*. Au delà de cette somme, et tant que l'émission ne dépasse pas 1500 millions de *pesetas*, la garantie doit être en or jusqu'à concurrence au moins de 40%, et elle peut être en argent pour les 60% du surplus. Au delà de 1500 millions jusqu'à 2000 millions de *pesetas*, montant maximum de l'émission, la garantie doit être donné en or jusqu'à concurrence de 30% et en argent pour les 70% du surplus. — Les statuts qui régissent la banque portent la date du 10 décembre 1900; son règlement, celle du 5 janvier 1901. Les opérations auxquelles la banque se livre, en dehors de l'émission des billets, qui constitue son opération principale, sont les dépôts, les comptes-courants, l'escompte, les prêts sur garantie de valeurs, les ouvertures de crédit sur garantie, la négociation des lettres de change, les recouvrements et les payements pour le compte d'autrui. Les conditions dans lesquelles peuvent être faites ces opérations, sont déterminées dans le chapitre 1 des statuts et dans le titre II du règlement.

[4] C'est-à-dire qu'il pourra obtenir le payement au moyen de la procédure ou de l'instance exécutive dont nous avons exposé les règles dans notre étude préliminaire sur la procédure dans les affaires civiles et commerciales.

183. Los Bancos de emisión y descuento publicarán, mensualmente al menos, y bajo la responsabilidad de sus administradores, en la *Gaceta* y *Boletín oficial* de la provincia, el estado de su situación.

Sección novena. Compañías de ferrocarriles y demás obras públicas.[1]

184. Corresponderán principalmente á la índole de estas compañías las operaciones siguientes: 1.ª La construcción de las vías férreas y demás obras públicas, de cualquiera clase que fueren; — 2.ª La explotación de las mismas, bien á perpetuidad, ó bien durante el plazo señalado en la concesión.

185. El capital social de las compañías, unido á la subvención, si la hubiere, representará por lo menos la mitad del importe del presupuesto total de la obra.

Las compañías no podrán constituirse mientras no tuvieren suscrito todo el capital social y realizado el 25 por 100 del mismo.

186. Las compañías de ferrocarriles y demás obras públicas podrán emitir obligaciones al portador ó nominativas[2], libremente y sin más limitaciones que las consignadas en este Código y las que establezcan en sus respectivos estatutos.

Estas emisiones se anotarán necesariamente en el Registro Mercantil de la provincia; y si las obligaciones fuesen hipotecarias, se inscribirán además dichas emisiones en los Registros de la Propiedad correspondientes.

Las emisiones de fecha anterior tendrán preferencia sobre las sucesivas para el pago del cupón y para la amortización de las obligaciones, si las hubiere.

187. Las obligaciones que las compañías emitieren, serán, ó no, amortizables, á su voluntad y con arreglo á lo determinado en sus estatutos.

Siempre que se trate de ferrocarriles ú otras obras públicas que gocen subvención del Estado, ó para cuya construcción hubiese precedido concesión legislativa ó administrativa, si la concesión fuese temporal, las obligaciones que la compañía concesionaria emitiere quedarán amortizadas ó extinguidas dentro del plazo de la misma concesión, y el Estado recibirá la obra, al terminar este plazo, libre de todo gravamen.

188. Las compañías de ferrocarriles y demás obras públicas podrán vender, ceder y traspasar sus derechos en las respectivas empresas, y podrán también fundirse con otras análogas.

Para que estas transferencias y fusiones tengan efecto, será preciso: 1.º Que lo consientan los socios por unanimidad, á menos que en los estatutos se hubieren establecido otras reglas para alterar el objeto social; — 2.º Que lo consientan asimismo todos los acreedores. Este consentimiento no será necesario cuando la compra ó la fusión se lleven á cabo sin confundir las garantías é hipotecas y conservando los acreedores la integridad de sus respectivos derechos.

189. Para las transferencias y fusión de compañías á que se refiere el artículo anterior, no será necesaria autorización alguna del Gobierno, aun cuando la obra hubiere sido declarada de utilidad pública para los efectos de la expropiación, á no ser que la empresa gozare de subvención directa del Estado, ó hubiese sido concedida por una Ley ú otra disposición gubernativa.

190. La acción ejecutiva á que se refiere la Ley de Enjuiciamiento Civil[3] respecto á los cupones vencidos de las obligaciones emitidas por las compañías de ferrocarriles y demás obras públicas, así como á las mismas obligaciones á que haya cabido la suerte de la amortización, cuando la hubiere, sólo podrá dirigirse contra los rendimientos líquidos que obtenga la compañía y contra los demás bienes que la misma posea, no formando parte del camino ó de la obra ni siendo necesarios para la explotación.

191. Las compañías de ferrocarriles y demás obras públicas podrán dar á los fondos que dejen sobrantes la construcción, explotación y pago de créditos á sus

---

[1]) Véase la pág. 99, nota 3 respecto al impuesto sobre utilidades que afecta á estas clases de compañías.

[2]) Estas obligaciones estarán sujetas al pago del impuesto del timbre. (Véase la pág. 118, nota 2.)

[3]) Véase el juicio ejecutivo en el estudio «Del proc. jud. en las cuest. civ. merc.»

183. Les banques d'émission et d'escompte publieront, chaque mois au moins, et sous la responsabilité de leurs administrateurs, dans la *Gaceta* et dans le *Boletin oficial* de la province, l'état de leur situation.

Section IX. Compagnies de chemins de fer et autres travaux publics.[1]

184. Les opérations rentrant principalement dans la nature des compagnies ci-dessus désignées seront les suivantes: 1° La construction des voies ferrées et des autres travaux publics de quelque catégorie que ce soit; — 2° L'exploitation des dites voies ferrées ou des dits travaux publics soit à perpétuité, soit pendant le délai fixé dans la concession.

185. Le capital social des dites compagnies augmenté, s'il y a lieu, de la subvention, représentera au moins la moitié de la somme à laquelle le travail aura été évalué.

Les compagnies ne pourront pas être constituées avant la souscription de la totalité et le versement de 25% de leur capital.

186. Les compagnies de chemins de fer et autres travaux publics auront la faculté d'émettre des obligations au porteur ou nominatives[2], sans autres restrictions que celles établies par le présent Code ou par leurs statuts respectifs.

Ces émissions seront obligatoirement mentionnées sur le registre du commerce de la province; et, si les obligations sont garanties par une hypothèque, elles seront en outre inscrites sur les registres de la propriété correspondants.

Les émissions antérieures auront un droit de préférence sur les émissions postérieures, pour le payement du coupon et pour l'amortissement, s'il y a lieu.

187. Les obligations émises par les compagnies seront ou ne seront pas amortissables, à la volonté des dites compagnies et conformément à ce qui sera déterminé par leurs statuts.

Toutes les fois qu'il s'agit de chemins de fer ou d'autres travaux publics jouissant d'une subvention de l'État, ou dont la construction a été précédée d'une concession législative ou administrative, et que la dite concession est à temps, les obligations émises par la compagnie concessionnaire devront être amorties et éteintes dans le délai même de la concession, et l'État, à l'expiration de ce délai, recevra l'œuvre libre de toute charge.

188. Les compagnies de chemins de fer et autres travaux publics pourront vendre, céder et transporter leurs droits dans les dites entreprises; elles pourront également se fusionner avec d'autres compagnies analogues.

Pour que les dites cessions et fusions produisent effet, il sera nécessaire d'obtenir: 1° Le consentement unanime des associés, à moins que les statuts n'aient établi d'autres règles en ce qui concerne la modification de l'objet de la société; — 2° le consentement unanime de tous les créanciers. Ce consentement ne sera pas nécessaire lorsque la fusion sera faite à condition de ne pas confondre les garanties et les hypothèques et de conserver aux créanciers l'intégrité de leurs droits respectifs.

189. Pour les cessions et fusions de compagnies prévues par l'article précédent, l'autorisation du gouvernement ne sera jamais nécessaire, même lorsque le travail a été déclaré d'utilité publique en vue de l'expropriation, à moins que l'entreprise ne reçoive une subvention directe de l'État, ou qu'elle n'ait été concédée par une loi, ou par une autre disposition gouvernementale.

190. L'action exécutive prévue par la loi *d'Enjuiciamiento civil*[3], a l'effet d'obtenir le payement des coupons échus des obligations émises par les compagnies de chemins de fer et autres travaux publics et le remboursement des obligations tombées au sort pour être amorties, s'il y a lieu, ne pourra être exercée que sur les recettes liquides obtenues par les dites compagnies et sur les autres biens à elles appartenant, qui ne font point partie du chemin ou du travail et ne sont pas nécessaires à son exploitation.

191. Les compagnies de chemins de fer et autres travaux publics pourront faire des fonds qui leur restent, après payement des frais de construction et d'ex-

---

[1) V. p. 99, note 3, pour ce qui concerne l'impôt de timbre à payer par ces compagnies.

[2) Les obligations sont soumises à un droit de timbre, v. p. 118, note 2.

[3) Sur cette action, v. notre étude sur la procédure en matière civile et commerciale.

respectivos vencimientos, el empleo que juzguen conveniente, al tenor de sus estatutos.

La colocación de dichos sobrantes se hará combinando los plazos de manera que no queden en ningún caso desatendidas la construcción, conservación, explotación y pago de los créditos, bajo la responsabilidad de los administradores.

192. Declarada la caducidad de la concesión, los acreedores de la compañía tendrán por garantía: 1.º Los rendimientos líquidos de la empresa; — 2.º Cuando dichos rendimientos no bastaren, el producto líquido de las obras, vendidas en pública subasta, por el tiempo que reste de la concesión; — 3.º Los demás bienes que la compañía posea, si no formaren parte del camino ó de la obra, ó no fueren necesarios á su movimiento ó explotación[1].

Sección décima. Compañías de almacenes generales de depósito.

193. Corresponderán principalmente á la índole de estas compañías las operaciones siguientes: 1.ª El depósito, conservación y custodia de los frutos y mercaderías que se les encomienden; — 2.ª La emisión de sus resguardos nominativos ó al portador.

194. Los resguardos que las compañías de almacenes generales de depósito expidan por los frutos y mercancías que admitan para su custodia, serán negociables, se transferirán por endoso, cesión ú otro cualquiera título traslativo de dominio, según que sean nominativos ó al portador, y tendrán la fuerza y valor del conocimiento mercantil.

Estos resguardos expresarán necesariamente la especie de mercaderías, con el número ó la cantidad que cada uno represente.

195. El poseedor de los resguardos tendrá pleno dominio sobre los efectos depositados en los almacenes de la compañía, y estará exento de responsabilidad por las reclamaciones que se dirijan contra el depositante, los endosantes ó poseedores anteriores, salvo si procedieren del transporte, almacenaje y conservación de las mercancías.

196. El acreedor que, teniendo legítimamente en prenda un resguardo, no fuere pagado el día del vencimiento de su crédito, podrá requerir á la compañía para que enajene los efectos depositados, en cantidad bastante para el pago, y tendrá preferencia sobre los demás débitos del depositante, excepto los expresados en el artículo anterior, que gozarán de prelación.

197. Las ventas á que se refiere el artículo anterior se harán en el depósito de la compañía, sin necesidad de decreto judicial, en subasta pública anunciada previamente, y con intervención de corredor colegiado, donde lo hubiere, y en su defecto, de notario.

198. Las compañías de almacenes generales de depósito serán en todo caso responsables de la identidad y conservación de los efectos depositados, á ley de depósito retribuído.

Sección undécima. Compañías ó Bancos de crédito territorial.

199. Corresponderán principalmente á la índole de estas compañías las operaciones siguientes: 1.ª Prestar á plazos sobre inmuebles; — 2.ª Emitir obligaciones y cédulas hipotecarias[2].

200. Los préstamos se harán sobre hipoteca de bienes inmuebles cuya propiedad esté inscrita en el Registro á nombre del que constituya aquélla, y serán reembolsables por anualidades[3].

201. Estas compañías no podrán emitir obligaciones ni cédulas al portador mientras subsista el privilegio de que actualmente disfruta por Leyes especiales el Banco Hipotecario de España[4].

---

[1]) Respecto al procedimiento para hacer efectivas estas garantías, véase el estudio «Del procedimiento judicial en las cuestiones civiles-mercantiles».

[2]) Respecto á estas obligaciones y cédulas véase la pág. 121, nota 1.

[3]) Esta clase de préstamos están sujetos al impuesto sobre utilidades creado por la Ley de 27 de marzo de 1900; y, con arreglo á ella, se pagará el 3% de los intereses de las cédulas y préstamos hipotecarios; tomándose para estos ,como base para la liquidación, el rédito legal (el 5%) cuando no se hayan pactado intereses.

[4]) El Banco Hipotecario de España se creó por la Ley de 2 de diciembre de 1872. Su duración, según la misma, es de 99 años; pero su condición de único, y por lo tanto de privilegiado en lo referente á la facultad de emitir cédulas y obligaciones hipotecarias sólo data

ploitation et des dettes à leurs échéances respectives, tel emploi qu'elles jugeront convenable, en se conformant à leurs statuts.

L'emploi des dits excédants se fera, sous la responsabilité des administrateurs, en combinant les délais de manière à ne compromettre en aucune manière la construction, l'entretien, l'exploitation, ni le payement des dettes.

192. Si la concession vient à être déclarée caduque, les créanciers de la compagnie auront pour garantie: — 1° Les produits liquides de l'entreprise; — 2° Lorsque ces produits ne suffiront pas, le produit net de la vente aux enchères des produits à retirer de l'œuvre pendant le temps restant à courir sur la concession; — 3° Les autres biens de la compagnie, pourvu qu'ils ne fassent point partie du chemin ou de l'œuvre, ou ne soient pas nécessaires à son fonctionnement ou à son exploitation[1].

Section X. Sociétés de magasins généraux de dépôt.

193. Les opérations rentrant principalement dans la nature des sociétés ci-dessus désignées, sont les suivantes: 1° Le dépôt, la conservation et la garde des fruits et marchandises dont elles sont chargées; — 2° L'émission de warrants nominatifs ou au porteur.

194. Les récépissés délivrés par les sociétés de magasins généraux de dépôt, pour les fruits et marchandises dont elles acceptent la garde, seront négociables et se transmettront par voie d'endossement, par cession ou par tout autre mode translatif de propriété quelconque, suivant qu'ils seront nominatifs ou au porteur et qu'ils auront la force et la valeur du connaissement commercial.

Ces récépissés exprimeront obligatoirement l'espèce de marchandises, avec le nombre et la quantité que chacun d'eux représente.

195. Le possesseur des récépissés aura un droit de propriété absolu sur les effets déposés dans les magasins de la compagnie, et il sera affranchi de toute responsabilité à raison des réclamations dirigées contre le déposant, les endosseurs ou possesseurs antérieurs, sauf s'il s'agit des frais de transport, magasinage et conservation des marchandises.

196. Le créancier qui, ayant légitimement reçu en gage un récépissé, ne sera pas payé le jour de l'échéance, pourra requérir de la société la vente d'une quantité suffisante des objets déposés pour en assurer le payement, et il aura un droit de préférence sur les autres créances dues par le déposant, à l'exception de celles énoncées dans l'article précédent, qui jouiront d'un privilège.

197. Les ventes prévues par l'article précédent se feront dans le dépôt de la société, sans qu'il soit besoin d'une ordonnance de justice, aux enchères publiques après annonce préalable et par le ministère d'un courtier inscrit, là où il en existe, et, à son défaut, d'un notaire.

198. Les sociétés de magasins généraux seront en tout cas responsables de l'identité et de la conservation des objets déposés, conformément aux règles sur le dépôt rétribué.

Section XI. Sociétés ou banques de crédit foncier.

199. Les opérations qui rentreront principalement dans la nature des sociétés ou banques de crédit foncier sont: 1° Les prêts à termes sur les immeubles; — 2° L'émission d'obligations et de cédules hypothécaires[2].

200. Les prêts seront faits sur hypothèque constituée sur des biens immeubles dont la propriété est inscrite sur le registre au nom du constituant, et ils seront remboursables par annuités[3].

201. Ces sociétés ne pourront émettre ni obligations, ni cédules au porteur, tant que subsistera le privilège dont jouit actuellement la Banque hypothécaire d'Espagne[4].

---

[1]) En ce qui concerne la procédure à suivre pour réaliser ces garanties, v. notre étude sur la procédure en matière civile et commerciale.

[2]) Sur les obligations et cédules, v. ci-dessus p. 121, note 1.

[3]) Ces prêts sont soumis à l'impôt sur les bénéfices créé par la loi du 27 mars 1900, et, conformément aux prescriptions de cette loi, il est dû 3% sur les intérêts des cédules et prêts hypothécaires, en prenant pour base de la liquidation du droit l'intérêt légal de 5%, quand il n'a pas été stipulé d'intérêts.

[4]) La banque hypothécaire d'Espagne a été créée par la loi du 2 décembre 1872. Sa durée a été fixée par cette loi à 99 ans; mais c'est le décret-loi du 24 juillet 1875 qui lui a accordé le monopole et le privilège d'émettre des cédules et des obligations hypothécaires. Les statuts qui

202. Exceptúanse de la hipoteca exigida en el artículo 200 los préstamos á las provincias y á los pueblos, cuando estén autorizados legalmente para contratar empréstitos, dentro del límite de dicha autorización, y siempre que el reembolso del capital prestado, sus intereses y gastos, estén asegurados con rentas, derechos y capitales ó recargos ó impuestos especiales.

Exceptúanse, asimismo, los préstamos al Estado, los cuales podrán hacerse, además, sobre pagarés de compradores de bienes nacionales.

Los préstamos al Estado, á las provincias y á los pueblos podrán ser reembolsables á un plazo menor que el de cinco años.

203. En ningún caso podrán los préstamos exceder de la mitad del valor de los inmuebles en que se hubiere de constituir la hipoteca.

Las bases y formas de la valuación de los inmuebles se determinarán precisamente en los estatutos ó reglamentos.

204. El importe del cupón y el tanto de amortización de las cédulas hipotecarias que se emitan por razón de préstamo, no será nunca mayor que el importe de la renta líquida anual que por término medio produzcan en un quinquenio los inmuebles ofrecidos y tomados en hipoteca como garantía del mismo préstamo. El cómputo se hará siempre relacionando entre sí el préstamo, el rendimiento del inmueble hipotecado y la anualidad de las cédulas que con ocasión de aquél se emitan. Esta anualidad podrá ser, en cualquier tiempo, inferior á la renta líquida anual de los respectivos inmuebles, hipotecados como garantía del préstamo y para la emisión de las cédulas.

205. Cuando los inmuebles hipotecados disminuyan de valor en un 40 por 100, el Banco podrá pedir el aumento de la hipoteca hasta cubrir la depreciación, ó la rescisión del contrato, y entre estos dos extremos optará el deudor.

206. Los Bancos de crédito territorial podrán emitir cédulas hipotecarias por una suma igual al importe total de los préstamos sobre inmuebles.

Podrán, además, emitir obligaciones especiales por el importe de los préstamos al Estado, á las provincias y á los pueblos.

207. Las cédulas hipotecarias y obligaciones especiales de que trata el artículo anterior, serán nominativas ó al portador, con amortización ó sin ella, á corto ó á largo plazo, con prima ó sin prima.

Estas cédulas y obligaciones, sus cupones y las primas, si las tuvieren, producirán acción ejecutiva en os términos prevenidos en la Ley de Enjuiciamiento Civil[1].

208. Las cédulas hipotecarias y obligaciones especiales, lo mismo que sus intereses ó cupones y las primas que les estén asignadas, tendrán por garantía, con preferencia sobre todo otro acreedor ú obligación, los créditos y préstamos á favor del Banco ó compañía que las haya emitido y en cuya representación estuvieren creadas, quedando, en consecuencia, afectos especial y singularmente á su pago esos mismos préstamos y créditos.

Sin perjuicio de esta garantía especial, gozarán la general del capital de la compañía, con preferencia también, en cuanto á éste, sobre los créditos resultantes de las demás operaciones.

209. Los Bancos de crédito territorial podrán hacer también préstamos con hipoteca, reembolsables en un período menor de cinco años.

Estos préstamos á corto término serán sin amortización y no autorizarán la emisión de obligaciones ó cédulas hipotecarias, debiendo hacerse con los capitales procedentes de la realización del fondo social y de sus beneficios.

---

del Decreto-Ley de 24 de julio de 1875. Y los Estatutos por que hoy se rige fueron aprobados por Real Decreto de 12 de octubre de 1875. — El motivo determinante de la creación de este Banco fué el de la negociación de los pagarés de los compradores de bienes nacionales, y sobre todo el de la negociación de los billetes hipotecarios del Tesoro, cuya garantía consistía en los bienes nacionales pendientes de venta. — Las operaciones á que se dedica á más de las ya indicadas están minuciosamente especificadas en el Título 1.º de sus Estatutos, y son las mismas que el Cód. de com. detalla como propias de esta clase de Bancos.

[1]) Véase el juicio ejecutivo en el estudio «Del proc. jud. en las cuest. civ. merc».

202. Sont exceptés de l'obligation d'être garantis par l'hypothèque exigée par l'article 200, les prêts faits aux provinces et aux circonscriptions municipales, légalement autorisées à emprunter, dans les limites de la dite autorisation, toutes les fois que le remboursement du capital prêté, ainsi que le payement des intérêts et des frais, sont garantis par des rentes, des droits et des capitaux ou par des surtaxes ou impôts spéciaux.

Sont exceptés, également, les prêts faits à l'État, lesquels pourront être faits en outre sur billets des acquéreurs de biens nationaux.

Les prêts faits à l'État, aux provinces et aux circonscriptions municipales pourront être remboursables dans un délai inférieur à cinq ans.

203. Les prêts ne pourront, en aucun cas, dépasser la moitié de la valeur des biens sur lesquels l'hypothèque aura été constituée.

Les bases et les formes de l'évaluation des immeubles seront déterminées d'une manière précise dans les statuts ou règlements.

204. Le montant du coupon et celui de l'amortissement des cédules hypothécaires émises à raison d'un prêt, ne dépasseront jamais le revenu net annuel, calculé en prenant la moyenne d'une période de cinq ans, des immeubles hypothéqués à la garantie du dit prêt. Le calcul se fera toujours en établissant une relation entre le prêt, le rendement de l'immeuble hypothéqué et l'annuité des cédules émises à l'occasion du dit prêt. Cette annuité pourra être, en tout temps, inférieure au revenu net des immeubles hypothéqués à la garantie du prêt et pour l'émission des cédules.

205. Lorsque les immeubles hypothéqués viendront à perdre 40 % de leur valeur, la banque pourra demander soit un supplément d'hypothèque à l'effet de couvrir cette dépréciation, soit la résolution du contrat. Le choix entre ces deux solutions appartiendra au débiteur.

206. Les banques de crédit foncier pourront émettre des cédules hypothécaires pour une somme égale au montant total des prêts par elles faits sur des immeubles.

Elles pourront, en outre, émettre des obligations spéciales pour le montant des prêts consentis à l'État, aux provinces et aux circonscriptions municipales.

207. Les cédules hypothécaires et les obligations spéciales dont il est question dans l'article précédent, seront nominatives ou au porteur, avec ou sans amortissement, à court terme ou à long terme, à prime ou sans prime.

Ces cédules et obligations, ainsi que leurs coupons et les primes, si elles sont à primes, produiront une action exécutive dans les termes prévus par la loi d'*Enjuiciamiento civil*[1].

208. Les cédules hypothécaires et obligations spéciales, de même que leurs intérêts ou coupons et les primes, auront pour garantie, avec droit de préférence sur tout autre créancier ou obligation, les créances et prêts appartenant à la banque ou société qui les a émises et en représentation desquels elles ont été créées; en conséquence ces mêmes prêts et créances seront affectés spécialement et particulièrement à leur payement.

Sans préjudice de cette garantie spéciale, elles seront en outre garanties, d'une manière générale, par le capital de la société, et elles jouiront également, en ce qui concerne le dit capital, d'un droit de préférence sur les créances résultant des autres opérations.

209. Les banques de crédit foncier pourront également consentir des prêts hypothécaires remboursables dans une période inférieure à cinq années.

Ces prêts à court terme seront sans amortissement; et ils n'autoriseront pas l'émission d'obligations ou de cédules hypothécaires, mais ils devront être faits avec les capitaux provenant de la réalisation du fonds social et des bénéfices.

---

la régissent encore aujourd'hui ont été approuvés par décret royal du 12 octobre 1875. — La raison qui a déterminé la création de cette banque fut la négociation des billets des acquéreurs des biens nationaux et surtout la négociation des billets hypothécaires du Trésor, garantis par les biens nationaux mis en vente. — Les autres opérations de cet établissement sont minutieusement détaillées dans le titre I de ses statuts. Ce sont les opérations que le Code de commerce énumère comme étant celles des banques de cette nature.

[1]) Sur l'instance exécutive, v. notre étude sur la procédure dans les affaires civiles et commerciales.

210. Los Bancos de crédito territorial podrán recibir, con interés ó sin él, capitales en depósito, y emplear la mitad de los mismos en hacer anticipos por un plazo que no exceda de noventa días, así sobre sus obligaciones y cédulas hipotecarias, como sobre cualesquiera otros títulos de los que reciben en garantía los Bancos de emisión y descuento.

Á falta de pago por parte del mutuario, el Banco podrá pedir, con arreglo á lo dispuesto en el art. 323, la venta de las cédulas ó títulos pignorados.

211. Todas las combinaciones de crédito territorial, inclusas las asociaciones mutuas de propietarios, estarán sujetas, en cuanto á la emisión de obligaciones y cédulas hipotecarias, á las reglas contenidas en esta sección.

Sección duodécima. De las reglas especiales para los Bancos y sociedades agrícolas.

212. Corresponderá principalmente á la índole de estas compañías: 1.º Prestar en metálico ó en especie, á un plazo que no exceda de tres años, sobre frutos, cosechas, ganados ú otra prenda ó garantía especial; — 2.º Garantizar con su firma pagarés y efectos exigibles[1] al plazo máximo de noventa días, para facilitar su descuento ó negociación al propietario ó cultivador; — 3.º Las demás operaciones que tuvieren por objeto favorecer la roturación y mejora del suelo, la desecación y saneamiento de terrenos, y el desarrollo de la agricultura y otras industrias relacionadas con ella.

213. Los Bancos ó sociedades de crédito agrícola podrán tener fuera de su domicilio agentes que respondan por sí de la solvencia de los propietarios ó colonos que soliciten el auxilio de la compañía, poniendo su firma en el pagaré que ésta hubiere de descontar ó endosar.

214. El aval ó el endoso puestos por estas compañías ó sus representantes, ó por los agentes á que se refiere el artículo precedente, en los pagarés del propietario ó cultivador, darán derecho al portador para reclamar su pago directa y ejecutivamente[2], el día del vencimiento, del cualquiera de los firmantes.

215. Los pagarés del propietario ó cultivador, ya los conserve la compañía, ya se negocien por ella, producirán á su vencimiento la acción ejecutiva[3] que corresponda, con arreglo á la Ley de Enjuiciamiento Civil, contra los bienes del propietario ó cultivador que los haya suscrito.

216. El interés y la comisión que hubieren de percibir las compañías de crédito agrícola y sus agentes ó representantes, se estipularán libremente dentro de los límites señalados por los estatutos.

217. Las compañías de crédito agrícola no podrán destinar á las operaciones á que se refieren los números 2.º y 3.º del art. 212, más que el importe del 50 por 100 del capital social, aplicando el 50 por 100 restante á los préstamos de que trata el número 1.º del mismo artículo.

Sección décimatercera. Del término y liquidación de las compañías mercantiles.

218. Habrá lugar á la rescisión parcial del contrato de compañía mercantil colectiva ó en comandita, por cualquiera de los motivos siguientes: 1.º Por usar un socio de los capitales comunes y de la firma social para negocios por cuenta propia; — 2.º Por ingerirse en funciones administrativas de la compañía el socio á quien no competa desempeñarlas, según las condiciones del contrato de sociedad; — 3.º Por cometer fraude algún socio administrador en la administración ó contabilidad de la compañía; — 4.º Por dejar de poner en la caja común el capital que cada uno estipuló en el contrato de sociedad, después de haber sido requerido para verificarlo; — 5.º Por ejecutar un socio por su cuenta operaciones de comercio que no le sean lícitas con arreglo á las disposiciones de los artículos 136, 137 y 138;

---

[1] Estos pagarés y efectos exigibles están sujetos al pago del impuesto del timbre lo mismo que las letras de cambio y los pagarés á la orden. (Véase p. 157 la nota I del artículo 444.)

[2] Es decir, por el procedimiento ó juicio ejecutivo que puede verse en el estudio «Del proc. jud. en las cuest. civ. merc.»

[3] Véase la nota anterior.

210. Les banques de crédit foncier pourront recevoir des capitaux en dépôt, avec ou sans intérêts, et employer la moitié des dits dépôts en prêts remboursables dans un délai ne dépassant pas quatre-vingt-dix jours, tant sur leurs obligations et cédules hypothécaires, que sur tous autres titres quelconques susceptibles d'être reçus en nantissement par les banques d'émission et d'escompte.

A défaut de payement par l'emprunteur, la banque pourra requérir, conformément aux dispositions de l'article 323, la vente des cédules ou des titres donnés en gage.

211. Toutes les combinaisons de crédit foncier, y compris les associations mutuelles de propriétaires, seront soumises, en ce qui concerne l'émission des obligations et cédules hypothécaires, aux règles contenues dans la présente section.

Section XII. Des règles spéciales aux banques et sociétés agricoles.

212. Il rentrera principalement dans la nature des sociétés ci-dessus désignées de se livrer aux opérations suivantes: 1° Consentir des prêts en argent ou espèces, pour un terme ne dépassant pas trois ans, sur fruits, récoltes, troupeaux ou toute autre espèce de gage ou de garantie particulière; — 2° Garantir, par leur signature, des billets et effets exigibles[1] dans le délai maximum de quatre-vingt-dix jours, pour en faciliter l'escompte ou la négociation au propriétaire ou cultivateur; — 3° Toutes autres opérations ayant pour objet de favoriser le défrichement et l'amélioration du sol, le desséchement et l'assainissement des terres, et le développement de l'agriculture et des autres industries qui s'y rattachent.

213. Les banques ou sociétés de crédit agricole pourront avoir, en dehors de leur domicile, des agents qui répondent en leur nom de la solvabilité des propriétaires ou colons qui sollicitent le secours de la société, en apposant leur signature sur le billet que la société doit escompter ou endosser.

214. L'aval ou l'endossement, placés par les dites compagnies ou par leurs représentants, ou par les agents dont il est question dans l'article précédent, sur les billets du propriétaire ou cultivateur, donneront au porteur le droit de réclamer directement, et au moyen d'une action exécutive[2], le payement du dit billet, le jour de l'échéance, à l'un quelconque des signataires.

215. Les billets souscrits par le propriétaire ou cultivateur, qu'ils soient conservés par la société ou négociés par elle, produiront, à leur échéance, l'action exécutive, conformément à la loi d'*Enjuiciamiento civil*[3], sur les biens du propriétaire ou du cultivateur qui les a souscrits.

216. L'intérêt et la commission à percevoir par les sociétés de crédit agricole et par leurs agents ou représentants, seront stipulés librement dans les limites indiquées par les statuts.

217. Les sociétés de crédit agricole ne pourront pas employer plus de la moitié de leur capital social aux opérations prévues dans les numéros 2 et 3 de l'article 212, et elles devront appliquer le surplus aux prêts dont il est question dans le numéro 1 du même article.

Section XIII. De la fin et de la liquidation des sociétés commerciales.

218. Il y aura lieu à la rescision partielle du contrat de société commerciale en nom collectif ou en commandite, pour l'un quelconque des motifs suivants: 1° Usage par l'un des associés des capitaux communs et de la signature sociale pour ses affaires personnelles; — 2° Ingérence dans les fonctions administratives de la société d'un associé à qui les conditions du contrat de société refusent compétence pour les exercer; — 3° Fraude commise par un associé administrateur dans l'administration ou la comptabilité de la société; — 4° Omission de verser dans la caisse de la société le capital promis, après sommation d'effectuer le dit versement; — 5° Exécution par un associé, pour son compte personnel, des opérations qui lui sont interdites par les articles 136, 137 et 138; — 6° Absence d'un associé obligé à prêter son concours

---

[1]) Ces billets et effets sont soumis au même droit de timbre que les lettres de change et les billets à ordre (v. art. 444, p. 157, note 1).

[2]) C'est-à-dire par la procédure exécutive. V. sur cette procédure ou instance notre étude sur la procédure en matière civile et commerciale.

[3]) V. la note précédente.

— 6.° Por ausentarse un socio que estuviere obligado á prestar oficios personales en la sociedad, si, habiendo sido requerido para regresar y cumplir con sus deberes, no lo verificare ó no acreditare una causa justa que temporalmente se lo impida; — 7.° Por faltar de cualquier otro modo uno ó varios socios al cumplimiento de las obligaciones que se impusieron en el contrato de compañía.

219. La rescisión parcial de la compañía producirá la ineficacia del contrato con respecto al socio culpable, que se considerará excluído de ella, exigiéndole la parte de pérdida que pueda corresponderle, si la hubiere, y quedando autorizada la sociedad á retener, sin darle participación en las ganancias ni indemnización alguna, los fondos que tuviere en la masa social, hasta que estén terminadas y liquidadas todas las operaciones pendientes al tiempo de la rescisión.

220. Mientras en el Registro Mercantil no se haga el asiento de la rescisión parcial del contrato de sociedad, subsistirá la responsabilidad del socio excluído, así como la de la compañía, por todos los actos y obligaciones que se practiquen, en nombre y por cuenta de ésta, con terceras personas.

221. Las compañías, de cualquiera clase que sean, se disolverán totalmente por las causas que siguen: 1.ª El cumplimiento del término prefijado en el contrato de sociedad, ó la conclusión de la empresa que constituya su objeto; — 2.ª La pérdida entera del capital; — 3.ª La quiebra de la compañía.

222. Las compañías colectivas y en comandita se disolverán además totalmente por las siguientes causas: 1.ª La muerte de uno de los socios colectivos, si no contiene la escritura social pacto expreso de continuar en la sociedad los herederos del socio difunto, ó de subsistir ésta entre los socios sobrevivientes; — 2.ª La demencia ú otra causa que produzca la inhabilitación de un socio gestor para administrar sus bienes[1]; — 3.ª La quiebra de cualquiera de los socios colectivos.

223. Las compañías mercantiles no se entenderán prorrogadas por la voluntad tácita ó presunta de los socios, después que se hubiere cumplido el término por el cual fueron constituídas; y si los socios quieren continuar en compañía, celebrarán un nuevo contrato, sujeto á todas las formalidades prescritas para su establecimiento, según se previene en el art. 119.

224. En las compañías colectivas ó comanditarias por tiempo indefinido, si alguno de los socios exigiere su disolución, los demás no podrán oponerse sino por causa de mala fe en el que lo proponga.

Se entenderá que un socio obra de mala fe, cuando, con ocasión de la disolución de la sociedad, pretenda hacer un lucro particular que no hubiera obtenido subsistiendo la compañía.

225. El socio que por su voluntad se separase de la compañía ó promoviere su disolución, no podrá impedir que se concluyan del modo más conveniente á los intereses comunes las negociaciones pendientes, y mientras no se terminen no se procederá á la división de los bienes y efectos de la compañía.

226. La disolución de la compañía de comercio, que proceda de cualquiera otra causa que no sea la terminación del plazo por el cual se constituyó, no surtirá efecto en perjuicio de tercero hasta que se anote en el Registro Mercantil.

227. En la liquidación y división del haber social se observarán las reglas establecidas en la escritura de compañía, y en su defecto, las que se expresan en los artículos siguientes.

228. Desde el momento en que la sociedad se declare en liquidación, cesará la representación de los socios administradores para hacer nuevos contratos y obligaciones, quedando limitadas sus facultades, en calidad de liquidadores, á percibir los créditos de la compañía, á extinguir las obligaciones contraídas de antemano, según vayan venciendo, y á realizar las operaciones pendientes.

229. En las sociedades colectivas ó en comandita, no habiendo contradicción por parte de alguno de los socios, continuarán encargados de la liquidación los que hubiesen tenido la administración del caudal social; pero si no hubiese conformidad para esto de todos los socios, se convocará sin dilación junta general y se estará á lo que en ella se resuelva, así en cuanto al nombramiento de liquidadores de den-

---

[1] Respecto á las otras causas que, á más de la demencia, pueden inhabilitar al socio gestor para administrar sus bienes, véase la pág. 93, nota 1.

personnel à la société lorsque, après avoir été requis de satisfaire à cette obligation, il ne l'a pas remplie ou n'a pas justifié d'un empêchement légitime le mettant momentanément dans l'impossibilité de la remplir; — 7° Défaut par un ou plusieurs associés de satisfaire à toute autre obligation quelconque leur incombant aux termes du contrat de société.

219. La rescision partielle de la société rendra le contrat inefficace à l'égard de l'associé coupable, lequel sera considéré comme exclu de la société, et tenu de supporter sa part dans les pertes, s'il y a lieu, et la société, sans lui laisser aucune part dans les bénéfices et profits, pourra retenir les fonds par lui versés dans la masse sociale jusqu'à ce que toutes les opérations pendantes au moment de la rescision soient terminées et liquidées.

220. Tant que mention de la rescision partielle du contrat de société n'aura pas été faite sur le registre du commerce, l'associé exclu, de même que la société, continueront à être responsables de tous les actes passés et obligations contractées au nom et pour le compte de la société avec les tiers.

221. Les sociétés, quelle que soit la classe à laquelle elles appartiennent, seront complètement dissoutes pour les causes suivantes: 1° Expiration du terme fixé dans le contrat de société ou accomplissement de l'objet de la société; — 2° Perte intégrale du capital; — 3° Faillite de la société.

222. Les sociétés en nom collectif et en commandite seront en outre dissoutes complètement pour les causes suivantes: 1° Décès de l'un des associés en nom collectif, lorsque l'acte de société ne contient pas stipulation expresse que la société continuera avec les héritiers de l'associé défunt, ou avec les associés survivants; — 2° Démence d'un associé gérant, ou toute autre cause quelconque rendant un associé gérant incapable d'administrer ses biens[1]; — 3° Faillite de l'un quelconque des associés en nom collectif.

223. Les sociétés commerciales ne seront pas considérées comme prorogées par la volonté tacite ou présumée des associés, après l'expiration du terme pour lequel elles ont été constituées; et, si les associés veulent continuer la société, ils devront faire un nouveau contrat, en observant toutes les formalités prescrites par l'article 119 pour l'établissement d'une société nouvelle.

224. Lorsqu'une société en nom collectif ou en commandite a été fondée pour une durée indéterminée et que l'un des associés exige sa dissolution, les autres associés ne pourront pas s'opposer à cette demande, sauf pour cause de mauvaise foi de son auteur.

On considérera qu'un associé agit de mauvaise foi, lorsqu'il cherche à profiter de la dissolution de la société pour réaliser un bénéfice particulier qu'il n'eût pas obtenu si la société eût subsisté.

225. L'associé qui se séparera volontairement de la société ou provoquera sa dissolution, ne pourra pas empêcher de terminer, au mieux des intérêts communs, les négociations pendantes; et, tant que les dites négociations ne seront pas terminées, il ne sera pas procédé au partage des biens et effets de la société.

226. La dissolution de la société commerciale résultant d'une cause autre que l'expiration du délai pour lequel elle a été constituée, ne sortira pas effet contre les tiers tant qu'elle n'aura pas été mentionnée sur le registre du commerce.

227. Dans da liquidation et le partage de l'avoir social, seront observées les règles établies dans l'acte de société et, à leur défaut, celles qui sont énoncées dans les articles suivants.

228. Dès le moment où la société sera déclarée en liquidation, les associés administrateurs cesseront d'avoir le droit de la représenter pour faire de nouveaux contrats et de nouvelles obligations, et leurs pouvoirs, en qualité de liquidateurs, se borneront à percevoir les créances de la société, à éteindre les obligations contractées antérieurement, à mesure qu'elles arrivent à échéance, et à réaliser les opérations pendantes.

229. Dans les sociétés en nom collectif et en commandite, s'il n'y a pas d'opposition de la part de l'un des associés, les personnes chargées de l'administration de la société continueront à diriger la liquidation. Toutefois, s'il n'y a pas accord sur ce point entre tous les associés, une assemblée générale sera convoquée sans retard, et on se conformera à tout ce qu'elle résoudra, aussi bien en ce qui concerne la no-

---

[1] En ce qui concerne les autres causes d'incapacité d'administrer (en dehors de la démence), v. p. 93, note 1.

tro ó fuera de la sociedad, como en lo relativo á la forma y trámites de la liquidación y á la administración del caudal común.

230. Bajo pena de destitución, deberán los liquidadores: 1.º Formar y comunicar á los socios, dentro del término de veinte días, el inventario del haber social, con el balance de las cuentas de la sociedad en liquidación, según los libros de su contabilidad; — 2.º Comunicar igualmente á los socios todos los meses el estado de la liquidación.

231. Los liquidadores serán responsables á los socios de cualquiera perjuicio que resulte al haber común por fraude ó negligencia grave en el desempeño de su encargo, sin que por eso se entiendan autorizados para hacer transacciones ni celebrar compromisos sobre los intereses sociales, á no ser que los socios les hubieren concedido expresamente estas facultades.

232. Terminada la liquidación y llegado el caso de proceder á la división del haber social, según la calificación que hicieren los liquidadores ó la junta de socios que cualquiera de ellos podrá exigir que se celebre para este efecto, los mismos liquidadores verificarán dicha división dentro del término que la junta determinare.

233. Si alguno de los socios se creyese agraviado en la división acordada, podrá usar de su derecho ante el juez ó tribunal competente[1].

234. En la liquidación de sociedades mercantiles en que tengan interés personas menores de edad ó incapacitadas, obrarán el padre, madre ó tutor de éstas, según los casos, con plenitud de facultades como en negocio propio, y serán válidos é irrevocables, sin beneficio de restitución[2], todos los actos que dichos representantes otogaren ó consintieren por sus representados, sin perjuicio de la responsabilidad que aquéllos contraigan para con éstos por haber obrado con dolo ó negligencia.

235. Ningún socio podrá exigir la entrega del haber que le corresponda en la división de la masa social, mientras no se hallen extinguidas todas las deudas y obligaciones de la compañía, ó no se haya depositado su importe, si la entrega no se pudiere verificar de presente.

236. De las primeras destribuciones que se hagan á los socios se descontarán las cantidades que hubiesen percibido para sus gastos particulares, ó que bajo otro cualquier concepto les hubiese anticipado la compañía.

237. Los bienes particulares de los socios colectivos que no se incluyeron en el haber de la sociedad al formarse ésta, no podrán ser ejecutados para el pago de las obligaciones contraídas por ella, sino después de haber hecho excusión del[3] haber social.

238. En las compañías anónimas en liquidación continuarán, durante el período de ésta, observándose las disposiciones de sus estatutos en cuanto á la convocación de sus juntas generales, ordinarias y extraordinarias, para dar cuenta de los progresos de la misma liquidación y acordar lo que convenga al interés común.

Título II. De las cuentas en participación.

239. Podrán los comerciantes interesarse los unos en las operaciones de los otros, contribuyendo para ellas con la parte del capital que convinieren, y haciéndose partícipes de sus resultados prósperos ó adversos en la proporción que determinen.

240. Las cuentas en participación no estarán sujetas en su formación á ninguna solemnidad, pudiendo contraerse privadamente de palabra ó por escrito, y probán-

---

[1]) Respecto al modo y manera de determinar esta competencia, véase el estudio «Del proc. jud. en las cuest. civ. merc.»

[2]) El beneficio de restitución era el derecho concedido por nuestras leyes civiles á los menores para que dentro de los cuatro años siguientes á la mayor edad pudiesen pedir la rescisión de aquellos contratos celebrados por los tutores ó representantes legales que considerasen lesivos para sus intereses. Hoy, por virtud de lo que dispone el art. 1291 del Cód. c., sólo existe este beneficio en favor de los menores, cuando se trate de contratos celebrados por los tutores sin autorización del consejo de familia, siempre que la lesión sufrida exceda de la cuarta parte del valor de la cosa objeto del contrato. El plazo para ejercer este derecho es también el de 4 años, á contar desde la mayor edad (art. 1299, Cód. c.).

[3]) Hacer excusión significa haber apurado el procedimiento judicial ó extrajudicial hasta conseguir cobrar todo lo que consienta el valor de los bienes del deudor.

mination de liquidateurs choisis dans la société ou en dehors d'elle, qu'en ce qui concerne la forme et la marche de la liquidation et de l'administration de l'avoir commun.

230. Les liquidateurs devront, sous peine de destitution: 1° Dresser et communiquer aux associés, dans le délai de vingt jours, l'inventaire de l'avoir social, avec le bilan des comptes de la société en liquidation, d'après les livres de comptabilité; — 2° Communiquer également aux associés, tous les mois, l'état de la liquidation.

231. Les liquidateurs seront responsables envers les associés de tout préjudice quelconque occasionné à l'avoir commun par fraude ou négligence grave dans l'accomplissement de leurs fonctions, et ils ne seront pas considérés comme autorisés à transiger ni compromettre sur les intérêts sociaux, si les associés ne leur en ont pas accordé, en termes exprès, le pouvoir.

232. Lorsque la liquidation sera terminée et qu'il y aura lieu de partager l'actif social, les liquidateurs procéderont à ce partage en se conformant aux règles arrêtées par eux ou par l'assemblée générale des associés dont la réunion pourra être requise, à cet effet, par l'un quelconque des dits associés, et dans le délai que la dite assemblée déterminera.

233. Si l'un des associés se croit lésé par le partage ainsi arrêté, il pourra user de son droit devant le juge ou tribunal compétent[1].

234. Lorsque parmi les personnes intéressées dans la liquidation des sociétés commerciales se trouvent des mineurs ou des incapables, le père, la mère ou le tuteur des dits mineurs ou incapables interviendra, suivant les cas, dans la liquidation, avec plein pouvoir, comme dans son affaire particulière, et tous les actes que les dits représentants auront ainsi faits ou consentis pour ceux qu'ils représentent, seront valables et irrévocables, sans qu'il y ait lieu à l'exercice du bénéfice de restitution[2], sans préjudice de la responsabilité encourue par les dits représentants, en cas de dol ou de négligence.

235. Nul associé ne pourra exiger la remise de la part à lui attribuée dans le partage de la masse sociale, tant que toutes les dettes et obligations de la société n'auront pas été éteintes, ou qu'il n'aura pas été déposé somme suffisante pour les acquitter, si le payement ne peut en être actuellement effectué.

236. On retiendra, sur les premières distributions faites aux associés, les sommes par eux perçues pour leurs frais personnels ou avancées pour eux, pour tout autre motif quelconque, par la société.

237. Les biens personnels des associés en nom collectif, qui ne sont pas compris dans l'avoir social à titre d'apports, ne pourront être saisis pour payer les obligations contractées par la société qu'après discussion de l'avoir social[3].

238. Les sociétés anonymes en liquidation continueront à observer, pendant la durée de la liquidation, les dispositions de leurs statuts relatives à la convocation des assemblées générales ordinaires et extraordinaires, pour rendre compte des progrès de la liquidation et prendre les décisions nécessitées par l'intérêt commun.

Titre II. Des comptes en participation.

239. Les commerçants pourront s'intéresser réciproquement dans les opérations les uns des autres, à charge de contribuer aux dites opérations par le versement de tel capital convenu, et de participer aux bénéfices et aux pertes dans une proportion déterminée.

240. L'établissement des comptes en participation ne sera soumis à aucune solennité. Les conventions faites, à cet effet, peuvent être orales ou écrites, et se

---

[1] En ce qui concerne la manière de déterminer cette compétence, v. notre étude sur la procédure en matière civile et commerciale.

[2] Le bénéfice de restitution est le droit concédé par la loi civile aux mineurs de demander, dans les quatre ans de leur majorité, la rescision des contrats faits par leurs tuteurs ou représentants légaux, qu'ils considèrent comme préjudiciables à leurs intérêts. Aujourd'hui, en vertu de l'art. 1291 du Code civil, ce bénéfice n'appartient aux mineurs que lorsqu'il s'agit de contrats faits par les tuteurs sans l'autorisation du conseil de famille, pourvu que la lésion dépasse le quart de la valeur du contrat. Le délai pour exercer ce droit est aussi de quatre années à compter de la majorité (art. 1299 C. civ.).

[3] Discuter, signifie terminer la procédure judiciaire ou extrajudiciaire pour arriver à toucher toute la valeur des biens du débiteur.

dose su existencia por cualquiera de los medios reconocidos en derecho, conforme á lo dispuesto en el art. 51.

241. En las negociaciones de que tratan los dos artículos anteriores no se podrá adoptar una razón comercial común á todos los partícipes, ni usar de más crédito directo que el del comerciante que las hace y dirige en su nombre y bajo su responsabilidad individual.

242. Los que contraten con el comerciante que lleve el nombre de la negociacion, sólo tendrán acción contra él, y no contra los demás interesados, quienes tampoco la tendrán contra el tercero que contrató con el gestor, á no ser que éste les haga cesión formal de sus derechos.

243. La liquidación se hará por el gestor, el cual, terminadas que sean las operaciones, rendirá cuenta justificada de sus resultados.

Título III. De la comisión mercantil.
Sección primera. De los comisionistas.

244. Se reputará comisión mercantil el mandato, cuando tenga por objeto un acto ú operación de comercio y sea comerciante ó agente mediador del comercio el comitente ó el comisionista.

245. El comisionista podrá desempeñar la comisión contratando en nombre propio ó en el de su comitente.

246. Cuando el comisionista contrate en nombre propio, no tendrá necesidad de declarar quién sea el comitente, y quedará obligado de un modo directo, como si el negocio fuese suyo, con las personas con quienes contratare, las cuales no tendrán acción contra el comitente, ni éste contra aquéllas, quedando á salvo siempre las que respectivamente correspondan al comitente y al comisionista entre sí.

247. Si el comisionista contratare en nombre del comitente, deberá manifestarlo; y, si el contrato fuere por escrito, expresarlo en el mismo ó en la antefirma, declarando el nombre, apellido y domicilio de dicho comitente.

En el caso prescrito en el párrafo anterior, el contrato y las acciones derivadas del mismo producirán su efecto entre el comitente y la persona ó personas que contrataren con el comisionista; pero quedará éste obligado con las personas con quienes contrató, mientras no pruebe la comisión, si el comitente la negare, sin perjuicio de la obligación y acciones respectivas entre el comitente y el comisionista.

248. En el caso de rehusar un comisionista el encargo que se le hiciere, estará obligado á comunicarlo al comitente por el medio más rápido posible, debiendo confirmarlo, en todo caso, por el correo más próximo al día en que recibió la comisión.

Lo estará, asimismo, á prestar la debida diligencia en la custodia y conservación de los efectos que el comitente le haya remitido, hasta que éste designe nuevo comisionista, en vista de su negativa, ó hasta que, sin esperar nueva designación, el juez ó tribunal se haya hecho cargo de los efectos, á solicitud del comisionista[1].

---

[1] Para que el juez se haga cargo de estos efectos será preciso que se solicite de él por escrito la constitución del depósito, expresando en relación el pormenor de los mismos, y designando la persona que haya de ser el depositario que habrá de ser comerciante matriculado, si lo hubiere en la plaza, y en su defecto un contribuyente que pague la cuota de contribución que el juez conceptúe suficiente, atendido el valor del depósito y las condiciones de la localidad. Las garantías que ha de ofrecer el depositario para la seguridad del depósito se apreciarán libremente por el juez; de tal manera que si el propuesto por el que solicita el depósito no las reuniere á juicio del juez podrá designar por su cuenta otra persona que en su opinión las reuna (art. 2119, L. Enj. c.). — Para la constitución del depósito el actuario extenderá la diligencia de entrega al depositario, detallando el número y estado de los efectos depositados; haciendo constar en su caso las diferencias que existan entre la relación que se acompañó al escrito en que se solicitó el depósito y esta otra relación que ha de hacer el actuario (art. 2121, L. Enj. c.). — A estas rectificaciones ha de prestar su conformidad el depositante; y si no la prestare, y la diferencia fuere de cantidad tan sólo, hará el actuario, á presencia del depositante y depositario, un recuento minucioso, cuyo resultado se considerará como definitivo. Si la diferencia fuere de calidad, el juez nom-

prouver par tout moyen de preuve quelconque reconnu par la loi, conformément à ce qui est dit dans l'article 51.

241. Il ne pourra, dans les négociations prévues par les deux articles précédents, être adopté aucune raison commerciale commune à tous les participants, ni fait usage d'un autre crédit que de celui qui appartient directement au commerçant qui fait et dirige les dites négociations en son nom et sous sa responsabilité personnelle.

242. Ceux qui contractent avec le commerçant qui dirige en son nom la négociation, n'auront d'action que contre ce négociant, et non contre les autres intéressés. Ceux-ci n'auront pas non plus d'action contre les tiers qui ont traité avec le gérant, à moins que le dit gérant ne leur ait consenti une cession expresse de ses droits.

243. La liquidation se fera par les soins du gérant qui, une fois ses opérations terminées, rendra un compte justificatif de leurs résultats.

Titre III. De la commission commerciale.

Section première. Des commissionnaires.

244. Le mandat est réputé commission commerciale, lorsqu'il a pour objet un acte ou une opération de commerce et que le commettant ou le commissionnaire est commerçant ou agent intermédiaire du commerce.

245. Le commissionnaire pourra accomplir la commission soit en son nom personnel, soit au nom de son commettant.

246. Lorsque le commissionnaire contractera en son nom personnel, il ne sera pas obligé de faire connaître son commettant, et il sera obligé directement, comme si l'affaire lui était personnelle, envers les personnes qui ont contracté avec lui. Celles-ci n'auront pas d'action contre le commettant, ni ce dernier d'action contre elles, sauf toujours les actions appartenant réciproquement au commettant et au commissionnaire l'un contre l'autre.

247. Si le commissionnaire contracte au nom du commettant, il devra le faire connaître, et, si le contrat est fait par écrit, indiquer ce nom dans l'acte ou dans la mention qui précède la signature en énonçant le prénom, le nom et le domicile du dit commettant.

Dans le cas prévu par le paragraphe précédent, le contrat, ainsi que les actions qui en dérivent, produiront leur effet entre le commettant et la personne ou les personnes qui ont traité avec le commissionnaire; celui-ci, toutefois, sera tenu envers les dites personnes tant qu'il ne rapportera pas la preuve de la commission, si elle est déniée par le commettant, sans préjudice de l'obligation et des actions respectives appartenant au commettant et au commissionnaire.

248. Dans le cas où le commissionnaire refuse la mission à lui confiée, il est obligé d'en donner avis, par le moyen le plus rapide possible au commettant et de confirmer, en tout cas, ce refus par le courrier le plus prochain qui suit la date de la réception de la commission.

Il sera également tenu d'apporter les soins convenables à la garde et à la conservation des effets que lui a remis le commettant, jusqu'à ce que celui-ci ait désigné un nouveau commissionnaire, après avoir eu connaissance de son refus, ou que, à défaut de cette désignation, le tribunal ait pourvu à la garde des dits effets, sur la requête du commissionnaire[1].

---

[1] Pour que le juge pourvoie à la garde de ces effets, il est nécessaire que la constitution du dépôt lui soit demandée par écrit. La requête doit indiquer en détail les effets et désigner la personne qui doit en être constituée dépositaire. Cette personne doit être un commerçant immatriculé, s'il en existe dans la place, et, à son défaut, un contribuable payant une cote que le juge estimera suffisante, eu égard à la valeur du dépôt et aux conditions de la localité. Les garanties que doit présenter le dépositaire pour la sûreté du dépôt, seront appréciées librement par le juge, en sorte que si la personne présentée par le requérant ne les réunit pas d'après le juge, celui-ci peut désigner d'office un autre dépositaire qui lui paraît présenter ces garanties (l. d'*Enj. civ.*, art. 2119). — Pour la constitution du dépôt, l'*actuario* dressera l'acte constatant la remise des effets au dépositaire, en détaillant le nombre et l'état des effets déposés, en constatant au besoin les différences qui existent entre l'exposé joint à la requête à fin de dépôt et l'exposé que l'*actuario* devra dresser de son côté (loi d'*Enj. civ.* art. 2121). — Le déposant doit déclarer qu'il admet ces rectifications; s'il ne les accepte pas, et que la différence porte seulement sur la somme, l'*actuario* procédera immédiatement à une vérification minutieuse du calcul, dont le résultat sera considéré comme définitif. Si la divergence porte sur la qualité, le juge désignera, par voie de tirage au sort,

La falta de cumplimiento de cualquiera de las obligaciones establecidas en los dos párrafos anteriores, constituye al comisionista en la responsabilidad de indemnizar los daños y perjuicios que por ello sobrevengan al comitente.

249. Se entenderá aceptada la comisión siempre que el comisionista ejecute alguna gestión, en el desempeño del encargo que le hizo el comitente, que no se limite á la determinada en el párrafo segundo del artículo anterior.

250. No será obligatorio el desempeño de las comisiones que exijan provisión de fondos, aunque se hayan aceptado, mientras el comitente no ponga á disposición del comisionista la suma necesaria al efecto.

Asimismo podrá el comisionista suspender las diligencias propias de su encargo, cuando, habiendo invertido las sumas recibidas, el comitente rehusare la remisión de nuevos fondos que aquél le pidiere.

251. Pactada la anticipación de fondos para el desempeño de la comisión, el comisionista estará obligado á suplirlos, excepto en el caso de suspensión de pagos ó quiebra del comitente.

252. El comisionista que, sin causa legal, no cumpla la comisión aceptada ó empezada á evacuar, será responsable de todos los daños que por ello sobrevengan al comitente.

253. Celebrado un contrato por el comisionista con las formalidades de derecho, el comitente deberá aceptar todas las consecuencias de la comisión, salvo el derecho de repetir contra el comisionista por faltas ú omisiones cometidas al cumplirla.

254. El comisionista que en el desempeño de su encargo se sujete á las instrucciones recibidas del comitente, quedará exento de toda responsabilidad para con él.

255. En lo no previsto y prescrito expresamente por el comitente, deberá el comisionista consultarle, siempre que lo permita la naturaleza del negocio.

Mas si estuviere autorizado para obrar á su arbitrio, ó no fuere posible la consulta, hará lo que dicte la prudencia y sea más conforme al uso del comercio, cuidando del negocio como propio. En el caso de que un accidente no previsto hiciere, á juicio del comisionista, arriesgada ó perjudicial la ejecución de las instrucciones recibidas, podrá suspender el cumplimiento de la comisión, comunicando al comitente, por el medio más rápido posible, las causas que hayan motivado su conducta.

256. En ningún caso podrá el comisionista proceder contra disposición expresa del comitente, quedando responsable de todos los daños y perjuicios que por hacerlo le ocasionare.

Igual responsabilidad pesará sobre el comisionista en los casos de malicia ó de abandono.

257. Serán de cuenta del comisionista los riesgos del numerario que tenga en su poder por razón de la comisión.

---

brará por sorteo entre los corredores colegiados, si los hubiere, ó en su defecto entre los comerciantes matriculados en la clase á que pertenezcan los efectos, un perito que los clasifique, extendiéndose de todo ello el acta correspondiente. El perito así nombrado no será recusable (art. 2122, L. Enj. c.); y mientras se procede á todo esto dispondrá provisionalmente el juez lo necesario para la custodia y conservación de los efectos que hayan de depositarse (art. 2123, L. Enj. c.). — Si el recibo y conservación de los efectos exigieren algunos gastos, y no hubiere de momento quien se preste á satisfacerlos, el juez decretará la venta de los que conceptúe necesarios, cuya venta se hará en subasta pública, previa tasación de un perito nombrado por el dueño de aquellos si se presentare, ó por el Ministerio fiscal, si se hallare ausente, y otro por el juez, anunciándose la subasta, con un plazo no menor de ocho días ni mayor de quince, por edictos, que se fijarán en los estrados del Juzgado, y que habrán de insertarse en el *Boletín oficial* de la provincia y periódicos de la localidad, si el juez lo juzgare necesario, en atención al valor de dichos efectos. — Si estuviere presente el dueño de los efectos, y prestare su conformidad al perito nombrado por el juez bastará uno solo; y si optare por nombrar uno por su parte, y no se pusieren de acuerdo los dos peritos nombrados, el juez designará por sorteo un tercero (art. 2124, L. Enj. c.). — Si en la subasta no hubiere postor ó las posturas hechas no cubrieren las dos terceras partes de la tasación, se hará una segunda subasta, y una tercera, si fuere necesario, dentro de otro término igual, con rebaja del 20% en cada una de la cantidad que hubiere servido de tipo para la anterior (art. 2125, L. Enj. c.).

Faute par le commissionnaire de remplir l'une quelconque des obligations établies par les deux paragraphes précédents, il est responsable des dommages et préjudices occasionnés au commettant.

249. La commission sera considérée comme acceptée toutes les fois que le commissionnaire exécute un acte de gestion rentrant dans la mission à lui confiée par le commettant, et ne se borne pas aux actes déterminés dans le second paragraphe de l'article précédent.

250. Le commissionnaire ne sera pas tenu, malgré son acceptation, d'accomplir les commissions qui exigent une provision de fonds, tant que le commettant n'aura pas mis à sa disposition la somme nécessaire à cet effet.

Il pourra également suspendre les diligences dont il est tenu à raison de son mandat, lorsque, après avoir employé les sommes par lui reçues, le commettant lui refusera la remise de nouveaux fonds par lui demandés.

251. Le commissionnaire, s'il est convenu qu'il fera l'avance des fonds nécessaires pour l'exécution de la commission, sera tenu de les fournir, sauf en cas de suspension des payements ou de faillite du commettant.

252. Le commissionnaire qui, sans cause légale, n'achève pas de remplir la commission qu'il a acceptée ou qu'il a commencé à remplir, sera responsable de tous les dommages-intérêts occasionnés au commettant.

253. Lorsque le commissionnaire aura fait un contrat en observant les formalités légales, le commettant devra accepter toutes les conséquences de la commission, sauf son recours contre le commissionnaire à raison des fautes ou omissions par lui commises dans l'exécution de la commission.

254. Le commissionnaire qui, dans l'exécution de son mandat, se conforme aux instructions qu'il reçoit du commettant, est affranchi de toute responsabilité envers lui.

255. Le commissionnaire devra consulter le commettant dans tout ce qui n'est pas prévu et arrêté expressément par celui-ci, toutes les fois que la nature de l'affaire le permet.

Mais s'il est autorisé à agir suivant ce qu'il jugera utile, ou s'il ne lui est pas possible de consulter le commettant, il fera ce que prescrit la prudence et ce qui est le plus conforme aux usages du commerce, en donnant à l'affaire les mêmes soins que si elle était son affaire personnelle. Dans le cas où un accident non prévu serait de nature, au jugement du commissionnaire, à rendre aventureuse ou préjudiciable l'exécution des instructions du commettant, le commissionnaire pourra suspendre l'exécution de la commission en faisant connaître au commettant, par le moyen le plus rapide possible, les causes qui ont motivé sa conduite.

256. En aucun cas le commissionnaire ne pourra aller contre l'ordre exprès du commettant, et, s'il le fait, il sera responsable des dommages et préjudices occasionnés au dit commettant.

Le commissionnaire encourra la même responsabilité dans le cas de dol et d'abandon de la commission.

257. Les risques du numéraire que le commissionnaire a en sa possession, à raison de la commission, seront à sa charge.

entre les courtiers inscrits, s'il en existe, ou, à leur défaut, entre les commerçants immatriculés de la catégorie à laquelle appartiennent les effets, un expert chargé de déterminer leur classification, et il sera dressé du tout procès-verbal. L'expert ainsi nommé n'est pas récusable (loi d'*Enj. civ.*, art. 2122). Pendant la durée de l'expertise, le juge doit prendre les mesures nécessaires pour assurer la garde et la conservation des effets dont le dépôt doit être effectué (loi d'*Enj. civ.* art. 2123). — Si la réception et la conservation des effets exigent certains frais que personne, en ce moment, n'offre d'acquitter, le juge ordonnera la vente de ceux de ces effets dont il estimera l'aliénation nécessaire. Cette vente doit avoir lieu aux enchères, après estimation par deux experts désignés l'un par le propriétaire des effets, s'il est présent, ou, s'il est absent, par le ministère fiscal, et l'autre par le juge. L'adjudication doit être annoncée au moins 1 jour et au plus 15 jours à l'avance, au moyen d'affiches apposées dans le prétoire du tribunal, et, en outre, d'avis insérés dans le *Boletin oficial* de la province, si le juge l'estime nécessaire, à raison de la valeur des effets. — Si le propriétaire est présent, et s'il accepte l'expert nommé par le juge, il suffira d'un seul expert. S'il préfère désigner personnellement un expert, et que les deux experts ne puissent se mettre d'accord, le juge doit nommer un tiers-expert (loi d'*Enj. civ.*, art. 2124). — Si, à l'adjudication, il n'est pas fait d'offres ou porté d'enchères atteignant au moins les deux tiers de l'estimation, il sera procédé à une deuxième tentative d'adjudication, et, au besoin, à une troisième mise en vente, après un autre délai légal en réduisant chaque fois de 20% la mise à prix précédente (loi d'*Enj. civ.*, art. 2125).

258. El comisionista que, sin autorización expresa del comitente, concertare una operación á precios ó condiciones más onerosas que las corrientes en la plaza á la fecha en que se hizo, será responsable al comitente del perjuicio que por ello le haya irrogado, sin que le sirva de excusa alegar que al mismo tiempo y en iguales circunstancias hizo operaciones por su cuenta.

259. El comisionista deberá observar lo establecido en las Leyes y reglamentos respecto á la negociación que se le hubiere confiado, y será responsable de los resultados de su contravención ú omisión. Si hubiere procedido en virtud de órdenes expresas del comitente, las responsabilidades á que haya lugar pesarán sobre ambos.

260. El comisionista comunicará frecuentemente al comitente las noticias que interesen al buen éxito de la negociación, participándole, por el correo del mismo día, ó del siguiente, en que hubieren tenido lugar, los contratos que hubiere celebrado.

261. El comisionista desempeñará por sí los encargos que reciba, y no podrá delegarlos sin previo consentimiento del comitente, á no estar de antemano autorizado para hacer la delegación; pero podrá, bajo su responsabilidad, emplear sus dependientes en aquellas operaciones subalternas que, según la costumbre general del comercio, se confían á éstos.

262. Si el comisionista hubiere hecho delegación ó sustitución con autorización del comitente, responderá de las gestiones del sustituto, si quedare á su elección la persona en quien había de delegar, y, en caso contrario, cesará su responsabilidad.

263. El comisionista estará obligado á rendir, con relación á sus libros, cuenta especificada y justificada de las cantidades que percibió para la comisión, reintegrando al comitente, en el plazo y forma que éste le prescriba, del sobrante que resulte á su favor.

En caso de morosidad abonará el interés legal[1].

Serán de cargo del comitente el quebranto y extravío de fondos sobrantes, siempre que el comisionista hubiere observado las instrucciones de aquél respecto á la devolución.

264. El comisionista que, habiendo recibido fondos para evacuar un encargo, les diere inversión ó destino distinto del de la comisión, abonará al comitente el capital y su interés legal[2], y será responsable, desde el día en que los recibió, de los daños y perjuicios originados á consecuencia de haber dejado de cumplir la comisión[3], sin perjuicio de la acción criminal á que hubiere lugar.

265. El comisionista responderá de los efectos y mercaderías que recibiere, en los términos y con las condiciones y calidades con que se le avisare la remesa, á no ser que haga constar, al encargarse de ellos, las averías y deterioros que resulten, comparando su estado con el que conste en las cartas de porte ó fletamento, ó en las instrucciones recibidas del comitente.

266. El comisionista que tuviere en su poder mercaderías ó efectos por cuenta ajena, responderá de su conservación en el estado que los recibió. Cesará esta responsabilidad cuando la destrucción ó el menoscabo sean debidos á casos fortuitos, fuerza mayor, transcurso de tiempo ó vicio propio de la cosa[4].

En los casos de pérdida parcial ó total por el transcurso del tiempo ó vicio propio de la cosa, el comisionista estará obligado á acreditar en forma legal el menoscabo de las mercaderías, poniéndolo, tan luego como lo advierta, en conocimiento del comitente.

---

[1]) El 5%. — [2]) El 5%.

[3]) A tenor del art. 1106 del Cód. c. la indemnización de daños y perjuicios comprende no solo el valor de la pérdida sufrida, sino también el de la ganancia que haya dejado de obtener el acreedor.

[4]) El Cód. c. aclara estos conceptos en su art. 1105 cuando dice que nadie responderá de aquellos sucesos que no hubieren podido preverse, ó que, previstos, fueran inevitables.

258. Le commissionnaire qui, sans l'autorisation expresse du commettant, fait une opération à un prix plus élevé ou à des conditions plus onéreuses que ne le sont, à la date de la dite opération, les prix ou les conditions de la place où se fait le contrat, sera responsable, envers le commettant, du préjudice par lui souffert et il ne pourra pas s'excuser en alléguant qu'il a fait, à la même date, des opérations pour son compte personnel dans les mêmes conditions.

259. Le commissionnaire devra observer les prescriptions des lois et des règlements relatifs à la négocation dont il est chargé, et il sera responsable des conséquences de ses infractions ou omissions. S'il a procédé en vertu d'ordres exprès du commettant, la responsabilité des dites infractions ou omissions pèsera à la fois sur le commettant et sur le commissionnaire.

260. Le commissionnaire donnera fréquemment connaissance au commettant des renseignements qui intéressent le succès de la négociation, et il lui fera part, par le courrier du jour même ou du lendemain, des contrats par lui conclus.

261. Le commissionnaire remplira son mandat par lui-même, et il ne pourra déléguer ses pouvoirs sans le consentement préalable du commettant, à moins d'avoir été antérieurement autorisé à faire cette délégation; il pourra toutefois, sous sa responsabilité, charger ses commis de remplir les opérations subalternes que la coutume générale du commerce permet de leur confier.

262. Si le commissionnaire a délégué ses pouvoirs ou s'il s'est substitué un tiers avec l'autorisation du commettant, il sera responsable des actes de la personne qu'il s'est substituée, lorsque le choix de cette personne lui appartient; dans le cas contraire, il sera affranchi de toute responsabilité.

263. Le commissionnaire sera tenu de rendre, en se référant à ses livres, compte détaillé et justifié des sommes par lui reçues à raison de la commission, et de remettre au commettant, dans le délai et dans la forme indiqués par celui-ci, le reliquat existant à son profit.

En cas de retard, le commissionnaire paiera l'intérêt légal[1].

Si les fonds composant ce reliquat viennent à être perdus ou égarés, les conséquences de ce fait seront à la charge du commettant toutes les fois que le commissionnaire aura observé les instructions du dit commettant relativement à leur envoi.

264. Le commissionnaire qui détournera ou emploiera à un autre usage les fonds par lui reçus pour terminer l'affaire dont il a été chargé, remboursera à son commettant le capital avec les intérêts fixés par la loi[2], et il sera responsable, dès le jour de la réception des dits fonds, de tous les dommages et préjudices résultant de l'inexécution de la commission[3], sans préjudice de l'action criminelle à laquelle il y aura lieu.

265. Le commissionnaire sera responsable des effets et marchandises qu'il recevra, dans les termes et avec les conditions et qualités indiquées dans la lettre d'envoi, à moins qu'il ne fasse constater, au moment de les prendre en charge, les avaries et les détériorations en comparant l'état dans lequel les dits effets et marchandises se trouvent avec celui constaté dans les lettres de voiture et la chartepartie, ou dans les instructions envoyées par le commettant.

266. Le commissionnaire qui aura en sa possession des marchandises ou des effets pour le compte d'autrui sera tenu, sous sa responsabilité, de les conserver dans l'état où il les a reçus. Cette responsabilité cessera lorsque la destruction ou la détérioration aura été occasionnée par cas fortuit, force majeure, ou résultera du temps écoulé ou d'un vice propre de la chose[4].

En cas de perte totale ou partielle résultant du temps écoulé ou d'un vice propre de la chose, le commissionnaire sera obligé de porter ce fait, dans la forme légale, aussitôt qu'il le connaîtra lui-même, à la connaissance du commettant.

---

1) 5%. — 2) 5%.
3) D'après l'art. 1106 Cod. civ. les dommages-intérêts doivent comprendre non seulement la valeur de la chose perdue, mais encore le gain que le créancier a manqué de réaliser.

4) Le Code civil explique et rend parfaitement clairs ces principes lorsqu'il dispose, dans son article 1505, que nul ne sera responsable des événements qu'il n'était pas possible de prévoir, ou qui, s'ils étaient prévus, étaient inévitables.

267. Ningún comisionista comprará para sí ni para otro lo que se le haya mandado vender, ni venderá lo que se le haya encargado comprar, sin licencia del comitente.

Tampoco podrá alterar las marcas de los efectos que hubiere comprado ó vendido por cuenta ajena.

268. Los comisionistas no pueden tener efectos de una misma especie pertenecientes á distintos dueños, bajo una misma marca, sin distinguirlos por una contramarca que evite confusión y designe la propiedad respectiva de cada comitente.

269. Si ocurriere en los efectos encargados á un comisionista alguna alteración que hiciere urgente su venta para salvar la parte posible de su valor, y fuere tal la premura que no hubiere tiempo para dar aviso al comitente y aguardar sus órdenes, acudirá el comisionista al juez ó tribunal competente, que autorizará la venta con las solemnidades y precauciones que estime más beneficiosas para el comitente[1].

270. El comisionista no podrá, sin autorización del comitente, prestar ni vender al fiado ó á plazos, pudiendo en estos casos el comitente exigirle el pago al contado, dejando á favor del comisionista cualquier interés, beneficio ó ventaja que resulte de dicho crédito á plazo.

271. Si el comisionista, con la debida autorización, vendiere á plazo, deberá expresarlo en la cuenta ó avisos que dé al comitente, participándole los nombres de los compradores; y, no haciéndolo así, se entenderá, respecto al comitente, que las ventas fueron al contado.

272. Si el comisionista percibiere sobre una venta, además de la comisión ordinaria, otra, llamada de garantía, correrán de su cuenta los riesgos de la cobranza, quedando obligado á satisfacer al comitente el producto de la venta en los mismos plazos pactados por el comprador.

273. Será responsable de los perjuicios que ocasionen su omisión ó demora, el comisionista que no verificare la cobranza de los créditos de su comitente en las épocas en que fueren exigibles, á no ser que acredite que usó oportunamente de los medios legales para conseguir el pago.

274. El comisionista encargado de una expedición de efectos, que tuviere orden para asegurarlos, será responsable, si no lo hiciere, de los daños que á éstos sobrevengan, siempre que estuviere hecha la provisión de fondos necesaria para pagar el premio del seguro, ó se hubiere obligado á anticiparlos y dejare de dar aviso inmediato, al comitente, de la imposibilidad de contratarle.

Si durante el riesgo el asegurador se declarase en quiebra, tendrá el comisionista obligación de renovar el seguro, á no haberle prevenido cosa en contrario el comitente.

275. El comisionista que en concepto de tal hubiere de remitir efectos á otro punto, deberá contratar el transporte, cumpliendo las obligaciones que se imponen al cargador en las conducciones terrestres y marítimas.

Si contratare en nombre propio el transporte, aunque lo haga por cuenta ajena, quedará sujeto para con el porteador á todas las obligaciones que se imponen á los cargadores en las conducciones terrestres y marítimas.

276. Los efectos que se remitieren en consignación, se entenderán especialmente obligados al pago de los derechos de comisión, anticipaciones y gastos que el comisionista hubiere hecho por cuenta de su valor y producto.

---

[1] El comisionista habrá de solicitarlo por escrito del juez, expresando el número y clase de efectos que hayan de venderse, y el juez nombrará en el acto perito que reconozca los géneros en aquel mismo día, ó á lo más tardar en el siguiente. Si del informe pericial resultare ser necesaria la venta, el juez dictará auto ordenando su tasación y venta en pública subasta, adoptando las medidas que sean conducentes para la debida publicidad, teniendo en cuenta para ello, no solo el valor de los efectos, sino también la mayor ó menor urgencia de la venta, según su estado de conservación. — Si en la primera subasta no hubiere postor ó las posturas hechas no cubren las dos terceras partes del precio de tasación se anunciará por igual término una segunda ó sucesivas subastas con el 20% de rebaja en cada una. Y si la cantidad, producto de la venta no hubiere de tener inmediata aplicación se depositará á disposición de quien corresponda, deducido el importe de toda clase de gastos que se hayan hecho con ocasión de la venta. El depósito, en este caso, se hará en el establecimiento público destinado al efecto; y en su defecto en un comerciante matriculado de reconocida responsabilidad, y si no lo hubiere en persona que tenga esta última circunstancia (art. 2161 y 2129, L. Enj. c.).

267. Nul commissionnaire ne pourra acheter pour lui-même, ni pour autrui, ce qu'il a reçu mandat de vendre, ni vendre ce qu'il a été chargé d'acheter, sans la permission du commettant.

Le commissionnaire ne pourra pas non plus modifier les marques des effets qu'il a achetés ou vendus pour le compte d'autrui.

268. Les commissionnaires ne peuvent avoir d'effets de même espèce appartenant à des propriétaires différents et portant une même marque, sans les distinguer les uns des autres au moyen d'une contremarque, de manière à éviter toute confusion et à indiquer la propriété respective de chaque commettant.

269. S'il survient aux effets confiés à un commissionnaire quelque détérioration rendant urgente son aliénation afin de sauver une partie de la valeur du dit effet, et si l'urgence de procéder à cette vente est telle que le commissionnaire n'ait pas le temps d'en aviser le commettant et de prendre ses ordres, le commissionnaire s'adressera au juge ou au tribunal compétent, lequel autorisera la vente avec les formalités et les précautions qu'il jugera les plus avantageuses au commettant[1].

270. Le commissionnaire ne pourra, sans l'autorisation du commettant, prêter ni vendre à crédit ou à terme et, s'il le fait, le commettant pourra exiger le payement au comptant, en laissant profiter le commissionnaire de tout intérêt, bénéfice ou avantage quelconque résultant du crédit ou du terme.

271. Si le commissionnaire dûment autorisé vend à terme, il devra l'énoncer dans le compte ou avis par lui donné au commettant, en lui faisant connaître les noms des acheteurs; et, s'il ne le fait pas, il sera réputé, à l'égard du commettant, avoir fait les ventes au comptant.

272. Si le commissionnaire perçoit sur une vente, en plus de la commission ordinaire, une commission de ducroire, les risques du recouvrement seront à sa charge, et il sera obligé de payer au commettant le produit de la vente dans les délais convenus avec l'acheteur.

273. Le commissionnaire sera responsable du préjudice résultant de son omission ou de son retard lorsqu'il ne procédera pas au recouvrement des créances de son commettant aux époques où elles sont devenues exigibles, à moins qu'il ne prouve avoir employé, en temps opportun, les moyens légaux d'obtenir le payement.

274. Le commissionnaire chargé de procéder à une expédition d'effets avec ordre de les assurer, sera responsable, s'il ne le fait pas, des dommages survenus à ces effets, toutes les fois qu'il avait provision suffisante pour payer la prime d'assurance, ou que, étant obligé d'en faire l'avance, il néglige de donner avis immédiat au commettant de l'impossibilité où il s'est trouvé de contracter l'assurance.

Si, durant le risque, l'assureur vient à être déclaré en faillite, le commissionnaire sera obligé de renouveler l'assurance, à moins que le contraire n'ait été convenu d'avance avec la commettant.

275. Le commissionnaire qui, en cette qualité, devra remettre des effets dans un autre lieu, sera tenu de passer le contrat relatif au transport, en accomplissant les obligations imposées au chargeur dans les transports par terre et par mer.

S'il fait le contrat en son nom personnel, bien qu'il agisse pour le compte d'autrui, il sera soumis envers le voiturier à toutes les obligations qui incombent au chargeur dans les transports par terre et par mer.

276. Les effets remis en consignation seront considérés comme garantissant spécialement le payement des droits de commission, avances et frais faits par le commissionnaire à valoir sur leur prix et produit.

---

[1] Le commissionnaire devra demander l'autorisation au juge par écrit, en spécifiant le nombre et la nature des effets qu'il y a lieu de vendre, et le juge doit nommer immédiatement un expert qui vérifiera les marchandises le jour même ou, au plus tard, le lendemain. S'il résulte du rapport de l'expert que la vente est nécessaire, le juge ordonnera d'y procéder, en fixant, dans son ordonnance, l'estimation des objets et en prenant les mesures nécessaires pour assurer la publicité de l'adjudication, en tenant compte non seulement de la valeur des objets, mais aussi du degré d'urgence de la vente d'après leur état de conservation. — Si, lors de la première mise aux enchères, il ne se présente pas d'enchérisseur, ou s'il n'est pas fait d'offres atteignant au moins les deux tiers de l'estimation, il sera annoncé une deuxième et, au besoin, une troisième adjudications, sur baisse de mise à prix de 20% chaque fois. Si le produit de la vente ne peut recevoir un emploi immédiat, il doit être déposé après déduction de tous les frais de vente. Le dépôt, dans ce cas, sera effectué dans l'établissement public à ce destiné, et, à son défaut, chez un commerçant immatriculé, de solvabilité notoire, sinon, chez une personne présentant ces garanties de solvabilité. (L. d'*Enj. civ.*, art. 2161 et 2129.)

Como consecuencia de esta obligación: 1.º Ningún comisionista podrá ser desposeído de los efectos que recibió en consignación, sin que previamente se le reembolse de sus anticipaciones, gastos y derechos de comisión; — 2.º Por cuenta del producto de los mismos géneros deberá ser pagado el comisionista con preferencia á los demás acreedores del comitente, salvo lo dispuesto en el art. 375.

Para gozar de la preferencia consignada en este artículo, será condición necesaria que los efectos estén en poder del consignatario ó comisionista, ó que se hallen á su disposición en depósito ó almacén público, ó que se haya verificado la expedición consignándola á su nombre, habiendo recibido el conocimiento, talón ó carta de transporte firmada por el encargado de verificarla.

277. El comitente estará obligado á abonar al comisionista el premio de comisión, salvo pacto en contrario.

Faltando pacto expresivo de la cuota, se fijará ésta con arreglo al uso y práctica mercantil de la plaza donde se cumpliere la comisión.

278. El comitente estará asimismo obligado á satisfacer al contado al comisionista, mediante cuenta justificada, el importe de todos sus gastos y desembolsos, con el interés legal[1] desde el día en que los hubiere hecho hasta su total reintegro.

279. El comitente podrá revocar la comisión conferida al comisionista, en cualquier estado del negocio, poniéndolo en su noticia, pero quedando siempre obligado á las resultas de las gestiones practicadas antes de haberle hecho saber la revocación.

280. Por muerte del comisionista ó su inhabilitación se rescindirá el contrato; pero por muerte ó inhabilitación del comitente no se rescindirá, aunque pueden revocarlo sus representantes.

Sección segunda. De otras formas del mandato mercantil. Factores, dependientes y mancebos.

281. El comerciante podrá constituir apoderados ó mandatarios generales ó singulares para que hagan el tráfico en su nombre y por su cuenta en todo ó en parte, ó para que le auxilien en él.

282. El factor deberá tener la capacidad necesaria para obligarse con arreglo á este Código, y poder de la persona por cuya cuenta haga el tráfico.

283. El gerente de una empresa ó establecimiento fabril ó comercial por cuenta ajena, autorizado para administrarlo, dirigirlo y contratar sobre las cosas concernientes á él, con más ó menos facultades, según haya tenido por conveniente el propietario, tendrá el concepto legal de factor, y le serán aplicables las disposiciones contenidas en esta sección.

284. Los factores negociarán y contratarán á nombre de sus principales, y, en todos los documentos que suscriban en tal concepto, expresarán que lo hacen con poder ó en nombre de la persona ó sociedad que representen.

285. Contratando los factores en los términos que previene el artículo precedente, recaerán sobre los comitentes todas las obligaciones que contrajeren.

Cualquiera reclamación para compelerlos á su cumplimiento, se hará efectiva en los bienes del principal, establecimiento ó empresa, y no en los del factor, á menos que estén confundidos con aquéllos.

286. Los contratos celebrados por el factor de un establecimiento ó empresa fabril ó comercial, cuando notoriamente pertenezca á una empresa ó sociedad conocidas, se entenderán hechos por cuenta del propietario de dicha empresa ó sociedad, aun cuando el factor no lo haya expresado al tiempo de celebrarlos, ó se alegue abuso de confianza, transgresión de facultades ó apropiación por el factor de los efectos objeto del contrato, siempre que estos contratos recaigan sobre objetos comprendidos en el giro y tráfico del establecimiento, ó si, aun siendo de otra natura-

---

[1] El 5 %.

Comme conséquence de cette obligation: 1° Aucun commissionnaire ne pourra être dépossédé des objets par lui reçus en consignation, avant d'avoir été préalablement remboursé de ses avances, frais et droits de commission; — 2° Sur le produit des marchandises mêmes, le commissionnaire devra être payé par préférence à tous les autres créanciers du commettant, sauf la disposition de l'article 375.

Pour jouir du droit de préférence dont il est question au présent article, il faudra que les effets soient en la possession du consignataire ou du commissionnaire, ou qu'ils se trouvent à sa disposition dans un dépôt ou magasin public, ou qu'il soit justifié qu'ils sont expédiés à charge d'être consignés en son nom, par la réception du connaissement, du talon ou de la lettre de voiture signée par celui qui a été chargé d'effectuer le transport.

277. Le commettant sera obligé de payer au commissionnaire le prix de la commission, sauf convention contraire.

A défaut de convention expresse sur le chiffre de la commission, il sera fixé d'après l'usage et les habitudes de la place où la commission a été remplie.

278. Le commettant sera également tenu de rembourser comptant au commissionnaire, sur compte justificatif, le montant de ses frais et déboursés, avec l'intérêt légal[1] depuis le jour où il a fait les dits frais et déboursés jusqu'à celui où il a été intégralement remboursé.

279. Le commettant pourra révoquer la commission en tout état de cause, en donnant avis au commissionnaire de cette révocation, mais il sera toujours tenu des conséquences des actes accomplis avant d'avoir eu connaissance de la révocation.

280. Le contrat est rescindé par le décès ou l'incapacité du commissionnaire; il ne l'est pas par le décès ou l'incapacité du commettant, mais il peut être révoqué par ses représentants.

Section II. Des autres formes du mandat commercial. Facteurs, Employés et Commis.

281. Le commerçant pourra constituer des fondés de pouvoir ou des mandataires généraux ou particuliers pour faire le trafic en son nom et pour son compte, ou pour l'aider dans son commerce.

282. Le facteur devra posséder la capacité nécessaire pour s'obliger, conformément au présent Code, et un pouvoir de la personne pour le compte de qui il fait le trafic.

283. Celui qui gère une entreprise, une fabrique ou un établissement commercial pour le compte d'autrui, et qui a l'autorisation de l'administrer, de le diriger et de faire des contrats relatifs aux choses qui s'y rattachent, avec des pouvoirs plus ou moins grands, suivant qu'il a paru convenable au propriétaire, a la qualité légale de facteur, et les dispositions contenues dans la présente section lui seront applicables.

284. Les facteurs feront les négociations et les contrats au nom de leurs chefs de maison, et, dans tous les documents par eux souscrits en leur dite qualité, ils énonceront qu'ils agissent avec le pouvoir ou au nom de la personne ou de la société qu'ils représentent.

285. Lorsque les facteurs feront des contrats dans les termes prévus par l'article précédent, toutes les obligations par eux contractées incomberont à leurs commettants.

Toute réclamation ayant pour objet de les contraindre à accomplir les dites obligations s'exécutera sur les biens du chef de la maison, de l'établissement ou de l'entreprise, et non sur ceux du facteur, à moins qu'ils ne soient confondus avec les premiers.

286. Les contrats faits par le facteur d'un établissement ou d'une entreprise industrielle ou commerciale, lorsqu'il appartient notoirement à une entreprise ou à une société connue, seront considérés comme faits pour le compte du propriétaire de cette entreprise ou pour le compte de cette société, encore que le facteur ne l'ait pas indiqué au moment du contrat, ou que l'on allègue qu'il y a eu, de la part du facteur, abus de confiance, transgression de ses pouvoirs ou appropriation des choses faisant l'objet du contrat, toutes les fois que les dits contrats portent

---

[1] 5%.

leza, resultare que el factor obró con orden de su comitente, ó que éste aprobó su gestión en términos expresos ó por hechos positivos.

287. El contrato hecho por un factor en nombre propio, le obligará directamente con la persona con quien lo hubiere celebrado; mas si la negociación se hubiere hecho por cuenta del principal, la otra parte contratante podrá dirigir su acción contra el factor ó contra el principal.

288. Los factores no podrán traficar por su cuenta particular, ni interesarse en nombre propio ni ajeno en negociaciones del mismo género de las que hicieren á nombre de sus principales, á menos que éstos los autoricen expresamente para ello.

Si negociaren sin esta autorización, los beneficios de la negociación serán para el principal, y las pérdidas, á cargo del factor.

Si el principal hubiere concedido al factor autorización para hacer operaciones por su cuenta ó asociado á otras personas, no tendrá aquél derecho á las ganancias ni participará de las pérdidas que sobrevinieren.

Si el principal hubiere interesado al factor en alguna operación, la participación de éste en las ganancias será, salvo pacto en contrario, proporcionada al capital, que aportore; y no aportando capital, será reputado socio industrial.

289. Las multas en que pueda incurrir el factor por contravenciones á las Leyes fiscales ó reglamentos de administración pública en las gestiones de su factoría, se harán efectivas desde luego en los bienes que administre, sin perjuicio del derecho del principal contra el factor por su culpabilidad en los hechos que dieren lugar á la multa.

290. Los poderes conferidos á un factor se estimarán subsistentes mientras no le fueren expresamente revocados, no obstante la muerte de su principal ó de la persona de quien en debida forma los hubiere recibido.

291. Los actos y contratos ejecutados por el factor serán válidos, respecto de su poderdante, siempre que sean anteriores al momento en que llegue á noticia de aquél por un medio legítimo la revocación de los poderes ó la enajenación del establecimiento.

También serán válidos con relación á terceros, mientras no se haya cumplido, en cuanto á la revocación de los poderes, lo prescrito en el número 6.º del art. 21.

292. Los comerciantes podrán encomendar á otras personas, además de los factores, el desempeño constante, en su nombre y por su cuenta, de alguna ó algunas gestiones propias del tráfico á que se dediquen, en virtud de pacto escrito ó verbal; consignándolo en sus reglamentos las compañías, y comunicándolo los particulares por avisos públicos ó por medio de circulares á sus corresponsales.

Los actos de estos dependientes ó mandatarios singulares no obligarán á su principal sino en las operaciones propias del ramo que determinadamente les estuviere encomendado.

293. Las disposiciones del artículo anterior serán igualmente aplicables á los mancebos de comercio que estén autorizados para regir una operación mercantil, ó alguna parte del giro y tráfico de su principal.

294. Los mancebos encargados de vender al por menor en un almacén público, se reputarán autorizados para cobrar el importe de las ventas que hicieren, y sus recibos serán válidos, expidiéndolos á nombre de sus principales.

Igual facultad tendrán los mancebos que vendan en los almacenes por mayor, siempre que las ventas fueren al contado y el pago se verifique en el mismo almacén; pero cuando las cobranzas se hubieren de hacer fuera de éste, ó procedan de ventas hechas á plazos, los recibos se firmarán necesariamente por el principal ó su factor, ó por apoderado legítimamente constituído para cobrar.

295. Cuando un comerciante encargare á su mancebo la recepción de mercaderías y éste las recibiere sin reparo sobre su cantidad ó calidad, surtirá su recepción los mismos efectos que si la hubiere hecho el principal.

sur des objets qui rentrent dans les opération et le trafic de l'établissement, ou même lorsqu'ils portent sur des objets étrangers au dit établissement, s'il résulte que le facteur a agi d'après l'ordre de son commettant, ou que celui-ci a approuvé la gestion du facteur en termes exprès ou par des actes positifs.

287. Le contrat fait par un facteur, en son nom personnel, l'obligera directement envers la personne avec qui il a traité, mais, si la négociation a été faite pour le compte du chef de maison, l'autre partie contractante pourra diriger son action contre le facteur ou contre le chef de maison.

288. Les facteurs ne pourront faire de trafic pour leur compte particulier, ni s'intéresser en leur nom personnel ou sous le nom d'un tiers, dans des négociations de même nature que celles dont ils seront chargés par leur chef de maison, à moins d'y avoir été expressément autorisés par lui.

S'ils font ces négociations sans la dite autorisation, les bénéfices de l'opération profiteront au chef de maison, et les pertes seront supportées par le facteur.

Si le chef de maison a autorisé le facteur à faire des opérations pour son compte personnel, ou en s'associant avec d'autres personnes, il n'aura aucun droit sur les bénéfices et ne participera pas aux pertes.

Le facteur intéressé par le chef de maison dans une opération participera, sauf convention contraire, aux bénéfices de cette opération proportionnellement au capital par lui apporté; et, s'il n'a pas apporté de capital, il sera considéré comme un associé ayant apporté son industrie.

289. Le payement des amendes encourues par le facteur pour contraventions aux lois fiscales ou aux règlements administratifs, dans la gestion de la factorerie, sera poursuivi sur les biens administrés par le dit facteur, sans préjudice du droit appartenant au chef de maison de recourir contre le facteur à raison de la faute qui a motivé l'amende.

290. Les pouvoirs conférés à un facteur seront présumés subsister tant qu'ils n'auront pas été expressément révoqués, nonobstant le décès du chef de maison ou de la personne qui les lui a régulièrement conférés.

291. Les actes et contrats faits par le facteur seront valables à l'égard de celui de qui il tient ses pouvoirs toutes les fois qu'ils sont antérieurs au moment où il a reçu de celui-ci avis, par un moyen légitime, de la révocation de ses pouvoirs ou de l'aliénation de l'établissement.

Ils seront également valables vis-à-vis des tiers, tant que l'on n'aura pas rempli, dans le cas de révocation des pouvoirs, les prescriptions du paragraphe 6 de l'article 21.

292. Les commerçants pourront confier à d'autres personnes, outre les facteurs, la mission de remplir d'une manière constante, en leur nom et pour leur compte, une ou plusieurs opérations de leur commerce, en vertu d'une convention écrite ou verbale, à charge par les sociétés, de l'indiquer dans leurs règlements, et, par les particuliers, d'en donner connaissance au moyen d'avis publics ou de circulaires adressées à leurs correspondants.

Les actes de ces employés ou mandataires particuliers n'obligeront le chef de maison que lorsqu'ils auront pour objet la branche particulière d'opérations dont ils ont été spécialement et expressément chargés.

293. Les dispositions de l'article précédent seront également applicables aux commis de commerce qui sont autorisés à diriger une opération commerciale, ou l'une des parties des affaires et du négoce du chef de maison.

294. Les commis chargés de vendre au détail, dans un magasin public, seront réputés autorisés à toucher le montant des ventes par eux faites, et les reçus par eux délivrés au nom des chefs de maison seront valables.

Les commis qui vendent en gros dans les magasins auront les mêmes pouvoirs, pourvu que les ventes soient faites au comptant et que le payement soit effectué dans le magasin même. Lorsque les recouvrements se feront, au contraire, en dehors du dit magasin, ou que les ventes auront été faites à terme, les reçus seront nécessairement signés par le chef de maison, ou par son facteur, ou par un fondé de pouvoir légitimement constitué pour toucher.

295. Lorsqu'un commerçant chargera son commis de la réception des marchandises, et que celui-ci les recevra sans observation sur la quantité ou la qualité, le réception produira les mêmes effets que si elle avait été faite par le chef de maison.

296. Sin consentimiento de sus principales, ni los factores ni los mancebos de comercio podrán delegar en otros los encargos que recibieren de aquéllos; y en caso de hacerlo sin dicho consentimiento, responderán directamente de las gestiones de los sustitutos y de las obligaciones contraídas por éstos.

297. Los factores y mancebos de comercio serán responsables á sus principales de cualquier perjuicio que causen á sus intereses por haber procedido en el desempeño de sus funciones con malicia, negligencia ó infracción de las órdenes ó instrucciones que hubieren recibido.

298. Si, por efecto del servicio que preste, un mancebo de comercio hiciere algún gasto extraordinario ó experimentare alguna pérdida, no habiendo mediado sobre ello pacto expreso entre él y su principal, será de cargo de éste indemnizarle del quebranto sufrido.

299. Si el contrato entre los comerciantes y sus mancebos y dependientes se hubiere celebrado por tiempo fijo, no podrá ninguna de las partes contratantes separarse, sin consentimiento de la otra, de su cumplimiento, hasta la terminación del plazo convenido.

Los que contravinieren á esta cláusula, quedarán jujetos á la indemnización de daños y perjuicios, salvo lo dispuesto en los artículos siguientes.

300. Serán causas especiales para que los comerciantes puedan despedir á sus dependientes, no obstante no haber cumplido el plazo del empeño: 1.ª El fraude ó abuso de confianza en las gestiones que les hubieren confiado; — 2.ª Hacer alguna negociación de comercio por cuenta propia, sin conocimiento expreso y licencia del principal; — 3.ª Faltar gravemente al respeto y consideración debidos á éste ó á las personas de su familia ó dependencia.

301. Serán causas para que los dependientes puedan despedirse de sus principales, aunque no hayan cumplido el plazo del empeño: 1.ª La falta de pago en los plazos fijados del sueldo ó estipendios convenidos; — 2.ª La falta del cumplimiento de cualquiera de las demás condiciones concertadas en beneficio del dependiente; — 3.ª Los malos tratamientos ú ofensas graves por parte del principal.

302. En los casos de que el empeño no tuviere tiempo señalado, cualquiera de las partes podrá darlo por fenecido, avisando á la otra con un mes de anticipación.

El factor ó mancebo tendrá derecho, en este caso, al sueldo que corresponda á dicha mesada.

Título IV.   Del depósito mercantil.

303. Para que el depósito sea mercantil, se requiere: 1.º Que el depositario, al menos, sea comerciante; — 2.º Que las cosas depositadas sean objetos de comercio; — 3.º Que el depósito constituya por sí una operación mercantil, ó se haga como causa ó á consecuencia de operaciones mercantiles.

304. El depositario tendrá derecho á exigir retribución por el depósito, á no mediar pacto expreso en contrario.

Si las partes contratantes no hubieren fijado la cuota de la retribución, se regulará según los usos de la plaza en que el depósito se hubiere constituído.

305. El depósito quedará constituído mediante la entrega, al depositario, de la cosa que constituya su objeto.

306. El depositario está obligado á conservar la cosa objeto del depósito según la reciba, y á devolverla con sus aumentos, si los tuviere, cuando el depositante se la pida.

En la conservación del depósito, responderá el depositario de los menoscabos, daños y perjuicios que las cosas depositadas sufrieren por su malicia ó negligencia, y también de los que provengan de la naturaleza ó vicio de las cosas, si en estos casos no hizo por su parte lo necesario para evitarlos ó remediarlos, dando aviso de ellos además al depositante inmediatamente que se manifestaren.

307. Cuando los depósitos sean de numerario, con especificación de las monedas que los constituyan, ó cuando se entreguen sellados ó cerrados[1], los aumentos ó bajas que su valor experimente serán de cuenta del depositante.

---

[1] Con arreglo al art. 182 de la L. del T. los resguardos de estos depósitos, así como los de alhajas y efectos análogos, ó simplemente de documentos que no devenguen interés, de

296. Sans l'autorisation de leurs chefs de maison, les facteurs et les commis de commerce ne pourront pas déléguer à d'autres les fonctions à eux confiées, et, s'ils le font, ils seront directement responsables des actes des personnes qu'ils se seront substituées et des obligations par elles contractées.

297. Les facteurs et les commis de commerce seront responsables envers leurs chefs de maison de tout préjudice quelconque résultant pour ceux-ci de la manière dont ils ont rempli leurs fonctions et provenant de leur dol, de leur négligence, ou d'une infraction aux ordres ou aux instructions par eux reçues.

298. Si un commis de commerce, à raison du service qu'il rend, vient à faire quelques frais extraordinaires ou à éprouver une perte, sans qu'il soit intervenu à ce sujet une convention expresse entre lui et le chef de maison, celui-ci sera tenu de l'indemniser du dommage.

299. Si le contrat intervenu entre le commerçant et ses commis et employés a été fait pour une durée déterminée, aucun des contractants ne pourra s'affranchir, sans le consentement de l'autre, de l'exécution du dit contrat avant l'expiration du terme convenu.

Ceux qui contreviendront à cette disposition seront tenus de réparer les dommages et préjudices soufferts par l'autre partie, sauf la disposition de l'article suivant.

300. Seront spécialement, pour les commerçants, motifs légitimes de congédier leurs employés, bien que ceux-ci n'aient pas accompli leur temps de service: 1° La fraude ou l'abus de confiance commis par les dits employés dans les opérations qui leur ont été confiées; — 2° Le fait, par les dits employés, d'avoir fait une opération pour leur propre compte, sans en avoir donné connaissance expresse à leur chef de maison et avoir obtenu sa permission; — 3° Tout manquement grave au respect et à la considération dus au chef de maison et aux personnes appartenant à sa famille ou placées sous sa dépendance.

301. Seront, pour les employés, motifs légitimes de quitter le service de leurs chefs de maison, même avant l'expiration de leur engagement: 1° Le défaut de payement, aux termes fixés, du salaire ou des gages convenus; — 2° Le défaut d'accomplissement de l'une quelconque des autres conditions stipulées au profit de l'employé; — 3° Les mauvais traitements ou offenses graves du chef de maison.

302. Lorsque la durée de l'engagement n'aura pas été indiquée, chacune des parties contractantes pourra rompre le contrat en prévenant l'autre partie un mois à l'avance.

Le facteur ou commis auront droit, dans ce cas, au salaire correspondant à ce mois.

Titre IV. Du dépôt commercial.

303. Pour que le dépôt soit commercial, il sera nécessaire: 1° Que le dépositaire, au moins, soit commerçant; — 2° Que les choses déposées soient susceptibles de faire l'objet d'un acte de commerce; — 3° Que le dépôt constitue par lui-même une opération commerciale, ou qu'il soit la cause ou la conséquence d'opérations commerciales.

304. Le dépositaire aura le droit d'exiger une rétribution pour le dépôt, à moins de convention contraire.

Si les parties contractantes n'ont pas fixé le chiffre de la rétribution, elle sera réglée d'après les usages de la place dans laquelle le dépôt a été constitué.

305. Le dépôt sera constitué au moyen de la remise, au dépositaire, de la chose faisant l'objet du dépôt.

306. Le dépositaire est obligé de conserver la chose faisant l'objet du contrat dans l'état où il l'a reçue, et de la restituer avec ses augmentations, s'il y en a, lorsque le déposant la lui demande.

En ce qui concerne la conservation du dépôt, le dépositaire sera responsable des détériorations, dommages et préjudices survenus aux choses déposées par son dol ou sa négligence, et même de ceux qui résultent de la nature ou d'un vice des dites choses si, dans ce cas, il n'a pas fait le nécessaire pour les éviter ou pour y remédier et de les faire connaître au déposant aussitôt qu'ils se sont manifestés.

307. Lorsque les objets déposés consistent en numéraire et que les monnaies les composant ont été spécifiées, ou lorsque les dits objets ont été remis scellés ou clos[1], les augmentations ou les diminutions que subira leur valeur seront pour le compte du déposant.

---

[1] En conformité de l'art. 182 de la loi sur le timbre, les déclarations de ces dépôts, ainsi que les déclarations de bijoux et objets analogues, ou de simples documents non productifs

Los riesgos de dichos depósitos correrán á cargo del depositario, siendo de cuenta del mismo los daños que sufrieren, á no probar que ocurrieron por fuerza mayor ó caso fortuito insuperable[1].

Cuando los depósitos de numerario se constituyeren sin especificación de monedas ó sin cerrar ó sellar[2], el depositario responderá de su conservación y riesgos, en los términos establecidos por el párrafo segundo del art. 306.

308. Los depositarios de títulos, valores, efectos ó documentos que devenguen intereses[3], quedan obligados á realizar el cobro de éstos en las épocas de sus vencimientos, así como también á practicar cuantos actos sean necesarios para que los efectos depositados conserven el valor y los derechos que les correspondan con arreglo á disposiciones legales.

309. Siempre que, con asentimiento del depositante, dispusiere el depositario de las cosas que fueren objeto de depósito, ya para sí ó sus negocios, ya para operaciones que aquél le encomendare, cesarán los derechos y obligaciones propios del depositante y depositario, y se observarán las reglas y disposiciones aplicables al prestámo mercantil, á la comisión ó al contrato que en sustitución del depósito hubieren celebrado.

310. No obstante lo dispuesto en los artículos anteriores, los depósitos verificados en los Bancos, en los almacenes generales, en las sociedades de crédito ó en otras cualesquiera compañías, se regirán en primer lugar por los estatutos de las mismas, en segundo por las prescripciones de este Código, y últimamente, por las reglas del derecho común, que son aplicables á todos los depósitos[4].

cualquier clase que sean, satisfagan ó no dichos depósitos premios de custodia, se han de reintegrar con timbre de 2 pesetas, clase 10.ª.

[1] Veanse la pág. 130, nota 4.

[2] Los documentos de resguardo de metálico, cuando no disfruten interés alguno por el depósito, se reintegrarán con timbre de una peseta (art. 183 de la L. del T.). Si devengaren interés se sujetarán al pago del timbre con arreglo á la escala gradual de la siguiente nota.

[3] Los resguardos de estos depósitos satisfarán por derechos de timbre, según su valor con sujeción á la siguiente escala:

Cuantía efectiva del depósito.			Timbre	
			Clase	Precio Pesetas
Hasta	2 000	pesetas	16ª	0,10
Desde	2 000,01 hasta	5 000 id	15ª	0,25
,,	5 000,01 ,,	10 000 id	14ª	0,50
,,	10 000,01 ,,	20 000 id	13ª	1,00
,,	20 000,01 ,,	40 000 id	12ª	2,00
,,	40 000,01 ,,	60 000 id	11ª	3,00
,,	60 000,01 ,,	80 000 id	10ª	4,00
,,	80 000,01 ,,	100 000 id	9ª	5,00
,,	100 000,01 ,,	140 000 id	8ª	7,00
,,	140 000,01 ,,	en adelante	7ª	10,00

Este impuesto se pagará empleando timbres móviles, que habrán de inutilizarse estampando encima la fecha del documento en que se fijen; entendiéndose que la falta de este requisito se considerará como omisión del timbre á los efectos de la sanción correccional (art. 187 y 9 de la L. del T.)

[4] Las reglas del derecho común aplicables á todos los depósitos están contenidas en el Título XI del Libro 4 del Cód. c., pero de ellas, unas son inaplicables al deposito mercantil á que hace referencia este artículo, como las relativas al depósito necesario ó el secuestro ó depósito judicial, otras son innecesarias, por cuanto reproducen ó contradicen lo expuesto en el Cód. de com. y unas cuantas tan solo (las menos) son las que pueden conceptuarse como derecho supletorio, y las que por lo tanto vamos á reproducir. — Helas aquí: — El depositario no puede exigir que el depositante pruebe ser propietario de la cosa depositada. Sin embargo, si llega á descubrir que la cosa ha sido hurtada y quién es su verdadero dueño debe hacer saber á este el depósito. Si el dueño á pesar de esto no reclama en el término de un mes, quedará libre de toda responsabilidad el depositario, devolviendo la cosa depositada á aquel de quien la recibió (art. 1771). — Cuando sean dos ó más los depositantes, si no fuesen solidarios y la cosa admitiere división, no podrá pedir cada uno de ellos más que su parte. Cuando haya solidaridad ó la cosa no admita división, regirá lo dispuesto en los art. 1141 y 1142 del Cód. c. (que pueden verse en las leyes complementarias) (art. 1772). — Cuando el depositante pierde, después de hacer el depósito, su capacidad para contratar, no puede devolverse el depósito sino á los que tengan la administración de sus

Les risques des dits dépôts seront à la charge du dépositaire, ainsi que les dommages éprouvés par les objets déposés, à moins qu'il ne prouve qu'ils résultent de la force majeure ou d'un cas fortuit qui ne pouvait être évité[1].

Lorsque les dépôts de numéraire seront faits sans spécifier la monnaie qui les compose, ou sans les clore ou les sceller[2], le dépositaire sera responsable de leur conservation et des risques, dans les termes établis par le paragraphe second de l'article 306.

308. Les dépositaires de titres, valeurs, effets ou documents productifs d'intérêts[3], sont obligés de toucher les dits intérêts aux époques de leur échéance et de faire également tous les actes nécessaires pour que les effets déposés conservent la valeur et les droits qui leur appartiennent conformément aux dispositions légales.

309. Toutes les fois que le dépositaire, avec l'assentiment du déposant, disposera des choses qui font l'objet du dépôt, soit pour lui-même ou pour ses affaires personnelles, soit pour des opérations que le déposant lui commandera, les droits et les obligations propres du déposant et du dépositaire cesseront, et l'on observera les règles et les dispositions applicables au prêt commercial, à la commission ou au contrat qui aura été substitué au dépôt.

310. Nonobstant les dispositions contenues dans les articles précédents, les dépôts effectués dans les banques, dans les magasins généraux, dans les sociétés de crédit, ou dans d'autres sociétés quelconques seront régis, en premier lieu, par les statuts de ces compagnies, en second lieu, par les prescriptions du présent Code, et enfin par les règles du droit commun, qui sont applicables à tous les dépôts[4].

---

d'intérêts, de nature quelconque, qu'il soit ou non payé un droit de garde, sont frappés du timbre de 2 *pesetas*, classe n° 10.

[1] V. page 130, note 4.

[2] Les certificats de dépôt de deniers, lorsqu'il n'est dû aucun intérêt, sont frappés du droit de timbre de 1 *peseta* (loi sur le timbre, art. 183). S'il est dû un intérêt, le droit de timbre est proportionnel et il est dû conformément au tableau que nous donnons dans la note suivante.

[3] Les certificats de ces dépôts sont frappés d'un droit de timbre proportionnellement à leur valeur suivant le tableau que voici:

		Timbre	
Somme effective du dépot		Classe	Prix en Pesetas
Jusqu'à	2 000 *pesetas*	16e	0,10
De	2 000,01 ,, 5 000	15e	0,25
,,	5 000,01 ,, 10 000	14e	0,50
,,	10 000,01 ,, 20 000	13e	1,00
,,	20 000,01 ,, 40 000	12e	2,00
,,	40 000,01 ,, 60 000	11e	3,00
,,	60 000,01 ,, 80 000	10e	4,00
,,	80 000,01 ,, 100 000	9e	5,00
,,	100 000,01 ,, 140 000	8e	7,00
,,	140 000,01 et au delà	7e	10,00

Cet impôt est perçu au moyen de timbres mobiles qui doivent être oblitérés en y apposant la date du document. Faute de remplir cette formalité, le timbre est considéré comme omis et la sanction correctionnelle est encourure (loi sur le timbre, art. 187 et 9).

[4] Les règles de droit commun applicables à tous les dépôts sont contenues dans le titre IX du livre IV du Code civil. Parmi ces règles, toutefois, les unes ne peuvent être appliquées au dépôt commercial dont il est parlé dans notre article; telles sont les règles relatives au dépôt nécessaire et au séquestre ou dépôt judiciaire; d'autres sont inutiles parce qu'elles reproduisent ou contredisent les dispositions du Code de commerce. Les seules dispositions qui peuvent être considérées comme droit supplétoire et qu'il peut y avoir intérêt à reproduire sont les suivantes. Art. 1771. Le dépositaire ne peut pas exiger que le déposant prouve son droit de propriété sur la chose déposée. — Cependant, s'il arrive à découvrir que la chose a été volée et à savoir quel est son véritable maître, il doit faire connaître le dépôt à celui-ci. Si le maître, malgré cet avis, ne fait aucune réclamation dans le délai d'un mois, le dépositaire sera affranchi de toute responsabilité, en remettant la chose à celui de qui il l'a reçue. — Art. 1772. Lorsqu'il y a deux ou plusieurs déposants, s'ils ne sont pas solidaires, et si la chose est susceptible de division, aucun d'eux ne pourra réclamer plus que sa part. Lorsqu'il y a solidarité, ou que la chose n'est pas susceptible de division, la règle contenue dans les dispositions des articles 1141 et 1142 du présent Code sera applicable. — Art. 1773. Lorsque le déposant perd, après avoir fait le dépôt, la capacité

Título V.   De los préstamos mercantiles.
Sección primera.   Del préstamo mercantil.

311. Se reputará mercantil el préstamo, concurriendo las circunstancias siguientes: 1.ª Si alguno de los contratantes fuere comerciante; — 2.ª Si las cosas prestadas se destinaren á actos de comercio.

312. Consistiendo el préstamo en dinero[1], pagará el deudor devolviendo una cantidad igual á la recibida, con arreglo al valor legal que tuviere la moneda al tiempo de la devolución, salvo si se hubiere pactado la especie de moneda en que había de hacerse el pago, en cuyo caso la alteración que hubiese experimentado su valor, será en daño ó en beneficio del prestador.

En los préstamos de títulos ó valores[2], pagará el deudor devolviendo otros tantos de la misma clase é idénticas condiciones, ó sus equivalentes si aquéllos se hubiesen extinguido, salvo pacto en contrario.

Si los préstamos fueren en especie[3], deberá el deudor devolver, á no mediar pacto en distinto sentido, igual cantidad en la misma especie y calidad, ó su equivalente en metálico si se hubiere extinguido la especie debida.

313. En los préstamos por tiempo indeterminado, ó sin plazo marcado de vencimiento, no podrá exigirse al deudor el pago sino pasados treinta días, á contar desde la fecha del requerimiento notarial que se le hubiere hecho.

314. Los préstamos no devengarán interés si no se hubiere pactado por escrito.

315. Podrá pactarse el interés del préstamo, sin tasa ni limitación de ninguna especie.

Se reputará interés toda prestación pactada á favor del acreedor[4].

316. Los deudores que demoren el pago de sus deudas después de vencidas, deberán satisfacer desde el día siguiente al del vencimiento el interés pactado para este caso, ó en su defecto el legal[5].

Si el préstamo consistiere en especie, para computar el rédito se graduará su valor por los precios que las mercaderías prestadas tengan en la plaza en que deba

---

bienes y derecho (art. 1773). — Cuando al hacerse el depósito se designó lugar para la devolución, el depositario debe llevar á él la cosa depositada; pero los gastos que ocasione la traslación serán de cargo del depositante. No habiéndose designado lugar para la devolución, deberá hacerse esta en el que se halle la cosa depositada, aunque no sea el mismo en que se hizo el depósito, con tal de que no haya intervenido malicia de parte del depositario (art. 1774). — El depósito debe ser restituído al depositante cuando lo reclame, aunque en el contrato se haya fijado un plazo ó tiempo determinado para la devolución. Esta disposición no tendrá lugar cuando judicialmente haya sido embargado el depósito en poder del depositario, ó se haya notificado á este la oposición de un tercero á la restitución ó traslación de la cosa depositada (art. 1775). — El depositario que tenga justos motivos para no conservar el depósito podrá, aun antes del término designado, restituirlo al depositante; y, si este lo resiste, podrá obtener del juez su consignación (art. 1776). — El depositario que por fuerza mayor hubiere perdido la cosa depositada y recibido otra en su lugar, estará obligado á entregar esta al depositante (art. 1777). — El heredero del depositario, que de buena fé haya vendido la cosa que ignoraba ser depositada, solo está obligado á restituir el precio que hubiere recibido, ó á ceder sus acciones contra el comprador en el caso de que el precio no se le haya pagado (art. 1778). — El depositario puede retener en prenda la cosa depositada hasta el completo pago de lo que se le deba por razón del depósito (art. 1780).

[1]) Los préstamos que no se consisten en pagarés á la orden, háganse ó no en escritura pública, si su cuantía excede de 10 pesetas quedarán sujetos al pago proporcional por derechos de timbre que marca la escala gradual de la nota 56 (art. 190 de la L. del T.).

[2]) Cuando los títulos ó valores no sean valores públicos, el documento en que conste el préstamo se rentegrará del mismo modo que los en dinero á que se refiere la nota anterior (art. 190, L. del T.).

[3]) Están sujetos al mismo derecho de timbre que los á que se refieren las dos anteriores notas (art. 190, L. del T.).

[4]) Estos préstamos están sujetos al impuesto de utilidades; y pagarán, con arreglo á la tarifa 2.ª de la Ley de 27 de marzo de 1900, el 3% de los intereses; — tomándose la base del rédito legal cuando no consten los intereses pactados.

[5]) Este interés legal que era el 6% á la publicación del Cód. de com., y que por el art. 1108 del Cód. c. siguió siendo el mismo, ha quedado reducido al 5% desde la Ley de 2 de agosto de 1899.

Titre V. Des prêts commerciaux.

Section première. Du prêt commercial.

311. Sera réputé commercial le prêt qui réunit les conditions suivantes: 1° Lorsque l'un des contractants est commerçant; — 2° Lorsque les choses prêtées sont destinées à faire l'objet d'actes de commerce.

312. Lorsque le prêt consiste en argent[1], le débiteur devra rendre au prêteur une quantité égale à celle qu'il a reçue, d'après la valeur légale que la monnaie possèdera au moment du remboursement, sauf dans le cas où l'on aura stipulé l'espèce de monnaie dans laquelle le payement doit être fait, auquel cas la perte ou le profit, résultant de la modification de la valeur de la monnaie, sera pour le compte du prêteur.

S'il s'agit de prêts de titres ou valeurs,[2] le débiteur devra restituer autant d'autres titres ou valeurs de la même espèce et de conditions identiques, ou des titres équivalents, si les premiers n'existent plus, à moins de convention contraire.

Si les prêts consistent en denrées[3], le débiteur devra rembourser, à moins de convention contraire, une égale quantité de choses de la même espèce et qualité, ou leur valeur en argent, si la denrée due n'existe plus.

313. Lorsque les prêts sont consentis pour une durée indéterminée ou sans indication de l'époque de l'échéance, le débiteur ne pourra être tenu de payer qu'après l'expiration d'un délai de trente jours, à compter de la sommation à lui adressée par acte notarié.

314. Les prêts ne seront pas productifs d'intérêts à défaut de convention écrite.

315. L'intérêt du prêt pourra être convenu sans obligation d'observer un taux ou une limite d'aucune espèce.

Sera réputée intérêt, toute prestation stipulée en faveur du créancier[4].

316. Les débiteurs qui différeront le payement de leurs dettes après l'échéance, devront acquitter, à dater du lendemain de l'échéance, l'intérêt stipulé dans ce cas, ou, à défaut de stipulation à cet égard, l'intérêt légal[5].

Si le prêt consiste en denrées, l'intérêt à payer sera calculé proportionnellement aux prix atteints, le lendemain de l'échéance, par les marchandises prêtées,

---

de contracter, le dépôt ne peut être remis qu'à ceux qui ont l'administration de ses biens et droits. — Art. 1774. Lorsque au moment du dépôt, on a désigné un lieu pour faire la restitution, le dépositaire est tenu d'y porter la chose déposée; mais les frais occasionnés par le transport seront à la charge du déposant. Si le lieu de la restitution n'a pas été désigné, celle-ci devra se faire dans le lieu où se trouve la chose déposée, bien que ce ne soit pas celui dans lequel le dépôt a été fait, à condition qu'il n'y ait pas eu mauvaise foi de la part du dépositaire. — Art. 1775. Le dépôt doit être restitué au déposant, quand il le réclame, bien que le contrat ait fixé un délai ou un terme pour faire la restitution. Cette disposition ne s'appliquera pas lorsqu'il aura été fait judiciairement une saisie du dépôt entre les mains du dépositaire ou que l'opposition d'un tiers à la restitution ou au transport de la chose déposée lui aura été notifiée. — Art. 1776. Le dépositaire qui a de justes motifs de ne pas conserver le dépôt, pourra, même avant l'échéance du terme désigné, le restituer et, si celui-ci résiste, il pourra obtenir du juge la consignation de la chose déposée. — Art. 1777. Le dépositaire qui, par force majeure, a perdu la chose déposée et reçu une autre en son lieu, sera obligé de livrer cette dernière au déposant. — Art. 1778. L'héritier du dépositaire qui a vendu de bonne foi la chose qu'il ignorait être déposée, est seulement obligé de restituer le prix par lui reçu et de céder ses actions contre l'acheteur dans le cas où le prix ne lui a pas été payé. — Art. 1780. Le dépositaire peut retenir en gage la chose déposée jusqu'à complet payement de ce qui lui est dû à raison du dépôt.

[1] Les prêts qui ne sont pas réalisés au moyen de billets à ordre, qu'ils soient fait ou non par acte public, si leur montant dépasse 10 *pesetas*, sont frappés du droit de timbre proportionnel indiqué dans la note 56 (loi sur le timbre, art. 190).

[2] Lorsque les titres ou valeurs ne sont pas des valeurs publiques, le document qui constate le prêt est soumis au même droit de timbre que les prêts en argent dont il est parlé dans la note précédente (loi sur le timbre, art. 190).

[3] Ces prêts sont soumis au même droit de timbre que ceux dont il est parlé dans les deux notes précédentes.

[4] Ces prêts sont soumis à l'impôt sur les revenus, conformément au tarif n° 2 de la loi du 27 mars 1900, c'est-à-dire de 3% sur les intérêts, en prenant pour base l'intérêt légal à défaut de stipulation spéciale d'intérêt.

[5] Cet intérêt légal était de 6% lors de la promulgation du Code de commerce; l'art. 1108 du Code civil l'avait maintenu au même taux; il a été réduit à 5% par la loi du 2 août 1899.

hacerse la devolución, el día siguiente al del vencimiento, ó por el que determinen peritos, si la mercadería estuviere extinguida al tiempo de hacerse su valuación.

Y si consistiere el préstamo en títulos ó valores, el rédito por mora será el que los mismos valores ó títulos devenguen, ó en su defecto el legal[1], determinándose el precio de los valores por el que tengan en Bolsa, si fueren cotizables, ó en la plaza en otro caso, el día siguiente al del vencimiento.

317. Los intereses vencidos y no pagados no devengarán intereses. Los contratantes podrán, sin embargo, capitalizar los intereses líquidos y no satisfechos, que, como aumento de capital, devengarán nuevos réditos.

318. El recibo del capital por el acreedor, sin reservarse expresamente el derecho á los intereses pactados ó debidos, extinguirá la obligación del deudor respecto á los mismos.

Las entregas á cuenta, cuando no resulte expresa su aplicación, se imputarán en primer término al pago de intereses por orden de vencimientos, y después al del capital.

319. Interpuesta una demanda, no podrá hacerse la acumulación de interés al capital para exigir mayores réditos.

Sección segunda. De los préstamos con garantía de efectos ó valores públicos.[2]

320. El préstamo con garantía de efectos cotizables, hecho en póliza[3] con intervención de agentes colegiados, se reputará siempre mercantil.

El prestador tendrá, sobre los efectos ó valores públicos pignorados conforme á las disposiciones de esta sección, derecho á cobrar su crédito con preferencia á los demás acreedores, quienes no podrán retirar de su poder dichos efectos, á no ser satisfaciendo el crédito constituído sobre ellos.

321. Los derechos de preferencia de que se trata en el artículo anterior, sólo se tendrán sobre los mismos títulos en que se constituyó la garantía; para lo cual, si ésta consistiere en títulos al portador, se expresará su numeración en la póliza del contrato; y si en inscripciones ó efectos transferibles, se hará la transferencia á favor del prestador, expresando en la póliza, además de las circunstancias necesarias para justificar la identidad de la garantía, que la transferencia no lleva consigo la transmisión de la propiedad.

322. Á voluntad de los interesados podrá suplirse la numeración de los títulos al portador con el depósito de éstos en el establecimiento público que designe el reglamento de Bolsas.

323. Vencido el plazo del préstamo, el acreedor, salvo pacto en contrario, y sin necesidad de requerir al deudor, estará autorizado para pedir la enajenación de las garantías, á cuyo fin las presentará con la póliza á la Junta sindical, la que, hallando su numeración conforme, las enajenará en la cantidad necesaria por medio de agente colegiado, en el mismo día, si fuere posible, y si no, en el siguiente.

Del indicado derecho sólo podrá hacer uso el prestador durante la Bolsa siguiente al día del vencimiento del préstamo.

324. Los efectos cotizables al portador, pignorados en la forma que determinan los artículos anteriores, no estarán sujetos á reivindicación mientras no sea reembolsado el prestador, sin perjuicio de los derechos y acciones del propietario desposeído contra las personas responsables según las Leyes, por los actos en virtud de los cuales haya sido privado de la posesión y dominio de los efectos dados en garantía.

---

[1] Véase la nota anterior.

[2] Si la operación de préstamo consiste en la apertura de un crédito con garantía de valores cotizables, las pólizas de esta llevarán el timbre correspondiente á la mitad del crédito que corresponda á las pólizas de préstamo con garantía de valores cotizables. (Véase la nota siguiente.) Esto en el supuesto de que las cantidades recibidas no lleguen á exceder de la mitad del crédito, pues si exceden pagarán la totalidad de lo que corresponde al crédito como si fuera una póliza de préstamo con garantía de efectos cotizables (art 139, L. del T.).

[3] Estas pólizas están sujetas al pago del timbre con arreglo á la escala gradual que para las letras de cambio puede verse en la nota 1 de la pág. 157 (art. 138, L. del T.). — Los duplicados de estas pólizas, lo mismo que los de las de crédito, á que se refiere la nota anterior, llevarán un timbre fijo de 10 céntimos de peseta, clase 16.ª si la cuantía de la operación no excede de 7000 pesetas, y de una peseta si excede de dicha cifra (art. 139, L. del T.).

dans la place où doit avoir lieu le remboursement, ou à la valeur déterminée par des experts, si les marchandises n'existent plus à l'époque où doit s'en faire l'évaluation.

Enfin si le prêt consiste en titres ou valeurs, l'intérêt moratoire sera égal à celui que produisent les dits titres et valeurs, et, sinon, à l'intérêt légal[1], en déterminant le prix des valeurs d'après celui qu'elles ont à la bourse, si elles sont cotées, ou, dans les cas contraire, sur la place le lendemain de l'échéance.

317. Les intérêts échus et non payés ne produiront pas d'intérêts. Les contractants pourront toutefois capitaliser les intérêts liquides et non payés, lesquels augmenteront le capital et produiront de nouveaux revenus.

318. La réception du capital par le créancier, sans réserve expresse de son droit aux intérêts stipulés ou dus, éteindra l'obligation du débiteur en ce qui concerne ces intérêts.

Les versements à-compte, lorsque leur imputation n'aura pas été faite en termes exprès, seront imputés d'abord sur les intérêts par ordre d'échéances, et ensuite sur le capital.

319. On ne pourra pas, dans une demande, joindre les intérêts au capital de manière à exiger de plus forts intérêts moratoires.

Section II. Des prêts avec garantie d'effets ou de valeurs publiques.[2]

320. Le prêt garanti par des effets susceptibles d'être cotés, fait au moyen d'une police[3], par le ministère d'agents inscrits, sera toujours considéré comme commercial.

Le prêteur aura, sur les effets ou valeurs publiques données en gage conformément aux dispositions de la présente section, un droit de préférence pour le recouvrement de la créance, sur les autres créanciers, lesquels ne pourront le déposséder des dits effets qu'en remboursant la créance qu'ils garantissent.

321. Les droits de préférence dont il est question dans l'article précédent, n'existeront que sur les titres mêmes qui constituent la garantie; à cet effet, si la garantie consiste en titres au porteur, on indiquera leur numéro dans l'acte, et, si elle consiste dans des inscriptions ou dans des effets susceptibles d'être transférés, on en fera le transfert au profit du prêteur, en indiquant dans l'acte, outre les circonstances nécessaires pour justifier de l'identité de la garantie, que le transfert n'entraîne pas avec lui transmission de propriété.

322. Si les intéressés le veulent, l'indication du numéro des titres au porteur pourra être remplacée par le dépôt des dits titres dans l'établissement public désigné par le règlement sur les Bourses de commerce.

323. Lorsque de délai pour lequel le prêt a été consenti sera expiré, le créancier, sauf convention contraire et sans avoir besoin d'adresser une réquisition au débiteur, sera autorisé à demander l'aliénation des choses données en gage; à cet effet, il les présentera avec l'acte de garantie à la Chambre syndicale, laquelle, après avoir vérifié les numéros, en vendra la quantité nécessaire par le ministère d'un agent inscrit, le jour même, s'il est possible, et sinon, le jour suivant.

Le prêteur ne pourra faire usage du droit sus-indiqué que durant la Bourse qui suit l'échéance du prêt.

324. Les effets au porteur susceptibles d'être cotés, qui auront été donnés en gage, dans la forme déterminée par les articles précédents, ne pourront pas être l'objet d'une revendication tant que le prêteur n'aura pas été remboursé, sans préjudice des droits et actions appartenant au propriétaire dépossédé contre les personnes qui, aux termes de la loi, sont responsables des actes qui lui ont fait perdre la possession et la propriété des effets donnés en garantie.

---

[1] V. la note précédente.

[2] Si l'opération du prêt consiste dans une ouverture de crédit garantie par des valeurs cotées, les polices seront soumises au timbre correspondant à la moitié du montant du crédit ainsi constaté dans les polices avec garantie des valeurs cotées (v. la note suivante). Il en est ainsi parce que l'on présume que les sommes reçues ne dépasseront pas la moitié du crédit ouvert. Si elles dépassent cette moitié, le droit de timbre est payé pour la totalité comme s'il s'agissait d'un prêt ordinaire garanti par des valeurs cotées (loi sur le timbre, art. 139).

[3] Ces polices sont frappées du droit de timbre proportionnel établi pour les lettres de change (v. ci-dessous, p. 157 note 1) (loi sur le timbre, art. 138). — Les duplicata de ces polices, de même que ceux des lettres de crédit, dont il est parlé dans la note précédente, payent un droit de timbre fixe de 0,10 (classe n° 16) si la somme faisant l'objet de l'opération ne dépasse pas 7000 *pesetas*, et un droit fixe d'une *peseta* au delà de cette somme (art. 139, l. sur le timbre).

Título VI. De la compraventa y permuta mercantiles y de la transferencia de créditos no endosables.

Sección primera. De la compraventa.

325. Será mercantil la compraventa de cosas muebles para revenderlas, bien en la misma forma que se compraron, ó bien en otra diferente, con ánimo de lucrarse en la reventa.

326. No se reputarán mercantiles: 1.º Las compras de efectos destinados al consumo del comprador ó de la persona por cuyo encargo se adquirieren; — 2.º Las ventas que hicieren los propietarios y los labradores ó ganaderos, de los frutos ó productos de sus cosechas ó ganados, ó de las especies en que se les paguen las rentas; — 3.º Las ventas que, de los objetos construídos ó fabricados por los artesanos, hicieren éstos en sus talleres; — 4.º La reventa que haga cualquiera persona no comerciante del resto de los acopios que hizo para su consumo.

327. Si la venta se hiciere sobre muestras ó determinando calidad conocida en el comercio, el comprador no podrá rehusar el recibo de los géneros contratados, si fueren conformes á las muestras ó á la calidad prefijada en el contrato.

En el caso de que el comprador se negare á recibirlos, se nombrarán peritos por ambas partes, que decidirán si los géneros son ó no de recibo[1].

Si los peritos declarasen ser de recibo, se estimará consumada la venta, y en el caso contrario, se rescindirá el contrato[2], sin perjuicio de la indemnización á que tenga derecho el comprador.

328. En las compras de géneros que no se tengan á la vista ni puedan clasificarse por una calidad determinada y conocida en el comercio, se entenderá que el comprador se reserva la facultad de examinarlos y de rescindir libremente el contrato si los géneros no le convinieren.

También tendrá el comprador el derecho de rescisión si por pacto expreso se hubiere reservado ensayar el género contratado.

329. Si el vendedor no entregare en el plazo estipulado los efectos vendidos, podrá el comprador pedir el cumplimiento ó la rescisión del contrato, con indemnización, en uno y otro caso, de los perjuicios que se le hayan irrogado por la tardanza.

330. En los contratos en que se pacte la entrega de una cantidad determinada de mercaderías en un plazo fijo, no estará obligado el comprador á recibir una parte, ni aun bajo promesa de entregar el resto; pero si aceptare la entrega parcial, quedará consumada la venta en cuanto á los géneros recibidos, salvo el derecho del comprador á pedir por el resto el cumplimiento del contrato ó su rescisión, con arreglo al artículo anterior.

331. La pérdida ó deterioro de los efectos antes de su entrega, por accidente imprevisto ó sin culpa del vendedor, dará derecho al comprador para rescindir el contrato, á no ser que el vendedor se hubiere constituído en depositario de las mercaderías con arreglo al art. 339, en cuyo caso se limitará su obligación á la que nazca del depósito.

---

[1]) El supuesto del artículo este es el de que comprador y vendedor se encuentren en el lugar de la entrega y nombren los peritos correspondientes que han de decidir respecto á si los géneros vendidos son ó no de recibo; pero cuando esto no ocurre, porque los géneros se venden en una parte y se entregan en otra, entonces el comprador, al hacerse cargo de ellos, si no los creyere de recibo, habrá de acudir al juez solicitando por escrito que se extienda diligencia de reconocimiento haciendo constar las circunstancias que concurran en ellos, ó pidiendo, si lo considera preciso, el nombramiento por el juez de un perito que los reconozca. Si el comprador por su parte nombrara otro, y no se pusieren de acuerdo, el juez designará por suerte un tercero en discordia (art. 2127, L. Enj. c.).

[2]) La rescisión á que hace referencia tanto este artículo como los demás relativos á la compraventa en que se habla igualmente de rescisión, no es precisamente la á que se refieren los artículos 1290 á 1299 del Cód. c. (que pueden verse entre las leyes complementarias del Cód. de com.) porque en dichos artículos la rescisión supone la consumación del contrato, mientras que la rescisión en el supuesto del Cód. de com. y en lo referente á la compra-venta no implica la consumación del contrato, sino rompimiento tan solo del vínculo legal creado al quedar perfecto el contrato por el consentimiento de las partes.

Titre VI. De la vente commerciale, de l'échange commercial et du transfert des effets non endossables.

Section première. De l'achat et de la vente.

325. L'achat et la vente seront considérés comme commerciaux lorsqu'ils ont pour objet des choses mobilières destinées à être revendues, soit sous la forme qu'elles avaient au moment de l'acquisition, soit sous une forme différente, dans l'intention de réaliser un gain sur la revente.

326. Ne seront pas réputées commerciales: 1° Les acquisitions d'effets destinés à la consommation de l'acheteur ou de la personne pour le compte de qui elles sont — 2° Les ventes que les propriétaires et les cultivateurs ou les éleveurs feront de leurs achetées; fruits, de leurs récoltes ou de leurs troupeaux, ou des denrées qui leur ont été livrées en payement de redevances; — 3° Les ventes faites par les artisans, dans leurs magasins, des objets par eux construits ou fabriqués; — 4° La revente par toute personne non commerçante de ce qui lui reste sur les approvisionnements par elle faits pour sa consommation.

327. Si la vente est faite sur échantillons, ou en désignant une qualité connue dans le commerce, l'acheteur ne pourra pas refuser les marchandises faisant l'objet du contrat, lorsqu'elles sont conformes à l'échantillon ou de la qualité convenue.

Lorsque l'acheteur refusera de les recevoir, les deux parties nommeront des experts qui décideront si la réception doit ou non avoir lieu[1].

Si les experts déclarent qu'il y a lieu de recevoir les marchandises, la vente sera réputée consommée, et, dans le cas contraire, le contrat sera rescindé[2], sans préjudice de l'indemnité due à l'acheteur.

328. Dans les ventes de marchandises qui ne sont pas sous les yeux, et qui ne peuvent pas se distinguer par une qualité déterminée et connue dans le commerce, on considérera que l'acheteur se réserve la faculté d'examiner les dites marchandises et d'être libre de rescinder le contrat si elles ne lui conviennent pas.

L'acheteur aura également le droit de rescinder le contrat si, par une convention expresse, il s'est réservé le droit d'essayer la marchandise achetée.

329. Si le vendeur ne livre pas les effets vendus dans le délai stipulé, l'acheteur pourra demander l'exécution ou la rescision du contrat, avec la réparation, dans l'un et l'autre cas, des préjudices que le retard lui a occasionnés.

330. Lorsque les contrats ont pour objet la remise d'une quantité donnée de marchandises dans un délai déterminé, l'acheteur ne sera pas obligé de recevoir une partie des marchandises, lors même qu'on lui promettrait de lui livrer le reste; mais, s'il accepte la livraison partielle, la vente sera consommée quant aux marchandises reçues, sauf le droit de l'acheteur de demander pour le surplus soit l'exécution, soit la rescision du contrat, conformément à l'article précédent.

331. La perte ou la détérioration des choses vendues survenue avant la livraison, par suite d'un accident imprévu ou sans qu'il y ait faute de la part du vendeur, donnera le droit à l'acheteur de rescinder le contrat, à moins que le vendeur ne se soit constitué dépositaire des marchandises conformément à l'article 339, auquel cas il sera seulement tenu de l'obligation née du dépôt.

---

[1]) L'article suppose que l'acheteur et le vendeur se trouvent l'un et l'autre au lieu de la livraison, et nomment chacun leur expert avec mission de décider s'il doit y avoir ou non réception. Lorsqu'il n'en est pas ainsi et que les marchandises sont vendues dans un lieu et que la délivrance doit avoir lieu dans un autre, l'acheteur, au moment de les prendre en charge, s'il ne croit pas devoir les accepter, doit alors s'adresser au juge et lui remettre, à fin de faire procéder à la vérification des marchandises, une requête écrite dans laquelle il précisera les conditions dans lesquelles elles se trouvent, et sollicitera du juge, s'il l'estime nécessaire, la nomination d'un expert chargé de les vérifier. Si le vendeur, de son côté, nomme un autre expert et que les deux experts ne puissent se mettre d'accord, le juge désignera un tiers-expert (loi d'*Enj. civ.*, art. 2127).

[2]) La rescision dont il est question ici et dont parlent les autres dispositions relatives à la vente commerciale, n'est pas exactement celle qui est prévue par les art. 1290 à 1299 du Code civil que l'on peut lire plus loin dans les lois complémentaires. Ces derniers articles, en effet, supposent que le contrat de vente a été consommé, tandis que le Code de commerce, quand il parle de rescision, n'implique pas qu'il y a eu consommation du contrat, il suppose seulement la rupture du lien légal résultant du libre accord des volontés des parties.

332. Si el comprador rehusare sin justa causa el recibo de los efectos comprados, podrá el vendedor pedir el cumplimiento ó rescisión del contrato, depositando judicialmente[1] en el primer caso las mercaderías.

El mismo depósito judicial podrá constituir el vendedor siempre que el comprador demore hacerse cargo de las mercaderías.

Los gastos que origine el depósito serán de cuenta de quien hubiese dado motivo para constituirlo.

333. Los daños y menoscabos que sobrevinieren á las mercaderías, perfecto el contrato y teniendo el vendedor los efectos á disposición del comprador en el lugar y tiempo convenidos, serán de cuenta del comprador, excepto en los casos de dolo[2] ó negligencia del vendedor.

334. Los daños y menoscabos que sufran las mercaderías, aun por caso fortuito, serán de cuenta del vendedor en los casos siguientes: 1.º Si la venta se hubiere hecho por número, peso ó medida, ó la cosa vendida no fuere cierta y determinada, con marcas y señales que la identifiquen; — 2.º Si por pacto expreso ó por uso del comercio, atendida la naturaleza de la cosa vendida, tuviere el comprador la facultad de reconocerla y examinarla previamente; — 3.º Si el contrato tuviere la condición de no hacer la entrega hasta que la cosa vendida adquiera las condiciones estipuladas.

335. Si los efectos vendidos perecieren ó se deterioraren á cargo del vendedor, devolverá al comprador la parte de precio que hubiere recibido.

336. El comprador que, al tiempo de recibir las mercaderías, las examinare á su contento, no tendrá acción para repetir contra el vendedor, alegando vicio ó defecto de cantidad ó calidad en las mercaderías.

El comprador tendrá el derecho de repetir contra el vendedor por defecto en la cantidad ó calidad de las mercaderías recibidas enfardadas ó embaladas, siempre que ejercite su acción dentro de los cuatro días siguientes al de su recibo, y no proceda la avería de caso fortuito, vicio propio de la cosa, ó fraude.

En estos casos, podrá el comprador optar por la rescisión del contrato ó por su cumplimiento con arreglo á lo convenido, pero siempre con la indemnización de los perjuicios que se le hubieren causado por los defectos ó faltas.

El vendedor podrá evitar esta reclamación exigiendo, en el acto de la entrega, que se haga el reconocimiento, en cuanto á cantidad y calidad, á contento del comprador[3].

337. Si no se hubiere estipulado el plazo para la entrega de las mercaderías vendidas, el vendedor deberá tenerlas á disposición del comprador dentro de las veinticuatro horas siguientes al contrato.

338. Los gastos de la entrega de los géneros en las ventas mercantiles serán de cargo del vendedor hasta ponerlos, pesados ó medidos, á disposición del comprador, á no mediar pacto expreso en contrario.

Los de su recibo y extracción fuera del lugar de la entrega, serán de cuenta del comprador.

339. Puestas las mercaderías vendidas á disposición del comprador, y dándose éste por satisfecho, ó depositándose aquéllas judicialmente en el caso previsto en el art. 332, empezará para el comprador la obligación de pagar el precio al contado ó en los plazos convenidos con el vendedor.

Éste se constituirá depositario de los efectos vendidos, y quedará obligado á su custodia y conservación según las leyes del depósito.

340. En tanto que los géneros vendidos estén en poder del vendedor, aunque sea en calidad de depósito, tendrá éste preferencia sobre ellos á cualquiera otro acreedor, para obtener el pago del precio con los intereses ocasionados por la demora.

---

[1]) La forma y manera de constituir este depósito es la misma que hemos expuesto al tratar del depósito judicial que puede pedir el comisionista. (Véase la pág. 128, nota 1).

[2]) El dolo, según el art. 1269 del Cód. c., existe cuando, con palabras ó maquinaciones insidiosas de parte de uno de los contratantes es inducido el otro á celebrar un contrato que sin ellas no hubiera hecho.

[3]) Si el comprador pusiere dificultades para este reconocimiento, entonces podrá solicitarse que se haga judicialmente en la forma indicada en la nota 2, pág. 138.

341. Le retard à payer le prix de la chose achetée, entraînera pour l'acheteur l'obligation de payer l'intérêt légal[1] de la somme dont il est débiteur envers le vendeur.

342. L'acheteur qui n'a élevé aucune réclamation motivée par les vices internes de la chose vendue dans les trente jours qui suivent la livraison, perdra toute action et tout droit à un recours quelconque, pour cette cause, contre le vendeur.

343. Les sommes données à titre d'arrhes, dans les ventes commerciales, seront toujours réputées avoir été données à valoir sur le prix, et comme preuve de la ratification du contrat, sauf convention contraire.

344. Les ventes commerciales ne seront pas rescindables pour cause de lésion; toutefois, le contractant qui aura agi avec dol ou fraude soit dans le contrat, soit dans son exécution, devra indemniser l'autre partie des dommages et préjudices par elle soufferts, sans préjudice de l'action criminelle.

345. Dans toute vente commerciale le vendeur sera obligé à garantir l'acheteur de l'éviction et des vices cachés[2], sauf convention contraire.

---

[1] 5%.

[2] L'obligation de garantir de l'éviction, est l'obligation qui pèse naturellement sur le vendeur de garantir la propriété de la chose vendue. En effet, la vente suppose que cette chose est la propriété du vendeur. — La garantie (désignée par le mot *saneamiento*) est l'obligation qui pèse sur le vendeur de répondre du bon état non apparent mais interne de la chose, c'est-à-dire des vices ou défauts cachés. — Il y a éviction, lorsque l'acheteur est privé de tout ou partie de la chose à la suite d'une sentence définitive et en vertu d'un droit antérieur à la vente, c'est-à-dire lorsqu'un tiers a exercé contre lui l'action en revendication. Cette obligation est si naturelle que le vendeur en est tenu dans toute vente, sans qu'il soit besoin d'une stipulation expresse; mais elle peut, comme cela est logique, faire l'objet de conventions particulières; elle peut donc être augmentée, restreinte et même supprimée; dans ce dernier cas, toutefois, la convention particulière ne peut avoir pour effet de favoriser la mauvaise foi du vendeur, car la loi considère comme nulle toute stipulation de cette nature. — En plus de cette restriction, imposée par la morale sociale, la renonciation de l'acheteur au bénéfice de la garantie de l'éviction est encore limitée à un autre point de vue: l'acheteur dépouillé de la chose par lui acquise, à la suite d'une action en revendication, a droit à la restitution du prix par lui versé, à moins qu'il n'y ait aussi expressément renoncé. — Il convient toutefois de tenir compte, dans l'application de ces règles, que l'obligation du vendeur est subordonnée à cette autre obligation de l'acheteur de lui notifier l'action en revendication; faute de faire cette notification, le vendeur est affranchi de toute responsabilité à raison de l'éviction. — Cette notification au vendeur doit être faite dans le délai accordé par la loi pour répondre à la demande. Par l'effet de la notification judiciaire faite au vendeur, le délai de réponse de l'acheteur se trouve suspendu jusqu'à ce que le délai de réponse du vendeur soit lui-même expiré, et, si ce dernier ne comparaît pas pour contester la demande, la suspension du délai de réponse de l'acheteur sera réputée ne plus produire d'effet. — L'acheteur qui a été dépouillé de la chose par une sentence définitive, s'il n'a pas renoncé expressément à la garantie de l'éviction, peut exiger du vendeur: 1° La restitution du prix de la chose vendue à la date de l'éviction, que ce prix soit supérieur ou inférieur au prix de vente; — 2° Les fruits ou revenus, s'il a été condamné à les restituer au revendiquant qui a triomphé; — 3° Les frais du procès qui a motivé l'éviction, et, s'il y a lieu, les frais du procès en garantie contre le vendeur, c'est-à-dire dans le cas où le vendeur s'est refusé à répondre de l'éviction; — 4° Les frais du contrat, s'ils ont été payés par l'acheteur; — 5° Les dommages-intérêts et les frais volontaires ou de simple agrément ou embellissement, si la vente a été faite de mauvaise foi. — Si l'éviction n'a entraîné que la perte partielle de la chose, mais si la partie perdue a une telle importance que, sans elle, la chose n'aurait pas été acquise par l'acheteur, celui-ci peut demander la résolution du contrat, mais à la condition de restituer la chose sans autres charges que celles qui existaient déjà au moment où il l'a acquise. Il en est de même lorsque deux ou plusieurs choses ont été vendues conjointement pour un prix fixé en bloc, ou même moyennant un prix particulier pour chacune des choses comprises dans la vente, si l'acheteur évincé prouve qu'il n'aurait pas acheté l'une de ces choses sans les autres. — En ce qui concerne la garantie des vices cachés, le vendeur en est tenu lorsque l'acheteur n'est pas un expert qui, à raison de sa profession ou de ses fonctions, est obligé de les connaître. Mais, pour que le vendeur soit tenu à la garantir, il faut que ces vices ou défauts cachés se manifestent dans les six mois de la délivrance de la chose vendue, qu'ils rendent cette chose impropre à l'usage auquel on la destinait, ou qu'ils aient pour effet d'en rendre l'usage si difficile que l'acheteur ne l'aurait pas acquise s'il les avait connus, ou ne l'aurait payée qu'un prix inférieur. — On peut renoncer à la garantie des vices cachés comme à la garantie de l'éviction; mais, comme cette renonciation ne peut protéger la mauvaise foi du vendeur, elle est nulle si le vendeur connaissait les vices cachés de la chose vendue. En échange, le fait que le vendeur ignorait l'existence des vices cachés, ne suffit pas pour l'affranchir de sa responsabilité. — Quand il y a lieu à garantie des vices cachés, l'acheteur peut, à son choix, ou se désister du contrat, en exigeant le remboursement des frais par lui payés, ou maintenir le contrat en exigeant une diminution de prix proportionnelle à l'importance du vice caché, déterminée par experts. Il en est ainsi en admettant la bonne foi du vendeur. Si le vendeur, au contraire, connaissait

18*

Sección segunda.   De las permutas.

346. Las permutas mercantiles se regirán por las mismas reglas que van prescritas en este título respecto de las compras y ventas, en cuanto sean aplicables á las circunstancias y condiciones de aquellos contratos.

Sección tercera.   De las transferencias de créditos no endosables.

347. Los créditos mercantiles no endosables ni al portador, se podrán transferir por el acreedor sin necesidad del consentimiento del deudor, bastando poner en su conocimiento la transferencia.

El deudor quedará obligado para con el nuevo acreedor en virtud de la notificación, y desde que tenga lugar no se reputará pago legítimo sino el que se hiciere á éste. **348.** El cedente responderá de la legitimidad del crédito, y de la personalidad con que hizo la cesión; pero no de la solvencia del deudor, á no mediar pacto expreso que así lo declare.

Título VII.   Del contrato mercantil de transporte terrestre.[1]

349. El contrato de transporte por vías terrestres ó fluviales de todo género, se reputará mercantil: 1.º Cuando tenga por objeto mercaderías ó cualesquiera efectos del comercio; — 2.º Cuando, siendo cualquiera su objeto, sea comerciante el porteador ó se dedique habitualmente á verificar transportes para el público.

á la indemnización de daños y perjuicios. — Si los vicios ó defectos ocultos produjeren la pérdida de la cosa, distingue la ley los casos según que el vendedor tuviere ó no conocimiento de ellos y según que se pierdan ó no por caso fortuito ó por culpa del comprador. Si se perdió, no por caso fortuito ni culpa del comprador, y el vendedor ignoraba la existencia del vicio ó defecto que produjo tal pérdida, tendrá la obligación de devolver el precio do venta y abonar los gastos del contrato que hubiese pagado el comprador. Si los conocía deberá satisfacer además los daños y perjuicios. Si se perdió por caso fortuito ó culpa del comprador resultando tener algún vicio oculto al tiempo de realizarse la venta, el vendedor está obligado á devolver el precio que recibió por la cosa, deducido el valor que esta tuviere al tiempo de perderse. Y si obró de mala fe, es decir, si conocía la existencia de los vicios que determinaron la pérdida y si los ocultó al comprador, deberá también abonarle los daños é intereses. — Por último, dice la ley que en las ventas judiciales el vendedor responde del saneamiento en los mismos términos, pero que no habrá nunca lugar á la responsabilidad por daños y perjuicios. (Artículos 1474 á 1482 y 1484 á 1489 del Cód. c.).

1) El transporte de la correspondencia postal telegráfica ó telefónica, el de valores declarados y el de mercaderías en paquetes postales no es mercantil según nuestras leyes, porque constituye un servicio público monopolizado por el Estado, cuya explotación puede ceder en determinadas condiciones á los particulares. — Las disposiciones legales por que se rigen estos transportes son las siguientes: — *Servicio postal:* El Real Decreto de 7 de junio de 1898, aprobando el Reglamento para el régimen y servicio del ramo de correos (Gacetas del 12 al 16 de junio) con las adiciones y modificaciones introducidas en él por los Reales Decretos de 27 de junio de 1899 (Gaceta de 29 de junio), 25 de mayo de 1905 (Gaceta de 27 de Mayo), 7 de diciembre del mismo año (Gaceta de 13 del mismo), y 30 de octubre 1906 (Gaceta de 1.º de noviembre), y la Real orden de 30 de noviembre de 1899 (Gaceta de 1.º de diciembre). A más de esto hay que tener en cuenta que el transporte de la correspondencia internacional se rige por el Convenio de la Unión universal de correos de 1 de junio de 1878 (Gaceta 17 de abril de 1879), el 4 de julio de 1891 (Gaceta 30 de junio de 1892) y el de 15 de junio de 1897 (Gacetas, 1, 2 y 3 de enero de 1903); debiendo tener presente que este transporte entre Portugal y España se rige por el Convenio de 7 de mayo de 1883 y el de 2 de julio de 1886, publicados en las Gacetas de 7 de octubre de 1885 y 23 de octubre de 1886. El último de estos dos convenios ha sido ligeramente modificado por el Real Decreto de 16 de octubre de 1889 (Gaceta 19 diciembre 1889). El servicio de paquetes postales con Marruecos está regulado por el Real Decreto de 28 de agosto de 1902 (Gaceta 31 de agosto de 1902) y la Instrucción de 29 de setiembre del mismo año (Gaceta, 3 de octubre del mismo). — Completan esta legislación del servicio postal la Ley de 21 de agosto de 1896 sobre falsificación de sellos y viñetas en uso en las naciones que forman la Unión universal y una serie de Reales órdenes sobre paquetes postales cuya enumeración resultaría enojosa. — *Servicio telegráfico.* Hasta la Ley de 22 de abril de 1855 no pudo utilizarse por los paticulares este medio de comunicación, que existía para las necesidades del servicio oficial del Estado desde 27 de noviembre de 1852, y con anterioridad era utilizado por las compañías de ferrocarriles (me refiero á la telegrafía eléctrica). Pero en 1855 se implantó este servicio ajustando las tarifas al sistema de zonas, hasta que la Ley de Presupuestos de 11 de enero de 1861 abolió dicho sistema, implantando el que rije en la actualidad, ó sea el

332. Si l'acheteur refuse, sans juste cause, de recevoir les choses achetées, le vendeur pourra demander l'exécution ou la rescision du contrat, à charge, dans le premier cas, d'effectuer le dépôt judiciaire[1] des marchandises.

Le vendeur pourra effectuer de même le dépôt judiciaire toutes les fois que l'acheteur tardera à prendre en charge les marchandises.

Les frais occasionnés par le dépôt seront au compte de celui qui l'a rendu nécessaire.

333. Les dommages et les dégradations qui surviendront aux marchandises, lorsque le contrat sera parfait et que le vendeur aura mis les choses vendues à la disposition de l'acheteur dans le lieu et à l'époque convenus, seront au compte de l'acheteur, sauf s'il y a eu dol[2] ou négligence du vendeur.

334. Les dommages et les détériorations subis par les marchandises, même par cas fortuit, seront au compte du vendeur dans les cas suivants: 1° Si la vente a été faite au nombre, au poids ou à la mesure, ou que la chose vendue n'était pas une chose certaine et déterminée et revêtue de marques et signes de nature à l'identifier; — 2° Si, par suite d'un pacte exprès ou des usages du commerce, l'acheteur, vu la nature de la chose vendue, a la faculté de la reconnaître et de l'examiner préalablement; — 3° Si le contrat est fait sous la condition de différer la livraison jusqu'à ce que la chose vendue ait acquis les conditions stipulées.

335. Si la perte ou la détérioration des objets vendus sont pour le compte du vendeur, celui-ci restituera à l'acheteur la part du prix qu'il en aura reçue.

336. L'acheteur qui, au moment de la réception des marchandises, les aura examinées à sa guise, n'aura le droit d'exercer aucune réclamation contre le vendeur en alléguant un vice ou un défaut de quantité ou de qualité dans les marchandises.

L'acheteur aura le droit d'exercer un recours contre le vendeur pour défaut dans la quantité ou qualité des marchandises reçues en caisses ou ballots, pourvu qu'il exerce son action dans les quatre jours qui suivent celui de la réception et que l'avarie ne résulte pas de cas fortuit, vice propre de la chose ou fraude.

Dans ces cas, l'acheteur pourra opter entre la rescision du contrat ou son exécution, conformément à ce qui a été convenu, mais toujours avec une indemnité pour les préjudices qui lui ont été occasionnés par les défauts ou manquants.

Le vendeur pourra éviter ce recours en exigeant que, lors de la délivrance, on procède à la reconnaissance de la quantité et de la qualité, à la satisfaction de l'acheteur[3].

337. S'il n'a pas été stipulé de délai pour la livraison des marchandises vendues, le vendeur devra les mettre à la disposition de l'acheteur dans les vingt-quatre heures qui suivent la conclusion du contrat.

338. Les frais de délivrance des marchandises, dans les ventes commerciales, seront à la charge du vendeur jusqu'à ce qu'elles aient été mises, pesées et mesurées, à la disposition de l'acheteur, à moins qu'il n'y ait convention contraire.

Les frais de réception et de transport des marchandises hors du lieu de la livraison, seront à la charge de l'acheteur.

339. Lorsque les marchandises vendues auront été mises à la disposition de l'acheteur, et que celui-ci s'en sera déclaré satisfait, ou qu'elles auront été déposées judiciairement, dans le cas prévu par l'article 332, l'acheteur sera obligé de payer le prix comptant, ou dans les délais convenus avec le vendeur.

Le vendeur sera constitué dépositaire des objets vendus et il demeurera obligé de les garder et conserver conformément aux règles du dépôt.

340. Le vendeur tant qu'il aura en sa possession les marchandises vendues, lors même qu'il les détiendrait à titre de dépôt, aura sur les dites marchandises un droit de préférence à l'encontre de tout autre créancier, à l'effet d'obtenir le payement du prix et des intérêts moratoires.

---

[1] La forme de ce dépôt et la manière de le constituer sont les mêmes que dans le cas où il s'agit du dépôt judiciaire demandé par le commissionnaire (v. p. 128, note 1).

[2] Il y a dol, aux termes de l'art. 1269 C. civ., lorsqu'au moyen de paroles ou machinations insidieuses de l'une des parties, l'autre partie est amenée à faire un contrat qu'elle n'aurait pas fait sans ces circonstances.

[3] Si l'acheteur soulève des difficultés à l'occasion de cette vérification, on peut demander qu'il y soit procédé judiciairement dans la forme indiquée plus haut (v. p. 138, note 2).

341. La demora en el pago del precio de la cosa comprada constituirá al comprador en la obligación de pagar el interés legal[1] de la cantidad que adeude al vendedor.

342. El comprador que no haya hecho reclamación alguna fundada en los vicios internos de la cosa vendida, dentro de los treinta días siguientes á su entrega, perderá toda acción y derecho á repetir por esta causa contra el vendedor.

343. Las cantidades que, por vía de señal, se entreguen en las ventas mercantiles, se reputarán siempre dadas á cuenta del precio y en prueba de la ratificación del contrato, salvo pacto en contrario.

344. No se rescindirán las ventas mercantiles por causa de lesión; pero indemnizará daños y perjuicios el contratante que hubiere procedido con malicia ó fraude en el contrato ó en su cumplimientos, in perjuicio de la acción criminal.

345. En toda venta mercantil el vendedor quedará obligado á la evicción y saneamiento en favor del comprador[2], salvo pacto en contrario.

---

[1]) El 5%.

[2]) La evicción es la obligación, que pesa naturalmente sobre el vendedor de una cosa, de garantir la propiedad de la misma, ya que el supuesto lógico de la venta es que la cosa vendida es propiedad del vendedor. — El saneamiento es la obligación que pesa del mismo modo sobre el vendedor de responder del buen estado de la cosa no aparente sino interna, es decir de los vicios ó defectos que tuviere ocultos. — Tiene lugar la evicción cuando se prive al comprador por sentencia firme y en virtud de un derecho anterior á la compra de todo ó parte de la cosa comprada; es decir, cuando se ejerce la acción reivindicatoria. Y es tan natural esta obligación, que en toda compra-venta responde el vendedor de ella, aunque nada se haya expresado en el contrato; pudiendo, como es lógico, pactar sobre ella, ya aumentándola, ya restringiéndola ó ya suprimiéndola, sin que en este último caso pueda el tal pacto amparar la mala fe del vendedor, pues la ley considera nulo un pacto de esta especie. — A más de este límite, impuesto por la moral social, la renuncia por parte del comprador de su derecho á la evicción tiene otro, cual es, el de que despojado el comprador de la cosa que compró por el que la reivindicó, tiene derecho á la devolución del precio entregado por ella, á no ser que expresamente hubiere renunciado también á esto. — Sin embargo de lo dicho, ha de tenerse en cuenta que la obligación del vendedor está supeditada á la que tiene el comprador de hacer que se le notifique á aquel la demanda reivindicatoria, pues si el comprador prescindiere de pedir esta notificación queda libre el vendedor de la responsabilidad por evicción. — Esta notificación al vendedor ha de hacerse dentro del plazo que la ley concede para contestar á la demanda; entendiéndose que la notificación judicial hecha al vendedor suspende el plazo para la contestación del comprador, mientras no transcurre el concedido al vendedor; y que si este no compareciere á contestar á la demanda se entenderá que deja de producir efecto la suspensión del plazo para el comprador. — Despojado el comprador de la cosa por sentencia firme, salvo en el caso de renuncia del derecho de evicción, podrá exigir al vendedor lo siguiente: 1.º La restitución del precio que tuviere la cosa vendida al tiempo de la evicción, ya sea mayor ó menor que el de la venta; — 2.º Los frutos ó rendimientos, si se le hubiere condenado á entregarlos al que la haya vencido en juicio; — 3.º Las costas del pleito que haya motivado la evicción y, en su caso, las del seguido con el vendedor para el saneamiento, ó sea en el caso de que este se negare á responder de evicción; — 4.º Los gastos del contrato si los hubiere pagado el comprador; — y 5.º Los daños é intereses y los gastos voluntarios ó de puro recreo ú ornato, si se vendió de mala fe. — Si la evicción produjo tan solo la pérdida parcial de la cosa, y esta pérdida fuere de tal importancia con relación á la misma, que sin dicha parte no la hubiere adquirido el comprador, podrá este exigir la rescisión del contrato, pero obligándose á devolver la cosa, sin más gravámenes que los que tuviere al adquirirla. Y esto mismo podrá hacerse en el caso de que la venta hubiese sido de dos ó más cosas conjuntamente por un precio alzado, ó particular para cada una de ellas, si despojado el comprador de alguna ó algunas acreditase el comprador que no habría comprado unas sin otras. — Por el saneamiento está obligado el vendedor á responder de los vicios ó defectos ocultos que tuvieren las cosas, cuando el que las adquiere no es un perito que por razón de su profesión ú oficio está obligado á conocerlos aunque no sean aparentes.   Para que estos vicios ó defectos ocultos obliguen al vendedor al saneamiento es preciso que se manifiesten antes de los seis meses, contados desde la entrega de la cosa vendida, que la hagan impropia para el uso á que se la destina ó que dificulten de tal modo este uso que, de haberlos conocido el comprador no las hubiese adquirido, ó de adquirirlas habría dado por ellas un menor precio. — El saneamiento como la evicción es renunciable pero; como esta renuncia no puede amparar la mala fe del vendedor, la renuncia es nula cuando el vendedor no ignoraba los vicios ó defectos ocultos de las cosas. En cambio la ignorancia por parte del vendedor no le exime de responder por esta causa. Cuando proceda este saneamiento el comprador podrá optar entre el desistimiento del contrato, exigiendo el abono de los gastos que pagó, ó el mantenimiento del mismo, exigiendo una rebaja en el precio proporcional á la importancia del defecto ó vicio, estimado por peritos. Esto en el supuesto de que el vendedor hubiere procedido de buena fe, pues si conocía tales vicios ó defectos y no los manifestó al comprador tendrá este la misma opción; y, si prefiere la rescisión del contrato, tendrá derecho además

Section II. Des échanges.

346. Les échanges commerciaux seront régis par les règles établies au titre relatif aux achats et aux ventes, en tant que les dites règles sont applicables aux circonstances et aux conditions de ces contrats.

Section III. Des transferts des créances non endossables.

347. Les créances commerciales qui ne sont ni endossables, ni au porteur, pourront être transférées par le créancier, sans qu'il soit besoin du consentement du débiteur; il suffira de porter le transfert à sa connaissance.

Le débiteur demeurera obligé envers le nouveau créancier en vertu de la notification, et, dès qu'elle aura eu lieu, aucun payement ne sera considéré comme légitime s'il n'a pas été fait à ce créancier.

348. Le cédant répondra de la légitimité de la créance et de la qualité avec laquelle il agit en faisant la cession, mais il ne sera pas responsable de la solvabilité du débiteur, à moins de s'y être engagé par une convention expresse.

Titre VII. Du contrat commercial de transport par terre.[1]

349. Le contrat de transport par les voies terrestres ou fluviales de toute espèce sera réputé commercial: 1° Lorsqu'il a pour objet des marchandises ou des effets de commerce quelconques; — 2° Lorsque, ayant un autre objet quelconque, le voiturier est commerçant ou se livre habituellement à des transports pour le compte du public.

les vices et les défauts cachés, et s'il ne les a pas fait connaître à l'acheteur, ce dernier a encore le même droit d'option; et, s'il choisit la rescision du contrat, il a droit en outre à des dommages-intérêts. — Si les vices cachés ou défauts ont occasionné la perte de la chose, la loi fait une distinction suivant que le vendeur a eu ou non connaissance de ces vices, et suivant que la chose a été perdue par cas fortuit ou par la faute de l'acheteur. Si la perte n'a été causée ni par un cas fortuit, ni par la faute de l'acheteur, et si le vendeur ignorait le vice caché qui a produit la perte, il sera tenu de restituer le prix et de rembourser les frais payés par l'acheteur. Si le vendeur connaissait le vice caché, il doit, en outre, des dommages-intérêts. Si la chose a été perdue par cas fortuit, ou par la faute de l'acheteur, et qu'il soit prouvé qu'elle avait un vice caché à l'époque de la vente, le vendeur est tenu de restituer le prix par lui reçu, sauf déduction de la valeur de la chose à l'époque de la perte. Si le vendeur était de mauvaise foi, c'est-à-dire s'il connaissait les vices qui ont déterminé la perte de la chose et s'il les a cachés à l'acheteur, il doit en outre des dommages-intérêts. — Enfin, la loi déclare que, dans les ventes judiciaires, le vendeur répond des vices cachés dans les mêmes conditions, mais qu'il n'y aura jamais lieu d'allouer de dommages-intérêts (art. 1474 à 1482 et 1484 à 1489 C. civ.).

[1]) Le transport de la correspondance postale, télégraphique ou téléphonique, ainsi que le transport des valeurs déclarées et des marchandises contenues dans les colis postaux, n'a pas, d'après notre législation, le caractère d'un transport commercial. C'est un service public, monopolisé par l'Etat, dont l'exploitation peut être concédée à des particuliers dans des conditions déterminées. — Les dispositions légales régissant ces transports sont les suivantes: *Service postal:* Décret du 7 juin 1898, approuvant le règlement sur le régime et le service des postes (*Gaceta* des 12 au 16 juin) avec les additions et les modifications introduites dans ce règlement par les décrets royaux des 29 juin 1899 (*Gaceta* du 29 juin), 25 mai 1905 (*Gaceta* du 27 mai), 7 décembre 1905 (*Gaceta* du 13), et 30 octobre 1906 (*Gaceta* du 1 novembre) et l'ordre royal du 30 novembre 1899 (*Gaceta* du 1er décembre). Il faut, en outre, tenir compte de cette circonstance que la correspondance internationale est régie par la convention de l'Union postale universelle du 1er juin 1878 (*Gaceta* du 17 avril 1879) et du 4 juillet 1891 (*Gaceta* du 30 juin 1892) et du 15 juin 1897 (*Gaceta* des 1, 2 et 3 janvier 1903); et l'on doit spécialement se rappeler, en ce qui concerne les rapports entre le Portugal et l'Espagne, que la correspondance postale est régie par les conventions du 7 mai 1883 et du 2 juillet 1886 publiées dans les *Gacetas* des 7 octobre 1885 et 23 octobre 1886. La dernière de ces conventions a été légèrement modifiée par le décret royal du 16 octobre 1889 (*Gaceta* du 19 décembre 1889). Le service des colis postaux avec le Maroc a été réglémenté par le décret royal du 23 août 1902 (*Gaceta* du 31 août 1902) et l'instruction du 29 septembre de la même année (*Gaceta* du 3 octobre 1902). — Cette législation du service postal est complétée par la loi du 21 août 1906, sur la falsification des cachets et vignettes en usage chez les nations qui font partie de l'Union universelle, et par une série d'ordres royaux, dont l'énumération serait fastidieuse. — *Service télégraphique.* Jusqu'à la loi du 22 avril 1855, les particuliers ne pouvaient pas utiliser ce moyen de communication, qui était réservé au service officiel de l'Etat depuis le 27 novembre 1852, et antérieurement (je parle de la télégraphie électrique) au service des compagnies de chemins de fer. Mais, en 1855, ce service a été organisé au profit des particuliers; il fut soumis d'abord à un système de tarifs par zônes jusqu'à la loi du budget, du 11 janvier 1861. Cette loi supprima ce système pour établir le régime actuellement en vigueur qui fixe

350. Tanto el cargador como el porteador de mercaderías ó efectos, podrán
exigirse mutuamente que se extienda una carta de porte[1] en que se expresarán:
1.º El nombre, apellido y domicilio del cargador; — 2.º El nombre, apellido
y domicilio del porteador; — 3.º El nombre, apellido y domicilio de la persona á

---

del precio único, calculado por la cantidad de palabras empleadas, á partir de un mínimum que
se fijó en diez palabras, y que hoy es de quince, incluyendo en estas las necesarias para las señas,
con las excepciones: de los telegramas que se cursen entre las estaciones telegráficas de una misma
provincia, que pagarán la mitad de dicho precio; los destinados á la publicidad en los periódicos,
que satisfarán también la mitad de la tasa ordinaria; y los que se trasmitan desde las 12 de la
noche á las 8 de la mañana en determinadas estaciones, que pagarán doble de dicha tasa. — He
aquí ahora la fecha de las Leyes y Reales Decretos que regulan el servicio interior de comunicaciones telegráficas. Reales Ordenes hay también muchas, pero solo citaremos por excepción
alguna. — Leyes: A más de las ya citadas de 22 de abril de 1855 y 11 de enero de 1861 hay que
tener en cuenta: la de 29 de diciembre de 1881, estableciendo las bases para el servicio público
que pueden prestar las compañías de ferrocarriles (Gaceta, 6 enero, 1882); la de 6 de abril de 1888,
reduciendo la tasa para el servicio de los periódicos políticos (Colección legislativa, tomo 140); y
la de Presupuestos de 31 de diciembre de 1901, en cuyo artículo 12 se señala la doble tasa para los
telegramas que se presenten entre 12 de la noche y 8 de la mañana en las estaciones de servicio
limitado que se eleven á permanentes durante el año de 1902 (Gaceta 1.º enero, 1902). — Reales
Decretos: El de 22 de mayo de 1864, sobre forma de pago y trasmisión y entrega de telegramas,
certificados, reclamaciones, etc. (Gaceta 30 noviembre); el 8 de febrero de 1872, sobre despachos
dirigidos á los buques y desde los buques (Gaceta 9 febrero); el de 6 de julio de 1872, sobre establecimiento de semáforos (Gaceta 7 julio); el de 6 de octubre de 1883 sobre tasa del servicio interior (Gaceta, 7 octubre); el de 7 de mayo de 1889, sobre abono á precio reducido para empresas periodísticas y arrendamiento de conductores ó líneas (Gaceta 10 mayo); el de 11 de
noviembre de 1890, sobre reducción tasa de telegramas destinados á la publicidad (Gaceta 13
noviembre); el de 18 de noviembre de 1890, sobre arriendo de transmisión telegráfica ó de
conductores á empresas periodísticas y agencias telegráficas (Gaceta 23 noviembre); el de 2 de
enero de 1891, aprobando el Reglamento para la aplicación del anterior, (Gaceta 4 enero); y
el de 20 junio de 1904, autorizando el empleo de los dialectos en los telegramas particulares
(Gaceta 21 junio). — Reales órdenes: Las más importantes son: la de 25 de febrero de 1861,
aprobando el Reglamento para el servicio interior, (Colección legislativa, tomo 85); la de
28 de noviembre de 1863, redactando de nuevo los art. 22 y 23 del anterior Reglamento,
(Colección legislativa, tomo 90); la de 7 de enero de 1882, sobre telegramas con clave
(Gaceta 13 enero); y la de 10 de agosto de 1905, que dió nueva redacción al art. 6 del Reglamento de 2 de enero de 1891 (Gaceta, 12 agosto). — El servicio internacional telegráfico se
halla regulado por el Convenio de San Petersburgo de 22 de julio de 1875 y el Reglamento para
su ejecución de París de 1 de junio de 1878 (Gaceta 17 abril, 1879) revisado y modificado en varias
ocasiones, siendo la última la hecha en Londres el 10 de julio de 1903 (Gacetas 9 y 10 febrero 1904).
— Con Portugal tenemos un Convenio especial de 14 de enero de 1880, y con este país y Francia,
otro relativo á telegramas destinados á la publicidad, fechado en Lisboa el 3 de marzo de 1899
(Gaceta 22 marzo). Y, por último, para la comunicación cablegráfica submarina el Convenio de
París de 14 de marzo de 1894, declaración de 1 de diciembre de 1886, 23 de marzo de 1887 y protocolo final de 7 de julio de 1887 (Gaceta 19 marzo, 1888). — *Servicio telefónico.* Se creó este servicio
por el Real Decreto de 11 de agosto de 1884, regularizándolo el Reglamento de 12 de agosto
del mismo año (Gaceta 15 agosto); y, tanto este Reglamento como las numerosas disposiciones
publicadas con posterioridad, han sido derogados por el Real Decreto de 9 de junio de 1903 que
aprobó el Reglamento vigente para este servicio (Gaceta 16 junio) y rectificación hecha en la de 2
de julio siguiente); cuyo Reglamento ha sido modificado en algunos de sus artículos por los de
19 de enero de 1904 (Gaceta 20 enero) y 14 de agosto del mismo año (Gaceta 19 agosto). — El empleo de
los dialectos en los telefonemas ha sido autorizado por el Real Decreto, ya citado, de 20 de junio
de 1904. — Los transportes por ferrocarril, antes de la publicación de este Código, se regían exclusivamente por las disposiciones legales dictadas al efecto, ya que el Cód. de com. de 1829 no
había podido prever las condiciones á que habían de sujetarse estos. Hoy les son aplicables, á
más de los artículos correspondientes de este Título VII, las de los Capítulos VII y VIII del Reglamento de 8 de setiembre de 1878 (Gaceta 22 setiembre) para la ejecución de la Ley de policía de
ferrocarriles de 23 de noviembre de 1877 (Gaceta, 24 noviembre), reformado por Real Decreto
de 10 de mayo de 1901 (Gaceta 12 mayo) cuyas disposiciones iremos citando y concordando con
los respectivos artículos del Código.

[1] Estas cartas de porte lo mismo que los billetes y talones resguardos de los ferrocarriles
y empresas de transportes de todas clases satisfarán por derechos de timbre si su cuantía excede
de 10 pesetas y no pasa de 1000, 10 céntimos de peseta, desde 1000,01 á 2000, 25 céntimos de
peseta, y desde 2000,01 en adelante, 50 céntimos. Este reintegro se hará con timbres móviles,
pero si prefirieren las empresas pagarlo en metálico en el modo y forma que se disponga en el
reglamento de esta ley podrán deducir las mismas por premio de cobranza un 1,50%. (Art. 189,
L. del T.). — Aun cuando no lo dice la ley, ha de entenderse el precepto transcrito en el sentido de que si la carta de porte es doble el impuesto ha de satisfacerse tan solo por la que expide al cargador la empresa de transporte.

350. Le chargeur, ainsi que le voiturier de marchandises ou d'effets, pourront exiger mutuellement l'un de l'autre que l'on rédige une lettre de voiture[1] sur laquelle seront indiqués: 1° Le prénom, le nom et le domicile du chargeur; — 2° Le prénom, le nom et le domicile du voiturier; — 3° Le prénom, le nom et le domicile

le tarif d'après le nombre de mots employés, avec un minimum de dix mots, minimum qui est aujourd'hui élevé à quinze mots, en comprenant dans ce minimum les mentions de service nécessaires. Ce tarif comporte, en outre, les exceptions suivantes: les télégrammes expédiés entre deux bureaux de la même province sont réduits de moitié, et les télégrammes destinés à être publiés dans les périodiques ne payent également que demi taxe, enfin ceux qui sont expédiés dans certains bureaux déterminés, entre minuit et 8 heures du matin, payent double taxe. — Voici du reste la liste des lois et décrets royaux relatifs au service intérieur des communications télégraphiques; les ordres royaux sont également très nombreux, mais nous n'en citerons, par exception, que quelques-uns. — *Lois.* En plus des lois précitées du 22 avril 1855 et 11 janvier 1861, il faut tenir compte des lois suivantes: loi du 29 décembre 1881, établissant les bases pour le service public que peuvent fournir les compagnies de chemins de fer (*Gaceta* du 6 janvier 1882); loi du 6 avril 1888 réduisant la taxe au profit des périodiques politiques (Collection législative, t. 140); loi du budget du 31 décembre 1901, dont l'art. 12 établit une double taxe sur les télégrammes présentés, entre minuit et 8 heures du matin, dans les bureaux à service limité qui sont élevés au rang de bureaux permanents pendant l'année 1902 (*Gaceta* du 1er janvier 1902). — *Décrets royaux*: Décret du 22 mai 1864, sur la forme des payement, transmission et remise des télégrammes adressés à des bâtiments ou de bâtiments (*Gaceta* du 9 février); Décret du 6 juillet 1872 sur l'établissement de sémaphores (*Gaceta* du 7 juillet); Décret du 6 octobre 1883 sur la taxe du service intérieur (*Gaceta* du 7 octobre); Décret du 7 mai 1889, sur l'abonnement à prix réduit au profit des entreprises de journaux et la location de conducteurs ou de lignes (*Gaceta* du 10 mai); Décret du 11 novembre 1890, sur la réduction de taxe des télégrammes destinés à la publicité (*Gaceta* du 13 novembre); Décret du 18 novembre 1890, sur l'abonnement de transmission télégraphique ou de fils à des entreprises de journaux ou à des agences télégraphiques (*Gaceta* du 23 novembre); Décret du 2 janvier 1891, portant approbation du règlement pour l'application du décret précédent (*Gaceta* du 4 janvier). Enfin, décret du 20 juin 1904, autorisant l'emploi de dialectes dans les télégrammes particuliers (*Gaceta* du 21 juin). — *Ordres royaux:* Les plus importants sont: Ordre royal du 25 février 1861, approuvant le règlement pour le service intérieur (Collection législative, t. 85); Ordre royal du 22 novembre 1863, portant modification de la rédaction des art. 22 et 23 du règlement précédent. (Collection législative t. 90.); Ordre royal du 7 janvier 1882, sur les télégrammes à clef (*Gaceta* du 13 janvier); Ordre royal du 10 août 1905, modifiant la rédaction de l'art. 6 du règlement du 2 janvier 1891 (*Gaceta* du 12 août). — Le service télégraphique international a été réglementé par la convention internationale de Saint-Pétersbourg du 22 juillet 1875 et le règlement pour son exécution arrêté à Paris, le 1 juin 1878 (*Gaceta* du 17 avril 1879), a été révisé et modifié à diverses reprises, la dernière fois, à Londres, le 10 juillet 1903 (*Gaceta* du 9 et 10 février 1904). — Avec le *Portugal*, nous avons une convention spéciale du 14 janvier 1880, et il existe entre ce pays et la France une convention relative aux télégrammes destinés à la publicité, signé à Lisbonne, le 3 mars 1899 (*Gaceta* du 22 mars). Citons enfin, en ce qui concerne la communication par cables sous-marins, la convention de Paris, du 14 mars 1894, les déclarations des 1 décembre 1886, 23 mars 1887 et le protocole final du 7 juillet 1887 (*Gaceta* du 19 mars 1888). — *Service téléphonique.* Ce service a été créé par le décret royal du 11 août 1888, et régularisé par le règlement du 12 août de la même année (*Gaceta* du 15 août). Ce règlement, ainsi que les nombreuses dispositions promulguées postérieurement, ont été abrogées par le décret royal du 9 juin 1903, qui a approuvé le règlement actuellement en vigueur pour ce service. (*Gaceta* du 16 juin, et erratum publié dans le n° du 2 juillet suivant.) Plusieurs articles de ce règlement ont été modifiés par les décrets des 19 janvier 1904 (*Gaceta* du 20 janvier) et 14 août de la même année (*Gaceta* du 19 août). — L'emploi des dialectes dans les téléphones a été autorisé par le décret royal, cité plus haut, du 20 juin 1904. — Les transports par chemins de fer, avant la promulgation du Code de commerce étaient régis exclusivement par les dispositions légales promulguées à cet effet, car le Code de 1829 n'avait pas pu prévoir les conditions dans lesquelles ces transports seraient effectués. Aujourd'hui, on applique aux transports par chemins de fer, outre les articles correspondants du présent titre VII, les dispositions des chapitre VII et VIII du règlement du 8 septembre 1878 (*Gaceta* du 22 septembre) pour l'exécution de la loi sur la police des chemins de fer du 23 novembre 1877 (*Gaceta* du 24 novembre), réformé par le décret royal du 10 mai 1901 (*Gaceta* du 12 mai), dont nous reproduirons, quand il y aura lieu, les dispositions en concordance avec les articles du Code auxquels elles se rapportent.

[1]) Ces lettres de voiture, ainsi que les billets et talons des récépissés des chemins de fer et entreprises de transport, acquittent un droit de timbre suivant leur montant, de 10 *pesetas* à 1000 *pesetas*, 0,10; de 1000,01 à 2000 *pesetas*, 0,25; et, au delà de 2000 *pesetas*, 0,50. Le payement se fait au moyen de timbres mobiles; cependant, si les compagnies le préfèrent, elles peuvent acquitter ce droit en argent, dans la forme établie par le règlement pour l'exécution de cette loi, et, dans ce cas, elles pourront retenir 1,50% pour prime de recouvrement (loi sur le timbre, art. 189). Bien que la loi ne le dise pas, cette prescription doit s'entendre en ce sens que s'il y a un duplicata de la lettre de voiture, le droit doit être payé seulement sur l'exemplaire délivré au chargeur par l'entreprise de transport.

quien ó á cuya orden vayan dirigidos los efectos, ó si han de entregarse al portador
de la misma carta; — 4.º La designación de los efectos, con expresión de su calidad
genérica, de su peso y de las marcas ó signos exteriores de los bultos en que se contengan; — 5.º El precio del transporte; — 6.º La fecha en que se hace la expedición; — 7.º El lugar de la entrega al porteador; — 8.º El lugar y el plazo
en que habrá de hacerse la entrega al consignatario; — 9.º La indemnización
que haya de abonar el porteador en caso de retardo si sobre este punto mediare
algún pacto.

351. En los transportes que se verifiquen por ferrocarriles ú otras empresas
sujetas á tarifas ó plazos reglamentarios, bastará que las cartas de porte ó declaraciones de expedición facilitadas por el cargador se refieran, en cuanto al precio,
plazos y condiciones especiales del transporte, á las tarifas y reglamentos cuya
aplicación solicite; y si no determinare tarifa, deberá el porteador aplicar el precio
de las que resulten más baratas, con las condiciones que á ellas sean inherentes,
consignando siempre su expresión ó referencia en la carta de porte que entregue
al cargador[1].

352. Las cartas de porte ó billetes en los casos de transporte de viajeros[2],
podrán ser diferentes, unos para las personas y otros para los equipajes; pero todos
contendrán la indicación del porteador, la fecha de la expedición, los puntos de
salida y llegada, el precio, y, en lo tocante á los equipajes, el número y peso de los
bultos, con las demás indicaciones[3] que se crean necesarias para su fácil identifi-
cación[4].

---

[1]) El art. 111 del Regl. Polic. f. c. dispone que todo el que remita mercancías á las
estaciones de los ferrocarriles hará la declaración previa de su número, peso y calidad.
Y el 113 que las Compañías están obligadas á facturar los bultos que se les presenten; á
cuyo efecto, y para que esta facturación se haga ordenadamente, la empresa deberá llevar
dos libros talonarios foliados; uno en que anotará los efectos que deben transportarse con
la velocidad de los viajeros; y otro, en donde se tomará razón de los que han de conducirse
en los trenes de las mercancías. En dichos libros se hará constar el peso y precio del
transporte por el mismo orden de fechas en que aparezcan anotados en el registro los objetos
facturados, á no ser que el remitente consienta voluntariamente en su prorrogación. Al
tiempo de la entrega se dará al remitente ó encargado el talón ó carta de porte á que se
refiere el art. 351 del Cód. de com. — Respecto á precios y tarifas del transporte de mercancías que han de hacer las Compañías de ferrocarriles he aquí extractada la doctrina
contenida en los art. 127 á 136 inclusive del Regl. Pol. f. c. — Los precios ordinarios de la
tarifa se aplicarán á todos los paquetes ó bultos que constituyan una sola remesa de más
de 50 kilógramos si la hiciere un mismo individuo y va dirigida á una misma persona. Si
la remesa la hiciere una empresa de mensajerías ú otro intermediario cualquiera, solo disfrutarán
del beneficio anterior cuando los efectos remesados estuvieren embalados en un solo bulto. Los
encargos y los excedentes de equipajes (véanse la notas 4, pág. 144 y 2, pág. 145) en las condiciones
anteriormente indicadas se considerarán para dichos efectos como un solo bulto. — Las asimila-
ciones de los objetos transportables que no estén especificados en las tarifas, se harán provisionalmente por las empresas y por razón de analogía, pero dando cuenta de ello al Ministerio de Fomento
para que las apruebe, modifique ó deseche. — Los bultos que contengan mercancías de clases diversas pagarán por la tarifa que corresponda á la más elevada. — Dentro de las tarifas máximas que
tengan concedidas, y sin perjudicar los puertos ó industrias nacionales en beneficio de los extranjeros, podrán establecerse otras tarifas especiales entre determinados puntos de la linea, sin que
tengan opción á ellas otros distintos. También podrán reducirse los precios de la tarifa en favor
de los remitentes que acepten plazos más largos que los fijados para la pequeña velocidad, ó que
ofrezcan cualquier otra ventaja para la Compañía, sin que ello excuse nunca la responsabilidad
por el mal servicio. Estas reducciones ó beneficios habrán de hacerse á todos los que acepten el
servicio en igualdad de condiciones, y de ellas deberá la empresa dar cuenta al Gobierno, hacién-
dolas constar además en un registro que estará foliado y rubricado por el jefe de la inspección
mercantil y á disposición del público; al cual deberá hacérsele saber la existencia de tales tarifas
especiales al tiempo de facturar para que escoja la que más le convenga. Los precios así fijados
en las tarifas especiales no podrán aumentarse sino transcurrido un año desde su publicación;
advirtiendo que toda alteración que se intente en los precios de tarifa deberá ponerse en
conocimiento del Gobierno con un mes de anticipación al día en que debe publicarse, y se
comunicará á los gobernadores de las provincias atravesadas por el ferrocarril para que estos
dispongan su publicación 15 días antes del en que ha de empezar á regir la nueva tarifa.

[2]) Véase la nota 3, pág. 143 para lo relativo al impuesto del timbre que han de satisfacer
los billetes de los pasajeros.

[3]) La nueva Ley de 3 de agosto de 1907 ha fijado el impuesto de transportes, que grava
el precio de los billetes de los pasajeros, en cualquier medio de locomoción terrestre ó fluvial.

[Continuación de la nota y la nota 4 véase pag. 144.

de la personne chez qui ou à l'ordre de qui les marchandises sont adressées, ou la
mention qu'elles doivent être remises au porteur de la lettre de voiture; — 4° La
désignation des effets, avec l'indication de leur qualité générique, de leur poids
et des marques ou signes extérieurs des colis qui les contiennent; — 5° Le prix
du transport; — 6° La date de l'expédition; — 7° Le lieu de la remise au voiturier; —
8° Le lieu de la livraison au consignataire et le délai dans lequel elle doit être effectuée;
— 9° L'indemnité à payer par le voiturier en cas de retard, s'il est intervenu une
convention sur ce point.

351. Dans les transports effectués par chemins de fer ou par d'autres entreprises soumises à des tarifs ou à des délais réglementaires, il suffira que les lettres
de voiture ou déclarations d'expédition faites par le chargeur se réfèrent, quant
aux prix, délais et conditions spéciales du transport, aux tarifs et règlements dont
il demande l'application; et, s'il ne désigne pas un tarif, le voiturier devra appliquer le tarif le meilleur marché, avec les conditions auxquelles il est soumis, en
indiquant toujours ce tarif, expressément ou par voie de référence, dans la lettre de
voiture par lui remise au chargeur[1].

352. Les lettres de voiture ou les billets, quand il s'agit de transports de voyageurs[2], pourront être différents et s'appliquer les uns aux personnes et les autres
aux bagages; mais tous contiendront l'indication du voiturier, la date de l'expédition, les points de départ et d'arrivée, le prix, et, en ce qui concerne les bagages,
le nombre et le poids des colis, ainsi que toutes les autres indications[3] jugées nécessaires pour permettre de les identifier facilement[4].

[1] L'art. 111 du règlement sur la police des chemins de fer dispose que toute personne
qui remet des marchandises aux stations des chemins de fer, fera une déclaration préalable indiquant leurs nombre, poids et qualité. D'après l'art. 113, les compagnies sont obligées de facturer les colis qui leur sont présentés; à cet effet, et pour que cette opération se fasse avec ordre,
l'entreprise devra avoir deux livres à souche foliotés; l'un sur lequel seront inscrits les effets à
transporter en grande vitesse, l'autre, sur lequel seront inscrits les objets à transporter par les
trains de marchandises. Sur ces livres, on fera constater le poids et le prix du transport qui devra
être effectué en observant le même ordre de dates dans lequel les objets facturés sont inscrits
sur le registre, à moins que l'expéditeur ne consente volontairement à proroger le délai. Au
moment de la remise, on doit délivrer à l'expéditeur ou à son mandataire le récépissé ou la lettre
de voiture dont il est parlé dans l'art. 351 C. com. — En ce qui concerne les prix et tarifs du transport des marchandises que doivent faire les compagnies de chemins de fer, voici le résumé des
prescriptions contenues dans les articles 127 à 136 du règlement sur la police des chemins de
fer. — Les prix ordinaires du tarif seront appliqués à tous les paquets et colis qui constituent
une seule remise de plus de 50 kilogrammes, si elle est faite par un même individu et adressée
à une même personne. Si la remise est faite par une entreprise de messageries ou par un autre
intermédiaire quelconque, le bénéfice de la disposition précédente n'est accordé que dans le cas
où les objets ont été emballés dans un seul colis. Les colis postaux et excédants de bagages
(v. les notes 4, p. 144, et 2 p. 145) dans les conditions précédemment indiquées, seront considérés
pour les dits effets comme ne constituant qu'un seul colis. Les assimilations d'objets à transporter
qui ne sont pas spécifiés dans les tarifs, seront faites provisoirement par analogie, par les entreprises, mais à charge d'en rendre compte au ministre pour qu'il les approuve, les modifie ou les
rejette. — Les colis contenant des marchandises appartenant à des catégories différentes, payeront
d'après le tarif le plus élevé. — Outre les tarifs maxima qui seront accordés, et sans porter
préjudice aux ports ou aux industries nationales au profit des étrangers, on pourra établir d'autres
tarifs spéciaux entre des points déterminés de la ligne, sans que d'autres points différents puissent les choisir. Les prix des tarifs pourront aussi être réduits au profit des expéditeurs qui
acceptent des délais plus longs que ceux fixés pour la petite vitesse, ou qui offrent un autre
avantage quelconque à la compagnie, sans que cela l'exonère jamais de sa responsabilité pour
service mal fait. Ces réductions ou avantages devront être accordés à tous ceux qui acceptent le
service dans les mêmes conditions, et l'entreprise devra en rendre compte au gouvernement, et,
en outre, les inscrire sur un registre folioté, paraphé par le chef de l'inspection commerciale,
et tenu à la disposition du public. L'existence de ces tarifs spéciaux doit être portée à la
connaissance des expéditeurs au moment de facturer les colis, afin de leur permettre de choisir
le tarif qui leur convient le mieux. Les prix ainsi fixés dans les tarifs ne pourront être augmentés
qu'un an après leur publication. En outre, toute modification que l'on voudra apporter aux
tarifs devra être portée à la connaissance du Gouvernement un mois avant le jour où elle doit être
publiée, et être communiquée aux gouverneurs des provinces traversées par le chemin de fer, pour
que ceux-ci en assurent la publication quinze jours avant la mise en application du nouveau tarif.

[2] V. la note 3 ci-dessous, relative au droit de timbre perçu sur les billets de voyageurs.

[3] La nouvelle loi du 3 août 1907 a fixé l'impôt sur les transports, qui frappe les billets des
voyageurs ou passagers, quel que soit le mode de locomotion terrestre ou fluvial, à 29% à partir
[V. page 144 la suite de la note 3 et la note 4.

353. Los títulos legales del contrato entre el cargador y porteador, serán las cartas de porte, por cuyo contenido se decidirán las contestaciones que ocurran sobre su ejecución y cumplimiento, sin admitir más excepciones que las de falsedad y error material en su redacción[1].

Cumplido el contrato, se devolverá al porteador la carta de porte que hubiere expedido, y en virtud del canje de este título por el objeto porteado, se tendrán por canceladas las respectivas obligaciones y acciones, salvo cuando en el mismo acto se hicieren constar por escrito las reclamaciones que las partes quisieran reservarse, excepción hecha de lo que se determina en el art. 366.

En caso de que por extravío ú otra causa no pueda el consignatario devolver, en el acto de recibir los géneros, la carta de porte suscrita por el porteador, deberá darle un recibo de los objetos entregados, produciendo este recibo los mismos efectos que la devolución de la carta de porte.

354. En defecto de carta de porte, se estará al resultado de las pruebas jurídicas que haga cada parte en apoyo de sus respectivas pretensiones, conforme á las disposiciones generales establecidas en este Código para los contratos de comercio[2].

355. La responsabilidad del porteador comenzará desde el momento en que reciba las mercaderías, por sí ó por medio de persona encargada al efecto, en el lugar que se indicó para recibirlas[3].

356. Los porteadores podrán rechazar los bultos que se presenten mal acondicionados para el transporte; y si hubiere de hacerse por camino de hierro, insistiendo en el envío, la empresa los porteará, quedando exenta de toda responsabilidad si hiciere constar en la carta de porte su oposición[4*].

---

en un 29%, á partir del 1.º de enero de 1908; salvo en el caso de que las compañías hicieren una reducción de un 25% de más sobre los precios ordinarios, pues entonces, á tenor de lo dispuesto en el párrafo 2.º del art. 4.º de la Ley de 20 de marzo de 1900, el impuesto del Tesoro será de un 10% tan solo.

[4]) Se comprende bajo la denominación de equipaje las prendas y efectos destinados al abrigo, adorno y aseo de los viajeros de su inmediato uso y los libros y herramientas de su arte y oficio contenidos en barriles, cofres, maletas, arquillas, cajones, sombrereras, sacos de noche, alforjas, saquillos, almohadas, ó bajo otra cubierta cualquiera, ó bien á la vista sin embalaje alguno. — El viajero que lleve en su equipaje joyas, pedrerías, billetes de Banco, dinero, acciones de sociedades industriales, títulos de la deuda pública ú otros objetos de valor debera hacerlo constar, exhibiéndolos antes de verificarse el registro, manifestando la suma total que estos efectos representen, ya sea según su valor en venta, ya por el precio en que los estime. — La falta de este requisito relevará de responsabilidad á la empresa en caso de sustracción ó extravío. — Los equipajes deberán transportarse en los mismos trenes que conduzcan á sus dueños y se entregarán al terminar el viaje. (Art. 106, 107 y 116 del Regl. Polic. f. c.).

[1]) Respecto á las Compañías de ferrocarriles es preciso tener en cuenta que según el art. 126 del Regl. Polic. f. c., las hojas de expedición entregadas por la empresa á los conductores de los trenes de mercancías harán fe en favor de los dueños que hubieren perdido su resguardo, siempre que identifiquen la persona.

[2]) Véase la nota anterior.

[3]) Toda entrega que se verifique en el local designado á los encargados de la empresa para recibir los efectos que deben transportarse se tendrá por bien hecha y legalmente realizada. No se considerarán como tales encargados los dependientes secundarios, exclusivamente destinados á los trabajos materiales y á las ocupaciones mecánicas de las oficinas y estaciones (art. 112 Regl. Polic. f. c.). Y en su consecuencia la responsabilidad de la empresa existirá desde el momento de dicha entrega aunque el encargado de este servicio no haya tomado la correspondiente razón en los libros de registro (art. 114, Regl. Polic. f. c.).

[4*]) Este art. concuerda con el 123 del Regl. Polic. f. c.; y se completa con el 124 que dice que no obstante la responsabilidad de la Compañía en el supuesto de no haber hecho constar su protesta en el resguardo, podrá, sin embargo, declinar aquella si probare que las averías son debidas á un siniestro que no le es imputable. — La facultad de rechazar ó negarse á efectuar ciertos transportes las Compañías de ferrocarriles se extiende según el art. 122 del citado Reglamento á los embalajes vacíos, á las mercancías susceptibles de averiarse durante el transporte, á las que necesiten una segunda cubierta para conservarse y á las que por su escaso valor no basten á cubrir los gastos de transporte, siempre que no preceda el pago al contado del precio de transporte según tarifa.

353. Les titres légaux du contrat intervenu entre le chargeur et le voiturier seront les lettres de voiture. D'après leur contenu, seront tranchées les contestations auxquelles donneront lieu l'exécution ou l'accomplissement du dit contrat, et il ne sera admis contre elles d'autres exceptions que celles fondées sur la falsification ou l'erreur matérielle commise dans leur rédaction [1].

Après exécution du contrat, la lettre de voiture délivrée par le voiturier devra lui être remise, et l'échange de ce titre contre l'objet transporté aura pour effet d'éteindre les obligations et les actions respectives, à moins que les parties, au moment même de cette remise, ne fassent constater par écrit les réclamations sur lesquelles elles entendent faire des réserves, sauf ce qui est déterminé par l'article 366.

Lorsque le consignataire se trouve, au moment de la réception des choses, dans l'impossibilité de remettre la lettre de voiture souscrite par le voiturier, par ce motif qu'elle a été égarée ou pour toute autre raison, il devra délivrer un récépissé des objets à lui remis, et le dit récépissé produira les mêmes effets que la remise de la lettre de voiture.

354. A défaut de lettre de voiture, on s'en tiendra aux résultats des preuves juridiques apportées par chaque partie à l'appui de ses prétentions, conformément aux dispositions générales édictées par le présent Code pour les contrats commerciaux [2].

355. La responsabilité du voiturier commencera dès le moment de la réception des marchandises faite par lui-même ou par la personne chargée d'y procéder, dans le lieu indiqué pour cette réception [3].

356. Les voituriers pourront refuser les colis présentés dans de mauvaises conditions pour être transportés, et, si le transport doit s'effectuer par chemins de fer et si l'expéditeur insiste pour qu'il y soit procédé, l'entreprise transportera les dits objets, mais elle sera affranchie de toute responsabilité en faisant constater son opposition [4*] sur la lettre de voiture.

du 1er janvier 1908, sauf dans le cas où les compagnies feraient une réduction de 25% ou plus sur les prix ordinaires, auquel cas, conformément à la disposition contenue dans le paragraphe 2 de l'art. 4 de la loi du 20 mars 1900, le droit du trésor sera de 10% seulement.

[4]) On entend, sous la dénomination de bagages, les vêtements et effets d'un usage immédiat, destinés à vêtir, parer ou à assurer la propreté du voyageur, ainsi que les livres et outils de son métier ou profession, contenus dans des barrils, cofres, malles, cassettes, caisses, étuis à chapeau, sacs de nuit, besaces, sacs, oreillers, ou dans un emballage quelconque, ou exposés à la vue sans aucun emballage. — Le voyageur qui porte dans ses bagages des bijoux, des pierres précieuses, des billets de banque, de l'argent, des actions de sociétés industrielles, des titres de la dette publique ou d'autres objets de valeur, devra le faire constater en exhibant ces objets avant l'enregistrement et faire connaître la somme totale que ces objets représentent soit d'après leur prix de vente, soit d'après son estimation personnelle. A défaut de remplir cette formalité, la compagnie sera exonérée de toute responsabilité en cas de soustraction ou de perte. Les bagages devront être transportés dans les mêmes trains que les voyageurs qui en sont propriétaires et leur être remis à la fin du voyage (Règl. sur la police des chemins de fer, art. 106, 107 et 116).

[1]) En ce qui concerne les compagnies de chemins de fer, il faut observer qu'aux termes de l'art. 126 du règlement sur la police des chemins de fer, les feuilles d'expédition remises par l'entreprise aux conducteurs des trains de marchandises, feront foi en faveur des propriétaires qui auraient perdu leur récépissé, pouvu qu'elles identifient la personne.

[2]) V. la note précédente.

[3]) Toute remise effectuée dans le local désigné aux employés de l'entreprise pour la réception des effets qui doivent être transportés, est tenue pour bien faite et légalement réalisée. Ne seront pas considérés comme employés chargés de la réception, les employés secondaires exclusivement affectés aux travaux matériels et aux occupations mécaniques des bureaux et stations. (Règl. sur la police des chemins de fer, art. 112.) En conséquence, la responsabilité de l'entreprise existera dès l'instant même où la remise a été faite, encore que l'employé chargé de ce service n'ait pas inscrit l'expédition sur les registres (Règl. sur la police des chemins de fer, art. 114).

[4*]) Cet article concorde avec l'art. 123 du règlement sur la police des chemins de fer, et il est complété par l'art. 124, aux termes duquel la responsabilité de la compagnie dans le cas où elle n'aura pas inscrit ses réserves sur le récépissé, la compagnie pourra décliner toute responsabilité, si elle prouve que les avaries sont dues à un accident qui ne lui est pas imputable. La faculté que les compagnies de chemins de fer ont de se refuser à faire certains transports, a été étendue par l'art. 122 du règlement, aux emballages vicieux, aux marchandises susceptibles de s'avarier durant le transport, à celles qui ont besoin d'une seconde enveloppe pour se conserver, et aux objets qui, à raison de leur peu de valeur, sont insuffisante pour couvrir les frais de transport, toutes les fois que le prix du port n'est pas acquitté comptant d'après le tarif.

357. Si, por fundadas sospechas de falsedad en la declaración del contenido
de un bulto, determinare el porteador registrarlo, procederá á su reconocimiento
ante testigos, con asistencia del remitente ó consignatario.

No concurriendo el que de éstos hubiere de ser citado, se hará el registro ante
notario, que extenderá un acta del resultado del reconocimiento, para los efectos
que hubiere lugar.

Si resultare cierta la declaración del remitente, los gastos que ocasionare esta
operación y la de volver á cerrar cuidadosamente los bultos, serán de cuenta del
porteador, y, en caso contrario, de cuenta del remitente[1].

358. No habiendo plazo prefijado para la entrega de los efectos, tendrá el
porteador la obligación de conducirlos en las primeras expediciones de mercaderías
iguales ó análogas, que hiciere al punto en donde deba entregarlos; y, de no hacerlo
así, serán de su cargo los perjuicios que se ocasionen por la demora[2].

359. Si mediare pacto entre el cargador y el porteador sobre el camino por
donde deba hacerse el transporte, no podrá el porteador variar de ruta, á no ser
por causa de fuerza mayor; y en caso de hacerlo sin ella, quedará responsable de
todos los daños que por cualquier otra causa sobrevinieren á los géneros que trans-
porta, además de pagar la suma que se hubiese estipulado para tal evento.

Cuando por la expresada causa de fuerza mayor el porteador hubiera tenido
que tomar otra ruta que produjese aumento de portes, le será abonable este aumento
mediante su formal justificación.

360. El cargador podrá, sin variar el lugar donde deba hacerse la entrega,
cambiar la consignación de los efectos que entregó al porteador, y éste cumplirá
su orden, con tal que, al tiempo de prescribirle la variación de consignatario, le
sea devuelta la carta de porte suscrita por el porteador, si se hubiere expedido,
canjeándola por otra en que conste la novación del contrato.

---

1) Concuerda con el 117 del Regl. Polic. f. c. cuya doctrina se completa con lo prevenido
en los 118 y 120 del mismo. En el primero, y partiendo del supuesto de haberse comprobado
la falsedad de la declaración, se previene: que «extendida el acta de reconocimiento, la
empresa la remitirá al Gobernador de la provincia para los efectos á que haya lugar en la
vía gubernativa, sin perjuicio de pasarla también al Tribunal competente si diese ocasión
á un procedimiento civil ó criminal». En el segundo se dispone: que «el que haga una declaración falsa al remitir sus mercancías á la estación con el fin de satisfacer un derecho
menor que el consignado en la tarifa abonará desde luego á la empresa el doble del exceso
que resulte, resarciéndola de todos los daños y perjuicios que le haya ocasionado». — A más
de esto es preciso tener en cuenta, según dispone el art. 119 de este Reglamento que la
sospecha de fraude ni el pretexto de hacer por este ú otro motivo el registro de los bultos de que
se compone una expedición pueden autorizar el retraso en el plazo convenido por los remitentes,
ya que el registro puede practicarlo la empresa en el punto de entrega.

2) De conformidad con esto el Regl. Pol. f. c. previene: que los animales, mercancías y cualesquiera otros efectos que hayan de transportarse en los trenes de gran velocidad, saldrán en el
primero que comprenda vagones de todas clases, siempre que hayan sido presentados al registro
tres horas antes de la señalada para la partida. Si no hubiere trenes con carruajes de todas
clases que recorran el trayecto á donde van consignados, deberán transportarse en el primero
que parta, sea expreso ó correo. — Cuando el transporte haya de verificarse á pequeña velocidad la expedición se hará lo más tarde á las cuarenta y ocho horas de la entrada de los efectos.
Para el transporte de los animales de tiro y silla se avisará con las horas de anticipación que se
fije en las tarifas (art. 125). — Para la debida inteligencia de este y otros preceptos análogos
del Regl. Pol. f. c. conviene tener en cuenta: que el artículo 105 clasifica los objetos transportables en equipajes, encargos, mercancías y ganados de todas clases; que el 106 define los
equipajes en la forma indicada en la nota 3, pág. 138 y que los 108, 109 y 110 definen los encargos, mercancías y ganados. — Según estos, son encargos todos los bultos sueltos que sin estar
sujetos á la declaración de su contenido requieren un cuidado especial y se transportan con la
velocidad de los viajeros. Son mercancías todos los efectos que no son equipajes ni encargos.
Y son ganados, no solo el vacuno, de cerda, de lana y cabrío sino los animales de tiro, carga,
silla, los perros y demás animales domésticos y las aves de corral y de recreo colocadas en jaulas
ó cajones con verjas.

357. Si le voiturier, se trouvant fondé à soupçonner l'inexactitude de la
déclaration faite relativement au contenu d'un colis, se détermine à le faire visiter,
il sera procédé à la reconnaissance en présence de témoins, avec l'assistance de l'expéditeur ou du consignataire.

Si celui de ces deux derniers que le dit voiturier doit faire citer fait défaut, la
vérification se fera devant notaire, lequel dressera acte de la reconnaissance, pour
ledit acte valoir ce que de droit.

Si la déclaration de l'expéditeur est reconnue exacte, les frais occasionnés par
cette mesure et ceux qui seront faits pour refermer avec soin les colis, seront à la
charge du voiturier. Dans le cas contraire, les dits frais seront à la charge de l'expéditeur[1].

358. S'il n'a pas été fixé de délai pour la livraison des marchandises, le voiturier sera tenu de les conduire dans les premiers transports de marchandises semblables ou analogues par lui effectués au lieu où la livraison doit être faite, et, s'il
ne procède pas ainsi, il sera responsable des préjudices occasionnés par le retard[2].

359. S'il intervient une convention entre le chargeur et le voiturier relativement au chemin qui doit être suivi pour le transport, le voiturier ne pourra pas
modifier l'itinéraire, si ce n'est pour cause de force majeure; et, s'il le fait sans ce
motif, il sera responsable de tous les dommages survenus, pour toute autre cause,
aux choses transportées, et il payera en outre la somme stipulée en vue de cet événement.

Lorsque, par suite du cas sus-mentionné de force majeure, le voiturier sera
obligé de changer d'itinéraire et que ce changement entraînera une augmentation
des frais de transport, ces frais supplémentaires lui seront payés moyennant justification expresse.

360. Le chargeur pourra, sans modifier le lieu où la livraison doit être faite,
changer la consignation des objets par lui remis au voiturier. Celui-ci exécutera
cet ordre pourvu qu'on lui remette, au moment où le changement de consignation
lui est imposé, la lettre de voiture par lui délivrée, s'il en a délivré une, et qu'elle soit
échangée contre une autre constatant la novation du contrat.

---

[1] Cet article concorde avec l'art. 117 du règlement sur la police des chemins de fer, dont
les dispositions sont elles-mêmes complétées par les art. 118 et 120 de ce même règlement. Le
premier de ces deux articles, partant de la supposition que la fausseté de la déclaration a été
prouvée, dispose que: «lorsque le procès-verbal de vérification aura été dressé, l'entreprise le
transmettra au gouverneur de la province pour que celui-ci lui donne telle suite administrative
que de droit, sans préjudice de la communication qu'il y aura lieu d'en faire au tribunal compétent,
s'il est susceptible de motiver une poursuite civile ou criminelle.» Aux termes du second: «Celui
qui fait une fausse déclaration, en remettant ses marchandises à la station, en vue d'acquitter
un droit inférieur à celui qui est indiqué dans le tarif, payera pour ce fait à l'entreprise le double
de la différence entre le droit acquitté et le droit réellement dû, et il sera tenu, en outre, de réparer
tous les dommages et préjudices qu'il aura occasionnés». — Il convient d'observer, de plus, qu'aux
termes de l'art. 119 de ce règlement, ni la suspicion de fraude, ni le prétexte de procéder pour
ce motif ou pour toute autre raison à la vérification des colis composant une expédition, ne
peuvent autoriser un retard dans le délai convenu avec les expéditeurs, mais que l'entreprise
peut faire procéder à la vérification, au lieu de la livraison.

[2] Conformément à cet article, le règlement sur la police des chemins de fer dispose: que
les animaux, marchandises et autres effets quelconques qui doivent être transportés par des
trains de grande vitesse, partiront par le premier train comprenant des wagons de toutes les classes,
pourvu qu'ils aient été présentés à l'enregistrement trois heures avant l'heure fixée pour le départ. S'il n'y a pas de trains avec des voitures de toutes classes se dirigeant sur le lieu de destination, ils devront être expédiés par le premier train qui partira, que ce train soit un express ou
un train poste. Lorsque le transport doit être effectué par petite vitesse, l'expédition se fera
au plus tard dans les quarante-huit heures de la remise des effets. Pour le transport des animaux
de trait ou de selle, avis préalable sera donné dans le nombre d'heures fixé par les tarifs (art. 125).
— Pour bien comprendre cette prescription et d'autres dispositions analogues du règlement
sur la police des chemins de fer, il convient de tenir compte que l'art. 105 classe les objets transportables en bagages, colis postaux, marchandises et bêtes de toutes classes. L'art. 106 donne
des bagages la définition que nous avons citée plus haut (v. note 4 p. 167) et les articles 108,
109 et 110 expliquent ce que l'on doit entendre par colis postaux, marchandises et bêtes. D'après
ces articles, les colis postaux sont tous les colis légers, qui, sans qu'on ait besoin de déclarer leur
contenu, exigent des soins spéciaux et sont transportés en grande vitesse. Les marchandises
sont tous les effets qui ne rentrent ni dans la catégorie des bagages, ni dans celle des colis postaux.
Enfin par bêtes ou bestiaux, on entend non seulement les bovidés, les porcs, les bêtes à laine,
mais aussi les animaux de trait, de somme, de selle, les chiens et les autres animaux domestiques,
es oiseaux de basse-cour ou d'agrément placés en cages ou en paniers à claires-voies.

Los gastos que esta variación de consignación ocasione, serán de cuenta del cargador.

361. Las mercaderías se transportarán á riesgo y ventura del cargador, si expresamente no se hubiere convenido lo contrario.

En su consecuencia, serán de cuenta y riesgo del cargador todos los daños y menoscabos que experimenten los géneros durante el transporte, por caso fortuito, fuerza mayor ó naturaleza y vicio propio de las cosas.

La prueba de estos accidentes incumbe al porteador[1].

362. El porteador, sin embargo, será responsable de las pérdidas y averías que procedan de las causas expresadas en el artículo anterior, si se probare en su contra que ocurrieron por su negligencia ó por haber dejado de tomar la precauciones que el uso tiene adoptadas entre personas diligentes, á no ser que el cargador hubiese cometido engaño en la carta de porte, suponiéndolas de género ó calidad diferentes de los que realmente tuvieren[2].

Si, á pesar de las precauciones á que se refiere este artículo, los efectos transportados corrieran riesgo de perderse, por su naturaleza ó por accidente inevitable, sin que hubiese tiempo para que sus dueños dispusieran de ellos, el porteador podrá proceder á su venta[3], poniéndolos con este objeto á disposición de la autoridad judicial ó de los funcionarios que determinen disposiciones especiales.

363. Fuera de los casos prescritos en el párrafo segundo del art. 361, el porteador estará obligado á entregar los efectos cargados, en el mismo estado en que, según la carta de porte, se hallaban al tiempo de recibirlos[4], sin detrimento ni menoscabo alguno, y no haciéndolo, á pagar el valor que tuvieren los no entregados, en el punto donde debieran serlo y en la época en que correspondía hacer su entrega[4].

Si ésta fuere de una parte de los efectos transportados, el consignatario podrá rehusar el hacerse cargo de éstos, cuando justifique que no puede utilizarlos con independencia de los otros[5].

---

[1]) Concuerda este último párrafo con el art. 138 del Regl. Pol. f. c.

[2]) No se tendrá por caso de fuerza mayor el robo, sino cuando la empresa haga constar que hizo cuanto le fué posible para impedirlo; tampoco el incendio, si no prueba que ni fué ocasionado por la imprudencia ó descuido de sus empleados, ni por la insuficiencia ó mala condición de los medios de transporte (art. 139, Regl. Pol. f. c.). — Las empresas serán siempre responsables de la sustracción ó deterioro de los efectos que se les hayan entregado, ya provenga el daño de sus mismos empleados, ó ya de los extraños que concurran á sus oficinas (art. 145). — En relación con estos preceptos está el del segundo apartado del art. 111 que dispone: que las empresas adoptarán medidas especiales de precaución para el transporte de las mercancías que pudieran producir explosiones ó incendios, ó cuyo deterioro y contacto perjudique más ó menos á las demás.

[3]) La venta judicial á que hace referencia este artículo habrá de hacerse en la forma que puede verse en la nota 1, pág. 131.

[4]) No obstante esto la empresa podrá reparar los embalajes y cobrar el importe de las reparaciones cuando acredite haberlo hecho para la buena conservación de las mercancías, que de otra manera se habrían perdido ó deteriorado (art. 142, Regl. Pol. f. c.). — Conforman por completo con la doctrina del Cód. de com. los art. 121 y 146 del citado Regl., ya que el primero exime de toda responsabilidad á la empresa que recibió los efectos bajo cubierta sellada y los entrega al remitente ó consignatario con los sellos intactos, y el segundo la exime igualmente de toda responsabilidad por los extravíos ó pérdidas que pudieren ocurrir si la empresa alquiló todo el espacio de uno de los vagones y no intervino ni directa ni indirectamente en la carga y expedición de las mercancías que en él se transporten.

[4]) Hay que tener en cuenta, sin embargo, que según el art. 148 del Regl. Polic. f. c. las empresas no son responsables de las mermas naturales, cuando no exceden de las proporciones ordinarias ni pueden atribuirse á dolo ó incuria.

[5]) En relación con este artículo ha de entenderse el 152 del Regl. Pol. f. c. que dice así: Si el dueño de bultos ó paquetes momentáneamente extraviados hubiere sido indemnizado de su pérdida, podrá la empresa. cuando fuesen recobrados, citarle para presenciar su apertura, y, hecha su entrega, recobrará la cantidad que satisfizo, abonando los daños y perjuicios por el retraso. — Si del reconocimiento de los efectos resultare un fraude cometido por el dueño en sus declaraciones la empresa tendrá á su vez derecho al resarcimiento de daños y perjuicios, debiendo dar conocimiento del hecho á los Tribunales de justicia.

Les frais occasionnés par le changement de la consignation seront à la charge du chargeur.

361. Les marchandises seront transportées aux risques et fortune du chargeur, s'il n'y a pas eu convention contraire expresse.

En conséquence, seront à la charge et aux risques du chargeur tous les dommages et toutes les détériorations survenues aux marchandises durant le transport, par cas fortuit, force majeure, ou provenant de la nature ou d'un vice propre des choses.

La preuve de ces accidents incombera au voiturier[1].

362. Le voiturier, cependant, sera responsable des pertes et des avaries provenant des causes énoncées dans l'article précédent, s'il est prouvé contre lui qu'elles ont été occasionnées par sa négligence ou parce qu'il a omis de prendre les précautions ordinairement adoptées entre personnes diligentes, à moins que le chargeur ne l'ait trompé dans la lettre de voiture en indiquant faussement une espèce ou qualité de marchandises différente de celle qui existait réellement[2].

Si, malgré les précautions prévues par le présent article, les objets transportés sont exposés à se perdre à raison de leur nature, ou par suite d'un accident impossible à éviter, sans que le propriétaire ait le temps d'en disposer, le voiturier pourra procéder à leur vente[3] à la charge de les mettre, à cet effet, à la disposition de l'autorité judiciaire ou des fonctionnaires désignés par des dispositions spéciales.

363. En dehors des cas prévus par le deuxième paragraphe de l'article 361, le voiturier sera tenu de livrer les objets chargés dans l'état où ils se trouvaient, d'après la lettre de voiture, au moment où il les a reçus[4], sans détérioration ou dégradation d'aucune espèce, et, s'il ne le fait pas, il devra payer la valeur que les objets non livrés auront, au lieu où devait avoir lieu la livraison, à l'époque où cette livraison devait être effectuée[5].

En cas de livraison partielle des objets transportés, le consignataire pourra se refuser à les accepter lorsqu'il justifie qu'il ne peut utiliser les uns sans les autres[6].

---

[1]) Ce paragraphe concorde avec l'art. 138 du règlement sur la police des chemins de fer.

[2]) Le vol ne sera pas considéré comme un cas de force majeure, à moins que l'entreprise ne prouve qu'il a été commis à un moment où il lui a été impossible de l'empêcher. Il en est de même de l'incendie, s'il n'est pas justifié qu'il n'a pas été occasionné par l'imprudence ou le défaut de précautions de ses employés, ni par l'insuffisance ou la mauvaise condition des moyens de transport. (Règl. sur la police des chemins de fer, art. 139.) — Les entreprises seront toujours responsables de la soustraction ou de la détérioration des effets qui leur auront été remis, que le dommage provienne de leurs employés ou des personnes qui viennent dans leurs bureaux (art. 145). — Conformément à ces prescriptions, l'art. 111, 2 alinéa, dispose: «Les entreprises adopteront des mesures spéciales de précaution pour le transport des marchandises susceptibles de produire des explosions ou des incendies, ou dont la détérioration et le contact préjudicie plus ou moins aux autres».

[3]) La vente prévue par cet article est la vente judiciaire; il doit y être procédé dans la forme ci-dessus indiquée p. 131, note 1.

[4]) Cependant l'entreprise peut réparer les emballages, et elle a le droit de se faire rembourser le prix de la réparation, lorsqu'elle prouve qu'elle les a fait faire pour la bonne conservation des marchandises, qui autrement se seraient perdues ou détériorées. (Règl. sur la police des chemins de fer, art. 142.) — Les art. 121 et 146 du règlement précité sont complètement d'accord avec les prescriptions du Code de commerce, soit lorsque le premier exonère de toute responsabilité l'entreprise qui a reçu les objets sous enveloppe scellée, si les scellés étaient intacts lors de la remise à l'expéditeur ou au destinataire, soit lorsque le second affranchit également de toute responsabilité pour les pertes ou disparitions qui ont pu survenir, si l'entreprise a loué tout l'espace de l'un de ses vagons, et n'est intervenue ni directement, ni indirectement dans le chargement et l'expédition des marchandises transportées dans ce vagon.

[5]) Il faut tenir compte ici, cependant, que, d'après l'art. 148 du règlement sur la police des chemins de fer, les entreprises ne sont pas responsables des fuites naturelles, lorsqu'elles ne dépassent pas les proportions ordinaires et qu'elles ne peuvent être attribuées au dol ou à l'incurie.

[6]) C'est en se reportant à cet article que l'on doit interpréter l'art. 152 du règlement sur la police des chemins de fer, aux termes duquel: «Si le propriétaire de colis ou paquets momentanément égarés a été indemnisé de leur perte, la compagnie pourra, si ces objets viennent à être retrouvés, l'appeler pour qu'il soit procédé en sa présence à leur ouverture, et, après livraison, elle sera remboursée de la somme par elle acquittée, en payant les dommages et préjudices résultant du retard. — S'il résulte de la vérification des effets que le propriétaire a commis une fraude dans sa déclaration, l'entreprise aura droit, à son tour, à des dommages-intérêts et elle devra porter le fait à la connaissance des tribunaux judiciaires».

364. Si el efecto de las averías á que se refiere el art. 361 fuera sólo una disminución en el valor del género, se reducirá la obligación del porteador á abonar lo que importe esa diferencia de valor, á juicio de peritos.

365. Si, por efecto de las averías, quedasen inútiles los géneros para su venta y consumo en los objetos propios de su uso, no estará obligado el consignatario á recibirlos, y podrá dejarlos por cuenta del porteador, exigiéndole su valor al precio corriente en aquel día.

Si entre los géneros averiados se hallaren algunas piezas en buen estado y sin defecto alguno, será aplicable la disposición anterior con respecto á los deteriorados, y el consignatario recibirá los que estén ilesos, haciéndose esta segregación por piezas distintas y sueltas, y sin que para ello se divida un mismo objeto, á menos que el consignatario pruebe la imposibilidad de utilizarlos convenientemente en esta forma.

El mismo precepto se aplicará á las mercaderías embaladas ó envasadas, con distinción de los fardos que aparezcan ilesos[1].

366. Dentro de las veinticuarto horas siguientes al recibo de las mercaderías, podrá hacerse la reclamación contra el porteador, por daño ó avería que se encontrase en ellas al abrir los bultos, con tal que no se conozcan por la parte exterior de éstos las señales del daño ó avería que diere motivo á la reclamación, en cuyo caso sólo se admitirá ésta en el acto del recibo[2].

Transcurridos los términos expresados, ó pagados los portes, no se admitirá reclamación alguna contra el porteador sobre el estado en que entregó los géneros porteados[3].

367. Si ocurrieren dudas y contestaciones entre el consignatario y el porteador sobre el estado en que se hallen los efectos transportados al tiempo de hacerse al primero su entrega, serán éstos reconocidos por peritos nombrados por las partes, y un tercero en caso de discordia, designado por la autoridad judicial, haciéndose constar por escrito las resultas[4]; y si los interesados no se conformaren con el dictamen pericial y no transigieren sus diferencias, se procederá por dicha autoridad al depósito de las mercaderías en almacén seguro[5], y usarán de su derecho como correspondiere.

368. El porteador deberá entregar sin demora ni entorpecimiento alguno al consignatario los efectos que hubiere recibido, por el solo hecho de estar designado en la carta de porte para recibirlos; y, de no hacerlo así, será responsable de los perjuicios que por ello se ocasionen.

369. No hallándose el consignatario en el domicilio indicado en la carta de porte, negándose al pago de los portes y gastos, ó rehusando recibir los efectos[6], se proveerá su depósito por el juez municipal, donde no le hubiere de primera ins-

---

[1] Concuerda con este último párrafo el art. 151 del Regl. Pol. f. c., pero añade lo siguiente: Se exceptúan los casos fortuitos y de fuerza mayor, los cuales han de ser comprobados en el mismo día y lugar en que ocurran, y no por certificados obtenidos posteriormente, y después de comenzadas las actuaciones, á no ser que una perturbación del orden público haya impedido á las autoridades el libre ejercicio de sus funciones.

[2] Para poder hacer efectivo este derecho precisa exigir que se haga el reconocimiento judicial de los efectos transportados en la forma indicada en la nota 1, pág. 138.

[3] Concuerda con el art. 158 del Regl. Pol. f. c.)

[4] Concuerda con los art. 156 y 157 del Regl. Pol. f. c. que conceden al consignatario el derecho de comprobación del peso de las mercancías que se le entreguen, siendo de su cuenta los gastos si resultare conforme ó con solo la diferencia que consiente el art. 148 (véase la nota 1, *supra*) y en caso contrario de la empresa, y que determinan el modo y manera de hacer el reconocimiento judicial de los bultos cuando lo exija el consignatario.

[5] El depósito judicial á que se refiere este artículo habrá de hacerse en la forma indicada en la nota 1, pág. 128.

[6] En relación con esta negativa dice el art. 155 del Regl. Pol. f. c. que la persona á quien se dirija una mercancía no podrá negarse á recibirla aun en día festivo, si se hallase en su domicilio cuando le sea presentada.

364. Si les avaries prévues par l'article 361 ont eu seulement pour effet de diminuer la valeur de la chose, l'obligation du voiturier se réduira à payer le montant de la différence de valeur, à dire d'experts.

365. Si les avaries ont eu pour effet de rendre les marchandises impropres à être vendues ou employées à leur usage particulier, le consignataire ne sera pas tenu de les recevoir, et il pourra les laisser pour compte au voiturier et exiger leur valeur au prix-courant du jour de la livraison.

Si parmi les marchandises avariées il se trouve quelques pièces en bon état et sans aucun défaut, il y aura lieu d'appliquer la disposition précédente en ce qui concerne les objets détériorés, et le consignataire recevra les objets non détériorés, en faisant un choix par pièces distinctes et séparées, sans que l'on puisse diviser un même objet, à moins que le consignataire ne prouve qu'il est impossible d'utiliser convenablement les marchandises dans cette forme.

La même règle sera appliquée aux marchandises renfermées dans des caisses ou des récipients, en séparant les colis qui paraissent n'avoir pas été avariés.

366. Dans les vingt-quatre heures qui suivent la réception des marchandises, il pourra être adressé au voiturier la réclamation à raison des dommages ou des avaries découvertes au moment de l'ouverture des colis, pourvu que ceux-ci ne portent pas extérieurement des marques du dommage ou de l'avarie qui a motivé la réclamation, auquel cas la dite réclamation ne sera admise qu'au moment même de la réception[2].

Après l'expiration du délai sus-énoncé, ou lorsque le prix du transport aura été acquitté, il ne sera plus reçu aucune réclamation contre le voiturier à raison de l'état dans lequel il a livré les marchandises transportées[3].

367. S'il survient des doutes et des contestations entre le consignataire et le voiturier au sujet de l'état dans lequel se trouvent les effets transportés au moment d'en faire la remise au consignataire, les dits effets seront reconnus par des experts désignés par les deux parties, et, en cas de désaccord, par un tiers-expert désigné par l'autorité judiciaire, lesquels constateront par écrit le résultat de leur examen[4], et, si les intéressés n'acceptent pas la décision des experts et s'ils ne transigent pas sur le différend, il sera, par les soins de l'autorité judiciaire, procédé au dépôt des marchandises dans un magasin sûr[5], pour être par les parties usé des droits qui leur appartiendront.

368. Le voiturier devra livrer sans retard ni délai d'aucune sorte au consignataire les effets qu'il aura reçus, par cela seul que le dit consignataire est désigné sur la lettre de voiture pour les recevoir; et, faute d'agir ainsi, il sera responsable des préjudices qui en résulteront.

369. Si le consignataire n'est pas trouvé au domicile indiqué sur la lettre de voiture, s'il refuse de payer les frais de transport et autres, ou de recevoir les effets[6], ceux-ci seront mis sous séquestre par le juge municipal, dans les lieux où il ne se trouve pas de juge de première instance, à la disposition du chargeur ou de l'ex-

---

[1]) L'art. 141 du règlement sur la police des chemins de fer concorde avec ce dernier paragraphe de l'art. 365, mais il ajoute: «Sont exceptés les cas fortuits et de force majeure, lesquels devront être prouvés le jour même et dans le lieu où ils se sont produits et non par certificats obtenus postérieurement et après le commencement de la procédure, à moins qu'une perturbation de l'ordre public n'ait empêché les autorités d'exercer librement leurs fonctions».

[2]) Pour pouvoir exercer ce droit, il est nécessaire qu'il ait été procédé à la vérification judiciaire des effets transportés dans la forme indiquée dans la note 1 de la page 138.

[3]) L'art. 158 du règlement sur la police des chemins de fer concorde avec cet article.

[4]) Les dispositions des art. 156 et 157 du règlement sur la police des chemins de fer concordent avec celles de cet article du Code de commerce, elles accordent au consignataire le droit de vérifier le poids des marchandises dont il reçoit livraison, les frais de cette vérification restant à sa charge si le poids est trouvé conforme à celui indiqué dans la lettre de voiture, ou s'il n'existe entre les deux poids que la différence prévue dans l'art. 148 (v. ci-dessus note 1). Dans le cas contraire, les frais de vérification sont à la charge de l'entreprise. Ces articles déterminent, en outre, dans quelle forme il doit être procédé à la vérification judiciaire des colis, quand elle est demandée par le consignataire.

[5]) Il devra être procédé au dépôt judiciaire prévu par cet article, dans la forme indiquée plus haut dans la note 1 de la page 128.

[6]) En ce qui concerne ce refus, l'art. 155 du règlement sur la police des chemins de fer dispose que la personne à qui est adressée une marchandise, ne pourra refuser de la recevoir même un jour férié, si elle se trouve à son domicile au moment où elle lui est présentée.

tancia, á disposición del cargador ó remitente, sin perjuicio de tercero de mejor
derecho, surtiendo este depósito todos los efectos de la entrega[1].

370. Habiéndose fijado plazo para la entrega de los géneros, deberá hacerse
dentro de él, y en su defecto pagará el porteador la indemnización pactada en la
carta de porte, sin que el cargador ni el consignatario tengan derecho á otra cosa.

Si no hubiere indemnización pactada, y la tardanza excediere del tiempo prefijado en la carta de porte, quedará responsable el porteador de los perjuicios que
haya podido causar la dilación[2].

371. En los casos de retraso por culpa del porteador, á que se refieren los
artículos precedentes, el consignatario podrá dejar por cuenta de aquél los efectos
transportados, comunicándoselo por escrito antes de la llegada de los mismos al
punto de su destino.

Cuando tuviere lugar este abandono, el porteador satisfará el total importe de
los efectos como si se hubieren perdido ó extraviado.

No verificándose el abandono, la indemnización de daños y perjuicios por los
retrasos no podrá exceder del precio corriente que los efectos transportados tendrían en el día y lugar en que debían entregarse; observándose esto mismo en todos los demás casos en que esta indemnización sea debida.

372. La valuación de los efectos que el porteador deba pagar en casos de
pérdida ó extravío, se determinará con arreglo á lo declarado en la carta de porte,
sin admitir al cargador pruebas sobre que, entre el género que en ella declaró, había
objetos de mayor valor, y dinero metálico.

Las caballerías, carruajes, barcos, aparejos y todos los demás medios principales y accesorios de transporte, estarán especialmente obligados á favor del cargador, si bien en cuanto á los ferrocarriles dicha obligación quedará subordinada
á lo que determinen las Leyes de concesión respecto á la propiedad, y á lo que este
Código establece sobre la manera y forma de efectuar los embargos y retenciones
contra las expresadas compañías[3].

373. El porteador que hiciere la entrega de las mercaderías al consignatario
en virtud de pactos ó servicios combinados con otros porteadores, asumirá las obligaciones de los que le hayan precedido en la conducción, salvo su derecho para
repetir contra éstos, si no fuere él el responsable directo de la falta que ocasione
la reclamación del cargador ó consignatario.

Asumirá igualmente el porteador que hiciere la entrega, todas las acciones y
derechos de los que le hubieren precedido en la conducción.

El remitente y consignatario tendrán expedito su derecho contra el porteador
que hubiere otorgado el contrato de transporte, ó contra los demás porteadores
que hubieren recibido sin reserva los efectos transportados.

---

[1]) Este depósito ha de hacerse igualmente en la forma indicada en la nota 1, pág. 128.

[2]) Concuerda este artículo con los 137, 149 y 159 del Regl. Pol. f. c. — El 149 dice, en
su segunda parte; que la empresa tiene igual responsabilidad que en el caso de falta de entrega en
el plazo convenido, cuando rotulados los bultos con toda claridad y precisión, sin que puedan dar
lugar á dudas, se hiciere su entrega á persona distinta de la que debe recibirlos. — En el caso de
que la entrega haya de hacerse no en el domicilio del consignatario sino en la estación del ferrocarril dice el art. 125, que los efectos de cualquier clase que hayan de transportarse en los trenes de
gran velocidad estarán á la disposición del consignatario dos horas después de la llegada del tren,
y si el transporte se hiciere á pequeña velocidad á las veinticuatro horas de su llegada. — Para
facilitar la comunicación de las poblaciones con las estaciones inmediatas dice el art. 153 que
podrán las compañías establecer servicios ordinarios de transporte, quedando, sin embargo, en
libertad los interesados de verificar el transporte empleando carruajes propios ó personas de su
confianza, siempre que previamente lo adviertan los remitentes al hacer la entrega de los bultos.
En tal caso la empresa habrá de dar aviso de la llegada de los trenes al consignatario en el término
señalado en el art. 125. Transcurridas 48 horas desde el aviso, si el consignatario no acudiese á
sacar las mercancías empezarán desde entonces á devengar derechos. — Por último el art. 150
á más de las responsabilidades civiles en que incurran las empresas por extravío ó averías de mercancías cuando uno ú otras sean debidos á abandono ó incuria de las mismas, y cuando los retrasos
excedan de una cuarta parte, hasta el doble del plazo reglamentario ó del convenido para la
entrega, dice que serán penadas con multas.

[3]) Véase el art. 190 de este Cód.

péditeur, ou de tout tiers ayant un droit préférable, et le dit dépôt produira tous les effets de la livraison[1].

370. Lorsqu'il aura été fixé un délai pour la livraison des marchandises, celle-ci devra être faite dans le dit délai, et, sinon, le voiturier payera l'indemnité stipulée sur la lettre de voiture, sans que le chargeur ni le consignataire aient droit à aucune autre chose.

S'il n'a pas été stipulé d'indemnité et que le retard dépasse le délai fixé sur la lettre de voiture, le voiturier sera responsable des préjudices que le retard a pu occasionner[2].

371. Lorsque le retard prévu par les articles précédents sera occasionné par la faute du voiturier, le consignataire pourra lui laisser pour compte les objets transportés, en l'avertissant par écrit avant l'arrivée des dits objets au lieu de destination.

Lorsque cet abandon aura lieu, le voiturier payera le montant intégral des objets comme s'ils avaient été perdus ou égarés.

Dans le cas contraire, l'indemnité due pour les dommages et préjudices résultant du retard ne pourra pas dépasser le prix-courant des effets transportés dans les jour et lieu où cette livraison devrait être effectuée; la même règle sera observée dans tous les autres cas où cette indemnité sera due.

372. L'évaluation des effets que le voiturier doit payer, en cas de perte ou de disparition, sera déterminée conformément à ce qui est déclaré dans la lettre de voiture, sans que le chargeur soit admis à prouver que, parmi les marchandises indiquées sur la dite lettre, il y avait des objets de valeur supérieure et de l'argent monnayé.

Les chevaux, voitures, bateaux, instruments et tous autres moyens principaux ou accessoires de transport seront affectés spécialement à la garantie des droits du chargeur, sous réserve, toutefois, en ce qui concerne les chemins de fer, des règles spéciales établies par les lois de concession relativement à la propriété des dites choses, et de celles qui se trouvent énoncées dans le présent Code concernant la manière et la forme d'après lesquelles doivent être pratiquées les saisies contre les dites compagnies[3].

373. Le voiturier qui fera la livraison des marchandises au consignataire en vertu de conventions faites ou de services combinés avec d'autres voituriers, assumera les obligations de ceux qui ont effectué le transport avant lui, sauf son droit de recourir contre ceux-ci, s'il n'est pas directement responsable de la faute qui motive la réclamation du chargeur ou du consignataire.

Le voiturier qui fera la remise aura également toutes les actions et tous les droits de ceux qui auront effectué le transport avant lui.

L'expéditeur et le consignataire auront le droit d'agir contre le voiturier qui a fait le contrat de transport ou contre les autres voituriers qui auront reçu du premier, sans réserves, les effets transportés.

---

[1] Ce dépôt doit être également effectué dans la forme que nous indiquons ci-dessus p. 128 note 1.

[2] Cet article concorde avec les art. 137, 149 et 159 du règlement sur la police des chemins de fer. — L'art. 149 dispose, en outre, que l'entreprise encourt la même responsabilité que dans le cas de défaut de livraison dans le délai convenu, lorsque les adresses des colis étant faites avec toute la clarté et la précision nécessaires et de façon à ne pas laisser place au doute, la livraison a été faite à une personne autre que celle qui devait les recevoir. — Dans le cas où la livraison doit être effectuée, non pas au domicile du consignataire, mais dans la station du chemin de fer, l'art. 125 dispose que les effets de toute classe transportés par des trains de grande vitesse devront être mis à la disposition du consignataire deux heures après l'arrivée du train, et que, si le transport a été effectué par petite vitesse, la livraison doit avoir lieu vingt-quatre heures après l'arrivée. — Pour faciliter les communications avec les populations voisines, l'art. 153 dispose que les compagnies pourront établir des services ordinaires de cammionage, en laissant toutefois les intéressés libres d'effectuer le transport au moyen de leurs voitures propres ou par des personnes jouissant de leur confiance, à la condition d'avertir les expéditeurs au moment de la remise des colis. Dans ce cas, l'entreprise devra donner avis de l'arrivée des trains au consignataire dans le délai fixé par l'art. 125. Après l'expiration du délai de quarante-huit heures, à compter de l'avis, si le consignataire ne se présente pas pour retirer les marchandises, les droits commenceront à courir. — Enfin, l'art. 150 dispose qu'en plus des responsabilités civiles encourues par les entreprises pour perte ou avaries des marchandises, quand la perte ou les avaries ont pour cause l'abandon ou l'incurie de la compagnie, ou lorsque le retard dépasse le quart ou va jusqu'à atteindre le double du délai réglementaire ou du délai convenu pour la livraison, les compagnies seront passibles d'une amende.

[3] V. l'art. 190 du Code de commerce.

Las reservas hechas por los últimos no les librarán, sin embargo, de las responsabilidades en que hubieren incurrido por sus propios actos[1].

374. Los consignatarios á quienes se hubiere hecho la remesa no podrán diferir el pago de los gastos y portes de los géneros que recibieren, después de transcurridas las veinticuatro horas siguientes á su entrega; y, en caso de retardo en este pago, podrá el porteador exigir la venta judicial de los géneros que condujo, en cantidad suficiente para cubrir el precio del transporte y los gastos que hubiese suplido[2].

375. Los efectos porteados estarán especialmente obligados á la responsabilidad del precio del transporte y de los gastos y derechos causados por ellos durante su conducción ó hasta el momento de su entrega.

Este derecho especial prescribirá á los ocho días de haberse hecho la entrega, y una vez prescrito, el porteador no tendrá otra acción que la que le corresponda como acreedor ordinario.

376. La preferencia del porteador al pago de lo que se le deba por el transporte y gastos de los efectos entregados al consignatario, no se interrumpirá por la quiebra de éste, siempre que reclamare dentro de los ocho días expresados en el artículo precedente.

377. El porteador será responsable de todas las consecuencias á que pueda dar lugar su omisión en cumplir las formalidades prescritas por las Leyes y reglamentos de la Administración pública, en todo el curso del viaje y á su llegada al punto á donde fueren destinadas, salvo cuando su falta proviniese de haber sido inducido á error por falsedad del cargador en la declaración de las mercaderías.

Si el porteador hubiere procedido en virtud de orden formal del cargador ó consignatario de las mercaderías, ambos incurrirán en responsabilidad.

378. Los comisionistas de transportes estarán obligados á llevar un registro[3] particular, con las formalidades que exige el art. 36, en el cual asentarán por orden progresivo de números y fechas todos los efectos de cuyo transporte se encarguen, con expresión de las circunstancias exigidas en los artículos 350 y siguientes para las respectivas cartas de porte.

379. Las disposiciones contenidas desde el artículo 349 en adelante, se entenderán del mismo modo con los que, aun cuando no hicieren por sí mismos el transporte de los efectos de comercio, contrataren hacerlo por medio de otros, ya sea como asentistas de una operación particular y determinada, ó ya como comisionistas de transportes y conducciones.

[1) Acerca de este servicio combinado prescribe el Regl. Pol. f. c., en sus art. 115, 147 y 154, que al Gobierno, de acuerdo con las empresas, es á quien incumbe fijar las estaciones en las que deben expedirse billetes de viajeros y facturar mercancías con destino á todos los puntos enlazados con ferrocarriles, aun cuando estos pertenezcan á otras empresas, considerándose para los efectos del transporte como una sola línea, y siendo de perfecta aplicación en casos tales la Real Orden de 10 de enero de 1863, que para este efecto se considera como formando parte del Reglamento. (Esta Real Orden es la que determina los plazos máximos dentro de los que han de hacerse las empresas respectivas las entregas de las mercancías que han de recorrer sus líneas, tanto si enlazan de un modo directo como si tienen sus estaciones separadas aunque dentro de una misma localidad.) — Cuando se trate de servicios combinados con otras empresas de transportes terrestres ó marítimos podrán las empresas convenirlos como quisieren; quedando autorizadas las de ferrocarriles para imponer la condición de que los precios serán los mismos cuando, yendo las mercancías dirigidas á los puntos que resulten favorecidos por la tarifa combinada, prefieran los remitentes ó consignatarios hacer por su cuenta los transportes por tierra ó por agua, empleando carruajes ó embarcaciones propias. — En caso de pérdida ó avería de los efectos transportados no podrá la empresa primeramente encargada de su conducción reclamar contra las que la sucedan en el transporte, si no prueba que se los entregó en buen estado. Para los efectos de esta contratación de transportes combinados se consideran todas las compañías de ferrocarriles ligadas entre sí sin solución de continuidad, como si fueran una sola.

2) Para hacer efectivo este derecho ha establecido la ley procesal un procedimiento especial de apremio en negocios de comercio que puede verse en el estudio «Del proc. jud. en las cuest. civ. merc.» — Concuerda este art. del Cód. con el 141 del Regl. Pol. f. c. que concede á las empresas que no han dado lugar á reclamaciones por los transportes verificados, acción para el cobro de los gastos de transporte y custodia.

3) Este libro habrá de reinte grarse de igual modo que el de los comerciantes particulares. (Véase la pág. 99, nota 3) (Art. 155, L. del T.).

Les réserves faites par les derniers voituriers ne les affranchiront pas, cependant, des responsabilités qu'ils encourront à raison de leurs actes personnels[1].

374. Les consignataires à qui la livraison sera faite, ne pourront pas différer de payer les frais et coût du transport des marchandises par eux reçues, au delà des vingt-quatre heures qui suivent la livraison; en cas de retard à effectuer ce payement, le voiturier pourra exiger la vente judiciaire des marchandises par lui transportées, en quantité suffisante pour le couvrir du prix du transport et des frais qu'il aura acquittés[2].

375. Les effets transportés garantiront spécialement le payement du prix du transport et des frais et droits qu'ils auront occasionnés durant le transport ou jusqu'au moment de la livraison.

Ce droit spécial se prescrira par le délai de huit jours à compter du moment de la livraison, et, lorsqu'il sera prescrit, le voiturier n'aura d'autre action que celle qui appartient à un créancier ordinaire.

376. Le droit de préférence appartenant au voiturier, pour le payement de ce qui lui est dû à raison du transport et des frais occasionnés par les objets livrés au consignataire, subsistera, malgré la faillite de celui-ci, toutes les fois qu'il produira sa réclamation dans le délai de huit jours spécifié dans l'article précédent.

377. Le voiturier sera responsable de toutes les conséquences de son omission à remplir les formalités prescrites par les lois et les règlements d'administration publique, durant tout le cours du voyage et à l'arrivée au lieu de destination, sauf lorsque sa faute provient de ce qu'il a été induit en erreur par la fausseté de la déclaration des marchandises faite par le chargeur.

Si le voiturier a procédé en vertu d'un ordre formel du chargeur ou du consignataire des marchandises, ils seront l'un et l'autre responsables.

378. Les commissionnaires de transport seront obligés de tenir un registre[3] particulier, en observant les formulités imposées par l'article 36, sur lequel ils mentionneront, par ordre de numéros et de dates, tous les effets qu'ils sont chargés de transporter, en indiquant les circonstances exigées par les articles 350 et suivants pour les lettres de voiture relatives aux dits objets.

379. Les dispositions contenues dans les articles 349 et suivants s'appliqueront également à ceux qui, sans effectuer par eux-mêmes le transport des effets de commerce, s'engageront à le faire par l'intermédiaire d'autres personnes, soit comme entrepreneurs d'une opération particulière et déterminée, soit comme commissionnaires de transports.

---

[1] En ce qui concerne ce service combiné, le règlement sur la police des chemins de fer (art. 115, 147 et 154) dispose que le gouvernement, d'accord avec les entreprises, est chargé de fixer les stations dans lesquelles doivent être délivrés les billets de voyageurs et facturées les marchandises à destination de tous les points reliés par des chemins de fer, même appartenant à d'autres entreprises, tous les réseaux devant, pour les effets du transport, être considérés comme ne formant qu'une seule ligne, et en appliquant complètement dans ces cas l'ordre royal du 10 janvier 1863, qui, à ce point de vue, sera considéré comme faisant partie du règlement (cet ordre royal détermine les délais maxima dans lesquels les entreprises doivent se faire mutuellement la livraison des marchandises qui doivent parcourir leurs lignes, aussi bien dans le cas où elles sont unies directement que dans le cas où elles ont des stations séparées, mais dans la même localité). — Quand il s'agit de transports combinés avec d'autres entreprises de transports terrestres ou maritimes, les entreprises peuvent faire telles conventions qu'elles jugeront convenables, et, spécialement, les compagnies de chemins de fer sont autorisées à imposer comme condition que les prix seront les mêmes lorsque les marchandises étant adressées à des points bénéficiant du tarif combiné, les expéditeurs ou les consignataires préféreront faire pour leur compte les transports par terre ou par eau au moyen de leurs voitures ou de leurs embarcations personnelles. — En cas de perte ou d'avarie des effets transportés, l'entreprise qui a effectué la première le transport ne pourra recourir contre les autres qu'à la condition de prouver qu'elle les leur a remis en bon état. Pour les effets de ce contrat de transports combinés, toutes les compagnies de chemins de fer unies entre elles sans solution de continuité sont considérées comme ne formant qu'une seule compagnie.

[2] Pour l'exercice de ce droit, la loi de procédure a établi une procédure spéciale de saisie que nous avons exposée dans notre étude sur la procédure judiciaire dans les affaires civiles et commerciales. — Cet article du Code de commerce concorde avec l'art. 141 du règlement sur la police des chemins de fer qui donne une action, pour obtenir le payement des frais de transport et de garde, aux entreprises qui n'ont donné lieu à aucune réclamation pour les transports par elles effectués.

[3] Ce livre est soumis au payement des droits de timbre, et ces droits doivent être acquittés de la même manière que pour les livres des commerçants particuliers. (V. ci-dessus, p. 99, note 3) (l. sur le timbre, art. 155.)

En cualquiera de ambos casos quedarán subrogados en el lugar de los mismos
porteadores, así en cuanto á las obligaciones y responsabilidad de éstos, como respecto á su derecho[1].

[1] Para completar esta larga serie de notas referentes al transporte y sobre todo teniendo
en cuenta que el contrato de pasaje por vías terrestres no ha merecido la atención de los con-
feccionadores de nuestro Cód. de com. será forzoso que transcribamos los artículos correspondientes á ello que se contienen en el Regl. Pol. f. c. — He aquí los artículos en cuestión: — Art. **95.**
El viajero que no presente el billete que le da derecho á ocupar un asiento en los trenes, ó que,
teniéndolo de clase inferior, ocupe uno de la superior pagará en el primer caso el doble de su precio,
según tarifa, y en el segundo dos veces la diferencia de su importe, á contar desde la estación en
que verificó su entrada en los trenes, hasta el punto donde termine su viaje. — A no justificar el
viajero el punto de su entrada en el tren, el doble precio se evaluará por la distancia recorrida desde
el sitio en que haya tenido lugar la última comprobación de billetes. — **96.** Dado caso que un viajero
pase más allá del punto indicado en su billete, abonará sólo el exceso que corresponda al aumento
del trayecto recorrido, siempre que hubiera avisado al jefe del tren antes de salir de la estación
en que deba terminar el valor de su billete. — Si no hiciese previamente esta advertencia, satisfará el doble del importe correspondiente al exceso de trayecto que hubiese recorrido sin billete. —
97. El viajero que por falta de carruajes se viese en la necesidad de entrar en uno de clase superio-
al designado en su billete, nada satisfará á la empresa por el exceso del precio. — Si, por el contrario,
tuviese que ocupar una localidad de clase inferior, la empresa le devolverá el importe de su billete
tan pronto como termine el viaje. — **98.** Se prohibe rigurosamente: — 1.º Entrar y salir en los
coches por otra portezuela que no sea la que se abre sobre los andenes; — 2.º Trasladarse de uno
á otro coche ó avanzar el cuerpo fuera de su caja durante la marcha; — 3.º Entrar ó salir en los
coches, á no ser en las estaciones y cuando el tren se halle completamente parado; — 4.º Subir á
los coches puesto ya el tren en movimiento; — 5.º Admitir en los coches más viajeros que los correspondientes á los asientos que contengan. — **99.** No se permitirá la entrada en los coches á
ninguna persona en estado de embriaguez, ni á la que lleve consigo armas de fuego cargadas ó
paquetes que por su forma, volumen ó mal olor, puedan molestar á los viajeros. — Tampoco será
admitido en el andén ningún individuo con arma de fuego sin que antes se compruebe que se halla
descargada. — **100.** Los viajeros tienen derecho á que los empleados de la empresa ó del Gobierno
hagan salir del carruaje á todo el que por su falta de compostura, palabras ó acciones, ofenda el
decoro de los demás, altere el orden establecido ó produzca disturbios ó disgustos, como también á
los que fumen en el carruaje destinado á los no fumadores. — **101.** Reservarán siempre las
empresas uno ó más compartimentos de primera clase en los trenes de viajeros para las señoras
que, viajando solas, lo soliciten, y otro en el cual no se permita fumar. — Dichos compartimentos
irán señalados con carteles en que se indique su objeto. — **102.** Se prohibe llevar perros en los
carruajes de viajeros. — No obstante, la empresa podrá admitir en vagones especiales á los que
no quieran separarse de sus perros, siempre que éstos lleven bozales. — **103.** Si por algún viajero
se infringiesen las disposiciones de este reglamento, el agente de la Inspección administrativa, ó en
su defecto, ya los jefes de las estaciones, ya los de los trenes, le dirigirán las amonestaciones oportunas, instruyendo la correspondiente sumaria en averiguación de los hechos, cuando así lo exija
su gravedad. — **104.** Para que los viajeros puedan consignar sus reclamaciones, no sólo contra
la empresa, sino contra sus agentes y empleados, habrá en cada estación un registro que será
visado mensualmente por los encargados de la Inspección administrativa y mercantil. — Y respecto
á los derechos que concede el Regl. á los viajeros por causa de los retrasos de los trenes hay que
tener en cuenta lo dispuesto en el art. 150 con la adición introducida en el mismo por el *Real
Decreto de 1.º de mayo de 1901.* — El art. 150 en la parte relativa á los viajeros dice así: El retraso
injustificado de los trenes de viajeros será siempre penado con arreglo al art. 12 de la Ley de
23 de noviembre de 1877 cuando exceda de 10 minutos por cada 100 kilómetros de recorrido para
los expresos y 20 minutos en igual trayecto para los mixtos. — Y la adición del Real Decreto
citado es como sigue: — Para los efectos del párrafo anterior, los trenes mixtos serán considerados
como correos cuando conduzcan la correspondencia pública, si en la línea respectiva no hay otro tren
denominado especialmente correo; pero no perderán su carácter de mixtos para todos los efectos
reglamentarios, aunque conduzcan también correspondencia si no hubiese ningún otro tren de
viajeros ni diario de mercancías que recorra el mismo trayecto que ellos. — Los retrasos se apreciarán únicamente al final del itinerario del tren cuando la longitud total del recorrido no pase
de 200 kilómetros. Si excediese de dicha cifra, se fraccionará en trayectos parciales, cuya extensión fijará en cada caso la Dirección general de Obras públicas, con audiencia de las divisiones
de ferrocarriles y de las compañías, siendo penables también los retrasos injustificados en la hora
de llegada á cada uno de los puntos de subdivisión cuando exceda de los límites arriba indicados,
tomando para origen de recorrido la hora en que hubiera salido el tren del punto de subdivisión
inmediatamente anterior al que se considere. — La acumulación de dos ó más retrasos parciales
en la marcha de un mismo tren, no dará lugar á imposición de más de una multa; pero se considerará circunstancia agravante para graduar la cuantía ó la pena. — En los puntos de empalme de
itinerarios se fijará para la *espera* de trenes en combinación un cierto plazo á más del tiempo
señalado en los cuadros de marcha. — Transcurrido el tiempo de parada indicado en los itinerarios
con más la prórroga ó plazo de espera, se dará la salida al tren derivado; pero éste deberá salir
á la hora reglamentaria en el caso de que se sepa con certeza en la estación que no podrá llegar á
ella el otro tren dentro del plazo de espera. — A la llegada al empalme del tren que ha sufrido el

Dans l'un quelconque de ces deux cas, ces personnes seront subrogées à toutes les obligations et responsabilités ainsi qu'aux droits des voituriers[1].

---

[1] Pour compléter cette longue série de notes relatives au transport et surtout au transport des voyageurs par les voies de terre qui n'a pas retenu l'attention des rédacteurs de notre Code, il est nécessaire de transcrire les articles du règlement sur la police des chemins de fer qui concernent ce contrat. Les voici: Art. **95.** Le voyageur qui ne présente pas le billet lui donnant le droit d'occuper une place dans les trains, ou qui, ayant un billet d'une place inférieure, occupe une place d'une classe supérieure, payera, dans le premier cas, le double du prix de sa place d'après le tarif, et, dans le second cas, deux fois la différence du montant des deux billets, à compter de la station où aura entré dans le train a été contrôlée jusqu'au point terminus de son voyage. — Faute par le voyageur de justifier du point où il est entré dans le train, le double du prix sera calculé d'après la distance parcourue depuis le point où il a été procédé au dernier contrôle des billets. — **96.** Dans le cas où un voyageur dépasse le point indiqué sur son billet, il payera seulement le supplément correspondant à l'augmentation du trajet, pourvu qu'il ait avisé le chef de train avant de quitter la station où doit cesser la valeur de son billet. — À défaut de cet avis préalable, il payera le double du supplément correspondant au trajet supplémentaire qu'il aura effectué sans billet. — **97.** Le voyageur qui, à raison de l'insuffisance de wagons, est dans la nécessité de monter dans une voiture d'une classe supérieure à celle indiquée sur son billet, ne payera à l'entreprise aucun supplément de prix. — Si, au contraire, il occupe une place d'une classe inférieure, l'entreprise lui remboursera le montant de son billet aussitôt la fin du voyage. — **98.** Il est rigoureusement interdit: 1° D'entrer dans les wagons et d'en sortir par une autre portière que celle ouvrant sur les quais; — 2° De passer d'une voiture dans une autre et de se pencher dehors durant la marche; — 3° D'entrer dans les voitures ou d'en sortir en dehors des stations et avant l'arrêt complet du train; — 4° De monter dans les wagons lorsque le train est déjà en marche; — 5° D'admettre dans les voitures plus de voyageurs que ne le comporte le nombre des places. — **99.** L'entrée des voitures sera interdite à toute personne en état d'ivresse et à tout porteur d'armes à feu chargées ou de paquets qui à raison de leur forme, de leur volume ou de leur mauvaise odeur, peuvent incommoder les voyageurs. — Aucun individu ne sera admis à monter avec une arme à feu sans prouver préalablement qu'elle n'est pas chargée. — **100.** Les voyageurs ont le droit d'exiger que les employés de l'entreprise ou du gouvernement fassent sortir du wagon toute personne qui par son attitude, ses paroles ou ses actes, blesse la dignité des autres, porte atteinte au bon ordre ou est une cause de désordre ou de dégoût, ainsi que ceux qui fument dans la voiture réservée aux non-fumeurs. — **101.** Il sera toujours réservé par les entreprises un ou plusieurs compartiments de première classe dans les trains de voyageurs, pour les dames qui, voyageant seules, le désirent, et un autre où il ne sera pas permis de fumer. — Ces compartiments seront désignés par des affiches indiquant leur destination. — **102.** Il est interdit d'introduire des chiens dans les voitures de voyageurs. — Cependant l'entreprise pourra les admettre dans des wagons spéciaux pour les voyageurs qui désireront ne pas se séparer de leurs chiens, pourvu que ces chiens soient muselés. — **103.** Si un voyageur vient à enfreindre les dispositions du présent règlement, l'agent de l'inspection administrative ou, à son défaut, les chefs de stations ou les chefs de trains lui adresseront les représentations nécessaires, et ils procéderont à une information sommaire des faits suivant leur gravité. — **104.** Pour que les voyageurs puissent consigner leurs réclamations non seulement contre l'entreprise, mais aussi contre ses agents et employés, il y aura dans chaque station un registre, lequel sera visé tous les mois par les fonctionnaires chargés de l'inspection administrative et commerciale. — Et, en ce qui concerne les droits que le règlement accorde aux voyageurs pour cause de retards des trains, on se conformera aux dispositions de l'art. 150 avec l'addition introduite dans le dit article par le décret royal du 1er mai 1901. — Cet art. 150, dans la partie concernant les voyageurs, s'exprime ainsi: Le retard injustifié des trains de voyageurs sera toujours puni conformément à l'art. 12 de la loi du 23 novembre 1877, quand il dépassera 10 minutes pour 100 kilomètres parcourus, s'il s'agit d'express, et 20 minutes pour le même trajet, s'il s'agit de trains mixtes. — L'addition du décret précité est ainsi conçue: Pour les effets du paragraphe précédent, les trains mixtes seront considérés comme courriers, lorsqu'ils transporteront la correspondance publique, s'il n'y a pas, sur la ligne respective, d'autre train spécialement dénommé courrier; ils ne perdront pas, au contraire, le caractère de trains mixtes pour tous les effets réglementaires, bien qu'ils transportent aussi la correspondance, s'il n'y a aucun autre train de voyageurs ni un train quotidien de marchandises faisant le même trajet. — Les retards seront appréciés seulement à la fin de l'itinéraire du train, lorsque la longueur totale du parcours ne dépasse pas 200 kilomètres. Si elle dépasse ce chiffre, elle sera divisée en trajets partiels dont l'étendue sera fixée par la direction générale des travaux publics, sur l'avis des divisions des chemins de fer et des compagnies, et les retards injustifiés à l'heure d'arrivée à chacun des points de subdivision seront également punissables lorsque le retard dépassera les limites ci-dessus indiquées en prenant pour origine du parcours l'heure à laquelle le train aurait dû partir du point de subdivision immédiatement antérieur à celui que l'on considère. — Le cumul de deux ou plusieurs retards partiels dans la marche d'un même train, ne donnera pas lieu à l'application de plus d'une amende; mais il sera considéré comme une circonstance aggravante pour graduer la quotité ou la peine. — Dans les points d'embranchement d'itinéraires, il sera fixé pour l'attente des trains en correspondance un certain délai en plus du temps indiqué dans les tableaux de marche. — Lorsque le temps

Título VIII. De los contratos de seguro.

Sección primera. Del contrato de seguro en general.

380. Será mercantil el contrato de seguro, si fuere comerciante el asegurador, y el contrato, á prima fija; ó sea, cuando el asegurado satisfaga una cuota única ó constante, como precio ó retribución del seguro.

381. Será nulo todo contrato de seguro: 1.º Por la mala fe probada de alguna de las partes al tiempo de celebrarse el contrato; — 2.º Por la inexacta declaración del asegurado, aun hecha de buena fe, siempre que pueda influir en la estimación de los riesgos; — 3.º Por la omisión ú ocultación, por el asegurado, de hechos ó circunstancias que hubieran podido influir en la celebración del contrato.

382. El contrato de seguro se consignará por escrito, en póliza ó en otro documento público ó privado suscrito por los contratantes.

383. La póliza del contrato de seguro deberá contener: 1.º Los nombres del asegurador y asegurado; — 2.º El concepto en el cual se asegura; — 3.º La designación y situación de los objetos asegurados, y las indicaciones que sean necesarias para determinar la naturaleza de los riesgos; — 4.º La suma en que se valúen los objetos del seguro, descomponiéndola en sumas parciales, según las diferentes clases de los objetos; — 5.º La cuota ó prima que se obligue á satisfacer el asegurado; la forma y el modo del pago, y el lugar en que deba verificarse; — 6.º La duración del seguro; — 7.º El día y la hora desde que comienzan los efectos del contrato; — 8.º Los seguros ya existentes sobre los mismos objetos; — 9.º Los demás pactos en que hubieren convenido los contratantes.

384. Las novaciones que se hagan en el contrato durante el término del seguro, aumentando los objetos asegurados, extendiendo el seguro á nuevos riesgos, reduciendo éstos ó la cantidad asegurada, ó introduciendo otra cualquiera modificación esencial, se consignarán precisamente en la póliza del seguro.

385. El contrato de seguro se regirá por los pactos lícitos consignados en cada póliza ó documento, y, en su defecto, por las reglas contenidas en este título.

Sección segunda. Del seguro contra incendios.[1]

386. Podrá ser materia del contrato de seguro contra incendios todo objeto mueble ó inmueble que pueda ser destruído ó deteriorado por el fuego.

387. Quedarán exceptuados de esta regla los títulos ó documentos mercantiles, los del Estado ó particulares, billetes de Banco, acciones y obligaciones de

retraso, será potestativo en la compañía causante de aquél, disponer ó no en el término de tres horas un tren especial para conducir los viajeros á su destino. — Transcurrido dicho plazo sin haber puesto tren especial á disposición de los viajeros, podrán éstos optar por una de tres cosas: primera, rescisión del contrato de transporte, con devolución en el acto por la compañía del importe total de los billetes de que sean portadores; segunda, la continuación del viaje en el primer tren regular, salvo si fuere expreso, que salga de la estación en la dirección conveniente, siendo de cuenta de la compañía costearles albergue y comida, de la clase y precios de tarifa establecidos en las fondas de la línea, durante las paradas forzosas que resulten, y en este caso, á los viajeros que hubieren de ocupar asientos de clase inferior á la designada en sus billetes, se les devolverá el importe correspondiente al trayecto que recorran hasta el término del viaje, y los que tengan que ocupar asiento de clase superior no abonarán la diferencia; tercera, continuación del viaje en las condiciones ordinarias, conservando íntegros los derechos que puedan corresponderles con arreglo á las leyes para entablar contra la compañía las reclamaciones que estimaren procedentes. — La Dirección general de Obras públicas, á propuesta de las Divisiones de ferrocarriles, y oyendo á las empresas, determinará cuáles son los trenes que deben ser considerados como únicos en una extensión determinada, bien pertenezcan á una sola ó á varias Compañías, y desígnense ó no con el mismo número en los itinerarios correspondientes á diversos trayectos del recorrido total. — La misma Dirección, con iguales trámites, fijará también los puntos que han de considerarse de enlace ó empalme de itinerarios, así como los plazos que deban esperarse en ellos los trenes combinados. — Las multas á que se refiere el art. 12 de la Ley de 23 de noviembre de 1877 citado en el transcrito art. 150 del Regl. varían entre un mínimum de 250 pesetas y un máximum de 2500.

---

[1] Las compañías ó empresas aseguradoras contra incendios satisfarán como impuesto anual de timbre correspondiente á los contratos que celebren, tres céntimos por cada 1000

Titre VIII. Des contrats d'assurance.
Section première. Du contrat d'assurance en général.

380. Le contrat d'assurance sera commercial si l'assureur est commerçant et le contrat à prime fixe, c'est-à-dire lorsque l'assuré paye une somme unique ou constante comme prix ou rétribution de l'assurance.

381. Le contrat d'assurance sera nul: 1° Lorsqu'il sera prouvé que l'une des parties a agi de mauvaise foi au moment où elle a contracté l'assurance; — 2° Lorsque l'assuré a fait, même de bonne foi, une déclaration inexacte, de nature à influer sur l'évaluation des risques; — 3° Lorsque l'assuré a omis ou dissimulé des faits ou des circonstances de nature à influer sur la conclusion du contrat.

382. Le contrat d'assurance sera constaté par écrit, dans une police ou dans un autre document public ou privé signé par les contractants.

383. La police du contrat d'assurance devra contenir: 1° Les noms de l'assureur et de l'assuré; — 2° Le concept sous lequel agit l'assuré; — 3° La désignation et la situation des objets assurés, et les indications nécessaires pour déterminer la nature des risques; — 4° La somme à laquelle sont évalués les objets assurés, laquelle devra être décomposée en sommes partielles applicables aux différentes catégories d'objets; — 5° La quote-part ou prime que l'assuré s'oblige à payer, la forme et le mode de payement, et le lieu où il doit être effectué; — 6° La durée de l'assurance; — 7° Le jour et l'heure où les effets du contrat commencent à se produire; — 8° Les assurances déjà existantes sur les mêmes objets; — 9° Les autres conventions intervenues entre les contractants.

384. Les modifications faites dans le contrat pendant la durée de l'assurance, pour augmenter le nombre des objets assurés, étendre l'assurance à de nouveaux risques, réduire les risques ou la somme assurée, ou introduire tout autre changement essentiel, seront consignées en termes précis dans la police d'assurance.

385. Le contrat d'assurance sera régi par les conventions licites consignées dans chaque police ou document et, à son défaut, par les règles établies dans le présent titre.

Section II. De l'assurance contre les incendies.[1]

386. Tout objet mobilier ou immobilier susceptible d'être détruit ou détérioré par le feu, pourra faire l'objet du contrat d'assurance contre l'incendie.

387. Seront exceptés de cette règle, les titres ou documents commerciaux, les titres sur l'État ou sur les particuliers, les billets de banque, actions et obligations

de stationnement indiqué dans les indicateurs et le délai de prorogation ou d'attente seront expirés, on fera partir le train de correspondance; ce train, toutefois, devra partir à l'heure réglementaire lorsque l'on saura d'une façon certaine, à la station, que l'autre train ne pourra pas arriver à cette station dans le délai d'attente. — A l'arrivée à la station d'embranchement du train qui a éprouvé du retard, la compagnie cause de ce retard aura la faculté de faire disposer ou non, dans le délai de trois heures, un train spécial pour conduire les voyageurs à destination. — Lorsque ce délai sera expiré sans qu'un train spécial ait été mis à la disposition des voyageurs, ceux-ci pourront opter pour l'une des trois choses suivantes: 1° Rescision du contrat de transport, avec remboursement immédiat par la compagnie du prix total des billets dont ils sont porteurs; — 2° Continuation du voyage par le premier train régulier, à l'exception des express, partant de la station dans la direction qu'il convient, avec obligation pour la compagnie de payer les frais d'hôtel et de nourriture, d'après la classe et les prix établis dans les tarifs des hôtels de la ligne, durant les stationnements forcés qui en résulteront, et, dans ce cas, les voyageurs qui auraient occupé des places d'une classe inférieure à celle indiquée sur leurs billets, seront remboursés du montant correspondant au trajet à effectuer jusqu'à la fin du voyage, et ceux qui ont occupé des places d'une classe supérieure, ne payeront que la différence; — 3° Continuation du voyage dans les conditions ordinaires, les voyageurs conservant, dans ce cas, tous les droits pouvant leur appartenir conformément aux lois pour formuler contre la compagnie les réclamations qu'ils jugeront convenables. — La direction des travaux publics, sur la proposition des divisions des chemins de fer, après avoir entendu les entreprises, déterminera quels sont les trains qui doivent être considérés comme uniques dans une étendue déterminée, bien qu'ils appartiennent à une seule ou à plusieurs compagnies, en les désignant ou non sous le même numéro dans les indicateurs correspondant à plusieurs trajets du parcours total. — La dite direction, en observant les mêmes formalités, fixera également les points qui doivent être considérés comme points de jonction ou d'embranchement des itinéraires, ainsi que les délais d'attente, aux dits points, des trains combinés. — Les amendes dont il est parlé dans l'art. 12 de la loi du 23 novembre 1872 cité dans l'art. 150 du règlement que nous avons reproduit plus haut, varient entre un minimum de 250 *pesetas* et un maximum de 2500.

[1] Les compagnies ou entreprises d'assurance contre l'incendie payeront, à titre d'impôt de timbre correspondant aux contrats par elles passés, trois centimes pour mille *pesetas* du capital

compañías, piedras y metales preciosos, amonedados ó en pasta, y objetos artísticos, á no ser que expresamente se pactare lo contrario, determinando en la póliza el valor y circunstancias de dichos objetos.

388. En el contrato de seguros contra incendios, para que el asegurador quede obligado, deberá haber percibido la prima única convenida ó las parciales en los plazos que se hubiesen fijado.

La prima del seguro se pagará anticipadamente, y por el pago la hará suya el asegurador, sea cualquiera la duración del seguro.

389. Si el asegurado demorase el pago de la prima, el asegurador podrá rescindir el contrato dentro de las primeras cuarenta y ocho horas, comunicando inmediatamente su resolución al asegurado.

Si no hiciere uso de este derecho, se entenderá subsistente el contrato, y tendrá acción ejecutiva para exigir el pago de la prima ó primas vencidas, sin otro requisito que el reconocimiento de las firmas de la póliza.

390. Las sumas en que se valúen los efectos del seguro, las primas satisfechas por el asegurado, las designaciones y las valuaciones contenidas en la póliza, no constituirán por sí solas prueba de la existencia de los efectos asegurados en el momento y en el local en que ocurra el incendio.

391. La sustitución ó cambio de los objetos asegurados, por otros de distinto género ó especie no comprendidos en el seguro, anulará el contrato, á contar desde el momento en que se hizo la sustitución.

392. La alteración ó la transformación de los objetos asegurados, por caso fortuito ó por hecho de tercera persona, darán derecho á cualquiera de las partes para rescindir el contrato.

393. El seguro contra incendios comprenderá la reparación ó indemnización de todos los daños y pérdidas materiales causados por la acción directa del fuego y por las consecuencias inevitables del incendio, y en particular: 1.º Los gastos que ocasione al asegurado el transporte de los efectos con el fin de salvarlos; — 2.º Los menoscabos que sufran estos mismos objetos salvados; — 3.º Los daños que ocasionen las medidas adoptadas por la autoridad en lo que sea objeto del seguro, para cortar ó extinguir el incendio.

394. En los seguros contra accidentes meteorológicos, explosiones de gas ó de aparatos de vapor, el asegurador sólo responderá de las consecuencias del incendio que aquellos accidentes originen, salvo pacto en contrario.

395. El seguro contra incendios no comprenderá, salvo pacto en contrario, los perjuicios que puedan seguirse al asegurado por suspensión de trabajos, paralización de industria, suspensión de rendimientos de la finca incendiada, ó cualesquiera otras causas análogas que ocasionen pérdidas ó quebrantos.

396. El asegurador garantizará al asegurado contra los efectos del incendio, bien se origine de caso fortuito, bien de malquerencia de extraños, ó de negligencia propia ó de las personas de las cuales responda civilmente.

---

pesetas de capital asegurado si el seguro es á prima, y dos céntimos si el seguro fuere mutuo, entendiéndose que este impuesto habrá de satisfacerse igualmente por los seguros que se contraten en el extranjero siempre que tengan por objeto bienes inmuebles, muebles ó valores situados en España, y que las sociedades extranjeras de seguros contra incendios deberán satisfacer el mismo impuesto por los contratos que celebren en España. — Toda ocultación de seguro contratado ó de cantidad, según el caso, será castigada con una multa de 100 á 2000 pesetas sin perjuicio de que la Administración pública pueda con auxilio de la autoridad judicial proceder á la investigación de la contabilidad de la empresa y á la liquidación y cobranza de lo que resultare no haberse satisfecho con arreglo á ley. — Las empresas aseguradoras llevarán á este efecto por cada clase de seguros un registro de inscripción de pólizas por orden correlativo de numeración, en la forma que se disponga por el Reglamento de la L. del T. (29 April 1909) como auxiliares de su contabilidad, reintegrados á razón de 5 céntimos por folio, cuyo reintegro se verificará en papel de pagos al Estado, debiendo ser presentados á la respectiva Delegación de Hacienda para que los autorice y rubrique á la vez que suscriba la correspondiente nota en el papel de pagos al Estado. — Por último, la ley hace responsables del pago del timbre á los directores y gerentes de las empresas, sin perjuicio de que perciban su importe de los interesados en los seguros (Art. 176 á 179 y 227 de la L. del T.). — Por virtud de lo dispuesto en la Ley de 27 de marzo de 1900, con arreglo á la tarifa 3.ª de la misma pagarán, en concepto de impuesto sobre utilidades, las compañías de seguros de incendios nacionales y extranjeras el 2% de las primas de los seguros efectuados ó que efectúen.

de sociétés, les pierres et métaux précieux monnayés ou en barres, les objets d'art, à moins que le contraire ne soit expressément convenu et que l'on ne détermine dans la police la valeur et la description détaillée des dits objets.

388. Dans le contrat d'assurance contre l'incendie, pour que l'assureur soit obligé, il faudra qu'il ait reçu la prime unique convenue ou les primes partielles aux époques fixées.

La prime d'assurance se payera d'avance et, par le fait du payement, elle appartiendra à l'assureur, quelle que soit la durée de l'assurance.

389. Si l'assuré est en demeure pour le payement de la prime, l'assureur pourra résilier le contrat dans les quarante-huit heures qui suivront l'échéance, à charge de donner immédiatement avis de sa résolution à l'assuré.

S'il n'use pas de ce droit, le contrat sera considéré comme subsistant, et l'assureur aura une action exécutive pour exiger le payement de la prime ou des primes échues, sans autre condition que la reconnaissance des signatures de la police.

390. Les sommes auxquelles sont évalués les effets assurés, les primes acquittées par l'assuré, les désignations et les estimations contenues dans la police ne suffiront pas, par elles seules, pour prouver l'existence des effets assurés au moment et dans le lieu où se produit l'incendie.

391. Le remplacement ou le changement des objets assurés par d'autres objets de nature différente ou d'espèces non comprises dans l'assurance, annulera le contrat, à compter du moment où a été fait le remplacement.

392. Le changement ou la transformation des objets assurés, résultant d'un cas fortuit ou du fait d'un tiers, donnera à l'une quelconque des parties le droit de résilier le contrat.

393. L'assurance contre l'incendie comprendra la réparation ou l'indemnisation de tous les dommages et pertes matériels occasionnés par l'action directe du feu et par les conséquences inévitables de l'incendie, et en particulier: 1° Les frais qu'occasionne à l'assuré le transport des effets afin de les sauver; — 2° Les détériorations éprouvées par les objets sauvés; — 3° Les dommages résultant des mesures prises par l'autorité du lieu dans lequel se trouve l'objet de l'assurance, afin de couper et d'éteindre l'incendie.

394. Dans les assurances contre les accidents météorologiques, les explosions de gaz ou d'appareils à vapeur, l'assureur ne répondra que des conséquences de l'incendie occasionné par les dits accidents, sauf convention contraire.

395. L'assurance contre les incendies ne comprendra pas, sauf convention contraire, les préjudices pouvant résulter pour l'assuré de la suspension des travaux, de la suspension de l'industrie, de l'interruption des rendements de l'établissement incendié, ou d'autres causes quelconques analogues qui lui occasionnent une perte ou un dommage.

396. L'assureur garantira l'assuré contre les conséquences de l'incendie, que le sinistre provienne d'un cas fortuit, ou qu'il soit le résultat de la malveillance de tiers, ou de la négligence soit de l'assuré, soit des personnes dont il est civilement responsable.

---

assuré si l'assurance est à prime, et deux centimes, s'il s'agit d'une assurance mutuelle; cet impôt est également dû pour les assurances contractées à l'étranger lorsqu'elles ont pour objet des immeubles, meubles ou valeurs situées en Espagne, et, de leur côté, les sociétés étrangères doivent acquitter le même droit pour les contrats qu'elles font en Espagne. — Toute dissimulation portant sur l'assurance ou sur la somme sera punie, suivant le cas, d'une amende de 100 à 2000 *pesetas*, sans préjudice du droit de l'administration publique de faire procéder, avec l'assistance de l'autorité judiciaire, à des recherches dans la comptabilité de l'entreprise et à la liquidation et au recouvrement des droits qui n'auraient pas été acquittés conformément à la loi. — Les entreprises d'assurances tiendront à cet effet, pour chaque classe d'assurances, un registre d'inscription des polices, par ordre de numéros, dans la forme prescrite par le règlement de la loi sur le timbre (29 avril 1909), à titre de comptabilité auxiliaire, et ces registres seront soumis à un droit de 5 centimes par feuille, lequel sera acquitté à l'État en papier de payements, et ces livres devront être présentés à la direction respective de l'*Hacienda* pour que celle-ci les autorise et les paraphe en même temps qu'elle signe la note correspondante sur le papier de payements à l'État. — Enfin la loi rend les directeurs et gérants des entreprises responsables du payement des droits de timbre, sauf à se les faire rembourser par les assurés (art. 176 à 179 et 227 de la loi sur le timbre). — En vertu des dispositions contenues dans la loi du 27 mars 1900, et conformément au tarif n° 3 de cette loi, les compagnies nationales et étrangères d'assurances contre l'incendie payeront, à titre d'impôt sur le revenu, 2% du montant des primes des assurances par elles faites.

El asegurador no responderá de los incendios ocasionados por el delito del asegurado, ni por fuerza militar en caso de guerra, ni de los que se causen en tumultos populares, así como de los producidos por erupciones, volcanes y temblores de tierra.

397. La garantía del asegurador sólo se extenderá á los objetos asegurados y en el sitio en que lo fueron, y en ningún caso excederá su responsabilidad de la suma en que se valuaron los objetos ó se estimaron los riesgos.

398. El asegurado deberá dar cuenta al asegurador: 1.º De todos los seguros anterior, simultánea ó posteriormente celebrados; — 2.º De las modificaciones que hayan sufrido los seguros que se expresaron en la póliza; — 3.º De los cambios y alteraciones en calidad que hayan sufrido los objetos asegurados y que aumenten los riesgos.

399. Los' efectos asegurados por todo su valor no podrán serlo por segunda vez mientras subsista el primer seguro, excepto el caso en que los nuevos aseguradores garanticen ó afiancen el complimiento del contrato celebrado co nel primer asegurador.

400. Si en diferentes contratos un mismo objeto hubiere sido asegurado por una parte alícuota de su valor, los aseguradores contribuirán á la indemnización á prorrata de las sumas que aseguraron.

El asegurador podrá ceder á otros aseguradores parte ó partes del seguro, pero quedando obligado directa ó exclusivamente con el asegurado.

En los casos de cesión de parte del seguro, ó de reaseguro, los cesionarios que reciban la parte proporcional de la prima quedarán obligados, respecto al primer asegurador, á concurrir en igual proporción á la indemnización, asumiendo la responsabilidad de los arreglos, transacciones y pactos en que convinieren el asegurado y el principal ó primer asegurador.

401. Por muerte, liquidación ó quiebra del asegurado, y venta ó traspaso de los efectos, no se anulará el seguro, si fuere inmueble el objeto asegurado.

Por muerte, liquidación ó quiebra del asegurado, y venta ó traspaso de los efectos, si el objeto asegurado fuere mueble, fábrica ó tienda, el asegurador podrá rescindir el contrato.

En caso de rescisión, el asegurador deberá hacerlo saber al asegurado ó á sus representantes en el plazo improrrogable de quince días.

402. Si el asegurado ó su representante no pusieren en conocimiento del asegurador cualquiera de los hechos enumerados en el párrafo segundo del artículo anterior, dentro del plazo de quince días, el contrato se tendrá por nulo desde la fecha en que aquellos hechos hubieren ocurrido.

403. Los bienes muebles estarán afectos al pago de la prima del seguro con preferencia á cualesquiera otros créditos vencidos.

En cuanto á los inmuebles, se estará á lo que disponga la Ley Hipotecaria[1].

404. En caso de siniestro, el asegurado deberá participarlo inmeditamente al asegurador, prestando asimismo ante el juez municipal una declaración comprensiva de los objetos existentes al tiempo del siniestro, y de los efectos salvados, así como del importe de las pérdidas sufridas, según su estimación.

405. Al asegurado incumbe justificar el daño sufrido, probando la preexistencia de los objetos antes del incendio.

406. La valuación de los daños causados por el incendio, se fijará por peritos en la forma establecida en la póliza, por convenio que celebren las partes, ó, en su defecto, con arreglo á lo dispuesto por la Ley de Enjuiciamiento Civil[2].

407. Los peritos decidirán: 1.º Sobre las causas del incendio; — 2.º Sobre el valor real de los objetos asegurados, el día del incendio, antes de que éste

---

[1] La Ley Hipotecaria en su art. 168, apartado 6.º establece una hipoteca legal á favor de los aseguradores sobre los bienes asegurados por los premios del seguro de dos años; y si fuere el seguro mutuo, por los dos últimos dividendos que se hubieren hecho. Y el art. 220 concede al asegurador la preferencia de su crédito sobre los demás por los premios de los dos años ó los últimos dividendos que no se hubieren devengado. — Devengados y no satisfechos los premios de dos ó más años ó los últimos dividendos (dos ó más) conceden los art. 219 y 221 al asegurador de bienes inmuebles el derecho de poder exigir la constitución de una hipoteca especial sobre dichos bienes por toda la cantidad que importaren dichos premios ó dividendos, cuya inscripción no surtirá efecto sino desde su fecha.

[2] Véase para el nombramiento de peritos y su modo de funcionar nuestro estudio Del proc. jud. en las cuest. civ. merc.

L'assureur ne sera pas responsable des incendies occasionnés par le délit de l'assuré, par la force militaire en cas de guerre, ni de ceux qui sont allumés dans les tumultes populaires, non plus que de ceux qui sont produits par les éruptions volcaniques et par les tremblements de terre.

397. La garantie de l'assureur s'étendra seulement aux objets assurés et dans le lieu où ils l'auront été, et, dans aucun cas, la responsabilité ne dépassera la somme à laquelle les dits objets auront été évalués ou les risques estimés.

398. L'assuré devra rendre compte à l'assureur: 1° De toutes les assurances contractées antérieurement, simultanément ou postérieurement; — 2° Des modifications que les objets assurés viendront à éprouver, lesquelles seront mentionnées dans la police; — 3° Des changements et modifications survenus dans la qualité des objets assurés et qui sont de nature à augmenter les risques.

399. Les effets assurés pour la totalité de leur valeur ne pourront pas être assurés une seconde fois tant que subsistera la première assurance, sauf le cas où les nouveaux assureurs garantissent ou cautionnent l'exécution du premier contrat.

400. Si, dans des contrats différents, un même objet a été assuré pour une part aliquote de sa valeur, les assureurs contribueront à l'indemnité au prorata des sommes par eux assurées.

L'assureur pourra céder à d'autres assureurs une ou plusieurs parties du contrat, mais il demeurera directement et exclusivement obligé envers l'assuré.

Dans les cas de cession partielle de l'assurance, ou de réassurance, les cessionnaires qui reçoivent une part proportionnelle de la prime seront obligés, envers le premier assureur, à concourir dans la même proportion au payement de l'indemnité et à accepter la responsabilité des règlements, transactions et conventions intervenus entre l'assuré et le principal ou premier assureur.

401. Le décès, la liquidation, la faillite de l'assuré, et la vente ou la cession des effets n'annuleront pas l'assurance, si l'objet assuré est un immeuble.

En cas de décès, liquidation ou faillite de l'assuré, et de vente ou cession des effets, si l'objet assuré est un meuble, une fabrique ou une boutique, l'assureur pourra résilier le contrat.

En cas de rescision du contrat, l'assureur devra faire connaître ses intentions à l'assuré ou à ses représentants, dans un délai de quinze jours, lequel ne pourra être prorogé.

402. Si l'assuré ou son représentant ne portent pas à la connaissance de l'assureur l'un quelconque des faits énumérés dans le second paragraphe de l'article précédent dans le délai de quinze jours, le contrat sera considéré comme nul à dater du jour où les dits faits se sont produits.

403. Les biens meubles seront affectés au payement de la prime de l'assurance par préférence à toute autre créance quelconque échue.

Quant aux immeubles, on observera les dispositions de la loi hypothécaire[1].

404. En cas de sinistre, l'assuré devra avertir immédiatement l'assureur et présenter également au juge municipal une déclaration détaillée de tous les objets existants au moment du sinistre et des objets sauvés, ainsi que du montant des pertes éprouvées, d'après son estimation.

405. L'assuré doit justifier du dommage éprouvé en prouvant que les objets existaient antérieurement à l'incendie.

406. L'évaluation des dommages occasionnés par l'incendie sera faite par des experts, dans la forme indiquée dans la police ou convenue par les parties, ou, à son défaut, conformément aux prescriptions de la loi d'*Enjuiciamiento civil*[2].

407. Les experts prononceront: 1° Sur les causes de l'incendie; — 2° Sur la valeur réelle que les objets assurés avaient le jour de l'incendie, avant que le dit in-

---

[1] La loi hypothécaire, art. 168 alinéa 6, établit une hypothèque légale au profit des assureurs sur les biens assurés pour les primes d'assurances de deux années, et, s'il s'agit d'une assurance mutuelle, pour les deux derniers dividendes. D'autre part, l'art. 220 accorde à l'assureur un droit de préférence pour les primes des deux dernières années ou pour les derniers dividendes qui n'ont pas été acquittés. — Si les primes de deux ans ou de plus de deux ans ou les deux derniers dividendes (ou plus de deux dividendes) sont échus et non acquittés, les art. 219 et 221 accordent à l'assureur le droit d'exiger qu'on lui donne une hypothèque spéciale pour le garantir du payement de ces primes ou dividendes. Cette hypothèque ne produit effet qu'à compter de la date de son inscription.

[2] Pour la nomination des experts et leur mode de fonctionnement, voyez notre étude sur la procédure en matière civile et commerciale.

hubiere tenido lugar; — 3.º Sobre el valor de los mismos objetos después del siniestro, y sobre todo lo demás que se someta á su juicio.

408. Si el valor de las pérdidas sufridas excediere de la cantidad asegurada, el asegurado será reputado su propio asegurador por este exceso, y sufragará la parte alícuota que le corresponda de pérdidas y gastos.

409. El asegurador estará obligado á satisfacer la indemnización fijada por los peritos, en los diez días siguientes á su decisión, una vez consentida.

En caso de mora, el asegurador abonará al asegurado el interés legal de la cantidad debida, desde el vencimiento del término expresado.

410. La decisión de los peritos será título ejecutivo contra al asegurador, si fuere dada ante notario; y si no lo fuere, previo reconocimiento y confesión judicial de los peritos, de sus firmas y de la verdad del documento.

411. El asegurador optará, en los diez días fijados en el art. 409, entre indemnizar el siniestro ó reparar, reedificar ó reemplazar, según su género ó especie, en todo ó en parte, los objetos asegurados, y destruídos por el incendio, si convinieren en ello.

412. El asegurador podrá adquirir para sí los efectos salvados, siempre que abone al asegurado el valor real, con sujeción á la tasación de que trata el caso 2.º del art. 407.

413. El asegurador, pagada la indemnización, se subrogará en los derechos y acciones del asegurado, contra todos los autores ó responsables del incendio, por cualquier carácter y título que sea.

414. El asegurador, después del siniestro, podrá rescindir el contrato para accidentes ulteriores, así como cualquier otro que hubiere hecho con el mismo asegurado, avisando á éste con quince días de anticipación y devolviéndole la parte de prima correspondiente al plazo no transcurrido.

415. Los gastos que ocasionen la tasación pericial y la liquidación de la indemnización, serán de cuenta y cargo, por mitad, del asegurado y del asegurador; pero si hubiere exageración manifiesta del daño por parte del asegurado, éste será el único responsable de ellos.

Sección tercera.   Del seguro sobre la vida.[1]

416. El seguro sobre la vida comprenderá todas las combinaciones que puedan hacerse, pactando entregas de primas ó entregas de capital á cambio de disfrute de renta vitalicia ó hasta cierta edad, ó percibo de capitales, al fallecimiento de persona cierta, en favor del asegurado, su causahabiente ó una tercera persona, y cualquiera otra combinación semejante ó análoga.

417. La póliza del seguro sobre la vida contendrá, además de los requisitos que exige el artículo 383, los siguientes: 1.º Expresión de la cantidad que se asegura, en capital ó renta; — 2.º Expresión de las disminuciones ó aumentos del capital ó renta asegurados, y de las fechas desde las cuales deberán contarse aquellos aumentos ó disminuciones.

418. Podrá celebrarse este contrato de seguro por la vida de un individuo ó de varios, sin exclusión de edad, condiciones, sexo ó estado de salud.

419. Podrá constituirse el seguro á favor de una tercera persona, expresando en la póliza el nombre, apellido y condiciones del donatario ó persona asegurada, ó determinándola de algún otro modo indudable.

420. El que asegure á una tercera persona es el obligado á cumplir las condiciones del seguro, siendo aplicable á éste lo dispuesto en los artículos 426 y 430.

---

[1] Todo lo dicho en la nota anterior respecto á las empresas de seguros sobre incendios tiene perfecta aplicación á las de seguros sobre la vida, sin más que tener en cuenta que por razón del impuesto anual del timbre, en vez de los tres ó dos céntimos que por cada mil pesetas de capital asegurado han de satisfacer aquellas, satisfarán estas dos pesetas por cada mil de las cantidades recaudadas por seguros de vida (art. 177, L. del T.). — En concepto de utilidades, y á tenor de lo dispuesto en la Ley de 27 de marzo de 1900, pagarán el 0,50 % las primas de los seguros nuevos ó antiguos efectuados en España por las compañías regulares de seguros de vida.

cendie se soit déclaré; — 3° Sur la valeur des mêmes objets après l'incendie, et sur tous les autres points soumis à leur examen.

408. Si le montant des pertes éprouvées dépasse la somme assurée, l'assuré sera considéré comme étant son propre assureur pour cet excédant, et il supportera la part proportionnelle des pertes et des frais.

409. L'assureur sera obligé d'acquitter l'indemnité fixée par les experts, dans les dix jours qui suivent leur décision une fois acceptée par les parties.

En cas de retard, l'assureur payera l'intérêt légal de la somme due depuis l'échéance du dit délai.

410. La décision des experts servira de titre exécutoire contre l'assureur, si elle a été rendue par-devant notaire, et, dans le cas contraire, après reconnaisance préalable et attestation en justice par les experts de leurs signatures et de la sincérité du document.

411. L'assureur optera, dans le délai de dix jours fixé par l'article 409, entre le payement de l'indemnité due pour le sinistre et la réparation, la reconstruction ou le remplacement, suivant leur genre ou espèce, en tout en partie, des objets assurés et détruits par l'incendie, si les parties se sont mises d'accord à cet égard.

412. L'assureur pourra se rendre acquéreur des objets sauvés, toutes les fois qu'il bonifiera à l'assuré la valeur réelle des dits objets, conformément à l'estimation dont il est question dans le n° 2 de l'article 407.

413. L'assureur, lorsqu'il aura payé l'indemnité, sera subrogé dans les droits et actions de l'assuré contre tous les auteurs ou personnes responsables de l'incendie, à quelque titre ou qualité que ce soit.

414. L'assureur pourra, après le sinistre, résilier le contrat pour les accidents ultérieurs, ainsi que tout autre contrat fait entre lui et l'assuré, en avisant celui-ci quinze jours à l'avance et à charge de restituer à l'assuré la part de prime correspondante au délai restant à courir.

415. Les frais occasionnés par l'expertise et la liquidation de l'indemnité seront supportés par moitié par l'assuré et par l'assureur; l'assuré, toutefois, s'il y a de sa part exagération manifeste du dommage, sera seul responsable des dits frais.

Section III. De l'assurance sur la vie.[1]

416. L'assurance sur la vie comprendra toutes les combinaisons qu'il est possible de faire, en convenant de payer des primes ou de verser un capital afin d'obtenir en échange soit la jouissance d'une rente viagère ou d'une rente payable jusqu'à un certain âge, soit, au décès d'une personne déterminée, le payement de capitaux à faire au profit de l'assuré, de son ayant-cause ou d'un tiers, et toute autre combinaison quelconque équivalente ou analogue.

417. La police de l'assurance sur la vie contiendra, outre les mentions requises par l'article 383, les indications suivantes: 1° L'énonciation de la somme assurée en capital ou en rentes; — 2° L'énonciation des diminutions ou augmentations du capital ou de la rente assurée, et des dates à compter desquelles devront se produire les dites augmentations et diminutions.

418. L'assurance pourra être faite sur la vie d'une ou de plusieurs personnes, sans exclusion d'âge, de sexe ou d'état de santé.

419. L'assurance pourra être contractée au profit d'un tiers, en indiquant dans la police le prénom, le nom et les conditions du bénéficiaire ou de la personne assurée, ou en désignant cette personne d'une autre manière qui ne laisse point place au doute.

420. Celui qui a contracté une assurance au profit d'un tiers est obligé à exécuter les conditions du contrat d'assurance; les dispositions des articles 426 et 430 sont applicables à cette assurance.

---

[1] Tout ce que nous avons dit dans la note précédente à propos des assurances contre l'incendie, s'applique entièrement aux assurances sur la vie, sauf cette différence que le droit de timbre, au lieu d'être de 3 ou de 2 centimes pour mille du capital assuré, est de 2 *pesetas* pour mille des sommes touchées pour assurances sur la vie (loi sur le timbre, art. 177). — A titre d'impôt sur le revenu, en vertu de la loi du 27 mars 1900, les compagnies d'assurances sur la vie, payeront 0,50% sur les primes des assurances anciennes ou nouvelles réalisées par elles en Espagne.

421. Sólo el que asegure y contrate directamente con la compañía aseguradora, estará obligado al cumplimiento del contrato como asegurado y á la entrega consiguiente del capital, ya satisfaciendo la cuota única, ya las parciales que se hayan estipulado.

La póliza, sin embargo, dará derecho á la persona asegurada, para exigir de la compañía aseguradora el cumplimiento del contrato.

422. Sólo se entenderán comprendidos en el seguro sobre la vida los riesgos que específica y taxativamente se enumeren en la póliza.

423. El seguro para el caso de muerte no comprenderá el fallecimiento, si ocurriere en cualquiera de los casos siguientes: 1.º Si el asegurado falleciere en duelo ó de resultas de él; — 2.º Si se suicidare; — 3.º Si sufriere la pena capital por delitos comunes.

424. El seguro para el caso de muerte no comprenderá, salvo el pacto en contrario y el pago correspondiente por el asegurado de la sobreprima exigida por el asegurador: 1.º El fallecimiento ocurrido en viajes fuera de Europa; — 2.º El que ocurriere en el servicio militar de mar ó tierra en tiempo de guerra; — 3.º El que ocurriere en cualquier empresa ó hecho extraordinario y notoriamente temerario é imprudente.

425. El asegurado que demore la entrega del capital ó de la cuota convenida, no tendrá derecho á reclamar el importe del seguro ó cantidad asegurada, si sobreviniere el siniestro ó se cumpliere la condición del contrato estando él en descubierto.

426. Si el asegurado hubiere satisfecho varias cuotas parciales y no pudiere continuar el contrato, lo avisará al asegurador, rebajándose el capital asegurado hasta la cantidad que esté en justa proporción con las cuotas pagadas, con arreglo á los cálculos que aparecieren en las tarifas de la compañía aseguradora, y habida cuenta de los riesgos corridos por ésta.

427. El asegurado deberá dar cuenta al asegurador, de los seguros sobre la vida, que anterior ó simultáneamente celebre con otras compañías aseguradoras.

La falta de este requisito privará al asegurado de los beneficios del seguro, asistiéndole sólo el derecho á exigir el valor de la póliza.

428. Las cantidades que el asegurador deba entregar á la persona asegurada, en cumplimiento del contrato, serán propiedad de ésta, aun contra las reclamaciones de los herederos legítimos y acreedores de cualquiera clase del que hubiere hecho el seguro á favor de aquélla.

429. El concurso ó quiebra del asegurado no anulará ni rescindirá el contrato de seguro sobre la vida; pero podrá reducirse, á solicitud de los representantes legítimos de la quiebra, ó liquidarse en los términos que fija el art. 426.

430. Las pólizas de seguros sobre la vida, una vez entregados los capitales ó satisfechas las cuotas á que se obligó el asegurado, serán endosables, estampándose el endoso en la misma póliza, haciéndose saber á la compañía aseguradora de una manera auténtica por el endosante y el endosatario.

431. La póliza de seguros sobre la vida, que tenga cantidad fija y plazo señalado para su entrega, ya en favor del asegurado, ya en el del asegurador, producirá acción ejecutiva respecto de ambos[1].

La compañía aseguradora, transcurrido el plazo fijado en la póliza para el pago, podrá además rescindir el contrato, comunicando su resolución en un término que no exceda de los veinte días siguientes al vencimiento, y quedando únicamente en beneficio del asegurado el valor de la póliza.

Sección cuarta. Del seguro de transporte terrestre.[2]

432. Podrán ser objeto del contrato de seguro contra los riesgos de transporte todos los efectos transportables por los medios propios de la locomoción terrestre.

---

[1] La acción ejecutiva permite emplear para el cobro de lo debido el procedimiento ejecutivo que puede verse en el estudio «Del proc. jud. en las cuest. civ.-merc.» — Pero con arreglo á lo prevenido en la Ley sobre utilidades de 27 de marzo de 1900 habrán de satisfacer el 0,50% de las primas de los seguros que efectúen en España las compañías aseguradoras. Otro tanto habrán de pagar por el mismo concepto las cooperativas de seguros y las de transportes.

[2] Los aseguradores de esta clase de seguros no han sido objeto de ninguna declaración especial en la L. del T., sin duda por la escasa importancia que alcanzan esta clase de

421. Celui qui assure et qui contracte directement avec la compagnie d'assurances sera seul obligé à exécuter le contrat comme assuré et à remettre en conséquence le capital, en payant soit la quote-part unique, soit les primes partielles qui auront été stipulées.

La police, cependant, donnera le droit à la personne assurée d'exiger de la compagnie d'assurances l'exécution du contrat.

422. Ne seront réputés compris dans l'assurance sur la vie que les risques spécifiés et expressément énumérés dans la police.

423. L'assurance pour le cas le décès ne comprendra pas la mort survenue, savoir: 1° En duel ou à la suite d'un duel; — 2° Par suicide; — 3° Par suite de l'exécution de la peine capitale pour délits de droit commun.

424. L'assurance pour le cas de décès ne comprendra pas, sauf s'il y a convention contraire et payement par l'assuré de la surprime exigée par l'assureur: 1° Le décès survenu en voyage hors de l'Europe; — 2° Le décès survenu durant l'accomplissement d'un service militaire sur mer ou sur terre en temps de guerre; — 3° Le décès survenu dans une entreprise quelconque ou dans une action extraordinaire et notoirement téméraire et imprudente.

425. L'assuré qui est en demeure pour le payement du capital ou de la prime convenue, n'aura pas le droit de réclamer le montant de l'assurance ou la somme assurée, si le sinistre se produit ou si la condition se réalise durant que le dit payement est en souffrance.

426. Si l'assuré, après avoir acquitté un certain nombre de primes partielles, se trouve dans l'impossibilité de continuer les versements prévus par le contrat, il en donnera avis à l'assureur, et le capital assuré sera réduit en proportion des primes payées, conformément aux calculs indiqués dans les tarifs de la compagnie d'assurances, et en tenant compte des riques courus par la dite compagnie.

427. L'assuré devra aviser l'assureur des autres assurances par lui contractées antérieurement ou simultanément avec d'autres compagnies d'assurances.

Faute par lui de remplir cette obligation, l'assuré perdra les bénéfices de l'assurance, et il aura seulement le droit d'exiger la valeur de la police.

428. Les sommes que l'assureur doit payer à la personne assurée en exécution du contrat seront la propriété de celle-ci, nonobstant les réclamations des héritiers légitimes et des créanciers de toute classe de celui qui a contracté l'assurance au profit de cette personne.

429. La déconfiture ou la faillite de l'assuré ne sera pas une cause de rescision ni de nullité du contrat d'assurance sur la vie; toutefois, le contrat pourra être réduit, à la diligence des représentants légitimes de la faillite, ou liquidé dans les termes fixés par l'article 426.

430. Les polices d'assurance sur la vie, une fois que le capital ou les primes que l'assuré s'est obligé à payer auront été acquittées, seront endossables à condition que l'endossement soit inscrit sur la police elle-même et notifié d'une manière authentique à la compagnie d'assurance par l'endosseur et le cessionnaire.

431. La police d'assurance sur la vie, qui contient l'indication d'une somme fixe et d'un délai déterminé pour le payement soit en faveur de l'assuré, soit au profit de l'assureur, produira une action exécutive à l'égard de tous les deux[1].

La compagnie d'assurances, après l'expiration du délai fixé dans la police pour le payement, pourra, en outre, résilier le contrat, en notifiant sa résolution dans un délai qui ne dépassera pas vingt jours à dater de l'échéance, et en laissant seulement à l'assuré la valeur de la police.

Section IV. De l'assurance du transport par terre.[2]

432. Pourront être l'objet du contrat d'assurance contre les risques du transport, tous les effets transportables par les moyens propres à la locomotion terrestre.

---

[1]) L'action exécutive permet d'employer, pour poursuivre le recouvrement de la somme due, la procédure exécutive. Sur cette procédure, voyez notre étude sur la procédure en matière civile et commerciale. — En conformité de la loi du 27 mars 1900 sur l'impôt sur le revenu, les compagnies d'assurances doivent payer un droit de 0,50% sur les primes des assurances par elles faites en Espagne. Les compagnies coopératives d'assurances et les compagnies de transport doivent payer le même droit pour le même motif.

[2]) Les assureurs de cette catégorie d'assurances n'ont été l'objet d'aucune mention spéciale dans la loi sur le timbre, sans doute à raison du peu de développement de cette branche d'assu-

433. Además de los requisitos que debe contener la póliza, según el art. 383, la de seguro de transportes contendrá: 1.º La empresa ó persona que se encargue del transporte; — 2.º Las calidades específicas de los efectos asegurados, con expresión del número de bultos y de las marcas que tuvieren; — 3.º La designación del punto en donde se hubieren de recibir los géneros asegurados, y del en que se haya de hacer la entrega.

434. Podrán asegurar, no sólo los dueños de las mercaderías transportadas, sino todos los que tengan interés ó responsabilidad en su conservación, expresando en la póliza el concepto en que contratan el seguro.

435. El contrato de seguro de transportes comprenderá todo género de riesgos, sea cualquiera la causa que los origine; pero el asegurador no responderá de los deterioros originados por vicio propio de la cosa ó por el transcurso natural del tiempo, salvo pacto en contrario.

436. En los casos de deterioro por vicio de la cosa ó transcurso del tiempo, el asegurador justificará judicialmente el estado de las mercaderías aseguradas, dentro de las veinticuatro horas siguientes á su llegada al lugar en que deban entregarse.

Sin esta justificación no será admisible la excepción que proponga para eximirse de su responsabilidad como asegurador.

437. Los aseguradores se subrogarán en los derechos de los asegurados, para repetir contra los porteadores los daños de que fueren responsables con arreglo á las prescripciones de este Código.

Sección quinta. De las demás clases de seguros.[1]

438. Podrá ser asimismo objeto del contrato de seguro mercantil cualquiera otra clase de riesgos que provengan de casos fortuitos ó accidentes naturales, y los pactos que se consignen deberán cumplirse, siempre que sean lícitos y estén conformes con las prescripciones de la sección primera de este título.

Título IX. De los afianzamientos mercantiles.

439. Será reputado mercantil todo afianzamiento que tuviere por objeto asegurar el cumplimiento de un contrato mercantil, aun cuando el fiador no sea comerciante.

440. El afianzamiento mercantil deberá constar por escrito, sin lo cual no tendrá valor ni efecto.

441. El afianzamiento mercantil será gratuito, salvo pacto en contrario.

442. En los contratos por tiempo indefinido, pactada una retribución al fiador, subsistirá la fianza hasta que, por la terminación completa del contrato principal que se afiance, se cancelen definitivamente las obligaciones que nazcan de él, sea cual fuere su duración, á no ser que por pacto expreso se hubiere fijado plazo á la fianza.

Título X. Del contrato y letras de cambio.

Sección primera. De la forma de las letras de cambio.

443. La letra de cambio se reputará acto mercantil, y todos los derechos y acciones que de ella se originen, sin distinción de personas, se regirán por las disposiciones de este Código.

---

seguros, pero sus pólizas, por virtud de lo dispuesto en el art. 190 de la misma, si exceden de 10 pesetas pagarán timbre proporcional á su cuantía con sujeción á la escala que puede verse en la nota 1, pág. 109.

¹) Los seguros que se efectúen sobre los accidentes del trabajo están exentos de todo impuesto de timbre (art. 177, L. del T.). — Las demás compañías aseguradoras que se propongan la reparación ó indemnización de daños ó perjuicios sobre las cosas ó propiedades, cualquiera que sea su organización, pagarán el 2% de las primas de los seguros que efectúen en España.

433. Outre les mentions requises par l'article 383, la police d'assurance des transports énoncera: 1° L'entreprise ou la personne chargée du transport; — 2° Les qualités spécifiques des effets assurés, avec l'indication du nombre des colis et de leurs marques; — 3° La désignation du lieu où les marchandises assurées doivent être reçues et de celui où doit se faire la livraison.

434. Pourra l'assurance être contractée non seulement par les propriétaires des marchandises transportées, mais aussi par tous ceux qui ont intérêt à les conserver ou qui sont responsables de leur conservation, en indiquant sur la police la qualité dans laquelle ils contractent l'assurance.

435. Le contrat d'assurance des transports comprendra toute espèce de risques, quelle que soit la cause qui les occasionne; toutefois, l'assureur ne sera pas responsable des détériorations résultant du vice propre de la chose ou du temps naturellement écoulé, sauf convention contraire.

436. Dans les cas de détérioration résultant d'un vice propre de la chose ou du temps écoulé, l'assureur fera constater judiciairement l'état des marchandises assurées, dans les vingt-quatre heures qui suivront leur arrivée au lieu où la dite livraison doit être faite.

A défaut de cette justification, l'exception par lui opposée pour s'affranchir de la responsabilité lui incombant en qualité d'assureur, ne sera pas recevable.

437. Les assureurs seront subrogés dans les droits appartenant aux assurés pour réclamer aux voituriers la réparation des dommages dont ceux-ci sont responsables conformément au présent Code.

Section V. Des autres espèces d'assurances.[1]

438. Pourra faire également l'objet du contrat d'assurance commercial, toute autre catégorie de risques provenant de cas fortuits ou d'accidents naturels, et les conventions auxquelles ils donneront lieu devront être exécutées, toutes les fois qu'elles sont licites et conformes aux prescriptions de la première section du présent titre.

Titre IX. Des cautionnements commerciaux.

439. Sera réputé commercial, tout cautionnement ayant pour objet de garantir l'exécution d'un contrat commercial, même lorsque la caution n'aura pas la qualité de commerçant.

440. Le cautionnement commercial devra être constaté par écrit; sinon il n'aura ni valeur, ni effet.

441. Le cautionnement commercial sera gratuit, sauf convention contraire.

442. Dans les contrats faits pour une durée indéfinie, si une rétribution a été stipulée pour la caution, le cautionnement subsistera jusqu'à ce que, par suite de l'entier accomplissement du contrat principal qu'il garantit, toutes les obligations nées du dit contrat aient été éteintes, à moins qu'une convention expresse n'ait fixé une durée à la garantie.

Titre X. Du contrat et des lettres de change.

Section première. De la forme des lettres de change.

443. La lettre de change sera réputée acte de commerce, et tous les droits et actions auxquels elle donne naissance seront, sans distinction de personnes, régis par les dispositions du présent Code.

---

rances; mais leurs polices, en vertu de l'art. 190 de cette même loi, quand elles dépassent 10 *pesetas*, sont soumises à un droit de timbre proportionnel d'après l'échelle que le lecteur trouvera ci-dessus page 109, note 1.

[1]) Les assurances ayant pour objet les accidents du travail sont exemptes de tout droit de timbre (loi sur le timbre, art. 177). — Les autres compagnies d'assurances qui ont pour but la réparation ou l'indemnisation des dommages ou préjudices sur les choses ou les propriétés, quelle que soit leur organisation, payeront un droit de 2% sur les primes des assurances par elles faites en Espagne.

444. La letra de cambio deberá contener, para que surta efecto en juicio[1]: 1.º La designación del lugar, día, mes y año en que la misma se libra; — 2.º La época en que deberá ser pagada; — 3.º El nombre y apellido, razón social ó título de aquel á cuya orden se mande hacer el pago; — 4.º La cantidad que el librador manda pagar, expresándola en moneda efectiva ó en las nominales que el comercio tuviere adoptadas para el cambio; — 5.º El concepto en que el librador se declara reintegrado por el tomador, bien por haber recibido su importe en efectivo, ó mercaderías ú otros valores lo cual se expresará con la frase de «valor recibido», bien por tomárselo en cuenta en las que tenga pendientes, lo cual se indicará con la de «valor en cuenta» ó «valor entendido»; — 6.º El nombre y apellido, razón social ó título de aquel de quien se recibe el importe de la letra, ó á cuya cuenta se carga; — 7.º El nombre y apellido, razón social ó título de la persona ó compañía á cuyo cargo se libra, así como también su domicilio; — 8.º La firma del librador, de su propio puño, ó de su apoderado al efecto con poder bastante.

445. Las cláusulas de «valor en cuenta» y «valor entendido» harán responsable al tomador de la letra del importe de la misma en favor del librador, para exigirlo ó compensarlo en la forma y tiempo que ambos hayan convenido al hacer el contrato de cambio.

446. El librador podrá girar la letra de cambio: 1.º Á su propia orden[2]; — 2.º Á cargo de una persona, para que haga el pago en el domicilio de un tercero;

[1] Las letras de cambio cuyo vencimiento no exceda de seis meses llevarán el timbre del precio que corresponda á su cuantía con arreglo á la siguiente escala:

Cuantía del efecto				Clase	Precio Pesetas
Hasta	100	pesetas		16ª	0,10
Desde	100,01	hasta	250	15ª	0,25
,,	250,01	,,	500	14ª	0,50
,,	500,01	,,	1 000	13ª	1,00
,,	1 000,01	,,	2 000	12ª	2,00
,,	2 000,01	,,	3 000	11ª	3,00
,,	3 000,01	,,	4 000	10ª	4,00
,,	4 000,01	,,	5 000	9ª	5,00
,,	5 000,01	,,	7 000	8ª	7,00
,,	7 000,01	,,	10 000	7ª	10,00
,,	10 000,01	,,	20 000	6ª	20,00
,,	20 000,01	,,	30 000	5ª	30,00
,,	30 000,01	,,	40 000	4ª	40,00
,,	40 000,01	,,	50 000	3ª	50,00
,,	50 000,01	,,	75 000	2ª	75,00
,,	75 000,01	,,	100 000	1ª	100,00

— Cuando la cuantía de la letra exceda de 100 000 pesetas se fijarán además en la misma los timbres móviles correspondientes á la diferencia ó exceso, á razón de una peseta por cada 1000 pesetas ó fracción de ellas, inutilizándose dichos timbres fijando en ellos la fecha del documento. — Si el vencimiento de las letras excediere de seis meses devengarán por derecho de timbre el doble del fijado en la anterior escala (art. 138 de la L. del T.). — El Estado expenderá al público las letras de cambio, pagarés á la orden y pólizas de préstamo con garantías de valores cotizables con el timbre especial de la anterior escala. Sin embargo los Bancos, sociedades legalmente constituídas, Montes de Piedad y los comerciantes nacionales ó extranjeros que acomoden su contabilidad á las prescripciones del Cód. de com., podrán acudir á la Dirección general del ramo, por conducto de las respectivas Delegaciones de Hacienda, para timbrar los impresos especiales de dichos efectos que presenten (art. 143 L. de T.). — Los giros que se hagan por telégrafo se reintegrarán fijando en el original en que se redacte el telegrama los timbres móviles correspondientes á su cuantía con arreglo á la escala anterior, y según el plazo de su vencimiento, inutilizándolos en la forma indicada para los timbres que han de fijarse en las letras de más de 100 000 pesetas (art. 145 L. del T.). — Se prohibe á todas las personas, Bancos y sociedades, establecimientos públicos y comercios que guarden en caja por su cuenta ó cuenta ajena las letras de cambio y demás efectos comerciales que no lleven el timbre correspondiente (art. 152, L. del T.).

[2] Le ley de 29 de julio de 1903 modificó este artículo, suprimiendo de él los palabras siguientes, que figuraban en la redacción primitiva del texto legal: *expresando retener en sí mismo el valor de ella.*

444. La lettre de change devra contenir, pour produire un effet en justice[1]: 1° La désignation des lieu, jour, mois et an où elle est tirée; — 2° L'époque à laquelle elle devra être payée; — 3° Les prénom et nom, raison sociale ou titre de celui à l'ordre de qui elle doit être payée; — 4° La somme que le tireur ordonne de payer, laquelle devra être indiquée en monnaie effective, ou dans les monnaies nominales adoptées par le commerce pour le change; — 5° La manière dont le tireur se dit remboursé par le preneur, soit qu'il ait reçu le montant de la lettre de change en argent comptant ou en marchandises, ou en autres valeurs, ce qu'il indiquera au moyen des mots *valeur reçue*, soit qu'il l'ait porté en compte dans les comptes pendants entre eux, ce qui s'exprimera par les mots *valeur en compte* ou *valeur entendue*; — 6° Les prénom, nom, raison sociale ou titre de celui de qui le tireur reçoit le montant de la lettre de change, ou au compte de qui la dite lettre est portée; — 7° Les prénom et nom, raison sociale ou titre de la personne ou de la compagnie sur qui la lettre est tirée, ainsi que son domicile; — 8° La signature du tireur, apposée de sa main, ou celle de son fondé des pouvoirs suffisamment autorisé par lui à cet effet.

445. Les clauses *valeur en compte* et *valeur entendue*, rendront le preneur responsable du montant de la lettre au profit du tireur et l'obligeront à la payer ou à compenser sa valeur dans la forme et à l'époque dont ils sont convenus entre eux, au moment où ils ont fait le contrat de change.

446. Le tireur pourra tirer la lettre de change: 1° A son ordre[2]; — 2° Sur une personne, pour qu'elle fasse le payement au domicile d'un tiers; — 3° Sur lui-même,

---

[1] Les lettres de change dont l'échéance n'est pas supérieure à six mois, sont soumises à un droit de timbre proportionnel à leur valeur, d'après l'échelle suivante:

Montant de l'effet				Timbre	
				Classe	Prix en Pesetas
Jusqu'à	100	*pesetas*		16e	0,10
De	100,01	jusqu'à	250	15e	0,25
,,	250,01	,,	500	14e	0,50
,,	500,01	,,	1 000	13e	1,00
,,	1 000,01	,,	2 000	12e	2,00
,,	2 000,01	,,	3 000	11e	3,00
,,	3 000,01	,,	4 000	10e	4,00
,,	4 000,01	,,	5 000	9e	5,00
,,	5 000,01	,,	7 000	8e	7,00
,,	7 000,01	,,	10 000	7e	10,00
,,	10 000,01	,,	20 000	6e	20,00
,,	20 000,01	,,	30 000	5e	30,00
,,	30 000,01	,,	40 000	4e	40,00
,,	40 000,01	,,	50 000	3e	50,00
,,	50 000,01	,,	75 000	2e	75,00
,,	75 000,01	,,	100 000	1e	100,00

Lorsque la valeur de la lettre de change est supérieure à 100 000 *pesetas*, on apposera, en outre, les timbres mobiles correspondant à la différence ou au supplément, à raison d'une *peseta* par 1000 *pesetas* ou fraction de 1000 *pesetas*, et ces timbres seront annulés en y apposant la date de la lettre de change. — Si l'échéance des lettres de change est à plus de six mois, le droit de timbre est porté au double du droit indiqué dans l'échelle précédente (loi sur le timbre, art. 138). — L'État délivrera au public les lettres de change, billets à ordre et polices de prêts garantis par des valeurs cotées avec le timbre spécial spécifié dans l'échelle précédente. Cependant les banques, les sociétés légalement constituées, les Monts de Piété et les commerçants nationaux ou étrangers dont la comptabilité est tenue conformément aux prescriptions du Code de commerce, peuvent s'adresser à la direction générale du timbre, par l'intermédiaire des délégations respectives de l'*Hacienda*, pour faire timbrer les imprimés spéciaux de leurs effets (loi sur le timbre, art. 143). — Les tirages faits par télégramme acquitteront le droit en apposant sur l'original du télégramme les timbres mobiles correspondant à la valeur de l'effet, d'après l'échelle ci-dessus et le délai de son échéance. Ces timbres sont oblitérés de la même manière que les timbres mobiles apposés sur les lettres de change d'une valeur supérieure à 100 000 *pesetas*. (loi sur le timbre, art. 145). — Il est interdit à toutes personnes, ainsi qu'aux banques et sociétés et aux établissements publics et de commerce de conserver en caisse, pour leur compte ou pour le compte d'autrui, des lettres de change ou d'autres effets de commerce non régulièrement timbrés (loi sur le timbre, art. 152).

[2] La loi du 29 juillet 1903 a modifié cet article en supprimant les mots suivants qui se trouvaient dans la rédaction primitive: *en indiquant qu'il retient pour lui-même la valeur de la dite lettre.*

— 3.º Á su propio cargo, en lugar distinto de su domicilio; — 4.º Á cargo de otro, en el mismo punto de la residencia del librador; — 5.º Á nombre propio, pero por orden y cuenta de un tercero, expresándose así en la letra.

Esta circunstancia no alterará la responsabilidad del librador, ni el tenedor adquirirá derecho alguno contra el tercero por cuya cuenta se hizo el giro.

447. Todos los que pusieren firmas á nombre de otro en letras de cambio, como libradores, endosantes ó aceptantes, deberán hallarse autorizados para ello con poder de las personas en cuya representación obraren, expresándolo así en la antefirma.

Los tomadores y tenedores de letras tendrán derecho á exigir á los firmantes la exhibición del poder.

Los administradores de compañías se entenderán autorizados por el solo hecho de su nombramiento.

448. Los libradores no podrán negar á los tomadores de las letras la expedición de segundas y terceras[1] y cuantas necesiten y les pidan de un mismo tenor, siempre que la petición se hiciere antes del vencimiento de las letras, salvo lo dispuesto en el art. 500, expresando en todas ellas que no se reputarán válidas sino en el caso de no haberse hecho el pago en virtud de la primera ó de otras de las expedidas anteriormente.

449. En defecto de ejemplares duplicados de la letra expedida por el librador, podrá cualquier tenedor dar al tomador una copia, expresando que la expide á falta del original que se trate de suplir.

En esta copia deberán insertarse literalmente todos los endosos que contenga el original.

450. Si la letra de cambio adoleciere de algún defecto ó falta de formalidad legal, se reputará pagaré á favor del tomador y á cargo del librador.

Sección segunda.   De los términos y vencimiento de las letras.

451. Las letras de cambio podrán girarse al contado ó á plazo por uno de estos términos: 1.º Á la vista; — 2.º Á uno ó más días, á uno ó más meses vista; — 3.º A uno ó más días, á uno ó más meses fecha; — 4.º Á uno ó más usos; — 5.º Á día fijo ó determinado; — 6.º Á una feria[2].

452. Cada uno de estos términos obligará al pago de las letras, á saber: 1.º El de la vista, en el acto de su presentación; — 2.º El de días ó meses vista, el día en que se cumplan los señalados, contándolos desde el siguiente al de la aceptación, ó del protesto por falta de haberla aceptado; — 3.º El de días ó meses fecha y el de uno ó más usos, el día en que cumplan los señalados, contándose desde el inmediato al de la fecha del giro; — 4.º Las giradas á día fijo ó determinado, en el mismo; — 5.º Las giradas á una feria, el último día de ella.

453. El uso de las letras giradas de plaza á plaza en lo interior de la Península é Islas adyacentes, será el de sesenta días.

El de las letras giradas en el extranjero sobre cualquier plaza de España, será: En las de Portugal, Francia, Inglaterra, Holanda y Alemania, sesenta días; — En las demás plazas, noventa días.

454. Los meses para el término de las letras se computarán de fecha á fecha.

Si en el mes del vencimiento no hubiere día equivalente al de la fecha en que la letra se expidió, se entenderá que vence el último día del mes.

455. Todas las letras deberán satisfacerse el día de su vencimiento, antes de la puesta del sol, sin término de gracia ó cortesía.

Si fuere festivo el día del vencimiento, se pagará la letra en el precedente.

---

[1] Estos ejemplares pueden expedirse sin timbre alguno (art. 148, L. del T.).
[2] Téngase en cuenta con respecto al vencimiento lo consignado ya en la nota 1, pág. 157, ó sea que si el vencimiento excede de seis meses el derecho de timbre es doble.

dans un lieu distinct de son domicile; — 4° Sur une autre personne, dans le lieu même de la résidence du tireur; — 5° En son nom personnel, mais par ordre et pour le compte d'un tiers, pourvu qu'il l'indique en termes exprès dans la lettre.

Cette circonstance ne modifiera pas la responsabilité du tireur, et le porteur n'acquerra aucun droit contre le tiers pour le compte de qui la lettre est tirée.

447. Tous ceux qui apposeront leur signature au nom d'un tiers sur les lettres de change, comme tireurs, endosseurs ou accepteurs, devront être autorisés à cet effet par un pouvoir des personnes en représentation desquelles ils agissent, et l'indiquer dans la mention qui précède leur signature.

Les preneurs et porteurs des lettres de change auront le droit d'exiger des signataires l'exhibition du pouvoir.

Les administrateurs des sociétés seront réputés autorisés par le seul fait de leur nomination.

448. Les tireurs ne pourront, sauf les dispositions de l'art. 500,[1] refuser aux preneurs des lettres de change des seconds et troisième exemplaires[1] en autant de nombre qu'ils en auront besoin et les demanderont, d'une même teneur, pourvu que la demande en soit faite avant l'échéance des lettres de change, à la condition de mentionner sur tous ces exemplaires qu'ils ne seront considérés comme valables que dans le cas où le payement n'aurait pas été effectué en vertu de l'original ou des autres exemplaires délivrés antérieurement.

449. A défaut de duplicata de la lettre émise par le tireur, tout possesseur pourra donner une copie de cette lettre au preneur, en indiquant qu'il la délivre à défaut de l'original qu'il s'agit de suppléer.

On devra, dans cette copie, insérer littéralement tous les endossement que contient l'original.

450. Si la lettre de change est entachée d'un vice résultant de l'absence d'une formalité légale, elle sera considérée comme un billet au profit du preneur et payable par le tireur.

Section II. Des délais et de l'échéance des lettres de change.

451. Les lettres de change pourront être tirées au comptant ou à terme, en employant l'une des expressions suivantes: 1° A vue; — 2° A un ou plusieurs jours, à un ou plusieurs mois de vue; — 3° A un ou plusieurs jours, à un ou plusieurs mois de date; — 4° A une ou plusieurs usances; — 5° A un jour fixe ou déterminé; — 6° En foire[2].

452. Chacune des ces expressions obligera de payer, savoir: 1° Les lettres à vue, au moment même de la présentation; — 2° Les lettres à plusieurs jours ou mois de vue, le jour où s'accomplira le nombre de jours ou de mois indiqué, à compter du lendemain de l'acceptation ou du protêt faute d'acceptation; — 3° Les lettres à plusieurs jours ou mois de date et à une ou plusieurs usances, le jour où s'accomplit le nombre de jours, mois ou usances indiqué, à compter du lendemain de la date à laquelle la lettre a été tirée; — 6° Les lettres tirées à jour fixe ou déterminé, le jour même qui est ainsi déterminé; — 5° Les lettres tirées en foire, le dernier jour de la dite foire.

453. L'usance, pour les lettres tirées de place en place dans l'intérieur de la Péninsule et dans les îles adjacentes, sera de soixante jours.

Pour les lettres de change tirées de l'étranger sur une place quelconque d'Espagne l'usance sera: Pour les lettres de change tirées du Portugal, de France, d'Angleterre et d'Allemagne, de soixante jours; — Pour les lettres de change tirées des autres places, de quatre-vingt dix jours.

454. Les mois, pour calculer le délai des lettres de change, se compteront de date à date.

Si le mois de l'échéance n'a pas de jour correspondant à la date à laquelle la lettre a été tirée, on considérera que la lettre de change vient à échéance le dernier jour du mois.

455. Toutes les lettres de change devront être payées le jour de leur échéance, avant de coucher du soleil, sans terme de grâce ou jours de faveur.

Si le jour de l'échéance est un jour férié, la lettre de change sera payable le jour précédent.

---

[1]) Ces exemplaires peuvent être délivrés sans être timbrés (loi sur le timbre, art. 148).

[2]) Rappelons, en ce qui concerne l'échéance, ce que nous expliquons ci-dessus dans la note 1 de la page 157, et que le droit de timbre est double si l'échéance est à plus de six mois.

Sección tercera.   De las obligaciones del librador.

456. El librador estará obligado á hacer provisión de fondos oportunamente á la persona á cuyo cargo hubiere girado la letra, á no ser que hiciere el giro por cuenta de un tercero, en cuyo caso será de éste dicha obligación, salva siempre la responsabilidad directa del librador respecto al tomador ó tenedor de la letra, y la del tercero por cuenta de quien se hizo el giro, respecto al librador.

457. Se considerará hecha la provisión de fondos, cuando, al vencimiento de la letra, aquel contra quien se libró, sea deudor de una cantidad igual, ó mayor, al importe de ella, al librador ó al tercero por cuya cuenta se hizo el giro.

458. Los gastos que se causaren por no haber sido aceptada ó pagada la letra, serán á cargo del librador ó del tercero por cuya cuenta se libró, á menos que pruebe que había hecho oportunamente la provisión de fondos, ó que resultaba acreedor conforme al artículo anterior, ó que estaba expresamente autorizado para librar la cantidad de que dispuso.

En cualquiera de los tres casos, podrá exigir el librador, del obligado á la aceptación y al pago, la indemnización de los gastos que por esta causa hubiere reembolsado al tenedor de la letra.

459. El librador responderá civilmente de las resultas de su letra á todas las personas que la vayan sucesivamente adquiriendo y cediendo.

Los efectos de esta responsabilidad se especifican en los artículos 456, 458 y en el siguiente.

460. Cesará la responsabilidad del librador cuando el tenedor de la letra no la hubiere presentado ó hubiere omitido protestarla en tiempo y forma, siempre que pruebe que, al vencimiento de la letra, tenía hecha provisión de fondos para su pago, en los términos prescritos en los artículos 456 y 457.

Si no hiciere esta prueba, reembolsará la letra no pagada, aunque el protesto se hubiere sacado fuera de tiempo, mientras la letra no haya prescrito.   Caso de hacer dicha prueba, pasará la responsabilidad del reembolso á aquel que aparezca en descubierto de él, en tanto que la letra no esté prescrita.

Sección cuarta.   Del endoso de las letras.

461. La propiedad de las letras de cambio se transferirá por endoso.

462. El endoso deberá contener: 1.º El nombre y apellido, razón social ó título de la persona ó compañía á quien se transmite la letra; — 2.º El concepto en que el cedente se declare reintegrado por el tomador, según se expresa en el número 5.º del art. 444; — 3.º El nombre y apellido, razón social ó título de la persona de quien se recibe ó á cuenta de quien se carga, si no fuere la misma á quien se traspasa la letra; — 4.º La fecha en que se hace; — 5.º La firma del endosante ó de la persona legítimamente autorizada que firme por él, lo cual se expresará en la antefirma.

463. Si se omitiere la expresión de la fecha en el endoso, no se transferirá la propiedad de la letra, y se entenderá como una simple comisión de cobranza.

464. Si se pusiere en el endoso una fecha anterior al día en que realmente se hubiere hecho, el endosante será responsable de los daños que por ello se sigan á un tercero, sin perjuicio de la pena en que incurra por el delito de falsedad, si se hubiere obrado maliciosamente.

465. Los endosos firmados en blanco, y aquellos en que no se exprese el valor, transferirán la propiedad de la letra y producirán el mismo efecto que si en ellos se hubiere escrito «valor recibido».

466. No podrán endosarse las letras no expedidas á la orden, ni las vencidas y perjudicadas.

Será lícita la transmisión de su propiedad por los medios reconocidos en el derecho común[1]; y si, no obstante, se hiciere el endoso, no tendrá éste otra fuerza que la de una simple cesión.

---

[1] Los medios reconocidos, en el derecho común no son otros que la cesión, que puede ser gratuita (donación) ú onerosa (venta), y la trasmisión por herencia ó legado.

Section III. Des obligations du tireur.

456. Le tireur sera tenu de faire provision de fonds en temps opportun entre les mains de la personne sur qui il a tiré la lettre de change, à moins qu'il n'ait tiré la dite lettre pour le compte d'un tiers, auquel cas l'obligation de faire provision incombera à ce dernier, sauf toujours la responsabilité directe du tireur envers le preneur ou le porteur de la lettre, et la responsabilité du tiers pour le compte de qui la lettre a été tirée, envers le tireur.

457. On considérera qu'il y a provision, à l'échéance de la lettre de change, lorsque celui sur qui elle a été tirée sera débiteur d'une somme égale ou supérieure au montant de la lettre, envers le tireur ou envers la personne pour le compte de qui la lettre a été tirée.

458. Les frais occasionnés par le défaut d'acceptation ou de payement, seront à la charge du tireur ou du tiers pour le compte de qui la lettre de change a été tirée, à moins qu'il ne prouve que la provision avait été faite en temps opportun ou qu'il restait être créancier, conformément à l'article précédent, ou qu'il était expressément autorisé à tirer pour la somme pour laquelle il a disposé.

Dans l'un quelconque de ces trois cas, le tireur pourra exiger que la personne tenue à accepter et à payer, l'indemnise de tous les frais que lui aura occasionnés l'obligation de rembourser le porteur de la lettre de change.

459. Le tireur sera civilement responsable des conséquences de la lettre de change par lui émise envers toutes les personnes qui l'auront successivement acquise et cédée.

Les effets de cette responsabilité sont spécifiés dans les articles 456 et 458 et dans l'article suivant.

460. La responsabilité du tireur cessera lorsque le porteur n'aura pas présenté la lettre de change, ou qu'il aura omis de la faire protester à l'époque et dans la forme prescrites, pourvu qu'il prouve qu'il y avait provision à l'échéance dans les termes prescrits par les articles 456 et 457.

S'il ne fait pas cette preuve, le tireur remboursera la lettre de change demeurée impayée, même si le protêt a été fait tardivement, tant qu'elle n'a pas été prescrite. Si cette preuve est faite, l'action en payement sera dirigée contre celui qui est débiteur du montant de la dite lettre, tant que celle-ci n'est pas prescrite.

Section IV. De l'endossement des lettres de change.

461. La propriété des lettres de change se transmettra par la voie de l'endossement.

462. L'endossement devra contenir: 1° Les prénom, nom, raison sociale ou titre de la personne ou de la société à qui la lettre est transmise; — 2° De quelle manière le cédant se déclare remboursé par le preneur, conformément à ce qui est indiqué dans le numéro 5 de l'article 444; — 3° Les prénom et nom, raison sociale ou le titre de la personne par qui il est remboursé ou au compte de qui il porte la valeur de la lettre, lorsque cette personne n'est pas celle à qui la lettre est transmise; — 4° La date de l'endossement; — 5° La signature de l'endosseur ou de la personne légitimement autorisée à signer pour lui, laquelle fera, dans ce cas, précéder sa signature d'une mention indiquant sa qualité.

463. Si la mention de la date a été omise dans l'endossement, la propriété de la lettre de change ne sera pas transmise, et la lettre de change sera considérée comme une simple commission de recouvrement.

464. Si l'on indique dans l'endossement une date antérieure à celle à laquelle le dit endossement a été réellement fait, l'endosseur sera responsable des dommages qui pourront être occasionnés à un tiers par l'endossement, sans préjudice de la peine par lui encourue à raison du délit de faux, s'il a agi dolosivement.

465. Les endossements signés en blanc, et ceux dans lesquels il n'est pas fait mention de la valeur, transmettront la propriété des lettres de change et produiront le même effet que ceux dans lesquels il a été écrit *valeur reçue.*

466. Ne pourront pas être endossées, les lettres de change qui ne sont pas à ordre, non plus que celles qui sont échues et périmées.

Il sera permis d'en transmettre la propriété par les moyens reconnus par le droit commun [1], et si, nonobstant la présente disposition, elles sont l'objet d'un endossement, le dit endossement n'aura pas d'autre valeur qu'une simple cession.

---

[1] Les moyens reconnus par le droit commun ne sont autres que la cession, laquelle peut être à titre gratuit (donation) ou à titre onéreux (vente) et la transmission par succession ou legs.

467. El endoso producirá en todos y en cada uno de los endosantes la responsabilidad al afianzamiento del valor de la letra, en defecto de ser aceptada, y á su reembolso, con los gastos de protesto y recambio, si no fuere pagada á su vencimiento, con tal que las diligencias de presentación y protesto se hayan practicado en el tiempo y forma prescritos en este Código.

Esta responsabilidad cesará por parte del endosante que, al tiempo de transmitir la letra, haya puesto la cláusula de «sin mi responsabilidad».

En este caso, el endosante sólo responderá de la identidad de la persona cedente ó del derecho con que hace la cesión ó endoso.

468. El comisionista de letras de cambio ó pagarés endosables se constituye garante de los que adquiera ó negocie por cuenta ajena, si en ellos pusiere su endoso, y sólo podrá excusarse fundadamente de ponerlo, cuando haya precedido pacto expreso dispensándole el comitente de esta responsabilidad. En este caso, el comisionista podrá extender el endoso á la orden del comitente, con la cláusula de «sin mi responsabilidad».

Sección quinta. De la presentación de las letras y de su aceptación.

469. Las letras que no fueren presentadas á la aceptación ó al pago dentro del término señalado, quedarán perjudicadas, así como también si no se protestaren oportunamente.

470. Las letras giradas en la Península é Islas Baleares sobre cualquier punto de ellas, á la vista ó á un plazo contado desde la vista, deberán ser presentadas al cobro ó á la aceptación dentro de los cuarenta días de su fecha.

Podrá, sin embargo, el que gire una letra á la vista ó á un plazo contado desde la vista, fijar término dentro del cual debe hacerse la presentación; y en este caso el tenedor de la letra estará obligado á presentarla dentro del plazo fijado por el librador.

471. Las letras giradas entre la Península é Islas Canarias se presentarán, en los casos á que aluden los dos artículos anteriores, dentro del término de tres meses.

472. Las letras giradas entre la Península y las Antillas españolas ú otros puntos de Ultramar que estuvieren más acá de los cabos de Hornos y Buena Esperanza, cualquiera que sea la forma del plazo designado en su giro, se presentarán al pago ó á la aceptación, cuando más, dentro de seis meses.

En cuanto á las plazas de Ultramar que estén más allá de aquellos cabos, el término será de un año.

473. Los que remitieren letras á Ultramar, deberán enviar, por lo menos, segundos ejemplares en buques distintos de los en que fueron las primeras; y si probaren que los buques conductores habían experimentado accidente de mar que entorpeció su viaje, no entrará en el cómputo del plazo legal el tiempo transcurrido hasta la fecha en que se supo aquel accidente en la plaza donde residiere el remitente de las letras.

El mismo efecto producirá la pérdida real ó presunta de los buques.

En los accidentes ocurridos en tierra y notoriamente conocidos, se observará igual regla en cuanto al cómputo del plazo legal.

474. Las letras giradas á la vista ó á un plazo contado desde la vista, en países extranjeros, sobre plazas del territorio de España, se presentarán al cobro ó á la aceptación dentro de los cuarenta días siguientes á su introducción en el Reino; y las giradas á fecha, en los plazos en ellas contenidos[1].

475. Las letras giradas en territorio español sobre países extranjeros, se presentarán con arreglo á la legislación vigente en la plaza donde hubieren de ser pagadas.

---

[1] Las letras de cambio libradas en el extranjero y las libradas en territorios no sujetos al impuesto del timbre (las provincias Vascongadas) que haya de pagarse en plazas españolas no exceptuadas del pago de este impuesto, antes de que puedan ser negociadas, aceptadas y pagadas se reintegrarán con arreglo á su cuantía y vencimiento (véase la pág. 157, nota 1) con los timbres móviles correspondientes que se inutilizarán con la fecha del día en que se hage el reintegro (artículo 146 L. del T.).

467. L'endossement, dans tous les cas, rendra chacun des endosseurs responsable et garant de la valeur de la lettre de change, à défaut d'acceptation, et de son remboursement, ainsi que des frais de protêt et de rechange, en cas de défaut de payement à l'échéance, pourvu que les diligences de la présentation et du protêt aient été faites à l'époque et suivant la forme prescrites par le présent Code.

Cette responsabilité cessera, de la part de l'endosseur, lorsqu'au moment de transmettre la lettre de change, il aura inscrit la clause «sans garantie».

Dans ce cas, l'endosseur répondra seulement de l'identité de la personne qui fait la cession ou du droit en vertu duquel il fait la cession ou l'endossement.

468. Le commissionnaire qui se charge de négocier des lettres de change ou des billets endossables, se constitue garant des effets qu'il vient à acquérir ou à négocier pour le compte d'autrui, s'il y inscrit son endossement, et il ne sera fondé à se dispenser de l'apposer que lorsqu'il sera intervenu une convention préalable par laquelle le commettant le dispense de cette responsabilité. Dans ce cas, le commissionnaire pourra rédiger l'endossement à l'ordre du commettant avec la formule *sans garantie*.

Section V. De la présentation des lettres de change et de leur acceptation.

469. Les lettres de change qui n'auront pas été présentées à l'acceptation ou au payement dans le délai indiqué, seront sans effet, ainsi que celles qui ne seront pas protestées en temps opportun.

470. Les lettres de change tirées de la Péninsule ou des îles Baléares sur un point quelconque de la Péninsule ou des mêmes îles, soit à vue, soit à un délai quelconque de vue, devront être présentées au recouvrement ou à l'acceptation dans les quarante jours de leur date.

Celui qui tire une lettre à vue ou à un délai de vue, pourra cependant fixer le terme dans lequel devra se faire la présentation, et, dans ce cas, le porteur sera tenu de la présenter dans le délai fixé par le tireur.

471. Les lettres de change tirées entre la Péninsule et les îles Canaries, dans les cas prévus par les deux articles précédents, seront présentées dans les trois mois.

472. Les lettres de change tirées entre la Péninsule et les Antilles espagnoles ou d'autres points situés outre-mer, en deçà des caps Horn et de Bonne Espérance, quelle que soit la forme du délai désigné par le tireur, seront présentées au payement ou à l'acceptation, au plus tard, dans les six mois.

En ce qui concerne les places situées outre-mer au-delà desdits caps, le terme sera d'une année.

473. Ceux qui remettront des lettres de change à destination d'outre-mer, devront envoyer, pour le moins, des seconds exemplaires par des navires différents de ceux qui portent les premiers exemplaires, et, s'il est établi que les navires porteurs ont éprouvé un accident de mer qui a retardé leur voyage, on ne comptera pas, dans le délai légal, le temps écoulé jusqu'à la date où cet accident a été connu dans la place où réside l'expéditeur des lettres de change.

La perte réelle ou présumée des navires produira le même effet.

Dans les accidents survenus sur terre et notoirement connus, on observera la même règle en ce qui concerne le calcul du délai légal.

474. Les lettres de change tirées à vue ou à un délai de vue, des pays étrangers sur les places du territoire d'Espagne, seront présentées au recouvrement ou à l'acceptation dans les quarante jours qui suivent leur introduction dans le royaume, et celles qui sont tirées à une date fixe, dans le délai qu'elles indiquent[1].

475. Les lettres de change tirées du territoire espagnol sur les pays étrangers, seront présentées conformément à la législation en vigueur dans la place où elles doivent être payées.

---

[1] Les lettres de change tirées à l'étranger, et celles qui sont tirées dans les territoires non soumis à la loi sur le timbre (les provinces basques) qui sont payables dans des territoires espagnols ne jouissant pas de cette exemption d'impôt, doivent, avant d'être négociées, acceptées et payées, acquitter le droit dû d'après leur montant et leur délai d'échéance (ci-dessus p. 157, note 1) au moyen de timbres mobiles qui sont oblitérés par l'apposition de la date à laquelle ils sont apposés. (Loi sur le timbre, art. 146.)

476. Los tenedores de las letras giradas á un plazo contado desde la fecha, no necesitarán presentarlas á la aceptación.

El tenedor de la letra podrá, si lo cree conveniente á sus intereses, presentarla al librado antes del vencimiento; y en tal caso, éste la aceptará, ó expresará los motivos por que rehusa el hacerlo.

477. Presentada una letra á la aceptación dentro de los plazos marcados en los artículos anteriores, deberá el librado aceptarla por medio de las palabras «acepto» ó «aceptamos», estampando la fecha, ó manifestar al portador los motivos que tuviere para negar la aceptación.

Si la letra estuviere girada á la vista ó á un plazo contado desde ésta, y el librado dejare de poner la fecha de la aceptación, correrá el plazo desde el día en que el tenedor pudo presentar la letra sin atraso del correo; y si, hecho el cómputo de este modo, resultare vencido el plazo, será cobrable la letra el día inmediato siguiente al de la presentación.

478. La aceptación de la letra habrá de ponerse ó denegarse el mismo día en que el portador la presente con este objeto, y la persona á quien se exija la aceptación no podrá retener la letra en su poder bajo pretexto alguno.

Si la letra presentada á la aceptación hubiere de ser pagada en distinto lugar del de la residencia del aceptante, deberá expresarse en ella el domicilio en que hubiere de efectuarse el pago.

El que, recibiendo una letra para aceptarla, si es á su cargo, ó para hacerla aceptar, si es al de un tercero, conservándola en su poder á disposición de otro ejemplar ó copia, avisase por carta, telegrama ú otro medio escrito haber sido aceptada, quedará responsable para con el librador y endosantes de ella, en los mismos términos que si la aceptación se hallase puesta sobre la letra que motivó el aviso, aun cuando tal aceptación no haya tenido lugar ó aun cuando niegue la entrega del ejemplar aceptado á quien legítimamente la solicite.

479. No podrán aceptarse las letras condicionalmente, pero sí limitarse la aceptación á menor cantidad de la que la letra importa, en cuyo caso será protestable por el resto hasta la total cantidad del giro.

480. La aceptación de la letra constituirá al aceptante en la obligación de pagarla á su vencimiento, sin que pueda relevarle del pago la excepción de no haberle hecho provisión de fondos el librador, ni otra alguna, salvo la de falsedad de la aceptación.

481. En el caso de negarse la aceptación de la letra de cambio, se protestará, y en virtud del protesto tendrá derecho el tenedor á exigir del librador, ó de cualquiera de los endosantes, que afiancen á su satisfacción el valor de la letra, ó depositen su importe, ó le reembolsen con los gastos de protesto y recambio, descontando el rédito legal por el término que falte hasta el vencimiento.

También podrá el tenedor, aunque tenga aceptada la letra por el librado, si éste hubiese dejado protestar otras aceptaciones, acudir antes del vencimiento á los indicados en ella, mediante protesto de mejor seguridad.

482. Si el poseedor de la letra dejare pasar los plazos fijados, según los casos, sin presentarla á la aceptación, ó no hiciere sacar el protesto, perderá todo derecho á exigir el afianzamiento, depósito ó reintegro, salvo lo dispuesto en el art. 525.

483. Si el poseedor de la letra no la presentare al cobro el día de su vencimiento, ó, en defecto de pago, no la hiciere protestar al siguiente, perderá el derecho á reintegrarse de los endosantes; y en cuanto al librador, se observará lo dispuesto en los artículos 458 y 460.

El poseedor no perderá su derecho al reintegro, si por fuerza mayor no hubiera sido posible presentar la letra ó sacar en tiempo el protesto.

484. Si las letras tuvieren indicaciones, hechas por el librador ó endosantes, de otras personas de quienes deba exigirse la aceptación en defecto de la designada en primer lugar, deberá el portador sacado el protesto si aquélla se negare á aceptarla, reclamar la aceptación de los sujetos indicados.

485. Los que remitieren letras de una plaza á otra fuera del tiempo necesario para que puedan ser presentadas ó protestadas oportunamente, serán responsables de las consecuencias que se originen por quedar aquéllas perjudicadas.

476. Les porteurs des lettres de change tirées à un délai compté à partir de leur date, ne seront pas tenus de les présenter à l'acceptation.

Le porteur de la lettre de change pourra, s'il le juge utile à ses intérêts, la présenter au tiré avant l'échéance et, dans ce cas, le tiré l'acceptera ou indiquera les motifs de son refus.

477. Lorsqu'une lettre de change est présentée à l'acceptation dans les délais indiqués par les articles précédents, le tiré devra l'accepter au moyen des mots *j'accepte*, ou *nous acceptons*, en inscrivant la date, ou faire connaître au porteur les motifs de son refus d'acceptation.

Si la lettre de change a été tirée à vue, ou à un certain délai de vue, et si le tiré a omis d'indiquer la date de l'acceptation, le délai courra dès le jour où le porteur a pu présenter la lettre de change sans retard du courrier, et, s'il résulte du calcul ainsi fait que le délai est échu, la lettre de change sera payable le lendemain de la présentation.

478. L'acceptation de la lettre de change devra être faite ou refusée le jour même où le porteur la présente à cet effet, et la personne de qui l'acceptation est requise ne pourra retenir la lettre sous aucun prétexte.

Si la lettre présentée à l'acceptation doit être payée dans un lieu différent de celui de la résidence de l'accepteur, celui-ci devra indiquer, dans l'acceptation, le domicile où le payement doit être effectué.

Celui qui, recevant une lettre pour l'accepter personnellement, si elle est tirée sur lui, ou pour la faire accepter, si elle est tirée sur un tiers, la conserve en sa possession à disposition du porteur d'un autre exemplaire ou d'une autre copie, et donne avis par lettre, télégramme ou autre moyen écrit, que la dite lettre de change a été acceptée, sera responsable envers le tireur et les endosseurs de la même manière que si l'acceptation avait été inscrite sur la lettre elle-même, encore que l'acceptation n'ait pas eu lieu ou qu'il refuse la remise de l'exemplaire accepté à celui qui est en droit de la lui réclamer.

479. Les lettres de change ne pourront pas être acceptées sous condition; l'acceptation pourra, toutefois, être limitée à une somme inférieure au montant de la lettre de change, auquel cas la lettre de change sera protestable pour le surplus.

480. L'acceptation constitue l'accepteur dans l'obligation de payer la lettre de change à l'échéance, sans qu'il puisse s'affranchir de cet engagement sous prétexte que le tiré n'a pas fait provision, ni pour tout autre motif, sauf le cas d'acceptation fausse.

481. En cas de refus d'acceptation, la lettre de change sera protestée et, en vertu du protêt, le porteur aura le droit d'exiger du tireur, ou de l'un quelconque des endosseurs, qu'ils lui garantissent la valeur de la lettre de change ou qu'ils en consignent le montant, ou qu'ils le remboursent avec les frais de protêt et de rechange, sous déduction de l'intérêt légal à courir jusqu'à l'échéance.

Le porteur pourra aussi, alors même que la lettre de change a été acceptée par le tiré, si celui-ci vient à laisser protester d'autres acceptations, recourir, avant l'échéance, contre les personnes désignées dans la dite lettre au moyen d'un protêt de plus grande sécurité.

482. Le porteur qui laisse écouler les délais fixés suivant les cas, sans présenter la lettre de change à l'acceptation, ou sans faire faire le protêt, perdra tout droit d'exiger la garantie, le dépôt ou le remboursement, sauf la disposition de l'article 525.

483. Si le porteur de la lettre de change ne la présente pas au payement, le jour de l'échéance ou si, à défaut de payement, il ne la fait pas protester le jour suivant, il perdra son recours contre les endosseurs et, en ce qui concerne le tireur, on observera les dispositions des articles 458 et 460.

Le porteur ne perdra pas son recours si une force majeure l'a mis dans l'impossibilité de présenter la lettre de change ou de faire le protêt en temps utile.

484. Si les lettres de change contiennent l'indication faite par le tireur ou par les endosseurs, d'autres personnes de qui l'on doive demander l'acceptation, à défaut de celle qui est désignée en premier lieu, le porteur devra, après avoir fait protester, dans les cas où cette première personne refuserait son acceptation, réclamer l'acceptation des autres personnes désignées à la suite.

485. Ceux qui remettront une lettre de change tirée d'une place sur une autre, sans observer le délai nécessaire pour pouvoir la présenter ou la protester en temps utile, seront responsables des conséquences résultant de la prescription.

Sección sexta. De aval y sus efectos.

486. El pago de una letra podrá afianzarse con una obligación escrita, independientemente de la que contraen el aceptante y endosante, conocida con el nombre de aval[1].

487. Si el aval estuviere concebido en términos generales y sin restricción, responderá, el que lo prestare, del pago de la letra, en los mismos casos y formas que la persona por quien salió garante; pero si la garantía se limitare á tiempo, caso, cantidad ó persona determinada, no producirá más responsabilidad que la que nazca de los términos del aval.

Sección séptima. Del pago.

488. Las letras de cambio deberán pagarse al tenedor el día de su vencimiento, con arreglo al art. 455.

489. Las letras de cambio deberán pagarse en la moneda que en las mismas se designe, y si la designada no fuere efectiva, en la equivalente, según el uso y costumbre en el mismo lugar del pago.

490. El que pague una letra de cambio antes de que haya vencido, no quedará libre de satisfacer su importe, si resultare no haber pagado á persona legítima.

491. El pago de una letra vencida hecho al portador, se presumirá válido, á no haber precedido embargo de su valor por auto judicial[2].

492. El portador de la letra, que solicite su pago, está obligado á acreditar al pagador la identidad de su persona, por medio de documentos, ó convecinos que le conozcan ó salgan garantes de su identidad.

La falta de esta justificación no impedirá la consignación del importe de la letra por el pagador, dentro del día de su presentación, en un establecimiento ó persona á satisfacción del portador y del pagador, en cuyo caso el establecimiento ó persona conservarán en su poder la cantidad en depósito hasta el legítimo pago.

Los gastos y riesgos que este depósito ocasione serán de cuenta del tenedor de la letra.

493. El portador de una letra no estará obligado á percibir su importe antes del vencimiento; pero si lo aceptare, será válido el pago, á no ser en caso de quiebra del pagador en los quince días siguientes, conforme á lo dispuesto en el art. 879.

494. Tampoco podrá obligarse al portador, aun después del vencimiento, á recibir una parte y no el todo de la letra, y, sólo conviniendo en ello, podrá pagarse una parte de su valor y dejar la otra en descubierto.

En este caso, se podrá protestar la letra por la cantidad que hubiere dejado de pagarse, y el portador la retendrá en su poder, anotando en ella la cantidad cobrada y dando recibo separado de lo percibido.

495. Las letras aceptadas se pagarán precisamente sobre el ejemplar que contenga la aceptación[3].

---

[1]) El aval de una letra constituído en documento distinto de ella estará sujeto al pago del timbre fijado para la letra (art. 149 L. del T.).

[2]) Este embargo habrá de solicitarse del juez por escrito; el cual, en vista de lo solicitado mandará requerir á quien procede para que deposite el valor de la letra en poder de quien convengan los interesados, y en caso de que esto no sea posible en el establecimiento público destinado al efecto, y si no lo hubiere en un comerciante matriculado de reconocida responsabilidad ó en su defecto en persona que tenga esta última circunstancia. — Verificado el embargo ó depósito, el juez fijará al solicitante un término prudencial, en relación con la distancia y facilidad de comunicaciones que exista con la plaza en donde se libró la letra, para que presente la segunda letra, ó pida en el juicio correspondiente el embargo definitivo de su valor, bajo apercibimiento de que transcurrido dicho término sin haberlo hecho, se alzará el embargo ó depósito provisional. — Apesar de esto, el juez, mediando justa causa podrá prorrogar el plazo concedido al solicitante (art. 2128, 2129, 2130 L. de Enj. c.).

[3]) Si la aceptación se estampó sobre algún ejemplar que no fuere el original de le letra, y este no se acompañare, sea cualquiera la causa, habrá de reintegrarse el ejemplar aceptado con los timbres móviles correspondientes á su cuantía (art. 148, L. del T.).

Section VI. De l'aval et de ses effets.

486. Le payement d'une lettre de change pourra être garanti au moyen d'un écrit, connu sous le nom d'aval[1], indépendamment de l'obligation contractée par l'accepteur et l'endosseur.

487. Si l'aval a été conçu en termes généraux et sans restriction, celui qui l'aura donné sera responsable du payement de la même manière que la personne pour laquelle il s'est porté garant; mais si la garantie a été limitée à une époque, à une circonstance, à une somme ou à une personne déterminée, elle ne produira pas une responsabilité plus grande que celle qui résulte des termes de l'aval.

Section VII. Du payement.

488. Les lettres de change devront être payées au porteur le jour de leur échéance, conformément à l'article 455.

489. Les lettres de change devront être payées dans la monnaie qu'elles indiquent, et, si la monnaie désignée n'est pas une monnaie *effective*, en monnaie équivalente, suivant l'usage et la coutume du lieu du payement.

490. Celui qui paye une lettre de change avant l'échéance, ne sera pas affranchi d'en acquitter le montant s'il est établi que le payement n'a pas été fait à la personne ayant qualité pour recevoir.

491. Le payement d'une lettre de change échue, fait au porteur, sera présumé valable, à moins qu'il n'ait été procédé à la saisie de sa valeur par décret judiciaire[2].

492. Le porteur de la lettre de change qui demande le payement, est tenu de justifier de son identité au payeur, au moyen de documents, ou par la déclaration de proches voisins qui le connaissent ou se portent garants de son identité.

Le défaut de justification de l'identité du porteur ne dispensera pas le payeur de consigner le montant de la lettre de change, le jour même de sa présentation, dans un établissement ou entre les mains d'une personne choisie d'un commun accord par le porteur et le payeur; et cet établissement ou cette personne conserveront en leur possession la somme en dépôt jusqu'au payement légitime.

Les frais et risques résultant de ce dépôt seront à la charge du porteur de la lettre de change.

493. Le porteur d'une lettre de change ne sera pas obligé d'en recevoir le montant avant l'échéance; s'il l'accepte, le payement sera toutefois valable à moins que le payeur ne tombe en état de faillite dans les quinze jours suivants, conformément à la disposition contenue dans l'article 879.

494. Le porteur ne pourra non plus être contraint, même après l'échéance, à recevoir une partie et non la totalité du montant de la lettre de change, et, de son consentement seulement, la dite lettre pourra être payée partiellement tandis que le surplus de sa valeur demeurera à découvert.

Dans ce cas, la lettre de change pourra être protestée pour la somme demeurée impayée, et le porteur la retiendra en sa possession en y mentionnant la somme reçue et en en donnant un récépissé séparé de ce qu'il a touché.

495. Les lettres de change acceptées seront payées exclusivement sur l'exemplaire qui contient l'acceptation[3].

---

[1] L'aval d'une lettre de change constitué dans un document distinct de cette lettre de change est soumis au payement du droit de timbre établi pour la lettre elle-même (loi du timbre, art. 149).

[2] Cette saisie devra être demandée au juge au moyen d'une requête écrite, sur le vu de laquelle le juge ordonnera de requérir qui il appartient de déposer le montant de la lettre de change entre les mains de tel dépositaire convenu entre les intéressés, et, dans le cas où cela ne sera point possible, dans l'établissement public destiné à cet effet, et, s'il n'en existe pas, entre les mains d'un commerçant immatriculé, de solvabilité notoire, ou, à son défaut, d'une personne remplissant cette dernière condition. Lorsque la saisie ou le dépôt aura été effectué, le juge impartira au requérant un délai qu'il fixera en ayant égard à la distance et aux facilités de communication avec la place où la lettre de change a été tirée, pour présenter la seconde lettre de change ou demander, par l'instance spéciale, la saisie définitive de son montant, sous cette réserve que, faute de procéder à cette saisie dans le délai imparti, mainlevée sera donnée de la saisie ou du dépôt provisoire. — Cependant le juge pourra, pour des motifs légitimes, proroger le délai accordé au requérant (art. 2128, 2129, 2130 loi de *Enj. civ.*).

[3] Si l'acceptation a été inscrite sur un autre exemplaire que l'original de la lettre de change, et que celui-ci ne soit pas joint, pour un motif quelconque, l'exemplaire accepté devra être revêtu des timbres mobiles correspondant à sa valeur (loi du timbre art. 148).

Si se pagare sobre alguno de los otros, quedará, el que lo hubiere hecho, responsable del valor de la letra al tercero que fuere portador legítimo de la aceptación.

496. No podrá el aceptante ser compelido al pago, aun cuando el portador del ejemplar distinto del de la aceptación se comprometa á dar fianza á satisfacción de aquél; pero en este caso, el portador podrá pedir el depósito y formular el protesto en los términos que establece el art. 498.

Si el aceptante admitiere voluntariamente la fianza y realizare el pago, quedará aquélla cancelada de derecho luego que haya prescrito la aceptación que dió motivo al otorgamiento de la fianza.

497. Las letras no aceptadas podrán pagarse después de su vencimiento, y no antes, sobre las segundas, terceras ó demás expedidas conforme al art. 448; pero no sobre las copias dadas según lo dispuesto en el art. 449, sin que se acompañe á ellas alguno de los ejemplares expedidos por el librador.

498. El que hubiere perdido una letra, aceptada ó no, y el que tuviere en su poder una primera aceptada á disposición de la segunda, y carezca de otro ejemplar para solicitar el pago, podrá requerir al pagador para que deposite el importe de la letra en el establecimiento público destinado á este objeto, ó en persona de mutua confianza, ó designada por el juez ó tribunal en caso de discordia[1]; y si el obligado al pago se negare al depósito, se hará constar la resistencia por medio de protesto igual al procedente por falta de pago, y con este documento conservará el reclamante sus derechos contra los que sean responsables á las resultas de la letra.

499. Si la letra perdida hubiere sido girada en el extranjero ó en Ultramar, y el portador acreditare su propiedad por sus libros y por la correspondencia de la persona de quien hubo la letra, ó por certificación del corredor que hubiere intervenido en la negociación, tendrá derecho á que se le entregue su valor, si, además de esta prueba, prestare fianza bastante; cuyos efectos subsistirán hasta que se presente el ejemplar de la letra dado por el mismo librador, ó hasta que ésta haya prescrito.

500. La reclamación del ejemplar que haya de sustituir á la letra perdida, deberá hacerse por el último tenedor á su cedente, y así sucesivamente de uno á otro endosante, hasta llegar al librador.

Ninguno podrá rehusar la prestación de su nombre é interposición de sus oficios para que sea expedido el nuevo ejemplar, satisfaciendo el dueño de la letra los gastos que se causen hasta obtenerlo.

501. Los pagos hechos á cuenta del importe de una letra por la persona á cuyo cargo estuviere girada, disminuirán en otro tanto la responsabilidad del librador y de los endosantes.

Sección octava. De los protestos.

502. La falta de aceptación ó de pago de las letras de cambio deberá acreditarse por medio de protesto, sin que el haber sacado el primero exima al portador de sacar el segundo, y sin que, ni por fallecimiento de la persona á cuyo cargo se gira, ni por su estado de quiebra, pueda dispensarse al portador de verificar el protesto.

503. Todo protesto por falta de aceptación ó de pago, impone á la persona que hubiere dado lugar á él la responsabilidad de gastos, daños y perjuicios.

504. Para que sea eficaz el protesto, deberá necesariamente reunir las condiciones siguientes: 1.ª Hacerse antes de la puesta del sol del día siguiente al en que se hubiere negado la aceptación ó el pago; y si aquél fuere feriado, en el primer día hábil; — 2.ª Otorgarse ante notario público[2]; — 3.ª Entenderse las diligencias con el sujeto á cuyo cargo esté girada la letra, — en el domicilio donde corresponda evacuarlas, si en éste pudiera ser habido; — y, no encontrándose en él, con los dependientes, si los tuviere; ó, en defecto de éstos, con su mujer, hijos ó criados, ó con el vecino de que habla el art. 505; — 4.ª Contener copia literal de la letra, de la

---

[1]) El procedimiento para conseguir del juez este depósito es el que ya queda indicado en la nota 2, pág. 162.

[2]) Deberán abstenerse los notarios de protestar letras ni documentos que no estén extendidos en el papel y timbre correspondientes (art. 150 L. del T).

En cas de payement sur l'un des autres exemplaires, celui qui fera ce payement sera responsable de la valeur de la lettre envers le tiers qui sera porteur légitime de l'acceptation.

496. L'accepteur ne pourra être contraint de payer, lors même que le porteur de l'exemplaire qui ne contient pas l'acceptation s'offrirait à lui donner la garantie qu'il jugera convenable; toutefois, dans ce cas, le porteur pourra réclamer le dépôt et faire un protêt dans les termes établis par l'article 498.

Si l'accepteur admet volontairement la garantie et effectue le payement, cette garantie demeurera rayée de plein droit aussitôt que l'acceptation qui a donné lieu à la garantie sera prescrite.

497. Les lettres de change non acceptées pourront être payées après l'échéance, et non avant, sur les seconds, troisièmes ou autres exemplaires délivrés en conformité de l'article 448, mais non sur les copies données conformément à la disposition contenue dans l'article 449, à moins qu'elles ne soient accompagnées de l'un des exemplaires expédiés par le tireur.

498. Celui qui aura perdu une lettre de change acceptée ou non acceptée, et celui qui, ayant en sa possession une première lettre acceptée à la disposition du porteur de la seconde, n'aura pas l'autre exemplaire pour demander le payement, pourra requérir le payeur de déposer le montant de la lettre de change dans un établissement public destiné à cet objet, ou entre les mains d'une personne ayant la confiance des deux parties ou désignée par le tribunal, en cas de désaccord[1]; et, si la personne obligée au payement refuse de faire ce dépôt, il fera constater sa résistance au moyen d'un protêt semblable à celui qui est fait faute de payement, et, au moyen de ce document, il conservera ses droits contre ceux qui sont responsables du payement de la lettre de change.

499. Si la lettre de change perdue a été tirée de l'étranger ou d'un pays situé outre-mer, le porteur, s'il justifie de sa propriété au moyen de ses livres et de la correspondance de la personne qui la lui a envoyée, ou par l'attestation du courtier qui a prêté son ministère à la négociation, aura le droit d'en recevoir la valeur pourvu que, en plus de cette preuve, il donne caution suffisante, dont les effets subsisteront jusqu'à la présentation de l'exemplaire de la lettre de change délivré par le tireur lui-même, ou jusqu'à l'accomplissement du délai de la prescription.

500. La réclamation de l'exemplaire qui doit remplacer la lettre perdue devra être faite par le dernier porteur à son cédant immédiat, et ainsi de suite, d'endosseur à endosseur, jusqu'au tireur.

Nul ne pourra refuser de prêter son nom ni son office pour délivrer un nouvel exemplaire, pourvu que le propriétaire de la lettre de change acquitte les frais occasionnés par la délivrance du dit exemplaire.

501. Les payements faits à valoir sur le montant d'une lettre de change par le tiré, diminueront d'autant la responsabilité du tireur et des endosseurs.

Section VIII. Des protêts.

502. Le défaut d'acceptation ou de payement des lettres de change devra être prouvé au moyen d'un protêt, sans que le fait d'avoir fait le protêt faute d'acceptation dispense le porteur de faire le protêt faute de payement, et sans que le décès ou la faillite du tiré dispense le porteur de réaliser le dit protêt.

503. Tout protêt faute d'acceptation ou faute de payement rend la personne qui y donne lieu responsable des frais, dommages et préjudices.

504. Le protêt, pour produire son effet, devra obligatoirement réunir les conditions suivantes: 1° Etre fait avant le coucher du soleil, le lendemain du jour où l'acceptation ou le payement ont été refusés, et, dans le cas où le dit jour serait un jour férié, le premier jour utile; — 2° Etre dressé par un notaire public[2]; — 3° Toutes les diligences à l'égard du tiré seront faites à son domicile, parlant à sa personne, s'il y est trouvé, et, dans le cas contraire, parlant à ses employés, s'il s'en trouve et, à leur défaut, parlant à sa femme, à ses enfants, à ses domestiques, ou au voisin dont il est question dans l'article 505; — 4° L'acte contiendra la copie littérale de

---

[1] La procédure à suivre pour obtenir que le juge ordonne ce dépôt, est celle indiquée plus haut page 162, note 2.

[2] Les notaires devront s'abstenir de faire le protêt, si les lettres de change et documents ne sont pas dressés sur le papier et revêtus du timbre correspondants.

aceptación, si la tuviere, y de todos los endosos ó indicaciones comprendidos en la misma; — 5.ª Hacer constar el requerimiento á la persona que debe aceptar ó pagar la letra; y, no estando presente, á aquella con quien se entiendan las diligencias; — 6.ª Reproducir asimismo la contestación dada al requerimiento; — 7.ª Expresar en la misma forma la conminación de ser los gastos y perjuicios á cargo de la persona que hubiere dado lugar á ellos; — 8.ª Estar firmado por la persona á quien se haga, y, no sabiendo ó no pudiendo, por dos testigos presentes; — 9.ª Expresar la fecha y hora en que se ha practicado el protesto; — 10.ª Dejar en el acto extendida copia del mismo en papel común á la persona con quien se hubieren entendido las diligencias.

505. El domicilio legal para practicar las diligencias del protesto, será: 1.º El designado en la letra; — 2.º En defecto de esta designación, el que tenga de presente el pagador; — 3.º Á falta de ambos, el último que se le hubiere conocido.

No constando el domicilio del librado en ninguno de los tres sitios anteriormente señalados, se acudirá un vecino con casa abierta, del lugar donde hubiere de tener efecto la aceptación y el pago, con quien se entenderán las diligencias y á quien se entregará la copia.

506. Sea cual fuere la hora á que se saque el protesto, los notarios retendrán en su poder las letras, sin entregar éstas ni el testimonio del protesto al portador hasta la puesta del sol del día en que se hubiese hecho; y si el protesto fuere por falta de pago, y el pagador se presentase entre tanto á satisfacer el importe de la letra y los gastos del protesto, admitirán el pago, haciéndole entrega de la letra con diligencia en la misma de haberse pagado y cancelado el protesto.

507. Si la letra protestada contuviere indicaciones, se hará constar en el protesto el requerimiento á las personas indicadas, y sus contestaciones y la aceptación ó el pago si se hubieren prestado á verificarlo.

En tales casos, si las indicaciones estuvieren hechas para la misma plaza, el término para la ultimación y entrega del protesto se ampliará hasta las once de la mañana del día siguiente hábil.

Si las indicaciones fuesen para plaza diferente, se cerrará el protesto como si no las contuviere, pudiendo el tenedor de la letra acudir á ellas dentro de un término que no exceda del doble tiempo que el que emplea el correo para llegar al mismo lugar desde el primeramente señalado, requiriendo notarialmente por su orden á las personas indicadas en cada plaza, y renovando con las mismas el protesto, si hubiere motivo para éste.

508. Todas las diligencias del protesto de una letra habrán de redactarse en un mismo documento, extendiéndose sucesivamente por el orden con que se practiquen.

De este documento dará el notario copia testimoniada al portador, devolviéndole la letra original.

509. Ningún acto ni documento podrá suplir la omisión y falta del protesto, para la conservación de las acciones que competen al portador contra las personas responsables á las resultas de la letra.

510. Si la persona á cuyo cargo se giró la letra se constituyere en quiebra, podrá protestarse por falta de pago aun antes del vencimiento; y protestada, tendrá el portador expedito su derecho contra los responsables á las resultas de la letra.

Sección novena.   De la intervención en la aceptación y pago.

511. Si protestada una letra de cambio por falta de aceptación ó de pago, se presentare un tercero ofreciendo aceptarla ó pagarla por cuenta del librador ó por la de cualquiera de los endosantes, aun cuando no haya previo mandato para hacerlo, se le admitirá la intervención para la aceptación ó el pago, haciéndose constar una ú otro á continuación del protesto, bajo la firma del que hubiere intervenido y del notario, expresándose en la diligencia el nombre de la persona por cuya cuenta se haya verificado la intervención.

Si se presentaren varias personas á prestar su intervención, será preferido el que lo hiciere por el librador; y si todos quisieren intervenir por endosantes, será preferido el que lo haga por el de fecha anterior.

l'acceptation, s'il y a lieu, ainsi que de tous les endossements et de toutes les indications contenues dans la dite lettre; — 5° Il constatera la réquisition adressée à la personne qui doit accepter ou payer, et, si cette personne n'est pas présente, à la personne avec qui se font les diligences; — 6° Il reproduira également la réponse faite à la dite réquisition; — 7° Il relatera, dans la même forme, l'avertissement comminatoire que les frais seront supportés par celui qui les aura occasionnés; — 8° Il sera signé par la personne contre qui le protêt est fait et, si elle ne sait ou ne peut signer, par deux témoins présents; — 9° Il sera enfin laissé immédiatement copie du protêt sur papier libre à la personne avec qui les diligences sont faites.

505. Le domicile légal auquel il devra être procédé aux diligences du protêt sera: 1° Le domicile désigné dans la lettre de change; — 2° A défaut de désignation à cet égard, le domicile actuel du payeur; — 3° A défaut de ces deux domiciles, le dernier domicile connu du dit payeur.

Si le tiré n'est trouvé dans aucun des trois domiciles ci-dessus désignés, on recourra à un voisin, dont la maison est ouverte, du lieu où doivent avoir lieu l'acceptation et le payement, et les diligences se feront avec le dit voisin, à qui copie du protêt sera remise.

506. Quelle que soit l'heure à laquelle le protêt est fait, les notaires conserveront en leur possession les lettres de change sans les remettre au porteur, non plus que l'acte constatant le protêt, avant le coucher du soleil, et, en cas de protêt faute de payement, si le payeur se présente dans l'intervalle pour payer le montant de la lettre de change et les frais de protêt, ils recevront le payement et remettront la lettre de change au payeur, en y indiquant qu'elle a été acquittée et que le protêt a été rayé.

507. Si la lettre de change prostestée contient l'indication de personnes pour l'accepter ou la payer au besoin, le protêt devra constater la réquisition adressée à ces personnes, ainsi que la réponse par elles faite, et leur acceptation ou le payement par elles effectué, s'il y a lieu.

Dans ces cas, si les indications ont été faites pour la même place, le délai pour la sommation et la remise du protêt sera prorogé jusqu'au prochain jour utile, à onze heures du matin.

Si les indications ont été faites pour des places différentes, il sera procédé au protêt comme si elles n'existaient pas, et le porteur de la lettre de change pourra recourir contre les personnes indiquées, dans un délai qui ne dépassera pas le double du temps employé par le courrier pour arriver au même lieu indiqué en première ligne, et adresser, par ministère de notaire, une réquisition, dans leur ordre, aux personnes indiquées dans chaque place, et renouveler avec elles le protêt s'il y a lieu.

508. Toutes les diligences du protêt d'une lettre de change devront être rédigées dans un même document et être énoncées dans l'ordre où elles sont faites.

Le notaire délivrera une copie certifiée de ce document, qu'il remettra au porteur avec la lettre originale.

509. Aucun acte ni document ne pourra suppléer l'omission ou le défaut de protêt pour conserver les actions appartenant au porteur contre les personnes qui sont responsables des résultats de la lettre de change.

510. Si la personne sur qui la lettre est tirée vient à être déclarée en état de faillite, le porteur pourra faire le protêt faute de payement même avant l'échéance, et, après ce protêt, il aura le droit d'agir contre les personnes responsables des résultats de la lettre de change.

Section IX. De l'acceptation et du payement par intervention.

511. Lorsqu'une lettre de change a été protestée faute d'acceptation ou de payement, un tiers peut se présenter et offrir de l'accepter ou de la payer pour le compte du tireur ou de l'un quelconque des endosseurs, et, lors même que ce tiers n'aurait pas reçu mandat préalable à cet effet, cette acceptation ou ce payement par intervention sera reçu et mentionné à la suite du protêt dans une mention signée de l'intervenant et du notaire, laquelle énoncera le nom de la personne pour le compte de qui se produit l'intervention.

Si plusieurs personnes se présentent pour intervenir, on préférera celle qui le fait pour le tireur, et, dans le cas où tous les intervenants agissent pour les endosseurs, on préférera celui qui intervient pour l'endosseur le plus ancien.

21*

512. El que prestare su intervención en el protesto de una letra de cambio, si la aceptare, quedará responsable á su pago como si hubiese sido girada á su cargo, debiendo dar aviso de su aceptación por el correo más próximo, á la persona por quien ha intervenido; y si la pagare, se subrogará en los derechos del portador mediante el cumplimiento de las obligaciones prescritas á éste, con las limitaciones siguientes: 1.ª Pagándola por cuenta del librador, sólo éste le responderá de la cantidad desembolsada, quedando libres los endosantes; — 2.ª Pagándola por cuenta de uno de éstos, tendrá el derecho de repetir contra el mismo librador, contra el endosante por cuenta de quien intervino y contra los demás que le precedan en el orden de los endosos, pero no contra los que sean posteriores.

513. La intervención en la aceptación no privará al portador de la letra protestada del derecho á exigir del librador ó de los endosantes el afianzamiento á las resultas que ésta tenga.

514. Si el que no aceptó una letra, dando lugar al protesto por esta falta, se prestare á pagarla á su vencimiento, le será admitido el pago con preferencia al que intervino ó quiso intervenir para la aceptación ó el pago; pero serán de su cuenta los gastos causados por no haber aceptado la letra á su tiempo.

515. El que interviniere en el pago de una letra perjudicada, no tendrá otra acción que la que competiría al portador contra el librador que no hubiere hecho á tiempo provisión de fondos, ó contra aquel que conservara en su poder el valor de la letra sin haber hecho su entrega ó reembolso.

Sección décima. De las acciones que competen al portador de una letra de cambio.

516. En defecto de pago de una letra de cambio presentada y protestada en tiempo y forma, el portador tendrá derecho á exigir del aceptante, del librador ó de cualquiera de los endosantes, el reembolso con los gastos de protesto y recambio; pero intentada la acción contra alguno de ellos, no podrá dirigirla contra los demás sino en caso de insolvencia del demandado.

517. Si el portador de la letra protestada dirigiere su acción contra el aceptante antes que contra el librador y endosantes, hará notificar á todos ellos el protesto por medio de notario público, dentro de los plazos señalados en la sección quinta de este título, para recoger la aceptación; y si se dirigiere contra alguno de los segundos, hará dentro de los mismos plazos igual notificación á los demás.

Los endosantes á quienes no se hiciere esta notificación quedarán exentos de responsabilidad, aun cuando el demandado resulte insolvente, y lo mismo se entenderá respecto del librador que probare haber hecho oportunamente provisión de fondos.

518. Si hecha excusión en los bienes del deudor[1] ejecutado para el pago ó reembolso de una letra, sólo hubiere podido percibir el portador una parte de su crédito, podrá dirigirse contra los demás por el resto de su alcance hasta su completo reembolso, en la forma establecida en el art. 516.

Lo mismo se verificará en el caso de declararse en quiebra el ejecutado; y si todos los responsables de la letra se encontraren en igual caso, tendrá el reclamante derecho á percibir de cada masa el dividendo correspondiente á su crédito, hasta que sea extinguido en su totalidad.

519. El endosante que reembolsare una letra protestada, se subrogará en los derechos del portador de la misma, á saber: 1.º Si el protesto fuere por falta de aceptación, contra el librador y los demás endosantes que le precedan en orden, para el afianzamiento del valor de la letra, ó el depósito en defecto de fianza; — 2.º Si fuere por falta de pago, contra el mismo librador, aceptante y endosantes que le precedan, para el reintegro del valor de la letra y de todos los gastos que hubiere satisfecho.

Si para hacer el reembolso concurrieren el librador y endosantes, será preferido el librador; y, concurriendo sólo endosantes, el de fecha anterior.

---

[1] Véase la pág. 127, nota 3.

512. L'accepteur par intervention au moment du protêt d'une lettre de change, sera responsable du payement comme si la lettre avait été tirée sur lui, et il devra donner avis de son acceptation, par le plus prochain courrier, à la personne pour le compte de qui il est intervenu; et s'il vient à payer la lettre de change, il sera subrogé aux droits du porteur pourvu qu'il accompliss eles obligations imposées au dit porteur, sauf les restrictions suivantes: 1° S'il paye pour le compte du tireur, le tireur seul sera responsable de la somme déboursée, et les endosseurs seront libérés; — 2° S'il paye pour le compte de l'un des endosseurs, il aura le droit de recourir contre le tireur, contre l'endosseur pour le compte de qui il est intervenu et contre les autres endosseurs antérieurs dans l'ordre des endossements, mais non contre les endosseurs postérieurs.

513. L'acceptation par intervention ne privera pas le porteur de la lettre protestée du droit d'exiger que le tireur ou les endosseurs lui en garantissent le payement à l'échéance.

514. Si celui qui n'a pas accepté une lettre de change, et qui a donné lieu par son refus à un protêt, s'offre à la payer à l'échéance, il sera admis à la payer de préférence à celui qui intervient ou désire intervenir pour l'acceptation ou le payement, mais les frais résultant de son défaut d'acceptation en temps utile seront à sa charge.

515. Celui qui payera par intervention une lettre de change périmée, n'aura d'autre action que celle appartenant au porteur contre le tireur qui n'a pas fait provision en temps utile, ou contre celui qui conserve en sa possession la valeur de la lettre de change, sans en avoir fait la remise ou sans la rembourser.

Section X. Des actions qui compètent au porteur d'une lettre de change.

516. A défaut de payement d'une lettre de change présentée et protestée en temps utile et dans la forme légale, le porteur aura le droit d'exiger de l'accepteur, du tireur, ou le l'un quelconque des endosseurs, le remboursement des frais de protêt et de rechange; après avoir introduit son action contre l'un d'eux, il ne pourra plus la diriger contre les autres, si ce n'est en cas d'insolvabilité du défendeur.

517. Si le porteur de la lettre de change protestée dirige son action contre l'accepteur, avant de recourir contre le tireur et les endosseurs, il fera notifier à tous ceux-ci le protêt par le ministère d'un notaire public, dans les délais indiqués dans la cinquième section du présent titre, pour demander l'acceptation, et s'il dirige son action contre l'un des seconds, il fera, dans les mêmes délais, une notification semblable à tous les autres.

Les endosseurs à qui cette notification n'aura pas été faite seront affranchis de toute responsabilité, même au cas d'insolvabilité du défendeur; et il en sera de même à l'égard du tireur qui prouvera avoir fait provision en temps utile.

518. Si, après saisie sur les biens du débiteur[1] poursuivi en payement ou en remboursement d'une lettre de change, le porteur n'a pu toucher qu'une partie de sa créance, il pourra recourir contre les autres pour le surplus, jusqu'à complet remboursement, dans la forme établie par l'article 516.

Il en sera de même dans le cas où le débiteur poursuivi viendra à être déclaré en état de faillite; et, si toutes les personnes responsables du payement de la lettre de change viennent à être également déclarées en état de faillite, le poursuivant aura le droit de toucher de chaque masse le dividende correspondant à sa créance, jusqu'à ce que celle-ci soit entièrement éteinte.

519. L'endosseur qui remboursera une lettre de change protestée, sera subrogé dans les droits du porteur, savoir: 1° Si le protêt a été fait faute d'acceptation, contre le tireur et les autres endosseurs antérieurs à lui-même, pour pouvoir requérir le cautionnement de la valeur de la lettre de change ou le dépôt de sa valeur, à défaut de cautionnement; — 2° Si le protêt a été fait faute de payement, contre le tireur, l'accepteur et les endosseurs qui le précèdent, pour le remboursement de la valeur de la lettre de change et de tous les frais par lui acquittés.

En cas de concours du tireur et des endosseurs pour faire le remboursement, le tireur sera préféré; et, en cas de concours entre les endosseurs seuls, on préférera celui dont l'endossement est d'une date antérieure.

---

[1] V. page 127, note 3.

520. Tanto el librador como cualquiera de los endosantes de una letra protestada, podrán exigir, luego que llegue á su noticia el protesto, que el portador reciba el importe con los gastos legítimos y les entregue la letra con el protesto y la cuenta de resaca.

521. La acción que nace de las letras de cambio para exigir en sus casos respectivos del librador, aceptantes y endosantes el pago ó el reembolso, será ejecutiva, debiendo despacharse la ejecución, en vista de la letra y del protesto, sin otro requisito que el reconocimiento judicial que hagan de su firma el librador ó endosantes demandados. Igual acción corresponderá al librador contra el aceptante, para compelerle al pago.

El reconocimiento de la firma no será necesario para despachar la ejecución contra el aceptante, cuando no se hubiere puesto tacha de falsedad en el acto del protesto por falta de pago.

522. La acción que se ejercite para conseguir el afianzamiento ó el depósito del valor de una letra de cambio en los casos en que proceda con arreglo á lo dispuesto en los artículos 481, 492 y 498 de este Código, se acomodará á los trámites prevenidos en el libro 3.º, parte 2.ª, título 3.º de la Ley de Enjuiciamiento Civil[1], bastando acompañar á la demanda, en el primer caso, el protesto que acredite la falta de la aceptación de la letra.

523. Contra la acción ejecutiva por letras de cambio, no se admitirán más excepciones que las consignadas en la Ley de Enjuiciamiento Civil[2].

524. La cantidad de que un acreedor haga remisión ó quita al deudor contra quien repita el pago ó reembolso de una letra de cambio, se entenderá condonada también á los demás que sean responsables de las resultas de la cobranza.

525. No tendrá efecto la caducidad de la letra perjudicada por falta de presentación, protesto y su notificación en los plazos que van determinados, respecto del librador ó endosante que, después de transcurridos dichos plazos, se hubiere saldado del valor de la letra en sus cuentas con el deudor, ó reembolsado con valores ó efectos de su pertenencia.

526. Las letras de cambio protestadas por falta de pago, devengarán interés, en favor de los portadores, desde la fecha del protesto.

Sección undécima.   Del recambio y resaca.

527. El portador de una letra de cambio protestada podrá reembolsarse de su importe y gastos de protesto y recambio girando una nueva letra contra el librador ó uno de sus endosantes, y acompañando á este giro la letra original, el testimonio del protesto y la cuenta de resaca, que sólo contendrá las partidas siguientes: 1.ª Capital de la letra protestada; — 2.ª Gastos del protesto; — 3.ª Derechos del sello para la resaca; — 4.ª Comisión de giro á uso de la plaza; — 5.ª Corretaje de la negociación; — 6.ª Gastos de la correspondencia; — 7.ª Daño de recambio.

En esta cuenta se expresará el nombre de la persona á cuyo cargo se gira la resaca.

528. Todas las partidas de la resaca se ajustarán al uso de la plaza, y el recambio, al curso corriente el día del giro; lo cual se justificará con la cotización oficial de la Bolsa, ó con certificación de agente ó corredor oficial, si los hubiere, ó, en su defecto, con la de dos comerciantes matriculados.

529. No podrá hacerse más que una cuenta de resaca por cada letra de cambio, cuya cuenta satisfarán los endosantes de uno en otro hasta que se extinga con el reembolso del librador.

---

[1] El procedimiento ejecutivo puede verse en el estudio «Del proc. jud. en las cuest. civ.-merc.»

[2] A más de las excepciones consignadas en el art. 1464 y 1465 de la L. de Enj. c., que pueden verse en el estudio «Del proc. jud. en las cuest. civ.-merc.», hay que tener en cuenta que el art. 151 de le L. del T. dispone que todo efecto de comercio que no esté extendido en el papel correspondiente del que expenda el Estado, ó reintegrado en forma, si fuere de los que se extendiesen en papel común, no podrá admitirse por Tribunal ni oficina pública de ningún orden y grado, careciendo por tanto de la eficacia *ejecutiva* que los documentos mercantiles llevan aparejada. Esto no obsta para que, como obligación puramente civil, pueda utilizarse la forma de enjuiciar que para compeler al cumplimiento de las de este último orden reconoce el derecho común.

520. Le tireur, ainsi que l'un quelconque des endosseurs d'une lettre de change protestée, pourra exiger, dès que le protêt est porté à sa connaissance, que le porteur en reçoive le montant et les frais légitimes, et qu'il lui remette la lettre de change avec le protêt et le compte de retraite.

521. L'action résultant des lettres de change qui a pour objet d'exiger, suivant les cas, du tireur, des accepteurs, et des endosseurs le payement ou le remboursement, sera une action exécutive, et l'exécution devra être prononcée sur le vu de la lettre de change et du protêt, sans qu'il soit besoin d'autre formalité que celle de la reconnaissance faite judiciairement de leur signature par le tireur ou les endosseurs défendeurs. Semblable action appartiendra au tireur contre l'accepteur pour l'obliger au payement.

La reconnaissance de la signature ne sera pas nécessaire pour obtenir l'exécution contre l'accepteur qui, dans le protêt faute de paiement, n'aura pas soulevé l'exception de faux.

522. L'action à exercer pour obtenir le cautionnement ou le dépôt de la valeur d'une lettre de change, dans les cas où il y a lieu de procéder conformément aux articles 481, 492 et 498 du présent Code, sera régie par les règles de procédure tracées par le livre III, 2° partie, titre 3 de la loi de *Enjuiciamiento civil*[1], et il suffira de joindre à la demande, dans le premier cas, le protêt établissant le défaut d'acceptation de la lettre de change.

523. Contre l'action exécutive pour les lettres de change, il ne sera pas admis plus d'exceptions que celles qui se trouvent énoncées dans la loi d'*Enjuiciamiento civil*[2].

524. La somme dont un créancier a fait remise ou donné quittance au débiteur contre qui il répète le payement ou le recouvrement d'une lettre de change, sera présumée être remise également à tous ceux qui sont responsables du payement.

525. La caducité de la lettre de change périmée pour défaut de présentation, de protêt et de notification du protêt dans les délais déterminés, n'aura pas d'effet à l'égard du tireur ou de l'endosseur qui, après l'expiration de ces délais, auront été soldés de la valeur de la lettre de change dans leurs comptes avec le débiteur, ou remboursés au moyen de valeurs ou d'effets lui appartenant.

526. Les lettres de change protestées pour défaut de payement seront productives d'intérêts au profit des porteurs à dater du protêt.

Section XI. Du rechange et de la retraite.

527. Le porteur d'une lettre de change protestée pourra se rembourser de son montant, ainsi que des frais de protêt et de rechange, en tirant une nouvelle lettre de change sur le tireur ou sur l'un des endosseurs, et en joignant, à cette nouvelle lettre de change, la lettre originale, la preuve du protêt et le compte de retour qui contiendra seulement: 1° Le principal de la lettre protestée; — 2° Les frais du protêt; — 3° Les droits de timbre dûs pour la retraite; — 4° La commission de tirage d'après l'usage de la place; — 5° Le courtage de la négociation; — 6° Les frais de correspondance; — 7° L'indemnité de rechange.

Dans ce compte, on indiquera le nom de la personne sur qui est tirée la retraite.

528. Toutes les parties de la retraite seront réglées par les usages de la place, et le rechange, par le cours du jour du tirage, lequel sera justifié par la cote officielle de la Bourse ou par l'attestation d'un agent ou d'un courtier officiel, s'il y en a, ou, à leur défaut, par l'attestation de deux commerçants immatriculés.

529. Il ne pourra pas y avoir plus d'un compte de retour pour chaque lettre de change. Ce compte sera remboursé d'endosseur à endosseur jusqu'à ce qu'il soit éteint par le remboursement effectué par le tireur.

---

[1]) Pour la procédure exécutive, v. l'étude sur la procédure judiciaire dans les affaires civiles et commerciales.

[2]) En plus des exceptions dont il est parlé dans les art. 1464 et 1465 de la loi de *Enj. civ.* pour lesquelles nous renvoyons à notre étude sur la procédure judiciaire dans les affaires civiles et commerciales, il faut tenir compte que l'art. 151 de la loi d'*Enj.* dispose que tout effet de commerce qui n'est pas dressé sur le papier correspondant délivré par l'État, ou qui n'a pas été régulièrement revêtu des timbres nécessaires, s'il a été rédigé sur papier libre, ne peut être produit devant aucun tribunal ni dans un office public de quelque ordre ou degré que ce soit, et demeure dépourvu de toute force exécutoire appartenant aux documents commerciaux. Nonobstant ces dispositions, cet effet peut, cependant, à titre d'obligation purement civile, servir de base à une action en justice pour obtenir l'exécution des obligations qui, d'après le droit commun, résultent de ce dernier titre.

Tampoco habrá que abonar más de un recambio, y su importe se graduará aumentando ó disminuyendo la parte que á cada uno corresponda, según que el papel sobre la plaza á que se dirija la resaca, se negocie en la de su domicilio con premio ó con descuento, cuya circunstancia se acreditará mediante certificación de agente, corredor ó comerciante.

530. El portador de una resaca no podrá exigir interés legal de su importe, sino desde el día en que requiriere, en la forma del art. 63 de este Código, á la persona de quien tenga derecho de cobrarlo.

Título XI. De las libranzas, vales y pagarés á la orden, y de los mandatos de pago llamados cheques.

Sección primera. De las libranzas y de los vales y pagarés á la orden.[1]

531. Las libranzas, vales ó pagarés á la orden deberán contener: 1.º El nombre específico de la libranza, vale ó pagaré; — 2.º La fecha de la expedición; — 3.º La cantidad; — 4.º La época del pago; — 5.º La persona á cuya orden se habrá de hacer el pago, y, en las libranzas, el nombre y domicilio de la persona contra quien estén libradas; — 6.º El lugar donde deberá hacerse el pago; — 7.º El origen y especie del valor que representen; — 8.º La firma del que expida la libranza, y, en los vales ó pagarés, la del que contrae la obligacion de pagarlos.

Los vales que hayan de pagarse en distinto lugar del de la residencia del pagador, indicarán un domicilio para el pago.

532. Las libranzas á la orden entre comerciantes, y los vales ó pagarés también á la orden, que procedan de operaciones de comercio, producirán las mismas obligaciones y efectos que las letras de cambio, excepto en la aceptación, que es privativa de éstas.

Los vales ó pagarés que no estén expedidos á la orden, se reputarán simples promesas de pago, sujetas al derecho común ó al mercantil, según su naturaleza, salvo lo dispuesto en el título siguiente.

533. Los endosos de las libranzas y pagarés á la orden deberán extenderse con la misma expresión que los de las letras de cambio.

Sección segunda. De los mandatos de pago llamados cheques.

534. El mandato de pago, conocido en el comercio con el nombre de cheque, es un documento que permite al librador retirar, en su provecho ó en el de un tercero, todos ó parte de los fondos que tiene disponibles en poder del librado.

535. El mandato de pago deberá contener: El nombre y la firma del librador, nombre del librado y su domicilio, cantidad y fecha de su expedición, que habrán de expresarse en letra, y si es al portador, á favor de persona determinada[2] ó á la orden[3]: en el último caso, será transmisible por endoso.

536. Podrá librarse dentro de la misma plaza de su pago ó en lugar distinto; pero el librador está obligado á tener anticipadamente hecha la provisión de fondos en poder del librado.

---

[1] Los pagarés á la orden y las libranzas también á la orden están sujetos al pago del impuesto del timbre en los mismos términos y condiciones que las letras. (Véanse las notas desde la pág. 157 (1) hasta la pág. 166 (2), ambas inclusives.)

[2] Los cheques al portador, y los expedidos á favor de persona determinada, llevarán: timbre móvil de 10 céntimos de peseta, clase 16a, cuando su cuantía no exceda de 25 000 pesetas; timbre de 25 céntimos, clase 15a desde 25 000,01 á 50 000 pesetas; y timbre de 50 céntimos, clase 12a desde 50 000,01 pesetas en adelante; pero si fueren satisfechos ó renovados por el librador se considerarán como pagarés ó letras para los efectos del pago del timbre, á no ser que lleven unido el correspondiente protesto, en el que conste, además, que en la fecha en que se expidió el cheque tenía el librado en su poder, de la propiedad y á disposición del librador, fondos suficientes para satisfacerlo. — Los timbres se inutilizarán estampando en ellos la fecha del documento (art. 140 L. del. T.).

[3] Los cheques á la orden están sujetos al pago del impuesto del timbre en los mismos términos y condiciones que las letras de cambio. (Véanse las notas pág. 151 (1) hasta la pág. 159 (2) ambas inclusives.)

Il ne sera payé également qu'un rechange, dont le montant sera gradué en augmentant ou en diminuant la part appartenant à chacun, suivant que le papier sur la place sur laquelle est tirée la retraite se négocie dans le lieu de son domicile avec prime ou avec escompte. Ces circonstances seront établies au moyen du certificat d'un agent, d'un courtier ou d'un commerçant.

530. Le porteur d'une retraite ne pourra exiger l'intérêt légal de son montant que du jour où il le réclame, dans la forme établie par l'article 63 du présent Code, à la personne qui est tenue de le lui payer.

Titre XI. Des mandats, bons et billets à ordre, et des ordres de payement appelés chèques.

Section première. Des mandats, et des bons et des billets à ordre.[1]

531. Les mandats, bons, ou billets à ordre devront contenir: 1° Le nom spécifique du mandat, du bon, ou du billet; — 2° La date de l'expédition; — 3° La somme; — 4° L'époque du payement; — 5° La personne à l'ordre de qui doit se faire le payement, et, dans les mandats, le nom et le domicile de la personne sur qui elles sont tirées; — 6° Le lieu du payement; — 7° L'origine et l'espèce de la valeur qu'ils représentent; — 8° La signature de celui qui expédie l'effet, et, dans les bons ou billets, la signature de celui qui contracte l'obligation de payer.

Les bons qui doivent se payer dans un lieu différent de la résidence du payeur, indiqueront un domicile pour le payement.

532. Les mandats à ordre entre commerçants, et les bons ou billets à ordre qui ont pour cause des opérations commerciales, produiront les mêmes obligations et les mêmes effets que les lettres de change, sauf en ce qui concerne l'acceptation qui s'applique exclusivement à ces dernières.

Les bons ou billets qui ne sont pas à ordre, seront réputés simples promesses de payement, soumises au droit commun ou au droit commercial, suivant leur nature, sauf ce qui est établi dans le titre suivant.

533. Les endossements des mandats et billets à ordre seront rédigés de la même manière que ceux des lettres de change.

Section II. Des ordres de payement appelés chèques.

534. L'ordre de payement connu, dans le commerce, sous le nom de chèque, est un document permettant au tireur de retirer, à son profit ou au profit d'un tiers, tout ou partie des fonds qu'il possède, et qui sont disponibles chez le tiré.

535. L'ordre de payement devra contenir: Le nom et la signature du tireur, le nom du tiré, ainsi que son domicile, la somme et la date de l'émission, lesquelles devront être énoncées en toutes lettres, enfin la mention que le chèque est au porteur, au profit de telle personne déterminée[2] ou à ordre[3]. Dans ce dernier cas, le chèque sera transmissible par voie d'endossement.

536. Le chèque pourra être tiré de la place même où il doit être payé, ou d'un lieu différent, mais le tireur est tenu d'avoir fait préalablement provision entre les mains du tiré.

---

[1]) Les billets à ordre et les mandats à ordre sont soumis au payement des droits de timbre dans les mêmes termes et conditions que les lettres de change (v. ci-dessus les notes de la page 157 jusques et y compris la note 2 de la page 166.

[2]) Les chèques au porteur, et ceux qui sont au profit d'une personne déterminée, doivent être revêtus d'un timbre mobile de 0,10 p. (classe 16), quand leur montant n'est pas supérieur à 25,000 *pesetas*; d'un timbre mobile de 0,25 (classe 15), de 25000,01, à 50000 *pesetas*, et d'un timbre de 0,50 (classe 12), si leur montant est de 50 000,01 et au-dessus. S'ils sont acquittés ou renouvelés par le tireur, ils seront, toutefois, considérés comme des billets ou des lettres de change en ce qui concerne le payement des droits de timbre, sauf s'ils sont joints au protêt correspondant, et que ce protêt constate, en outre, qu'à la date de la délivrance du chèque, le tiré avait en sa possession des fonds suffisants pour l'acquitter, qui étaient la propriété du tireur et dont celui-ci avait la libre disposition. — Les timbres sont annulés en y apposant la date du document (loi sur le timbre, art. 140).

[3]) Les chèques à ordre sont soumis au payement de l'impôt du timbre dans les mêmes termes et conditions que les lettres de change (v. les notes depuis et y compris la page 151 (1) jusqu'à la page 159 (2) inclusivement).

537. El portador de un mandato de pago deberá presentarle al cobro dentro de los cinco días de su creación si estuviere librado en la misma plaza, y á los ocho días si lo fuere en otra diferente.

El portador que dejare pasar este término, perderá su acción contra los endosantes, y también la perderá contra el librador si la provisión de fondos hecha en poder del librado desapareciese porque éste suspendiera los pagos ó quebrase.

538. El plazo de ocho días que fija el artículo anterior para los mandatos de pago librados de plaza á plaza, se entenderá ampliado hasta los doce días de su fecha para los librados en el extranjero.

539. El pago del mandato se exigirá al librado en el acto de la presentación. La persona á quien se pague expresará en el recibí su nombre y la fecha del pago.

540. No podrán expedirse duplicados de los mandatos de pago, sin haber anulado previamente los originales, después de vencidos, y obtenido la conformidad del librado.

541. El librador ó cualquier tenedor legal de un mandato de pago tendrá derecho á indicar en él que se pague á banquero ó sociedad determinada, lo cual expresará escribiendo cruzado en el anverso el nombre de dicho banquero ó sociedad, ó solamente las palabras «y compañía».

El pago hecho á otra persona que no sea el banquero ó sociedad indicada, no relevará de responsabilidad al librado si hubiese pagado indebidamente.

542. Serán aplicables á estos documentos las disposiciones contenidas en este Código respecto á la garantía solidaria del librador y endosantes, al protesto y al ejercicio de las acciones provenientes de las letras de cambio.

543. Regirán para las órdenes de pago en cuenta corriente de los Bancos ó sociedades mercantiles, conocidas bajo el nombre de talones, las disposiciones anteriores en lo que les sean aplicables[1].

Título XII. De los efectos al portador y de la falsedad, robo, hurto ó extravío de los mismos.

Sección primera. De los efectos al portador.

544. Todos los efectos á la orden, de que trata el título anterior, podrán emitirse al portador y llevarán, como aquéllos, aparejada ejecución[2] desde el día de su vencimiento, sin más requisito que el reconocimiento de la firma del responsable á su pago. El día del vencimiento se contará según las reglas establecidas para los efectos expedidos á la orden, y contra la acción ejecutiva no se admitirán más excepciones que las indicadas en el art. 523.

545. Los demás efectos al portador, bien sean de los enumerados en el art. 68, ó bien billetes de Banco, acciones ú obligaciones de otros Bancos, compañías de crédito territorial, agrícola ó mobiliario, de compañías de ferrocarriles, de obras públicas, industriales, comerciales ó de cualquier otra clase, emitidas conforme á las Leyes y disposiciones de este Código, producirán los efectos siguientes: 1.º Llevarán aparejada ejecución dichos títulos, lo mismo que sus cupones[3], desde el día del vencimiento de la obligación respectiva, ó á su presentación, si no le tuvieren señalado; — 2.º Serán transmisibles por la simple tradición del documento; — 3.º No estarán sujetos á reivindicación si hubieren sido negociados en Bolsa con intervención de agente colegiado, y, donde no lo hubiere, con intervención de notario público ó corredor de comercio.

Quedarán á salvo los derechos y acciones del legítimo propietario contra el vendedor ú otras personas responsables según las Leyes, por los actos que le hayan privado de la posesión y dominio de los efectos vendidos.

546. El tenedor de un efecto al portador tendrá derecho á confrontarlo con sus matrices siempre que lo crea conveniente.

---

[1] También son aplicables á estos talones los preceptos de la L. del T. á que hacen referencia las dos anteriores notas.

[2] El procedimiento ejecutivo por el cual puede hacerse efectivo el valor de estos documentos puede verse en el estudio ‹Del proc. judic. en las cuest. civ.-merc.›

[3] Véase la nota anterior.

537. Le porteur d'un ordre de payement devra le présenter au recouvrement dans les cinq jours de sa création, s'il a été tiré de la place même sur laquelle il est payable, et, dans les huit jours, s'il a été tiré d'une place différente.

Le porteur qui laissera passer ce délai, perdra son action contre les endosseurs, et il la perdra également contre le tireur si la provision faite entre les mains du tiré vient à disparaître par suite de la suspension des payements ou de la faillite de ce dernier.

538. Le délai de huit jours fixé par l'article précédent pour les ordres de payement tirés d'une place sur une autre place, sera élevé jusqu'à douze jours à compter de la date des dits ordres, s'ils ont été tirés d'un pays étranger.

539. Le payement de l'ordre sera exigé du tiré au moment même de la présentation.

540. Il ne pourra être délivré, après l'échéance, de duplicata des ordres de payement sans avoir annulé préalablement les ordres originaux et obtenu le consentement du tiré.

541. Le tireur ou tout porteur légitime quelconque d'un ordre de payement, aura le droit d'indiquer sur cet ordre qu'il sera payé à un banquier ou une société déterminée, ce qui s'exprimera en écrivant en croix sur le recto le nom du dit banquier ou de la société, ou seulement les mots *et compagnie*.

Le payement fait à une personne autre que le banquier ou la société désignée ne sera pas libératoire pour le tiré, s'il a été fait indûment.

542. Seront applicables à ces documents les dispositions du présent Code relatives à la garantie solidaire du tireur et des endosseurs, au protêt et à l'exercice des actions résultant des lettres de change.

543. Les dispositions précédentes régiront, en tant qu'elles leur sont applicables [1], les ordres de payement en compte-courant des banques ou des sociétés commerciales connus sous le nom de «talons».

Titre XII. Des effets au porteur, de la falsification, du vol, et de la soustraction ou de la perte des dits effets.

Section première. Des effets au porteur.

544. Tous les effets à ordre, dont il est parlé dans le titre précédent, pourront être émis au porteur, et ils vaudront, en cette qualité, titre exécutoire [2], dès leur échéance, sous la seule condition de la reconnaissance de la signature de la personne tenue de payer. Le jour de l'échéance se calculera d'après les règles établies pour les effets à ordre, et il ne sera admis contre l'action exécutive que les exceptions indiquées dans l'article 523.

545. Les autres effets au porteur, qu'il s'agisse d'effets énumérés dans l'article 68, ou de billets de banque, d'actions ou d'obligations d'autres banques, de sociétés de crédit foncier, de crédit agricole ou mobilier, de compagnies de chemins de fer, de compagnies de travaux publics, de sociétés industrielles, commerciales ou de toute autre classe, émises conformément aux lois et aux dispositions du présent Code, produiront les effets suivants: 1° Ils vaudront, ainsi que leurs coupons [3], titre exécutoire, dès le jour de l'échéance de l'obligation respective, ou à présentation, si le jour de l'échéance n'est pas indiqué; — 2° Ils seront transmissibles par la simple tradition du document; — 3° Ils ne seront pas soumis à la revendication s'ils ont été négociés en bourse avec l'intervention d'un agent inscrit, et, là où il n'y en a pas, avec l'intervention d'un notaire public ou d'un courtier de commerce.

Les droits et les actions du légitime propriétaire contre le vendeur ou les autres personnes responsables, d'après les lois, des actes qui l'ont privé de la possession et de la propriété des effets vendus, demeureront entiers.

546. Le possesseur d'un effet au porteur aura le droit de le confronter avec les matrices, toutes les fois qu'il le jugera convenable.

---

[1]) Sont aussi applicables à ces talons les prescriptions de la loi sur le timbre rappelées dans les deux notes précédentes.

[2]) Sur la procédure exécutive, à suivre pour obtenir le payement de ces documents de crédit, on peut consulter l'étude sur «la procédure judiciaire dans les matières civiles et commerciales».

[3]) V. la note précédente.

Sección segunda. Del robo, hurto ó extravío de los documentos de crédito y efectos al portador.

547. Serán documentos de crédito al portador, para los efectos de esta sección, según los casos: 1.º Los documentos de crédito contra el Estado, provincias ó municipios, emitidos legalmente; — 2.º Los emitidos por Naciones extranjeras cuya cotización haya sido autorizada por el Gobierno á propuesta de la Junta sindical del Colegio de Agentes; — 3.º Los documentos de crédito al portador, de empresas extranjeras constituídas con arreglo á la Ley del Estado á que pertenezcan; — 4.º Los documentos de crédito al portador emitidos con arreglo á su Ley constitutiva por establecimientos, compañías ó empresas nacionales; — 5.º Los emitidos por particulares, siempre que sean hipotecarios ó estén suficientemente garantidos.

548. El propietario desposeído, sea cual fuere el motivo, podrá acudir ante el juez ó tribunal competente, para impedir que se pague á tercera persona el capital, los intereses ó dividendos vencidos ó por vencer, así como también para evitar que se transfiera á otro la propiedad del título ó conseguir que se le expida un duplicado.

Será juez ó tribunal competente el que ejerza jurisdicción en el distrito en que se halle el establecimiento ó persona deudora.

549. En la denuncia que al juez ó tribunal haga el propietario desposeído, deberá indicar el nombre, la naturaleza, el valor nominal, el número, si lo tuviere, y la serie de los títulos; y además, si fuere posible, la época y el lugar en que vino á ser propietario, y el modo de su adquisición; la época y el lugar en que recibió los últimos intereses ó dividendos, y las circunstancias que acompañaron á la desposesión.

El desposeído, al hacer la denuncia, señalará, dentro del distrito en que ejerza jurisdicción el juez ó tribunal competente, el domicilio en que habrán de hacérsele saber todas las notificaciones.

550. Si la denuncia se refiriese únicamente al pago del capital ó de los intereses ó dividendos vencidos ó por vencer, el juez ó tribunal, justificada que sea en cuanto á la legitimidad de la adquisición del título, deberá estimarla, ordenando en el acto: 1.º Que se publique la denuncia inmediatamente en la *Gaceta de Madrid*, en el *Boletín oficial* de la provincia y en el *Diario oficial de Avisos* de la localidad, si lo hubiere, señalando un término breve dentro del cual pueda comparecer el tenedor del título; — 2.º Que se ponga en conocimiento del centro directivo que haya emitido el título, ó de la compañía ó del particular de quien proceda, para que retengan el pago de principal é intereses.

551. La solicitud se sustanciará con audiencia del ministerio fiscal y en la forma que para los incidentes prescribe la Ley de Enjuiciamiento Civil[1].

552. Transcurrido un año desde la denuncia sin que nadie la contradiga, y si en el intervalo se hubieren repartido dos dividendos, el denunciante podrá pedir al juez ó tribunal autorización, no sólo para percibir los intereses ó dividendos vencidos ó por vencer, en la proporción y medida de su exigibilidad, sino también el capital de los títulos, si hubiere llegado á ser exigible.

553. Acordada la autorización por el juez ó tribunal, el desposeído deberá, antes de percibir los intereses ó dividendos ó el capital, prestar caución bastante y extensiva al importe de las anualidades exigibles y además al doble valor de la última anualidad vencida.

Transcurridos dos años desde la autorización sin que el denunciante fuere contradicho, la caución quedará cancelada.

Si el denunciante no quisiere ó no pudiere prestar la caución, podrá exigir de la compañía ó particular deudores el depósito de los intereses ó dividendos vencidos ó del capital exigible, y recibir á los dos años, si no hubiere contradicción, los valores depositados.

554. Si el capital llegare á ser exigible después de la autorización, podrá pedirse bajo caución ó exigir el depósito.

Transcurridos cinco años sin oposición desde la autorización, ó diez desde la época de la exigibilidad, el desposeído podrá recibir los valores depositados.

---

[1] La tramitación de estos incidentes puede verse en el estudio «Del proc. jud. en las cuest. civ.-merc.»

Section II. Du vol, de la soustraction ou de la perte des documents de crédit et effets au porteur.

547. Seront considérés comme documents de crédit au porteur pour les effets de la présente section: 1° Les documents de crédit sur l'État, les provinces ou les municipes, légalement émis; — 2° Les titres émis par les nations étrangères et dont l'admission à la cote a été accordée par le Gouvernement sur la proposition de la Chambre syndicale du collège des agents; — 3° Les documents de crédit au porteur des entreprises étrangères constituées conformément à la loi de l'État de qui elles dépendent; — 4° Les documents de crédit au porteur émis conformément à la loi qui les constitue par les établissements, compagnies ou entreprises nationales; — 5° Les titres émis par les particuliers, lorsqu'ils sont hypothécaires ou suffisamment garantis.

548. Le propriétaire dépossédé par quelque motif que ce soit, pourra s'adresser au juge ou tribunal compétent pour empêcher de payer à un tiers le capital, les intérêts ou dividendes échus ou à échoir, ainsi que pour éviter que la propriété du titre ne soit transférée à une autre personne, ou pour obtenir qu'il lui en soit délivré un duplicata.

Le juge ou tribunal compétent sera celui du lieu où se trouve l'établissement débiteur ou la personne débitrice.

549. Dans sa requête au juge ou tribunal, le propriétaire dépossédé énoncera le nom, la nature, la valeur nominale, le numéro, s'il y a lieu, et la série des titres, et en outre, s'il est possible, l'époque et le lieu où il est devenu propriétaire, ainsi que son mode d'acquisition, l'époque et le lieu où il a touché les derniers intérêts ou dividendes, et les circonstances qui auront accompagné la dépossession.

Il fera, dans la requête, élection de domicile dans le district du juge ou tribunal compétent, et toutes les notifications devront être faites à ce domicile élu.

550. Si la requête se réfère uniquement au payement du capital ou des intérêts ou dividendes échus ou à échoir, le juge ou tribunal, sur la preuve de la légitimité de l'acquisition du titre, l'admettra et il ordonnera en même temps: 1° De publier immédiatement la requête dans la *Gaceta de Madrid*, dans le *Bulletin officiel* de la province et dans le *Journal officiel des annonces* de la localité, s'il en existe un, en intimant au possesseur du titre un délai court pour comparaître; — 2° D'avertir la direction de la société qui a émis le titre ou le particulier de qui ce titre émane, d'avoir à retenir le payement du principal et des intérêts.

551. La requête s'instruira, le ministère fiscal entendu, et dans la forme établie pour les incidents par la loi d'*Enjuiciamiento civil*[1].

552. Lorsque le délai d'un an se sera écoulé à dater de la requête sans que personne la contredise, et que, dans l'intervalle, il aura été fait deux répartitions de dividendes, le propriétaire dépossédé pourra demander au juge ou tribunal l'autorisation non seulement de percevoir les intérêts ou dividendes échus ou à échoir, au fur et à mesure de leur exigibilité, mais aussi le capital des titres, s'il vient à être exigible.

553. Lorsque l'autorisation aura été accordée par le juge ou tribunal, le propriétaire dépossédé devra, avant de toucher les intérêts ou dividendes, ou le capital, fournir une caution solvable dont l'engagement s'étendra au montant des annuités exigibles et, en outre, à une valeur double de la dernière annuité échue.

Lorsque deux années se seront écoulées à dater de l'autorisation, sans que la requête ait été contredite, la caution sera dégagée.

Si le requérant ne donne pas ou s'il est dans l'impossibilité de fournir caution, il pourra exiger, de la société ou du particulier débiteur, le dépôt des intérêts ou des dividendes échus ou du capital exigible, et toucher deux ans plus tard, s'il n'est pas survenu d'opposition, les valeurs ainsi déposées.

554. Si le capital devient exigible après l'autorisation, le propriétaire dépossédé pourra le réclamer en donnant caution, ou exiger qu'il soit déposé.

Lorsque cinq ans se seront écoulés sans opposition depuis l'autorisation ou depuis la date de l'exigibilité, le propriétaire dépossédé pourra toucher les valeurs déposées.

---

[1] Sur la procédure de ces incidents, v. l'étude sur la procédure judiciaire dans les matières civiles et commerciales.

555. La solvencia de la caución se apreciará por los jueces ó tribunales.

El denunciante podrá prestar fianza y constituirla en títulos de renta sobre el Estado, recobrándola al terminar el plazo señalado para la caución.

556. Si en la denuncia se tratare de cupones al portador separados del título, y la oposición no hubiere sido contradicha, el opositor podrá percibir el importe de los cupones, transcurridos tres años á contar desde la declaración judicial estimando la denuncia.

557. Los pagos hechos al desposeído en conformidad con las reglas antes establecidas, eximen de toda obligación al deudor; y el tercero que se considere perjudicado, sólo conservará acción personal contra el opositor que procedió sin justa causa.

558. Si, antes de la liberación del deudor, un tercer portador se presentare con los títulos denunciados, el primero deberá retenerlos y hacerlo saber al juez ó tribunal y al primer opositor, señalando á la vez el nombre, vecindad ó circunstancias por las cuales pueda venirse en conocimiento del tercer portador.

La presentación de un tercero suspenderá los efectos de la oposición hasta que decida el juez ó tribunal.

559. Si la denuncia tuviere por objeto impedir la negociación ó transmisión de títulos cotizables, el desposeído podrá dirigirse á la Junta sindical del Colegio de Agentes, denunciando el robo, hurto ó extravío, y acompañando nota expresiva de las series y números de los títulos extraviados, época de su adquisición y título por el cual se adquirieron.

La Junta sindical, en el mismo día de Bolsa ó en el inmediato, fijará aviso en el tablón de edictos; anunciará, al abrirse la Bolsa, la denuncia hecha, y avisará á las demás juntas de síndicos de la Nación, participándoles dicha denuncia.

Igual anuncio se hará, á costa del denunciante, en la *Gaceta de Madrid*, en el *Boletín oficial* de la provincia y en el *Diario oficial de Avisos* de la localidad respectiva.

560. La negociación de los valores robados, hurtados ó extraviados, hecha después de los anuncios á que se refiere el artículo anterior, será nula, y el adquirente no gozará del derecho de la no reivindicación; pero sí quedará á salvo el del tercer poseedor contra el vendedor y contra el agente que intervino en la operación.

561. En el término de nueve días, el que hubiere denunciado el robo, hurto ó extravío de los títulos deberá obtener el auto correspondiente del juez ó tribunal, ratificando la prohibición de negociar ó enajenar los expresados títulos.

Si este auto no se notificare ó pusiere en conocimiento de la Junta sindical en el plazo de los nueve días, anulará la Junta el anuncio y será válida la enajenación de los títulos que se hiciere posteriormente.

562. Transcurridos cinco años, á contar desde las publicaciones hechas en virtud de lo dispuesto en los artículos 550 y 559, y de la ratificación del juez ó tribunal á que se refiere el 561, sin haber hecho oposición á la denuncia, el juez ó tribunal declarará la nulidad del título sustraído ó extraviado, y lo comunicará al centro directivo oficial, compañía ó particular de que proceda, ordenando la emisión de un duplicado á favor de la persona que resultare ser su legítimo dueño.

Si dentro de los cinco años se presentase un tercer opositor, el término quedará en suspenso hasta que los jueces ó tribunales resuelvan.

563. El duplicado llevará el mismo número que el título primitivo; expresará que se expidió por duplicado; producirá los mismos efectos que aquél, y será negociable con iguales condiciones.

La expedición del duplicado anulará el título primitivo, y se hará constar así en los asientos ó registros relativos á éste.

564. Si la denuncia del desposeído tuviere por objeto, no sólo el pago del capital, dividendos ó cupones, sino también impedir la negociación ó transmisión en Bolsa de los efectos cotizables, se observarán, según los casos, las reglas establecidas para cada uno en los artículos anteriores.

565. No obstante lo dispuesto en esta sección, si el desposeído hubiese adquirido los títulos en Bolsa, y á la denuncia acompañara el certificado del agente en el cual se fijasen y determinasen los títulos ó efectos de manera que apareciese

555. La solvabilité de la caution sera appréciée par les tribunaux.

Le requérant pourra fournir un nantissement constitué en titres de rentes sur l'État, lequel sera restitué à l'expiration du délai indiqué pour la libération de la caution.

556. Si, dans la requête, il s'agit de coupons au porteur séparés du titre et si l'opposition n'a pas été contredite, l'opposant pourra toucher le montant des dits coupons à l'expiration d'un délai de trois ans à compter de la déclaration judiciaire accueillant la requête.

557. Les payements faits au propriétaire dépossédé, en conformité des règles ci-dessus établies, affranchissent le débiteur de toute obligation, et le tiers qui se prétendra lésé conservera seulement une action contre l'opposant qui a procédé sans juste cause.

558. Si, avant la libération du débiteur, il se présente un tiers porteur des titres désignés dans la requête, le dit débiteur devra les retenir et avertir le juge ou tribunal, ainsi que le premier opposant, en indiquant à la fois le nom, le domicile du tiers porteur ou les circonstances qui peuvent permettre de le connaître.

Les effets de l'opposition restent alors suspendus jusqu'à ce que le juge ou tribunal ait statué.

559. Si la requête a pour objet d'empêcher la négociation ou la transmission de titres cotés, le propriétaire dépossédé pourra s'adresser à la Chambre syndicale du collège des agents, pour signaler le vol, la soustraction ou la perte; il joindra à sa notification une note indiquant les séries et les numéros des titres perdus, l'époque où il les a acquis et le mode de son acquisition.

La Chambre syndicale, dans le même jour de Bourse ou dans le jour suivant, fera placarder un avis au tableau des affiches, elle annoncera la plainte à l'ouverture de la Bourse et elle avisera les autres Chambres syndicales de la nation en leur communiquant ladite plainte.

Semblable annonce sera faite, aux frais du réclamant, dans la *Gaceta de Madrid*, dans le *Bulletin officiel* de la province et dans le *Journal officiel des annonces* de la localité.

560. La négociation des valeurs volées, soustraites ou perdues, faite postérieurement aux annonces prévues dans l'article précédent, sera nulle, et l'acquéreur ne sera pas à l'abri de la revendication; toutefois, le tiers possesseur conservera son recours contre le vendeur et contre l'agent par l'intermédiaire de qui l'opération a été effectuée.

561. Dans le délai de neuf jours, celui qui aura dénoncé le vol, la soustraction ou la perte des titres, devra obtenir le décret du juge ou tribunal ratifiant la prohibition de négocier ou d'aliéner les dits titres.

Si le dit décret n'est pas notifié ou porté à la connaissance de la Chambre syndicale, dans le délai de neuf jours, la dite Chambre annulera l'annonce, et la vente du titre faite postérieurement sera valable.

562. Lorsque cinq ans se seront écoulés, à compter des publications faites en vertu des articles 550 et 559, et de la ratification du juge ou tribunal à laquelle se réfère l'article 561, sans qu'il soit survenu d'opposition, le juge ou tribunal prononcera la nullité du titre soustrait ou perdu, et il en donnera avis à la direction officielle, à la société ou au particulier par qui les titres ont été émis, en prescrivant d'en délivrer un duplicata au profit de la personne qui a justifié ainsi en être le légitime propriétaire.

Si durant ces cinq années un tiers opposant vient à se présenter, le délai sera suspendu jusqu'à la décision des juges ou tribunaux.

563. Le duplicata portera le même numéro que le titre primitif; il énoncera qu'il a été délivré par duplicata, il produira les mêmes effets que le titre original, et sera négociable dans les mêmes conditions.

La délivrance du duplicata annulera le titre primitif, et elle sera constatée sur les mentions ou sur les registres relatifs au dit titre.

564. Si la requête du propriétaire dépossédé a pour objet non seulement le payement du capital, des dividendes ou coupons, mais aussi d'empêcher la négociation en Bourse des effets cotés, on observera, suivant les cas, les règles établies par chacun des articles précédents.

565. Nonobstant les dispositions contenues dans la présente section, lorsque le propriétaire dépossédé aura acquis les titres en Bourse et qu'à sa dénonciation sera joint le certificat de l'agent fixant et déterminant les titres ou effets, de

su identidad, antes de acudir al juez ó tribunal podrá hacerlo al establecimiento ó persona deudora, y aun á la Junta sindical del Colegio de Agentes, oponiéndose al pago y solicitando las publicaciones oportunas.   En tal caso, el establecimiento ó casa deudora y la Junta sindical estarán obligados á proceder como si el juzgado ó tribunal les hubiere hecho la notificación de estar admitida y estimada la denuncia.

Si el juez ó tribunal, dentro del término de un mes, no ordenare la retención ó publicación, quedará sin efecto la denuncia hecha por él desposeído, y el establecimiento ó persona deudora y Junta sindical estarán libres de toda responsabilidad.

566. Las disposiciones que preceden no serán aplicables á los billetes del Banco de España, ni á los de la misma clase emitidos por establecimientos sujetos á igual régimen, ni á los títulos al portador emitidos por el Estado, que se rijan por Leyes, Decretos ó Reglamentos especiales.

Título XIII.   De las cartas-órdenes de crédito.

567. Son cartas-órdenes de crédito las expedidas de comerciante á comerciante ó para atender á una operación mercantil[1].

568. Las condiciones esenciales de las cartas-órdenes de crédito serán: 1.ª Expedirse en favor de persona determinada, y no á la orden; — 2.ª Contraerse á una cantidad fija y específica, ó á una ó más cantidades indeterminadas, pero todas comprendidas en un máximum cuyo límite se ha de señalar precisamente.

Las que no tengan alguna de estas últimas circunstancias serán consideradas como simples cartas de recomendación.

569. El dador de una carta de crédito quedará obligado hacia la persona á cuyo cargo la dió, por la cantidad pagada en virtud de ella, dentro del máximum fijado en la misma.

Las cartas-órdenes de crédito no podrán ser protestadas aun cuando no fueren pagadas, ni el portador de ellas adquirirá acción alguna por aquella falta contra el que se la dió.

El pagador tendrá derecho á exigir la comprobación de la identidad de la persona á cuyo favor se expidió la carta de crédito.

570. El dador de una carta de crédito podrá anularla, poniéndolo en conocimiento del portador y de aquel á quien fuere dirigida.

571. El portador de una carta de crédito reembolsará sin demora al dador la cantidad recibida.

Si no lo hiciere, podrá exigírsele por acción ejecutiva, con el interés legal y el cambio corriente en la plaza en que se hizo el pago, sobre el lugar en que se verifique el reembolso.

572. Si el portador de una carta de crédito no hubiere hecho uso de ella en el término convenido con el dador de la misma, ó, en defecto de fijación de plazo, en el de seis meses, contados desde su fecha, en cualquier punto de Europa, y de doce en los de fuera de ella, quedará nula de hecho y de derecho.

---

[1] Las cartas-órdenes de crédito por cantidad fija están sujetas al pago del impuesto del timbre en los mismos términos y condiciones que las letras. (Véanse las notas de la pág. 157 (1) hasta 166 (2) inclusives.) — Las cartas-órdenes sin límite llevarán á su expedición el timbre móvil de una peseta, clase 13ª; pero si se realizaran en cantidad superior á 1000 pesetas se reintegrará la diferencia con sujeción á la escala de la nota 1, pág. 157, inutilizándose los timbres que al efecto se pongan con la fecha correspondiente. Cuando se trate de cartas-órdenes de cantidad limitada, llevarán á su expedición el timbre móvil de 10 céntimos de peseta, clase 16ª, reintegrándose la diferencia con arreglo á dicha escala al hacerse efectiva, á tenor de la cantidad que se vaya percibiendo (art. 141, L. de T.).

manière à établir leur identité, il pourra, avant de se pourvoir devant le tribunal, s'adresser à l'établissement ou à la personne qui est son débiteur, et même à la Chambre syndicale du collège des agents, et faire opposition au payement en demandant qu'il soit procédé aux publications utiles. Dans ce cas, l'établissement ou la maison débitrice et la Chambre syndicale seront obligés de procéder comme s'ils avaient reçu du tribunal notification de l'admission de la requête.

Si le juge ou le tribunal, dans le délai d'un mois, n'a pas validé l'opposition ou ordonné la publication, la dénonciation faite par le propriétaire dépossédé demeurera sans effet, et l'établissement ou la personne qui est débiteur, ainsi que la Chambre syndicale seront affranchis de toute responsabilité.

566. Les dispositions précédentes ne seront pas applicables aux billets de la banque d'Espagne, ni aux billets de même nature émis par les établissements soumis au même régime, ni aux titres au porteur émis par l'État, lesquels sont régis par des lois, décrets ou règlements particuliers.

Titre XIII. Des lettres de crédit.

567. Les lettres contenant ordres de crédit sont celles qui sont expédiées par un commerçant à un autre commerçant ou qui sont relatives à une opération commerciale[1].

568. Les conditions essentielles des lettres de crédit seront les suivantes: 1° Elles devront être expédiées au profit d'une personne déterminée et non pas à ordre; — 2° Elles devront se limiter soit à une somme fixe et déterminée, soit à une ou plusieurs sommes déterminées, mais renfermées toutes dans un maximum dont la limite doit être indiquée avec précision.

Celles qui ne réunissent par ces conditions seront considérées comme de simples lettres de recommandation.

569. Celui qui donne une lettre de crédit sera obligé, envers la personne sur qui il l'a donnée, pour la somme payée en vertu de cette lettre jusqu'à concurrence du maximum fixé dans la dite lettre.

Les lettres de crédit ne pourront pas être protestées, lors même qu'elles n'auraient pas été payées, et le porteur n'aura aucune action contre celui qui les a délivrées à raison du défaut de payement.

Le payeur aura le droit d'exiger la preuve de l'identité de la personne au profit de qui a été délivrée la lettre de crédit.

570. Celui qui donne une lettre de crédit pourra l'annuler, à la condition d'en informer le porteur et la personne sur qui la lettre a été délivrée.

571. Le porteur d'une lettre de crédit remboursera sans retard la somme reçue à celui qui lui a donné cette lettre.

S'il ne le fait pas, le remboursement pourra être exigé par une action exécutive avec l'intérêt légal et le change courant de la place du payement sur le lieu du remboursement.

572. Si le porteur d'une lettre de crédit n'en fait pas usage dans le délai convenu entre lui et celui qui la lui a donnée, ou, à défaut de convention à cet égard, dans les six mois à compter de la date de la lettre, si elle est donnée sur un point quelconque de l'Europe, ou dans les douze mois de la même date, si elle est donnée sur un point situé hors de l'Europe, la lettre de crédit sera nulle de fait et de droit.

---

[1] Les lettres de crédit d'une somme déterminée, sont soumises au payement de l'impôt du timbre dans les mêmes termes et conditions que les lettres de change (v. les notes depuis et y compris la page 157 (1) jusqu'à la page 166 (2) inclusivement. Les lettres de crédit sans détermination d'une somme doivent être revêtues, au moment de leur délivrance, du timbre mobile d'une *peseta* (classe 13). Toutefois, si elles produisent effet pour une somme supérieure à 1000 *pesetas*, les droits supplémentaires seront acquittés conformément à l'échelle indiquée dans la note 1 de la page 157, au moyen de l'apposition de nouveaux timbres qui seront annulés en y inscrivant la date correspondante. Quant aux lettres de crédit d'une somme limitée, elles doivent être revêtues, au moment de la délivrance, du timbre mobile de 0,10, et les droits supplémentaires sont acquittés conformément à l'échelle dont il vient d'être parlé au fur et à mesure des payements partiels (l. sur le timbre, art. 141).

Libro tercero. Del comercio marítimo.[1]

Título primero. De los buques.

573. Los buques mercantes constituirán una propiedad que se podrá adquirir y transmitir por cualquiera de los medios reconocidos en el derecho[2]. La adquisición de un buque deberá constar en documento escrito, el cual no producirá efecto respecto á tercero si no se inscribe en el Registro Mercantil.

También se adquirirá la propiedad de un buque por la posesión de buena fe, continuada por tres años, con justo título debidamente registrado.

Faltando alguno de estos requisitos, se necesitará la posesión continuada de diez años para adquirir la propiedad.

El capitán no podrá adquirir por prescripción el buque que mande.

574. Los constructores de buques podrán emplear los materiales y seguir, en lo relativo á su construcción y aparejos, los sistemas que más convengan á sus intereses. Los navieros y la gente de mar se sujetarán á lo que las Leyes y reglamentos de Administración pública dispongan sobre navegación, aduanas, sanidad, seguridad de las naves, y demás objetos análogos.

575. Los partícipes en la propiedad de un buque gozarán del derecho de tanteo y retracto en las ventas hechas á extraños[3]; pero sólo podrán utilizarlo dentro de

---

[1]) La legislación consular tiene una relación muy inmediata con el derecho marítimo por cuanto los Cónsules son en los puertos á donde arriban los buques españoles los representantes del Estado español para todos los efectos de la aplicación de las leyes directamente comerciales ó que se relacionan de un modo más ó menos directo con el comercio y la navegación. Por eso daremos aquí una indicación ligera de las leyes por que se rige el cuerpo consular en estas materias. — El cuerpo consular hállase hoy regulado por la Ley orgánica publicada por Real Decreto de 27 de abril de 1900 (Gaceta de 15 de mayo y rectificación del 17); la cual, con el correspondiente Reglamento, fué redactada por el Ministro de Estado con arreglo á la Ley de Bases de 28 de marzo del mismo año (Gaceta de 29 de marzo). Esta disposición ha sido completada con el Real Decreto de 1.º de setiembre de 1906 (Gaceta de 8 de setiembre y rectificación de 4 de octubre). — La jurisdicción consular está regulada por el Real Decreto de 29 de setiembre de 1848 (Colección Legislativa, tomo 45, página 159); y los funcionarios consulares han de tener en cuenta en el ejercicio de su cargo, á más de las disposiciones del Código de comercio que á ellos directamente encomiendan ciertos servicios, los de las leyes civiles que les confieren muchas atribuciones en razón á la naturaleza de sus funciones y una multitud de Reales Decretos, Reales órdenes de los Ministerios de Estado, Marina y Hacienda que sería fatigoso enumerar aquí.

[2]) Los medios reconocidos en el derecho con aplicación á los buques son: la construcción, la ocupación, la trasmisión *inter vivos* (gratuita, donación) (onerosa, enajenación) y *mortis causa* (herencia ó legado) y la prescripción. — De la construcción no dice nada el Cód. c. que tenga aplicación á los buques salvo que otro artículo relativo al derecho de accesión respecto á los bienes muebles (Sección 3.º Capítulo 2.º, Título 2.º del Libro II). La ocupación en los buques tan sólo es título de adquirir para el Estado por virtud de lo que disponen el artículo 617 del Cód. c., el artículo 1.º de la Ley sobre bienes mostrencos de 9—16 de mayo de 1835, el 9.º de la Ley de puertos de 7 de mayo de 1880. La donación se rige en absoluto por las prescripciones del Cód. c. (Título 2.º del Libro III). La enajenación por los preceptos combinados del Cód. de com. Sección 1.ª del Título VI del Libro II y Títulos I y II del Libro III, y, como supletorios, los del Cód. c. Título IV del Libro IV. La trasmisión mortis causa por los preceptos del Cód. c., Título III del Libro III. Y la prescripción por los preceptos á ella referentes del Título 1.º del Libro III del Cód. de com. y los del Cód. c., Título XVIII del Libro IV que sean aplicables, en tanto que es derecho supletorio del Cód. de com.

[3]) El ejercicio del derecho de tanteo, ó sea el de poder adquirir una cosa antes de su venta, con preferencia al que pretende comprarla y tiene convenido su adquisición con el vendedor, estaba regulado en el antiguo Cód. de com., y á este ejercicio se refiere el artículo 2167 de la L. de Enj. c. que dice así: «Cuando á algún partícipe en la propiedad de una nave le convenga hacer uso del derecho de tanteo á que se refiere el art. 612 del Cód. (se trata del Cód. de com. de 1829), ó trate de precaverlo en conformidad á lo dispuesto en el 613 (que no tiene equivalente en el Cód. actual), bastará que requiera dentro del término legal al vendedor ó á sus copartícipes, por medio de acta notarial, consignando en el primer caso en poder del Notario la cantidad precio de la venta». — Con arreglo á la legislación de 1829, este tanteo podía ejercitarse antes y después de la venta. Antes; en todo tiempo, siempre que el vendedor no hubiere notificado á los condueños la venta concertada, pues hecha esta notificación sólo podía tantearse dentro de los tres días siguientes á la misma. Después; podía tantearse dentro de los tres días siguientes á la celebración de la venta (esto no era tanteo, esto era retracto), en el supuesto de que el vendedor no les hubiere hecho la notificación antes indicada, pues hecha, y transcurridos los tres días, sin que ningún condueño pretendiere tantear dentro de los mismos,

Livre troisième. Du commerce maritime.[1]

Titre premier. Des navires.

573. Les navires marchands constitueront une propriété qui pourra s'acquérir et se transmettre par l'un quelconque des moyens reconnus par le droit[2]. L'acquisition d'un navire devra être constatée par un document écrit, lequel ne produira d'effet à l'égard des tiers que s'il est inscrit sur le registre du commerce.

La propriété d'un navire s'acquerra également par la possession de bonne foi, continuée durant trois années, avec juste titre dûment enregistré.

A défaut de l'une de ces conditions, la possession devra obligatoirement être continuée durant dix ans pour acquérir la propriété.

Le capitaine ne pourra acquérir par prescription le navire qu'il commande.

574. Les constructeurs de navires pourront employer les matériaux et suivre, en ce qui concerne, la construction et le gréement, les systèmes qui conviennent le mieux à leurs intérêts. Les armateurs et les gens de mer se soumettront aux prescriptions des lois et règlements d'administration publique sur la navigation, la douane, la police sanitaire, la sécurité du navire et les autres objets analogues.

575. Les copropriétaires d'un navire jouiront du droit de préemption et de retrait[3] dans les ventes faites à des étrangers; ils ne pourront, toutefois, faire usage

---

[1] La législation consulaire a une relation intime avec le droit maritime, car ce sont les consuls qui, dans les ports où relâchent les bâtiments espagnols, représentent l'État espagnol dans tout ce qui concerne l'application des lois commerciales ou se rattache plus ou moins directement au commerce et à la navigation. Nous indiquerons donc sommairement les lois qui régissent le corps consulaire en cette matière. — Le corps consulaire a été réglementé par la loi organique promulguée par le décret royal du 27 avril 1900 (*Gaceta* du 15 mai et *erratum* du 17). Cette loi, avec le règlement correspondant, a été rédigée par le ministre d'État, en conformité de la loi des bases du 28 mars de la même année (*Gaceta* du 29 mars). Elle a été complétée par le décret royal du 1 septembre 1906 (*Gaceta* du 8 septembre et *erratum* du 4 octobre). — La juridiction consulaire est réglée par le décret royal du 29 septembre 1848 (*Collection législative*, t. 45, p. 159), et les fonctionnaires consulaires doivent observer, en outre, dans l'exercice de leurs fonctions, non seulement les dispositions du Code de commerce qui les chargent de certains services, mais encore des lois civiles qui leur confèrent de multiples attributions à raison de la nature de leurs fonctions, ainsi qu'un grand nombre de décrets, ordres royaux, émanés des ministères d'État, de la Marine et de l'*Hacienda*, dont l'énumération serait fastidieuse.

[2] Les modes légalement reconnus d'acquérir la propriété des navires sont: la construction, l'occupation, la translation de la propriété entre-vifs, à titre gratuit (donation) ou onéreux (aliénation) et *mortis causa* (succession, legs), et la prescription. Le Code civil ne dit rien de la construction qui soit applicable aux navires, en dehors de l'article concernant le droit d'accession relativement aux choses mobilières (livre II, titre 2, ch. 2, section 3). — L'occupation, en ce qui concerne les navires, est un mode d'acquisition exclusivement réservé à l'État, en vertu des dispositions de l'art. 617, C. civ., de l'art. 1 de la loi sur les biens sans maître des 9 à 16 mai 1835 et 9 à la loi pas ports du 7 mai 1880. La donation est régie d'une manière absolue par les prescriptions du Code civil (livre III, titre 2); l'aliénation par les dispositions combinées du Code de commerce (livre II titre 6 section 1 et livre III titres 1 et 2), complétées par celles du Code civil (livre IV, titre 4); la transmission *mortis causa*, par le Code civil (livre III, titre 3); et la prescription, par les dispositions du Code de commerce (livre III, titre I) et, en tant qu'elles sont applicables, par celles du Code civil (livre IV, titre 18) qui constitue le droit supplétoire du Code de commerce.

[3] L'exercice du droit de préemption, c'est-à-dire la faculté d'acquérir une chose avant sa vente, par préférence à celui qui désire l'acheter et qui est convenu de son acquisition avec le vendeur, était réglementé dans l'ancien Code de commerce; et, à cet exercice, se réfère l'art. 2167 de la loi d'*Enjuiciamiento*, aux termes duquel «Lorsque l'un des copropriétaires d'un navire veut user du droit de retrait dont il est parlé dans l'art. 612 C. com. (de 1829) ou veut en prévenir l'usage conformément à la disposition de l'art. 613 (cet article n'a pas d'équivalent dans le Code actuel), il suffira qu'il fasse sommation dans le délai légal au vendeur, ou à ses copropriétaires, par acte notarié, en consignant, dans le premier cas, entre les mains du notaire, le prix de la vente. — D'après la législation de 1829, ce droit de préemption pouvait s'exercer avant ou après la vente: avant, c'est-à-dire à toute époque, tant que le vendeur n'avait pas notifié à ses copropriétaires la vente projetée, et, après cette notification, durant les trois jours suivants; après la vente, ce droit pouvait être exercé pendant les trois jours qui suivaient le contrat (et c'était alors véritablement non une préemption, mais un retrait), pourvu que le vendeur n'ait pas fait la notification dont il vient d'être parlé. Après cette notification et l'expiration du délai de trois jours, sans qu'aucun des copropriétaires ait exercé le retrait, le vendeur pouvait

22*

los nueve días siguientes á la inscripción de la venta en el Registro, y consignando el precio en el acto.

576. Se entenderán siempre comprendidos en la venta del buque el aparejo, respetos, pertrechos y máquina si fuere de vapor, pertenecientes á él, que se hallen á la sazón en el dominio del vendedor.

No se considerarán comprendidos en la venta las armas, las municiones de guerra, los víveres ni el combustible.

El vendedor tendrá la obligación de entregar al comprador la certificación de la hoja de inscripción del buque en el Registro hasta la fecha de la venta.

577. Si la enajenación del buque se verificase estando en viaje, corresponderán al comprador íntegramente los fletes que devengare en él desde que recibió el último cargamento, y será de su cuenta el pago de la tripulación y demás individuos que componen su dotación, correspondiente al mismo viaje.

Si la venta se realizase después de haber llegado el buque al puerto de su destino, pertenecerán los fletes al vendedor y será de su cuenta el pago de la tripulación y demás individuos que componen su dotación, salvo en uno y otro caso el pacto en contrario.

578. Si, hallándose el buque en viaje ó en puerto extranjero, su dueño ó dueños lo enajenaren voluntariamente, bien á españoles ó á extranjeros con domicilio en capital ó puerto de otra Nación, la escritura de venta se otorgará ante el cónsul de España del puerto en que rinda el viaje, y dicha escritura no surtirá efecto respecto de tercero, si no se inscribe en el Registro del consulado. El cónsul transmitirá inmediatamente copia auténtica de la escritura de compra y venta de la nave al Registro Mercantil del puerto en que se hallare inscrita y matriculada.

En todos los casos la enajenación del buque debe hacerse constar, con la expresión de si el vendedor recibe en todo ó en parte su precio si en parte ó en todo conserva algún crédito sobre el mismo buque. Para el caso de que la venta se haga á súbdito español, se consignará el hecho en la patente de navegación.

Cuando, hallándose el buque en viaje, se inutilizare para navegar, acudirá el capitán al juez ó tribunal competente del puerto de arribada, si éste fuere español[1]; y si fuere extranjero, al cónsul de España si lo hubiere, al juez ó tribunal ó á la autoridad local, donde aquél no exista; y el cónsul ó el juez ó tribunal, ó, en su defecto, la autoridad local, mandarán proceder al reconocimiento del buque[2].

---

podía vender libremente su parte. — Ahora bien, no regulado el derecho de tanteo en el Cód. de com. vigente y no siendo tampoco aplicables á este los artículos 1636 y 1637 del Cód. c. que regulan los derechos y obligaciones que respecto á este tanteo tienen el dueño del dominio útil y el dueño del dominio directo en el censo enfitéutico, y estando en vigor el artículo 2167 de la L. de Enj. c., ¿cabe que tengan aplicación los preceptos de los artículos 612 y 613 del Cód. de com. de 1829 cuya doctrina hemos transcrito? En mi sentir, y por razón de analogía con lo que ocurre con los preceptos referentes á la quiebra, que apesar de la derogación del Cód. anterior han subsistido en cuanto se relacionan con la L. de Enj. c. y suplen sus deficiencias y las del Cód. vigente, hay que contestar afirmativamente siempre que no contradigan lo prevenido en este. — Por esta razón, y respecto al derecho de tanteo á que se refiere este artículo 575, hay que decir que el condueño puede tantear la concertada venta dentro de los tres días de la notificación notarial que le hiciere el vendedor, ó en cualquier tiempo antes de celebrados si se prescindió de dicha notificación, ajustándose en uno y otro caso á lo prevenido en el artículo 2167 de la L. de Enj. c. — En cuanto al derecho de retracto, ó sea el de poder un condueño sustituirse al comprador después de realizada la venta, este se regulará por lo expresamente prevenido en este artículo 575 y por lo que dispone el 1522 del Cód. c. que dice: Cuando dos ó más copropietarios quieran usar del retracto sólo podrán hacerlo á prorrata de la porción que tengan en la cosa común.

---

[1]) El juez ó tribunal competente, hoy, en España es el Juzgado de 1.ª instancia á quien corresponda.

[2]) Para acreditar la necesidad de vender una nave, que en viaje se haya inutilizado para la navegación, y no pueda ser rehabilitada para continuarla, el capitán ó patrón solicitará por escrito del juez que sea reconocida por peritos, acompañando con la solicitud el acta de visita ó reconocimiento (si se hubiere practicado antes de emprender el viaje) y el diario de navegación para que el actuario extienda en los autos testimonio de él. — El nombramiento de los peritos habrá de hacerse en la forma siguiente: uno por el capitán, que habrá de designarse al tiempo de soli-

de ce droit que dans les neuf jours qui suivent l'inscription de la vente sur le registre, et à charge de consigner le prix immédiatement.

576. Seront toujours réputés compris dans la vente du navire, les apparaux, objets de rechange et instruments, ainsi que la machine, s'il s'agit d'un navire à vapeur, qui en dépendent et qui se trouvent, au moment de la vente, en la possession du vendeur.

Ne seront pas réputés compris dans la vente, les armes, les munitions de guerre, les vivres, ni le combustible.

Le vendeur sera tenu de remettre à l'acheteur la copie certifiée de la feuille d'inscription du navire sur le registre jusqu'à la date de la vente.

577. Si le navire vient à être aliéné en cours de voyage, les frets acquis depuis la réception du dernier chargement, appartiendront intégralement à l'acheteur, et le payement des loyers des matelots et de tous les autres individus composant l'équipage, à raison du même voyage, sera également à sa charge.

Si la vente est effectuée après l'arrivée du navire au port de destination, les frets appartiendront au vendeur et le payement des loyers des matelots et des autres individus composant l'équipage, sera à la charge du dit vendeur, sauf, dans les deux cas, convention contraire.

578. Si le navire, en cours de route ou dans un port étranger, vient à être aliéné volontairement par le propriétaire ou les propriétaires, au profit d'espagnols ou d'étrangers domiciliés dans la capitale ou dans un port d'une autre nation, l'acte de vente sera reçu par le consul d'Espagne du port où se rend le voyage, et le dit acte ne produira d'effets à l'égard des tiers qu'après avoir été inscrit sur les registres du consulat. Le consul transmettra immédiatement copie authentique de l'acte de vente du navire au registre du commerce du port où le dit navire est inscrit et immatriculé.

Dans tous les cas, la vente du navire devra être constatée, en mentionnant si le vendeur reçoit le prix en tout ou partie, ou s'il conserve en tout ou partie une créance sur le dit navire. Dans le cas où la vente est faite à un sujet espagnol, le fait sera consigné sur la patente de navigation.

Lorsque le navire se trouvera, en cours de route, hors d'état de naviguer, le capitaine s'adressera au juge ou au tribunal compétent du port de relâche, si ce port est un port espagnol[1], et, si c'est un port étranger, au consul d'Espagne, s'il y en a, au juge, au tribunal ou à l'autorité locale, s'il n'y a pas de consul ou de tribunal, et le consul, ou le juge ou le tribunal, ou, à leur défaut, l'autorité locale, prescriront de procéder à l'examen du navire[2].

librement céder sa part. — Or, aujourd'hui, comme le Code en vigueur ne réglemente pas le droit de retrait et qu'on ne peut appliquer à cette matière les articles 1636 et 1637 C. civ. réglementant les droits et obligations relatifs au droit de retrait appartenant au propriétaire du domaine utile et au propriétaire du domaine direct sur le cens emphytéotique, et que, d'autre part, l'art. 2167 de la loi d'*Enjuiciamiento* est toujours en vigueur, faut-il en conclure que l'on doit continuer à appliquer les art. 612 et 613 du Code de commerce de 1829 dont nous venons de résumer les dispositions? A mon avis, et en raisonnant par analogie de ce qui se produit en matière de faillite, matière dans laquelle certaines dispositions du Code du 1829, malgré son abrogation, demeurent applicables en tant qu'elles se rattachent à la loi d'*Enjuiciamiento civil* et qu'elles suppléent aux lacunes du Code actuellement en vigueur, il y a lieu, de répondre affirmativement à cette question, toutes les fois que les prescriptions de ces deux articles ne sont pas en opposition avec le Code actuel. — Pour cette raison, en ce qui concerne le droit de préemption dont il est parlé dans l'art. 575, on doit décider que le copropriétaire peut exercer la préemption après conclusion de la vente, dans les trois jours de la notification notariée à lui faite par le vendeur, ou à toute époque avant la célébration du contrat, à défaut de notification, en se conformant, dans l'un et l'autre cas, aux prescriptions de l'art. 2167 de la loi d'*Enjuiciamiento civil*. — Quant au droit de retrait, c'est-à-dire à la faculté appartenant à un copropriétaire de se substituer à l'acheteur après la réalisation du contrat, il est régi par les dispositions de notre article 575 et par celles de l'art. 1522 du Code civil, ainsi conçu: «Lorsque deux ou plusieurs propriétaires voudront user du droit de retrait, ils ne pourront le faire qu'au prorata de la part leur appartenant dans la chose commune.»

[1] Le juge ou tribunal compétent, aujourd'hui, en Espagne, est le tribunal de première instance.

[2] Pour justifier de la nécessité de vendre le navire qui se trouve, en cours de route, hors d'état de naviguer utilement, et qui n'est pas susceptible d'être réparé pour continuer le voyage, le capitaine ou le patron adressera une requête écrite au juge afin de faire constater l'état du navire par experts, et il joindra à cette requête le procès-verbal de visite ou de reconnaissance du navire (s'il a été procédé à ces opérations avant le départ) et le journal de navigation pour que le greffier en fasse mention dans les pièces de la procédure. — La nomination des experts

Si residieren en aquel punto el consignatario ó el asegurador, ó tuvieren allí representantes, deberán ser citados para que intervengan en las diligencias por cuenta de quien corresponda.

579. Comprobado el daño del buque y la imposibilidad de su rehabilitación para continuar el viaje, se decretará la venta en pública subasta, con sujeción á las reglas siguientes: 1.ª Se tasarán, previo inventario, el casco del buque, su aparejo, máquinas, pertrechos y demás objetos, facilitándose el conocimiento de estas diligencias á los que deseen interesarse en la subasta; — 2.ª El auto ó decreto que ordene la subasta se fijará en los sitios de costumbre, insertándose su anuncio en los diarios del puerto donde se verifique el acto, si los hubiese, y en los demás que determine el tribunal. El plazo que se señale para la subasta no podrá ser menor de veinte días[1]; — 3.ª Estos anuncios se repetirán de diez en diez días y se hará constar su publicación en el expediente; — 4.ª Se verificará la subasta el día señalado, con las formalidades prescritas en el derecho común para las ventas judiciales[2]; — 5.ª Si la venta se verificase estando la nave en el extranjero, se observarán las prescripciones especiales que rijan para estos casos.

580. En toda venta judicial de un buque para pago de acreedores, tendrán prelación por el orden en que se enumeran: 1.º Los créditos á favor de la Hacienda pública que se justifiquen mediante certificación oficial de autoridad competente; — 2.º Las costas judiciales del procedimiento, según tasación aprobada por el juez ó tribunal; — 3.º Los derechos de pilotaje, tonelaje y los de mar ú otros de puertos, justificados con certificaciones bastantes de los jefes encargados de la recaudación; — 4.º Los salarios de los depositarios y guardas del buque y cualquier otro gasto aplicado á su conservación desde la entrada en el puerto hasta la venta, que resulten satisfechos ó adeudados en virtud de cuenta justificada y aprobada por el juez ó tribunal; — 5.º El alquiler del almacén donde se hubieren custodiado el aparejo y pertrechos del buque, según contrato; — 6.º Los sueldos debidos al capitán y tripulación en su último viaje, los cuales se comprobarán mediante liquidación que se haga en vista de los roles y de los libros de cuenta y razón del buque, aprobada por el jefe del ramo de marina mercante, donde lo hubiere, y en su defecto, por el cónsul ó juez ó tribunal; — 7.º El reembolso de los efectos del cargamento que hubiere vendido el capitán para reparar el buque, siempre que la venta conste ordenada por auto judicial celebrado con las formalidades exigidas en tales casos, y anotada en la certificación de inscripción del buque; — 8.º La parte del precio que no hubiere sido satisfecha al último vendedor, los créditos pendientes de pago por materiales y mano de obra de la construcción del buque, cuando no hubiere navegado, y los provenientes de reparar y equipar el buque y de proveerle de víveres y combustible en el último viaje. Para gozar de esta preferencia los créditos contenidos en el presente número, deberán constar por contrato inscrito en el Registro Mercantil ó si fueren de los contraídos para el

citar el reconocimiento y otro por el Ministerio fiscal en representación del naviero ausente ó sin representación legal, pues si existiere consignatario del buque corresponderá á este el nombramiento del segundo perito, si no prestare su conformidad al designado por el capitán. El tercero en discordia, en caso necesario, lo designará el juez por sorteo. — Si de la información pericial resultaren acreditadas la inutilización para la navegación y la imposibilidad de habilitarlo para continuar el viaje, el juez decretará la venta con las formalidades establecidas en el art. 579 del Cód. de com.; y la cantidad que la subasta produzca, deducidos los gastos de toda clase, se depositará á disposición del naviero (art. 2161, regla 6.ª y 2148 de la L. de Enj. c.). — Como en el antiguo Cód. de com. el acta de visita y reconocimiento era siempre obligatoria antes de emprender el viaje, y hoy es potestativa del capitán, y sólo obliga á ella el nuevo Cód. en el supuesto de que lo soliciten los pasajeros ó cargadores, aun cuando la regla transcrita del art. 2161 no hace salvedad alguna en lo referente á esta acta, hemos creído necesario hacerla, intercalando las palabras comprendidas en el paréntesis.

[1] Si en la primera subasta no hubiere postor (comprador), ó las posturas (proposición de compra) hechas no cubren las dos terceras partes de la tasación, se anunciará por igual término una segunda ó sucesivas subastas con el 20% de rebaja en cada una (art. 2161, regla 7º L. de Enj. c.).

[2] Estas formalidades son las indicadas para el acto del remate en el procedimiento de apremio que pueden verse en el estudio «Del proc. jud. en las cuest. civ.-merc.».

Si le consignataire ou l'assureur résident dans ce lieu, ou s'ils y ont des représentants, ils devront être cités à l'effet d'assister aux diligences pour le compte de qui il appartient.

579. Lorsque l'avarie du navire sera prouvée et que l'impossibilité de le réparer pour continuer le voyage sera démontrée, la vente aux enchères de ce navire sera ordonnée conformément aux règles suivantes: 1° Il sera fait une estimation, au moyen d'un inventaire préalable, du corps du navire, de ses apparaux, machines, instruments et autres objets, et l'on laissera prendre connaissance de ces diligences à tous ceux qui désirent prendre part aux enchères; — 2° L'ordonnance ou le décret prescrivant la vente sera affiché aux lieux accoutumés, et une annonce sera insérée dans les journaux du port où la vente doit être faite, s'il en existe, et dans les autres journaux déterminés par le tribunal. Le délai fixé pour la vente aux enchères ne pourra pas être inférieur à vingt jours[1]; — 3° Ces annonces seront répétées de dix jours en dix jours, et leur publication sera constatée dans la procédure; — 4° Il sera procédé à la vente aux enchères, le jour indiqué, avec les formalités prescrites par le droit commun pour les ventes judiciaires[2]; — 5° Si la vente a lieu alors que le navire se trouve à l'étranger, on observera les prescriptions particulières qui régissent cette hypothèse.

580. Dans toute vente judiciaire de navire, seront privilégiées et admises au payement par préférence, dans l'ordre suivant, les créances ci-après désignées: 1° Les créances existant au profit du domaine public justifiées au moyen d'un certificat officiel de l'autorité compétente; — 2° Les frais judiciaires de procédure, suivant taxe approuvée par le juge ou le tribunal; — 3° Les droits de pilotage, tonnage, ainsi que les droits de mer et autres droits de ports justifiés par des certificats suffisants des agents supérieurs chargés de la perception; — 4° Les salaires des dépositaires et gardiens du bâtiment, ainsi que tous les frais quelconques faits pour la conservation du navire depuis son entrée dans le port jusqu'à la vente, acquittés ou restant dûs, et dont il est justifié au moyen d'un compte approuvé par le juge ou le tribunal; — 5° Le loyer du magasin où les apparaux et agrès du navire auront été gardés, suivant contrat; — 6° Les salaires dus au capitaine et à l'équipage employés au dernier voyage, lesquels seront vérifiés au moyen d'une liquidation faite sur le vu des rôles et des livres de compte et de raison du navire, et approuvée par le chef du département de la marine marchande, là où il en existe un, ou, à son défaut, par le consul, ou le juge, ou le tribunal; — 7° Le remboursement du prix des marchandises composant la cargaison vendues par le capitaine pour réparer le navire, toutes les fois que la vente a été ordonnée par décret de justice rendu avec les formalités exigées en pareils cas, et mentionnée sur la copie certifiée de l'inscription du navire; — 8° La portion du prix restant à payer au dernier vendeur, les sommes dues pour matériaux et main-d'œuvre à raison de la construction du navire, lorsque le navire n'aura pas encore fait voyage, et les sommes dues pour radoub et équipement, victuailles et combustible durant le dernier voyage. Pour jouir de ce droit de préférence, les créances mentionnées dans le présent numéro

---

sera faite de la manière suivante: un par le capitaine, qui pourra faire cette désignation dans la requête même; un par le ministère fiscal, au nom de l'armateur absent ou de son représentant légal; toutefois, s'il existe un consignataire du navire, c'est à lui qu'il appartiendra de faire la désignation, s'il n'accepte pas l'expert choisi par le capitaine. Le troisième expert, en cas de partage, s'il est nécessaire, sera tiré au sort par le juge. Si l'expertise démontre que le navire est impropre à la navigation et qu'il est impossible de le réparer, pour continuer le voyage, le juge en ordonnera la vente aux enchères avec les formalités établies dans l'art. 579, C. com., et la somme provenant de cette vente, sous déduction des frais de toute nature, sera déposée à la disposition de l'armateur (art. 2161, règle 6e, et 2148. loi d'*Enjuiciamiento civil*). — Sous l'empire de l'ancien Code de commerce, le procès-verbal de visite ou de reconnaissance était toujours obligatoire avant de commencer le voyage, tandis qu'aujourd'hui cette opération est facultative pour le capitaine, et il n'est tenu d'y faire procéder, d'après le nouveau Code, que dans le cas seulement où elle est requise par les passagers ou les chargeurs; c'est pourquoi, bien que la règle susvisée de l'art. 2161 ne fasse aucune réserve, nous avons cru devoir établir une distinction au moyen des mots écrits entre parenthèse, en ce qui concerne l'obligation de joindre le procès-verbal de visite à la requête à fin d'expertise.

[1] Si, à la première mise en adjudication, il ne se présente pas d'enchérisseur, ou si les enchères n'atteignent pas les deux tiers de l'estimation, on procédera, après un délai égal, à une ou plusieurs tentatives d'adjudication avec baisse de mise à prix de 20% à chacune d'elles (art. 2161, règle 7, loi d'*Enj. civ.*).

[2] Ces formalités sont celles qui sont indiquées pour le procès-verbal de saisie. V. sur ce point l'étude sur la procédure judiciaire dans les matières civiles et commerciales.

buque estando en viaje y no habiendo regresado al puerto de su matrícula, estarlo con la autorización requerida para tales casos, y anotados en la certificación de inscripción del mismo buque; — 9.° Las cantidades tomadas á la gruesa sobre el casco, quilla, aparejo y pertrechos del buque antes de su salida, justificadas con los contratos según derecho y anotados en el Registro Mercantil; las que hubiere tomado durante el viaje con la autorización expresada en el número anterior, llenando iguales requisitos, y la prima del seguro acreditada con la póliza del contrato ó certificación sacada de los libros del corredor; — 10.° La indemnización debida á los cargadores por el valor de los géneros embarcados que no se hubieren entregado á los consignatarios, ó por averías sufridas de que sea responsable el buque, siempre que una y otras consten en sentencia judicial ó arbitral.

581. Si el producto de la venta no alcanzare á pagar á todos los acreedores comprendidos en un mismo número ó grado, el remanente se repartirá entre ellos á prorrata.

582. Otorgada é inscrita en el Registro Mercantil la escritura de venta judicial hecha en pública subasta, se reputarán extinguidas todas las demás responsabilidades del buque en favor de los acreedores.

Pero si la venta fuere voluntaria y se hubiere hecho estando en viaje, los acreedores conservarán sus derechos contra el buque hasta que regrese al puerto de matrícula, y tres meses después de la inscripción de la venta en el Registro, ó del regreso.

583. Si encontrándose en viaje necesitare el capitán contraer alguna ó algunas de las obligaciones expresadas en los números 8.° y 9.° del artículo 580, acudirá al juez ó tribunal, si fuese en territorio español, y si no, al cónsul de España, caso de haberlo, y en su defecto, al juez ó tribunal ó autoridad local correspondiente, presentando la certificación de la hoja de inscripción de que trata el art. 612, y los documentos que acrediten la obligación contraída.

El juez ó tribunal, el cónsul ó la autoridad local en su caso, en vista del resultado del expediente instruído, harán en la certificación la anotación provisional de su resultado, para que se formalice en el Registro cuando el buque llegue al puerto de su matrícula, ó para ser admitida como legal y preferente obligación en el caso de venta antes de su regreso, por haberse vendido el buque á causa de la declaración de incapacidad para navegar.

La omisión de esta formalidad impondrá al capitán la responsabilidad personal de los créditos perjudicados por su causa.

584. Los buques afectos á la responsabilidad de los créditos expresados en el art. 580, podrán ser embargados y vendidos judicialmente, en la forma prevenida en el art. 579, en el puerto en que se encuentren, á instancia de cualquiera de los acreedores; pero si estuvieren cargados y despachados para hacerse á la mar, no podrá verificarse el embargo sino por deudas contraídas para aprestar y avituallar el buque en aquel mismo viaje, y aun entonces cesará el embargo si cualquier interesado en la expedición diese fianza de que regresará el buque dentro del plazo fijado en la patente, obligándose, en caso contrario, aunque fuere fortuito, á satisfacer la deuda en cuanto sea legítima.

Por deudas de otra clase cualquiera, no comprendidas en el citado art. 580, sólo podrá ser embargado el buque en el puerto de su matrícula.

585. Para todos los efectos del derecho sobre los que no se hiciere modificación ó restricción por los preceptos de este Código, seguirán los buques su condición de bienes muebles.

Título II. De las personas que intervienen en el comercio marítimo.

Sección primera. De los propietarios del buque, y de los navieros.

586. El propietario del buque y el naviero serán civilmente responsables de los actos del capitán y de las obligaciones contraídas por éste para reparar, habilitar y avituallar el buque, siempre que el acreedor justifique que la cantidad reclamada se invirtió en beneficio del mismo.

devront résulter d'un contrat inscrit sur le registre du commerce, ou, s'il s'agit de dettes contractées alors que le navire se trouvait en cours de route et qu'il n'était pas rentré au port de sa matricule, elles devront avoir été faites avec l'autorisation requise en pareil cas et être mentionnées sur la copie certifiée de l'inscription du dit navire; — 9° Les sommes empruntées à la grosse sur le corps, les apparaux et les agrès, avant le départ du navire, dont il est justifié par des contrats réguliers et mentionnés sur le registre du commerce; les sommes empruntées, durant le voyage, avec l'autorisation dont il est question dans le numéro précédent, pourvu que l'on remplisse les mêmes conditions, ainsi que le montant de la prime des assurances dont il est justifié par la police ou par une attestation extraite des livres du courtier; — 10° L' indemnité due aux chargeurs pour la valeur des marchandises embarquées qui n'auront pas été livrées aux destinataires, ou pour les avaries dont le navire est responsable, toutes les fois que, dans l'un et l'autre cas, la dite indemnité résulte d'une sentence judiciaire ou arbitrale.

581. Si le produit de la vente n'est pas suffisant pour payer tous les créanciers indiqués dans un même numéro ou ayant le même rang, le surplus sera réparti entre eux au prorata.

582. Lorsque l'acte constatant la vente aux enchères publiques aura été dressé et inscrit sur le registre du commerce, toutes les autres responsabilités du navire au profit des créanciers seront réputées éteintes.

Toutefois, si la vente a été faite volontairement et alors que le navire se trouvait en cours de route, les créanciers conserveront leurs droits contre le navire jusqu'à ce qu'il revienne au port de sa matricule, et jusqu'à l'expiration d'un délai de trois mois à partir de l'inscription de la vente sur le registre, ou du retour du navire.

583. Si, en cours de voyage, le capitaine est dans la nécessité de contracter une ou plusieurs des obligations énumérées dans les numéros 8 et 9 de l'article 580, il s'adressera au juge ou au tribunal civil, s'il se trouve en territoire espagnol, et, dans le cas contraire, au juge ou au tribunal ou à l'autorité locale correspondante, en présentant le certificat et la feuille d'inscription dont il est question dans l'article 612, et les documents qui justifient l'obligation contractée.

Sur le vu du résultat de la procédure instruite, le juge ou le tribunal, le consul ou l'autorité locale mentionneront provisoirement le dit résultat sur ce certificat, afin qu'il soit formalisé sur le registre du commerce lors de l'arrivée du navire à son port d'attache, ou que l'obligation produise son effet légal et obtienne le droit de préférence qui lui appartient dans le cas où le navire, avant de rentrer à son port d'immatriculation, viendrait à être vendu par suite d'innavigabilité.

L'omission de cette formalité rendra le capitaine personnellement responsable des créances auxquelles sa faute aura causé préjudice.

584. Les navires affectés à la garantie des créances énoncées dans l'article 580, pourront être saisis et vendus judiciairement, dans la forme prévue par l'article 579, dans le port où ils se trouvent, à la requête de l'un quelconque des créanciers; toutefois, si les dits navires sont chargés et appareillés et prêts à faire voile, la saisie ne pourra être pratiquée qu'à raison des dettes contractées pour appareiller et ravitailler le navire en vue du voyage même, et, même alors, la saisie cessera si l'un quelconque des intéressés dans l'expédition vient à garantir que le navire reviendra dans le délai fixé dans la patente, et s'oblige, dans le cas contraire, alors même que le retour serait empêché par une circonstance fortuite, à acquitter la dette dans la mesure où elle est légitime.

Pour les autres dettes de toute nature qui ne sont pas comprises dans l'article 580 précité, le navire ne pourra être saisi que dans le port où il est immatriculé.

585. Pour tous les effets de droit sur les points qui ne sont pas l'objet d'une modification ou d'une restriction, en vertu des dispositions du présent Code, les navires suivront la condition des biens meubles.

Titre II. Des personnes qui interviennent dans les opérations du commerce maritime.

Section première. Des propriétaires de navires et des armateurs.

586. Le propriétaire de navire et l'armateur seront civilement responsables des actes du capitaine et des obligations par lui contractées pour radouber, appareiller et avitailler le navire, toutes les fois que le créancier justifie que la somme réclamée a été employée au profit du navire.

Se entiende por naviero la persona encargada de avituallar ó representar el
buque en el puerto en que se halle.

587. El naviero será también civilmente responsable de las indemnizaciones
en favor de tercero, á que diere lugar la conducta del capitán en la custodia de los
efectos que cargó en el buque; pero podrá eximirse de ella haciendo abandono del
buque con todas sus pertenencias, y de los fletes que hubiere devengado en el viaje.

588. Ni el propietario del buque ni el naviero responderán de las obligaciones
que hubiere contraído el capitán, si éste se excediere de las atribuciones y facultades que le correspondan por razón de su cargo ó le fueron conferidas por aquéllos.

No obstante, si las cantidades reclamadas se invirtieron en beneficio del buque,
la responsabilidad será de su propietario ó naviero.

589. Si dos ó más personas fueren partícipes en la propiedad de un buque
mercante, se presumirá constituída una compañía por los copropietarios.

Esta compañía se regirá por los acuerdos de la mayoría de sus socios.

Constituirá mayoría la relativa de los socios votantes.

Si los partícipes no fueren más de dos, decidirá la divergencia de parecer, en
su caso, el voto del mayor partícipe. Si son iguales las participaciones, decidirá
la suerte.

La representación de la parte menor que haya en la propiedad, tendrá derecho
á un voto; y proporcionalmente los demás copropietarios tantos votos como partes
iguales á la menor.

Por las deudas particulares de un partícipe en el buque, no podrá ser éste
detenido, embargado ni ejecutado en su totalidad, sino que el procedimiento se
contraerá á la porción que en el buque tuviere el deudor, sin poner obstáculo á
la navegación.

590. Los copropietarios de un buque serán civilmente responsables, en la
proporción de su haber social, á las resultas de los actos del capitán, de que habla
el art. 587.

Cada copropietario podrá eximirse de esta responsabilidad por el abandono
ante notario de la parte propiedad del buque, que le corresponda.

591. Todos los copropietarios quedarán obligados, en la proporción de su
respectiva propiedad, á los gastos de reparación del buque y á los demás que se
lleven á cabo en virtud de acuerdo de la mayoría[1].

Asimismo responderán en igual proporción á los gastos de mantenimiento,
equipo y pertrechamiento del buque, necesarios para la navegación.

592. Los acuerdos de la mayoría respecto á la reparación, equipo y avituallamiento del buque en el puerto de salida, obligarán á la minoría, á no ser que los
socios en minoría renuncien á su participación, que deberán adquirir los demás
copropietarios, previa tasación judicial del valor de la parte ó partes cedidas.

También serán obligatorios para la minoría los acuerdos de la mayoría sobre
disolución de la compañía, y venta del buque.

La venta del buque deberá verificarse en pública subasta, con sujeción á las
prescripciones de la Ley de Enjuiciamiento Civil, á no ser que por unanimidad
convengan en otra cosa los copropietarios, quedando siempre á salvo los derechos
de tanteo y retracto consignados en el art. 575.

593. Los propietarios de un buque tendrán preferencia en su fletamento sobre
los que no lo sean, en igualdad de condiciones y precio. Si concurriesen dos ó más

---

[1]) Cuando una nave necesite reparación, y alguno de los partícipes no consienta en que
se haga ó no provee de los fondos necesarios para ella, el que la conceptúe indispensable
acudirá al juez, pidiendo que se reconozca la nave por peritos. Reconocida esta por los
que nombren el reclamante y su opositor, y tercero en caso de discordia, resultando necesaria
la recomposición, el juez mandará requerir al que no haya aportado los fondos para que
lo verifique en el término de ocho días, bajo apercibimiento de que no haciéndolo será privado
de su parte, abonándole sus copartícipes por justiprecio el valor que tuviera antes de la
reparación, justiprecio que se hará por los mismos peritos que hayan reconocido la nave. —
Si el condueño no conforme con la reparación se negare á recibir la cantidad que por justiprecio le correspondiere, se depositará por el juez dicha cantidad á disposición del condueño
citado, reservándole la acción que pueda corresponderle para que la ejercite en el juicio
que proceda según la cuantía (art. 2161, regla 8º L. de Enj. c.).

On entend par armateur la personne chargée d'avitailler ou de représenter le navire dans le port où elle se trouve.

587. L'armateur sera également civilement responsable des indemnités au profit des tiers auxquelles donne lieu la conduite du capitaine dans la garde des effets chargés sur le navire, mais il pourra s'affranchir de cette responsabilité en faisant l'abandon du navire, avec tous ses accessoires, et des frets gagnés dans le voyage.

588. Le propriétaire du navire et l'armateur ne seront ni l'un ni l'autre responsables des obligations contractées par le capitaine, si celui-ci sort des attributions ou excède les pouvoirs qui lui appartiennent à raison de sa charge, ou qui lui ont été conférés par eux.

Nonobstant, si les sommes réclamées ont été employées au profit du navire, le propriétaire du dit navire ou l'armateur sera responsable.

589. Si deux ou plusieurs personnes participent à la propriété d'un navire marchand, on présumera que ces copropriétaires constituent une société.

Cette société sera régie par les décisions de la majorité des associés.

La majorité sera constituée par la majorité relative des votants.

Si les participants ne sont pas plus de deux, en cas de divergence, l'avis de celui qui a la plus forte part prévaudra. Si leurs parts sont égales, le sort décidera.

La représentation de la part la plus faible dans la propriété d'un navire donnera droit à une voix, et les autres copropriétaires auront proportionnellement autant de voix qu'ils possèdent de parts égales à la plus faible.

Les dettes particulières de l'un des copropriétaires ne pourront donner lieu à retenir, saisir ni exécuter le navire en totalité, et la procédure se limitera à la portion du navire appartenant au débiteur, sans mettre obstacle à la navigation.

590. Les copropriétaires d'un navire seront civilement responsables, proportionnellement à leur part dans l'avoir social, des conséquences des actes du capitaine dont il est question dans l'article 587.

Chaque copropriétaire pourra s'affranchir de cette responsabilité en abandonnant par devant notaire sa part de propriété du navire.

591. Tous les copropriétaires seront tenus, proportionnellement à leur part, des frais de radoub du navire et des autres frais faits en vertu d'une décision de la majorité[1].

Ils seront aussi responsables, dans la même proportion, des frais d'avitaillement, équipement et armement, nécessaires pour la navigation.

592. Les décisions de la majorité, en ce qui concerne la réparation, l'équipement et l'avitaillement du navire dans le port de départ, obligeront la minorité, à moins que les associés composant la minorité ne renoncent à leur part, qui devra être acquise par les autres copropriétaires, après estimation judiciaire préalable de la valeur de la part ou des parts cédées.

Les décisions de la majorité seront également obligatoires pour la minorité en ce qui concerne la dissolution de la société et la vente du navire.

La vente du navire devra avoir lieu aux enchères publiques, conformément aux prescriptions de la loi d'*Enjuiciamiento civil*, à moins que l'unanimité des copropriétaires n'en décide autrement, et sauf toujours les droits de préemption et de retrait consignés dans l'article 575.

593. Les propriétaires d'un navire auront, par préférence sur ceux qui ne sont pas propriétaires, le droit de fréter le navire à égalité de conditions et de prix. Si

---

[1] Lorsqu'un navire a besoin de réparations, et que l'un des co-propriétaires ne consent pas à ce qu'elles soient faites, ou ne fournit pas les fonds nécessaires pour les exécuter, celui qui estime ces réparations indispensables doit se pourvoir devant le juge et demander qu'il soit procédé à l'examen du navire par experts. Le navire est visité par les experts choisis l'un par le demandeur, l'autre par l'opposant et, en cas de désaccord entre eux, par un tiers expert. S'il résulte de cette vérification que la réparation est nécessaire, le juge ordonnera de sommer celui qui n'a pas fourni de fonds de réaliser cet apport dans un délai déterminé, en l'avertissant que faute par lui de satisfaire à cette sommation, il perdra sa part dans le navire et devra l'abandonner à ses copropriétaires au prix que les experts qui ont procédé à l'examen du navire évalueront la valeur de cette part avant les réparations. Si le copropriétaire qui contestait la nécessité de la réparation, refuse la somme fixée par les experts, le juge ordonnera que la dite somme soit déposée à la disposition de l'ayant-droit, en lui réservant des actions pouvant lui compéter et qu'il lui appartient d'exercer en justice suivant les formes de droit d'après l'importance du litige (art. 2161 règle 8 loi de *Enj. civ.*).

de ellos á reclamar este derecho, será preferido el que tenga mayor participación; y si tuvieren la misma, decidirá la suerte.

594. Los socios copropietarios elegirán el gestor que haya de representarlos con el carácter de naviero.

El nombramiento de director ó naviero será revocable á voluntad de los asociados.

595. El naviero, ya sea al mismo tiempo propietario del buque, ó ya gestor de un propietario ó de una asociación de copropietarios, deberá tener aptitud para comerciar, y hallarse inscrito en la matrícula de comerciantes de la provincia.

El naviero representará la propiedad del buque, y podrá, en nombre propio y con tal carácter, gestionar judicial y extrajudicialmente cuanto interese al comercio.

596. El naviero podrá desempeñar las funciones de capitán del buque, con sujeción, en todo caso, á lo dispuesto en el art. 609.

Si dos ó más copropietarios solicitaren para sí el cargo de capitán, decidirá la discordia el voto de los asociados; y si de la votación resultare empate, se resolverá en favor del copropietario que tuviere mayor participación en el buque.

Si la participación de los pretendientes fuere igual y hubiere empate, decidirá la suerte.

597. El naviero elegirá y ajustará al capitán y contratará en nombre de los propietarios, los cuales quedarán obligados en todo lo que se refiera á reparaciones pormenor de la dotación, armamento, provisiones de víveres y combustible y, fletes del buque, y, en general, á cuanto concierna á las necesidades de la navegación.

598. El naviero no podrá ordenar un nuevo viaje, ni ajustar para él nuevo flete, ni asegurar el buque, sin autorización de su propietario ó acuerdo de la mayoría de los copropietarios, salvo si en el acta de su nombramiento se le hubieren concedido estas facultades.

Si contratare el seguro sin autorización para ello, responderá subsidiariamente de la solvencia del asegurador.

599. El naviero gestor de una asociación rendirá cuenta á sus asociados del resultado de cada viaje del buque, sin perjuicio de tener siempre á disposición de los mismos los libros y la correspondencia relativa al buque y á sus expediciones.

600. Aprobada la cuenta del naviero gestor por mayoría relativa, los copropietarios satisfarán la parte de gastos proporcional á su participación, sin perjuicio de las acciones civiles ó criminales que la minoría crea deber entablar posteriormente.

Para hacer efectivo el pago, los navieros gestores tendrán la acción ejecutiva[1], que se despachará en virtud del acuerdo de la mayoría, y sin otro trámite que el reconocimiento de las firmas de los que votaron el acuerdo.

601. Si hubiere beneficios, los copropietarios podrán reclamar del naviero gestor el importe correspondiente á su participación por acción ejecutiva[2], sin otro requisito que el reconocimiento de las firmas del acta de aprobación de la cuenta.

602. El naviero indemnizará al capitán de todos los gastos que con fondos propios ó ajenos hubiere hecho en utilidad del buque.

603. Antes de hacerse el buque á la mar, podrá el naviero despedir á su arbitrio al capitán é individuos de la tripulación cuyo ajuste no tenga tiempo ó viaje determinado, pagándoles los sueldos devengados según sus contratas, y sin indemnización alguna, á no mediar sobre ello pacto expreso y determinado.

604. Si el capitán ú otro individuo de la tripulación fueren despedidos durante el viaje, percibirán su salario hasta que regresen al puerto donde se hizo el ajuste,

---

[1]) Véase el juicio ejecutivo en el estudio «Del proc. jud. en las cuest. civ.-merc.»

[2]) Véase la nota anterior.

deux ou plusieurs propriétaires sont en concours pour réclamer ce droit, on préférera celui qui possède la plus forte part, et, dans le cas où leurs parts seront égales, le sort décidera.

594. Les associés copropriétaires éliront le gérant qui doit les représenter avec la qualité d'armateur.

Le directeur ou l'armateur ainsi nommé sera révocable à la volonté des associés.

595. L'armateur, qu'il soit en même temps propriétaire du navire ou gérant d'un propriétaire ou d'une association de copropriétaires, devra posséder l'aptitude de faire le commerce et être inscrit sur la matricule des commerçants de la province.

L'armateur représentera la propriété du navire, et il pourra, en son nom personnel et avec cette qualité, agir judiciairement et extrajudiciairement pour tout ce qui a trait au commerce.

596. L'armateur pourra remplir les fonctions de capitaine, en observant en tout cas ce qui est prescrit dans l'article 609.

Si deux ou plusieurs copropriétaires réclament pour eux-mêmes la charge de capitaine, le vote des associés tranchera le différend, et, en cas de partage des voix, la charge appartiendra au copropriétaire qui possédera la plus forte quote-part du navire.

Si les parts de chacun des réclamants sont égales, le sort décidera.

597. L'armateur choisira et engagera le capitaine; il traitera également au nom des propriétaires, qui seront obligés pour tout ce qui concerne les réparations, le détail de l'équipement, de l'armement, les provisions de vivres et de combustible, et le fret du navire et, en général, pour tout ce qui concerne les besoins de la navigation.

598. L'armateur ne pourra ordonner un nouveau voyage, ni traiter pour un nouvel affrétement, ni assurer le navire, sans l'autorisation du propriétaire du dit navire, ou la décision de la majorité des copropriétaires, sauf dans le cas où ces pouvoirs lui sont conférés par l'acte de sa nomination.

S'il contracte une assurance sans être autorisé à cet effet, il répondra subsidiairement de la solvabilité de l'assureur.

599. L'armateur-gérant d'une association rendra compte à ses associés du résultat de chaque voyage, sans préjudice de l'obligation de tenir toujours à la disposition des dits associés les livres et la correspondance relative au navire et à ses expéditions.

600. Lorsque le compte de l'armateur aura été approuvé par la majorité relative, les copropriétaires acquitteront la part des frais proportionnelle à leur participation, sans préjudice des actions civiles ou criminelles que la minorité croira devoir exercer postérieurement.

Pour obtenir le payement, les armateurs gérants auront une action exécutive[1] en vertu de la décision de la majorité, sans autre formalité que la reconnaissance des signatures de ceux qui ont voté la décision.

601. S'il y a des bénéfices, les copropriétaires pourront réclamer de l'armateur gérant la part qui leur revient dans les dits bénéfices en proportion de leur participation, au moyen d'une action exécutive[2], sous la seule condition de faire reconnaître les signatures de l'acte approbatif du compte.

602. L'armateur indemnisera le capitaine de tous les frais par lui faits, dans l'intérêt du navire, soit avec ses fonds personnels, soit avec les fonds qui lui ont été fournis par d'autres personnes.

603. Avant que le navire ait mis à la voile, l'armateur pourra congédier à sa volonté le capitaine ou les hommes de l'équipage qui ne sont pas engagés pour un temps ou un voyage déterminé, en leur payant les salaires dus d'après les contrats d'engagement, et sans aucune indemnité, à moins qu'il n'y ait eu à cet égard une cenvention expresse et déterminée.

604. Si le capitaine ou un autre individu de l'équipage viennent à être congédiés durant le voyage, ils recevront leur salaire jusqu'à leur retour dans le port

---

[1]) Sur l'action exécutive, v. l'étude sur «la procédure judiciaire dans les matières civiles et commerciales».

[2]) V. la note précédente.

á menos que hubiere justo motivo para la despedida; todo con arreglo á los art. 636 y siguientes de este Código.

605. Si los ajustes del capitán é individuos de la tripulación con el naviero tuvieren tiempo ó viaje determinado, no podrán ser despedidos hasta el cumplimiento de sus contratos, sino por causa de insubordinación en materia grave, robo, hurto, embriaguez habitual, ó perjuicio causado al buque ó á su cargamento por malicia ó negligencia manifiesta ó probada.

606. Siendo copropietario del buque el capitán, no podrá ser despedido sin que el naviero le reintegre del valor de su porción social, que, en defecto de convenio de las partes, se estimará por peritos nombrados en la forma que establece la Ley de Enjuiciamiento Civil[1].

607. Si el capitán copropietario hubiere obtenido el mando del buque por pacto especial expreso en el acta de la sociedad, no podrá ser privado de su cargo sino por las causas comprendidas en el art. 605.

608. En caso de venta voluntaria del buque, caducará todo contrato entre el naviero y el capitán, reservándose á éste su derecho á la indemnización que le corresponda, según los pactos celebrados con el naviero.

El buque vendido quedará afecto á la seguridad del pago de dicha indemnización, si, después de haberse dirigido la acción contra el vendedor, resultare éste insolvente.

Sección segunda.   De los capitanes y de los patrones de buque.

609. Los capitanes y patrones deberán ser españoles, tener aptitud legal para obligarse con arreglo á este Código, hacer constar la pericia, capacidad y condiciones necesarias para mandar y dirigir el buque, según establezcan las Leyes, Ordenanzas ó Reglamentos de marina ó navegación, y no estar inhabilitados con arreglo á ellos para el ejercicio del cargo.

Si el dueño de un buque quisiere ser su capitán careciendo de aptitud legal para ello, se limitará á la administración económica del buque y encomendará la navegación á quien tenga la aptitud que exigen dichas Ordenanzas y Reglamentos[2].

---

[1] Véase respecto al nombramiento de peritos lo dicho acerca de esto al tratar de la prueba pericial y las disposiciones generales en los actos de jurisdicción voluntaria en negocios de comercio en el estudio «Del proc. jud. en las cuest. civ.-merc.»

[2] Las disposiciones de las ordenanzas y Reglamentos referentes á las condiciones necesarias de aptitud para poder ser capitán ó patrón hállanse compiladas en el Reglamento para la Navegación Mercante formado por el Ministerio de Marina y aprobado por Real Orden del mismo de 1.º de enero de 1885. — Estas disposiciones son las siguientes: — Art. **6.** Todo dueño ó armador de buque está autorizado para tripularlo con el número de hombres que considere necesarios, estén ó no inscritos con anterioridad en los Registros de las comandancias de Marina, si bien deberán inscribirse desde el momento en que se dediquen á la navegación y pueden igualmente conferir el mando del buque á las personas que tengan por conveniente, pertenezcan ó no á las clases de pilotos ó patronos, con tal que sea español, tenga veintiún años cumplidos, y reemplazarlos cuando tengan por conveniente, dando previo conocimiento á la autoridad de Marina del puerto, que deberá anotarlo en la patente y notificarlo al comandante de Marina de la provincia á que corresponda, para las anotaciones que procedan en sus asientos. — **7.** Para garantizar las vidas de los tripulantes y pasajeros y los intereses del comercio se exigirá por las autoridades de Marina, en el despacho de los buques, el número de piloto que les correspondan con arreglo al artículo siguiente. — **8.** Todo buque que emprenda navegación de altura ha de llevar, además del capitán, un primero ó segundo piloto con el cargo de la derrota, y otro segundo ó tercero si el capitán no fuese piloto. — Cuando la navegación sea al Pacífico, llevará dos primeros ó segundos y un tercero, pudiendo prescindirse de uno de los primeros ó segundos si el capitán fuese piloto. — **9.** Los buques de cabotaje que no salen de los límites de sus departamentos, pueden ser dispensados de llevar piloto cuando los comandantes de Marina juzguen prudentemente que no lo necesitan, atendido su tonelaje y cargamento. — Los destinados exclusivamente á la pesca sobre las costas no están obligados á llevar piloto. — **10.** Los pilotos reciben su instrucción teórica en las Escuelas náuticas ó Institutos de segunda enseñanza, y la práctica en los buques mercantes. — La teórica abraza en un curso de tres años la Aritmética, Algebra, Geometría, Trigonometría, Topografía, Geografía física y política, Física experimental, Dibujo lineal é hidrográfico, Cosmografía y pilotaje.

où ils ont été engagés, à moins qu'il n'y ait eu un juste motif de les congédier, le tout conformément aux articles 636 et suivants du présent Code.

605. Le capitaine ou les hommes composant l'équipage dont les contrats d'engagement avec l'armateur ont été faits pour un temps ou pour un voyage déterminé, ne pourront pas être congédiés avant l'accomplissement des dits contrats, sauf pour cause d'insubordination en matière grave, pour vol, soustraction, ivresse habituelle ou pour dommage causé au navire ou à la cargaison par malice ou négligence manifeste ou prouvée.

606. Si le capitaine est copropriétaire du navire, il ne pourra être congédié sans que l'armateur lui rembourse sa part dans la société; en cas de désaccord entre les parties, la valeur de cette part sera fixée par des experts nommés dans la forme établie par la loi d'*Enjuiciamiento civil*[1].

607. Si le capitaine est l'un des copropriétaires du navire et s'il a obtenu le commandement du dit navire en vertu d'une clause expresse de l'acte de société, il ne pourra être privé de sa charge que pour les causes énumérées dans l'article 605.

608. En cas de vente volontaire du navire, tout contrat intervenu entre l'armateur et le capitaine deviendra caduc, sous réserve du droit de ce dernier à l'indemnité qui lui appartient d'après les conventions faites avec l'armateur.

Le navire vendu demeurera affecté à la sûreté du payement de la dite indemnité, lorsque l'action ayant été dirigée contre le vendeur, l'insolvabilité du dit vendeur sera démontrée.

Section II. Des capitaines et des patrons de navire.

609. Les capitaines et les patrons devront être espagnols, avoir la capacité légale de s'obliger conformément au présent Code, justifier de l'aptitude, de la capacité et des conditions nécessaires pour commander et diriger le navire, d'après ce qui est établi par les lois, les ordonnances ou les règlements de la marine ou de la navigation, et ne pas être incapables, d'après ces règlements, de remplir la dite charge.

Le propriétaire d'un navire qui voudra en être le capitaine, sans remplir les conditions d'aptitude exigées par la loi, se bornera à l'administration économique du dit navire et il confiera la direction de la navigation à une personne possédant l'aptitude exigée par les dites ordonnances et les dits règlements[2].

---

[1] Sur la nomination des experts, voir les explications que nous avons données plus haut en ce qui concerne la preuve par experts et les dispositions générales relatives aux actes de juridiction volontaire dans les affaires commerciales, dans notre étude sur la procédure judiciaire dans les matières civiles et commerciales.

[2] Les dispositions des ordonnances et règlements relatives aux conditions d'aptitude exigées pour devenir capitaine ou patron, ont été réunies dans le règlement sur la navigation rédigé par le ministère de la Marine et approuvé par ordre royal de ce ministère du 1 janvier 1885. — Ces dispositions sont les suivantes: Art. **6.** Tout propriétaire ou armateur de navire est autorisé à composer son équipage du nombre d'hommes qu'il juge nécessaire, inscrits ou non préalablement sur les registres des commissariats de la marine, mais qui devront y être inscrits aussitôt qu'ils se livreront à la navigation; ils peuvent également confier le commandement du navire aux personnes qu'il leur convient, qu'elles appartiennent ou non à la catégorie des pilotes ou patrons, pourvu que leur choix porte sur un espagnol, âgé de vingt et un ans accomplis; ils peuvent aussi les remplacer quand il leur convient, à la condition d'en donner préalablement avis à l'autorité de la Marine du port, laquelle devra le mentionner sur la patente et en donner avis au commandant de la Marine de la province pour les mentions à faire sur ses registres. — **7.** Pour garantir la vie des équipages et des passagers, ainsi que les intérêts du commerce, les autorités maritimes exigeront sur le passeport du navire le nombre de pilotes nécessaire aux termes de l'article suivant. — **8.** Tout navire qui doit naviguer en haute mer doit avoir, en plus du capitaine, un premier ou second pilote chargé de la route, et un autre second ou troisième pilote, si le capitaine n'est pas lui-même pilote. — Lorsqu'il doit naviguer dans le Pacifique, il aura deux premiers ou seconds pilotes et un troisième pilote; il pourra toutefois ne pas avoir un des premiers ou seconds pilotes, si le capitaine est lui-même pilote. — **9.** Les bâtiments de cabotage qui ne sortent pas des limites de leurs départements, peuvent être dispensés d'avoir un pilote, lorsque les commandants de la Marine estiment que ce n'est pas nécessaire eu égard au tonnage et au chargement. — Les bâtiments destinés à la pêche sur les côtes, ne sont pas obligés d'avoir un pilote. — **10.** Les pilotes reçoivent l'instruction théorique dans les Écoles nautiques ou Instituts d'enseignement secondaire, et l'instruction pratique sur les navires marchands. — La théorie comprend, dans un cours de trois années, l'arithmétique, l'algèbre, la géométrie, la trigonométrie, la topographie, la géographie physique et politique, la physique expérimentale, le dessin linéaire et

610. Serán inherentes al cargo de capitán ó patrón de buque las facultades
siguientes: 1.ª Nombrar ó contratar la tripulación en ausencia del naviero, y
hacer la propuesta de ella estando presente, pero sin que el naviero pueda imponerle ningún individuo contra su expresa negativa; — 2.ª Mandar la tripulación
y dirigir el buque al puerto de su destino, conforme á las instrucciones que hubiese

— La práctica comprende el ejercicio del pilotaje, la maniobra y los convenios internacio-
nales sobre luces y maniobras para evitar abordajes. — **11.** Los exámenes de la parte teórica se
verifican en las mismas Escuelas de náutica ó Institutos de segunda enseñanza, y en vista de su
resultado se les expiden certificaciones de aptitud para navegar como meritorio hasta adquirir los
conocimientos prácticos. — **12.** Los exámenes de la parte práctica para adquirir el título de
pilotos y para pasar de una clase á otra en el orden ascendente, se verifican en las Mayorías generales de los departamentos ó apostaderos en los tres últimos días hábiles de cada uno de los
meses de Febrero, Abril, Junio, Agosto, Octubre y Diciembre, tomando parte en cada uno los
que lo hubieren solicitado en el período comprendido entre su fecha y la del anterior. — **13.** Pre-
sidirá el examen el mayor general, pudiendo delegar cuando sus ocupaciones no se lo permita
en un capitán de navío, y por falta de éstos en uno de fragata, y serán vocales dos jefes y dos
oficiales, si el examinando aspira á las clases de primero ó segundo piloto, y sólo el presidente y los
dos oficiales, si aspira á la de tercero. — **14.** Las condiciones necesarias para ser admitidos á
examen en las Mayorías generales son las siguientes: — *A. Para terceros.* Presentar certificación de aptitud en los estudios teóricos expedido en las Escuelas náuticas autorizadas por el
Gobierno, ó en los Institutos de segunda enseñanza, y acreditar con documentos expedidos
por los comandantes de Marina y debidamente legalizados, que han verificado en buque de vela
dos viajes redondos de Europa á América ó Golfo de Guinea, ó desde las Antillas al Río de la Plata
ó Golfo de Guinea, ó uno desde Europa á Filipinas por el Cabo de Buena Esperanza, ó al Pacífico
por el de Hornos, ó cuatro de altura de 100 á 200 leguas cada uno, ó doble número de viajes si
fuesen en buques de vapor. — *B. Para segundos.* Hacer constar que son terceros, aunque no hayan
recibido el nombramiento definitivo, y acreditar con documentos expedidos por los comandantes
de Marina y debidamente legalizados, que han verificado en buque de vela, como terceros ó
meritorios, tres viajes redondos de Europa á América ó Golfo de Guinea, ó desde las Antillas al
Río de la Plata ó Golfo de Guinea, ó dos desde Europa á Filipinas por el Cabo de Buena Esperanza,
ó al Pacífico por el de Hornos, ó seis de altura de 100 á 200 leguas cada uno, ó doble número de
viajes si fuesen en buques de vapor. — *C. Para primeros.* Hacer constar que son segundos,
aunque no hayan recibido el nombramiento definitivo, y acreditar con documentos expedidos
por los comandantes de Marina y debidamente legalizados, que han verificado en buque de vela,
como segundos, terceros ó meritorios, cinco viajes redondos de Europa á América ó Golfo de
Guinea, ó desde las Antillas al Río de la Plata ó Golfo de Guinea, ó tres desde Europa á Filipinas
por el Cabo de Buena Esperanza, ó al Pacífico por el de Hornos, ó diez de altura de 100 á 200
leguas cada uno, ó doble número de viajes si fuesen en buques de vapor. — **15.** Para el cómputo
de los viajes de que trata el artículo anterior, será indiferente haberlos hecho en buque español
ó extranjero, siempre que se verifique ejerciendo la profesión y no de pasajero; se considerará
como realizado el que fuese interrumpido por naufragio, y para los casos en que no se determine expresamente otra equivalencia, se contarán cada dos viajes en buque de vapor como uno
en buque de vela; un viaje á Filipinas ó al Pacífico, como dos á la América Oriental, y dos de
altura de 100 á 200 leguas en cualquier mar, como uno á la América Oriental. — **16.** Las actas del
examen, con las censuras de aprobado ó desaprobado, se remitirán al capitán ó comandante
general del departamento ó apostadero en que se verifican, quien, después que le conste que hay
entregado el papel sellado correspondiente, expedirá á los aprobados títulos provisionales de habilitación para navegar en la clase que hubieren alcanzado, y remitirán una copia del acta á la
autoridad superior del departamento ó apostadero en que se hallen inscritos los examinados,
para que por dicha autoridad se les expidan los nombramientos definitivos y se dispongan la
anotación correspondiente en sus asientos. — **18.** Toda embarcación de cabotaje ó pesca que
salga de los puertos debe ir á cargo de un patrón. Con arreglo á lo dicho en el art. 1.º, el armador
ó dueño puede confiarlo á la persona que tenga por conveniente; pero si no perteneciese á la clase
de pilotos ó patrones examinados, con nombramiento, habrá de tener veintiún años cumplidos
y llevar además un patrón examinado que le asesore en los asuntos profesionales, para garantía
de las vidas de los tripulantes. Los cambios de patrones se anotarán en los roles por las autoridades de Marina en los puertos en que se verifique el cambio. — **19.** Para obtener nombramiento
de patrón es necesario tener venticinco años cumplidos de edad, estar inscrito en alguna comandancia ó distrito, y acreditar los conocimientos que expresa el artículo siguiente ante una Junta
compuesta del comandante de Marina de la provincia, presidente, y como vocales el segundo
comandante y los ayudantes, completándose en caso necesario hasta el número de siete, incluso
el presidente, con capitanes de la clase de pilotos ó patrones examinados, elegidos en las embarcaciones que se hallaren en el puerto. — **20.** Las materias sobre que ha de versar el examen de
los patrones son las siguientes: — *Para los patrones de cabotaje.* Leer y escribir, manejo del
aparejo de los buques costaneros y del cabotaje de la provincia, modo de evitarlos, según la clase
de cargamento, y de tumbarlos ó dar la quilla para coger alguna agua alta ó baja, así como vararlos; conocimiento de las costas en que ha de navegar, de sus bajos, bancos y placeres; de las
corrientes y mareas; vientos que reinan en aquéllas; con cuáles conviene navegar atracando

610. Les pouvoirs suivants seront inhérents à la charge de capitaine ou de patron: 1° Nommer ou engager l'équipage en l'absence de l'armateur, et présenter le dit équipage à l'armateur, si celui-ci est présent, sans que toutefois l'armateur puisse contraindre le capitaine, malgré son refus formel, à engager aucun individu; — 2° Commander l'équipage et conduire le navire à son port de destination, con-

hydrographique, la cosmographie et le pilotage. — La pratique comprend l'exercice du pilotage, la manœuvre et les conventions internationales sur les feux et les manœuvres en vue d'éviter les abordages. — **11.** Les examens sur la partie théorique se passent dans les Écoles nautiques ou les Instituts d'enseignement secondaire, et, sur le vu des résultats des dits examens, il est délivré un certificat d'aptitude à naviguer en qualité d'aspirant jusqu'à ce que le candidat ait acquis les connaissances pratiques. — **12.** Les examens de la partie pratique, en vue d'obtenir le titre de pilote ou pour avancer d'une classe à une autre, ont lieu dans les majorités générales des départements ou ports militaires, dans les trois derniers jours ouvrables de chacun des mois de février, avril, juin, août, octobre et décembre. Sont admis à l'examen les candidats qui ont adressé leur demande dans la période comprise entre la date de l'examen et celle de l'examen antérieur. — **13.** L'examen sera présidé par le major général, lequel, s'il est empêché par ses fonctions, pourra déléguer un capitaine de vaisseau, ou, à son défaut, un capitaine de frégate. Le jury comprendra comme membres deux chefs et deux officiers, si le candidat postule le grade de premier ou de second pilote; il se composera seulement du président et des deux officiers si le candidat postule le grade de troisième pilote. — **14.** Les conditions nécessaires pour être admis à l'examen dans les majorités générales sont les suivantes: *A. Pour les troisièmes pilotes:* Produire un certificat d'aptitude d'études théoriques délivré par les Écoles nautiques autorisées par le gouvernement ou par les Instituts d'enseignement secondaire, et justifier au moyen d'attestations délivrées par les commandants de la marine, dûment légalisés, de l'accomplissement sur un bâtiment à voile deux voyages aller et retour d'Europe en Amérique ou au golfe de Guinée, ou des Antilles au Rio de la Plata ou au golfe de Guinée, ou d'un voyage d'Europe aux Philippines par le cap de Bonne Espérance, ou au Pacifique par le cap Horn, ou de quatre voyages de long cours, de 100 à 200 lieues chacun, ou d'un nombre double de voyages, s'ils ont été accomplis sur un bâtiment à vapeur. — *B. Pour les seconds pilotes:* Justifier du grade de troisième pilote, même s'ils n'ont pas reçu leur nomination définitive et justifier, au moyen de documents délivrés par les commandants de la marine dûment légalisés, de l'accomplissement sur un bâtiment à voile, comme troisième pilote ou aspirant, de trois voyages aller et retour d'Europe en Amérique ou au golfe de Guinée, ou des Antilles au Rio de la Plata ou au golfe de Guinée, ou de deux voyages d'Europe aux Philippines par le cap de Bonne Espérance, ou au Pacifique par le cap Horn, ou de six voyages au long cours de 100 à 200 lieues chacun, ou d'un nombre double de voyages, s'ils ont été accomplis sur un bâtiment à vapeur. — *C. Pour les premiers pilotes.* Justifier du grade de second pilote, même s'ils n'ont pas reçu leur nomination définitive, et justifier, au moyen de documents délivrés par les commandants de la marine, dûment légalisés, de l'accomplissement en qualité de second, troisième pilote ou aspirant, de cinq voyages aller et retour d'Europe en Amérique ou au golfe de Guinée, ou des Antilles au Rio de la Plata ou au golfe de Guinée, ou de trois voyages d'Europe aux Philippines par le cap de Bonne Espérance, ou d'Europe au Pacifique par le cap Horn, ou de dix voyages de long cours de 100 à 200 lieues chacun, ou d'un nombre double de voyages, s'ils ont été effectués sur un bâtiment à vapeur. — **15.** Pour le calcul des voyages dont il est parlé dans l'article précédent, ils pourront avoir été effectués indifféremment sur un navire espagnol ou étranger, pourvu qu'ils aient été accomplis dans l'exercice de la profession, et non comme passager; sera considéré comme accompli, le voyage interrompu par un naufrage, et, dans les cas où le règlement ne prévoit pas expressément une autre circonstance équivalant à l'accomplissement du voyage, on comptera deux voyages sur un vapeur pour un voyage sur un voilier; un voyage aux Philippines ou au Pacifique pour deux voyages à l'Amérique orientale, et deux voyages en haute mer de 100 à 200 lieues, pour un voyage à l'Amérique orientale. — **16.** Les procès-verbaux d'examen, seront remis avec les notes au capitaine ou commandant général du département ou du port militaire où les dits examens ont eu lieu, et celui-ci, après s'être assuré qu'ils ont été dressés sur le papier timbré correspondant, délivrera aux candidats reçus le titre provisoire d'aptitude à naviguer avec le grade qu'ils ont obtenu, et il transmettra une copie du dit procès-verbal à l'autorité supérieure du département ou du port de guerre où les candidats sont inscrits, pour que la dite autorité leur délivre les nominations définitives et fasse la mention correspondante sur ses registres. — **18.** Toute embarcation de cabotage ou de pêche qui sort des ports doit être sous la responsabilité d'un patron. Conformément à ce qui est dit dans l'art. 1er, l'armateur peut la confier à la personne qui lui convient; mais, si elle n'appartient pas à la catégorie des pilotes ou des patrons ayant subi un examen, elle devra être âgée de vingt et un ans et avoir, en outre, comme assesseur, dans les questions professionnelles, un pilote ou un patron ayant subi un examen, pour la garantie de la vie des gens de l'équipage. Les changements de patron seront mentionnés sur les rôles par les autorités maritimes dans les ports où les dits changements seront effectués. — **19.** Pour obtenir d'être nommé patron, il est nécessaire d'être âgé de vingt-cinq ans accomplis, d'être inscrit dans un commissariat ou district et de justifier des connaissances indiquées dans l'article suivant devant une commission composée du commandant de marine président, et, comme membres, du second commandant et des adjudants, en complétant au besoin cette commission jusqu'au nombre de sept juges y compris le président, avec

recibido del naviero; — 3.ª Imponer con sujeción á los contratos y á las Leyes
y Reglamentos de la marina mercante, y estando á bordo, penas correccionales
á los que dejen de cumplir sus órdenes ó falten á la disciplina, instruyendo, sobre
los delitos cometidos á bordo en la mar, la correspondiente sumaria, que entregará
á las autoridades que de ella deban conocer, en el primer puerto á que arribe; —
4.ª Contratar el fletamento del buque en ausencia del naviero ó su consignatario,
obrando conforme á las instrucciones recibidas y procurando con exquisita diligencia
por los intereses del propietario; — 5.ª Tomar todas las disposiciones convenientes
para conservar el buque bien provisto y pertrechado, comprando al efecto lo que
fuere necesario, siempre que no haya tiempo de pedir instrucciones al naviero; —
6.ª Disponer en iguales casos de urgencia, estando en viaje, las reparaciones en
el casco y máquinas del buque y su aparejo y pertrechos que sean absolutamente
precisas para que pueda continuar y concluir su viaje; pero si llegase á un punto
en que existiese consignatario del buque, obrará de acuerdo con éste.

611. Para atender á las obligaciones mencionadas en el artículo anterior, el
capitán, cuando no tuviere fondos ni esperase recibirlos del naviero, se los procurará según el orden sucesivo que se expresa: 1.º Pidiéndolos á los consignatarios
del buque ó corresponsales del naviero; — 2.º Acudiendo á los consignatarios de
la carga ó á los interesados en ella; — 3.º Librando sobre el naviero; — 4.º Tomando
la cantidad precisa por medio de préstamo á la gruesa; — 5.º Vendiendo la cantidad
de carga que bastare á cubrir la suma absolutamente indispensable para reparar
el buque y habilitarle para seguir su viaje.

En estos dos últimos casos habrá de acudir á la autoridad judicial del puerto,
siendo en España, y al cónsul español, hallándose en el extranjero; y en donde
no le hubiere, á la autoridad local, procediendo con arreglo á lo dispuesto en el
art. 583 y á lo establecido en la Ley de Enjuiciamiento Civil[1].

las mismas, ó con cuáles deben separarse de ellas; cuarteo de la aguja; situarse por medio de la
sonda, y otros métodos prácticos para deducir la distancia de la costa y rumbos que han de
hacerse; modo de entrar y salir de los puertos de la provincia y de algunos otros del Océano y
Mediterráneo; precauciones que deben tomar en los temporales, tanto en la mar como en puerto;
modo de remediar averías; conocimiento de los faros existentes en las costas en que naveguen,
y de las leyes marítimas sanitarias y de policía de los puertos; de las prevenciones impresas en
el rol, y de lo que les concierne en el Código de comercio, del reglamento de luces y maniobras
para evitar abordajes. — *Para los patrones de pesca.* Manejo de las velas de los buques de esta
industria en las provincias; nombre y manejo de las artes de uso en los mismos y de las ordenanzas
á que están sujetas; modo de estivarlos para que resistan el aparejo, si fuese necesario, y de tumbarlos hasta dar la quilla para coger alguna agua alta ó baja, así como vararlos; conocimiento de
la costa en que hayan de pescar, de sus bajos, bancos y placeres; de las corrientes y mareas;
vientos reinantes; con cuáles conviene atracarla y con cuáles separarse; algún conocimiento de la
aguja; precauciones que deben tomar en los temporales, tanto en la mar como en puerto; modo
de remediar averías; conocimiento de los faros de dicha costa, y de la entrada y salida de los
puertos de la misma, ó inteligencia en las reglas de ellos y en las leyes marítimas sanitarias; luces
que deben llevar los barcos de pesca. — **21.** Del resultado del examen se levantará acta en un
libro destinado al efecto y sin que sea necesario dar cuenta del resultado á la autoridad superior del departamento ó apostadero, expedirá título de patrón de cabotaje ó patrón de pesca
(sin designar la embarcación que hayan de patronear), á los que resultaren aprobados. Si además
de las condiciones dichas reuniesen los aprobados las de haber hecho campaña en los buques de
guerra sin nota desfavorable, se les formará asiento de patrones. En el caso contrario no tendrá
ingreso en esta clase distinguida aunque pueda ejercer sus funciones. — **22.** Cuando en alguna
localidad hubiere escasez de patrones y no se presente nadie á prestar el examen necesario, podrán
los comandantes de Marina habilitar para mientras dure la necesidad á los hombres de mar
inscritos, á quienes, previo examen de lo preciso para ejercer el cargo, considere capaces para
suplir la escasez transitoria, debiendo cesar estas habilitaciones tan pronto como haya disponibles
patrones con nombramiento.

[1] Cuando un capitán de buque necesite obtener licencia judicial para contraer un
préstamo á la gruesa, deberá solicitarlo haciendo una información ó presentando documentos.

formément aux instructions données par l'armateur; — 3° Infliger, en se conformant
aux contrats ainsi qu'aux lois et aux règlements de la marine marchande, quand
il est à bord, des peines correctionnelles à ceux qui n'exécutent pas ses ordres ou
qui commettent des fautes contre la discipline, et procéder, sur les délits commis à
bord en mer, à une information sommaire qu'il remettra aux autorités qui en doivent
connaître au premier port où il arrivera; — 4° Traiter de l'affrètement du navire,
en l'absence de l'armateur, en agissant conformément aux instructions reçues et
avec une parfaite diligence pour les intérêts du propriétaire; — 5° Prendre toutes
les dispositions convenables pour conserver le navire bien pourvu et approvisionné,
et, à cet effet, acheter les objets nécessaires toutes les fois qu'il n'a pas le temps
de demander des instructions à l'armateur; — 6° Faire, dans les cas d'urgence,
durant le voyage, au corps et à la machine du navire, ainsi qu'à ses apparaux et
instruments, les réparations absolument nécessaires pour pouvoir achever le voyage.
Si l'on se trouve toutefois dans un lieu où il y a un consignataire du navire, le capitaine ou patron agira d'accord avec le dit consignataire.

611. Pour remplir les obligations mentionnées dans l'article précédent, le
capitaine, lorsqu'il n'aura pas de fonds et qu'il ne pourra attendre d'en recevoir de
l'armateur, s'en procurera dans l'ordre indiqué ci-dessous: 1° En les demandant aux
consignataires du navire ou aux correspondants du navire; — 2° En s'adressant aux
consignataires de la cargaison ou à ceux qui ont un intérêt dans la cargaison; —
3° En tirant sur l'armateur; — 4° En empruntant à la grosse la somme nécessaire;
— 5° En vendant la cargaison jusqu'à concurrence de la somme absolument indispensable pour réparer le navire et le mettre en état de continuer le voyage.

Dans ces deux derniers cas, le capitaine devra s'adresser à l'autorité judiciaire,
s'il se trouve dans un port d'Espagne, et au consul, s'il se trouve dans un port
étranger, et, s'il n'y a pas de consul, à l'autorité locale, et procéder conformément
à ce qui est établi dans l'article 583 et dans la loi d'*Enjuiciamiento civil*[1].

des capitaines appartenant à la classe des pilotes ou patrons examinés, choisis sur les embarcations se trouvant dans la port. — **20.** Les matières sur lesquelles doit porter l'examen des patrons
sont les suivantes: *Pour les patrons de cabotage.* Lire et écrire, maniement des agrès des bâtiments côtiers et de cabotage de la province, moyen de les faire éviter suivant la catégorie du
chargement, ou de les coucher pour prendre une eau haute ou basse et de les échouer; connaissance des côtes sur lesquelles le candidat doit naviguer, de leurs bas-fonds, bancs de sables et
de pierres, des courants et marées, des vents qui y régnent; ceux avec lesquels il convient de
naviguer pour aborder la côte ou s'en éloigner, mouvement de l'aiguille; déterminer sa position
au moyen de la sonde et des autres méthodes pratiques pour connaître la distance de la côte et la
route à suivre; moyens d'entrer et de sortir des ports de la province et des autres ports do l'océan
et de la Méditerranée; précautions à prendre dans les tempêtes, tant en mer que dans le port;
moyens de remédier aux avaries, connaissance des phares des côtes où l'on navigue, ainsi que
des lois maritimes sanitaires et de la police des ports, des dispositions imprimées du rôle, des
prescriptions du Code de commerce les concernant, du règlement des feux et des manœuvres
pour éviter les abordages. — *Pour les patrons de pêche.* Maniement des voiles et des bateaux de
cette industrie dans la province; nom et maniement des instruments en usage sur les dits bateaux
et des ordonnances auxquelles ils sont soumis, moyens de les estiver, s'il est nécessaire, pour
assurer la résistance des agrès, et les coucher jusqu'à donner la quille pour entrer dans une eau haute
ou basse et pour échouer; connaissance de la côte où ils doivent pêcher, de ses bas-fonds, bancs
de sable ou de pierres, des courants et marées des vents régnants, de ceux avec lesquels il convient
d'aborder la côte ou de s'en éloigner, connaissance sommaire de l'aiguille, précautions à prendre
dans les tempêtes, tant en mer que dans les ports, moyens de remédier aux avaries; connaissance
des phares de la dite côte, ainsi que de l'entrée et de la sortie des ports qui s'y trouvent, connaissance sommaire des règlements des dits ports et des lois maritimes sanitaires; feux que doivent
porter les bateaux de pêche. — **21.** Il sera dressé procès-verbal du résultat de l'examen, sur un
livre à ce destiné, et, sans qu'il soit besoin de rendre compte du résultat de l'examen à l'autorité
supérieure du département ou du port militaire, le diplôme de patron de cabotage ou de patron
de pêche (sans désignation de l'embarcation qu'ils doivent commander) sera délivré aux candidats
reçus. Si, outre les conditions ci-dessus, les candidats reçus justifient avoir fait campagne sur des
bâtiments de guerre sans notes défavorables, ils seront inscrits sur la liste des patrons. Dans le
cas contraire, ils ne seront pas admis dans cette classe distinguée, bien qu'ils puissent en exercer
les fonctions. — **22.** Lorsque dans une localité il manquera de patrons, et que personne ne se
présentera pour subir l'examen, les commandants de Marine pourront autoriser à remplir ces
fonctions, pendant tout le temps qu'il sera besoin, les gens de mer qu'après examen sur les matière
dont la connaissance est strictement nécessaire pour remplir la dite charge, ils estimeront capables
de suppléer au défaut de patrons; mais cette autorisation prendra fin aussitôt que des patrons
régulièrement nommés, seront disponibles.

[1] Lorsque un capitaine aura besoin d'une autorisation de justice pour contracter un prêt
à la grosse, il devra la demander en présentant un rapport ou les documents justifiant de l'ur-

612. Serán inherentes al cargo de capitán las obligaciones que siguen: 1.ª Tener
á bordo, antes de emprender el viaje, un inventario detallado del casco, máquinas,
aparejo, pertrechos, respetos y demás pertenencias del buque; la patente Real ó
de navegación[1]; el rol de los individuos que componen la dotación del buque, y las
contratas con ellos celebradas; la lista de pasajeros; la patente de sanidad; la
certificación del Registro, que acredite la propiedad del buque y todas las obligaciones
que hasta aquella fecha pèsaran sobre él; los contratos de fletamento, ó copias
autorizadas de ellos; los conocimientos ó guías de la carga, y el acta de la visita
ó reconocimiento pericial, si se hubiere practicado en el puerto de salida[2]; —
2.ª Llevar á bordo un ejemplar de este Código; — 3.ª Tener tres libros foliados
y sellados, debiendo poner al principio de cada uno nota expresiva del número
de folios que contenga, firmada por la autoridad de marina, y en su defecto, por
la autoridad competente[3].   En el primer libro, que se denominará «diario de
navegación», anotará día por día el estado de la atmósfera, los vientos que reinen,
los rumbos que se hacen, el aparejo que se lleva, la fuerza de las máquinas con
que se navegue, las distancias navegadas, las maniobras que se ejecuten y demás
accidentes de la navegación; anotará también las averías que sufra el buque en su

que justifiquen la urgencia y no haber podido encontrar fondos por los medios enumerados
en el art. 611 del Cód. de com.   Pedirá además al juez que nombre un perito que reconozca
la nave y fije la cantidad necesaria para reparaciones, rehabilitación y aprovisionamiento.
Y este, en vista de la declaración pericial, mandará publicar los anuncios, que se fijarán
en los sitios de costumbre, ó insertarán en el *Boletín oficial* de la provincia y *Diario de
Avisos* de la localidad, si lo hubiere, en los que se consignará sucintamente la pretensión del
capitán de la nave y la cantidad que el perito haya fijado. — Concedida por el juez la autorización para contraer el préstamo, si, á pesar de ello, el capitán no encontrare la cantidad necesaria, podrá pedir la venta de la parte de cargamento que fuere indispensable.   Esta venta se
hará, previa tasación de peritos nombrados en la forma indicada en la nota 2, pág. 173, y en
subasta pública, anunciada y verificada con las formalidades legales. (Véase las notas 3 y 4,
pág. 174) (Art. 2161, regla 9°, L. de Enj. c.)

   [1]) Por virtud de lo dispuesto en el Regl. Nav. Merc., esta patente deberá contener siempre
tantos sellos por valor de 17,50 pesetas, como periodos de tres años cuente desde la fecha
de su expedición, bien entendido que dichos sellos deberán colocarse en todo el primer
año de cada periodo, bajo la pena de una multa de 1,25 pesetas por cada tonelada de las que
mida el buque en caso de omisión injustificable, y cuya multa se cargará al dueño del mismo.
— La fianza que establecía la ordenanza de Marina de 1802 en su título X, art. 2.°, para
garantizar el buen uso de las patentes de navegación, quedó abolida por decreto de 6 de mayo
de 1873, quedando subsistente la obligación de hacer buen uso de ellas.

   [2]) El art. 43 del citado Regl. para la Nav. Merc. dice lo siguiente respecto á los documentos
que han llevar los buques mercantes: *I. Buques de navegación de altura. A)* Real patente
de navegación arreglada al modelo que á continuación se inserta (modelo *A*). — La falta de esta
en buque ó llevarla falsa ó doble, autoriza la confiscación del buque y de la carga. — *B)* Escritura
de propiedad.   La falta de este documento hace poner en duda la nacionalidad del buque, puesto
que los españoles han de ser precisamente propiedad de españoles. — *C)* Patente de sanidad,
visada en su caso por el cónsul de la nación á que se dirige el buque.   La falta de este documento
ó del requisito expresado autoriza la detención del buque en cuarentena ú observación, hasta
que las Juntas de Sanidad se cercioren del estado satisfactorio de la salud en el buque y
en el puerto de procedencia. — *D)* Cuaderno de bitácora ó diario de navegación con los
datos necesarios para apreciar todas las circunstancias del viaje cuando el buque se dirija á
Ultramar ó al extranjero.   La falta de este documento autoriza á tratar al buque como sospe-
choso.   Debe ser presentado á los comandantes de Marina, funcionarios de Aduanas y Cónsules
en el extranjero siempre que lo reclamen. — *E)* Rol de equipaje y lista de pasajeros firmado
por la autoridad de Marina ó Cónsul español del puerto de salida.   La falta de este documento
hace á los capitanes sospechosos de ocultar individuos que no han podido embarcar legalmente,
además de la responsabilidad en que incurran por desobediencia á los preceptos legales. —
F) Póliza de fletamento si no navega por cuenta de los dueños. — *G)* Manifiesto de la carga en
que se exprese sin enmiendas, raspaduras ni adiciones interlineales, el nombre del buque y su
capitán, tonelaje, bandera, remitente, consignatario, procedencia, destino, número, clase, marcas,
numeración, contenido y peso bruto de los bultos, y demás indicaciones especiales que en cada
caso exija la legislación que á la sazón rigiere en el ramo de Aduanas. — *II. Buques de cabotaje.*
A) Licencia para navegar expedida por el comandante de Marina de su provincia. — *B)* Escritura de propiedad. — *C)* Patente de sanidad. — *D)* Diario de navegación si se dirije al extranjero. — *E)* Rol de equipaje y lista de pasajeros. — *F)* Póliza de fletamento si no navega por
cuenta de sus dueños. — *G)* Manifiesto de la carga. — *III. Barcos de pesca. A)* Licencia de
pesca, expedida por el comandante de Marina de su provincia ó ayudante del distrito. — *B.)* Rol
de equipaje en el cual se exprese además la clase de pesca á que se dedica.

   [3]) Estos libros deberán reintegrarse en igual forma que el libro diario de los comerciantes
particulares (véase la pág. 96, nota 3) (art. 155 de la L. del T.).

612. Les obligations inhérentes à la charge de capitaine sont les suivantes:
1° Avoir à bord, avant d'entreprendre le voyage, un inventaire détaillé du corps,
des machines, des apparaux, des instruments, et de tous les autres objets appartenant au navire, la patente royale ou de navigation[1], le rôle des individus composant
l'équipage et les contrats faits avec eux, la liste des passagers, la patente de santé,
la copie certifiée du registre qui établit la propriété du navire et toutes les obligations qui le grèvent jusqu'à cette date, les contrats d'affrétement ou les copies
certifiées des dits contrats, les connaissements et passavants de la cargaison et le
procès-verbal de visite ou de la vérification faite par expert, si une vérification a
été faite dans le port de départ[2]; — 2° Avoir à bord un exemplaire du présent Code;
— 3° Posséder trois registres cotés et paraphés avec mention, sur la première page
de chacun d'eux, du nombre des folios contenus dans chaque registre, laquelle sera
signée par l'autorité maritime et, à son défaut, par l'autorité compétente[3]. Sur
le premier de ces registres qui sera dénommé *Journal de navigation*, on mentionnera, jour par jour, l'état de l'atmosphère et du vent, les directions suivies, les
voiles dépliées, la force des machines servant à la navigation, les distances par-
courues, les manœuvres exécutées et tous les autres accidents de la navigation;

gence et de l'impossibilité où il s'est trouvé de se procurer des fonds par les moyens énumérés
dans l'art. 611. Il demandera, en outre, au juge de nommer un expert pour procéder à la visite
du navire et fixer la somme nécessaire pour les réparations, remise en état, et approvisionnements.
Le juge, sur le vu du rapport d'expert, ordonnera de publier des annonces qui seront apposées
dans les lieux accoutumés et insérées dans le *Boletin oficial* de la province, ainsi que dans le *Diario
de Avisos* de la localité, s'il en existe un, lesquelles énonceront succinctement la demande du
capitaine et la somme fixée par l'expert. — Lorsque l'autorisation de contracter le prêt a été
donnée par le juge, le capitaine, s'il ne peut se procurer la somme nécessaire, pourra demander
la vente de telle partie du chargement qu'il sera nécessaire. Cette vente aura lieu, après estimation
préalable faite par experts nommés dans la forme indiquée dans la note 2 de la page 173,
aux enchères publiques; elle sera annoncée et il y sera procédé avec les formalités légales (v. les
notes 1 et 2 p. 174) (art. 2161 règle 9 loi de *Enj. civ.*).

[1]) En vertu des dispositions du règlement de la marine marchande, cette patente doit
porter autant de timbres de la valeur de 17,50 *pesetas* qu'il y a de périodes de trois années depuis
la date de sa délivrance. Les timbres doivent être apposés au commencement de la première
année de chaque période, sous peine d'une amende de 1,25 *pesetas* par chaque tonneau de
jauge du navire, en cas d'omission injustifiable. Cette amende est due par le propriétaire du
bâtiment. — La caution exigée par l'ordonnance sur la Marine de 1802 (tit. X art. 2) pour
garantir le bon usage des patentes de navigation, a été supprimée par décret du 6 mai 1873,
mais l'obligation de faire un bon usage de cette patente ne subsiste pas moins.

[2]) L'art. 43 du règlement précité sur la marine marchande fixe ainsi qu'il suit les papiers
que doivent avoir les navires marchands. *A) Bâtiments de navigation de haute mer. A)* Patente
royale de navigation conforme au modèle ci-annexé (modèle *A*). A défaut de ce document, ou
si la patente est fausse, le navire et le chargement peuvent être confisqués. — *B*) Acte de propriété. A défaut de ce document, la nationalité du navire peut être mise en doute, car les bâtiments espagnols doivent être la propriété d'espagnols. — *C*) Patente de santé, visée, quand il
y a lieu, par le consul du pays de la destination du navire. Le défaut de ce document ou de la
formalité sus-énoncée autorise la mise du navire en quarantaine ou observation jusqu'à ce que les
commissions de santé s'assurent que l'état sanitaire du navire et du port d'où il provient est satis-
faisant. — *D*) Livre de boussole ou journal de navigation avec les données nécessaires pour apprécier toutes les circonstances du voyage quand le navire va outre-mer ou à l'étranger. Le
défaut de ce document permet de considérer le navire comme suspect. Ce document doit être
présenté aux commandants de Marine, aux fonctionnaires des douanes et aux consuls à l'étranger,
toutes les fois qu'ils le réclament. — *E*) Rôle d'équipage et liste des passagers signés par l'autorité
maritime ou le consul espagnol du port de départ. Le défaut de ce document rend les capitaines
suspects de cacher des individus qu'ils ne pouvaient légalement embarquer; il leur fait encourir
la responsabilité pour leur désobéissance aux prescriptions légales. — *F*) Police d'affrétement.
si le navire ne navigue pas pour le compte des propriétaires. — *G*) Manifeste du chargement, énonçant sans ratures, grattages ou interlignes, le nom du navire et du capitaine, ainsi que ses tonnage,
pavillon, expéditeur, consignataire, provenance, destination, nombre, classe, marques, numérotage,
contenu et poids brut des colis, et les autres indications spéciales exigées pour chaque cas par
la législation des douanes alors en vigueur. — *II. Bâtiments de cabotage. A*) Licence de navigation
délivrée par le commandant de marine de la province. — *B*) Acte de propriété. — *C*) Patente de
santé. — *D*) Journal de navigation, si le bâtiment est à destination de l'étranger. — *E*) Rôle
d'équipage et liste des passagers. — *F*) Police d'affrétement, s'il ne navigue pas pour le compte
des propriétaires. — *G*) Manifeste du chargement. — *III. Barques de pêche. A*) Licence de pêche
délivrée par le commandant de marine de la province ou l'adjudant du district. — *B*) Rôle
d'équipage sur lequel est indiqué, en outre, le genre de pêche à laquelle se livre le navire.

[3]) Ces livres doivent payer l'impôt du timbre de la même manière que le livre journal
des commerçants (p. 96 note 3) (art. 155 de la loi sur le timbre).

casco, máquinas, aparejo y pertrechos, cualquiera que sea la causa que las origine, así como los desperfectos y averías que experimente la carga, y los efectos é importancia de la echazón si ésta ocurriera; — y en los casos de resolución grave que exija asesorarse ó reunirse en junta á los oficiales de la nave y aun á la tripulación y pasajeros, anotará los acuerdos que se tomen.　Para las noticias indicadas se servirá del cuaderno de bitácora y del de vapor ó máquinas que lleva el maquinista. — En el segundo libro, denominado «de contabilidad», registrará todas las partidas que recaude y pague por cuenta del buque, anotando con toda especificación, artículo por artículo, la procedencia de lo recaudado, y lo invertido en vituallas, reparaciones, adquisición de pertrechos ó efectos, víveres, combustible, aprestos, salarios y demás gastos, de cualquiera clase que sean.　Además insertará la lista de todos los individuos de la tripulación, expresando sus domicilios, sus sueldos y salarios y lo que hubieren recibido á cuenta, así directamente como por entrega á sus familias.　En el tercer libro, titulado «de cargamentos», anotará la entrada y salida de todas las mercaderías, con expresión de las marcas y bultos, nombres de los cargadores y consignatarios, puertos de carga y descarga y los fletes que devenguen.　En este mismo libro inscribirá los nombres y procedencia de los pasajeros, el número de bultos de sus equipajes y el importe de los pasajes; — 4.ª Hacer, antes de recibir carga, con los oficiales de la tripulación y dos peritos, si lo exigieren los cargadores y pasajeros, un reconocimiento del buque, para conocer si se halla estanco con el aparejo y máquinas en buen estado y con los pertrechos necesarios para una buena navegación, conservando certificación del acta de esta visita, firmada por todos los que la hubieren hecho, bajo su responsabilidad. — Los peritos serán nombrados, uno por el capitán del buque y otro por los que pidan su reconocimiento, y en caso de discordia nombrará un tercero la autoridad de marina del puerto[1]; — 5.ª Permanecer constantemente en su buque con la tripulación mientras se recibe á bordo la carga, y vigilar cuidadosamente su estiva; no consentir que se embarque ninguna mercancía ó materias de carácter peligroso, como las sustancias inflamables ó explosivas, sin las precauciones que están recomendadas para sus envases y manejo y aislamiento; no permitir que se lleve sobre cubierta carga alguna que por su disposición, volumen ó peso dificulte las maniobras marineras y pueda comprometer la seguridad de la nave; y en el caso de que la naturaleza de las mercancías, la índole especial de la expedición, y principalmente la estación favorable en que aquélla se emprenda, permitieran conducir sobre cubierta alguna carga, deberá oir la opinión de los oficiales del buque y contar con la anuencia de los cargadores y del naviero; — 6.ª Pedir práctico á costa del buque en todas las circunstancias que lo requieran las necesidades de la navegación, y más principalmente cuando haya de entrar en puerto, canal ó río, ó tomar una rada ó fondeadero que ni él ni los oficiales y tripulantes del buque conozcan; — 7.ª Hallarse sobre cubierta en las recaladas y tomar el mando en las entradas y salidas de puertos, canales, ensenadas y ríos, á menos de no tener á bordo práctico en el ejercicio de sus funciones.　No deberá pernoctar fuera del buque sino por motivo grave ó por razón de oficio; — 8.ª Presentarse, así que tome puerto por arribada forzosa, á la autoridad marítima, siendo en España, y al cónsul español, siendo en el extranjero, antes de las veinticuatro horas, y hacerle una declaración del nombre, matrícula y procedencia del buque, de su carga y motivo de arribada; cuya declaración visarán la autoridad ó el cónsul, si después de examinada la encontraren aceptable, dándole la certificación oportuna para acreditar su arribo y los motivos que lo originaron.　Á falta de autoridad marítima ó de cónsul, la declaración deberá hacerse ante la autoridad local; — 9.ª Practicar las gestiones necesarias ante la autoridad competente, para hacer constar en la certificación del Registro Mercantil del buque las obligaciones que contraiga conforme al art. 583; — 10.ª Poner á buen recaudo y custodia todos los papeles y pertenencias del individuo de la tripulación que falleciere en el buque, formando inventario detallado, con asistencia de los testigos pasajeros, ó, en su defecto, tripulantes; —

---

[1] Si el capitán se opusiere á este reconocimiento los pasajeros ó cargadores que lo deseen podrán pedir por escrito al juez que lo disponga, haciendo al propio tiempo la designación del perito que por su parte propongan, para que, en unión del que por la suya designare el capitán requerido al efecto judicialmente, ó del que nombrare el juzgado, en el supuesto de que aquel se resistiere á las órdenes de este, dictaminen acerca del estado del buque. — Si los peritos así nombrados no se pusieren de acuerdo, se designará el tercero por la autoridad de marina del puerto.

on y mentionnera également les avaries éprouvées par le corps du navire, par ses machines, apparaux et instruments, quelle que soit la cause d'où elles proviennent, ainsi que celles éprouvées par la cargaison; les effets jetés à la mer, s'il y a lieu, ainsi que l'importance desdits effets. — Enfin, dans les cas où une résolution grave oblige le capitaine à s'adjoindre ou à réunir en assemblée les officiers du navire et même l'équipage et les passagers, on mentionnera, sur le dit registre, les résolutions prises. Pour les observations indiquées, on se servira du livre de boussole et du livre de la vapeur ou des machines tenus par le mécanicien. — Sur le second registre, appelé *Livre de comptabilité*, on enregistrera toutes les sommes reçues et payées pour le compte du navire, en mentionnant dans chaque annotation, article par article, l'origine des sommes reçues et ce qui a été employé en victuailles, réparations, acquisitions d'instruments ou d'effets, de vivres, de combustible, appareils, en salaires et autres frais de quelle que nature que ce soit. On y inscrira, en outre, la liste de tous les individus de l'équipage, en indiquant leurs domicile, solde et salaire et les sommes par eux touchées en compte directement ou qui ont été remises làuer famille. — Sur le troisième registre, intitulé *Livre des chargements*, on inscrira l'entrée et la sortie de toutes les marchandises en indiquant les marques et les colis, les noms des chargeurs et des consignataires, les ports de chargement et de débarquement et le fret dû. Sur ce même registre, on inscrira les noms et la provenance des passagers, le nombre des colis composant leur bagage et le prix du passage; — 4° Faire, avant de prendre charge, avec les officiers de l'équipage et deux experts, si les chargeurs et les passagers l'exigent, la visite du navire, à l'effet de savoir s'il est étanche et s'il est pourvu d'apparaux et de machines en bon état, ainsi que des instruments nécessaires pour faire une bonne navigation, de laquelle visite le certificat sera conservé, après avoir été signé par tous ceux qui l'auront faite, sous sa responsabilité. — Les experts seront nommés, l'un par le capitaine et l'autre par ceux qui requièrent la visite, et, en cas de désaccord, un tiers expert sera désigné par l'autorité maritime du port[1]; — 5° Demeurer constamment sur le navire avec l'équipage pendant la réception à bord de la cargaison, et surveiller avec soin son estive, ne pas consentir à embarquer des marchandises ou des matières dangereuses, comme les substances inflammables ou explosibles, sans les précautions recommandées pour leur transvasement, ou leur maniement et leur isolement; ne permettre de placer sur le tillac aucune marchandise qui, à raison de sa disposition, de son volume ou de son poids, rendrait difficiles les manœuvres et pourrait compromettre la sécurité du navire; et, dans le cas où la nature des marchandises, le caractère spécial de l'expédition et principalement la saison favorable dans laquelle elle est entreprise, permettront de transporter sur le tillac un certain chargement, le capitaine devra prendre l'avis des officiers du navire et obtenir l'adhésion des chargeurs et de l'armateur; — 6° Demander un pilote lamaneur à la côte, dans toutes les circonstances où les nécessités de la navigation l'exigeront et plus spécialement lorsqu'il doit entrer dans un port, dans un canal ou un fleuve, ou pénétrer dans une rade ou prendre un mouillage qui lui est inconnu ainsi qu'aux officiers du navire; — 7° Se tenir sur le pont durant les coups de vent, et prendre le commandement en entrant et en sortant des ports, chenals, rades et fleuves, à moins qu'il n'y ait à bord un pilote lamaneur exerçant ses fonctions. Il ne devra pas passer la nuit en dehors du navire, si ce n'est pour motif grave ou pour raison de service; — 8° Se présenter, même au cas de relâche forcée, à l'autorité maritime, s'il se trouve en Espagne, et, s'il se trouve à l'étranger, au consul espagnol, avant l'expiration d'un délai de vingt-quatre heures, et déclarer le nom, la matricule et la provenance du navire, de la cargaison, et le motif qui l'oblige à relâcher. Cette déclaration sera, après examen, si elle est reconnue acceptable, visée par l'autorité maritime ou par le consul, qui remettra au capitaine l'attestation nécessaire pour justifier de sa relâche et des motifs qui l'ont occasionnée. A défaut d'autorité maritime ou de consul, cette déclaration devra être faite devant l'autorité locale; — 9° Remplir les formalités nécessaires devant l'autorité compétente pour faire

---

[1] Si le capitaine s'oppose à cette visite, les passagers ou chargeurs qui la désirent pourront demander au juge, par requête écrite, de l'ordonner, en désignant, en même temps, l'expert qu'ils proposent, lequel vérifiera l'état du navire avec l'expert désigné par le capitaine, de ce judiciairement sommé, ou choisi par le juge, si le capitaine n'obtempère pas à l'ordre du juge. — Si les experts ainsi nommés ne peuvent se mettre d'accord, le tiers-expert sera désigné par l'autorité maritime.

11.ª Ajustar su conducta á las reglas y preceptos contenidos en las instrucciones del
naviero, quedando responsable de cuanto hiciere en contrario; — 12.ª Dar cuenta
al naviero, desde el puerto donde arribe el buque, del motivo de su llegada,
aprovechando la ocasión que le presten los semáforos, telégrafos, correos, etc.,
según los casos; poner en su noticia la carga que hubiere recibido, con especificación del nombre y domicilio de los cargadores, fletes que devenguen y cantidades
que hubiere tomado á la gruesa; avisarle su salida y cuantas operaciones y datos
puedan interesar á aquél; — 13.ª Observar las reglas sobre luces de situación y
maniobras para evitar abordajes; — 14.ª Permanecer á bordo, en caso de peligro
del buque, hasta perder la última esperanza de salvarlo, y antes de abandonarlo
oir á los oficiales de la tripulación, estando á lo que decida la mayoría; y si tuviere
que refugiarse en el bote, procurará ante todo llevar consigo los libros y papeles, y
luego los objetos de más valor, debiendo justificar, en caso de pérdida de libros y
papeles, que hizo cuanto pudo para salvarlos; — 15.ª En caso de naufragio, presentar
protesta en forma, en el primer puerto de arribada, ante la autoridad competente
ó cónsul español, antes de las veinticuatro horas, especificando en ella todos los
accidentes del naufragio, conforme al caso 8.° de este artículo; — 16.ª Cumplir
las obligaciones que impusieren las Leyes y los Reglamentos de navegación,
aduanas, sanidad ú otros.

613. El capitán que navegare á flete común ó al tercio, no podrá hacer por
su cuenta negocio alguno separado; y si lo hiciere, la utilidad que resulte pertene-
cerá á los demás interesados, y las pérdidas cederán en su perjuicio particular.

614. El capitán que, habiendo concertado un viaje, dejare de cumplir su
empeño sin mediar accidente fortuito ó caso de fuerza mayor que se lo impida,
indemnizará todos los daños que por esta causa irrogue, sin perjuicio de las san-
ciones penales á que hubiere lugar.
615. Sin consentimiento del naviero, el capitán no podrá hacerse sustituir
por otra persona; y si lo hiciere, además de quedar responsable de todos los actos
del sustituto, y obligado á las indemnizaciones expresadas en el artículo anterior,
podrán ser uno y otro destituídos por el naviero.

616. Si se consumieran las provisiones y combustibles del buque antes de llegar
al puerto de su destino, el capitán dispondrá, de acuerdo con los oficiales del mismo,
arribar al más inmediato, para reponerse de uno y otro; pero si hubiera á bordo
personas que tuviesen víveres de su cuenta, podrá obligarles á que los entreguen
para el consumo común de cuantos se hallen á bordo, abonando su importe en
el acto, ó á lo más en el primer puerto donde arribare[1].

617. El capitán no podrá tomar dinero á la gruesa sobre el cargamento; y si
lo hiciere, será ineficaz el contrato.
Tampoco podrá tomarlo para sus propias negociaciones sobre el buque, sino
por la parte de que fuere propietario, siempre que anteriormente no hubiere tomado

---

[1] En el caso de que el capitán de un buque se haya creído obligado á exigir de los
que tengan víveres por su cuenta particular, que los entreguen para el consumo común de
todos los que se hallen á bordo, y los dueños de los mismos no se conformen con que haya
existido aquella necesidad, ó con el precio á que el capitán quiera pagar los víveres, tanto
el uno como los otros para hacer constar los hechos, podrán promover una información
judicial en el primer puerto á donde arribaren. — Prestada la información, el Juez oirá á los
interesados en una comparecencia; y si en ella no se avinieren respecto al precio á que el capitán
haya de abonar los víveres, dará por terminado el acto, con reserva á sus dueños de la acción
que les corresponda para que la ejerciten en juicio contencioso. — Si el interés que se litigare en
esta cuestión no excediere de 250 pesetas, se sustanciará en juicio verbal; si excediere se sujetará
su tramitación á la establecida para los incidentes (art. 2161, regla 10.ª, L. Enj. c.). — La tramitación del juicio verbal y la de los incidentes puede verse en el estudio «Del proc. jud. en las
cuest. civ.-merc.

constater, sur la copie certifiée de la feuille d'inscription du navire sur le registre
du commerce, les obligations par lui contractées conformément à l'article 583; —
10° Mettre en sûreté et garder tous les papiers et les objets appartenant à tout
homme de l'équipage qui viendra à décéder sur le navire, après en avoir dressé un
inventaire détaillé avec l'assistance de témoins choisis parmi les passagers, ou, à
leur défaut, parmi les gens de l'équipage; — 11° Se conformer aux règles et aux
prescriptions contenues dans les instructions de l'armateur, et il sera responsable
de tout ce qu'il fera contrairement aux dites instructions; — 12° Rendre compte
à l'armateur dès son entrée au port, lorsque le navire fait relâche, du motif de son
entrée dans ce port, en profitant des occasions que lui fournissent les sémaphores,
télégraphes, courriers, etc., suivant les cas, lui faire connaître la cargaison
qu'il aura reçue, en indiquant le nom et le domicile des chargeurs, le fret par eux
dû, et les sommes par lui empruntées à la grosse, et l'aviser de sa sortie, ainsi que
de toutes les opérations et de tous les faits de nature à l'intéresser; — 13° Observer
les règles sur les feux de position et les manœuvres pour éviter les abordages; —
14° Demeurer à bord, en cas de péril du navire, jusqu'à ce qu'il ait perdu tout espoir
de le sauver, et, avant de l'abandonner, prendre l'avis des officiers de l'équipage en
se conformant à la décision de la majorité, et, s'il y a lieu de se réfugier sur les embarcations, prendre avec soi les livres et les papiers, et les objets les plus précieux.
En cas de perte des livres et des papiers, le capitaine devra prouver qu'il a fait
tout ce qui était en son pouvoir pour les sauver; — 15° En cas de naufrage, présenter
une déclaration régulière, dans le premier port où il arrive, devant l'autorité compétente ou le consul, en indiquant, dans la dite déclaration, toutes les circonstances
du naufrage, conformément à ce qui est prescrit sous le numéro 8 du présent article;
— 16° Remplir les obligations que lui imposeront les lois et les règlements sur la
navigation, les douanes, la police sanitaire et autres.

613. Le capitaine qui naviguera à fret commun ou au tiers, ne pourra faire
pour son compte aucun négoce séparé, et, s'il vient à le faire, le profit qu'il en re-
tirera appartiendra aux autres intéressés, tandis que les pertes seront à sa charge
personnelle.

614. Le capitaine engagé pour un voyage déterminé qui viendra à cesser ses
fonctions sans qu'il soit survenu, pour l'en empêcher, un accident fortuit ou un
cas de force majeure, devra une indemnité pour tous les dommages résultant de ce
motif, sans préjudice des sanctions pénales qu'il y aura lieu de lui appliquer.

615. Le capitaine ne pourra, sans le consentement de l'armateur, se faire
remplacer par une autre personne; et, s'il le fait, non seulement il sera responsable
de tous les actes de la personne qu'il se sera substituée et tenu de payer les indemnités énoncées dans l'article précédent, mais le dit capitaine et celui qu'il se sera substitué pourront être l'un et l'autre destitués par l'armateur.

616. Si les provisions et le combustible du navire viennent à être épuisés
avant d'arriver au port de destination, le capitaine, d'accord avec les officiers du
navire, décidera de relâcher au port le plus proche pour refaire les dites provisions
et le combustible; toutefois, s'il se trouve à bord des personnes possédant des vivres
en particulier, il pourra les obliger à les lui remettre pour l'usage commun de tous
ceux qui se trouvent à bord, à la condition de leur en payer le prix soit immédiatement, soit, au plus tard, au premier port de relâche[1].

617. Le capitaine ne pourra emprunter à la grosse sur le chargement; et s'il
le fait, le contrat ne sortira aucun effet.

Il ne pourra non plus emprunter à la grosse, pour ses propres opérations, sur
le navire, si ce n'est sur la part du dit navire dont il est propriétaire, qu'autant qu'il

---

[1] Si le capitaine se croit dans l'obligation d'exiger de ceux qui ont des vivres en particulier
qu'ils les donnent pour la consommation commune de tous ceux qui se trouvent à bord, et si
les propriétaires contestent qu'il y ait lieu de recourir à cette mesure, ou n'acceptent pas le prix
des vivres offert par le capitaine, ils pourront, ainsi que le capitaine lui-même, pour faire constater
les faits, provoquer une information judiciaire dans le premier port de relâche. — Cette information faite, le juge entendra les intéressés contradictoirement, et, s'ils ne s'accordent pas sur
le prix offert par le capitaine, le juge clôturera le procès-verbal, sous réserve du droit des propriétaires d'exercer leur droit en justice par voie contentieuse. — Si l'intérêt du litige ne dépasse
pas 250 *pesetas*, l'instance sera verbale; s'il est supérieur à cette somme, la procédure à suivre est
celle des incidents (loi d'*Enj. civ.* art. 2161 règle 10). — Sur la procédure verbale et sur la procédure des incidents, v. notre étude sur la procédure dans les matières civiles et commerciales.

gruesa alguna sobre la totalidad, ni exista otro género de empeño ú obligación á
cargo del buque.   Pudiendo tomarlo, deberá expresar necesariamente cuál sea su
participación en el buque.

En caso de contravención á este artículo, serán de cargo privativo del capitán
el capital, réditos y costas, y el naviero podrá además despedirlo.

618.   El capitán será responsable civilmente para con el naviero, y éste para
con los terceros que hubieren contratado con él: 1.º De todos los daños que
sobrevinieren al buque y su cargamento por impericia ó descuido de su parte. Si
hubiere mediado delito ó falta, lo será con arreglo al Código Penal; — 2.º De las
sustracciones y latrocinios que se cometieren por la tripulación, salvo su derecho
á repetir contra los culpables; — 3.º De las pérdidas, multas y confiscaciones
que se impusieren por contravenir á las Leyes y Reglamentos de aduanas, policía,
sanidad y navegación; — 4.º De los daños y perjuicios que se causaren por dis-
cordias que se susciten en el buque ó por faltas cometidas por la tripulación en el
servicio y defensa del mismo, si no probare que usó oportunamente de toda la extensión de su autoridad para prevenirlas ó evitarlas; — 5.º De los que sobrevengan
por el mal uso de las facultades y falta en el cumplimiento de las obligaciones que
le correspondan conforme á los artículos 610 y 612; — 6.º De los que se originen
por haber tomado derrota contraria á la que debía, ó haber variado de rumbo sin
justa causa, á juicio de la junta de oficiales del buque, con asistencia de los cargadores ó sobrecargos que se hallaren á bordo. No le eximirá de esta responsabilidad excepción alguna; — 7.º De los que resulten por entrar voluntariamente
en puerto distinto del de su destino, fuera de los casos ó sin las formalidades
de que habla el art. 612; — 8.º De los que resulten por inobservancia de las prescripciones del Reglamento de situaciones de luces y maniobras para evitar abordajes.

619.   El capitán responderá del cargamento desde que se hiciere entrega de
él en el muelle ó al costado á flote en el puerto en donde se cargue, hasta que lo
entregue en la orilla ó en el muelle del puerto de la descarga, á no haberse pactado
expresamente otra cosa.

620.   No será responsable el capitán de los daños que sobrevinieren al buque
ó al cargamento por fuerza mayor; pero lo será siempre, sin que valga pacto en
contrario, de los que se ocasionen por sus propias faltas.

Tampoco será personalmente responsable el capitán de las obligaciones que
hubiere contraído para atender á la reparación, habilitación y avituallamiento del
buque, las cuales recaerán sobre el naviero, á no ser que aquél hubiere comprometido terminantemente su propia responsabilidad ó suscrito letra ó pagaré á su
nombre.

621.   El capitán que tome dinero sobre el casco, máquina, aparejo ó pertrecho
del buque, ó empeñe ó venda mercaderías ó provisiones fuera de los casos y sin
las formalidades prevenidas en este Código, responderá del capital, réditos y costas,
é indemnizará los perjuicios que ocasione.

El que cometa fraude en sus cuentas, reembolsará la cantidad defraudada y
quedará sujeto á lo que disponga el Código Penal.

622.   Si estando en viaje llegare á noticia del capitán que habían aparecido
corsarios ó buques de guerra contra su pabellón, estará obligado á arribar al puerto
neutral más inmediato, dar cuenta á su naviero ó cargadores, y esperar la ocasión
de navegar en conserva, ó á que pase el peligro, ó á recibir órdenes terminantes
del naviero ó de los cargadores.

623.   Si se viere atacado por algún corsario, y después de haber procurado
evitar el encuentro y de haber resistido la entrega de los efectos del buque ó su
cargamento, le fueren tomados violentamente, ó se viere en la necesidad de entregarlos, formalizará de ello asiento en su libro de cargamento, y justificará el hecho
ante la autoridad competente, en el primer puerto donde arribe.

Justificada la fuerza mayor, quedará exento de responsabilidad.

624.   El capitán que hubiese corrido temporal ó considerase haber sufrido
la carga daño ó avería, hará sobre ello protesta ante la autoridad competente, en

aura été fait antérieurement un contrat à la grosse sur la totalité du navire, et
qu'il existera un autre engagement ou une autre obligation quelconque grevant
le navire. Lorsqu'il pourra faire un emprunt, il sera tenu d'énoncer quelle est sa
participation dans le navire.

En cas de contravention au présent article, le remboursement du capital, ainsi
que le payement des intérêts et des frais seront à sa charge personnelle, et il pourra,
en outre, être congédié par l'armateur.

618. Le capitaine sera civilement responsable envers l'armateur, et ce dernier
le sera envers les tiers ayant traité avec lui: 1° De tous les dommages survenus au
navire et à sa cargaison par suite de l'impéritie ou du défaut de soin du capitaine.
S'il y a eu délit ou faute, la responsabilité sera déterminée conformément au Code
pénal; — 2° Des soustractions et des vols commis par l'équipage, sauf son
recours contre les coupables; — 3° Des pertes, amendes et confiscations imposées
pour contraventions aux lois et règlements sur les douanes et sur la police
sanitaire et la navigation; — 4° Des dommages et préjudices occasionnés par les
troubles survenus sur le navire ou par les fautes commises par l'équipage dans le
service et la défense du dit navire, à moins qu'il ne prouve qu'il a fait usage de toute
son autorité pour les prévenir ou les éviter; — 5° De tous les dommages résultant
du mauvais usage des pouvoirs qui lui appartiennent et du défaut d'accomplissement des obligations qui lui incombent aux termes des articles 610 et 612; — 6° Des
dommages résultant de ce qu'il a fait une route opposée à celle qu'il devait suivre,
ou qu'il a changé de route sans juste cause, d'après l'avis de l'assemblée des officiers
du navire assistés des chargeurs ou des subrécargues se trouvant à bord. Aucune
exception ne l'affranchira de la dite responsabilité; — 7° Des dommages résultant
de ce qu'il est entré volontairement dans un port différent de son port de destination,
en dehors des cas prévus par l'article 612, ou sans remplir les formalités dont il
est parlé au dit article; — 8° Des dommages résultant de l'inobservation des règlements sur la position des feux et sur les manœuvres à faire pour éviter les abordages.

619. Le capitaine sera responsable de la cargaison depuis l'instant où il l'a
reçue sur le quai ou à flot, le long de son bord, dans le port où se fait le chargement,
jusqu'au moment où il la livre sur le quai ou le môle du port de déchargement,
à moins de convention contraire.

620. Le capitaine ne sera pas responsable des dommages survenus au navire
ou à la cargaison par force majeure, mais il le sera toujours, malgré toute convention
contraire, de ceux qui seront occasionnés par ses propres fautes.

Il ne sera pas non plus responsable des obligations par lui contractées
pour réparer, rendre navigable et ravitailler le navire; lesquelles retomberont toujours sur l'armateur, à moins que le capitaine n'ait engagé expressément sa responsabilité personnelle ou souscrit en son nom une lettre de change ou un billet.

621. Le capitaine qui emprunte sur le corps, la machine, les apparaux ou
les instruments du navire, ou qui emploie ou vend des marchandises ou des provisions en dehors des cas prévus et sans remplir les formalités spécifiées dans le
présent Code, sera responsable du capital, des intérêts et des frais, et il devra réparer
le préjudice par lui occasionné.

Celui qui commet une fraude dans ses comptes, remboursera la somme dé-
tournée et sera passible des dispositions du Code pénal.

622. Si, durant le voyage, le capitaine apprend qu'il y a en vue des corsaires
ou des navires de guerre ennemis, il devra relâcher dans le port neutre le plus proche,
rendre compte de l'incident à son armateur ou à ses chargeurs, et attendre que
l'occasion se présente de naviguer sous convoi, ou que le péril soit passé, ou qu'il
reçoive des ordres précis de l'armateur ou des chargeurs.

623. S'il est attaqué par un corsaire et si, après avoir essayé d'éviter la rencontre et s'être refusé à livrer les effets du navire ou de la cargaison, les dits effets
lui sont enlevés de vive force, ou s'il se voit dans la nécessité de les livrer, le capitaine relatera le fait dans son livre de chargement, et il en justifiera devant l'autorité
compétente dans le premier port où il arrivera.

Si la force majeure est prouvée, la capitaine sera affranchi de toute responsabilité.

624. Le capitaine qui aura éprouvé une bourrasque ou qui jugera que la cargaison a éprouvé du dommage ou des avaries, fera, sur ce point, une déclaration

el primer puerto donde arribe, dentro de las veinticuatro horas siguientes á su
llegada, y la ratificará dentro del mismo término luego que llegue al punto de su
destino, procediendo en seguida á la justificación de los hechos, sin poder abrir las
escotillas hasta haberla verificado[1].

Del mismo modo habrá de proceder el capitán, si, habiendo naufragado su
buque, se salvase solo ó con parte de su tripulación, en cuyo caso se presentará
á la autoridad más inmediata, haciendo relación jurada de los hechos.

La autoridad, ó el cónsul en el extranjero, comprobará los hechos referidos,
recibiendo declaración jurada á los individuos de la tripulación y pasajeros que
se hubieren salvado; y tomando las demás disposiciones que conduzcan para averiguar el caso, pondrá testimonio de lo que resulte del expediente en el libro de navegación y en el del piloto, y entregará al capitán el expediente original sellado y
foliado, con nota de los folios, que deberá rubricar, para que lo presente al juez
ó tribunal del puerto de su destino.

La declaración del capitán hará fe si estuviere conforme con las de la tripulación y pasajeros; si discordare, se estará á lo que resulte de éstas, salvo siempre
la prueba en contrario.

625. El capitán, bajo su responsabilidad personal, así que llegue al puerto de
su destino, obtenga el permiso necesario de las oficinas de sanidad y aduanas, y
cumpla las demás formalidades que los Reglamentos de la Administración exijan,
hará entrega del cargamento, sin desfalco, á los consignatarios, y, en su caso, del
buque, aparejos y fletes al naviero.

Si, por ausencia del consignatario, ó por no presentarse portador legítimo de
los conocimientos, ignorase el capitán á quién debiera hacer legítimamente la
entrega del cargamento, lo pondrá á disposición del juez ó tribunal ó autoridad
á quien corresponda, á fin de que resuelva lo conveniente á su depósito, conservación y custodia[2].

Sección tercera. De los oficiales y tripulación del buque.

626. Para ser piloto será necesario: 1.º Reunir las condiciones que exijan
las Leyes ó Reglamentos de marina ó navegación[3]; — 2.º No estar inhabilitado
con arreglo á ellos para el desempeño de su cargo.

627. El piloto, como segundo jefe del buque, y mientras el naviero no acuerde
otra cosa, sustituirá al capitán en los casos de ausencia, enfermedad ó muerte, y
entonces asumirá todas sus atribuciones, obligaciones y responsabilidades.

628. El piloto deberá ir provisto de las cartas de los mares en que va á navegar,
de las tablas é instrumentos de reflexión que están en uso y son necesarios para el
desempeño de su cargo, siendo responsable de los accidentes á que diere lugar por
su omisión en esta parte.

629. El piloto llevará particularmente y por sí un libro foliado y sellado en
todas sus hojas, denominado «Cuaderno de bitácora», con nota al principio, expresiva del número de las que contenga, firmado por la autoridad competente, y en
él registrará diariamente las distancias, los rumbos navegados, la variación de la
aguja, el abatimiento, la dirección y fuerza del viento, el estado de la atmósfera
y del mar, el aparejo que se lleve largo, la latitud y longitud observada, el número
de hornos encendidos, la presión del vapor, el número de revoluciones, y, bajo el
nombre de «Acaecimientos», las maniobras que se ejecuten, los encuentros con otros
buques, y todos los particulares y accidentes que ocurran durante la navegación.

630. Para variar de rumbo y tomar el más conveniente al buen viaje del buque, se pondrá de acuerdo el piloto con el capitán. Si éste se opusiere, el piloto
le expondrá las observaciones convenientes en presencia de los demás oficiales de
mar. Si todavía insistiere el capitán en su resolución negativa, el piloto hará la oportuna protesta, firmada por él y por otro de los oficiales en el libro de navegación,

---

[1]) Respecto al procedimiento judicial que habrá de seguirse para la justificación de los
hechos véase la pág. 183, nota 1.

[2]) Respecto á la forma y manera de constituir este depósito y á las incidencias á que
puede dar lugar el mismo véase la pág. 216, nota 3.

[3]) Véanse estas condiciones en la nota 2, pág. 178.

devant l'autorité compétente du premier port où il relâchera, dans les vingt-quatre heures de son arrivée, et il confirmera cette déclaration, dans le même délai, en arrivant à destination, et il sera procédé ensuite à la vérification du fait sans que l'on puisse ouvrir les écoutilles avant que la dite vérification ne soit faite[1].

Le capitaine devra procéder de la même manière si, après le naufrage de son navire, il s'est sauvé seul, ou avec une partie de son équipage. Dans ce cas, il se présentera devant l'autorité la plus proche, et il lui fera sous serment la déclaration des faits.

L'autorité ou, à l'étranger, le consul, vérifiera les faits allégués en recevant sous la foi du serment la déclaration des hommes de l'équipage et des passagers qui auront été sauvés, et, après avoir pris toutes les autres mesures pour parvenir à la manifestation de la vérité, la dite autorité ou le dit consul attestera le résultat de la procédure sur le livre de navigation et sur le livre de pilote, et il remettra au capitaine les pièces originales de la procédure scellées et cotées, avec une mention du nombre des pages signée de lui, pour qu'il les présente au juge ou au tribunal civil du port de destination.

La déclaration du capitaine fera foi si elle est conforme à celles de l'équipage et des passagers; en cas de désaccord, on s'en tiendra à ce qui résulte de ces dernières, sauf toujours la preuve contraire.

625. Le capitaine, sous sa responsabilité personnelle, dès son arrivée au port de destination, aussitôt après avoir obtenu le permis nécessaire des offices de santé et des douanes, et rempli les autres formalités exigées par les règlements administratifs, remettra intégralement la cargaison aux consignataires, et, s'il y a lieu, le navire, les apparaux et le fret à l'armateur.

Si, par suite de l'absence des consignataires ou de cette circonstance qu'il ne se présente personne qui soit porteur légitime des connaissements, le capitaine ignore à qui il doit livrer régulièrement la cargaison, il la remettra à la disposition du tribunal ou de l'autorité compétente, afin que celle-ci prescrive les mesures à prendre pour en assurer le dépôt, la conservation et la garde[2].

Section III. Des officiers et de l'équipage du navire.

626. Pour être pilote, il sera nécessaire: 1° De réunir les conditions exigées par les lois ou les règlements de la marine ou de la navigation[3]; — 2° De n'être pas frappé par les dites lois et les dits règlements de l'incapacité de remplir cette charge.

627. Le pilote, en qualité de second du navire, et tant que l'armateur n'en décidera pas autrement, remplacera le capitaine dans les cas d'absence, maladie ou décès, et, dans ces cas, il en aura toutes les attributions, obligations et responsabilités.

628. Le pilote devra être pourvu des cartes des mers dans lesquelles il doit naviguer, ainsi que des tables et des instruments de réflexion qui sont en usage et qui sont nécessaires pour remplir sa charge, et il sera responsable des accidents résultant d'une omission de sa part à cet égard.

629. Le pilote tiendra spécialement et par lui-même un livre dont tous les feuillets seront cotés et scellés, appelé «cahier de boussole», lequel contiendra sur la première page une mention signée de l'autorité compétente, indiquant le nombre de feuillets qu'il comprend, et il inscrira, chaque jour, sur ce registre les distances, les routes naviguées, la variation de l'aiguille, la dérivation, la direction et la force du vent, l'état de l'atmosphère et de la mer, les voiles dépliées, la latitude et la longitude observées, le nombre des feux allumés, la pression de la vapeur, le nombre des révolutions, et, sous le nom d'événements, les manœuvres exécutées, les rencontres d'autres bâtiments, ainsi que toutes les particularités et tous les accidents survenus durant la navigation.

630. Pour changer de rumb et faire ce qui est le plus avantageux pour assurer la bonne traversée du navire, le pilote s'entendra avec le capitaine. Si ce dernier s'y oppose, le pilote lui fera les observations convenables en présence des autres officiers de mer. Si cependant le capitaine persiste dans son refus, le pilote inscrira la protestation nécessaire signée de lui et de l'un des autres officiers du navire sur

---

[1]) Sur la procédure judiciaire à suivre pour justifier des faits, v. page 183, note 1.

[2]) Sur la forme et la manière de constituer le dépôt, et sur les incidents auxquels il peut donner lieu, v. p. 216 note 3.

[3]) Pour ces conditions, v. p. 178 note 2.

y obedecerá al capitán, quien será el único responsable de las consecuencias de su disposición.

631. El piloto responderá de todos los perjuicios que se causaren al buque y al cargamento por su descuido é impericia, sin perjuicio de la responsabilidad criminal á que hubiere lugar, si hubiere mediado delito ó falta.

632. Serán obligaciones del contramaestre[1]: 1.ª Vigilar la conservación del casco y aparejo del buque y encargarse de la de los enseres y pertrechos que forman su pliego de cargo, proponiendo al capitán las reparaciones necesarias y el reemplazo de los efectos y pertrechos que se inutilicen y excluyan; — 2.ª Cuidar del buen orden del cargamento, manteniendo el buque expedito para la maniobra; — 3.ª Conservar el orden, la disciplina y el buen servicio de la tripulación, pidiendo al capitán las órdenes é instrucciones convenientes, y dándole pronto aviso de cualquier ocurrencia en que fuere necesaria la intervención de su autoridad. — 4.ª Designar á cada marinero el trabajo que deba hacer á bordo, conforme á las instrucciones recibidas, y velar sobre su ejecución con puntualidad y exactitud; — 5.ª Encargarse por inventario del aparejo y todos los pertrechos del buque, — si se procediere á desarmarlo, á no ser que naviero hubiere dispuesto otra cosa.

Respecto de los maquinistas regirán las reglas siguientes: 1.ª Para poder ser embarcado como maquinista naval formando parte de la dotación de un buque mercante, será necesario reunir las condiciones que las Leyes y Reglamentos exijan[2], y no estar inhabilitado con arreglo á ellas para el desempeño de su cargo.

---

[1]) Ningún buque mercante está obligado á llevar plaza alguna con denominación de contramaestre, siendo potestativo en los armadores ó capitanes el llevarlos ó nó según tengan por conveniente (art. 23 del Regl. Nav. Merc.).

[2]) Estas condiciones las determina el Regl. Nav. Merc. del modo siguiente: — Art. **26.** A ningún vapor español se permitirá la salida de los puertos españoles ni navegar dentro de ellos si no cuenta entre sus tripulantes los maquinistas navales que le correspondan con arreglo al artículo siguiente. — **27.** En los vapores que hagan travesías de más de 150 millas embarcarán por lo menos un primero y un segundo maquinista naval, si la fuerza de la máquina es de 100 ó más caballos, y dos segundos si la fuerza es menor. — En los que las travesías sean menores de 150 millas embarcarán, por lo menos: un primer maquinista, si la fuerza de la máquina es de 100 ó más caballos nominales, y un segundo si es menor. — Los vapores de menos de 10 caballos nominales de fuerza podrán navegar sin maquinista naval, substituyéndolo por un fogonero práctico provisto de certificado de un maquinista que exprese tener aptitud para el destino á que se le aplica. — **28.** El caballo nominal se considera equivalente á 300 kilográmetros. — **29.** Para poder ser embarcado como maquinista naval se necesita tener nombramiento expedido por un capitán ó comandante general de departamento ó apostadero marítimo. — Podrán, sin embargo, embarcarse como maquinistas navales los que estén habilitados en circunstancias y casos particulares detallados en este Reglamento. — **30.** Para ser nombrado segundo maquinista naval se necesita reunir las condiciones siguientes: 1.ª Ser español y haber cumplido veintiún años; — 2.ª Acreditar buena vida y costumbres; — 3.ª Haber navegado en un vapor formando parte del personal de máquinas, y haber trabajado como operario ajustador, herrero ó calderero, en un taller de construcción de máquinas de vapor, siempre que el tiempo de navegación, más el de operario, sea de cuatro años, y que de ellos cuente por lo menos uno de navegación y uno de operario; — 4.ª Probar su suficiencia en un examen hecho con arreglo al adjunto programa. — **31.** Para ser nombrado primer maquinista naval se necesita reunir las condiciones siguientes: 1.ª Haber navegado un año con nombramiento de segundo maquinista á satisfacción de los armadores y capitanes de los buques; — 2.ª Probar su suficiencia en un examen hecho con arreglo al adjunto programa. — **32.** Los que aspiren á ser nombrados maquinistas navales presentarán sus solicitudes á los capitanes ó comandantes generales de los departamentos ó apostaderos, acompañándolas con los documentos necesarios para acreditar las condiciones 1.ª, 2.ª y 3.ª del art. 30 ó la 1.ª del 31 según que aspiren á segundo ó á primer maquinista, en la inteligencia de que los documentos en que prueben la navegación y la idoneidad en ella, deberán ser visados por los comandantes de Marina de la provincia correspondiente ó por los cónsules de S. M., en vista de lo que conste en los respectivos roles, y los certificados de operario estarán expedidos por los directores de los talleres de construcción de máquinas. — **33.** Los exámenes tendrán lugar en las capitales de los departamentos ó apostaderos en los días 1.º y siguientes de los meses de Enero, Abril, Julio y Octubre, ante una Junta nombrada por el capitán ó comandante general de los mismos. — Los desaprobados en su examen no podrán repetirlo hasta que haya transcurrido un año. — **34.** A los maquinistas que á la publicación de este Reglamento se hallen desempeñando los destinos que según el mismo corresponden á primeros y segundos, hayan navegado seis años, y uno en su última plaza, les será expedido por las autoridades superiores de los departamentos y apostaderos un *certificado de habilitación* de esta última, siempre que además reúnan las condiciones 1.ª y 2.ª del art. 30. — **35.** Se considerarán como habilitados para desempeñar las plazas de primeros maquinistas navales los que tengan nombramiento de primer maquinista de la Armada,

le livre de navigation, et il obéira au capitaine qui sera seul responsable des conséquences de ces ordres.

631. Le pilote sera responsable de tous les dommages occasionnés au navire et à la cargaison par sa négligence ou son impéritie, sans préjudice de la responsabilité criminelle à laquelle il sera soumis s'il a commis un délit ou une faute.

632. Les obligations du contre-maître consisteront[1]: 1° A veiller à la conservation du corps et des apparaux du navire et à celle des provisions et des instruments et à proposer au capitaine les réparations nécessaires et le remplacement des effets et des instruments hors de service et supprimés; — 2° A prendre soin du bon ordre de la cargaison et à maintenir le navire libre pour les manœuvres; — 3° A maintenir l'ordre, la discipline et le service régulier de l'équipage, en demandant au capitaine les ordres et les instructions convenables et en l'avisant sans retard de toute circonstance de nature à rendre nécessaire l'intervention de son autorité; — 4° A indiquer à chaque matelot le travail qu'il doit faire à bord conformément aux instructions reçues, et à veiller sur l'exécution de ce travail avec ponctualité et exactitude; — 5° A se charger, d'après inventaire, des apparaux et de tous les instruments du navire, si l'on vient à procéder à son désarmement, à moins que l'armateur n'en dispose autrement.

Les mécaniciens seront régis, en ce qui les concerne, par les dispositions suivantes: 1° Pour pouvoir être embarqué comme mécanicien naval et faire partie en cette qualité de l'équipage d'un navire marchand, il sera nécessaire de réunir les conditions exigées par les lois et les règlements[2] et de ne pas être frappé, con-

---

[1) Aucun navire n'est tenu d'avoir un contremaître, il appartient aux armateurs ou capitaines d'en prendre un, s'ils le jugent utile (règl. de la marine marchande, art. 23).

[2) Ces conditions sont les suivantes; elles sont déterminées par le règlement sur la marine marchande: Art. **26.** Aucun vapeur espagnol ne sera autorisé à sortir des ports espagnols, ni à naviguer entre les dits ports, s'il ne possède dans son équipage les mécaniciens navals en nombre suffisant conformément à l'article suivant. — **27.** Sur les vapeurs qui font des traversées de plus de 150 milles, seront embarqués au moins un premier mécanicien naval et un second, si la force de la machine est égale ou supérieure à 100 chevaux, et deux seconds mécaniciens si la force est inférieure à 100 chevaux. — Sur les navires faisant des traversées de moins de 150 milles, seront embarqués au moins un premier mécanicien si la force de la machine est de 100 chevaux ou plus, et un second mécanicien si la force de la machine est inférieure à 100 chevaux. — Les vapeurs de moins de 10 chevaux pourront naviguer sans mécanicien naval, et le remplacer par un chauffeur pratique pourvu d'un certificat d'un mécanicien justifiant qu'il possède l'aptitude à remplir cette fonction. — **28.** Le cheval-vapeur nominal équivaut à 300 kilogrammètres. — **29.** Pour pouvoir embarquer en qualité de mécanicien naval, il faut être pourvu d'une nomination délivrée par un capitaine ou un commandant général d'un département maritime ou d'un port militaire. — Pourront cependant être embarqués comme mécaniciens navals ceux qui sont autorisés à cet effet dans les cas et circonstances particuliers, spécifiés dans le présent règlement. — **30.** Pour être nommé mécanicien naval, il faut réunir les conditions suivantes: 1° Etre espagnol et être âgé de 21 ans accomplis; — 2° Justifier que l'on est de bonnes vie et mœurs. — Avoir navigué sur un vapeur, et avoir fait partie du personnel des machines, et avoir travaillé comme ouvrier ajusteur, forgeron ou chauffeur dans un atelier de construction de machines à vapeur, le tout pendant quatre ans sur lesquels on compte au moins un an de navigation et un an de travail comme ouvrier; — 3° Prouver que l'on possède une aptitude suffisante au moyen d'un examen conformément au programme ci-annexé. — **31.** Pour être nommé premier mécanicien naval, il faut réunir les conditions suivantes: 1° Avoir navigué pendant un an, avec le brevet de second mécanicien, à la satisfaction des armateurs et capitaines; — 2° Prouver que l'on possède une aptitude suffisante au moyen d'un examen subi conformément au programme ci-annexé. — **32.** Les candidats au titre de mécanicien naval adresseront leur demande aux capitaines ou commandants généraux des départements ou ports militaires, en y joignant les documents nécessaires pour justifier qu'ils remplissent les conditions spécifiées sous les n°s 1, 2 et 3 de l'art. 30, ou sous le n° 1 de l'art. 31, suivant qu'ils aspirent au titre de second ou de premier mécanicien, lesquels, pour justifier des conditions de navigation et d'aptitude, devront être visés par les commandants de la marine de la province à laquelle appartient le candidat, ou par les consuls de S. M., sur le vu des rôles respectifs; les certificats de travail comme ouvrier seront délivrés par les directeurs des ateliers de construction de machines. — **33.** Les examens auront lieu dans les chefs-lieux des départements ou arrondissements, les 1 et jours suivants des mois de janvier, avril, juillet et octobre, devant une commission nommée par le capitaine ou commandant des dits départements. — Les candidats refusés ne pourront se représenter qu'après l'expiration du délai d'un an. — **34.** Les mécaniciens qui, lors de la publication du présent règlement, remplissent les fonctions qui, d'après le dit règlement appartiennent aux premiers ou seconds mécaniciens, et ont navigué pendant six ans et se trouvent depuis un an dans leur dernier grade, recevront des autorités supérieures des départements ou arrondissements un certificat d'aptitude à ce dit grade, pourvu qu'ils réunissent en outre les conditions spécifiées sous les n°s 1 et 2 de l'art. 30. — **35.** Seront considérés comme aptes à remplir les places de premier méca-

Los maquinistas serán considerados como oficiales de la nave; pero no ejercerán
mando ni intervención sino en lo que se refiera al aparato motor; — 2.ª Cuando
existan dos ó más maquinistas embarcados en un buque, hará uno de ellos de
jefe, y estarán á sus órdenes los demás maquinistas y todo el personal de las máquinas: tendrá además á su cargo el aparato motor, las piezas de respeto, instrumentos y herramientas que al mismo conciernen, el combustible, las materias
lubricadoras y cuanto, en fin, constituye á bordo el cargo del maquinista; —
3.ª Mantendrá las máquinas y calderas en buen estado de conservación y limpieza,
y dispondrá lo conveniente á fin de que estén siempre dispuestas para funcionar con
regularidad, siendo responsable de los accidentes ó averías que por su descuido
ó impericia se causen al aparato motor, al buque y al cargamento, sin perjuicio
de la responsabilidad criminal á que hubiere lugar si resultase probado haber
mediado delito ó falta; — 4.ª No emprenderá ninguna modificación en el aparato
ámotor, ni proceder á remediar las averías que hubiese notado en el mismo, ni
alterará el régimen normal de su marcha, sin la autorización previa del capitán,
al cual, si se opusiera á que se verificasen, le expondrá las observaciones convenientes en presencia de los demás maquinistas ú oficiales; y si, á pesar de esto,
el capitán insistiese en su negativa, el maquinista jefe hará la oportuna protesta,
consignándola en el cuaderno de máquinas, y obedecerá al capitán, que será el
único responsable de las consecuencias de su disposición; — 5.ª Dará cuenta al
capitán de cualquier avería que ocurra en el aparato motor, y le avisará cuando
haya que parar las máquinas por algún tiempo, ú ocurra algún accidente en un
departamento del que deba tener noticia inmediata el capitán, enterándole además con frecuencia acerca del consumo de combustible y materias lubricadoras;
— 6.ª Llevará un libro ó registro titulado «Cuaderno de máquinas», en el cual
se anotarán todos los datos referentes al trabajo de las máquinas; como son, por
ejemplo, el número de hornos encendidos, las presiones del vapor en las calderas y
cilindros, el vacío en el condensador, las temperaturas, el grado de saturación del
agua en las calderas, el consumo del combustible y de materias lubricadoras, y,
bajo el epígrafe de «Ocurrencias notables», las averías y descomposiciones que
ocurran en máquinas y calderas, las causas que las produjeron y los medios
empleados para repararlas; también se indicarán, tomando los datos del cuaderno

y también los segundos de la misma que hayan servido dos años en ella con este nombramiento. Las plazas de segundos maquinistas navales se podrán desempeñar por los que tengan nombramiento de segundos maquinistas de la Armada, y también por los terceros de la
misma que hayan servido dos años en ella con este nombramiento. — 36. Los maquinistas habilitados de primeros ó segundos se considerarán como habiendo llenado la condición 1.ª del art. 31, y
pueden ser admitidos á examen de primer maquinista naval. — 37. Los maquinistas que á la publicación de este Reglamento se hallen desempeñando las plazas para que se exige nombramiento,
y que no reúnan las condiciones necesarias para ser habilitados por los capitanes ó comandantes
generales de los departamentos ó apostaderos, podrán serlo por el comandante de Marina respectivo, pero sólo para continuar en el buque en que se hallen, si los armadores lo solicitaren. —
38. Las autoridades superiores de los departamentos y apostaderos podrán también habilitar de
maquinistas navales á los extranjeros en los casos siguientes: 1.º Si proceden de un país en que
la profesión de maquinista está reglamentada, al presentar documentos legalizados en que se
pruebe poseen el nombramiento de primero ó segundo maquinista en su país; — 2.º Si proceden
de un país en que la profesión de maquinista no está reglamentada, sujetándose á las condiciones
de los artículos 30 y 31, á excepción de la nacionalidad; — 3.º Si á la publicación de este Reglamento se hallan como maquinistas en los vapores españoles, sea cualquiera el país de que proceden,
al llenar las mismas condiciones que para habilitar á los españoles se exigen en los artículos 9.º
y 12, á excepción de la nacionalidad. — 39. Los comandantes de Marina y los cónsules de España
en el extranjero podrán habilitar provisionalmente de primeros, en casos extraordinarios,
á los segundos maquinistas que les propongan los armadores ó capitanes, y de esta clase á los
fogoneros aventajados, igualmente propuestos, cuando se haga constar de una manera fehaciente que no existen maquinistas en la localidad y se halle detenida por esta causa la salida del
buque; pero en uno y otro caso se hará saber á los armadores ó consignatarios que dichas habilitaciones terminan al llegar el buque á una capital de departamento, apostadero ó provincia
marítima, en cuyos puntos deberán embarcar el personal reglamentario, si lo hubiere, ó gestionar
en otro caso nueva habilitación. — 40. Las autoridades de Marina observarán y harán observar
las prescripciones del presente reglamento.

formément aux dites lois, de l'incapacité de remplir cette charge. Les mécaniciens
auront la qualité d'officiers du navire; mais ils ne donneront d'ordres et ils n'interviendront qu'en ce qui concerne l'appareil moteur; — 2° Lorsqu'il a y deux ou
plusieurs mécaniciens embarqués sur un navire, l'un d'eux aura le titre de chef et
les autres seront placés sous ses ordres, ainsi que tout le personnel des machines.
Ce chef mécanicien aura sous sa surveillance l'appareil moteur, les pièces de
rechange, les instruments et les outils qui se rattachent au dit appareil moteur,
le combustible, les matières inflammables, et, en général, tout ce qui constitue à
bord la charge de mécanicien; — 3° Il maintiendra les machines et les chaudières
en bon état de conservation et de propreté, et il prendra les mesures convenables
pour qu'elles soient toujours prêtes à fonctionner avec régularité; il sera responsable des accidents ou des avaries occasionnées par sa négligence ou son impéritie
à l'appareil moteur, au navire et à la cargaison, sans préjudice de la responsabilité
pénale, s'il est prouvé qu'il a commis un délit ou une faute; — 4° Il n'entreprendra
de modifier en aucune manière l'appareil moteur, il ne procédera à la réparation
des avaries qu'il a pu remarquer dans le dit appareil et il ne modifiera en rien
sa marche normale, sans l'autorisation préalable du capitaine. Si celui-ci s'oppose
à l'exécution de ces réparations, le chef mécanicien lui présentera les observations
convenables en présence des autres mécaniciens et officiers et si, malgré ces observations, le capitaine persiste dans son refus, le mécanicien en chef fera les
protestations nécessaires, qu'il consignera sur le livret des machines, et il obéira
au capitaine, lequel sera seul responsable des conséquences de ses ordres; — 5° Il
rendra compte au capitaine de toute avarie quelconque survenue à l'appareil
moteur, il l'avertira lorsqu'il faudra arrêter les machines pendant un certain temps
ou qu'il surviendra un accident dans son service, dont le capitaine doit avoir immédiatement connaissance; il le renseignera en outre fréquemment sur la consommation
du combustible et des matières inflammables; — 6° Il tiendra un livre ou registre
intitulé «Livret des machines», sur lequel seront notées toutes les données qui se
réfèrent au travail des machines, c'est-à-dire, par exemple, le nombre des feux allumés, la pression de la vapeur dans les chaudières et dans les cylindres, le vide dans
le condensateur, les températures, le degré de saturation de l'eau dans les chaudières,
la consommation du combustible et des matières inflammables, et, sous le titre
«circonstances notables», les avaries et détériorations survenues dans les machines
et chaudières, ainsi que les causes qui les ont occasionnées et les moyens employés

nicien naval, ceux qui ont obtenu le grade de premier mécanicien de la flotte, ainsi que les seconds mécaniciens de la flotte qui ont servi deux ans en cette qualité. Les places de second
mécanicien pourront être remplies par ceux qui ont le grade de second mécanicien de la flotte,
ainsi que par les troisièmes mécaniciens de la flotte ayant servi durant deux ans avec ce grade.
— **36.** Les mécaniciens habilités à remplir les fonctions de premier ou second mécanicien seront
considérés comme remplissant la condition spécifiée sous le n° 1 de l'art. 31, et ils peuvent être
admis à subir l'examen de premier mécanicien naval. — **37.** Les mécaniciens qui, lors de la publication du présent règlement, occuperont les places pour lesquelles une nomination est exigée,
sans réunir les conditions nécessaires pour être habilités par les capitaines ou commandants
généraux des départements ou arrondissements, pourront l'être par le commandant de la marine
respectif, mais à seule fin de continuer à être employés sur le bâtiment où ils se trouvent, si les
armateurs le demandent. — **38.** Les autorités supérieures des départements et arrondissements
pourront aussi admettre des étrangers comme mécaniciens navals, aux conditions suivantes:
1° S'ils proviennent d'un pays où la profession de mécanicien est réglementée et qu'ils produisent
des documents légalisés établissant qu'ils ont obtenu dans leur pays le brevet de premier ou de
second mécanicien; — 2° S'ils appartiennent à un pays dans lequel la profession de mécanicien
n'est pas réglementée, mais remplissent les conditions spécifiées dans les art. 30 et 31, à l'exception de celle concernant la nationalité; — 3° Si, lors de la publication du présent règlement,
ils sont employés comme mécaniciens sur des vapeurs espagnols, quel que soit le pays auquel
ils appartiennent, pourvu qu'ils remplissent les conditions exigées des espagnols par les art. 9
et 12 pour être habilités, à l'exception de celle concernant la nationalité. — **39.** Les commandants
de marine et les consuls d'Espagne à l'étranger pourront admettre provisoirement comme premier
mécanicien, dans les cas extraordinaires, les seconds mécaniciens proposés par les armateurs
et capitaines, et, comme seconds mécaniciens, les chauffeurs capables, également proposés, lorsqu'il
est constaté authentiquement qu'il n'existe pas de mécaniciens dans la localité et que ce motif
empêche le départ du navire; mais ils feront savoir dans l'un et l'autre cas aux armateurs ou
consignataires que les dites autorisations prendront fin à l'arrivée du navire dans un chef-lieu
de département, arrondissement ou province maritime, et qu'ils devront alors embarquer le
personnel réglementaire, s'il est possible, ou se pourvoir pour obtenir une nouvelle autorisation.
— **40.** Les autorités maritimes observeront et feront observer le présent règlement.

de bitácora, la fuerza y dirección del viento, el aparejo largo y el andar del buque.

633. El contramaestre tomará el mando del buque en caso de imposibilidad ó inhabilitación del capitán y piloto, asumiendo entonces sus atribuciones y responsabilidad.

634. El capitán podrá componer la tripulación de su buque con el número de hombres que considere conveniente; y, á falta de marineros españoles, podrá embarcar extranjeros avecindados en el país, sin que su número pueda exceder de la quinta parte de la tripulación[1]. Cuando en puertos extranjeros no encuentre el capitán suficiente número de tripulantes nacionales, podrá completar la tripulación con extranjeros, con anuencia del cónsul ó autoridades de marina.

Las contratas que el capitán celebre con los individuos de la tripulación y demás que componen la dotación del buque, y á que se hace referencia en el art. 612, deberán constar por escrito en el libro de contabilidad, sin intervención de notario ó escribano, firmadas por los otorgantes y visadas por la autoridad de marina si se extienden en los dominios españoles, ó por los cónsules ó agentes consulares de España si se verifica en el extranjero, enumerando en ellas todas las obligaciones que cada uno contraiga y todos los derechos que adquiera; cuidando aquellas autoridades de que estas obligaciones y derechos se consignen de un modo claro y terminante que no dé lugar á dudas ni reclamaciones.

El capitán cuidará de leerles los artículos de este Código que les conciernen, haciendo expresión de la lectura en el mismo documento[2].

Teniendo el libro los requisitos prevenidos en el art. 612 y no apareciendo indicio de alteración en sus partidas, hará fe en las cuestiones que ocurran entre el capitán y la tripulación sobre las contratas extendidas en él y las cantidades entregadas á cuenta de las mismas.

Cada individuo de la tripulación podrá exigir al capitán una copia, firmada por éste, de la contrata y de la liquidación de sus haberes, tales como resulten del libro.

635. El hombre de mar contratado para servir en un buque, no podrá rescindir su empeño ni dejar de cumplirlo sino por impedimento legítimo que le hubiere sobrevenido.

Tampoco podrá pasar del servicio de un buque al de otro sin obtener permiso escrito del capitán de aquel en que estuviere.

Si, no habiendo obtenido esta licencia, el hombre de mar contratado en un buque se contratare en otro, será nulo el segundo contrato, y el capitán podrá elegir entre obligarle á cumplir el servicio á que primeramente se hubiera obligado, ó buscar á expensas de aquél quien le sustituya.

Además perderá los salarios que hubiere devengado en su primer empeño, á beneficio del buque en que estaba contratado.

El capitán que, sabiendo que el hombre de mar está al servicio de otro buque, le hubiere nuevamente contratado sin exigirle el permiso de que tratan los párrafos anteriores, responderá subsidiariamente al del buque á que primero pertenecía el hombre de mar, por la parte que éste no pudiere satisfacer, de la indemnización de que trata el párrafo tercero de este artículo.

636. No constando el tiempo determinado por el cual se ajustó un hombre de mar, no podrá ser despedido hasta la terminación del viaje de ida y vuelta al puerto de su matrícula.

637. El capitán tampoco podrá despedir al hombre de mar durante el tiempo de su contrata sino por justa causa, reputándose tal cualquiera de las siguientes: 1.ª Perpetración de delito que perturbe el orden en el buque; — 2.ª Reincidencia en faltas de subordinación, disciplina ó cumplimiento del servicio; — 3.ª Ineptitud y negligencia reiteradas en el cumplimiento del servicio que deba prestar; —

---

[1]) Estos individuos podrán ó no estar inscritos con anterioridad en los registros de las comandancias de Marina, si bien deberán inscribirse desde el momento en que se dediquen á la navegación (art. 6, Regl. Nav. Merc.). Por excepción podrá permitirse el embarco de individuos no inscritos para el desempeño de plazas de mayordomo, camarero, cocinero, fogonero, ú operario de maestranza (art. 24, Regl. Nav. Merc.).

[2]) Las autoridades de Marina de los puertos deben asegurarse, antes de la salida de los buques mercantes, de que la marinería lleva formulados sus contratos en forma conveniente y está enterada y conforme con su contenido (art. 25, Regl. Nav. Merc.).

pour les réparer; seront également indiqués, d'après les données du livret de boussole, la force et la direction du vent, la vitesse et la marche du navire.

633. Le contre-maître prendra le commandement du navire, en cas d'empêchement ou d'incapacité du capitaine et du pilote, et il aura, dans ce cas, leurs attributions et la même responsabilité.

634. Le capitaine pourra composer l'équipage de son navire du nombre d'hommes qu'il jugera convenable, et, à défaut de marins espagnols, il pourra embarquer des étrangers domiciliés dans le pays, sans que toutefois leur nombre puisse dépasser le cinquième de l'équipage[1]. Lorsque, dans des ports étrangers, le capitaine ne trouvera pas un nombre suffisant de matelots nationaux, il pourra compléter l'équipage à l'aide d'étrangers avec l'adhésion du consul ou des autorités de la marine.

Les contrats intervenus entre le capitaine et les matelots et les autres individus composant l'équipage, auxquels se réfère l'article 612, devront être rédigés par écrit sur le livre de comptabilité, sans intervention d'un notaire ou d'un écrivain, signés par les contractants et visés par l'autorité maritime s'ils sont faits dans les possessions espagnoles, ou par les consuls ou les agents consulaires d'Espagne s'ils sont faits à l'étranger, ils énuméreront toutes les obligations que chacune des parties contracte, ainsi que tous les droits que l'autre partie acquiert; et les dites autorités veilleront à ce que ces obligations et ces droits soient consignés d'une manière claire et précise qui ne puisse donner lieu au doute ni soulever de réclamations.

Le capitaine aura soin de donner aux contractants lecture des articles du présent Code qui les concernent, et il mentionnera cette lecture dans l'acte[2].

Le livre de comptabilité, lorsqu'il réunira les conditions prévues par l'article 612 et qu'il ne présentera aucune trace d'altération, fera foi, dans les difficultés survenues entre le capitaine et l'équipage, des conditions des contrats qui s'y trouvent inscrits et des sommes payées à compte aux hommes de l'équipage.

Chaque homme de l'équipage pourra exiger que le capitaine lui remette une copie, signée de lui, de l'engagement et de la liquidation de son avoir, conforme aux énonciations du livre de comptabilité.

635. L'homme de mer engagé pour servir sur un navire ne pourra pas rescinder son engagement ni cesser de remplir ses fonctions, si ce n'est pour cause d'empêchement légitime.

Il ne pourra pas non plus passer au service d'un autre navire sans avoir obtenu le consentement écrit du capitaine du bâtiment sur lequel il se trouve.

S'il vient à contracter un engagement sur un autre navire sans avoir obtenu cette permission, ce second contrat sera nul, et le capitaine pourra, à son choix, l'obliger à remplir le service en vue duquel il a contracté le premier engagement ou chercher, aux frais du dit homme de mer, un homme qui le remplace.

Le dit homme de mer perdra en outre les salaires qui lui sont dus à raison de son premier emploi, lesquels profiteront au navire sur lequel il était engagé.

Le capitaine qui, sachant un homme de mer engagé sur un navire, l'aura de nouveau engagé sans exiger de lui le permis dont il est question dans les paragraphes précédents, sera responsable subsidiairement, envers le navire auquel cet homme appartenait, de la part que celui-ci ne pourra acquitter de l'indemnité dont il est parlé dans le troisième paragraphe du présent article.

636. Lorsque la durée de l'engagement d'un homme de mer n'a pas été indiquée, celui-ci ne pourra pas être congédié avant que le voyage ne soit achevé et qu'il ne soit lui-même revenu au port où il est immatriculé.

637. Le capitaine ne pourra non plus congédier l'homme de mer avant l'expiration du temps pour lequel il est engagé, si ce n'est pour juste cause, et l'on considérera comme telles les causes suivantes: 1° La perpétration d'un délit qui trouble l'ordre sur le navire; — 2° La récidive dans des fautes contre la subordination, la discipline ou l'accomplissement du service; — 3° L'inaptitude et la négligence

---

[1] Ces individus pourront être déjà, ou ne pas être inscrits sur les registres des commissariats de la Marine; mais ils devront être inscrits à partir du moment où ils se livrent à la navigation (art. 6 règl. mar. march.). Par exception on peut autoriser l'embarquement d'individus non inscrits pour remplir les fonctions de majordome, garçon de chambre, cuisinier, chauffeur ou ouvrier de maistrance (art. 24 règl. nav. march.).

[2] Les autorités maritimes des ports doivent s'assurer, avant le départ des bâtiments marchands, que les gens de mer ont passé leurs contracts dans la forme régulière et qu'ils ont connaissance complète et exacte des clauses du dit contrat (art. 25 règl. mar. march.).

4.ª Embriaguez habitual; — 5.ª Cualquier suceso que incapacite al hombre de mar para ejecutar el trabajo de que estuviere encargado, salvo lo dispuesto en el artículo 644; — 6.ª La deserción.

Podrá, no obstante, el capitán, antes de emprender el viaje, y sin expresar razón alguna, rehusar que vaya á bordo el hombre de mar que hubiese ajustado, y dejarlo en tierra, en cuyo caso habrá de pagarle su salario como si hiciese servicio.

Esta indemnización saldrá de la masa de los fondos del buque, si el capitán hubiera obrado por motivos de prudencia y en interés de la seguridad y buen servicio de aquél. No siendo así, será de cargo particular del capitán.
Comenzada la navegación, durante ésta y hasta concluído el viaje, no podrá el capitán abandonar á hombre alguno de su tripulación en tierra ni en mar, á menos de que, como reo de algún delito, proceda su prisión y entrega á la autoridad competente en el primer puerto de arribada, caso para el capitán obligatorio.

638. Si, contratada la tripulación, se revocare el viaje por voluntad del naviero ó de los fletadores antes ó después de haberse hecho el buque á la mar, ó se diere al buque por igual causa distinto destino de aquel que estaba determinado en el ajuste de la tripulación, será ésta indemnizada por la rescisión del contrato, según los casos, á saber: 1.º Si la revocación del viaje se acordase antes de salir el buque del puerto, se dará á cada uno de los hombres de mar ajustados una mesada de sus respectivos salarios, además del que les corresponda recibir, á sus contratos, por el servicio prestado en el buque hasta la fecha de la revocación; — 2.º Si el ajuste hubiere sido por una cantidad alzada por todo el viaje, se graduará lo que corresponda á dicha mesada y dietas, prorrateándolas en los días que por aproximación debiera aquél durar, á juicio de peritos, en la forma establecida por la Ley de Enjuiciamiento Civil[1]; y si el viaje proyectado fuere de tan corta duración que se calculase aproximadamente de un mes, la indemnización se fijará en quince días, descontando en todos los casos las sumas anticipadas; — 3.º Si la revocación ocurriese habiendo salido el buque á la mar, los hombres ajustados en una cantidad alzada por el viaje, devengarán íntegro el salario que se les hubiere ofrecido, como si el viaje hubiese terminado; y los ajustados por meses percibirán el haber correspondiente al tiempo que estuvieren embarcados y al que necesiten para llegar al puerto, término del viaje; debiendo además el capitán proporcionar á unos y á otros pasaje para el mismo puerto, ó bien para el de la expedición del buque, según les conviniere; — 4.º Si el naviero ó los fletantes del buque dieren á éste destino diferente del que estaba determinado en el ajuste, y los individuos de la tripulación no prestaren su conformidad, se les abonará por indemnización la mitad de lo establecido en el caso 1.º, además de los que se les adeudare por la parte del haber mensual correspondiente á los días transcurridos desde sus ajustes.

Si aceptaren la alteración, y el viaje, por la mayor distancia ó por otras circunstancias, diere lugar á un aumento de retribución, se regulará ésta privadamente, ó por amigables componedores en caso de discordia[2]. Aunque el viaje se limite á punto más cercano, no podrá por ello hacerse baja alguna al salario convenido.

Si la revocación ó alteración del viaje procediere de los cargadores ó fletadores, el naviero tendrá derecho á reclamarles la indemnización que corresponda en justicia.

639. Si la revocación del viaje procediere de justa causa independiente de la voluntad del naviero y cargadores, y el buque no hubiere salido del puerto, los individuos de la tripulación no tendrán otro derecho que el de cobrar los salarios devengados hasta el día en que se hizo la revocación.
640. Serán causas justas para la revocación del viaje: 1.ª La declaración de guerra ó interdicción del comercio con la Potencia á cuyo territorio hubiera de

---

[1] Véase en el estudio «Del proc. jud. en las cuest. civ.-merc.» lo referente á la prueba pericial.
[2] Respecto á la forma y manera de intervenir los amigables componedores véase el estudio «Del proc. jud. en las cuest. civ.-merc.».

réitérées dans l'exécution du service que l'homme de mer peut rendre; — 4° L'ivresse habituelle; — 5° Tout événement quelconque rendant l'homme de mer incapable de faire le travail dont il était chargé, sauf la disposition contenue dans l'article 644; — 6° La désertion.

Le capitaine pourra cependant, avant de commencer le voyage, et sans avoir besoin de motiver sa décision, refuser de prendre à bord et laisser à terre l'homme de mer par lui engagé, et, dans ce cas, il devra lui payer son salaire comme si celui-ci eût fait son service.

Cette indemnité sera supportée par la masse des fonds du navire, si le capitaine a agi dans un motif de prudence et dans l'intérêt de la sécurité et du bon service du navire. Dans le cas contraire, elle sera à la charge du capitaine.

Lorsque la navigation a été commencée, et tant qu'elle dure et que le voyage n'est pas terminé, le capitaine ne pourra abandonner aucun homme de son équipage ni sur mer, ni sur terre, à moins que, s'agissant d'un individu inculpé d'un délit, il ne le fasse arrêter et ne le livre à l'autorité compétente dans le premier port de relâche, ce qui constitue pour le dit capitaine un cas obligatoire.

638. Si, après que l'équipage a été engagé, le voyage vient à être rompu par la volonté de l'armateur et des affréteurs soit avant, soit après que le navire a pris la mer, ou si, par une raison semblable, le navire reçoit une destination différente de celle qui était prévue dans l'engagement, l'équipage sera, suivant les cas, indemnisé de la rescision du contrat de la manière suivante: 1° Si le voyage a été rompu avant la sortie du port, chacun des hommes d'équipage recevra un mois de salaire en plus de ce qu'il doit toucher, aux termes du contrat, pour le service rempli sur le navire jusqu'à la date de la rupture du voyage; — 2° Si l'engagement a été contracté moyennant une somme fixée en bloc pour tout le voyage, on déterminera le salaire dû par mois et par jour, en fixant approximativement, à dire d'experts, dans la forme établie par la loi d'*Enjuiciamiento civil*[1], le nombre de jours que le voyage aurait duré. Si la durée du voyage projeté était assez courte pour être approximativement évaluée à un mois, l'indemnité sera fixée à quinze jours, déduction faite, dans tous les cas, des sommes payées par avance; — 3° Si le voyage a été rompu alors que le navire était déjà sorti du port, les hommes engagés moyennant une somme fixée en bloc pour toute la durée du voyage auront droit à la totalité du salaire stipulé, comme si le voyage avait été achevé, et ceux qui auront été engagés au mois, recevront une somme correspondante au temps pendant lequel ils auront été embarqués et à celui qui est nécessaire pour arriver au port où devait se terminer le voyage, et le capitaine devra, en outre, procurer aux uns et aux autres un passage pour arriver à ce même port, ou pour revenir au port de départ du navire, selon ce qui leur conviendra; — 4° Si l'armateur ou les fréteurs donnent au navire une destination différente de celle qui avait été déterminée dans le contrat d'engagement, les gens de l'équipage, s'ils n'acceptent pas ce changement, recevront à titre d'indemnité la moitié de ce qui est fixé pour le premier cas, en plus de la somme qui leur est due pour le salaire mensuel correspondant au nombre de jours écoulés depuis leur engagement.

S'ils acceptent le changement, et si le voyage, à raison de la plus grande distance ou d'autres circonstances, donne lieu à une augmentation de salaire, celle-ci sera réglée d'un commun accord ou, en cas de désaccord[2], par amiables compositeurs. Lors même que le voyage serait limité à un point moins éloigné, le salaire convenu ne pourra cependant subir aucune diminution.

Si la rupture ou la modification du voyage provient du fait des chargeurs ou des affréteurs, l'armateur aura le droit de leur réclamer l'indemnité correspondante en justice.

639. Si la rupture du voyage provient d'une cause légitime, indépendante de la volonté de l'armateur et des chargeurs, et que le navire n'ait pas quitté le port, les hommes de l'équipage auront seulement le droit de recevoir les salaires dus jusqu'au jour de la dite rupture.

640. Seront motifs légitimes de ne pas effectuer le voyage: 1° La déclaration de guerre ou l'interdiction du commerce avec la puissance sur le territoire de laquelle

---

[1]) V., dans notre étude sur la procédure judiciaire dans les matières civiles et commerciales, ce qui est relatif à la preuve par experts.

[2]) En ce qui concerne la procédure à suivre pour appeler les amiables compositeurs, v. notre étude sur la procédure judiciaire dans les matières civiles et commerciales.

dirigirse el buque; — 2.ª El estado de bloqueo del puerto de su destino, ó peste
que sobreviniere después del ajuste; — 3.ª La prohibición de recibir en el mismo
puerto los géneros que compongan el cargamento del buque; — 4.ª La detención
ó embargo del mismo por orden del Gobierno, ó por otra causa independiente
de la voluntad del naviero; — 5.ª La inhabilitación del buque para navegar.

641. Si, después de emprendido el viaje, ocurriere alguna de las tres primeras
causas expresadas en el artículo anterior, serán pagados los hombres de mar en el
puerto á donde el capitán creyere conveniente arribar en beneficio del buque y
cargamento, según el tiempo que hayan servido en él; pero si el buque hubiere de
continuar su viaje, podrán el capitán y la tripulación exigirse mutuamente el cumplimiento del contrato. .

En el caso de ocurrir la causa cuarta, se continuará pagando á la tripulación
la mitad de su haber, si el ajuste hubiere sido por meses; pero si la detención excediere de tres, quedará rescindido el empeño, abonando á los tripulantes la cantidad que les habría correspondido percibir, según su contrato, concluído el viaje.
Y si el ajuste hubiere sido por un tanto el viaje, deberá cumplirse el contrato en
los términos convenidos.

En el caso quinto, la tripulación no tendrá más derecho que el de cobrar los
salarios devengados; mas si la inhabilitación del buque procediere de descuido ó
impericia del capitán, del maquinista ó del piloto, indemnizarán á la tripulación
de los perjuicios sufridos, salva siempre la responsabilidad criminal á que hubiere lugar.

642. Navegando la tripulación á la parte, no tendrá derecho, por causa de revocación, demora ó mayor extensión de viaje, más que á la parte proporcional
que le corresponda en la indemnización que hagan al fondo común del buque las
personas responsables de aquellas ocurrencias.

643. Si el buque y su carga se perdieren totalmente por apresamiento ó naufragio, quedará extinguido todo derecho, así por parte de la tripulación para reclamar salario alguno, como por la del naviero para el reembolso de las anticipaciones hechas.

Si se salvare alguna parte del buque ó del cargamento, ó de uno y otro, la
tripulación ajustada á sueldo, incluso el capitán, conservará su derecho sobre el
salvamento hasta donde alcancen, así los restos del buque como el importe de los
fletes de la carga salvada; mas los marineros que naveguen á la parte del flete, no
tendrán derecho alguno sobre el salvamento del casco, sino sobre la parte del flete
salvado. Si hubieran trabajado para recoger los restos del buque náufrago, se les
abonará sobre el valor de lo salvado una gratificación proporcionada á los esfuerzos
hechos y á los riesgos arrostrados para conseguir el salvamento.

644. El hombre de mar que enfermare no perderá su derecho al salario durante
la navegación, á no proceder la enfermedad de un acto suyo culpable. De todos
modos, se suplirá del fondo común el gasto de la asistencia y curación, á calidad
de reintegro.

Si la dolencia procediere de herida recibida en servicio ó defensa del buque,
el hombre de mar será asistido y curado por cuenta del fondo común, deduciéndose
ante todo de los productos del flete los gastos de asistencia y curación.

645. Si el hombre de mar muriese durante la navegación, se abonará á sus
herederos lo ganado y no percibido de su haber, según su ajuste y la ocasión de
su muerte, á saber: Si hubiere fallecido de muerte natural y estuviere ajustado á
sueldo, se le abonará lo devengado hasta el día de su fallecimiento; — Si el ajuste
hubiere sido á un tanto por viaje, le corresponderá la mitad de lo devengado, si el
hombre de mar falleció en la travesía á la ida, y el todo si navegando á la vuelta;
— Y si el ajuste hubiere sido á la parte y la muerte hubiere ocurrido después de
emprendido el viaje, se abonará á los herederos toda la parte correspondiente al
hombre de mar; pero habiendo éste fallecido antes de salir el buque del puerto,
no tendrán los herederos derecho á reclamación alguna; — Si la muerte hubiere
ocurrido en defensa del buque, el hombre de mar será considerado vivo, y se
abonará sus herederos, concluído el viaje, la totalidad de los salarios ó la parte
íntegra de utilidades que le correspondieren, como á los demás de su clase; —
En igual forma se considerará presente al hombre de mar apresado defendiendo el
buque, para gozar de los mismos beneficios que los demás; pero habiéndolo sido

le navire devait se diriger; — 2° L'état de blocus du port de destination ou la peste survenus postérieurement à l'engagement; — 3° L'interdiction de recevoir dans ledit port les marchandises composant la cargaison du navire; — 4° La détention ou l'embargo du navire par ordre du gouvernement, ou par une autre circonstance indépendante de la volonté de l'armateur; — 5° L'état d'innavigabilité du navire.

641. Si, après le voyage commencé, il survient l'une des trois premières causes énoncées dans l'article précédent, les hommes de l'équipage seront payés dans le port où le capitaine croira utile de relâcher dans l'intérêt du navire, suivant le temps de leur service; toutefois, lorsque le navire devra continuer le voyage, le capitaine et l'équipage pourront exiger mutuellement les uns des autres l'exécution du contrat.

Dans le cas où surviendra la quatrième cause ci-dessus indiquée, l'équipage continuera à toucher la moitié de sa solde, si l'engagement a été fait au mois; cependant, si l'arrêt du navire se prolonge pendant plus de trois mois, l'engagement demeurera rompu moyennant payement à l'équipage de la somme qu'il aurait dû toucher, d'après le contrat, si le voyage avait été achevé. Enfin, si l'engagement a été fait moyennant une somme fixe pour tout le voyage, le contrat devra être exécuté dans les termes convenus.

Dans le cinquième cas, l'équipage n'aura droit qu'à toucher les salaires échus; en outre, si l'innavigabilité du navire provient du défaut de soin ou de l'impéritie du capitaine, du mécanicien ou du pilote, ceux-ci indemniseront l'équipage des dommages éprouvés, sans préjudice toujours de la responsabilité criminelle à laquelle ils pourront être soumis.

642. L'équipage, lorsqu'il navigue à la part, n'aura droit, pour cause de rupture, retardement ou prolongation du voyage, qu'à la part proportionnelle lui revenant dans l'indemnité payée au fonds commun du navire par les personnes responsables de ces circonstances.

643. Si le navire et sa cargaison viennent à être perdus totalement par suite de capture ou de naufrage, tout droit demeurera éteint, aussi bien pour l'équipage de réclamer aucun salaire, que pour l'armateur de demander le remboursement des avances par lui faites.

S'il a été sauvé une partie du navire ou de la cargaison, ou, à la fois, une partie du navire et de la cargaison, l'équipage engagé au mois, y compris le capitaine, conservera son droit sur tout le sauvetage quel qu'il soit, c'est à dire aussi bien sur les débris du navire que sur le montant du fret de la cargaison sauvée. Au contraire, les matelots qui naviguent à la part ou au fret, n'auront aucun droit sur le sauvetage du corps, mais seulement sur la partie du fret sauvé. S'ils ont travaillé à recueillir les débris du navire naufragé, il leur sera payé, sur la valeur de ce qui a été sauvé, une gratification proportionnée aux efforts par eux faits et aux risques par eux courus pour procéder au sauvetage.

644. L'homme de mer qui tombera malade ne perdra pas ses droits au salaire durant la navigation, à moins que la maladie ne provienne de son fait personnel et coupable. Dans tous les cas, il sera pourvu, sur le fonds commun, aux frais d'assistance et de traitement, à charge de remboursement des dits frais.

Si la maladie provient d'une blessure reçue dans le service ou dans la défense du navire, l'homme de mer sera assisté et soigné aux frais du fonds commun, en déduisant préalablement du produit du fret les frais d'assistance et de traitement.

645. Si l'homme de mer vient à décéder durant le voyage, il sera payé à ses héritiers le salaire par lui gagné et non touché, suivant son contrat d'engagement et les circonstances qui ont occasionné sa mort, savoir: S'il est mort de mort naturelle et s'il était engagé moyennant un salaire mensuel, ses héritiers toucheront la solde échue au jour du décès; — Si l'engagement a été contracté moyennant une somme fixe pour le voyage, ses ayants-droit recevront la moitié de la somme à lui due, s'il est mort en allant, et la totalité de ses loyers, s'il est décédé durant le retour; — Enfin si l'engagement a été fait à la part et si le décès est survenu après le voyage commencé, il sera payé aux héritiers la totalité de la part appartenant à l'homme de mer; si le décès, au contraire, est survenu avant que le navire ne soit sorti du port, les dits héritiers n'auront le droit d'élever aucune réclamation; — Si le décès est survenu en défendant le navire, l'homme de mer sera considéré comme vivant, et il sera payé à ses héritiers, lorsque le voyage sera terminé, la totalité des salaires ou la part entière des profits qui lui appartiennent comme aux autres individus de la même classe; — On considérera, de la même manière, comme

por descuido ú otro accidente sin relación con el servicio, sólo percibirá los salarios devengados hasta el día de su apresamiento.

646. El buque con sus máquinas, aparejo, pertrechos y fletes, estarán afectos á la responsabilidad de los salarios devengados por la tripulación ajustada á sueldo ó por viaje, debiéndose hacer la liquidación y pago en el intermedio de una expedición á otra.

Emprendida una nueva expedición, perderán la preferencia los créditos de aquella clase procedentes de la anterior.

647. Los oficiales y la tripulación del buque quedarán libres de todo compromiso, si lo estiman oportuno, en los casos siguientes: 1.º Si antes de comenzar el viaje intentare el capitán variarlo, ó si sobreviniere una guerra marítima con la Nación á donde el buque estaba destinado; — 2.º Si sobreviniere y se declarare oficialmente una enfermedad epidémica en el puerto de destino; — 3.º Si el buque cambiase de propietario ó de capitán.

648. Se entenderá por dotación de un buque el conjunto de todos los individuos embarcados, de capitán á paje, necesarios para su dirección, maniobras y servicio, y por lo tanto estarán comprendidos en la dotación la tripulación, los pilotos, maquinistas, fogoneros y demás cargos de á bordo no especificados; pero no lo estarán los pasajeros ni los individuos que el buque llevare de transporte.

Sección cuarta. De los sobrecargos.

649. Los sobrecargos desempeñarán á bordo las funciones administrativas que les hubieren conferido el naviero ó los cargadores; llevarán la cuenta y razón de sus operaciones en un libro que tendrá las mismas circunstancias y requisitos exigidos al de contabilidad del capitán, y respetarán á éste en sus atribuciones como jefe de la embarcación.

Las facultades y responsabilidad del capitán cesan con la presencia del sobrecargo, en cuanto á la parte de administración legítimamente conferida á éste, subsistiendo para todas las gestiones que son inseparables de su autoridad y empleo.

650. Serán aplicables á los sobrecargos todas las disposiciones contenidas en la sección segunda del título 3.º, libro 2.º, sobre capacidad, modo de contratar y responsabilidad de los factores.

651. Los sobrecargos no podrán hacer, sin autorización ó pacto expreso, negocio alguno por cuenta propia durante su viaje, fuera del de la pacotilla que, por costumbre del puerto donde se hubiere despachado el buque, les sea permitido.

Tampoco podrán invertir en el viaje de retorno más que el producto de la pacotilla, á no mediar autorización expresa de los comitentes.

Título III. De los contratos especiales del comercio marítimo.

Sección primera. Del contrato de fletamento.

§ 1.º De las formas y efectos del contrato de fletamento.

652. El contrato de fletamento deberá extenderse por duplicado en póliza firmada por los contratantes, y cuando alguno no sepa ó no pueda, por dos testigos á su ruego.

La póliza de fletamento contendrá, además de las condiciones libremente estipuladas, las circunstancias siguientes: 1.ª La clase, nombre y porte del buque; — 2.ª Su pabellón y puerto de matrícula; — 3.ª El nombre, apellido y domicilio del capitán; — 4.ª El nombre, apellido y domicilio del naviero, si éste contratare el fletamento; — 5.ª El nombre, apellido y domicilio del fletador; y si manifestare obrar por comisión, el de la persona por cuya cuenta hace el contrato; — 6.ª El puerto de carga y descarga; — 7.ª La cabida, número de toneladas ó cantidad de peso ó medida que se obliguen respectivamente á cargar y á conducir, ó si es total el fletamento; — 8.ª El flete que se haya de pagar, expresando si ha de ser una cantidad alzada por el viaje, ó un tanto al mes, ó por las cavidades que se hubieren de ocupar, ó por el peso ó la medida de los efectos en que consista el cargamento, ó de cualquiera otro modo que se hubiere convenido; — 9.ª El tanto.

présent, l'homme de mer fait prisonnier en défendant le navire, et il jouira des mêmes profits que les autres. Toutefois, s'il a été fait prisonnier par suite d'un défaut de précaution ou d'un autre accident sans relation avec le service, l'homme de mer recevra seulement les salaires échus au jour de sa capture.

646. Le navire avec ses machines, apparaux, instruments et frets, sera affectés à la garantie des salaires dus aux gens de l'équipage engagés moyennant un salaire mensuel ou au voyage, et la liquidation et le payement devront être faits dans l'intervalle d'une expédition à l'autre.

Lorsque une nouvelle expédition est commencée, les créances de cette nature provenant de l'expédition antérieure perdront leur droit de préférence.

647. Les officiers et l'équipage du navire demeureront affranchis de tout engagement, s'ils le jugent utile, dans les cas suivants: 1° Si, avant le commencement du voyage, le capitaine veut le modifier, ou s'il survient une guerre maritime avec la nation chez laquelle le navire devait se rendre; — 2° S'il survient et s'il est déclaré officiellement qu'il existe une maladie épidémique dans le port de destination; — 3° Si le navire change de propriétaire ou de capitaine.

648. On entendra par équipage d'un navire l'ensemble de tous les individus embarqués, depuis le capitaine jusqu'au mousse, qui sont nécessaires pour assurer la direction, les manœuvres et le service. Seront par conséquent compris dans l'équipage, les matelots, pilotes, mécaniciens, cuisiniers et autres individus remplissant à bord des fonctions non spécifiées; mais ne seront pas compris dans l'équipage, les passagers ni les individus que transporte le navire.

Section IV. Des subrécargues.

649. Les subrécargues rempliront à bord les fonctions administratives qui leur auront été confiées par l'armateur ou les chargeurs. Ils tiendront compte de leurs opérations sur un livre qui réunira les mêmes conditions et circonstances que celui du capitaine, et ils respecteront le dit capitaine dans ses attributions comme chef de l'embarcation.

Les pouvoirs et la responsabilité du capitaine cessent, par suite de la présence du subrécargue, quant à la partie de l'administration qui est légitimement confiée à celui-ci, mais ils subsistent pour tous les actes inséparables de son autorité et de son emploi.

650. Seront applicables aux subrécargues toutes les dispositions contenues dans la seconde section du titre 3, livre II, relatives à la capacité, au mode de contracter et à la responsabilité des facteurs.

651. Les subrécargues, à moins d'autorisation ou de convention expresse, ne pourront faire aucune opération pour leur compte personnel durant le voyage, en dehors de la pacotille autorisée par l'usage du port où le navire est envoyé.

Ils ne pourront non plus employer dans le voyage de retour plus que le produit de la dite pacotille, à moins d'une autorisation expresse des commettants.

Titre III. Des contrats spéciaux du commerce maritime.

Section première. Du contrat d'affrétement.

§ 1. *Des formes et des effets du contrat d'affrétement.*

652. Le contrat d'affrétement devra être rédigé sur une police dressée en double exemplaire et signée par les contractants, et, si l'un d'eux ne sait ou ne peut signer, par deux témoins à son choix.

La police d'affrétement (*charte-partie*) contiendra les mentions suivantes, en plus des conditions librement stipulées: 1° La classe, le nom et le tonnage du navire; — 2° Ses pavillon et port de matricule; — 3° Les prénom, nom et domicile du capitaine; — 4° Les prénom, nom et domicile de l'armateur, s'il est partie au contrat; — 5° Les nom, prénom et domicile de l'affréteur et, s'il déclare agir par commission, ceux de la personne pour qui il contracte; — 6° Le port de chargement et de déchargement; — 7° La capacité, le nombre des tonneaux ou la quantité de poids et de mesure que les contractants s'engagent respectivement à charger et à transporter, ou la mention que l'affrétement est total; — 8° Le prix du fret, en indiquant s'il consiste dans une somme à payer pour le voyage ou dans un loyer mensuel, ou s'il a été fixé proportionnellement soit à la capacité occupée, soit au poids ou au volume des effets composant la cargaison, ou de toute autre

de capa que se haya de pagar al capitán; — 10.ª Los días convenidos para la carga y descarga; — 11.ª Las estadías y sobreestadías que habrán de contarse, y lo que por cada una de ellas se hubiere de pagar[1].

653. Si se recibiere el cargamento sin haber firmado la póliza, el contrato se entenderá celebrado con arreglo á lo que resulte del conocimiento[2], único título, en orden á la carga, para fijar los derechos y obligaciones del naviero, del capitán y del fletador.

654. Las pólizas del fletamento contratado con intervención del corredor que certifique la autenticidad de las firmas de los contratantes por haberse puesto en su presencia, harán prueba plena en juicio; y si resultare entre ellas discordancia, se estará á la que concuerde con la que el corredor deberá conservar en su registro, si éste estuviere con arreglo á derecho.

También harán fe las pólizas, aun cuando no haya intervenido corredor, siempre que los contratantes reconozcan como suyas las firmas puestas en ellas.

No habiendo intervenido corredor en el fletamento ni reconociéndose las firmas, se decidirán las dudas por lo que resulte del conocimiento, y, á falta de éste, por las pruebas que suministren las partes.

655. Los contratos de fletamento celebrados por el capitán en ausencia del naviero, serán válidos y eficaces aun cuando al celebrarlos hubiera obrado en contravención á las órdenes é instrucciones del naviero ó fletante; pero quedará á éste expedita la acción contra el capitán para el resarcimiento de perjuicios.

656. Si en la póliza del fletamento no constare el plazo en que hubieren de verificarse la carga y la descarga, se seguirá el uso del puerto donde se ejecuten estas operaciones. Pasado el plazo estipulado ó el de costumbre, y no constando en el contrato de fletamento cláusula expresa que fije la indemnización de la demora, tendrá derecho el capitán á exigir las estadías y sobreestadías que hayan transcurrido en cargar y descargar.

657. Si durante el viaje quedare el buque inservible, el capitán estará obligado á fletar á su costa otro en buenas condiciones, que reciba la carga y la portee á su destino, á cuyo efecto tendrá obligación de buscar buque, no sólo en el puerto de arribada, sino en los inmediatos hasta la distancia de 150 kilómetros.

Si el capitán no proporcionare, por indolencia ó malicia, buque que conduzca el cargamento á su destino, los cargadores, previo un requerimiento al capitán para que en término improrrogable procure flete, podrán contratar el fletamento acudiendo á la autoridad judicial en solicitud de que sumariamente apruebe el contrato que hubieren hecho[3].

La misma autoridad obligará por la vía de apremio al capitán á que, por su cuenta y bajo su responsabilidad, se lleve á efecto el fletamento hecho por los cargadores.

Si el capitán, á pesar de su diligencia, no encontrare buque para el flete, depositará la carga á disposición de los cargadores[3], á quienes dará cuenta de lo ocurrido en la primera ocasión que se le presente, regulándose en estos casos el flete por la distancia recorrida por el buque, sin que haya lugar á indemnización alguna.

658. El flete se devengará según las condiciones estipuladas en el contrato, y si no estuvieren expresas, ó fueren dudosas, se observarán las reglas siguientes: 1.ª Fletado el buque por meses ó por días, empezará á correr el flete desde el día en que se ponga el buque á la carga; — 2.ª En los fletamentos hechos por

---

[1]) Además, con arreglo á lo prevenido en el artículo 176 de la L. del T. las que no se otorguen en escritura pública estarán sujetas al pago del timbre señalado en el artículo 15 para los documentos públicos. (Véase la escala gradual de la nota 1, pág. 110.) — En las copias ó traslados de las mismas se pondrá el timbre móvil de una peseta, clase 11.ª.

[2]) En este caso el conocimiento deberá llevar los timbres correspondientes como si se tratara de la póliza. (Véase la nota anterior.)

[3]) El procedimiento para la constitución de este depósito y el de sus incidencias puede verse en la nota 1, pág. 128.

manière quelconque qui aura été convenue; — 9° Le montant du chapeau à payer au capitaine; — 10° Les jours convenus pour le chargement et le déchargement; — 11° Les staries et surestaries qu'il y aura lieu de compter, et ce qui devra être payé pour chacune d'elles[1].

653. Si le chargement est reçu sans signer la charte-partie, le contrat sera réputé fait conformément à ce qui résulte du connaissement[2], qui, en ce qui concerne la cargaison, sera le seul titre servant à déterminer les droits et les obligations de l'armateur, du capitaine et de l'affréteur.

654. Les polices d'affrétement, lorsque le contrat aura été fait par l'intermédiaire d'un courtier qui certifiera l'authenticité des signatures des contractants pour les avoir vu apposer en sa présence, feront preuve entière en justice, et, s'il existe entre elles une différence, on s'en tiendra à ce qui concorde avec la police que le courtier devra conserver sur son registre, si le dit registre est régulièrement tenu.

Les chartes-parties feront également foi, même quand le contrat a été fait sans l'intervention d'un courtier, pourvu que les contractants reconnaissent comme les leurs les signatures qui y sont apposées.

A défaut de l'intervention d'un courtier dans le contrat d'affrétement ou de la reconnaissance des signatures, les doutes se résoudront d'après ce qui résulte du connaissement, et, à son défaut, d'après les preuves fournies par les parties.

655. Les contrats d'affrétement faits par le capitaine en l'absence de l'armateur, seront valables et produiront leur effet, lors même qu'en les faisant le capitaine aurait enfreint les ordres et instructions de l'armateur ou du fréteur; mais ceux-ci auront une action contre le capitaine pour obtenir la réparation du préjudice à eux causé.

656. Si la charte-partie n'indique pas le délai dans lequel le chargement et le déchargement devront être effectués, on se conformera à l'usage du port dans lequel ces opérations doivent être faites. Lorsque le délai stipulé ou déterminé par l'usage est écoulé, et que le contrat d'affrétement ne contient aucune clause expresse fixant l'indemnité due pour le retard, le capitaine aura le droit d'exiger les staries et surestaries passées à charger et décharger.

657. Si durant le voyage le navire se trouve hors d'état de naviguer, le capitaine sera tenu d'en fréter à ses frais un autre en bon état, pour recevoir la cargaison et la transporter à destination. A cet effet, il sera tenu de chercher un navire non seulement dans le port de relâche, mais même dans les ports voisins jusqu'à une distance de 150 kilomètres.

Si le capitaine, par indolence ou par dol, ne leur procure pas un navire pour transporter la cargaison à destination, les chargeurs, après sommation préalable adressée au capitaine d'avoir à louer un autre navire dans un délai qui ne sera pas susceptible d'être prorogé, pourront contracter eux-mêmes l'affrétement en demandant par requête à l'autorité judiciaire d'approuver, par décision rendue en la forme sommaire, le contrat par eux conclu[3].

La même autorité obligera, par voie de contrainte, le capitaine à réaliser pour son compte et sous sa responsabilité l'affrétement fait par les chargeurs.

Si le capitaine, malgré ses diligences, ne trouve pas à fréter un navire, il déposera la cargaison à la disposition des chargeurs[3] et il leur rendra compte de l'événement par la première occasion et, dans ce cas, le fret sera réglé d'après la distance parcourue par le navire, sans qu'il y ait lieu à aucune indemnité.

658. Le fret sera acquis suivant les conditions stipulées au contrat, et, à défaut de conditions expresses, ou en cas de doute, on observera les règles suivantes: 1° Lorsque le navire est loué au mois ou à la journée, le fret commencera à courir du jour où le navire commence le chargement; — 2° Dans les affrétements faits

---

[1] En outre, conformément aux prescriptions de la loi sur le timbre (art. 176) les contrats qui ne sont pas dressés par acte public sont soumis au payement du droit de timbre fixé dans l'art. 15 pour les actes publics (v. l'échelle générale, p. 110 note 1). — Les copies et extraits seront revêtus du timbre mobile d'une *peseta*, classe 11e.

[2] Dans ce cas le connaissement doit être revêtu des timbres correspondants, comme s'il s'agissait de la police (v. la note précédente).

[3] Sur la procédure à suivre pour la constitution du dépôt, et ses incidents, v. page 128, note 1.

un tiempo determinado, empezará á correr el flete desde el mismo día; — 3.ª Si
los fletes se ajustaren por peso, se hará el pago por el peso bruto, incluyendo los
envases, como barricas ó cualquier otro objeto en que vaya contenida la carga.

659. Devengarán flete las mercancías vendidas por el capitán para atender
á la reparación indispensable del casco, maquinaria ó aparejo, ó para necesidades
imprescindibles y urgentes.

El precio de estas mercaderías se fijará según el éxito de la expedición, á saber:
1.° Si el buque llegare á salvo al puerto del destino, el capitán las abonará al
precio que obtengan las de la misma clase que en él se vendan; — 2.° Si el
buque se perdiere, al que hubieran obtenido en venta las mercaderías.

La misma regla se observará en el abono del flete, que será entero si el buque
llegare á su destino, y en proporción de la distancia recorrida, si se hubiere perdido antes.

660. No devengarán flete las mercaderías arrojadas al mar por razón de salvamento común; pero su importe será considerado como avería gruesa, contándose
aquél en proporción á la distancia recorrida cuando fueron arrojadas.

661. Tampoco devengarán flete las mercaderías que se hubieren perdido por
naufragio ó varada, ni las que fueren presa de piratas ó enemigos.

Si se hubiere recibido el flete por adelantado, se devolverá, á no mediar pacto
en contrario.

662. Rescatándose el buque ó las mercaderías, ó salvándose los efectos del
naufragio, se pagará el flete que corresponda á la distancia recorrida por el buque
porteando la carga; y si, reparado, la llevare hasta el puerto del destino, se
abonará el flete por entero, sin perjuicio de lo que corresponda sobre la avería.

663. Las mercaderías que sufran deterioro ó disminución por vicio propio
ó mala calidad y condición de los envases, ó por caso fortuito, devengarán el flete
íntegro y tal como se hubiere estipulado en el contrato de fletamento.

664. El aumento natural que en peso ó medida tengan las mercaderías cargadas en el buque, cederá en beneficio del dueño y devengará el flete correspondiente
fijado en el contrato para las mismas.

665. El cargamento estará especialmente afecto al pago de los fletes, de los
gastos y derechos causados por el mismo, que deban reembolsar los cargadores,
y de la parte que pueda corresponderle en avería gruesa; pero no será lícito al
capitán dilatar la descarga por recelo de que deje de cumplirse esta obligación.

Si existiere motivo de desconfianza, el juez ó tribunal, á instancia del capitán,
podrá acordar el depósito de las mercaderías hasta que sea completamente reintegrado[1].

666. El capitán podrá solicitar la venta del cargamento en la proporción
necesaria para el pago del flete, gastos y averías que le correspondan[2], reservándose
el derecho de reclamar el resto de lo que por estos conceptos le fuere debido, si lo
realizado por la venta no bastase á cubrir su crédito.

667. Los efectos cargados estarán obligados preferentemente á la responsabilidad de sus fletes y gastos durante veinte días, á contar desde su entrega ó
depósito. Durante este plazo, se podrá solicitar la venta de los mismos, aunque
haya otros acreedores y ocurra el caso de quiebra del cargador ó del consignatario[3].

Este derecho no podrá ejercitarse, sin embargo, sobre los efectos que después
de la entrega hubiesen pasado á una tercera persona sin malicia de ésta y por título
oneroso.

---

[1]) Este depósito habrá de hacerse en la forma indicada en la nota 1, pág. 128.
[2]) Esta venta se practicará en igual forma que la á que se refiere la nota 1, pág. 131,
teniendo en cuenta, sin embargo, que á tenor de la regla 11.ª del art. 2161 de la L. Enj.
c. se ha de requerir previamente al consignatario para que pague en el acto lo que le adedde
por fletes y gastos y averías, y además que el informe pericial no será necesario cuando no
se trate de géneros averiados.
[3]) Véase la nota anterior.

pour un temps déterminé, le fret commencera à courir du même jour; — 3° Si les frets sont fixés au poids, le payement se fera d'après le poids brut, en comprenant les enveloppes telles que barriques ou autres objets quelconques dans lesquels la cargaison se trouve contenue.

659. Le fret sera dû par les marchandises vendues par le capitaine pour pourvoir aux réparations indispensables du corps, de la machine ou des apparaux, ou pour les besoins indispensables et urgents.

Le prix de ces marchandises sera fixé suivant le résultat de l'expédition, savoir: 1° Si le navire arrive heureusement au port de destination, le capitaine tiendra compte de leur valeur au prix moyennant lequel pareilles marchandises de même nature se vendent au dit lieu; — 2° Si le navire vient à se perdre, le capitaine tiendra compte des dites marchandises sur le pied qu'il les a lui-même vendues.

La même règle sera observée pour le payement du fret, qui sera payé intégralement si le navire arrive à destination, et proportionnellement à la distance parcourue, si le navire vient à se perdre.

660. Il ne sera pas dû de fret pour les marchandises jetées à la mer pour le salut du navire, mais leur montant sera considéré comme avarie grosse, en le calculant proportionnellement à la distance parcourue au moment où le jet a été effectué.

661. Le fret ne sera pas dû non plus pour les marchandises perdues par suite de naufrage ou échouement, ni pour celles qui auront été prises par des pirates ou par l'ennemi.

Si le fret a été reçu par avance, il sera remboursé, à moins qu'il n'y ait eu une convention contraire.

662. Si le navire ou les marchandises viennent à être rachetés, ou si les effets viennent à être sauvés du naufrage, le fret sera payé proportionnellement à la distance parcourue par le navire en portant la cargaison; et si, après réparation, le navire transporte la cargaison jusqu'au port de destination, le fret sera payé en totalité, sans préjudice de la part à payer sur l'avarie.

663. Les marchandises qui subiront des détériorations ou une diminution par suite d'un vice propre ou de la mauvaise qualité et de la mauvaise condition de l'emballage, ou par cas fortuit, devront le fret intégralement, ainsi qu'il aura été convenu dans le contrat d'affrétement.

664. L'augmentation naturelle en poids ou volume des marchandises chargées sur le navire profitera au propriétaire et il sera dû le fret correspondant fixé dans le contrat pour les dites marchandises.

665. La cargaison sera spécialement affectée au payement du fret, des frais et droits occasionnés par elle et que doivent rembourser les chargeurs, ainsi que de la part pouvant leur incomber en cas d'avarie grosse. Il ne sera pas toutefois permis au capitaine de différer le déchargement dans la crainte que cette obligation ne soit pas remplie.

S'il existe un motif légitime de méfiance, le juge ou tribunal, sur la demande du capitaine, pourra autoriser le dépôt des marchandises jusqu'à ce que celui-ci soit complètement désintéressé[1].

666. Le capitaine pourra requérir la vente de la cargaison dans la proportion nécessaire pour assurer le payement du fret, des frais et des avaries qui lui sont dus[2], en se réservant le droit de réclamer ce qui lui restera dû pour ces motifs, si le produit de la vente ne suffit pas pour couvrir sa créance.

667. Les effets chargés seront affectés par préférence à la garantie du fret et des frais durant vingt jours, à compter du jour de leur livraison ou de leur dépôt. Durant ce délai, la vente des dits effets pourra être requise, bien qu'il y ait d'autres créanciers et que le chargeur ou le consignataire ait été déclaré en état de faillite[3].

Ce droit cependant ne pourra pas être exercé sur les effets qui, après livraison, seront passés en la possession d'une autre personne, sans qu'il y ait dol de la part de celle-ci et en vertu d'un contrat à titre onéreux.

---

1) Ce dépôt pourra se faire dans la forme indiquée ci-dessus page 128, note 1.

2) Il est procédé à cette vente dans la même forme que celle dont il est parlé ci-dessus p. 131, note 1; il faut observer cependant que, conformément à la règle 11 de l'art. 2161 loi de *Enj. civ.* le consignataire doit être sommé d'avoir à payer immédiatement la somme due pour frets, frais et avaries, et qu'en outre un rapport d'expert n'est pas nécessaire quand il s'agit de marchandises avariées.

3) V. la note précédente.

668. Si el consignatario no fuese hallado, ó se negare á recibir cargamento,
deberá el juez ó tribunal, á instancia del capitán, decretar su depósito y disponer
la venta de lo que fuere necesario para el pago de los fletes y demás gastos que
pesaren sobre él[1].

Asimismo tendrá lugar la venta cuando los efectos depositados ofrecieren
riesgo de deterioro, ó, por sus condiciones ú otras circunstancias, los gastos de conservación y custodia fueren desproporcionados.

§ 2.º *De los derechos y obligaciones del fletante.*

669. El fletante ó el capitán se atendrá en los contratos de fletamento á la
cabida que tenga el buque, ó á la expresamente designada en su matrícula, no to-
lerándose más diferencia que la de 2 por 100 entre la manifestada y la que tenga
en realidad.

Si el fletante ó el capitán contrataren mayor carga que la que el buque puede
conducir, atendido su arqueo, indemnizarán, á los cargadores á quienes dejen de
cumplir su contrato, los perjuicios que por su falta de cumplimiento les hubiesen
sobrevenido, según los casos, á saber: Si ajustado el fletamento de un buque por
un solo cargador, resultare error ó engaño en la cabida de aquél, y no optare el
fletador por la rescisión, cuando le corresponda este derecho, se reducirá el flete en
proporción de la carga que el buque deje de recibir, debiendo además indemnizar
el fletante al fletador de los perjuicios que le hubiere ocasionado; — Si, por el
contrario, fueren varios los contratos de fletamento, y por falta de cabida no
pudiere embarcarse toda la carga contratada, y ninguno de los fletadores optare
por la rescisión, se dará la preferencia al que tenga ya introducida y colocada
la carga en el buque, y los demás obtendrán el lugar que les corresponda según el
orden de fechas de sus contratos; — No apareciendo esta prioridad, podrán cargar,
si les conviniere, á prorrata de las cantidades de peso ó extensión que cada uno
haya contratado, y quedará el fletante obligado al resarcimiento de daños y perjuicios[2].

670. Si, recibida por el fletante una parte de carga, no encontrare la que falte
para formar al menos las tres quintas partes de las que puede portear el buque,
al precio que hubiere fijado, podrá sustituir para el transporte otro buque visitado
y declarado á propósito para el mismo viaje, siendo de su cuenta los gastos de trasbordo y el aumento, si lo hubiere, en el precio de flete. Si no le fuere posible esta
sustitución, emprenderá el viaje en el plazo convenido; y no habiéndolo, á los quince
días de haber comenzado la carga, si no se ha estipulado otra cosa.

Si el dueño de la parte embarcada le procurase carga á los mismos precios y
con iguales ó proporcionadas condiciones á las que aceptó en la recibida, no podrá
el fletante ó capitán negarse á aceptar el resto del cargamento; y si lo resistiese,
tendrá derecho el cargador á exigir que se haga á la mar el buque con la carga que
tuviera á bordo[3].

671. Cargadas las tres quintas partes del buque, el fletante no podrá, sin
consentimiento de los fletadores ó cargadores, sustituir con otro el designado en el
contrato, so pena de constituirse por ello responsable de todos los daños y perjuicios
que sobrevengan durante el viaje al cargamento de los que no hubieren consentido
la sustitución[4].

672. Fletado un buque por entero, el capitán no podrá, sin consentimiento
del fletador, recibir carga de otra persona; y si lo hiciere, podrá dicho fletador obligarle á desembarcarla y á que le indemnice los perjuicios que por ello se le sigan[5].

---

[1]) Este depósito y venta habrá de hacerse en la forma indicada en la nota 1, pág. 128.

[2]) Todas las cuestiones que surgieren con motivo de la aplicación de este artículo habrán
de resolverse por el juez, quien, previa información sumaria, adoptará la resolución que proceda
mandando que se requiera para que la ejecuten, al capitán de la nave y demás personas que
corresponde (art. 2168, L. Enj. c.).

[3]) Es de aplicación el artículo 2168 de la L. Enj. c. que puede verse en la nota anterior.

[4]) Véase la nota anterior. — [5]) Véase la nota 3.

668. Si le consignataire n'est pas trouvé, ou s'il refuse de recevoir la cargaison, le juge ou tribunal devra, sur la demande du capitaine, ordonner qu'elle soit déposée, et autoriser la vente de ce qui est nécessaire pour payer le fret et les autres frais dus pour la dite cargaison[1].

La vente aura également lieu, lorsque les effets déposés seront exposés à se détériorer ou que, par suite de leur condition ou d'autres circonstances, les frais de conservation et de garde seront hors de proportion avec leur valeur.

§ 2. Des droits et des obligations du fréteur.

669. Le fréteur ou le capitaine auront égard, dans les contrats d'affrétement, à la capacité du navire, ou à celle qui se trouve expressément énoncée dans la matricule, et il ne sera pas toléré une différence supérieure à 2 pour 100 entre la capacité déclarée et le tonnage réel du navire.

Si le fréteur ou le capitaine traitent pour une cargaison supérieure à celle que le navire peut transporter, étant donné son jaugeage, ils indemniseront les chargeurs envers qui ils ne peuvent exécuter le contrat, des préjudices résultant pour eux de ce défaut d'exécution, suivant les cas, à savoir: Si, l'affrétement du navire ayant été fait par un seul chargeur, il y a erreur ou tromperie sur la capacité du navire, et si le fréteur n'a pas opté pour la rescision du contrat quand ce droit lui appartient, le fret sera réduit proportionnellement à la cargaison que le navire ne peut recevoir, et, en outre, le fréteur devra indemniser l'affréteur du préjudice qu'il lui aura occasionné; — Lorsque, au contraire, il y a eu plusieurs contrats d'affrétement et que, par suite du défaut de capacité, il n'est pas possible d'embarquer la totalité de la cargaison prévue aux dits contrats, si aucun des affréteurs ne veut opter pour la rescision du contrat, on donnera la préférence à celui qui a déjà introduit et placé son chargement dans le navire, et les autres obtiendront le rang qui leur appartient d'après les dates de leurs contrats; — A défaut de cette priorité, les affréteurs pourront charger, s'ils le jugent convenable, au prorata des quantités en poids ou valeurs pour lesquelles chacun d'eux a contracté, et le fréteur sera tenu de réparer les dommages et préjudices[2].

670. Si le fréteur, après avoir reçu une partie de la cargaison, ne trouve pas, dans les mêmes conditions de prix, un chargement supplémentaire en quantité suffisante pour former au moins les trois cinquièmes de ce que peut transporter le navire, il aura le droit de substituer pour le transport un autre navire visité et déclaré propre pour faire le même voyage, à la condition de supporter personnellement les frais de transbordement et, s'il y a lieu, l'augmentation du fret. Si cette substitution est impossible, il entreprendra le voyage dans le délai convenu, et, à défaut de convention sur ce point, quinze jours après avoir commencé le chargement, s'il n'a pas été fait d'autre stipulation.

Si le propriétaire de la portion de la cargaison embarquée lui procure un chargement supplémentaire aux mêmes conditions de prix, ou à des conditions égales ou proportionnelles à celles qu'il a précédemment acceptées en ce qui concerne la portion déjà reçue, le fréteur ou le capitaine ne pourra se refuser à recevoir ce chargement supplémentaire; et, s'il s'y refuse, le chargeur aura le droit d'exiger qu'il prenne la mer avec la cargaison se trouvant à bord[3].

671. Lorsque les trois cinquièmes du navire seront chargés, le fréteur ne pourra, sans le consentement des affréteurs ou des chargeurs, substituer un autre navire à celui qui a été désigné dans le contrat, sous peine de se rendre responsable de tous les dommages et préjudices survenus durant le voyage à la cargaison appartenant à ceux qui n'auront pas consenti à cette substitution[4].

672. Lorsqu'un navire est frété en totalité, le capitaine ne pourra, sans le consentement de l'affréteur, recevoir une cargaison d'une autre personne, et, s'il le fait, le dit affréteur pourra l'obliger à débarquer cette cargaison et à l'indemniser du préjudice résultant pour lui de ce fait[5].

---

[1] Ce dépôt et cette vente auront lieu dans la forme indiquée ci-dessus p. 128, note 1.
[2] Toutes les contestations qui surgissent à propos de l'application de cet article doivent être tranchées par le juge, qui, après information sommaire, adopte telle solution que de droit, en ordonnant de sommer le capitaine et toutes autres personnes qu'il appartient, d'assurer l'exécution de sa décision (art. 2168 loi de *Enj. civ.*).
[3] Il y a lieu d'appliquer le même art. 2168 loi de *Enj. civ.* v. la note précédente.
[4] V. la note précédente. — [5] V. *supra*, note 3.

673. Serán de cuenta del fletante todos los perjuicios que sobrevengan al fletador por retardo voluntario del capitán en emprender el viaje, según las reglas que van prescritas, siempre que fuera requerido notarial ó judicialmente á hacerse á la mar en tiempo oportuno.

674. Si el fletador llevase al buque más carga que la contratada, podrá admitírsele el exceso de flete con arreglo al precio estipulado en el contrato, pudiendo colocarse con buena estiva sin perjudicar á los demás cargadores; pero si para colocarla hubiere de faltarse á las buenas condiciones de estiva, deberá el capitán rechazarla, ó desembarcarla á costa del propietario.

Del mismo modo el capitán podrá, antes de salir del puerto, echar en tierra las mercaderías introducidas á bordo clandestinamente, ó portearlas, si pudiera hacerlo con buena estiva, exigiendo por razón de flete el precio más alto que hubiere pactado en aquel viaje[1].

675. Fletado el buque para recibir la carga en otro puerto, se presentará el capitán al consignatario designado en su contrato; y si no le entregare la carga, la dará aviso al fletador, cuyas instrucciones esperará corriendo entre tanto las estadías convenidas, ó las que fueren de uso en el puerto, si no hubiere sobre ello pacto expreso en contrario.

No recibiendo el capitán contestación en el término necesario para ello, hará diligencias para encontrar flete; y si no lo hallare después de haber corrido las estadías y sobreestadías, formalizará protesta y regresará al puerto donde contrató el fletamento.

El fletador pagará el flete por entero, descontando el que haya devengado por las mercaderías que se hubiesen transportado á la ida y á la vuelta, si se hubieran cargado por cuenta de terceros.

Lo mismo se observará cuando el buque fletado de ida y vuelta no sea habilitado de carga para su retorno.

676. Perderá el capitán el flete é indemnizará á los cargadores siempre que éstos prueben, aun contra el acta de reconocimiento, si se hubiere practicado en el puerto de salida, que el buque no se hallaba en disposición para navegar, al recibir la carga.

677. Subsistirá el contrato de fletamento si, careciendo el capitán de instrucciones del fletador, sobreviniere durante la navegación declaración de guerra ó bloqueo. En tal caso el capitán deberá dirigirse al puerto neutral y seguro más cercano, pidiendo y aguardando órdenes del cargador, y los gastos y salarios devengados en la detención se pagarán como avería común.

Si por disposición del cargador se hiciere la descarga en el puerto de arribada, se devengará por entero el flete de ida.

678. Si, transcurrido el tiempo necesario, á juicio del juez ó tribunal, para recibir las órdenes del cargador, el capitán continuase careciendo de instrucciones, se depositará el cargamento[2], el cual quedará afecto al pago del flete y gasto de su cargo en la demora, que se satisfarán con el producto de la parte que primero se venda.

§ 3.° *De las obligaciones del fletador.*

679. El fletador de un buque por entero podrá subrogar el flete en todo ó en parte á los plazos que más le convinieren, sin que el capitán pueda negarse á recibir á bordo la carga entregada por los segundos fletadores, siempre que no se alteren las condiciones del primer fletamento, y que se pague al fletante la totalidad del precio convenido, aun cuando no se embarque toda la carga, con la limitación que se establece en el artículo siguiente.

680. El fletador que no completare la totalidad de la carga que se obligó á embarcar, pagará el flete de la que deje de cargar, á menos que el capitán no hubiere tomado otra carga para completar el cargamento del buque, en cuyo caso abonará el primer fletador las diferencias si las hubiere.

681. Si el fletador embarcare efectos diferentes de los que manifestó al tiempo de contratar el fletamento, sin conocimiento del fletante ó capitán, y por ello sobrevinieren perjuicios, por confiscación, embargo, detención ú otras causas, al fletante ó á los cargadores, responderá el causante con el importe de su cargamento, y ade-

---

[1]) Véase la pág. 194, nota 3.
[2]) Este depósito se practicará en la forma indicada en la nota 1, pág. 128.

673. Seront au compte du fréteur tous les préjudices occasionnés à l'affréteur par suite du retard volontaire du capitaine à commencer le voyage, suivant les règles établies, toutes les fois qu'il aura été requis par le ministère d'un notaire ou judiciairement de commencer le voyage en temps opportun.

674. Si l'affréteur remet au navire une cargaison plus considérable que celle prévue au contrat, le supplément de fret pourra être admis conformément au prix stipulé au contrat, pourvu qu'il puisse être placé en bonne estive sans causer aucun préjudice aux autres chargeurs; mais si pour le placer il faut sacrifier les conditions d'une bonne estive, le capitaine devra le refuser, ou le débarquer aux frais du propriétaire.

Le capitaine pourra également, avant de sortir du port, déposer à terre les marchandises introduites à bord clandestinement ou les emporter, s'il peut le faire avec bonne estive, en exigeant pour le fret le prix le plus élevé dont il sera convenu pour ce voyage[1].

675. Lorsque le navire est loué pour recevoir la cargaison dans un autre port, le capitaine devra se présenter au consignataire désigné dans le contrat, et, si celui-ci ne livre pas la cargaison, il en donnera avis à l'affréteur dont il attendra les instructions, et, pendant ce temps, courront les staries convenues ou celles en usage dans le port, s'il n'a pas été fait à ce sujet de stipulation contraire.

Si le capitaine ne reçoit pas de réponse dans le délai nécessaire pour qu'une réponse lui parvienne, il fera les diligences nécessaires pour trouver un fret, et, s'il n'en trouve pas, après l'expiration des staries et des surestaries, il dressera une protestation et il reviendra au port où a été contracté l'affrétement.

L'affréteur payera le fret intégralement, déduction faite de celui qui est dû pour les marchandises qui auront été transportées à l'aller et au retour, s'il en a été chargé pour le compte de tiers.

La même règle sera observée lorsque, le navire ayant été loué pour l'aller et le retour, il ne lui aura pas été procuré de cargaison pour le retour.

676. Le capitaine perdra le fret et devra indemniser les chargeurs toutes les fois que ceux-ci prouvent, même contre le procès-verbal de visite, si le navire a été visité dans le port de départ, que le navire ne se trouvait pas en état de naviguer au moment de la réception de la cargaison.

677. Le contrat d'affrétement subsistera si, le capitaine manquant d'instructions de l'affréteur, il survient, durant la navigation, une déclaration de guerre ou de blocus. Dans ce cas, le capitaine devra se diriger sur le port neutre et sur le plus proche, demander et y attendre les ordres du chargeur; les frais et les salaires dus pendant l'arrêt seront payés comme avarie commune.

Si, par l'ordre du chargeur, le déchargement se fait dans le port de relâche, le fret pour l'aller sera dû intégralement.

678. Si, après l'expiration du délai jugé nécessaire par le juge ou tribunal pour recevoir les ordres du chargeur, le capitaine continue à manquer d'instructions, la cargaison sera déposée[2], et elle demeurera affectée au payement du fret et des frais en retard, lesquels seront acquittés au moyen du produit de la partie qui sera vendue en premier lieu.

§ 3. *Des obligations de l'affréteur.*

679. L'affréteur qui a loué un navire en totalité pourrra le sous-fréter en tout ou partie dans les termes qu'il jugera les plus convenables, sans que le capitaine puisse se refuser à recevoir à bord la cargaison livrée par les sous-affréteurs, toutes les fois que les conditions du premier affrétement ne sont pas modifiées et que l'on paye au fréteur la totalité du prix convenu, encore que l'on n'embarque pas la totalité de la cargaison, sous la restriction établie dans l'article suivant.

680. L'affréteur qui ne complètera pas intégralement la cargaison qu'il s'est obligé à embarquer, payera le fret de la partie qu'il manque à charger, à moins que le capitaine n'ait trouvé une autre cargaison pour compléter le chargement du navire, auquel cas le premier affréteur payera seulement les différences s'il y a lieu.

681. Lorsque l'affréteur embarquera des effets différents de ceux par lui déclarés au moment du contrat d'affrétement, à l'insu du fréteur ou du capitaine, et que cette substitution occasionnera un préjudice par suite de confiscation, embargo, saisies ou de toute autre cause, au fréteur ou aux chargeurs, il sera respon-

---

[1]) V. p. 194, note 3.
[2]) Il est procédé à ce dépôt dans la forme indiquée ci-dessus, p. 128, note 1.

más con sus bienes, de la indemnización completa á todos los perjudicados por su culpa.

682. Si las mercaderías embarcadas lo fueren con un fin de ilícito comercio y hubiesen sido llevadas á bordo á sabiendas del fletante ó del capitán, éstos, mancomunadamente con el dueño de ellas, serán responsables de todos los perjuicios que se originen á los demás cargadores; y aunque se hubiere pactado, no podrán exigir del fletador indemnización alguna por el daño que resulte al buque.

683. En caso de arribada para reparar el casco del buque, maquinaria ó aparejos, los cargadores deberán esperar á que el buque se repare, pudiendo descargarlo á su costa si lo estimaren conveniente.

Si en beneficio del cargamento expuesto á deterioro dispusieren los cargadores, ó el tribunal, ó cónsul, ó la autoridad competente en país extranjero, hacer la descarga de las mercaderías, serán de cuenta de aquéllos los gastos de descarga y recarga.

684. Si el fletador, sin concurrir alguno de los casos de fuerza mayor expresados en el artículo precedente, quisiere descargar sus mercaderías antes de llegar al puerto de su destino, pagará el flete por entero, los gastos de la arribada que se hiciere á su instancia, y los daños y perjuicios que se causaren á los demás cargadores, si los hubiere.

685. En los fletamentos á carga general, cualquiera de los cargadores podrá descargar las mercaderías antes de emprender su viaje, pagando medio flete, el gasto de estivar y reestivar, y cualquier otro perjuicio que por esta causa se origine á los demás cargadores.

686. Hecha la descarga y puesto el cargamento á disposición del consignatario, éste deberá pagar inmediatamente al capitán el flete devengado y los demás gastos de que fuere responsable dicho cargamento.

La capa deberá satisfacerse en la misma proporción y tiempo que los fletes, rigiendo en cuanto á ella todas las alteraciones y modificaciones á que éstos estuvieren sujetos.

687. Los fletadores y cargadores no podrán hacer, para el pago del flete y demás gastos, abandono de las mercaderías averiadas por vicio propio ó caso fortuito.

Procederá, sin embargo, el abandono si el cargamento consistiere en líquidos y se hubieren derramado, no quedando en los envases sino una cuarta parte de su contenido[1].

§ 4.º *De la rescisión total ó parcial del contrato de fletamento.*

688. A petición del fletador podrá rescindirse el contrato de fletamento: 1.º Si antes de cargar el buque abandonare el fletamento, pagando la mitad del flete convenido; — 2.º Si la cabida del buque no se hallase conforme con la que figura en el certificado de arqueo, ó si hubiere error en la designación del pabellón con que navega; — 3.º Si no se pusiere ed buque á disposición del fletador en el plazo y forma convenidos; — 4.º Si, salido el buque á la mar, arribare al puerto de salida, por riesgo de piratas, enemigos ó tiempo contrario, y los cargadores convinieren en su descarga. — En el 2.º y 3.er caso el fletante indemnizará al fletador de los perjuicios que se le irroguen. — En el caso 4.º el fletante tendrá derecho al flete por entero del viaje de ida. — Si el fletamento se hubiere ajustado por meses, pagarán los fletadores el importe libre de una mesada, siendo el viaje á un puerto del mismo mar, y dos, si fuere á mar distinto. — De un puerto á otro de la Península é Islas adyacentes, no se pagará más que una mesada; — 5.º Si para reparaciones urgentes arribase el buque durante el viaje á un puerto, y prefirieren los fletadores disponer de las mercaderías.

---

[1] Si el fletante no estuviere conforme, los cargadores solicitarán del juez que se proceda con intervención de aquel al peso ó medición de las vasijas que contengan los líquidos que se trate de abandonar; y si del peso ó medición resultare que las vasijas *han perdido cuando menos las tres cuartas partes de su contenido* mandará que se entreguen al fletante (artículos 2156 y 2157 de la L. Enj. c.) — Aun cuando el texto del art. 2157 dice *han perdido más de la mitad de su contenido*, procede su rectificación en los términos indicados porque el artículo 687 del vigente Cód. de com. ha rectificado en esta parte la doctrina del art. 790 del antiguo que hablaba de la pérdida de más de la mitad del líquido.

sable sur le montant de sa cargaison et, en outre, sur tous ses biens de l'indemnité nécessaire pour dédommager complètement toutes les personnes ayant éprouvé un préjudice par sa faute.

682. Si les marchandises embarquées l'ont été dans le but de se livrer à un commerce illicite et si elles ont été apportées à bord au su du fréteur ou du capitaine, ceux-ci seront solidairement responsables, avec le propriétaire, de tous les préjudices occasionnés aux autres chargeurs, et, lors même qu'ils l'auraient stipulé, ils ne pourront réclamer de l'affréteur aucune indemnité à raison du dommage occasionné au navire.

683. Dans le cas de relâche pour réparer le corps du navire, sa machine ou ses apparaux, les chargeurs devront attendre que la réparation soit terminée; ils pourront toutefois décharger le dit navire, à leurs frais, s'ils le jugent convenable.

Si, dans l'intérêt du chargement qui serait exposé à se détériorer, les chargeurs, ou le tribunal, ou le consul, ou l'autorité compétente, en pays étranger, prescrivent de décharger les marchandises, les frais de déchargement et de rechargement seront au compte des dits chargeurs.

684. Si l'affréteur, sans qu'il soit survenu aucun des cas de force majeure indiqués dans l'article précédent, veut faire décharger ses marchandises avant d'arriver au port de destination, il payera le fret intégralement, ainsi que les frais de la relâche faite sur sa demande, et les dommages et préjudices occasionnés aux autres chargeurs, s'il y a lieu.

685. Dans les affrétements à cueillette, l'un quelconque des chargeurs pourra décharger les marchandises avant le voyage commencé, en payant la moitié du fret, les frais faits pour estiver et réestiver, ainsi que tout autre dommage résultant de cette cause occasionné aux autres chargeurs.

686. Lorsque le déchargement est effectué, et que la cargaison est mise à la disposition du consignataire, celui-ci devra payer immédiatement au capitaine le fret dû, ainsi que les autres frais à la charge de la cargaison.

. Le chapeau devra être acquitté dans la même proportion et dans le même temps que le fret, en observant, en ce qui le concerne, les changements et modifications auxquels le fret est soumis.

687. Les affréteurs et les chargeurs ne pourront abandonner, en payement du fret et des autres frais, les marchandises avariées par suite d'un vice propre ou d'un cas fortuit.

Il y aura lieu, cependant, à l'abandon si le chargement consiste en liquides et s'est écoulé et s'il n'est resté dans les récipients que le quart de leur contenu [1].

§ 4. *De la résolution totale ou partielle du contrat d'affrétement.*

688. Sur la demande de l'affréteur le contrat d'affrétement pourra être résilié: 1° Si, avant de charger le navire l'affréteur abandonne l'affrétement et paye la moitié du fret convenu; — 2° Si la capacité du navire ne se trouve pas conforme à celle qui figure sur le certificat de jaugeage, ou s'il y a eu erreur dans la désignation du pavillon sous lequel le navire navigue; — 3° Si le navire n'a pas été mis à la disposition de l'affréteur dans le délai et dans la forme convenus; — 4° Si, après avoir pris la mer, le navire relâche dans le port de départ, par crainte des pirates, des ennemis ou du mauvais temps, et que les chargeurs jugent convenable de le décharger. — Dans les deuxième et troisième cas, le fréteur indemnisera l'affréteur du préjudice à lui occasionné. — Dans le quatrième cas, le fréteur aura droit à l'intégralité du fret pour le voyage à l'aller. — Si l'affrétement a été fait au mois, les affréteurs payeront le montant d'un mois, s'il s'agit d'un voyage à destination d'un port situé dans la même mer, et le montant de deux mois, si le voyage est à destination d'un port situé dans une autre mer. — D'un port à l'autre de la Péninsule ou des îles adjacentes, il ne sera pas payé plus d'une mensualité; — 5° Si le navire, pour des réparations urgentes, vient à relâcher durant le voyage dans un port, et que les chargeurs préfèrent disposer de leurs marchandises.

---

[1] Si le fréteur n'accepte pas, les chargeurs doivent requérir le juge de faire procéder en sa présence au pesage et au mesurage des récipients contenant les liquides dont il s'agit de faire l'abandon. S'il résulte de cette opération que les récipients ont perdu au moins les trois quarts de leur contenu, le juge ordonnera de les remettre au fréteur (art. 2156 et 2157 de la loi de *Enj. civ.*). — Le texte de l'art. 2157 parle de la perte de plus de la moitié du contenu; mais il y a lieu de le rectifier par l'art. 687 du Code de commerce en vigueur qui a corrigé la théorie de l'art. 700 de l'ancien Code qui admettait l'abandon dès que la perte dépassait la moitié.

Cuando la dilación no exceda de treinta días, pagarán los cargadores por entero
el flete de ida.

Si la dilación excediere de treinta días, sólo pagarán el flete proporcional á
la distancia recorrida por el buque.

689. Á petición del fletante podrá rescindirse el contrato de fletamento:
1.º Si el fletador, cumplido el término de las sobreestadías, no pusiere la carga al
costado. — En este caso el fletador deberá satisfacer la mitad del flete pactado,
además de las estadías y sobreestadías devengadas; — 2.º Si el fletante vendiere
el buque antes de que el fletador hubiere empezado á cargarlo, y el comprador lo
cargare por su cuenta. — En este caso el vendedor indemnizará al fletador de los
perjuicios que se le irroguen.

Si el nuevo propietario del buque no lo cargare por su cuenta, se respetará
el contrato de fletamento indemnizando el vendedor al comprador, si aquél no
le instruyó del fletamento pendiente al tiempo de concertar la venta.

690. El contrato de fletamento se rescindirá, y se extinguirán todas las acciones
que de él se originan, si, antes de hacerse á la mar el buque desde el puerto de
salida, ocurriere alguno de los casos siguientes: 1.º La declaración de guerra ó
interdicción del comercio con la Potencia á cuyos puertos debía el buque hacer
su viaje; — 2.º El estado de bloqueo del puerto á donde iba aquél destinado, ó
peste que sobreviniere después del ajuste; — 3.º La prohibición de recibir en el
mismo punto las mercaderías del cargamento del buque; — 4.º La detención
indefinida, por embargo del buque de orden del Gobierno, ó por otra causa
independiente de la voluntad del naviero; — 5.º La inhabilitación del buque para
navegar, sin culpa del capitán ó naviero. — La descarga se hará por cuenta del fletador.

691. Si el buque no pudiere hacerse á la mar por cerramiento del puerto de
salida ú otra causa pasajera, el fletamento subsistirá, sin que ninguna de las partes
tenga derecho á reclamar perjuicios.

Los alimentos y salarios de la tripulación serán considerados avería común.

Durante la interrupción, el fletador podrá por su cuenta descargar y cargar
á su tiempo las mercaderías, pagando estadías si demorare la recarga después de
haber cesado el motivo de la detención.

692. Quedará rescindido parcialmente el contrato de fletamento, salvo pacto
en contrario, y no tendrá derecho el capitán más que al flete de ida, si, por ocurrir
durante el viaje la declaración de guerra, cerramiento de puertos ó interdicción
de relaciones comerciales, arribare el buque al puerto que se le hubiere designado
para este caso en las instrucciones del fletador.

§ 5.º *De los pasajeros en los viajes por mar.*

693. No habiéndose convenido el precio del pasaje, el juez ó tribunal le fijará
sumariamente, previa declaración de peritos[1].

694. Si el pasajero no llegare á bordo á la hora prefijada, ó abandonare el
buque sin permiso del capitán cuando éste estuviere pronto á salir del puerto, el
capitán podrá emprender el viaje y exigir el precio por entero.

695. El derecho al pasaje, si fuese nominativo, no podrá transmitirse sin la
aquiescencia del capitán ó consignatario.

696. Si antes de emprender el viaje el pasajero muriese, sus herederos no
estarán obligados á satisfacer sino la mitad del pasaje convenido.

Si estuvieren comprendidos en el precio convenido los gastos de manutención,
el juez ó tribunal, oyendo á los peritos si lo estimare conveniente, señalará la cantidad que ha de quedar en beneficio del buque[2].

En el caso de recibirse otro pasajero en lugar del fallecido, no se deberá abono
alguno por dichos herederos.

---

[1] El nombramiento de los peritos habrá de hacerse en la forma que previene la L. de
Enj. c. á tenor de lo preceptuado para los actos de jurisdicción voluntaria en negocios de
comercio que puede verse en el estudio «Del proc. jud. en las cuest. civ.-merc.».

[2] Aun cuando este caso no estaba previsto en la L. de Enj. c. porque el antiguo Cód.
de com. no trataba del contrato de pasaje, es de aplicación al mismo la doctrina del artículo
2168 de dicha Ley que puede verse en la nota 2, pág. 194.

Lorsque le retard ne dépasse pas trente jours, les chargeurs payeront intégralement le fret à l'aller.

Si le retard dépasse trente jours, ils payeront seulement le fret proportionnel à la distance parcourue par le navire.

689. Sur la demande du fréteur le contrat d'affrétement pourra être résilié: 1° Si l'affréteur, bien que le délai des surestaries soit écoulé, n'a pas mis la cargaison au long du bord. — Dans ce cas, l'affréteur devra acquitter la moitié du fret convenu, et, en outre, les staries et surestaries dues; — 2° Si le fréteur vend le navire avant que l'affréteur ait commencé le chargement, et que l'acheteur charge le dit navire pour son compte personnel. — Dans ce cas le vendeur indemnisera l'affréteur des préjudices par lui soufferts.

Si le nouveau propriétaire du navire ne le charge pas pour son compte personnel, il devra respecter le contrat d'affrétement, et le vendeur devra indemniser son acheteur s'il ne lui a pas fait connaître l'affrétement au moment de la vente.

690. Le contrat d'affrétement sera résilié, et toutes les obligations auxquelles il donne naissance seront éteintes, si, avant que le navire n'ait mis à la voile et tandis qu'il se trouve dans le port de départ, il survient l'une des circonstances suivantes: 1° La déclaration de guerre ou l'interdiction du commerce avec la puissance à destination des ports de laquelle le navire devait voyager; — 2° L'état de blocus du port de destination, ou une maladie épidémique survenue depuis le contrat; — 3° La prohibition de recevoir dans le même lieu les marchandises composant la cargaison; — 4° La détention indéfinie du navire par suite d'embargo en vertu d'un ordre du gouvernement, ou pour une autre cause indépendante de la volonté de l'armateur; — 5° L'état d'innavigabilité du navire, sans qu'il y ait faute de la part du capitaine ou de l'armateur. — Le déchargement sera effectué aux frais de l'affréteur.

691. Si le navire ne peut prendre la mer par suite de fermeture du port de départ, ou d'une autre cause passagère, l'affrétement sera maintenu, sans qu'aucune des parties ait le droit de réclamer des dommages-intérêts.

Les aliments et les salaires de l'équipage seront considérés comme avarie commune.

Durant l'interruption, l'affréteur pourra, à ses frais, décharger et charger en son temps les marchandises à la condition de payer les staries, s'il diffère le rechargement après que le motif de l'arrêt aura cessé.

692. Le contrat d'affrétement demeurera résilié en partie, sauf convention contraire, et le capitaine aura droit seulement au fret pour l'aller, si, par suite d'une déclaration de guerre, de la fermeture des ports ou de l'interdiction des relations commerciales, le navire a relâché dans le port qui était désigné, en prévision de cet événement, dans les instructions de l'affréteur.

§ 5. Des passagers dans les voyages par mer.

693. Lorsque le prix du passage n'aura pas été convenu, il sera fixé sur requête sommaire par le juge ou le tribunal, après un rapport préalable d'experts[1].

694. Si le passager ne se trouve pas à bord à l'heure fixée, ou s'il quitte le navire sans la permission du capitaine, alors que celui-ci était prêt à sortir du port, le capitaine pourra commencer le voyage et exiger le prix du passage intégralement.

695. Le droit au passage, s'il est nominatif, ne pourra être cédé sans le consentement du capitaine ou du consignataire.

696. Si le passager vient à décéder avant de commencer le voyage, ses héritiers ne seront tenus d'acquitter que la moitié du prix convenu pour le passage.

Si, dans le prix convenu, sont compris les frais de subsistance, le juge ou le tribunal, après avoir entendu les experts, s'il le juge convenable, indiquera la somme qui doit rester à payer au navire[2].

Dans le cas où un autre passager viendrait à être reçu en remplacement du passager décédé, il ne sera rien dû par les dits héritiers.

---

[1] Il est procédé à la nomination des experts dans la forme prévue par la loi d'*Enj. civ.* dont les prescriptions relatives aux actes de la juridiction volontaire dans les affaires commerciales, sont analysées dans l'étude sur la procédure judiciaire dans les matières civiles et commerciales, à laquelle nous renvoyons le lecteur.

[2] Cette hypothèse n'a pas été prévue par la loi d'*Enj. civ.*, parce que l'ancien Code de commerce ne s'occupait pas du contrat de transport des passagers. Il y a lieu cependant d'appliquer, dans ce cas, l'art. 2163. Loi d'*Enj. civ.* Sur cet, article v. ci-dessus p. 194, note 2.

697. Si antes de emprender el viaje se suspendiese por culpa exclusiva del
capitán ó naviero, los pasajeros tendrán derecho á la devolución del pasaje y al
resarcimiento de daños y perjuicios; pero si la suspensión fuera debida á caso fortuito ó de fuerza mayor ó á cualquier otra causa independiente del capitán ó naviero,
los pasajeros sólo tendrán derecho á la devolución del pasaje.

698. En caso de interrupción del viaje comenzado, los pasajeros sólo estarán
obligados á pagar el pasaje en proporción á la distancia recorrida, y sin derecho
á resarcimiento de daños y perjuicios si la interrupción fuere debida á caso fortuito
ó de fuerza mayor, pero con derecho á indemnización si la interrupción consistiese
exclusivamente en el capitán.   Si la interrupción procediese de la inhabilitación
del buque, y el pasajero se conformase con esperar la reparación, no podrá exigírsele
ningún aumento de precio del pasaje, pero será de su cuenta la manutención durante
la estadía.

En caso de retardo de la salida del buque, los pasajeros tienen derecho á permanecer á bordo y á la alimentación por cuenta del buque, á menos que el retardo
sea debido á caso fortuito ó de fuerza mayor.   Si el retardo excediera de diez días,
tendrán derecho los pasajeros que lo soliciten á la devolución del pasaje; y si fuera
debido exclusivamente á culpa del capitán ó naviero, podrán además reclamar resarcimiento de daños y perjuicios.

El buque exclusivamente destinado al transporte de pasajeros debe conducirlos
directamente al puerto ó puertos de su destino, cualquiera que sea el número de
pasajeros, haciendo todas las escalas que tenga marcadas en su itinerario.

699. Rescindido el contrato antes ó después de emprendido el viaje, el capitán
tendrá derecho á reclamar lo que hubiere suministrado á los pasajeros[1].

700. En todo lo relativo á la conservación del orden y policía á bordo, los
pasajeros se someterán á las disposiciones del capitán, sin distinción alguna.

701. La conveniencia ó el interés de los viajeros no obligarán ni facultarán
al capitán para recalar ni para entrar en puntos que separen al buque de su derrota,
ni para detenerse, en los que deba ó tuviese precisión de tocar, más tiempo que
el exigido por las atenciones de la navegación.

702. No habiendo pacto en contrario, se supondrá comprendida en el precio
del pasaje la manutención de los pasajeros durante el viaje; pero si fuese de cuenta
de éstos, el capitán tendrá obligación, en caso de necesidad, de suministrarles los
víveres precisos para su sustento por un precio razonable.

703. El pasajero será reputado cargador en cuanto á los efectos que lleve á
bordo, y el capitán no responderá de lo que aquél conserve bajo su inmediata y
peculiar custodia, á no ser que el daño provenga de hecho del capitán ó de la tripulación.

704. El capitán, para cobrar el precio del pasaje y gastos de manutención, podrá
retener los efectos pertenecientes al pasajero, y en caso de venta de los mismos[2],
gozará de preferencia sobre los demás acreedores, procediéndose en ello como si
se tratase del cobro de los fletes.

705. En caso de muerte de un pasajero durante el viaje, el capitán estará
autorizado para tomar respecto del cadáver las disposiciones que exijan las circunstancias, y guardará cuidadosamente los papeles y efectos que hallare á bordo
pertenecientes al pasajero, observando cuanto dispone el caso 10 del art. 612 á
propósito de los individuos de la tripulación[3].

[1] En todas las cuestiones que se susciten entre el capitán y los pasajeros tanto por lo
prevenido en este artículo como en los dos anteriores es de aplicación lo que hemos dicho
respecto al 696 en la nota anterior.

[2] La venta como consecuencia de la retención ha de hacerse judicialmente en los términos
indicados en la nota 2, pág. 193.

[3] El Regl. Nav. Merc. contiene respecto á los pasajeros las disposiciones siguientes:
— Art. **17.** Todo buque mercante despachado para Ultramar debe llevar médico y capellán
en los casos siguientes: *A*) Cuando el número de tripulantes de capitán á paje exceda
de 40. — *B*) Cuando sumados los tripulantes y pasajeros excedan de 70. — Los capitanes
generales de los departamentos podrán autorizar á los comandantes de Marina para que
dispensen á los buques dichos de llevar capellán cuando no los haya disponibles en la
localidad, pero nunca de médico. — **41.** El número de pasajeros que pueden conducir los
buques mercantes según su porte y puntos á que se dirijan, es el de uno por cada tonelada y media del espacio vacío de sus bodegas, si en la navegación han de doblar los
cabos de Hornos ó de Buena Esperanza, y de uno por cada tonelada de iguales espacios

697. Si le voyage, avant d'être commencé, est suspendu par la faute exclusive du capitaine ou de l'armateur, les passagers auront droit à la restitution du passage et au remboursement des dommages et préjudices. Si, au contraire, la suspension du voyage est due à un cas fortuit, ou à une circonstance de force majeure, ou à toute autre cause indépendante de la volonté du capitaine ou de l'armateur, les passagers auront droit seulement à la restitution du passage.

698. En cas d'interruption du voyage commencé, les passagers seront seulement obligés de payer le passage proportionnellement à la distance parcourue, sans avoir le droit de réclamer des dommages-intérêts, si l'interruption a été due à un cas fortuit ou de force majeure. Ils auront droit, au contraire, à une indemnité, si l'interruption résulte exclusivement du fait du capitaine. Si l'interruption du voyage provient de l'innavigabilité du navire, et si le passager consent à attendre la réparation, il ne pourra être exigé de lui aucune augmentation du prix du passage, mais les frais de nourriture durant la starie seront à sa charge.

En cas de retard à sortir du port, les passagers ont le droit de demeurer à bord et d'être nourris aux frais du navire, à moins que le retard ne soit dû à un cas fortuit ou de force majeure. Si le retard dépasse dix jours, les passagers qui le demanderont auront droit au remboursement du passage; et si le retard est dû exclusivement à la faute du capitaine, ils pourront, en outre, réclamer le payement des dommages et préjudices.

Le navire exclusivement destiné au transport des passagers devra les transporter directement au port ou aux ports de destination, quel que soit le nombre des passagers, en faisant toutes les escales marquées sur son itinéraire.

699. Lorsque le contrat est résilié avant ou après le commencement du voyage, le capitaine aura le droit de réclamer ce qu'il aura fourni aux passagers [1].

700. Pour tout ce qui concerne le maintien de l'ordre et la police du bord, les passagers se soumettront aux prescriptions du capitaine, sans distinction aucune.

701. La convenance ou l'intérêt des voyageurs n'auront pour effet ni d'obliger ni d'autoriser le capitaine à relâcher ni à s'arrêter dans des lieux qui éloignent le navire de sa route, ni à demeurer dans ceux où il doit toucher pendant plus de temps que ne l'exigent les besoins de la navigation.

702. S'il n'y a pas eu de convention contraire, on présumera que la nourriture des passagers est comprise dans les frais de passage; toutefois, si elle est à la charge des passagers, le capitaine sera tenu, en cas de nécessité, de leur fournir les vivres nécessaires à leur subsistance à un prix raisonnable.

703. Le passager sera réputé chargeur en ce qui concerne les effets qu'il a à bord, et le capitaine ne sera responsable que de ce qu'il conserve sous sa garde personnelle et immédiate, à moins que le dommage ne provienne du fait personnel du dit capitaine ou de l'équipage.

704. Le capitaine, pour recouvrer le prix du passage et les frais de nourriture, pourra retenir les effets appartenant aux passagers et, en cas de vente des dits effets [2], il jouira d'un droit de préférence sur les autres créanciers, en procédant comme s'il s'agissait du recouvrement du fret.

705. En cas de décés d'un passager durant le voyage, le capitaine aura le droit de prendre à l'égard du cadavre les dispositions exigées par les circonstances, et il conservera soigneusement les papiers et les effets appartenant au passager qui se trouvent à bord, en se conformant à toutes les dispositions de n° 10 de l'article 612 relatives aux individus faisant partie de l'équipage [3].

---

[1]) Dans toutes les contestations qui surviennent entre le capitaine et les passagers, pour tout ce qui n'est prévu dans cet article comme dans les deux articles précédents, il y a lieu d'appliquer ce que nous avons dit dans la note précédente à propos de l'art. 696.

[2]) La vente après saisie doit être faite judiciairement dans les termes que nous indiquons ci-dessus, p. 193, note 2.

[3]) Le règlement sur la navigation marchande contient à cet égard les dispositions suivantes: Art. 17. Tout navire marchand à destination d'outre mer doit avoir un médecin et un aumônier dans les cas suivants: A) Lorsque le nombre des matelots et mousses dépasse 40. — B) Quand le nombre total des matelots et des passagers dépasse 70. — Les capitaines généraux des départements pourront autoriser les commandants de marine à dispenser les dits navires d'avoir un aumônier quand il n'y en a pas de disponible dans la localité, mais ils ne pourront jamais les dispenser d'avoir un médecin. — 41. Le nombre des passagers que peuvent transporter les bâtiments marchands suivant leur tonnage et leurs points de destination, est d'un passager par chaque tonneau et demi d'espace libre de ses cales, si le bâtiment doit doubler les caps Horn ou de Bonne Espérance, et d'un passager par tonneau des mêmes espaces libres dans les autres

§ 6.º *Del conocimiento.*

706. El capitán y el cargador del buque tendrán obligación de extender el
conocimiento, en el cual se expresará: 1.º El nombre, matrícula y porte del buque;
— 2.º El del capitán, y su domicilio; — 3.º El puerto de carga y el de descarga;
— 4.º El nombre del cargador; — 5.º El nombre del consignatario, si el conocimiento fuere nominativo; — 6.º La cantidad, calidad, número de los bultos y
marcas de las mercaderías; — 7.º El flete y la capa contratados.

El conocimiento podrá ser al portador, á la orden ó á nombre de persona determinada, y habrá de firmarse dentro de las veinticuatro horas de recibida la carga
á bordo, pudiendo el cargador pedir[1] la descarga á costa del capitán, si éste no lo
suscribiese, y, en todo caso, los daños y perjuicios que por ello le sobrevinieren.

707. Del conocimiento primordial se sacarán cuatro ejemplares de igual tenor,
y los firmarán todos el capitán y el cargador.   De éstos, el cargador conservará
uno y remitirá otro al consignatario; el capitán tomará dos, uno para sí y otro
para el naviero.

Podrán extenderse además cuantos conocimientos estimen necesarios los interesados; pero cuando fueren á la orden ó al portador, se expresará en todos los ejemplares, ya sean de los cuatro primeros, ó de los ulteriores, el destino de cada uno,
consignando si es para el naviero, para el capitán, para el cargador ó para el consignatario. Si el ejemplar destinado á este último se duplicare, habrá de expresarse
en él esta circunstancia y la de no ser valedero sino en defecto del primero.

708. Los conocimientos al portador destinados al consignatorio serán transferibles por la entrega material del documento; y en virtud de endoso, los extendidos á la orden.

En ambos casos, aquel á quien se transfiera el conocimiento adquirirá sobre las
mercaderías expresadas en él todos los derechos y acciones del cedente ó del endosante.

709. El conocimiento, formalizado con arreglo á las disposiciones de este
título, hará fe entre todos los interesados en la carga y entre éstos y los aseguradores,
quedando á salvo para los últimos la prueba en contrario.

710. Si no existiere conformidad entre los conocimientos, y en ninguno se
advirtiere enmienda ó raspadura, harán fe contra el capitán ó el naviero y en favor
del cargador ó el consignatario, los que éstos posean extendidos y firmados por
aquél; y en contra del cargador ó consignatario y en favor del capitán ó naviero,
los que éstos posean extendidos y firmados por el cargador.

711. El portador legítimo de un conocimiento, que deje de presentárselo al
capitán del buque antes de la descarga, obligando á éste por tal omisión á que haga
el desembarco y ponga la carga en depósito, responderá de los gastos de almacenaje
y demás que por ello se originen.

712. El capitán no puede variar por sí el destino de las mercaderías. Al admitir esta variación á instancia del cargador, deberá recoger antes los conocimientos
que hubiere expedido, so pena de responder del cargamento al portador legítimo
de éstos.

---

en las demás navegaciones, entendiéndose que sólo podrán ir en cámaras, antecámaras ó
camarotes tantos como literas fijas hubiere establecidas. — **42.** Todos los pasajeros deben
ir provistos de sus cédulas personales; los funcionarios del Gobierno de sus pasaportes, y
los que se dirijan á puntos no españoles de Ultramar, de un permiso legalizado de los padres,
tutores ó maridos, siendo menores ó mujeres casadas, y de un certificado igual al inserto
á continuación del art. 25 si se halla en las condiciones de edad que el mismo determina para
los tripulantes. — Las autoridades de Marina de los puertos son los encargados de velar por el
cumplimiento de este artículo y el anterior y remitir á los capitanes generales de los departamentos una relación de los pasajeros embarcados en cada buque para el extranjero ó Ultramar. — Todos los buques mercantes españoles están obligados á admitir el pasaje oficial que
ordenaren los comandantes de Marina aun en el caso de no satisfacer en el acto el precio del pasaje.

[1]) Esta petición habrá de hacerse al juez en la forma prevenida en el artículo 2168 de la
L. de Enj. c. que puede verse en la nota 2, pág. 194.

§ 6. *Du connaissement.*

706. Le capitaine et le chargeur du navire seront tenus de dresser un connaissement, dans lequel seront énoncés: 1° Le nom, la matricule et le tonnage du navire; — 2° Le nom du capitaine et son domicile; — 3° Le port de chargement et celui de déchargement; — 4° Le nom du chargeur; — 5° Le nom du consignataire, si le connaissement est nominatif; — 6° Les quantité, qualité, nombre des colis et marques des marchandises; — 7° Le fret et le chapeau convenus.

Le connaissement pourra être au porteur, à ordre ou au nom d'une personne déterminée; il devra être signé dans les vingt-quatre heures de la réception de la cargaison à bord, et le chargeur pourra demander le déchargement[1] aux frais du capitaine, si celui-ci ne le souscrit pas, et, en tous cas, les dommages et préjudices à lui occasionnés.

707. Il sera dressé quatre exemplaires du connaissement original, lesquels auront la même teneur et seront tous signés du capitaine et du chargeur. Le chargeur conservera l'un de ces exemplaires et il en remettra un autre au consignataire; le capitaine aura deux exemplaires, l'un pour lui-même, l'autre pour l'armateur.

Les intéressés pourront, en outre, dresser autant de connaissements qu'ils le jugeront convenable. Toutefois, si les connaissements sont à ordre ou au porteur, on indiquera sur tous les exemplaires, qu'il s'agisse des quatre premiers exemplaires ou des exemplaires supplémentaires, la destination de chacun d'eux et l'on mentionnera s'il est destiné à être remis à l'armateur, au capitaine, au chargeur ou au consignataire. Si l'exemplaire destiné à ce dernier est dressé par duplicata, on devra mentionner cette circonstance et indiquer que le duplicata ne sera valable qu'à défaut du premier.

708. Les connaissements au porteur destinés au consignataire seront transmissibles par la remise matérielle du document, et, en vertu d'un endossement, s'ils sont rédigés à ordre.

Dans les deux cas, celui à qui sera transféré le connaissement acquerra, sur les marchandises qui s'y trouvent désignées, tous les droits et actions appartenant au cédant ou à l'endosseur.

709. Le connaissement dressé conformément aux dispositions du présent titre fera foi tant entre les intéressés au chargement qu'entre ceux-ci et les assureurs, sauf à ces derniers la preuve contraire.

710. Lorsque les connaissements ne seront pas conformes, et qu'aucun d'eux ne portera des traces de correction ou de rature, ceux qui seront en la possession du chargeur ou du consignataire, s'ils sont rédigés et signés par le capitaine, feront foi contre le capitaine ou l'armateur au profit des dits chargeur ou consignataire, et ceux qui seront en la possession du capitaine ou de l'armateur, s'ils sont rédigés et signés par le chargeur, feront foi contre le chargeur ou le consignataire en faveur des dits capitaine ou armateur.

711. Celui qui, étant légitimement porteur d'un connaissement, néglige de le représenter au capitaine avant le déchargement du navire et l'oblige, par cette omission, à débarquer et à mettre en dépôt la cargaison, sera responsable des frais de magasinage et autres occasionnés par son fait.

712. Le capitaine ne peut modifier par lui-même la destination des marchandises. S'il consent à la modifier sur la demande du chargeur, il devra recueillir préalablement les connaissements par lui délivrés, sous peine d'être responsable de la cargaison envers le porteur de ces connaissements.

navigations, étant entendu qu'ils ne pourront aller que dans les chambres, antichambres, cabines où sont établis des hamacs d'une manière fixe. — **42.** Tous les passagers doivent être munis de leurs papiers personnels, les fonctionnaires du gouvernement, de leur passeport, et ceux à destination d'un pays d'outre-mer non espagnol, d'une autorisation de leurs père, tuteur ou mari, s'ils sont mineurs ou femmes mariées, et d'un certificat conforme à celui joint à l'art. 25, s'ils sont dans les conditions d'âge fixées par le dit article pour les gens de l'équipage. — Les autorités maritimes des ports sont chargées de veiller à l'exécution du présent article, ainsi que de celles de l'article précédent, et de remettre aux capitaines généraux des départements un état des passagers embarqués sur chaque navire à destination de l'étranger ou d'outre-mer. — Tous les bâtiments marchands espagnols sont tenus d'accepter le passage officiel ordonné par les commandants de marine même dans le cas où le prix du passage ne serait pas payé immédiatement.

[1] Cette requête doit être adressée au juge dans la forme prévue par l'art. 2168 loi *Enj. civ.* V. sur cet article p. 194, note 2.

713. Si antes de hacer la entrega del cargamento se exigiere al capitán nuevo conocimiento, alegando que la no presentación de los anteriores consiste en haberse extraviado ó en alguna otra causa justa, tendrá obligación de darlo, siempre se le afiance á su satisfacción el valor del cargamento; pero sin variar la consignación, y expresando en él las circunstancias prevenidas en el último párrafo del art. 707, cuando se trate de los conocimientos á que el mismo se refiere, bajo la pena, en otro caso, de responder de dicho cargamento si por su omisión fuese entregado indebidamente.

714. Si antes de hacerse el buque á la mar falleciere el capitán ó cesare en su oficio por cualquier accidente, los cargadores tendrán derecho á pedir al nuevo capitán la ratificación de los primeros conocimientos, y éste deberá darla, siempre que le sean presentados ó devueltos todos los ejemplares que se hubieran expedido anteriormente, y resulte, del reconocimiento de la carga, que se halla conforme con los mismos.

Los gastos que se originen del reconocimiento de la carga serán de cuenta del naviero, sin perjuicio de repetirlos éste contra el primer capitán, si dejó de serlo por culpa suya. No haciéndose tal reconocimiento, se entenderá que el nuevo capitán acepta la carga como resulte de los conocimientos expedidos.

715. Los conocimientos producirán acción sumarísima ó de apremio[1], según los casos, para la entrega del cargamento y el pago de los fletes y gastos que hayan producido.

716. Si varias personas presentaren conocimientos al portador, ó á la orden, endosados á su favor, en reclamación de las mismas mercaderías, el capitán preferirá, para su entrega, á la que presente el ejemplar que hubiere expedido primeramente, salvo el caso de que el posterior lo hubiera sido por justificación del extravío de aquél y aparecieren ambos en manos diferentes.

En este caso, como en el de presentarse sólo segundos ó ulteriores ejemplares que se hubieran expedido sin esa justificación, el capitán acudirá al juez ó tribunal para que verifique el depósito de las mercaderías[2] y se entreguen por su mediación á quien sea procedente.

717. La entrega del conocimiento producirá la cancelación de todos los recibos provisionales de fecha anterior, dados por el capitán ó sus subalternos en resguardo de las entregas parciales que les hubieren hecho del cargamento.

718. Entregado el cargamento, se devolverán al capitán los conocimientos que firmó, ó al menos el ejemplar bajo el cual se haga la entrega, con el recibo de las mercaderías en el mismo.

La morosidad del consignatario le hará responsable de los perjuicios que la dilación pueda ocasionar al capitán.

Sección segunda. Del contrato á la gruesa, ó préstamo á riesgo marítimo.

719. Se reputará préstamo á la gruesa ó á riesgo marítimo, aquel en que, bajo cualquiera condición, dependa el reembolso de la suma prestada y el premio por ella convenido, del feliz arribo á puerto de los efectos sobre que esté hecho, ó del valor que obtengan en caso de siniestro.

720. Los contratos á la gruesa podrán celebrarse: 1.º Por escritura pública; — 2.º Por medio de póliza firmada por las partes y el corredor que interviniere; — 3.º Por documento privado[3].

De cualquiera de estas maneras que se celebre el contrato, se anotará en el certificado de inscripción del buque y se tomará de él razón en el Registro Mercantil, sin cuyos requisitos los créditos de este origen no tendrán respecto á los demás la preferencia que, según su naturaleza, les corresponda, aunque la obligación será eficaz entre los contratantes.

---

[1] Este procedimiento sumarísimo es el expuesto al hablar del procedimiento de apremio en negocios de comercio en el estudio «Del proc. jud. en las cuest. civ.-merc.»

[2] Este depósito habrá de practicarse en la forma indicada en la nota 1, pág. 128.

[3] En cualquiera de estas tres formas estará siempre sujeto al pago del impuesto proporcional del timbre correspondiente á su cuantía con sujeción á la escala del art. 15 de la L. del T. que puede verse en la nota 1, pág. 110 (art. 59 y 176 de la L. del T.).

713. Si, avant de faire la remise du chargement, on exige du capitaine un nouveau connaissement, en alléguant que la non-représentation des connaissements antérieurs provient de ce qu'ils ont été égarés, ou de toute autre cause légitime, le capitaine sera tenu de le délivrer, toutes les fois qu'on lui donnera une garantie suffisante de la valeur du chargement, sans toutefois modifier la consignation et en indiquant, dans le nouveau connaissement, les circonstances prévues dans le dernier paragraphe de l'article 707, lorsqu'il s'agit de connaissements auxquels le nouveau se réfère, sous peine d'être responsable du dit chargement dans le cas où, par suite de son omission, il serait livré indûment.

714. Si le capitaine vient à décéder ou à cesser ses fonctions par suite d'un accident quelconque, avant que le navire n'ait mis à la voile, les chargeurs auront le droit de demander au nouveau capitaine de ratifier les premiers connaissements, et celui-ci ne pourra s'y refuser, pourvu qu'on lui représente ou qu'on lui remette tous les exemplaires délivrés antérieurement, et qu'il résulte de la vérification de la cargaison qu'elle est conforme aux mentions des dits connaissements.

Les frais de reconnaissance de la cargaison seront à la charge de l'armateur, lequel pourra les répéter contre le capitaine, si celui-ci a cessé ses fonctions par sa faute. A défaut de cette reconnaissance, le nouveau capitaine sera présumé accepter la cargaison telle qu'elle résulte des connaissements délivrés.

715. Les connaissements produiront une action très sommaire ou de contrainte[1], suivant les cas, pour obtenir la livraison de la cargaison et le payement du fret et des frais.

716. Si plusieurs personnes présentent des connaissements au porteur ou à ordre endossés à leur profit, et réclament les mêmes marchandises, le capitaine donnera la préférence, pour en effectuer la remise, à celui qui présente l'exemplaire qui a été délivré le premier, sauf dans le cas où l'exemplaire postérieur aura été délivré sur la justification que le premier avait été égaré et où les deux exemplaires se trouvent dans des mains différentes.

Dans ce cas, comme dans celui où l'on représentera des seconds ou troisièmes exemplaires délivrés sans que cette justification ait été faite, le capitaine s'adressera au juge ou au tribunal pour faire ordonner le dépôt des marchandises[2] et leur livraison par son intermédiaire à qui il appartiendra.

717. La remise du connaissement annulera tous les reçus provisoires de date antérieure, donnés par le capitaine ou par ses subalternes en reconnaissance des remises partielles qui lui auront été faites du chargement.

718. Après livraison de la cargaison, il sera fait remise au capitaine des connaissements par lui signés, ou tout au moins de l'exemplaire qui a servi à faire la livraison, avec le récépissé des marchandises consigné sur le dit exemplaire.

Le retard du consignataire le rendra responsable de tous les préjudices pouvant résulter du retardement.

Section II. Du contrat à la grosse ou du prêt au risque maritime.

719. Le prêt sera réputé fait à la grosse ou au risque maritime lorsque, sous une condition quelconque, le remboursement de la somme prêtée et le payement du profit convenu dépendent de l'heureuse arrivée au port des effets sur lesquels le prêt a été fait ou de la valeur obtenue en cas de sinistre.

720. Les contrats à la grosse pourront être faits: 1° Par acte public; — 2° Au moyen d'une police signée des parties et du courtier qui leur a prêté son ministère; — 3° Par un document privé[3].

Quel que soit le mode adopté, le contrat sera mentionné sur le certificat d'inscription du navire, ainsi que sur le registre du commerce, et, faute de remplir les dites conditions, les créances qui ont leur origine dans le dit contrat n'auront envers les autres créances d'autre droit de préférence que celui qui résulte de leur nature; cependant l'obligation produira ses effets entre les contractants.

---

[1]) Cette procédure très sommaire est la procédure de contrainte dans les affaires de commerce que nous avons exposée dans notre étude sur la procédure judiciaire dans les matières civiles et commerciales.

[2]) Il est procédé à ce dépôt dans la forme indiquée ci-dessus, p. 128, note 1.

[3]) Quelle que soit celle de ces trois formes adoptée, le payement est soumis à l'impôt proportionnel du timbre, dû suivant son montant, conformément à l'échelle établie par l'art. 15 de la loi sur le timbre. Sur cet article v. p. 110, note 1 (loi sur le timbre art. 59 et 176).

Los contratos celebrados durante el viaje, se regirán por lo dispuesto en los
artículos 583 y 611, y surtirán efecto respecto de terceros desde su otorgamiento,
si fueren inscritos en el Registro Mercantil del puerto de la matrícula del buque
antes de transcurrir los ocho días siguientes á su arribo. Si transcurrieran los ocho
días sin haberse hecho la inscripción en el Registro Mercantil, los contratos celebrados durante el viaje de un buque no surtirán efecto respecto de terceros, sino
desde el día y fecha de la inscripción.

Para que las pólizas de los contratos celebrados con arreglo al número 2.°, tengan fuerza ejecutiva, deberán guardar conformidad con el registro del corredor que
intervino en ellos. En los celebrados con arreglo al número 3.°, precederá el reconocimiento de la firma[1].

Los contratos que no consten por escrito, no producirán acción en juicio.

721. En el contrato á la gruesa se deberá expresar: 1.° La clase, nombre y
matrícula del buque; — 2.° El nombre, apellido y domicilio del capitán; — 3.° Los
nombres, apellidos y domicilios del que da y del que toma el préstamo; — 4.° El
capital del préstamo y el premio convenido; — 5.° El plazo del reembolso; —
6.° Los objetos pignorados á su reintegro; — 7.° El viaje por el cual se corra
el riesgo.

722. Los contratos podrán extenderse á la orden, en cuyo caso serán transferibles por endoso, y adquirirá el cesionario todos los derechos y correrá todos
los riesgos que correspondieran al endosante.

723. Podrán hacerse préstamos en efectos y mercaderías, fijándose su valor
para determinar el capital del préstamo.

724. Los préstamos podrán constituirse conjunta ó separadamente: 1.° Sobre
el casco del buque; — 2.° Sobre el aparejo; — 3.° Sobre los pertrechos, víveres
y combustible; — 4.° Sobre la máquina, siendo el buque de vapor; — 5.° Sobre
mercaderías cargadas.

Si se constituyesen sobre el casco del buque, se entenderán además afectos
á la responsabilidad del préstamo el aparejo, pertrechos y demás efectos, víveres,
combustible, máquinas de vapor y los fletes ganados en el viaje del préstamo.

Si se hiciere sobre la carga, quedará afecto al reintegro todo cuanto la constituya; y si sobre un objeto particular del buque ó de la carga, sólo afectará la
responsabilidad al que concreta y determinadamente se especifique.

725. No se podrá prestar á la gruesa sobre los salarios de la tripulación ni
sobre las ganancias que se esperen.

726. Si el prestador probare que prestó mayor cantidad que la del valor del
objeto sobre que recae el préstamo á la gruesa, por haber empleado el prestatario
medios fraudulentos, el préstamo será válido sólo por la cantidad en que dicho
objeto se tase pericialmente.

El capital sobrante se devolverá con el interés legal[2] por todo el tiempo que
durase el desembolso.

727. Si el importe total del préstamo para cargar el buque, no se empleare
en la carga, el sobrante se devolverá antes de la expedición.

Se procederá de igual manera con los efectos tomados á préstamo, si no se
hubieren podido cargar.

728. El préstamo que el capitán tomare en el punto de residencia de los propietarios del buque, sólo afectará á la parte de éste que pertenezca al capitán, si
no hubieren dado su autorización expresa ó intervenido en la operación los demás
propietarios ó sus apoderados.

Si alguno ó algunos de los propietarios fueren requeridos para que entreguen
la cantidad necesaria á la reparación ó aprovisionamiento del buque, y no lo hicieren
dentro de veinticuatro horas, la parte que los negligentes tengan en la propiedad
quedará afecta, en la debida proporción, á la responsabilidad del préstamo.

Fuera de la residencia de los propietarios, el capitán podrá tomar préstamos
conforme á lo dispuesto en los artículos 583 y 611.

---

[1] La clase de documentos que producen acción ejecutiva puede verse al tratar del juicio
ejecutivo en el estudio «Del proc. jud. en las cuest. civ.-merc».

[2] Este interés es el del 5%. (Véase la nota 5, pág. 136.)

Les contrats faits durant le voyage seront régis par les dispositions des articles
583 et 611, et ils produiront un effet à l'égard des tiers, dès leur rédaction, s'ils ont
été inscrits sur le registre du commerce du port de la matricule du navire, avant
l'expiration du délai de huit jours à dater de l'arrivée du navire. Lorsque ce délai
de huit jours se sera écoulé sans que la dite inscription ait été faite sur le registre
du commerce, les contrats passés durant le voyage ne sortiront effet à l'égard des
tiers qu'à dater de leur inscription.

Les polices des contrats faits conformément au numéro 2, pour posséder
force exécutive, devront être conformes au registre du courtier par le ministère
de qui ils ont été conclus. Dans les contrats faits conformément au numéro 3,
on procédera à la reconnaissance des signatures[1].

Les contrats qui ne sont pas constatés par écrit ne produiront pas d'action
en justice.

721. Dans le contrat à la grosse on devra mentionner: 1° La classe, le nom
et la matricule du navire; — 2° Les prénom, nom et domicile du capitaine; —
3° Les prénoms, noms et domiciles du prêteur et de l'emprunteur; — 4° Le délai
fixé pour le remboursement; — 5° Les objets affectés à la garantie du remboursement; — 6° Le voyage pour lequel court le risque.

722. Les contrats pourront être rédigés à ordre, auquel cas ils seront transmissibles par voie d'endossement, et le cessionnaire acquerra tous les droits qui
appartiennent, de même qu'il courra tous les risques incombant au cédant.

723. Les prêts pourront consister en effets et en marchandises, à la condition
de les évaluer, afin de déterminer le capital prêté.

724. Les prêts pourront être faits conjointement ou séparément: 1° Sur
le corps du navire; — 2° Sur les apparaux; — 3° Sur les instruments, vivres et
combustibles; — 4° Sur la machine, s'il s'agit d'un bâtiment à vapeur; — 5° Sur
les marchandises chargées.

S'ils sont faits sur le corps du navire, les apparaux, instruments et autres
effets, ainsi que les vivres, combustibles, machines à vapeur et les frets gagnés dans
le voyage pour lequel a été fait le prêt, seront en outre réputés être affectés à la
garantie du dit prêt.

S'ils sont faits sur la cargaison, tous les objets composant la dite cargaison
seront affectés à la garantie du remboursement; enfin, s'ils sont affectés sur un
objet particulier du navire ou de la cargaison, l'objet qui aura été spécialement
déterminé sera seul affecté à la garantie du remboursement.

725. Il ne pourra pas être fait de prêt à la grosse sur les salaires ni sur les
profits des gens de mer.

726. Si le prêteur prouve qu'il a prêté une somme supérieure à la valeur de
l'objet sur lequel est fait le prêt à la grosse, par suite des manœuvres frauduleuses de l'emprunteur, le prêt sera valable seulement jusqu'à concurrence de la
somme à laquelle le dit objet aura été évalué, à dire d'expert.

Le surplus sera remboursé avec l'intérêt légal[2] pour tout le temps que dure
le déboursement.

727. Si le prêt fait pour charger le navire n'a pas été intégralement employé
au chargement, l'excédent sera remboursé avant le départ.

Il en sera de même en ce qui concerne les objets empruntés à la grosse, s'il
n'a pas été possible de les charger.

728. L'emprunt fait par le capitaine, dans le lieu de la résidence des propriétaires du navire, n'affectera que la part du dit capitaine dans la propriété du
navire, si les autres propriétaires ou leurs fondés de pouvoir n'ont pas donné leur
autorisation expresse, ou s'ils ne sont pas intervenus au contrat.

Lorsqu'un ou plusieurs des propriétaires, après avoir été requis de remettre
la somme nécessaire pour réparer le navire, ne satisfont pas à cette réquisition dans
les vingt-quatre heures, la part des propriétaires négligents dans la propriété du
navire sera affectée jusqu'à due proportion à la garantie du prêt.

En dehors de la résidence des propriétaires, le capitaine pourra emprunter
conformément aux dispositions contenues dans les articles 583 et 611.

---

[1]) Sur la catégorie d'actes entraînant force exécutoire, v. ce qui est dit de l'instance exécutive dans l'étude sur la procédure judiciaire dans les matières civiles et commerciales.

[2]) Cet intérêt est de 5%, v. p. 136, note 5.

729. No llegando á ponerse en riesgo los efectos sobre que se toma dinero, el contrato quedará reducido á un préstamo sencillo, con obligación en el prestatario de devolver capital é intereses al tipo legal[1], si no fuere menor el convenido.

730. Los préstamos hechos durante el viaje, tendrán preferencia sobre los que se hicieron antes de la expedición del buque, y se graduarán por el orden inverso al de sus fechas.

Los préstamos para el último viaje, tendrán preferencia sobre los préstamos anteriores.

En concurrencia de varios préstamos hechos en el mismo puerto de arribada forzosa y con igual motivo, todos se pagarán á prorrata.

731. Las acciones correspondientes al prestador se extinguirán con la pérdida absoluta de los efectos sobre que se hizo el préstamo, si procedió de accidente de mar en el tiempo y durante el viaje designados en el contrato, y constando la existencia de la carga á bordo; pero no sucederá lo mismo si la pérdida provino de vicio propio de la cosa, ó sobrevino por culpa ó malicia del prestatario, ó por baratería del capitán, ó si fué causada por daños experimentados en el buque á consecuencia de emplearse en el contrabando, ó si procedió de cargar las mercaderías en buque diferente del que se designó en el contrato, salvo si este cambio se hubiera hecho por causa de fuerza mayor.

La prueba de la pérdida incumbe al que recibió el préstamo, así como también la de la existencia en el buque de los efectos declarados al prestador como objeto de préstamo.

732. Los prestadores á la gruesa soportarán á prorrata de su interés respectivo las averías comunes que ocurran en las cosas sobre que se hizo el préstamo.

En las averías simples, á falta de convenio expreso de los contratantes, contribuirá también por su interés respectivo el prestador á la gruesa, no perteneciendo á las especies de riesgos exceptuados en el artículo anterior.

733. No habiéndose fijado en el contrato el tiempo por el cual el mutuante correrá el riesgo, durará, en cuanto al buque, máquinas, aparejo y pertrechos, desde el momento de hacerse éste á la mar hasta el de fondear en el puerto de su destino, y, en cuanto á las mercaderías, desde que se carguen en la playa ó muelle del puerto de la expedición hasta descargarlas en el de consignación.

734. En caso de naufragio, la cantidad afecta á la devolución del préstamo se reducirá al producto de los efectos salvados, deducidos los gastos de salvamento.

Si el préstamo fuese sobre el buque ó alguna de sus partes, los fletes realizados en el viaje para que aquél se haya hecho, responderán también á su pago en cuanto alcancen para ello.

735. Si en un mismo buque ó carga concurrieren préstamo á la gruesa y seguro marítimo, el valor de lo que fuere salvado se dividirá, en caso de naufragio, entre el mutuante y el asegurador, en proporción del interés legítimo de cada uno, tomando en cuenta, para esto, únicamente el capital, por lo tocante al préstamo, y sin perjuicio del derecho preferente de otros acreedores, con arreglo al art. 580.

736. Si en el reintegro del préstamo hubiere demora por el capital y sus premios, sólo el primero devengará rédito legal[2].

Sección tercera.　De los seguros marítimos.[3]

§ 1.º　De la forma de este contrato.

737. Para ser válido el contrato de seguro marítimo, habrá de constar por escrito en póliza firmada por los contratantes[4].

Esta póliza se extenderá y firmará por duplicado reservándose un ejemplar cada una de las partes contratantes.

---

[1] Véase la nota anterior (p. 201).

[2] Véase la nota 2, pág. 201.

[3] Estas empresas de seguros pagarán, á tenor de lo mandado en la Ley de 27 de marzo de 1900 y con arreglo á la tarifa 3.ª de la misma, el 0,50% de las primas de seguros nuevos ó antiguos que efectuaren en España.

[4] Estas pólizas no están sujetas al pago del impuesto del timbre porque este lo satisfacen las compañías ó empresas á razón de 20 céntimos de peseta por cada mil pesetas de capital ase-

729. Lorsque les effets sur lesquels est fait le prêt, n'ont pas couru le risque de mer, le contrat est réduit à un prêt simple et l'emprunteur est obligé de rembourser le capital avec l'intérêt au taux légal[1], s'il n'a pas été stipulé un intérêt moindre[1].

730. Les prêts faits durant le voyage jouiront d'un droit de préférence sur ceux qui auront été faits avant le départ du navire, et ils prendront rang dans l'ordre inverse de leurs dates.

Les prêts pour le dernier voyage jouiront d'un droit de préférence sur les prêts antérieurs.

En cas de concurrence, entre des prêts faits dans le même port de relâche forcée et pour le même motif, les dits prêts seront tous payés au prorata.

731. Les actions appartenant au prêteur seront toutes éteintes par la perte absolue de tous les effets sur lesquels le prêt a été fait, si cette perte provient d'un accident de mer dans le temps et durant le voyage désignés au contrat, et lorsqu'il est démontré que la cargaison existait à bord; mais il n'en sera plus de même si la perte provient d'un vice propre de la chose, ou si elle a été occasionnée par la faute ou par le dol de l'emprunteur, ou par la baraterie du capitaine, ou si elle résulte des dommages soufferts par le navire à la suite d'un chargement d'objets de contrebande, ou de ce que les marchandises ont été chargées sur un autre navire que celui qui avait été désigné dans le contrat, sauf dans le cas où ce changement de navire aura été motivé par une circonstance de force majeure.

La preuve de la perte incombe à celui qui a reçu le prêt; il lui appartient également de prouver l'existence sur le navire des objets déclarés au prêteur comme affectés au prêt.

732. Les prêteurs à la grosse supporteront au prorata de leur intérêt respectif les avaries communes survenues aux choses sur lesquelles le prêt a été fait.

Le prêteur à la grosse contribuera également, proportionnellement à son intérêt, aux avaries simples, à défaut de convention expresse des contractants, pourvu qu'elles n'appartiennent pas à la catégorie de risques exceptés dans l'article précédent.

733. Si le temps du risque n'a pas été déterminé par le contrat, il courra, à l'égard du navire, de la machine, des apparaux et des instruments, du moment où le navire a fait voile jusqu'à celui où il est arrivé dans le port de sa destination, et, à l'égard des marchandises, depuis le moment où elles sont chargées sur la plage ou sur le môle du port d'expédition jusqu'à celui où elles sont déchargées dans le port de consignation.

734. En cas de naufrage, le payement des sommes empruntées sera réduit à la valeur des effets sauvés, déduction faite des frais de sauvetage.

Si le prêt a été fait sur le navire ou sur l'une de ses parties, les frets réalisés durant le voyage pour lequel le prêt a été fait, seront affectés également à la garantie du payement jusqu'à due concurrence.

735. S'il y a prêt à la grosse et assurance maritime sur le même navire ou sur le même chargement, la valeur des effets sauvés sera partagée, en cas de naufrage, entre le prêteur à la grosse et l'assureur, proportionnellement à leur intérêt légitime, en tenant compte, à cet effet, uniquement au prêteur du capital, sans préjudice du privilège appartenant aux autres créanciers, conformément à l'article 580.

736. En cas de retard apporté au remboursement de la somme prêtée et du profit, le capital seul produira intérêt au taux légal[2].

Section III. Des assurances maritimes.[3]

§ 1. *De la forme du contrat d'assurance.*

737. Pour être valable, le contrat d'assurance maritime devra être constaté par écrit au moyen d'une police signée par les contractants.

Cette police sera rédigée et signée en double exemplaire, et un exemplaire sera remis à chacune des parties contractantes[4].

---

[1]) V. la note précédente (p. 201).

[2]) V. ci-dessus p. 201, note 2.

[3]) Ces entreprises d'assurances payeront, conformément aux prescriptions de la loi du 27 mars 1900 et d'après le tarif 3 de cette loi, un droit de 0,90% du montant des primes d'assurances nouvelles ou anciennes reçues en Espagne.

[4]) Ces polices ne sont pas soumises au droit de timbre, par ce motif que les compagnies ou entreprises payent déjà ce droit à raison de 0,20 *pesetas* pour 1000 sur le capital assuré contre

738. La póliza del contrato de seguro contendrá, además de las condiciones que libremente consignen los interesados, los requisitos siguientes: 1.º Fecha del contrato, con expresión de la hora en que queda convenido; — 2.º Nombres, apellidos y domicilios del asegurador y asegurado; — 3.º Concepto en que contrata el asegurado, expresando si obra por sí ó por cuenta de otro; — En este caso, el nombre, apellidos y domicilio de la persona en cuyo nombre hace el seguro; — 4.º Nombre, puerto, pabellón y matrícula del buque asegurado ó del que conduzca los efectos asegurados; — 5.º Nombre, apellido y domicilio del capitán; — 6.º Puerto ó rada en que han sido ó deberán ser cargadas las mercaderías aseguradas; — 7.º Puerto de donde el buque ha partido ó debe partir; — 8.º Puertos ó radas en que el buque debe cargar, descargar ó hacer escalas por cualquier motivo; — 9.º Naturaleza y calidad de los objetos asegurados; — 10.º Número de los fardos ó bultos de cualquier clase, y sus marcas, si las tuvieren; — 11.º Época en que deberá comenzar y terminar el riesgo; — 12.º Cantidad asegurada; — 13.º Precio convenido por el seguro, y lugar, tiempo y forma de su pago; — 14.º Parte del premio que corresponda al viaje de ida y al de vuelta, si el seguro fuere á viaje redondo; — 15.º Obligación del asegurador de pagar el daño que sobrevenga á los efectos asegurados; — 16.º El lugar, plazo y forma en que habrá de realizarse el pago.

739. Los contratos y pólizas de seguro que autoricen los agentes consulares en el extranjero, siendo españoles los contratantes ó alguno de ellos, tendrán igual valor legal que si se hubieren verificado con intervención de corredor.

740. En un mismo contrato y en una misma póliza podrán comprenderse el seguro del buque y el de la carga, señalando el valor de cada cosa, y distinguiendo las cantidades aseguradas sobre cada uno de los objetos, sin cuya expresión será ineficaz el seguro.

Se podrá también en la póliza fijar premios diferentes á cada objeto asegurado.

Varios aseguradores podrán suscribir una misma póliza.

741. En los seguros de mercaderías podrá omitirse la designación específica de ellas y del buque que haya de transportarlas, cuando no consten estas circunstancias al asegurado.

Si el buque en estos casos sufriere accidente de mar, estará obligado el asegurado á probar, además de la pérdida del buque, su salida del puerto de carga, el embarque por su cuenta de los efectos perdidos, y su valor, para reclamar la indemnización.

742. Las pólizas del seguro podrán extenderse á la orden del asegurado, en cuyo caso serán endosables.

§ 2.º *De las cosas que pueden ser aseguradas, y de su evaluación.*

743. Podrán ser objeto del seguro marítimo: 1.º El casco del buque en lastre ó cargado, en puerto ó en viaje; — 2.º El aparejo; — 3.º La máquina, siendo el buque de vapor; — 4.º Todos los pertrechos y objetos que constituyen el armamento; — 5.º Víveres y combustible; — 6.º Las cantidades dadas á la gruesa; — 7.º El importe de los fletes y el beneficio probable; — 8.º Todos los objetos comerciales sujetos al riesgo de navegación, cuyo valor pueda fijarse en cantidad determinada.

744. Podrán asegurarse todos ó parte de los objetos expresados en el artículo anterior, junta ó separadamente, en tiempo de paz ó de guerra, por viaje ó á término, por viaje sencillo ó por viaje redondo, sobre buenas ó malas noticias.

745. Si se expresare genéricamente en la póliza que el seguro se hacía sobre el buque, se entenderán comprendidos en él las máquinas, aparejo, pertrechos, y cuanto esté adscrito al buque; pero no su cargamento, aunque pertenezca al mismo naviero.

gurado contra los riesgos marítimos. En cuanto á los seguros marítimos por solo un viaje, satisfarán de una sola vez 10 céntimos por cada mil pesetas de capital asegurado. En los casos en que el importe del impuesto ó la fracción del mismo no llegue á 5 céntimos, se considerará como de esta cantidad. — Las obligaciones que con este motivo impone el artículo 177 de la L. del T. á las empresas aseguradoras pueden verse en la nota 1, pág. 151. — Las sociedades extranjeras quedan obligadas á satisfacer el timbre con sujeción al mismo tipo por los contratos que realicen en España (art. 178 de la L. del T.).

Espagne: Code de Com. Livre III. Titre III. Des contrats spéciaux
du commerce maritime.

203

738. La police d'assurance, contiendra, en plus des conditions librement stipulées par les intéressés, les mentions suivantes: 1° La date du contrat, laquelle devra contenir l'indication de l'heure où la convention a été faite; — 2° Les prénoms, noms et domicile de l'assureur et de l'assuré; — 3° La qualité dans laquelle agit l'assuré, en énonçant s'il agit pour lui-même ou pour le compte d'autrui; — Dans ce cas la police devra mentionner les prénoms, noms et domicile de la personne au nom de qui se contracte l'assurance; — 4° Le nom, le port, le pavillon, la matricule du navire assuré ou de celui qui transporte les effets assurés; — 5° Les prénom, nom et domicile du capitaine; — 6° Le port ou la rade sur laquelle les marchandises assurées ont été ou doivent être chargées; — 7° Le port d'où le navire est parti ou doit partir; — 8° Les ports ou rades où le navire doit charger, décharger ou faire escale pour un motif quelconque; — 9° La nature et la qualité des objets assurés; — 10° Le nombre des charges ou colis de toute nature, ainsi que leurs marques, s'il y a lieu; — 11° L'époque où le risque doit commencer et cesser; — 12° La somme assurée; — 13° Le prix convenu pour l'assurance, ainsi que les lieu, époque et mode de payement; — 14° La part de la prime correspondant au voyage à l'aller et au voyage au retour, si l'assurance a été faite au voyage entier; — 15° L'obligation de l'assureur de payer le dommage survenu aux objets assurés; — 16° Les lieu, époque et mode du payement de cette indemnité.

739. Les contrats et polices d'assurances authentiqués par les agents consulaires, en pays étranger, lorsque les contractants ou l'un d'eux sont espagnols, auront la même valeur légale que s'ils avaint été faits par l'intermédiaire d'un courtier.

740. Un même contrat et une même police d'assurance pourront comprendre l'assurance du navire et de la cargaison, à la condition d'indiquer la valeur de chaque chose et de distinguer les sommes assurées sur chaque objet. A défaut de cette indication l'assurance sera nulle.

Il pourra être également fixé dans la police des primes différentes pour chaque objet.

Plusieurs assureurs pourront souscrire une même police.

741. Dans les assurances de marchandises, on pourra omettre la désignation spécifique de ces marchandises et du navire qui doit les transporter, lorsque ces circonstances ne sont pas connues de l'assuré.

Si le navire, dans ce cas, subit un accident de mer, l'assuré sera obligé de prouver, outre la perte du navire, sa sortie du port de chargement, l'embarquement pour son compte des effets perdus et leur valeur, pour pouvoir réclamer l'indemnité.

742. Les polices d'assurance pourront être rédigées à l'ordre de l'assuré, auquel cas elles seront endossables.

§ 2. Des choses qui peuvent être assurées et de leur évaluation.

743. Pourront faire l'objet d'une assurance maritime: 1° Le corps du navire sur lest ou chargé, dans le port ou en voyage; — 2° Les apparaux; — 3° La machine, s'il s'agit d'un bâtiment à vapeur; — 4° Tous les instruments et les objets qui constituent l'armement; — 5° Les vivres et le combustible; — 6° Les sommes prêtées à la grosse; — 7° Le montant du fret et le profit probable; — 8° Tous les objets commerciaux soumis aux risques de la navigation, dont la valeur peut être fixée à une somme déterminée.

744. On pourra assurer tout ou partie des objets énoncés dans l'article précédent, conjointement ou séparément, en temps de paix ou de guerre, pour le voyage ou à terme, pour le voyage simple ou pour le voyage entier, sur bonnes ou mauvaises nouvelles.

745. S'il est indiqué, d'une manière générale, dans la police, que l'assurance porte sur le navire, on comprendra dans la dite assurance, les machines, les apparaux, les instruments, lorsqu'ils sont sur le navire, mais on n'y comprendra pas la cargaison, lors même qu'elle serait sur le navire.

les risques maritimes. Quant aux assurances maritimes pour un seul voyage, elles payent une seule fois 0,10 pour 1000 du capital assuré. Dans les cas où le montant du droit ou de la fraction du droit n'atteint pas 0,05, il est reputé égal à cette somme. — Sur les obligations imposées de ce chef aux compagnies d'assurances par l'art. 177 de la loi sur le timbre, v. p. 151, note 1. — Les sociétés étrangères sont obligées de payer le timbre au taux fixé pour les contrats de même nature qu'elles font en Espagne.

En el seguro genérico de mercaderías no se reputarán comprendidos los metales amonedados ó en lingotes, las piedras preciosas ni las municiones de guerra.

746. El seguro sobre flete podrá hacerse por el cargador, por el fletante ó el capitán; pero éstos no podrán asegurar el anticipo que hubieren recibido á cuenta de su flete sino cuando hayan pactado expresamente que, en caso de no devengarse aquél por naufragio ó pérdida de la carga, devolverán la cantidad recibida.

747. En el seguro de flete se habrá de expresar la suma á que asciende, la cual no podrá exceder de lo que aparezca en el contrato de fletamento.

748. El seguro de beneficios se regirá por los pactos en que convengan los contratantes, pero habrá de consignarse en la póliza: 1.º La cantidad determinada en que fija el asegurado el beneficio, una vez llegado felizmente y vendido el cargamento en el puerto de destino; — 2.º La obligación de reducir el seguro, si, comparado el valor obtenido en la venta, descontados gastos y fletes, con el valor de compra, resultare menor que el valuado en el seguro.

749. Podrá el asegurador hacer reasegurar por otros los efectos por él asegurados, en todo ó en parte, con el mismo ó diferente premio; así como el asegurado podrá también asegurar el coste del seguro y el riesgo que pueda correr en la cobranza del primer asegurador.

750. Si el capitán contratare el seguro, ó el dueño de las cosas aseguradas fuere en el mismo buque que las porteare, se dejará siempre un 10 por 100 á su riesgo, no habiendo pacto expreso en contrario.

751. En el seguro del buque se entenderá que sólo cubre el seguro las cuatro quintas partes de su importe ó valor, y que el asegurado corre el riesgo por la quinta parte restante, á no hacerse constar expresamente en la póliza pacto en contrario.

En este caso, y en el del artículo anterior, habrá de descontarse del seguro el importe de los préstamos tomados á la gruesa.

752. La suscripción de la póliza creará una presunción legal de que los aseguradores admitieron como exacta la evaluación hecha en ella de los efectos asegurados, salvo los casos de fraude ó malicia.

Si apareciere exagerada la evaluación, se procederá según las circunstancias del caso, á saber: Si la exageración hubiere procedido de error y no de malicia imputable al asegurado, se reducirá el seguro á su verdadero valor, fijado por las partes de común acuerdo ó por juicio pericial. El asegurador devolverá el exceso de prima recibida, reteniendo, sin embargo, $\frac{1}{2}$ por 100 de este exceso; — Si la exageración fuere por fraude del asegurado, y el asegurador lo probare, el seguro será nulo para el asegurado, y el asegurador ganará la prima, sin perjuicio de la accion criminal que le corresponda.

753. La reducción del valor de la moneda nacional, cuando se hubiere fijado en extranjera, se hará al curso corriente en el lugar y en el día en que se firmó la póliza.

754. Si, al tiempo de realizarse el contrato, no se hubiere fijado con especificación el valor de las cosas aseguradas, se determinará éste: 1.º Por las facturas de consignación; — 2.º Por declaración de corredores ó peritos, que procederán tomando por base de su juicio el precio de los efectos en el puerto de salida, con más los gastos de embarque, flete y aduanas.

Si el seguro recayere sobre mercaderías de retorno de un país en que el comercio se hiciere sólo por permuta, se arreglará el valor por el que tuvieren los efectos dermutados en el puerto de salida, con todos los gastos.

§ 3.º *Obligaciones entre el asegurador y el asegurado.*

755. Los aseguradores indemnizarán los daños y perjuicios que los objetos asegurados experimenten por alguna de las causas siguientes: 1.º Varada ó empeño del buque, con rotura ó sin ella; — 2.º Temporal; — 3.º Naufragio; — 4.º Abordaje fortuito; — 5.º Cambio de derrota durante el viaje, ó de buque; — 6.º Echazón; — 7.º Fuego ó explosión, si aconteciere en mercaderías, tanto á bordo como si estuviesen depositadas en tierra, siempre que se hayan alijado

Dans l'assurance générale des marchandises, on ne comprendra pas les métaux monnayés ou en lingots, les pierres précieuses ni les munitions de guerre.

746. L'assurance sur le fret pourra être faite par le chargeur, par le frêteur ou par le capitaine. Ceux-ci ne pourront toutefois assurer ce qu'ils ont reçu à valoir sur le fret, à moins qu'il n'ait été expressément convenu que dans le cas où le fret ne serait pas dû par suite de naufrage ou de perte de la cargaison, ils rembourseraient la somme reçue.

747. Dans l'assurance du fret, on devra énoncer la somme à laquelle il s'élève, laquelle ne devra pas dépasser celle qui est indiquée sur le connaissement.

748. L'assurance des profits sera régie par les conventions des contractants, on devra toutefois consigner dans la police: 1° La somme déterminée à laquelle l'assuré fixe le profit, une fois la cargaison heureusement arrivée et vendue dans le port de destination; — 2° L'obligation de réduire l'assurance si la comparaison du prix de vente obtenu, déduction faite des frais et du fret, avec le prix d'acquisition, démontre que le profit e été inférieur à l'évaluation faite dans l'assurance.

749. L'assureur pourra faire réassurer par d'autres, en tout ou partie, les effets par lui assurés, moyennant une prime égale ou différente; l'assuré pourra également assurer le coût de l'assurance et le risque qu'il peut courir de n'être pas payé par l'assureur.

750. Si l'assurance est contractée par le capitaine, ou si le propriétaire des choses assurées se trouve sur le navire même qui les transporte, dix pour cent de la valeur des choses assurées seront laissés aux risques de l'assuré, s'il n'y a pas eu convention contraire expresse.

751. Dans l'assurance du navire, il sera présumé que l'assurance couvre seulement les quatre cinquièmes du montant ou de la valeur du dit navire, et que l'assuré court le risque pour le dernier cinquième, à moins que la police ne contienne une stipulation contraire expresse.

Dans ce cas, comme dans celui que prévoit l'article précédent, on devra déduire de l'assurance le montant des emprunts faits à la grosse.

752. La souscription de la police emportera présomption légale que les assureurs acceptent comme exacte l'évaluation faite dans cette police des effets assurés, sauf les cas de fraude ou de dol.

S'il apparaît que l'évaluation est exagérée, il sera procédé suivant les circonstances de l'espèce, savoir: Si l'exagération résulte d'une erreur et non pas d'un dol imputable à l'assuré, l'assurance sera réduite à sa véritable valeur, laquelle sera fixée soit d'un commun accord par les parties, soit par une expertise judiciaire. L'assureur restituera l'excédant de la prime reçue, sauf cependant $1/2$ pour cent du dit excédant qu'il retiendra. — Si l'exagération provient de la fraude de l'assuré, et que l'assureur le prouve, l'assurance sera nulle à l'égard de l'assuré, et l'assureur gardera la prime, sans préjudice de l'action criminelle, s'il y a lieu.

753. La réduction de la valeur des objets assurés en monnaie nationale, lorsque leur prix aura été fixé en monnaie étrangère, se fera suivant le cours du lieu et du jour où la police a été signée.

754. Si, au moment du contrat, on n'a pas spécifié la valeur des choses assurées, cette valeur sera déterminée: 1° Par les factures de consignation; — 2° Par une déclaration de courtiers ou d'experts, lesquels procéderon ten prenant pour base de leur appréciation le prix des effets dans le port de départ augmenté des frais d'embarquement, du fret et des droits de douane.

Si l'assurance est faite sur le retour d'un pays où le commerce ne se fait que par troc, l'estimation de la valeur des marchandises assurées sera déterminée d'après le prix que coûtaient les effets donnés en échange dans le port de départ, augmenté des frais de toute nature.

§ 3. Obligations réciproques de l'assureur et de l'assuré.

755. Les assureurs indemniseront l'assuré des dommages et préjudices éprouvés par les objets assurés par suite de l'une des circonstances suivantes: 1° Echouement ou danger du navire, avec ou sans bris; — 2° Tempête; — 3° Naufrage; — 4° Abordage fortuit; — 5° Changement de route durant le voyage du navire; — 6° Jet; — 7° Incendie ou explosion survenus soit aux marchandises se trouvant à bord, soit à celles qui se trouvent déposées à terre, toutes les fois que les dites

por orden de la autoridad competente, para reparar el buque ó beneficiar el cargamento; ó fuego por combustión espontánea en las carboneras de los buques de
vapor; — 8.° Apresamiento; — 9.° Saqueo; — 10.° Declaración de guerra; —
11.° Embargo por orden del Gobierno; — 12.° Retención por orden de Potencia
extranjera; — 13.° Represalias; — 14.° Cualesquiera otros accidentes ó riesgos
de mar.

Los contratantes podrán estipular las excepciones que tengan por conveniente,
mencionándolas en la póliza, sin cuyo requisito no surtirán efecto.

756. No responderán los aseguradores de los daños y perjuicios que sobrevengan á las cosas aseguradas por cualquiera de las causas siguientes, aunque no
se hayan excluído en la póliza: 1.° Cambio voluntario de derrotero de viaje, ó
de buque, sin expreso consentimiento de los aseguradores; — 2.° Separación espontánea de un convoy, habiéndose estipulado que iría en conserva con él; —
3.° Prolongación de viaje á un puerto más remoto que el designado en el seguro;
— 4.° Disposiciones arbitrarias y contrarias á la póliza de fletamento ó al conocimiento, tomadas por orden del fletante, cargadores y fletadores; — 5.° Baratería
de patrón, á no ser que fuera objeto del seguro; — 6.° Mermas, derramas y dis-
pendios procedentes de la naturaleza de las cosas aseguradas; — 7.° Falta de los
documentos prescritos en este Código, en las Ordenanzas y Reglamentos de marina
ó de navegación, ú omisiones de otra clase del capitán, en contravención de las
disposiciones administrativas, á no ser que se haya tomado á cargo del asegurador
la baratería del patrón.

En cualquiera de estos casos los aseguradores harán suyo el premio, siempre
que hubieren empezado á correr el riesgo.

757. En los seguros de carga contratados por viaje redondo, si el asegurado
no encontrare cargamento para el retorno, ó solamente encontrare menos de las
dos terceras partes, se rebajará el premio de vuelta proporcionalmente al cargamento que trajere, abonándose además al asegurador ¹/₂ por 100 de la parte que
dejare de conducir.

No procederá, sin embargo, rebaja alguna en el caso de que el cargamento
se hubiere perdido en la ida, salvo pacto especial que modifique la disposición de
este artículo.

758. Si el cargamento fuere asegurado por varios aseguradores en distintas
cantidades, pero sin designar señaladamente los objetos del seguro, se pagará la indemnización, en caso de pérdida ó avería, por todos los aseguradores, á prorrata
de la cantidad asegurada por cada uno.

759. Si fueren designados diferentes buques para cargar las cosas aseguradas,
pero sin expresar la cantidad que ha de embarcarse en cada buque, podrá el asegurado distribuir el cargamento como mejor le convenga, ó conducirlo á bordo de
uno sólo, sin que por ello se anule la responsabilidad del asegurador. Mas si hubiere
hecho expresa mención de la cantidad asegurada sobre cada buque, y el cargamento
se pusiere á bordo en cantidades diferentes de aquellas que se hubieren señalado
para cada uno, el asegurador no tendrá más responsabilidad que la que hubiere
contratado en cada buque. Sin embargo, cobrará ¹/₂ por 100 del exceso que se
hubiere cargado en ellos sobre la cantidad contratada.

Si quedare algún buque sin cargamento, se entenderá anulado el seguro en
cuanto á él, mediante el abono antes expresado de ¹/₂ por 100 sobre el excedente
embarcado en los demás.

760. Si, por inhabilitación del buque antes de salir del puerto, la carga se
trasbordase á otro, tendrán los aseguradores opción entre continuar ó no el contrato, abonando las averías que hubieren ocurrido; pero si la inhabilitación sobreviniere después de empezado el viaje, correrán los aseguradores el riesgo, aun cuando
el buque fuere de diferente porte y pabellón que el designado en la póliza.

761. Si no se hubiere fijado en la póliza el tiempo durante el cual hayan de
correr los riesgos por cuenta del asegurador, se observará lo prescrito en el art. 733
sobre los préstamos á la gruesa.

762. En los seguros á término fijo, la responsabilidad del asegurador cesará
en la hora en que cumpla el plazo estipulado.

marchandises ont été déchargées par ordre de l'autorité compétente pour réparer le navire ou dans l'intérêt du chargement, ou que le feu a pris par combustion spontanée dans les soutes à charbon du navire; — 8° Capture; — 9° Pillage; — 10° Déclaration de guerre; — 11° Embargo par ordre du Gouvernement; — 12° Arrêt par ordre d'une puissance étrangère; — 13° Représailles; — 14° Tous autres accidents quelconques ou risques de mer.

Les contractants pourront stipuler telles exceptions qu'ils jugent convenables, à la condition de les mentionner dans la police, sinon elles ne sortiront pas effet.

756. Les assureurs ne répondront pas des dommages et préjudices survenus aux choses assurées par l'une quelconque des causes suivantes, encore qu'elles ne soient pas exclues par la police: 1° Changement volontaire de route, de voyage ou de navire, fait sans le consentement exprès des assureurs; — 2° Séparation spontanée d'un convoi, lorsqu'il a été convenu que le navire naviguerait de conserve avec le dit convoi; — 3° Prolongation du voyage jusqu'à un port plus éloigné que celui qui se trouve désigné dans l'assurance; — 4° Dispositions arbitraires et contraires à la charte-partie ou au connaissement, prises par ordre du fréteur, des chargeurs et affréteurs; — 5° Baraterie du patron, à moins qu'elle n'ait fait l'objet de l'assurance; — 6° Diminutions, pertes provenant de la nature des choses assurées; — 7° Défaut des documents prescrits par le présent Code, par les ordonnances et règlements sur la marine et la navigation, ou omissions d'autre nature du capitaine commises en contravention des dispositions administratives, à moins que l'assurance n'ait eu pour objet la baraterie du patron.

Dans tous ces cas, les assureurs garderont la prime, toutes les fois qu'ils auront commencé à courir le risque.

757. En cas d'assurance de la cargaison pour le voyage entier, si l'assuré ne trouve pas de chargement pour le retour, ou s'il trouve seulement à charger moins des deux tiers du navire, la prime sera diminuée proportionnellement au chargement transporté, et l'assuré abandonnera en outre à l'assureur un demi pour cent de la part qui n'a pas été transportée.

Il n'y aura lieu, cependant, à aucune remise dans le cas où le chargement aura été perdu à l'aller, à moins qu'il ne soit intervenu une convention particulière modifiant la disposition du présent article.

758. Si le chargement a été assuré par plusieurs assureurs, pour des sommes distinctes, mais sans désigner particulièrement les objets de l'assurance, l'indemnité, en cas de perte ou d'avarie, sera payée par tous les assureurs, au prorata de la somme assurée par chacun d'eux.

759. S'il a été désigné plusieurs navires pour charger les choses assurées, mais sans indiquer la quantité à embarquer sur chacun de ces navires, l'assuré pourra distribuer le chargement au mieux de ses convenances ou le transporter à bord d'un seul des navires désignés, sans que ce fait annule la responsabilité de l'assureur. S'il a été fait, au contraire, mention de la quantité assurée sur chaque navire, et si le chargement est placé à bord dans des quantités différentes de celles assurées sur chaque navire, l'assureur n'encourra pas une responsabilité supérieure à celle qu'il a contractée pour chaque navire. Cependant, il percevra un demi pour cent de ce qui a été chargé en plus de la quantité indiquée dans le contrat.

Si l'un des navires n'a pas pris de chargement, l'assurance sera réputée annulée quant à lui, moyennant le payement du demi pour cent ci-dessus indiqué sur ce qui a été chargé en sus sur les autres navires.

760. Si, par suite de l'état d'innavigabilité du navire survenu avant que le dit navire ne sorte du port, le chargement a été transbordé sur un autre navire, les assureurs auront le droit d'opter entre le maintien ou la rupture du contrat en payant les avaries survenues; si, au contraire, l'état d'innavigabilité survient après que le voyage a été commencé, les assureurs courront le risque, même quand le navire appartiendra à un autre port et portera un autre pavillon que celui qui est désigné dans la police.

761. Si le temps durant lequel le risque doit courir n'a pas été fixé dans la police, on observera ce qui est établi dans l'article 733 sur les prêts à la grosse.

762. Dans les assurances faites pour une durée déterminée, la responsabilité de l'assureur cessera à l'heure où le délai stipulé est accompli.

763. Si por conveniencia del asegurado las mercaderías se descargaren en un puerto más próximo que el designado para rendir el viaje, el asegurador hará suyo sin rebaja alguna el premio contratado.

764. Se entenderán comprendidas en el seguro, si expresamente no se hubieren excluído en la póliza, las escalas que por necesidad se hicieren para la conservación del buque ó de su cargamento.

765. El asegurado comunicará al asegurador por el primer correo siguiente al en que él las recibiere, y por telégrafo, si lo hubiere, las noticias referentes al curso de la navegación del buque asegurado, y los daños ó pérdidas que sufrieren las cosas aseguradas, y responderá de los daños y perjuicios que por su omisión se ocasionaren.

766. Si se perdieren mercaderías aseguradas por cuenta del capitán que mandare el buque en que estaban embarcadas, habrá aquél de justificar á los aseguradores la compra, por medio de las facturas de los vendedores; y el embarque y conducción en el buque, por certificación del cónsul español, ó autoridad competente, donde no lo hubiere, del puerto donde las cargó, y por los demás documentos de habilitación y expedición de la aduana.

La misma obligación tendrán todos los asegurados que naveguen con sus propias mercaderías, salvo pacto en contrario.

767. Si se hubiere estipulado en la póliza aumento de premio en caso de sobrevenir guerra, y no se hubiere fijado el tanto del aumento, se regulará éste, á falta de conformidad entre los mismos interesados, por peritos nombrados en la forma que establece la Ley de Enjuiciamiento Civil[1], teniendo en consideración las circunstancias del seguro y los riesgos corridos.

768. La restitución gratuita del buque ó su cargamento al capitán por los apresadores, cederá en beneficio de los propietarios respectivos, sin obligación, de parte de los aseguradores, de pagar las cantidades que aseguraron.

769. Toda reclamación procedente del contrato de seguro habrá de ir acompañada de los documentos que justifiquen: 1.º El viaje del buque, con la protesta del capitán ó copia certificada del libro de navegación; — 2.º El embarque de los objetos asegurados, con el conocimiento y documentos de expedición de aduanas; — 3.º El contrato del seguro, con la póliza; — 4.º La pérdida de las cosas aseguradas, con los mismos documentos del número 1.º, y declaración de la tripulación, si fuere preciso.

Además se fijará el descuento de los objetos asegurados, previo el reconocimiento de peritos.

Los aseguradores podrán contradecir la reclamación, y se les admitirá sobre ello prueba en juicio.

770. Presentados los documentos justificativos, el asegurador deberá, hallándolos conformes y justificada la pérdida, pagar la indemnización al asegurado dentro del plazo estipulado en la póliza, y en su defecto, á los diez días de la reclamación.

Mas si el asegurador la rechazare y contradijere judicialmente, podrá depositar la cantidad que resultare de los justificantes, ó entregarla al asegurado mediante fianza suficiente, decidiendo lo uno ó lo otro el juez ó tribunal, según los casos.

771. Si el buque asegurado sufriere daño por accidente de mar, el asegurador pagará únicamente las dos terceras partes de los gastos de reparación, hágase ó no. En el primer caso, el importe de los gastos se justificará por los medios reconocidos en el derecho; en el segundo, se apreciará por peritos[2].

Sólo el naviero, ó el capitán autorizado para ello, podrán optar por la no reparación del buque.

772. Si por consecuencia de la reparación el valor del buque aumentare en más de una tercera parte del que se le hubiere dado en el seguro, el asegurador

---

[1]) Con arreglo al artículo 2178 de la L. de Enj. c. los peritos se designarán por escrito uno por cada interesado al tiempo de acompañar al Juzgado la póliza del seguro. Y si no estuvieren conformes, sorteará el juez (dice el 2179) un tercero. — Por último, dice el 2180, que fijada la cantidad en que haya de consistir el aumento del seguro, el juez ordenará que se haga saber á quien corresponda.

[2]) La designación de estos peritos se hará en la forma indicada en la nota anterior.

763. Si, pour la convenance de l'assuré, les marchandises sont déchargées dans un port moins éloigné que celui qui était désigné comme étant le but du voyage, l'assureur conservera la prime stipulée sans aucune retenue.

764. Seront réputées comprises dans l'assurance, si elles n'en ont pas été expressément exclues dans la police, les escales qu'il sera nécessaire de faire pour la conservation du navire ou de son chargement.

765. L'assuré communiquera à l'assureur par le premier courrier qui suivra leur réception, et par télégramme s'il est possible, les nouvelles concernant le cours de la navigation du navire assuré et les dommages ou les pertes éprouvées par les choses assurées, et il sera responsable des dommages et préjudices résultant de son omission.

766. Si les marchandises assurées pour le compte du capitaine qui commande le navire sur lequel elles étaient embarquées viennent à se perdre, celui-ci devra prouver aux assureurs l'acquisition par lui faite de ces marchandises au moyen des factures des vendeurs, ainsi que leur embarquement et leur transport dans le navire au moyen d'un certificat du consul espagnol, ou, à son défaut, de l'autorité compétente du port où elles ont été chargées, et au moyen des autres documents d'admission ou d'expédition de la douane.

La même obligation pèsera sur tous les assurés qui naviguent avec leurs marchandises, sauf convention contraire.

767. S'il n'a pas été stipulé dans la police une augmentation de prime en cas de survenance de guerre, et si le montant de la surprime n'a pas été déterminé, il sera réglé, à défaut d'accord entre les intéressés, par des experts nommés en la forme établie par la loi d'*Enjuiciamiento civil*[1], en prenant en considération les circonstances de l'assurance et les risques courus.

768. La restitution gratuite du navire ou de sa cargaison faite au capitaine par les capteurs, profitera aux propriétaires respectifs, et les assureurs ne seront pas obligés de payer les sommes qu'ils ont assurées.

769. Toute réclamation procédant du contrat d'assurance devra être accompagnée des documents établissant: 1° Le voyage du navire, au moyen de la protestation du capitaine ou de la copie certifiée du livre de navigation; — 2° L'embarquement des objets assurés, au moyen du connaissement et des pièces d'expédition de la douane; — 3° Le contrat d'assurance, au moyen de la police; — 4° La perte des choses assurées, au moyen des documents énoncés sous le n° 1, et de la déclaration de l'équipage, s'il est nécessaire.

En outre, on établira le décompte des objets assurés au moyen d'une vérification préalable faite par experts.

Les assureurs pourront contredire la réclamation, et ils seront admis à faire à cet égard la preuve en justice.

770. Lorsque les documents justificatifs auront été produits, l'assureur devra, s'ils sont réguliers et si la perte est établie, payer l'indemnité à l'assuré dans le délai stipulé dans la police, et, à défaut de stipulation à cet égard, dans les dix jours de la demande.

Mais si l'assureur refuse de faire droit à cette demande, et la contredit judiciairement, il pourra déposer la somme résultant des justifications, ou la remettre à l'assuré contre caution suffisante, le juge ou le tribunal civil décidant l'un ou l'autre suivant les cas.

771. Si le navire assuré a éprouvé des dommages par accident de mer, l'assureur payera uniquement les deux tiers des frais de réparation, que cette réparation soit ou non effectuée. Dans le premier cas, le montant des dits frais sera justifié au moyen de récépissés réguliers. Dans le second cas, il sera apprécié par experts[2].

L'armateur, ou le capitaine autorisé par lui, pourront seuls opter pour la non réparation du navire.

772. Si la réparation a eu pour effet d'augmenter la valeur du navire de plus d'un tiers de la somme pour laquelle il a été assuré, l'assureur payera les deux tiers

---

[1]) En conformité de l'art. 2178 loi *Enj. civ.*, les experts seront désignés par écrit, un par chacune des parties intéressées, en envoyant au juge la police d'assurance. S'ils ne se mettent pas d'accord, le juge désignera le tiers-expert par la voie du sort (art. 2179). — Enfin, aux termes de l'art. 2180, le juge, après avoir fixé le montant du supplément d'assurance doit ordonner d'en aviser qui il appartient.

[2]) La désignation des experts est faite dans la forme indiquée dans la note précédente.

pagará los dos tercios del importe de la reparación, descontando el mayor valor
que ésta hubiere dado al buque.

Mas si el asegurado probase que el mayor valor del buque no procedía de la
reparación, sino de ser el buque nuevo y haber ocurrido la avería en el primer viaje,
ó que lo eran las máquinas ó aparejo y pertrechos destrozados, no se hará la deducción del aumento de valor, y el asegurador pagará los dos tercios de la reparación,
conforme á la regla 6.ª del art. 854.

773. Si las reparaciones excedieren de las tres cuartas partes del valor del
buque, se entenderá que está inhabilitado para navegar, y procederá el abandono;
y, no haciendo esta declaración, abonarán los aseguradores el importe del seguro,
deducido el valor del buque averiado ó de sus restos.

774. Cuando se trate de indemnizaciones procedentes de avería gruesa, terminadas las operaciones de arreglo, liquidación y pago de la misma, el asegurado
entregará al asegurador todas las cuentas y documentos justificativos en reclamación de la indemnización de las cantidades que le hubieren correspondido. El
asegurador examinará á su vez la liquidación, y hallándola conforme á las condiciones de la póliza, estará obligado á pagar al asegurado la cantidad correspondiente, dentro del plazo convenido, ó, en su defecto, en el de ocho días.

Desde esta fecha comenzará á devengar interés[1] la suma debida.

Si el asegurador no encontrare la liquidación conforme con lo convenido en
la póliza, podrá reclamar ante el juez ó tribunal competente en el mismo plazo de
ocho días, constituyendo en depósito la cantidad reclamada.

775. En ningún caso podrá exigirse al asegurador una suma mayor que la
del importe total del seguro; sea que el buque salvado, después de una arribada
forzosa para reparación de avería, se pierda; sea que la parte que haya de pagarse
por la avería gruesa, importe más que el seguro, ó que el coste de diferentes averías
y reparaciones en un mismo viaje ó dentro del plazo del seguro, excedan de la suma
asegurada.

776. En los casos de avería simple respecto á las mercaderías aseguradas, se
observarán las reglas siguientes: 1.ª Todo lo que hubiere desaparecido por robo,
pérdida, venta en viaje, por causa de deterioro, ó por cualquiera de los accidentes
marítimos comprendidos en el contrato del seguro, será justificado con arreglo
al valor de factura, ó, en su defecto, por el que se le hubiere dado en el seguro,
y el asegurador pagará su importe; — 2.ª En el caso de que, llegado el buque á
buen puerto, resulten averiadas las mercaderías en todo ó en parte, los peritos[2]
harán constar el valor que tendrían si hubieren llegado en estado sano, y el que
tengan en su estado de deterioro.

La diferencia entre ambos valores líquidos, hecho además el descuento de los
derechos de aduanas, fletes y cualesquiera otros análogos, constituirá el valor ó importe
de la avería, sumándole los gastos causados por los peritos, y otros, si los hubiere.

Habiendo recaído la avería sobre todo el cargamento asegurado, el asegurador
pagará en su totalidad el demérito que resulte; mas si sólo alcanzare á una parte,
el asegurado será reintegrado en la proporción correspondiente.

Si hubiere sido objeto de un seguro especial el beneficio probable del cargador,
se liquidará separadamente.

777. Fijada por los peritos la avería simple del buque, el asegurado justificará su derecho con arreglo á lo dispuesto en el final del núm. 9.º del art. 580,
y el asegurador pagará en conformidad á lo dispuesto en los artículos 858 y 859.

778. El asegurador no podrá obligar al asegurado á que venda el objeto del
seguro, para fijar su valor.

779. Si la valuación de las cosas aseguradas hubiere de hacerse en país extranjero, se observarán las leyes, usos y costumbres del lugar en que haya de realizarse,
sin perjuicio de someterse á las prescripciones de este Código para la comprobación
de los hechos.

780. Pagada por el asegurador la cantidad asegurada, se subrogará en el lugar
del asegurado para todos los derechos y acciones que correspondan contra los que
por malicia ó culpa causaron la pérdida de los efectos asegurados.

---

[1]) El 5%, ó sea el legal.
[2]) La designación de estos peritos se hará en la forma indicada en la nota 1, pág. 206.

du montant de la réparation, déduction faite du surplus de valeur que la dite réparation a donnée au navire.

Toutefois, si l'assuré prouve que le supplément de valeur du navire ne provient pas de la réparation, mais que le navire était neuf et qu'il a éprouvé l'avarie au cours de son premier voyage, ou que les machines ou les apparaux et les instruments brisés étaient neufs, il ne sera pas fait la déduction du supplément de valeur, et l'assureur payera les deux tiers de la réparation conformément à la sixième règle de l'article 854.

773. Si les réparations dépassent les trois quarts de la valeur du navire, celui-ci sera réputé hors d'état de naviguer, et il sera procédé au délaissement, et, à défaut de cette déclaration, les assureurs payeront le montant de l'assurance déduction faite de la valeur du navire avarié ou de ses débris.

774. Lorsqu'il s'agira d'indemnités à payer à raison d'avaries grosses, et que les opérations de règlement, liquidation et payement de cette avarie seront terminées, l'assuré remettra à l'assureur tous les comptes et documents justificatifs de la demande en indemnité par lui formée à raison des parts lui incombant dans l'avarie. L'assureur examinera à son tour la liquidation et, si elle est conforme aux conditions de la police, il sera obligé de payer à l'assuré la somme correspondante dans le délai convenu, ou, à défaut de convention sur ce point, dans les huit jours.

A partir de cette date, les intérêts[1] de la somme due commenceront à courir.

Si l'assureur ne trouve pas la liquidation conforme aux conventions de la police, il pourra porter sa réclamation devant le tribunal compétent, dans ce même délai de huit jours, à la condition de déposer la somme réclamée.

775. Il ne pourra, dans aucun cas, être exigé de l'assureur une somme supérieure au montant de l'assurance, soit que le navire sauvé, après une relâche forcée pour réparer l'avarie, vienne à se perdre, soit que la part à payer pour l'avarie grosse dépasse le montant de l'assurance, ou que le coût des différentes avaries et réparations survenues et effectuées dans un même voyage ou durant le cours de l'assurance, dépasse la somme assurée.

776. Dans les cas d'avarie simple, soufferte par les marchandises assurées, on observera les règles suivantes: 1° Tout ce qui aura disparu par suite de vol, perte, vente en cours du voyage, pour cause de détérioration, ou par suite de l'un quelconque des accidents maritimes compris dans le contrat d'assurance, sera justifié conformément à la valeur indiquée sur la facture, ou, à son défaut, d'après la valeur qui aura été attribuée à la chose dans l'assurance, et l'assureur payera son montant; — 2° Dans le cas où le navire étant arrivé à bon port, les marchandises se trouveront avariées en tout ou partie, les experts[2] constateront la valeur que les dites marchandises auraient si elles étaient arrivées en bon état, et celle qu'elles ont à raison de leur état de détérioration.

La différence entre ces deux valeurs liquides, déduction faite en outre des droits de douane, du fret et de tous autres frais analogues, constituera la valeur ou le montant de l'avarie, en y ajoutant les frais occasionnés par l'expertise et autres, s'il y a lieu.

Lorsque l'avarie porte sur la totalité du chargement, l'assureur payera intégralement la dépréciation. Mais si elle atteint seulement une partie du dit chargement, l'assuré sera remboursé dans la proportion correspondante.

Si le profit probable du chargeur a été l'objet d'une assurance spéciale, celle-ci sera réglée séparément.

777. Lorsque l'avarie simple du navire aura été fixée par les experts, l'assuré justifiera de son droit conformément à la disposition finale contenue dans le n° 9 de l'article 580, et l'assureur payera conformément aux dispositions des articles 858 et 859.

778. L'assureur ne pourra obliger l'assuré à vendre l'objet assuré pour fixer sa valeur.

779. Si l'évaluation des choses assurées doit être faite dans un pays étranger, on observera les lois, usages et coutumes du lieu où cette opération doit être effectuée, sans préjudice de se soumettre aux prescriptions du présent Code pour la preuve des faits.

780. L'assureur, lorsqu'il aura payé la somme assurée, sera subrogé dans tous les droits et actions appartenant à l'assuré contre ceux qui, par leur dol ou leur faute, auront occasionné la perte des effets assurés.

---

[1] 5%, c'est-à-dire l'intérêt légal.
[2] Sur le mode de désignation des experts, v. p. 206, note 1.

§ 4.° *De los casos en que se anula, rescinde ó modifica el contrato de seguro.*

781. Será nulo el contrato de seguro que recayere: 1.° Sobre los buques ó mercaderías afectos anteriormente á un préstamo á la gruesa por todo su valor. — Si el préstamo á la gruesa no fuere por el valor entero del buque ó de las mercaderías, podrá subsistir el seguro en la parte que exceda al importe del préstamo; — 2.° Sobre la vida de tripulantes y pasajeros; — 3.° Sobre los sueldos de la tripulación; — 4.° Sobre géneros de ilícito comercio en el país del pabellón del buque; — 5.° Sobre buque dedicado habitualmente al contrabando, ocurriendo el daño ó pérdida por haberlo hecho, en cuyo caso se abonará al asegurador el $1/2$ por 100 de la cantidad asegurada; — 6.° Sobre un buque que, sin mediar fuerza mayor que lo impida, no se hiciere á la mar en los seis meses siguientes á la fecha de la póliza; en cuyo caso, además de la anulación, procederá el abono de $1/2$ por 100 al asegurador de la suma asegurada; — 7.° Sobre buque que deje de emprender el viaje contratado, ó se dirija á un punto distinto del estipulado; en cuyo caso procederá también el abono al asegurador del $1/2$ por 100 de la cantidad asegurada; — 8.° Sobre cosas en cuya valoración se hubiere cometido falsedad á sabiendas.

782. Si se hubieren realizado sin fraude diferentes contratos de seguro sobre un mismo objeto, subsistirá únicamente el primero, con tal que cubra todo su valor.

Los aseguradores de fecha posterior quedarán libres de responsabilidad y percibirán un $1/2$ por 100 de la cantidad asegurada.

No cubriendo el primer contrato el valor íntegro del objeto asegurado, recaerá la responsabilidad del exceso sobre los aseguradores que contrataron con posterioridad, siguiendo el orden de fechas.

783. El asegurado no se libertará de pagar los premios íntegros á los diferentes aseguradores, si no hiciere saber á los postergados la rescisión de sus contratos antes de haber llegado el objeto asegurado al puerto de destino.

784. El seguro hecho con posterioridad á la pérdida, avería ó feliz arribo del objeto asegurado al puerto de destino, será nulo siempre que pueda presumirse racionalmente que la noticia de lo uno ó de lo otro había llegado á conocimiento de alguno de los contratantes.

Existirá esta presunción cuando se hubiere publicado la noticia en una plaza, mediando el tiempo necesario para comunicarlo por el correo ó el telégrafo al lugar donde se contrató el seguro, sin perjuicio de las demás pruebas que puedan practicar las partes.

785. El contrato de seguro sobre buenas ó malas noticias no se anulará si no se prueba el conocimiento del suceso esperado ó temido por alguno de los contratantes al tiempo de verificarse el contrato.

En caso de probarlo, abonará el defraudador á su cooobligado una quinta parte de la cantidad asegurada, sin perjuicio de la responsabilidad criminal á que hubiere lugar.

786. Si el que hiciere el seguro, sabiendo la pérdida total ó parcial de las cosas aseguradas, obrare por cuenta ajena, será personalmente responsable del hecho como si hubiera obrado por cuenta propia; y si, por el contrario, el comisionado estuviere inocente del fraude cometido por el propietario asegurado, recaerán sobre éste todas las responsabilidades, quedando siempre á su cargo pagar á los aseguradores el premio convenido.

Igual disposición regirá respecto al asegurador cuando contratare el seguro por medio de comisionado y supiere el salvamento de las cosas aseguradas.

787. Si, pendiente el riesgo de las cosas aseguradas, fueren declarados en quiebra el asegurador ó el asegurado, tendrán ambos derecho á exigir fianza, éste para cubrir la responsabilidad del riesgo, y aquél para obtener el pago del premio; y si los representantes de la quiebra se negaren á prestarla dentro de los tres días siguientes al requerimiento, se rescindirá el contrato.

En caso de ocurrir el siniestro dentro de los dichos tres días sin haber prestado la fianza, no habrá derecho á la indemnización ni al premio del seguro.

788. Si, contratado un seguro fraudulentamente por varios aseguradores, alguno ó algunos hubieren procedido de buena fe, tendrán éstos derecho á obtener

§ 4. *Des circonstances qui annulent, rescindent ou modifient le contrat d'assurance.*

781. Sera nul le contrat d'assurance qui portera: 1° Sur les navires et sur les marchandises affectés antérieurement à un prêt à la grosse pour toute leur valeur. — Si le prêt à la grosse n'atteint pas la valeur intégrale du navire ou des marchandises, l'assurance pourra subsister pour la portion excédant le montant du prêt; — 2° Sur la vie des matelots et des passagers; — 3° Sur les salaires de l'équipage; — 4° Sur les marchandises dont le commerce est interdit dans le pays dont le navire porte le pavillon; — 5° Sur un navire servant habituellement à la contrebande, dont le dommage ou la perte auront été occasionnés par des faits de contrebande, auquel cas il sera payé à l'assureur un demi pour cent de la somme assurée; — 6° Sur un navire qui, sans en être empêché par une circonstance de force majeure, n'aura pas mis à la voile dans les six mois qui suivent la date de la police, auquel cas l'assureur, en plus de l'annulation du contrat, obtiendra le payement d'un demi pour cent de la somme assurée; — 7° Sur un navire qui n'entreprend pas le voyage en vue duquel a été fait le contrat ou qui se dirige sur un point différent de celui qui a été convenu, auquel cas l'assureur recevra également un demi pour cent de la somme assurée; — 8° Sur des choses dont l'évaluation aura été faussée en connaissance de cause.

782. S'il a été fait, sans fraude, plusieurs contrats d'assurance sur un même objet, le premier de ces contrats subsistera seul, pourvu qu'il couvre toute la valeur du dit objet.

Les assureurs de date postérieure demeureront affranchis de toute responsabilité et ils percevront un demi pour cent de la somme assurée.

Lorsque le premier contrat ne couvre pas la valeur intégrale de l'objet assuré, la responsabilité pour le surplus pèsera sur les assureurs postérieurs, en suivant l'ordre des dates.

783. L'assuré ne sera pas affranchi de l'obligation de payer l'intégralité de ses primes aux différents assureurs, s'il n'a pas fait connaître aux assureurs postérieurs la rescision des contrats intervenus avec eux avant l'arrivée de l'objet assuré dans le port de destination.

784. L'assurance faite postérieurement à la perte, à l'avarie ou à l'heureuse arrivée de l'objet assuré dans le port de destination, sera nulle toutes les fois qu'il est possible de présumer raisonnablement que la nouvelle de l'un ou de l'autre de ces événements était parvenue à la connaissance de l'un des contractants.

Cette présomption existera lorsque la nouvelle aura été publiée dans une place et qu'il se sera écoulé le temps nécessaire pour la communiquer par courrier ou par télégramme au lieu où l'assurance a été contractée, sans préjudice des autres preuves que pourront produire les parties.

785. Le contrat d'assurance sur bonnes ou mauvaises nouvelles ne sera pas annulé, si l'on ne prouve pas que l'un des contractants connaissait, au moment du contrat, l'événement espéré ou redouté.

Dans le cas où cette preuve sera rapportée, celui qui aura trompé son cocontractant sera tenu de lui payer le cinquième de la somme assurée, sans préjudice de la responsabilité pénale à laquelle il sera soumis.

786. Si celui qui a contracté l'assurance, alors qu'il connaissait la perte totale ou partielle des choses assurées, a agi pour le compte d'autrui, il sera personnellement responsable de son acte comme s'il eût agi pour son propre compte; et si, au contraire, le mandataire est innocent de la fraude commise par le propriétaire assuré, le dit propriétaire supportera seul toutes les responsabilités, et, en outre, il sera dans tous les cas obligé de payer aux assureurs la prime convenue.

La même disposition sera appliquée à l'assureur, lorsqu'il contractera l'assurance par l'intermédiaire d'un commissionnaire et qu'il connaîtra le sauvetage des choses assurées.

787. Si, durant le risque, l'assureur ou l'assuré viennent à être déclarés en état de faillite, ils auront tous les deux le droit d'exiger une caution, celui-ci pour couvrir la responsabilité du risque, et celui-là pour obtenir le payement de la prime, et, si les représentants de la faillite se refusent à fournir cette caution dans les trois jours de la réquisition, le contrat sera résilié.

Si le sinistre survient dans les trois jours sans que la caution ait été fournie, il n'y aura lieu ni au payement de l'indemnité ni au payement de la prime d'assurance.

788. Si une assurance a été contractée frauduleusement par plusieurs assureurs, celui ou ceux qui seront de bonne foi, auront le droit d'obtenir la prime inté-

el premio íntegro de su seguro de los que hubieren procedido con malicia, quedando el asegurado libre de toda responsabilidad.

De igual manera se procederá respecto á los asegurados con los aseguradores, cuando fueren algunos de aquéllos los autores del seguro fraudulento.

§ 5.º *Del abandono de las cosas aseguradas.*

789. Podrá el asegurado abandonar por cuenta del asegurador las cosas aseguradas, exigiendo del asegurador el importe de la cantidad estipulada en la póliza: 1.º En el caso de naufragio; — 2.º En el de inhabilitación del buque para navegar, por varada, rotura ó cual quier otro accidente de mar; — 3.º En el de apresamiento, embargo ó detención por orden del Gobierno nacional ó extranjero; — 4.º En el de pérdida total de las cosas aseguradas, entendiéndose por tal que disminuya en tres cuartas partes el valor asegurado.

Los demás daños se reputarán averías y se soportarán por quien corresponda, según las condiciones del seguro y las disposiciones de este Código.

No procederá el abandono en ninguno de los dos primeros casos, si el buque náufrago, varado ó inhabilitado pudiera desencallarse, ponerse á flote y repararse para continuar el viaje al puerto de su destino, á no ser que el coste de la reparación excediese de las tres cuartas partes del valor en que estuviere el buque asegurado.

790. Verificándose la rehabilitación del buque, sólo responderán los aseguradores de los gastos ocasionados por la encalladura ú otro daño que el buque hubiere recibido.

791. En los casos de naufragio y apresamiento, el asegurado tendrá la obligación de hacer por sí las diligencias que aconsejen las circunstancias, para salvar ó recobrar los efectos perdidos, sin perjuicio del abandono que le competa hacer á su tiempo, y el asegurador habrá de reintegrarle de los gastos legítimos que para el salvamento hiciese, hasta la concurrencia del valor de los efectos salvados, sobre los cuales se harán efectivos en defecto de pago.

792. Si el buque quedare absolutamente inhabilitado para navegar, el asegurado tendrá obligación de dar de ello aviso al asegurador, telegráficamente siendo posible, y si no, por el primer correo siguiente al recibo de la noticia. Los interesados en la carga que se hallaren presentes, ó, en su ausencia, el capitán, practicarán todas las diligencias posibles para conducir el cargamento al puerto de su destino, con arreglo á lo dispuesto en este Código; en cuyo caso correrán por cuenta del asegurador los riesgos y gastos de descarga, almacenaje, reembarque ó trasbordo, excedente de flete, y todos los demás, hasta que se alijen los efectos asegurados en el punto designado en la póliza.

793. Sin perjuicio de lo dispuesto en el artículo anterior, el asegurador gozará del término de seis meses para conducir las mercaderías á su destino, si la inhabilitación hubiere ocurrido en los mares que circundan á Europa desde el estrecho del Sund hasta el Bósforo, y un año, si hubiere ocurrido en otro punto más lejano; cuyo plazo se comenzará á contar desde el día en que el asegurado le hubiere dado aviso del siniestro.

794. Si, á pesar de las diligencias practicadas por los interesados en la carga, capitán y aseguradores, para conducir las mercaderías al puerto de su destino, conforme á lo prevenido en los artículos anteriores, no se encontrare buque en que verificar el transporte, podrá el asegurado propietario hacer abandono de las mismas.

795. En caso de interrupción del viaje por embargo ó detención forzada del buque, tendrá el asegurado obligación de comunicarla á los aseguradores tan luego como llegue á su noticia, y no podrá usar de la acción de abandono hasta que hayan transcurrido los plazos fijados en el art. 793.

Estará obligado además á prestar á los aseguradores cuantos auxilios estén en su mano para conseguir el alzamiento del embargo, y deberá hacer por sí mismo las gestiones convenientes al propio fin, si, por hallarse los aseguradores en país remoto, no pudiere obrar de acuerdo con éstos.

796. Se entenderá comprendido en el abandono del buque el flete de las mercaderías que se salven, aun cuando se hubiere pagado anticipadamente, considerándose pertenencia de los aseguradores, á reserva de los derechos que competan á los demás acreedores, conforme á lo dispuesto en el art. 580.

797. Se tendrá por recibida la noticia para las prescripción de los plazos establecidos en el artículo 793, desde que se haga pública, bien por medio de los perió-

grale de leur assurance de ceux qui auront agi avec dol, l'assuré demeurant affranchi de toute responsabilité.

Il sera procédé de la même manière à l'égard des assurés envers les assureurs, lorsque l'un des dits assurés sera l'auteur de l'assurance frauduleuse.

§ 5. *Du délaissement des choses assurées.*

789. L'assuré pourra délaisser les choses assurées à l'assureur, en exigeant de celui-ci le montant de la somme stipulée dans la police: 1° En cas de naufrage; — 2° En cas d'innavigabilité du navire résultant d'échouement, bris ou autre accident de mer quelconque; — 3° En cas de capture, embargo ou arrêt par ordre du gouvernement national ou d'un gouvernement étranger; — 4° En cas de perte totale des choses assurées, en considérant comme telle la perte qui enlève aux dites choses les trois quarts de la valeur assurée.

Les autres dommages seront considérés comme avaries et supportés par qui il appartiendra, suivant les conditions de l'assurance et les dispositions du présent Code.

Il n'y aura pas lieu à délaissement dans les deux premiers cas, si le navire naufragé, échoué, ou en état d'innavigabilité peut être renfloué, mis à flot et réparé, de manière à continuer le voyage au port de sa destination, à moins que le coût de la réparation ne dépasse les trois quarts de la valeur qu'avait le navire assuré.

790. Lorsque la réparation du navire aura été effectuée, l'assureur sera seulement responsable des frais occasionnés par l'échouement, ou d'autres dommages éprouvés par le navire.

791. Dans les cas de naufrage et de capture, l'assuré sera tenu de faire personnellement les diligences commandées par les circonstances pour sauver ou recouvrer les effets perdus, sans préjudice du délaissement qu'il lui appartient de faire en son temps, et l'assureur devra le rembourser des frais qu'il a faits légitimement pour le sauvetage, jusqu'à concurrence de la valeur des effets sauvés, sur lesquels les dits frais seront recouvés à défaut de payement.

792. Si le navire se trouve en état d'innavigabilité absolue, l'assuré sera tenu d'en aviser l'assureur, s'il est possible, par télégramme, et, sinon, par le premier courrier qui suivra la réception de la nouvelle. Les intéressés dans la cargaison, s'ils sont présents, ou, en leur absence, le capitaine feront toutes les diligences possibles pour transporter le chargement au port de sa destination, comformément aux prescriptions du présent Code, auquel cas les risques et les frais de déchargement, magasinage, rembarquement ou transbordement, supplément de fret et tous autres seront à la charge de l'assureur, jusqu'à ce que les effets assurés soient débarqués sur un point désigné dans la police.

793. Sans préjudice des dispositions contenues dans l'article précédent, l'assureur aura un délai de six mois pour transporter les marchandises à leur destination, si l'état d'innavigabilité est survenu dans les mers qui entourent l'Europe depuis le détroit du Sund jusqu'au Bosphore, et un délai d'une année, si le dit état est survenu à un point plus éloigné; ce délai commencera à courir du jour où l'assuré aura avisé l'assureur du sinistre.

794. Si, malgré les diligences faites par les intéressés dans la cargaison, le capitaine et les assureurs pour transporter les marchandises au port de destination, conformément à ce qui est prévu dans les articles précédents, il est impossible de trouver un navire pour effectuer ce transport, l'assuré propriétaire pourra délaisser les dites marchandises.

795. En cas d'interruption du voyage par suite d'embargo ou d'arrêt forcé du navire, l'assuré sera tenu d'en donner avis aux assureurs aussitôt qu'il en reçoit lui-même la nouvelle, et il ne pourra faire usage de l'action en délaissement, tant que les délais fixés dans l'article 793 ne seront pas écoulés.

Il sera obligé, en outre, de rendre aux assureurs tous les services qui sont en son pouvoir pour obtenir la levée de l'embargo, et il devra faire personnellement les actes nécessaires à cette fin, si, par suite de ce fait que les assureurs se trouvent dans un pays étranger, il ne lui est pas possible d'agir de concert avec eux.

796. Le fret des marchandises sauvées sera réputé compris dans le délaissement du navire, même lorsque ce fret aura été payé d'avance; et il sera considéré comme appartenant aux assureurs, sous réserve des droits qui compètent aux autres créanciers conformément aux dispositions de l'article 580.

797. La nouvelle sera considérée comme reçue en vue de la prescription des délais établis dans l'article 793, aussitôt quelle devient publique, soit par

dicos, bien por correr como cierta entre los comerciantes de la residencia del asegurado, ó bien porque pueda probarse á éste que recibió aviso del siniestro por carta ó telegrama del capitán, del consignatario ó de algún corresponsal.

798. Tendrá también el asegurado el derecho de hacer abandono después de haber transcurrido un año en los viajes ordinarios y dos en los largos, sin recibir noticia del buque.

En tal caso, podrá reclamar del asegurador la indemnización por el valor de la cantdiad asegurada, sin estar obligado á justificar la pérdida; pero deberá probar la falta de noticias con certificación del consul ó autoridad marítima del puerto de donde salió, y otra de los cónsules ó autoridades marítimas de los del destino del buque y de su matrícula, que acrediten no haber llegado á ellos durante el plazo fijado.

Para usar de esta acción, tendrá el mismo plazo señalado en el art. 804, reputándose viajes cortos los que se hicieren á la costa de Europa y á las de Asia y África por el Mediterráneo, y respecto de América los que se emprendan á puertos situados más acá de los ríos de La Plata y San Lorenzo, y á las islas intermedias entre las costas de España y los puntos designados en este artículo.

799. Si el seguro hubiere sido contratado á término limitado, existirá presunción legal de que la pérdida ocurrió dentro del plazo convenido, salvo la prueba que podrá hacer el asegurador, de que la pérdida sobrevino después de haber terminado su responsabilidad.

800. El asegurado, al tiempo de hacer el abandono, deberá declarar todos los seguros contratados sobre los efectos abandonados, así como los préstamos tomados á la gruesa sobre los mismos, y hasta que haya hecho esta declaración, no empezará á correr el plazo en que deberá ser reintegrado del valor de los efectos.

Si cometiere fraude en esta declaración, perderá todos los derechos que le competan por el seguro, sin dejar de responder por los préstamos que hubiere tomado sobre los efectos asegurados, no obstante su pérdida.

801. En caso de apresamiento de buque, y no teniendo tiempo el asegurado de proceder de acuerdo con el asegurador, ni de esperar instrucciones suyas, podrá por sí, ó el capitán en su defecto, proceder al rescate de las cosas aseguradas, poniéndolo en conocimiento del asegurador en la primera ocasión.

Éste podrá aceptar ó no el convenio celebrado por el asegurado ó el capitán, comunicando su resolución dentro de las veinticuatro horas siguientes á la notificación del convenio.

Si lo aceptase, entregará en el acto la cantidad concertada por el rescate, y quedarán de su cuenta los riesgos ulteriores del viaje, conforme á las condiciones de la póliza. Si no lo aceptase, pagará la cantidad asegurada, perdiendo todo derecho á los efectos rescatados; y si dentro del término prefijado no manifestare su resolución, se entenderá que rechaza el convenio.

802. Si, por haberse represado el buque, se reintegrara el asegurado en la posesión de sus efectos, se reputarán avería todos los gastos y perjuicios causados por la pérdida, siendo de cuenta del asegurador el reintegro; y si, por consecuencia de la represa, pasaren los efectos asegurados á la posesión de un tercero, el asegurado podrá usar del derecho de abandono.

803. Admitido el abandono, ó declarado admisible en juicio, la propiedad de las cosas abonadas, con las mejoras ó desperfectos que en ellas sobrevengan desde el momento del abandono, se transmitirá al asegurador, sin que le exonere del pago la reparación del buque legalmente abandonado.

804. No será admisible el abandono: 1.º Si las pérdidas hubieren ocurrido antes de empezar el viaje; — 2.º Si se hiciere de una manera parcial ó condicional, sin comprender en él todos los objetos asegurados; — 3.º Si no se pusiere en conocimiento de los aseguradores el propósito de hacerlo, dentro de los cuatro meses siguientes al día en que el asegurado haya recibido la noticia de la pérdida acaecida, y si no se formalizara el abandono dentro de diez, contados de igual manera, en cuanto á los siniestros ocurridos en los puertos de Europa, en los de Asia y África en el Mediterráneo, y en los de América desde ols ríos de La Plata á San Lorenzo, y dentro de diez y ocho respecto á los demás; — 4.º Si no se hiciere por el mismo propietario ó persona especialmente autorizada por él, ó por el comisionado para contratar el seguro.

l'intermédiaire des journaux, soit parce qu'elle court comme certaine parmi les commerçants de la résidence de l'assuré, soit enfin parce que l'on peut prouver à celui-ci qu'il a été avisé du sinistre par une lettre ou un télégramme du capitaine, du consignataire ou de l'un de ses correspondants.

798. L'assuré aura également le droit de délaisser lorsqu'il se sera écoulé un an dans les voyages ordinaires, et deux ans dans les voyages au long cours, sans qu'on ait reçu des nouvelles du navire.

Dans ce cas, il pourra réclamer de l'assureur l'indemnité pour le montant de la somme assurée, sans être obligé de prouver la perte, mais il devra prouver le défaut de nouvelles au moyen d'un certificat du consul ou de l'autorité maritime du port d'où le navire est sorti, et d'un autre certificat des consuls ou des autorités maritimes des ports de destination et de la matricule du navire, attestant que le dit navire n'est point parvenu dans ces ports dans le délai fixé.

Pour user de cette action, l'assuré jouira du même délai qui est indiqué dans l'article 804, et l'on réputera voyages courts ceux qui se feront sur les côtes de l'Europe et sur les côtes d'Asie et d'Afrique baignées par la Méditerranée, et, en ce qui concerne les voyages en Amérique, ceux qui ont pour but des ports situés en deçà des rives de La Plata et du St-Laurent, et dans les îles situées entre les côtes d'Espagne et les points désignés dans le présent article.

799. Si l'assurance a été contractée pour une durée déterminée, on présumera que la perte est survenue dans ce délai, sauf à l'assureur à rapporter la preuve que la perte n'est survenue qu'alors que le délai de sa responsabilité était écoulé.

800. L'assuré, au moment du délaissement, devra déclarer toutes les assurances contractées sur les effets délaissés, ainsi que les prêts à la grosse faits sur les dits effets, et, tant qu'il n'aura pas fait cette déclaration, le délai pendant lequel il devra être remboursé de la valeur de ces effets ne commencera pas à courir.

S'il commet une fraude en faisant cette déclaration, il perdra tous les droits qui lui compètent en vertu de l'assurance, sans cesser d'être responsable des emprunts qu'il aura faits sur les effets assurés, nonobstant leur perte.

801. En cas de capture du navire, l'assuré ou, à son défaut, le capitaine, s'il n'a pas le temps d'agir d'accord avec l'assureur, ni d'attendre ses instructions, pourra procéder par lui-même au rachat des choses assurées, à la condition d'en informer l'assureur par la première occasion.

L'assureur pourra accepter ou refuser la convention faite par l'assuré ou par le capitaine, à la condition de faire connaître sa résolution dans les vingt-quatre heures qui suivent la notification de la convention.

S'il l'accepte, il remettra immédiatement la somme stipulée pour le rachat, et les risques ultérieurs du voyage demeureront à sa charge conformément aux conditions de la police. S'il ne l'accepte pas, il payera la somme assurée et perdra tout droit sur les effets rachetés; et s'il ne fait pas connaître sa résolution dans le délai fixé, il sera réputé ne pas accepter la convention.

802. Si, par suite du retour du navire, l'assuré rentre en possession des effets lui appartenant, on réputera avarie tous les frais et les préjudices occasionnés par la perte, et l'assureur sera tenu de les rembourser, et si, par suite de la reprise, les effets assurés passent en la possession d'un tiers, l'assuré pourra user du droit de délaissement.

803. Lorsque le délaissement est accepté ou déclaré recevable en justice, la propriété des choses délaissées avec les augmentations ou les détériorations survenues depuis le moment du délaissement, sera transférée à l'assureur, sans que le retour du navire légalement abandonné dispense l'assureur de payer le montant de l'assurance.

804. Le délaissement ne sera pas recevable: 1° Si les pertes se sont produites avant le commencement du voyage; — 2° S'il est partiel ou conditionnel et s'il ne comprend pas la totalité des objets assurés; — 3° S'il n'est pas porté à la connaissance des assureurs et s'il ne leur est pas proposé dans les quatre mois qui suivent le jour où l'assuré a reçu la nouvelle de la perte, et si le délaissement n'est pas régularisé dans les dix mois à compter de la même date, s'il s'agit de sinistres survenus dans les ports d'Europe, dans ceux d'Asie et d'Afrique situés dans la Méditerranée, et dans les ports d'Amérique situés des rives de la Plata au St.-Laurent, et dans les dix-huit mois, en ce qui concerne les autres sinistres; — 4° S'il n'a pas été fait par le propriétaire, ou par une personne spécialement autorisée par lui, ou par la personne commissionnée pour contracter l'assurance.

805. En el caso de abandono, el asegurador deberá pagar el importe del seguro en el plazo fijado en la póliza, y no habiéndose expresado término en ella, á los sesenta días de admitido el abandono ó de haberse hecho la declaración del art. 803.

Título IV. De los riesgos, daños y accidentes del comercio marítimo.

Sección primera. De las averías.

806. Para los efectos del Código, serán averías: 1.º Todo gasto extraordinario ó eventual que, para conservar el buque, el cargamento ó ambas cosas, ocurriere durante la navegación; — 2.º Todo daño ó desperfecto que sufriere el buque desde que se hiciere á la mar en el puerto de salida hasta dar fondo y anclar en el de su destino, y los que sufran las mercaderías desde que se cargaren en el puerto de expedición hasta descargarlas en el de su consignación.

807. Los gastos menudos y ordinarios propios de la navegación, como los de pilotaje de costas y puertos, los de lanchas y remolques, anclaje, visita, sanidad, cuarentenas, lazareto y demás llamados de puerto, los fletes de gabarras y descarga hasta poner las mercaderías en el muelle, y cualquier otro común á la navegación, se considerarán gastos ordinarios á cuenta del fletante, á no mediar pacto expreso en contrario.

808. Las averías serán: 1.º Simples ó particulares; — 2.º Gruesas ó comunes.

809. Serán averías simples ó particulares, por regla general, todos los gastos y perjuicios causados en el buque ó en su cargamento que no hayan redundado en beneficio y utilidad común de todos los interesados en el buque y su carga, y especialmente las siguientes: 1.ª Los daños que sobrevinieren al cargamento desde su embarque hasta su descarga, así por vicio propio de la cosa, como por accidente de mar ó por fuerza mayor, y los gastos hechos para evitarlos y repararlos; — 2.ª Los daños y gastos que sobrevinieren al buque en su caso, aparejos, armas y pertrechos, por las mismas causas y motivos, desde que se hizo á la mar en el puerto de salida hasta que ancló y fondeó en el de su destino; — 3.ª Los daños sufridos por las mercaderías cargadas sobre cubierta, excepto en la navegación de cabotaje, si las ordenanzas marítimas lo permiten; — 4.ª Los sueldos y alimentos de la tripulación cuando el buque fuere detenido ó embargado por orden legítima ó fuerza mayor, si el fletamento estuviere contratado por un tanto el viaje; — 5.ª Los gastos necesarios de arribada á un puerto para repararse ó aprovisionarse; — 6.ª El menor valor de los géneros vendidos por el capitán en arribada forzosa, para pago de alimentos y salvar á la tripulación, ó para cubrir cualquiera otra necesidad del buque, á cuyo cargo vendrá el abono correspondiente; — 7.ª Los alimentos y salarios de la tripulación mientras estuviere el buque en cuarentena; — 8.ª El daño inferido al buque ó cargamento por el choque ó abordaje con otro, siendo fortuito é inevitable. Si el accidente ocurriere por culpa ó descuido del capitán, éste responderá de todo el daño causado; — 9.ª Cualquier daño que resultare al cargamento por faltas, descuido ó baraterías del capitán ó de la tripulación, sin perjuicio del derecho del propietario á la indemnización correspondiente contra el capitán, el buque y el flete.

810. El dueño de la cosa que dió lugar al gasto ó recibió el daño, soportará las averías simples ó particulares.

811. Serán averías gruesas ó comunes, por regla general, todos los daños y gastos que se causen deliberadamente para salvar el buque, su cargamento, ó ambas cosas á la vez, de un riesgo conocido y efectivo, y en particular las siguientes: 1.ª Los efectos ó metálico invertidos en el rescate del buque ó del cargamento apresado por enemigos, corsarios ó piratas, y los alimentos, salarios y gasto del buque detenido mientras se hiciere el arreglo ó rescate; — 2.ª Los efectos arrojados al mar para aligerar el buque, ya pertenezcan al cargamento, ya al buque ó á la tripulación, y el daño que por tal acto resulte á los efectos que se conserven á

805. Dans le cas de delaissement, l'assureur devra payer le montant de l'assurance dans le délai fixé dans la police, et, à défaut d'indication à cet égard dans la dite police, dans les soixante jours à compter du jour où le délaissement a été reçu ou de celui où a été faite la déclaration prévue par l'article 803.

Titre IV. Des risques, dommages, et accidents du commerce maritime.

Section première. Des avaries.

806. Pour les effets du présent Code, seront réputés avaries: 1° Toute dépense extraordinaire ou accidentelle faite pour conserver le navire et la cargaison, séparément ou conjointement, durant la navigation; — 2° Tout dommage ou toute détérioration éprouvée par le navire, depuis le moment où il a mis à la voile dans le port de départ jusqu'à celui où il est mouillé et ancré dans le port de destination, ainsi que les dommages éprouvés par les marchandises depuis le moment où elles sont chargées dans le port d'expédition jusqu'à celui où elles sont déchargées dans le port de consignation.

807. Les menus frais, et ceux qui constituent les dépenses ordinaires propres à la navigation, tels que les frais de pilotage le long des côtes et à l'entrée des ports, ceux de chaloupes et touage, ancrage, visite, santé, quarantaine, lazaret et autres appelés frais de port, les loyers de gabarres et les frais de déchargement jusqu'au moment où les marchandises sont déposées sur le quai, et tous autres frais communs de navigation, seront considérés comme frais ordinaires à la charge du fréteur, s'il n'y a pas eu convention contraire.

808. Les avaries seront: 1° Simples ou particulières; — 2° Grosses ou communes.

809. Les avaries simples seront, en règle générale, les frais et préjudices occasionnés au navire ou à sa cargaison qui n'ont pas tourné au profit ou à l'avantage commun de tous ceux qui ont un intérêt dans le navire et dans sa cargaison, et spécialement les suivants: 1° Les dommages survenus à la cargaison depuis le moment de son embarquement jusqu'à celui du déchargement, aussi bien par suite d'un vice propre de la chose que par fortune de mer ou force majeure, et les frais faits pour éviter et réparer ces dommages; — 2° Les dommages et les dépenses occasionnés au corps du navire, à ses apparaux, armes et instruments, par les mêmes causes et les mêmes motifs, depuis le moment où il a mis à la voile dans le port de départ jusqu'à celui où il a été mouillé et ancré dans le port de destination; — 3° Les dommages éprouvés par les marchandises chargées sur le pont, excepté dans la navigation au cabotage, si les ordonnances maritimes permettent ce mode de chargement; — 4° Les salaires et aliments de l'équipage en cas d'arrêt ou d'embargo motivé par un ordre légitime ou par la force majeure, si l'affrétement a été fait moyennant une somme fixe pour le voyage; — 5° Les frais de relâche dans un port pour se réparer et s'approvisionner; — 6° La diminution de valeur des marchandises vendues par le capitaine, en cas de relâche forcée, pour payer les aliments et sauver l'équipage ou pour satisfaire à toute autre nécessité quelconque du navire, auquel cas l'indemnité à payer sera à la charge du navire; — 7° Les aliments et les salaires de l'équipage, pendant la quarantaine; — 8° Le dommage causé au navire ou au chargement par le choc ou l'abordage d'un autre bâtiment, lorsque cet abordage a été fortuit et inévitable. Si l'accident provient de la faute ou du défaut de soin du capitaine, celui-ci sera responsable de tout le dommage causé; — 9° Tout dommage quelconque occasionné à la cargaison par fautes, défaut de soin ou baraterie du capitaine ou de l'équipage, sans préjudice du droit du propriétaire d'obtenir l'indemnité correspondante contre le capitaine, le navire et le fret.

810. Le propriétaire de la chose qui a donné lieu à la dépense ou éprouvé le dommage, supportera les avaries simples ou particulières.

811. Les avaries grosses seront, en règle générale, tous les dommages et les frais faits de propos délibéré pour sauver le navire et sa cargaison, conjointement ou séparément, d'un risque connu et effectif et spécialement les suivants: 1° Les effets ou l'argent comptant employés pour racheter le navire ou le chargement lorsqu'ils ont été capturés par des ennemis, des corsaires ou des pirates, ainsi que les aliments, salaires et frais d'entretien du navire capturé pendant que l'on fera le règlement ou le rachat; — 2° Les choses jetées à la mer pour alléger le navire, qu'elles fassent partie du chargement ou qu'elles appartiennent au navire

bordo; — 3.ª Los cables y palos que se corten ó inutilicen, las anclas y las cadenas
que se abandonen, para salvar el cargamento, el buque ó ambas cosas; — 4.ª Los
gastos de alijo ó trasbordo de una parte del cargamento para aligerar el buque y
ponerlo en estado de tomar puerto ó rada, y el perjuicio que de ellos resulte á
los efectos alijados ó trasbordados; — 5.ª El daño causado á los efectos del cargamento por la abertura hecha en el buque para desaguarlo é impedir que zozobre;
— 6.ª Los gastos hechos para poner á flote un buque encallado de propósito con
objeto de salvarlo; — 7.ª El daño causado en el buque que fuere necesario abrir,
agujerear ó romper para salvar el cargamento; — 8.ª Los gastos de curación y
limento de los tripulantes que hubieren sido heridos ó estropeados defendiendo
ó salvando el buque; — 9.ª Los salarios de cualquier individuo de la tripulación
detenido en rehenes por enemigos, corsarios ó piratas, y los gastos necesarios que
cause en su prisión, hasta restituirse al buque, ó á su domicilio si lo prefiriere;
— 10.ª El salario y alimentos de la tripulación del buque fletado por meses, durante el tiempo que estuviere embargado ó detenido por fuerza mayor ú orden
del Gobierno, ó para reparar los daños causados en beneficio común; — 11.ª El
menoscabo que resultare en el valor de los géneros vendidos en arribada forzosa
para reparar el buque por causa de avería gruesa; — 12.ª Los gastos de la
liquidación de la avería.

812. Á satisfacer el importe de las averías gruesas ó comunes contribuirán
todos los interesados en el buque y cargamento existente en él al tiempo de ocurrir
la avería.

813. Para hacer los gastos y causar los daños correspondientes á la avería
gruesa, precederá resolución del capitán, tomada previa deliberación con el piloto
y demás oficiales de la nave, y audiencia de los interesados en la carga que se hallaren presentes.

Si éstos se opusieren, y el capitán y oficiales, ó su mayoría, ó el capitán, se-
parándose de la mayoría, estimaren necesarias ciertas medidas, podrán ejecutarse
bajo su responsabilidad, sin perjuicio del derecho de los cargadores á ejercitar el
suyo contra el capitán ante el juez ó tribunal competente, si pudieren probar que
procedió con malicia, impericia ó descuido.

Si los interesados en la carga, estando en el buque, no fueren oídos, no contribuirán á la avería gruesa, imputable en esta parte al capitán, á no ser que la
urgencia del caso fuere tal, que faltase el tiempo necesario para la previa deliberación[1].

814. El acuerdo adoptado para causar los daños que constituyen avería común, habrá de extenderse necesariamente en el libro de navegación, expresando
los motivos y razones en que se apoyó, los votos en contrario y el fundamento de
la disidencia, si existiere, y las causas irresistibles y urgentes á que obedeció el
capitán, si obró por sí.

En el primer caso, el acta se firmará por todos los presentes que supieren
hacerlo, á ser posible, antes de proceder á la ejecución; y cuando no lo sea, en la
primera oportunidad. En el segundo, por el capitán y los oficiales del buque.

En el acta, y después del acuerdo, se expresarán circunstanciadamente todos
los objetos arrojados, y se hará mención de los desperfectos que se causen á los
que se conserven en el buque. El capitán tendrá obligación de entregar una copia
de esta acta á la autoridad judicial marítima del primer puerto donde arribe, dentro de las veinticuatro horas de su llegada, y de ratificarla luego con juramento[2].

---

[1]) En los casos en que el capitán de una nave tenga que hacer constar las causas
de las averías, arribada forzosa, naufragio, ó cualquier otro hecho por el cual pueda caberle
responsabilidad, si no hubiere obrado con arreglo á lo que determina el Cód. de com., presentará
al juez un escrito solicitando que se reciba declaración que se reciba declaración á los pasajeros y tripulantes acerca de los
hechos que enumere. A dicho escrito acompañará el diario de navegación. — El juez, en su
vista, recibirá la información ofrecida, y mandará testimoniar del libro de navegación la parte
que se refiera al suceso y sus causas, entregando despues al capitán las actuaciones originales
[art. 2173 y 2174, L. Enj. c.).

[2]) Véase la nota anterior.

ou à l'équipage, ainsi que le dommage occasionné par le jet aux effets conservés à bord; — 3° Les câbles et mats rompus ou coupés, les ancres et les chaînes abandonnés pour sauver le chargement et le navire, conjointement ou séparément; — 4° Les frais de déchargement ou de transbordement d'une partie de la cargaison, dans le but d'alléger le navire et de le mettre en état d'entrer dans un port ou dans une rade, et le préjudice occasionné ainsi aux objets allégés ou transbordés; — 5° Le dommages occasionné aux effets composant le chargement par l'ouverture pratiquée dans le navire dans le but de le vider et de l'empêcher de sombrer; — 6° Les frais faits pour mettre à flot un navire échoué volontairement dans le but de le sauver; — 7° Le dommage causé au navire qu'il sera nécessaire d'ouvrir, de perforer ou de rompre pour sauver le chargement; — 8° Les frais faits pour soigner et nourrir les matelots blessés ou estropiés en défendant le navire ou en procédant à son sauvetage; — 9° Les salaires de tout individu quelconque faisant partie de l'équipage retenu en garantie par des ennemis, corsaires ou pirates, ainsi que les frais nécessaires par lui faits en prison jusqu'à ce qu'il revienne sur le navire ou à son domicile, s'il le préfère; — 10° Le salaire et les aliments de l'équipage du navire frété au mois durant le temps de l'embargo ou de la détention, quand il est arrêté par une circonstance de force majeure, ou par l'ordre du gouvernement, ou pour réparer les dommages causés dans l'intérêt commun; — 11° La perte éprouvée sur la valeur des marchandises vendues dans la relâche forcée pour réparer le navire pour cause d'avarie grosse; — 12° Les frais de liquidation de l'avarie.

812. Tous ceux qui ont intérêt dans le navire ou dans le chargement existant sur le dit navire au moment où est survenue l'avarie, contribueront à acquitter le montant des avaries grosses ou communes.

813. Pour faire les frais et causer les dommages qui constituent une avarie grosse, il faudra une décision du capitaine prise après délibération préalable avec le pilote et les autres officiers du navire, et après avoir entendu ceux qui ont un intérêt dans la cargaison, s'ils sont présents.

Si ceux-ci s'y opposent, et si le capitaine et les officiers, ou la majorité, ou le capitaine se séparant de l'avis de la majorité, estiment nécessaire de prendre certaines mesures, ces mesures pourront être exécutées sous la responsabilité du dit capitaine, sans préjudice du droit appartenant aux chargeurs de recourir contre le capitaine devant le juge ou le tribunal compétent, s'ils peuvent prouver qu'il a agi dolosivement, par impéritie ou défaut de soin.

Les intéressés dans la cargaison, s'ils n'ont pas été entendus, bien qu'ils fussent présents, ne contribueront pas à l'avarie grosse, et celle-ci sera imputable, dans ce cas, au capitaine, à moins que l'urgence du cas n'ait été telle que l'on n'ait pas eu le temps nécessaire de procéder à une délibération préalable[1].

814. La délibération prise pour causer les dommages constitutifs de l'avarie commune, devra nécessairement être rédigée sur le livre de navigation, en indiquant les motifs et les raisons sur lesquels elle s'est appuyée, les votes contraires et le motif de la dissidence, s'il y a lieu, ainsi que les causes irrésistibles et urgentes auxquelles a obéi le capitaine, dans le cas où il a agi par lui-même.

Dans le premier cas, l'acte, s'il est possible, sera signé par toutes les personnes présentes sachant le faire, avant de procéder à l'exécution, et, dans le cas contraire, dans la première circonstance favorable. Dans le second cas, il sera signé par les officiers du navire.

Dans le dit acte, et après la décision, on énoncera d'une manière circonstanciée tous les objets jetés, et il sera fait mention de toutes les détériorations occasionnées aux objets conservés sur le navire. Le capitaine sera tenu de remettre une copie de cet acte à l'autorité judiciaire maritime du premier port où il relâchera, dans les vingt-quatre heures de son arrivée au dit port, et de la certifier aussitôt sous la foi du serment[2].

---

[1] Lorsque le capitaine est tenu de faire constater les causes des avaries, relâche forcée, naufrage ou de tout autre fait quelconque susceptible d'engager sa responsabilité, s'il ne s'est pas conformé aux prescriptions du Code de commerce, il présentera au juge une requête à fin de faire recevoir la déclaration des passagers et des gens de l'équipage sur les faits par lui articulés. Le journal de navigation doit être joint à cette requête. Le juge, sur le vu de cette requête, procédera à l'enquête offerte, et il ordonnera d'inscrire sur le registre de navigation une copie certifiée de la partie de l'enquête relative à l'accident et à ses causes, et il fera remettre au capitaine les procès-verbaux originaux (art. 2173 et 2174 loi *Enj. civ.*).

[2] V. la note précédente.

815. El capitán dirigirá la echazón y mandará arrojar los efectos por el orden siguiente: 1.º Los que se hallaren sobre cubierta, empezando por los que embaracen la maniobra ó perjudiquen al buque, prefiriendo, si es posible, los más pesados y de menos utilidad y valor; — 2.º Los que estuvieren bajo la cubierta superior, comenzando siempre por los de más peso y menos valor, hasta la cantidad y número que fuese absolutamente indispensable.

816. Para que puedan imputarse en la averías gruesa y tengan derecho á indemnización los dueños de los efectos arrojados al mar, será preciso que, en cuanto á la carga, se acredite su existencia á bordo con el conocimiento; y, respecto á los pertenecientes al buque, con el inventario formado antes de la salida, conforme al párrafo primero del art. 612.

817. Si, aligerando el buque por causa de tempestad, para facilitar su entrada en el puerto ó rada, se trasbordase á lanchas ó barcas alguna parte del cargamento y se perdiere, el dueño de esta parte tendrá el derecho á la indemnización, como originada la pérdida de avería gruesa, distribuyéndose su importe entre la totalidad del buque y el cargamento de que proceda.

Si, por el contrario, las mercaderías trasbordadas se salvaren y el buque pereciere, ninguna responsabilidad podrá exigirse al salvamento.

818. Si, como medida necesaria para cortar un incendio en puerto, rada, ensenada ó bahía, se acordase echar á pique algún buque, esta pérdida será considerada avería gruesa, á que contribuirán los buques salvados.

Sección segunda.   De las arribadas forzosas.[1]

819. Si el capitán, durante la navegación, creyere que el buque no puede continuar el viaje al puerto de su destino por falta de víveres, temor fundado de embargo, corsarios ó piratas, ó por cualquier accidente de mar que lo inhabilite para navegar, reunirá á los oficiales, citará á los interesados en la carga que se hallaren presentes y que pueden asistir á junta sin derecho á votar; y si, examinadas las circunstancias del caso, se considerase fundado el motivo, se acordará la arribada al puerto más próximo y conveniente, levantando y extendiendo en el libro de navegación la oportuna acta, que firmarán todos.

El capitán tendrá voto de calidad, y los interesados en la carga podrán hacer las reclamaciones y protestas que estimen oportunas, las cuales se insertarán en el acta para que las utilicen como vieren convenirles.

820. La arribada no se reputará legítima en los casos siguientes: 1.º Si la falta de víveres procediere de no haberse hecho el avituallamiento necesario para el viaje según uso y costumbre, ó si se hubieren inutilizado ó perdido por mala colocación ó descuido en su custodia; — 2.º Si el riesgo de enemigos, corsarios ó piratas no hubiere sido bien conocido, manifiesto y fundado en hechos positivos y justificables; — 3.º Si el desperfecto del buque proviniere de no haberlo reparado, pertrechado, equipado y dispuesto convenientemente para el viaje, ó de alguna disposición desacertada del capitán; — 4.º Siempre que hubiere en el hecho, causa de la avería, malicia, negligencia, imprevisión ó impericia del capitán.

821. Los gastos de la arribada forzosa serán siempre de cuenta del naviero ó fletante; pero éstos no serán responsables de los perjuicios que puedan seguirse á los cargadores por consecuencia de la arribada, siempre que ésta hubiere sido legítima.

En caso contrario, serán responsables mancomunadamente el naviero y el capitán.

822. Si para hacer reparaciones en el buque, ó porque hubiere peligro de que la carga sufriera avería, fuese necesario proceder á la descarga, el capitán deberá pedir al juez ó tribunal competente, autorización para el alijo[2], y llevarlo á cabo con conocimiento del interesado, ó representante de la carga, si lo hubiere.

---

1) Véase la nota 1, pág. 212.

2) Para obtener esta autorización habrá de acudir al juez por escrito ó por comparecencia si fuese muy urgente el caso, pidiendo que el cargamento se reconozca por peritos; uno que desde luego designará el capitán y otro que nombrará el Ministerio fiscal en representación

815. Le capitaine dirigera le jet et il fera jeter les effets dans l'ordre suivant:
1° Les effets qui se trouvent sur le pont, en commençant par ceux qui embarrassent la manœuvre ou portent préjudice au navire, et en choisissant de préférence, s'il est possible, ceux qui sont les plus pesants et qui ont le moins d'utilité et de valeur; — 2° Les effets se trouvant sous le pont supérieur, en commençant toujours par ceux qui ont le plus de poids et le moins de valeur, jusqu'à la quantité et au nombre qui sera absolument indispensable.

816. Pour que les propriétaires des effets jetés à la mer puissent être imputés dans l'avarie grosse et avoir droit à une indemnité, il sera nécessaire, en ce qui concerne la cargaison, qu'ils justifient de son existence à bord au moyen du connaissement, et, en ce qui concerne les objets appartenant au navire, au moyen d'un inventaire dressé avant le départ, conformément au paragraphe premier de l'article 612.

817. Si en allégeant le navire pour cause de tempête, afin de faciliter son entrée dans un port, on a transporté dans des chaloupes ou des barques une partie de la cargaison, et si cette partie vient à se perdre, son propriétaire aura le droit à une indemnité comme si la perte avait été causée par une avarie grosse, et le montant de la dite indemnité sera répartie entre la totalité du navire et le chargement.

Si, au contraire, les marchandises transbordées sont sauvées et que le navire se perde, aucune indemnité ne pourra être demandée à la partie sauvée.

818. Si, comme mesure nécessaire pour combattre un incendie dans un port, une rade, une anse ou une baie, on décide de couler à fond un navire, cette perte sera considérée comme une avarie grosse, à laquelle contribueront les navires sauvés.

Section II. Des relâches forcées.[1]

819. Si le capitaine, durant la navigation, croit que le navire ne peut pas continuer le voyage jusqu'au port de destination, par suite du défaut de vivres, d'une crainte fondée d'embargo, de corsaires ou de pirates, ou par suite d'un accident de mer quelconque le mettant hors d'état de naviguer, il réunira les officiers, convoquera les intéressés dans le chargement qui se trouveront présents et qui pourront assister au conseil sans avoir le droit de prendre part au vote, et si, après examen des circonstances, le motif est jugé fondé, on décidera de relâcher dans le port le plus proche et le plus convenable, et il sera dressé et rédigé sur le registre de navigation l'acte nécessaire, lequel sera signé par tous.

Le capitaine aura voix prépondérante, et les intéressés dans le chargement pourront faire telles réclamations et protestations qu'ils jugeront utiles, lesquelles seront insérées dans le procès-verbal pour produire tel effet qu'il appartiendra.

820. La relâche ne sera pas considérée comme légitime dans les cas suivants:
1° Si le défaut de vivres provient de ce que l'on n'a pas fait l'avitaillement nécessaire pour le voyage, d'après la coutume et l'usage, ou si les vivres ont été mis hors de service ou perdus par suite de leur mauvais chargement ou du défaut de soin apporté à leur conservation; — 2° Si le risque des ennemis, des corsaires ou des pirates n'est pas bien connu, bien manifeste et bien fondé sur des faits positifs et dont la preuve peut être rapportée; — 3° Si le mauvais état du navire provient de ce qu'il n'a pas été réparé, appareillé, équipé et disposé convenablement pour le voyage, ou d'une disposition erronée du capitaine; — 4° Toutes les fois que le fait, cause de l'avarie, est dû au dol, à la négligence, à l'imprudence ou à l'impéritie du capitaine.

821. Les frais de la relâche forcée seront toujours à la charge de l'armateur ou du fréteur. Ceux-ci toutefois ne seront pas responsables des préjudices qui peuvent être la conséquence de la relâche pour les chargeurs, toutes les fois que celle-ci est légitime.

Dans le cas contraire, l'armateur et le capitaine seront responsables solidairement.

822. Si pour faire des réparations au navire, ou par suite du péril de la cargaison, il est nécessaire de procéder au déchargement, le capitaine devra se faire autoriser à cet effet par le juge compétent[2], et n'y procéder qu'après en avoir donné avis à l'intéressé ou au représentant de la cargaison s'il est présent.

---

1) V. ci-dessus p. 212, note 1.
2) Pour obtenir cette autorisation, il faut adresser au juge une requête écrite, (la demande peut être toutefois faite de vive voix en cas d'urgence) demandant qu'il soit procédé par experts à la vérification du chargement. L'un des experts est désigné par le capitaine lui-même, l'autre,

En puerto extranjero, corresponderá dar la autorizacion al cónsul español donde le haya.

En el primer caso, serán los gastos de cuenta del naviero, y en el segundo, correrán á cargo de los dueños de las mercaderías en cuyo beneficio se hizo la operación.

Si la descarga se verificara por ambas causas, los gastos se distribuirán proporcionalmente entre el valor del buque y el del cargamento.

823. La custodia y conservación del cargamento desembarcado estará á cargo del capitán, que responderá de él á no mediar fuerza mayor.

824. Si apareciere averiado todo el cargamento ó parte de él, ó hubiere peligro inminente de que se averiase, podrá el capitán pedir al juez ó tribunal competente, ó al cónsul, en su caso, la venta del todo ó parte de aquél, y el que de esto deba conocer, autorizarla, previo reconocimiento y declaración de peritos, anuncios y demás formalidades del caso, y anotación en el libro, conforme se previene en el art. 624[1].

El capitán justificará en su caso la legalidad de su proceder, so pena de responder al cargador del precio que habrían alcanzado las mercaderías llegando en buen estado al puerto de su destino.

825. El capitán responderá de los perjuicios que cause su dilación, si, cesando el motivo que dió lugar á la arribada forzosa, no continuase el viaje.

Si el motivo de la arribada hubiere sido el temor de enemigos, corsarios ó piratas, precederán á la salida deliberación y acuerdo en junta de oficiales del buque é interesados en la carga que se hallaren presentes, en conformidad con lo dispuesto en el art. 819.

Sección tercera.   De los abordajes.[2]

826. Si un buque abordase á otro, por culpa, negligencia ó impericia del capitán, piloto ú otro cualquiera individuo de la dotación, el naviero del buque abordador indemnizará los daños y perjuicios ocurridos, previa tasación pericial.

827. Si el abordaje fuese imputable á ambos buques, cada uno de ellos soportará su propio daño y ambos responderán solidariamente de los daños y perjuicios causados en sus cargos.

828. La disposición del artículo anterior es aplicable al caso en que no pueda determinarse cuál de los dos buques ha sido causante del abordaje.

829. En los casos expresados, quedan á salvo la acción civil del naviero contra el causante del daño, y las responsabilidades criminales á que hubiere lugar.

830. Si un buque abordare á otro por causa fortuita ó de fuerza mayor, cada nave y su carga soportará sus propios daños.

831. Si un buque abordare á otro, obligado por un tercero, indemnizará los daños y perjuicios que ocurrieren el naviero de este tercer buque, quedando el capitán responsable civilmente para con dicho naviero.

832. Si, por efecto de un temporal ó de otra causa de fuerza mayor, un buque que se halla debidamente fondeado y amarrado, abordare á los inmediatos á él, causándoles averías, el daño ocurrido tendrá la consideración de avería simple del buque abordado.

---

de los cargadores ausentes; sorteándose por el juez el tercero en caso de discordia. — Ordenará el juez que se practique el reconocimiento, el cual tendrá por objeto, según los casos, manifestar si la arribada para practicar reparaciones ha sido de absoluta necesidad, ó si la descarga es de precisión para evitar daño ó avería en el cargamento. — Si los peritos opinaren que debe procederse á la descarga, el juez la acordará, proveyendo lo necesario para la conservación del cargamento, y dará al capitán testimonio literal de todo lo actuado (art. 2147, 2148, 2149, 2153 y 2154 de la L. de Enj. c.).

1) El artículo 2155 de la L. de Enj. c. reproduce esta prescripción legal, diciendo además que la venta habrá de hacerse del modo que se indica en el Título siguiente. (Véase la pág. 131, nota 1.)

2) Véase la pág. 212, nota 1.

Dans un port étranger, le droit de donner cette autorisation appartiendra au consul espagnol, là où il en existe un.

Dans le premier cas, les frais seront à la charge de l'armateur, et, dans le second, à celle des propriétaires des marchandises dans l'intérêt desquelles l'opération a été faite.

Si le déchargement est fait à la fois pour les deux motifs, les frais seront supportés proportionnellement à la valeur du navire et du chargement.

823. La garde et la conservation du chargement débarqué seront à la charge du capitaine, qui en sera responsable sauf les cas de force majeure.

824. Si le chargement paraît avarié en tout ou partie, ou s'il y a péril imminent qu'il s'avarie, le capitaine pourra demander au juge ou tribunal compétent, ou au consul, suivant les cas, d'autoriser la vente totale ou partielle du dit chargement, et l'autorité compétente donnera cette autorisation, après vérification préalable et déclaration d'experts, annonces et autres formalités prescrites en pareil cas, et mention sur le livre de navigation conformément à ce qui est prescrit dans l'article 624 [1].

Le capitaine justifiera la légalité de ses actes, sous peine d'être responsable envers le chargeur de la différence entre le prix de vente et celui que les marchandises auraient atteint si elles étaient parvenues en bon état au port de leur destination.

825. Le capitaine sera responsable des préjudices occasionnés par son retard si, le motif qui a donné lieu à la relâche forcée venant à cesser, il ne continue pas le voyage.

Si la relâche a été motivée par la crainte d'ennemis, de corsaires ou de pirates, le départ devra être précédé d'une délibération et d'une décision prise en assemblée des officiers du navire et des intéressés dans le chargement qui sont présents, conformément aux dispositions de l'article 819.

Section III. Des abordages.[2]

826. Si un navire aborde un autre navire par la faute, la négligence ou l'impéritie du capitaine, du pilote, ou d'un autre individu quelconque de l'équipage, l'armateur du navire abordeur indemnisera l'autre des dommages et préjudices occasionnés après estimation par experts.

827. Si l'abordage est imputable aux deux navires, chacun d'eux supportera le dommage particulier par lui éprouvé, et ils seront tous les deux solidairement responsables des dommages et préjudices occasionnés à leurs cargaisons.

828. La disposition de l'article précédent est applicable dans le cas où il est impossible de déterminer lequel des deux navires a été la cause de l'abordage.

829. Dans les cas ci-dessus indiqués, l'action civile de l'armateur contre l'auteur du dommage et les responsabilités criminelles, auxquelles le fait peut donner lieu, demeurent entières.

830. Si un navire aborde un autre par suite d'une cause fortuite ou d'une circonstance de force majeure, chaque navire et chaque cargaison supportera ses dommages particuliers.

831. Si un navire en aborde un autre par le fait d'un troisième navire, l'armateur de ce troisième navire sera responsable des dommages et préjudices résultant de l'abordage, et le capitaine de ce navire sera civilement responsable envers le dit armateur.

832. Si, par l'effet d'une tempête ou d'une autre cause de force majeure, un navire qui se trouvait dûment mouillé et ancré aborde ceux qui se trouvent mouillés immédiatement à côté de lui et leur cause des avaries, le dommage ainsi occasionné sera considéré comme avarie simple du navire abordé.

par le ministère fiscal au nom des chargeurs absents. Si ces experts ne peuvent se mettre d'accord, le tiers-expert est désigné par le juge au moyen d'un tirage au sort. — Le juge ordonnera qu'il soit procédé à cette reconnaissance: elle aura pour objet, suivant les cas, de constater si la relâche faite pour procéder aux réparations était d'une nécessité absolue, ou si le déchargement est nécessaire pour éviter les dommages ou l'avarie du chargement. — Si les experts sont d'avis qu'il doit être procédé au déchargement, le juge l'autorisera en prescrivant les mesures nécessaires pour assurer la conservation de la cargaison, et il délivrera au capitaine une attestation écrite relatant tout ce qui a été fait (art. 2147, 2148, 2149, 2153 et 2154 loi *Enj. civ.*).

[1]) L'art. 2155 loi *Enj. civ.* reproduit cette prescription en ajoutant que la vente aura lieu de la manière indiquée dans le titre suivant, v. p. 131, note 1.

[2]) V. p. 212, note 1.

833. Se presumirá perdido por causa de abordaje el buque que, habiéndolo sufrido, se fuera á pique en el acto. y también el que, obligado á ganar puerto para reparar las averías ocasionadas por el abordaje, se perdiese durante el viaje ó se viera obligado á embarrancar para salvarse.

834. Si los buques que se abordan tuvieren á bordo práctico ejerciendo sus funciones al tiempo del abordaje, no eximirá su presencia á los capitanes de las responsabilidades en que incurran; pero tendrán éstos derecho á ser indemnizados por los prácticos, sin perjuicio de la responsabilidad criminal en que éstos pudieran incurrir.

835. La acción para el resarcimiento de daños y perjuicios que se deriven de los abordajes, no podrá admitirse si no se presenta dentro de las veinticuatro horas protesta ó declaración ante la autoridad del punto en que tuviere lugar el abordaje, ó la del primer puerto de arribada del buque, siendo en España, y ante el cónsul de España, si ocurriese en el extranjero.

836. Para los daños causados á las personas ó al cargamento, la falta de protesta no puede perjudicar á los interesados que no se hallaban en la nave ó no estaban en condiciones de manifestar su voluntad.

837. La responsabilidad civil que contraen los navieros en los casos prescritos en esta sección, se entiende limitada al valor de la nave con todas sus pertenencias y fletes devengados en el viaje.

838. Cuando el valor del buque y sus pertenencias no alcanzare á cubrir todas las responsabilidades, tendrá preferencia la indemnización debida por muerte ó lesiones de las personas.

839. Si el abordaje tuviere lugar entre buques españoles en aguas extranjeras, ó si, verificándose en aguas libres, los buques arribaren á puerto extranjero, el cónsul de España en aquel puerto instruirá la sumaria averiguación del suceso, remitiendo el expediente al capitán general del departamento más inmediato para su continuación y conclusión.

Sección cuarta.　De los naufragios.[1]

840. Las pérdidas y desmejoras que sufran el buque y su cargamento á consecuencia de naufragio ó encalladura, serán individualmente de cuenta de los dueños, perteneciéndoles en la misma proporción los restos que se salven.

841. Si el naufragio ó encalladura procedieren de malicia, descuido ó impericia del capitán, ó porque el buque salió á la mar no hallándose suficientemente reparado y pertrechado, el naviero ó los cargadores podrán pedir al capitán la indemnización de los perjuicios causados al buque ó al cargamento por el siniestro, conforme á lo dispuesto en los artículos 610, 612, 614 y 621.

842. Los objetos salvados del naufragio quedarán especialmente afectos al pago de los gastos del respectivo salvamento, y su importe deberá ser satisfecho por los dueños de aquéllos antes de entregárselos, y con preferencia á otra cualquiera obligación si las mercaderías se vendiesen[2].

843. Si, navegando varios buques en conserva, naufragare alguno de ellos, la carga salvada se repartirá entre los demás en proporción á lo que cada uno pueda recibir.

Si algún capitán se negase sin justa causa á recibir la que le corresponda, el capitán náufrago protestará contra él, ante dos oficiales de mar, los daños y perjuicios que de ello se sigan, ratificando la protesta dentro de las veinticuatro horas de la llegada al primer puerto, é incluyéndola en el expediente que debe instruir con arreglo á lo dispuesto en el art. 612.

Si no fuere posible trasladar á los demás buques todo el cargamento náufrago, se salvarán con preferencia los objetos de más valor y de menos volumen, haciéndose la designación por el capitán, con acuerdo de los oficiales de su buque.

---

[1]) Véase la pág. 212, nota 1.
[2]) La venta de estos objetos habrá de decretarse por el juez en la forma indicada en la nota 4, pág. 130. Y su depósito previo, cuando fuere necesario, en la forma prevenida en la nota 1, pág. 128; todo ello á tenor de lo que dispone la regla 4.ª del art. 2161 de la L. de Enj. c.).

833. Sera présumé perdu pour cause d'abordage le navire qui, après avoir éprouvé un abordage, aura coulé à fond au moment même, ainsi que celui qui, obligé de gagner un port pour réparer les avaries occasionnées par l'abordage, se sera perdu durant le voyage ou aura été obligé de s'échouer pour se sauver.

834. Si les navires qui se sont abordés avaient à bord un pilote lamaneur exerçant ses fonctions au moment de l'abordage, la présence du dit pilote n'affranchira pas les capitaines de la responsabilité qui leur incombe, mais ils auront le droit d'être indemnisés par les pilotes lamaneurs, sans préjudice de la responsabilité criminelle que ceux-ci pourront encourir.

835. L'action pour la réparation des dommages et préjudices dérivant de l'abordage ne sera pas recevable, s'il n'est pas fait, dans les vingt-quatre heures, une protestation ou déclaration devant l'autorité compétente du lieu de l'abordage ou du premier port de relâche du navire, s'il se trouve en Espagne, ou devant le consul, s'il se trouve en pays étranger.

836. En ce qui concerne les dommages causés aux personnes ou au chargement, le défaut de protestation ne peut préjudicier aux intéressés qui ne se trouvaient pas sur le navire, ou qui n'étaient pas en état de manifester leur volonté.

837. La responsabilité civile incombant aux armateurs, dans les cas régis par la présente section, est limitée à la valeur du navire et de tous ses accessoires, et des frets gagnés durant le voyage.

838. Lorsque la valeur du navire et de ses accessoires ne suffira pas pour couvrir toutes les responsabilités, les indemnités dues pour cause de mort ou de blessures faites àux personnes jouiront d'un droit de préférence.

839. Si l'abordage a eu lieu entre deux navires espagnols dans des eaux étrangères, ou si, après avoir eu lieu dans des eaux libres, les navires abordent dans un port étranger, le consul espagnol de ce port procédera à une information sommaire sur le fait, et il remettra sa procédure au capitaine général du port le plus proche pour qu'il la continue et la termine.

Section IV. Des naufrages.[1]

840. Les pertes et détériorations éprouvées par le navire et par son chargement à la suite de naufrage ou d'échouement, seront supportées individuellement par les propriétaires, et les débris sauvés leur appartiendront dans la même proportion.

841. Si le naufrage ou l'échouement provient du dol, du défaut de soin ou de l'impéritie du capitaine, ou de cette circonstance que le navire a pris la mer sans être suffisamment réparé et appareillé, l'armateur ou les chargeurs pourront demander au capitaine la réparation des préjudices causés au navire ou au chargement par le sinistre, conformément aux dispositions des articles 610, 612, 614 et 621.

842. Les objets sauvés seront spécialement affectés au payement des frais de sauvetage et le montant des dits frais devra être acquitté par les propriétaires, avant que ces objets ne leur soient remis, par préférence à toute autre obligation, si les marchandises sont vendues[2].

843. Si plusieurs navires naviguent de conserve et que l'un d'eux vienne à faire naufrage, la cargaison sauvée sera répartie entre les autres dans la proportion de ce que chacun d'eux peut recevoir.

Si un capitaine se refuse sans juste cause à recevoir ce qui lui revient, le capitaine naufragé protestera contre ce refus devant deux officiers de mer, le rendant responsable des dommages et préjudices qui en seront la conséquence, il réitérera dans la forme authentique cette protestation dans les vingt-quatre heures de son arrivée au premier port, et il l'insérera dans le procès-verbal qu'il doit dresser conformément à la disposition de l'article 612.

S'il n'a pas été possible de transporter sur les autres navires tout le chargement naufragé, on sauvera de préférence les objets ayant la plus grande valeur et le plus petit volume; la désignation des dits objets sera faite par le capitaine, d'accord avec les officiers de son navire.

---

[1] V. p. 212, note 1.

[2] La vente de ces objets doit être ordonnée par le juge dans la forme indiquée ci-dessus p. 130, note 4. Le dépôt, s'il est nécessaire, doit être également effectué dans la forme spécifiée p. 128, note 1; le tout en vertu des dispositions de la règle 4 de l'art. 2161 loi d'*Enj. civ.*

844. El capitán que hubiere recogido los efectos salvados del naufragio continuará su rumbo al puerto de su destino, y, en llegando, los depositará, con intervención judicial[1], á disposición de sus legítimos dueños.

En el caso de variar de rumbo, si pudiere descargar en el puerto á que iban consignados, el capitán podrá arribar á él si lo consintieren los cargadores ó sobrecargos presentes y los oficiales y pasajeros del buque; pero no lo podrá verificar, aun con este consentimiento, en tiempo de guerra ó cuando el puerto sea de acceso difícil y peligroso.

Todos los gastos de esta arribada serán de cuenta de los dueños de la carga así como el pago de los fletes que, atendidas las circunstancias del caso, se señalen por convenio ó por decisión judicial.

845. Si en el buque no hubiere interesado en la carga que pueda satisfacer los gastos y los fletes correspondientes al salvamento, el juez ó tribunal competente podrá acordar la venta de la parte necesaria para satisfacerlos con su importe. Lo mismo se ejecutará cuando fuese peligrosa su conservación, ó cuando en el término de un año no se hubiese podido averiguar quiénes fueren sus legítimos dueños.

En ambos casos se procederá con la publicidad y formalidades determinadas en el art. 579, y el importe líquido de la venta se constituirá en depósito seguro[2], á juicio del juez ó tribunal, para entregarlo á sus legítimos dueños.

Título V.   De la justificación y liquidación de las averías.

Sección primera.   Disposiciones comunes á toda clase de averías.

846. Los interesados en la justificación y liquidación de las averías podrán convenirse y obligarse mutuamente en cualquier tiempo acerca de la responsabilidad, liquidación y pago de ellas.

Á falta de convenios, se observarán las reglas siguientes: 1.ª La justificaciòn de la avería se verificará en el puerto donde se hagan las reparaciones, si fueren necesarias, ó en el de descarga[3]; — 2.ª La liquidación es hará en el puerto de descarga, si fuere español; — 3.ª Si la avería hubiere ocurrido fuera de las aguas jurisdiccionales de España, ó se hubiere vendido la carga en puerto extranjero por arribada forzosa, se hará la liquidación en el puerto de arribada; — 4.ª Si la avería hubiese ocurrido cerca del puerto de destino, de modo que se puedaa rribar á dicho puerto, en él se practicarán las operaciones de que tratan las reglas 1.ª y 2.ª

---

[1]) Para la constitución de este depósito véase la pág. 128, nota 1.

[2]) La venta y depósito á que se refiere este artículo se harán en la forma indicada en las nota 1, pág. 128 y nota 1, pág. 131.

[3]) Esta justificación se hará del modo siguiente: El capitán del buque dentro del plazo de 24 horas de haber llegado al puerto de descarga, marcado en el art. 624 del Cód. de com., presentará al juez el escrito de protesta, haciendo brevemente relación de todo lo ocurrido en el viaje con referencia al diario de navegación, y solicitará licencia para abrir las escotillas, designando al efecto el perito que por su parte haya de asistir al acto. A dicho escrito acompañará las diligencias de protesta que en otro puerto de arribada se hubieren instruído á su instancia. (Véase la pág. 213, nota 2.) — Presentado el escrito, el juez, dentro del mismo día, si fuere posible, con citación y audiencia de todos los interesados presentes, ó de sus consignatarios, recibirá declaración á los tripulantes y pasajeros en el número que estime conveniente, acerca de los hechos consignados por el capitán, y, practicada la información, dará licencia para abrir las escotillas. — La apertura de estas se hará á presencia del actuario de los peritos y del capitán de la nave, pudiendo asistir los cargadores y consignatarios; y reconocido que fuere el cargamento por los peritos, se extenderá la correspondiente acta que firmarán todos los concurrentes. Si los peritos no estuvieren conformes, el juez sorteará un tercero. — Abiertas las escotillas, y hecho constar el estado del cargamento, para que pueda procederse á la calificación, reconocimiento y liquidación de las averías y su importe, el juez mandará requerir al capitán de la nave y á los interesados ó sus consignatarios, para que en el término de 24 horas nombren peritos, bajo apercibimiento de que si no lo hicieran serán nombrados de oficio. El capitán nombrará un perito por cada clase de géneros que haya de reconocerse, otro todos los interesados ó consignatarios, y el juez sorteará un tercero, caso de discordia (art. 2131, 2132, 2133 y 2171 de la L. de Enj. c.).

844. Le capitaine qui aura recueilli les effets sauvés du naufrage continuera sa route vers le port de sa destination, et, quand il y sera arrivé, il déposera les dits objets, avec l'intervention de justice[1], à la disposition de leurs propriétaires légitimes.

En cas de changement de route, s'il peut décharger dans le port où les dits objets devaient être consignés, le capitaine pourra relâcher dans ce port, s'il obtient le consentement des chargeurs ou des subrécargues présents ainsi que celui des officiers et des passagers du navire. Il ne pourra toutefois relâcher, même avec ce consentement, en temps de guerre ou lorsque le port se trouve être d'un accès difficile et dangereux.

Tous les frais de cette relâche seront à la charge des propriétaires de la cargaison, ainsi que le payement du fret, lequel sera, en tenant compte des circonstances, fixé par l'accord amiable des parties ou par décision judiciaire.

845. S'il ne se trouve pas sur le navire une personne ayant un intérêt dans la cargaison qui puisse acquitter les frais et le fret dus à raison du sauvetage, le juge ou le tribunal compétent pourra autoriser la vente de la portion nécessaire pour les acquitter. Il en sera de même lorsque la conservation des dites marchandises présentera des dangers, ou lorsqu'il se sera écoulé un délai d'un an sans que l'on puisse vérifier quels sont leurs légitimes propriétaires.

Dans les deux cas, il sera procédé avec la publicité et les formalités déterminées dans l'article 579; et le produit net de la vente sera déposé dans un lieu sûr[2], désigné par le juge ou tribunal, pour être remis aux ayants droit.

Titre V. De la justification et de la liquidation des avaries.

Section première. Dispositions communes à toute espèce d'avaries.

846. Ceux qui sont intéressés dans la justification et la liquidation des avaries pourront, à toute époque, faire toutes conventions et prendre tous engagements concernant la responsabilité, la liquidation et le paiement des dites avaries.

A défaut de convention, les règles suivantes seront observées: 1° La justification de l'avarie sera faite dans le port où il est procédé aux opérations de vérification, s'il y a lieu, ou dans le port de déchargement[3]; — 2° La liquidation aura lieu dans le port de déchargement, si ce port est un port espagnol; — 3° Si l'avarie est survenue en dehors des eaux territoriales de l'Espagne, ou si la cargaison a été vendue dans un port étranger par relâche forcée, la liquidation sera faite dans le port de relâche; — 4° Si l'avarie s'est produite à proximité du port de destination, en sorte qu'il soit possible d'arriver dans ce port, toutes les opérations dont il est question dans les numéros 1 et 2 seront faites dans le dit port.

---

[1] Sur la manière d'opérer ce dépôt, v. p. 128, note 1.

[2] Il doit être procédé à la vente et au dépôt dont il est parlé dans cet article, dans la forme indiquée ci-dessus p. 128, note 1 et p. 131, note 1.

[3] Voici comment il doit être procédé à cette justification: Le capitaine, dans le délai de 24 heures de son arrivée au port de déchargement, indiqué dans l'art. 624 C. com., doit présenter au juge la protestation écrite contenant la relation sommaire de tous les événements survenus durant le voyage, avec référence au journal de navigation, et demander l'autorisation d'ouvrir les écoutilles en indiquant l'expert qui doit en son nom assister à cette opération. A cette requête doivent être jointes les diligences qui auraient pu être faites à sa demande dans un autre port de relâche (v. p. 213, note 2). — Sur le vu de cette requête le juge, le jour même, après avoir entendu tous les intéressés présents, dûment cités, ou leurs consignataires, recevra les déclarations des gens de l'équipage et des passagers, en tel nombre qu'il croira convenable, sur les faits articulés par le capitaine, et, après cette enquête, il donnera l'autorisation d'ouvrir les écoutilles. — Il doit être procédé à cette ouverture en présence du greffier, des experts et du capitaine; les chargeurs et consignataires peuvent également y assister. Après vérification du chargement par les experts, il doit être dressé acte de l'opération, et ce procès-verbal doit être signé par toutes les personnes qui y ont concouru. Si les experts ne peuvent se mettre d'accord, le juge désignera le tiers-expert par la voie du tirage au sort. — Après l'ouverture des écoutilles et la constatation de l'état du chargement, nécessaire pour permettre de procéder aux qualification, reconnaissance et liquidation des avaries et détermination de leur montant, le juge ordonnera de sommer le capitaine et les intéressés dans le chargement ou les consignataires d'avoir, dans les vingt-quatre heures, à nommer leurs experts, en les avertissant que faute par eux de faire cette désignation, des experts seront nommés d'office. Le capitaine nommera un expert spécial pour chaque genre de marchandises à reconnaître, tous les intéressés ou consignataires désigneront un autre expert, et, en cas de partage entre les experts, le juge désignera un tiers-expert par la voie du sort (art. 2131, 2132, 2133 et 2171 loi d'*Enj. civ.*).

847. Tanto en el caso de hacerse la liquidación de las averías privadamente en virtud de lo convenido, como en el de intervenir la autoridad judicial á petición de cualquiera de los interesados no conformes, todos serán citados y oídos si no hubieren renunciado á ello.

Cuando no se hallaren presentes ó no tuvieren legítimo representante, se hará la liquidación por el cónsul en puerto extranjero, y donde no lo hubiere, por el juez ó tribunal competente, según las Leyes del país, y por cuenta de quien corresponda.

Cuando el representante sea persona conocida en el lugar donde se haga la liquidación, se admitirá y producirá efecto legal su intervención, aunque sólo esté autorizado por carta del naviero, del cargador ó del asegurador.

848. Las demandas sobre averías no serán admisibles si no excedieren del 5 por 100 del interés que el demandante tenga en el buque ó en el cargamento, siendo gruesas, y del 1 por 100 del efecto averiado, si fueren simples, deduciéndose en ambos casos los gastos de tasación, salvo pacto en contrario.

849. Los daños, averías, préstamos á la gruesa y sus premios, y cualesquiera otras pérdidas, no devengarán interés de demora sino pasado el plazo de tres días, á contar desde el en que la liquidación haya sido terminada y comunicada á los interesados en el buque, en la carga ó en ambas cosas á la vez.

850. Si, por consecuencia de uno ó varios accidentes de mar, ocurrieren en un mismo viaje averías simples y gruesas del buque, del cargamento ó de ambos, se determinarán con separación los gastos y daños pertenecientes á cada avería, en el puerto donde se hagan las reparaciones, ó se descarguen, vendan ó beneficien las mercaderías.

Al efecto, los capitanes estarán obligados á exigir de los peritos tasadores y de los maestros que ejecuten las reparaciones, así como de los que tasen ó intervengan en la descarga, saneamiento, venta ó beneficio de las mercaderías, que en sus tasaciones ó presupuestos y cuentas pongan con toda exactitud y separación los daños y gastos pertenecientes á cada avería, y en los de cada avería los correspondientes al buque y al cargamento, expresando también con separación si hay ó no daños que procedan de vicio propio de la cosa y no de accidente de mar; y en el caso de que hubiere gastos comunes á las diferentes averías y al buque y su carga, se deberá calcular lo que corresponda por cada concepto y expresarlo distintamente.

Sección segunda.   De la liquidación de las averías gruesas.

851. Á instancia del capitán se procederá privadamente, mediante el acuerdo de todos los interesados, al arreglo, liquidación y distribución de las averías gruesas.

Á este efecto, dentro de las cuarenta y ocho horas siguientes á la llegada del buque al puerto, el capitán convocará á todos los interesados para que resuelvan si el arreglo ó liquidación de las averías gruesas habrá de hacerse por peritos y liquidadores nombrados por ellos mismos, en cuyo caso se hará así, habiendo conformidad entre los interesados.

No siendo la avenencia posible, el capitán acudirá al juez ó tribunal competente, que lo será el del puerto donde hayan de practicarse aquellas diligencias, conforme á las disposiciones de este Código, ó al cónsul de España, si lo hubiese, y si no, á la autoridad local, cuando hayan de verificarse en puerto extranjero.

852. Si el capitán no cumpliere con lo dispuesto en el artículo anterior, el naviero ó los cargadores reclamarán la liquidación, sin perjuicio de la acción que les corresponda para pedirle indemnización.

853. Nombrados los peritos por los interesados ó por el juez ó tribunal, procederán, previa la aceptación, al reconocimiento del buque y de las reparaciones que necesite y á la tasación de su importe, distinguiendo estas pérdidas y daños de los que provengan de vicio propio de las cosas.

También declararán los peritos si pueden ejecutarse las reparaciones desde luego, ó si es necesario descargar el buque para reconocerlo y repararlo.

847. Aussi bien dans le cas où il sera procédé à la liquidation des avaries en vertu d'une convention amiable, que dans celui où l'autorité judiciaire interviendra à la requête de l'un quelconque des intéressés qui refusera son consentement, tous les dits intéressés seront convoqués et entendus à moins qu'ils n'aient renoncé à l'être.

Lorsqu'ils ne seront pas présents ou qu'ils n'auront pas un représentant légitime, la liquidation sera faite par le consul dans un port étranger, et, à défaut de consul, par le juge ou le tribunal compétent, suivant les lois du pays, et pour le compte de qui il appartiendra.

Lorsque le représentant est une personne connue dans le lieu où se fait la liquidation, son intervention sera admise et elle produira un effet légal, lors même qu'elle est autorisée seulement par une lettre de l'armateur, du chargeur ou de l'assureur.

848. Les demandes pour avaries ne seront pas recevables si elles n'excèdent pas cinq pour cent de l'intérêt du demandeur dans le navire ou dans le chargement, s'il s'agit d'avaries grosses, et un pour cent de l'effet avarié, s'il s'agit d'avaries simples, déduction faite, dans tous les cas, des frais d'évaluation, sauf convention contraire.

849. Les dommages, avaries, prêts à la grosse et leurs primes, et toutes autres pertes quelconques ne produiront d'intérêts moratoires qu'après l'expiration d'un délai de trois jours, à compter de celui où la liquidation a été terminée et communiquée à tous ceux ayant un intérêt dans le navire, dans la cargaison, conjointement ou séparément.

850. Si, à la suite d'un ou de plusieurs accidents de mer, le navire, la cargaison ou tous les deux ensemble ont éprouvé, dans un même voyage, des avaries simples et des avaries grosses, on déterminera séparément les frais et les dommages correspondant à chaque avarie, dans le port où se font les réparations, ou dans celui où les marchandises sont déchargées, vendues ou trafiquées.

A cet effet, les capitaines seront tenus d'exiger que les experts estimateurs et les maîtres qui exécutent les réparations, ainsi que ceux qui estiment les marchandises ou interviennent dans leur déchargement, leur vente ou leur trafic, indiquent avec la plus grande exactitude et séparément dans leurs estimations, évaluations et comptes, les dommages et frais appartenant à chaque avarie, et, pour chaque avarie, les dommages et les frais incombant au navire et à la cargaison, en indiquant aussi d'une manière distincte s'il y a ou non des dommages provenant d'un vice propre de la chose et non d'un accident de mer, et, dans le cas où il y aurait des frais communs à plusieurs avaries et au navire et à sa cargaison, on devra calculer ce qui correspond à chaque concept et l'indiquer d'une manière distincte.

Section II. De la liquidation des avaries grosses.

851. Il sera, à la diligence du capitaine, procédé à l'amiable, lorsque les intéressés sont d'accord, au règlement, à la liquidation et à la distribution des avaries grosses.

A cet effet, dans les quarante-huit heures qui suivent l'arrivée du navire au port, le capitaine convoquera tous les intéressés pour qu'ils décident si le règlement ou la liquidation des avaries grosses doit se faire par des experts et des liquidateurs désignés par eux, auquel cas il sera procédé ainsi, pourvu qu'il y ait accord entre les intéressés.

Si les intéressés ne peuvent se mettre d'accord, le capitaine s'adressera au tribunal compétent, lequel sera celui du port où doivent se faire les dites diligences conformément aux dispositions du présent Code, ou au consul d'Espagne, s'il s'en trouve un, et, dans le cas contraire, à l'autorité locale, lorsque ces diligences doivent être faites dans un port étranger.

852. Si le capitaine ne se conforme pas à ce qui est établi dans l'article précédent, l'armateur ou les chargeurs provoqueront la liquidation, sans préjudice de l'action qui leur appartient pour lui demander une indemnité.

853. Les experts nommés par les intéressés ou par le juge ou tribunal procéderont, après avoir préalablement accepté leur mission, à la vérification du navire et des réparations dont il a besoin, et à l'estimation du montant des dites réparations, en distinguant les pertes et les dommages résultant de l'avarie de celles qui proviennent d'un vice propre des choses.

Les experts déclareront également s'il est possible d'exécuter les réparations immédiatement, ou s'il est nécessaire de décharger le navire pour reconnaître son état et le réparer.

Respecto á las mercaderías, si la avería fuere perceptible á la simple vista, deberá verificarse su reconocimiento antes de entregarlas. No apareciendo á la vista al tiempo de la descarga, podrá hacerse después de su entrega, siempre que se verifique dentro de las cuarenta y ocho horas de la descarga, y sin perjuicio de las demás pruebas que estimen convenientes los peritos[1].

854. La evaluación de los objetos que hayan de contribuir á la avería gruesa, y la de los que constituyen la avería, se sujetará á las reglas siguientes: 1.ª Las mercaderías salvadas que hayan de contribuir al pago de la avería gruesa, se valuarán al precio corriente en el puerto de descarga, deducidos fletes, derechos de aduanas y gastos de desembarque, según lo que aparezca de la inspección material de las mismas, prescindiendo de lo que resulte de los conocimientos, salvo pacto en contrario; — 2.ª Si hubiere de hacerse la liquidación en el puerto de salida, el valor de las mercaderías cargadas se fijará por el precio de compra con los gastos hasta ponerlas á bordo, excluído el premio del seguro; — 3.ª Si las mercaderías estuvieren averiadas, se apreciarán por su valor real; — 4.ª Si el viaje se hubiere interrumpido, las mercaderías se hubieren vendido en el extranjero, y la avería no pudiere regularse, se tomará por capital contribuyente el valor de las mercaderías en el puerto de arribada, ó el producto líquido obtenido en su venta; — 5.ª Las mercaderías perdidas que constituyeren la avería gruesa se apreciarán por el valor que tengan las de su clase en el puerto de descarga, con tal que consten en los conocimientos sus especies y calidades; y no constando, se estará á lo que resulte de las facturas de compra expedidas en el puerto de embarque, aumentando á su importe los gastos y fletes causados posteriormente; — 6.ª Los palos cortados, las velas, cables y demás aparejos del buque inutilizados con el objeto de salvarlo, se apreciarán según el valor corriente, des contando una tercera arte por diferencia de nuevo á viejo. Esta rebaja no se hará en las anclas y cadenas; — 7.ª El buque se tasará por su valor real en el estado en que se encuentre; — 8.ª Los fletes representarán el 50 por 100 como capital contribuyente.

855. Las mercaderías cargadas en el combés del buque contribuirán á la avería gruesa si se salvaren; pero no darán derecho á indemnización si se perdieren habiendo sido arrojadas al mar por salvamento común, salvo cuando en la navegación de cabotaje permitieren las Ordenanzas marítimas su carga en esa forma.

---

[1] Cuando los interesados no se hayan previamente convenido ó no estén de acuerdo para hacer esta regulación de las averías y sea preciso por tanto la intervención judicial, nombrados que sean los peritos á que se refiere la nota anterior en su última parte, el juez les señalará un término breve para presentar su informe, en el que harán la calificación de las averías, enumerando con la precisión posible: 1.º Las simples ó particulares; — 2.º Las gruesas ó comunes. — Este informe se pondrá de manifiesto en la escribanía por término de 3 días, dentro del que los interesados podrán consignar, por medio de comparecencia ante el actuario, la razón que tengan para no prestarle su conformidad. — Si alguno no estuviere conforme con el dictamen de los peritos, el juez, al siguiente día de transcurrido el indicado término, convocará á los interesados para una comparecencia en el inmediato, en la que expondrán estos las justificaciones que creyeren necesarias, extendiéndose de todo ello el acta correspondiente. Y hecho esto, el juez dentro de segundo día dictará auto acordando la resolución que proceda. Este auto será apelable en un solo efecto. (Véase el vocabulario que figura en el estudio «Del proc. jud. en las cuest. civ.-merc.» la palabra *Apelación*.) — Cuando todos los interesados hubieren prestado su conformidad al informe pericial sobre la liquidación de la avería, ó se hubiere dictado el auto á que se refiere el párrafo anterior, el juez ordenará que los mismos peritos hagan, dentro del término que les fije, la cuenta y liquidación de las averías gruesas ó comunes. — Para hacer esta cuenta los peritos formarán 4 estados: el primero de los daños y gastos que consideren averías comunes, ó masa de averías; el segundo, de las cosas sujetas á la contribución de las averías comunes, ó masa imponible; el tercero, del repartimiento de la masa de averías entre las cosas sujetas á contribución; y el cuarto, de contribuciones efectivas y reembolsos efectivos. — Si los peritos no cumplieren su cometido dentro del término que se les haya fijado, el juez deberá apremiarles de oficio para que lo cumplan. — Presentados por los peritos los cuatro estados que han de formar, se pondrán de manifiesto en la escribanía por término de 6 días para que los interesados por comparecencia ante el actuario expongan la razón que tuvieren para no prestar su conformidad. — Si todos los interesados estuvieren conformes, el juez aprobará el repartimiento. Y si por no estarlo, hubiese el juez ordenado la comparecencia de los que no prestaren su conformidad, dentro de tres días dictará auto aprobando el repartimiento en la forma en que lo hayan presentado los peritos ó con las modificaciones que estime justas. Este auto será apelable en ambos efectos (art. 2134 al 2143 inclusives de la L. de Enj. c.).

En ce qui concerne les marchandises, si l'avarie est visible à première vue, il
devra être procédé à sa reconnaissance avant la livraison. Si l'avarie n'est pas
visible au moment du déchargement, la vérification pourra avoir lieu après la livraison, pourvu qu'il y soit procédé dans les quarante-huit heures du déchargement,
et sans préjudice des autres preuves que les experts estiment convenables[1].

854. L'évaluation des objets qui doivent contribuer à l'avarie grosse, et celle
des choses qui constituent l'avarie, sera soumise aux règles suivantes: 1° Les marchandises sauvées, qui doivent contribuer au payement de l'avarie grosse, seront évaluées
à leur prix courant dans le port de déchargement, déduction faite du fret, des droits
de douane et des frais de débarquement, suivant ce qui résulte de l'inspection matérielle des dites marchandises, en faisant abstraction de ce qui résulte des connaissements, sauf convention contraire; — 2° Si la liquidation doit se faire dans
le port de départ, la valeur des marchandises sera fixée par le prix d'acquisition
augmenté des frais faits pour les placer à bord, en retranchant la prime d'assurance;
— 3° Si les marchandises sont avariées, elles seront évaluées à leur valeur réelle;
— 4° Lorsque le voyage a été interrompu, et que les marchandises ayant été vendues
à l'étranger il n'est pas possible de régler l'avarie, on prendra pour capital contribuant à l'avarie la valeur des marchandises dans le port d'arrivée, ou le produit
net de leur vente; — 5° Les marchandises perdues, qui constituent l'avarie grosse,
seront évaluées à la valeur que possèdent les marchandises de même catégorie
dans le port de déchargement, pourvu que les connaissements constatent leur
espèce et leur qualité, et, sinon, d'après ce qui résulte des factures d'acquisition
délivrées dans le port d'embarquement, en y ajoutant les frais faits postérieurement
et le fret; — 6° Les mâts coupés, les voiles, cordages et autres apparaux coupés
ou abandonnés dans le but de sauver le navire, seront évalués d'après leur prix
courant, sous déduction d'un tiers pour la différence du vieux au neuf; —
Cette diminution ne sera pas faite sur les ancres et les chaînes; — 7° Le navire sera
estimé à la valeur réelle qu'il possède dans l'état où il se trouve; — 8° Le fret contribuera pour la moitié.

855. Les marchandises chargées sur le tillac du navire contribueront à l'avarie
grosse si elles sont sauvées; toutefois, leur perte, lorsqu'elles auront été jetées à la
mer pour le sauvetage commun, ne donnera droit à aucune indemnité, sauf dans
les cas où, dans la navigation de cabotage, les ordonnances maritimes permettent
de charger des marchandises de cette manière.

[1] Lorsque les intéressés n'ont préalablement fait aucune convention ou n'ont pu se mettre
d'accord sur le règlement des avaries, et qu'il est nécessaire de recourir à la justice, le juge, après
nomination des experts dont il est parlé dans la note précédente *in fine*, impartira à ces experts
un délai court pour présenter leur rapport, dans lequel ils devront qualifier les avaries en énumé-
rant aussi exactement que possible: 1° Les avaries simples ou particulières; — 2° Les avaries
grosses ou communes. — Ce rapport sera déposé pendant trois jours au greffe pour être à la disposition des ayants-droit, et ceux-ci peuvent pendant ce délai, faire consigner par le greffier
devant qui ils se présenteront, les motifs qu'ils peuvent avoir de contester les conclusions du
rapport. — Si l'un des intéressés conteste les conclusions des experts, le juge, dès le lendemain
de l'expiration du délai dont il vient d'être parlé, fera citer les intéressés à comparaître devant
lui le jour suivant; les intéressés produiront les justifications qu'ils jugeront utiles, et il sera du
tout dressé procès-verbal. Ceci fait, le juge, deux jours plus tard, statuera ce qu'il appartiendra.
Son ordonnance n'est susceptible d'appel que pour un seul effet (v. au mot *appel* le vocabulaire
qui se trouve dans notre étude sur la procédure judiciaire dans les matières civiles et commerciales.) — Lorsque tous les intéressés auront déclaré accepter le rapport d'expertise, ou après
la sentence dont il est parlé dans l'alinéa précédent, le juge ordonnera aux experts de procéder
dans le délai qu'il leur impartira au compte et au règlement des avaries grosses ou communes. —
Pour faire ce compte, les experts dresseront quatre états: le premier des dommages et frais qu'ils
considèrent comme avaries communes, ou masse d'avaries; le deuxième des choses sujettes
à contribuer aux avaries communes, ou masse imposable; le troisième de la répartition de la masse
des avaries entre les choses soumises à la contribution; et le quatrième, des contributions effectives et des payements effectifs. — Si les experts ne remplissent pas leur mission dans le délai
qui leur a été imparti, le juge devra les sommer de la remplir. — Lorsque les experts auront
déposé d'un rapport, ce rapport sera déposé pendant six jours au greffe et tenu à la disposition
des intéressés, pour que ceux-ci puissent se présenter devant le greffier et exposer les raisons
qu'ils peuvent avoir de le contester. — Si tous les intéressés acceptent le rapport, le juge homologuera la répartition. Dans le cas contraire, le juge ordonnera la comparution des contestants,
et, dans ce cas, il devra prononcer la sentence homologuant la répartition dans la forme où les
experts l'ont faite, ou y apportant les modifications qu'il estimera justes. Cette sentence sera
susceptible d'appel pour les deux effets (art. 2134 à 2143 inclusivement, loi d'*Enj. civ.*).

Lo mismo sucederá con las que existan á bordo y no consten comprendidas en los conocimientos ó inventarios, según los casos.

En todo caso, el fletante y el capitán responderán á los cargadores de los perjuicios de la echazón, si la colocación en el combés se hubiere hecho sin consentimiento de éstos.

856. No contribuirán á la avería gruesa las municiones de boca y guerra que lleve el buque, ni las ropas ni vestidos de uso de su capitán, oficiales y tripulación.

También quedarán exceptuados las ropas y vestidos de uso de los cargadores, sobrecargos y pasajeros que al tiempo de la echazón se encuentren á bordo.

Los efectos arrojados tampoco contribuirán al pago de las averías gruesas que ocurran á las mercaderías salvadas en riesgo diferente y posterior.

857. Terminada por los peritos la valuación de los efectos salvados, y de los perdidos que constituyan la avería gruesa, hechas las reparaciones del buque, si hubiere lugar á ello, y aprobadas en este caso las cuentas de las mismas por los interesados ó por el juez ó tribunal, pasará el expediente íntegro al liquidador nombrado para que proceda á la distribución de la avería[1].

858. Para verificar la liquidación, examinará el liquidador la protesta del capitán, comprobándola, si fuere necesario, con el libro de navegación, y todos los contratos que hubieren mediado entre los interesados en la avería, las tasaciones, reconocimientos periciales y cuentas de reparaciones hechas. Si, por resultado de este examen, hallare en el procedimiento algún defecto que pueda lastimar los derechos de los interesados ó afectar la responsabilidad del capitán, llamará sobre ello la atención para que se subsane, siendo posible, y, en otro caso, lo consignará en los preliminares de la liquidación.

En seguida procederá á la distribución del importe de la avería, para lo cual fijará: 1.º El capital contribuyente, que determinará por el importe del valor del cargamento, conforme á las reglas establecidas en el artículo 854; — 2.º El del buque en el estado que tenga, según la declaración de peritos; — 3.º El 50 por 100 del importe del flete, rebajando el 50 por 100 restante por salarios y alimentos de la tripulación.

Determinada la suma de la avería gruesa conforme á lo dispuesto en este Código, se distribuirá á prorrata entre los valores llamados á costearla.

859. Los aseguradores del buque, del flete y de la carga estarán obligados á pagar por la indemnización de la avería gruesa tanto cuanto se exija á cada uno de estos objetos respectivamente.

860. Si, no obstante la echazón de mercaderías, rompimiento de palos, cuerdas y aparejos, se perdiere el buque corriendo el mismo riesgo, no habrá lugar á contribución alguna por avería gruesa.

Los dueños de los efectos salvados no serán responsables á la indemnización de los arrojados al mar, perdidos ó deteriorados.

861. Si, después de haberse salvado el buque del riesgo que dió lugar á la echazón, se perdiere por otro accidente ocurrido durante el viaje, los efectos salvados y subsistentes del primer riesgo continuarán afectos á la contribución de la avería gruesa, según su valor en el estado en que se encuentren, deduciendo los gastos hechos para su salvamento.

862. Si, á pesar de haberse salvado el buque y la carga por consecuencia del corte de palos ó de otro daño inferido al buque deliberadamente con aquel objeto, luego se perdieren ó fueren robadas las mercaderías, el capitán no podrá exigir de los cargadores ó consignatarios que contribuyan á la indemnización de la avería, excepto si la pérdida ocurriere por hecho del mismo dueño ó consignatario.

863. Si el dueño de las mercaderías arrojadas al mar las recobrase después de haber recibido la indemnización de avería gruesa, estará obligado á devolver al capitán y á los demás interesados en el cargamento la cantidad que hubiere percibido, deduciendo el importe del perjuicio causado por la echazón y de los gastos hechos para recobrarlas.

---

[1]) Respecto á la distribución y liquidación véase la nota anterior.

La même règle sera appliquée à l'égard des marchandises existant à bord sans être comprises dans les connaissements ou inventaires, suivant les cas.

En tout cas, le fréteur et le capitaine seront responsables envers les chargeurs des préjudices résultant du jet, si le chargement des marchandises sur le pont a été fait à leur insu.

856. Ne contribueront pas à l'avarie, les munitions de bouche et de guerre que porte le navire, non plus que les hardes et vêtements à l'usage du capitaine, des officiers et des matelots.

Seront également exceptés les hardes et vêtements à l'usage des chargeurs, subrécargues et passagers se trouvant à bord, au moment du jet.

Les effets jetés ne contribueront pas non plus au payement des avaries grosses survenues aux marchandises sauvées dans un risque différent et postérieur.

857. Lorsque les experts auront terminé l'évaluation des effets sauvés et des effets perdus qui constituent l'avarie grosse, que les réparations du navire, s'il y a lieu, auront été faites, et que, dans ce cas, les comptes de ces réparations auront été approuvés par les intéressés, toutes les pièces seront remises au liquidateur pour qu'il procède à la répartition de l'avarie[1].

858. Pour procéder à la liquidation, le liquidateur examinera la protestation du capitaine, en la contrôlant, s'il est nécessaire, au moyen du livre de navigation et de tous les contrats intervenus entre les intéressés dans l'avarie, des estimations, vérifications faites par les experts et comptes des réparations effectuées. Si de cet examen il résulte que la procédure est entachée d'un vice de nature à léser les droits des intéressés ou à affecter la responsabilité du capitaine, il appellera sur ce point l'attention, pour que le dit vice soit corrigé, lorsque cela est possible, et, dans le cas contraire, il le consignera dans les préliminaires de la liquidation.

Ensuite il procédera à la distribution du montant de l'avarie; à cet effet il fixera: 1° Le capital contribuant, lequel sera déterminé d'après la valeur de la cargaison, conformément aux règles établies dans l'article 854; — 2° La valeur du navire dans l'état où il se trouve, suivant la déclaration des experts; — 3° La moitié du montant du fret, en retranchant l'autre moitié pour les salaires et aliments de l'équipage.

Lorsque le montant de l'avarie grosse aura été déterminé conformément aux dispositions du présent Code, il sera réparti au prorata entre les valeurs appelées à la payer.

859. Les assureurs du navire, du fret et de la cargaison, seront tenus de payer pour la réparation de l'avarie grosse tout ce qui est exigé de chacun de ces objets respectivement.

860. Si, nonobstant le jet des marchandises, la rupture de mâts, cordages et apparaux, le navire se perd dans le même risque, il n'y aura lieu à aucune contribution pour avarie grosse.

Les propriétaires des effets sauvés ne seront responsables d'aucune indemnité envers les propriétaires de ceux qui auront été jetés à la mer, perdus ou détériorés.

861. Si le navire, après avoir été sauvé du risque qui a donné lieu au jet, vient à se perdre par suite d'un autre accident survenu durant le voyage, les effets sauvés et subsistant du premier risque continueront à être affectés à la contribution de l'avarie grosse, suivant leur valeur dans l'état où ils se trouvent, et sous déduction des frais occasionnés par le sauvetage.

862. Si, malgré que le navire ait été sauvé ainsi que la cargaison par suite de la coupe de mâts ou de tout autre dommage causé de propos délibéré au dit navire dans ce but, les marchandises viennent ensuite à se perdre ou à être volées, le capitaine ne pourra exiger que les chargeurs ou les consignataires contribuent à la réparation de l'avarie, excepté dans le cas où la perte proviendrait du fait du propriétaire ou du consignataire lui-même.

863. Si le propriétaire des marchandises jetées à la mer vient à les recouvrer, après avoir reçu l'indemnité pour avarie grosse, il sera tenu de rembourser au capitaine et aux autres personnes ayant un intérêt dans le chargement la somme par lui reçue, sauf déduction du préjudice occasionné par le jet et des frais de recouvrement.

---

[1] Sur la distribution et la liquidation, v. la note précédente.

En esté caso, la cantidad devuelta se distribuirá entre el buque y los interesados en la carga, en la misma proporción con que hubieren contribuído al pago de la avería.

864. Si el propietario de los efectos arrojados los recobrare sin haber reclamado indemnización, no estará obligado á contribuir al pago de las averías gruesas que hubieren ocurrido al resto del cargamento después de la echazón.

865. El repartimiento de la avería gruesa no tendrá fuerza ejecutiva hasta que haya recaído la conformidad, ó, en su defecto, la aprobación del juez ó tribunal, previo examen de la liquidación y audiencia instructiva de los interesados presentes ó de sus representantes.

866. Aprobada la liquidación, corresponderá al capitán hacer efectivo el importe del repartimiento, y será responsable á los dueños de las cosas averiadas de los perjuicios que por su morosidad ó negligencia se les sigan[1].

867. Si los contribuyentes dejaren de hacer efectivo el importe del repartimiento en el término de tercer día después de haber sido á ello requeridos, se procederá, á solicitud del capitán, contra los efectos salvados, hasta verificar el pago con su producto[2].

868. Si el interesado en recibir los efectos salvados no diere fianza suficiente para responder de la parte correspondiente á la avería gruesa, el capitán podrá diferir la entrega de aquéllos hasta que se haya verificado el pago.

Sección tercera.   De la liquidación de las averías simples.

869. Los peritos que el juez ó tribunal ó los interesados nombren, según los casos, procederán al reconocimiento y valuación de las averías en la forma prevenida en el art. 853 y en el 854, reglas 2.ª á la 7.ª, en cuanto les sean aplicables.

Libro cuarto.   De la suspensión de pagos, de las quiebras y de las prescriptiones.

Título primero.   De la suspensión de pagos y de la quiebra en general.

Sección primera.   De la suspensión de pagos, y de sus efectos.[3]

870.[4] El comerciante que poseyendo bienes suficientes para cubrir todas sus deudas prevea la imposibilidad de efectuarlo á las fechas de sus respectivos vencimientos, podrá constituirse en estado de suspensión de pagos, que declarará el Juez de primera instancia de su domicilio en vista de su manifestación.

871. También podrá el comerciante que posea bienes suficientes para cubrir todo su pasivo, presentarse en estado de suspensión de pagos dentro de las cuarenta y ocho horas siguientes al vencimiento de una obligación que no haya satisfecho.

872. El comerciante que pretenda se le declare en estado de suspensión de pagos, deberá acompañar á su instancia el balance de su activo y pasivo, y la proposición de la espera que solicite de sus acreedores, que no podrá exceder de tres

---

[1] Y si el capitán del buque no cumpliese con esta obligación, los dueños de las cosas averiadas podrán acudir al juez para que le obligue á ello.   En este caso, el juez mandará requerir al capitán para que en el breve término que al efecto se le señale haga efectivo el repartimiento, apercibiéndole de que será responsable de su morosidad ó negligencia (art. 2144 y 2145 de la L. de Enj. c.).

[2] A este efecto el capitán solicitará del juez el depósito y venta en pública subasta de los efectos salvados que fueren necesarios para cobrar las cuotas no satisfechas. — Este depósito y venta se harán en la forma indicada en la nota 1, pag. 124 (art. 2146 de la L. de Enj. c.).

[3] La suspensión de pagos, implantada por el Cód. de comercio vigente, no tiene en la L. de Enj. c., que es de 1881 ni en ninguna otra, precepto ninguno de carácter procesal que le sea aplicable, fuera de lo relativo al convenio con los acreedores de la quiebra, apesar de que una y otra vez han prometido los Gobiernos suplir esta deficiencia. Así es que hoy se rige por lo que jueces y magistrados estatuyen en cada caso, con arreglo á su leal saber y entender.

[4] Los artículos 870, 871, 872 y 873 han sido modificados y redactados de nuevo en esta forma por la ley de 10 de junio de 1897.

Dans ce cas, la somme remboursée sera distribuée entre le navire et les intéressés dans la cargaison, proportionnellement à ce qu'ils ont versé pour contribuer au paiement de l'avarie.

864. Si le propriétaire des effets jetés les recouvre avant d'avoir réclamé une indemnité, il ne sera pas obligé de contribuer au payement des avaries grosses survenues au reste de la cargaison postérieurement au jet.

865. La répartition de l'avarie grosse n'aura pas force exécutoire tant qu'elle n'aura pas réuni l'approbation unanime des intéressés, ou, à son défaut, obtenu l'approbation du juge ou du tribunal, lequel prononcera après avoir examiné la liquidation et entendu en leurs observations les intéressés présents ou leurs représentants.

866. Lorsque la liquidation sera approuvée, il appartiendra au capitaine de poursuivre l'exécution de la répartition, et il sera responsable, envers les propriétaires des choses avariées, des préjudices qu'il leur occasionnera par son retard ou sa négligence[1].

867. Si les contribuants n'acquittent pas le montant de la répartition dans les trois jours de la réquisition à eux adressée, il sera procédé, à la requête du capitaine, à la vente des effets sauvés jusqu'à concurrence de la somme suffisante pour effectuer le dit payement[2].

868. Si l'intéressé, au moment où il reçoit les effets sauvés, ne donne pas une caution suffisante pour répondre de la part lui incombant dans l'avarie grosse, le capitaine pourra différer la remise des dits objets jusqu'au payement de l'avarie.

Section III. De la liquidation des avaries simples.

869. Les experts nommés par le juge ou tribunal ou par les intéressés procéderont à la vérification et à l'évaluation des avaries dans la forme prévue par les articles 853 et 854, règles 2 à 7, en tant que ces dispositions sont applicables.

Livre quatrième. De la suspension des payements, des faillites et des prescriptions.

Titre premier. De la suspension des payements et de la faillite en général.

Section première. De la suspension des payements et de ses effets.[3]

870.[4] Le commerçant qui, possédant des biens suffisants pour couvrir toutes ses dettes, prévoit qu'il lui sera impossible de les acquitter à l'échéance, pourra se constituer en état de suspension de payements, en vertu d'une constatation du juge de première instance de son domicile, prononcée sur le vu de sa déclaration.

871. Le commerçant qui possède des biens suffisants pour couvrir tout son passif pourra aussi comparaître en état de suspension de payements dans les quarante-huit heures qui suivent l'échéance d'une obligation qu'il n'a pas acquittée.

872. Le commerçant qui demande à être déclaré en état de cessation de payements devra joindre à la requête le bilan de son actif et de son passif, et la proposition d'atermoiement qu'il sollicite de ces créanciers, lequel ne pourra dé-

---

[1]) Si le capitaine ne remplit pas cette obligation, les propriétaires des choses avariées pourront s'adresser au juge pour qu'il y soit contraint. Dans ce cas, le juge ordonnera de sommer le capitaine d'avoir, dans le court délai qu'il lui impartira, à effectuer la répartition, sous peine d'être responsable de son retard ou de sa négligence (art. 2144 et 2145 loi de *Enj. civ.*).

[2]) A cet effet, le capitaine doit requérir du juge le dépôt et la vente aux enchères publiques des effets sauvés, qu'il est nécessaire d'aliéner pour acquitter les parts non payées. Il est procédé au dépôt et à la vente dans la forme indiquée ci-dessus p. 124 note 1 (art. 2146 loi *Enj. civ.*).

[3]) On ne trouve dans la loi d'*Enjuiciamiento civil*, qui date de 1881, ni dans aucune autre loi, de dispositions sur la procédure à suivre en ce qui concerne la suspension des payements, introduite dans le Code de commerce en vigueur, en dehors des dispositions relatives au concordat avec les créanciers de la faillite; les gouvernements ont, à diverses reprises, promis de combler cette lacune, mais cette promesse n'a pas encore été réalisée.

[4]) Les art. 870, 871, 872 et 873 ont été modifiés dans ces termes par la loi du 10 juin 1897.

años. Si bajo cualquiera forma se pretendiese quita ó rebaja de los créditos, se
negará el Juez á tramitar la solicitud de suspensión de pagos.

873. El expediente de suspensión de pagos se acomodará á los trámites marcados en la ley especial[1].

Si la espera fuese desestimada por la Junta, quedará terminado el expediente.»

Lo dispuesto en los art. 870 al 873 será aplicable á las suspensiones de pagos
de las Sociedades y Empresas no comprendidas en el art. 930.

Para que dichas Sociedades no comprendidas en el art. 930 puedan constituirse en estado de suspensión de pagos, será indispensable el acuerdo de los socios,
adoptado en junta general, precisamente convocada al efecto, dentro del término
señalado en el art. 871. Para la reunión de la junta se fijarán los plazos más breves
que consientan los estatutos ó escritura social.

Sección segunda.   Disposiciones generales sobre las quiebras.[2]

874. Se considera en estado de quiebra al comerciante que sobresee en el
pago corriente de sus obligaciones.

875. Procederá la declaración de quiebra: 1.º Cuando la pida el mismo quebrado; — 2.º Á solicitud fundada de acreedor legítimo.

876. Para la declaración de quiebra á instancia de acreedor, será necesario
que la solicitud se funde en título por el cual se haya despachado mandamiento
de ejecución ó apremio, y que del embargo no resulten bienes libres bastantes para
el pago[3].

También procederá la declaración de quiebra á instancia de acreedores que,
aunque no hubieren obtenido mandamiento de embargo, justifiquen sus títulos
de crédito y que el comerciante ha sobreseído de una manera general en el pago
corriente de sus obligaciones, ó que no ha presentado su proposición de convenio,
en el caso de suspensión de pagos, dentro del plazo señalado en el art. 872.

877. En el caso de fuga ú ocultacion de un comerciante, acompañada del
cerramiento de sus escritorios, almacenes ó dependencias, sin haber dejado persona
que en su representación los dirija y cumpla sus obligaciones, bastará, para la declaración de quiebra á instancia de acreedor, que éste justifique su título y pruebe
aquellos hechos por información que ofrezca al juez ó tribunal.

Los jueces procederán de oficio, además, en casos de fuga notoria ó de que
tuvieren noticia exacta, á la ocupación de los establecimientos del fugado, y prescribirán las medidas que exija su conservación, entre tanto que los acreedores usan
de su derecho sobre la declaración de quiebra.

878. Declarada la quiebra, el quebrado quedará inhabilitado para la administración de sus bienes.

Todos sus actos de dominio y administración posteriores á la época á que se
retrotraigan los efectos de la quiebra, serán nulos.

879. Las cantidades que el quebrado hubiere satisfecho en dinero, efectos ó
valores de crédito, en los quince días precedentes á la declaración de quiebra, por
deudas y obligaciones directas cuyo vencimiento fuere posterior á ésta, se devolverán á la masa por quienes las percibieron.

El descuento de sus propios efectos, hecho por el comerciante dentro del mismo
plazo, se considerará como pago anticipado.

880. Se reputarán fraudulentos y serán ineficaces respecto á los acreedores
del quebrado los contratos celebrados por éste en los treinta días precedentes á su
quibra, si pertenecen á alguna de las clases siguientes: 1.ª Transmisiones de bieness
inmuebles hechas á título gratuito; — 2.ª Constituciones dotales hechas de bienes
privativos suyos á sus hijas; — 3.ª Concesiones y traspasos de bienes inmuebles en
pago de deudas no vencidas al tiempo de declararse la quiebra; — 4.ª Hipotecas
convencionales sobre obligaciones de fecha anterior que no tuvieren esta calidad,

---

[1] Que no se ha dictado todavía, como hemos dicho en la nota anterior, á pesar de que
el Cód. de com. está en vigor desde 1885, es decir, desde hace 28 años.

[2] El procedimiento de quiebras puede verse en el estudio «Del proc. jud. en las cuest.
civ.-merc.».

[3] Véase el juicio ejecutivo y el procedimiento de apremio en el estudio «Del proc. jud.
en las cuest. civ.-merc.»

passer trois ans. Si, sous une forme quelconque, il prétend avoir droit à une remise ou à une réduction des créances, le juge refusera de donner suite à la requête de suspension de payements.

873. La procédure de suspension de payements sera instruite dans les formes indiquées dans la loi spéciale [1].

Si l'atermoiement a été rejeté par l'assemblée, la procédure sera réputée close.

Les dispositions contenues dans les art. 870 à 873 sont applicables aux sociétés et entreprises qui ne sont pas comprises dans l'art. 900.

Pour que les dites sociétés non comprises dans l'art. 900 puissent se constituer en état de cessation de payements, le consentement des associés donné dans une assemblée générale, spécialement convoquée à cet effet, est indispensable. Pour la réunion de l'assemblée, seront fixés les délais les plus courts autorisés par les statuts ou par l'acte de société.

Section II. Dispositions générales sur les faillites.[2]

874. Sera considéré comme étant en état de faillite le commerçant qui surseoit à payer couramment ses obligations.

875. Il sera procédé à la déclaration de faillite: 1° Sur la demande du failli lui-même; — 2° Sur la requête reconnue fondée d'un créancier légitime.

876. Pour que la faillite puisse être déclarée sur la poursuite d'un créancier, il sera nécessaire que la requête soit fondée sur un titre pour lequel ait été délivré l'ordre d'exécution ou de saisie, et qu'il résulte de la saisie qu'il ne reste pas de biens suffisants pour le payement [3].

Il y aura lieu également à déclarer la faillite, sur la poursuite d'un créancier qui, bien que n'ayant pas obtenu un mandement de saisie, justifie de l'existence de sa créance et prouve que le commerçant a sursis d'une manière générale au payement courant de ses obligations, ou qu'il a présenté un projet de concordat, en cas de cessation de payements, dans le délai indiqué dans l'article 872.

877. Dans le cas de fuite ou de disparition d'un commerçant, accompagnée de la fermeture de ses bureaux, magasins ou dépendances, sans que le dit commerçant ait chargé personne de les diriger en son nom et de remplir ses obligations, il suffira, pour que la faillite soit déclarée sur la poursuite d'un créancier, que celui-ci justifie de son titre et prouve les faits ci-dessus énoncés par les renseignements qu'il présente au juge ou au tribunal.

Les juges procéderont, en outre, d'office, lorsque la fuite du commerçant est notoire ou lorsqu'ils en ont une connaissance exacte, à l'occupation des établissements du dit commerçant, et ils prescriront les mesures conservatoires exigées par les circonstances, en attendant que les créanciers usent de leur droit en ce qui concerne la déclaration de faillite.

878. Lorsque la faillite aura été déclarée, le failli sera incapable d'administrer ses biens.

Tous les actes de disposition et d'administration postérieurs à l'époque où rétroagissent les effets de la faillite, seront nuls.

879. Les sommes que le failli aura acquittées en deniers comptants, effets ou valeurs de crédit, dans les quinze jours qui précèdent la déclaration de faillite, pour dettes et obligations directes dont l'échéance est postérieure à la dite déclaration, seront remboursées à la masse par ceux qui les auront reçues.

L'escompte de ses propres effets fait par le commerçant dans le même délai, sera considéré comme un payement anticipé.

880. Seront réputés frauduleux et demeureront sans effet à l'égard des créanciers du failli, les contrats faits par celui-ci dans les trente jours qui précèdent sa faillite, s'ils appartiennent à une des catégories suivantes: 1° Transmissions d'immeubles faites à titre gratuit; — 2° Constitutions dotales faites avec ses biens propres à ses filles; — 3° Cessions et transferts de biens immeubles en payement de dettes non échues à l'époque de la déclaration de la faillite; — 4° Hypothèques conventionnelles au profit d'obligations d'une date antérieure qui n'avaient pas

---

[1]) Cette loi n'a pas encore été promulguée, ainsi que nous l'avons dit dans la note précédente, bien que le Code remonte à 1885, c'est-à-dire à 28 ans.

[2]) Sur la procédure de la faillite, v. notre étude sur la procédure judiciaire dans les matières civiles et commerciales.

[3]) V. sur l'instance exécutive et la procédure de saisie, l'étude sur la procédure judiciaire dans les matières civiles et commerciales.

ó por préstamos de dinero ó mercaderías cuya entrega no se verificase de presente al tiempo de otorgarse la obligación ante el notario y testigos que intervinieran en ella; — 5.ª Las donaciones entre vivos, que no tengan conocidamente el carácter de remuneratorias, otorgadas después del balance anterior á la quiebra, si de éste resultare un pasivo superior al activo del quebrado.

881. Podrán anularse á instancia de los acreedores, mediante la prueba de haber el quebrado procedido con ánimo de defraudarlos en sus derechos: 1.º Las enajenaciones á título oneroso de bienes raíces, hechas en el mes precedente á la declaración de la quiebra; — 2.º Las constituciones dotales, hechas en igual tiempo, de bienes de la sociedad conyugal[1] en favor de las hijas, ó cualquiera otra transmisión de los mismos bienes á título gratuito; — 3.º Las constituciones dotales ó reconocimientos de capitales, hechos por un cónyuge comerciante á favor del otro cónyuge en los seis meses precedentes á la quiebra, siempre que no sean bienes inmuebles del abolengo de éste, ó adquiridos ó poseídos de antemano por el cónyuge en cuyo favor se hubiere hecho el reconocimiento de dote ó capital; — 4.º Toda confesión de recibo de dinero ó de efectos á título de préstamo, que, hecha seis meses antes de la quiebra en escritura pública, no se acreditare por la fe de entrega de notario, ó si, habiéndose hecho en documento privado, no constare uniformemente de los libros de los contratantes; — 5.º Todos los contratos, obligaciones y operaciones mercantiles del quebrado que no sean anteriores en diez días, á lo menos, á la declaración de quibra.

882. Podrá revocarse á instancia de los acreedores toda donación ó contrato celebrado en los dos años anteriores á la quiebra, si llegare á probarse cualquiera especie de suposición ó simulación hecha en fraude de aquéllos.

883. En virtud de la declaración de quiebra, se tendrán por vencidas á la fecha de la misma las deudas pendientes del quebrado.

Si el pago se verificase antes del tiempo prefijado en la obligación, se hará con el descuento correspondiente.

884. Desde la fecha de la declaración de quiebra dejarán de devengar interés todas las deudas del quebrado, salvo los créditos hipotecarios y pignoraticios hasta donde alcance la respectiva garantía.

885. El comerciante que obtuviere la revocación de la declaración de quiebra solicitada por sus acreedores, podrá ejercitar contra éstos la acción de daños y perjuicios[2], si hubieren procedido con malicia, falsedad ó injusticia manifiesta.

Sección tercera.　De las clases de quiebras y de los cómplices en las mismas.

886. Para los efectos legales se distinguirán tres clases de quiebras, á saber: 1.ª Insolvencia fortuita; — 2.ª Insolvencia culpable; — 3.ª Insolvencia fraudulenta[3].

887. Se entenderá quiebra fortuita la del comerciante á quien sobrevinieren infortunios que, debiendo estimarse casuales en el orden regular y prudente de una buena administración mercantil, reduzcan su capital al extremo de no poder satisfacer en todo ó en parte sus deudas.

888. Se considerará quiebra culpable la de los comerciantes que se hallaren en alguno de los casos siguientes: 1.º Si los gastos domésticos y personales del quebrado hubieren sido excesivos y desproporcionados en relación á su haber líquido,

---

[1]) Pertenecen á la sociedad conyugal los bienes que no son propiedad particular del marido ó de la mujer sino que pertenecen á los dos en común y sirven en primer término para el levantamiento de las cargas del matrimonio. Tal sucede con los bienes gananciales en el régimen que lleva este nombre en el Cód. c. (Cap. V, del Lib. IV); y á estos es á los que especialmente se refiere este artículo del Cód. de com.; pues aun cuando también puede decirse que son bienes de la sociedad conyugal todos los que existan en el matrimonio en un régimen de comunidad de bienes, las constituciones dotales que con tales bienes se hicieren estarán comprendidas en las á que se refiere el artículo 880 del Cód. de com.

[2]) Véase la nota 3, pag. 130.

[3]) El legislador no ha tenido en cuenta que el que pudiendo solicitar la suspensión de pagos no lo hizo en tiempo oportuno, ó que habiéndolo hecho no consiguió de sus acreedores un convenio, y tiene que ir á la quiebra, es un quebrado no clasificado en este artículo, por cuanto es solvente; es decir, tiene bienes suficientes para pagar todas sus deudas.

cette qualité, ou de prêts en deniers ou en marchandises dont la remise n'a pas été faite au moment même où a été réalisée l'obligation devant le notaire et les témoins qui y ont concouru; — 5° Donations entre-vifs qui n'ont pas évidemment le caractère de donations rémunératoires, faites depuis le bilan antérieur à la faillite, si elles ont pour résultat de rendre le passif du failli supérieur à son actif.

881. Pourront être annulées, sur la poursuite des créanciers, pourvu qu'ils rapportent la preuve que le failli a sciemment agi en fraude de leurs droits: 1° Les aliénations à titre onéreux de biens fonds, faites dans le mois qui a précédé la déclaration de faillite; — 2° Les constitutions dotales, faites durant la même période, avec les biens de la société conjugale [1] en faveur des filles, ou toute autre transmission des mêmes biens à titre gratuit; — 3° Les constitutions de dot ou les reconnaissances d'apports en capitaux faites par un époux commerçant en faveur de l'autre conjoint dans les six mois qui précèdent la faillite, toutes les fois qu'il ne s'agit pas de biens immeubles provenant du patrimoine de celui-ci, ou acquis et possédés antérieurement par le conjoint en faveur de qui aura été faite la reconnaissance de dot ou d'apport; — 4° Toute reconnaissance de prêts reçus en deniers ou effets faite six mois avant la faillite, lorsque la remise des fonds ou effets prêtés ne sera pas certifiée par un notaire, si la dite reconnaissance est faite par acte public, ou constatée d'une manière uniforme sur les livres des contractants, si la reconnaissance est faite dans un document privé; — 5° Tous les contrats, obligations et opérations commerciaux du failli qui ne sont pas antérieurs, de dix jours au moins, à la déclaration de faillite.

882. Pourra être révoquée, sur la poursuite des créanciers, toute donation ou tout contrat fait dans les deux années qui précèdent la faillite, si l'on parvient à prouver une supposition ou une simulation d'une espèce quelconque faite en fraude des dits créanciers.

883. En vertu de la déclaration de faillite, toutes les dettes pendantes du failli seront considérées comme échues à la date même de la déclaration.

Si le payement est effectué avant l'époque fixée dans l'obligation, il sera fait l'escompte correspondant.

884. Dès la date de la déclaration de faillite, toutes les dettes passives du failli cesseront d'être productives d'intérêts, sauf toutefois les créances garanties par une hypothèque ou un nantissement, dans les limites de la dite garantie.

885. Le commerçant qui aura obtenu la révocation de la déclaration de faillite demandée par ses créanciers, pourra exercer contre ceux-ci l'action en dommages et intérêts[2], s'ils ont agi avec dol, fausseté ou injustice manifeste.

Section III. Des différentes espèces de faillites et des complices.

886. Pour les effets légaux on distinguera trois classes de faillites, savoir: 1° L'insolvabilité fortuite; — 2° L'insolvablité fautive; — 3° L'insolvabilité frauduleuse[3].

887. Sera considérée comme fortuite la faillite du commerçant à qui surviennent des revers de fortune qui doivent être estimés accidentels dans l'ordre régulier et prudent d'une bonne administration commerciale, et qui réduisent son capital au point de ne plus lui permettre d'acquitter la totalité ou partie de ses dettes.

888. Sera considérée comme fautive la faillite des commerçants qui se trouveront dans l'un des cas suivants: 1° Si les frais de maison et les frais personnels du failli ont été excessifs et hors de proportion avec son avoir liquide,

---

[1] Appartiennent à la société conjugale les biens qui ne sont point des propres du mari ou de la femme, mais qui appartiennent aux deux en commun, et sont destinés en premier lieu à subvenir aux charges du mariage; tels sont les acquêts dans le régime qui porte ce nom dans le Code civil (livre IV ch. V), c'est à eux que se réfère spécialement notre article du Code de commerce; mais on peut aussi appeler biens de la société conjugale tous ceux qui existent dans le régime de communauté. Les constitutions de dot faites avec ces biens seraient comprises dans les prévisions de l'art. 880 C. com.

[2] V. p. 130, note 3.

[3] Le législateur a oublié que l'individu qui ayant qualité pour demander d'être déclaré en état de cessation de payements, n'a pas formé cette demande en temps utile, ou ayant fait cette demande sans qu'il intervienne un concordat avec ses créanciers, est déclaré en état de faillite, ne rentre pas dans les catégories établies dans cet article, quand il est solvable, c'est-à-dire quand il possède des biens suffisants pour assurer le payement de toutes ses dettes.

atendidas las circunstancias de su rango y familia; — 2.º Si hubiere sufrido pérdidas en cualquier especie de juego, que excedan de lo que por vía de recreo suele aventurar en esta clase de entretenimientos un cuidadoso padre de familia; — 3.º Si las pérdidas hubieren sobrevenido á consecuencia de apuestas imprudentes y cuantiosas, ó de compras y ventas ú otras operaciones que tuvieren por objeto dilatar la quiebra; — 4.º Si en los seis meses precedentes á la declaración de la quiebra hubiere vendido á pérdida ó por menos precio del corriente efectos comprados al fiado y que todavía estuviere debiendo; — 5.º Si constare que en el período transcurrido desde el último inventario hasta la declaración de la quiebra hubo tiempo en que el quebrado debía, por obligaciones directas, doble cantidad del haber líquido que le resultaba en el inventario.

889. Serán también reputados en juicio quebrados culpables, salvas las excepciones que propongan y prueben para demostrar la inculpabilidad de la quiebra: 1.º Los que no hubieren llevado los libros de contabilidad en la forma y con todos los requisitos esenciales é indispensables que se prescriben en el título 3.º del libro primero, y los que, aun llevándolos con todas estas circunstancias, hayan incurrido dentro de ellos en falta que hubiere causado perjuicio á tercero; — 2.º Los que no hubieren hecho su manifestación de quiebra en el término que se prescribe en el art. 871; — 3.º Los que, habiéndose ausentado al tiempo de la declaración de la quiebra ó durante el progreso del juicio, dejaren de presentarse personalmente en los casos en que la Ley impone esta obligación, no mediando legítimo impedimento[1].

890. Se reputará quiebra fraudulenta la de los comerciantes en quienes concurra alguna de las circunstancias siguientes: — 1.ª Alzarse con todos ó parte de sus bienes; — 2.ª Incluir en el balance, memorias, libros ú otros documentos relativos á su giro ó negociaciones, bienes, créditos, deudas, pérdidas ó gastos supuestos; — 3.ª No haber llevado libros, ó, llevándolos, incluir en ellos, con daño de tercero, partidas no sentadas en lugar y tiempo oportunos; — 4.ª Rasgar, borrar ó alterar de otro modo cualquiera el contenido de los libros, en perjuicio de tercero; — 5.ª No resultar de su contabilidad la salida ó existencia del activo de su último inventario, y del dinero, valores, muebles y efectos, de cualquiera especie que sean, que constare ó se justificare haber entrado posteriormente en poder del quebrado; — 6.ª Ocultar en el balance alguna cantidad de dinero, créditos, géneros ú otra especie de bienes ó derechos; — 7.ª Haber consumido y aplicado para sus negocios propios, fondos ó efectos ajenos que le estuvieren encomendados en depósito, administración ó comisión; — 8.ª Negociar, sin autorización del propietario, letras de cuenta ajena que obraren en su poder para su cobranza, remisión ú otro uso distinto del de la negociación, si no hubiere hecho á aquél remesa de su producto; — 9.ª Si, hallándose comisionado para la venta de algunos géneros ó para negociar créditos ó valores de comercio, hubiere ocultado la operación al propietario por cualquier espacio de tiempo; — 10.ª Simular enajenaciones, de cualquiera clase que éstas fueren; — 11.ª Otorgar, firmar, consentir ó reconocer deudas supuestas, presumiéndose tales, salvo la prueba en contrario, todas las que no tengan causa de deber ó valor determinado; — 12.ª Comprar bienes inmuebles, efectos ó créditos, poniéndolos á nombre de tercera persona, en perjuicio de sus acreedores; — 13.ª Haber anticipado pagos en perjuicio de los acreedores; — 14.ª Negociar, después del último balance, letras de su propio giro á cargo de persona en cuyo poder no tuviere fondos ni crédito abierto sobre ella, ó autorización para hacerlo; — 15.ª Si,

---

[1]) Respecto á los casos en que la ley impone al quebrado la obligación de presentarse personalmente al juez véase el proc. de quiebra en el estudio «Del proc. jud. en las cuest. civ.-merc.». — En cuanto á la penalidad en que incurre el quebrado que fuere declarado culpable es, según determina el Cód. pen., la de prisión correccional en sus grados medio y mínimo; aplicándose la pena de arresto mayor en su grado máximo, si la pérdida ocasionada á los acreedores no llegare al 10% de sus respectivos créditos, y la de prisión correccional en el máximum de su grado mínimo y medio, cuando excediere del 50%. — El arresto mayor en su grado máximo se sufrirá en la casa pública destinada á este efecto en las cabezas de partido, y su duración varía entre 4 meses y un día como mínimum y 6 meses como máximum. La prisión correccional ha de cumplirse en el establecimiento penitenciario destinado á ello dentro del territorio de la Audiencia que hubiere impuesto la pena. La duración de la prisión correccional en sus grados mínimo y medio varía entre un mínimum de 6 meses y un día á 4 años y 2 meses.

eu égard à son rang et à sa famille; — 2° S'il a éprouvé des pertes de jeu d'une nature quelconque dépassant ce qu'un père de famille soigneux a coutume d'exposer par manière de récréation dans des passe-temps de cette espèce; — 3° Si les pertes ont été la conséquence d'opérations de pur hasard, imprudentes ou considérables, ou d'acquisitions et de ventes ou d'autres opérations ayant pour objet de retarder la faillite; — 4° Si, dans les six mois qui précèdent la déclaration de la faillite, il a vendu à perte ou au-dessous du cours des effets achetés à crédit et dont il doit encore le prix; — 5° S'il est établi que, dans la période qui s'est écoulée depuis le dernier inventaire jusqu'à la déclaration de faillite, il y a un temps où le failli devait, en vertu d'obligations directes, le double de son actif net résultant de l'inventaire.

889. Les faillis seront également réputés et jugés en faute, sauf les exceptions qu'ils proposeront et qu'ils prouveront pour démontrer le défaut de culpabilité de la faillite: 1° Ceux qui n'auront pas tenu de livres de comptabilité dans la forme et avec les conditions essentielles et indispensables qui sont prescrites dans le titre III du Livre premier, et ceux qui, bien que leurs livres soient tenus avec toutes ces conditions, auront commis dans leur comptabilité une faute qui aura causé un préjudice à un tiers; — 2° Ceux qui n'auront pas fait connaître leur faillite dans le délai et dans la forme que prescrit l'article 871; — 3° Ceux qui, étant absents à l'époque de la déclaration de la faillite ou durant l'instance judiciaire, omettront de se présenter personnellement dans les cas où la loi impose cette obligation, sans en avoir été légitimement empêchés[1].

890. Sera réputée frauduleuse la faillite des commerçants qui se trouveront dans l'une des circonstances suivantes: 1° S'ils se sont enfuis avec tout ou partie de leurs biens; — 2° S'ils ont inscrit dans les bilan, mémoires, livres ou autres documents relatif à leur gestion ou à leurs opérations, des biens, créances, dettes, pertes ou des frais simulés; — 3° S'ils n'ont pas tenu de livres, ou s'ils ont compris dans leurs livres, en causant préjudice à un tiers, des articles qui n'ont pas été inscrits en temps et lieu opportuns; — 4° S'ils ont lacéré, raturé ou altéré d'une autre manière quelconque le contenu des livres au préjudice d'un tiers; — 5° S'ils ont tenu une comptabilité de laquelle ne résulte pas la sortie ou l'existence de l'actif du dernier inventaire et des deniers comptants, valeurs, meubles et effets de quelque nature que ce soit, qu'il sera prouvé ou justifié qu'ils ont eu postérieurement en leur possession; — 6° S'ils ont dissimulé, dans le bilan, une certaine quantité de deniers comptants, de marchandises ou de biens ou de droits d'une autre nature quelconque; — 7° S'ils ont consommé et appliqué à leurs besoins personnels des fonds ou des effets appartenant à autrui, qui leur auront été confiés en qualité de dépositaire, d'administrateur ou de commissionnaire; — 8° S'ils ont négocié, sans autorisation du propriétaire, des lettres de change appartenant à autrui qu'ils avaient en leur possession pour les recouvrer, les renvoyer ou en faire un usage autre que celui de les négocier, lorsqu'ils n'auront pas remis au propriétaire le produit de la négociation; — 9° Si, ayant commission de vendre certaines marchandises, ou de négocier des créances ou valeurs commerciales, ils ont caché l'opération au propriétaire pendant un espace de temps quelconque; — 10° S'ils ont simulé des aliénations de quelque nature que ce soit; — 11° S'ils ont accepté, signé, consenti ou reconnu des dettes supposées, et seront présumées telles, sauf preuve contraire, toutes celles qui n'ont pas une cause ou une valeur déterminées; — 12° S'ils ont acheté des immeubles, effets ou créances sous le nom d'un tiers, au préjudice de leurs créanciers; — 13° S'ils ont fait des payements anticipés au préjudice de leurs créanciers; — 14° S'ils ont négocié, depuis

---

[1] Sur les cas dans lesquels la loi impose au failli l'obligation de se présenter en personne au juge, v. l'étude sur la procédure de la faillite dans notre exposé de la procédure judiciaire dans les matières civiles et commerciales. — Quant aux pénalités encourues par le failli déclaré coupable, d'après le Code pénal, ce sont: la prison correctionnelle au degré moyen ou minimum; en appliquant le maximum des arrêts majeurs, quand la perte occasionnée aux créanciers n'atteint pas 10% de leurs créances respectives, et le maximum du degré minimum et moyen de la prison correctionnelle, quand cette perte dépasse 50%. — Les arrêts majeurs au degré maximum sont subis dans la maison publique à ce destinée du chef-lieu de *partido*, et sa durée varie entre un minimum de 4 mois et un jour et un maximum de six mois. La prison correctionnelle est subie dans l'établissement pénitentiaire à ce destiné du ressort de l'*Audiencia* qui a infligé la peine. La durée de la prison correctionnelle, dans ses degrés minimum et moyen, varie entre un minimum de 6 mois et un jour et un maximum de 4 ans et 2 mois.

hecha la declaración de quiebra, hubiere percibido y aplicado á usos personales dinero, efectos ó créditos de la masa, ó distraído de ésta alguna de sus pertenencias.

891. La quiebra del comerciante, cuya verdadera situación no pueda deducirse de sus libros, se presumirá fraudulenta, salvo prueba en contrario.

892. La quiebra de los agentes mediadores del comercio se reputará fraudulenta cuando se justifique que hicieren por su cuenta, en nombre propio ó ajeno, alguna operación de tráfico ó giro, aun cuando el motivo de la quiebra no proceda de estos hechos.

Si sobreviniere la quiebra por haberse constituído el agente garante de las operaciones en que intervino, se presumirá la quiebra fraudulenta, salvo prueba en contrario[1].

893. Serán considerados cómplices de las quiebras fraudulentas: 1.º Los que auxilien el alzamiento de bienes del quebrado; — 2.º Los que, habiéndose confabulado con el quebrado para suponer créditos contra él, ó aumentar el valor de los que efectivamente tengan contra sus valores ó bienes, sostengan esta suposición en el juicio de examen y calificación de los créditos ó en cualquiera junta de acreedores de la quiebra; — 3.º Los que para anteponerse en la graduación en perjuicio de otros acreedores, y de acuerdo con el quebrado, alteraren la naturaleza ó fecha del crédito, aun cuando esto se verifique antes de hacerse la declaración de quiebra; — 4.º Los que deliberadamente, y después que el quebrado cesó en sus pagos, le auxiliaren para ocultar ó sustraer alguna parte de sus bienes ó créditos; — 5.º Los que, siendo tenedores de alguna pertenencia del quebrado al tiempo de hacerse notoria la declaración de quiebra por el juez ó tribunal que de ello conozca, la entregaren á aquél, y no á los administradores legítimos de la masa, á menos que, siendo de Nación ó provincia diferente de la del domicilio del quebrado, prueben que en el pueblo de su residencia no se tenía noticia de la quiebra; — 6.º Los que negaren á los administradores de la quiebra los efectos que de la pertenencia del quebrado existieren en su poder; — 7.º Los que, después de publicada la declaración de la quiebra, admitieren endosos del quebrado; — 8.º Los acreedores legítimos que, en perjuicio y fraude de la masa, hicieren con el quebrado convenios particulares y secretos; — 9.º Los agentes mediadores que intervengan en operación de tráfico ó giro que hiciere el comerciante declarado en quiebra.

894. Los complices de los quebrados serán condenados, sin perjuicio de las penas en que incurran con arreglo á las Leyes criminales: 1.º Á perder cualquier derecho que tengan á la masa de la quiebra en que sean declarados cómplices; — 2.º Á reintegrar á la misma masa los bienes, derechos y acciones sobre cuya sustracción hubiere recaído la declaración de su complicidad, con intereses é indemnización de daños y perjuicios[2].

---

[1]) La pena correspondiente á los quebrados fraudulentos es la de presidio correccional en su grado máximo, á presidio mayor en su grado medio; debiendo tener presente también que si la pérdida ocasionada á los acreedores no llegare al 10% de sus respectivos créditos, se aplicará á los quebrados fraudulentos la pena de presidio correccional en su grado medio, y que si excediere del 50% se le impondrá el máximum correspondiente á la pena de presidio mayor. Estas penas habrán de cumplirse en los establecimientos destinados á ello dentro de la Península pudiendo la de prisión mayor cumplirse en los de las Baleares y las Canarias. — La duración de estas penas es: la de presidio correccional en su grado máximo á presidio mayor en su grado medio de 4 años 2 meses y un día á 10 años; y la de presidio cerreccional en su grado medio, de 2 años 4 meses y un día á 4 años y 2 meses.

[2]) A los cómplices de los delitos de quiebra culpable ó fraudulenta les corresponde la pena inmediatamente inferior á la impuesta al quebrado. — Inmediatamente inferior á la de prisión correccional en su grado medio y mínimo es la de arresto mayor en su grado máximo, cuya duración queda ya indicada en la nota 1, pág. 223. — Inmediatamente inferior á la de arresto mayor en su grado máximo es la de arresto mayor en su grado medio, cuya duración es la de 2 meses y un día á 4 meses. — Inmediatamente inferior á la de presidio correccional en su grado máximo á prisión mayor en su grado medio es la de presidio correccional en su grado medio, cuya duración ya quedó indicada en la nota 1, *supra.* Y la inmediatamente inferior á esta

le dernier bilan, des lettres de change tirées par eux sur une personne qui ne possédait aucun fonds leur appartenant, ou sur laquelle ils n'avaient aucune ouverture de crédit, ou qui ne les avait pas autorisés à tirer sur elle; — 15° Si, après la déclaration de faillite, ils ont touché et appliqué à leur usage personnel des deniers comptants, effets ou créances appartenant à la masse, ou distrait de la masse quelque chose qui lui revenait.

891. La faillite du commerçant dont les livres ne permettent pas de déduire la véritable situation, sera présumée frauduleuse jusqu'à preuve contraire.

892. La faillite des agents intermédiaires du commerce sera réputée frauduleuse, lorsqu'il sera justifié qu'ils ont fait pour leur compte personnel ou pour le compte d'autrui une opération de trafic ou de change, lors même que ces faits ne sont pas la cause de la faillite.

Si la faillite provient de ce que l'agent s'est constitué garant des opérations auxquelles il prêtait son ministère, la faillite sera réputée frauduleuse, sauf preuve contraire[1].

893. Seront considérés comme complices des faillites frauduleuses: 1° Ceux qui prêtent leur assistance pour détourner les biens du failli; — 2° Ceux qui, s'étant concertés avec le failli pour simuler une créance contre lui, ou pour augmenter la valeur de celles qu'ils possèdent réellement sur ses valeurs ou sur ses biens, soutiennent faussement l'existence des dites créances en justice, lors de la vérification et de la qualification des créances, ou dans une assemblée quelconque des créanciers de la faillite; — 3° Ceux qui, pour s'attribuer un rang préférable au préjudice des autres créanciers, et d'accord avec le failli, changeront la nature ou la date de leur créance, même lorsque cette modification aura été effectuée avant la déclaration de faillite; — 4° Ceux qui, sciemment et depuis que le failli a cessé ses payements, l'aideront à dissimuler ou à soustraire une partie de ses biens ou de ses créances; — 5° Ceux qui, ayant en leur possession quelque chose appartenant au failli au moment où la déclaration de la faillite par le tribunal qui en connaît est devenue notoire, le remettront au failli et non pas aux administrateurs légitimes de la masse, à moins qu'appartenant eux-mêmes à une nation ou à une province autre que celle du domicile du failli, ils ne prouvent que, dans la circonscription municipale de leur résidence, on n'a eu aucune connaissance de la faillite; — 6° Ceux qui refuseront aux administrateurs de la faillite les effets appartenant au failli qui se trouveront en leur possession; — 7° Ceux qui, depuis la publication de la déclaration de faillite, accepteront des endossements du failli; — 8° Les créanciers légitimes qui, au préjudice et en fraude de la masse, feront avec le failli des conventions particulières et secrètes; — 9° Les agents intermédiaires qui prêtent leur ministère à une opération de trafic ou de change faite par le commerçant déclaré en état de faillite.

894. Les complices des faillis seront condamnés, sans préjudice des peines dont ils seront passibles conformément aux lois criminelles: 1° A perdre tout droit quelconque pouvant leur appartenir contre la masse de la faillite dont ils sont déclarés complices; — 2° A restituer à la dite masse les biens, droits, actions dont la soustraction a motivé la déclaration de complicité, avec les intérêts et la réparation des dommages et préjudices[2].

---

[1]) La peine applicable au failli frauduleux varie de *presidio* correctionnel (degré maximum), au *presidio* majeur (degré moyen); en tenant compte de cette règle que si la perte éprouvée par les créanciers n'atteint pas 10%, on appliquera au failli frauduleux le degré moyen du *presidio* correctionnel, et que, si cette perte dépasse 50%, on lui appliquera le maximum du *presidio* majeur. Ces peines doivent être subies dans les établissements à ce destiné de la Péninsule; la peine de la prison majeure peut aussi être subie dans les établissements des Baléares et des Canaries. — La durée de ces peines est la suivante: *Presidio* correctionnel (degré maximum) à *presidio* majeur (degré moyen) de 4 ans, 2 mois et 1 jour, à 10 ans, *presidio* correctionnel (degré moyen) de 2 ans 4 mois et 1 jour à 4 ans et 2 mois.

[2]) Les complices de la faillite coupable ou frauduleuse encourent la peine immédiatement inférieure à celle encourue par le failli. — La peine immédiatement inférieure à la prison correctionnelle (degré moyen et minimum) est l'arrêt majeur (degré maximum), dont la durée est indiqué ci-dessus, p. 223, note 1). — La peine immédiatement inférieure à l'arrêt majeur (degré maximum) est l'arrêt majeur (degré moyen), dont la durée varie de 2 mois et 1 jour à 4 mois. — La peine immédiatement inférieure à celle du *presidio* correctionnel (degré maximum) à la prison majeure (degré moyen), est celle du *presidio* correctionnel (degré moyen) dont la durée est indiquée ci-dessus note 1. Enfin la peine immédiatement inférieure à cette

895. La calificación de la quiebra, para exigir al deudor la responsabilidad criminal, se hará siempre en ramo separado, que se sustanciará con audiencia del ministerio fiscal, de los síndicos y del mismo quebrado.

Los acreedores tendrán derecho á personarse en el expediente y perseguir al fallido; pero lo harán á sus expensas, sin acción á ser reintegrados por la masa de los gastos del juicio ni de las costas, cualquiera que sea el resultado de sus gestiones.

896. En ningún caso, ni á instancia de parte ni de oficio, se procederá, por los delitos de quiebra culpable ó fraudulenta, sin que antes el juez ó tribunal haya hecho la declaración de quiebra y la de haber méritos para proceder criminalmente.

897. La calificación de quiebra fortuita por sentencia firme no será obstáculo para el procedimiento criminal, cuando de los juicios pendientes sobre convenio, reconocimiento de créditos ó cualquiera otra incidencia resultaren indicios de hechos declarados punibles en el Código Penal, los que se someterán al conocimiento del juez ó tribunal competente. En estos casos, deberá ser oído previamente el ministerio público.

Sección cuarta. Del convenio de los quebrados con sus acreedores.

898. En cualquier estado del juicio, terminado el reconocimiento de. créditos y hecha la calificación de la quiebra, el quebrado y sus acreedores podrán hacer los convenios que estimen oportunos.

No gozarán de este derecho los quebrados fraudulentos, ni los que se fugaren durante el juicio de quiebra.

899. Los convenios entre los acreedores y el quebrado han de ser hechos en Junta de acreedores debidamente constituída.

Los pactos particulares entre el quebrado y cualquiera de sus acreedores serán nulos: el acreedor que los hiciere perderá sus derechos en la quiebra, y el quebrado, por este solo hecho, será calificado de culpable, cuando no mereciese ser considerado como quebrado fraudulento.

900. Los acreedores singularmente privilegiados, los privilegiados y los hipotecarios podrán abstenerse de tomar parte en la resolución de la Junta sobre el convenio; y absteniéndose, éste no les parará perjuicio en sus respectivos derechos.

Si, por el contrario, prefiriesen tener voz y voto en el convenio propuesto, serán comprendidos en las esperas ó quitas que la Junta acuerde, sin perjuicio del lugar y grado que corresponda al título de su crédito.

901. La proposición de convenio se discutirá y pondrá á votación, formando resolución el voto de un número de acreedores que compongan la mitad y uno más de los concurrentes, siempre que su interés en la quiebra cubra las tres quintas partes del total pasivo, deducido el importe de los créditos de los acreedores comprendidos en el párrafo primero del artículo anterior que hubieren usado del derecho consignado en dicho párrafo.

902. Dentro de los ocho días siguientes á la celebración de la Junta en que se hubiere acordado el convenio, los acreedores disidentes y los que no hubieren concurrido á la Junta podrán oponerse á la aprobación del mismo.

903. Las únicas causas en que podrá fundarse la oposición al convenio serán: 1.ª Defectos en las formas prescritas para la convocación y deliberación de la Junta; — 2.ª Falta de personalidad ó representación en alguno de los votantes, siempre que su voto decida la mayoría en número ó cantidad; — 3.ª Inteligencias fraudulentas entre el deudor y uno ó más acreedores, ó de los acreedores entre sí para votar á favor del convenio; — 4.ª Exageración fraudulenta de créditos para procurar la mayoría de cantidad; — 5.ª Inexactitud fraudulenta en el balance general de los negocios del fallido, ó en los informes de los síndicos, para facilitar la admisión de las proposiciones del deudor.

904. Aprobado el convenio, y salvo lo dispuesto en el art. 900, será obligatorio para el fallido y para todos los acreedores cuyos créditos daten de época anterior á la declaración de quiebra, si hubieren sido citados en forma legal, ó si, habiéndoseles notificado la aprobación del convenio, no hubieren reclamado contra éste

---

es la de presidio correccional en su grado mínimo, cuya duración es de 6 meses y un día á 2 años y 4 meses.

895. La qualification de la faillite, pour soumettre le débiteur à la responsabilité criminelle, se fera toujours par procédure séparée, le minstère fiscal, les syndics et le failli lui-même entendus.

Les créanciers auront le droit de se porter parties dans la procédure et de poursuivre le failli, mais ils le feront à leurs frais, et ils n'auront aucune action pour obtenir d'être remboursés par la masse des frais du jugement ni de leurs impenses, quel que soit le résultat de leur intervention.

896. En aucun cas, il ne sera, soit sur la poursuite d'une partie, soit d'office, procédé pour délits de faillite fautive ou frauduleuse sans que le juge ou le tribunal ait déclaré la faillite et décidé qu'il y a lieu de procéder au criminel.

897. La qualification de la faillite comme faillite fortuite résultant d'une sentence définitive ne fera pas obstacle à ce qu'il soit procédé au criminel, lorsqu'il résulte des instances pendantes sur le concordat, la vérification des créances, ou un incident quelconque, des présomptions de faits punissables aux termes du Code pénal, lesquels seront soumis à la connaissance du tribunal compétent. Dans ces cas, le ministère public devra être préalablement entendu.

Section IV. Du concordat des faillis avec leurs créanciers.

898. En tout état de cause, lorsque la vérification des créances est terminée et que la qualification de la faillite est faite, le failli et ses créanciers pourront faire les concordats qu'ils jugeront convenables.

Ne jouiront pas de ce droit les faillis frauduleux, ni ceux qui prendront la fuite durant la procédure de faillite.

899. Les concordats entre les créanciers et le failli doivent être faits dans une assemblée de créanciers dûment constituée.

Les conventions particulières entre le failli et l'un quelconque de ses créanciers seront nulles; le créancier qui les fera perdra ses droits dans la faillite, et le failli sera, par ce seul fait, qualifié failli coupable, lorsqu'il ne méritera pas d'être considéré comme failli frauduleux.

900. Les créanciers privilégiés et les créanciers hypothécaires pourront s'abstenir de prendre part à la délibération de l'assemblée sur le concordat, et, s'ils s'abstiennent, le dit concordat ne portera pas préjudice à leurs droits respectifs.

Si, au contraire, ils préfèrent prendre part à la délibération et au vote sur le concordat proposé, ils seront soumis aux délais et aux remises de dettes accordées par l'assemblée, sans préjudice du rang et du degré qui appartient au titre de leur créance.

901. La proposition de concordat sera discutée et mise aux voix. Pour former la résolution, il faudra le vote d'un nombre de créanciers composant la moitié plus un de ceux qui prennent part à la délibération, pourvu que leur intérêt dans la faillite soit égal aux trois cinquièmes du passif total, déduction faite du montant des créances appartenant à ceux des créanciers compris dans le premier paragraphe de l'article précédent qui auront usé du droit consigné dans le dit paragraphe.

902. Dans les huit jours qui suivent la réunion de l'assemblée dans laquelle le concordat a été accordé, les créanciers dissidents et ceux qui n'auront pas pris part à l'assemblée pourront s'opposer à l'approbation du dit concordat.

903. Les seules causes sur lesquelles pourra se fonder l'opposition au concordat seront: 1° Le défaut d'observation des formes prescrites pour la convocation, la réunion et la délibération de l'assemblée; — 2° Le défaut de qualité ou de mandat chez l'un des votants, toutes les fois que la voix du dit votant aura décidé de la majorité en nombre ou en sommes; — 3° Les intelligences frauduleuses entre le débiteur et un ou plusieurs de ses créanciers, ou entre les créanciers entre eux, pour voter en faveur du concordat; — 4° L'exagération frauduleuse des créances pour procurer la majorité en sommes; — 5° L'inexactitude frauduleuse, dans le bilan général des affaires du failli, ou dans les rapports des syndics, dans le but de faciliter l'admission des propositions du débiteur.

904. Le concordat, lorsqu'il a été approuvé, et sauf la disposition contenue dans l'article 900, sera obligatoire pour le failli et pour tous les créanciers dont les créances datent d'une époque antérieure à la déclaration de faillite, lorsqu'ils auront été cités dans la forme légale ou que, l'approbation du concordat leur ayant été

---

dernière est le *presidio* correctionnel (degré minimum), dont la durée est de 6 mois et 1 jour à 2 ans et 4 mois.

en los términos prevenidos en la Ley de Enjuiciamiento Civil[1], aun cuando no estén comprendidos en el balance ni hayan sido parte en el procedimiento.

905. En virtud del convenio, no mediando pacto expreso en contrario, los créditos quedarán extinguidos en la parte de que se hubiere hecho remisión al quebrado, aun cuando le quedare algún sobrante de los bienes de la quiebra, ó posteriormente llegare á mejor fortuna.

906. Si el deudor convenido faltare al cumplimiento de lo estipulado, cualquiera de sus acreedores podrá pedir la rescisión del convenio y la continuación de la quiebra ante el juez ó tribunal que hubiere conocido de la misma.

907. En el caso de no haber mediado el pacto expreso de que habla el art. 905, los acreedores que no sean satisfechos íntegramente con lo que perciban del haber de la quiebra hasta el término de la liquidación de ésta, conservarán acción, por lo que se les reste en deber, sobre los bienes que ulteriormente adquiera ó pueda adquirir el quebrado.

Sección quinta. De los derechos de los acreedores en caso de quiebra, y de su respectiva graduación.

908. Las mercaderías, efectos y cualquiera otra especie de bienes que existan en la masa de la quiebra, cuya propiedad no se hubiere transferido al quebrado por un título legal é irrevocable[2], se considerarán de dominio ajeno y se pondrán á disposición de sus legítimos dueños, previo el reconocimiento de su derecho en Junta de acreedores ó en sentencia firme; reteniendo la masa los derechos que en dichos bienes pudieren corresponder al quebrado, en cuyo lugar quedará sustituída aquélla, siempre que cumpliere las obligaciones anejas á los mismos.

909. Se considerarán comprendidos en el precepto del artículo anterior para los efectos señalados en él: 1.° Los bienes dotales inestimados y los estimados que se conservaren en poder del marido, si constare su recibo por escritura pública inscrita con arreglo á los artículos 21 y 27 de este Código; — 2.° Los bienes parafernales que la mujer hubiere adquirido por título de herencia, legado ó donación, bien se hayan conservado en la forma que los recibió, bien se hayan subrogado ó invertido en otros, con tal que la inversión ó subrogación se haya inscrito en el Registro Mercantil conforme á lo dispuesto en los artículos citados en el número anterior; — 3.° Los bienes y efectos que el quebrado tuviere ne dódsito, administración, arrendamiento, alquiler ó usufructo; — 4.° Las mercaderías que el quebrado tuviere en su poder por comisión de compra, venta, tránsito ó entrega; — 5.° Las letras de cambio ó pagarés que, sin endoso ó expresión que transmitiere su propiedad, se hubieren remitido para su cobranza al quebrado, y las que hubiere adquirido por cuenta de otro, libradas ó endosadas directamente en favor del comitente; — 6.° Los caudales remitidos fuera de cuenta corriente al quebrado, y que éste tuviere en su poder, para entregar á persona determinada en nombre y por cuenta del comitente, ó para satisfacer obligaciones que hubieren de cumplirse en el domicilio de aquél; — 7.° Las cantidades que estuvieren debiendo al quebrado por ventas hechas de cuenta ajena, y las letras ó pagarés de igual procedencia que obraren en su poder, aunque no estuvieren extendidas en favor del dueño de las mercaderías vendidas, siempre que se pruebe que la obligación procede de ellas y que existían en poder del quebrado por cuenta del propietario para hacerlas efectivas y remitirle los fondos á su tiempo, lo cual se presumirá de derecho si la partida no estuviere pasada en cuenta corriente entre ambos; — 8.° Los géneros vendidos al quebrado á pagar al contado y no satisfechos en todo ó en parte, ínterin subsistan embalados en los almacenes del quebrado, ó en los términos en que se hizo la entrega, y en estado de distinguirse específicamente por las marcas ó números de los fardos ó bultos; — 9.° Las mercaderías que el quebrado hubiere comprado al fiado, mientras no se le hubiere hecho la entrega material de ellas en sus almacenes ó en paraje convenido para hacerla, y aquellas cuyos conocimientos ó cartas de porte se le hubieren remitido, des-

---

[1] Véase el capítulo del estudio «Del Proc. jud. en las cuest. civ. merc».

[2] Como, en depósito, prenda, comodato, comisión, administración, alquiler, ó arrendamiento, usufructo, uso ó habitación.

notifiée, ils ne se seront pas pourvus contre le dit concordat dans les délais fixés par la loi d'*Enjuiciamiento civil*[1], même quand ils n'étaient pas portés au bilan et qu'ils n'ont pas été partie dans la procédure.

905. En vertu du concordat, s'il n'est pas intervenu une convention contraire expresse, les créances demeureront éteintes pour la part dont il aura été fait remise au failli, lors même qu'il resterait au dit failli un excédant des biens de la faillite, ou que, dans la suite, il arriverait à meilleure fortune.

906. Si le débiteur concordataire manque à remplir ce qui a été stipulé, tout créancier quelconque pourra demander la rescision du concordat et la continuation de la faillite devant le juge ou tribunal qui aura connu de la dite faillite.

907. Dans le cas où il sera intervenu, dans le concordat, la convention expresse dont parle l'article 905, les créanciers qui ne sont pas désintéressés intégralement avec la part qu'ils touchent de l'actif de la faillite jusqu'à la fin de la liquidation, conserveront une action pour ce qui leur restera dû sur les biens que le failli acquerra ou pourra acquérir ultérieurement.

Section V. Des droits des créanciers en cas de faillite, et de leur rang respectif.

908. Les marchandises, effets et biens de toute nature, quels qu'ils soient existant dans la masse de la faillite, dont la propriété n'aura pas été transférée au failli en vertu d'un titre légal et irrévocable[2], seront considérés comme la propriété d'autrui et mis à la disposition de leurs maîtres légitimes, après vérification préalable faite dans l'assemblée des créanciers ou résultant d'une sentence définitive; et la masse retiendra les droits qui pourront appartenir sur les dits biens au failli, et elle lui sera substituée, pourvu qu'elle accomplisse les obligations correspondantes à ces mêmes droits.

909. Seront réputés compris dans les prescriptions de l'article précédent pour les effets indiqués au dit article: 1° Les biens dotaux non estimés et les biens dotaux estimés qui sont demeurés en la possession du mari, si leur réception est constatée par un acte public inscrit conformément aux articles 21 et 27 du présent Code; — 2° Les biens paraphernaux acquis par la femme à titre de succession, legs ou donation, soit qu'ils aient été conservés en nature, soit qu'il leur en ait été substitué d'autres ou qu'ils aient été employés à l'acquisition d'autres biens, pourvu que le remploi ou la substitution soient inscrits sur le registre de commerce, conformément aux dispositions des articles cités dans le numéro précédent; — 3° Les biens et effets que le failli aura à titre de dépositaire, administrateur, fermier, locataire ou usufruitier; — 4° Les marchandises que le failli aura en sa possession à titre de commissionnaire chargé d'en opérer l'achat, la vente, le transit ou la livraison; — 5° Les lettres de change ou billets qui, sans être revêtus d'un endossement ou d'une mention qui en transfère la propriété, auront été remis au failli pour qu'il en opère le recouvrement, ainsi que les lettres de change qu'il aura acquises pour le compte d'autrui, lorsqu'elles sont tirées ou endossées directement au profit du commettant; — 6° Les capitaux confiés au failli en dehors d'un compte courant, et que celui-ci aura en sa possession pour les remettre à une personne déterminée au nom et pour le compte du commettant, ou pour acquitter des obligations qui doivent être exécutées dans son domicile; — 7° Les sommes qui seront dues au failli pour des ventes faites au compte d'autrui, et les lettres de change ou billets de même provenance qui seront en sa possession, encore qu'elles ne soient pas rédigées au profit du propriétaire des marchandises vendues, toutes les fois que l'on prouve que l'obligation procède des dites ventes et que les dites lettres de change existent en la possession du failli pour le compte du propriétaire afin de les réaliser et de lui remettre les fonds à l'échéance, ce qui sera présumé de plein droit si l'opération n'a pas été passée en compte courant entre les deux parties; — 8° Les marchandises vendues au failli au comptant et non encore payées en tout ou partie, tant qu'elles se trouvent encore emballées dans les magasins du failli, ou dans les conditions où s'est faite la livraison et en état d'être distinguées spécifiquement par les marques et les numéros des ballots ou des colis; —

---

[1] V. le chapitre spécial de l'étude sur la procédure judiciaire dans les matières civiles et commerciales.

[2] Par exemple, le dépôt, le gage, le commodat, le mandat, l'administration, le louage, ou le bail, l'usufruit, l'usage ou l'habitation.

pués de cargadas, de orden y por cuenta y riesgo del comprador. En los casos de este número y del 8.º, los síndicos podrán detener los géneros comprados ó reclamarlos para la masa, pagando su precio al vendedor[1].

910. Igualmente se considerará comprendido en el precepto del art. 908, para los efectos determinados en el mismo, el importe de los billetes en circulación de los Bancos de emisión, en las quiebras de estos establecimientos.

911. Con el producto de los bienes de la quiebra, hechas las deducciones que prescriben los artículos anteriores, se pagará á los acreedores con arreglo á lo establecido en los artículos siguientes.

912. La graduación de créditos se hará dividiéndolos en dos secciones: la primera comprenderá los créditos que hayan de ser satisfechos con el producto de los bienes muebles de la quiebra, y la segunda los que hayan de pagarse con el producto de los inmuebles.

913. La prelación de los acreedores de la primera sección se establecerá por el orden siguiente: 1.º Los acreedores singularmente privilegiados, por este orden: a) Los acreedores por gastos de entierro, funeral y testamentaría; — b) Los acreedores alimenticios, ó sean los que hubieren suministrado alimentos al quebrado ó su familia; — c) Los acreedores por trabajo personal, comprendiendo á los dependientes de comercio por los seis últimos meses anteriores á la quiebra; — 2.º Los privilegiados que tuvieren consignado un derecho preferente en este Código[2]; — 3.º Los privilegiados por derecho común[3], y los hipotecarios legales en los casos en que, con arreglo al mismo derecho, le tuvieren de prelación sobre los bienes muebles[4]; — 4.º Los acreedores escriturarios conjuntamente con los que lo fueren por títulos ó contratos mercantiles en que hubiere intervenido agente

---

[1]) Los casos comprendidos en los números 8º y 9º de este artículo constituyen excepciones al principio general formulado en el Cód. c. (art. 1450), de que la compra-venta se perfecciona por el mero consentimiento; excepciones establecidas en favor del vendedor, á quien por un sentimiento de equidad se le deja fuera de la quiebra, ya que es posible en las citadas condiciones evitar que haya un perjudicado más. También se tiene en cuenta por este mismo sentimiento de equidad el interés de la masa de los acreedores por cuanto á estos les deja la ley en libertad de devolver los géneros ó de adquirirlos para la masa, pagando su precio.

[2]) A estos créditos privilegiados se refieren los siguientes artículos del Cód. de com.: 27, sobre créditos dotales; 98, sobre fianza de los agentes mediadores; 196, sobre resguardos de almacenes generales de depósito; 208, sobre cédulas hipotecarias y obligaciones especiales; 276, sobre efectos remitidos en consignación; 320 y 321, sobre valores públicos pignorados; 340, sobre géneros vendidos; 372, sobre carruajes y otros medios de transporte; 375 y 376, sobre efectos porteados; 403, sobre bienes asegurados y buques; 573, 580 y 581, sobre ventas judiciales de buques; 667, sobre efectos cargados en los buques; 704, sobre precio del pasaje y gastos de manutención durante la travesía por mar; 730, sobre préstamos á la gruesa; y 926 y 927, sobre socios acreedores y acreedores de los socios en las quiebras de las compañías.

[3]) Los créditos privilegiados por derecho común son, según el artículo 1922 del Cód. c.: 1.º Los créditos por construcción, reparación, conservación ó precio de venta de bienes muebles que estén en poder del deudor hasta donde alcance el valor de los mismos; — 2.º Los garantizados con prenda que se halle en poder del acreedor sobre la cosa empeñada y hasta donde alcance su valor; — 3.º Los garantizados con fianza de efectos ó valores, constituída en establecimiento público ó mercantil, sobre la fianza y por el valor de los efectos de la misma; — 4.º Los créditos por transporte, sobre los efectos transportados, por el precio del mismo, gastos y derechos de conducción y conservación, hasta la entrega y durante 30 días despues de esta; — 5.º Los de hospedaje sobre los muebles del deudor existentes en la posada; — 6.º Los créditos por semillas y gastos de cultivo y recolección anticipados al deudor, sobre los frutos de la cosecha para que sirvieron; — 7.º Los créditos por alquileres y rentas de un año, sobre los bienes muebles del arrendatario existentes en la finca arrendada y sobre los frutos de la misma. — Si los bienes muebles sobre que recae la preferencia hubieren sido sustraídos, el acreedor podrá reclamarlos de quien los tuviese, dentro del término de 30 días contados desde que ocurrió la sustracción.

[4]) Los acreedores hipotecarios legales, á tenor del artículo 168 de la Ley Hipotecaria son: 1.º Las mujeres casadas sobre los bienes de sus maridos: Por las dotes que les hayan sido entregadas solemnemente bajo fe de notario. — Por las arras ó donaciones que los mismos maridos les

9° Les marchandises que le failli aura achetées à crédit, tant que la remise matérielle n'en aura pas été faite dans ses magasins ou dans le lieu convenu à cet effet, et celles dont les connaissements ou les lettres de voitures lui auront été remises après le chargement, d'ordre et pour le compte et le risque de l'acheteur. Dans les cas prévus par ce numéro et par le numéro 8, les syndics pourront retenir les marchandises achetées ou les réclamer pour la masse, à la condition d'en payer le prix au vendeur[1].

910. Sera également considéré comme compris dans les prescriptions de l'article 908, pour les effets déterminés dans ce même article, le montant des billets en circulation des banques d'émissions, dans les faillites des établissements de cette nature.

911. Avec le produit des biens de la faillite, après avoir fait les déductions prescrites par les articles précédents, il sera procédé au payement des créanciers conformément aux règles établies dans les articles suivants.

912. Le classement des créances sera fait en les divisant en deux sections: la première comprendra les créances qui doivent être payées avec le produit des biens meubles de la faillite, et, la seconde, les créances devant être acquittées avec le produit des immeubles.

913. Les créanciers de la première section viendront par préférence dans l'ordre suivant: 1° Les créanciers jouissant d'un privilège particulier, dans l'ordre qui suit: a) Les créanciers pour frais d'inhumation, funérailles et exécution testamentaire; — b) Les créanciers pour fournitures d'aliments, que les dites fournitures aient été faites au failli ou à sa famille; — c) Les créanciers à raison d'un travail personnel, y compris les employés de commerce, pour les salaires dus pendant les six derniers mois antérieurs à la faillite; — 2° Les créanciers privilégiés ayant un droit de préférence consigné dans le présent Code[2]; — 3° Les créanciers privilégiés en vertu du droit commun[3], et ceux qui possèdent une hypothèque légale, dans les cas où en vertu du même droit commun, ils jouissent d'un droit de préférence sur les meubles[4]; — 4° Les créanciers possédant un titre écrit, conjointement avec ceux

---

[1] Les cas prévus sous les nos 8 et 9 de cet article sont des exceptions au principe général formulé dans l'art. 1450 C. civ. que la vente est parfaite par le simple consentement; ces exceptions sont établies au profit du vendeur, que, par un sentiment d'équité, on laisse en dehors de la faillite, afin de lui éviter, dans les cas prévus, un préjudice plus grand. Mais, dans le même sentiment d'équité, il est tenu compte également des intérêts de la masse des créanciers, car la loi leur laisse le choix de rendre les marchandises ou de les acquérir pour le compte de la masse, en en payant le prix.

[2] A ces créances privilégiées se réfèrent les articles suivants du Code de commerce: 27, sur les créances dotales; 98, sur le cautionnement des agents intermédiaires du commerce; 196, sur les warrants des magasins généraux de dépôt; 208, sur les cédules hypothécaires et les obligations spéciales; 276, sur les effets remis en consignation; 320 et 321, sur les valeurs publiques données en gage; 340, sur les marchandises vendues; 372, sur les voitures et autres moyens de transport; 375, et 376 sur les effets au porteur; 403, sur les biens assurés sur les navires; 573, 580 et 581, sur les ventes judiciaires de navires; 667, sur les effets chargés sur les navires; 704, sur le prix du passage et les frais d'entretien durant la traversée par mer; 730, sur les prêts à la grosse; et 926 et 927, sur les associés créanciers et les créanciers des associés dans les faillites des sociétés.

[3] Les créances privilégiées en vertu du droit commun sont, d'après l'art. 1922 C. civ.: 1° Les créances pour construction, réparation, conservation ou prix de vente des biens meubles se trouvant en la possession du débiteur, jusqu'à concurrence de leur valeur; — 2° Les créances garanties par un gage se trouvant en la possession du créancier, jusqu'à concurrence de la valeur de la chose donnée en gage; — 3° Les créances garanties au moyen d'un cautionnement constitué en effets ou valeurs dans un établissement public ou commercial, sur le gage et jusqu'à concurrence de la valeur des effets composant le gage; — 4° Les créances pour transport, sur les effets transportés, pour le prix du transport frais et droits de transport et de conservation, jusqu'à la livraison et durant les 30 jours qui suivent la livraison; — 5° Les créances de l'hôtelier sur les meubles du débiteur existant dans l'hôtellerie; — 6° Les créances pour semences et frais de culture et de récolte avancés au débiteur, sur les fruits de la récolte pour laquelle elles ont servis; — 7° Les créances pour loyers et rentes d'une année, sur les meubles du locataire existant dans l'immeuble loué et sur les fruits du fonds loué. — Si les meubles sur lesquels porte le privilège ont été soustraits, le créancier pourra les revendiquer entre les mains de tout détenteur dans le délai de 30 jours à compter de la date de la soustraction.

[4] Les créanciers ayant une hypothèque légale, aux termes de l'art. 168 de la loi hypothécaire sont: Les femmes mariées sur les biens de leur mari. — Pour la dot qui leur a été constituée par acte authentique devant notaire. — Pour les arrhes et donations faites

ó corredor; — 5.º Los acreedores comunes por operaciones mercantiles; — 6.º Los
acreedores comunes por derecho civil.

914. La prelación en el pago á los acreedores de la segunda sección se sujetará al orden siguiente: 1.º Los acreedores con derecho real, en los términos y
por el orden establecido en la Ley Hipotecaria[1]; — 2.º Los acreedores singularmente privilegiados y demás enumerados en el artículo anterior, por el orden establecido en el mismo.

915. Las sumas que los acreedores hipotecarios legales percibiesen de los
bienes muebles, realizados que sean, serán abonadas en cuenta de lo que hubieren
de percibir por la venta de inmuebles; y si hubiesen percibido el total de su crédito,
se tendrá por saldado y se pasará á pagar al que siga por orden de fechas.

916. Los acreedores percibirán sus créditos sin distinción de fechas, á prorrata
dentro de cada clase y con sujeción al orden señalado en los artículos 913 y 914.

Exceptúanse: 1.º Los acreedores hipotecarios, que cobrarán por el orden de
fechas de la inscripción de sus títulos; — 2.º Los acreedores escriturarios y por
títulos mercantiles intervenidos por agentes ó corredores, que cobrarán también por
el orden de fechas de sus títulos.

Quedan á salvo, no obstante las disposiciones anteriores, los privilegios establecidos en este Código sobre cosa determinada, en cuyo caso, si concurrieren varios
acreedores de la misma clase, se observará la regla general.

917. No se pasará á distribuir el producto de la venta entre los acreedores
de un grado, letra ó número de los fijados en los artículos 913 y 914, sin que queden completamente saldados los créditos del grado, letra ó número de los artículos
referidos, según su orden de prelación.

918. Los acreedores con prenda constituída por escritura pública ó en póliza
intervenida por agente ó corredor, no tendrán obligación de traer á la masa los
valores ú objetos que recibieron en prenda, á menos que la representación de la
quiebra los quisiere recobrar satisfaciendo íntegramente el crédito á que estuvieren
afectos.

---

hayan ofrecido dentro de los límites de la ley. — Por los parafernales que con la solemnidad anteriormente dicha hayan entregado á sus maridos. — Por cualesquiera otros bienes que las mujeres
hayan aportado al matrimonio y entregado á sus maridos con la misma solemnidad; — 2.º Los
hijos sobre los bienes de sus padres, por los que estos deban reservarles, según las leyes, y por
los de su peculio; — 3.º Los hijos del primer matrimonio, sobre los bienes de su padrastro, por
los que la madre haya administrado ó administre, ó por los que deba reservarles; — 4.º Los
menores ó incapacitados sobre los bienes de sus tutores ó curadores, por los que estos hayan
recibido de ellos, y por la responsabilidad en que incurrieren; — 5.º El Estado, las provincias
y los pueblos, sobre los bienes de los que contraten con ellos ó administren sus intereses, por las
responsabilidades que contrajeren con arreglo á derecho; sobre los bienes de los contribuyentes
por el importe de una anualidad vencida y no pagada de los impuestos que graviten sobre ellos;
— 6.º Los aseguradores, sobre los bienes de los asegurados, por los premios del seguro de dos años
y si fuere el seguro mutuo, por los dos últimos dividendos que se hubieren hecho. — Hay que
tener en cuenta que para que estas hipotecas legales puedan producir sus naturales efectos es
preciso que estén debidamente constituídas, mediante la consiguiente inscripción en el Registro
de la propiedad de los bienes sobre los que se constituyan (art. 159 de la L. Hip.); á excepción
de las del Estado, las provincias ó los pueblos sobre los bienes de los contribuyentes por el importe de una anualidad de los impuestos que graven los inmuebles, y las de los aseguradores
de bienes inmuebles por las primas de los dos últimos años, ó por los dos últimos dividendos
que no necesitan inscripción alguna (art. 218, 220 de la L. Hip.). — Por último, hay que advertir
que aun cuando del precepto legal parece deducirse que hay casos en los que el derecho común
establece preferencia ó prelación de los acreedores hipotecarios legales sobre los bienes muebles,
esto no es cierto, á no ser que se considere como tal el derecho que resulta á tenor del artículo 334
del Cód. c. por virtud del que se consideran como formando parte de los inmuebles los muebles
adheridos ó fijos de tal suerte á ellos que no puedan separarse de los mismos sin quebrantamiento
de la materia ó deterioro del objeto, y las estatuas, relieves, pinturas y demás objetos de or-
namentación en tal forma dispuestos que revelen el propósito de unirlos de un modo permanente
al fundo y demás casos que se enumeran en dicho artículo.

[1]) Los términos consisten en que sobre cada bien inmueble ha de pesar la hipoteca por
la cantidad determinada que conste en la inscripción, y el orden, el de la fecha de la inscripción; teniendo en cuenta la excepción de ciertas hipotecas legales de que se habla en la nota
anterior.

qui sont créanciers en vertu de titres ou de contrats commerciaux faits par le ministère d'un agent ou d'un courtier; — 5° Les créanciers ordinaires en vertu d'opérations commerciales; — 6° Les créanciers ordinaires en vertu du droit civil.

914. Les créanciers de la seconde section seront payés par préférence dans l'ordre suivant: 1° Les créanciers jouissant d'un droit réel dans les termes et dans l'ordre établi par la loi hypothécaire[1]; — 2° Les créanciers jouissant d'un privilège particulier et les autres créanciers énumérés dans l'article précédent, dans l'ordre établi par le dit article.

915. Les sommes touchées sur les biens meubles, après leur réalisation, par les créanciers qui possèdent une hypothèque légale, seront payées à valoir sur ce qu'ils devront toucher sur le produit de la vente des immeubles, et, s'ils ont touché l'intégralité de leur créance, elle sera tenue pour soldée et l'on passera au payement des créances suivantes par ordre de dates.

916. Les créanciers toucheront leurs créances sans distinction de dates, au prorata dans chaque classe et en observant l'ordre indiqué dans les articles 913 et 914.

Sont exceptés: 1° Les créanciers hypothécaires, lesquels seront payés d'après l'ordre des dates d'inscription de leurs titres; — 2° Les créanciers en vertu d'actes ou de titres commerciaux reçus par le ministère d'agents et de courtiers, lesquels seront payés également d'après l'ordre des dates de leurs titres.

Subsisteront, nonobstant les dispositions antérieures, les privilèges établis par le présent Code sur une chose déterminée, auquel cas, si plusieurs créanciers de même classe sont en concours, on observera la règle générale.

917. Le produit de la vente ne commencera à être distribué aux créanciers désignés, dans les articles 913 et 914, dans un rang, sous une lettre ou sous un numéro quelconque, qu'autant que les créanciers désignés dans les mêmes articles sous les numéros ou les lettres antérieures auront été complètement désintéressés.

918. Les créanciers nantis d'un gage, dont le gage a été constitué par écrit public ou par une police reçue par le ministère d'un agent ou d'un courtier, ne seront pas obligés de verser à la masse les valeurs ou les objets par eux reçus en gage, à moins que les représentants de la faillite ne demandent à les recouvrer en acquittant intégralement la créance à la sûreté de laquelle les dits objets sont affectés.

---

par le mari dans les limites de la loi. — Pour les paraphernaux qu'elles ont remis à leur mari dans les conditions d'authenticité ci-dessus prévues. — Pour tous autres biens apportés par la femme en mariage et remis au mari dans les mêmes conditions de solennité; — 2° Les enfants, sur les biens de leur père, pour leur réserve légale et pour leur pécule; — 3° Les enfants d'un premier mariage, sur les biens de leur beau père, pour les biens que leur mère a administrés ou administre, et pour leur réserve; — 4° Les mineurs ou incapables, sur les biens de leur tuteur ou curateur, pour les biens que ceux-ci ont reçus d'eux et pour la responsabilité qu'ils peuvent encourir; — 5° L'État, les provinces et les communes, sur les biens des personnes qui contractent avec eux ou administrent leurs intérêts, pour les responsabilités légales que ces personnes viennent à encourir; sur les biens des contribuables, pour le montant de l'annuité échue et non payée des impôts qu'ils doivent acquitter; — 6° Les assureurs, sur les biens des assurés, pour les primes de deux années, et, s'il s'agit d'une assurance mutuelle, pour les deux derniers dividendes. Observons que pour que ces hypothèques légales produisent leur effet, il faut qu'elles aient été dûment constituées, au moyen d'une inscription sur le registre de la propriété des biens grevés (art. 159 loi hypoth.). Exception est faite, toutefois, en ce qui concerne l'hypothèque de l'État, des provinces et des communes sur les biens des contribuables pour le montant d'une annuité des impôts dûs pour les immeubles, et l'hypothèque des assureurs des immeubles sur les primes des deux dernières années ou pour les deux derniers dividendes. Ces hypothèques n'ont pas besoin d'être inscrites (art. 218, 220 loi hypoth.). — Notons, enfin, que, bien qu'il semble résulter de la loi qu'il y a des cas où le droit commun établit un droit de préférence sur les meubles au profit des créanciers jouissant d'une hypothèque légale, cela n'est point certain, à moins que l'on ne considère comme tel le droit résultant de l'art. 334 C. civ. en vertu duquel sont réputés faire partie intégrante d'un immeuble les meubles qui y adhèrent ou y sont attachés de telle sorte qu'ils n'en peuvent être séparés sans être fracturés et détériorés, ainsi que les statues, sculptures ou peintures ou autres objets d'ornement placés de telle manière qu'il en résulte l'intention de les unir au fonds d'une manière permanente, et les autres cas prévus par le dit article.

[1] Par termes, on doit entendre que chaque immeuble est grevé de l'hypothèque jusqu'à concurrence de la somme déterminée dans l'inscription, et par ordre, la date de l'inscription, sauf pour certaines hypothèques légales dont il est parlé dans la note précédente.

Si la masa no hiciere uso de este derecho, los acreedores con prenda cotizable en Bolsa podrán venderla al vencimiento de la deuda, con arreglo á lo dispuesto en el art. 323 de este Código; y si las prendas fuesen de otra clase, podrán enajenarlas con intervención de corredor ó agente colegiado, si los hubiere, ó, en otro caso, en almoneda pública ante notario.

El sobrante que resultare después de extinguido el crédito, será entregado á la masa.

Si, por el contrario, aun resultase un saldo contra el quebrado, el acreedor será considerado como escriturario, en el lugar que le corresponda según la fecha del contrato.

919. Los acreedores hipotecarios, ya voluntarios, ya legales[1], cuyos créditos no quedasen cubiertos con la venta de los inmuebles que les estuviesen hipotecados, serán considerados, en cuanto al resto, como acreedores escriturarios, concurriendo con los demás de este grado, según la fecha de sus títulos.

Sección sexta.   De la rehabilitación del quebrado.

920. Los quebrados fraudulentos no podrán ser rehabilitados.

921. Los quebrados no comprendidos en el artículo anterior podrán obtener su rehabilitación justificando el cumplimiento íntegro del convenio aprobado que hubiesen hecho con sus acreedores.

Si no hubiere mediado convenio, estarán obligados á probar que, con el haber de la quiebra, ó mediante entregas posteriores, quedaron satisfechas todas las obligaciones reconocidas en el procedimiento de la quiebra.

922. Con la habilitación del quebrado cesarán todas las interdicciones legales que produce la declaración de quiebra.

Sección séptima.   Disposiciones generales relativas á la quiebra de las sociedades mercantiles en general.

923. La quiebra de una sociedad en nombre colectivo ó en comandita lleva consigo la de los socios que tengan en ella responsabilidad solidaria, conforme á los artículos 127 y 148 de este Código, y producirá, respecto de todos los dichos socios, los efectos inherentes á la declaración de la quiebra, pero manteniéndose siempre separadas las liquidaciones respectivas.

924. La quiebra de uno ó más socios no produce por sí sola la de la sociedad.

925. Si los socios comanditarios ó de compañías anónimas no hubieren entregado al tiempo de la declaración de la quiebra el total de las cantidades que se obligaron á poner en la sociedad, el administrador ó administradores de la quiebra tendrán derecho para reclamarles los dividendos pasivos que sean necesarios dentro del límite de su respectiva responsabilidad.

926. Los socios comanditarios, los de sociedades anónimas y los de cuentas en participación que á la vez sean acreedores de la quiebra, no figurarán en el pasivo de la misma más que por la diferencia que resulte á su favor después de cubiertas las cantidades que estuvieren obligados á poner en el concepto de tales socios.

927. En las sociedades colectivas, los acreedores particulares de los socios cuyos créditos fueren anteriores á la constitución de la sociedad, concurrirán con los acreedores de ésta, colocándose en el lugar y grado que les corresponda, según la naturaleza de sus respectivos créditos, conforme á lo dispuesto en los artículos 913, 914 y 915 de este Código.

Los acreedores posteriores sólo tendrán derecho á cobrar sus créditos del remanente, si lo hubiere, después de satisfechas las deudas sociales, salva siempre la preferencia otorgada por las Leyes á los créditos privilegiados y á los hipotecarios.

928. El convenio, en la quiebra de sociedades anónimas que no se hallan en liquidación, podrá tener por objeto la continuación ó el traspaso de la empresa con las condiciones que se fijen en el mismo convenio.

---

[1] Véase la nota 4, pág. 227.

Si la masse n'use pas de ce droit, les créanciers nantis, à titre de gage, de valeurs cotées à la Bourse, pourront les vendre à l'échéance de la dette, conformément à la disposition contenue dans l'article 323 du présent Code, et, si les choses données en gage appartiennent à une autre classe, ils pourront les aliéner avec l'intervention d'un courtier ou d'un agent inscrit, s'il en existe, et, dans le cas contraire, aux enchères publiques devant notaire.

L'excédant du produit de la vente, après payement de la créance, sera versé à la masse.

Si, au contraire, il reste un solde contre le failli, le créancier sera considéré comme créancier possédant un titre écrit, et il prendra le rang qui lui appartient en cette qualité, d'après la date du contrat.

919. Les créanciers hypothécaires, que les hypothèques soient volontaires ou légales[1], dont les créances ne sont pas couvertes par la vente des immeubles hypothéqués à leur profit, seront considérés, pour le surplus, comme des créanciers en vertu d'un acte écrit, et ils concourront avec les autres créanciers de cette classe suivant la date de leurs titres.

Section VI. De la réhabilitation du failli.

920. Les faillis frauduleux ne pourront pas être réhabilités.

921. Les faillis qui ne sont pas compris dans l'article précédent, pourront obtenir leur réhabilitation en justifiant de l'exécution intégrale du concordat approuvé qu'ils ont fait avec leurs créanciers.

S'il n'y a pas eu duconcordat, ils seront obligés de prouver qu'au moyen de l'actif de la faillite ou de versements ultérieurs, ils ont entièrement acquitté toutes les obligations vérifiées dans la procédure de la faillite.

922. Avec la réhabilitation du failli cesseront toutes les interdictions légales produites par la déclaration de faillite.

Section VII. Dispositions générales concernant la faillite des sociétés commerciales.

923. La faillite d'une société en nom collectif ou en commandite entraîne avec elle la faillite des associés qui sont solidairement responsables de la gestion des dites sociétés, conformément aux articles 127 et 148 du présent Code, et elle produira, à l'égard des dits associés, les effets inhérents à la déclaration de faillite, mais en maintenant toujours séparées les liquidations respectives.

924. La faillite d'un ou de plusieurs associés ne produit pas la faillite de la société.

925. Si les associés commanditaires ou les associés d'une société anonyme n'ont pas versé, à l'époque de la déclaration de faillite, l'intégralité des sommes dont ils sont tenus de faire apport à la société, l'administrateur ou les administrateurs de la faillite auront le droit de leur réclamer le versement des dividendes qui seront nécessaires dans la limite de leur responsabilité respective.

926. Les associés commanditaires, ainsi que les associés des sociétés anonymes et ceux d'un compte en participation qui seront en même temps créanciers de la faillite, ne figureront au passif de la dite faillite que pour la différence existant à leur profit après payement des sommes qu'ils sont obligés de verser à titre d'associés.

927. Dans les sociétés en nom collectif, les créanciers particuliers des associés, dont les créances seront antérieures à la constitution de la société, concourront avec les créanciers de la société, et ils seront colloqués au rang et au degré qui leur appartient d'après la nature de leurs créances respectives, conformément aux dispositions des articles 913, 914 et 915 du présent Code.

Les créanciers postérieurs auront seulement le droit d'être payés sur l'excédant, s'il en existe un après que les dettes sociales auront été acquittées, sauf toujours la préférence attribuée par les lois aux créances privilégiées et aux créances hypothécaires.

928. Le concordat, dans la faillite de sociétés anonymes qui ne se trouvent pas en liquidation, pourra avoir pour objet la continuation ou la cession de l'entreprise sous les conditions fixées dans ce concordat.

---

[1] V. p. 227, note 4.

929. Las compañías estarán representadas durante la quiebra según hubieren previsto para este caso los estatutos, y en su defecto, por el Consejo de administración; y podrán en cualquier estado de la misma presentar á los acreedores las proposiciones de convenio que estimen oportunas, las cuales deberán resolverse con arreglo á lo que se dispone en la sección siguiente.

Sección octava. De la suspensión de pagos y de las quiebras de las compañías y empresas de ferrocarriles y demás obras públicas.

930. Las compañías y empresas de ferrocarriles y demás obras de servicio público general, provincial ó municipal, que se hallaren en la imposibilidad de saldar sus obligaciones, podrán presentarse al juez ó tribunal en estado de suspensión de pagos.

También podrá hacerse la declaración de suspensión de pagos á instancia de uno ó más acreedores legítimos, entendiéndose por tales, para los efectos de este artículo, los comprendidos en el 876.

931. Por ninguna acción judicial ni administrativa podrá interrumpirse el servicio de explotación de los ferrocarriles ni de ninguna otra obra pública.

932. La compañía ó empresa que se presentare en estado de suspensión de pagos, solicitando convenio con sus acreedores, deberá acompañar á su solicitud el balance de su activo y pasivo.

Para los efectos relativos al covenio, se dividirán los acreedores en tres grupos: el primero comprenderá los créditos de trabajo personal y los procedentes de expropiaciones, obras y material; el segundo, los de las obligaciones hipotecarias emitidas por el capital que las mismas representen, y por los cupones y amortización vencidos y no pagados, computándose los cupones y amortización por su valor total, y las obligaciones según el tipo de emisión, dividiéndose este grupo en tantas secciones cuantas hubieren sido las emisiones de obligaciones hipotecarias; y el tercero, todos los demás créditos, cualquiera que sea su naturaleza y orden de prelación entre sí y con relación á los grupos anteriores.

933. Si la compañía ó empresa no presentare el balance en la forma determinada en el artículo anterior, ó la declaración de suspensión de pagos hubiese sido solicitada por acreedores que justifiquen las condiciones exigidas en el párrafo segundo del art. 930, el juez ó tribunal mandará que se forme el balance en el término de quince días, pasados los cuales sin presentarlo, se hará de oficio en igual término y á costa de la compañía ó empresa deudora.

934. La declaración de suspensión de pagos hecha por el juez ó tribunal producirá los efectos siguientes: 1.º Suspenderá los procedimientos ejecutivos y de apremio; — 2.º Obligará á las compañías y empresas á consignar en la Caja de Depósitos ó en los Bancos autorizados al efecto los sobrantes, cubiertos que sean los gastos de administración, explotación y construcción; — 3.º Impondrá á las compañías y empresas el deber de presentar al juez ó tribunal, dentro del término de cuatro meses, una proposición de convenio para el pago de los acreedores, aprobada previamente en junta ordinaria ó extraordinaria por los accionistas, si la compañía ó empresa deudora estuviere constituida por acciones.

935. El convenio quedará aprobado por los acreedores si le aceptan los que representen tres quintas partes de cada uno de los grupos ó secciones señalados en el art. 932.

Se entenderá igualmente aprobado por los acreedores, si, no habiendo concurrido, dentro del primer plazo señalado al efecto, número bastante para formar la mayoría de que antes se trata, lo aceptaren en una segunda convocatoria acreedores que representaren los dos quintos del total de cada uno de los dos primeros grupos y de sus secciones, siempre que no hubiese oposición que exceda de otros dos quintos de cualquiera de dichos grupos ó secciones, ó del total pasivo.

936. Dentro de los quince días siguientes á la publicación del cómputo de los votos, si éste hubiere sido favorable al convenio, los acreedores disidentes y los que no hubieren concurrido podrán hacer oposición al convenio por defectos en la

929. Les sociétés seront représentées durant la faillite d'après ce qui aura été prévu pour ce cas dans les statuts, et, à défaut de dispositions sur ce point dans les dits statuts, par le conseil d'administration; elles pourront en tout état de la faillite soumettre aux créanciers les propositions de concordat qu'elles jugeront convenables, et il devra être statué sur ces propositions conformément aux dispositions contenues dans la section suivante.

Section VIII. De la suspension des payements des compagnies de chemins de fer et d'autres travaux publics.

930. Les compagnies et entreprises de chemins de fer et d'autres travaux de service public général, provincial, ou municipal, qui se trouveront dans l'impossibilité de solder leurs obligations, pourront se présenter devant le juge ou le tribunal en état de suspension de payements.

La déclaration de faillite pourra aussi être prononcée sur la poursuite d'un ou de plusieurs créanciers légitimes, en considérant comme tels, pour les effets du présent article, les créanciers compris dans l'article 876.

931. Aucune action judiciaire ni administrative ne pourra interrompre l'exploitation des chemins de fer ni d'un autre travail public quelconque.

932. La compagnie ou l'entreprise qui se présentera en état de cessation de payements, en demandant un concordat avec ses créanciers, devra joindre à sa requête le bilan de son actif et de son passif.

Pour les effets relatifs au concordat, les créanciers seront divisés en trois groupes: Le premier comprendra les créances résultant d'un travail personnel et celles provenant des expropriations, et des fournitures de travaux et de matériel. Le second, les créances des obligations hypothécaires émises, lesquelles figureront pour le capital que les dites obligations représentent et pour les coupons et l'amortissement échus et non payés, en comptant les coupons et l'amortissement pour leur valeur totale, et les obligations d'après leur type d'émission. Ce second groupe sera divisé en autant de sections qu'il y aura eu d'émissions d'obligations hypothécaires. Enfin le troisième groupe comprendra toutes les autres créances, quels que soient leur nature et l'ordre dans lequel elles doivent être payées par préférence soit entre elles, soit par rapport aux groupes précédents.

933. Si la compagnie ou l'entreprise ne présente pas son bilan dans la forme déterminée par l'article précédent, ou si la déclaration de suspension de payements a été sollicitée par des créanciers remplissant les conditions exigées dans le second paragraphe de l'article 930, le juge ou le tribunal ordonnera de dresser le bilan dans le délai de quinze jours, et, ce délai expiré sans que le bilan soit présenté, le dit bilan sera fait d'office dans le même délai, aux frais de la compagnie ou de l'entreprise débitrice.

934. La déclaration de suspension de payements faite par le tribunal produira les effets suivants: 1° Elle suspendra les procédures exécutives et de contrainte; — 2° Elle obligera les compagnies et entreprises à déposer à la caisse des dépôts ou dans les banques autorisées à cet effet les fonds leur restant, après payement des frais d'administration, d'exploitation et de construction; — 3° Elle imposera aux compagnies et entreprises le devoir de présenter au juge ou au tribunal, dans le délai de quatre mois, un projet de concordat pour le payement des créanciers, lequel sera préalablement approuvé en assemblée ordinaire ou extraordinaire par les actionnaires, si la compagnie ou l'entreprise est constituée par actions.

935. Le concordat sera approuvé par les créanciers, s'il est accepté par ceux qui représentent les trois cinquièmes de chacun des groupes ou de chacune des sections indiquées dans l'article 932.

Il sera également considéré comme approuvé par les créanciers, bien qu'il ne se soit pas rencontré, dans le premier délai indiqué, un nombre suffisant pour former la majorité dont il est parlé ci-dessus, s'il est accepté, après une seconde convocation, par ceux qui représentent les deux cinquièmes du total des créanciers de chacun des deux premiers groupes et de leurs sections, pourvu qu'il n'y ait pas d'opposition de la part de créanciers composant plus de deux autres cinquièmes de chacun des dits groupes ou de chacune des dites sections, ou de la totalité du passif.

936. Dans les cinq jours qui suivent la publication du comput des votes, si le résultat a été favorable au concordat, les créanciers dissidents et ceux qui n'auront pas pris part à la délibération pourront faire opposition au concordat en

convocación de los acreedores y en las adhesiones de éstos, ó por cualquiera de las causas determinadas en los números 2.° al 5.° del art. 903.

937. Aprobado el convenio sin oposición, ó desestimada ésta por sentencia firme, será obligatorio para la compañía ó empresa deudora y para todos los acreedores cuyos créditos daten de época anterior á la suspensión de pagos, si hubieren sido citados en forma legal, ó si, habiéndoseles notificado el convenio, no hubieren reclamado contra él en los términos prevenidos en la Ley de Enjuiciamiento Civil.

938. Procederá la declaración de quiebra de las compañías ó empresas, cuando ellas lo solicitaren, ó á instancia de acreedor legítimo, siempre que en este caso se justificare alguna de las condiciones siguientes: 1.ª Si transcurrieren cuatro meses desde la declaración de suspensión de pagos sin presentar al juez ó tribunal la proposición de convenio; — 2.ª Si el convenio fuere desaprobado por sentencia firme, ó no se reuniesen suficientes adhesiones para su aprobación en los dos plazos á que se refiere el art. 935; — 3.ª Si, aprobado el convenio, no se cumpliere por la compañía ó empresa deudora, siempre que en este caso lo soliciten acreedores que representen al menos la vigésima parte del pasivo.

939. Hecha la declaración de quiebra, si subsistiere la concesión, se pondrá en conocimiento del Gobierno ó de la corporación que la hubiere otorgado, y se constituirá un Consejo de incautación, compuesto de un presidente nombrado por dicha autoridad; dos vocales designados por la compañía ó empresa; uno por cada grupo ó sección de acreedores, y tres á pluralidad de todos éstos.

940. El Consejo de incautación organizará provisionalmente el servicio de la obra pública; la administrará y explotará, estando además obligado: 1.° Á consignar con carácter de depósito necesario los productos en la Caja general de Depósitos, después de deducidos y pagados los gastos de administración y explotación; — 2.° Á entregar en la misma Caja, y en el concepto también de depósito necesario, las existencias en metálico ó valores que tuviera la compañía ó empresa al tiempo de la incautación; — 3.° Á exhibir los libros y papeles pertenecientes á la compañía ó empresa, cuando proceda y lo decrete el juez ó tribunal.

941. En la graduación y pago de los acreedores, se observará lo dispuesto en la sección quinta de este título.

Título II. De las prescripciones.

942. Los términos fijados en este Código para el ejercicio de las acciones procedentes de los contratos mercantiles, serán fatales, sin que contra ellos se dé restitución.

943. Las acciones que en virtud de este Código no tengan un plazo determinado para deducirse en juicio, se regirán por las disposiciones del derecho común[1].

944. La prescripción se interrumpirá por la demanda ú otro cualquier género de interpelación judicial hecha al deudor; por el reconocimiento de las obligaciones, ó por la renovación del documento en que se funde el derecho del acreedor.

Se considerará la prescripción como no interrumpida por la interpelación judicial, si el actor desistiese de ella, ó caducara la instancia, ó fuese desestimada su demanda.

Empezará á contarse nuevamente el término de la prescripción en caso de reconocimiento de las obligaciones, desde el día en que se haga; en el de su renovación, desde la fecha del nuevo título; y si en él se hubiere prorrogado el plazo del cumplimiento de la obligación, desde que éste hubiere vencido.

---

[1]) Estas acciones procedentes de contratos mercantiles, que son las á que se refiere este artículo, pueden ser hipotecarias, reales sobre cosas muebles, ó personales. Las hipotecarias prescriben á los 20 años; las reales sobre cosas muebles á los 6 años de perdida la posesión, salvo que el poseedor haya ganado el dominio por menor tiempo y excepto los casos de extravío y venta pública y los de hurto y robo que se rigen por lo especialmente prevenido en el artículo 1955 del Cód. c.; y las personales que no tengan señalado término especial de prescripción, á los 15 años (arts. 1962 y 1964 del Cód. c.).

se fondant sur les omissions commises dans la convocation des créanciers et dans les adhésions des dits créanciers, ou pour l'une quelconque des causes déterminées dans les numéros 2 et 5 de l'article 903.

937. Le concordat, lorsqu'il a été approuvé sans opposition, ou que l'opposition a été repoussée par une sentence définitive, sera obligatoire pour la compagnie ou l'entreprise débitrice et pour tous les créanciers dont les créances datent d'une époque antérieure à la suspension des payements, s'ils ont été cités en la forme légale, ou si, après avoir reçu notification du concordat, ils ne se sont pas pourvus contre lui dans les délais prévus par la loi d'*Enjuiciamiento civil.*

938. Il sera procédé à la déclaration de faillite des compagnies ou entreprises, soit sur la demande des dites compagnies, soit sur la poursuite d'un créancier légitime, toutes les fois que, dans ce dernier cas, il est justifié de l'existence de l'une des conditions suivantes: 1° S'il s'est écoulé quatre mois depuis la suspension de payements sans que le projet de concordat ait été présenté au juge ou au tribunal; — 2° Si le concordat a été rejeté par une sentence définitive, ou s'il n'a pas réuni les adhésions suffisantes pour être approuvé dans les deux délais auxquels se réfère l'article 935; — 3° Si le concordat, après avoir été approuvé, n'a pas été exécuté par la compagnie, toutes les fois que, dans ce cas, la demande est présentée par des créanciers représentant au moins la vingtième partie du passif.

939. La déclaration de faillite, lorsqu'elle aura été prononcée, sera, si la concession subsiste, portée à la connaissance du gouvernement ou de la corporation de qui émane la concession, et il sera composé un conseil de surveillance comprenant: un président nommé par la dite autorité, deux membres désignés par la compagnie ou l'entreprise, un membre désigné par chacun des groupes ou chacune des sections de créanciers, et trois choisis à la majorité relative de tous les créanciers.

940. Le conseil de surveillance organisera provisoirement le service du travail public, il l'administrera et l'exploitera, et il sera en outre obligé: 1° De consigner, avec le caractère de dépôt nécessaire, les produits à la caisse générale des dépôts, après déduction et payement des frais d'administration et d'exploitation; — 2° De verser à la même caisse, également à titre de dépôt nécessaire, l'encaisse en argent comptant ou valeurs que possédera la compagnie ou l'entreprise au moment de l'établissement du dit conseil; — 3° De produire les livres et les papiers appartenant à la compagnie ou à l'entreprise, lorsqu'il y a lieu et que le juge ou le tribunal l'ordonnera.

941. En ce qui concerne le rang et le payement des créanciers, on observera les dispositions contenues dans la cinquième section du présent titre.

Titre II. Des prescriptions.

942. Tout délai fixé par le présent Code pour l'exercice des actions procédant des contrats commerciaux sera fatal, et il ne sera pas possible d'obtenir d'être restitué contre la déchéance résultant de l'expiration du dit délai.

943. Les actions pour l'exercice desquelles le présent Code ne fixera pas un délai déterminé seront régies par les dispositions du droit commun[1].

944. La prescription sera interrompue par la demande ou par toute autre espèce quelconque de sommation judiciaire adressée au débiteur, par la reconnaissance des obligations, ou par le renouvellement du document sur lequel se fonde le droit du créancier.

La prescription ne sera pas considérée comme interrompue par la sommation judiciaire, si le demandeur se désiste de sa demande, ou si l'instance est périmée, ou si la demande a été rejetée.

On commencera à compter de nouveau le délai de la prescription, en cas de reconnaissance des obligations, à dater du jour de la dite reconnaissance, et, en cas de renouvellement de l'obligation, à partir de la date du nouveau titre, et, si ce nouveau titre contient prorogation du délai imparti pour l'exécution de l'obligation, à dater du jour de l'échéance.

---

[1] Ces actions, procédant de contrats commerciaux, auxquelles se réfère notre article, peuvent être hypothécaires, réelles sur des meubles, ou personnelles. Les actions hypothécaires se prescrivent par 20 ans; les actions réelles sur des meubles, par 6 ans à dater de la perte de la possession, sauf si le possesseur a acquis la propriété par un moindre temps et à l'exception des cas où la chose vient à être perdue ou volée, dans lesquels il y a lieu d'appliquer l'art. 1955 C. civ. Enfin les actions personnelles pour lesquelles il n'a pas été établi un délai spécial, se prescrivent par 15 ans (art. 1962 et 1964 C. civ.).

945. La responsabilidad de los agentes de Bolsa, corredores de comercio ó intérpretes de buques, en las obligaciones que intervengan por razón de su oficio, prescribirá á los tres años.

946. La acción real contra la fianza de los agentes mediadores sólo durará seis meses, contados desde la fecha del recibo de los efectos públicos, valores de comercio ó fondos que se les hubieren entregado para las negociaciones, salvo los casos de interrupción ó suspensión expresados en el art. 944.

947. Las acciones que asisten al socio contra la sociedad, ó viceversa, prescribirán por tres años, contados, según los casos, desde la separación del socio, su exclusion ó disolución de la sociedad.

Será necesario, para que este plazo corra, inscribir en el Registro Mercantil la separación del socio, su exclusión, ó la disolución de la sociedad.

Prescribirá asimismo por cinco años, contados desde el día señalado para comenzar su cobro, el derecho á percibir los dividendos ó pagos que se acuerden por razón de utilidades ó capital sobre la parte ó acciones que á cada socio corresponda en el haber social.

948. La prescripción en provecho de un asociado que se separó de la sociedad ó que fué excluído de ella, constando en la forma determinada en el artículo anterior, no se interrumpirá por los procedimientos judiciales seguidos contra la sociedad ó contra otro socio.

La prescripción en provecho del socio que formaba parte de la sociedad en el momento de su disolución, no se interrumpirá por los procedimientos judiciales seguidos contra otro socio, pero sí por los seguidos contra los liquidadores.

949. La acción contra los socios gerentes y administradores de las compañías ó sociedades terminará á los cuatro años, á contar desde que por cualquier motivo cesaren en el ejercicio de la administración.

950. Las acciones procedentes de letras de cambio se extinguirán á los tres años de su vencimiento, háyanse ó no protestado.

Igual regla se aplicará á las libranzas y pagarés de comercio, cheques, talones y demás documentos de giro ó cambio, y á los dividendos, cupones é importe de amortización de obligaciones emitidas conforme á este Código.

951. Las acciones relativas al cobro de portes, fletes, gastos á ellos inherentes y de la contribución de averías comunes, prescribirán á los seis meses de entregar los efectos que los adeudaron.

El derecho al cobro del pasaje prescribirá en igual término, á contar desde el día en que el viajero llegó á su destino, ó del en que debía pagarlo.

952. Prescribirán al año: 1.º Las acciones nacidas de servicios, obras, provisiones y suministros de efectos ó dinero para construir, reparar, pertrechar ó avituallar los buques ó mantener la tripulación, á contar desde la entrega de los efectos y dinero ó de los plazos estipulados para su pago, y desde la prestación de los servicios ó trabajos, si éstos no estuvieren contratados por tiempo ó viaje determinado. Si lo estuviesen, el tiempo de la prescripción comenzará á contarse desde el término del viaje ó del contrato que les fuere referente; y si hubiere interrupción en éstos, desde la cesación definitiva del servicio; — 2.º Las acciones sobre entrega del cargamento en los transportes terrestres ó marítimos, ó sobre indemnización por sus retrasos y daños sufridos en los objetos transportados, contado el plazo de la prescripción desde el día de la entrega del cargamento en el lugar de su destino, ó del en que debía verificarse según las condiciones de su transporte. Las acciones por daños ó faltas no podrán ser ejercitadas si al tiempo de la entrega de las respectivas expediciones, ó dentro de las veinticuatro horas siguientes, cuando se trate de daños que no aparaciesen al exterior de los bultos recibidos, no se hubiesen formalizado las correspondientes protestas ó reservas; — 3.º Las acciones por gastos de la venta judicial de los buques, cargamentos ó efectos transportados por mar ó tierra, así como las de su custodia, depósito y conservación, y los derechos de navegación y de puerto, pilotaje, socorros, auxilios y salvamentos, contándose el plazo desde que los gastos se hubieren hecho y prestado los auxilios, ó desde la terminación del expediente, si se hubiere formalizado sobre el caso.

953. Las acciones para reclamar indemnización por los abordajes prescribirán á los dos años del siniestro.

945. La responsabilité des agents de bourse, des courtiers de commerce ou des courtiers interprètes de navires, en ce qui concerne les obligations auxquelles ils prennent part à raison de leurs fonctions, se prescrira par trois années.

946. L'action réelle sur la caution des agents intermédiaires durera seulement six mois, à compter de la date du récépissé des effets publics, valeurs ou fonds qui leur auront été remis pour les négociations, sauf les cas d'interruption ou de suspension indiqués dans l'article 944.

947. Les actions appartenant à l'associé contre la société, ou vice versâ, seront prescrites par trois années à compter, suivant les cas, du moment où l'associé s'est retiré de la société, de l'exclusion du dit associé, ou de la dissolution de la société.

Il sera nécessaire, pour faire courir ce délai, d'inscrire sur le registre du commerce la séparation de l'associé, ou son exclusion, ou la dissolution de la société.

Se prescrira également par cinq années, à compter du jour indiqué pour commencer leur recouvrement, le droit de percevoir les dividendes ou les payements accordés à titre de bénéfices ou capital sur la part ou les actions qui appartiennent à chaque associé dans l'avoir social.

948. La prescription au profit d'un associé qui a quitté la société ou qui en a été exclu, lorsqu'elle est établie conformément à ce qui est déterminé dans l'article précédent, ne sera pas interrompue par les procédures judiciaires suivies contre la société ou contre un autre associé.

La prescription au profit de l'associé qui faisait partie de la société au moment de sa dissolution, ne sera pas interrompue par les procédures suivies contre un autre associé, mais elle le sera par les procédures suivies contre les liquidateurs.

949. L'action contre les associés gérants et administrateurs des compagnies ou sociétés sera éteinte après quatre ans, à compter du jour où, pour un motif quelconque, les dits associés auront cessé d'exercer leurs fonctions administratives.

950. Les actions résultant de lettres de change seront éteintes trois années après l'échéance, qu'il y ait eu, ou non, protêt.

La même règle sera appliquée aux effets et billets de commerce et aux autres documents de tirage ou de change, ainsi qu'aux dividendes, coupons et au montant de l'amortissement des obligations émises conformément au présent Code.

951. Les actions relatives au recouvrement des frais de transport, du fret et des autres dépenses à eux inhérentes et à la contribution aux avaries communes, seront prescrites par six mois à dater de la remise des effets à raison desquels les dits frais seront dus.

Le droit de recouvrer le prix du transport des passagers sera prescrit par le même délai, à compter du jour où le voyageur est arrivé à destination, ou de celui où le payement du passage devait être effectué.

952. Seront prescrites par un an: 1° Les actions nées de services, travaux, provisions et fournitures d'effets ou d'argent comptant pour construire, réparer, armer, ou avitailler les navires, ou pourvoir à l'entretien de l'équipage, à compter de la remise des effets et de l'argent ou des délais stipulés pour leur payement, et de la prestation des services ou travaux, si ceux-ci n'ont pas été contractés pour un temps ou un voyage déterminés. Dans le cas contraire, le temps de la prescription commencera à courir de la fin du voyage ou de l'exécution du contrat auxquels ils se réfèrent et, s'il y a eu interruption d'iceux, de la cessation définitive du service; — 2° Les actions en remise du chargement dans les transports par terre ou par mer, ou en réparation des retards ou dommages éprouvés par les objets transportés, à compter du jour de la remise de la cargaison dans le lieu de sa destination, ou de celui où la dite livraison devait être effectuée d'après les conditions du transport. Les actions en réparation des dommages ou fautes ne pourront pas être exercées lorsqu'il n'aura pas été fait les protestations ou réserves motivées par les dits dommages au moment de la livraison des expéditions respectives, ou dans les vingt-quatre heures suivantes, s'il s'agit de dommages ne se manifestant pas à l'extérieur des colis reçus; — 3° Les actions en payement des frais de vente judiciaire des navires, chargements ou effets transportés par mer ou par terre, ainsi que des frais de garde, dépôt et conservation, et des droits de navigation et de port, pilotage, secours, aide et sauvetage, à compter du jour où les dits frais auront été faits ou les dits secours fournis, ou de celui de la clôture de la procédure, s'il y a eu poursuite régulière engagée.

953. Les actions en indemnité à raison d'abordages se prescriront par deux ans à compter du sinistre.

Estas acciones no serán admisibles si no se hubiere hecho la correspondiente protesta por el capitán del buque perjudicado, ó quien le sustituyere en sus funciones, en el primer puerto donde arribaron, conforme á los casos 8.° y 15 del art. 612, cuando éstos ocurrieren.

954. Prescribirán por tres años, contados desde el término de los respectivos contratos ó desde el fecha del siniestro que diere lugar á ellas, las acciones nacidas de los préstamos á la gruesa ó de los seguros marítimos.

Título III.   Disposición general.

955. En los casos de guerra, epidemia oficialmente declarada ó revolución, el Gobierno podrá, acordándolo en Consejo de Ministros y dando cuenta á las Cortes, suspender la acción de los plazos señalados por este Código para los efectos de las operaciones mercantiles, determinando los puntos ó plazas donde estime conveniente la suspensión, cuando ésta no haya de ser general en todo el Reino.

Prescripciones Complementarias del Código Civil.[1]

Libro cuarto.   De las obligaciones y contratos.[2]

Título primero.   De las obligaciones.

Capítulo primero.   Disposiciones generales.

Art. **1088.**   Toda obligación consiste en dar, hacer ó no hacer alguna cosa.

1089. Las obligaciones nacen de la ley, de los contratos y cuasi contratos, y de los actos y omisiones ilícitos ó en que intervenga cualquier género de culpa ó negligencia.

1090. Las obligaciones derivadas de la ley no se presumen. Sólo son exigibles las expresamente determinadas en este Código ó en leyes especiales, y se regirán por los preceptos de la ley que las hubiere establecido; y, en lo que ésta no hubiere previsto, por las disposiciones del presente libro.

1091. Las obligaciones que nacen de los contratos tienen fuerza de ley entre las partes contratantes, y deben cumplirse al tenor de los mismos.

1092. Las obligaciones civiles que nazcan de los delitos ó faltas se regirán por las disposiciones del Código penal.

1093. Las que se deriven de actos ú omisiones en que intervenga culpa ó negligencia no penadas por la ley, quedarán sometidas á las disposiciones del capítulo 2.° del título 16 de este libro[3].

Capítulo II.   De la naturaleza y efecto de las obligaciones.

1094. El obligado á dar alguna cosa lo está también á conservarla con la diligencia propia de un buen padre de familia.

1095. El acreedor tiene derecho á los frutos de la cosa desde que nace la obligación de entregarla. Sin embargo, no adquirirá derecho real sobre ella hasta que le haya sido entregada.

---

[1]) Por la Ley de bases de 11 de mayo de 1888 se autorizó al Gobierno para publicar un Código civil, con arreglo á las en dicha Ley establecidas; y el Gobierno por Real Decreto de 6 de octubre del mismo año lo publicó para empezar á regir en 1.° de enero de 1889. Y habiéndose advertido despues algunos errores y contradicciones en su texto, por virtud de la Ley de 26 de mayo de 1889, se autorizó al Gobierno para su corrección y enmienda; publicándose á consecuencia de esto, una nueva edición corregida y enmendada por Real Decreto de 24 de junio del mismo año, cuyo texto es el que está en vigor desde entonces, sin otra alteración que la variante introducida en los artículos 688 y 732 referente al testamento ológrafo.

[2]) Esta parte general de las obligaciones y contratos que comprende los dos primeros Títulos del Libro cuarto del Código Civil y el Capítulo II del Título XVI del propio Libro pueden conceptuarse como leyes mercantiles ya que su aplicación á las cuestiones de esta índole está reconocida en el art. 50 del Código de Comercio.

[3]) Este capítulo se inserta á continuación del Título segundo de este Libro.

Les dites actions ne seront pas recevables s'il n'a pas été fait une protestation à raison de l'abordage par le capitaine du navire qui a éprouvé le préjudice, ou par celui qui le remplace, dans le premier port de relâche, conformément aux numéros 8 et 15 de l'article 612, quand il y a lieu.

954. Seront prescrites par trois années, à compter de la fin du contrat ou de la date du sinistre qui leur a donné naissance, les actions provenant des prêts à la grosse ou des assurances maritimes.

Titre III. Disposition générale.

955. En cas de guerre, d'épidémie ou de révolution, le Gouvernement, par décision prise en conseil des ministres, et dont il rendra compte aux Cortès, pourra suspendre l'action des délais indiqués dans le présent Code pour l'exécution des opérations commerciales, en déterminant les points ou les places où il juge cette suspension convenable, lorsqu'il ne la prononce pas d'une manière générale pour tout le royaume.

Prescriptions complémentaires du Code Civil.[1]

Livre quatrième. Des Obligations et des Contrats.[2]

Titre premier. Des obligations.

Chapitre premier. Dispositions générales.

Art. **1088.** Toute obligation consiste à donner, faire ou ne pas faire une certaine chose.

1089. Les obligations naissent de la loi, des contrats et quasi contrats, ainsi que des actes et des omissions illicites ou dans lesquels intervient un genre quelconque de faute ou de négligence.

1090. Les obligations dérivées de la loi ne se présument pas. Sont seules exigibles celles qui sont déterminées dans le présent Code ou dans les lois spéciales, et elles seront régies par les prescriptions de la loi qui les aura établies; et, pour ce qui n'aura pas été prévu par cette loi, par les dispositions du présent livre.

1091. Les obligations qui naissent des contrats ont force de loi entre les parties contractantes, et elles doivent être remplies suivant la teneur des dits contrats.

1092. Les obligations civiles qui naissent des délits ou des fautes seront régies par les dispositions du Code pénal.

1093. Celles qui dérivent d'actes ou d'omissions dans lesquels intervient une faute ou une négligence non punies par la loi, resteront soumises aux dispositions du chapitre II du titre XVI du présent livre[3].

Chapitre II. De la nature et de l'effet des obligations.

1094. La personne obligée à donner une certaine chose est aussi tenue d'apporter à la conservation de cette chose la diligence d'un bon père de famille.

1095. Le créancier a droit aux fruits de la chose dès le moment où naît l'obligation de la livrer. Cependant il n'acquerra pas un droit réel sur cette chose tant qu'elle ne lui aura pas été livrée.

---

[1] La Loi des bases, du 11 mai 1888, a autorisé le Gouvernement à publier un Code civil en se conformant aux bases qu'elle établissait; ce code a été publié par décret royal du 6 octobre de la même année, pour entrer en vigueur le 1er janvier 1889. Comme on a remarqué que son texte contenait certaines erreurs et contradictions, une Loi du 26 mai 1889 a autorisé le Gouvernement à le corriger et à l'amender. Une nouvelle édition corrigée et amendée a donc été publiée à la suite de cette dernière loi, et elle est demeurée en vigueur, depuis lors, sans autre modification que la variante introduite dans les articles 688 et 732 relatifs au testament olographe.

[2] Cette partie générale des obligations et contrats qui comprend les deux premiers titres du Livre IV du Code civil et le chapitre II, du Titre XVI, peut être considérée comme constituant une loi commerciale, parce que l'art. 50 Code Com., prévoit leur application aux matières commerciales.

[3] Nous publions ce chapitre immédiatement après le Titre II du présent Livre.

1096. Cuando lo que deba entregarse sea una cosa determinada, el acreedor, independientemente del derecho que le otorga el art. 1101, puede compeler al deudor á que realice la entrega.

Si la cosa fuere indeterminada ó genérica, podrá pedir que se cumpla la obligación á expensas del deudor.

Si el obligado se constituye en mora, ó se halla comprometido á entregar una misma cosa á dos ó más personas diversas, serán de su cuenta los casos fortuitos hasta que se realice la entrega.

1097. La obligación de dar cosa determinada comprende la de entregar todos sus accesorios, aunque no hayan sido mencionados.

1098. Si el obligado á hacer alguna cosa no la hiciere, se mandará ejecutar á su costa.

Esto mismo se observará si la hiciere contraviniendo al tenor de la obligación. Además podrá decretarse que se deshaga lo mal hecho.

1099. Lo dispuesto en el párrafo segundo del artículo anterior se observará también cuando la obligación consista en no hacer y el deudor ejecutare lo que le había sido prohibido.

1100. Incurren en mora los obligados á entregar ó á hacer alguna cosa desde que el acreedor les exija judicial ó extrajudicialmente el cumplimiento de su obligación.

No será, sin embargo, necesaria la intimación del acreedor para que la mora exista: 1.º Cuando la obligación ó la ley lo declaren así expresamente; — 2.º Cuando de su naturaleza y circunstancias resulte que la designación de la época en que había de entregarse la cosa ó hacerse el servicio, fué motivo determinante para establecer la obligación.

En las obligaciones recíprocas ninguno de los obligados incurre en mora si el otro no cumple ó no se allana á cumplir debidamente lo que le incumbe. Desde que uno de los obligados cumple su obligación, empieza la mora para el otro.

1101. Quedan sujetos á la indemnización de los daños y perjuicios causados los que en el cumplimiento de sus obligaciones incurrieren en dolo, negligencia ó morosidad, y los que de cualquier modo contravinieren al tenor de aquéllas.

1102. La responsabilidad procedente del dolo es exigible en todas las obligaciones. La renuncia de la acción para hacerla efectiva es nula.

1103. La responsabilidad que proceda de negligencia es igualmente exigible en el cumplimiento de toda clase de obligaciones; pero podrá moderarse por los Tribunales según los casos.

1104. La culpa ó negligencia del deudor consiste en la omisión de aquella diligencia que exija la naturaleza de la obligación y corresponda á las circunstancias de las personas, del tiempo y del lugar.

Cuando la obligación no exprese la diligencia que ha de prestarse en su cumplimiento, se exigirá la que correspondería á un buen padre de familia.

1105. Fuera de los casos expresamente mencionados en la ley, y de los en que así lo declare la obligación, nadie responderá de aquellos sucesos que no hubieran podido preverse, ó que, previstos, fueran inevitables.

1106. La indemnización de daños y perjuicios comprende, no sólo el valor de la pérdida que haya sufrido, sino también el de ganancia que haya dejado de obtener el acreedor, salvas las disposiciones contenidas en los artículos siguientes.

1107. Los daños y perjuicios de que responde el deudor de buena fe son los previstos ó que se hayan podido prever al tiempo de constituirse la obligación y que sean consecuencia necesaria de su falta de cumplimiento.

En caso de dolo responderá el deudor de todos los que conocidamente se deriven de la falta de cumplimiento de la obligación.

1108. Si la obligación consistiere en el pago de una cantidad de dinero, y el deudor incurriere en mora, la indemnización de daños y perjuicios, no habiendo pacto en contrario, consistirá en el pago de los intereses convenidos, y á falta de convenio, en el interés legal.

Mientras que no se fije otro por el Gobierno, se considerará como legal el interés de 6 por 100 al año[1].

---

[1] A partir de la Ley de 2 de agosto de 1899 el interés legal, mientras no se acuerde otra cosa, es el de 5% al año.

1096. Lorsque l'objet qui doit être livré est une chose déterminée, le créancier, indépendamment du droit que lui attribue l'art. 1101, peut contraindre le débiteur à réaliser la livraison.

Si la chose est indéterminée, ou désignée par son genre, il pourra demander l'exécution de l'obligation aux frais du débiteur.

Si l'obligé est constitué en demeure, ou s'il s'est engagé à livrer une même chose à deux ou plusieurs personnes, les cas fortuits seront à sa charge jusqu'à ce qu'il ait effectué la livraison.

1097. L'obligation de donner une chose déterminée comprend celle de livrer tous ses accessoires, bien qu'ils n'aient pas été mentionnés.

1098. Si la personne obligée à faire une chose ne la fait pas, il sera ordonné de l'exécuter à ses frais.

Il en sera de même si l'obligé fait la chose en contravention des termes de l'obligation. En outre il pourra être ordonné de détruire ce qui a été mal fait.

1099. La disposition contenue dans le paragraphe second de l'article précédent sera observée pareillement lorsque l'obligation consiste à ne pas faire et que le débiteur exécute ce qui lui était interdit.

1100. Les individus obligés à livrer ou à faire une chose sont en demeure dès que le créancier exigera d'eux judiciairement ou extrajudiciairement l'accomplissement de leur obligation.

Cependant, la sommation du créancier ne sera pas nécessaire pour qu'il y ait mise en demeure: 1° Lorsque l'obligation ou la loi le déclarent expressément; — 2° Lorsque de sa nature et des circonstances il résulte que la désignation de l'époque où la chose devait être livrée, ou le service fait, a été le motif déterminant de l'obligation.

Dans les obligations réciproques, aucun des obligés ne sera en demeure si l'autre obligé ne remplit pas ou se soumet pas à remplir, comme il le doit, l'obligation qui lui incombe. A partir du moment où l'un des obligés remplit son obligation, l'autre est en demeure.

1101. Sont tenus à réparer les dommages ou préjudices causés ceux qui, dans l'accomplissement de leurs obligations, se rendent coupables de dol, négligence ou retard, et ceux qui d'une manière quelconque contreviennent aux termes des dites obligations.

1102. La responsabilité résultant du dol est exigible dans toutes les obligations. La stipulation par laquelle on renonce en fait à exercer cette action est nulle.

1103. La responsabilité résultant de la négligence est également exigible dans l'accomplissement des obligations de toute classe, mais elle pourra être restreinte par les tribunaux suivant les cas.

1104. La faute ou la négligence du débiteur consiste dans l'omission de la diligence exigée par la nature de l'obligation et elle dépend des circonstances des personnes, du temps et du lieu.

Lorsque l'obligation n'indique pas en termes exprès la diligence qu'il faut apporter à l'accomplir, on exigera celle qu'apporte un bon père de famille.

1105. En dehors des cas expressément mentionnés dans la loi, et de ceux où l'obligation le stipule formellement, nul ne répondra des évènements qu'il n'aurait pu prévoir, ou qui, bien que prévus, auront été inévitables.

1106. L'indemnisation des dommages et préjudices comprend non seulement la valeur de la perte soufferte, mais encore la perte du gain manqué par le créancier, sauf les dispositions contenues dans les articles suivants.

1107. Les dommages et préjudices dont répond le débiteur de bonne foi sont ceux qui sont prévus ou qui ont pu être prévus à l'époque où l'obligation a été contractée et qui sont la conséquence nécessaire du défaut d'exécution de l'obligation.

En cas de dol, le débiteur répondra de tous les dommages qui évidemment résultent du défaut d'exécution de l'obligation.

1108. Si l'obligation consiste dans le payement d'une somme d'argent, et que le débiteur soit en demeure, la réparation des dommages et préjudices consistera, à défaut de pacte contraire, dans le payement des intérêts convenus, et, à défaut de convention, de l'intérêt légal.

Tant que le gouvernement ne fixera pas un autre taux, on considérera comme légal le taux de 6 pour cent l'an[1].

---

[1] Depuis la Loi du 2 août 1899, et jusqu'à ce qu'une autre disposition intervienne, l'intérêt légal est de 5% l'an.

1109. Los intereses vencidos devengan el interés legal desde que son judicialmente reclamados, aunque la obligación haya guardado silencio sobre este punto.

En los negocios comerciales se estará á lo que dispone el Código de Comercio.

Los Montes de Piedad y Cajas de Ahorros se regirán por sus reglamentos especiales.

1110. El recibo del capital por el acreedor, sin reserva alguna respecto á los intereses, extingue la obligación del deudor en cuanto á éstos.

El recibo del último plazo de un débito, cuando el acreedor tampoco hiciere reservas, extinguirá la obligación en cuanto á los plazos anteriores.

1111. Los acreedores, después de haber perseguido los bienes de que esté en posesión el deudor para realizar cuanto se les debe, pueden ejercitar todos los derechos y acciones de éste con el mismo fin, exceptuando los que sean inherentes á su persona; pueden también impugnar los actos que el deudor haya realizado en fraude de su derecho.

1112. Todos los derechos adquiridos en virtud de una obligación son transmisibles con sujeción á las leyes, si no se hubiese pactado lo contrario.

Capítulo III.   De las diversas especies de obligaciones.

Sección primera.   De las obligaciones puras y de las condicionales.

1113. Será exigible desde luego toda obligación cuyo cumplimiento no dependa de un suceso futuro ó incierto, ó de un suceso pasado, que los interesados ignoren.

También será exigible toda obligación que contenga condición resolutoria, sin perjuicio de los efectos de la resolución.

1114. En las obligaciones condicionales la adquisición de los derechos, así como la resolución ó pérdida de los ya adquiridos, dependerán del acontecimiento que constituya la condición.

1115. Cuando el cumplimiento de la condición dependa de la exclusiva voluntad del deudor, la obligación condicional será nula. Si dependiere de la suerte ó de la voluntad de un tercero, la obligación surtirá sus efectos con arreglo á las disposiciones de este Código.

1116. Las condiciones imposibles, las contrarias á las buenas costumbres y las prohibidas por la ley anularán la obligación que de ellas dependa.

La condición de no hacer una cosa imposible se tiene por no puesta.

1117. La condición de que ocurra algún suceso en un tiempo determinado extinguirá la obligación desde que pasare el tiempo ó fuere ya indudable que el acontecimiento no tendrá lugar.

1118. La condición de que no acontezca algún suceso en tiempo determinado hace eficaz la obligación desde que pasó el tiempo señalado ó sea ya evidente que el acontecimiento no puede ocurrir.

Si no hubiere tiempo fijado, la condición deberá reputarse cumplida en el que verosímilmente se hubiese querido señalar, atendida la naturaleza de la obligación.

1119. Se tendrá por cumplida la condición cuando el obligado impidiese voluntariamente su cumplimiento.

1120. Los efectos de la obligación condicional de dar, una vez cumplida la condición, se retrotraen al día de la constitución de aquella. Esto no obstante, cuando la obligación imponga recíprocas prestaciones á los interesados, se entenderán compensados unos con otros los frutos é intereses del tiempo en que hubiese estado pendiente la condición. Si la obligación fuere unilateral, el deudor hará suyos los frutos é intereses percibidos, á menos que por la naturaleza y circunstancias de aquélla deba inferirse que fué otra la voluntad del que la constituyó.

En las obligaciones de hacer y de no hacer los Tribunales determinarán, en cada caso, el efecto retroactivo de la condición cumplida.

1121. El acreedor puede, antes del cumplimiento de las condiciones, ejercitar las acciones procedentes para la conservación de su derecho.

El deudor puede repetir lo que en el mismo tiempo hubiese pagado.

1122. Cuando las condiciones fueren puestas con el intento de suspender la eficacia de la obligación de dar, se observarán las reglas siguientes, en el caso de que la cosa mejore ó se pierda ó deteriore pendiente la condición: 1.ª Si la cosa

1109. Les intérêts échus produisent un intérêt au taux légal à partir du moment où ils ont été réclamés judiciairement, bien que l'obligation ait gardé le silence sur ce point.

Dans les affaires commerciales on continuera à observer les dispositions du Code de commerce.

Les monts de piété et les caisses d'épargne seront régis par leurs règlements particuliers.

1110. La réception du capital par le créancier, sans réserve aucune pour les intérêts, éteint l'obligation du débiteur en ce qui concerne ces intérêts.

La réception du dernier terme d'une dette, lorsque le créancier ne fait pas de réserves, éteindra l'obligation en ce qui touche les termes antérieurs.

1111. Les créanciers, après avoir poursuivi les biens possédés par le débiteur pour réaliser le montant de leur créance, peuvent exercer tous les droits et actions du dit débiteur dans le même but, à l'exception de ceux qui sont inhérents à la personne; ils peuvent aussi attaquer les actes que le débiteur a faits en fraude de leurs droits.

1112. Tous les droits acquis en vertu d'une obligation sont transmissibles conformément aux lois, s'il n'y a eu convention contraire.

Chapitre III.   Des diverses espèces d'obligations.

Section I.   Des obligations pures et simples et des obligations conditionnelles.

1113. Sera exigible immédiatement toute obligation dont l'accomplissement ne dépend pas d'un évènement futur ou incertain, ou d'un évènement passé, que les intéressés ignorent.

Sera également exigible toute obligation contenant une condition résolutoire, sans préjudice des effets de la résolution.

1114. Dans les obligations conditionnelles, l'acquisition des droits, ainsi que la résolution ou la perte des droits déjà acquis, dépendront de l'évènement qui constitue la condition.

1115. Lorsque l'accomplissement de la condition dépendra de la volonté exclusive du débiteur, l'obligation conditionnelle sera nulle. S'il dépend à la fois du sort et de la volonté d'un tiers, l'obligation sortira tous ses effets conformément aux dispositions du présent Code.

1116. Les obligations impossibles, celles qui sont contraires aux bonnes mœurs et celles qui sont prohibées par la loi, rendront nulle l'obligation qui en dépend.

La condition de ne pas faire une chose impossible est tenue pour non écrite.

1117. La condition qu'il se produira tel évènement dans un temps déterminé, éteindra l'obligation dès que le délai sera expiré ou qu'il sera certain que l'évènement n'aura pas lieu.

1118. La condition qu'un évènement ne se produira pas dans un temps déterminé rend l'obligation efficace, lorsque le délai fixé est écoulé ou qu'il est évident que l'évènement ne peut se produire.

S'il n'a pas été fixé de délai, la condition devra être réputée accomplie dans le temps qui vraisemblablement aurait été fixé eu égard à la nature de l'obligation.

1119. La condition sera tenue pour accomplie, lorsque le débiteur empêchera volontairement son accomplissement.

1120. Les effets de l'obligation conditionnelle de donner, une fois la condition accomplie, rétroagissent au jour de la constitution de l'obligation. Cependant, lorsque l'obligation impose des prestations réciproques aux intéressés, on réputera compensés les uns avec les autres les fruits et intérêts dûs pour le temps pendant lequel la condition était pendante. Si l'obligation est unilatérale, le débiteur fera siens les fruits et intérêts perçus, à moins que de la nature et des circonstances de la dite obligation on ne doive inférer qu'autre a été la volonté de celui qui l'a souscrite.

Dans les obligations de faire ou de ne pas faire les tribunaux détermineront, dans chaque cas l'effet rétroactif de la condition accomplie.

1121. Le créancier peut, avant l'accomplissement de la condition, exercer les actions utiles pour la conservation de la chose.

Le débiteur peut répéter ce qu'il aurait payé dans le même temps.

1122. Lorsque les conditions auront été imposées avec l'intention de suspendre l'efficacité de l'obligation de donner, on observera les règles suivantes, dans le cas où la chose viendra à s'améliorer, se perdre ou se détériorer tandis que la

se perdió sin culpa del deudor, quedará extinguida la obligación; — 2.ª Si la cosa se perdió por culpa del deudor, éste queda obligado al resarcimiento de daños y perjuicios; — Entiéndese que la cosa se pierde cuando perece, queda fuera del comercio ó desaparece de modo que se ignora su existencia, ó no se puede recobrar; — 3.ª Cuando la cosa se deteriora sin culpa del deudor, el menoscabo es de cuenta del acreedor; — 4.ª Deteriorándose por culpa del deudor, el acreedor podrá optar entre la resolución de la obligación y su cumplimiento, con la indemnización de perjuicios en ambos casos; — 5.ª Si la cosa se mejora por su naturaleza, ó por el tiempo, las mejoras ceden en favor del acreedor; — 6.ª Si se mejora á expensas del deudor, no tendrá éste otro derecho que el concedido al usufructuario.

1123. Cuando las condiciones tengan por objeto resolver la obligación de dar, los interesados, cumplidas aquéllas, deberán restituirse lo que hubiesen percibido.

En el caso de pérdida, deterioro ó mejora de la cosa, se aplicarán al que deba hacer la restitución las disposiciones que respecto al deudor contiene el artículo precedente.

En cuanto á las obligaciones de hacer y no hacer, se observará, respecto á los efectos de la resolución, lo dispuesto en el párrafo segundo del art. 1120.

1124. La facultad de resolver las obligaciones se entiende implícita en las recíprocas, para el caso de que uno de los obligados no cumpliere lo que le incumbe.

El perjudicado podrá escoger entre exigir el cumplimiento ó la resolución de la obligación, con el resarcimiento de daños y abono de intereses en ambos casos. También podrá pedir la resolución, aun después de haber optado por el cumplimiento, cuando éste resultare imposible.

El Tribunal decretará la resolución que se reclame, á no haber causas justificadas que le autoricen para señalar plazo.

Esto se entiende sin perjuicio de los derechos de terceros adquirentes, con arreglo á los artículos 1295 y 1298 y á las disposiciones de la Ley Hipotecaria[1].

Sección segunda. De las obligaciones á plazo.

1125. Las obligaciones para cuyo cumplimiento se haya señalado un día cierto, sólo serán exigibles cuando el día llegue.

Entiéndese por día cierto aquel que necesariamente ha de venir, aunque se ignore cuándo.

Si la incertidumbre consiste en si ha de llegar ó no el día, la obligación es condicional, y se regirá por las reglas de la sección precedente.

1126. Lo que anticipadamente se hubiese pagado en las obligaciones á plazo, no se podrá repetir.

Si el que pagó ignoraba, cuando lo hizo, la existencia del plazo, tendrá derecho á reclamar del acreedor los intereses ó los frutos que éste hubiese percibido de la cosa.

1127. Siempre que en las obligaciones se designa un término, se presume establecido en beneficio de acreedor y deudor, á no ser que del tenor de aquellas ó de otras circunstancias resultara haberse puesto en favor del uno ó del otro.

1128. Si la obligación no señalare plazo, pero de su naturaleza y circunstancias se dedujere que ha querido concederse al deudor, los Tribunales fijarán la duración de aquél.

También fijarán los Tribunales la duración del plazo cuando éste haya quedado á voluntad del deudor.

1129. Perderá el deudor todo derecho á utilizar el plazo: 1.ᵒ Cuando, después de contraída la obligación, resulte insolvente, salvo que garantice la deuda; — 2.ᵒ Cuando no otorgue al acreedor las garantías á que estuviese comprometido; — 3.ᵒ Cuando por actos propios hubiese disminuído aquellas garantías después de

---

[1] Las disposiciones de la Ley Hipotecaria á que se refiere este artículo son las contenidas en el Título II que lleva por epígrafe «De la forma y efectos de la inscripción»; principalmente desde el art. 23 al 41 inclusive.

condition est pendante: 1° Si la chose se perd, sans qu'il y ait faute de la part du débiteur, l'obligation demeurera éteinte; — 2° Si la chose se perd par la faute du débiteur, celui-ci sera obligé au dédommagement des dommages et préjudices. — La chose est réputée perdue lorsque elle périt, ou cesse d'être dans le commerce, ou disparaît de telle manière que l'on ignore son existence, ou qu'on ne peut la recouvrer; — 3° Lorsque la chose se détériore sans que le débiteur soit en faute, la diminution de valeur est au compte du débiteur; — 4° Si elle est détériorée par la faute du débiteur, le créancier pourra opter entre la résolution de l'obligation ou son exécution, avec le dédommagement des préjudices dans les deux cas; — 5° Si la chose s'améliore naturellement, ou par le temps, l'augmentation de valeur profite au créancier; — 6° Si elle s'améliore aux frais du débiteur, celui-ci n'aura pas d'autre droit que celui qui compète à l'usufruitier.

1123. Lorsque les conditions ont pour objet de résoudre l'obligation de donner, les intéressés, si elles viennent à se réaliser, devront restituer ce qu'ils ont perçu.

Dans le cas de perte, détérioration ou amélioration de la chose, on appliquera à celui qui doit faire la restitution les dispositions de l'article précédent relatives au débiteur.

Quant aux obligations de faire et de ne pas faire, on observera, en ce qui concerne les effets de la résolution, la disposition du paragraphe second de l'article 1120.

1124. La faculté de résilier les obligations est implicitement présumée dans les obligations réciproques, pour le cas où l'un des obligés ne remplirait pas l'obligation qui lui incombe.

La partie lésée pourra, à son choix, exiger l'exécution ou la résolution de l'obligation avec la réparation des dommages, et le payement des intérêts, dans des deux cas. Elle pourra aussi demander la résolution, même après avoir opté pour l'exécution, lorsqu'il sera démontré que celle-ci est impossible.

Le tribunal prononcera la résolution demandée, à moins qu'il n'existe des causes justifiées qui l'autorisent à fixer un délai.

Cela s'entend sans préjudice des droits des tiers acquéreurs, conformément aux dispositions des articles 1295 et 1298 et aux dispositions de la loi hypothécaire[1].

Section II. Des obligations à terme.

1125. Les obligations pour l'exécution desquelles il aura été fixé un jour certain, seront seulement exigibles lorsque ce jour arrivera.

On entend par jour certain, celui qui doit nécessairement venir, encore que l'on ignore à quelle date.

Si l'incertitude porte sur le point de savoir si le jour doit ou non arriver, l'obligation est conditionnelle, et elle sera régie par les règles de la section précédente.

1126. Le payement fait par anticipation, dans les obligations à terme, ne pourra pas être répété.

Si celui qui a payé ignorait, lorsqu'il a fait le payement, l'existence du terme, il aura le droit de réclamer du créancier les intérêts ou les fruits que celui-ci aurait touchés de la chose.

1127. Toutes les fois que, dans les obligations, un terme est déterminé, il est présumé établi au profit du créancier et du débiteur, à moins que, de la teneur des obligations ou d'autres circonstances, il ne résulte que ce terme a été établi dans l'intérêt de l'un ou de l'autre.

1128. Si l'obligation n'indique pas de terme, mais que de sa nature et des circonstances on doive déduire qu'on a voulu en accorder un au débiteur, les tribunaux en fixeront la durée.

Les tribunaux fixeront aussi la durée du terme lorsque celui-ci a été laissé à la volonté du débiteur.

1129. Le débiteur perdra tout droit au bénéfice du terme: 1° Lorsque, après avoir contracté l'obligation, il devient insolvable, sauf s'il donne une garantie de la dette; — 2° Lorsqu'il ne donne pas au créancier les garanties qu'il avait promises; — 3° Lorsque, par des actes personnels, il aura diminué les dites garanties après

---

[1] Les dispositions de la Loi Hypothécaire visées par cet article sont contenues dans le Titre II, intitulé «de la forme et des effets de l'inscription», principalement dans les articles 23 à 41 inclusivement.

establecidas, y cuando por caso fortuito desaparecieran, á menos que sean inmediatamente sustituídas por otras nuevas é igualmente seguras.

1130. Si el plazo de la obligación está señalado por días á contar desde uno determinado, quedará éste excluído del cómputo, que deberá empezar en el día siguiente.

Sección tercera.   De las obligaciones alternativas.

1131. El obligado alternativamente á diversas prestaciones debe cumplir por completo una de éstas.

El acreedor no puede ser compelido á recibir parte de una y parte de otra.

1132. La elección corresponde al deudor, á menos que expresamente se hubiese concedido al acreedor.

El deudor no tendrá derecho á elegir las prestaciones imposibles, ilícitas ó que no hubieran podido ser objeto de la obligación.

1133. La elección no producirá efecto sino desde que fuere notificada.

1134. El deudor perderá el derecho de elección cuando de las prestaciones á que alternativamente estuviese obligado, sólo una fuere realizable.

1135. El acreedor tendrá derecho á la indemnización de daños y perjuicios cuando por culpa del deudor hubiesen desaparecido todas las cosas que alternativamente fueron objeto de la obligación, ó se hubiera hecho imposible el cumplimiento de ésta.

La indemnización se fijará tomando por base el valor de la última cosa que hubiese desaparecido, ó el del servicio que últimamente se hubiera hecho imposible.

1136. Cuando la elección hubiere sido expresamente atribuída al acreedor, la obligación cesará de ser alternativa desde el día en que aquélla hubiese sido notificada al deudor.

Hasta entonces las responsabilidades del deudor se regirán por las siguientes reglas: 1.ª Si alguna de las cosas se hubiese perdido por caso fortuito, cumplirá entregando la que el acreedor elija entre las restantes, ó la que haya quedado, si una sola subsistiera; — 2.ª Si la pérdida de alguna de las cosas hubiese sobrevenido por culpa del deudor, el acreedor podrá reclamar cualquiera de las que subsistan, ó el precio de la que, por culpa de aquél, hubiera desaparecido; — 3.ª Si todas las cosas se hubiesen perdido por culpa del deudor, la elección del acreedor recaerá sobre su precio.

Las mismas reglas se aplicarán á las obligaciones de hacer ó de no hacer, en el caso de que algunas ó todas las prestaciones resultaren imposibles.

Sección cuarta.   De las obligaciones mancomunadas y de las solidarias.

1137. La concurrencia de dos ó más acreedores ó de dos ó más deudores en una sola obligación no implica que cada uno de aquéllos tenga derecho á pedir, ni cada uno de éstos deba prestar íntegramente, las cosas objeto de la misma. Sólo habrá lugar á esto cuando la obligación expresamente lo determine, constituyéndose con el carácter de solidaria.

1138. Si del texto de las obligaciones á que se refiere el artículo anterior no resulta otra cosa, el crédito ó la deuda se presumirán divididos en tantas partes iguales como acreedores ó deudores haya, reputándose créditos ó deudas distintos unos de otros.

1139. Si la división fuere imposible, sólo perjudicarán al derecho de los acreedores los actos colectivos de éstos, y sólo podrá hacerse efectiva la deuda procediendo contra todos los deudores. Si alguno de éstos resultare insolvente, no estarán los demás obligados á suplir su falta.

1140. La solidaridad podrá existir aunque los acreedores y deudores no estén ligados del propio modo y por unos mismos plazos y condiciones.

1141. Cada uno de los acreedores solidarios puede hacer lo que sea útil á los demás, pero no lo que les sea perjudicial.

Las acciones ejercitadas contra cualquiera de los deudores solidarios perjudicarán á todos éstos.

1142. El deudor puede pagar la deuda á cualquiera de los acreedores solidarios; pero, si hubiere sido judicialmente demandado por alguno, á éste deberá hacer el pago.

les avoir données, et lorsque ces garanties viendront à disparaître par cas fortuit, à moins qu'elles ne soient immédiatement remplacées par d'autres nouvelles présentant la même sûreté.

1130. Si le délai de l'obligation est fixé par jours à compter d'un jour déterminé, ce jour sera exclu du comput, lequel devra commencer au jour suivant.

Section III. Des obligations alternatives.

1131. La personne obligée alternativement à différentes prestations doit remplir entièrement l'une d'elles.

Le créancier ne peut être contraint à recevoir une partie de l'une et une partie de l'autre.

1132. Le choix appartient au débiteur, à moins qu'il n'ait été expressément accordé au créancier.

Le débiteur n'aura pas le droit de choisir les prestations impossibles, illicites ou qui n'auraient pu être l'objet de l'obligation.

1133. Le choix ne produira d'effet qu'après avoir été notifié.

1134. Le débiteur perdra le droit de choisir, lorsque, des prestations dont il était tenu alternativement, une seule sera réalisable.

1135. Le créancier aura droit à être indemnisé des dommages et préjudices, lorsque, par la faute du débiteur, les choses faisant alternativement l'objet de l'obligation auront toutes disparu, ou que l'exécution de la dite obligation sera devenue impossible.

L'indemnité se fixera en prenant pour base la valeur de la dernière chose disparue, ou du service qui sera en dernier lieu devenu impossible.

1136. Lorsque le choix aura été expressément accordé au créancier, l'obligation cessera d'être alternative à partir du jour où le choix aura été notifié au débiteur.

Jusque là, les responsabilités du débiteur seront régies par les règles suivantes: 1° Si l'une des choses vient à périr par cas fortuit, il se libérera en livrant celle que le créancier choisit entre les choses restantes, ou celle qui reste, si une seule subsiste; — 2° Si la perte de l'une des choses est survenue par la faute du débiteur, le créancier pourra réclamer l'une quelconque de celles qui subsistent, ou le prix de celle qui a péri par la faute du dit débiteur; — 3° Si toutes les choses ont péri par la faute du débiteur, le choix du créancier s'exercera sur le prix.

Les mêmes règles seront applicables en ce qui concerne les obligations de faire ou de ne pas faire, dans le cas où la totalité ou partie des prestations deviendront impossibles.

Section IV. Des obligations conjointes et des obligations solidaires.

1137. Le concours de deux ou plusieurs créanciers, ou de deux ou plusieurs débiteurs dans une obligation n'implique pas que chacun de ceux-là a le droit de demander ni que chacun de ceux-ci est obligé de fournir l'intégralité des choses faisant l'objet de l'obligation. Il en sera ainsi seulement dans le cas où l'obligation le détermine expressément et qu'elle est constituée avec le caractère de solidarité.

1138. Si du texte des obligations visées dans l'article précédent il ne résulte pas autre chose, la créance et la dette seront présumées divisées en autant de fractions égales qu'il y a de créanciers et de débiteurs, et l'on réputera que les créances et les dettes sont distinctes les unes des autres.

1139. Si la division est impossible, les actes collectifs de tous les créanciers préjudicieront seuls au droit de ceux-ci, et le payement de la dette ne pourra se poursuivre qu'en procédant contre tous les débiteurs. Si l'un d'entre eux devient insolvable, les autres ne seront pas obligés de payer à sa place.

1140. La solidarité pourra exister bien que les créanciers et les débiteurs ne soient pas liés de la même manière ni pour les mêmes termes et sous les mêmes conditions.

1141. Chacun des créanciers solidaires peut faire ce qui est utile aux autres, mais non ce qui leur est préjudiciable.

Les actions exercées contre l'un quelconque des débiteurs solidaires seront préjudiciables à tous.

1142. Le débiteur peut payer la dette entre les mains de l'un quelconque des créanciers solidaires; mais, si le payement lui a été réclamé judiciairement par l'un d'eux, il devra payer à celui-ci.

1143. La novación, compensación, confusión ó remisión de la deuda, hechas por cualquiera de los acreedores solidarios ó con cualquiera de los deudores de la misma clase, extinguen la obligación, sin perjuicio de lo dispuesto en el artículo 1146.

El acreedor que haya ejecutado cualquiera de estos actos, así como el que cobre la deuda, responderá á los demás de la parte que les corresponde en la obligación.

1144. El acreedor puede dirigirse contra cualquiera de los deudores solidarios ó contra todos ellos simultáneamente. Las reclamaciones entabladas contra uno no serán obstáculo para las que posteriormente se dirijan contra los demás, mientras no resulte cobrada la deuda por completo.

1145. El pago hecho por uno de los deudores solidarios extingue la obligación.

El que hizo el pago sólo puede reclamar de sus codeudores la parte que á cada uno corresponda, con los intereses del anticipo.

La falta de cumplimiento de la obligación por insolvencia del deudor solidario será suplida por sus codeudores, á prorrata de la deuda de cada uno.

1146. La quita ó remisión hecha por el acreedor de la parte que afecte á uno de los deudores solidarios, no libra á éste de su responsabilidad para con los codeudores, en el caso de que la deuda haya sido totalmente pagada por cualquiera de ellos.

1147. Si la cosa hubiese perecido ó la prestación se hubiese hecho imposible sin culpa de los deudores solidarios, la obligación quedará extinguida.

Si hubiese mediado culpa de parte de cualquiera de ellos, todos serán responsables, para con el acreedor, del precio y de la indemnización de daños y abono de intereses, sin perjuicio de su acción contra el culpable ó negligente.

1148. El deudor solidario podrá utilizar, contra las reclamaciones del acreedor, todas las excepciones que se deriven de la naturaleza de la obligación y las que le sean personales. De las que personalmente correspondan á los demás, sólo podrá servirse en la parte de deuda de que éstos fueron responsables.

Sección quinta.   De las obligaciones divisibles y de las indivisibles.

1149. La divisibilidad ó indivisibilidad de las cosas objeto de las obligaciones en que hay un solo deudor y un solo acreedor no altera ni modifica los preceptos del capítulo 2.º de este título.

1150. La obligación indivisible mancomunada se resuelve en indemnizar daños y perjuicios desde que cualquiera de los deudores falta á su compromiso. Los deudores que hubiesen estado dispuestos á cumplir los suyos, no contribuirán á la indemnización con más cantidad que la porción correspondiente del precio de la cosa ó del servicio en que consistiere la obligación.

1151. Para los efectos de los artículos que preceden, se reputarán indivisibles las obligaciones de dar cuerpos ciertos y todas aquellas que no sean susceptibles de cumplimiento parcial.

Las obligaciones de hacer serán divisibles cuando tengan por objeto la prestación de un número de días de trabajo, la ejecución de obras por unidades métricas, ú otras cosas análogas que por su naturaleza sean susceptibles de cumplimiento parcial.

En las obligaciones de no hacer, la divisibilidad ó indivisibilidad se decidirá por el carácter de la prestación en cada caso particular.

Sección sexta.   De las obligaciones con cláusula penal.

1152. En las obligaciones con cláusula penal, la pena sustituirá á la indemnización de daños y al abono de intereses en caso de falta de cumplimiento, si otra cosa no se hubiere pactado.

Sólo podrá hacerse efectiva la pena cuando ésta fuere exigible conforme á las disposiciones del presente Código.

1153. El deudor no podrá eximirse de cumplir la obligación pagando la pena, sino en el caso de que expresamente le hubiese sido reservado este derecho. Tampoco el acreedor podrá exigir conjuntamente el cumplimiento de la obligación y la satisfacción de la pena, sin que esta facultad le haya sido claramente otorgada.

1143. La novation, la compensation, la confusion ou la remise de la dette faites par l'un quelconque des créanciers solidaires ou avec l'un quelconque des débiteurs de la même classe, éteignent l'obligation, sans préjudice de ce qui est établi par l'art. 1146.

Le créancier qui a fait l'un quelconque de ces actes, de même que celui qui reçoit ce qui est dû, sera responsable envers les autres de la part qui leur appartient dans l'obligation.

1144. Le créancier peut diriger son action contre l'un quelconque des débiteurs solidaires ou contre tous simultanément. Les demandes introduites contre l'un ne feront pas obstacle à celles que postérieurement il exercera contre d'autres, jusqu'à ce que la dette soit complétement acquittée.

1145. Le payement fait par l'un des débiteurs solidaires éteint l'obligation. Celui qui a fait le payement peut seul réclamer de ses codébiteurs leur part personnelle dans la dette, avec l'intérêt de la somme avancée.

Si l'obligation n'est pas intégralement payée par suite de l'insolvabilité de l'un des débiteurs solidaires, le solde restant dû sera supporté par ses codébiteurs, au prorata de la part de chacun d'eux.

1146. La décharge ou la remise faite par le créancier de la part afférente à l'un des débiteurs solidaires, ne libère pas celui-ci de sa responsabilité vis-à-vis des autres codébiteurs, dans le cas où la dette a été intégralement payée par l'un quelconque d'entre eux.

1147. Si la chose vient à périr, ou si la prestation devient impossible sans qu'il y ait faute de la part des débiteurs solidaires, l'obligation demeurera éteinte.

S'il y a eu une faute de la part de l'un quelconque des débiteurs solidaires, ils seront tous responsables envers le créancier du prix et de la réparation des dommages et du payement des intérêts, sans préjudice de leur action contre le codébiteur coupable ou négligent.

1148. Le débiteur solidaire pourra opposer aux réclamations du créancier toutes les exceptions qui dérivent de la nature de l'obligation et celles qui lui sont personnelles. Quant aux exceptions qui sont personnelles aux autres codébiteurs, il ne pourra les opposer qu'en ce qui concerne la portion de la dette dont ils seront responsables.

Section V. Des obligations divisibles et indivisibles.

1149. La divisibilité ou l'indivisibilité des choses faisant l'objet des obligations, où il n'y a qu'un seul créancier et un seul débiteur, ne modifie pas les règles du chapitre II du présent titre.

1150. L'obligation indivisible conjointe se résout en une réparation des dommages et préjudices, dès que l'un quelconque des débiteurs manque à la remplir. Les débiteurs qui auraient été disposés à l'accomplir ne seront pas tenus à contribuer à la réparation pour une somme supérieure à leur part du prix de la chose ou du service faisant l'objet de l'obligation.

1151. Pour les effets des articles précédents, seront réputées indivisibles toutes les obligations de donner un corps certain, et toutes celles qui ne sont pas susceptibles d'une exécution partielle.

Les obligations de faire seront divisibles lorsqu'elles auront pour objet la prestation d'un nombre de jours de travail, l'exécution de travaux par unités métriques et d'autres choses analogues qui, par leur nature, sont susceptibles d'exécution partielle.

En ce qui concerne les obligations de ne pas faire, la question de savoir si elles sont divisibles ou indivisibles se résoudra, dans chaque espèce particulière, d'après le caractère de la prestation.

Section VI. Des obligations avec clause pénale.

1152. Dans les obligations avec clause pénale, la peine remplacera la réparation des dommages et préjudices et le payement des intérêts en cas d'inexécution, s'il n'a pas été fait de convention contraire.

La peine ne pourra être exigée que dans le cas où l'obligation sera devenue exigible conformément aux dispositions du présent Code.

1153. Le débiteur ne pourra s'affranchir de l'exécution de l'obligation en payant la peine que s'il s'est expressément réservé ce droit. Le créancier ne pourra non plus exiger conjointement l'exécution de l'obligation et la satisfaction de la peine, à moins que cette faculté ne lui ait été clairement accordée.

1154. El Juez modificará equitativamente la pena cuando la obligación principal hubiera sido en parte ó irregularmente cumplida por el deudor.

1155. La nulidad de la cláusula penal no lleva consigo la de la obligación principal.

La nulidad de la obligación principal lleva consigo la de la cláusula penal.

Capítulo IV. De la extinción de las obligaciones.

Disposiciones generales.

1156. Las obligaciones se extinguen: Por el pago ó cumplimiento; — Por la pérdida de la cosa debida; — Por la condonación de la deuda; — Por la confusión de los derechos de acreedor y deudor; — Por la compensación; — Por la novación.

Sección primera. Del pago.

1157. No se entenderá pagada una deuda sino cuando completamente se hubiese entregado la cosa ó hecho la prestación en que la obligación consistía.

1158. Puede hacer el pago cualquiera persona, tenga ó no interés en el cumplimiento de la obligación, ya lo conozca y lo apruebe, ó ya lo ignore el deudor.

El que pagare por cuenta de otro podrá reclamar del deudor lo que hubiese pagado, á no haberlo hecho contra su expresa voluntad.

En este caso sólo podrá repetir del deudor aquello en que le hubiera sido útil el pago.

1159. El que pague en nombre del deudor, ignorándolo éste, no podrá compeler al acreedor á subrogarle en sus derechos.

1160. En las obligaciónes de dar no será válido el pago hecho por quien no tenga la libre disposición de la cosa debida y capacidad para enajenarla. Sin embargo, si el pago hubiere consistido en una cantidad de dinero ó cosa fungible, no habrá repetición contra el acreedor que la hubiese gastado ó consumido de buena fe.

1161. En las obligaciones de hacer el acreedor no podrá ser compelido á recibir la prestación ó el servicio de un tercero, cuando la calidad y circunstancias de la persona del deudor se hubiesen tenido en cuenta al establecer la obligación.

1162. El pago deberá hacerse á la persona en cuyo favor estuviese constituída la obligación, ó á otra autorizada para recibirla en su nombre.

1163. El pago hecho á una persona incapacitada para administrar sus bienes será válido en cuanto se hubiere convertido en su utilidad[1].

También será válido el pago hecho á un tercero en cuanto se hubiere convertido en utilidad del acreedor.

1164. El pago hecho de buena fe al que estuviere en posesión del crédito, liberará al deudor.

1165. No será válido el pago hecho al acreedor por el deudor después de habérsele ordenado judicialmente la retención de la deuda.

1166. El deudor de una cosa no puede obligar á su acreedor á que reciba otra diferente, aun cuando fuere de igual ó mayor valor que la debida.

Tampoco en las obligaciones de hacer podrá ser sustituído un hecho por otro contra la voluntad del acreedor.

1167. Cuando la obligación consista en entregar una cosa indeterminada ó genérica, cuya calidad y circunstancias no se hubiesen expresado, el acreedor no podrá exigirla de la calidad superior, ni el deudor entregarla de la inferior.

1168. Los gastos extrajudiciales que ocasione el pago serán de cuenta del deudor. Respecto de los judiciales, decidirá el Tribunal con arreglo á la Ley de Enjuiciamiento civil.

---

[1] Son incapaces para administrar sus bienes: los menores de 23 años no emancipados ó no habilitados de edad; los mayores de 23 que estuvieren declarados legalmente locos, imbéciles, sordomudos que no sepan leer y escribir, pródigos ó ausentes en ignorado paradero, los sujetos á la pena de interdicción civil y la mujer casada respecto de sus bienes propios que legalmente administre su marido.

1154. Le juge modifiera équitablement la peine lorsque l'obligation principale aura été partiellement ou irrégulièrement remplie par le débiteur.

1155. La nullité de la clause pénale n'entraîne pas la nullité de l'obligation principale.

La nullité de l'obligation principale entraîne la nullité de la clause pénale.

Chapitre IV. De l'extinction des obligations.

Dispositions générales.

1156. Les obligations s'éteignent: Par le payement ou l'exécution; — Par la perte de la chose due; — Par la remise de la dette; — Par la confusion des droits du créancier et du débiteur; — Par la compensation; — Par la novation.

Section I. Du Payement.

1157. Une dette ne sera pas réputée payée tant que le débiteur n'aura pas entièrement livré la chose ou accompli la prestation formant l'objet de l'obligation.

1158. Le payement peut être fait par toute personne quelconque ayant ou non intérêt à l'exécution de l'obligation, soit que le débiteur le connaisse et l'approuve, soit qu'il l'ignore.

Celui qui paye pour le compte d'autrui pourra réclamer au débiteur ce qu'il aura payé, à moins qu'il n'ait fait le payement contre sa volonté expresse.

Dans ce cas il ne pourra exercer une répétition contre le débiteur que dans la mesure où le payement lui aurait profité.

1159. Celui qui paye au nom du débiteur, à l'insu de celui-ci, ne pourra contraindre le créancier à le subroger dans ses droits.

1160. Dans les obligations de donner le payement ne sera pas valable s'il est fait par une personne n'ayant pas la libre disposition de la chose due et la capacité de l'aliéner. Cependant, si le payement a consisté dans une somme d'argent ou dans des choses fongibles, il n'y aura pas lieu à répétition contre le créancier qui les aura dépensées ou consommées de bonne foi.

1161. Dans les obligations de faire le créancier ne pourra pas être forcé à recevoir la prestation ou le service d'un tiers lorsqu'il aura été tenu compte de la qualité et des conditions de la personne du débiteur au moment de conclure l'obligation.

1162. Le payement devra être fait à la personne en faveur de qui l'obligation a été constituée, ou à une autre personne autorisée pour le recevoir en son nom.

1163. Le payement fait à une personne incapable d'administrer ses biens sera valable dans la mesure où il lui aura profité[1].

Sera également valable le payement fait à un tiers, lorsqu'il aura profité au créancier.

1164. Le payement fait de bonne foi à celui qui était en possession de la créance libérera le débiteur.

1165. Ne sera pas valable le payement fait au créancier par le débiteur après avoir reçu judiciairement l'ordre de retenir la chose due.

1166. Le débiteur d'une chose ne peut obliger son créancier à recevoir une chose différente, quand même sa valeur serait égale ou supérieure à celle de la chose due.

Il ne pourra non plus, dans les obligations de faire, remplacer un fait par un autre contre la volonté du créancier.

1167. Lorsque l'obligation consiste à livrer une chose indéterminée ou générique dont la qualité et les circonstances n'auront pas été exprimées, le créancier ne pourra pas exiger la qualité supérieure ni le débiteur livrer la qualité inférieure.

1168. Les frais extrajudiciaires occasionnés par le payement seront au compte du débiteur. En ce qui concerne les frais judiciaires, le tribunal décidera conformément à la loi de procédure civile.

---

[1] Sont incapables d'administrer leurs biens, les mineurs de 23 ans non émancipés ou n'ayant pas obtenu le bénéfice de l'habilitation; les majeurs de 23 ans légalement déclarés en état d'aliénation mentale, d'imbécillité, les sourds-muets ne sachant ni lire ni écrire, les absents dont on ignore ce qu'ils sont devenus, les individus soumis à la peine de l'interdiction civile et la femme mariée en ce qui concerne ses biens propres dont l'administration appartient au mari.

1169. A menos que el contrato expresamente lo autorice, no podrá compelerse al acreedor á recibir parcialmente las prestaciones en que consista la obligación.

Sin embargo, cuando la deuda tuviere una parte líquida y otra ilíquida, podrá exigir el acreedor y hacer el deudor el pago de la primera sin esperar á que se liquide la segunda.

1170. El pago de las deudas de dinero deberá hacerse en la especie pactada, y, no siendo posible entregar la especie, en la moneda de plata ú oro que tenga curso legal en España.

La entrega de pagarés á la orden, ó letras de cambio ú otros documentos mercantiles, sólo producirá los efectos del pago cuando hubiesen sido realizados, ó cuando por culpa del acreedor se hubiesen perjudicado.

Entretanto la acción derivada de la obligación primitiva quedará en suspenso.

1171. El pago deberá ejecutarse en el lugar que hubiese designado la obligación.

No habiéndose expresado y tratándose de entregar una cosa determinada, deberá hacerse el pago donde ésta existía en el momento de constituirse la obligación.

En cualquier otro caso, el lugar del pago será el domicilio del deudor.

De la imputación de pagos.

1172. El que tuviere varias deudas de una misma especie en favor de un solo acreedor, podrá declarar, al tiempo de hacer el pago, á cuál de ellas debe aplicarse.

Si aceptare del acreedor un recibo en que se hiciese la aplicación del pago, no podrá reclamar contra ésta, á menos que hubiera mediado causa que invalide el contrato.

1173. Si la deuda produce interés, no podrá estimarse hecho el pago por cuenta del capital mientras no estén cubiertos los intereses.

1174. Cuando no pueda imputarse el pago según las reglas anteriores, se estimará satisfecha la deuda más onerosa al deudor entre las que estén vencidas.

Si éstas fueren de igual naturaleza y gravamen, el pago se imputará á todas á prorrata.

Del pago por cesión de bienes.

1175. El deudor puede ceder sus bienes á los acreedores en pago de sus deudas. Esta cesión, salvo pacto en contrario, sólo libera á aquél de responsabilidad por el importe líquido de los bienes cedidos. Los convenios que sobre el efecto de la cesión se celebren entre el deudor y sus acreedores se ajustarán á las disposiciones del título 17 de este libro, y á lo que establece la Ley del Enjuiciamiento civil[1].

Del ofrecimiento del pago y de la consignación.

1176. Si el acreedor á quien se hiciere el ofrecimiento de pago se negare sin razón á admitirlo, el deudor quedará libre de responsabilidad mediante la consignación de la cosa debida.

La consignación por sí sola producirá el mismo efecto cuando se haga estando el acreedor ausente ó cuando esté incapacitado para recibir el pago en el momento en que deba hacerse, y cuando varias personas pretendan tener derecho á cobrar, ó se haya extraviado el título de la obligación.

1177. Para que la consignación de la cosa debida libere al obligado, deberá ser previamente anunciada á las personas interesadas en el cumplimiento de la obligación.

La consignación será ineficaz si no se ajusta estrictamente á las disposiciones que regulan el pago.

---

[1]) La Ley de Enjuiciamiento civil en la sección 8ª del Título XII del Libro segundo establece las reglas á que ha de ajustarse el convenio entre los acreedores y el concursado; y en la sección 6ª del Título XIII del mismo Libro las á que ha de sujetarse el convenio entre los acreedores y el quebrado. Estas últimas pueden verse en el número VII del Capítulo undécimo «Del procedimiento judicial en las cuestiones civiles mercantiles» que precede á los textos legales; página 81.

1169. A moins que le contrat ne le permette expressément, le créancier ne pourra pas être contraint à recevoir partiellement les prestations constituant l'objet de l'obligation.

Cependant, lorsque la dette est en partie liquide et pour une autre partie non liquide, le créancier pourra exiger et le débiteur pourra faire le payement de la première sans attendre que la seconde devienne liquide.

1170. Le payement des dettes consistant en une somme d'argent devra se faire en monnaie de l'espèce convenue, et, s'il n'est pas possible d'en donner de cette espèce, en monnaie d'argent ou d'or ayant cours légal en Espagne.

La remise de billets à ordre, ou de lettres de change, ou d'autres papiers de commerce produira seulement les effets du payement lorsqu'ils auront été réalisés ou qu'ils auront perdu leur valeur par la faute du créancier.

Entretemps l'action née de l'obligation primitive restera suspendue.

1171. Le payement devra être fait dans le lieu fixé par l'obligation.

A défaut de désignation, et s'il s'agit de livrer une chose déterminée, le payement devra se faire dans le lieu où la chose se trouvait au moment où l'obligation a été contractée.

Dans tout autre cas quelconque, le lieu du payement sera celui du domicile du débiteur.

De l'imputation des payements.

1172. Celui qui aura plusieurs dettes de même espèce envers un seul créancier, pourra déclarer, au moment d'effectuer le payement, à laquelle de ces dettes il doit s'appliquer.

S'il accepte du créancier un reçu dans lequel l'imputation du payement est faite, il ne pourra élever aucune réclamation contre cette imputation, à moins qu'il ne soit survenu une cause qui invalide le contrat.

1173. Si la dette produit des intérêts, le payement ne pourra pas être imputé sur le capital tant que les intérêts n'auront pas été payés.

1174. Lorsque l'imputation du payement ne peut se faire suivant les règles précédentes, on réputera acquittée la dette la plus onéreuse pour le débiteur parmi les dettes échues.

Si les dettes échues sont de même nature et également onéreuses, le payement s'imputera sur toutes au prorata.

Du payement par cession de biens.

1175. Le débiteur peut céder ses biens aux créanciers en payement de ses dettes. Cette cession, sauf convention contraire, libérera seulement le débiteur de la responsabilité jusqu'à concurrence du montant liquide des biens cédés. Les conventions qui interviendront entre le débiteur et ses créanciers sur les effets de la cession, se conformeront aux dispositions du titre XVII du présent Livre, et à ce qui est établi par la loi de procédure civile[1].

De l'offre de payement et de la consignation.

1176. Si le débiteur à qui est faite l'offre de payement se refuse sans raison à l'accepter, le débiteur sera libéré de toute responsabilité au moyen de la consignation de la chose due.

La consignation par elle seule produira le même effet, lorsque le créancier est absent ou lorsqu'il est incapable de recevoir le payement au moment où il devait être fait, et lorsque plusieurs personnes prétendent avoir un droit à le recevoir ou que le titre de l'obligation est égaré.

1177. Pour que la consignation de la chose due libère l'obligé, elle devra être, au préalable, notifiée aux personnes intéressées à l'exécution de l'obligation.

La consignation sera inefficace si elle n'est pas conforme strictement aux dispositions qui régissent le payement.

---

[1] La loi de procédure civile (Livre II, titre XII, Sect. 8) établit les règles à suivre en cas de concordat entre les créanciers et le débiteur en déconfiture, et, ailleurs (Livre II, titre XIII, sect. 6), elle édicte celles qu'il convient d'observer au cas de concordat entre le failli et ses créanciers. Nous les avons analysées dans le chapitre XI, sect. VII de notre introduction sur la procédure dans les matières civiles et commerciales.

1178. La consignación se hará depositando las cosas debidas á disposición de la Autoridad judicial[1], ante quien se acreditará el ofrecimiento en su caso, y el anuncio de la consignación en los demás.

Hecha la consignación, deberá notificarse también á los interesados.

1179. Los gastos de la consignación, cuando fuere procedente, serán de cuenta del acreedor.

1180. Hecha debidamente la consignación, podrá el deudor pedir al Juez que mande cancelar la obligación.

Mientras el acreedor no hubiere aceptado la consignación, ó no hubiere recaído la declaración judicial de que está bien hecha, podrá el deudor retirar la cosa ó cantidad consignada, dejando subsistente la obligación.

1181. Si, hecha la consignación, el acreedor autorizase al deudor para retirarla, perderá toda preferencia que tuviere sobre la cosa. Los codeudores y fiadores quedarán libres.

Sección segunda. De la pérdida de la cosa debida.

1182. Quedará extinguida la obligación que consista en entregar una cosa determinada cuando ésta se perdiere ó destruyere sin culpa del deudor y antes de haberse éste constituído en mora.

1183. Siempre que la cosa se hubiese perdido en poder del deudor, se presumirá que la pérdida ocurrió por su culpa y no por caso fortuito, salvo prueba en contrario, y sin perjuicio de lo dispuesto en el art. 1096.

1184. También quedará liberado el deudor en las obligaciones de hacer cuando la prestación resultare legal ó físicamente imposible.

1185. Cuando la deuda de cosa cierta y determinada procediere de delito ó falta, no se eximirá el deudor del pago de su precio, cualquiera que hubiese sido el motivo de la pérdida, á ménos que, ofrecida por él la cosa al que la debía recibir, éste se hubiese sin razón negado á aceptarla.

1186. Extinguida la obligación por la pérdida de la cosa, corresponderán al acreedor todas las acciones que el deudor tuviere contra terceros por razón de ésta.

Sección tercera. De la condonación de la deuda.

1187. La condonación podrá hacerse expresa ó tácitamente.

Una y otra estarán sometidas á los preceptos que rigen las donaciones inoficiosas[2].

---

[1] Si la cantidad que ha de consignarse no excede de 500 pesetas; la Autoridad judicial será el juez municipal, y si excede de dicha suma será el juez de primera instancia. Para la constitución de estos depósitos hay que tener en cuenta lo que dispone el Real Decreto de 24 de diciembre de 1906, cuyos artículos 1.º, 2.º, 5.º, 6.º y 7.º transcribimos á continuación, por ser los que afectan á la disposición del art. 1178 del Cód.: — Art. 1. Los depósitos y consignaciones de cantidades, por virtud de mandato judicial dictado en autos civiles ó criminales, no se harán en caso alguno en que la ley expresamente no lo ordene en los Juzgados ó Tribunales, sino mediante la presentación del resguardo correspondiente, expedido por el establecimiento ó persona designada para el caso, á disposición de la Autoridad judicial que le haya exigido ó acordado. Del resguardo se testimoniará lo suficiente en los autos respectivos. — 2. Los jueces ó Tribunales que en procedimientos civiles ó criminales recojan cantidades, las harán depositar del mismo modo en el término de veinticuatro horas y unirán al expediente certificación del resguardo. — 5. Los depósitos se constituirán en las dependencias centrales y provinciales de la Caja general de Depósitos, y, en su defecto, en poder de los representantes de la Compañía Arrendataria de Tabacos. — 6. Cuando excedan de 20.000 pesetas las cantidades depositadas en poder de los representantes de la Compañía Arrendataria de Tabacos, ordenará el Juez, bajo su responsabilidad, transferir el depósito á la dependencia de la Caja general de Depósitos más próxima, reclamando de ésta tantos resguardos como la diversidad de depósitos exija. — 7. Los gastos de traslación y de custodia serán á cargo del depósito cuando, en el caso del art. 6.º, no se haya constituído en la Caja general de Depósitos, sin perjuicio de que los abone después quien á ellos sea condenado. No serán autorizados otros gastos de traslación que los que se acrediten indispensables y más económicos en el día en que tenga lugar.

[2] Las donaciones son inoficiosas cuando exceden de los límites señalados en los artículos 634, 635 y 636 del Código Civil. Por el primero la donación puede comprender todos los

1178. La consignation se fera en déposant les choses dues à la disposition de l'Autorité judiciaire[1], devant laquelle on fera valider l'offre de payement, quand il y a lieu d'y procéder, et la notification de la consignation, dans les autres cas.

La consignation une fois faite devra être également notifiée aux intéressés.

1179. Les frais de la consignation, quand il en sera fait, seront à la charge du créancier.

1180. Lorsque la consignation sera dûment faite, le débiteur pourra demander au juge d'ordonner la radiation de l'obligation.

Tant que le créancier n'aura pas accepté la consignation, ou que la déclaration judiciaire constatant que la consignation est faite à bon droit ne sera pas intervenue, le débiteur pourra retirer la chose ou la somme consignée, l'obligation continuant à subsister.

1181. Si, la consignation étant faite, le créancier autorise le débiteur à la retirer, il perdra tout droit de préférence qu'il aurait eu sur la chose. Les codébiteurs et les cautions demeureront libérés.

Section II. De la perte de la chose due.

1182. L'obligation consistant à livrer une chose déterminée sera éteinte lorsque cette chose viendra à périr ou à être détruite sans que le débiteur soit en faute et avant qu'il soit constitué en demeure.

1183. Toutes les fois que la chose a été perdue alors qu'elle se trouvait en la possession du débiteur, on présumera que la perte provient de sa faute et non d'un cas fortuit, sauf la preuve contraire, et sans préjudice de ce que dispose l'article 1096.

1184. Le débiteur sera également libéré, s'il s'agit d'obligations de faire, lorsque la prestation deviendra légalement ou physiquement impossible.

1185. Lorsque la dette d'une chose certaine et déterminée proviendra d'un délit ou d'une faute, le débiteur ne sera pas affranchi de l'obligation d'en payer le prix, quel que soit le motif de la perte, à moins qu'ayant offert la chose à celui qui devait la recevoir, celui-ci se soit sans raison refusé à l'accepter.

1186. Lorsque l'obligation est éteinte par la perte de la chose, toutes les actions que le débiteur avait contre des tiers, à raison de cette chose, appartiendront au créancier.

Section III. De la remise de la dette.

1187. La remise de la dette pourra être expresse ou tacite.

L'une et l'autre seront soumises aux principes qui régissent les donations inofficieuses[2].

---

[1] Si la somme à consigner ne dépasse pas 500 *pesetas*, l'autorité judiciaire compétente est le juge municipal; si elle est supérieure à 500 *pesetas*, la compétence appartient au juge de première instance. En ce qui concerne la constitution de ces dépôts, on doit se reporter au décret royal du 24 décembre 1906, dont nous reproduisons les articles 1, 2, 5, 6 et 7, car ce sont eux que vise l'art. 1178 C. civ. — Art. **1.** Les dépôts et consignations de sommes, en vertu d'une ordonnance judiciaire, rendue en matière civile ou criminelle, ne seront jamais effectués dans aucun des cas où la loi ne le prescrit pas expressément, entre les mains des juges ou tribunaux, mais au moyen de la présentation d'un récépissé délivré par l'établissement ou la personne désignée pour recevoir le dépôt, lequel sera mis à la disposition de l'autorité judiciaire qui a exigé ou autorisé le dit dépôt. — De ce récépissé il sera pris note suffisante dans la procédure. — **2.** Les juges ou tribunaux qui, au cours de procédures civiles ou criminelles, reçoivent des sommes d'argent, les feront déposer de la même manière dans les vingt-quatre heures, et ils annexeront le récépissé au dossier de la procédure. — **5.** Les dépôts seront effectués dans les bureaux centraux ou provinciaux de la Caisse générale des dépôts, et, à leur défaut, entre les mains des représentants de la compagnie concessionnaire des Tabacs. — **6.** Lorsque les sommes déposées entre les mains des représentants de la compagnie concessionnaire des Tabacs, dépasseront 20 000 *pesetas*, le juge ordonnera, sous sa responsabilité, de transmettre le dépôt au bureau le plus rapproché de la Caisse générale des dépôts, en lui réclamant autant de récépissés qu'il y a lieu suivant la diversité des dépôts. — **7.** Les frais de transport et de garde seront à la charge du dépôt lorsque, dans le cas prévu par l'art. 6, le dépôt n'a pas été effectué à la Caisse générale des dépôts, sans préjudice de l'obligation de les rembourser incombant à celui qui a été condamné aux dépens. — Il ne sera pas admis d'autres frais de transport que les frais les plus économiques, strictement indispensables au jour où le transport a eu lieu.

[2] Les donations sont inofficieuses lorsqu'elles excèdent les limites indiquées dans les art. 634, 635 et 636 C. Civ. D'après le premier de ces articles, la donation peut comprendre la totalité ou

La condonación expresa deberá, además, ajustarse á las formas de la donación[1].

1188. La entrega del documento privado justificativo de un crédito, hecha voluntariamente por el acreedor al deudor, implica la renuncia de la acción que el primero tenía contra el segundo.

Si para invalidar esta renuncia se pretendiere que es inoficiosa, el deudor y sus herederos podrán sostenerla probando que la entrega del documento se hizo en virtud del pago de la deuda.

1189. Siempre que el documento privado de donde resulte la deuda se hallare en poder del deudor, se presumirá que el acreedor lo entregó voluntariamente, á no ser que se pruebe lo contrario.

1190. La condonación de la deuda principal extinguirá las obligaciones accesorias; pero la de éstas dejará subsistente la primera.

1191. Se presumirá remitida la obligación accesoria de prenda, cuando la cosa pignorada, después de entregada al acreedor, se hallare en poder del deudor.

Sección cuarta.　De la confusión de derechos.

1192. Quedará extinguida la obligación desde que se reunan en una misma persona los conceptos de acreedor y de deudor.

Se exceptúa el caso en que esta confusión tenga lugar en virtud de título de herencia, si ésta hubiese sido aceptada á beneficio de inventario.

1193. La confusión que recae en la persona del deudor ó del acreedor principal, aprovecha á los fiadores. La que se realiza en cualquiera de éstos no extingue la obligación.

1194. La confusión no extingue la deuda mancomunada sino en la porción correspondiente al acreedor ó deudor en quien concurran los dos conceptos.

Sección quinta.　De la compensación.

1195. Tendrá lugar la compensación cuando dos personas, por derecho propio, sean recíprocamente acreedoras y deudoras la una de la otra.

1196. Para que proceda la compensación, es preciso: 1.º Que cada uno de los obligados lo esté principalmente, y sea á la vez acreedor principal del otro; — 2.º Que ambas deudas consistan en una cantidad de dinero, ó, siendo fungibles las cosas debidas, sean de la misma especie y también de la misma calidad, si ésta se hubiese designado; — 3.º Que las dos deudas estén vencidas; — 4.º Que sean líquidas y exigibles; — 5.º Que sobre ninguna de ellas haya retención ó contienda promovida por terceras personas y notificada oportunamente al deudor.

1197. No obstante lo dispuesto en el artículo anterior, el fiador podrá oponer la compensación respecto de lo que el acreedor debiere á su deudor principal.

1198. El deudor que hubiere consentido en la cesión de derechos hecha por un acreedor á favor de un tercero, no podrá oponer al cesionario la compensación que le correspondería contra el cedente.

Si el acreedor le hizo saber la cesión y el deudor no la consintió, puede oponer la compensación de las deudas anteriores á ella, pero no la de las posteriores.

---

bienes presentes del donante ó parte de ellos, con tal que este se reserve, en plena propiedad, ó en usufructo, lo necesario para vivir en un estado correspondiente á sus circunstancias. Por el segundo, se prohibe la donación de los bienes futuros; entendiendo por bienes futuros aquellos de que el donante no puede disponer al tiempo de la donación. Y, por el tercero, se dispone que ninguno puede dar ni recibir por vía de donación más de lo que pueda dar ó recibir por testamento.

[1] Concretamente no disponen nuestras leyes civiles nada respecto á las formas á que han de ajustarse las donaciones. Unicamente, los artículos 620 y 621 del Código Civil declaran: el primero; que las que hayan de producir sus efectos por muerte del donante, participan de la naturaleza de las disposiciones de última voluntad, y se regirán por las reglas establecidas para la sucesión testamentaria; y el segundo; que las que hayan de producir sus efectos entre vivos se regirán por las disposiciones generales de los contratos y obligaciones en lo que expresamente no se halle prescrito al tratar de las donaciones. Todo lo cual quiere decir que si la condonación se hiciere para producir efecto después de la muerte del que le hace, ha de constar forzosamente en testamento; y si se hiciere para producir efectos entre vivos, ha de ajustarse á lo que previenen los artículos 1278 y 1280 que pueden verse en el texto aquí transcrito del Código Civil.

La remise expresse devra, en outre, être faite dans la forme de la donation[1].

1188. La remise du titre sous-seings-privés, faite volontairement par le créancier au débiteur, implique la renonciation à l'action que le premier avait contre le second.

Si, pour invalider cette renonciation, on prétend qu'elle est inofficieuse, le débiteur et ses héritiers pourront la défendre en prouvant que la remise du titre a été faite en vertu du payement de la dette.

1189. Toutes les fois que le titre sous-seings-privés établissant la dette se trouvera en la possession du débiteur, il sera présumé, jusqu'à preuve contraire, que le créancier le lui a volontairement remis.

1190. La remise de la dette principale éteindra les obligations accessoires; la remise de ces dernières obligations laissera, au contraire, subsister l'obligation principale.

1191. Sera présumée remise l'obligation accessoire du gage, lorsque la chose donnée en gage, après avoir été remise au créancier, se trouvera en la possession du débiteur.

Section IV. De la confusion des droits.

1192. L'obligation sera éteinte dès que la qualité de créancier et celle de débiteur se trouveront réunies dans la même personne.

Est excepté le cas où la confusion a lieu en vertu d'une succession, si elle a été acceptée sous bénéfice d'inventaire.

1193. La confusion qui s'opère dans la personne du débiteur ou du créancier principal profite aux cautions. Celle qui s'opère dans la personne de l'une quelconque des cautions n'éteint pas l'obligation.

1194. La confusion n'éteint la dette conjointe que pour la part afférente au créancier ou au débiteur dans la personne de qui se réunissent les deux qualités.

Section V. De la compensation.

1195. Il y aura lieu à compensation lorsque deux personnes, par droit propre, sont réciproquement créancières et débitrices l'une de l'autre.

1196. Pour que la compensation se produise, il faut nécessairement: 1° Que chacun des obligés, le soit principalement, et soit à la fois créancier principal de l'autre; — 2° Que la dette consiste en une somme d'argent ou, si elle consiste en des choses fongibles, qu'elles soient de la même espèce et de la même qualité, si cette qualité a été désignée; — 3° Que les deux dettes soient échues; — 4° Qu'elles soient liquides et exigibles; — 5° Qu'aucune d'elles n'ait été l'objet d'une saisie-arrêt ou d'une instance soulevée par des tiers et notifiée en temps opportun au débiteur.

1197. Nonobstant la disposition contenue dans l'article précédent, la caution peut opposer la compensation eu égard à ce que le créancier doit à son débiteur principal.

1198. Le débiteur qui aura consenti à la cession de droits faite par un créancier au profit d'un tiers, ne pourra pas opposer au cessionnaire la compensation, qu'il aurait pu opposer au cédant.

Si le créancier lui notifie la cession et que le débiteur ne l'accepte pas, il peut opposer la compensation des dettes antérieures à cette cession, mais non des dettes postérieures.

---

partie des biens présents du donateur, pourvu qu'il se réserve, en pleine propriété ou en usufruit, ce qui lui est nécessaire pour vivre conformément à sa situation. — Le deuxième interdit la donation des biens futurs, c'est-à-dire des biens dont le donateur n'a pas la libre disposition au moment de la donation. Enfin, aux termes du troisième, nul ne peut donner ou recevoir par donation plus qu'il ne peut donner ou recevoir par testament.

[1] Nos lois civiles ne contiennent aucune disposition concrète sur la forme dans laquelle doivent être faites les donations. Les articles 620 et 621 C. Civ. se bornent à déclarer, le premier que les donations qui doivent produire leur effet au décès du donateur, participent de la nature des dispositions de dernière volonté, et sont régies par les règles établies pour la succession testamentaire, et le second, que les donations qui doivent produire leurs effets entre vifs, seront régies par les dispositions générales des contrats et obligations pour tout ce qui n'est expressément prescrit en parlant des donations. Ce qui revient à dire que si la donation est faite pour produire effet après le décès du donateur, elle doit être faite nécessairement par testament, et que, si elle doit produire effet entre vifs, elle doit être faite en se conformant aux prescriptions des articles 1278 et 1280 C. Civ. dont nous avons reproduit le texte.

Si la cesión se realiza sin conocimiento del deudor, podrá éste oponer la compensación de los créditos anteriores á ella y de los posteriores hasta que hubiese tenido conocimiento de la cesión.

1199. Las deudas pagaderas en diferentes lugares pueden compensarse mediante indemnización de los gastos de transporte ó cambio al lugar del pago.

1200. La compensación no procederá cuando alguna de las deudas proviniere de depósito ó de las obligaciones del depositario ó comodatario.

Tampoco podrá oponerse al acreedor por alimentos debidos por título gratuito.

1201. Si una persona tuviere contra sí varias deudas compensables, se observará en el orden de la compensación lo dispuesto respecto á la imputación de pagos.

1202. El efecto de la compensación es extinguir una y otra deuda en la cantidad concurrente, aunque no tengan conocimiento de ella los acreedores y deudores.

Sección sexta. De la novación.

1203. Las obligaciones pueden modificarse: 1.º Variando su objeto ó sus condiciones principales; — 2.º Sustituyendo la persona del deudor; — 3.º Subrogando á un tercero en los derechos del acreedor.

1204. Para que una obligación quede extinguida por otra que la sustituya, es preciso que así se declare terminantemente, ó que la antigua y la nueva sean de todo punto incompatibles.

1205. La novación, que consiste en sustituirse un nuevo deudor en lugar del primitivo, puede hacerse sin el conocimiento de éste, pero no sin el consentimiento del acreedor.

1206. La insolvencia del nuevo deudor, que hubiese sido aceptado por el acreedor, no hará revivir la acción de éste contra el deudor primitivo, salvo que dicha insolvencia hubiese sido anterior y pública ó conocida del deudor al delegar su deuda.

1207. Cuando la obligación principal se extinga por efecto de la novación, sólo podrán subsistir las obligaciones accesorias en cuanto aprovechen á terceros que no hubiesen prestado su consentimiento.

1208. La novación es nula si lo fuere también la obligación primitiva, salvo que la causa de nulidad sólo pueda ser invocada por el deudor, ó que la ratificación convalide los actos nulos en su origen.

1209. La subrogación de un tercero en los derechos del acreedor no puede presumirse fuera de los casos expresamente mencionados en este Código.

En los demás será preciso establecerla con claridad para que produzca efecto.

1210. Se presumirá que hay subrogación: 1.º Cuando un acreedor pague á otro acreedor preferente; — 2.º Cuando un tercero, no interesado en la obligación, pague con aprobación expresa ó tácita del deudor; — 3.º Cuando pague el que tenga interés en el cumplimiento de la obligación, salvos los efectos de la confusión en cuanto á la porción que le corresponda.

1211. El deudor podrá hacer la subrogación sin consentimiento del acreedor, cuando para pagar la deuda haya tomado prestado el dinero por escritura pública haciendo constar su propósito en ella, y expresando en la carta de pago la procedencia de la cantidad pagada.

1212. La subrogación transfiere al subrogado el crédito con los derechos á él anexos, ya contra el deudor, ya contra los terceros, sean fiadores ó poseedores de las hipotecas.

1213. El acreedor á quien se hubiere hecho un pago parcial, puede ejercitar su derecho por el resto con preferencia al que se hubiere subrogado en su lugar á virtud del pago parcial del mismo crédito.

Capítulo V. De la prueba de las obligaciones.

Disposiciones generales.

1214. Incumbe la prueba de las obligaciones al que reclama su cumplimiento, y la de su extinción al que la opone.

1215. Las pruebas pueden hacerse: por instrumentos, por confesión, por inspección personal del Juez, por peritos, por testigos y por presunciones.

Si la cession se réalise sans que le débiteur en ait connaissance, celui-ci pourra opposer la compensation des créances antérieures ainsi que celle des créances postérieures jusqu'à ce qu'il ait eu connaissance de la dite cession.

1199. Les dettes payables en différents lieux peuvent se compenser moyennant indemnisation des frais de transport ou de change au lieu du payement.

1200. La compensation n'aura pas lieu lorsque l'une des dettes aura pour cause un dépôt ou les obligations du dépositaire ou du commodataire.

Elle ne pourra pas non plus être opposée au créancier d'une dette alimentaire à titre gratuit.

1201. S'il existe sur une personne plusieurs dettes compensables, on observera pour la compensation l'ordre établi pour l'imputation des payements.

1202. La compensation a pour effet d'éteindre l'une et l'autre dette jusqu'à concurrence de leur montant respectif, même à l'insu des créanciers et des débiteurs.

Section VI. De la novation.

1203. Les obligations peuvent se modifier: 1° En changeant leur objet ou leurs conditions principales; — 2° En substituant un nouveau débiteur au premier; — 3° En subrogeant un tiers aux droits du créancier.

1204. Pour qu'une obligation soit éteinte par une autre qui la remplace, il est indispensable que cela soit déclaré d'une façon péremptoire, ou que l'ancienne et la nouvelle obligation soient de tout point incompatibles.

1205. La novation qui consiste à substituer un nouveau débiteur au premier, peut se faire à l'insu de celui-ci, mais non pas sans le consentement du créancier.

1206. L'insolvabilité du nouveau débiteur qui aura été accepté par le créancier, ne fera pas revivre l'action du dit créancier contre le débiteur primitif, sauf si la dite insolvabilité était antérieure et publique ou connue du débiteur au moment où il a délégué sa dette.

1207. Lorsque l'obligation principale s'éteint par l'effet de la novation, les obligations accessoires ne pourront subsister que dans la mesure seulement où elles profitent à des tiers qui n'ont pas donné leur consentement à la novation.

1208. La novation est nulle lorsque l'obligation primitive l'est aussi, sauf si la cause de nullité peut seulement être invoquée par le débiteur, ou si une ratification valide les actes originairement nuls.

1209. La subrogation d'un tiers aux droits d'un créancier ne peut se présumer en dehors des cas expressément mentionnés dans le présent Code.

Dans les autres cas, il sera nécessaire de l'établir clairement pour qu'elle produise son effet.

1210. Il sera présumé qu'il y a subrogation: 1° Lorsqu'un créancier paye un autre créancier qui lui est préférable; — 2° Lorsqu'un tiers non intéressé dans l'obligation paye avec l'approbation expresse ou tacite du débiteur; — 3° Lorsque le payement est fait par celui qui a intérêt à l'exécution de l'obligation, sauf les effets de la confusion quant à la portion qui lui incombe.

1211. Le débiteur pourra faire la subrogation sans le consentement du créancier lorsque, pour payer la dette, il a emprunté de l'argent par acte public, en faisant constater son intention dans le dit acte, et en exprimant dans la quittance la provenance de la somme payée.

1212. La subrogation transfère au subrogé la créance avec les droits accessoires, aussi bien contre le débiteur que contre les tiers, qu'ils soient cautions ou possesseurs des biens hypothéqués.

1213. Le créancier à qui il a été fait un payement partiel, peut exercer son droit pour le surplus par préférence à celui qui a été subrogé à ses lieu et place en vertu du payement partiel de la même créance.

Chapitre V. De la preuve des obligations.

Dispositions générales.

1214. La preuve des obligations incombe à celui qui réclame leur exécution, et la preuve de leur extinction à celui qui l'oppose.

1215. Les preuves peuvent être faites: par titres, par l'aveu, par l'examen personnel du juge, par experts, par témoins et par présomptions.

Sección primera. De los documentos públicos.

1216. Son documentos públicos los autorizados por un Notario ó empleado público competente, con las solemnidades requeridas por la ley.

1217. Los documentos en que intervenga Notario público se regirán por la legislación Notarial[1].

1218. Los documentos públicos hacen prueba, aun contra tercero, del hecho que motiva su otorgamiento y de la fecha de éste.

También harán prueba contra los contratantes y sus causa habientes, en cuanto á las declaraciones que en ellos hubiesen hecho los primeros.

1219. Las escrituras hechas para desvirtuar otra escritura anterior entre los mismos interesados, sólo producirán efecto contra terceros cuando el contenido de aquéllas hubiese sido anotado en el registro público competente ó al margen de la escritura matriz y del traslado ó copia en cuya virtud hubiera procedido el tercero.

1220. Las copias de los documentos públicos de que exista matriz ó protocolo, impugnadas por aquellos á quienes perjudiquen, sólo tendrán fuerza probatoria cuando hayan sido debidamente cotejadas.

Si resultare alguna variante entre la matriz y la copia, se estará al contenido de la primera.

1221. Cuando hayan desaparecido la escritura matriz, el protocolo, ó los expedientes originales, harán prueba: 1.º Las primeras copias, sacadas por el funcionario público que las autorizara; — 2.º Las copias ulteriores, libradas por mandato judicial, con citación de los interesados; — 3.º Las que, sin mandato judicial, se hubiesen sacado en presencia de los interesados y con su conformidad.

A falta de las copias mencionadas, harán prueba cualesquiera otras que tengan la antigüedad de treinta ó más años, siempre que hubiesen sido tomadas del original por el funcionario que lo autorizó ú otro encargado de su custodia.

Las copias de menor antigüedad, ó que estuviesen autorizadas por funcionario público en quien no concurren las circunstancias mencionadas en el párrafo anterior, sólo servirán como un principio de prueba por escrito.

La fuerza probatoria de las copias de copia será apreciada por los Tribunales según las circunstancias.

1222. La inscripción, en cualquier registro público, de un documento que haya desaparecido, será apreciada según las reglas de los dos últimos párrafos del artículo precedente.

1223. La escritura defectuosa, por incompetencia del Notario ó por otra falta en la forma, tendrá el concepto de documento privado, si estuviese firmada por los otorgantes.

1224. Las escrituras de reconocimiento de un acto ó contrato nada prueban contra el documento en que éstos hubiesen sido consignados, si por exceso ú omisión se apartaren de él, á menos que conste expresamente la novación del primero.

De los documentos privados.

1225. El documento privado, reconocido legalmente, tendrá el mismo valor que la escritura pública entre los que lo hubiesen suscrito y sus causa habientes.

1226. Aquel á quien se oponga en juicio una obligación por escrito que aparezca firmada por él, está obligado á declarar si la firma es ó no suya.

Los herederos ó causa habientes del obligado podrán limitarse á declarar si saben que es ó no de su causante la firma de la obligación.

La resistencia, sin justa causa, á prestar la declaración mencionada en los párrafos anteriores, podrá ser estimada por los Tribunales como una confesión de la autenticidad del documento.

1227. La fecha de un documento privado no se contará respecto de terceros sino desde el día en que hubiese sido incorporado ó inscrito en un registro público, desde la muerte de cualquiera de los que le firmaron, ó desde el día en que se entregase á un funcionario público por razón de su oficio.

---

[1]) Esta legislación notarial, aparte de algunas disposiciones de carácter secundario, está constituída por la Ley de 28 de mayo de 1862 y el Reglamento para la aplicación de esta de 9 de noviembre de 1874, la Instrucción de la misma fecha, y el Real Decreto de 7 de noviembre de 1876.

Section I. Des actes publics.

1216. Sont actes publics, les actes reçus par un notaire ou par un employé compétent, avec les solennités requises par la loi.

1217. Les actes dans lesquels intervient un notaire public seront régis par la législation relative au notariat[1].

1218. Les actes publics font entièrement foi, même vis-à-vis des tiers, du fait qui motive leur rédaction et de leur date.

Ils font foi entière également contre les contractants et leurs ayants-cause, en ce qui concerne les déclarations faites par les dits contractants.

1219. Les écrits faits pour annuler un autre écrit antérieur entre les mêmes intéressés ne produiront un effet à l'égard des tiers que dans le cas seulement où le contenu des dits écrits aura été mentionné sur le registre public compétent, ou en marge de la minute originale, et de l'expédition ou de la copie en vertu de laquelle le tiers a agi.

1220. Les copies des actes publics dont il existe une minute ou un protocole, si elles sont contestées par ceux auxquels elles portent préjudice, feront seulement preuve lorsqu'elles auront été dûment collationnées.

S'il existe une variante entre la minute et la copie, on s'en tiendra au contenu de la première.

1221. En cas de disparition de la minute, du protocole, ou des procédures originales feront foi: 1° Les premières copies délivrées par le fonctionnaire public qui les a reçues; — 2° Les copies ultérieures, délivrées par ordre de justice, les intéressés dûment appelés; — 3° Celles qui, sans ordre judiciaire, auront été délivrées en présence des intéressés et avec leur consentement.

A défaut des copies ci-dessus mentionnées, feront foi les copies quelconques remontant à trente ans et plus, qui auront été faites sur l'original par le fonctionnaire qui l'a reçu ou par un autre qui en avait la garde.

Les copies moins anciennes, ou qui auront été signées par un fonctionnaire public ne réunissant pas les conditions mentionnées dans le paragraphe précédent, serviront seulement de commencement de preuve par écrit.

La force probante des copies de copies sera appréciée par les tribunaux suivant les circonstances.

1222. L'inscription, sur un registre public quelconque, d'un document qui a disparu, sera appréciée suivant les règles des derniers paragraphes de l'article précédent.

1223. L'écrit défectueux par suite de l'incompétence du notaire ou d'un autre défaut de forme, aura la qualité de document privé, s'il a été signé par les contractants.

1224. Les écrits contenant reconnaissance d'un acte ou d'un contrat, ne font pas preuve contre le document consigné dans les dits actes ou contrats, s'ils en diffèrent par addition ou omission, à moins qu'ils ne constatent expressément la novation du premier contrat.

Des documents privés.

1225. L'acte sous seing privé, légalement reconnu, aura la même valeur que l'écrit public entre ceux qui l'auront souscrit et leurs ayants-cause.

1226. Celui à qui l'on oppose en justice une obligation écrite paraissant signée de lui, est obligé de déclarer si la signature est ou non la sienne.

Les héritiers ou ayants-cause de l'obligé pourront se borner à déclarer s'ils savent que la signature de l'obligation est ou n'est pas celle de leur auteur.

La résistance, sans juste cause, à faire la déclaration mentionnée dans les paragraphes précédents, pourra être considérée par les tribunaux comme un aveu de l'authenticité du titre.

1227. La date d'un titre privé ne se comptera à l'égard des tiers que depuis le jour où il a été incorporé ou inscrit sur un registe public, après le décès de l'un quelconque des signataires, ou depuis le jour où il a été remis à un fonctionnaire public à raison de son office.

---

[1]) Cette législation sur le notariat, à part certaines dispositions d'un caractère secondaire, se compose de la Loi du 28 mai 1862 et du règlement pour l'application de cette loi, en date du 9 novembre 1874, de l'instruction de même date, et du décret royal du 7 novembre 1876.

1228. Los asientos, registros y papeles privados únicamente hacen prueba contra el que los ha escrito en todo aquello que conste con claridad; pero el que quiera aprovecharse de ellos habrá de aceptarlos en la parte que le perjudiquen.

1229. La nota escrita ó firmada por el acreedor á continuación, al margen ó al dorso de una escritura que obre en su poder, hace prueba en todo lo que sea favorable al deudor.

Lo mismo se entenderá de la nota escrita ó firmada por el acreedor al dorso, al margen ó á continuación del duplicado de un documento ó recibo que se halle en poder del deudor.

En ambos casos, el deudor que quiera aprovecharse de lo que le favorezca, tendrá que pasar por lo que le perjudique.

1230. Los documentos privados hechos para alterar lo pactado en escritura pública, no producen efecto contra tercero.

Sección segunda. De la confesión.

1231. La confesión puede hacerse judicial ó extrajudicialmente.

En uno y otro caso, será condición indispensable para la validez de la confesión, que recaiga sobre hechos personales del confesante, y que éste tenga capacidad legal para hacerla.

1232. La confesión hace prueba contra su autor.

Se exceptúa el caso en que por ella pueda eludirse el cumplimiento de las leyes.

1233. La confesión no puede dividirse contra el que la hace, salvo cuando se refiera á hechos diferentes, ó cuando una parte de la confesión esté probada por otros medios, ó cuando en algún extremo sea contraria á la naturaleza ó á las leyes.

1234. La confesión sólo pierde su eficacia probando que al hacerla se incurrió en error de hecho.

1235. La confesión judicial debe hacerse ante Juez competente, bajo juramento y hallándose personado en autos aquél á quien ha de aprovechar.

1236. Cuando se solicite la confesión judicial bajo juramento decisorio, la parte á quien se pida podrá referir el juramento á la contraria, y si ésta se negare á prestarlo, se la tendrá por confesa.

1237. No puede pedirse juramento decisorio sobre hechos punibles ni sobre cuestiones acerca de las cuales las partes no puedan transigir.

1238. La confesión prestada bajo juramento decisorio, ya sea deferido ó referido, sólo constituye prueba á favor ó en contra de las partes que á él se sometieron y de sus herederos ó causa-habientes.

No se admitirá prueba sobre la falsedad de dicho juramento.

1239. La confesión extrajudicial se considera como un hecho sujeto á la apreciación de los Tribunales según las reglas establecidas sobre la prueba.

Sección tercera. De la inspección personal del Juez.

1240. La prueba de inspección personal del Juez sólo será eficaz en cuanto claramente permita al Tribunal apreciar, por las exterioridades de la cosa inspeccionada, el hecho que trate de averiguar.

1241. La inspección practicada por un Juez podrá ser apreciada en la sentencia que otro dicte, siempre que el primero hubiera consignado con perfecta claridad en la diligencia los detalles y circunstancias de la cosa inspeccionada.

Sección cuarta. De la prueba de peritos.

1242. Sólo se podrá utilizar este medio de prueba cuando para apreciar los hechos sean necesarios ó convenientes conocimientos científicos, artísticos ó prácticos.

1243. El valor de esta prueba y la forma en que haya de practicarse, son objeto de las disposiciones de la Ley de Enjuiciamiento civil[1].

---

[1]) Estas disposiciones están contenidas en los artículos 610 á 632, ambos inclusive, cuyos preceptos en su parte más esencial pueden verse en la letra D, § 2°, número V del Capítulo segundo *Del procedimiento judicial en las cuestiones civiles mercantiles* que precede al texto del Código de Comercio.

1228. Les notes, registres et papiers privés feront foi uniquement contre celui qui les a écrits, pour tout ce qu'ils constatent avec clarté; mais celui qui voudra s'en servir devra les accepter dans la partie qui lui cause préjudice.

1229. La mention écrite ou signée par le créancier à la suite, en marge ou au dos d'un écrit en sa possession, fait foi de tout ce qu'il contient de favorable au débiteur.

Il en sera de même de la mention écrite ou signée par le créancier au dos, en marge ou à la suite du duplicata d'un titre ou reçu qui se trouve en la possession du débiteur.

Dans les deux cas, le débiteur qui voudra profiter de ce qui lui est favorable dans la dite mention, devra accepter ce qui lui porte préjudice.

1230. Les documents privés faits pour modifier ce qui est convenu dans un acte public, ne produisent pas d'effet contre les tiers.

Section II. De l'aveu.

1231. L'aveu peut se faire judiciairement ou extrajudiciairement.

Dans l'un et l'autre cas, une condition sera indispensable pour la validité de l'aveu, à savoir qu'il porte sur des faits personnels à l'auteur de l'aveu, et que celui-ci ait la capacité légale de le faire.

1232. L'aveu fait pleine foi contre son auteur.

Est excepté le cas où par l'aveu il pourrait se soustraire à l'exécution des lois.

1233. L'aveu ne peut se diviser contre celui qui l'a fait, sauf lorsqu'il se réfère à des faits différents, ou lorsqu'une partie de l'aveu est prouvée par d'autres moyens, ou que sur un point il est contraire à la nature ou aux lois.

1234. L'aveu ne perd sa force qu'en prouvant que celui qui l'a fait a commis une erreur de fait.

1235. L'aveu judiciaire doit être fait devant le juge compétent, sous serment, et celui à qui il profite doit être partie à la procédure.

1236. Lorsque l'on requiert l'aveu judiciaire sous serment décisoire, la partie à qui l'aveu est demandé peut à son tour référer le serment à la partie adverse, et, si celle-ci se refuse à le prêter, elle sera réputée avoir avoué.

1237. Le serment judiciaire ne peut être déféré sur des faits punissables ni sur des questions à l'égard desquelles les parties ne peuvent transiger.

1238. L'aveu fait par serment décisoire, qu'il soit déféré ou référé, ne constitue une preuve que pour ou contre les parties qui s'y soumettent, leurs héritiers ou ayants-cause.

La preuve de la fausseté de ce serment ne sera pas recevable.

1239. L'aveu extrajudiciaire sera considéré comme un fait soumis à l'appréciation des tribunaux suivant les règles établies sur la preuve.

Section III. De l'examen personnel du juge.

1240. La preuve résultant de l'examen personnel du juge ne sera efficace que dans le cas seulement où il permet clairement au tribunal d'apprécier par les circonstances extérieures de la chose examinée, le fait qu'il s'agit de vérifier.

1241. L'examen fait par un juge pourra être apprécié dans la sentence prononcée par un autre juge, toutes les fois que le premier aura consigné avec une parfaite clarté dans le procès-verbal rendant compte de ses diligences, les détails et les circonstances de la chose examinée.

Section IV. De la preuve par experts.

1242. On ne pourra avoir recours à ce mode de preuve que lorsque, pour apprécier les faits, il sera nécessaire ou utile d'avoir des connaissances scientifiques, artistiques ou pratiques.

1243. La valeur de cette preuve et la forme dans laquelle elle doit être faite sont l'objet des dispositions de la loi de procédure civile[1].

---

[1] Ces dispositions sont contenues dans les articles 610 à 632 inclusivement, dont les prescriptions essentielles sont résumées sous la lettre D, § 2, numéro V, du Chapitre II «De la procédure judiciaire dans les affaires civiles et commerciales», de l'introduction qui précède le texte du Code de commerce.

Sección quinta. De la prueba de testigos.

1244. La prueba de testigos será admisible en todos los casos en que no se halle expresamente prohibida.

1245. Podrán ser testigos todas las personas de uno y otro sexo que no fueren inhábiles por incapacidad ó disposición de la ley.

1246. Son inhábiles por incapacidad natural: 1.º Los locos ó dementes; — 2.º Los ciegos y sordos, en las cosas cuyo conocimiento depende de la vista y el oído; — 3.º Los menores de catorce años.

1247. Son inhábiles por disposición de la ley: 1.º Los que tienen interés directo en el pleito; — 2.º Los ascendientes en los pleitos de los descendientes, y éstos en los de aquéllos; — 3.º El suegro ó suegra en los pleitos del yerno ó nuera y viceversa; — 4.º El marido en los pleitos de la mujer y la mujer en los del marido; — 5.º Los que están obligados á guardar secreto, por su estado ó profesión, en los asuntos relativos á su profesión ó estado; — 6.º Los especialmente inhabilitados para ser testigos en ciertos actos.

Lo dispuesto en los números 2.º, 3.º y 4.º no es aplicable á los pleitos en que se trate de probar el nacimiento ó defunción de los hijos ó cualquiera hecho íntimo de familia que no sea posible justificar por otros medios.

1248. La fuerza probatoria de las declaraciones de los testigos será apreciada por los Tribunales conforme á lo establecido en la Ley de Enjuiciamiento civil[1], cuidando de evitar que por la simple coincidencia de algunos testimonios, á menos que su veracidad sea evidente, queden definitivamente resueltos los negocios en que de ordinario suelen intervenir escrituras, documentos privados ó algún principio de prueba por escrito.

Sección sexta. De las presunciones.

1249. Las presunciones no son admisibles sino cuando el hecho de que han de deducirse esté completamente acreditado.

1250. Las presunciones que la ley establece dispensan de toda prueba á los favorecidos por ellas.

1251. Las presunciones establecidas por la ley pueden destruirse por la prueba en contrario, excepto en los casos en que aquélla expresamente lo prohiba.

Contra la presunción de que la cosa juzgada es verdad, sólo será eficaz la sentencia ganada en juicio de revisión.

1252. Para que la presunción de cosa juzgada surta efecto en otro juicio, es necesario que, entre el caso resuelto por la sentencia y aquél en que ésta sea invocada, concurra la más perfecta identidad entre las cosas, las causas, las personas de los litigantes y la calidad con que lo fueron.

En las cuestiones relativas al estado civil de las personas y en las de validez ó nulidad de las disposiciones testamentarias, la presunción de cosa juzgada es eficaz contra terceros, aunque no hubiesen litigado.

Se entiende que hay identidad de personas siempre que los litigantes del segundo pleito sean causa-habientes de los que contendieron en el pleito anterior, ó estén unidos á ellos por vínculos de solidaridad ó por los que establece la indivisibilidad de las prestaciones entre los que tienen derecho á exigirlas ú obligación de satisfacerlas.

1253. Para que las presunciones no establecidas por la ley sean apreciables como medio de prueba, es indispensable que entre el hecho demostrado y aquel que se trate de deducir haya un enlace preciso y directo según las reglas del criterio humano.

---

[1] El artículo 650 de dicha Ley declara que «los jueces y tribunal apreciarán la fuerza probatoria de las declaraciones de los testigos conforme á las reglas de la sana crítica, teniendo en consideración la razón de ciencia que hubieren dado y las circunstancias que en ellos concurran. Sin embargo, cuando la ley determina el número ó la calidad de los testigos, como solemnidad ó circunstancia especial del acto á que se refiere, se observará lo dispuesto para aquel caso.» Lo cual quiere decir, que fuera de esos casos especiales á que hace referencia la última parte del artículo, el juez dará el valor que quiera á la prueba testifical con arreglo tan solo al convencimiento que en él se haya producido por este medio. Véase también lo dicho respecto á la prueba testifical en la página 51 *Del procedimiento judicial en las cuestiones civiles mercantiles.*

Section V. De la preuve par témoins.

1244. La preuve par témoins sera recevable dans tous les cas où elle n'est pas expressément prohibée.

1245. Pourront être témoins toutes les personnes de l'un et de l'autre sexe, qui ne seront pas inhabiles par incapacité ou disposition de la loi.

1246. Sont inhabiles à raison de leur incapacité naturelle: 1° Les fous et les déments; — 2° Les aveugles et les sourds, pour les choses dont la connaissance dépend de la vue et de l'ouïe; — 3° Les mineurs de quatorze ans.

1247. Sont inhabiles en vertu d'une disposition de la loi: 1° Ceux qui ont un intérêt direct dans le procès; — 2° Les ascendants, dans les procès de leurs descendants, et ceux-ci dans les procès de leurs ascendants; — 3° Le beau-père ou la belle-mère dans les procès de son gendre ou de sa bru et vice versa; — 4° Le mari dans les procès de sa femme et la femme dans ceux du mari; — 5° Ceux qui sont obligés de garder un secret, à raison de leur état ou profession, dans les questions relatives à leur état ou profession; — 6° Les individus spécialement incapables d'être témoins dans certains actes.

La disposition contenue dans les n°s 2, 3 et 4 n'est pas applicable aux procès dans lesquels il s'agit de prouver la naissance ou le décès des enfants ou un fait quelconque intime de famille dont il n'est pas possible de justifier autrement.

1248. La force probante des déclarations des témoins sera appréciée par les tribunaux conformément à ce qui est établi dans la loi de procédure civile[1], en ayant soin d'éviter que par la simple coincidence de certains témoignages, à moins que leur véracité ne soit évidente, on n'arrive à trancher définitivement des affaires dans lesquelles il est ordinairement d'usage d'employer des écrits ou documents privés, ou un commencement de preuve par écrit.

Section VI. Des présomptions.

1249. Les présomptions ne peuvent être admises que dans le cas seulement où le fait duquel elles doivent être déduites est complètement prouvé.

1250. Les présomptions que la loi établit dispensent de toute preuve ceux qu'elles favorisent.

1251. Les présomptions établies par la loi peuvent se détruire par la preuve contraire, excepté dans les cas où la loi le prohibe expressément.

Contre la présomption de vérité de la chose jugée, la sentence rendue dans l'instance en revision produira seule effet.

1252. Pour que la présomption de chose jugée sorte son effet dans une autre instance, il est nécessaire qu'entre le cas résolu par la sentence et celui dans lequel elle est invoquée, il existe la plus parfaite identité entre les choses, les causes, les personnes des parties plaidantes et la qualité dans laquelle elles agissent.

Dans les questions relatives à l'état civil des personnes et à la validité ou la nullité des dispositions testamentaires, la présomption de la chose jugée est efficace contre les tiers bien qu'ils n'aient pas été partie au procès.

Il est réputé y avoir identité de personnes toutes les fois que les parties du second procès sont des ayants-cause de celles qui ont figuré dans le procès antérieur, ou qu'elles sont unies à elles par des liens de solidarité ou par ceux résultant de l'indivisibilité des prestations entre ceux qui ont le droit de les exiger ou l'obligation de les fournir.

1253. Pour que les présomptions non établies par la loi soient admises comme moyens de preuve, il est indispensable qu'entre le fait démontré et celui qu'il s'agit de déduire il existe un enchaînement précis et direct suivant les règles de la critique humaine.

---

[1] Cette loi, art. 650 dispose que «les juges et tribunaux apprécieront la force probante des déclarations des témoins conformément aux règles d'une saine critique, en prenant en considération la raison scientifique qu'ils auront donnée et les circonstances dans lesquelles ils se trouvent. Cependant, lorsque la loi détermine le nombre ou la qualité des témoins, comme condition solennelle ou spéciale de l'acte auquel se réfère le témoignage, on observera la disposition relative à ce cas.» Cela veut dire que, sauf dans les cas spéciaux visés par la dernière partie de l'article, le juge donnera à la preuve par témoins la valeur qu'il jugera convenable, d'après la conviction que ce moyen de preuve a produit sur son esprit. V. aussi ce qui est dit sur la preuve testimoniale p. 51 de notre étude préliminaire sur «*La procédure judiciaire dans les affaires civiles et commerciales.*»

Título II. De los contratos.

Capítulo primero. Disposiciones generales.

1254. El contrato existe desde que una ó varias personas consienten en obligarse, respecto de otra ú otras, á dar alguno cosa ó prestar algún servicio.

1255. Los contratantes pueden establecer los pactos, cláusulas y condiciones que tengan por conveniente, siempre que no sean contrarios á las leyes, á la moral, ni al orden público.

1256. La validez y el cumplimiento de los contratos no pueden dejarse al arbitrio de uno de los contratantes.

1257. Los contratos sólo producen efecto entre las partes que los otorgan y sus herederos; salvo, en cuanto á éstos, el caso en que los derechos y obligaciones que proceden del contrato no sean transmisibles, ó por su naturaleza, ó por pacto, ó por disposición de la ley.

Si el contrato contuviere alguna estipulación en favor de un tercero, éste podrá exigir su cumplimiento, siempre que hubiese hecho saber su aceptación al obligado antes de que haya sido aquélla revocada.

1258. Los contratos se perfeccionan por el mero consentimiento, y desde entonces obligan, no sólo al cumplimiento de lo expresamente pactado, sino también á todas las consecuencias que, según su naturaleza, sean conformes á la buena fe, al uso y á la ley.

1259. Ninguno puede contratar á nombre de otro sin estar por éste autorizado ó sin que tenga por la ley su representación legal.

El contrato celebrado á nombre de otro por quien no tenga su autorización ó representación legal será nulo, á no ser que lo ratifique la persona á cuyo nombre se otorgue antes de ser revocado por la otra parte contratante.

1260. No se admitirá juramento en los contratos. Si se hiciere, se tendrá por no puesto.

Capítulo II. De los requisitos esenciales para la validez de los contratos.

Disposición general.

1261. No hay contrato sino cuando concurren los requisitos siguientes: 1.º Consentimiento de los contratantes; — 2.º Objeto cierto que sea materia del contrato; — 3.º Causa de la obligación que se establezca.

Sección primera. Del consentimiento.

1262. El consentimiento se manifiesta por el concurso de la oferta y de la aceptación sobre la cosa y la causa que han de constituir el contrato.

La aceptación hecha por carta no obliga al que hizo la oferta sino desde que llegó á su conocimiento. El contrato, en tal caso, se presume celebrado en el lugar en que se hizo la oferta [1].

1263. No pueden prestar consentimiento: 1.º Los menores no emancipados; — 2.º Los locos ó dementes y los sordomudos que no sepan escribir; — 3.º Las mujeres casadas, en los casos expresados por la ley.

1264. La incapacidad declarada en el artículo anterior está sujeta á las modificaciones que la ley determina, y se entiende sin perjuicio de las incapacidades especiales que la misma establece.

1265. Será nulo el consentimiento prestado por error, violencia, intimidación ó dolo.

1266. Para que el error invalide el consentimiento, deberá recaer sobre la sustancia de la cosa que fuere objeto del contrato, ó sobre aquellas condiciones de la misma que principalmente hubiesen dado motivo á celebrarlo.

El error sobre la persona sólo invalidará el contrato cuando la consideración á ella hubiere sido la causa principal del mismo.

El simple error de cuenta sólo dará lugar á su corrección.

1267. Hay violencia cuando para arrancar el consentimiento se emplea una fuerza irresistible.

---

[1] Esta segunda parte de este artículo no tiene aplicación en lo mercantil por ser contrario á lo expresamente determinado en el 54 del Código de comercio.

Titre II. Des Contrats.
Chapitre I. Dispositions générales.

1254. Le contrat existe dès qu'une ou plusieurs personnes consentent à s'obliger, envers une ou plusieurs autres, à donner une certaine chose ou à fournir un certain service.

1255. Les contractants peuvent établir les pactes, clauses et conditions qu'ils jugent convenables, toutes les fois qu'elles ne sont pas contraires aux lois, à la morale ni à l'ordre public.

1256. La validité et l'exécution des contrats ne peuvent être laissés à la volonté de l'un des contractants.

1257. Les contrats produisent un effet seulement entre les parties qui les passent et leurs héritiers, sauf, en ce qui concerne ceux-ci, le cas où les droits et obligations dérivant du contrat ne sont pas transmissibles à raison soit de leur nature, soit d'une convention, soit d'une disposition de la loi.

Si le contrat contient une stipulation en faveur d'un tiers, celui-ci pourra exiger son exécution, pourvu qu'il ait fait connaître son acceptation à l'obligé avant que cette stipulation n'ait été révoquée.

1258. Les contrats sont parfaits par le simple consentement, et, dès lors, ils obligent non seulement à l'exécution de ce qui a été expressément convenu, mais encore à toutes les conséquences qui, d'après leur nature, sont conformes à la bonne foi, à l'usage et à la loi.

1259. Nul ne peut contracter au nom d'un tiers sans y être autorisé par lui, ou sans être son représentant légal.

Le contrat fait au nom d'un tiers sans autorisation ou sans avoir le droit de le représenter légalement sera nul, s'il n'est ratifié par la personne au nom de qui il a été fait avant d'avoir été révoqué par l'autre partie contractante.

1260. On n'admettra pas le serment dans les contrats. S'il est fait, il sera réputé non prêté.

Chapitre II. Des conditions pour la validité des contrats.
Disposition générale.

1261. Il n'y a pas contrat à moins que les conditions suivantes ne soient réunies: 1° Consentement des contractants; — 2° Objet certain formant la matière du contrat; — 3° Cause de l'obligation établie.

Section I. Du consentement.

1262. Le consentement se manifeste par le concours de l'offre et de l'acceptation sur la chose et la cause qui doivent constituer le contrat.

L'acceptation faite par lettre n'oblige celui qui a fait l'offre que lorsqu'elle est arrivée à sa connaissance. Le contrat, dans ce cas, est présumé passé dans le lieu où l'offre a été faite[1].

1263. Ne peuvent donner leur consentement: 1° Les mineurs non émancipés; — 2° Les fous ou déments et les sourds-muets qui ne savent pas écrire; — 3° Les femmes mariées, dans les cas énoncés par la loi.

1264. L'incapacité déclarée dans l'article précédent est soumise aux modifications déterminées par la loi, et elle s'entend sans préjudice des incapacités spéciales que la loi établit.

1265. Sera nul le consentement donné par erreur, violence, intimidation ou dol.

1266. Pour invalider le consentement, l'erreur devra porter sur la substance de la chose faisant l'objet du contrat, ou sur les circonstances de la dite chose qui auront principalement motivé ce contrat.

L'erreur sur la personne n'invalidera le contrat que dans le cas seulement où la considération de la personne en aura été la cause principale.

La simple erreur de compte donne lieu seulement à sa rectification.

1267. Il y a violence lorsque pour arracher le consentement on emploie une force irrésistible.

---

[1] Le seconde partie de cet article est sans application en matière commerciale, car elle est en opposition avec les dispositions expresses de l'art. 54 du Code de commerce.

Hay intimidación cuando se inspira á uno de los contratantes el temor racional y fundado de sufrir un mal inminente y grave en su persona ó bienes, ó en la persona ó bienes de su cónyuge, descendientes ó ascendientes.

Para calificar la intimidación debe atenderse á la edad, al sexo y á la condición de la persona.

El temor de desagradar á las personas á quienes se debe sumisión y respeto no anulará el contrato.

1268. La violencia ó intimidación anularán la obligación, aunque se hayan empleado por un tercero que no intervenga en el contrato.

1269. Hay dolo cuando, con palabras ó maquinaciones insidiosas de parte de uno de los contratantes, es inducido el otro á celebrar un contrato que, sin ellas, no hubiera hecho.

1270. Para que el dolo produzca la nulidad de los contratos, deberá ser grave y no haber sido empleado por las dos partes contratantes.

El dolo incidental sólo obliga al que lo empleó á indemnizar daños y perjuicios.

Sección segunda. Del objeto de los contratos.

1271. Pueden ser objeto de contrato todas las cosas que no están fuera del comercio de los hombres, aun las futuras.

Sobre la herencia futura no se podrá, sin embargo, celebrar otros contratos que aquellos cuyo objeto sea practicar entre vivos la división de un caudal conforme al art. 1056.

Pueden ser igualmente objeto de contrato todos los servicios que no sean contrarios á las leyes ó á las buenas costumbres.

1272. No podrán ser objeto de contrato las cosas ó servicios imposibles.

1273. El objeto de todo contrato debe ser una cosa determinada en cuanto á su especie. La indeterminación en la cantidad no será obstáculo para la existencia del contrato, siempre que sea posible determinarla sin necesidad de nuevo convenio entre los contratantes.

Sección tercera. De la causa de los contratos.

1274. En los contratos onerosos se entiende por causa, para cada parte contratante, la prestación ó promesa de una cosa ó servicio por la otra parte; en los remuneratorios, el servicio ó beneficio que se remunera, y en los de pura beneficencia, la mera liberalidad del bienhechor.

1275. Los contratos sin causa, ó con causa ilícita, no producen efecto alguno. Es ilícita la causa cuando se opone á las leyes ó á la moral.

1276. La expresión de una causa falsa en los contratos dará lugar á la nulidad, si no se probase que estaban fundados en otra verdadera y lícita.

1277. Aunque la causa no se exprese en el contrato, se presume que existe y que es lícita mientras el deudor no pruebe lo contrario.

Capítulo III. De la eficacia de los contratos.

1278. Los contratos serán obligatorios, cualquiera que sea la forma en que se hayan celebrado, siempre que en ellos concurran las condiciones esenciales para su validez.

1279. Si la ley exigiere el otorgamiento de escritura ú otra forma especial para hacer efectivas las obligaciones propias de un contrato, los contratantes podrán compelerse recíprocamente á llenar aquella forma desde que hubiese intervenido el consentimiento y demás requisitos necesarios para su validez.

1280. Deberán constar en documento público: 1.º Los actos y contratos que tengan por objeto la creación, transmisión, modificación ó extinción de derechos reales sobre bienes inmuebles; — 2.º Los arrendamientos de estos mismos bienes por seis ó más años, siempre que deban perjudicar á tercero; — 3.º Las capitulaciones matrimoniales y la constitución y aumento de la dote, siempre que se intente hacerlos valer contra terceras personas; — 4.º La cesión, repudiación y renuncia de los derechos hereditarios ó de los de la sociedad conyugal; — 5.º El poder para contraer matrimonio, el general para pleitos y los especiales que deban presentarse en juicio; el poder para administrar bienes, y cualquier otro que tenga

Il y a intimidation lorsqu'on inspire à l'un des contractants une crainte rationnelle et fondée de souffrir un mal imminent et grave dans sa personne ou dans ses biens, ou dans la personne ou les biens de son conjoint, de ses descendants ou ascendants.

Pour qualifier l'intimidation on doit avoir égard à l'âge, au sexe et à la condition de la personne.

La crainte de déplaire aux personnes à qui l'on doit soumission et respect n'annulera pas le contrat.

1268. La violence ou l'intimidation annuleront l'obligation, bien qu'elles aient été employées par un tiers qui n'est pas intervenu dans le contrat.

1269. Il y a dol lorsque, grâce à des paroles ou à des machinations insidieuses, émanées de l'un des contractants, l'autre a été induit à faire un contrat que, sans elles, il n'aurait pas fait.

1270. Pour que le dol produise la nullité des contrats, il devra être grave et n'avoir pas été employé par les deux parties contractantes.

Le dol incidentel oblige seulement celui qui l'emploie à réparer les dommages et préjudices.

Section II. De l'objet des contrats.

1271. Peuvent être l'objet des contrats toutes les choses qui ne sont pas hors du commerce, même les choses futures.

Néanmoins, sur la succession à venir, il ne pourra être fait d'autres contrats que ceux ayant pour objet le partage entre-vifs d'un héritage conformément à l'art. 1056.

Peuvent également être l'objet des contrats tous les services qui ne sont pas contraires aux lois ou aux bonnes mœurs.

1272. Ne pourront pas être l'objet d'un contrat les choses ou les services impossibles.

1273. L'objet de tout contrat doit être une chose déterminée quant à son espèce. L'indétermination, quand elle porte sur la quantité, ne sera pas un obstacle à l'existence des contrats, toutes les fois qu'il sera possible de la déterminer sans avoir besoin d'une nouvelle convention entre les contractants.

Section III. De la cause des contrats.

1274. On entend par cause, pour chaque contractant, dans les contrats onéreux la prestation ou la promesse d'une chose ou d'un service par l'autre partie; dans les contrats rémunératoires, le service ou le bienfait rémunéré, et, dans les contrats de pure bienfaisance, la simple libéralité du bienfaiteur.

1275. Les contrats sans cause, ou ayant une cause illicite, ne produisent aucun effet. La cause est illicite quand elle est contraire aux lois ou à la morale.

1276. L'expression d'une cause fausse dans les contrats entraînera la nullité, s'il n'est pas prouvé qu'ils étaient fondés sur une autre cause véritable et licite.

1277. Bien que la cause d'un contrat ne soit pas exprimée, on présume que cette cause existe et qu'elle est licite, tant que le débiteur ne prouve pas le contraire.

Chapitre III. De l'efficacité des contrats.

1278. Les contrats seront obligatoires, quelle que soit la forme dans laquelle ils ont été faits, pourvu qu'ils réunissent les conditions essentielles pour leur validité.

1279. Si la loi exige la rédaction d'un acte ou une autre forme spéciale pour rendre effectives les obligations propres d'un contrat, les contractants pourront se contraindre réciproquement à remplir cette formalité dès que seront intervenus le consentement et les autres conditions nécessaires pour la validité du contrat.

1280. Devront être constatés par acte public: 1.° Les actes et contrats qui ont pour objet la création, la transmission, la modification ou l'extinction de droits réels sur les immeubles; — 2° Les baux des mêmes biens pour six années ou plus, toutes les fois qu'ils doivent être opposés à un tiers; — 3° Les contrats de mariage, la constitution et l'augmentation de la dot, toutes les fois qu'on entend les faire valoir contre des tiers; — 4° La cession et la répudiation des droits héréditaires, et des droits dans la société conjugale, ainsi que la renonciation aux dits droits; — 5° Le pouvoir pour contracter mariage, le pouvoir général pour plaider et les pouvoirs spéciaux qui doivent être produits en justice, le pouvoir pour administrer des biens

por objeto un acto redactado ó que deba redactarse en escritura pública, ó haya de perjudicar á tercero; — 6.º La cesión de acciones ó derechos procedentes de un acto consignado en escritura pública.

También deberán hacerse constar por escrito, aunque sea privado, los demás contratos en que la cuantía de las prestaciones de uno ó de los dos contratantes exceda de 1,500 pesetas.

Capítulo IV. De la interpretación de los contratos.

1281. Si los términos de un contrato son claros y no dejan duda sobre la intención de los contratantes, se estará al sentido literal de sus cláusulas.

Si las palabras pareciesen contrarias á la intención evidente de los contratantes, prevalecerá ésta sobre aquéllas.

1282. Para juzgar de la intención de los contratantes, deberá atenderse principalmente á los actos de éstos, coetáneos y posteriores al contrato.

1283. Cualquiera que sea la generalidad de los términos de un contrato, no deberán entenderse comprendidos en él cosas distintas y casos diferentes de aquellos sobre que los interesados se propusieron contratar.

1284. Si alguna cláusula de los contratos admitiere diversos sentidos, deberá entenderse en el más adecuado para que produzca efecto.

1285. Las cláusulas de los contratos deberán interpretarse las unas por las otras, atribuyendo á las dudosas el sentido que resulte del conjunto de todas.

1286. Las palabras que puedan tener distintas acepciones serán entendidas en aquella que sea más conforme á la naturaleza y objeto del contrato.

1287. El uso ó la costumbre del país se tendrán en cuenta para interpretar las ambigüedades de los contratos, supliendo en éstos la omisión de cláusulas que de ordinario suelen establecerse.

1288. La interpretación de las cláusulas obscuras de un contrato no deberá favorecer á la parte que hubiese ocasionado la obscuridad.

1289. Cuando absolutamente fuere imposible resolver las dudas por las reglas establecidas en los artículos precedentes, si aquéllas recaen sobre circunstancias accidentales del contrato, y éste fuere gratuito, se resolverán en favor de la menor transmisión de derechos é intereses. Si el contrato fuere oneroso, la duda se resolverá en favor de la mayor reciprocidad de intereses.

Si las dudas de cuya resolución se trata en este artículo recayesen sobre el objeto principal del contrato, de suerte que no pueda venirse en conocimiento de cuál fué la intención ó voluntad de los contratantes, el contrato será nulo.

Capítulo V. De la rescisión de los contratos.

1290. Los contratos válidamente celebrados pueden rescindirse en los casos establecidos por la ley.

1291. Son rescindibles: 1.º Los contratos que pudieren celebrar los tutores sin autorización del consejo de familia, siempre que las personas á quienes representan hayan sufrido lesión en más de la cuarta parte del valor de las cosas que hubiesen sido objeto de aquéllos; — 2.º Los celebrados en representación de los ausentes, siempre que éstos hayan sufrido la lesión á que se refiere el número anterior; — 3.º Los celebrados en fraude de acreedores, cuando éstos no puedan de otro modo cobrar lo que se les deba; — 4.º Los contratos que se refieran á cosas litigiosas, cuando hubiesen sido celebrados por el demandado sin conocimiento y aprobación de las partes litigantes ó de la Autoridad judicial competente; — 5.º Cualesquiera otros en que especialmente lo determine la ley.

1292. Son también rescindibles los pagos hechos en estado de insolvencia por cuenta de obligaciones á cuyo cumplimiento no podía ser compelido el deudor al tiempo de hacerlos.

1293. Ningún contrato se rescindirá por lesión, fuera de los casos mencionados en los números 1.º y 2.º del art. 1291.

1294. La acción de rescisión es subsidiaria; no podrá ejercitarse sino cuando el perjudicado carezca de todo otro recurso legal para obtener la reparación del perjuicio.

1295. La rescisión obliga á la devolución de las cosas que fueron objeto del contrato con sus frutos, y del precio con sus intereses; en consecuencia, sólo podrá llevarse á efecto cuando el que la haya pretendido pueda devolver aquello á que por su parte estuviese obligado.

et tout autre pouvoir quelconque ayant pour objet un acte rédigé ou à rédiger par acte public, ou devant être opposé à un tiers; — 6° La cession des actions ou droits procédant d'un acte consigné dans un titre public.

On doit également constater par écrit, tout au moins sous seing privé, les autres contrats dans lesquels la somme des prestations de l'un ou des deux contractants dépasse 1500 *pesetas*.

Chapitre IV.   De l'interprétation des contrats.

1281. Si les termes d'un contrat sont clairs et ne laissent pas place au doute sur l'intention des parties, on se tiendra au sens littéral de ses clauses.

Si les termes paraissent contraires à l'intention des parties, on préférera l'intention aux expressions employées.

1282. Pour juger de l'intention des contractants, on devra faire attention principalement à leurs actes contemporains et postérieurs au contrat.

1283. Quelle que soit la généralité des termes d'un contrat, on ne devra pas y comprendre des choses distinctes et des cas différents de ceux sur lesquels les parties se sont proposé de contracter.

1284. Si l'une des clauses des contrats est susceptible de plusieurs sens, on devra l'entendre dans le sens le plus convenable pour qu'elle produise un effet.

1285. Les clauses des contrats devront s'interpréter les unes par les autres, en donnant aux clauses douteuses le sens résultant de l'ensemble.

1286. Les expressions susceptibles de recevoir plusieurs acceptions seront entendues dans celle qui sera la plus conforme à la nature et à l'objet du contrat.

1287. On tiendra compte de l'usage et de la coutume du pays pour interpréter les dispositions ambiguës des contrats, et l'on suppléera l'omission des clauses que, d'ordinaire, il est d'usage d'y insérer.

1288. L'interprétation des clauses obscures d'un contrat ne devra pas favoriser la partie qui aura été cause de l'obscurité.

1289. Lorsqu'il sera absolument impossible de résoudre les doutes par les règles établies dans les articles précédents, si ces doutes portent sur les circonstances accidentelles du contrat, et que celui-ci soit à titre gratuit, on résoudra la difficulté en faveur de la moindre transmission de droits et intérêts. Si le contrat est à titre onéreux, le doute se résoudra en faveur de la plus complète réciprocité d'intérêts.

Si les doutes dont la résolution est prévue par le présent article portent sur l'objet principal du contrat, de sorte qu'il soit impossible de connaître quelle a été l'intention ou la volonté des contractants, le contrat sera nul.

Chapitre V.   De la rescision des contrats.

1290. Les contrats valablement faits peuvent être rescindés dans les cas établis par la loi.

1291. Sont rescindables: 1° Les contrats que pourront faire les tuteurs sans l'autorisation du conseil de famille, toutes les fois que les personnes qu'ils représentent ont éprouvé une lésion de plus du quart de la valeur des choses qui ont été l'objet de ces contrats; — 2° Les contrats faits par les représentants des absents, toutes les fois que ceux-ci ont éprouvé la lésion prévue par le numéro précédent; — 3° Les contrats faits en fraude des créanciers, lorsque ceux-ci ne peuvent pas, d'une autre manière, recevoir ce qui leur est dû; — 4° Les contrats qui se réfèrent à des choses litigieuses, lorsqu'ils ont été faits par le défendeur à l'insu et sans l'approbation des parties adverses ou de l'autorité judiciaire compétente; — 5° Tout autre contrat quelconque spécialement déterminé par la loi.

1292. Sont aussi rescindables les payements faits en état d'insolvabilité à valoir sur des obligations à l'exécution desquelles le débiteur ne pouvait être contraint, à l'époque où les dits payements ont été effectués.

1293. Aucun contrat n'est rescindable pour cause de lésion, en dehors des cas mentionnés sous les nos 1 et 2 de l'article 1291.

1294. L'action en rescision est subsidiaire; elle ne pourra être exercée que dans le cas seulement où la partie lésée manque de tout autre recours légal pour obtenir la réparation du préjudice.

1295. La rescision oblige à la dévolution des choses qui auront fait l'objet du contrat, avec leurs fruits, et du prix avec les intérêts; en conséquence, elle pourra seulement produire son effet lorsque celui qui l'aura demandée pourra restituer ce dont, pour sa part, il était tenu.

Tampoco tendrá lugar la rescisión cuando las cosas objeto del contrato se hallaren legalmente en poder de terceras personas que no hubiesen procedido de mala fe.

En este caso podrá reclamarse la indemnización de perjuicios al causante de la lesión.

1296. La rescisión de que trata el número 2.° del artículo 1291 no tendrá lugar respecto de los contratos celebrados con autorización judicial.

1297. Se presumen celebrados en fraude de acreedores todos aquellos contratos por virtud de los cuales el deudor enajenare bienes á título gratuito.

También se presumen fraudulentas las enajenaciones á título oneroso, hechas por aquellas personas contra las cuales se hubiese pronunciado antes sentencia condenatoria en cualquier instancia ó expedido mandamiento de embargo de bienes.

1298. El que hubiese adquirido de mala fe las cosas enajenadas en fraude de acreedores, deberá indemnizar á éstos de los daños y perjuicios que la enajenación les hubiese ocasionado, siempre que por cualquier causa le fuere imposible devolverlas.

1299. La acción para pedir la rescisión dura cuatro años.

Para las personas sujetas á tutela y para los ausentes, los cuatro años no empezarán hasta que haya cesado la incapacidad de los primeros, ó sea conocido el domicilio de los segundos.

Capítulo VI.　De la nulidad de los contratos.

1300. Los contratos en que concurran los requisitos que expresa el art. 1261 pueden ser anulados, aunque no haya lesión para los contratantes, siempre que adolezcan de alguno de los vicios que los invalidan con arreglo á la ley.

1301. La acción de nulidad sólo durará cuatro años.

Este tiempo empezará á correr: En los casos de intimidación ó violencia, desde el día en que éstas hubiesen cesado; — En los de error, ó dolo, ó falsedad de la causa, desde la consumación del contrato; — Cuando la acción se dirija á invalidar contratos hechos por mujer casada, sin licencia ó autorización competente, desde el día de la disolución del matrimonio; — Y cuando se refiera á los contratos celebrados por los menores ó incapacitados, desde que salieren de tutela.

1302. Pueden ejercitar la acción de nulidad de los contratos los obligados principal ó subsidiariamente en virtud de ellos. Las personas capaces no podrán, sin embargo, alegar la incapacidad de aquellos con quienes contrataron; ni los que causaron la intimidación ó violencia, ó emplearon el dolo ó produjeron el error, podrán fundar su acción en estos vicios del contrato.

1303. Declarada la nulidad de una obligación, los contratantes deben restituirse recíprocamente las cosas que hubiesen sido materia del contrato, con sus frutos, y el precio con los intereses, salvo lo que se dispone en los artículos siguientes.

1304. Cuando la nulidad proceda de la incapacidad de uno de los contratantes, no está obligado el incapaz á restituir sino en cuanto se enriqueció con la cosa ó precio que recibiera.

1305. Cuando la nulidad provenga de ser ilícita la causa ú objeto del contrato, si el hecho constituye un delito ó falta común á ambos contratantes, carecerán de toda acción entre sí, y se procederá contra ellos, dándose, además, á las cosas ó precio que hubiesen sido materia del contrato, la aplicación prevenida en el Código penal respecto á los efectos ó instrumentos del delito ó falta[1].

Esta disposición es aplicable al caso en que sólo hubiere delito ó falta de parte de uno de los contratantes; pero el no culpado podrá reclamar lo que hubiese dado, y no estará obligado á cumplir lo que hubiera prometido.

1306. Si el hecho en que consiste la causa torpe no constituyere delito ni falta, se observarán las reglas siguientes: 1.ª Cuando la culpa esté de parte de ambos contratantes, ninguno de ellos podrá repetir lo que hubiera dado á virtud

---

[1]) El artículo 63 del Código penal dispone: que toda pena que se impusiere por un delito ó falta llevará consigo la pérdida de los efectos que de él proviniesen, y de los instrumentos con que se hubiere ejecutado. — Los unos y los otros serán decomisados, á no ser que pertenecieren á un tercero no responsable del delito. — Los que se decomisaren se venderán si son de lícito comercio, aplicándose su producto á cubrir las responsabilidades del penado, ó se inutilizarán si son ilícitos.

La rescision n'aura pas lieu non plus lorsque les choses, objet du contrat, se trouveront légalement en la possession de tiers qui n'auront pas procédé de mauvaise foi.

Dans ce cas, on pourra seulement réclamer la réparation du préjudice à l'auteur de la lésion.

1296. La rescision prévue par le n° 2 de l'art. 1291 n'aura pas lieu en ce qui concerne les contrats de mariage.

1297. Sont présumés faits en fraude des créanciers tous les contrats en vertu desquels le débiteur aliène ses biens à titre gratuit.

Sont également présumées frauduleuses les aliénations faites par les personnes contre lesquelles a été prononcée auparavant une sentence de condamnation dans une instance quelconque ou délivrée une ordonnance à fin de saisie des biens.

1298. Celui qui aura acquis de mauvaise foi les choses aliénées en fraude des créanciers, devra les indemniser des dommages et préjudices à eux occasionnés par l'aliénation, toutes les fois qu'à raison d'un motif quelconque, il sera impossible de leur rendre les choses aliénées.

1299. L'action pour demander la rescision durera quatre années.

Pour les personnes en tutelle et pour les absents, les quatre années ne commenceront pas à courir tant que l'incapacité des premiers n'aura pas pris fin, ou que le domicile des seconds ne sera pas connu.

Chapitre VI.   De la nullité des contrats.

1300. Les contrats réunissant les conditions énoncées dans l'art. 1261, peuvent être annulés, bien qu'il n'y ait pas lésion pour les contractants, toutes les fois qu'ils sont entachés de l'un des vices qui les rendent sans valeur d'après la loi.

1301. L'action en nullité durera seulement quatre ans.

Ce délai commencera à courir: Dans les cas d'intimidation ou de violence, à partir du moment où elles ont cessé; — Dans ceux d'erreur, dol, ou fausseté de la cause, du jour où le contrat est devenu parfait; — Lorsque l'action a pour but d'annuler des contrats faits par une femme mariée, sans la permission ou l'autorisation nécessaire, du jour de la dissolution du mariage; — Et lorsqu'elle concerne des contrats faits par des mineurs ou des incapables, du moment où ils sortiront de tutelle.

1302. Peuvent exercer l'action en nullité ceux qui sont obligés principalement ou subsidiairement en vertu des contrats. Les personnes capables ne pourront pas, cependant, alléguer l'incapacité de ceux avec qui elles auront contracté, ni ceux qui auront usé de violence ou d'intimidation, ou auront eu recours au dol ou provoqué l'erreur, ne pourront fonder leur action sur ces vices du contrat.

1303. La nullité d'une obligation une fois prononcée, les contractants doivent se restituer réciproquement les choses qui auront été la matière du contrat, avec leurs fruits, et le prix avec les intérêts, sauf les dispositions des articles suivants.

1304. Lorsque la nullité provient de l'incapacité de l'un des contractants, l'incapable n'est obligé à restituer que dans la mesure de l'enrichissement que lui a procuré la chose ou le prix par lui reçu.

1305. Lorsque la nullité provient de ce que la cause ou l'objet du contrat était illicite, si le fait constitue un délit ou une faute communs aux deux contractants, ils n'auront pas d'action l'un contre l'autre, et on leur appliquera, en outre, en ce qui concerne les choses ou le prix ayant été la matière du contrat, les dispositions du Code pénal relatives aux effets ou aux instruments du délit ou de la faute[1].

Cette disposition est applicable au cas où il n'y aura délit ou faute que de la part de l'un des contractants; mais celui qui n'est pas coupable pourra réclamer ce qu'il a donné, et il ne sera pas obligé d'exécuter ce qu'il a promis.

1306. Si le fait dans lequel consiste la cause illicite ne constitue ni un délit ni une faute, on observera les règles suivantes: 1° Lorsque la faute est commune aux deux contractants, aucun d'eux ne pourra répéter ce qu'il a donné en vertu

---

[1] L'art. 63 Code pénal dispose que toute peine infligée à raison d'un délit ou d'une faute (contravention) entraîne la perte des effets provenant de l'infraction et des instruments ayant servi à la commettre. — Les uns et les autres seront saisis, à moins qu'ils n'appartiennent à un tiers. — Les objets saisis seront vendus si le commerce en est licite, et le produit de cette vente sera appliqué à acquitter les responsabilités du condamné, ou détruits, s'ils sont illicites.

del contrato, ni reclamar el cumplimiento de lo que el otro hubiese ofrecido; — 2.ª Cuando esté de parte de un solo contratante, no podrá éste repetir lo que hubiese dado á virtud del contrato, ni pedir el cumplimiento de lo que se le hubiera ofrecido. El otro, que fuera extraño á la causa torpe, podrá reclamar lo que hubiera dado, sin obligación de cumplir lo que hubiera ofrecido.

1307. Siempre que el obligado por la declaración de nulidad á la devolución de la cosa, no pueda devolverla por haberse perdido, deberá restituir los frutos percibidos y el valor que tenía la cosa cuando se perdió, con los intereses desde la misma fecha.

1308. Mientras uno de los contratantes no realice la devolución de aquello á que en virtud de la declaración de nulidad esté obligado, no puede el otro ser compelido á cumplir por su parte lo que le incumba.

1309. La acción de nulidad queda extinguida desde el momento en que el contrato haya sido confirmado válidamente.

1310. Sólo son confirmables los contratos que reunan los requisitos expresados en el art. 1261.

1311. La confirmación puede hacerse expresa ó tácitamente. Se entenderá que hay confirmación tácita cuando, con conocimiento de la causa de nulidad y habiendo ésta cesado, el que tuviese derecho á invocarla ejecutase un acto que implique necesariamente la voluntad de renunciarlo.

1312. La confirmación no necesita el concurso de aquel de los contratantes á quien no correspondiese ejercitar la acción de nulidad.

1313. La confirmación purifica al contrato de los vicios de que adoleciera desde el momento de su celebración.

1314. También se extinguirá la acción de nulidad de los contratos cuando la cosa, objeto de éstos, se hubiese perdido por dolo ó culpa del que pudiera ejercitar aquélla.

Si la causa de la acción fuere la incapacidad de alguno de los contratantes, la pérdida de la cosa no será obstáculo para que la acción prevalezca, á menos que hubiese ocurrido por dolo ó culpa del reclamante después de haber adquirido la capacidad.

Título XVI. De las obligaciones que se contraen sin convenio.

Capítulo II. De las obligaciones que nacen de culpa ó negligencia.

1902. El que por acción ú omisión causa daño á otro, interviniendo culpa ó negligencia, está obligado á reparar el daño causado.

1903. La obligación que impone el artículo anterior es exigible, no sólo por los actos ú omisiones propios, sino por los de aquellas personas de quienes se debe responder.

El padre y, por muerte ó incapacidad de éste, la madre, son responsables de los perjuicios causados por los hijos menores de edad que viven en su compañía.

Los tutores lo son de los perjuicios causados por los menores ó incapacitados que están bajo su autoridad y habitan en su compañía.

Lo son igualmente los dueños ó directores de un establecimiento ó empresa, respecto de los perjuicios causados por sus dependientes en el servicio de los ramos en que los tuvieran empleados, ó con ocasión de sus funciones.

El Estado es responsable en este concepto cuando obra por mediación de un agente especial; pero no cuando el daño hubiese sido causado por el funcionario á quien propiamente corresponda la gestión practicada, en cuyo caso será aplicable lo dispuesto en el artículo anterior.

Son, por último, responsables los maestros ó directores de artes y oficios respecto á los perjuicios causados por sus alumnos ó aprendices, mientras permanezcan bajo su custodia.

La responsabilidad de que trata este artículo cesará cuando las personas en él mencionadas prueben que emplearon toda la diligencia de un buen padre de familia para prevenir el daño.

1904. El que paga el daño causado por sus dependientes puede repetir de éstos lo que hubiese satisfecho.

1905. El poseedor de un animal, ó el que se sirve de él, es responsable de los perjuicios que causare, aunque se le escape ó extravíe. Sólo cesará esta responsa-

du contrat, ni réclamer l'exécution de ce que l'autre lui a offert; — 2° Lorsque la faute existe seulement chez l'un des contractants, il ne pourra répéter ce qu'il a donné en vertu du contrat, ni réclamer l'exécution de ce qui lui aura été offert. L'autre, qui est demeuré étranger à la cause illicite, pourra réclamer ce qu'il a donné, sans être obligé d'exécuter ce qu'il a offert.

1307. Toutes les fois que l'obligé à restituer la chose par suite de la déclaration de nullité, ne peut effectuer cette restitution à raison de la perte de la chose, il devra restituer les fruits perçus et la valeur de la chose à l'époque où elle a été perdue, avec les intérêts à compter de la même date.

1308. Tant que l'un des contractants ne réalise pas la restitution de ce dont il est tenu en vertu de la déclaration de nullité, l'autre ne peut être obligé à accomplir pour sa part l'obligation qui lui incombe.

1309. L'action en nullité est éteinte du moment où le contrat a été valablement ratifié.

1310. Sont seuls susceptibles de ratification les contrats réunissant les conditions exprimées dans l'art. 1261.

1311. La confirmation peut être expresse ou tacite. Il sera réputé y avoir eu confirmation tacite lorsque, ayant connaissance de la cause de nullité et après que cette cause a disparu, celui qui avait le droit d'invoquer la nullité accomplit un acte qui implique nécessairement la volonté d'y renoncer.

1312. La confirmation n'exige pas le concours de celui des contractants à qui il n'appartient pas d'exercer l'action en nullité.

1313. La confirmation purge le contrat des vices qui l'entachaient depuis le moment de sa formation.

1314. L'action en nullité des contrats s'éteindra également lorsque la chose, objet des dits contrats, viendra à se perdre par le dol ou la faute de celui qui pourrait exercer l'action en nullité.

Si la cause de l'action est l'incapacité de l'un des contractants, la perte de la chose ne fera pas obstacle à la recevabilité de l'action, à moins qu'elle ne soit survenue par le dol ou la faute du demandeur, après qu'il aura acquis la capacité.

Titre XVI. Des obligations qui se forment sans convention.

Chapitre II. Des obligations qui naissent de la faute ou de la négligence.

1902. Celui qui, par un acte ou une omission, cause un dommage à autrui, s'il y a eu de sa part faute ou négligence, est obligé à réparer le dommage causé.

1903. L'obligation imposée par le précédent article est exigible non seulement à raison de nos actes ou de nos omissions personnelles, mais à raison de ceux des personnes de qui nous devons répondre.

Le père et, s'il est décédé ou incapable, la mère, sont responsables des préjudices causés par leurs enfants mineurs demeurant avec eux.

Les tuteurs le sont des préjudices causés par les mineurs ou incapables qui se trouvent sous leur autorité et habitent avec eux.

Les maîtres ou directeurs d'un établissement ou d'une entreprise sont également responsables des préjudices causés par les personnes sous leur dépendance dans l'exercice des fonctions auxquelles ils les ont employés, ou à l'occasion des dites fonctions.

L'État est responsable à ce titre, quand il agit par l'entremise d'un agent spécial, mais non lorsque le dommage aura été causé par le fonctionnaire à qui il appartient en propre de faire l'acte exécuté, auquel cas, la disposition contenue dans l'article précédent sera applicable.

Sont, enfin, responsables les maîtres ou directeurs d'ateliers et offices, des préjudices causés par leurs élèves ou apprentis, tant qu'ils demeurent sous leur garde.

La responsabilité dont il est question dans le présent article cessera lorsque les personnes ci-dessus mentionnées prouveront qu'elles ont employé toute la diligence d'un bon père de famille pour prévenir le dommage.

1904. Celui qui paye le dommage causé par les individus placés sous sa dépendance peut répéter d'eux ce qu'il a payé.

1905. Le possesseur d'un animal, ou celui qui s'en sert, est responsable des préjudices qu'il cause, alors même qu'il s'est échappé ou égaré. Cette responsabilité

bilidad en el caso de que el daño proviniera de fuerza mayor ó de culpa del que lo hubiese sufrido.

1906. El propietario de una heredad de caza responderá del daño causado por ésta en las fincas vecinas, cuando no haya hecho lo necesario para impedir su multiplicación ó cuando haya dificultado la acción de los dueños de dichas fincas para perseguirla.

1907. El propietario de un edificio es responsable de los daños que resulten de la ruina de todo ó parte de él, si ésta sobreviniere por falta de las reparaciones necesarias.

1908. Igualmente responderán los propietarios de los daños causados: 1.º Por la explosión de máquinas que no hubiesen sido cuidadas con la debida diligencia, y la inflamación de sustancias explosivas que no estuviesen colocadas en lugar seguro y adecuado; — 2.º Por los humos excesivos, que sean nocivos á las personas ó á las propiedades; — 3.º Por la caída de árboles colocados en sitios de tránsito, cuando no sea ocasionada por fuerza mayor; — 4.º Por las emanaciones de cloacas ó depósitos de materias infectantes, construídos sin las precauciones adecuadas al lugar en que estuviesen.

1909. Si el daño de que tratan los dos artículos anteriores resultare por defecto de construcción, el tercero que lo sufra sólo podrá repetir contra el arquitecto, ó, en su caso, contra el constructor, dentro del tiempo legal.

1910. El cabeza de familia que habita una casa ó parte de ella, es responsable de los daños causados por las cosas que se arrojaren ó cayeren de la misma.

Leyes Complementarias.

Reglamento interino
para la organización y régimen del Registro mercantil, aprobado por Real decreto de 21 de Diciembre de 1885.

Capítulo primero.   De los Registros mercantiles y funcionarios encargados de llevarlos.

Art. 1. Desde 1.º de Enero de 1886 quedará establecido en cada una de las capitales de provincia de la Península, islas Baleares y Canarias, el Registro mercantil mandado abrir por el art. 16 del Código de comercio en sus dos libros de comerciantes y sociedades.

El tercer libro, destinado á la inscripción de buques, se establecerá en Sevilla, en las capitales de las provincias del litoral que sean á la vez puertos de mar, y en la capital de la provincia marítima respectiva cuando aquéllas no reunan dicha circunstancia[1].

2. Hasta tanto que se provean los Registros mercantiles en la forma prevenida en el art. 32 del mismo Código, se encargarán interinamente de estas oficinas los registradores de la propiedad, y en su defecto, el fiscal del Juzgado municipal, los cuales dependerán inmediatamente para este servicio de la Dirección general de los Registros civil y de la propiedad y del Notariado.

---

[1]) Por Real orden de 27 de Diciembre de 1885 se dispuso lo siguiente: 1.º Se abrirá el libro destinado á la inscripción de buques en los Registros mercantiles de Barcelona, Tarragona, Valencia, Alicante, Almería, Málaga, Cádiz, Huelva, Coruña, Santander, Bilbao, San Sebastián, Palma de Mallorca y Santa Cruz de Tenerife, que son á la vez capitales de provincia y puertos de mar, además del que debe abrirse en el Registro mercantil de Sevilla, según el citado reglamento; — 2.º Se establecerá también el libro ó registro de buques en Gijón, Ribadeo, Vigo, Motril, Cartagena y Palamós, capitales de provincias marítimas, correspondientes á las civiles de Oviedo, Lugo, Pontevedra, Granada, Murcia y Gerona; — 3.º En virtud de lo dispuesto en el art. 2.º del reglamento llevarán, interinamente los expresados libros los registradores de la propiedad de las citadas poblaciones, á excepción del que ha de establecerse en Palamós, que estará á cargo del fiscal del Juzgado municipal.

cessera seulement dans le cas où le dommage proviendra d'une force majeure ou de la faute de la victime.

1906. Le propriétaire d'une chasse sera responsable du dommage causé aux fonds voisins par le gibier, lorsqu'il n'aura pas fait le nécessaire pour empêcher sa multiplication ou lorsqu'il aura entravé l'action des propriétaires des fonds voisins pour le chasser.

1907. Le propriétaire d'un édifice est responsable des dommages résultant de la ruine totale ou partielle de cet édifice, si elle a pour cause le défaut des réparations nécessaires.

1908. Les propriétaires seront également responsables des dommages causés: 1° Par l'explosion de machines qui n'auraient pas été entretenues avec la diligence voulue, et par l'inflammation de substances explosives qui n'auraient pas placées en lieu sûr et convenable; — 2° Par les fumées excessives, qui sont nuisibles aux personnes ou aux propriétés; — 3° Par la chute des arbres plantés dans des lieux de passage, lorsqu'elle n'est pas occasionnée par une force majeure; — 4° Par les émanations d'égouts ou de dépôts de matières infectieuses, construits sans les précautions convenables au lieu dans lequel ils sont établis.

1909. Si le dommage dont il est question dans les articles précédents résulte d'un vice de construction, le tiers qui en souffre pourra agir contre l'architecte, ou, s'il y a lieu, contre l'entrepreneur, dans le délai légal.

1910. Le chef de famille qui habite la totalité ou partie d'une maison est responsable des choses jetées ou tombées de son habitation.

Lois Complémentaires.

Règlement provisoire
sur l'organisation et le régime du registre du commerce, approuvé par décret royal du 21 décembre 1885.

Chapitre premier. Des registres du commerce et des fonctionnaires chargés de les tenir.

Art. 1er. A partir du 1er janvier 1886, le registre du commerce prescrit par l'art. 16 du Code de commerce, sera établi dans chacune des capitales de province de la Péninsule, des îles Baléares et des Canaries. Ce registre sera divisé en deux livres, l'un pour les commerçants, l'autre pour les sociétés.

Un troisième livre, destiné à l'inscription des navires, sera établi à Séville, dans les capitales des provinces du littoral qui sont en même temps ports de mer, et dans la capitale de la province maritime correspondante, lorsque la capitale de la province civile ne réunit pas cette condition[1].

2. Jusqu'à ce qu'il ait été pourvu, dans la forme prévue par l'art. 32 du Code, aux emplois de préposés du registre du commerce, cet office sera rempli provisoirement par les préposés du registre de la propriété, et, à leur défaut, par le fiscal du tribunal municipal, lesquels seront pour ce service sous la dépendance immédiate de la direction générale des registres civils de la propriété et du notariat.

---

[1] Un ordre royal, en date du 27 décembre 1885, contient les dispositions suivantes: 1° Il sera ouvert un livre destiné à l'inscription des navires dans les registres du commerce de Barcelone, Tarragone, Valence, Alicante, Almeria, Malaga, Cadix, Huelva, La Corogne, Santander, Bilbao, Saint-Sébastien, Palma de Majorque, et Santa Cruz de Ténériffe, qui sont à la fois capitales de province et ports de mer, outre le livre spécial à ouvrir dans le registre du commerce de Séville, en conformité du règlement susvisé; — 2° Il sera également ouvert un livre ou registre des navires à Gijon, Ribadeo, Vigo, Motril, Carthagène, et Palamós, capitales de provinces maritimes correspondant aux provinces civiles de Oviedo, Lugo, Pontevedra, Grenade, Murcie et Gérone; — 3° En vertu des dispositions contenues dans l'art. 2 du règlement, les dits livres seront tenus provisoirement par les préposés du registre de la propriété des dites villes, à l'exception de celui de Palamos, lequel sera tenu par le fiscal du *Juzgado* municipal.

3. Si hubiere dos ó más Registros de la propiedad en alguna capital de provincia, desempeñará el cargo de registrador mercantil el que la Dirección designe.

4. Serán de cuenta de los registradores mercantiles todos los gastos necesarios para llevar los Registros, incluso los libros, índices y sellos, sin perjuicio de que éstos queden de propiedad del Estado.

Capítulo II.   Del modo de llevar los Registros.

5. El Registro mercantil estará abierto todos los días no feriados durante seis horas, de las que se dará conocimiento al público por medio de anuncio en el *Boletín Oficial* de la respectiva provincia, además de hacerlo constar á la puerta de la oficina.

6. Los tres libros del Registro se llevarán en tomos ó cuadernos, compuestos de papel de mano, de hilo, de segunda clase, marca española, cosidos con cinta y tramilla y encuadernados con lomera de becerrillo, puntas de pergamino, tapas con cartones y tela negra.

Las dos primeras hojas y la última estarán completamente en blanco. Las restantes estarán señaladas en toda su extensión con rayas horizontales.

En el lado izquierdo de cada hoja se dejará entre dos rayas perpendiculares un espacio de dos centímetros, destinado á expresar el número de cada inscripción.

Todas las hojas rayadas se foliarán correlativamente en guarismos.

7. Los tomos del libro de comerciantes se compondrán de 100 folios útiles, los del de sociedades de 200 y los del Registro de buques de 300.

Las tapas para el primero de dichos libros serán de cartones de á dos, y para los otros de cartones de á tres.

El tejuelo expresará en dorado el número del tomo y la sección á que se destina.

8. La primera y última hoja de cada tomo, que servirán de guardas, quedarán en blanco. En la segunda escribirá el registrador de su puño y letra la portada de la manera siguiente:

«Registro mercantil de la propiedad de ...

Libro de (comerciantes particulares, sociedades ó buques). Tomo ...»

El registrador llevará el tomo al Juzgado municipal del distrito en que esté situada la oficina, á fin de que sea reconocido por el juez. Si no advirtiese falta alguna, se pondrá el sello del Juzgado municipal en cada uno de los folios, y el juez extenderá de su puño y letra una certificación en los términos siguientes:

«Don ..., juez municipal de ..., certifico: que reconocido el presente tomo, que es el (el número con que figure en la portada) del libro de ..., del Registro mercantil de esta provincia, se compone de ... folios útiles, incluso el presente, estando ajustada la encuadernación á los preceptos legales, y siendo las hojas iguales al modelo oficial.»

Fecha ...

Firma del juez.

Firma del secretario.

Si el juez advirtiese faltas en el tomo, lo devolverá al registrador para que lo substituya por otro que no las tenga.

9. Por cada comerciante, sociedad ó buque que haya de inscribirse en el Registro, se destinará en el respectivo libro una hoja, á cuyo frente figurará en guarismo el número correspondiente por orden cronológico de presentación de solicitudes ó documentos.

10. Cada hoja destinada á un comerciante, sociedad ó buque, se compondrá del número de folios que el registrador juzgue á propósito para evitar que sea frecuente el pase á otros tomos.

En el caso de llenarse todos los folios de una hoja, se indicará al final del último el folio del tomo corriente donde hayan de continuar las inscripciones, y en éste se hará otra indicación del folio y tomo de donde procede.

Se conservará el número de la hoja, añadiendo la palabra duplicado, triplicado, etc., etc.

3. S'il y a, dans une capitale de province, deux ou plusieurs bureaux du registre de la propriété, les fonctions du préposé du registre du commerce seront remplies par les employés du bureau désigné par la Direction.

4. Seront à la charge du préposé tous les frais nécessaires pour la tenue des registres, y compris les livres, tables et sceaux, lesquels cependant demeureront la propriété de l'État.

Chapitre II. De la manière de tenir les registres.

5. Les bureaux du registre du commerce seront ouverts tous les jours non fériés durant six heures, et il sera donné connaissance des heures d'ouverture au moyen d'une annonce dans le *Boletin oficial* de la province, et, en outre, d'un avis placardé à la porte de l'office.

6. Les trois livres seront tenus sous la forme de tomes ou cahiers composés de papier de fil, fait à la main, de seconde classe, marque espagnole, cousus avec un ruban, reliés avec un dos en veau, coins de parchemin, couverture de carton et toile noire.

Les deux premières feuilles et la dernière seront complètement blanches, les autres seront entièrement réglées de lignes horizontales.

Au côté gauche de chaque feuille il sera laissé, entre deux raies perpendiculaires, un espace de deux centimètres destiné à recevoir le numéro d'ordre de chaque inscription.

Toutes les feuilles rayées seront corrélativement numérotées en chiffres.

7. Les tomes du livre des commerçants seront composés de 100 feuillets utiles, ceux du livre des sociétés, de 200, et ceux du registre des navires, de 300.

Les couvertures du premier des dits livres seront en carton double et celles des autres de carton triple.

Le titre énoncera en caractères dorés le numéro du tome et la section à laquelle il appartient.

8. La première et la dernière feuille de chaque volume serviront de gardes, et resteront en blanc. Sur la deuxième, le préposé écrira de sa main le titre de la manière suivante:

«Registre commercial de la propriété de......

Livre des (commerçants particuliers, sociétés ou navires). Tome ...»

Le préposé remettra le tome au tribunal municipal du district du siége de son bureau, pour que le juge procède à sa vérification. S'il est régulier, le sceau du tribunal sera apposé sur chaque feuillet, et le juge apposera de sa main une attestation dans les termes suivants:

«Don...... juge municipal de .... certifions avoir vérifié le présent tome qui est (n° inscrit sur le titre) du livre de ...... du registre de commerce de cette province, lequel se compose de .... feuillets utiles y compris le présent, et dont la reliure est conforme aux prescriptions légales et les feuillets de mêmes dimensions que le modèle officiel.»

Date......

Signature du juge.

Signature du secrétaire.

Si le juge constate des irrégularités dans le tome, il le renverra au préposé pour que celui-ci le remplace par un autre tome régulier.

9. Pour chaque commerçant, société ou navire à inscrire sur le registre, il sera affecté une feuille du registre respectif en tête de laquelle sera inscrit en chiffres le numéro correspondant d'après l'ordre chronologique de présentation des requêtes ou documents.

10. Chaque feuille consacrée à un commerçant, à une société ou à un navire comprendra le nombre de folios que le préposé jugera utiles, pour éviter de passer fréquemment à d'autres tomes.

Lorsque tous les folios d'une feuille seront remplis, on indiquera à la fin du dernier le folio du tome courant où doivent être continuées les inscriptions et, sur ce dernier tome, on fera une autre mention indiquant le folio et le tome où se trouve l'inscription précédente.

Le numéro de la feuille sera conservé, mais en y ajoutant le mot bis, ter, etc.

11. Los registradores mercantiles procurarán ajustarse en la redacción de inscripciones, notas y certificaciones, á lo que dispone este reglamento.

12. Los registradores llevarán en cuadernos ó tomos separados un índice para cada uno de los libros con las siguientes casillas: 1.ª Apellido y nombre del comerciante, título de la sociedad ó nombre del buque, según el libro á que el índice se destine; — 2.ª Población en que estén domiciliados el comerciante ó la sociedad ó matriculado el buque; — 3.ª Número de la hoja destinada á cada comerciante, sociedad ó buque y el folio ó tomo en que se encuentren; — 4.ª Observaciones.

Para cada letra del alfabeto destinará el registrador el número de folios que crea convenientes, y para hacer el asiento en la que corresponda se atendrá á la inicial del primer apellido del comerciante, á la del título de la sociedad, ó á la del nombre del buque.

Aunque por consumirse los folios de la hoja destinada al comerciante, sociedad ó buque, haya de pasarse á otro tomo, no será preciso incluir en la tercera casilla el número del folio y el del tomo donde pase.

En la cuarta casilla anotará el registrador el número y tomo á donde pase la hoja de inscripción, cuyos folios se hayan llenado, sin perjuicio de hacer las indicaciones que, según los casos, crea necesarias ó útiles para facilitar la busca y evitar equivocaciones.

13. Además de los libros de registro, tendrán los registradores otro, que será talonario, de recibos de las solicitudes y documentos que se presenten para inscripción.

En dichos recibos, y en el momento de la presentación, se hará constar el día y hora en que se verifique, el nombre y apellido del presentante, la clase y fecha del documento presentado, objeto de la presentación, y el nombre y apellido de la persona, autoridad ó funcionario que lo suscriba.

Los mismos datos se consignarán en el talón correspondiente, en el cual firmará el presentante.

La devolución de documentos y solicitudes se hará mediante entregar del recibo talonario al registrador.

En caso de extravío de éste, sólo se devolverán aquéllos al interesado ó á su legítimo representante, dejando otro recibo que servirá de resguardo al registrador.

Los registradores conservarán archivados los recibos talonarios, siendo responsables de la entrega de los documentos cuyo recibo hubiere sufrido extravío.

14. En todos los Registros mercantiles se formará la estadística con arreglo á las instrucciones de la Dirección general.

15. A fin de que los libros é índices sean uniformes en todos los Registros, la Dirección circulará anticipadamente modelos, á los cuales en su tamaño, clase de papel y rayado, habrán de atenerse los registradores para su adquisición.

16. Los registradores mercantiles conservarán en legajos independientes formados por orden de presentación: 1.º Las copias de las solicitudes y las de todas clases de documentos inscritos que no tengan matriz en protocolo notarial ó en archivo público; — 2.º Los ejemplares de las actas de la cotización de valores públicos que diariamente han de recibir de la Junta sindical, según lo dispuesto en el art. 80 del Código de comercio en los puntos en que haya Bolsa; — 3.º Las copias de escrituras de venta de buques autorizadas por nuestros Cónsules; — 4.º Las comunicaciones oficiales; — 5.º Los recibos talonarios de que trata el art. 13.

Además conservarán, bajo su custodia y responsabilidad, los libros que les fueren entregados en cumplimiento del art. 99 del Código de comercio, y sólo los devolverán cuando así se ordene por quien corresponda.

17. Los legajos se formarán por periodos fijos á juicio del respectivo registrador, y se guardarán en carpetas de cartón, que tendrán su correspondiente rótulo.

18. En cada Registro mercantil habrá un inventario de todos los libros, índices y legajos que constituyan su archivo. Todos los años se harán en él las correspondientes adiciones.

11. Les préposés du registre du commerce prendront soin de se conformer, pour la rédaction des inscriptions, notes et attestations, aux dispositions du présent règlement.

12. Les préposés tiendront sur des cahiers ou tomes séparés un index de chacun des livres avec les cases suivantes: 1° Nom et prénom du commerçant, titre de la société ou nom du navire, suivant le livre auquel l'index est destiné; — 2° Commune du domicile du commerçant ou du siége de la société, ou port d'attache du navire; — 3° Numéro de la feuille affectée au commerçant, à la société ou au navire et folio ou tome où elle se trouve; — 4° Observations.

Pour chaque lettre de l'alphabet le préposé affectera le nombre de folio, qu'il croira convenables, et, pour faire chaque mention, il considérera la première lettre du nom du commerçant, ou du titre de la société, ou du nom du navire.

Lors même que les folios de la feuille affectée à un commerçant, à une société ou à un navire se trouvent remplis, il sera nécessaire de continuer les inscriptions sur un autre tome, il n'y aura pas lieu cependant d'inscrire dans la troisième case le numéro du folio et du tome où sont continuées les inscriptions.

Dans la quatrième case, le préposé mentionnera le numéro et le tome où passe la feuille d'inscription dont les folios sont remplis, sans préjudice des autres mentions qu'il estimera utiles de faire, suivant les cas, pour faciliter les recherches et éviter les erreurs.

13. En plus des livres du registre, les préposés tiendront un livre à souche pour les récépissés des requêtes et documents présentés à l'inscription.

Sur ces récépissés, et au moment même de la présentation, il mentionnera le jour et l'heure de la dite présentation, le prénom et le nom du présentant, la classe et la date du document présenté, l'objet de la présentation et les prénom et nom de la personne, de l'autorité ou du fonctionnaire qui le signe.

Les mêmes mentions seront faites sur le talon correspondant, lequel sera signé par le présentant.

La restitution des documents ou requêtes se fera contre la remise au préposé du récépissé extrait du registre à souche.

Si le dit récépissé vient à être égaré, les dits documents ne seront restitués à l'intéressé que contre remise d'un autre récépissé qui servira de décharge au préposé.

Les préposés conserveront dans leurs archives les récépissés extraits des registres à souches, et ils seront responsables des documents dont le récepissé aurait été égaré.

14. Dans tous les bureaux du registre du commerce, il sera tenu une statistique conformément aux instructions de la Direction générale.

15. Afin que les registres et index soient uniformes dans tous les bureaux du registre du commerce, la Direction générale indiquera par voie de circulaire préalable aux préposés, des modèles auxquels ils devront se conformer pour leurs acquisitions, en ce qui concerne la dimension, la classe du papier et le réglage.

16. Les préposés du registre du commerce conserveront en liasses indépedantes, formées en suivant l'ordre des présentations: 1° Les copies des requêtes et de tous autres documents inscrits qui ne sont pas déposés en minute chez un notaire ou dans un dépôt public; — 2° Les exemplaires des procès-verbaux de la cote des valeurs publiques qu'ils doivent recevoir, chaque jour, de la chambre syndicale comme il est prescrit par l'art. 80 du Code de commerce, dans les lieux où il n'existe pas de Bourse; — 3° Les copies des actes de vente de navires authentiqués par nos consuls; — 4° Les communications officielles; — 5° Les récépissés extraits des registres à souches dont il est parlé dans l'art. 13.

Ils conserveront, en outre, sous leur responsabilité, les livres à eux remis en exécution de l'art. 99 du Code de commerce, et ils ne les restitueront que sur l'ordre de qui de droit.

17. Les liasses seront formées par telles périodes que le préposé respectif jugera convenables, et elles seront renfermées dans des chemises en carton portant une étiquette correspondante.

18. Dans chaque bureau du registre du commerce, il sera tenu un inventaire de tous les livres, index, et liasses composant les archives. Il sera fait, tous les ans, au dit inventaire les additions qu'il y aura lieu.

19. Los registradores tendrán un sello en tinta con la siguiente inscripción:
«Registro mercantil (ó de buques) de . . .»

El sello se estampará en todos los recibos y en los documentos que hayan sur-
tido efecto en el Registro.

Capítulo III. De las inscripciones en el Registro mercantil y sus efectos.

§ 1.º *Disposiciones generales.*

20. Tienen derecho á pedir la inscripción en el Registro mercantil los comerciantes particulares, entendiéndose que lo son con arreglo á lo que declaran los
artículos 1.º, 2.º y 3.º del Código de comercio, los que sin constituir sociedad, y
teniendo la capacidad legal necesaria, se dedican habitualmente ó anuncian su propósito de dedicarse á los actos de comercio comprendidos en el mismo Código ó á
cualesquiera otros de naturaleza análoga.

21. Es obligatoria la inscripción para las sociedades existentes que acuerden
regirse por el nuevo Código de comercio para las que se constituyan con arreglo
al mismo ó á las leyes especiales y para los dueños de buques.

22. La inscripción se practicará en el mismo día en que fuere solicitada, á no
existir algún obstáculo legal que lo impida.

Hecha la inscripción, se pondrá al pie de la solicitud ó documento que se hayan
tenido á la vista una nota en los siguientes términos:

«Inscrito (el precedente documento ó la precedente solicitud) en la hoja número...,
folio ..., tomo ... del libro de ... del Registro mercantil ó de buques de ...

Fecha y firma entera.»

Igual nota se pondrá en la copia de la solicitud, si la hubiese, y se conservará
en el archivo del Registro, devolviéndose al interesado la original ó los documentos
que se hubieren inscrito.

En el talón respectivo del libro de recibos se hará constar el número de la hoja,
y el folio y el tomo en que hubiere extendido la inscripción.

23. Todas las inscripciones relativas á cada comerciante, sociedad ó buque,
se harán en la hoja respectiva, á continuación unas de otras, sin dejar claros entre
ellas, y tendrán su numeración correlativa y especial.

Los registradores cuidarán de que en las inscripciones no queden espacios
en blanco, ni se hagan enmiendas ni raspaduras, ni se escriba entre líneas.

Todas las cantidades y fechas se expresarán siempre en letra.

24. Las equivocaciones que se adviertan antes de firmar una inscripción,
podrán rectificarse bajo la siguiente fórmula:

«Equivocada la línea ... de esta inscripción, se advierte que debe leerse así
(aquí se redactará toda la línea tal como deba quedar).»

25. Al pie de todas las inscripciones se pondrá la fecha en que se extiendan
y la firma entera del registrador ó del substituto.

26. En las inscripciones que se practiquen sólo en virtud de solicitudes, se expresará su fecha y el día y hora de su presentación en el Registro, y se indicará
el legajo en que la solicitud se conserve. En las que se extiendan en virtud de escritura pública se hará constar el día y hora de la presentación, los nombres y apellidos de los otorgantes, la fecha y lugar del otorgamiento, y el nombre y apellido
del notario autorizante.

En las que se hagan en virtud de títulos expedidos por el Gobierno ó sus agentes,
se expresará también el día y hora de su presentación, su fecha y lugar en que estén
extendidos, y el nombre, apellido y cargo oficial de la autoridad ó funcionario que
los suscriba.

En todas las inscripciones se referirá el registrador á las solicitudes ó documentos en cuya virtud se extiendan, indicando el día y hora de su presentación en el
Registro.

27. Los jueces que declaren en quiebra á algún comerciante, sociedad ó dueño
de buque, expedirán de oficio mandamiento al registrador, para que, por medio
de una nota, lo haga constar en la respectiva hoja al final de la última inscripción.

§ 2.º *Reglas especiales para la inscripción en el libro de comerciantes.*

28. El comerciante que desee ser inscrito en el Registro mercantil presentará
por sí ó por medio de mandatario verbal al registrador de la capital de la provin-

19. Les préposés auront un timbre humide avec la mention suivante:
«Registre du commerce (ou des navires) de.....»

Le timbre sera apposé sur tous les récépissés et documents devant produire effet sur le registre.

Chapitre III. Des inscriptions sur le registre du commerce et de leurs effets.

§ 1. *Dispositions générales.*

20. L'inscription sur le registre du commerce peut être demandée par les simples particuliers commerçants, c'est-à-dire par ceux qui, conformément aux articles 1, 2 et 3 du Code de commerce, sans constituer une société, et possédant la capacité légale, se livrent habituellement, ou annoncent leur intention de se livrer aux actes de commerce prévus par le dit Code ou à d'autres actes quelconques d'une nature analogue.

21. L'inscription est obligatoire pour les sociétés existantes qui veulent être régies par le nouveau Code de commerce, ainsi que pour celles qui se constituent conformément au dit Code ou aux lois spéciales, et pour les propriétaires de navires.

22. L'inscription sera faite le jour même où elle est sollicitée, à moins d'obstacle légal.

Mention de l'inscription sera faite au pied de la requête ou du document présenté dans les termes suivants:

«Inscrit (le document ou la requête ci-dessus) sur la feuille n°..., folio..., tome... du livre de.... du registre du commerce ou des navires de....

Date et signature intégrale.»

Pareille mention sera faite sur la copie de la requête, s'il y a lieu, qui sera conservée aux archives, et l'on restituera à l'intéressé l'original de la dite requête ou les documents inscrits.

Sur le talon respectif du livre des récépissés, on mentionnera le numéro de la feuille, du folio et du tome de l'inscription.

23. Toutes les inscriptions concernant chaque commerçant, société ou navire, seront faites, sur la feuille respective, à la suite les unes des autres, sans blancs, et elles recevront un numéro d'ordre spécial.

Les préposés auront soin de ne laisser aucun blanc entre les inscriptions et de ne faire ni corrections, ratures ou interlignes.

Toutes les sommes et dates seront écrites en toutes lettres.

24. Les erreurs constatées avant de signer une inscription pourront être rectifiées au moyen de la formule suivante:

La ligne..... de la présente inscription est erronée; on doit lire (ici rédiger toute la ligne comme elle doit l'être).

25. Au pied de chaque inscription, on inscrira la date, et le préposé ou son remplaçant y apposera sa signature.

26. Dans les inscriptions faites seulement en vertu d'une requête, on mentionnera les date, jour et heure de la présentation de la requête dans le bureau du registre et la liasse dans laquelle elle est conservée. Dans les inscriptions faites en vertu d'un acte public, on énoncera les jour et heure de la présentation, les prénoms et noms des parties, la date de l'acte et le lieu où il a été dressé, et les prénom et nom du notaire qui l'a reçu.

Dans les inscriptions faites en vertu de titres délivrés par le gouvernement ou ses agents, on mentionnera également les jour et heure de la présentation, les date et lieu où les titres ont été délivrés, et les prénom, nom et qualité officielle de l'autorité ou du fonctionnaire qui les a signés.

Dans toutes les inscriptions le préposé se référera aux requêtes et documents en vertu desquels les dites inscriptions sont faites, en indiquant les jour et heure de leur présentation dans le bureau du registre du commerce.

27. Les juges qui déclarent en état de faillite un commerçant, une société ou un propriétaire de navire, adresseront d'office au préposé une ordonnance pour qu'il les mentionne au moyen d'une annotation sur la feuille du dit commerçant, de la dite société ou du dit propriétaire de navire, à la suite de la dernière inscription.

§ 2. *Règles spéciales pour l'inscription sur le livre des commerçants.*

28. Le commerçant qui désire être inscrit sur le registre du commerce présentera en personne ou par l'intermédiaire d'un mandataire verbal au préposé de

cia en que haya de dedicarse ó esté dedicado al comercio, una solicitud en papel del timbre de la clase 2ª, expresando, además de lo que tenga por conveniente, las circunstancias que á continuación se expresan: 1.ª Nombre y apellidos del comerciante; — 2.ª Su edad; — 3.ª Su estado; — 4.ª La clase de comercio á que esté dedicado ó haya de dedicarse; — 5.ª El título ó nombre que en su caso tenga ó haya de ponerse al establecimiento; — 6.ª El domicilio del mismo y el de las sucursales, si las tuviese, ya sea dentro ó fuera de la provincia; — 7.ª La fecha en que hubiese empezado ó haya de empezar á ejercer el comercio; — 8.ª Afirmación, bajo su responsabilidad, de que no se halla sujeto á la patria potestad; que tiene la libre disposición de sus bienes, y que no está comprendido en ninguna de las incapacidades expresadas en los artículos 13 y 14 del Código de comercio.

Con la solicitud se presentará una copia en papel común, firmada por el interesado, y la certificación del Ayuntamiento respectivo en que conste su matrícula para los efectos del pago de subsidio ó recibo de haber satisfecho el último trimestre.

Cotejada la copia con el original, y estando conformes, devolverá el registrador la certificación ó el recibo.

29. Si la inscripción se solicitase por mujer casada, acompañará además la escritura pública en que conste la autorización de su marido, y en su defecto, el documento que acredite, en su caso, que con conocimiento de su marido ejerce el comercio; que lo ejercía antes de contraer matrimonio; que se halla separada legalmente de él; que esté sujeto á curaduría; que se halla ausente ignorándose su paradero, ó que está sufriendo la pena de interdicción civil.

La mujer comerciante que contraiga matrimonio deberá hacer constar en el Registro la variación de su estado.

30. La inscripción de los comerciantes particulares contendrá todas las circunstancias enumeradas en el art. 28, y además las que exprese la solicitud y sea útil ó conveniente consignarlas á juicio del registrador.

31. Las inscripciones de poderes y de revocaciones de los mismos, y de las licencias á mujeres casadas para comerciar, sólo se practicarán en vista de las respectivas escrituras, y en aquéllas se copiará la cláusula en que se contengan las facultades conferidas ó su revocación ó la de la licencia.

32. Para la inscripción de las emisiones que los comerciantes particulares pueden hacer según lo dispuesto en el art. 21 del Código de comercio, para la de su cancelación parcial ó total, y para la de los títulos que expresan el número 12 del art. 21 del mismo, se observará lo dispuesto en los artículos 40 al 45 de este reglamento.

33. Con arreglo á lo dispuesto en el art. 28 del Código de comercio la inscripción de las escrituras á que se refiere el número 9.° del art. 21 del mismo deberá pedirse por el comerciante ó por su mujer, ó por los padres, hermanos ó tíos carnales de ésta, así como por los que hayan sido sus tutores ó curadores ó por los que hubieren constituído ó constituyan la dote á su favor.

34. Para que la inscripción se lleve á efecto será preciso presentar las respectivas escrituras con la nota de haber sido antes inscritas en el Registro de la propiedad, si entre los bienes dotales ó parafernales hay inmuebles ó derechos reales.

En la inscripción referente á bienes parafernales se expresará necesariamente su importe, si resulta del título.

En la de bienes dotales se indicará además la clase de dote y el nombre y apellido de la persona que la constituyó, y si ha sido entregada ó prometida.

35. Si el comerciante no estuviese inscrito en el Registro mercantil y se presentase para ser inscrita alguna escritura de dote, de capítulos matrimoniales ó de bienes parafernales de mujer casada con aquél, se hará la previa inscripción del comerciante, en virtud de solicitud, comprensiva de las circunstancias necesarias y firmada por la misma persona que pretende la inscripción á favor de la mujer.

§ 3.º *Reglas especiales para la inscripción en el libro de sociedades.*

36. Los directores, presidentes, gerentes ó representantes de las diversas clases de Compañías mercantiles que se mencionan en el art. 123 del Código de co-

la capitale de la province dans laquelle il a l'intention de se livrer ou dans laquelle il s'est livré au commerce, une requête sur papier timbré de la classe n° 2 en énonçant, en plus des déclarations qu'il jugera utiles, les circonstances ci-après indiquées: 1° Nom et prénoms du commerçant; — 2° Son âge; — 3° Son état; — 4° La classe de commerce à laquelle il s'est livré ou doit se livrer; — 5° Le titre ou nom, s'il y a lieu, que porte ou portera l'établissement; — 6° Le siége du dit établissement et celui de ses succursales, s'il en existe, que les dites succursales se trouvent dans la province même ou en dehors; — 7° La date à laquelle il a commencé ou celle à laquelle il se propose de commencer à exercer le commerce; — 8° L'affirmation, faite sous sa responsabilité, qu'il n'est pas soumis à la puissance paternelle, qu'il a la libre disposition de ses biens et qu'il n'est frappé d'aucune des incapacités énoncées dans les articles 13 et 14 du Code de commerce.

A la requête seront joints une copie sur papier ordinaire signée de l'intéressé et un certificat délivré par l'Ayuntamiento respectif constatant que le commerçant est immatriculé pour le payement de l'impôt, ou la quittance attestant le payement du dernier trimestre.

Le préposé, après avoir collationné la copie avec l'original, délivrera, s'ils sont conformes, le certificat ou le récépissé.

29. Si l'inscription est demandée par une femme mariée, on joindra, en outre, à la requête, l'acte public constatant l'autorisation donnée par le mari ou, à son défaut, le document établissant, suivant les cas, que la femme exerce le commerce au su de son mari, qu'elle l'exerçait antérieurement au mariage, qu'elle est légalement séparée de son mari, ou que le mari est soumis à la curatelle, qu'il est absent et que l'on ignore ce qu'il est devenu, ou qu'il subit la peine de l'interdiction civile.

La femme commerçante qui vient à contracter mariage devra faire constater son changement d'état sur le registre du commerce.

30. L'inscription des simples particuliers commerçants contiendra toutes les circonstances énumérées dans l'art. 28 et, en outre, les autres circonstances énoncées dans la requête que le préposé jugera utile ou convenable de consigner.

31. Les inscriptions des pouvoirs et des actes contenant révocation des dits pouvoirs, et des autorisations données aux femmes mariées de faire le commerce, ne seront faites que sur le vu des actes respectifs, et elles comprendront la copie intégrale de la clause contenant les pouvoirs conférés ou la révocation des dits pouvoirs, ou de l'autorisation maritale.

32. Pour l'inscription des émissions que les particuliers commerçants peuvent faire conformément aux dispositions de l'art. 21 du Code de commerce, ainsi que leur radiation partielle ou totale, et pour les titres visés sous le n° 12 de l'art. 21 du dit Code, on observera les prescriptions contenues dans les articles 40 à 45 du présent règlement.

33. Conformément aux prescriptions de l'art. 28 du Code de commerce, l'inscription des actes visés sous le n° 9 de l'art. 21 du dit Code, devra être requise par le commerçant ou sa femme, ou par les pères, frères consanguins, ou par ceux qui ont été ses tuteurs ou curateurs ou qui lui ont constitué ou lui constituent une dot.

34. Pour que l'inscription sorte effet, il sera nécessaire que les dits actes, au moment où ils sont présentés, portent une mention constatant qu'ils ont été d'abord inscrits sur le registre de la propriété, si parmi les biens dotaux ou paraphernaux, il y a des immeubles ou des droits réels.

Dans l'inscription relative aux paraphernaux, on sera tenu d'en énoncer le montant, s'il résulte du titre.

Dans l'inscription des biens dotaux, on indiquera en outre la classe de la dot ainsique les prénom et noms de la personne qui l'a constituée, et si elle a été versée ou promise.

35. Si le commerçant n'est pas inscrit sur le registre du commerce, et que l'on présente pour être inscrit un acte constatant une constitution de dot, un contrat de mariage ou l'existence de paraphernaux de la femme de ce commerçant, il sera préalablement procédé à l'inscription du commerçant lui-même, en vertu d'une requête contenant toutes les indications nécessaires et signée de la personne qui requiert l'inscription au profit de la femme.

§ 3. *Règles spéciales pour l'inscription sur le livre des sociétés.*

36. Les directeurs, présidents, gérants ou représentants des différentes catégories de sociétés commerciales, mentionnées dans l'art. 123 du Code de commerce

mercio, tienen obligación, con arreglo al artículo 17 del mismo, de solicitar la inscripción en el Registro mercantil de la provincia en que estuvieren domiciliadas, de las escrituras de constitución de las mismas, así como de las adicionales que de cualquiera manera alteren ó modifiquen aquéllas antes de dar principio á las respectivas operaciones.

37. Para que puedan ser inscritas las escrituras de constitución de sociedad, deberán expresar por lo menos las circunstancias que exigen los artículos 125, 145 y 151 del Código de comercio, el domicilio de la sociedad y las operaciones á que han de dedicarse.

También se deberá expresar en la misma escritura, ó en otro cualquier documento fehaciente, la fecha en que han de dar principio á sus operaciones.

Dichas circunstancias se harán constar en la inscripción con la debida claridad.

38. Además de la inscripción de las escrituras á que se refiere el artículo 36 de este reglamento, es obligatorio para las sociedades inscribir: 1.º Todos los actos, acuerdos, contratos y circunstancias que puedan influir sobre la libre disposición del capital, ó sobre el crédito, así como los que alteren y modifiquen las condiciones de los documentos inscritos; — 2.º Los poderes, tanto generales como especiales para determinadas operaciones, así como la modificación, constitución y revocación de los mismos. Para la inscripción de estos actos los registradores se atendrán á lo dispuesto en el artículo 31 de este reglamento; — 3.º Las emisiones de acciones, cédulas, obligaciones de todas clases y billetes de Banco y la cancelación de las respectivas inscripciones; — 4.º Los títulos de propiedad industrial, patentes de invención y marcas de fábrica en la forma y modo que establezcan las leyes; — 5.º La prolongación de la sociedad; — 6.º Su rescisión parcial y disolución total, excepto cuando ésta tenga lugar por la terminación del plazo por el cual se constituyó, siendo en este caso voluntaria la inscripcion.

39. Para inscribir cualquiera emisión de acciones, cédulas ú obligaciones á cuyo pago se declaren afectos bienes inmuebles ó derechos reales, será indispensable que se presente la correspondiente escritura pública ya inscrita en el Registro de la propiedad.

La inscripción expresará la serie y número de títulos de la emisión que se haya de inscribir, su interés, rédito, amortización y primas, si tuvieren una ú otras, la cantidad total de la emisión, y los bienes, intereses, obras, derechos ó hipotecas que afecten al pago de la emisión, y cualesquiera otros datos que el registrador estime de alguna utilidad.

40. La inscripción de las emisiones de billetes, obligaciones ó documentos nominativos y al portador, á cuyo pago no queden afectos bienes inmuebles ó derechos reales, se hará en vista de la respectiva escritura, si se otorgare, ó del certificado del acta en que conste el acuerdo para hacer la emisión, y las condiciones, requisitos y garantías de las mismas.

El certificado deberá estar expedido en forma de testimonio por un notario á requerimiento de parte.

La inscripción expresará todo lo necesario para dar á conocer con exactitud la emisión, sus condiciones y garantías.

41. Para que se cancelen total ó parcialmente las inscripciones de emisión á que se refiere el artículo 39, bastará con que se presente la escritura ó documento de cancelación total ó parcial con nota de su inscripción en el Registro de la propiedad, ó certificado, con referencia á éste, de haberse cancelado total ó parcialmente la inscripción practicada en el mismo.

42. Para cancelar total ó parcialmente las inscripciones comprendidas en el artículo 40, bastará con que se presente en el Registro mercantil testimonio de notario en que, con referencia á los libros y documentos del comerciante ó sociedad que hubiera hecho la respectiva emisión, se haga constar la amortización de los títulos, acciones, obligaciones ó billetes, y el completo pago de la cantidad que representen, expresando si se pretende la cancelación parcial, la serie y número de los amortizados, debiendo el mismo notario dar fe de haber visto recogidos é inutilizados los títulos, obligaciones ó billetes amortizados.

43. La inscripción de cancelación expresará claramente el número de la que se cancele, y si es total ó parcial. En este caso se indicarán los títulos, obligaciones, acciones ó billetes, cuyos valores hayan sido satisfechos.

sont tenus, conformément aux prescriptions de l'art. 17 du même Code, de requérir l'inscription sur le registre du commerce de la province où elles ont leur siége, des actes de constitution des dites sociétés, ainsi que des actes additionnels ou modificatifs quelconques, avant de commencer leurs opérations.

37. Pour pouvoir être inscrits, les actes de constitution de société devront énoncer au moins les circonstances exigées par les articles 125, 145 et 151 du Code de commerce, le siége de la société et les opérations auxquelles elle doit se livrer.

On devra énoncer également, dans le même acte, ou dans un autre document authentique, la date à laquelle doivent commencer les opérations de la société.
Ces circonstances seront mentionnées clairement dans l'inscription.

38. Outre l'inscription des actes dont il est parlé dans l'art. 36 du présent règlement, les sociétés seront tenues de faire inscrire: 1° Tous les actes, délibérations, contrats et circonstances qui peuvent influer sur la libre disposition du capital ou sur le crédit, ainsi que ceux qui modifient les conditions des documents déjà inscrits; — 2° Les pouvoirs généraux ou spéciaux, donnés en vue d'opérations déterminées, ainsi que les actes contenant modification, constitution et révocation des dits pouvoirs. Pour l'inscription des dits actes, les préposés se conformeront aux dispositions de l'art. 31 du présent règlement; — 3° Les émissions d'actions, cédules, obligations de toute nature et billets de banque, ainsi que la radiation des dites inscriptions; — 4° Les titres de propriété industrielle, brevets d'invention et marques de fabrique dans la forme et suivant le mode établis par les lois; — 5° La prolongation de la société; — 6° Sa dissolution partielle ou totale, excepté lorsqu'elle a lieu par suite de l'accomplissement du terme, auquel cas l'inscription est facultative.

39. L'inscription des émissions quelconques d'actions, cédules ou obligations au payement desquelles sont affectés des biens immeubles ou des droits réels, ne se fera que sur le vu de l'acte public contenant la dite affectation déjà inscrit sur le registre de la propriété.
L'inscription énoncera la série et le nombre des titres de l'émission à inscrire, l'intérêt, le revenu, l'amortissement et les primes, s'il y a lieu, la somme totale de l'émission, ainsi que les biens, intérêts, travaux, droits ou hypothèques affectés au payement de la dite émission, et toutes autres données, quelles qu'elles soient, que le préposé estime utiles.

40. L'inscription des émissions de billets, obligations ou documents nominatifs et au porteur, au payement desquels ne sont pas affectés des immeubles ou des droits réels, se fera sur le vu de la minute de l'acte respectif, s'il en a été fait un par un notaire, ou d'un certificat notarié de l'acte constatant la délibération autorisant l'émission et fixant les conditions, circonstances essentielles et garanties des dites émissions.
Le certificat devra être délivré sous forme d'attestation par un notaire sur la réquisition de la partie.
L'inscription contiendra toutes les mentions nécessaires pour permettre d'avoir une connaissance exacte des conditions et des garanties de l'émission.

41. Pour faire opérer la radiation totale ou partielle de l'inscription d'une des émissions dont il est parlé dans l'art. 39, il suffira de présenter l'acte ou le document de radiation totale ou partielle revêtu de la mention constatant l'inscription du dit acte sur le registre de la propriété, ou un certificat attestant, par une référence audit registre, la radiation totale ou partielle de l'inscription précédemment faite sur le dit registre de la propriété.

42. Pour faire opérer la radiation totale ou partielle des inscriptions visées dans l'art. 40, il suffira de présenter au préposé du registre du commerce un certificat notarié attestant, en se référant aux livres et documents du commerçant ou de la société qui a fait l'émission, l'amortissement des titres, actions, obligations, ou billets, et le payement intégral de la somme qu'ils représentent, et d'énoncer, en outre, s'il s'agit d'une radiation partielle, la série et le numéro des titres amortis; le notaire qui délivrera le dit certificat devra enfin attester que les titres, obligations ou billets amortis ont été, sous ses yeux, recueillis et mis hors d'usage.

43. L'inscription d'une radiation énoncera en termes clairs le numéro de l'inscription radiée, et si la radiation est totale ou partielle. Dans ce dernier cas, on indiquera les titres, obligations, actions ou billets dont la valeur a été remboursée.

44. Los títulos de propiedad industrial, patentes de invención y marcas de fábrica, se inscribirán previa la presentación de los respectivos documentos que acrediten su concesión en forma legal.

La inscripción expresará las circunstancias esenciales comprendidas en el documento.

§ 4.º *Reglas especiales para la inscripción en el libro ó Registro de buques.*

45. Los dueños de buques mercantes de matrícula y bandera de España solicitarán su inscripción en el Registro mercantil de la provincia en que estuvieren matriculados antes de emprender el primer viaje ó de dedicarse á las operaciones á que se destinen.

Se considerarán buques para los efectos del Código y de este reglamento, no sólo las embarcaciones destinadas á la navegación de cabotaje ó altura, sino también los diques flotantes, pontones, dragas, gánguiles y cualquiera otro aparato flotante destinado á servicios de la industria ó del comercio marítimo.

46. La primera inscripción de cada buque será la de propiedad del mismo, y expresará las circunstancias indicadas en el número 1.º del artículo 22 del Código de comercio, y además la matrícula del buque y su valor.

47. Para que se verifique la inscripción del buque se presentará en el Registro mercantil una copia certificada de la matrícula ó asiento del buque expedida por el comandante de marina de la provincia en que esté matriculado.

48. Cuando un buque cambie de matrícula dentro de la misma provincia, se hará constar así á continuación del último asiento que se hubiere extendido relativo al mismo buque, previa presentación del certificado de la nueva matrícula.

Si el cambio se hubiere hecho á otra provincia, se presentará al registrador de la capital de ésta certificación literal de la hoja del buque, á fin de que se trasladen todas las inscripciones á la hoja que se le destine en dicho Registro, bajo la siguiente fórmula: «Certifico que en la hoja número ..., folio ..., tomo ..., del Registro de buques de ..., aparecen las inscripciones siguientes (aquí se copiarán literalmente); así resulta de la certificación expedida con fecha ... por D ..., registrador mercantil de ..., que, para poder hacer la inscripción siguiente, ha sido presentado en este Registro á las ...

Fecha y firma entera.»

A continuación se inscribirá el cambio de matrícula, y el registrador participará de oficio al encargado del Registro en que antes estuvo inscrito el buque, haber practicado la inscripción del cambio, indicando el número de la hoja, folio y tomo en que conste.

El último de los citados registradores cerrará la hoja del buque, poniendo á continuación de la última inscripción una nota en los siguientes términos: «Queda cerrada esta hoja por haberse inscrito el buque de su referencia en el Registro de ..., hoja ..., número ..., folio y tomo.

Fecha y firma.»

49. Cuando en el caso previsto en el artículo 578 del Código de comercio se remita al registrador copia de la escritura de venta de un buque, acusará recibo al cónsul, y pondrá á continuación de la última inscripción hecha en la hoja del buque una nota en los siguientes términos:

«Nota. Por escritura otorgada con fecha ... ante el cónsul de ..., ha sido vendido el buque de esta hoja á ...

Fecha y firma.»

La copia se conservará en el archivo en un legajo especial, y la inscripción no se verificará hasta que los interesados ó cualquiera de ellos presenten la escritura; pero mientras no se inscriba ésta, no se extenderán otras inscripciones de transmisión ó gravamen del mismo buque.

50. Los capitanes de los buques se proveerán necesariamente de la certificación de la hoja del Registro, sin cuyo documento no podrán emprender el viaje.

Esta certificación, que habrá de ser literal y deberá estar legalizada por el capitán del puerto de salida, se considerará como título bastante para la justificación del dominio y para su transmisión ó imposición de gravámenes por manifestación escrita y firmada por los contratantes al pie de aquélla, con intervención de notario en España ó cónsul en el extranjero que afirmen la verdad del hecho y la legitimidad de las firmas.

44. Les titres de propriété industrielle, les brevets d'invention et les marques de fabriques seront inscrits sur la représentation des documents qui attestent qu'ils ont été concédés dans la forme légale.

L'inscription énoncera les circonstances essentielles mentionnées dans le dit document.

§ 4. *Règles spéciales pour l'inscription sur le livre ou registre des navires.*

45. Les propriétaires de navires marchands immatriculés en Espagne et portant le pavillon espagnol demanderont l'inscription des dits navires sur le registre du commerce de la province où ils étaient immatriculés avant d'entreprendre le premier voyage ou de se livrer aux opérations auxquelles ils les destinent.

Seront considérés comme navires, pour les effets du Code et du présent règlement, non seulement les embarcations destinées au cabotage ou à la navigation de haute mer, mais encore les digues flottantes, pontons, dragues, barques et tous autres appareils flottants destinés au service de l'industrie ou du commerce maritime.

46. La première inscription de chaque navire est relative à la propriété du bâtiment, et elle mentionnera les circonstances indiquées dans le n° 1 de l'art. 22 du Code de commerce et, en outre, la matricule et la valeur du navire.

47. Pour obtenir l'inscription du navire, on représentera au préposé du registre de commerce une copie certifiée de la matricule ou du rôle, délivrée par le commandant de la marine de la province dans laquelle le dit navire est immatriculé.

48. Lorsqu'un navire vient à changer de matricule dans la même province, le fait sera constaté à la suite de la dernière mention concernant le dit navire, sur le vu du certificat de la nouvelle matricule.

Si le changement a pour effet de transférer le bâtiment dans une autre province, on remettra au préposé du registre du commerce un certificat contenant copie littérale de la feuille du navire, afin qu'il en transcrive toutes les mentions sur la feuille ouverte au navire sur son registre au moyen de la formule suivante: «Je certifie que sur la feuille n° ..., folio ..., tome ... du registre des navires de ... se trouvent les inscriptions suivantes (les recopier intégralement) ainsi qu'il résulte du certificat délivré ... par D ... *registrador* commercial de ... présenté à ce bureau du registre du commerce pour permettre l'inscription suivante les ...
Date et signature complète.»

A la suite sera inscrit le changement de matricule, et le préposé transmettra d'office au *registrador* du registre sur lequel le navire était primitivement inscrit, un certificat attestant qu'il a fait l'inscription, avec mention du numéro de la feuille, du folio et du tome où elle a été faite.

Le dernier de ces deux préposés clôturera la feuille du navire en apposant à la suite de la dernière mention la note suivante: «La présente feuille a été clôturée par suite de l'inscription du navire qu'elle concerne sur le registre de ... feuille n° ... folio et tome.
Date et signature.»

49. Lorsque, dans le cas prévu dans l'art. 578 du Code de commerce, il est remis au préposé une copie de l'acte de vente d'un navire, il en accusera réception au consul, et il inscrira à la suite de la dernière inscription faite sur la feuille du navire une note ainsi conçue:

«*Note.* Par acte en date du ... passé devant le consul de ... le navire visé dans la présente feuille a été vendu.
Date et signature.»

La copie sera conservée aux archives dans une liasse spéciale, et il ne sera procédé à l'inscription que lorsque les intéressés, ou l'un quelconque d'entre eux présenteront l'acte; cependant, tant que l'inscription ne sera pas operée on ne procédera pas à d'autres inscriptions de transfert ou de charges concernant le même bâtiment.

50. Les capitaines des navires seront tenus d'être pourvus de la copie certifiée de la feuille du registre concernant leur bâtiment, et ils ne pourront commencer le voyage sans ce document.

Cette copie certifiée, qui devra être littérale et être légalisée par le capitaine du port de départ, sera considérée comme un titre suffisant pour justifier de la propriété, ainsi que pour sa transmission ou pour l'établissement des charges, lorsque les contrats, dûment signés des contractants, sont inscrits à la suite de la dite copie certifiée, avec l'intervention, en Espagne, d'un notaire, ou, à l'étranger, du consul, attestant la vérité du fait et la sincérité des signatures.

Los contratos así celebrados surtirán todos sus efectos desde que sean inscritos en el Registro mercantil.

La inscripción se verificará presentando, ó la misma hoja de registro del buque, ó un certificado literal del contrato autorizado por el naviero, y en su defecto por el capitán del buque y por el mismo notario ó cónsul que haya intervenido.

No será necesaria nueva hoja para cada viaje. Bastará con que á continuación de la primera que se hubiese expedido se certifique de todos los asientos que aparezcan practicados con posterioridad en la respectiva hoja del buque.

51. La certificación de la hoja de un buque á que se refiere el artículo anterior, en concordancia con el 612 del Código de comercio, deberá ser legalizada por el capitán del puerto de salida que firme la patente de navegación y los demás documentos del buque.

52. De los gravámenes que con arreglo á los artículos 580, 583 y 611 del Código de comercio se impongan al buque durante su viaje, y que, según el artículo 50 de este reglamento, deben hacerse con intervención de notario en España ó del cónsul en el extranjero, se extenderá un acta que conservarán en sus protocolos ó archivos estos funcionarios.

Aunque los contratos en que se impongan dichos gravámenes surten efecto durante el viaje desde el momento de su anotación en la hoja del buque para los efectos del art. 580 del Código, deberán inscribirse, una vez terminado el viaje, en el Registro correspondiente.

53. Los propietarios de buques vendidos á un extranjero deberán presentar copia de la escritura de venta en el Registro, á fin de que se cierre la hoja correspondiente al mismo. Los notarios y los cónsules que hubieren autorizado cualquier acto de enajenación de un buque español á favor de un extranjero darán parte dentro de tercero día al encargado del Registro en que estuviere inscrito, el cual extenderá la oportuna nota en la hoja abierta al buque enajenado.

54. La extinción de los créditos inscritos se hará constar por regla general presentando previamente escritura pública ó documento fehaciente en que conste el consentimiento de la persona á cuyo favor se hizo la inscripción, ó de quien acredite en debida forma ser su causahabiente ó representante legítimo.

En defecto de tales documentos deberá presentarse ejecutoria ordenando la cancelación.

Si la extinción del crédito tiene lugar forzosamente, por ministerio de la ley en virtud de un hecho independiente de la voluntad de los interesados, bastará acreditar con documento fehaciente la existencia del hecho que motiva la cancelación.

De conformidad con lo prevenido en el art. 582 del Código de Comercio, se reputarán extinguidas de derecho todas las inscripciones anteriores á la de la escritura de venta judicial de un buque.

55. Las inscripciones de cancelación expresarán claramente si ésta es total ó parcial, y en este caso la parte de crédito que se haya satisfecho y la que quede por satisfacer.

56. Hecha constar en la matrícula de un buque su desaparición, destrucción ó enajenación á un extranjero, el comandante de marina de la provincia lo participará de oficio al registrador mercantil de la misma, á fin de que éste extienda al final de la última inscripción una nota en los siguientes términos:

«Según oficio de ..., fecha ...., el buque á que esta hoja se refiere (aquí lo ocurrido al buque).

Fecha y firma.»

Extendida esta nota, no se podrá hacer inscripción alguna relativa al buque.

Capítulo IV. De la publicidad del Registro mercantil.

57. Las personas que deseen adquirir noticias respecto de lo que en el Registro mercantil resulte con relación á un comerciante, sociedad ó buque, pueden conseguirlas utilizando alguno de los medios siguientes: 1.º Manifestación del Registro; — 2.º Certificación con referencia á los libros.

58. El registrador, á petición verbal de cualquiera persona, pondrá de manifiesto la hoja relativa al comerciante, sociedad ó buque que se le indique, para que pueda ser examinada y tomar las notas que tenga por conveniente.

Les contrats ainsi faits sortiront tous leurs effets après avoir été inscrits sur le registre du commerce.

L'inscription sera faite sur le vu soit de la feuille même du navire, soit d'une copie certifiée et littérale du contrat signée par l'armateur, et, à son défaut, par le capitaine du navire et par le notaire ou le consul qui a prêté son ministère.

Il ne sera pas nécessaire d'avoir une feuille nouvelle pour chaque voyage. Il suffira d'inscrire à la suite de la première qui aura été délivrée, une attestation de toutes les mentions faites postérieurement sur la feuille respective du navire.

51. Le certificat des mentions de la feuille d'un navire dont il est parlé dans l'article précédent, devra, conformément à l'art. 612 du Code de commerce, être légalisé par le capitaine du port de départ qui signe la patente de navigation et les autres papiers du navire.

52. Il sera dressé acte des obligations contractées, durant le voyage, par le navire conformément aux articles 580, 583 et 611 du Code de commerce, et qui, d'après l'art. 50 du présent règlement, doivent être contractées par le ministère d'un notaire, en Espagne, ou d'un consul, à l'étranger, et le dit acte sera conservé dans les protocoles ou les archives de ces fonctionnaires.

Les contrats d'où résultent les dites obligations, encore qu'ils produisent leur effet durant le voyage dès l'instant où ils sont mentionnés sur la feuille du navire, devront, cependant, pour les effets de l'art. 580 du Code, être inscrits, une fois le voyage terminé, sur le registre correspondant.

53. Les propriétaires de navires vendus à un étranger devront présenter une copie de l'acte de vente au bureau du registre, afin que la feuille d'inscription dudit navire soit clôturée. Les notaires et les consuls qui auront authentiqué un acte quelconque contenant aliénation d'un navire espagnol au profit d'un étranger, aviseront, dans les trois jours, le préposé du registre sur lequel le navire est inscrit, lequel inscrira la mention qu'il y a lieu de faire sur la feuille ouverte au navire vendu.

54. L'extinction des créances inscrites sera établie, en règle générale, au moyen de la présentation d'un acte public ou d'un document authentique constatant le consentement de la personne au profit de qui l'inscription a été faite, ou de celui qui justifie régulièrement être son ayant-cause ou son représentant légitime.

A défaut de ces documents, on devra représenter une sentence exécutoire ordonnant la radiation.

Si l'extinction de la créance résulte obligatoirement de la loi, en vertu d'un fait indépendant de la volonté des intéressés, il suffira de justifier, au moyen d'un document authentique, de l'existence du fait qui motive la radiation.

Conformément à ce qui est prescrit dans l'art. 582 du Code de commerce, toutes les inscriptions antérieures à l'inscription de la vente judiciaire d'un navire seront réputées éteintes de plein droit.

55. Les inscriptions d'une radiation énonceront clairement si la radiation est totale ou partielle, et, dans ce dernier cas, la partie de la créance qui a été acquittée et ce qui reste dû.

56. Après avoir constaté, sur la matricule d'un navire, la disparition, la destruction ou la vente de ce navire à un étranger, le commandant de la marine de la province en donnera, d'office, avis au préposé du registre du commerce de la même province, afin que celui-ci inscrive, à la suite de la dernière inscription, une note ainsi conçue:

Suivant dépêche de . . . en date . . . le navire dont il est parlé dans cette feuille (indiquer l'évènement).

Date et signature.

Une fois cette note inscrite, il ne pourra plus être fait aucune inscription relative au navire.

Chapitre IV. De la publicité du registre du commerce.

57. Les personnes qui désirent prendre connaissance des renseignements contenus dans le registre du commerce et concernant un commerçant, une société ou un navire, peuvent les obtenir en employant l'un des moyens suivants: 1° La communication du registre; — 2° Un certificat conforme aux livres.

58. Le préposé du registre, sur la demande verbale de toute personne, devra communiquer la feuille concernant le commerçant, la société ou le navire indiqué et permettre au comparant d'examiner la dite feuille, et de prendre telles notes qu'il jugera convenables.

59. La certificación podrá obtenerse pidiéndola por medio de solicitud escrita en papel del timbre de la clase 12.ª

En la solicitud se expresará claramente el nombre del comerciante, sociedad ó buque, y la inscripción ó inscripciones de que se ha de certificar.

60. La certificación podrá ser literal ó en relación, según se pida, y se extenderá á continuación de la solicitud, aumentando los pliegos de papel de la misma clase que sean precisos. Unas y otras expresarán necesariamente si además de la inscripción ó inscripciones que comprende, existen ó no otras relativas al mismo comerciante, sociedad ó buque.

Si se pidiere certificado de alguna inscripción que esté cancelada, lo hará constar el registrador aunque no se le exija.

Cuando no resulten inscripciones de la clase que se pida, se dará certificación negativa.

61. Los registradores mercantiles pondrán de manifiesto á cualquiera persona que lo desee los ejemplares del acta de la cotización oficial.

También expedirán copia certificada de los mismos, mediante solicitud escrita en papel del timbre de la clase 12.ª

62. Las certificaciones se extenderán en el más breve plazo posible, sin que pueda exceder de dos días.

Los registradores facilitarán por escrito á los jueces, Tribunales y autoridades, cuantos datos les sean pedidos de oficio y consten en el Registro mercantil, sin devengar derechos cuando no medie instancia de parte.

Capítulo V. De los derechos y de la responsabilidad de los registradores.

64. Los registradores mercantiles percibirán los derechos que les correspondan con estricta sujeción al Arancel que se acompaña á este Reglamento.

Por las operaciones que practiquen y no tengan señalados derechos no podrán percibirlos.

65. Al pie de las respectivas inscripciones, notas y certificaciones, consignarán los registradores los derechos que devenguen, citando el número del Arancel que apliquen, sin perjuicio de dar recibo especial si los interesados lo exigen.

66. En cada registro mercantil se llevará un libro de ingresos, en el que por orden de presentación de los respectivos documentos se consignarán todos los derechos que se devenguen, aunque no se hayan percibido. 1.ª á 4.ª (Carecen de interés). — 5.ª Los registradores interinos elevarán semestralmente á la misma Dirección una memoria sobre los inconvenientes que en la práctica hubieren advertido, á fin de que se tengan presentes para las reformas que en su día deban hacerse en esta parte de la legislación mercantil.

Arancel de derechos de los registradores mercantiles. Pesetas

Número 1. Por cada inscripción hecha en el libro de comerciantes que no esté comprendida en los números siguientes 2

Número 2. Por la inscripción de variación de alguna circunstancia relativa al comerciante particular 1

Número 3. Por las de poderes, su modificación, substitución ó revocación y por las de títulos de propiedad industrial, patentes de invención y marcas de fábrica en cualquiera de los libros 3

Número 4. Por las de dote, capítulos matrimoniales ó bienes parafernales . 4

Número 5. Por la primera inscripción de cualquiera sociedad, y por las de emisión de todas clases se devengarán los derechos que señala la siguiente escala:

Si el capital social ó el importe de la emisión no excede de 250 000 pesetas 5

Si excede de esta cantidad y no pasa de 500 000 10

Si pasa de 500 000 y no de 1 000 000 15

Si pasa de 1 000 000 y no de 2 000 000 20

Excediendo de 2 000 000 25

59. Le certificat pourra être obtenu sur présentation d'une requête écrite sur papier timbré de la classe n° 12.

La requête indiquera clairement le nom du commerçant, de la société ou du navire, ainsi que l'inscription ou les inscriptions dont il est demandé une copie certifiée.

60. Le certificat pourra être littéral ou par extrait, suivant la demande; et il sera délivré à la suite de la requête, en ajoutant à la dite requête autant de feuilles de papier de même classe qu'il sera nécessaire. Dans l'un et l'autre cas, le préposé sera tenu d'indiquer si, en dehors de l'inscription ou des inscriptions comprises dans le certificat, il en existe ou non d'autres relatives au même commerçant, à la même société ou au même navire.

S'il est demandé un certificat d'une inscription radiée, le préposé devra l'indiquer encore que l'impétrant ne l'exige pas.

S'il n'y a pas sur le registre d'inscriptions de la classe indiquée dans la demande, il sera délivré un certificat négatif.

61. Les préposés du registre du commerce devront communiquer à toute personne qui leur en fait la demande les exemplaires de la cote officielle.

Ils délivreront également une copie certifiée de la dite cote, lorsque la demande leur en sera faite par requête écrite sur papier timbré de la classe n° 12.

62. Les certificats seront délivrés dans le plus bref délai possible, sans que ce délai puisse dépasser deux jours.

Les préposés adresseront par écrit aux juges, tribunaux et autorités, tous les renseignements qui leur seront demandés d'office et qui se trouvent sur le registre du commerce, sans pouvoir réclamer aucun droit quand la demande n'est pas faite par une partie.

Chapitre V. Des émoluments et de la responsabilité des préposés.

64. Les préposés du registre du commerce percevront les droits qui leur sont attribués, en se conformant strictement au tarif annexé au présent règlement.

Pour les opérations qu'ils font et pour lesquelles il n'est indiqué aucun droit, ils ne pourront percevoir aucun émolument.

65. Les préposés indiqueront les droits qui leur sont dus au pied des inscriptions, notes et certificats, en citant le numéro du tarif applicable, et ils devront en outre délivrer un récépissé spécial si les intéressés l'exigent.

66. Dans chaque bureau du registre du commerce, il sera tenu un livre de recettes, sur lequel, en observant l'ordre de présentation des différents documents, on inscrira tous les droits dus, même s'ils n'ont pas été perçus (1 à 4 *sans intérêt*).
— 5° Les préposés provisoires adresseront chaque semestre à la Direction un rapport sur les inconvénients que la pratique a pu révéler, afin de permettre de réaliser les réformes nécessaires dans cette partie de la législation commerciale.

Tarif des droits des préposés du registre du commerce. Pesetas

N° 1. Pour chaque inscription faite sur le livre des commerçants qui n'est pas comprise dans les numéros suivants 2

N° 2. Pour l'inscription de toute modification de l'une quelconque des circonstances relatives à un commerçant particulier 1

N° 3. Pour l'inscription des pouvoirs et des actes contenant modification, substitution, ou révocation des dits pouvoirs, ainsi que pour l'inscription des titres de propriété industrielle, brevets d'invention et marques de fabrique sur l'un quelconque des livres 3

N° 4. Pour l'inscription des dots, contrats de mariage ou biens paraphernaux 4

N° 5. Pour la première inscription d'une société quelconque, et pour celle des émissions de toute catégorie, seront dus les droits indiqués dans l'échelle suivante:

Si le capital social ou le montant de l'émission ne dépasse pas 250 000 pesetas	5
S'il dépasse cette somme, mais est inférieur à 500 000	10
S'il dépasse 500 000, mais est inférieur à 1 000 000	15
S'il est supérieur à 1 000 000, mais est inférieur à 2 000 000	20
S'il dépasse 2 000 000	25

Reglamento interino
para la organización y régimen de las Bolsas de Comercio.
Capítulo primero.

Art. 1. La Bolsa de Comercio que existe actualmente en Madrid continuará funcionando con sujeción á lo dispuesto en el Código de Comercio y en el presente Reglamento.

Para establecer nuevas Bolsas de Comercio en cualquiera población del Reino con carácter oficial, ya sean generales ó especiales, deberá existir motivo de utilidad ó conveniencia pública que se hará constar en expediente y será oído el Consejo de Estado. La resolución que en definitiva recayere se acordará por Real decreto á propuesta del Ministro de Fomento.

Con iguales trámites deberá concederse la autorización que soliciten las corporaciones ó particulares para crear dichos establecimientos.

2. Sólo podrán crear Bolsas de Comercio generales ó especiales con carácter privado las Sociedades constituídas con arreglo al Código, siempre que la facultad de hacerlo sea uno de sus fines sociales.

Para que la cotización de las operaciones realizadas y publicadas en estos establecimientos tenga carácter oficial, deberá obtenerse la correspondiente autorización del Gobierno, la cual se concederá previos los trámites y requisitos expresados en el artículo anterior.

3. En las Bolsas creadas por iniciativa exclusiva del Gobierno serán de cargo del presupuesto general del Estado los gastos de su instalación y los de personal y material. Determinará estos gastos el Ministerio de Fomento, oyendo á la Junta sindical, y los funcionarios y dependientes del establecimiento serán empleados públicos, cuyo nombramiento se hará por el Gobierno á propuesta de la Junta sindical, y no podrán ser separados sino en virtud de expediente en que se oirá á los interesados y á la Junta sindical.

4. En las Bolsas cuya creación autorice el Gobierno en poblaciones que lo soliciten por razones de conveniencia de la contratación pública, podrá el Gobierno contribuir al pago de gastos de creación y sostenimiento con la suma que estime

Pesetas

No 6. Pour l'inscription de tout navire quelconque ou de toute modification
survenue dans les circonstances du dit navire 2
No 7. Pour les inscriptions des contrats en vertu desquels les navires sont
affectés au payement d'une obligation, il sera perçu:

Si le montant de l'obligation garantie ne dépasse pas 250 000 pesetas 5
S'il dépasse cette somme, mais est inférieur à 500 000 10
De 500 001 à 1 000 000 15
Au-delà de 1 000 000 20

No 8. Pour les inscriptions faites sur le livre des sociétés et sur le livre des
navires qui ne sont pas comprises dans les numéros précédents. 5
No 9. Pour chaque note à inscrire sur les livres du registre, d'après les dispositions du présent règlement 1
No 10. Pour la translation de chaque inscription d'un registre nouveau sur
un autre 1
No 11. Pour la communication d'une feuille de l'un quelconque des livres 1
No 12. Pour le certificat littéral de chaque inscription, le quart de ce qui
serait dû pour cette inscription.
No 13. Pour le certificat par extrait de chaque inscription, le huitième de
ce qui serait dû pour cette inscription.
No 14. Pour la communication de chaque procès-verbal de la cote officielle de
la Bourse. 1
No 15. Pour la copie certifiée de chaque procès-verbal de cote 1
No 16. Pour tout certificat négatif quelconque 1
No 17. Pour la garde des livres, dans le cas prévu par l'art. 99 du Code de
commerce, par chaque livre 5

Règlement provisoire
sur l'organisation et le régime des Bourses de commerce.
Chapitre I.

Art. 1. La Bourse de Commerce existant actuellement à Madrid continuera
à fonctionner en observant les prescriptions du Code de Commerce et du présent
règlement.

Pour établir de nouvelles Bourses de commerce dans une commune quelconque
du Royaume, avec un caractère officiel, qu'il s'agisse de Bourses générales ou spéciales, il faudra qu'il y ait une raison d'utilité ou de convenance publique, constatée dans une procédure régulière, et que le Conseil d'État soit entendu. La
résolution définitive sera prise par décret royal sur la proposition du ministre de
Fomento.

On remplira les mêmes formalités pour accorder l'autorisation sollicitée par
les corporations ou les particuliers pour créer les dits établissements.

2. Il ne pourra être créé de Bourses de commerce générales ou spéciales avec
un caractère privé que par les sociétés constituées conformément au Code, et à
la condition que la faculté de les créer soit prévue dans leurs statuts.

Pour que la cote des opérations faites et publiées dans ces établissements
ait un caractère officiel, on devra obtenir l'autorisation du gouvernement, laquelle
sera donnée en remplissant les formalités et conditions prévues dans l'article précédent.

3. Dans les Bourses créées sur l'initiative exclusive du gouvernement, les
frais d'installation et ceux du personnel et du matériel seront à la charge du budget
général de l'État. Le ministre de *Fomento* déterminera ces frais, après avoir entendu la Chambre syndicale, et les fonctionnaires et employés de l'établissement
seront des employés publics, nommés par le gouvernement sur la proposition de
la Chambre syndicale, dont la révocation ne pourra être prononcée qu'après enquête
régulière, les intéressés et la Chambre syndicale entendus.

4. Dans les Bourses dont la création est autorisée par le gouvernement dans
les communes qui le demandent pour des motifs de convenance du marché public,
le gouvernement pourra contribuer aux dépenses de création et d'entretien, pour

conveniente por vía de subvención, y con las condiciones y reservas que considere oportunas, y se harán constar en la autorización.

Los gastos de creación y sostenimiento de las Bolsas establecidas por Sociedades serán del exclusivo cargo de las mismas, y en su consecuencia procederán libremente al nombramiento y separación de los empleados; pero dando siempre cuenta al Ministro de Fomento[1].

5. Las Bolsas de Comercio, por su carácter de establecimientos públicos que tienen por objeto concertar ó cumplir las operaciones mercantiles que determina el Código de Comercio, dependen del Ministerio de Fomento.

En lo relativo al orden público las Bolsas estarán sometidas á la inspección del Gobernador civil en las capitales de provincia y á la Autoridad superior gubernativa en las demás poblaciones, ejerciendo dicha inspección en nombre y representación de las mismas un Delegado Inspector de Real nombramiento.

La Junta sindical del Colegio de Agentes cuidará del régimen y policía interior de la Bolsa, y ejercerá las funciones que le correspondan con arreglo al Código de Comercio y á las disposiciones del presente Reglamento.

6. Ninguna Autoridad, á excepción del Gobernador de la provincia, y en donde no le haya la Autoridad superior gubernativa de la localidad, podrá ejercer sus atribuciones en las Bolsas, sino cuando lo reclame el Inspector ó la Junta sindical.

7. La representación de la Bolsa de Comercio, en cuanto se refiera á la contratación, corresponde á la Junta sindical del Colegio de Agentes de cambio y Bolsa, bajo la dependencia del Ministerio de Fomento, y con arreglo á las disposiciones del Código.

8. Tanto las Bolsas creadas ó autorizadas por el Gobierno, como las fundadas por Sociedades que hayan obtenido carácter oficial para sus cotizaciones, se regirán por las disposiciones de este Reglamento.

Las Bolsas que sólo tengan carácter privado se regirán por las reglas consignadas en el Código de Comercio y en los estatutos y reglamentos aprobados por las Sociedades fundadoras.

9. El reglamento interior de cada Bolsa se formará por su respectiva Junta sindical, y en él se establecerán las disposiciones convenientes al régimen y policía interior de la misma, al orden de las reuniones, así como las reglas necesarias para que la intervención de los Agentes en la contratación sea uniforme. Determinará también los libros que deban llevar los Agentes y modelos á que hayan de sujetarse. Estos reglamentos serán sometidos á la aprobación del Ministerio de Fomento.

Capítulo II. Agentes colegiados de comercio que intervienen en la contratación en Bolsa, nombramiento y organización de los mismos y funciones que les están encomendadas.

10. La intervención en las negociaciones y trasferencia de valores y efectos públicos que con arreglo al Código de Comercio son cotizables, es privativa de los Agentes de cambio y Bolsa.

En las demás operaciones y contratos de Bolsa tendrán derecho á intervenir los Agentes de cambio y Bolsa y los Corredores de comercio.

Los intérpretes de buques sólo podrán intervenir en los contratos que taxativamente encarga el Código á esta clase de auxiliares de Comercio.

11. Los Agentes de cambio y Bolsa, cuando ejerzan funciones de Corredores de comercio, se sujetarán á las disposiciones de los artículos 106 al 110 del Código de Comercio que determinan los deberes de dichos Corredores.

---

[1] Este artículo, lo mismo que los 9, 20, 23, 24, 26, 28, 31, 38, 42 y 51 de este Reglamento se modificaron por el Real Decreto de 9 de febrero de 1905; pero por Real orden de 25 del mismo mes y año se declaró en suspenso lo dispuesto en dicho Real Decreto, mientras no se oiga el parecer del Consejo de Estado en pleno; y se dispuso además que mientras no recaiga nueva resolución ó se redacte y apruebe un Reglamento general definitivo de Bolsas, continúe en vigor el actual, con las modificaciones que con anterioridad á la publicación del referido Real Decreto fueron introducidas por diversas disposiciones.

telle somme qu'il jugera convenable, au moyen d'une subvention, et sous telles
conditions et réserves qu'il jugera utiles, et qui seront spécifiées dans l'autorisation.

Les frais de création et d'entretien des Bourses établies par des sociétés seront
exclusivement à leur charge, et elles procéderont, en conséquence, librement à la
nomination et au remplacement de leurs employés, sauf à en rendre compte au
ministre de *Fomento*[1].

5. Les Bources de commerce, à raison de leur caractère d'établissements
publics ayant pour objet de traiter ou d'exécuter les opérations commerciales
déterminées par le Code de commerce, dépendent du ministère de *Fomento*.

En ce qui touche l'ordre public, les Bourses seront soumises à la surveillance
du gouverneur civil dans les chefs-lieux de province et à l'autorité supérieure
administrative dans les autres villes, et cette surveillance sera exercée en leur
nom par un inspecteur délégué, nommé par le Roi.

La Chambre syndicale du collége des Agents de change pourvoira au régime
et à la police intérieure de la Bourse, et elle exercera les fonctions qui lui appartiennent conformément au Code de Commerce et aux dispositions du présent règlement.

6. Nulle autorité, à l'exception du gouverneur de la province, et, dans les
villes où il n'y a pas de gouverneur, l'autorité administrative supérieure de la localité, ne pourra exercer ses attributions dans les Bourses que si elle en est requise
par l'inspecteur ou par la Chambre syndicale.

7. La Bourse de commerce, pour tout ce qui se réfère aux opérations, est
représentée par la Chambre syndicale des agents de change et de bourse, sous
l'autorité du ministère de *Fomento* et conformément aux dispositions du Code.

8. Les Bourses créées ou autorisées par le gouvernement, de même que les
Bourses créées par des sociétés qui ont obtenu pour leurs cotes un caractère officiel,
seront régies par les dispositions du présent règlement.

Les Bourses qui n'ont que le caractère d'établissement privé, seront régies
par les règles établies dans le Code de Commerce et par les statuts et les règlements
approuvés par les sociétés qui les ont fondées.

9. Le règlement intérieur de chaque Bourse sera établi par la Chambre syndicale intéressée, et il contiendra les dispositions nécessaires en le régime et la police
de la Bourse, l'ordre des réunions, ainsi que les règles nécessaires pour que l'intervention des agents dans le marché soit uniforme. Il déterminera aussi les livres
que doivent tenir les agents et les modèles auxquels ils doivent se conformer. Ces
règlements seront soumis à l'approbation du ministère de *Fomento*.

Chapitre II. Des agents de commerce inscrits qui interviennent dans les opérations du marché en Bourse. De leur nomination, de leur organisation et de leurs attributions.

10. Il appartient exclusivement aux agents de change et de bourse d'intervenir dans les négociations et les transferts des valeurs et des effets publics susceptibles d'être cotés aux termes du Code de commerce.

Dans les autres opérations et contrats faits en Bourse, le droit d'intervenir
appartient à la fois aux agents de change et de bourse et aux courtiers de commerce.

Les interprètes de navire ne pourront intervenir que dans les contrats qui,
d'après le Code, rentrent spécialement dans les attributions de cette catégorie
d'auxiliaires du commerce.

11. Les agents de change et de bourse, lorsqu'ils exercent les fonctions de
courtiers de commerce, sont soumis aux dispositions des articles 106 à 110 du
Code de commerce qui déterminent les devoirs des dits courtiers de commerce.

---

[1] Cet article, ainsi que les articles 9, 20, 23, 24, 26, 31, 38, 42 et 51 du présent règlement
ont été modifiés par le décret royal du 9 février 1905; mais l'ordre royal du 25 février de
la même année a suspendu l'exécution de ce dernier décret jusqu'à ce que le Conseil d'État
délibérant en assemblée générale ait donné son avis; ce même ordre royal a décidé, en outre,
que jusqu'à nouvel ordre ou tant qu'un règlement définitif des Bourses de commerce ne serait
pas publié, le règlement actuel continuerait à être appliqué avec les modifications qui y avaient
été introduites par diverses dispositions antérieurement au décret royal du 9 février 1905.

Para ejercer las funciones de Corredores Intérpretes de buques, tanto los Agentes de cambio y Bolsa como los Corredores de comercio deberán obtener habilitación especial, acreditando el conocimiento de dos lenguas vivas extranjeras.

12. Sólo se harán nombramientos de Agentes de cambio y Bolsa para las plazas mercantiles en que se halla establecida ó se establezca Bolsa de comercio.

13. Los expedientes de solicitud de nombramientos de Agentes mediadores del comercio' se instruirán en las Secciones de Fomento de los Gobiernos de provincia, acompañando los interesados á la instancia dirigida al Gobernador los documentos que acrediten los requisitos del art. 94 del Código.

El Gobernador elevará los expedientes al Ministerio de Fomento después de oída la Junta sindical del Colegio respectivo sobre el caso 2.º del art. 94 y lo dispuesto en los 13 y 14 del Código de Comercio.

No podrá expedirse á los interesados el título sin- que previamente acrediten haberse depositado á nombre de la Junta sindical en las Cajas que señala el art. 94 del Código el metálico ó valores que han de constituir la fianza para el desempeño del cargo, y sin que hayan prestado ante el Gobernador de la provincia el juramento que previenen las leyes.

Cumplidos estos requisitos, la Junta sindical les pondrá en posesión de sus cargos, remitirá una copia autorizada del título con el certificado de posesión al Gobernador de la provincia para que lo eleve al Ministerio de Fomento, anunciará en la Bolsa la toma de posesión y la autorizará con la firma autógrafa de los interesados á las dependencias de Hacienda y principales establecimientos de crédito.

En las provincias en que no haya Junta sindical informarán sobre los extremos á que se refiere el párrafo segundo de este artículo los Consejos provinciales de Agricultura, Industria y Comercio, que sustituirán á aquélla para todos los efectos de este artículo.

14. En cada una de las poblaciones en donde se halle establecida una Bolsa de Comercio, constituirán Colegio los Agentes de cambio y Bolsa adscritos á la misma, cualquiera que sea su número.

Los Corredores de Comercio y los Intérpretes de buques respectivamente constituirán también Colegio cuando en una misma población se cuenten cinco de estos Agentes.

En donde por falta de número no se constituya Colegio, los Corredores de Comercio y los Intérpretes de buques dependerán de la Autoridad superior gubernativa de la provincia.

15. Los Colegios de Agentes mediadores del Comercio serán presididos por Juntas sindicales.

La Junta de cada Colegio de Agentes de cambio y Bolsa la constituirán un Síndico-Presidente, un Vicepresidente y cinco adjuntos, más dos sustitutos que reemplacen á los adjuntos en ausencias y enfermedades. Si el número de Colegiados no alcanza al necesario para todos los cargos de la Junta, se constituirá en Junta de Colegio. En los Colegios de Corredores y de Intérpretes formarán la Junta un Presidente, dos adjuntos, si el número de los Colegiados no excede de 10, y cuatro adjuntos si dicho número es mayor, más un sustituto. Los cargos de la Junta son obligatorios y duran dos años.

16. Es atribución de las Juntas sindicales la formación de los reglamentos para el régimen interior de cada Colegio que deberán someterse á la aprobación del Ministerio de Fomento.

17. Las Juntas sindicales de los Colegios de Corredores de Comercio en las plazas en que haya Bolsa ejercerán las atribuciones que les son propias dentro de la corporación que presidan con entera independencia de la autoridad exclusiva que tiene en la Bolsa la Junta sindical del Colegio de Agentes de cambio y Bolsa.

18. Las juntas sindicales informarán al Gobierno en cuantas consultas se les dirijan.

En los casos en que el Código ó el presente Reglamento no determine cuál ha de ser la Junta sindical de Agentes de cambio y Bolsa consultada, se entenderá que lo es la de Madrid.

19. Los Agentes mediadores del Comercio se sujetarán en la redacción y expedición de documentos de contratos en que intervengan por razón de su oficio

Pour exercer les fonctions de courtiers-interprètes de navire, les agents de change et de bourse, ainsi que les courtiers de commerce devront se faire habiliter spécialement, et justifier de la connaissance de deux langues vivantes étrangères.

12. Il ne sera nommé d'agents de change et de bourse que pour les places de commerce où il existe ou dans lesquelles il sera établi une Bourse de commerce.

13. Les dossiers à fin de nomination d'agents intermédiaires du commerce seront instruits dans les bureaux de *Fomento* des gouverneurs de province, et les intéressés joindront à leur requête les documents justifiant qu'ils remplissent les conditions exigées par l'art. 94 du Code.

Le gouverneur transmettra les dossiers au ministère de *Fomento*, après avoir pris l'avis du Collége compétent sur le cas prévu dans l'art. 94, n° 2 et dans les dispositions des articles 13 et 14 du Code de commerce.

Le titre de nomination ne pourra être délivré aux intéressés qu'après qu'ils auront justifié du dépôt au nom de la Chambre syndicale, dans les caisses indiquées dans l'art. 94 du Code, de la somme ou des valeurs constituant leur cautionnement et prêté devant le gouverneur le serment prévu par la loi.

Lorsque ces conditions seront remplies, la Chambre syndicale les mettra en possession de leur charge, et elle transmettra une copie certifiée du titre de nomination, avec le certificat de prise de possession, au gouverneur de la province qui les transmettra au ministère de *Fomento*, elle annoncera en Bourse leur prise de possession et elle la fera connaître, en leur communiquant la signature autographe des intéressés qu'elle certifiera, aux bureaux de l'*Hacienda* et aux principaux établissements de crédit.

Dans les provinces où il n'existe pas de Chambre syndicale, les avis prévus par le deuxième paragraphe du présent article seront donnés par les conseils provinciaux d'Agriculture, Industrie et Commerce, lesquels remplaceront la Chambre syndicale pour tous les effets du présent article.

14. Dans chacune des villes où est établie une Bourse de commerce, les agents de change et de bourse inscrits à la dite Bourse seront constitués en collège quelque soit leur nombre.

Les courtiers de commerce et les interprètes de navires seront constitués respectivement en collège, lorsque, dans la même ville, ils seront au nombre de cinq.

Dans les villes où n'atteignant pas ce nombre ils ne sont pas constitués en collège, les courtiers de commerce et les interprètes de navires seront sous la surveillance de l'autorité administrative supérieure de la province.

15. Les collèges d'agents intermédiaires du commerce seront présidés par une Chambre syndicale.

La Chambre de chaque collège d'agents de change et de bourse sera composée d'un syndic président, d'un vice-président et de cinq adjoints, et, en outre de deux suppléants pour remplacer les adjoints en cas d'absence ou de maladie. Si les membres du collège ne sont pas en nombre suffisant pour qu'il soit pourvu à toutes les charges de la Chambre, le collège lui-même sera constitué en chambre. Dans les collèges de courtiers et d'interprètes, la Chambre sera composée d'un président et de deux assesseurs, si le nombre des membres ne dépasse pas 10, et de quatre assesseurs, si les membres du collège dépassent ce nombre, plus un suppléant. Les fonctions de la Chambre sont obligatoires et leur durée est de deux ans.

16. Il appartient aux Chambres syndicales de faire les règlements pour le régime intérieur de chaque collège, lesquels devront être soumis à l'approbation du ministère de *Fomento*.

17. Les Chambres syndicales des collèges de courtiers de commerce, dans les places où il existe une Bourse, exerceront les attributions qui leur appartiennent, dans la corporation qu'elles président, avec une indépendance entière de l'autorité exclusive appartenant, dans la Bourse, à la Chambre syndicale du Collège des agents de change et de bourse.

18. Les Chambres syndicales feront rapport au gouvernement sur toutes les questions sur lesquelles il demandera leur avis.

Dans les cas où le Code ou le présent règlement ne détermine pas quelle est la Chambre syndicale d'agents de change et de bourse qui doit être consultée, il sera présumé que l'avis à demander est celui de la Chambre syndicale de Madrid.

19. Les agents intermédiaires de commerce se conformeront, dans la rédaction et la délivrance des extraits des contrats dans lesquels ils sont intervenus, à raison

á las notas que tengan adoptadas las respectivas Juntas sindicales á cuyo Colegio pertenezcan, y á las pólizas y documentos timbrados con el sello del Estado, bajo la multa de 400 á 500 pesetas que discrecionalmente según los casos les impondrá su Junta sindical con destino á los fondos de la Corporación.

También adoptarán en los asientos de su libro-registro la forma de redacción que estime más oportuna la Junta sindical de su respectivo Colegio.

20. Sólo en el caso de imposibilidad de un Agente podrá hacer operaciones en su nombre y bajo la exclusiva responsabilidad de aquel otro individuo del colegio, dando previamente conocimiento á la Junta sindical de la autorización concedida.

Quedan, sin embargo, autorizados los Agentes de cambio y Bolsa para valerse de amanuenses que en su nombre y bajo su responsabilidad hagan los asientos de las operaciones en el libro ó cuaderno manual, rubricando aquéllos al margen de cada uno.

21. Las renuncias que los Agentes y Corredores hagan de sus oficios se presentarán ante la Junta sindical del Colegio á que pertenezcan, la que les dará desde luego de baja, dará cuenta al Ministerio de Fomento y procederá á lo que prescribe el Código y este Reglamento para la devolución de la fianza, anunciándolo en la Bolsa y poniéndolo en conocimiento de la Autoridad superior gubernativa de la localidad, dependencias de Hacienda y principales establecimientos de crédito, á los que se comunicarán los nombramientos.

Ante la Autoridad superior gubernativa harán la renuncia del cargo los Corredores de Comercio é Intérpretes de buques que no formen Colegio.

22. Los corredores de Comercio que fuera del caso previsto en el párrafo tercero del art. 545 del Código intervengan en cualquier concepto que sea otras operaciones que las que les son propias con arreglo al art. 100 del mismo, serán privados de oficio, previo expediente justificativo que formará y elevará al Ministerio de Fomento la Junta sindical del Colegio de Agentes de cambio, sin perjuicio de la responsabilidad civil y criminal que en su caso deba exigirse á dichos Corredores.

Capítulo III. De las reuniones en Bolsa.

23. Se celebrarán reuniones en Bolsa en el local destinado al efecto todos los días, excepto los de fiesta entera, los del Rey, Reina y Príncipe de Asturias, Jueves y Viernes Santo, y los de fiesta nacional.

24. Las horas de reunión en la Bolsa serán de una y media á tres y media de la tarde para toda clase de operaciones.

Por ningún motivo ni pretexto se prolongará por más tiempo la reunión.

El Ministerio de Fomento, consultando los intereses del comercio, y oyendo la Junta sindical, podrá variar las horas de contratación.

25. La apertura de la reunión de Bolsa se anunciará por tres toques de campana, y por otros tres su terminación.

Dado el último de estos tres toques, deberán salir del local los concurrentes.

26. El Presidente de la Junta sindical del Colegio de Agentes de cambio y Bolsa, ó el individuo de la misma que le reemplace, adoptará en las reuniones de la Bolsa las medidas necesarias para conservar el orden, no permitiendo que los concurrentes, sea cual fuere su clase y categoría, entren con armas, bastones ni paraguas.

En caso necesario podrá el Presidente ordenar la detención del que promueva algún desorden, poniéndolo inmediatamente en conocimiento y á disposición del Gobernador de la provincia ó Autoridad superior gubernativa de la localidad.

27. En el salón de reuniones de Bolsa se colocará, para que permanezca constantemente, una lista con los nombres de los Agentes colegiados mediadores del comercio y las señas de sus domicilios.

de leurs fonctions, aux formules adoptées par la Chambre syndicale du collège auquel ils appartiennent, et les polices et documents seront timbrés du sceau de l'État, à peine d'une amende de 400 à 500 pesetas, laquelle pourra leur être infligée, suivant les cas, par leur Chambre syndicale et dont le produit sera attribué à la caisse de la dite Chambre.

Ils adopteront également, pour la rédaction des mentions de leur livre-journal, la formule que la Chambre syndicale de leur collège estimera la plus convenable.

20. C'est seulement dans le cas où un agent serait dans l'impossibilité de remplir ses fonctions, qu'une autre personne faisant partie du Collège pourra faire des opération sous le nom de celui-ci et sous sa responsabilité exclusive, à la condition de donner préalablement connaissance à la Chambre syndicale de l'autorisation qui lui a été accordée.

Cependant, les agents de change et de bourse sont autorisés à employer des commis pour inscrire en leur nom et sous leur responsabilité les mentions de leur opérations sur leur livre ou carnet, à la condition d'apposer leur paraphe en marge.

21. Les démissions données par les agents et courtiers de leurs fonctions seront remises à la Chambre syndicale du Collège auquel ils appartiennent, laquelle les remplacera sans délai, avertira le ministère de *Fomento*, et procédera comm eil est prescrit par le Code et le présent règlement en ce qui concerne la restitution du cautionnement. La dite Chambre syndicale fera connaître également la démission en Bourse et elle en donnera avis à l'autorité administrative supérieure du lieu, aux bureaux de l'*Hacienda* et aux principaux établissements de crédit auxquels il sera donné connaissance des nominations.

Les démissions des courtiers de commerce et interprètes de navires qui ne font pas partie d'un collège seront remises à l'autorité administrative supérieure.

22. Les courtiers de commerce qui, à un titre quelconque, en dehors du cas prévu dans le paragraphe 3 de l'art. 545 du Code de commerce, prêteront leur ministère à des opérations autres que celles qui leur sont propres conformément à l'art. 100 du même Code, seront privés de leur charge, après enquête dont le dossier sera transmis au ministère de *Fomento* par la Chambre syndicale du Collège des agents de change, sans préjudice de la responsabilité civile ou criminelle qui pourra, suivant les cas, leur incomber.

Chapitre III. Des réunions en Bourse.

23. Les réunions en Bourse se tiendront dans le local à ce destiné, tous les jours à l'exception des jours de fêtes, de ceux de la fête du Roi, de la Reine et du prince des Asturies, du jeudi saint, du vendredi saint, et de la fête nationale.

24. Les réunions se tiendront d'une heure et demie à trois heures et demie de l'après midi pour toutes les catégories d'opérations.

Sous aucun motif ni prétexte, la réunion ne se prolongera plus longtemps.

Le ministère de *Fomento*, eu égard aux intérêts du commerce, et après avoir pris l'avis de la Chambre syndicale, pourra modifier les heures du marché.

25. L'ouverture de la réunion de la Bourse sera annoncée par trois coups de cloche, et la clôture par trois autres coups de cloche.

Aussitôt ce dernier coup de cloche donné, tous ceux qui prennent part au marché devront sortir immédiatement du local.

26. Le président de la Chambre syndicale du collège des agents de change et de bourse, ou celui qui le remplace, prendra les mesures nécessaires pour assurer le maintien de l'ordre dans les réunions de la Bourse, sans permettre aux personnes qui participent aux opérations du marché, à quelque classe et catégorie qu'elles appartiennent, de pénétrer dans la Bourse avec des armes, bâtons ni parapluies.

S'il est nécessaire, le président pourra ordonner l'arrestation de quiconque provoquera du désordre, sauf à le mettre immédiatement à la disposition du gouverneur de la province ou de l'autorité administrative supérieure de la localité, qu'il avisera sans délai.

27. Dans la salle des réunions de la Bourse, il sera placé d'une manière permanente une liste des noms des agents inscrits intermédiaires du commerce, avec l'indication de leur domicile.

Capítulo IV. De la admisión de los efectos públicos, documentos de crédito, efectos y valores al portador en la contratación en Bolsa y de su inclusión en las cotizaciones oficiales.

28. Para que los efectos públicos definidos en el número 1.º del art. 68 del Código y en el mismo número del artículo anterior sean admitidos á la contratación é incluídos por la Junta sindical en las cotizaciones oficiales, serán condiciones precisas: 1.ª La previa declaración del Gobierno de estar autorizada la circulación de aquellos efectos; — 2.ª La publicación en la Gaceta de Madrid del número de títulos emitidos, sus series y numeración y fecha en que hayan de salir á la contratación pública.

29. Si las emisiones á que se refiere el artículo anterior hubiesen de salir á la circulación en distintas fechas, se seguirá en cada una igual procedimiento antes que la Junta sindical admita á la contratación é incluya en la cotización los títulos respectivos.

30. Para la admisión á la contratación é inclusión en las cotizaciones oficiales de los efectos públicos emitidos por las naciones extranjeras, deberá preceder: 1.º El dictamen de la Junta sindical del Colegio de Agentes de cambio; — 2.º La publicación en la Gaceta de las condiciones y circunstancias de la emisión y de la fecha desde que pueden ser objeto de la contratación pública.

31. Corresponde exclusivamente á la Junta sindical del Colegio de Agentes de cambio de Madrid acordar la admisión á contratación é inclusión en las cotizaciones oficiales de los documentos de crédito y efectos ó valores al portador á que se refieren los artículos 69, 70 y 71 del Código y segunda parte del art. 30 de este Reglamento, con sujeción á las disposiciones contenidas en los artículos siguientes.

32. La Junta sindical, para adoptar el acuerdo de admisión á la contratación é inclusión en las cotizaciones oficiales de los documentos, efectos ó valores al portador á que el artículo anterior se refiere, deberá instruir, á solicitud de los interesados, el oportuno expediente en que se haga constar que se han cumplido todas sas formalidades y condiciones que respectivamente se exigen en los artículos 69, 70 y 71 del Código de Comercio.

En el caso del art. 70 del Código, ó sea cuando se trate de documentos de crédito al portador emitidos por empresas extranjeras, deberá hacerse constar como dato esencial en el expediente la declaración del Gobierno de que no median razones de interés público que se opongan á su admisión é inclusión en la cotización oficial.

33. En el caso de no conformidad con los acuerdos de la Junta sindical sobre la admisión é inclusión de los valores públicos en las cotizaciones oficiales, podrán los interesados alzarse ante el Ministerio de Fomento dentro del término de tercero día. La resolución del Ministerio causará estado, y será sólo reclamable en la vía contenciosa.

34. Acordada por la Junta sindical la admisión é inclusión en las cotizaciones oficiales de los documentos de crédito, efectos ó valores al portador, lo pondrá en conocimiento del Ministerio de Fomento.

El acuerdo de la Junta sindical se publicará por ésta en la Gaceta de Madrid con el pormenor de las circunstancias y condiciones de las emisiones y de las garantías en que se funde.

Esta publicación en la Gaceta será también de cuenta de los interesados.

35. Los establecimientos, compañías ó empresas nacionales ó extranjeras y las particulares que tengan emitidos documentos de crédito al portador admitidos é incluídos en las cotizaciones oficiales, facilitarán á la Junta sindical la Memoria que periódicamente publiquen, conforme á sus estatutos; las listas en tiempo oportuno de las amortizaciones que verifiquen; y siempre que lo pida, noticias exactas de la situación de las emisiones y del pago de intereses para que puedan ser consultadas por el público.

La falta de estos datos, después de un mes desde que debieron ser entregados á la Junta sindical, se anunciará por esta Corporación en la tablilla de edictos de Bolsa.

Chapitre IV. De l'admission des effets publics, documents de crédit, effets et valeurs au porteur à la négociation en Bourse, et de leur inscription à la cote officielle.

28. Pour que les effets publics définis dans le n° 1 de l'art. 68 du Code et dans le n° 1 de l'article précédent soient admis à la négociation et inscrits par la Chambre syndicale à la cote officielle, les conditions nécessaires seront: 1° Une déclaration préalable du gouvernement autorisant la circulation de ces effets; — 2° La publication, dans la *Gaceta de Madrid*, du nombre des titres émis, de leurs séries et numéros, ainsi que de la date à laquelle doit commencer la négociation publique des dits effets.

29. Si les émissions dont il est parlé dans l'article précédent, doivent commencer à être livrées à la circulation à des dates distinctes, on observera pour chacune d'elles la même procédure avant que la Chambre syndicale autorise leur négociation et inscrive les titres à la cote officielle.

30. L'admission à la négociation et l'inscription à la cote officielle des effets publics émis par les nations étrangères devra être précédée: 1° De l'avis de la Chambre syndicale du collège des agents de change; — 2° De la publication dans la *Gaceta* des conditions et circonstances de l'émission et de la date à laquelle les titres pourront être l'objet de la négociation publique.

31. Il appartient exclusivement à la Chambre syndicale du collège des agents de change de Madrid d'accorder l'admission à la négociation et l'inscription à la cote officielle des documents de crédit et des effets ou valeurs au porteur dont il est question dans les articles 69, 70 et 71 du Code et dans la seconde partie de l'art. 30 du présent règlement, en se conformant aux dispositions contenues dans les articles suivants.

32. La Chambre syndicale, pour prendre la décision admettant à la négociation et inscrivant à la cote officielle les documents, effets ou valeurs au porteur dont il est parlé dans l'article précédent, devra, sur la demande des intéressés, prendre les informations nécessaires à l'effet de s'assurer que toutes les formalités et conditions respectivement exigées dans les articles 69, 70 et 71 du Code de commerce ont été observées.

Dans le cas prévu par l'art. 70 du Code, ou lorsqu'il s'agit de documents de crédit émis par des entreprises étrangères, il devra être constaté comme donnée essentielle dans le dossier, la déclaration du gouvernement qu'il n'existe aucune raison d'intérêt public, faisant obstacle à l'admission et à l'inscription des dits documents à la cote officielle.

33. Si les intéressés n'acceptent pas la décision de la Chambre syndicale sur l'admission et l'inscription des valeurs publiques à la cote officielle, ils pourront se pourvoir devant le ministère de *Fomento* dans le délai de trois jours. La décision du ministère sera définitive et ne pourra faire l'objet d'un recours que par la voie contentieuse.

34. La Chambre syndicale, après avoir accordé l'admission et l'inscription à la cote officielle des documents de crédit, effets ou valeurs, au porteur, en avisera le ministère de *Fomento*.

La décision de la Chambre syndicale sera publiée par ses soins dans la *Gaceta de Madrid*, avec le détail des circonstances et conditions des émissions et de leurs garanties.

Cette publication dans la *Gaceta* sera faite aux frais des intéressés.

35. Les établissements, compagnies ou entreprises nationales ou étrangères et les particuliers qui ont émis des documents de crédit au porteur admis et inscrits à la cote officielle, communiqueront à la Chambre syndicale le rapport qu'ils publient périodiquement en exécution de leurs statuts; ils lui remettront, en temps utile, les listes des titres amortis, et, toutes les fois que la Chambre syndicale le demandera, ils lui donneront une connaissance exacte de la situation des émissions et du payement des intérêts, afin que le public puisse consulter ces différents renseignements.

L'absence de ces renseignements, lorsqu'il se sera écoulé un mois à partir du moment où ils devaient être remis à la Chambre syndicale, sera annoncée par la dite Chambre sur le tableau des affiches de la Bourse.

Capítulo V.   De las operaciones de Bolsa.

Sección primera.   Mediación de los Agentes de cambio en las operaciones de Bolsa.

36. A los Agentes colegiados de cambio corresponde privativamente intervenir en las negociaciones y trasferencias de toda especie de valores públicos cotizables definidos en el artículo 68 del Código de Comercio.

Pueden además intervenir en concurrencia con los Corredores de Comercio en todas las demás operaciones y contratos de Bolsa, sujetándose á las responsabilidades propias de estas operaciones.

37. El Agente de cambio requerido para intervenir en una negociación, no podrá negarse á ello, pero tendrá derecho á exigir al requirente cuantas garantías estime necesarias para la seguridad de la negociación, mientras ésta se halle pendiente.

En el caso del art. 322 del Código de Comercio, el depósito de los títulos en garantía de préstamos podrá hacerse en el Banco de España ó sus sucursales, ó en la Caja general de Depósitos.

38. Es de cargo del Agente de cambio que haya intervenido en una operación cotizable cuidar de su inmediata publicación, con arreglo al art. 78 del Código de Comercio, para cuyo efecto extenderá una nota firmada, que entregará al anunciador, quien después de leerla al público en alta voz la pasará á la Junta sindical.

En el caso de que la contratación se hubiese concertado fuera del edificio de la Bolsa, el Agente que hubiese intervenido cuidará bajo su responsabilidad de que la publicación se verifique al dar principio la reunión de Bolsa del mismo día, ó al principio de la reunión del día siguiente si la operación se hubiese concertado después de terminada la contratación oficial.

39. En las negociaciones en que medien los Agentes se ajustarán estrictamente al curso de los cambios, ejerciendo sobre este punto la más exquisita vigilancia la Junta sindical, que resolverá con su autoridad las dificultades que se presenten.

40. En las negociaciones de valores nominativos cotizables en Bolsa, el Agente colegiado vendedor entregará nota de sus números al comprador, y exigirá de éste otra nota con el nombre de la persona á cuyo favor haya de hacerse la trasferencia.

Para que ésta se verifique se entregarán los documentos representativos de los valores que hayan sido objeto de la operación antes de las 24 horas en la oficina que corresponda, expresando el nombre del cesionario y las demás circunstancias necesarias.

41. El pedido del papel negociado á plazo y á voluntad del comprador deberá hacerse, salvo pacto en contrario, antes de la última media hora de la reunión oficial de Bolsa, dándose por vencida con este acto la operación para liquidarla al día siguiente.

42. Las declaraciones de la opción en las operaciones que lleven esta condición, deberá hacerse al contratante, ó en su defecto se harán constar oportunamente ante la Junta sindical hasta media hora antes de la terminación de la Bolsa del día del vencimiento del contrato.

43. La Junta sindical proveerá al Agente moroso de la correspondiente certificación cuando resulte por las pólizas presentadas que su descubierto procede de falta de cumplimiento de su comitente, á fin de que á su vez pueda repetir contra éste, según lo prescrito en los artículos 77 y 403 del Código.

Sección segunda.   De las atribuciones de la Junta sindical de Agentes de cambio.

44. A las Juntas sindicales de Agentes de cambio, como representación de las Bolsas y encargadas de su régimen y gobierno, corresponden las atribuciones siguientes: La publicación de las operaciones; — Levantar las actas de cotización; — Fijar los tipos de la misma; — Publicar el *Boletín de la Bolsa;* — Practicar las operaciones de liquidación.

En el ejercicio de estas funciones la Junta sindical se ajustará á lo que se prescribe en los artículos siguientes.

45. Para la publicación de las operaciones la Junta sindical acordará la forma y modelos de las notas que deban extenderse para aquel efecto, comprendiendo

Chapitre V. Des opérations de Bourse.

Section première. De l'intervention des agents de change dans les opérations
de Bourse.

36. Les agents inscrits dans un collége ont seuls qualité pour intervenir dans
les négociations et transferts de toute espèce de valeurs publiques susceptibles
d'être cotées, définies dans l'art. 68 du Code de commerce.

Ils peuvent, en outre, intervenir concurremment avec les courtiers de commerce
dans tous les autres contrats et opérations de Bourse, en se soumettant aux responsabilités particulières de ces opérations.

37. L'agent de change requis d'intervenir dans une opération, ne pourra
refuser son ministère, mais il aura le droit d'exiger du requérant toutes les garanties
qu'il estime nécessaires pour la sûreté de la négociation, tant que celle-ci est pendante.

Dans le cas prévu par l'art. 322 du Code de commerce, le dépôt des titres donnés
en garantie de prêts pourra se faire à la Banque d'Espagne ou dans ses succursales,
ou à la Caisse générale des dépôts.

38. L'agent de change qui est intervenu dans une opération susceptible d'être
cotée est tenu de veiller à ce qu'elle soit immédiatement publiée, conformément
à l'art. 78 du Code de commerce, et, à cet effet, il délivrera une note signée de lui
qu'il remettra au crieur, lequel, après l'avoir lue à haute voix, la transmettra à
la Chambre syndicale.

Si la négociation a été faite en dehors de l'édifice de la Bourse, l'agent qui y
aura prêté son ministère veillera à ce qu'elle soit publiée au commencement de la
réunion de la Bourse du même jour, ou au commencement de la réunion du jour
suivant, si l'opération a été faite après la clôture du marché officiel.

39. Dans les négociations faites par leur intermédiaire, les agents se conformeront strictement au cours du change; et la Chambre syndicale exercera sur
ce point la surveillance la plus attentive, et elle solutionnera, en vertu de son autorité, les difficultés qui se présenteront.

40. Dans les négociations sur des valeurs nominatives susceptibles d'étre
cotées, l'agent inscrit vendeur remettra une note de leurs numéros à l'acheteur, et
il exigera de celui-ci une autre note avec mention du nom de la personne au nom
de qui doit être fait le transfert.

Pour opérer le dit transfert, les documents représentant les valeurs ayant
fait l'objet de l'opération seront remis, avant l'expiration des vingt quatre heures,
au bureau compétent, avec indication du nom du cessionnaire et des autres circonstances nécessaires.

41. La demande du papier négocié à terme ou à la volonté de l'acheteur devra
être faite, sauf convention contraire, avant la dernière demi-heure de la réunion
officielle de Bourse, et, l'opération, dès ce moment, sera considérée comme échue
et elle devra être liquidée le lendemain.

42. Les déclarations d'option, dans les opérations faites sous cette condition,
devront être faites au contractant ou, à son défaut, être constatées en temps utile
devant la Chambre syndicale avant la demi heure que précède la clôture de la Bourse
du jour de l'échéance du contrat.

43. La Chambre syndicale remettra à l'agent en retard l'attestation que de droit,
lorsqu'il résulte des polices présentées que son découvert est la conséquence d'une
faute de son commettant, afin que l'agent puisse à son tour recourir contre ledit
commettant, ainsi qu'il est prescrit dans les articles 77 et 403 du Code de commerce.

Section II. Des attributions de la Chambre syndicale des agents de change.

44. Les Chambres syndicales d'agents de change, en qualité de représentantes
des Bourses et chargées de leur régime et administration, ont les attributions
suivantes: Publier les opérations; — Dresser les procès-verbaux constatant la
cote; — Fixer les taux de la cote; — Publier le *Bulletin de la bourse*; — Procéder
aux opérations de liquidation.

Dans l'exercice de ces fonctions, la Chambre syndicale se conformera aux
prescriptions contenues dans les articles suivants:

45. Pour la publication des opérations, la Chambre syndicale déterminera
la forme et les modèles des notes qui doivent être rédigées à cet effet, en y compre-

todos los casos de las diferentes operaciones que autoriza el art. 75 del Código de Comercio.

46. En la Secretaría de la Junta sindical se custodiarán encarpetadas ordenadamente por días las notas publicadas para que puedan consultarse siempre que sea necesario.

Un estado de las operaciones publicadas expresivo de las cantidades que se hayan negociado de cada clase de renta, tanto al contado como á plazos, se remitirá diariamente por la Junta sindical al Ministerio de Fomento.

47. El anunciador se ajustará exclusivamente á las órdenes de la Junta sindical, y cualquiera alteración maliciosa que hiciere en la publicación de operaciones será corregida con suspension de empleo y sueldo, perjuicio de acordar su *separación* y de exigirle las demás responsabilidades á que hubiere lugar.

48. Conforme al art. 80 del Código, la Junta sindical es la autoridad encargada de levantar el acta de la cotización en vista de las notas publicadas y de las noticias que faciliten los Agentes que concurran al acto.

El acta de la cotización comprenderá con toda distinción: 1.º El movimiento sucesivo que hayan tenido los cambios de los efectos públicos y valores industriales ó mercantiles en alza y baja desde el principio al fin de las negociaciones de cada clase, y las circunstancias y condiciones con que hayan tenido lugar; — 2.º El precio máximo y mínimo de los demás contratos designados como materia propia de negociación en Bolsa en el art. 67 del Código, el tipo del descuento de letras y el de los cambios en los giros y préstamos.

También puede comprender el acta de la cotización, cuando lo acuerde la Junta sindical, el tipo de los descuentos que intervengan los Agentes de cambio colegiados, de intereses ó cupones vencidos por vencer y títulos amortizados de los valores cotizables en Bolsa.

La cotización de toda clase de valores nacionales se hará y publicará con arreglo al sistema decimal.

49. El Colegio de Corredores de Comercio de la plaza en que haya Bolsa pasará diariamente á la Junta sindical del Colegio de Agentes de cambio una nota de los cambios corrientes y precios de mercaderías para que, en unión de los demás datos que determina el art. 80 del Código, pueda extenderse el acta de la cotización oficial.

50. Las actas de cotización se autorizarán con la firma del Síndico Presidente ó del que haga sus veces, y de dos individuos de la Junta sindical, y las correspondientes á cada año se extenderán en un registro encuadernado, foliado, y en cuyas hojas se estampará cada día el sello de la Corporación.

De esta matriz se expedirá la copia autorizada que ha de remitirse diariamente al Registro mercantil conforme al artículo 80 del Código, y la misma servirá para publicar el *Boletín* de cotización.

51. Es privativo de la Junta sindical publicar el *Boletín* de la cotización de cambios, lo que llevará á efecto una vez levantada el acta de que trata el art. 48 de este Reglamento.

Ningún particular ó corporación puede publicar un *Boletín* de la cotización distinto del que redacte la Junta sindical.

52. En el acto en que se publique el *Boletín* de cotización de cambios fijará la Junta sindical un ejemplar en la tablilla de edictos de la Bolsa.

Igualmente anunciará al público en el acto en que los reciba los telegramas relativos á la cotización de cambios de las Bolsas nacionales y extranjeras.

Los Ministerios de Hacienda y Fomento procurarán lo necesario para que los telegramas sobre cambios que se reciban sean la expresión fiel de las cotizaciones y se comuniquen con toda brevedad directamente á la Junta sindical.

53. Dicha Junta remitirá también un ejemplar del *Boletín* de la cotización á los Cuerpos Colegisladores, á todos los Ministerios, á las Direcciones generales del Tesoro, de la Deuda pública, y de Agricultura, Industria y Comercio, á la Autoridad superior gubernativa de la localidad, Comisiones de Hacienda de España en el extranjero, Gaceta de Madrid, á las Juntas sindicales de las demás Bolsas de la Nación, y á cualquiera otra dependencia del Estado que acuerde el Ministerio de Fomento.

nant tous les cas des différentes opérations autorisées par l'art. 75 du Code de commerce.

46. Seront conservées au secrétariat de la Chambre syndicale, dûment classées dans des chemises par ordre de dates, les notes publiées, afin de pouvoir être consultées toutes les fois qu'il sera nécessaire.

Un état des opérations publiées avec indication des sommes négociées sur chaque catégorie de rente, tant au comptant qu'à terme, sera adressé, chaque jour, par la Chambre syndicale au ministère de *Fomento*.

47. Le crieur se conformera exclusivement aux ordres de la Chambre syndicale, et toute altération dolosive par lui faite dans la publication d'opérations sera punie de la suspension de son emploi et de son traitement, sans préjudice du droit de prononcer sa révocation et de lui imposer les autres responsabilités qu'il y aura lieu.

48. Conformément à l'art. 80 du Code, la Chambre syndicale est l'autorité chargée de dresser le procès-verbal de la cote, sur le vu des notes publiées et des bordereaux que lui remettent les agents ayant prêté leur ministère à l'opération.

Le procès-verbal de la cote contiendra avec tous les détails: 1° Les mouvements successifs du change des effets publics et des valeurs industrielles ou commerciales en hausse et en baisse depuis le commencement jusqu'à la fin des négociations de chaque jour, et les circonstances et conditions auxquelles elles auront donné lieu; — Les prix maximum et minimum des autres contrats désignés comme faisant la matière propre d'une négociation en Bourse dans l'art. 67 du Code, ainsi que le taux de l'escompte des lettres de change et celui du change dans les tirages et prêts.

Ledit procès-verbal peut aussi comprendre, si la Chambre syndicale le décide, le taux des escomptes fixés avec l'intervention des agents de change inscrits, pour les intérêts ou coupons non échus et les titres amortis des valeurs cotisables.

La cote de toute espèce de valeurs nationales sera publiée en se conformant au système décimal.

49. Le collége des courtiers de la place où il existe une Bourse, remettra chaque jour à la Chambre syndicale du collége des agents de change une note des changes courants et prix de marchandises pour servir avec les autres données déterminées par l'art. 80 du Code, à dresser le procès-verbal de la cote officielle.

50. Les procès-verbaux de cote seront authentiqués par les signatures du Syndic-président ou de celui qui le remplace, et de deux membres de la Chambre syndicale, et les procès-verbaux afférents à une même année seront rédigés sur un registre relié, coté, et dont les feuilles seront timbrées chaque jour du sceau de la corporation.

De cette minute sera extraite la copie certifiée à transmettre chaque jour au bureau du registre du commerce, conformément à l'art. 80 du Code, laquelle servira pour la publication au *Bulletin* de la cote.

51. Il appartient exclusivement à la Chambre syndicale de publier le *Bulletin* de la cote des changes, et elle le dressera immédiatement après avoir fait le procès-verbal dont il est parlé dans l'art. 48 du présent règlement.

Il est interdit à tout particulier ou à toute corporation de publier un *Bulletin* de la cote différent de celui que rédige la chambre syndicale.

52. En même temps qu'elle publiera le *Bulletin* de la cote, la Chambre syndicale en fera afficher un exemplaire dans le cadre des annonces de la Bourse.

Elle fera connaître également au public, dès leur réception, les télégrammes relatifs à la cote du change envoyés par les Bourses nationales et étrangères.

Les ministères de l'*Hacienda* et de *Fomento* prendront les mesures nécessaires pour que les télégrammes reçus sur les changes, soient l'expression fidèle de la cote et pour qu'ils parviennent le plus rapidement possible et directement à la Chambre syndicale.

53. La Chambre syndicale adressera également un exemplaire du *Bulletin* de la cote aux Corps législatifs, à tous les ministres, aux Directions génerales du Trésor, de la Dette publique et de l'Agriculture, de l'Industrie et du Commerce, à l'autorité administrative supérieure de la localité, aux commissions de l'*Hacienda* de l'Espagne à l'étranger, à la *Gaceta* de Madrid, aux Chambres syndicales des autres Bourses nationales, et à tout autre établissement de l'État que le ministère de *Fomento* ordonnera.

54. Conforme con el párrafo segundo del art. 105 del Código, la Junta sindical fijará el tipo de las operaciones á plazo, con obligación de entregar valores al cerrarse la Bolsa del último día del mes, tomando por base el término medio de la cotización del mismo día.

El tipo medio diario de la operación de las cotizaciones á plazo con obligación de entregar valores será regulador para hallar las diferencias en las operaciones de igual clase en que no conste estipulada aquella obligación.

Si el día del vencimiento de esta clase de operaciones no se hubiere verificado ninguna con obligación de entregar valores, regirá para su liquidación el tipo de la Bolsa anterior más próxima en que lo haya habido.

55. La Junta sindical adoptará la forma que crea más conveniente para practicar la liquidación general del mes que le encomienda el art. 105 del Código, de las operaciones á plazo intervenidas por Agentes de cambio colegiados, y las medidas necesarias para que las liquidaciones parciales se entreguen á la misma el día siguiente al vencimiento, y quede terminada la liquidación general el día tercero hábil inmediato.

Los particulares que tengan operaciones intervenidas por Agentes de cambio colegiados podrán presentar á su nombre su respectiva liquidación á la Junta sindical.

56. Para prevenir los Agentes los efectos de su responsabilidad civil por los títulos ó valores que negociasen después de publicada en Bolsa por la Junta sindical la denuncia de su procedencia ilegítima, según el art. 104 del Código, deberán consultar las denuncias originales que ante dicha Corporación hayan sido presentadas.

· A este efecto, además de la debida ordenación por carpetas de estas denuncias, y con el fin de facilitar su cotejo, tendrá la Junta sindical un libro indicador, en el que por clases de valores se determine la numeración y series de los títulos denunciados, nombre y domicilio de los denunciantes, fecha de la publicación de la denuncia y de la anulación del anuncio ó de su confirmación por el Tribunal que conozca del asunto.

Este libro sólo servirá de auxiliar para compulsar las denuncias originales, de las que tomarán los Agentes las notas que crean convenientes para su seguridad.

57. Las denuncias por robo, hurto ó extravío de valores cotizables que se dirijan á la Junta sindical del Colegio de Agentes de cambio y Bolsa, en los términos prevenidos en los artículos 559 y 565 del Código, se extenderán y firmarán por duplicado por los mismos denunciantes en los modelos que dicha Corporación adopte para la debida uniformidad.

58. Los telegramas que sobre denuncias por robo, hurto ó extravío de valores cotizables dirijan las Autoridades á la Junta sindical, se publicarán también en la Bolsa en los términos en que estén concebidos, á los mismos efectos de los artículos 560 y 561 del Código.

59. El aviso de la denuncia por la Junta sindical á las de igual clase de la Nación que prescribe el art. 559 del Código, se dará telegráficamente si fuere posible, y en todo caso por el correo más próximo.

60. Las equivocaciones en la numeración, series y clases de valores denunciados son imputables al denunciante á los efectos del art. 560 del Código, y se subsanarán en cuanto se reconozcan haciendo nueva publicación de la denuncia en la Bolsa, y á costa del denunciante en los periódicos oficiales.

Capítulo VI.　De las fianzas.

61. Los Agentes colegiados de cambio y Bolsa constituirán para garantir el desempeño de su cargo una fianza en efectivo ó en valores públicos calculados al cambio medio de la cotización del último día de Bolsa de los meses de Junio y Diciembre de cada año[1]. ·

---

[1] El texto primitivo del Decreto decía Julio y Diciembre, pero, á instancia de la Junta Sindical del Colegio de Agentes de cambio y Bolsa de Madrid, se dictó la Real orden de 13 de octubre de 1890 reconociendo que por equivocación material se había puesto Julio en vez de Junio y por lo tanto que debía rectificarse el texto del artículo 61 en el sentido indicado.

54. Conformément au deuxième paragraphe de l'art. 105 du Code, la Chambre
syndicale fixera le taux des opérations à terme, avec obligation de faire livraison
des valeurs, à la clôture de la Bourse du dernier jour du mois, en prenant pour base
le taux moyen de la cote dudit jour.

Le taux moyen quotidien des opérations cotées à terme, avec obligation de
faire la livraison des valeurs, servira de règle pour fixer les différences dans les opérations de même nature faites avec cette stipulation expresse.

Si le jour de l'échéance des opérations de cette nature, il n'a été fait aucune
opération avec obligation de faire livraison des valeurs, on prendra pour base de
la liquidation le taux de la Bourse antérieure la plus rapprochée à laquelle il aura
été fait de telles opérations.

55. La Chambre syndicale adoptera la forme qu'elle jugera la plus convenable
pour opérer la liquidation générale du mois qui lui est confiée par l'art. 105 du
Code, des opérations à terme faites par le ministère des agents de change dépendant
du collège; elle prendra aussi les mesures nécessaires pour que les liquidations
partielles se fassent à la même heure, le lendemain de l'échéance, et que la liquidation
générale soit entièrement terminée le troisième jour utile immédiatement suivant.

Les particuliers qui ont fait des opérations par le ministère d'agents de change
pourront présenter en leur nom leur liquidation respective à la Chambre syndicale.

56. Pour éviter les effets de la responsabilité civile leur incombant conformément
à l'art. 104 du Code, à raison de la négociation de valeurs après la publication faite
en Bourse par la Chambre syndicale de leur provenance illégitime, les agents devront
consulter les dénonciations originales qui auront été adressées à la corporation.

A cet effet, outre le classement en ordre de ces dénonciations par dossiers,
et afin de permettre de les consulter facilement, la Chambre syndicale tiendra un
registre index de tous les titres dénoncés, avec les nom et domicile des dénonçants,
date de la publication de la dénonciation et de l'annulation ou de la confirmation
de la dite dénonciation par le tribunal saisi de l'affaire.

Ce registre servira seulement pour compulser plus aisément les dénonciations
originales desquelles les agents prendront telles notes qu'ils croiront utiles pour
leur sécurité personnelle.

57. Les dénonciations motivées par le vol, la soustraction ou la perte de valeurs
susceptibles d'être cotées, adressées à la Chambre syndicale des agents de change et de
bourse, dans les termes prévus par les articles 559 et 565 du Code de commerce,
seront rédigées et signées en double exemplaire par les dénonçants eux-mêmes sur
les formules uniformes adoptées par la Chambre syndicale.

58. Les télégrammes pour vol, soustraction ou perte de valeurs susceptibles
d'être cotées, adressés par les autorités à la Chambre syndicale, seront publiés également en Bourse, dans les termes mêmes où ils sont conçus, pour les effets prévus par
les articles 560 et 561 du Code de commerce.

59. L'avis de la dénonciation à donner par la Chambre syndicale aux autres
Chambres syndicales nationales, en exécution des prescriptions de l'art. 559 du
Code de commerce, sera envoyé par télégramme, s'il est possible, et, en tout cas,
par le plus prochain courrier.

60. Les erreurs en ce qui concerne les numéros, séries et classes de valeurs
dénoncées, sont imputables au dénonçant, et elles seront rectifiées quand elles seront
découvertes, en procédant à une nouvelle publication de la dénonciation à la Bourse,
et aux frais du délinquant dans les périodiques officiels.

Chapitre VI. Du cautionnement.

61. Les agents de change et de bourse faisant partie d'un collège constitueront,
à titre de garantie de leur gestion, un cautionnement en deniers ou valeurs publiques
calculées d'après le change moyen de la cote du dernier jour de Bourse des mois
de juin et décembre de chaque année[1].

---

[1]) Le texte primitif du décret disait, juillet et décembre; mais, sur la demande de la Chambre
syndicale du collège des agents de change et de Bourse de Madrid, un ordre royal du 13 octobre 1890 a reconnu que c'était par suite d'une erreur purement matérielle que le mot «juillet»
avait été écrit à la place du mot «juin», et, en conséquence, le texte de l'article a été rectifié
dans le sens que nous indiquons.

Los efectos públicos en que puede prestarse esta fianza serán los emitidos directamente por el Estado, ó con garantía subsidiaria de la Nación.

La fianza se depositará á nombre de la Junta sindical, expidiéndose por esta Corporación el correspondiente resguardo al interesado.

La fianza que deben prestar los Agentes de cambio y Bolsa será la de Cincuenta mil pesetas en las plazas de Madrid[1], Barcelona, Valencia, Santander y Bilbao.

Treinta mil pesetas en las de Málaga, Sevilla, Cádiz, Coruña, Tarragona, Alicante, Palma de Mallorca, San Sebastián, Valladolid y Zaragoza.

Y la de 15 000 pesetas en cualquiera otra plaza en que se establezcan Bolsas de Comercio.

62. La fianza de los Agentes de cambio y Bolsa responderá exclusivamente de las operaciones que como tales llevan á efecto. En el único caso de carecer el Agente de otros bienes, podrán hacerse embargos en la expresada fianza por responsabilidades ajenas al cargo; pero no serán efectivos hasta seis meses después de que aquel cese en el ejercicio de la profesión, y sólo en la parte de fianza que haya quedado exenta de las responsabilidades del oficio á que afectaba.

A este fin la Junta sindical, en cuanto se le notifique en forma estar consentida por el Agente la sentencia de remate en las ejecuciones por deudas particulares ajenas al cargo, ó la sentencia ejecutoria, le declarará suspenso de ejercicio del mismo hasta que dentro de los 20 días siguientes reponga en su fianza la cantidad reclamada con arreglo al art. 98 del Código.

Si la fianza fuere repuesta, pondrá la Junta sindical á disposición del Tribunal la cantidad que se reclame y quedará levantada la suspensión del Agente.

Si no lo fuere quedará éste de hecho privado de su oficio, y dará principio el plazo de seis meses de preferencia por las reclamaciones contra la fianza por obligaciones á que la misma responde especialmente.

63. En el caso de que el Agente no cumpla los compromisos contraídos en el ejercicio de su cargo, la Junta sindical, conforme á lo que disponen los artículos 77 y 98 del Código, realizará la parte necesaria de la fianza de aquél para atender á las reclamaciones procedentes siempre que la parte perjudicada opte por el cumplimiento de la operación.

64. Las cantidades á que la fianza debe responder se cubrirán, cuando ésta no consista en metálico, con el importe de la venta de los efectos públicos en que se halle constituída.

65. Los Corredores de Comercio constituirán, para garantizar el buen desempeño de su cargo, una fianza en efectivo ó valores públicos calculados en los términos que dispone el artículo 61 de este Reglamento con arreglo á la siguiente escala:

De 5000 pesetas en las plazas de Madrid, Barcelona[2], Valencia, Santander y Bilbao.

De 3750 pesetas en las de Málaga, Sevilla, Cádiz, Coruña, Tarragona, Alicante, Palma de Mallorca, San Sebastián, Valladolid y Zaragoza.

Y de 2500 pesetas en las demás plazas del Reino.

66. Los Corredores Intérpretes de buques constituirán una fianza equivalente á la mitad de la señalada para los Corredores de Comercio en el anterior artículo en las plazas marítimas respectivas.

67. La devolución de la fianza de los Agentes mediadores del Comercio en los tres casos de renuncia, privación de oficio y fallecimiento, se anunciará en la tablilla de la Bolsa, en la Gaceta de Madrid y en el *Boletín oficial* de las provincias, señalando el plazo de seis meses conforme á los artículos 98 y 946 del Código, para que puedan hacerse ante los Tribunales las reclamaciones que procedan.

Trascurrido este plazo sin que la fianza se haya intervenido en forma, la devolverá la Junta sindical á los interesados ó sus causa-habientes después que acre-

---

[1] Por **Real Decreto** de 29 de enero de 1900 se dispuso que la fianza que para garantir el buen desempeño de su cargo habrán de prestar los agentes de cambio y Bolsa que se nombren en lo sucesivo para la plaza de Madrid será de 150.000 pesetas.

[2] Por el citado **Real Decreto** de 29 de enero de 1900 se dispuso que la fianza de los corredores de comercio de Barcelona que se nombren en lo sucesivo sea de 15.000 pesetas.

...uvant servir à la constitution de ce cautionnement, seront
...ns par l'État, ou subsidiairement garantis par la Nation.
...nnement sera déposé au nom de la Chambre syndicale, et cette cor-
. délivrera à l'intéressé le récépissé le constatant.

Le cautionnement que doivent fournir les agents de change et de bourse sera de:
50 000 *pesetas* dans les places de Madrid[1] Barcelone, Valence, Santander et Bilbao;
— 30 000 *pesetas* dans les places de Malaga, Séville, Cadix, la Corogne, Tarragone,
Alicante, Palma de Majorque, Saint Sébastien, Valladolid et Saragosse; — et de
15 000 *pesetas* dans toutes les autres places où sont établies des Bourses de commerce.

62. Le cautionnement des agents de change et de bourse répondra exclusivement des opérations par eux faites en cette qualité. Le cautionnement ne pourra
être saisi pour des responsabilités étrangères à la charge que dans le cas seulement
où l'agent n'aura pas d'autres biens mais, dans ce cas, le cautionnement ne pourra
être réalisé que six mois après que l'agent aura cessé ses fonctions, et seulement
pour la partie restant libre après payement des responsabilités dont il était grevé
à raison des faits de charge.

A cette fin, la Chambre syndicale, dès qu'elle recevra notification de l'acquiescement donné par l'agent à la sentence de mise en adjudication rendue sur des poursuites pour dettes étrangères à sa charge, ou de la sentence ayant force de chose
jugée, déclarera le dit agent suspendu de ses fonctions, jusqu'à ce qu'il ait rétabli
dans son cautionnement la somme réclamée, conformément à l'art. 98 du Code,
obligation qui devra être remplie dans les 20 jours suivants.

Si le cautionnement est rétabli, la Chambre syndicale mettra la somme réclamée
à la disposition du tribunal et elle donnera main-levée de la suspension de l'agent.

Si le cautionnement n'est pas rétabli, l'agent sera *ipso facto* destitué, et il y
aura lieu à ouverture du délai de six mois pour la production des réclamations à
formuler à raison des obligations jouissant d'un droit de préférence sur le cautionnement spécialement affecté à leur garantie.

63. Si l'agent ne remplit pas les engagements contractés dans l'exercice de
ses fonctions, la Chambre syndicale, conformément aux dispositions des articles 77
et 98 du Code, réalisera la partie nécessaire de son cautionnement pour satisfaire
aux réclamations formées contre lui, si la partie lésée opte pour l'exécution de
l'opération.

64. Les sommes dont le cautionnement doit répondre seront recouvrées, lorsque le cautionnement ne consiste pas en deniers comptants, au moyen de la vente
des effets publics le composant.

65. Les courtiers de commerce constitueront, pour garantir qu'ils rempliront
bien leurs fonctions, un cautionnement en numéraire ou en valeurs publiques calculées comme il est dit dans l'art. 61 du présent règlement, dont le montant sera
fixé par l'échelle suivante: 5 000 *pesetas* dans les places de Madrid, Barcelone[2],
Valence, Santander et Bilbao; — 3 750 *pesetas* dans les places de Malaga, Séville,
Cadix, la Corogne, Tarragone, Alicante, Palma de Majorque, Saint-Sébastien, Valladolid et Saragosse; — et 2 500 *pesetas* dans les autres places du Royaume.

66. Les courtiers-interprètes de navires constitueront dans les places maritimes respectives un cautionnement égal à la moitié de celui qui est fixé pour les
courtiers de commerce dans l'article précédent.

67. La restitution du cautionnement des agents intermédiaires de commerce,
dans les trois cas de démission, destitution et faillite, sera annoncée au tableau des
annonces de la Bourse, dans la *Gaceta de Madrid* et au *Boletin oficial* des provinces,
avec mention que dans le délai de six mois, conformément aux articles 98 et 946
du Code, il peut être présenté devant les tribunaux toutes les réclamations qu'il y
aura lieu de formuler.

Ce délai expiré sans qu'aucune opposition régulière ait été formée sur le cautionnement, la Chambre syndicale restituera le dit cautionnement aux intéressés

---

[1]) Un décret royal du 29 janvier 1900 a élevé à 150 000 *pesetas* le cautionnement des agents
de change et de bourse qui seront nommés dans l'avenir dans la place de Madrid.

[2]) Le décret royal précité, du 29 janvier 1900, fixe à 15 000 le cautionnement des courtiers de commerce de Barcelone qui seront nommés dans l'avenir.

diten haber depositado sus libros en el Registro mercantil como previene el art. 99 del Código.

En igual forma procederá el Gobernador de la provincia para la devolución de la fianza constituída á su disposición por los Corredores é Intérpretes que no formen Colegio.

Siempre que las Juntas sindicales de los Colegios de Agentes mediadores de comercio concedan, en uso de las atribuciones que por sus reglamentos les correspondan, licencia á los respectivos colegiados para no ejercer su cargo, publicarán, al siguiente dia hábil en que los mismos cesen, los expresados anuncios, para que en el plazo de seis meses puedan hacerse las reclamaciones á que se refieren los artículos 98 y 946 del Código de comercio; en la inteligencia de que si durante el uso de esa licencia renunciasen el cargo, fuesen privados de él ó falleciesen, las Juntas devolverán las fianzas, conforme á lo dispuesto en el presente artículo, así que transcurra aquel término sin que dentro de él se haya formalizado reclamación[1].

Capítulo VII. Aranceles.

68. Los Agentes de cambio colegiados se sujetarán en la percepción de sus derechos por la intervención en los contratos y negociaciones que el Código les atribuye al siguiente

Arancel de los Agentes colegiados de cambio y Bolsa.

1.º En las negociaciones, trasferencias, cuentas de crédito con garantía y suscriciones de emisiones de toda especie de efectos públicos en que privativamente intervienen por razón de su oficio y en los préstamos con garantía de estos valores el 2 por 1000 sobre el efectivo á cobrar por mitad de cada uno de los contratantes; — 2.º En las demás operaciones, actos ó contratos en que intervienen en concurrencia con los Corredores de Comercio, los derechos fijados á éstos en su respectivo Arancel. Estos derechos los devengan los Agentes aun en el caso de no consumarse la operación por culpa de los contratantes, y cuando ésta se termine se pagarán al tiempo de liquidarse la operación fuera de lo prevenido respecto á las negociaciones á plazo; — 3.º Por las certificaciones que expidan con referencia á operaciones que consten en su libro registro, 10 pesetas, siempre que el documento no comprenda más de dos asientos, y cuando pase de este número 5 pesetas por cada uno; — 4.º En la busca de operaciones de su libro registro que ordenen los Tribunales ó Autoridades, 10 pesetas por el examen de los asientos de cada mes.

69. Sin perjuicio de lo que en definitiva se establezca sobre derechos de las Juntas sindicales, la del Colegio de Agentes de Madrid seguirá percibiendo los que actualmente devenga con arreglo á la práctica establecida.

70. Los Corredores de Comercio devengarán en las negociaciones y contratos en que intervengan por razón de su oficio los derechos que se señalan en el siguiente

Arancel de los Corredores de Comercio.

1.º En las negociaciones de valores industriales y mercantiles, metales y mercaderías el 2 por 1000 sobre su valor efectivo á cobrar por mitad de los contratantes; — 2.º En giros de letras de cambio, libranzas, pagarés y descuentos, el 2 por 1000 sobre su importe efectivo á cobrar por mitad de cada uno de los contratantes; — 3.º Por su asistencia á las subastas de letras ú otros efectos de comercio en las que no obtuviere la adjudicación, 50 pesetas cobradas de su comitente. Si hubiere sido adjudicado el remate á su favor cobrará el 10 por 1000 sobre el efectivo y por mitad de ambas partes; — 4.º En los seguros terrestres el 10 por 100 sobre el importe del premio cobrado del librador; — 5.º Por las certificaciones de cambios, de cuentas de resaca, el 1 por 1000 cobrado del assecurador; — 6.º Por la busca de operaciones y certificaciones que expidan con referencia á los asientos de su

---

[1] Este último párrafo de este artículo ha sido adicionado por la Real orden de 3 de Abril de 1908, de conformidad con lo informado por la Comisión permanente del Consejo de Estado; habiéndose declarado dicha adición aplicable á los agentes mediadores que á la publicación de esta Real orden se encontrasen en uso de licencia.

ou à leurs ayants-cause, après justification du dépôt de leurs livres dans les bureaux du registre du commerce, ainsi qu'il est prévu par l'art. 99 du Code.

Le gouverneur de la province procédera de la même manière en ce qui concerne la restitution des cautionnements constitués entre ses mains par les courtiers et interprètes ne composant pas un collége.

Toutes les fois que les Chambres syndicales d'agents intermédiaires accorderont, en vertu des pouvoirs que leur attribuent leurs règlements, aux membres de leurs collèges la permission de ne pas remplir leurs fonctions, elles publieront, le premier jour utile qui suivra cette autorisation, les annonces dont il est parlé ci-dessus, pour que dans le délai de six mois puissent être formulées les réclamations prévues dans les articles 98 et 946 du Code de commerce; étant entendu que, si pendant qu'ils profitent de cette permission, lesdits agents se démettent de leur charge, sont destitués ou déclarés en état de faillite, les Chambres syndicales restitueront le cautionnement, conformément aux dispositions du présent article, dès que ce délai se sera écoulé sans qu'une opposition régulière ait été formée[1].

Chapitre VII. Tarifs.

68. Les agents de change appartenant à un collège seront tenus de se conformer pour la perception des droits leur appartenant, à raison de leur intervention dans les contrats et négociations qui, aux termes du Code, rentrent dans leurs attributions, au tarif suivant:

Tarif des agents de change et de bourse inscrits.

1° Pour les négociations, transferts, comptes de crédit avec garantie, et souscriptions de toute espèce d'effets publics auxquels leurs fonctions leur donnent exclusivement droit de prêter leur ministère, et pour les prêts garantis par ces mêmes valeurs, 2 pour 1000 du montant effectif des dites opérations, laquelle rémunération leur sera payée par moitié par chacun des contractants; — 2° Pour les autres opérations, actes ou contrats auxquels ils prêtent leur ministère concurremment avec les courtiers de commerce, les droits fixés dans le tarif spécial des dits courtiers. Ces droits sont dus aux agents même dans le cas où l'opération ne se termine point par la faute des contractants, et, lorsqu'elle se termine, ils seront acquittés au moment de la liquidation, exception faite de ce qui est prévu relativement aux négociations à terme; — 3° Pour les certificats par eux délivrés se référant à des opérations constatées sur leur livre, 10 *pesetas*, pourvu que le document ne comprenne pas plus de deux mentions, et, lorsqu'il dépasse ce nombre, 5 *pesetas* par chaque mention; — 4° Pour la recherche des opérations inscrites sur leur livre, ordonnée par les tribunaux ou les autorités, 10 *pesetas* pour l'examen des mentions de chaque mois.

69. Sans préjudice de ce qui sera établi définitivement en ce qui concerne les droits des Chambres syndicales, la Chambre syndicale du collège des agents de Madrid continuera à percevoir les droits qui lui sont dus d'après la pratique actuellement en vigueur.

70. Les *courtiers de commerce* recevront, pour les négociations et les contrats dans lesquels ils interviennent à raison de leur office, les droits indiqués dans le tarif suivant:

Tarif des courtiers de commerce.

1° Pour les négociations de valeurs industrielles et commerciales, métaux et et marchandises, 2 pour 1000 de la valeur effective, laquelle rémunération leur sera payée par moitié par chacun des contractants; — 2° Pour les négociations des lettres de change, billets à ordres, mandats et escomptes, 2 pour 1000 de la valeur effective de l'effet, lequel émolument sera payé par moitié par chacun des contractants; — 3° Pour leur assistance à la vente aux enchères de lettres de change ou d'effets de commerce, lorsqu'il n'y a pas eu adjudication, 50 *pesetas*, lequel émolument sera payé par leur commettant. S'il y a eu adjudication, 10 pour 1000 du prix effectif d'adjudication, lequel émolument sera payé par moitié par les deux parties; — 4° Pour les assurances terrestres, 10 pour 100 du montant de la prime, émolument touché du tireur; — 5° Pour les certificats de change, de compte de retour, 1 pour 1000, émolument à percevoir de l'assureur; — 6° Pour la recherche des

---

[1] Le dernier paragraphe de cet article a été ajouté par l'ordre royal du 3 avril 1908, conformément à l'avis de la Commission permanente du Conseil d'état; l'ordre royal porte que ce paragraphe additionnel est applicable dès sa promulgation aux agents intermédiaires du commerce qui profitaient d'une semblable autorisation.

libro registro los derechos señalados por iguales conceptos á los Agentes de cambio de su respectivo Arancel[1].

71. Los Corredores Intérpretes de buques devengarán en los contratos en que intervienen por razón de su oficio y por los servicios que presten, los derechos que se señalan en el siguiente

Arancel de los Corredores Intérpretes de buques.

1.º En los seguros marítimos el 8 por 100 sobre el importe del premio, cobrado del asegurador; — 2.º En los fletamentos de buques el 4 por 100 sobre el importe de los fletes, cobrado del Capitán ó del fletador; — 3.º En los préstamos á la gruesa 1 por 1000 sobre el importe del capital prestado á cobrar por mitad del dador y del tomador del préstamo; — 4.º Por las diligencias á que se refiere el núm. 2.º del artículo 113 cobrarán, si el tiempo durante el cual se ocupe el Corredor Intérprete de naves de una hora, 10 pesetas. Por cada 15 minutos que exceda de dicho tiempo, 2 pesetas 50 céntimos; — 5.º Por la traducción de los documentos á que se contrae el número 3.º del mencionado artículo, cobrarán por cada llana de 42 renglones incluso la última, aunque no tenga completo este número, si la traducción se hace del francés, italiano ó portugués, 5 pesetas. Si se verifica del inglés ó alemán, 10 pesetas, y de cualquiera otro idioma, 12 pesetas.

Disposiciones transitorias.

1.ª Los actuales empleados de Bolsas cuyos cargos deban subsistir con arreglo al nuevo Código serán confirmados en sus puestos, cubriéndose las vacantes que en lo sucesivo ocurran con arreglo á las leyes y reglamentos que deban regir para los de su clase; — 2.ª Los actuales Corredores de Comercio podrán adquirir el título de Agentes de cambio con sólo completar la fianza.

Madrid 31 de Diciembre de 1885. — Aprobado por S. M. — Manuel Alonso Martínez.

Reglamento interior provisional
de la Bolsa de Comercio de Madrid.

Capítulo primero. Organización de la Bolsa de Comercio de Madrid.

Art. **1.** La Bolsa de Comercio de Madrid depende del Ministerio de Fomento, conforme á lo dispuesto en el art. 5 del reglamento interino para la organización y régimen de las Bolsas de Comercio de 31 de Diciembre de 1885.

2. La dirección, régimen y gobierno de la Bolsa de Comercio de Madrid estará á cargo de la Junta sindical del Colegio de Agentes de cambio, ejerciendo en la misma, conforme á lo prevenido en el Código y reglamento de Bolsas de Comercio, las funciones siguientes: 1.ª Cuidar de todo lo concerniente al régimen y policía interior de la Bolsa; — 2.ª Llevar la representación de la Bolsa de Comercio en cuanto se refiera á la contratación y de todos los valores emanados del crédito; — 3.ª Ejercer las funciones que le son propias, presidiendo el Colegio de Agentes de cambio y Bolsa.

3. Con respecto al régimen y policía interior de la Bolsa, es propio de la Junta sindical del Colegio de Agentes de cambio, según lo prevenido en el art. 73 del Código de Comercio, adoptar cuantas medidas estime convenientes para conservar el orden, y para que se establezcan con la debida regularidad y no se interrumpan las transacciones.

A este fin es la Autoridad encargada de cumplir las disposiciones del capítulo 3º del citado reglamento de Bolsas, relativo á estas reuniones públicas del comercio.

4. La inspección que en cuanto al orden público corresponde al Gobernador civil de la provincia en las reuniones de la Bolsa de comercio, la ejercerá un Dele-

---

[1] Por Real Decreto de 29 de Setiembre de 1888 se dejó en suspenso la tarifa acordada en este art. 70 en cuanto redujo los honorarios de los corredores permitiéndoles continuar cobrando los derechos anteriormente establecidos; los cuales se regulaban por lo dispuesto en el art. 77 de la Ley orgánica provisional de la Bolsa de Madrid de 8 de Febrero de 1854.

opérations inscrites sur leur livre, et la délivrance des certificats relatifs aux dites opérations, les droits attribués dans les mêmes cas aux agents de change dans leur tarif particulier[1].

71. Les *courtiers-interprètes* de navire toucheront, pour les contrats dans lesquels ils interviennent à raison de leurs fonctions et pour les services qu'ils rendent, les droits indiqués dans le

Tarif des courtiers-interprètes de navires

suivant: 1° Pour les assurances maritimes, 8 pour 100 du montant de la prime, émolument à payer par l'assureur; — 2° Pour les affrétements de navires, 4 pour 100 du montant du fret, émolument à payer par le capitaine ou par l'affréteur; — 3° Pour les prêts à la grosse, 1 pour 1000 du montant du capital prêté, émolument à payer par moitié par le prêteur et par l'emprunteur; — 4° Pour les diligences prévues dans le n° 2 de l'art. 113, 10 *pesetas*, si le temps pendant lequel le courtier interprète de navire est occupé ne dépasse pas une heure. Pour chaque intervalle de 15 minutes au-delà d'une heure, 2 *pesetas*, 50 centimes; — 5° Pour la traduction des documents visés dans le n° 3 de l'article sus-mentionné, par chaque page de 24 lignes, y compris la dernière page, encore qu'elle n'ait pas ce nombre de lignes, 5 *pesetas*, s'il s'agit de traduire un document écrit en français, en italien ou en portugais; 10 *pesetas*, s'il s'agit de traduire un document anglais ou allemand, et 12 *pesetas*, si le document est écrit dans un autre idiôme quelconque.

Dispositions transitoires.

1° Les employés de Bourse actuellement en fonctions, dont les charges sont maintenues par le nouveau Code, seront confirmés dans leurs postes, et il sera pourvu aux vacances qui se produiront par la suite, conformément aux lois et règlements applicables aux fonctionnaires de leur classe — 2° Les courtiers de commerce actuels pourront acquérir le titre d'agents de change sous la seule condition de compléter leur cautionnement.

Madrid 31 décembre 1888. Approuvé par S. M. — Manuel Alonso Martinez.

———

Règlement intérieur provisoire
de la Bourse de commerce de Madrid.

Chapitre I. Organisation de la Bourse de commerce de Madrid.

Art. **1.** La Bourse de commerce de Madrid dépend du ministère de *Fomento*, conformément aux dispositions contenues dans l'art. 5 du règlement provisoire sur l'organisation des Bourses de commerce du 31 décembre 1885.

2. La direction, le régime et l'administration de la Bourse de commerce de Madrid appartiendront à la Chambre syndicale des agents de change laquelle, conformément aux dispositions du Code et du règlement des Bourses de commerce, exercera les fonctions suivantes: 1° Surveiller tout ce qui concerne le régime et la police intérieure de la Bourse; — 2° Représenter la Bourse de commerce dans tout ce qui se réfère au marché et à toutes les valeurs émanées du crédit; — 3° Exercer les fonctions qui lui appartiennent et présider le collège des agents de change et de bourse.

3. En ce qui concerne le régime et la police intérieure de la Bourse, il appartient à la Chambre syndicale du collège des agents de change, ainsi qu'il est prévu dans l'art. 73 du Code de commerce, d'adopter les mesures qu'elle estime convenables pour maintenir l'ordre et assurer la régularité nécessaire et la continuité des transactions.

A cette fin, elle est l'autorité chargée d'assurer l'exécution des prescriptions du chapitre III du présent règlement, relatif aux réunions publiques du commerce.

4. La surveillance qui, en ce qui touche l'ordre public, appartient au gouverneur civil de la province, dans les réunions de la Bourse de commerce, sera exercée par

---

[1] Le décret royal du 29 septembre 1888 a suspendu le tarif établi par l'art. 70 qui réduisait les honoraires des courtiers, et il leur a permis de continuer à percevoir les droits antérieurement établis, par l'art. 77 de la loi organique provisoire de la bourse de Madrid du 8 février 1854.

gado de esta Autoridad, con sujeción á lo que previenen los reglamentos generales para las reuniones públicas de toda clase, y prestando á la Junta sindical del Colegio de Agentes de cambio el auxilio que en caso necesario le pidiere al ejercer sus funciones.

5. Corresponde á la Junta sindical del Colegio de Agentes de cambio de Madrid, como representante de la Bolsa en cuanto se refiera á la contratación, cumplir y vigilar que se ejecuten los respectivos preceptos del Código y reglamentos, bajo la dependencia del Ministerio de Fomento; exponer al mismo cuanto estime necesario en beneficio del crédito público y de la contratación de Bolsa, y evacuar las consultas que se le dirijan en todos los casos en que el Código y reglamento de Bolsas de Comercio no determinen la *Junta sindical* que debe hacerlo.

6. El personal asignado á la Bolsa de Comercio de Madrid dependerá de la Junta sindical del Colegio de Agentes de cambio, y su nombramiento se hará por el Ministerio de Fomento á propuesta de la expresada Junta, siendo los funcionarios y dependientes del establecimiento empleados públicos, y no pudiendo ser separados sino en virtud de expediente en que se oirá á los interesados y á la Junta sindical.

Esta Corporación está autorizada para dar al personal de Bolsa, según su clase, el destino que crea más conveniente al mejor servicio.

7. El personal destinado á la Bolsa de Madrid será de cargo del presupuesto general del Estado conforme al art. 3 del reglamento interino de Bolsas de Comercio.

El Ministerio de Fomento, oyendo á la Junta sindical, determinará el personal que deba asignarse á la Bolsa con arreglo á las necesidades que señalen los nuevos servicios establecidos por el Código de Comercio.

Los gastos del personal y los del material necesario se fijarán cada año en el presupuesto general del Estado.

8. Para el servicio de las liquidaciones generales y demás trabajos análogos que el Código encomienda á la Junta sindical del Colegio de Agentes de cambio, nombrará la misma y separará libremente los liquidadores que necesite.

Para retribuir este servicio continuará la Junta cobrando los derechos de liquidación de 20 pesetas por cada millón de pesetas nominales de compra y de venta, con arreglo á la práctica establecida y á lo que se previene en la Real orden de 28 de Enero de este año, y sin perjuicio de lo que el Gobierno resuelva respecto al Arancel de las Juntas sindicales.

Del importe de los derechos de liquidación podrá la Junta sindical descontar para sus gastos propios el 15 por 100, destinando el resto á los liquidadores.

9. La Junta sindical del Colegio de Agentes de cambio y Bolsa de Madrid, al constituirse anualmente y cuando las exigencias del servicio lo requieran, establecerá entre sus individuos los turnos que crea más convenientes para la inspección y vigilancia del pronto despacho de los distintos servicios administrativos que por el Código y reglamento de Bolsas de Comercio están á su cargo.

10. Sin perjuicio de lo dispuesto en el artículo anterior, la Junta sindical, para atender debidamente al cumplimiento de su cometido, podrá poner al frente de los distintos servicios de Bolsa un Letrado asesor que bajo su dependencia y como su representante se encargue del examen y tramitación de los asuntos, y del estudio é informe de las cuestiones de derechos, siendo de su libre elección y voluntad el nombramiento y separación, y retribuyéndole con sus propios fondos.

11. Los dependientes de la Bolsa de Comercio que presten servicio en las reuniones de la misma, usarán como distintivo gorra con las iniciales *B. C. de M.* y un galón dorado en las bocamangas.

Capítulo II. De las reuniones de la Bolsa de Comercio de Madrid.

12. La Junta sindical del Colegio de Agentes de cambio cuidará, por medio del Síndico Presidente, Vicepresidente ó Adjunto que le reemplace, del régimen y policía de las reuniones de la Bolsa de Comercio de Madrid, con arreglo á las disposiciones del cap. 3 del reglamento de Bolsas.

13. El distintivo de la autoridad del Síndico Presidente ó del individuo de la Junta sindical que le reemplace en las reuniones de Bolsa, será el bastón de mando reglamentario.

son délégué, lequel se soumettra à ce que prévoient les règlements généraux pour les réunions publiques de cette nature, et prêtera à la Chambre syndicale des agents de change le concours qu'elle lui demandera au besoin pour exercer ses fonctions.

5. Il appartient à la Chambre syndicale du collège des agents de change de Madrid, en sa qualité de représentant de la Bourse pour tout ce qui se réfère au marché, d'assurer l'exécution des prescriptions du Code et des règlements à ce relatifs, sous l'autorité du ministère de *Fomento*, d'exposer au dit ministère tout ce qu'elle juge nécessaire aux besoins du crédit public et du marché en bourse, et d'observer les instructions qui lui sont adressées dans tous les cas où le Code et le règlement des Bourses de commerce ne déterminent pas ce que la Chambre syndicale doit faire.

6. Le personnel attribué à la Bourse de commerce de Madrid sera sous la dépendance de la Chambre syndicale du collège des agents de change, et il sera nommé par le ministère de *Fomento* sur la proposition de la dite chambre. Les fonctionnaires et employés de l'établissement auront le caractère de fonctionnaires publics, et ils ne pourront être révoqués qu'à la suite d'une enquête régulière, les intéressés entendus et après avis de la Chambre syndicale.

Cette corporation est autorisée à donner au personnel de la Bourse, suivant sa classe, la destination qu'elle juge la plus utile au bien du service.

7. Le personnel de la Bourse de commerce de Madrid sera payé sur le budget de l'État, conformément à l'art. 3 du règlement provisoire des Bourses de commerce.

Le ministère de *Fomento*, la Chambre syndicale entendue, déterminera le personnel qui doit être attribué à la Bourse, eu égard aux besoins résultant des nouveaux services établis par le Code de commerce.

Les frais du personnel et du matériel nécessaire seront fixés chaque année dans le budget général de l'État.

8. La Chambre syndicale du collège des agents de change nommera et révoquera librement les liquidateurs nécessaires pour le service des liquidations générales et des autres travaux analogues qui lui sont confiés par le Code de commerce.

A titre de rétribution de ce service, la Chambre syndicale continuera à percevoir les droits de liquidation de 20 *pesetas* par chaque million de *pesetas* du montant nominal des ventes et achats, conformément à la pratique établie, et à ce que prévoit l'ordre royal du 28 janvier de la présente année, sans préjudice des décisions à prendre par le gouvernement en ce qui concerne le tarif des Chambres syndicales.

Sur le montant des droits de liquidation, la Chambre syndicale pourra retenir 15% pour ses frais personnels, et le surplus sera attribué aux liquidateurs.

9. La Chambre syndicale du collège des agents de change et de bourse de Madrid, au moment de sa constitution annuelle et toutes les fois que les besoins du service l'exigeront, établira entre ses membres tels roulements qu'elles jugera nécessaires pour inspecter et surveiller le fonctionnement des différents services administratifs dont le Code et le règlement des Bourses de commerce lui donnent la charge.

10. Sans préjudice des dispositions contenues dans l'article précédent, la Chambre syndicale, pour assurer que la mission à elle confiée sera bien dûment remplie, pourra placer à la tête des divers services de la Bourse un avocat assesseur chargé, sous sa dépendance et en qualité de son représentant, d'examiner et préparer les affaires, d'étudier et de rapporter les questions de droit. Le choix, la nomination et la révocation de cet avocat dépendront de sa libre volonté, et il sera rétribué sur ses propres fonds.

11. Les employés de la Bourse de commerce qui prêtent leurs services dans les réunions de la dite Bourse porteront comme signe distinctif une casquette avec les initiales *B. C. de M.* et un galon doré sur les parties inférieures des manches.

Chapitre II. Des réunions de la Bourse de commerce de Madrid.

12. La Chambre syndicale du collège des agents de change assurera, par l'intermédiaire du Syndic-président, du vice-président ou de l'assesseur qui le remplace, l'ordre et la police des réunions de la Bourse de commerce de Madrid, conformément aux dispositions du chapitre III du règlement des Bourses de commerce.

13. Le signe distinctif de l'autorité du Syndic-président ou du membre de la chambre syndicale qui le remplace dans les réunions de bourse, sera le bâton de commandement réglementaire.

14. La Junta sindical del Colegio de Agentes de cambio, al constituirse anualmente, remitirá al Ministerio de Fomento y al Gobierno civil de la provincia relación de los Agentes de que se componga, señalando el orden en que hayan de ejercer las funciones de Presidente en ausencias y enfermedades del Síndico.

15. Son atribuciones del Síndico Presidente por lo que respecta á las reuniones de Bolsa: 1.ª Dar la orden para su apertura y terminación; — 2.ª Impedir por medio de los dependientes de la Bolsa que los que asistan á la reunión, sea cual fuere su clase y categoría, entren con armas, bastones ni paraguas; — 3.ª Adoptar las medidas necesarias para conservar el orden en las transacciones, y disponer en caso necesario la detención del que lo interrumpa, poniéndolo inmediatamente en conocimiento y á disposición del Gobernador civil de la provincia, y utilizando á este efecto los servicios de inspección de Orden público del Delegado de esta Autoridad en las reuniones de Bolsa; — 4.ª Dar conocimiento al público en el acto de noticias que interesen á la contratación, cuando con urgencia así lo disponga y lo comunique directamente á la Junta sindical alguno de los Ministerios; — 5.ª Publicar por medio del anunciador y por edictos las denuncias para impedir la negociación de valores cotizables y los acuerdos de la Junta sindical, levantando esta prohibición, así como los autos judiciales dictados con igual objeto; — 6.ª Anunciar también por edictos en el local de la Bolsa los valores que hayan sido admitidos á la contratación y cotización oficial; el recibo de Memorias, balances y antecedentes que deban facilitar á la Junta sindical los establecimientos, Compañías ó Empresas nacionales ó extranjeras y particulares respecto á los valores que tengan emitidos, y al pago de intereses y amortizaciones á fin de que el público pueda enterarse en Secretaría, y anunciar asimismo la falta de estos datos después de un mes en que debieron ser entregados á la Junta sindical; — 7.ª Remitir diariamente al Registro Mercantil certificación del acta de cotización, y un ejemplar del *Boletín* á los centros que señala el art. 53 del reglamento de Bolsas de Comercio; — 8.ª Cuidar de que se fije en el tablón de edictos, en cuanto esté impreso, un ejemplar del *Boletín de Cotización*, y en el acto en que los reciba los telegramas sobre cambios de las Bolsas nacionales y extranjeras; — 9.ª Cuidar asimismo de que permanezcan siempre colocadas en el interior de la Bolsa las listas de los Agentes de cambio y Bolsa y Corredores de Comercio colegiados y las señas de sus domicilios.

16. La Junta sindical del Colegio de Agentes de cambio dictará las reglas á que han de sujetarse los dependientes que destine al servicio de las reuniones de Bolsa, tanto en lo que hace relación con el público, como para el aseo y limpieza del local.

Capítulo III. De la admisión de valores á la contratación y cotización de la Bolsa de Comercio de Madrid.

17. La Junta sindical del Colegio de Agentes de cambio admitirá á la contratación, é incluirá en las cotizaciones oficiales, los valores que representen créditos contra el Estado, las provincias y los Municipios, en cuanto reciba del Ministerio de Fomento la autorización previa del Gobierno, y aparezca publicado en la Gaceta de Madrid el pormenor de las emisiones, conforme á los artículos 28 y 29 del reglamento de Bolsas de Comercio.

18. El dictamen que debe emitir la Junta sindical, conforme al núm. 2.° del art. 68 del Código de Comercio, para declarar el Gobierno admitidos á la contratación y cotización de Bolsa los efectos públicos de naciones extranjeras, comprenderá, no sólo las consideraciones de conveniencia, consultando los intereses del comercio, sino también cuanto haga relación á la facilidad en el cobro de la renta y amortizaciones, y á los medios de reconocer la legitimidad de los valores.

La Junta sindical sólo admitirá estos valores á la contratación y cotización oficial cuando reciba del Ministerio de Fomento la debida autorización del Gobierno, y se hayan publicado en la Gaceta las condiciones y circunstancias de la emisión y la fecha desde que puedan ser objeto de la contratación pública.

19. La Junta sindical del Colegio de Agentes de cambio y Bolsa de Madrid formará el expediente necesario para declarar admitidas á la contratación y cotización oficial las emisiones de valores al portador, de establecimientos, Compañías ó Empresas nacionales.

14. La Chambre syndicale du collège des agents de change, en se constituant chaque année, adressera au ministère de *Fomento* et au gouverneur civil de la province la liste des agents de change qui la composent, en indiquant l'ordre dans lequel ils doivent exercer les fonctions de président, en cas d'absence du Syndic.

15. Les attributions du Syndic-président, en ce qui concerne les réunions de la Bourse sont les suivantes: 1° Donner l'ordre de l'ouverture et de la clôture; — 2° Empêcher par le moyen des employés de la Bourse, toute personne quelconque, de quelque classe ou catégorie que ce soit, assistant aux réunions, d'entrer avec des armes, cannes et parapluies; — 3° Adopter les mesures nécessaires pour maintenir l'ordre dans les transactions, et assurer, s'il est nécessaire l'arrestation de tout perturbateur, sauf à en aviser immédiatement le gouverneur civil de la province en mettant le perturbateur à sa disposition et en faisant appel, à cet effet, aux services de surveillance d'ordre public du Délégué de cette autorité dans les réunions de Bourse; — 4° Donner connaissance immédiate au public des nouvelles intéressant le marché, lorsqu'il y a urgence et que l'un des ministères en avise directement la Chambre syndicale; — 5° Publier par l'intermédiaire du crieur et par des affiches les dénonciations ayant pour objet d'empêcher la négociation de valeurs susceptibles d'être cotées ainsi que les décisions de la Chambre syndicale donnant mainlevée de cette prohibition, et les décisions judiciaires ayant le même objet; — 6° Annoncer également par des affiches dans le local de la Bourse les valeurs qui ont été admises au marché et à la cote officielle; la réception des rapports, bilans et documents que doivent communiquer à la Chambre syndicale les établissements, compagnies ou entreprises tant nationales qu'étrangères, ainsi que les particuliers, relativement aux valeurs par eux émises et au payement des intérêts et à l'amortissement afin que le public puisse se renseigner au secrétariat, et faire connaître, de la même manière, l'absence de ces données, lorsqu'il s'est écoulé un mois depuis la date où elles auraient dú être remises à la Chambre syndicale; — 7° Remettre chaque jour au bureau du Registre du commerce une copie certifiée du procès-verbal de la cote, et un exemplaire du *Boletin* aux Centres indiqués dans l'art. 53 du règlement des Bourses de commerce; — 8° Veiller à l'affichage au tableau des annonces, aussitôt sa publication, du *Bulletin de la cote*, et, aussitôt leur réception, des télégrammes relatifs aux changes des bourses nationales et étrangères; — 9° Assurer l'affichage permanent dans l'intérieur de la Bourse des listes des agents de change et de bourse et des courtiers de commerce dépendant d'un collège, avec indication de leur domicile.

16. La Chambre syndicale des agents de change fixera les règles à observer par les domestiques attachés au service des réunions de la Bourse tant en ce qui concerne leurs rapports avec le public, qu'en ce qui concerne la décence et la propreté des locaux.

Chapitre III. De l'admission des valeurs au marché et à la cote de la Bourse de commerce de Madrid.

17. La Chambre syndicale du collége des agents de change admettra au marché et inscrira sur les cotes officielles les valeurs représentant des créances sur l'État, les provinces et les municipalités, lorsqu'elle aura reçu du ministère de *Fomento* l'autorisation préalable du gouvernement et qu'il sera justifié de la publication du détail des émissions dans la *Gaceta de Madrid*, conformément aux articles 28 et 29 du règlement des Bourses de commerce.

18. L'avis que doit émettre la Chambre syndicale, conformément à l'art. 68 du Code de commerce, pour que le gouvernement admette au marché et à la cote de la Bourse les effets publics des nations étrangères, ne comprendra pas seulement les considérations utiles eu égard aux intérêts du commerce; mais il s'expliquera également sur les facilités de remboursement et d'amortissement de la rente, et sur les moyens de vérifier la légitimité des valeurs.

La Chambre syndicale n'admettra ces valeurs au marché et à la cote officielle qu'après réception du ministère de *Fomento* de l'autorisation du gouvernement et publication dans la *Gaceta* des conditions et circonstances de l'émission et de la date à laquelle lesdites valeurs pourront faire l'objet de négociations publiques.

19. La Chambre syndicale du collége des agents de change et de bourse de Madrid procédera à l'enquête nécessaire pour l'admission au marché et à la cote officielle des émissions de valeurs au porteur faites par des établissements, compagnies ou entreprises nationales.

A dicho expediente deberán acompañarse testimonios de las escrituras de Sociedad y de los estatutos y reglamentos por que se rijan las Compañías; certificados de inscripciones literales del Registro Mercantil y del de la propiedad en su caso, tanto para hacer constar la propiedad de los bienes que sirvan de garantía á las emisiones, como las cargas que á los mismos bienes afecten; y los demás documentos que la Junta crea necesarios en consonancia con el art. 69 del Código.

20. Se presentarán legalizados y traducidos por la Interpretación de lenguas los documentos que deban acompañarse al expediente que instruya la Junta sindical del Colegio de Agentes de cambio y Bolsa de Madrid, para admitir, conforme al art. 70 del Código y 18 y 32 del reglamento de Bolsas de Comercio, á la contratación y cotización oficial las emisiones de documentos de crédito al portador de Empresas extranjeras.

La Junta sindical no admitirá á la contratación y cotización oficial de esta clase de valores, aun cuando los considēre admisibles, sin que preceda la declaración del Gobierno de que no median razones de interés público que se opongan á ello.

21. Al expediente para declarar la Junta sindical admitidos á la contratación y cotización oficial los valores al portador que emitan los particulares, conforme al art. 71 del Código de Comercio, deberán unirse cuantos antecedentes estime la Junta necesarios para acreditar que los valores están suficientemente garantizados.

22. La Junta sindical dará conocimiento al Ministerio de Fomento del acuerdo que tomare en los tres casos de admisión de valores á la contratación oficial á que se refieren los artículos 69, 70 y 71 del Código de Comercio, y le publicará en la Gaceta de Madrid á costa de los interesados.

Cuando el acuerdo de la Junta en cualquiera de estos tres casos fuere negativo, podrán los interesados entablar recurso de alzada ante el Ministerio de Fomento dentro del término de tercer día, á contar desde el siguiente al de la notificación en forma que le haga la propia Junta.

La resolución del Ministerio causará estado, y sólo será reclamable en la vía contenciosa.

Capítulo IV.   De las operaciones de Bolsa.

Sección primera.   Forma á que debe ajustarse la contratación intervenida por los Agentes Colegiados de cambio y Bolsa.

23. Para fijar el cambio de toda clase de operaciones se usará el sistema decimal, conforme á lo dispuesto en el artículo 48 del reglamento de Bolsas de Comercio.

En los cambios de las operaciones no podrán fijarse fracciones menores de 5 céntimos.

24. El cambio en las negociaciones de valores ó efectos cotizables que no tengan hecho todo el desembolso versará sobre el importe de la parte desembolsada.

25. Los Agentes, al proponer una operación, manifestarán primero la cantidad, luego las condiciones y después el cambio.

26. Las operaciones se extenderán para su publicación en las notas formuladas por la Junta sindical.

El Agente vendedor extenderá y firmará la nota de publicación.

Cuando la operación se haya concertado entre dos Agentes, firmará también la nota el Agente comprador.

27. Conforme al art. 78 del Código y á lo establecido en el 38 del reglamento de Bolsas de Comercio, es de cargo de los Agentes de cambio cuidar de la inmediata publicación de la operación convenida, y en el caso de haberla concertado fuera de las horas de contratación oficial, cuidar asimismo de que se publique al dar principio la reunión de Bolsa inmediata.

28. La Junta sindical del Colegio de Agentes de cambio y Bolsa de Madrid aplicará discrecionalmente, según los casos, por la no publicación de operaciones, la multa que prescribe el artículo 19 del reglamento de Bolsas de Comercio.

29. La publicación de las operaciones se hará constar por la Junta sindical en las pólizas que presenten los contratantes estampando un sello que así lo acredite.

Au dossier de cette enquête seront jointes les copies certifiées des actes de société
et des statuts et règlements des dites compagnies; les certificats attestant les
inscriptions littérales faites sur le registre du commerce et sur le registre de la
propriété, s'il y a lieu, pour constater la propriété des biens qui garantissent les
émissions et les charges grevant les dits biens, et les autres documents que la Chambre
estimera nécessaires en vertu de l'art. 69 du Code.

20. Seront dûment légalisés et traduits par le bureau de traduction, les documents à joindre au dossier réuni par la Chambre syndicale des agents de change
et de bourse de Madrid pour admettre, conformément à l'art. 70 du Code et aux
articles 18 et 32 du règlement des Bourses de commerce, au marché et à la cote
officielle les émissions de titres de crédit au porteur faites par des entreprises étrangères.

La Chambre syndicale n'admettra pas au marché et à la cote officielle les
valeurs de cette espèce, même si elle les considère comme devant y être admises,
sans avoir reçu préalablement la déclaration du gouvernement qu'aucune raison
d'intérêt public ne fait obstacle à cette admission.

21. Au dossier de l'enquête faite en vue d'obtenir de la Chambre syndicale
la déclaration d'admission au marché et à la cote officielle des valeurs au porteur
émises par les particuliers, conformément à l'art. 71 du Code de commerce, devront
être joints tous les renseignements que la Chambre estimera utiles pour justifier
que les valeurs sont suffisamment garanties.

22. La Chambre syndicale donnera connaissance au ministère de *Fomento*,
de la décision prise dans les trois cas d'admission des valeurs au marché officiel
auxquels se réfèrent les articles 69, 70 et 76 du Code de commerce, et elle la fera
publier dans la *Gaceta de Madrid* aux frais des intéressés.

Lorsque la décision de la Chambre, dans l'un quelconque des trois cas
susvisés, sera négative, les intéressés pourront se pourvoir devant le ministère
de *Fomento* dans le délai de trois jours à compter du lendemain de la notification
qui leur aura été régulièrement faite de la décision par la Chambre syndicale elle-
même.

La décision du ministère sera définitive et elle ne pourra faire l'objet d'un
recours que par la voie contentieuse.

Chapitre IV. Des opérations de Bourse.

Section première. Formes à observer dans les marchés conclus par le ministère
des agents de change et de bourse.

23. Pour fixer le change de toute espèce d'opérations on emploiera le système
décimal, conformément aux dispositions contenues dans l'art. 48 du règlement
des Bourses de commerce.

Dans les changes des opérations, il ne pourra être fixé de fractions inférieures
à 5 centimes.

24. Le change, dans les négociations de valeurs ou effets susceptibles d'être cotées
qui n'ont pas été entièrement libérées, ne portera que sur le montant de la partie libérée.

25. Les agents, en proposant une opération, indiqueront d'abord la somme,
puis les conditions et enfin le change.

26. Les opérations seront énoncées en vue de leur publication sur les formules
fixées par la Chambre syndicale.

L'agent vendeur rédigera et signera la note à publier.

Lorsque l'opération aura été concertée entre deux agents, la note sera également
signée par l'agent acheteur.

27. Conformément à l'art. 78 du Code de commerce et aux dispositions de
l'art. 38 du règlement des Bourses de commerce, les deux agents de change sont
chargés de la publication immédiate de l'opération convenue et, quand elle a été
concertée en dehors du marché officiel, ils doivent veiller à ce qu'elle soit publiée
à l'ouverture de la réunion de Bourse suivante.

28. La Chambre syndicale du collège des agents de change et de bourse de
Madrid aura la faculté d'appliquer, suivant les cas, pour défaut de publication des
opérations l'amende prescrite par l'art. 19 du règlement des Bourses de commerce.

29. La publication des opérations sera constatée par la Chambre syndicale
sur les polices présentées par les contractants au moyen de l'apposition d'un timbre
qui en fera foi.

30. Podrán los Agentes comprender en una nota de publicación de operaciones
al contado ó á plazo varias cantidades de un mismo comitente cuando hayan sido
negociadas á igual cambio á distintas personas.

En este caso dará el anunciador número correlativo de publicación á cada una
de las cantidades que comprenda la nota.

31. En las pólizas de operaciones á plazo, que serán extendidas en los modelos
adoptados por la Junta sindical, se expresarán todas las condiciones del contrato,
y se pondrá *en letra* el número de publicación.

32. Para hacer constar el pedido en tiempo hábil de papel negociado á plazo
y á voluntad, se entregará por los Agentes nota firmada al Síndico Presidente cuando
el vendedor no se hallare en la reunión de Bolsa á la hora señalada para este acto
en el art. 41 del reglamento de Bolsas de Comercio. Igual procedimiento se seguirá en las contestaciones de las operaciones en el día del vencimiento á que se
refiere el artículo 42 de dicho reglamento, ó en el anterior inmediato si este día
fuere festivo.

33. El anunciador, al hacer la publicación de operaciones, lo expresará por el
siguiente orden; clase de valores, cantidad negociada, plazo, condiciones y cambio.

A cada nota de publicación le dará un número correlativo por el orden en que
los anuncie, teniendo presente lo que dispone el art. 30 de este reglamento en el
caso de comprender una nota diversas cantidades.

34. Se llevará en la Secretaría de la Junta sindical del Colegio de Agentes
de cambio de Madrid un libro de estados diarios de operaciones publicadas, en el
que se expresarán todas las condiciones y circunstancias que comprendan, el cual
servirá de indicador de las notas de publicación que han de archivarse encarpetadas ordenadamente, conforme prescribe el art. 46 del reglamento de Bolsas de Comercio.

De este libro se copiará el estado diario de operaciones que debe remitirse al
Ministerio de Fomento, según se previene en el expresado artículo del reglamento
de Bolsas.

**Sección segunda. De las operaciones que pueden intervenir en concurrencia
los Agentes de cambio y Bolsa y los Corredores de Comercio colegiados
en Madrid.**

35. Los Agentes de cambio y Bolsa y los Corredores de Comercio colegiados
podrán intervenir indistintamente en todas las operaciones, actos y contratos que
autoriza el Código á excepción de las negociaciones, trasferencias y suscriciones de
emisiones de efectos públicos que son privativas de los primeros conforme á los
artículos 100 del Código, 10 y número 1.º del 68 del reglamento de Bolsas de Comercio.

36. Cuando los Agentes de cambio y Bolsa de Madrid ejerzan funciones de
Corredores de Comercio, se sujetarán á las disposiciones de los artículos 106 á 110
del Código, que determinan los deberes de los Corredores; pero para la redacción
y expedicion de los documentos de contratos y la forma de los asientos en su libro
registro de esta clase de operaciones adoptarán los modelos que estime más oportunos su respectiva Junta sindical.

37. Los Corredores de Comercio de Madrid podrán ejercer sus funciones en la
Bolsa en las horas de contratación oficial, y los cambios que en sus operaciones se
fijen servirán para formar la nota que la Junta sindical de su respectivo Colegio debe
remitir diariamente á la del Colegio de Agentes de cambio y Bolsa, como dato para
levantar el acta de cotización conforme al art. 49 del reglamento de Bolsas de Comercio.

38. En el ejercicio de sus funciones en la Bolsa se acomodarán los Corredores
de Comercio de Madrid á las medidas adoptadas por la Junta sindical de Colegio
de Agentes de cambio y Bolsa para establecer el orden debido en las transacciones,
y estarán sujetos á las disposiciones del cap. 3 del reglamento de Bolsas de Comercio
relativo á estas reuniones públicas.

39. Conforme á lo dispuesto en el art. 22 del reglamento de Bolsas, los Corredores colegiados de Comercio incurren en la pena de privación de oficio y demás
responsabilidades á que haya lugar, interviniendo en otras operaciones, *en cualquier concepto*, que las que les son propias, con arreglo al artículo 100 del Código,
para lo cual la Junta sindical del Colegio de Agentes de cambio formará en su caso
el expediente justificativo que elevará al Ministerio de Fomento.

30. Les agents pourront comprendre dans une même note de publication d'opérations au comptant ou à terme, diverses sommes d'un même commettant lorsqu'elles ont été négociées au même change avec plusieurs personnes.

Dans ce cas, le crieur donnera un numéro corrélatif de publication à chacune des sommes comprises dans la note.

31. Dans les polices d'opérations à terme, lesquelles seront rédigées sur les modèles adoptés par la Chambre syndicale, on énoncera toutes les conditions du contrat, avec mention en toutes lettres du numéro de publication.

32. Pour faire constater la demande en temps utile de papier négocié à terme et à volonté, il sera remis par les agents une note signée du Syndic-président, lorsque le vendeur ne sera pas présent à la réunion de la Bourse, à l'heure indiquée pour cette opération par l'art. 41 du règlement des bourses de commerce. Il sera procédé de même dans les contestations relatives aux opérations, le jour de l'échéance dont il est parlé dans l'art. 42 du dit règlement, ou la veille du jour de l'échéance, si celle-ci tombe un jour férié.

33. Le crieur, en publiant les opérations, les énoncera dans l'ordre suivant: classe de valeurs, somme négociée, délai, conditions et change.

Chaque note de publication recevra un numéro corrélatif d'après l'ordre des annonces, en observant les dispositions de l'art. 30 du présent règlement, dans le cas où il y a lieu de comprendre différentes sommes dans une même note.

34. Il sera tenu, au secrétariat de la Chambre syndicale du collège des agents de change de Madrid, un livre des états journaliers des opérations publiées, sur lequel seront relatées toutes les conditions et circonstances des dites opérations; ce livre servira d'index des notes de publication qui devront être classées avec ordre, aux archives, dans des dossiers, conformément aux prescriptions de l'art. 46 du règlement des Bourses de commerce.

De ce livre sera extrait l'état quotidien à envoyer au ministère de *Fomento*, ainsi qu'il est prévu dans l'article susvisé du règlement des Bourses de commerce.

Section II. Des opérations auxquelles les agents de change et de bourse peuvent prêter leur ministère concurremment avec les courtiers de commerce inscrits de Madrid.

35. Les agents de change et de bourse et les courtiers de commerce appartenant à un collège pourront intervenir indistinctement dans toutes les opérations ainsi que dans tous les actes et contrats autorisés par le Code, à l'exception des négociations, transferts et souscriptions aux émissions d'effets publics, lesquelles opérations sont du ressort exclusif des premiers, conformément aux art. 100 du Code 10 et 68, n° 1 du règlement des Bourses de commerce.

36. Lorsque les agents de change et de bourse de Madrid exercent les fonctions de courtiers de commerce, ils sont soumis aux dispositions des articles 106 à 110 du Code qui déterminent les devoirs des courtiers; cependant, pour la rédaction et la délivrance des documents relatifs aux contrats, et pour la forme des mentions à porter sur leur livre pour cette espèce d'opérations, ils adopteront les modèles que leur Chambre syndicale estimera les plus convenables.

37. Les courtiers de commerce de Madrid pourront exercer leurs fonctions à la Bourse, aux heures du marché officiel, et les changes fixés dans leurs opérations serviront à former la note que la Chambre syndicale de leur corporation doit adresser chaque jour à la Chambre syndicale des agents de change et de bourse, pour servir à dresser le procès-verbal de la cote, conformément à l'art. 49 du règlement des Bourses de commerce.

38. Dans l'exercice de leurs fonctions à la Bourse, les courtiers de commerce de Madrid se conformeront aux mesures adoptées par la Chambre syndicale du collège des agents de change et de bourse pour établir l'ordre dans les transactions, et ils seront soumis aux dispositions du chapitre III du règlement des Bourses de commerce.

39. Conformément aux dispositions de l'art. 22 du règlement des Bourses de commerce, les courtiers de commerce appartenant à un collège, encourront la peine de la destitution et les autres responsabilités de droit, si, *à un titre quelconque*, ils interviennent dans d'autres opérations que celles qui leur sont propres aux termes de l'art. 100 du Code, et, à cet effet, la Chambre syndicale du collège des agents de change procédera, s'il y a lieu, à l'enquête nécessaire dont elle transmettra le dossier au ministère de *Fomento*.

Sección tercera. De los libros-registros de los Agentes de cambio y Bolsa, y de los Corredores de Comercio colegiados de Madrid. Notas y pólizas que deben adoptarse en la contratación.

40. Los Agentes mediadores del Comercio de Madrid llevarán necesariamente un libro-registro de operaciones, en el que por orden correlativo de fechas asentarán todas las operaciones en que intervengan, y el cual estará autorizado previamente por el Juez municipal del distrito á que corresponda su domicilio, conforme á los artículos 36 y 93 del Código de Comercio.

Podrán llevar también otros libros con las mismas solemnidades, poniéndolo en conocimiento de su respectiva Junta sindical para hacer constar la clase de operaciones á que especialmente los destinen y la fecha con que den principio, á los efectos del párrafo tercero del expresado art. 93 del Código.

Esto no obsta para que los Agentes puedan llevar sin aquellas formalidades los libros auxiliares de anotaciones, borradores, cuenta de caja, copiadores y demás que necesiten para su uso privado.

41. En el caso en que los Agentes hayan de dar principio á un tomo del libro-registro con asientos de operaciones de fecha anterior á la legalización judicial del mismo, deberán hacer constar por medio de *nota* fechada y firmada, el número de asientos de operaciones que habrán de insertarse en primer lugar, siguiendo el orden correlativo desde la fecha del último asiento del tomo anterior.

42. Los Agentes se acomodarán á lo dispuesto en los artículos 43 y 44 del Código de Comercio respecto á la forma de llevar sus libros-registros, sin blancos, interpolaciones, raspadura ni tachones, salvando por nota inmediatamente que las adviertan las omisiones ó equivocaciones padecidas al hacer los asientos.

43. Sin perjuicio de las modificaciones que la práctica señala y crea oportuno introducir la Junta sindical, con arreglo á las facultades que le concede el art. 19 del reglamento de Bolsa de Comercio, los Agentes adoptarán en los asientos de su libro-registro y en la redacción y expedición de documentos de contrato, los formularios de asientos, notas, pólizas y certificaciones que se acompañan á este reglamento.

Capítulo V. De la redacción del acta y Boletín de Cotización.

44. La Junta sindical del Colegio de Agentes de cambio y Bolsa adoptará para la redacción del acta de cotización oficial la forma que considere más adecuada para fijar el curso de los cambios, y señalar las condiciones de los contratos en los términos prevenidos en el art. 48 del reglamento de Bolsas de Comercio.

45. En el acta de cotización se incluirá una casilla que se llamará de *Últimos cambios no publicados*, en la que figurarán los que la Junta sindical considere corrientes después de cerrada la contratación oficial y hasta el momento de la redacción del acta en vista de las noticias que le faciliten los Agentes.

46. Al determinar en el acta de cotización el movimiento sucesivo de los cambios, cuidará la Junta sindical de fijar las oscilaciones de alza y baja en el mismo orden de publicación, repitiendo los cambios iguales en los casos precisos para esta determinación.

47. Todas las operaciones concertadas en el intermedio de una Bolsa á otra se publicarán al dar principio la inmediata conforme al art. 38 del reglamento de Bolsas de Comercio, y sus cambios se harán constar en el *Acta* y *Boletín* en una casilla que se llamará de *Cambios precedentes*.

48. En el *Boletín* de cotización publicará también la Junta sindical los telegramas oficiales sobre cambios de las Bolsas nacionales y extranjeras.

49. El *Boletín* de cotización podrá tambien comprender en su última parte una sección destinada á los anuncios que la Junta acuerde y estén en relación con las funciones que le atribuyen el Código y reglamento de Bolsas de Comercio.

Section III. Des livres registres des agents de change et de bourse et des courtiers de commerce inscrits de Madrid. Notes et polices qu'ils doivent adopter dans les négociations.

40. Les agents intermédiaires du commerce de Madrid tiendront obligatoirement un livre-registre de leurs opérations, sur lequel, dans l'ordre corrélatif des dates, ils mentionneront toutes les opérations auxquelles ils ont prêté leur ministère; ce registre sera préalablement légalisé par le juge municipal du district du domicile de l'agent, conformément aux articles 36 et 93 du Code de commerce.

Ils pourront tenir également d'autres livres avec les mêmes solennités en avisant leur Chambre syndicale respective, à l'effet de faire constater le genre d'opérations auxquelles ils les destinent et la date à laquelle ils les commenceront, pour les effets prévus dans le 3e alinéa de l'art. 93 susvisé du Code.

Cependant, les agents pourront sans remplir ces formalités, tenir les livres auxiliaires d'annotations, brouillards, compte de caisse, copie et autres dont ils ont besoin pour leur usage particulier.

41. Si les agents se trouvent dans la nécessité de commencer un tome du livre registre en y mentionnant des opérations faites à une date antérieure à celle de la légalisation judiciaire de ce registre, ils devront faire constater au moyen d'une note datée et signée le nombre d'opérations qui auront dû y être inscrites en premier lieu, en suivant l'ordre corrélatif depuis la date de la dernière mention du tome précédent.

42. Les agents se conformeront aux dispositions des articles 43 et 44 du Code de commerce en ce qui concerne la manière de tenir leurs livres registres, sans blancs, interpolations, ratures ni grattages, et ils répareront au moyen d'une mention nouvelle, faite aussitôt après les avoir découvertes, les omissions ou erreurs commises en rédigeant les mentions.

43. Sans préjudice des modifications suggérées par la pratique et que la Chambre syndicale croira utiles d'introduire en faisant usage des pouvoirs à elle accordés par l'art. 19 du règlement de la Bourse de commerce, les agents adopteront pour la rédaction des mentions à faire sur leur livre-registre, ainsi que pour la rédaction et la délivrance des titres de contrats, les formules de mentions, notes, polices et certificats annexés au présent règlement.

Chapitre V. De la rédaction du procès-verbal et du Bulletin de la cote.

44. La Chambre syndicale du collège des agents de change et de bourse adoptera, pour la rédaction du procès-verbal de la cote officielle, la forme qu'elle considérera la plus convenable pour fixer le cours des changes et indiquer les conditions des contrats dans les termes prévus dans l'art. 48 du règlement des Bourses de commerce.

45. Dans le procès-verbal de la cote, il sera inséré une case intitulée «*Derniers changes non publiés*», dans laquelle figureront les changes que la Chambre syndicale considérera comme ayant eu cours depuis la clôture du marché officiel jusqu'au moment de la rédaction du procès-verbal, sur le vu des bordereaux donnés par les agents.

46. En déterminant dans le procès-verbal de la cote le mouvement successif des changes, la Chambre syndicale prendra soin de fixer les oscillations de la hausse et de la baisse, dans l'ordre même où la publication a été faite, en répétant les changes égaux lorsque cela sera nécessaire pour déterminer les dites oscillations.

47. Toutes les opérations concertées dans l'intervalle d'une Bourse à l'autre seront publiées au commencement de la Bourse qui suivra immédiatement, conformément à l'art. 38 du règlement des Bourses de commerce, et leurs changes seront constatés dans une case du *procès-verbal* et du *Bulletin* intitulée *Changes précédents*.

48. Dans le *Bulletin* de la cote, la Chambre syndicale publiera également les télégrammes officiels sur les changes des Bourses nationales et étrangères.

49. Le *Bulletin* de la cote pourra aussi comprendre, dans une dernière partie, une section consacrée aux annonces que la Chambre syndicale ordonne et qui se rattachent aux attributions qu'elle tient du Code et du règlement sur les Bourses de commerce.

Capítulo VI.   De las liquidaciones generales de operaciones de fin de mes.

50. En cumplimiento de lo prevenido en el art. 55 del reglamento de Bolsas de Comercio, los Agentes de cambio colegiados presentarán á la Junta sindical la correspondiente liquidación de operaciones á plazo que tengan intervenidas, antes de las doce del día siguiente al de la última reunión de Bolsa del mes, á fin de proceder á la liquidación general.

En igual término podrán presentar á su nombre los interesados en las operaciones intervenidas por los Agentes sus respectivas liquidaciones á la Junta sindical.

51. Las liquidaciones se presentarán fechadas y firmadas por los interesados, indicando en la parte superior la liquidación ó vencimiento á que correspondan las operaciones.

52. En la liquidación de operaciones concertadas con obligación de entregar ó recoger papel se expresará la clase de valores, capital nominal, nombres de compradores y vendedores, el efectivo y las diferencias á cobrar y pagar, cerrando las mismas con los saldos que resulten.

53. Las liquidaciones por operaciones á diferencias se presentarán fijando el capital nominal, clase de valores, nombres de compradores y vendedores, cambio convenido y la diferencia resultante.

54. La liquidación general dará principio á las cinco de la tarde del día siguiente al vencimiento, continuando en esta operación hasta dejar citados los saldos que en definitiva resulten en metálico y papel á entregar y recoger.

La Junta sindical, cuando lo estime necesario, podrá variar la hora en que ha de dar principio la liquidación, anunciándola al público con la debida anticipación.

55. Será de cargo y responsabilidad de la Junta sindical la fijación de los saldos definitivos de la liquidación general de operaciones de fin de mes.

Conocidos los saldos, se hará simultáneamente la entrega de papel y dinero bajo la responsabilidad de los respectivos interesados, interviniendo en estos actos los liquidadores de la Junta.

56. Para llegar al término de la liquidación general en el plazo más breve, dentro del máximum que señala el art. 55 del reglamento de Bolsas de Comercio, se establecen las siguientes reglas: 1.ª Las diferencias á entregar en metálico en las liquidaciones en que no resulte á la vez saldo de valores á recoger se entregarán á los liquidadores al mismo tiempo que las liquidaciones; — 2.ª Los saldos de valores se recogerán y entregarán por los respectivos interesados antes de las dos de la tarde del segundo día hábil de Bolsa del mes siguiente, y en caso necesario, podrá la Junta sindical ampliar el plazo hasta la apertura de la Bolsa inmediata, á cuya hora deben quedar terminadas todas las operaciones, conforme al artículo citado del reglamento; — 3.ª No se suspenderá la liquidación general por la falta de presentación de alguna liquidación en el plazo que señala el artículo 50 de este reglamento.

Cuando esto ocurra, se eliminarán las partidas que se refieran al Agente ó comitente moroso y se continuará practicando la liquidación.

57. No obstante lo establecido en el presente capítulo sobre la liquidación general de fin de mes de operaciones á plazo, la Junta sindical del Colegio de Agentes de cambio y Bolsa podrá adoptar cuantas medidas estime necesarias para el más pronto cumplimiento de lo prevenido en esta parte en el art. 55 del reglamento de Bolsas de Comercio.

Capítulo VII.   De las reclamaciones por incumplimiento de operaciones de Bolsa.

58. Las reclamaciones por incumplimiento de operaciones publicadas é intervenidas por los Agentes colegiados de cambio y Bolsa de Madrid *al contado* ó de *las de plazo*, cuya liquidación no forme parte de la general de fin de mes, se harán ante la Junta sindical en la Bolsa inmediata al día del vencimiento, con arreglo á los artículos 76 y 77 del Código.

Las reclamaciones que se refieran á falta de cumplimiento en la liquidación general de fin de mes se harán ante la Junta sindical hasta las dos de la tarde del tercer día hábil después del vencimiento, en consonancia con lo prevenido en el art. 55 del reglamento de Bolsas de Comercio.

Chapitre VI. Des liquidations générales d'opérations en fin de mois.

50. En exécution des prescriptions de l'art. 55 du règlement des Bourses de commerce, les agents de change appartenant à un collège présenteront à leur Chambre syndicale la liquidation des opérations à terme dans lesquelles ils sont intervenus, avant midi, le lendemain de la dernière réunion de Bourse du mois, afin qu'il soit procédé à la liquidation générale.

Dans le même délai, les personnes intéressées dans les opérations faites par le ministère d'agents de change pourront présenter en leur nom leur liquidations respectives à la Chambre syndicale.

51. Les liquidations seront présentées datées et signées par les intéressés, avec indication en tête de la liquidation ou de l'échéance à laquelle correspondent les opérations.

52. Dans la liquidation des opérations concertées avec obligation de livrer ou de recevoir du papier, on énoncera la catégorie de valeurs, le capital nominal, les noms des acheteurs et vendeurs, et les différences à percevoir et à payer avec mention des soldes en résultant.

53. Les liquidations pour opérations à différences seront présentées en indiquant le capital nominal, la catégorie des valeurs, les noms des acheteurs et vendeurs, le change convenu et la différence en résultant.

54. La liquidation générale commencera à cinq heures de l'après-midi le lendemain de l'échéance, et elle se continuera jusqu'à ce qu'on ait arrêté les soldes en résultant définitivement en deniers et papier à payer et recevoir.

La Chambre syndicale, lorsqu'elle le jugera nécessaire, pourra modifier l'heure du commencement de la liquidation, à la condition d'en aviser préalablement le public dans un délai convenable.

55. La Chambre syndicale sera tenue, sous sa responsabilité, de fixer les soldes définitifs de la liquidation générale des opérations de fin de mois.

Les soldes connus, on effectuera simultanément la remise du papier et de l'argent sous la responsabilité des intéressés, et par le ministère des liquidateurs de la Chambre syndicale.

56. Pour terminer la liquidation générale le plus rapidement possible, dans le délai maximum indiqué par l'art. 55 du règlement des Bourses de commerce, il est établi les règles suivantes: 1° Les différences à payer en argent, dans les liquidations dans lesquelles il ne résulte pas qu'il y a en même temps un solde de valeurs à recevoir, seront remises aux liquidateurs en même temps que les liquidations; — 2° Les soldes de valeurs seront reçus et livrés par les intéressés respectifs avant deux heures de l'après-midi, le second jour utile de Bourse du mois suivant, et, s'il est nécessaire, la Chambre syndicale pourra proroger le délai jusqu'à l'ouverture de la Bourse immédiatement suivante, heure à laquelle toutes les opérations doivent être terminées, conformément à l'article précité du règlement; — 3° La liquidation générale ne sera pas suspendue par le défaut de présentation d'une liquidation dans le délai indiqué par l'art. 50 du présent règlement.

Dans ce cas, on éliminera les parties se référant à l'agent ou au commettant en retard, et les opérations de la liquidation suivront leur cours.

57. Nonobstant les dispositions du présent chapitre sur la liquidation générale de fin de mois des opérations à terme, la Chambre syndicale du collège des agents de change et de bourse pourra adopter toutes les mesures qu'elle jugera nécessaires pour assurer la prompte et parfaite exécution des dispositions contenues dans l'art. 55 du règlement des Bourses de commerce.

Chapitre VII. Des réclamations pour inexécution des opérations de bourse.

58. Les réclamations pour inexécution des opérations *au comptant* publiées et faites par le ministère des agents du collège des agents de change et de bourse de Madrid, ou des *opérations à terme*, dont la liquidation ne fait point partie de la liquidation de fin de mois, seront portées devant la Chambre syndicale, en Bourse, le lendemain de l'échéance, conformément aux articles 76 et 77 du Code.

Les réclamations motivées par le défaut d'exécution de la liquidation de fin de mois seront faites devant la Chambre syndicale jusqu'à deux heures de l'après-midi du troisième jour utile à compter de l'échéance, conformément à ce qui est prévu dans l'art. 55 du règlement des Bourses de commerce.

59. En las reclamaciones contra un Agente por incumplimiento de operaciones *al contado* presentarán los interesados á la Junta sindical, conforme al art. 77 del Código, los valores no recogidos ó el importe efectivo del contrato de los valores no entregados; y la Junta sindical, en vista de la nota de publicación de la operación, venderá ó comprará respectivamente los efectos públicos convenidos por medio de uno de sus individuos, y realizará á la vez la parte necesaria de la fianza del Agente moroso para satisfacer la diferencia.

Si la reclamación fuese de un Agente contra su comitente, la Junta sindical comprará ó venderá bajo la responsabilidad del Agente los valores á que se refiera la operación, y expedirá á favor de éste la certificatión de que habla el párrafo tercero del art. 103 del Código de Comercio.

60. En las reclamaciones contra un Agente por incumplimiento de operaciones *á plazo*, la Junta sindical, en vista de la póliza del contrato que presente el reclamante, y después de asegurarse de que la operación está publicada, comprará ó venderá al plazo más corto posible el capital nominal en descubierto por medio de uno de sus individuos y por cuenta del Agente moroso.

A este efecto la Junta, trascurrido el plazo para las reclamaciones, realizará la parte necesaria de la fianza del Agente para satisfacer la diferencia que resulte.

Si la reclamación fuera de un Agente contra su comitente, la Junta hará igual operación de compra ó venta por cuenta del primero, y expedirá la certificación que prescribe el párrafo tercero del art. 103 del Código.

61. La liquidación de operaciones ó diferencias, ó sea en las que no se haya estipulado la obligación de entregar los valores, se practicará por la Junta sindical en caso de reclamación, hallando la diferencia entre el cambio convenido y el tipo medio que establece el art. 54 del reglamento de Bolsas de Comercio.

62. Si para atender la Junta sindical la reclamación contra un Agente vendedor fuere insuficiente el efectivo de la operación reclamada y la parte de fianza disponible, es potestativo en el reclamente limitar la compra que la Junta ha de hacer, en cumplimiento del art. 77 del Código, á la cantidad nominal de valores que fuere posible, ó extenderla á la totalidad del capital nominal convenido, siendo de su cuenta en este último caso la diferencia de más que aparezca, y que entregará desde luego á la Junta para completar el precio de la compra.

63. Terminada la liquidación general de fin de mes, deberán canjear los Agentes y comitentes las pólizas de operaciones á plazo vencidas, y sobre las que no se hubiesen producido reclamación, quedando nulas y sin ningún valor las pólizas que no se devuelvan.

Del mismo modo quedarán sin ningún valor ni efecto las notas de mutua conformidad de las negociaciones al contado cambiadas entre Agentes y comitentes, á las que se refiere el art. 103 del Código, una vez liquidadas las operaciones y expedida al comprador la póliza de adquisición de los valores.

Capítulo VIII.   Sobre las denuncias para impedir la negociación de documentos de crédito y efectos al portador.

64. La Junta sindical del Colegio de Agentes de cambio y Bolsa de Madrid admitirá las denuncias que se le presenten por robo, hurto ó extravío de valores cotizables al portador, enumerados en el art. 547 del Código, conforme á lo prevenido en el 559 y 565; y en el mismo día ó en el inmediato fijará anuncio en el tablón de edictos, lo anunciará al abrirse la Bolsa y participará las denuncias por el correo más próximo ó por telegramas, si fuese posible, á las Juntas sindicales de las demás Bolsas.

65. Las denuncias de los valores á que se refiere el artículo 547 del Código para impedir su negociación en Bolsa se extenderán y firmarán por duplicado por los mismos denunciantes en los modelos adoptados por la Junta sindical que se acompañan á este reglamento.

Uno de los ejemplares se fijará por la Junta en el tablón de denuncias, y otro se unirá al expediente respectivo para la resolución que proceda, con arreglo al art. 561 del Código.

59. En cas de réclamation contre un agent pour inexécution d'opérations *au comptant*, les intéressés présenteront à la Chambre syndicale, conformément à l'art. 77 du Code, le compte des valeurs non reçues, ou le montant effectif du contrat des valeurs non livrées; et la Chambre syndicale, sur le vu de la note de publication de l'opération, vendra ou achètera respectivement les effets publics ayant fait l'objet de la convention par le ministère d'un autre de ses membres, et elle réalisera en même temps la portion du cautionnement de l'agent en retard qui sera nécessaire pour acquitter la différence.

S'il s'agit de la réclamation d'un agent contre son commettant, la Chambre syndicale achètera ou vendra, sous la responsabilité de l'agent, les valeurs faisant l'objet de l'opération, et elle délivrera à cet agent le certificat dont il est parlé dans le 3e alinéa de l'art. 103 du Code de Commerce.

60. Dans le cas de réclamations contre un agent, motivées par l'inexécution d'opérations *à terme*, la Chambre syndicale, sur le vu de la police du contrat produit par le réclamant, et après s'être assurée de la publication de l'opération, achètera ou vendra pour le terme le plus court possible, le capital nominal à découvert par le ministère de l'un de ses membres, au compte de l'agent en retard.

A cet effet, la Chambre, après expiration du délai imparti pour faire les réclamations, réalisera la portion du cautionnement de l'agent pour acquitter les différences.

S'il s'agit de la réclamation d'un agent contre son commettant, la Chambre syndicale fera la même opération d'achat ou de vente, pour le compte du premier, et elle délivrera le certificat prescrit par le paragraphe 3 de l'art. 54 des Bourses de commerce.

61. La liquidation d'opérations ou différences, c'est-à-dire de celles dans lesquelles il n'a pas été stipulé d'obligation de livrer des valeurs, sera faite par la Chambre syndicale, s'il se produit une réclamation, en établissant la différence entre le change convenu et le taux moyen établi conformément à l'art. 54 du règlement des Bourses de commerce.

62. Si la somme disponible sur l'opération et la partie libre du cautionnement sont insuffisantes pour permettre à la Chambre syndicale de donner satisfaction à la réclamation contre un agent vendeur, le réclamant aura la faculté de limiter l'achat que la Chambre doit faire, en exécution de l'art. 77 du Code, à telle somme nominale de valeur qu'il sera possible, ou de l'étendre à la totalité du capital nominal convenu, la différence demeurant, en ce cas, au compte du réclamant, lequel devra la remettre immédiatement à la Chambre pour compléter le prix de l'achat.

63. Lorsque la liquidation générale de fin de mois sera terminée, les agents et les commettants devront échanger les polices des opérations à terme échues, qui n'auront pas provoqué de réclamation, et les polices qui ne seront pas remises seront nulles et de nul effet.

Seront de même nulles et de nul effet les notes constatant l'accord sur les négociations au comptant échangées entre agents et commettants, auxquelles se réfère l'art. 103 du Code, dès que les opérations auront été liquidées et que la police d'achat des valeurs aura été adressée à l'acheteur.

Chapitre VIII. Sur les dénonciations en vue d'empêcher la négociation de documents et d'effets au porteur.

64. La Chambre syndicale du collège des agents de change et de bourse de Madrid recevra les dénonciations faites pour vol, soustraction ou perte de valeurs susceptibles d'être cotées au porteur, énumérées dans l'art. 547 du Code, conformément aux dispositions des articles 559 et 565, et, le même jour ou le jour suivant, elle affichera une annonce sur le tableau des annonces, elle les fera connaître à l'ouverture de la Bourse, et elle communiquera les dénonciations par le plus prochain courrier, ou par télégrammes, s'il est possible, aux Chambres syndicales des autres Bourses.

65. Les dénonciations prévues par l'art. 547 du Code, en vue d'empêcher la négociation de valeurs en Bourse, seront rédigées et signées en double exemplaire par les plaignants eux-mêmes, sur les modèles adoptés par la Chambre syndicale et annexés au présent règlement.

Un des exemplaires sera apposé par la Chambre sur le tableau des dénonciations, et l'autre sera joint au dossier de l'enquête à laquelle il sera procédé conformément à l'art. 561 du Code.

66. La Junta sindical cuidará de la publicación en la Gaceta de Madrid, *Boletín oficial* de la provincia y *Diario de Avisos* de las denuncias que se presenten para impedir la negociación de valores.

Los gastos de esta publicación serán de cuenta de los denunciantes, quienes consignarán al efecto en la Secretaría de la Junta la cantidad necesaria.

Á solicitud y á costa de los que presenten estas denuncias comunicará también la Junta telegráficamente á las de igual clase de la Nación noticia de la clase de valores, series y numeración de los valores denunciados.

67. Las comunicaciones y telegramas de las Autoridades que reciba la Junta sindical para impedir la negociación de valores cotizables los anunciará esta corporación en la Bolsa en los términos prevenidos en el párrafo segundo del art. 559 del Código de Comercio.

Conforme á los artículos 561 del Código y 58 del reglamento interino de Bolsas, las denuncias comunicadas á la Junta por las Autoridades deberán ser confirmadas por auto judicial en el plazo de nueve días.

68. La Junta sindical publicará también en la Bolsa, y á costa de los interesados, en la Gaceta de Madrid, los autos judiciales impidiendo la negociación de valores ó confirmando las denuncias que se le hubieren presentado; los que quedarán subsistentes hasta que se le comunique el auto dictado en el expediente de su procedencia levantando aquella prohibición.

69. En consonancia con lo dispuesto en los artículos 561 y 565 del Código de Comercio, la Junta sindical cuidará de publicar la anulación de las denuncias en la Bolsa por medio del anunciador y por edicto; y asimismo los autos judiciales que reciba levantando la prohibición de negociar los valores denunciados.

70. Para prevenir los efectos de ser nula la enajenación de los valores cotizables después de la publicación de su denuncia y de ser válida después de anulado el anuncio, como previenen los artículos 560, 561 y 565 del Código, destinará la Junta sindical un tablón de edictos para los avisos de denuncias, autos judiciales impidiendo la negociación de valores, confirmando ó levantando esta prohibición, las comunicaciones ó telegramas de las Autoridades y los acuerdos de la propia Junta anulando los avisos de las denuncias presentadas.

71. Además de la publicidad que con arreglo á los artículos anteriores ha de dar la Junta sindical á cuanto se refiere á la retención ó libre circulación de los valores cotizables, lo anunciará también en el *Boletín de Cotización*.

72. En armonía con lo dispuesto en los artículos 104, 547 y 560 del Código y el 56 del reglamento de Bolsas de Comercio, así como también con lo prevenido en la Real orden de 14 de Diciembre de 1885, expedida por el Ministerio de Gracia y Justicia, la Junta sindical del Colegio de Agentes de cambio y Bolsa de Madrid cuidará de reunir los antecedentes que existan sobre retención de valores cotizables, reclamando de los centros de emisión de toda clase de efectos públicos y valores comerciales, y de los que entiendan en el pago de intereses y amortizaciones, las noticias que en este particular interesen á la contratación, y acudiendo al Ministerio de Fomento para remover las dificultades que se presenten.

73. El libro indicador de las denuncias de que trata el artículo 56 del reglamento de Bolsas de Comercio comprenderá separadamente cada clase de deuda, y por orden correlativo de fechas se anotarán las retenciones que existan y que en lo sucesivo se presenten, determinando el número de orden de la denuncia, la numeración y serie de los títulos reclamados, nombres y domicilios de los denunciantes ó Autoridades que hacen la denuncia, fecha de la publicación ó anulación de la misma por la Junta sindical, Tribunal que confirma ó levanta la retención, y fecha del recibo del auto en que lo acuerde.

Este libro dará principio á la publicación de este reglamento con las denuncias de que tenga conocimiento la Junta sindical, la cual remitirá al Ministerio de Fomento copia autorizada de los asientos que comprenda para su inserción en la Gaceta de Madrid.

66. La Chambre syndicale veillera à la publication dans la *Gaceta de Madrid*, au *Boletin oficial* de la province et au *Diario de Avisos* des dénonciations faites en vue d'empêcher la négociation de valeurs.

Les frais de cette publication seront à la charge des plaignants, et ils consigneront la somme nécessaire au secrétariat de la Chambre syndicale.

Sur la demande et aux frais des plaignants, les dites dénonciations seront également communiquées télégraphiquement par la Chambre syndicale aux autres Chambres syndicales de la Nation, avec mention des classe, série, et numéro des valeurs faisant l'objet de la dénonciation.

67. Les communications et télégrammes des autorités reçus par la Chambre syndicale pour empêcher la négociation de valeurs susceptibles d'être cotées, seront portées par elle, en Bourse, à la connaissance du public, dans les termes prévus dans le deuxième paragraphe de l'art. 559 du Code de commerce.

Conformément aux articles 561 du Code et 58 du règlement provisoire des Bourses de commerce, les dénonciations communiquées à la Chambre syndicale, par les autorités devront être confirmées par ordonnance judiciaire dans le délai de neuf jours.

68. La chambre syndicale publiera également en Bourse, et, aux frais des intéressés, dans la *Gaceta de Madrid*, les ordonnances judiciaires interdisant la négociation de valeurs ou confirmant les dénonciations qui lui auront été adressées; lesquelles demeureront en vigueur jusqu'à communication de l'ordonnance donnant mainlevée de cette interdiction.

69. En conformité des dispositions des articles 561 et 565 du Code de commerce, la Chambre syndicale veillera à la publication en Bourse de l'annulation des dénonciations par l'intermédiaire du crieur et au moyen d'affiches, ainsi que des ordonnances judiciaires donnant mainlevée de l'interdiction de négocier les valeurs faisant l'objet de la dénonciation.

70. Pour éviter les conséquences de la nullité de l'aliénation de valeurs susceptibles d'être cotées faite postérieurement à la publication de la dénonciation, et de la validité de l'aliénation faite postérieurement à l'annulation de l'annonce, prévues dans les articles 560, 561 et 565 du Code, la Chambre syndicale affectera un tableau des annonces à l'affichage d'avis faisant connaître les dénonciations, les décisions judiciaires interdisant la négociation des valeurs, confirmant cette interdiction ou en donnant mainlevée, les communications ou télégrammes des autorités et les décisions de la Chambre syndicale portant annulation des avis donnés des dénonciations par elle reçues.

71. Outre la publicité faite en conformité des articles précédents, la Chambre syndicale doit également publier tout ce qui concerne la saisie ou la libre circulation des valeurs susceptibles d'être cotées, et l'annoncer également dans le *Boletin de Cotización*.

72. En conformité des dispositions des articles 104, 547 et 560 du Code et 56 du règlement des Bourses de commerce, et de celles de l'ordre royal du 14 décembre 1885, données par le ministère de Grâce et Justice, la Chambre syndicale du collège des agents de change et de bourse de Madrid, prendra soin de réunir les renseignements existants sur la saisie de valeurs susceptibles d'être cotées, et de réclamer aux centres d'émission de toute catégorie d'effets publics et valeurs commerciales, ainsi qu'à ceux qui payent les intérêts et amortissements, les renseignements susceptibles, sur ce point particulier, d'intéresser le marché, et elle s'adressera au ministère *de Fomento* pour faire lever les difficultés qui pourraient se présenter.

73. Le livre sur lequel il est pris note des dénonciations dont il est parlé dans l'art. 56 du règlement des Bourses de commerce comprendra séparément chaque catégorie de dette, et il y sera pris note, dans l'ordre corrélatif des dates, les saisies déjà faites et celles qui seront faites dans l'avenir, avec indication du numéro d'ordre de la dénonciation, des numéros et séries des titres réclamés, des noms et domiciles des plaignants ou des autorités de qui émane la dénonciation, de la date de la publication ou de l'annulation de la publication par la Chambre syndicale, du tribunal qui aura confirmé la saisie ou en aura donné mainlevée, et de la date de la réception de l'ordonnance contenant cette décision.

Ce livre sera tenu dès la promulgation du présent règlement; on y portera les dénonciations dont la Chambre syndicale a déjà eu connaissance et la dite Chambre syndicale adressera au ministère *de Fomento* une copie certifiée des mentions qui y sont inscrites pour insertion à la *Gaceta de Madrid*.

Del mismo modo la Junta sindical remitirá al Ministerio de Fomento copia autorizada en 30 de Junio y 31 de Diciémbre de las denuncias que hubiere recibido en cada semestre, y cuyos títulos continúen retenidos.

Madrid 18 de Junio de 1886. — Aprobado por S. M. — Eugenio Montero Ríos.

Bolsa de Bilbao.
Real Decreto de 21 de Julio de 1890.

Conformándome con lo propuesto por el Ministro de Fomento, de acuerdo con lo consultado por el Consejo de Estado en pleno; En nombre de mi Augusto Hijo, el Rey Don. Alfonso XIII, y como Reina Regente del Reino, Vengo en decretar lo siguiente:

Art. 1. Se concede á la sociedad, denominada Bolsa de Comercio de Bilbao, la autorización que solicita para crear una Bolsa general de comercio y negociar en ella con carácter oficial los efectos públicos y comerciales.

2. La Bolsa de Bilbao no podrá comenzar á funcionar hasta tanto que se constituya la Junta sindical del Colegio de agentes de cambio y Bolsa de la misma plaza y se forme por ella el Reglamento interior del establecimiento y sea aprobado por el Ministro de Fomento, según lo prevenido en el art. 9 del Reglamento interino de Bolsas de 31 de Diciembre de 1885.

Dado en San Sebastián á 21 de Julio de 1890. — María Cristina. — El Ministro de Fomento. — Santos de Isasa.

Banco de España.[1]
Real Decreto de 19 de Marzo de 1874.

Art. 1. Se establece por medio de un Banco Nacional la circulación fiduciaria única, en sustitución á la que hoy existe en varias provincias por medio de Bancos de emisión, á cuyo fin el de España, creado por la ley de 28 de Enero de 1856, se reorganizará con el capital de 100 millones de pesetas, representado por 200.000 acciones transferibles de á 500 pesetas cada una, sin perjuicio de elevar aquél hasta 150 millones de pesetas cuando las necesidades del comercio ú otras lo reclamen, previa la autorización del Gobierno[2].

Su duración será de treinta años[3].

2. El Banco funcionará en la Península é Islas adyacentes como único de emisión debidamente autorizado y con el carácter de Nacional. Tendrá la facultad de emitir billetes al portador por el quíntuplo de su capital efectivo, debiendo conservar en sus Cajas, en metálico, barras de oro ó plata, la cuarta parte, cuando menos, del importe de los billetes en circulación[4].

[1] El actual Banco de España, único de emisión que existe en esta nación, es heredero natural del de San Carlos, fundado por Real Cédula de 2 de Junio de 1782 y liquidado en 9 de Julio de 1829 por Real Cédula de dicha fecha, que creó, bajo la base de los 40 millones de reales que importaban todos los créditos contra el Estado, el nuevo Banco Español de San Fernando, en el que se refundió en 29 de Febrero de 1847 el Banco de Isabel II, creado por Real Decreto de 29 de Enero de 1844. La Ley de 4 de Mayo de 1849 le concedió por primera vez el privilegio de la emisión de billetes; y por la de 28 de Enero de 1856 se cambió su denominación por la de Banco de España que lleva actualmente. Por el Real Decreto de 19 de Marzo de 1874 se convirtió en Banco único. Se rige esta poderosa institución: por el citado Real Decreto (elevado á la categoría de Ley por la de 17 de Julio de 1876); por la Ley de 14 de Julio de 1891, que prorrogó su duración y amplió el límite de la emisión de sus billetes; por la de 13 de Mayo de 1902, que redujo esta (ampliada por la de 9 de Agosto de 1898 á 2.500 millones de pesetas) á 1.200 millones de pesetas; y por sus Estatutos y Reglamentos, aprobados los primeros por el Real Decreto de 10 de Diciembre de 1900, y el segundo por otro de 5 de Enero de 1901.

[2] Por acuerdo de la Junta general de accionistas de 17 de Diciembre de 1882, aprobado por Real orden de 23 del mismo Diciembre, se aumentó el capital del Banco hasta los 150 millones de pesetas que fija este artículo.

[3] Por el art. 3.º de la ley de 14 de Julio de 1891, que más adelante se inserta, se prorrogó la duración del Banco hasta el 31 de Diciembre de 1921.

[4] El segundo párrafo de este artículo fué modificado por el art. 1.º de la citada ley de 14 de Julio de 1891.

La Chambre syndicale adressera, de même, au ministère de *Fomento*, le 30 juin et le 31 décembre, une copie certifiée des dénonciations qu'elle aura reçues durant chaque semestre, et des titres continuant à être saisis.

Madrid, le 18 juin 1886. — Approuvé par S. M. — Eugenio Montero Rios.

Bourse de Bilbao.
Décret royal du 21 juillet 1890.

Sur la proposition du ministre *de Fomento* et l'avis conforme du Conseil d'Etat réuni en assemblée générale, au nom de mon Auguste Fils le Roi D. Alphonse XIII, et en qualité de Reine Régente du Royaume, je décréte ce qui suit.

Art. **1.** Il est accordé à la société dite Bourse de commerce de Bilbao l'autorisation qu'elle sollicite de créer dans cette ville une Bourse générale de commerce et d'y négocier officiellement les effets publics et commerciaux.

2. La Bourse de commerce de Bilbao ne pourra commencer à fonctionner qu'après la constitution de la Chambre syndicale du collège des agents de change et de bourse de la dite place, et la rédaction par la dite Chambre syndicale du règlement intérieur de cet établissement et son approbation par le ministre *de Fomento*, ainsi qu'il est prévu par l'art. 9 du règlement provisoire des Bourses de commerce du 31 décembre 1885.

Donné à Saint-Sébastien, le 21 juillet 1890 — Maria Cristina. — Le ministre *de Fomento*, Santos de Isaa.

Banque d'Espagne.[1]
Décret royal du 19 mars 1874.

Art. **1.** Il est établi, par l'intermédiaire d'une Banque nationale, la circulation fiduciaire unique, en remplacement de celle qui existe dans diverses provinces au moyen de banques d'émission, et, à cette fin, la Banque d'Espagne, créée par la loi du 28 janvier 1856, sera réorganisée au capital de 100 millions de *pesetas*, représenté par 200 000 actions transmissibles de 500 *pesetas* chacune, sans préjudice de la faculté d'élever ce capital à la somme de 150 millions de *pesetas*, avec l'autorisation préalable du Gouvernement, lorsque les besoins du commerce ou d'autres circonstances l'exigeront[2].

Sa durée sera de trente ans[3].

2. La Banque fonctionnera dans la Péninsule et dans les îles adjacentes comme banque unique d'émission autorisée, ayant le caractère national. Elle aura le droit d'émettre des billets au porteur jusqu'à concurrence d'une somme égale à cinq fois son capital effectif, mais à la condition de conserver dans ses caisses, en deniers, barres d'or ou d'argent, le quart au moins du montant des billets en circulation[4].

---

[1] La Banque actuelle d'Espagne, seule banque d'émission existant en Espagne, est l'héritier naturel de la banque de San Carlos, fondée par la cédule royale du 2 juin 1782 et liquidée en exécution de la cédule royale du 9 juillet 1829, qui créa, au capital de 40 million de réaux, somme formant alors toutes les créances existant contre l'État, la nouvelle banque espagnole de San Fernando, à laquelle a été réunie, le 29 février 1847, la banque d'Isabelle II, créée par décret royal du 29 janvier 1844. La loi du 4 mai 1849 lui a accordé pour la première fois le privilége d'émettre des billets, et la loi du 28 janvier 1849 changea sa dénomination en celle de banque d'Espagne qu'elle porte actuellement. Le décret royal du 19 mai 1874 l'a transformée en banque unique. Elle est régie par les lois et décrets suivants: Décret royal précité (qui a été transformé en loi par la loi du 17 juillet 1876); loi du 14 juillet 1891, qui prorogé sa durée et augmenté la somme jusqu'à concurrence de laquelle elle peut émettre ses billets; loi du 13 mai 1902, qui réduit à 1200 millions de *pesetas* le chiffre de l'émission qu'une loi du 9 août 1898 avait élevé à 2500 millions; enfin les statuts et règlements approuvés, les statuts par décret royal du 10 décembre 1900, et le règlement par décret du 5 janvier 1901.

[2] Une délibération de l'assemblée générale des actionnaires, en date du 17 décembre 1882, approuvée par ordre royal du 23 du même mois, a porté le capital à la somme de 150 millions prévue par cet article.

[3] La loi du 14 juillet 1891 (art. 3) que nous réproduisons plus loin, a prorogé la durée de la banque d'Espagne jusqu'au 31 décembre 1921.

[4] Le second paragraphe de cet article a été modifié par l'art. 1er de la loi précitée du 14 juillet 1891.

3. Los billetes al portador á que se refiere el artículo precedente estarán divididos en series de las cantidades que el Banco considere oportunas para facilitar las transacciones; pero la mayor de dichas cantidades no podrá exceder de 1.000 pesetas[1].

La falsificación de los billetes será perseguida de oficio con toda actividad y energía como delito público, y castigada con el rigor que las leyes establecen hoy, ó en lo sucesivo puedan establecer.

4. Se declaran desde luego en liquidación todos los Bancos de emisión y descuento que hoy existen en la Península é Islas adyacentes.

En el término de treinta días, á contar desde la publicación de este decreto, optarán los Bancos que en la actualidad existen en provincias por su anexión al de España, pudiendo aportar al mismo el todo ó parte de sus capitales efectivos y fondos de reserva en metálico, en equivalencia de los cuales recibirán acciones del Banco de España á la par, como compensación de la caducidad de sus respectivos privilegios.

5. A los tres meses de la fecha del presente decreto quedarán sin curso legal los billetes de los Bancos de provincia, debiendo las Comisiones liquidadoras de los mismos recoger los billetes que después de este plazo queden en circulación.

A los cuatro meses pasarán al Gobierno las referidas Comisiones estados de liquidación, para proceder en su vista á lo que corresponda.

6. El Banco de España establecerá Sucursales en las plazas más importantes de la Nación, para atender á las necesidades del comercio y á la circulación de los billetes que han de emitirse.

7. Atendiendo á que en la situación por que actualmente atraviesa el país no es posible verificar las traslaciones materiales de fondos con la celeridad que podrá exigir el reembolso de los billetes del Banco de España á su presentación en las Sucursales, se domiciliará, por ahora, en cada una de ellas, la cantidad de billetes que exija la importancia de sus operaciones, los cuales se distinguirán por un sello que indique la Sucursal á que pertenecen.

8. Los billetes no domiciliados podrán ser canjeados en las Sucursales donde se presenten por billetes de las mismas, y éstos por aquéllos, si existieran en ellas de unos y otros el número necesario para atender á la demanda, ó bien serán reembolsados en efectivo con la limitación prudente que exija la situación de fondos de la Sucursal, ínterin la Caja central del Banco pueda proveerla del numerario que sea indispensable para el cambio.

Los billetes domiciliados en las Sucursales serán canjeados en la Caja central por los que no tengan esta circunstancia, ó reembolsados en efectivo.

9. Los billetes del Banco de España serán admitidos en pago de contribuciones, bienes nacionales, derechos de aduanas y demás ingresos establecidos y que en lo sucesivo se establezcan.

10. El Banco de España se ocupará en descontar, girar, prestar, llevar cuentas corrientes, ejecutar cobros, recibir depósitos voluntarios, necesarios y judiciales, cuando así se disponga[2], así como en contratar con el Gobierno y sus dependencias debidamente autorizadas, sin que quede nunca en descubierto con arreglo á sus Estatutos.

El premio, condiciones y garantías de dichas operaciones serán los que determina el Reglamento por que en la actualidad se rige el Banco de España.

11. No podrá el Banco hacer préstamos sobre sus propias acciones, ni anticipar al Tesoro sin garantías sólidas y de fácil realización. Tampoco podrá negociar en efectos públicos.

---

[1] El art. 2.º de la mencionada ley de 14 de Julio de 1891 señala el límite inferior de la cantidad representada por un billete.

[2] Autorizada la admisión por la siguiente orden del Poder Ejecutivo de la República: «Ministerio de Hacienda. — En cumplimiento de lo dispuesto en el art. 10 del decreto de 19 del actual, el Poder Ejecutivo de la República ha acordado autorizar al Banco de España para que, en su carácter de Banco Nacional, pueda recibir depósitos voluntarios, necesarios y judiciales. — Lo digo á V. E. para su conocimiento y efectos consiguientes. Dios guarde á V. E. muchos años. Madrid 24 de Marzo de 1874. — *Echegaray.* — Sr. Gobernador del Banco de España.»

3. Les billets au porteur dont il est parlé dans l'article précédent, seront divisés en séries suivant les sommes que la Banque jugera utiles pour faciliter les transactions, sans toutefois que le maximum des dites sommes puisse jamais dépasser 1000 *pesetas*[1].

La falsification des billets sera poursuivie d'office, avec toute l'activité et toute l'énergie possibles, comme délit contre l'ordre public, et punie avec la rigueur que les lois permettent actuellement ou pourront établir à l'avenir.

4. Seront immédiatement déclarées en liquidation, toutes les banques d'émission et d'escompte existant actuellement dans la Péninsule et dans les îles adjacentes.

Dans le délai de trente jours, à compter de la promulgation du présent décret, les banques actuellement existantes dans les provinces opteront entre leur annexion à la Banque d'Espagne, auquel cas elles pourront lui faire apport de la totalité ou de partie de leurs capitaux effectifs et des fonds constituant leur réserve en espèces, et elles recevront en échange des actions au prix de la Banque d'Espagne, comme représentation de la caducité de leurs priviléges.

5. A l'expiration du délai de trois mois à compter de la date du présent décret, les billets des banques de province cesseront d'avoir légalement cours, et les commissions de liquidation de ces banques devront recueillir les billets qui, ce délai expiré, demeureront en circulation.

A l'expiration d'un délai de quatre mois, les dites commissions remettront au gouvernement des états de liquidation pour être, sur le vu de ces états, pris telles mesures qu'il appartiendra.

6. La Banque d'Espagne établira des succursales dans les places les plus importantes de la Nation, pour pourvoir aux besoins du commerce et à la circulation des billets à émettre.

7. Comme, à raison de la situation des voies de communication du pays, il n'est pas possible actuellement d'assurer les transmissions de fonds avec la célérité que peut exiger le remboursement à présentation, dans les succursales, des billets de la Banque d'Espagne, on déposera dès maintenant dans chacune d'elles la somme de billets qu'exige l'importance de ses opérations, lesquels porteront un signe distinctif indiquant la succursale à laquelle ils appartiennent.

8. Les billets n'ayant pas le signe d'origine de la succursale pourront y être échangés contre des billets de la dite succursale, de même que les billets de chaque succursale pourront être échangés contre d'autres, si les uns et les autres s'y trouvent en nombre suffisant, ou bien ils seront remboursés en espèces dans les limites prudentes que pourra exiger la situation de la caisse de la succursale, et, provisoirement, la caisse centrale de la Banque pourra fournir le numéraire indispensable pour le change.

Les billets portant le signe spécial d'une succursale seront échangés à la caisse centrale contre des billets ne portant pas ce signe, ou remboursés en espèces.

9. Les billets de la Banque d'Espagne seront acceptés en payement des contributions, biens nationaux, droits de douane et autres recettes actuellement établies ou qui seront établies dans l'avenir.

10. La Banque d'Espagne se livrera aux opérations d'escompte, tirage, prêts, comptes-courants, recouvrements, elle recevra les dépôts volontaires et judiciaires quand elle y sera autorisée[2] et elle fera des contrats avec le gouvernement et les administrations dépendant du gouvernement, sans jamais pouvoir être en découvert conformément à ses statuts.

Les prime, conditions et garanties des dites opérations seront celles déterminées par le règlement actuel de la Banque d'Espagne.

11. La Banque ne pourra faire de prêts sur ses propres actions, ni faire d'avances au Trésor sans des garanties solides et de réalisation facile. Elle ne pourra non plus négocier des effets publics.

---

[1] L'art. 2 de la loi susvisée du 14 juillet 1891 indique la limite inférieure de la somme représentée par un billet.

[2] Cette autorisation a été donnée par ordre du Pouvoir Exécutif de la République: «Ministère de l'*Hacienda*». — En exécution de la disposition contenue dans l'art. 10 du décret du 19 de ce mois, le Pouvoir exécutif de la République a décidé d'autoriser la Banque d'Espagne à recevoir des dépôts volontaires, nécessaires et judiciaires. — J'en avise V. E. pour qu'elle en ait connaissance et prenne les mesures nécessaires. Dieu garde V. E. de nombreuses années. Madrid, 24 mars 1874. *Echegaray*. A. M. le Gouverneur de la Banque d'Espagne.»

12. El Banco Nacional tendrá un fondo de reserva equivalente al 10 por 100 de su capital efectivo, formado de los beneficios líquidos que produzcan sus operaciones, con deducción del interés anual del capital, que en ningún caso podrá exceder del 6 por 100.

13. Los beneficios que resulten después de satisfechos los gastos é intereses se aplicarán por mitad á los accionistas y al fondo de reserva, hasta que éste se complete, en cuyo caso se repartirán aquéllos íntegros á los mismos.

14. Podrá el Banco, si lo juzga conveniente, constituir desde luego la reserva á que se refiere el artículo anterior, á cuyo fin, tomando por base la que en el día tiene, completará la que corresponda al aumento del capital, cediendo las nuevas acciones que emita, ya con destino á sus accionistas, ya á los de los Bancos que se fusionen, por las cantidades que aporten al fusionarse, con un recargo de 10 por 100 sobre su valor representativo, á fin de poner dichas acciones en condiciones iguales á las que hoy existen en circulación.

15. En los casos de robo ó malversación de los fondos del Banco, serán éstos considerados para todos sus efectos como caudales públicos.

16. Continúan vigentes, en la parte que hace relación al Banco, los arts. 11, 12, 13 y 18 al 23 inclusive de la referida ley de 28 de Enero, así como los Estatutos y Reglamento del Banco de España en cuanto no se opongan á lo preceptuado en este decreto.

17. Como compensación de las facultades concedidas al Banco de España por aumento de capital y de emisión, prolongación de su privilegio y fusión de los Bancos de provincia, anticipará el mismo al Tesoro 125 millones de pesetas.

Los plazos en que haya de ser entregado este anticipo, así como los en que habrá de reintegrarse, interés que devengará y la clase de garantía que han de quedar afectos al mismo, serán objeto de un convenio especial entre el Ministerio de Hacienda y el Banco.

18. Quedan derogadas las leyes y disposiciones que se opongan á este decreto.

Dado en Somorrostro á diez y nueve de Marzo de mil ochocientos setenta y cuatro. — *Francisco Serrano.* — El Ministro de Hacienda, *José Echegaray.*

Ley de 14 de Julio de 1891.

Don Alfonso XIII, por la gracia de Dios y la Constitución Rey de España, y en su nombre, y durante su menor edad, la Reina Regente del Reino; á todos los que la presente vieren y entendieren, sabed: que las Cortes han decretado y Nós sancionado lo siguiente:

Art. 1. El Banco de España podrá emitir billetes al portador hasta la suma de mil quinientos millones de pesetas, siempre que conserve en sus Cajas, en metálico, barras de oro ó plata, la tercera parte, cuando menos, del importe de los billetes en circulación, y la mitad de esa tercera parte precisamente en oro.

2. El límite inferior de la cantidad representada por un billete será de veinticinco pesetas.

3. Se prorroga la duración del Banco Nacional de España, que establece el decreto-ley de 19 de Marzo de 1874, hasta el 31 de Diciembre de 1921.

4. En compensación de estas concesiones, el Banco de España anticipará al Tesoro público ciento cincuenta millones de pesetas, por los que no cobrará interés ni tendrá derecho al reintegro hasta el 31 de Diciembre de 1921, en cuyo día serán reembolsados.

El Ministro de Hacienda dispondrá de este anticipo, con arreglo á las leyes y á las necesidades del Tesoro, en los siguientes plazos: De cincuenta millones de pesetas, desde 1.º de Julio de 1891; — De otros cincuenta, desde 1.º de Julio de 1892; — De los cincuenta restantes, desde igual día de 1893.

5. El importe de los billetes en circulación, unido á la suma representada por los depósitos en efectivo y las cuentas corrientes, no podrá exceder en ningún caso del importe de las existencias en metálico, barras de oro ó plata, pólizas de préstamos y créditos con garantía, con arreglo á los Estatutos, y efectos descontados realizables en el plazo máximo de noventa días. Seguirán considerándose como hasta

12. La Banque nationale aura un fonds de réserve équivalent à 10% de son capital effectif, formé par les bénéfices nets produits par ses opérations, avec déduction de l'intérêt annuel du capital, lequel en aucun cas ne pourra dépasser 6%.

13. Les bénéfices réalisés après payement des frais et intérêts seront appliqués par moitié aux actionnaires et au fonds de réserve, jusqu'à complément du dit fonds, et ensuite ils seront partagés intégralement entre les actionnaires.

14. La Banque pourra, si elle le juge convenable, constituer immédiatement la réserve dont il est parlé dans l'article précédent, et, à cet effet, en prenant pour base la réserve qu'elle possède actuellement, elle la complètera dans la mesure de l'augmentation de son capital et cédera les nouvelles actions par elle émises soit à ses actionnaires, soit aux banques qui fusionneront avec elle, en représentation des sommes formant leur rapport, avec un surprime de 10% sur leur valeur représentative, afin que les dites actions soient dans les mêmes conditions que les actions actuellement en circulation.

15. Dans les cas de vol ou de malversation des fonds de la Banque, les dits fonds seront, pour tous les effets, considérés comme fonds publics.

16. Demeureront en vigueur, dans la partie où ils s'appliquent à la Banque d'Espagne, les articles 11, 12, 13 et 18 à 23 inclusivement de la loi du 28 janvier, ainsi que les statuts et règlement de la Banque d'Espagne, en tant qu'ils ne sont pas en opposition avec les prescriptions du présent décret.

17. Comme compensation des avantages accordés à la Banque d'Espagne en ce qui concerne l'augmentation de son capital, le droit d'émission, la prolongation de son privilège et la fusion avec les banques de province, elle avancera au Trésor une somme de 125 millions de *pesetas*.

Les délais dans lesquels cette avance doit être faite, ainsi que les délais de remboursement, les intérêts à payer et la nature de la garantie à affecter à cet effet, seront l'objet d'une convention spéciale entre le ministère de *Hacienda* et la Banque.

18. Sont abrogées les lois et dispositions contraires au présent décret.

Donné à Somorrostro, le 19 mars 1874. — *Francisco Serrano.* — Le ministre de *Hacienda, José Echegaray.*

Loi du 14 juillet 1891.

Don Alphonse XIII, par la grâce de Dieu et la Constitution Roi d'Espagne, et en son nom, et durant sa minorité, la Reine Régente du Royaume, à tous ceux qui les présentes verront et entendront, faisons savoir; les Cortès ont décrété et Nous avons sanctionné ce qui suit:

Art. **1.** La Banque d'Espagne pourra émettre des billets au porteur jusqu'à concurrence de la somme de mille cinq cents millions de *pesetas*, à la condition d'avoir en réserve dans ses caisses, en monnaies, lingots d'or ou d'argent, une somme égale tout au moins au tiers du montant des billets en circulation, et la moitié au moins de ce tiers en or.

2. La limite inférieure de la somme représentée par un billet sera de vingt-cinq *pesetas.*

3. La durée de la Banque nationale d'Espagne, fixée par le décret-loi du 19 mars 1874, est prorogée jusqu'au 31 décembre 1921.

4. En compensation de ces concessions, la Banque d'Espagne avancera au Trésor public cent cinquante millions de *pesetas*, pour lesquels elle ne percevra aucun intérêt et dont elle n'aura pas le droit de réclamer le remboursement avant le 31 décembre 1921, date à laquelle ils lui seront remboursés.

Le ministre *de Hacienda* disposera de cette avance, conformément aux lois et aux besoins du Trésor, dans les délais suivants: 50 millions de *pesetas*, à partir du 1er juin 1891; — Une autre somme de 50 millions, à partir du 1er juillet 1892, et les derniers 50 millions à partir du même jour de l'année 1893.

5. Le montant des billets en circulation, augmenté de la somme représentée par les dépôts en numéraires et les comptes courants, ne pourra dépasser, en aucun cas, le montant des espèces en numéraire, lingots d'or ou d'argent, polices de prêts et crédits garantis, conformément aux statuts, et des effets escomptés réalisables dans un délai maximum de quatre-vingt-dix jours. Seront considérés, ainsi qu'ils l'ont

aquí, entre los valores enumerados en el párrafo anterior, los títulos de la Deuda pública del Estado del 4 por 100 amortizable, así como las acciones de la Compañía Arrendataria de Tabacos y los pagarés del Tesoro endosados por la misma, que tuvieron origen en la ley de 22 de Abril de 1887; y las letras y pagarés del Tesoro, representativos de la Deuda flotante, emitidos en cumplimiento de la ley de 13 de Junio de 1888.

6. El Banco, de acuerdo con el Gobierno, creará Sucursales ó Cajas subalternas en los puntos en que lo requieran las necesidades del comercio y de la industria.

7. El Banco podrá prestar sobre cédulas hipotecarias, obligaciones de ferrocarriles y otros valores industriales ó comerciales, con las formalidades y condiciones que prevengan sus Estatutos.

8. Quedan modificados, en los términos prescritos por los anteriores artículos, el párrafo segundo del art. 1.°, el segundo del art. 2.° y el párrafo primero del art. 3.° del decreto-ley de 19 de Marzo de 1874.

Por tanto, mandamos á todos los Tribunales, Justicias, Jefes, Gobernadores y demás Autoridades, así civiles como militares y eclesiásticas, de cualquier clase y dignidad, que guarden y hagan guardar, cumplir y ejecutar la presente ley en todas sus partes.

Dado en Palacio á catorce de Julio de mil ochocientos noventa y uno. — Yo La Reina Regente. — El Ministro de Hacienda, *Fernando Cos-Gayón.*

Ley de 13 de Mayo de 1902.

Don Alfonso XIII, por la gracia de Dios y la Constitución Rey de España, y en su nombre y durante su menor edad la Reina Regente del Reino;

A todos los que la presente vieren y entendieren, sabed; que las Cortes han decretado y Nós sancionado lo siguiente:

Art. **1.** El Tesoro público reintegrará al Banco de España, en el plazo máximo de diez años, que, empezando á contarse desde la publicación de esta ley, no podrá exceder del 31 de Diciembre de 1911, el importe de los créditos de dicho establecimiento, procedentes de la Deuda flotante de Ultramar, representados en su Cartera por pagarés del Tesoro.

Se destinan á realizar dicho reembolso: 1.° El valor efectivo de la Deuda pública á emitir, según el art. 4 de la ley de 2 de Agosto de 1899, después de convertir las obligaciones del Tesoro ya emitidas; — 2.° Los recursos especiales ó emisiones de Deuda que autoricen las Cortes; — 3.° Los excedentes líquidos y disponibles que ofrezcan los presupuestos del Estado, salvo lo que determina el art. 5 de la ley de 29 de Mayo de 1882.

2. El Tesoro público no podrá tomar del Banco de España otros préstamos ó anticipos que los previstos y autorizados en el convenio-ley de Tesorería del Estado de 31 de Diciembre de 1901 ó en otra ley especial.

3. El importe máximo de emisión de billetes del Banco de España, garantizado por una reserva metálica de la tercera parte, y de esta suma la mitad en oro, autorizado por el art. 1 de la ley de 14 de Julio de 1891, se reduce á 1.200 millones de pesetas.

El exceso de circulación de billetes sobre dicha cantidad hasta el límite de 2.000 millones fijado en la ley y en el convenio de 2 de Agosto de 1899, habrá de estar garantizado en la forma siguiente:

Desde 1.200 á 1.500 millones, el 40 por 100 por lo menos del exceso, en oro; y el resto, hasta completar el 60 por 100, en plata.

De 1.500 á 2.000 millones, el 50 por 100 por lo menos del exceso, en oro; y el resto, hasta el 70 por 100, en plata.

4. El importe de los billetes en circulación del Banco de España, unido á la cantidad representada por depósitos en efectivo y cuentas corrientes, no podrá exceder en ningún caso del valor de las existencias en metálico, pólizas de préstamos, créditos con garantía estatutaria y efectos descontados realizables en el plazo máximo de noventa días.

Hasta que el Banco quede reintegrado de los créditos á que se refiere el art. 1, se computarán los pendientes de reembolso en su cartera para los efectos del párrafo

été jusqu'ici, comme compris dans les valeurs énumérées dans le paragraphe précédent, les titres 4% amortissables de la dette de l'État, les actions de la Compagnie concessionnaire des Tabacs, et les billets du Trésor endossés par la dite compagnie, émis en vertu de la loi du 22 avril 1887, et les lettres de change et billets du Trésor représentant la dette flottante, émis en exécution de la loi du 13 juin 1888.

6. La Banque créera, d'accord avec le gouvernement, des succursales ou caisses subalternes dans les lieux où l'exigeront les besoins du commerce et de l'industrie.

7. La Banque pourra prêter sur cédules hypothécaires, obligations de chemins de fer et autres valeurs industrielles et commerciales, en observant les formalités et conditions prévues par ses statuts.

8. Sont modifiés, dans les termes prescrits par les articles précédents, le deuxième paragraphe de l'art. 1er, le deuxième paragraphe de l'art. 2, et le premier paragraphe de l'art. 3 du décret-loi du 19 mars 1874.

En conséquence, mandons et ordonnons à tous les Tribunaux, Justices, Chefs, Gouverneurs et autres Autorités, tant civiles que militaires et ecclésiastiques, de tout ordre et dignité, de garder et faire garder, accomplir et exécuter la présente loi en toutes ses parties.

Donné au Palais, le 14 juillet 1891. — Moi la Reine Régente. — Le ministre de Hacienda, *Fernando Cos-Gayón.*

Loi du 13 mai 1902.

Don Alphonse XIII, par la grâce de Dieu et la Constitution, Roi d'Espagne, et en son nom et durant sa minorité la Reine Régente du Royaume.

A tous ceux qui les présentes verront, faisons savoir que les Cortès ont décrété et que Nous avons sanctionné ce qui suit:

Art. 1. Le Trésor public remboursera à la Banque d'Espagne, dans le délai maximum de dix années, qui commencera à courir de la promulgation de la présente loi, sans pouvoir dépasser le 31 décembre 1911, le montant des créances du dit établissement provenant de la dette flottante d'outre-mer, représentée dans son portefeuille par des billets du Trésor.

Sont affectés à ce remboursement: 1° La valeur effective de la Dette publique à émettre, d'après l'art. 4 de la loi du 2 août 1899, après conversion des obligations du Trésor déjà émises; — 2° Les ressources spéciales ou émissions de la Dette autorisées par les Cortès; — 3° Les excédents liquides et disponibles des budgets de l'État, sauf les dispositions de l'art. 5 de la loi du 29 mai 1892.

2. Le Trésor public ne pourra faire à la Banque d'Espagne d'autres emprunts ou obtenir d'elle d'autres avances que les prêts et avances prévus et autorisés dans la convention-loi de la Trésorerie de l'État, du 31 décembre 1901, ou par une autre loi spéciale.

3. Le montant maximum de l'émission des billets de la Banque d'Espagne, garantie par une réserve métallique du tiers, dont la moitié en or, autorisé par l'art. 1er de la loi du 14 juillet 1891, est réduit à 1200 millions de *pesetas.*

La différence des billets en circulation entre la dite somme et le maximum de 2000 millions fixé dans la loi et dans la convention du 2 août 1899, devra être garantie de la manière suivante:

De 1200 à 1500 millions, 40% au moins de la dite différence en or; et les 60% formant le surplus, en argent.

De 1500 à 2000 millions, 50% au moins en or, et les tant pour cent formant le surplus jusqu'à 70%, en argent.

4. Le montant des billets de la Banque d'Espagne en circulation, augmenté de la somme représentant les dépôts en espèces et les comptes-courants, ne pourra en aucun cas dépasser l'encaisse en espèces, polices de prêts, créances garanties conformément aux statuts, effets escomptés réalisables dans le délai maximum de quatre-vingt-dix jours.

Jusqu'à ce que la Banque ait été remboursée des créances dont il est parlé dans l'art. 1er, celles de ces créances dont le remboursement est pendant seront

anterior. Igualmente seguirá computándose con el mismo objeto el valor efectivo de los títulos de la Deuda perpetua interior al 4 por 100; pero desde 1.º de Enero de 1903 se reducirá cada año para aquel cómputo una décima parte.

5. El Banco de España entregará al Tesoro público el importe de los billetes al portador emitidos con posterioridad al decreto-ley de 19 de Marzo de 1874, correspondientes á series retiradas ó que se retiren de la circulación y no hayan sido presentados ó no se presenten al cobro dentro de los diez años siguientes al acuerdo de su retirada de la circulación. El importe de dichos billetes dejará de figurar en el pasivo del Banco; pero éste abonará por cuenta del Tesoro los que ulteriormente se presenten al cobro.

6. El Gobierno concertará con el Banco de España: 1.º La reducción del interés de los pagarés á noventa días, cuya forma de reintegro se establece en el art. 1 de esta ley; — 2.º El plazo y forma en que el Banco debe constituir las reservas metálicas exigidas por el art. 3; — 3.º Los medios más eficaces y prácticos para auxiliar al comercio, á la industria y á la agricultura, y difundir el crédito industrial y agrícola, obteniendo del Banco de España que, en las mismas condiciones que hoy descuenta los efectos del comercio, descuente también las letras, pólizas y otros efectos suscritos por las Asociaciones sindicales, agrícolas é industriales, Instituciones de crédito agrícola y Cajas rurales de reconocida solvencia; — 4.º El establecimiento ó creación de cuentas corrientes en oro, dando á los interesados valores que puedan ser entregados en pago de los impuestos que deban satisfacerse en dicho metal; — 5.º La ampliación del número de Sucursales y establecimiento de Cajas subalternas; — 6.º El procedimiento por virtud del cual se fijará por el Consejo de gobierno del Banco, con aprobación del Ministro de Hacienda, el interés de los préstamos sobre efectos públicos.

7. El Gobierno concertará igualmente con el Banco de España la enajenación por éste de los títulos de la Deuda pública al 4 por 100 y de los valores de la Compañía Arrendataria de Tabacos que obran en su cartera, y de cualquiera otro de esta misma clase, á fin de que aquéllos se compongan exclusivamente de los efectos que representan los préstamos y descuentos hechos á particulares al plazo de noventa días.

La enajenación á que se refiere el párrafo anterior no podrá exigirse hasta que el Banco quede reintegrado de los créditos que se expresan en el art. 1.

8. El Banco de España podrá encargarse, mediante convenios especiales con el Ministro de Hacienda, de la negociación, por cuenta del Tesoro, de valores del mismo ó del Estado, y del pago de los intereses y amortización; pero no podrá interesarse en aquellas operaciones ni negociar en efectos públicos.

9. La plata que exista como reserva en garantía de la circulación de billetes, será en moneda de curso legal en España: El oro podrá ser: en moneda española, por su valor nominal; en moneda extranjera de oro, por su valor á la par monetaria; y en barras, á razón de 3.444 pesetas 44 céntimos por kilogramo de oro fino. Los billetes que se entreguen á la circulación serán siempre nuevos, inutilizándose para este efecto, inmediata y sucesivamente, cuantos no lo sean.

10. Quedan derogadas todas las disposiciones que se opongan al cumplimiento de la presente ley, salvo las contenidas en la ley de 28 de Noviembre de 1901.

Por tanto:

Mandamos á todos los Tribunales, Justicias, Jefes, Gobernadores y demás Autoridades, así civiles como militares y eclesiásticas, de cualquier clase y dignidad, que guarden y hagan guardar, cumplir y ejecutar la presente ley en todas sus partes.

Dado en Palacio á trece de Mayo de mil novecientos dos. — *Yo La Reina Regente.* — El Ministro de Hacienda, *Tirso Rodrigáñez.*

comptées dans son portefeuille pour les effets du paragraphe précédent. On continuera également à compter pour le même objet la valeur effective des titres de la dette perpétuelle intérieure 4%; cependant, dès le 1er janvier 1903, il sera fait, chaque année, pour ce calcul une réduction d'un dixième.

5. La Banque d'Espagne remettra au Trésor public le montant des billets au porteur émis postérieurement au décret-loi du 19 mars 1874, correspondant à des séries retirées ou à retirer de la circulation, et qui n'ont pas été présentés au recouvrement dans les dix ans qui ont suivi leur retrait de la circulation. Le montant des dits billets cessera de figurer au passif de la Banque; cependant, elle payera pour le compte du Trésor ceux des dits billets qui seront ultérieurement présentés au remboursement.

6. Le Gouvernement fixera, de concert avec la Banque d'Espagne: 1º La réduction de l'intérêt des billets à quatre-vingt-dix jours, dont le mode de remboursement est fixé par l'art. 1er de la présente loi; — 2º Le délai et le mode dans lesquels la Banque doit constituer les réserves métalliques exigées par l'art. 3; — 3º Les moyens les plus efficaces et les plus pratiques d'aider le commerce, l'industrie et l'agriculture, et de développer le crédit industriel et agricole, en obtenant que la Banque d'Espagne escompte, dans les mêmes conditions qu'elle le fait aujourd'hui pour les effets de commerce, les lettres de change, polices et autres effets souscrits par les associations syndicales, agricoles et industrielles, institutions de crédit agricole et caisses rurales d'une solvabilité reconnue; — 4º L'établissement ou la création de comptes-courants en or, en remettant aux intéressés des valeurs susceptibles d'être données en payement des impôts payables en or; — 5º L'augmentation du nombre des succursales et l'établissement de caisses subalternes; — 6º La méthode à adopter par le Conseil de gouvernement de la Banque pour fixer, avec l'approbation du ministre de Hacienda, l'intérêt des prêts sur des effets publics.

7. Le Gouvernement s'entendra également avec la Banque d'Espagne sur l'aliénation par celle-ci des titres de la dette publique 4% et des valeurs de la Compagnie concessionnaire des Tabacs qui se trouvent dans son portefeuille, ainsi que sur celle de toute autre valeur de même classe, afin que le dit portefeuille comprenne exclusivement des effets représentant les prêts et escomptes faits à des particuliers à quatre-vingt-dix jours.

L'aliénation dont il est parlé dans le paragraphe précédent ne pourra être exigée tant que la Banque ne sera pas remboursée des créances mentionnées dans l'art. 1er.

8. La Banque d'Espagne pourra se charger, moyennant conventions spéciales avec le ministre de l'Hacienda, de la négociation pour le compte du Trésor, de valeurs du Trésor ou de l'État, et du payement des intérêts et de l'amortissement; mais elle ne pourra s'intéresser dans ces opérations, ni négocier des effets publics.

9. La réserve en argent garantissant la circulation de billets, sera en monnaie ayant cours légal en Espagne. La réserve en or pourra être en monnaie espagnole pour sa valeur nominale, en monnaie étrangère en or, pour sa valeur monétaire au pair, et en barres, à raison de 3.444 pesetas 44 centimes par kilogramme d'or fin. Les billets mis en circulation seront toujours neufs, et l'on détruira à cet effet, immédiatement et successivement, ceux qui ne le seront pas.

10. Sont abrogées toutes les dispositions contraires à la présente loi, à l'exception de celles contenues dans la loi du 28 novembre 1901.

En conséquence:

Mandons à tous les Tribunaux, Justices, Chefs, Gouverneurs et autres Autorités, tant civiles que militaires et ecclésiastiques, de toute classe et dignité, de garder et faire garder, accomplir et exécuter la présente loi dans toutes ses parties.

Donné au Palais le 13 mai 1902. — *Moi la Reine Régente.* — Le ministre de l'Hacienda, *Tirso Rodrigáñez.*

Estatutos del Banco de España.
Ministerio de Hacienda.
Real Decreto.

Propuesta por el Banco de España, en virtud de acuerdo de su Junta general de Accionistas, la reforma de sus Estatutos, de acuerdo con el Consejo de Ministros y oído el Consejo de Estado en pleno; en nombre de Mi Augusto Hijo el Rey Don Alfonso XIII, y como Reina Regente del Reino, Vengo en aprobar, para el régimen sucesivo de dicho Banco, los siguientes Estatutos.

Capítulo primero. De la constitución y de las operaciones del Banco.

Art. **1.** El Banco de España, instituído por el Decreto-ley de 19 de Marzo de 1874, conforme á la legislación anterior que este Decreto declaró vigente para el mismo Banco, y cuyo régimen se amplió por la ley de 14 de Julio de 1891, por el Real decreto de 9 de Agosto de 1898 y por la ley del 2 de Agosto de 1899, para la circulación fiduciaria única en la Península é Islas adyacentes, está constituído con un capital de 150 millones de pesetas efectivas, representado por 300.000 acciones nominativas de á 500 pesetas cada una.

2. Las acciones estarán inscritas en el registro del Banco á nombre de sus dueños. Los extractos de inscripción de estas acciones, expedidos por el Banco, constituirán el título de su propiedad.

3. Las acciones del Banco son enajenables por todos los medios que reconoce el derecho. Para el embargo de dichas acciones ó de sus dividendos será necesaria providencia de autoridad competente. Los dividendos se pagarán por el Banco al portador del extracto, siendo persona conocida.

4. La transferencia de las acciones se verificará en virtud de declaración que, ante la Administración del Banco, hará el dueño por sí mismo ó por medio de persona que le represente, con poder que contenga cláusula especial para enajenar, firmándola en el registro del Banco, con intervención de Agente de Cambio ó Corredor de número. También puede hacerse la transferencia en virtud de escritura pública.

5. El Banco emitirá billetes al portador, que no podrán exceder de los límites que señalen las leyes, y se ocupará en recibir depósitos voluntarios, necesarios y judiciales; llevar cuentas corrientes de efectivos y de valores; realizar descuentos, préstamos y giros; otorgar créditos; ejecutar cobros y pagos por cuenta ajena, y comerciar en metales preciosos; así como contratar con el Gobierno y sus dependencias, debidamente autorizadas; todo ello en la forma, con las condiciones especiales y garantías que establezcan las Leyes, Estatutos y Reglamentos.

Las operaciones del Banco con el Gobierno serán objeto de convenios especiales, conforme á las leyes y Estatutos por que se rige aquél, aun cuando sus condiciones puedan ser diferentes de las establecidas para las que realice con los particulares.

6. El Consejo de gobierno acordará la fabricación de los billetes, dando la debida publicidad, determinando sus series, cuando acuerde su emisión.

7. Los billetes al portador emitidos por el Banco se pagarán en la Caja central y en las de las Sucursales y dependencias habilitadas á este fin, en los días y horas que fijen los Reglamentos.

8. La recogida de los billetes se hará en la forma que disponga el Consejo de gobierno, publicando las condiciones de ella.

9. Sin perjuicio de que la falsificación de los billetes sea perseguida de oficio, como delito público, el Banco podrá mostrarse parte en los procedimientos criminales.

10. Los depósitos se podrán constituir en las Cajas del Banco, en efectivo, en efectos públicos ó comerciales, ó en alhajas.

Los primeros deberán consistir en monedas de oro ó plata de curso corriente en la Nación, ó en billetes del Banco de España.

Los segundos consistirán en títulos de valores públicos ó privados.

Statuts de la Banque d'Espagne.
Ministère de l'Hacienda.
Décret royal.

Sur la demande de la Banque d'Espagne sollicitant la réforme de ses statuts, en vertu d'une délibération de l'assemblée générale de ses actionnaires, sur la proposition du Conseil des Ministres, le Conseil d'Etat entendu en assemblée générale, au nom de Mon Auguste Fils le Roi D. Alphonse XIII, et comme Reine Régente du Royaume, j'approuve pour le régime à venir de la dite Banque, les statuts suivants:

Chapitre I. De la constitution et des opérations de la Banque.

Art. **1.** La Banque d'Espagne, instituée par le décret-loi du 19 mars 1874, conformément à la législation antérieure que ce décret-loi déclare maintenir pour la dite Banque, et dont le régime a été complété par la loi du 14 juin 1891, par le décret royal du 9 août 1898 et par la loi du 2 août 1897, sur la circulation fiduciaire unique dans la Péninsule et dans les îles adjacentes, est constituée au capital de 150 millions de *pesetas* effectives, représenté par 300 000 actions nominatives de 500 *pesetas* l'une.

2. Les actions seront inscrites sur le registre de la Banque au nom des propriétaires. Les extraits d'inscription des dites actions délivrées par la Banque, constitueront le titre de propriété.

3. Les actions de la Banque sont aliénables par tous les moyens reconnus par la loi. Pour saisir les dites actions ou leurs dividendes, une décision préalable de l'autorité compétente sera nécessaire. Les dividendes seront payés par la Banque au porteur de l'extrait, s'il est une personne connue.

4. Le transfert des actions s'opérera en vertu d'une déclaration faite à l'administration de la Banque, par le propriétaire en personne, ou par l'intermédiaire d'une personne le représentant, munie d'un pouvoir contenant une clause spéciale contenant faculté d'aliéner, laquelle déclaration sera signée sur le registre de la Banque, avec l'intervention d'un agent de change ou un courtier inscrit. Le transfert peut aussi être effectué par acte public.

5. La Banque émettra des billets au porteur, dont le montant ne pourra dépasser les limites indiquées par la loi, et ses opérations consisteront à recevoir des dépôts volontaires, nécessaires et judiciaires, tenir des comptes-courants d'espèces et de valeurs, faire des escomptes, prêts et tirages, faire des ouvertures de crédit, effectuer des recouvrements et payements pour le compte d'autrui, faire le commerce des métaux précieux, et contracter avec le gouvernement et les administrations sous ses ordres, dûment autorisées, le tout en observant les formalités et les conditions et garanties spéciales établies par les lois, statuts et règlements.

Les opérations de la Banque avec le gouvernement seront l'objet de conventions spéciales, conformément aux lois et statuts sur la matière, encore que ces conditions puissent être différentes de celles établies pour les opérations faites avec les particuliers.

6. Le Conseil de gouvernement prendra les décisions nécessaires en ce qui concerne la fabrication des billets, et il fera publier sa décision, en déterminant les séries, lorsqu'il ordonnera une émission.

7. Les billets au porteur émis par la Banque, seront payés à la Caisse centrale et dans les succursales et bureaux habilités à cet effet, aux jours et heures fixés par les règlements.

8. Le retrait des billets se fera dans la forme fixée par le Conseil de gouvernement, qui devra rendre publiques les conditions de ce retrait.

9. Sans préjudice des poursuites à exercer d'office en cas de falsification des billets, la Banque pourra se constituer partie civile dans les procédures criminelles.

10. Les dépôts pourront être opérés, dans les caisses de la Banque, en espèces, effets publics ou de commerce, ou en objets précieux.

Les premiers devront consister en monnaies d'or ou d'argent ayant cours dans la Nation, ou en billets de la Banque d'Espagne.

Les deuxièmes, en titres de valeurs publiques ou privées.

Los terceros podrán consistir en metales preciosos, monedas de oro ó plata extranjeras sin curso legal en la Nación, joyas de oro, plata ó pedrería, ú objetos de especial estimación.

Todos ellos se podrán consignar en forma transmisible ó intransmisible. En el primer caso, los resguardos que el Banco expida serán endosables, conforme al Código de Comercio. En el segundo solamente se devolverán á la misma persona que los constituyera, ó al que ostente su representación legal, documentalmente demostrada.

11. La responsabilidad del Banco como depositario consistirá: En los depósitos de efectivo, obligándose á la devolución de la cantidad recibida, sin tomar en cuenta las especies en que se hubiere constituído; — En los depósitos de efectos públicos ó comerciales se obliga el Banco á la conservación y devolución de los mismos títulos de los valores recibidos; — En los depósitos de alhajas, que se habrán de constituir en cajas ó envases cerrados, precintados y sellados, la responsabilidad del Banco se reduce á conservar y devolver las mismas cajas ó envases en al estado en que se hubiesen recibido, sin consideración alguna á su contenido, in al valor que le asignara el depositante.

12. La devolución de los depósitos se hará previa la presentación de los resguardos que el Banco hubiese expedido, asegurándose de la legitimidad de éstos y de la identidad de la persona que los reciba, la cual deberá estampar su firma en el mismo resguardo.

13. El Banco abrirá y llevará cuentas corrientes, mediante la entrega de monedas de oro ó plata, ó de billetes del mismo Banco, para las de efectivo; y para las de valores, previa entrega de títulos de efectos públicos ó comerciales.

14. Las cuentas corrientes de efectivo se podrán abrir á los comerciantes, industriales, banqueros, sociedades ó particulares que lo soliciten, los cuales podrán disponer de los fondos que hubiesen entregado en este concepto, por medio de talones al portador ó nominativos, ó de cheques, letras de cambio ú otros documentos mercantiles, según determinen los Reglamentos del Banco.

En estas cuentas se podrá abonar á sus titulares el importe de los intereses ó dividendos de las acciones del Banco y de los efectos depositados en el mismo, el producto de los descuentos y de los préstamos y las cantidades que hubiese cobrado el Banco por cuenta de los que la tuviesen abierta.

En las mismas cuentas se cargará el día del pago el importe de los talones, cheques, letras ú otros documentos librados contra ellas.

15. Las cuentas corrientes de valores podrán abrirse igualmente á quien lo solicite, debiendo consistir en efectos públicos ó comerciales, que se admitirán por su valor nominal, pudiendo disponer de ellos los titulares por medio de talones especiales que el Banco les facilitará al efecto.

16. Las letras y pagarés que el Banco descuente habrán de estar expedidos con las formalidades prescritas por las leyes, y tendrán dos firmas, por lo menos, pudiendo reemplazarse una de ellas por valores de los que el Banco admita para garantía de préstamos, y debiendo estar las letras ó pagarés girados, endosados ó aceptados por particulares, comerciantes, industriales, sociedades, sindicatos, gremios ó asociaciones, comerciales, industriales ó agrícolas, ú otras entidades de reconocida solvencia, según los datos ó antecedentes que el Consejo ó la Administración reúna de la situación mercantil de los firmantes.

El plazo de los efectos descontados no podrá exceder de noventa días.

Los socios colectivos de una compañía mercantil sólo pueden computarse como una sola firma para los efectos del descuento.

También podrán descontarse cupones y títulos amortizados de Deudas del Estado ó del Tesoro y de valores comerciales.

La Administración del Banco es árbitra de admitir ó rehusar el descuento, sin que en ningún caso esté obligada á motivar su determinación.

17. El Banco hará préstamos, siempre con las formalidades legales y por plazos que no excedan de noventa días.

Las garantías de estos préstamos consistirán en pastas ó monedas de oro ó plata, ó en efectos de la Deuda del Estado ó del Tesoro, ó de las Provincias ó Municipios, Cédulas hipotecarias, Obligaciones de ferrocarriles ú otros valores industriales

Les troisièmes pourront consister en métaux précieux, monnaies d'or ou d'argent étrangères n'ayant pas cours légal en Espagne, bijoux d'or, d'argent ou pierres précieuses, ou objets faisant l'objet d'une estimation spéciale.

Tous ces objets pourront être déposés sous une forme les rendant transmissibles ou non transmissibles. Dans le premier cas, les récépissés délivrés par la Banque seront endossables, conformément au Code de commerce. Dans le second cas, les objets ne seront restitués qu'à la personne même qui en aura effectué le dépôt, ou à celle qui justifie régulièrement être son représentant légal.

11. La responsabilité de la Banque, comme dépositaire, sera la suivante: Dans les dépôts d'espèces, elle sera tenue de restituer la somme reçue sans prendre en compte les espèces constituant le dépôt; — Dans les dépôts d'effets publics ou de commerce, la Banque s'oblige à conserver et rendre les titres mêmes des valeurs déposées; — Dans les dépôts d'objets précieux, placés en boîtes ou enveloppes closes, ficelées et scellées, la responsabilité de la Banque se réduit à conserver et rendre les boîtes elles-mêmes ou les enveloppes dans l'état où elle les a reçues, sans considération aucune du contenu, ni de la valeur que lui attribue le déposant.

12. La restitution des dépôts se fera sur la présentation préalable des récépissés délivrés par la Banque et constatation de leur régularité et de l'identité de la personne qui les reçoit, laquelle devra apposer sa signature sur le récépissé lui-même.

13. La Banque ouvrira et tiendra des comptes-courants, moyennant la remise de monnaies d'or ou d'argent, ou de billets de la Banque d'Espagne, pour les comptes en espèces, et, pour les comptes en valeurs, moyennant la consignation préalable de titres d'effets publics ou de commerce.

14. Les comptes-courants en espèces pourront être ouverts aux commerçants, industriels, sociétés ou particuliers qui le demanderont, et ceux-ci pourront disposer des fonds déposés à cet effet, au moyen de talons au porteur ou nominatifs, ou de chèques, lettres de change ou autres documents commerciaux, selon ce que détermineront les règlements de la Banque.

Dans ces comptes-courants, il pourra être payé aux titulaires le montant des intérêts ou dividendes des actions de la Banque et des effets déposés à la dite Banque ainsi que le produit des escomptes et des prêts et les sommes que la Banque aura touches pour le compte de ceux au profit de qui le compte aura été ouvert.

Dans les mêmes comptes-courants sera inscrit au débit, le jour même du payement, le montant des talons, chèques, lettres de change ou autres documents tirés sur eux.

15. Les comptes-courants de valeurs pourront être également ouverts à tout requérant, et ils devront consister en effets publics ou de commerce, qui seront acceptés pour leur valeur nominale, et les titulaires pourront en disposer au moyen de talons spéciaux que la Banque leur procurera à cet effet.

16. Les lettres de change et billets escomptés par la Banque devront être délivrés avec les formalités prescrites par les lois, et ils seront revêtus au moins de deux signatures, dont l'une pourra toutefois être remplacée par des valeurs de la catégorie de celles que la Banque accepte en garantie de prêts, et ces lettres de change et billets devront être endossés par des particuliers, commerçants, industriels, sociétés, syndicats, corporations ou associations commerciales, industrielles, ou agricoles, ou par d'autres entités de solvabilité reconnue, suivant les données ou antécédents à recueillir par le Conseil ou l'administration sur la situation commerciale des signataires.

Le délai des effets escomptés ne pourra pas dépasser quatre-vingt-dix jours.

Les signatures des associés en nom collectif d'une société commerciale ne peuvent compter que pour une seule pour les effets de l'escompte.

Peuvent également être escomptés les coupons et titres amortis de dettes de l'État ou du Trésor ou de valeurs commerciales.

L'administration de la Banque est libre d'accepter ou de refuser l'escompte, comme elle le juge convenable, sans être en aucun cas tenue de motiver sa décision.

17. La Banque fera des prêts, mais toujours en observant les formalités légales et pour des termes ne dépassant pas quatre-vingt-dix jours.

Les garanties des dits prêts consisteront en monnaies d'or ou d'argent, ou en effets de la dette de l'État ou du Trésor, ou des provinces ou municipalités, cédules hypothécaires, obligations de chemins de fer ou autres valeurs industrielles et com-

y mercantiles que previamente haya designado el Consejo de gobierno; y todos ellos en condiciones de estimación en el mercado, apreciadas por el mismo Consejo como bastantes para que el préstamo resulte garantizado.

No serán admitidas en garantía de préstamos las acciones del Banco ni los bienes inmuebles.

18. También podrá prestar el Banco sobre conocimientos de embarque, acompañados de facturas y pólizas de seguro, y sobre mercancías aseguradas, por medio de los resguardos emitidos por las Compañías de depósito legalmente constituídas.

Para formalizar dichos préstamos los interesados acompañarán á los documentos expresados un pagaré ajustado á los preceptos del Código de Comercio.

19. Para el movimiento de fondos por giros y cuentas corrientes, podrá el Banco dar y tomar letras, cheques, abonarés, mandatos de pago, talones y demás documentos mercantiles, siempre que estén extendidos en la forma que exijan las leyes, costumbres y usos generales del comercio autorizados en los países donde se hayan de hacer efectivos aquellos documentos.

20. Queda facultado el Banco para abrir créditos, previo depósito de todos los efectos y valores á que se refiere el art. 17, que previamente haya señalado el Consejo de gobierno, por el valor de ellos, al tipo que se designe para los préstamos.

Para la reposición y venta de las garantías se observarán las mismas reglas que establecen los arts. 22 y 23, con relación á los préstamos.

21. También se podrán abrir cuentas de crédito, por plazo que no exceda de noventa días, con garantía, cuyo vencimiento no pase de un año, de letras de cambio aceptadas ó endosadas por tercero, ó de pagarés con dos firmas, ó con el aval de otras abonadas, ó con la responsabilidad solidaria de los firmantes.

22. Los efectos de la Deuda del Estado ó del Tesoro que se den en garantía de préstamos, sólo serán admitidos por un valor que no exceda de las cuatro quintas partes del precio corriente en el mercado, quedando obligados sus dueños á mejorar la garantía, si dicho precio bajare una décima parte.

Las pastas de oro y plata se recibirán por el noventa por ciento de su valor intrínseco.

Los conocimientos de embarque y resguardos de depósito de mercancías se admitirán en garantía solamente por un valor de cincuenta por ciento del precio corriente en la plaza de los efectos que representen, siendo árbitro el Banco de reducir este tipo cuando lo estime conveniente. Los interesados están obligados á mejorar la garantía, si el precio bajase la décima parte del tipo de admisión.

23. El Banco podrá disponer las ventas de las garantías que consistan en efectos de la Deuda pública ó del Tesoro y mercancías en almacén, al tercer día ó cualquier otro posterior de haber requerido por simple aviso escrito á los tomadores de los préstamos para que mejoren dichas garantías, si no lo hubiesen verificado, y después del vencimiento del pagaré si éste no hubiere sido satisfecho.

A estas ventas se procederá sin necesidad de providencia judicial, con intervención de Agente de cambio ó Corredor de número, ó por otro medio oficial ó extraoficial que se hallare establecido por el uso en las respectivas localidades.

Para que no haya obstáculo en las enajenaciones y pueda siempre realizarlas el Banco sin intervención del deudor, los efectos que constituyan las garantías se considerarán transferidos al mismo Establecimiento, sin otra formalidad, por el mero hecho de habérsele dado en aquel concepto, y desde el día en que se hubieren entregado. Las inscripciones y los valores nominativos habrán de transmitirse en debida forma, dándose, no obstante, por la Administración á los interesados un resguardo en que se exprese este único y exclusivo objeto de la transferencia.

Si el producto de la garantía no alcanzase á cubrir íntegramente el capital del préstamo y sus intereses y gastos, el Banco procederá por la diferencia contra el deudor, á quien, por el contrario, será entregado el exceso si lo hubiese.

24. En los préstamos sobre conocimientos de embarque, la reposición de la garantía se hará en los términos expresados en el art. 22; y si al vencimiento de los pagarés cedidos por consecuencia de los préstamos no fuesen satisfechos, haya llegado ó no el buque que conduzca los efectos que constituyan aquélla, el Banco podrá repetir contra el deudor, ó esperar el arribo del buque para la venta de las mercancías, bajo el supuesto de que, aun intentando lo primero, no por eso pierde el Banco su derecho de repetir contra la garantía, en la época y forma á que hubiere lugar.

merciales préalablement désignées par le Conseil de gouvernement, lesquelles devront toutes présenter les conditions de valeur sur le marché que le dit Conseil estimera suffisantes pour garantir le prêt.

Ne seront admis en garantie ni les actions de la Banque, ni les immeubles.

18. La Banque pourra également prêter sur connaissements, auxquels sont jointes des factures et polices d'assurances, et sur marchandises assurées, au moyen des warrants émis par les compagnies de dépôt légalement constituées.

Pour régulariser les dits prêts, les intéressés joindront aux documents susénoncés, un billet dont la teneur sera conforme aux prescriptions du Code de commerce.

19. Pour le mouvement de fonds par tirages et comptes-courants, la Banque pourra donner et recevoir des lettres de change, chèques, bons à ordre, mandats de payement, talons et autres documents commerciaux, pourvu qu'ils réunissent les conditions et formalités exigées par les lois et les usages généraux du commerce admis dans les pays où les dits documents doivent produire effet.

20. La Banque est autorisée à ouvrir des crédits, moyennant dépôt préalable des effets et valeurs dont il est parlé dans l'art. 17, qui auront été préalablement indiqués par le Conseil de gouvernement, jusqu'à concurrence de leur valeur, et au taux indiqué pour les prêts.

Pour le rétablissement et la vente des garanties, on observera les mêmes règles que celles qui sont établies dans les articles 22 et 23 pour les prêts.

21. Il pourra être également ouvert des comptes de crédit, pour un terme ne dépassant pas quatre-vingt-dix jours, sur garantie dont l'échéance ne sera pas à plus d'un an, de lettres de change, acceptées ou endossées par un tiers, ou de billets avec deux signatures, ou avec l'aval d'autres cautions, ou avec la responsabilité solidaire des signataires.

22. Les titres de la Dette de l'État ou du Trésor, donnés en garantie de prêts, ne seront acceptés que pour une valeur ne dépassant pas les quatre cinquièmes de leur prix courant sur le marché, et les propriétaires seront obligés de compléter la garantie si le dit prix vient à baisser d'un dixième.

Les lingots d'or et d'argent seront acceptés pour quatre-vingt pour cent de leur valeur intrinsèque.

Les connaissements et warrants de dépôt de marchandises ne seront acceptés comme garantie que pour une valeur égale à 50% du prix courant sur la place des effets qu'ils représentent, et la Banque sera libre de réduire ce taux quand elle le jugera convenable. Les intéressés devront compléter la garantie si le prix baisse du dixième du taux d'estimation.

23. La Banque pourra faire vendre les garanties consistant en effets de la dette publique ou du Trésor et en marchandises en magasin, dès le troisième jour au moins qui suivra la réquisition adressée aux emprunteurs par simple lettre les avisant d'avoir à compléter le cautionnement, s'ils ne l'ont point complété, ou qui suivra l'échéance du billet demeuré impayé.

Il sera procédé à ces ventes, sans avoir besoin d'obtenir une autorisation préalable de justice, par le ministère d'un agent de change ou d'un courtier inscrit, ou par tout autre moyen officiel ou extraofficiel admis par l'usage dans la localité où la vente aura lieu.

Pour éviter qu'il soit fait obstacle aux aliénations et pour que la Banque puisse toujours réaliser les ventes sans l'intervention du débiteur, les objets constituant le gage seront sans autre formalité considérés comme transférés à l'établissement par le seul effet de leur dation en gage, dès le jour de leur remise. Les inscriptions et les valeurs nominatives devront être transférées en due forme, mais à charge par l'administration de remettre aux intéressés un récépissé exprimant que tel est l'objet unique et exclusif du transfert.

Si le produit du gage ne suffit pas pour couvrir intégralement le capital du prêt, avec les intérêts et les frais, la Banque procédera, pour la différence, contre le débiteur, et, dans le cas contraire, elle lui remettra le solde.

24. Dans les prêts sur connaissements, le rétablissement de la garantie se fera dans les termes prévus par l'art. 22; et, si les billets cédés à la suite du prêt ne sont point payés à l'échéance, la Banque, que le navire transportant les effets qui constituent le gage soit au non arrivé, pourra répéter contre le débiteur, ou attendre l'arrivée du navire, étant entendu d'ailleurs que, même si elle opte pour le premier moyen, elle ne perdra point son droit d'exécuter le gage à l'époque et dans la forme qu'il y aura lieu.

25. El servicio de cobros y pagos por cuenta ajena se hará á los que tengan cuenta corriente abierta ó depósito constituído en el Banco ó sus dependencias, en las condiciones que fijen los Reglamentos y conforme á las disposiciones del Código de Comercio sobre el contrato de comisión mercantil. En ningún caso se harán pagos sin previa provisión de fondos.

26. Los premios de los descuentos, giros, préstamos y créditos, y la remuneración de los demás servicios, se fijarán por el Consejo de gobierno del Banco, para Madrid y para cada una de sus dependencias, pudiendo ser distintos en Madrid y en cada Sucursal, según los plazos y la índole de las operaciones.

27. El Banco podrá hacer anticipos al Tesoro, con garantías sólidas y de fácil realización, por virtud de convenios especiales y también sobre las rentas públicas, conforme á las condiciones que los mismos convenios estipulen, según lo permita la situación del Establecimiento.

28. Se prohibe al Banco facilitar noticia alguna de los fondos que tenga en cuenta corriente, depósito ó en cualquier otro concepto, pertenecientes á persona determinada, á no ser al propio interesado, á su representación legal, ó en virtud de providencia judicial.

29. El Banco no podrá especular en efectos públicos.

30. No podrá el Banco poseer más bienes inmuebles que los precisos para su servicio. Le será permitido, no obstante, adquirir los que se le adjudiquen en pago de créditos que no pueda realizar con ventaja de otra manera; pero deberá proceder oportunamente á su enajenación.

31. Los créditos que por cualquier concepto pueda tener el Banco contra el Estado, Provincia ó Municipio, no estarán en ningún caso ni tiempo sujetos á quita ni espera.

32. El fondo de reserva se destinará á suplir la cantidad que en los beneficios faltare para satisfacer el 6 por 100 señalado por la ley á las acciones, sin perjuicio de emplearse en las operaciones corrientes.

33. En fin de Junio y Diciembre de cada año se formará Balance general del haber y de las obligaciones del Banco, para hacer la correspondiente distribución de beneficios en vista de sus resultados.

34. Cuando no resultasen en las operaciones del Banco beneficios líquidos de que deducir el todo ó parte del 6 por 100 señalado por la ley, y el fondo de reserva no bastase tampoco á satisfacerlo, se pagará á los Accionistas el interés con arreglo á la cantidad disponible.

Capítulo II.   Del gobierno y de la administración del Banco.

35. El gobierno y la administración del Banco estarán á cargo del Gobernador, de dos Subgobernadores y de quince Consejeros, procurando que la tercera parte sean ó hayan sido banqueros ó comerciantes, todos los cuales formarán el Consejo de gobierno del Establecimiento.

36. De nombramiento del Consejo de gobierno y con aprobación Real habrá los siguientes Jefes principales: un Secretario general, un Director Jefe de las Sucursales, un Interventor Jefe de la contabilidad, un Jefe de Operaciones, un Cajero de Efectivo y otro de Efectos en custodia.

Los Directores de Sucursal y Jefes de cualquier dependencia que el Banco pueda establecer dentro ó fuera de la Nación serán igualmente nombrados por el Consejo de gobierno, necesitando también aprobación Real.

Capítulo III.   Del Gobernador y de los Subgobernadores.

37. El Gobernador, nombrado libremente por el Gobierno, reúne el doble carácter de representante del Estado y de Jefe superior de la Administración del Banco.

Sus atribuciones son: 1.ª Cuidar de que las operaciones todas sean conformes á las leyes, Estatutos y Reglamentos, y velar constantemente por que las existencias metálicas y valores en Cartera guarden la proporción legal establecida con los billetes, cuentas corrientes y depósitos, y las primeras con los billetes emitidos; — 2.ª Suspender la ejecución de los acuerdos que pudiera adoptar el Consejo ó Comisión de él, cuando no estuviesen ajustados á las leyes, Estatutos ó Reglamentos, observándolo al mismo Consejo; y si éste insistiere en su resolución, dando cuenta inmediata al Ministro de Hacienda; — 3.ª Presidir la Junta general

25. Le service des recouvrements et des payements pour le compte d'autrui sera fait à tous ceux ayant un compte-courant ouvert ou un dépôt constitué à la Banque ou dans ses succursales, aux conditions fixées par les règlements et conformément aux dispositions du Code de commerce sur le contrat de commission commerciale. En aucun cas il ne sera fait de payement sans provision préalable de fonds.

26. Les primes d'escomptes, tirages, prêts et crédits, ainsi que la rémunération des autres services, seront fixées par le Conseil de gouvernement de la Banque, pour Madrid et pour chacune des succursales, et les dites primes pourront être différentes à Madrid et dans chaque succursale, suivant les délais et la nature des opérations.

27. La Banque pourra faire des avances au Trésor, avec des garanties solides et facilement réalisables, en vertu de conventions spéciales, elle pourra en faire également sur les rentes publiques, conformément aux conditions stipulées dans les dites conventions, selon ce que permettra la situation de l'établissement.

28. Il est interdit à la Banque de donner aucun renseignement sur les fonds qu'elle détient en compte-courant, dépôt, ou à tout autre titre, qui appartiennent à une personne déterminée, sauf à l'intéressé lui-même, ou à son représentant légal, ou en vertu d'une décision de justice.

29. La Banque ne pourra spéculer sur les effets publics.

30. La Banque ne pourra posséder d'autres immeubles que ceux nécessaires à ses services. Il lui sera permis, toutefois, d'acquérir ceux qui lui sont adjugés en payement de créances qui ne pourront être réalisés avantageusement d'une autre manière; mais elle devra procéder en temps opportun à leur aliénation.

31. Les créances que la Banque peut avoir contre l'État, les provinces ou les communes, ne seront jamais l'objet d'une remise ou d'un atermoiement.

32. Le fonds de réserve servira à compléter la somme qui viendrait à manquer sur les bénéfices pour payer aux actions l'intérêt de 6% fixé par la loi, sans préjudice de la faculté de l'employer en opérations commerciales.

33. A la fin des mois de juin et décembre de chaque année il sera dressé une balance générale de l'avoir et des obligations de la Banque, afin de procéder sur le vu de ses résultats à la distribution des bénéfices qu'il y aura lieu.

34. Lorsque les bénéfices nets résultant des opérations de la Banque ne seront pas suffisants pour permettre d'en retirer le dividende de 6% indiqué par la loi, et que le fonds de réserve sera insuffisant également pour l'acquitter, l'intérêt payé aux actionnaires sera fixé d'après la somme disponible.

Chapitre II. Du gouvernement et de l'administration de la Banque.

35. Le gouvernement et l'administration de la Banque seront confiés à un gouverneur, à deux sous-gouverneurs et à quinze conseillers dont le tiers devront être ou avoir été banquiers ou commerçants, et qui tous réunis formeront le Conseil de gouvernement de l'établissement.

36. Les chefs principaux, nommés par le Conseil avec l'approbation royale seront: un secrétaire général; un directeur chef des succursales, un inspecteur chef de la comptabilité, un chef des opérations, un caissier des espèces et un caissier des effets en garde.

Les directeurs de succursale et les chefs de tout bureau quelconque que la Banque établira sur le territoire national ou en dehors de ce territoire, seront également nommés par le Conseil de gouvernement, mais avec l'approbation royale.

Chapitre III. Du gouverneur et des sous-gouverneurs.

37. Le Gouverneur, nommé librement par le gouvernement, réunit la double qualité de représentant de l'État et de chef supérieur de l'administration de la Banque.

Ses attributions sont les suivantes: 1° S'assurer que toutes les opérations sont conformes aux lois, statuts et règlements, et veiller à ce que les encaisses métalliques et les valeurs composant le portefeuille général soient toujours dans la proportion légale avec les billets, comptes-courants et dépôts, et que l'encaisse métallique soit en proportion légale avec les billets émis; — 2° Suspendre l'exécution des délibérations prises par le Conseil ou une commission prise dans son sein, lorsqu'elles ne sont pas conformes aux lois statuts et règlements, ou faire à cet égard des observations au Conseil, et, si celui-ci persiste dans sa résolution, en rendre

de Accionistas, el Consejo de gobierno y, cuando lo tenga por conveniente, las Comisiones ordinarias ó extraordinarias; — 4.ª Llevar la firma del Banco y su correspondencia, autorizar los contratos que á nombre de éste se celebren y ejercer en su representación todas las acciones judiciales y extrajudiciales que le competan; — 5.ª Dirigir el servicio de la Administración, conforme á los Estatutos, Reglamentos y acuerdos del Consejo de gobierno; — 6.ª Nombrar, con sujeción á los mismos Estatutos y Reglamentos y á los acuerdos del Consejo, todos los empleados, excepto los Jefes y Directores, y separarlos en la propia forma, cuando incurran en faltas que hagan necesaria esta determinación, dando en uno y otro caso cuenta al Consejo en su sesión más próxima; — 7.ª Proponer al Consejo de gobierno, de acuerdo con la Comisión respectiva y fundando la propuesta, personas idóneas para los cargos de Jefes de las oficinas y Directores de Sucursal, suspenderlos también en el ejercicio de sus destinos, dando inmediatamente cuenta de esta providencia y de sus motivos al mismo Consejo.

El Gobernador podrá delegar en los Subgobernadores la parte que estime conveniente de las atribuciones 4.ª y 5.ª, sin perjuicio de la sustitución á que se refiere el art. 42.

38. El Gobernador y Subgobernadores tendrán voz y voto en el Consejo y Comisiones. En los casos de empate, tanto en el primero como en las segundas, excepto la de Operaciones, decidirá el voto del Presidente.

39. No podrá el Gobernador disponer giro, descuento, préstamo ni pago de ninguna especie, ni contraer compromisos que obliguen al Banco, sin que preceda autorización del Consejo de gobierno, ó de la Comisión á que corresponda su acuerdo.

40. Tampoco podrán, el Gobernador ni los Subgobernadores, presentar á descuento en el Banco efecto alguno con sus firmas, tomar de él dinero ú otros valores á préstamo, ni dar en éstos su garantía personal.

41. El Gobernador dará conocimiento al Consejo de gobierno de todas las operaciones de la Administración. De las reservadas en virtud de acuerdo del mismo Consejo, sólo se dará cuenta después de su terminación ó cuando el Consejo lo disponga.

42. Los Subgobernadores serán nombrados por Real decreto, á propuesta en terna del Consejo de gobierno, con los títulos de primero y segundo, y por su orden sustituirán al Gobernador, cuando éste no concurra á los actos en que deba ejercer sus atribuciones. El Gobernador señalará las que haya de desempeñar ordinariamente cada uno de los Subgobernadores, distribuyendo entre ellos el servicio que no tenga por conveniente reservarse.

Para separar de sus destinos á los Subgobernadores será necesaria propuesta del Consejo de gobierno del Banco, ó bien se formará en el Ministerio de Hacienda el oportuno expediente instructivo, en que se oirá á dicho Consejo y al de Estado. En ambos casos se oirá también al interesado.

43. Los Subgobernadores, para entrar en posesión de sus cargos, deberán haber depositado en la Caja del Banco 50 acciones del mismo, inscritas á su nombre, que no les serán devueltas hasta que, habiendo cesado en el desempeño de sus destinos, hayan sido aprobados en Junta general de Accionistas los actos en que hubieren intervenido.

44. Los Subgobernadores ejercerán las atribuciones que el Gobernador les haya delegado, y como Jefes de la Administración, con respecto á la parte del servicio que á cada uno se le encomiende, serán los directamente encargados: 1.º Del servicio interior de las oficinas, vigilancia de las Cajas y la Cartera, buen orden y método de la contabilidad, é inspección de todos los libros y registros que se lleven para las operaciones propias del Banco; — 2.º De la ejecución y cumplimiento de los acuerdos y disposiciones del Consejo de gobierno ó de las Comisiones.

45. El sueldo del Gobernador será de 30.000 pesetas anuales, y de 20.000 el de cada uno de los Subgobernadores. Estos sueldos se satisfarán de los fondos del Banco.

46. El Gobernador y los Subgobernadores asistirán al Banco diariamente y no podrán ausentarse de Madrid, el primero sin Real licencia y los segundos sin la del Consejo de gobierno.

immédiatement compte au ministre de l'*Hacienda*; — 3° Présider l'assemblée générale des actionnaires, le Conseil de gouvernement, et, quand il l'estime convenable, les commissions ordinaires ou extraordinaires; — 4° Avoir la signature de la Banque, signer la correspondance, autoriser les contrats faits en son nom et la représenter dans toutes les actions judiciaires et extrajudiciaires qui lui compètent; — 5° Diriger le service de l'administration conformément aux statuts et règlements et aux délibérations du Conseil de gouvernement; — 6° Nommer, en se conformant aux statuts et règlements, tous les employés, à l'exception des chefs et directeurs, et les révoquer de la même manière, quand ils commettent des fautes rendant cette mesure nécessaire, sauf, dans les deux cas, à rendre compte au Conseil de gouvernement dans sa plus prochaine séance; — 7° Proposer au Conseil de gouvernement, d'accord avec la commission respective, en motivant la proposition, les personnes aptes à remplir les charges de chef de bureau et de directeur de succursale, et les suspendre de leurs fonctions, sauf à rendre compte immédiatement de cette mesure et de ses motifs audit Conseil.

Le gouverneur pourra déléguer aux sous-gouverneurs la partie qu'il juge convenable de ses attributions énumérées sous les numéros 4 et 5, sans préjudice du droit de ceux-ci de le remplacer comme il est dit dans l'art. 42.

38. Le gouverneur et les sous-gouverneurs auront voix délibérative au Conseil et dans les commissions. En cas de partage, tant au conseil que dans les commissions, sauf dans la commission des opérations, la voix du président sera prépondérante.

39. Le gouverneur ne pourra faire aucun tirage, escompte, prêt ni payement d'aucune espèce, ni faire de compromis obligeant la Banque, sans autorisation préalable du Conseil de gouvernement, ou de la commission compétente.

40. Le gouverneur et les sous-gouverneurs ne pourront également présenter à l'escompte à la Banque aucun effet revêtu de leur signature, ni emprunter de l'argent ou des valeurs, ni se porter personnellement caution de prêts.

41. Le gouverneur donnera immédiatement connaissance au Conseil de gouvernement de toutes les opérations de l'administration. En ce qui concerne les opérations réservées en vertu d'une délibération du dit Conseil, il n'en rendra compte qu'après qu'elles seront terminées ou lorsque le conseil le demandera.

42. Les sous-gouverneurs seront nommés par décret royal, sur triple présentation faite par le Conseil de gouvernement. Ils recevront les titres de premier et de second sous-gouverneur, et, dans cet ordre, ils remplaceront le gouverneur, quand il y aura lieu, dans l'exercice de ses fonctions. Le gouverneur indiquera les fonctions que chacun des sous-gouverneurs devra remplir ordinairement, et il répartira entre eux les services qu'il ne croira pas devoir se réserver.

Les sous-gouverneurs ne pourront être révoqués que sur la proposition du Conseil de gouvernement, ou après enquête ordonnée par le ministère de l'*Hacienda* et dans laquelle seront entendus le Conseil de gouvernement et le Conseil d'État. Dans les deux cas, l'intéressé sera également entendu.

43. Les sous-gouverneurs, avant d'entrer en possession de leur charge, devront déposer à la caisse de la Banque cinquante actions de la dite Banque, inscrites à leur nom, lesquelles ne leur seront rendues qu'après qu'il auront cessé de remplir leurs fonctions et que les actes dans lesquels ils seront intervenus auront été approuvés par l'assemblée générale des actionnaires.

44. Les sous-gouverneurs rempliront les fonctions que le gouverneur leur aura déléguées, et, en qualité de chefs de l'administration, outre la partie du service à laquelle chacun d'eux sera affecté, ils seront directement chargés: 1° Du service intérieur des bureaux, de la surveillance des caisses et du portefeuille, du bon ordre et de la méthode de la comptabilité et de l'inspection de tous les livres et registres tenus pour les opérations de la Banque; — 2° De l'exécution et de l'accomplissement de toutes les délibérations et décisions du Conseil de gouvernement ou des commissions.

45. Le traitement du gouverneur sera de 30 000 *pesetas*, et celui de chacun des sous-gouverneurs de 20 000 *pesetas*. Ces traitements seront payés sur les fonds de la Banque.

46. Le gouverneur et les sous-gouverneurs seront présents à la Banque tous les jours et ils ne pourront s'absenter de Madrid, le premier, sans la permission royale, et les seconds, sans la permission du Conseil de gouvernement.

Capítulo IV.   Del Consejo de gobierno y de sus comisiones.

47. Para ser elegido Consejero del Banco es indispensable ser español, mayor de edad, y tener inscritas á su nombre, tres meses antes de la elección, 50 acciones del Establecimiento.

También serán elegibles los representantes legales, ciudadanos españoles, de las mujeres casadas, de los menores é incapacitados, y los socios de las Compañías mercantiles, siempre que sus representados ó las sociedades á que los socios pertenezcan posean, con la antelación señalada, las mismas 50 acciones del Banco.

Antes de tomar posesión del cargo deberá el elegido estar domiciliado en Madrid y depositar 100 acciones inscritas á su propio nombre, las cuales se conservarán depositadas hasta después de aprobados por la Junta general de accionistas los actos en que haya tomado parte.

Los Consejeros elegidos en concepto de representantes legales cesarán en el cargo al cesar la representación que ostentaban al ser elegidos.

48. El Consejo de gobierno, asociado de un número de Accionistas igual al de sus Vocales, designados por sorteos que se verificarán por el mismo Consejo, hará la propuesta á la Junta general de los que hayan de ocupar las plazas de Consejeros.

Para estos sorteos se dividirán en tres grupos los Accionistas con derecho de asistir á la Junta general: 1.º, de los que posean por derecho propio y por representación legal de 50 á 150 acciones; — 2.º, de los que posean, en los mismos conceptos, de más 150 y hasta 300 acciones; y 3.º, de los poseedores de más de 300 acciones propias y por representación legal.

De cada grupo se sortearán seis asociados, para constituir los diez y ocho que se han de reunir con le Consejo en pleno para desempeñar su misión.

Para suplir las vacantes que entre los asociados puedan ocurrir, se elegirán por el mismo procedimiento otros tantos suplentes.

Estos sorteos tendrán lugar anualmente, ante la Junta general ordinaria, en la primera reunión que celebre y por los datos que arroje la lista de accionistas con derecho de asistir á ella según el art. 66.

49. No pueden ser Consejeros del Banco, además de los extranjeros, los que se hallen declarados en quiebra, los que hayan hecho suspensión de pagos, hasta que fueren rehabilitados, los que hubieren sido condenados á una pena aflictiva y los que estén en descubierto con el mismo Establecimiento por obligaciones vencidas.

50. No podrán pertenecer al Consejo de gobierno, simultáneamente, más de uno de los socios de las Compañías colectivas ó comanditarias, ni de los administradores de las sociedades mercantiles ó industriales, ni de los establecimientos que se dediquen á operaciones análogas á las que realiza el Banco; exceptuándose los Consejeros de la Compañía Arrendataria de Tabacos, ó de cualquiera otra Sociedad que el propio Banco, debidamente autorizado, crease para algún servicio público.

Tampoco podrán pertenecer á un mismo tiempo al Consejo los que sean parientes entre sí, dentro del cuarto grado de consanguinidad ó segundo de afinidad.

51. El cargo de Consejero durará cinco años, pudiendo ser reelegidos los que lo obtengan. La renovación se hará por quintas partes.

Las vacantes que ocurran durante el tiempo señalado al cargo se cubrirán desde luego por el Consejo de gobierno, asociado de los Accionistas á que se refiere el art. 48, con personas que reunan las condiciones que determina el art. 47, dando cuenta á la primera Junta general ordinaria, la cual podrá confirmar el nombramiento ó elegir otros Consejeros.

El nombrado para ocupar la vacante desempeñará el cargo por el tiempo que falte al sustituído para cumplir los cinco años de duración de sus funciones.

52. No se dará posesión á los Consejeros elegidos sin haberse obtenido antes la Real confirmación de sus nombramientos y haber constituído el depósito á que se refiere el párrafo 3.º del art. 47.

Chapitre IV. Du Conseil de gouvernement et de ses commissions.

47. Pour être élu membre du Conseil de la Banque, il est indispensable d'être espagnol, majeur, et d'avoir inscrites à son nom, trois mois avant l'élection, 50 actions de l'établissement.

Seront également éligibles les représentants légaux, citoyens espagnols, des femmes mariées, des mineurs et incapables, et les associés des sociétés commerciales, pourvu que les personnes dont ils sont les représentants ou les sociétés auxquelles ils appartiennent, soient propriétaires, dans les mêmes conditions de délai, du même nombre de 50 actions.

Avant d'entrer en fonctions, l'élu devra avoir établi son domicile à Madrid et déposé 100 actions inscrites à son nom personnel, lesquelles demeureront déposées jusqu'à ce que l'assemblée générale des actionnaires ait approuvé tous les actes auxquels il a participé.

Les membres du Conseil élus en qualité de représentants légaux cesseront leurs fonctions à dater du jour où prendront fin les pouvoirs dont ils justifiaient au moment de leur élection.

48. Le Conseil de gouvernement réuni à un nombre d'actionnaires égal à celui de ses membres, lesquels seront désignés par voie de tirage au sort effectué sous la surveillance du Conseil lui-même, proposera à l'assemblée générale les personnes qui doivent occuper les places de conseillers.

Pour procéder à ces tirages au sort, les actionnaires ayant le droit d'assister à l'assemblée générale seront divisés en trois groupes: 1° Ceux qui, soit personnellement, soit en vertu d'une représentation légale, possèdent de 50 à 150 actions; — 2° Ceux qui, aux mêmes titres, possèdent plus de 150 et moins de 300 actions; et 3° Ceux qui personnellement ou en vertu d'une représentation légale, sont possesseurs de plus de 300 actions.

Dans chaque groupe, seront tirés au sort six associés pour constituer les dix-huit associés qui doivent se joindre au Conseil réuni en séance générale pour remplir cette mission.

Pour remplir les vacances pouvant survenir parmi les dits associés, il sera désigné autant de suppléants, dans les mêmes conditions.

Ces opérations de tirage au sort auront lieu chaque année, avant l'assemblée générale ordinaire, à la première réunion, et sur les éléments de la liste des actionnaires ayant le droit d'assister à l'assemblée générale, en vertu de l'art. 66.

49. Ne peuvent être membres du Conseil de la Banque, en dehors des étrangers, les individus déclarés en état de faillite, ou qui se trouvent en état de suspension de payements, tant qu'ils n'ont pas été réhabilités. Les condamnés à une peine afflictive et ceux qui ont un découvert envers l'établissement, en vertu d'obligations échues.

50. Ne pourront appartenir simultanément au Conseil de gouvernement plus d'un des associés des sociétés en nom collectif ou en commandite, ni des administrateurs des sociétés commerciales ou industrielles, ni des établissements se livrant à des opérations analogues à celles de la Banque, à l'exception des membres du Conseil d'administration de la Société concessionnaire des Tabacs, ou de toute autre société que la Banque elle-même, dûment autorisée, aura créée pour un service public.

Ne pourront non plus appartenir en même temps au Conseil ceux qui sont des parents jusqu'au 4e degré de consanguinité, ou alliés jusqu'au 2e degré.

51. La durée des fonctions de membre du Conseil sera de cinq années et les membres sortants pourront être réélus. Le renouvellement se fera par cinquièmes.

Il sera immédiatement pourvu aux vacances qui pourront survenir pendant cet intervalle par le Conseil lui-même, avec le concours des associés dont il est parlé dans l'art. 48, au moyen de personnes réunissant les conditions déterminées par l'art. 48 et sauf à rendre compte de cette nomination à la première assemblée générale ordinaire, laquelle pourra confirmer la nomination, ou élire d'autres conseillers.

Le membre élu pour occuper une place vacante remplira ses fonctions pendant le temps restant à courir jusqu'à l'expiration du délai de cinq ans pour lequel celui à qui il succède avait été élu.

52. Les membres du Conseil élus n'entreront en fonctions qu'après confirmation de leur nomination par le Roi, et constitution du dépôt dont il est parlé dans le paragraphe 3 de l'art. 47.

53. El Gobernador, los Subgobernadores y los Consejeros tendrán derecho, por su asistencia á las sesiones del Consejo á que fuesen convocados, á la remuneración de 50 pesetas á cada uno. Para percibirla íntegra deberán, asimismo, asistir á las sesiones de las Comisiones de que formen parte.

Los Consejeros que tuviesen necesidad de ausentarse de Madrid lo avisarán previamente al Gobernador, el cual cuidará de que siempre haya número suficiente para atender á los servicios del Banco.

54. Son atribuciones del Consejo de gobierno: 1.ª Determinar el orden y la forma con que han de llevarse los registros de las acciones y de sus transferencias, y los libros de cuentas de todos los negocios del Banco, en partida doble; — 2.ª Fijar, con arreglo á las leyes, la suma y número de billetes que deban emitirse, su tipo y sus circunstancias; — 3.ª Señalar la cantidad que haya de emplearse en descuentos, créditos y préstamos, y fijar, á propuesta de las Comisiones, los valores que se han admitir en garantía y el tipo de su admisión; — 4.ª Disponer el premio de los descuentos, préstamos, giros y créditos, en Madrid y en cada una de las Sucursales, y remuneración que haya de percibir del Banco por los demás servicios que preste; — 5.ª Acordar el establecimiento de Sucursales, Cajas subalternas ú otras dependencias, en los puntos, dentro ó fuera de la Nación, en que convenga al interés público y al del Banco; determinar el número, retribución y calidades de los individuos que han de componer sus administraciones, nombrarlos y elegir los Comisionados y Corresponsales, en las localidades de España ó del extranjero donde se estime conveniente tenerlos; — 6.ª Estar al corriente de las operaciones de la Administración, del movimiento de fondos y de la situación del Banco en todas sus dependencias; — 7.ª Examinar el Balance que cada seis meses debe formarse de las cuentas del Banco, y acordar la distribución de los beneficios realizados entre los accionistas y el fondo de reserva, según corresponda; — 8.ª Fijar el número, las clases y los sueldos de los empleados y dependientes del Banco; nombrar los Jefes principales de las Oficinas centrales y Directores de Sucursales, y también los Jefes de las Sucursales, Cajas subalternas y demás dependencias locales del Banco, y proponer al Gobierno para los cargos de Subgobernadores; — 9.ª Acordar la convocatoria de la Junta general de Accionistas, para sesiones ordinarias y extraordinarias en los casos previstos por estos Estatutos; — 10.ª Aprobar la Memoria que formará la Administración, y la cuenta general de las operaciones, que ha de presentarse anualmente á la referida Junta general ordinaria; — 11.ª Presentar á la misma Junta las proposiciones que juzgue convenientes, examinar las que hagan sus individuos y someterle su dictamen acerca de ellas; — 12.ª Redactar el Reglamento general para la ejecución de los Estatutos, y las modificaciones y reformas que convenga hacer en él, elevándolas á la aprobación del Gobierno, y dictar los demás Reglamentos de orden interior del Banco.

55. Los Consejeros podrán ejercer su iniciativa para proponer al Consejo los acuerdos y resoluciones que estimen convenientes á los intereses del Banco.

56. El Consejo celebrará sesiones ordinarias, á lo menos una vez por semana, en los días que el mismo señale, y además las extraordinarias que exija el despacho de asuntos graves ó urgentes. Estas últimas serán acordadas por el mismo Consejo ó convocadas por el Gobernador, por sí, ó á petición de cinco Consejeros.

57. El Consejo se dividirá en cinco Comisiones permanentes, que se denominarán: — De Emisión; — De Operaciones; — De Administración; — De Intervención; — De Sucursales.

El número de Comisiones permanentes podrá aumentarse, si así lo estimare necesario el Consejo de gobierno y fuese aprobado por las dos terceras partes de votos del mismo Consejo.

58. Las Comisiones se nombrarán por el Consejo y se compondrán de un Subgobernador y de tres Consejeros elegidos en la primera sesión, al constituirse después de la Junta general ordinaria. El Gobernador podrá asistir á las Comisiones que estime conveniente.

Todos los Consejeros podrán asistir á las Comisiones, sin voz ni voto en ellas, excepto á la de Operaciones.

53. Le gouverneur, les sous-gouverneurs et les membres du Conseil auront droit, pour l'assistance aux séances du Conseil auxquelles ils auront été convoqués, à une rémunération de 50 *pesetas* par séance. Pour la toucher intégralement, ils devront également assister aux séances des commissions dont ils font partie.

Les membres du Conseil qui seront dans la nécessité de s'absenter de Madrid, en aviseront préalablement le gouverneur, lequel veillera à ce que le Conseil soit toujours en nombre suffisant pour assurer le service de la Banque.

54. Les attributions du Conseil sont les suivantes: 1° Déterminer l'ordre et la forme dans lesquels doivent être tenus les registres des actions et des transferts et les livres de comptes de toutes les affaires de la Banque, qui doivent être tenus en partie double; — 2° Fixer, conformément aux lois, la somme pour laquelle il doit être émis des billets, ainsi que le nombre, le type et les autres circonstances de ces billets; — 3° Indiquer la somme à employer en escomptes, crédits et prêts, et fixer, sur la proposition des commissions, les valeurs qui doivent être acceptées en garantie, et le taux auquel elles doivent être acceptées; — 4° Déterminer la prime des escomptes, prêts, tirages et ouvertures de crédit, tant à Madrid que dans chacune des succursales, ainsi que la rémunération que la Banque doit percevoir pour les autres services qu'elle prête; — 5° Autoriser l'établissement de succursales, caisses subalternes et autres établissements accessoires, sur les points du territoire national, ou en dehors de ce territoire, où il y a lieu de les établir, dans l'intérêt public et dans celui de la Banque; déterminer le nombre, la rétribution et les qualités des individus qui doivent composer leurs administrations, les nommer et choisir les fondés de pouvoir et les correspondants dans les localités de l'Espagne ou de l'étranger dans lesquelles elle estime qu'il y a lieu d'en avoir; — 6° Se tenir au courant des opérations de l'administration, du mouvement des fonds et de la situation de la Banque dans toutes ses dépendances; — 7° Examiner la balance qui devra être faite chaque mois des comptes de la Banque, et autoriser la distribution des bénéfices réalisés entre les actionnaires et le fonds de réserve, ainsi qu'il appartiendra; — 8° Fixer le nombre, les classes et les traitements des employés et domestiques de la Banque; nommer les chefs principaux des bureaux centraux, et les directeurs des succursales, ainsi que les chefs des succursales, caisses subalternes et autres dépendances locales de la Banque, et faire au gouvernement les propositions pour les postes de sous-gouverneur; — 9° Ordonner la convocation des assemblées générales des actionnaires, tant ordinaires qu'extraordinaires, dans les cas prévus par les statuts; — 10° Approuver le rapport préparé par l'administration et le compte général des opérations qui doivent être présentés annuellement à l'assemblée générale ordinaire; — 11° Présenter à cette même assemblée générale, les propositions qu'il juge convenables, examiner celles qui sont faites par ses membres et lui soumettre son avis sur les dites propositions; — 12° Rédiger le règlement général pour l'exécution des statuts, et les modifications et réformes qu'il conviendra d'y apporter, lesquelles devront être soumises à l'approbation du gouvernement, et arrêter les autres règlements d'ordre intérieur de la Banque.

55. Les membres du Conseil pourront exercer leur initiative pour lui proposer les délibérations et résolutions qu'ils estimeront utiles aux intérêts de la Banque.

56. Le Conseil tiendra des séances ordinaires au moins une fois par semaine, les jours qu'il fixera; il tiendra en outre, des séances extraordinaires chaque fois que des questions graves ou urgentes l'exigeront. Les séances seront ordonnées par le Conseil lui-même ou convoquées par le gouverneur, sur son initiative personnelle ou sur la demande de cinq membres du Conseil.

57. Le Conseil se divisera en cinq commissions permanentes, qui seront dites: — d'émission, — des opérations, — d'administration, — de surveillance, — des succursales.

Le nombre des commissions permanentes pourra être augmenté, si le Conseil de gouvernement le juge nécessaire et le décide à la majorité des deux tiers des voix du Conseil.

58. Les commissions seront nommées par le Conseil et seront composées d'un sous-gouverneur et de trois membres du Conseil élus à la première séance où le Conseil sera constitué après l'assemblée générale ordinaire. Le gouverneur pourra assister aux séances des commissions, quand il le jugera convenable, sauf à celles de la commission des opérations.

Tous les membres du Conseil pourront assister aux séances des commissions, mais sans y avoir voix délibérative ni pouvoir prendre part au vote.

59. La Comisión de Emisión cuidará de la preparación de los billetes que el Banco haya de emitir, adquisición del papel, su estampación y condiciones que hayan de tener, su división en series, forma en que se hubieren de recoger y amortizar, y demás incidencias de la circulación fiduciaria.

60. La Comisión de Operaciones conocerá de todas las que se realicen en Madrid y autorizará, dentro de los límites que señale el Consejo de gobierno, la ejecución de aquéllas.

También le corresponde en este concepto proponer al Consejo las alteraciones que convenga hacer, con respecto á las mismas operaciones, en el tipo del descuento, interés de los préstamos y créditos, remuneración de los demás servicios que el Banco preste, valores que se hayan de recibir en garantía y tipos de su admisión, y las reformas que juzgue necesarias en las condiciones que deban regir para todas estas operaciones.

La misma Comisión entenderá en la adquisición de metales preciosos y en los convenios que se concierten con el Gobierno y su ejecución.

61. La Comisión de Administración entenderá en el régimen, personal, servicio y gastos de las Oficinas centrales y en los asuntos contenciosos, sean del Centro ó de la Sucursales.

Igualmente formará, de acuerdo con el Gobernador, las propuestas razonadas al Consejo para el nombramiento de los Jefes de las oficinas centrales.

62. La Comisión de Intervención tendrá á su cargo todos los asuntos de contabilidad y Caja, ejerciendo su vigilancia sobre el orden y puntualidad en las cuentas, y la custodia de los fondos y valores que en el Banco existan; examinará los Balances y propondrá al Consejo la distribución de los beneficios obtenidos.

63. La Comisión de Sucursales entenderá en cuanto se refiera á éstas, su organización, administración, inspección y vigilancia, personal y operaciones que realicen; proponiendo al Consejo las reformas que estime oportunas para el mejor régimen de dichas Oficinas, el tipo de descuento, interés de los préstamos y remuneración de los demás servicios en cada una de las Sucursales, los valores que se hayan de recibir en garantía y tipos de su admisión.

Será también de su competencia la propuesta al Consejo de la creación, organismo, composición de las administraciones, nombramiento de los individuos de éstas, y formas de proceder en las mismas Sucursales y demás dependencias del Banco fuera de Madrid, y, de acuerdo con el Gobernador, la propuesta para el nombramiento de los Directores y Jefes de las referidas Sucursales y dependencias.

64. El Consejo de gobierno podrá acordar además la formación de Comisiones especiales, para entender en los negocios que á su juicio lo requieran, cesando aquéllas una vez terminado el objeto de su formación.

65. Las Comisiones serán oídas precisamente en todos los asuntos sobre que haya de deliberar el Consejo, excepto los que éste califique de urgentes, siendo ponente en todas ellas la Administración. También deberán dar su dictamen desde luego sobre las proposiciones ó los negocios que el Gobernador sometiese á su examen, y podrán además tomar la iniciativa en la propuesta de las disposiciones que convenga adoptar, en los ramos de que respectivamente estén encargadas.

El Consejo podrá delegar en cada una de las Comisiones la resolución de los asuntos que estime conveniente y dentro de los límites que señale.

Capítulo V. De la Junta general de Accionistas.

66. La Junta general se compondrá de los Accionistas que concurran á ella y posean en propiedad ó usufructo cincuenta ó más acciones, inscritas á su nombre tres meses antes de la celebración de aquélla.

67. El derecho de asistencia á la Junta general no puede delegarse, y sólo las mujeres casadas, los menores, las corporaciones y los establecimientos públicos ó los privados, con capacidad legal para poseer acciones del Banco, podrán concurrir por medio de sus representantes legítimos.

68. La Administración central del Banco formará, y expondrá en el local en que la Junta se celebre, una lista de los accionistas que hayan de constituirla, Para la formación de esta lista, los accionistas con derecho de asistencia habrán

59. La commission d'émission surveillera la préparation des billets que la Banque doit émettre, l'acquisition du papier, l'impression, ainsi que les conditions qu'il doit remplir, la division en série des billets, la forme dans laquelle les billets doivent être retirés et amortis, et les autres conditions de la circulation fiduciaire.

60. La commission des opérations connaîtra de toutes les opérations réalisées à Madrid et elle autorisera leur exécution dans les limites indiquées par le Conseil de gouvernement.

Il lui appartient également, en la même qualité, de proposer au Conseil les modifications qu'il convient d'apporter à ces opérations, au taux de l'escompte, à l'intérêt des prêts et ouvertures de crédit, à la rémunération des autres services de la Banque, aux valeurs qu'il y a lieu d'accepter en garantie et aux taux auxquels elles peuvent être acceptées; ainsi que les autres réformes qu'elle juge nécessaire d'apporter aux conditions qui doivent régir toutes ces opérations.

La même commission pourvoira à l'acquisition de métaux précieux, et aux conventions faites avec le gouvernement, ainsi qu'à leur exécution.

61. La commission d'administration s'occupera du régime, du personnel, des services et des dépenses des bureaux centraux et des questions contentieuses, tant du Centre que des succursales.

Elle arrêtera également, de concert avec le Gouverneur, les propositions motivées à soumettre au Conseil pour la nomination des chefs des bureaux centraux.

62. La commission de surveillance sera chargée de toutes les questions intéressant la comptabilité et la caisse; elle exercera sa surveillance sur l'ordre et la ponctualité des comptes, la garde des fonds et valeurs existant à la Banque; elle vérifiera les bilans et proposera au Conseil la distribution des bénéfices obtenus.

63. La commission des succursales s'occupera de tout ce qui concerne lesdites succursales, de leur organisation, administration inspection et surveillance, personnel et opérations; elle proposera au Conseil les réformes et améliorations qu'elle croit utile d'apporter à leur régime, ainsi que le taux de l'escompte, de l'intérêt des prêts et de la rémunération des autres services rendus par chacune des succursales, les valeurs qu'elles doivent accepter en garantie et le taux auquel elles doivent être acceptées.

Elle aura également compétence pour proposer au Conseil la création, l'organisation et la composition des administrations, la nomination des membres les composant, et les formes de procéder à observer dans les succursales et autres dépendances de la Banque, en dehors de Madrid, et pour faire, de concert avec le Gouverneur, les propositions pour la nomination des directeurs et chefs des succursales et dépendances.

64. Le Conseil de gouvernement pourra décider la formation de commissions spéciales chargées des affaires qu'il estimera devoir leur confier, et ces commissions cesseront leurs fonctions aussitôt que l'affaire ayant motivé leur nomination sera terminée.

65. Les Commissions seront obligatoirement entendues sur toutes les questions devant faire l'objet des délibérations du Conseil, sauf sur celles que le Conseil qualifiera d'urgentes, et sur toutes lesquelles l'administration fera rapport. Elles devront donner également leur avis immédiat sur les propositions et les affaires que le gouvernement soumet à leur examen, et elles pourront, en outre, prendre l'initiative de proposer les dispositions qu'il convient d'adopter dans les différentes branches de l'administration dont elles sont chargées.

Le Conseil pourra déléguer à chacune des commissions le droit de statuer sur les affaires qu'il juge convenable et dans les limites qu'il indiquera.

Chapitre V. De l'assemblée générale des actionnaires.

66. L'assemblée générale des actionnaires se composera des actionnaires présents qui possèdent en pleine propriété ou en usufruit cinquante ou plus de cinquante actions, inscrites à leur nom trois mois avant la date de la réunion.

67. Le droit d'assister à l'assemblée générale ne peut être délégué, et les femmes mariées, les mineurs, les corporations et les établissements publics ou privés, ayant capacité légale de posséder des actions de la Banque, pourront seuls prendre part à l'assemblée par l'intermédiaire de leurs représentants légitimes.

68. L'administration centrale de la Banque dressera et affichera dans la salle où l'assemblée se réunit, une liste des actionnaires qui doivent la composer. Pour la formation de cette liste, les actionnaires ayant le droit de présence devront ob-

de obtener, hasta dos días antes de celebrarse la primera reunión, una papeleta que les autorice para concurrir á la Junta.

69. Durante los ocho días anteriores á la celebración de la Junta general ordinaria, los accionistas con derecho de asistir á ella podrán examinar el Balance y las cuentas del ejercicio anual.

70. Cada individuo de la Junta general sólo tendrá un voto, cualquiera que sea el número de las acciones que posea ó represente.

71. Las sesiones ordinarias de la Junta general se verificarán en la primera mitad del mes de Marzo de cada año, debiendo anunciarse antes del 1.° de Febrero en la *Gaceta de Madrid* el día señalado para su reunión. Las sesiones no podrán durar más de cuatro días, sin Real autorización.

72. Al examen y á la aprobación de la Junta general se someterán las operaciones del Banco y la cuenta de sus gastos, según resulten del balance, libros y documentos que lo justifiquen.

73. La Junta general nombrará los individuos que han de componer el Consejo de gobierno del Banco, y resolverá sobre las proposiciones que el mismo Consejo ó las Accionistas presenten, relativas al mejor servicio y á la prosperidad del Establecimiento, en conformidad con sus Estatutos.

74. Se convocará á Junta general extraordinaria, con Real autorización, cuando el Consejo de gobierno lo estime necesario.

Si cien ó más Accionistas, que representen cuando menos el 15 por 100 del capital social y que lo sean con tres meses de anticipación, solicitasen del Consejo, por medio de comunicación motivada, la reunión de una Junta general extraordinaria, el mismo Consejo elevará con su informe la petición al Gobierno para que resuelva lo que juzgue conveniente.

75. Autorizada que sea por el Gobierno la celebración de Junta general extraordinaria, se convocará, con ocho días de anticipación por lo menos, expresando en la convocatoria los asuntos en que se haya de ocupar.

Las deliberaciones de la Junta general extraordinaria se limitarán al objeto para que hubiese sido convocada, y sus resoluciones se adoptarán por las dos terceras partes de los votos de los concurrentes.

Capítulo VI. De las Sucursales, Cajas subalternas y demás dependencias.

76. Las Sucursales, Cajas subalternas y demás dependencias, dentro ó fuera de la Nación, forman parte del Banco, respondiendo el capital de éste á las obligaciones que contraigan aquéllas, y la creación de estos organismos tendrá lugar de acuerdo con el Gobierno de S. M.

77. La organización y las funciones de cada una de las Sucursales, Cajas y dependencias, y sus relaciones entre sí, se acomodarán á las operaciones propias del Banco para que se les autorice, conforme á las leyes y Estatutos y á lo que dispongan los Reglamentos.

78. Las acciones del Banco se podrán domiciliar en las Sucursales y trasladarse de unas á otras, y de éstas á Madrid, para su transferencia y cobro de los dividendos; pero el título de su propiedad solamente se expedirá por la Administración central del Banco.

79. La Administración de cada Sucursal, Caja ó dependencia del Banco se compondrá de un Director ó Jefe de ella, de un Interventor que lleve la contabilidad y de un Cajero, cuyas funciones determinarán los Reglamentos.

Este personal podrá reducirse, según lo estime el Consejo de gobierno, con arreglo á los negocios que tenga á su cargo cada dependencia.

80. La intervención de los Accionistas en las operaciones de crédito tendrá lugar por medio de Juntas generales, Consejos de administración ó Comisiones de descuento, según determinen los Reglamentos y acuerdos del Consejo de gobierno, atendiendo á la importancia y carácter de los negocios en que se haya de ocupar cada una de aquellas dependencias.

Capítulo VII. Disposiciones generales.

81. El Gobernador, los Subgobernadores y los Consejeros del Banco, los Directores y Administradores de las Sucursales y demás dependencias, y los Jefes de las respectivas oficinas, serán responsables, cada uno según las atribuciones que

tenir, deux jours au moins avant la date de la première réunion, une carte les autorisant à prendre part à l'assemblée.

69. Durant les huit jours qui précèdent la séance de l'assemblée générale ordinaire, les associés ayant droit de présence pourront examiner le bilan et les comptes de l'exercice annuel.

70. Tout membre de l'assemblée générale n'aura droit qu'à une seule voix, quel que soit le nombre des actions qu'il possède ou qu'il représente.

71. Les séances ordinaires de l'assemblée générale se tiendront dans la première moitié du mois de mars de chaque année, et on devra annoncer avant le 1er février, dans la *Gaceta de Madrid*, le jour fixé pour leur réunion. Les séances ne pourront se prolonger pendant plus de quatre jours, sans une autorisation royale.

72. Seront soumis à l'examen de l'assemblée générale les opérations de la Banque et le compte de ses dépenses, tels qu'ils résultent des bilan, livres et documents justificatifs.

73. L'assemblée generale nommera les membres du Conseil de gouvernement de la Banque, et elle statuera sur les propositions présentées par le Conseil ou les actionnaires relatives au bien du service et à la prospérité de l'établissement, conformément aux statuts.

74. Il sera convoqué une assemblée générale extraordinaire, avec l'autorisation du Roi, lorsque le Conseil de gouvernement l'estimera nécessaire.

Si cent ou plus de cent actionnaires, représentant au moins 15% du capital social et ayant la qualité d'associés depuis trois mois au moins, demandent au Conseil, par lettre motivée, la réunion d'une assemblée génerale extraordinaire, le Conseil transmettra cette demande, avec son rapport, au gouvernement, qui décidera ce qu'il juge utile.

75. Si le gouvernement autorise la réunion d'une assemblée générale extraordinaire, celle-ci sera convoquée huit jours au moins à l'avance avec indication dans la lettre de convocation, des questions dont elle doit s'occuper.

Les délibérations de l'assemblée générale extraordinaire ne devront porter que sur l'objet pour lequel elle aura été convoquée, et les résolutions seront prises à la majorité des deux tiers des membres présents.

Chapitre VI. Des succursales, caisses subalternes et autres dépendances.

76. Les succursales, caisses subalternes et autres depéndances, existant sur le territoire national ou en dehors du dit territoire, font partie de la Banque dont le capital répond des opérations par elles contractées, et leur création aura lieu d'accord avec le gouvernement de S. M.

77. L'organisation et les fonctions de chacune des succursales, caisses et dépendances, ainsi que leurs relations entre elles, devront rentrer dans les opérations de la Banque, pour qu'elle les autorise, conformément aux statuts et aux dispositions des règlements.

78. Les actions de la Banque pourront être inscrites dans les succursales et transférées de l'une à l'autre, et des succursales à Madrid, pour leur transfert et la perception des dividendes; toutefois, le titre de propriété ne sera délivré que par l'administration centrale de la Banque.

79. L'administration de chaque succursale, caisse ou dépendance de la Banque se composera d'un directeur ou chef, d'un contrôleur chargé de tenir la comptabilité et d'un caissier, dont les fonctions seront déterminées par les règlements.

Ce personnel pourra être réduit, suivant ce que le Conseil de gouvernement estimera convenable, d'après l'importance des affaires de chaque dépendance.

80. L'intervention des associés dans les opérations de crédit se produira par le moyen des assemblées générales, des Conseils d'administration ou commissions d'escompte, suivant ce que détermineront les règlements et les délibérations du Conseil de gouvernement, eu égard à l'importance et au caractère des affaires dont doit s'occuper chacune de ces dépendances.

Chapitre VII. Dispositions générales.

81. Le gouverneur, les sous-gouverneurs et les membres du Conseil de la Banque, les directeurs et administrateurs des succursales et autres dépendances, et les chefs des bureaux respectifs, seront responsables, chacun dans la mesure de ses attri-

les estén señaladas, de las operaciones que ejecuten ó autoricen fuera de las permitidas por las Leyes, Estatutos y Reglamentos del Banco.

82. Para el servicio de las diversas oficinas y dependencia del Banco habrá los empleados necesarios, cuyas clases, categorías y condiciones se fijarán en los Reglamentos y por acuerdos del Consejo de gobierno; debiendo ingresar por oposición ó por concurso, en los grados inferiores de la escala, los que se ocupen en trabajos de bufete.

83. El Consejo, en vista de los resultados del Balance anual, podrá proponer á la Junta general lo que crea conveniente para remunerar servicios especiales de los empleados, distribuyendo entre ellos, según sus merecimientos, la gratificación que se acuerde, y destinando, cuando lo juzgue oportuno, á la Caja de pensiones de los mismos empleados, la cantidad que mejor estime.

84. Habrá una Caja de pensiones en favor de los empleados del Banco y de las viudas y de los hijos huérfanos de. éstos, dotada por medio de un descuento en los sueldos de los mismos empleados y con la subvención que la Junta general acuerde, cuando lo tenga por conveniente.

85. No podrá procederse á la formación de nuevos Estatutos ó á la reforma de los existentes, sin que la Junta general de Accionistas, por las dos terceras partes de votos, al menos, de los individuos que á ella concurran, lo acuerde así.

En la convocatoria de la Junta, para estos casos, se expresará si se ha de tratar de una reforma general ó parcial, y, si fuese parcial, se enumerarán los artículos que se hayan de reformar, suprimir ó añadir.

El procedimiento para la reforma general consistirá en el nombramiento por la Junta de una Comisión delegada que, en unión del Consejo de gobierno, lleve á efecto la reforma y la someta á la aprobación del Gobierno. Si la reforma hubiera de ser parcial, el Consejo de gobierno la propondrá directamente á la Junta general de Accionistas.

En todo caso, la aprobación definitiva de los Estatutos ó su reforma corresponde al Gobierno, oyendo para ello al Consejo de Estado.

Disposiciones transitorias.

1. El Consejo de gobierno, dentro de los treinta días de aprobados por el Gobierno de S. M. los presentes Estatutos, someterá á la aprobación del mismo el proyecto de Reglamento para la ejecución de las disposiciones contenidas en éstos.

2. Los presentes Estatutos comenzarán á regir dentro de los ocho días de haberse publicado el Reglamento para su ejecución en la *Gaceta de Madrid*.

3. Las vacantes de Consejeros que pudieran ocurrir antes de la celebración de la primera Junta general ordinaria, se cubrirán sólo por el Consejo de gobierno interinamente.

4. Lo dispuesto en el primer párrafo del art. 51 de los Estatutos se aplicará á los actuales Consejeros, á contar desde la fecha de su elección.

5. La primera Junta general ordinaria que se celebre, después de aprobados los Estatutos, elegirá, por los procedimientos establecidos en éstos, solamente los tres Consejeros con que se aumenta el Consejo y los que hubieren de cubrir las vacantes que ocurran antes de celebrarse la Junta, y que el Consejo haya provisto interinamente.

Dado en Palacio á diez de Diciembre de mil novecientos.

Reglamento del Banco de España.[1]
Ministerio de Hacienda.
Real Decreto.

A propuesta del Ministro de Hacienda, de acuerdo con el Consejo de Ministros; En nombre de mi Augusto Hijo el Rey Don Alfonso XIII, y como Reina Regente del Reino, vengo en aprobar el adjunto Reglamento general del Banco de España, para

[1] Como este Reglamento es sumamente extenso, tan solo creemos necesario publicar los dos primeros Títulos que se refieren al capital y á las operaciones del Banco. Para conocimiento de nuestros lectores indicaremos que los Títulos restantes se refieren: el tercero, al gobierno y administración del Banco; el cuarto, á las oficinas centrales del mismo; el quinto, á las sucursales y demás dependencias y corresponsales; y el sexto, á los empleados y dependientes y al régimen interior. Se publicó en la Gaceta de 10 de Enero de 1901.

butions, des opérations qu'ils exécutent ou autorisent en dehors de celles permises par les lois, statuts et règlements de la Banque.

82. Pour le service des divers bureaux et dépendances de la Banque, il y aura les employés nécessaires, dont les classes, catégories et conditions seront fixées par les règlements et délibérations du Conseil de gouvernement; ces employés devront entrer à la suite d'un concours ou d'un examen, en débutant par les grades inférieurs, s'ils sont attachés aux travaux de bureau.

83. Le Conseil, sur le vu des résultats du bilan annuel, pourra faire à l'assemblée générale les propositions qu'il croira convenables pour rémunérer les services spéciaux des employés, et leur distribuer, suivant leur mérite, la gratification qui sera accordée, ou attribuer, lorsqu'il le juge opportun, la somme qu'il estimera convenable à la caisse des pensions des dits employés.

84. Il y aura une caisse de pensions au profit des employés de la Banque, ainsi qu'au profit de leurs veuves et orphelins, laquelle sera dotée au moyen d'une retenue sur le traitement des dits employés et d'une subvention accordée par l'assemblée générale, quand elle le jugera convenable.

85. Il ne pourra être procédé à la rédaction de nouveaux statuts ou à la réforme des statuts existants qu'autant que l'assemblée générale des actionnaires l'aura décidé à la majorité des deux tiers au moins des voix des membres présents.

Dans ces cas, la lettre de convocation à l'assemblée générale, indiquera s'il s'agit d'une réforme totale ou partielle, et, s'il s'agit d'une réforme partielle, elle énumérera les articles qui doivent être réformés, supprimés ou faire l'objet d'une addition.

La procédure pour la réforme générale consistera dans la nomination par l'assemblée générale d'une commission chargée, de concert avec le Conseil de gouvernement, de réaliser la réforme et de la soumettre à l'approbation du Gouvernement. Si la réforme ne doit être que partielle, le Conseil de gouvernement la proposera directement à l'assemblée générale des actionnaires.

En tout cas, l'approbation définitive des statuts ou de leur réforme appartient exclusivement au gouvernement, le Conseil d'Etat entendu.

Dispositions transitoires.

Art. 1. Le Conseil de gouvernement, dans les trente jours qui suivront l'approbation donnée par le gouvernement de S. M. aux présents statuts, soumettra à l'approbation du gouvernement le projet de règlement pour l'exécution des dispositions contenues dans les dits statuts.

2. Les présents statuts commenceront à entrer en vigueur dans les huit jours qui suivront la publication dans la *Gaceta de Madrid* du règlement rendu pour leur exécution.

3. Il sera pourvu provisoirement par le Conseil de gouvernement seul aux vacances qui pourront survenir parmi les membres du dit Conseil, avant la réunion de la première assemblée générale.

4. La disposition contenue dans le premier paragraphe de l'art. 51 des statuts sera appliquée aux membres actuels du Conseil, à compter de la date de leur élection.

5. La première assemblée générale ordinaire qui se tiendra après l'approbation des statuts, élira seulement, suivant la procédure établie dans les dits statuts, les trois membres du Conseil nécessaires pour compléter le dit Conseil au nombre de membres le composant, ainsi que les membres nécessaires pour pourvoir aux vacances survenues avant la réunion de l'assemblée et auxquelles le Conseil aura provisoirement pourvu.

Donné au Palais, le 10 décembre 1900.

Règlement de la Banque d'Espagne.[1]
Ministère de l'Hacienda.
Décret royal.

Sur la proposition du ministre de l'*Hacienda* et d'accord avec le Conseil des ministres, au nom de mon Auguste Fils le Roi D. Alphonse XIII, et comme Reine Régente du Royaume, j'approuve le règlement général ci-annexé de la Banque

---

[1] Le règlement étant très étendu, nous ne croyons nécessaire de publier que les deux premiers titres qui concernent le capital et les opérations de Bourse. Il nous suffira d'indiquer, pour renseigner nos lecteurs, que les titres suivants traitent: Le 3e, du gouvernement et de l'administration de la Banque; le 4e, des bureaux centraux; le 5e, des succursales et autres dépendances et correspondants; et le 6e des employés et domestiques et du régime intérieur. Ce règlement a été publié à la *Gaceta* le 10 janvier 1901.

que rija con carácter provisional hasta que, oído el Consejo de Estado en pleno, se dicte el definitivo.

Dado en Palacio á cinco de Enero de mil novecientos uno. — El Ministro de Hacienda, *Manuel Allendesalazar.*

Título primero. Del capital del Banco.

Capítulo primero. De la inscripción y contabilidad de las acciones.

Art. **1.** Las acciones nominativas que representan el capital del Banco de España estarán inscritas á nombre de sus dueños en un registro que al efecto llevará la oficina central.

2. Los extractos de inscripción que se expidan constituirán el título de propiedad de las acciones, y expresarán el nombre y los apellidos del accionista, ó su título, si fuese persona jurídica, las acciones que cada extracto represente y su numeración. Estarán firmados por el Gobernador ó por uno de los Subgobernadores, le Vicesecretario, el Interventor y el Jefe del Negociado de Acciones, ó los que les sustituyan reglamentariamente.

Los extractos de acciones no disponibles expresarán esta circunstancia, y en su caso contendrán además la designación del poseedor ó usufructuario.

3. Para la inscripción y transferencia de las acciones llevará la oficina central los libros necesarios, de suerte que en todo tiempo sea posible precisar la pertenencia de cada acción, sus anteriores transmisiones, y cuáles y cuántas posea cada accionista, así como cualquier limitación de la libre propiedad que deba anotarse.

La Intervención fiscalizará todas estas operaciones, tomando razón de las transferencias y autorizando también los extractos.

4. La transferencia de las acciones podrá verificarse tanto en la oficina central como en las locales habilitadas para ello y en que previamente hayan sido aquéllas domiciliadas.

La oficina local que intervenga alguna transferencia remitirá á la central copia autorizada de ella, juntamente con los extractos que hayan de cancelarse, y entregará á los interesados las inscripciones equivalentes que reciba de la central.

5. El embargo de acciones ó dividendos acordado por autoridad competente producirá sus efectos é impedirá la transferencia de las primeras y el pago de los segundos, desde que la oficina en que se hallen domiciliadas aquéllas ó situado el pago de éstos reciba comunicación de la providencia de retención.

6. En los casos de extravío ó destrucción de un extracto de acciones libres, se expedirá un nuevo ejemplar, con el sello que contenga la palabra *Duplicado,* después de hecha la publicación del caso por tres veces en la *Gaceta* y en el *Boletín Oficial* de la provincia en que se haya extraviado ó destruído el documento, con el intervalo de diez días de un anuncio á otro, y luego que transcurran dos meses desde el primer anuncio sin reclamación de tercero; quedando el Banco libre de toda responsabilidad.

Los anuncios del extravío ó destrucción de extractos de acciones no disponibles se publicarán una vez, concediendo el plazo de un mes para las reclamaciones.

En caso de reclamación de tercero, dentro de los citados plazos, se suspenderá la expedición del duplicado hasta la resolución de los Tribunales de justicia ó la conformidad de todos los reclamantes.

Los gastos de publicación de los anuncios serán de cuenta de los interesados.

También se expedirá nuevo extracto, con la palabra *Renovado,* cuando el anterior se presente inutilizado ó deteriorado.

Sólo mediante la presentación del título ó la resolución del expediente de extravío, conforme á los párrafos anteriores, podrá expedirse nuevo extracto, salvo lo que se previene en los arts. 7, 13 y 22 de este Reglamento.

Capítulo II. De la transmisión de las acciones.

7. No se procederá á la transmisión de las acciones del Banco sin la previa presentación de los extractos de inscripción de ellas, los cuales serán cancelados al expedirse los que correspondan á los adquirentes.

d'Espagne qui sera provisoirement appliqué, tant que, le Conseil d'Etat entendu, un règlement définitif n'aura pas été édicté.

Donné au Palais, le 5 janvier 1901. Le ministre de l'*Hacienda, Manuel Albendesalagar.*

Titre I. Du capital de la Banque.

Chapitre premier. De l'inscription et de la comptabilité des actions.

Art. 1. Les actions nominatives représentent le capital de la Banque d'Espagne seront inscrites au nom des propriétaires sur un registre tenu, à cet effet, à l'office central.

2. Les extraits d'inscription constitueront le titre de propriété des actions, et ils indiqueront les prénoms et nom de l'actionnaire, ou son titre, s'il s'agit d'une personne juridique, les actions représentées par chaque extrait, et leurs numéros. Ces extraits seront signés par le Gouverneur ou par l'un des sous-gouverneurs, le vice-secrétaire, le contrôleur, le chef du bureau des actions, ou par ceux qui les remplacent régulièrement.

Les extraits des actions non disponibles énonceront cette circonstance, et, dans ce cas, ils contiendront, en outre, la désignation du possesseur ou de l'usufruitier.

3. Pour l'inscription et le transfert des actions, il sera tenu, à l'office central, les registres nécessaires, de sorte qu'il soit possible, en tout temps, de préciser à qui appartient chaque action, les transferts antérieurs dont elle a été l'objet, ainsi que la nature de ces transferts, le nombre d'actions possédées par chaque actionnaire, et toute circonstance quelconque pouvant restreindre la libre disposition de ces actions.

Le contrôle surveillera toutes ces opérations, il prendra note des transferts, et il certifiera également les extraits.

4. Les transferts des actions pourront être opérés tant à l'office central que dans les localités habilitées à cet effet et dans lesquelles les actions auront été préalablement inscrites.

L'office local qui interviendra dans un transfert en adressera une copie certifiée à l'office central, en y joignant les extraits à radier, et il remettra aux intéressés les inscriptions équivalentes qu'il recevra de l'office central.

5. La saisie des actions ou dividendes autorisée par l'autorité compétente sortira effet, et elle empêchera le transfert des actions et le payement des dividendes dès que l'office dans lequel les actions sont inscrites ou dans lequel le payement doit être effectué, recevra la communication de l'ordonnance de saisie.

6. En cas de perte ou destruction d'un extrait d'actions libres, il en sera délivré un nouvel exemplaire timbré d'un sceau portant le mot *Duplicata*, après trois publications du fait dans la *Gaceta* et dans le *Boletin* de la province où le titre a été perdu ou détruit, lesquelles publications seront faites à dix jours d'intervalle, et après l'expiration d'un délai de deux mois, à compter de la date de la première annonce, sans qu'il se soit produit aucune réclamation de tiers; la Banque sera affranchie de toute responsabilité.

Les annonces de la perte ou de la destruction d'extraits d'actions non disponibles seront publiées une seule fois, et il sera accordé un délai d'un mois pour produire les réclamations.

En cas de réclamations d'un tiers dans les délais sus-énoncés, il sera sursis à la délivrance du *duplicata* jusqu'à la décision des tribunaux judiciaires ou jusqu'à ce que les réclamants se soient mis d'accord.

Les frais de publication des annonces seront à la charge des intéressés.

Il sera délivré également un nouvel extrait avec la mention *Renouvelé*, lorsque le précédent est hors d'usage ou détérioré.

Il ne pourra être délivré de nouvel extrait que sur la présentation du titre ou de la décision judiciaire intervenue sur la procédure ouverte à la suite de la perte, conformément aux paragraphes précédents, sauf les prescriptions contenues dans les articles 7, 13 et 22 du présent règlement.

Chapitre II. Du transfert des actions.

7. Il ne sera procédé au transfert des actions de la Banque que sur la production des extraits d'inscription, lesquels seront radiés en même temps qu'on délivrera aux acquéreurs les extraits qui leur compètent.

Podrá, no obstante, prescindirse de aquella presentación cuando un Tribunal civil haya decretado la anulación y cancelación de los títulos ó extractos, por providencia que sea firme para el accionista.

8. El Banco no contrae responsabilidad alguna por efecto de cualquier transmisión no formalizada en sus registros.

La transmisión inscrita en ellos prevalecerá contra la anterior no inscrita, hasta que los Tribunales resuelvan cuál de las dos adquisiciones deba subsistir. Mientras tanto, si no media retención judicial, el accionista, reconocido como tal, conservará la plenitud de sus derechos para el cobro de dividendos y enajenación de los valores.

9. Antes de autorizar la transmisión de las acciones, el Banco examinará la legitimidad del título que haya de cancelarse y su conformidad con sus asientos, así como si existe ó no retención ú otro obstáculo que impida legalmente la enajenación.

10. La transmisión de acciones, mediante declaración de sus dueños, con arreglo al art. 4 de los Estatutos, se hará presentándose el dueño en la oficina correspondiente del Banco, personalmente ó por medio de apoderado con poder bastante. Extendida la declaración de transmisión, será firmada por el cedente y por el Agente de Bolsa ó Corredor de comercio, el cual responde de la identidad y capacidad legal del vendedor.

Por cada uno de los nuevos extractos de inscripción que hayan de expedirse se dará, acto continuo, al Agente ó Corredor, un resguardo provisional, firmado por el Jefe del Negociado.

11. La transmisión de acciones entre vivos por escritura pública se inscribirá en vista de copia íntegra y fehaciente de la misma, que quedará archivada en el Banco.

La transmisión de acciones por medio de póliza de venta hecha con intervención de Agente ó Corredor, se formalizará siempre que estén firmadas las pólizas por las partes contratantes y por el Agente mediador, y legalizadas las firmas por tres Notarios de la población donde se celebre el contrato.

12. El Banco podrá disponer la compulsa de dichas escrituras y de los demás documentos notariales y judiciales en que se funde una transmisión, para cerciorarse de su legitimidad.

Asimismo podrá retener y archivar los expresados justificantes y exigir la legalización de ellos cuando aparezcan extendidos fuera de Madrid.

En todo caso, antes de que la transmisión se realice permitirá el Banco que examinen los documentos justificativos el Agente ó Corredor y el adquirente, ó las personas á quienes confíen este encargo.

13. Siempre que por sentencia judicial ejecutoriada se declare la pertenencia de una ó más acciones, ó se ordene su venta, el Banco hará la transmisión que proceda, mediante testimonio de lo acordado, cancelación del extracto, si no hubiera sido anulado, y la diligencia intervenida por Agente mediador, en su caso.

14. El derecho á suceder en la propiedad plena ó menos plena de las acciones por herencia testamentaria ó intestada, ó por legado, deberá acreditarse con arreglo á las leyes de un modo indubitable y por medio de documentos fehacientes.

15. El Banco, no mediando oposición en forma legal, reconocerá á los albaceas testamentarios la facultad de cobrar dividendos de las acciones de su causante. También reconocerá la de venderlas, si en el testamento se les confiere.

16. Lo dispuesto en los dos primeros párrafos del art. 12 es aplicable á los documentos que se presenten con motivo de las sucesiones por causa de muerte.

17. De todos los documentos con que se justifique la transmisión de las acciones, se llevará un registro especial con todos los detalles necesarios.

18. Las acciones del Banco son indivisibles, cuando una de ellas haya de transmitirse á varias personas, éstas la poseerán en común con un solo extracto.

Cuando el número de acciones poseídas en común sea divisible por enteros, podrá distribuirse en la proporción que corresponda.

La production de l'extrait pourra ne pas être exigée, toutefois, lorsqu'un tribunal civil aura ordonné l'annulation ou la radiation des titres ou extraits en vertu d'une décision ayant acquis l'autorité de la chose jugée à l'égard de l'actionnaire.

8. La Banque n'encourt aucune responsabilité à raison d'un transfert quelconque qui n'a pas été régulièrement inscrit sur ses registres.

Le transfert inscrit sur les dits registres sera préféré au transfert antérieur non inscrit jusqu'à ce que les tribunaux décident quelle est des deux acquisitions celle qui doit subsister. Dans l'intervalle, à défaut de saisie judiciaire, l'actionnaire, reconnu comme tel, conservera la plénitude de ses droits en ce qui concerne le recouvrement des dividendes et l'aliénation des valeurs.

9. Avant d'autoriser la transmission des actions, la Banque examinera la légitimité du titre qui doit être radié et sa conformité avec les mentions de ses registres, et elle s'assurera qu'il n'existe ni saisie ni aucun autre obstacle empêchant légalement l'aliénation.

10. Le transfert des actions, au moyen d'une déclaration de leurs propriétaires, conformément à l'art. 4 des statuts, se fera sur la présentation, dans le bureau compétent, du propriétaire en personne ou par l'intermédiaire d'un mandataire muni de pouvoirs suffisants. La déclaration de transfert dûment rédigée sera signée par le cédant et par l'agent de bourse ou le courtier de commerce qui répond de l'identité et de la capacité légale du vendeur.

Pour chacun des nouveaux extraits d'inscription à délivrer, il sera immédiatement donné à l'agent ou courtier un certificat provisoire signé par le chef de bureau.

11. Le transfert des actions entre-vifs par acte authentique sera inscrit sur le vu de l'expédition *in extenso* et authentique de l'acte, laquelle sera déposée aux archives de la Banque.

Le transfert des actions au moyen d'une police de vente fait par le ministère d'un agent ou courtier, sera inscrit régulièrement, pourvu que les polices soient signées par les parties contractantes, ainsi que par l'agent ou courtier, et que les signatures soient légalisées par trois notaires de la commune dans laquelle le contrat a été fait.

12. La Banque pourra procéder à la confrontation des dits actes et des autres documents notariaux et judiciaires servant de base au transfert, afin de s'assurer de leur légitimité.

Elle pourra également retenir et conserver dans ses archives les pièces justificatives et exiger la légalisation de celles qui auront été délivrées en dehors de Madrid.

En tout cas, avant de réaliser le transfert, la Banque permettra à l'agent ou courtier et à l'acquéreur, ou aux personnes à qui ils confient cette charge, d'examiner les documents justificatifs.

13. Toutes les fois qu'une sentence judiciaire devenue exécutoire aura statué sur la propriété d'une ou plusieurs actions, ou ordonné leur vente, la Banque fera le transfert auquel il y aura lieu de procéder, sur la production d'un certificat de la dite décision, de la radiation de l'extrait, s'il n'a pas été annulé, et, s'il y a lieu, de l'acte de l'agent intermédiaire.

14. Le droit de succéder à la propriété plus au moins complète des actions par testament ou ab intestat, ou par legs, devra être prouvé conformément aux lois d'une manière ne laissant point place au doute, et au moyen de documents authentiques.

15. La Banque, à défaut d'opposition légalement formulée, reconnaîtra aux exécuteurs testamentaires le droit de toucher les dividendes des actions de leur ayant-cause. Elle leur reconnaîtra également le droit de les vendre, s'il leur est accordé par le testament.

16. Les dispositions contenues dans les deux premiers paragraphes de l'art. 12 sont applicables aux documents présentés en cas de succession pour cause de mort.

17. Il sera tenu un registre spécial, avec tous les détails nécessaires, de tous les documents servant à justifier le transfert des actions.

18. Les actions de la Banque sont indivisibles; lorsque l'une d'elles doit être transférée à plusieurs personnes, elles la possèderont en commun avec un extrait unique.

Lorsque le nombre des actions possédées en commun est exactement divisible, ou pourra les répartir dans la proportion qu'il appartient.

Capítulo III. De las acciones cuya libre disposición está limitada.

19. Se inscribirán en la forma que establece el art. 1º las acciones constituídas en usufructo, y las que, perteneciendo á personas naturales ó jurídicas en concepto de inalienables, no puedan ser enajenadas durante cierto tiempo ó sin que medie autorización superior. Este artículo y las demás disposiciones que se refieren especialmente á las acciones no disponibles, no son aplicables á las acciones retenidas y á las dadas en fianza.

20. Las acciones de libre disposición podrán convertirse en no disponibles por los medios que autoricen las leyes. En estos casos se presentarán en el Banco, y éste los archivará, los documentos justificativos de la conversión y de las condiciones á que los valores han de quedar sujetos.

21. Las acciones no disponibles volverán á la clase de libre disposición cuando se extinga la causa que las tenga en aquella situación.

22. Así en el caso de modificarse la condición de libres de las acciones por la de no disponibles, como en el contrario, se expedirán nuevos extractos, cancelando los antiguos, ó publicando por una vez en la *Gaceta* la anulación de los extractos si fueran de los no disponibles, ó cumpliendo, respecto á los libres, lo prevenido en los artículos 6 ó 7, según los casos.

El anuncio de la anulación de extractos inalienables habrá de preceder en un mes á la transmisión, la cual podrá efectuarse si en dicho plazo no se presenta reclamación justificada contra ella.

23. En la sucesión de las acciones que hubiesen de conservar la cualidad de no disponibles, la persona que haya de seguir poseyéndolas ó usufructuándolas acreditará su derecho en forma legal.

Será aplicable á este caso lo prevenido en el artículo anterior sobre cancelación ó anulación del extracto.

De la sucesión en la nuda propiedad podrá tomarse nota, para darle efecto cuando se consolide el dominio.

24. El Banco anotará y ejecutará cualquier retención ó embargo que se le comunique por autoridad competente, así respecto al percibo de los dividendos, como á la libre disposición de las acciones.

Cuando reciba el Banco varias providencias de retención respecto á unos mismos valores, cumplirá de un modo preferente la que haya recibido y anotado antes, y luego las demás por turno riguroso, á no ser que resuelva otra cosa la Autoridad superior á aquellas que expidieron los mandamientos de retención, ó hayan sido acumulados los primeros procedimientos á un juicio universal, ó se trate de una retención para el pago de pensión alimenticia.

25. Las acciones constituídas en fianza continuarán inscritas á nombre de quien las posea al establecerse la garantía, sin autorizar su transferencia hasta que la permita la persona ó autoridad á cuya disposición estén dichas acciones, llegue el término de la fianza, se acredite el cumplimiento del contrato, ó, declaradas responsabilidades sobre la misma fianza, se acuerde su enajenación.

26. Los extractos de las que se constituyan en fianza de cargos del Banco se han de depositar en la Caja de efectos del mismo, y respecto de ellas el Consejo de gobierno podrá decretar la suspensión del pago de los dividendos, cuando á su juicio exista sospecha fundada de haberse contraído responsabilidad por el funcionario afianzado. Declarada la responsabilidad en expediente gubernativo, cuyas conclusiones merezcan la aprobación del Gobernador y del Consejo de gobierno, se cancelará el depósito, pasando nota de las acciones á la Junta sindical, para que se vendan en Bolsa por el Agente que aquélla designe; y mediante certificación de la venta é ingreso del producto, se aplicará éste, ó la parte necesaria, á cubrir aquellas responsabilidades.

27. Los dividendos de las acciones se pagarán al portador del extracto, siendo persona conocida, ó se abonarán en la cuenta corriente del que el mismo haya designado, bien en Madrid ó en Sucursales.

El Banco podrá exigir la presentación de la fe de vida de los usufructuarios.

Chapitre III. Des actions dont la libre disposition est limitée.

19. Seront inscrites dans la forme établie dans l'art.1er, les actions constituées en usufruit et celles qui appartiennent à plusieurs personnes naturelles ou juridiques, à titre inaliénable, ne peuvent être aliénées durant un certain temps ou sans une autorisation supérieure. Le présent article et les autres dispositions qui concernent spécialement les actions non-disponibles ne sont pas applicables aux actions saisies ou données en gage.

20. Les actions de libre disposition pourront être converties en actions non-disponibles par les moyens autorisés par les lois. Dans ce cas, on produira à la Banque, qui les classera aux archives, avec les documents justificatifs de la conversion et des conditions auxquelles les valeurs doivent être soumises.

21. Les actions non-disponibles rentreront dans la catégorie des actions dont on peut librement disposer lorsque cessera la cause qui les a placées dans cette situation.

22. Aussi bien dans le cas où des actions libres seront frappées d'indisponibilité que dans le cas contraire, il sera délivré de nouveaux extraits, et les anciens extraits seront radiés, ou l'on fera publier, dans la *Gaceta*, une annonce unique faisant connaître l'annulation des extraits, s'il s'agit d'extraits d'actions frappées d'indisponibilité, ou l'on remplira, s'il s'agit d'actions libres, les formalités prévues, suivant les cas, dans les art. 6 ou 7.

L'annonce de l'annulation des extraits inaliénables devra être faite un mois avant le transfert, et celui-ci ne pourra être opéré si, durant ce délai, il se produit une réclamation justifiée.

23. En cas de transfert par succession d'actions qui devront continuer à demeurer indisponibles, la personne qui doit succéder à une autre en qualité de possesseur ou d'usufruitier des dites actions, doit justifier de son titre dans la forme légale.

Seront applicables à ce cas les dispositions de l'article précédent relatives à la radiation ou à l'annulation de l'extrait.

Il pourra être pris note de la succession en nu-propriété, pour lui donner effet lors de la consolidation de la propriété.

24. La Banque prendra note et exécutera toute opposition ou saisie dont il lui sera donné connaissance par l'autorité compétente, tant en ce qui concerne la perception des dividendes qu'en ce qui concerne la libre disposition des actions.

Lorsque la Banque recevra notification de plusieurs saisies relatives aux mêmes valeurs, elle exécutera de préférence celle qui lui aura été notifiée et dont elle a pris note la première, et elle exécutera les autres ensuite en observant l'ordre rigoureux des notifications, sauf décision contraire de l'autorité supérieure à celles de qui émanent les ordonnances de saisie, ou jonction des premières procédures à une instance universelle, ou s'il s'agit d'une opposition en vue du payement d'une pension alimentaire.

25. Les actions données en gage continueront à être inscrites au nom de celui qui les possédait au moment de la constitution du gage, sans procéder à un transfert avant d'y être autorisé par la personne ou par l'autorité à la disposition de qui sont ces actions, ou, le terme du cautionnement étant arrivé, d'avoir la preuve que le contrat est exécuté, ou que, les responsabilités grevant le gage ayant été constatées, la vente du dit gage n'ait été autorisée.

26. Les extraits des actions données en cautionnement de fonctions de la Banque doivent être déposés à la Caisse des effets de la Banque elle-même, et le Conseil de gouvernement pourra ordonner d'en suspendre le payement des dividendes lorsqu'il estime qu'il y a lieu de penser que la responsabilité du fonctionnaire ayant constitué le cautionnement se trouve engagée. Lorsque cette responsabilité aura été reconnue à la suite d'une procédure administrative dont les conclusions auront été approuvées par le Gouverneur et par le Conseil de gouvernement, le dépôt sera radié, et il sera remis un bordereau des dites actions à la Chambre syndicale, pour être procédé à leur vente en Bourse par le ministère de l'agent qu'elle désignera; et, sur le vu du certificat de vente et de perception du produit de la dite vente, il en sera fait application, jusqu'à due concurrence de la somme reçue, pour couvrir les responsabilités.

27. Les dividendes des actions seront payés au porteur de l'extrait, lorsqu'il est une personne connue, ou portés au compte-courant de la personne qu'il aura désignée, tant à Madrid que dans les succursales.

La Banque pourra exiger un certificat de vie des usufruitiers.

En los casos de embargo ó retención de los dividendos, el Banco satisfará el importe de éstos á la persona que deba recibirlos por orden de la Autoridad de quien proceda la retención, no siendo precisa en este caso la presentación del extracto.

Título II. De las operaciones del Banco.

Capítulo primero. Disposiciones generales.

28. Los artículos del anterior título de este Reglamento relativos á transmisión de acciones por escritura pública, sentencia judicial ó sucesión, embargo de acciones ó de sus dividendos, extravío ó destrucción de extractos de acciones libres, renovación, presentación ó anulación de dichos títulos y pago usual de dividendos por medio de las cuentas corrientes, serán aplicables á los valores y resguardos ó pólizas de depósitos, garantías de descuentos, préstamos y créditos.

29. En caso de litigio ó reclamación de tercero sobre valores existentes en el Banco, éste podrá trasladar á la Caja general de Depósito del Estado los efectos á que la contienda se refiera, cancelando desde luego el depósito y custodiando solamente el resguardo del nuevo depósito constituído en la Caja general de éstos, sin hacer, por su parte, gestión alguna con respecto al cobro de intereses ó amortizaciones, en su caso, y cesando en sus deberes como tal depositario.

Terminada que sea la contienda, el Banco entregará el resguardo del depósito á quien disponga la sentencia ejecutoria ó convinieren los contendientes de común acuerdo.

Capítulo II. De los billetes.

30. La fabricación de los billetes del Banco será autorizada por el Consejo de Gobierno, que fijará las reglas á que haya de sujetarse.

31. Los billetes estarán distribuídos por series, con numeración correlativa en cada una.

El Consejo de gobierno determinará el valor de los billetes de cada serie, dentro del límite establecido en las leyes orgánicas del Banco.

32. Los billetes que el Banco emita llevarán grabadas las firmas del Gobernador y del Interventor, y la del Cajero de efectivo en estampilla.

El Consejo de gobierno acordará el importe de cada emisión, que se irá habilitando con la firma del Cajero de efectivo para ponerse en circulación, según lo exijan las necesidades de las Cajas.

33. Los billetes confeccionados y no habilitados se depositarán en la Caja destinada á dicho efecto, de la cual tendrán una llave el Gobernador, otra el Vicesecretario y otra el Interventor del Banco.

El Gobernador podrá confiar la llave al Subgobernador en quien delegue, y tanto éste como el Vicesecretario é Interventor, podrán también confiarlas bajo su responsabilidad á empleados del Banco que les sustituyan en este servicio.

34. Los billetes, ya firmados, se guardarán en la Caja reservada de efectivo hasta que se pongan en circulación.

Por la misma Caja de efectivo, previa orden del Gobernador, ó Subgobernador que haga sus veces, se proveerá á las Sucursales, Cajas ó demás dependencias habilitadas, de los billetes que necesiten para ponerlos en circulación.

35. Los billetes que no sean necesarios para el servicio corriente, volverán á la Caja reservada.

36. El Banco recogerá en la Caja de efectivo, en las Sucursales y dependencias habilitadas para el cambio de billetes, é inutilizará taladrándolos, salvando su número de orden, todos los billetes que se deterioren en la circulación y los que hayan de retirarse de ella por cualquier otra causa.

Los billetes taladrados se entregarán al Negociado de Amortización, que cuidará de anotarlos en los registros y custodiarlos en armarios con tres llaves, que tendrán los mismos claveros de que habla el art. 33, hasta que, á propuesta de la Administración, se fije por el Consejo el día de su quema, para la cual deberán presentarse facturados.

37. Las Cajas destinadas al cambio de billetes estarán abiertas para el público todos los días no festivos, á las horas fijadas por el Consejo de gobierno, que previamente se anunciarán, no excediendo ordinariamente de cuatro; y, si por causas

Dans les cas de saisie ou d'opposition au payement des dividendes, la Banque en payera le montant entre les mains de la personne qui doit les recevoir en vertu de l'ordre de l'autorité de qui émane l'ordonnance de saisie, sans qu'il soit besoin dans ce cas de présenter l'extrait.

Titre II. Des opérations de la Banque.

Chapitre premier. Dispositions générales.

28. Les articles du titre précédent du présent règlement concernant les transferts d'actions par acte public, sentence judiciaire ou succession, saisie des actions ou de leurs dividendes, perte ou destruction des actions libres, renouvellement, production ou annulation des dits titres et payement usuel des dividendes au moyen de comptes-courants, seront applicables aux valeurs, warrants ou polices de dépôts, garanties d'escomp-tes, prêts et ouvertures de crédit.

29. En cas de litige ou de réclamation d'un tiers portant sur des valeurs existantes dans ses caisses, la Banque pourra transmettre à la Caisse générale des dépôts de l'État les effets faisant l'objet de la contestation, et elle radiera aussitôt le dépôt pour conserver seulement le certificat du nouveau dépôt effectué à la Caisse générale des dépôts, sans qu'il y ait lieu de faire, de sa part, aucun acte en ce qui concerne la perception des intérêts ou primes d'amortissement, suivant les cas, et elle cessera d'être tenue de ses obligations de dépositaire.

Lorsque le litige sera terminé, la Banque remettra le certificat de dépôt à qui de droit, d'après les termes de la sentence exécutoire ou de l'accord intervenu entre les parties.

Chapitre II. Des billets.

30. La fabrication des billets de la Banque sera autorisée par le Conseil de gouvernement qui fixera les règles à observer à cet effet.

31. Les billets seront distribués par série, avec numérotage corrélatif dans chaque série.

Le Conseil de gouvernement déterminera la valeur des billets de chaque série dans les limites établies par les lois organiques de la Banque.

32. Les billets émis par la Banque porteront en caractères gravés les signatures du Gouverneur et du Contrôleur, et la signature du caissier des espèces apposée au moyen d'un cachet.

Le Conseil de gouvernement fixera le montant de chaque émission, et les billets seront régularisés pour être mis en circulation au moyen de la signature du caissier des espèces, suivant les besoins des caisses.

33. Les billets fabriqués et non régularisés seront déposés dans la caisse affectée à cet usage, dont les trois clefs seront entre les mains l'une du Gouverneur, l'autre du vice-secrétaire, et l'autre du contrôleur de la Banque.

Le Gouverneur pourra confier sa clef au Sous-gouverneur par lui délégué et celui-ci, de même que le vice-secrétaire et le contrôleur, pourront confier également leur clef, sous leur responsabilité, aux employés de la Banque qui les remplacent.

34. Les billets déjà signés seront gardés dans la caisse réservée des espèces, jusqu'à leur mise en circulation.

La dite caisse des espèces, en vertu de l'ordre préalable du Gouverneur ou du Sous-gouverneur le remplaçant, pourvoira les succursales, caisses et autres dépendances habilitées à cet effet des billets nécessaires pour les mettre en circulation.

35. Les billets qui ne seront pas nécessaires pour le service courant seront remis à la caisse réservée.

36. La Banque recueillera dans la caisse des espèces, dans les succursales et dépendances habilitées pour l'échange des billets, et les mettra hors de service en les perforant, mais en respectant le numéro d'ordre, tous les billets détériorés en circulation et ceux qui, pour une autre cause, doivent être retirés de la circulation.

Les billets perforés seront remis au bureau de l'amortissement, qui en prendra note sur les registres et les gardera dans des armoires à trois clefs, lesquelles seront conservées comme il est spécifié dans l'art. 33, jusqu'à ce que, sur la proposition de l'administration, le Conseil fixe le jour où ils seront incinérés, opération pour laquelle ils devront être présentés avec bordereaux.

37. Les caisses affectées à l'échange des billets seront ouvertes au public tous les jours non fériés, aux heures fixées par le Conseil de gouvernement, lesquelles seront préalablement annoncées et ne pourront ordinairement dépasser

extraordinarias conviniese aumentarlas, se anunciará igualmente con la oportuna anticipación.

38. Los billetes que se presenten al cambio deteriorados ó incompletos en términos de que ofrezcan duda, no serán satisfechos sin someterlos previamente á reconocimiento por persona perita en el Banco de España.

Capítulo III. De los depósitos.

39. El Banco admitirá en sus Cajas depósitos de efectivo, de valores mobiliarios y de alhajas.

Según las condiciones de su constitución, se dividirán en voluntarios y necesarios, judiciales y de fianza, y podrán hacerse á nombre de una ó varias personas, juntas ó indistintamente.

40. Los depósitos voluntarios se constituirán en concepto de transmisibles ó de intransmisibles, á voluntad de los interesados ó de terceras personas; siendo transferible su propiedad por todos los medios que reconoce el derecho común. Para los efectos legales, el Banco reconocerá como dueño de los valores depositados á la persona ó personas á cuyo favor esté expedido el resguardo, ó al endosatario de los depósitos transmisibles, si se hubiera tomado razón del endoso en el Establecimiento.

41. Al verificarse el recibo de los depósitos se expedirán resguardos provisionales, que se canjearán al día siguiente por los definitivos. Estos serán firmados por el Cajero correspondiente, el Interventor y el Gobernador ó Subgobernador que le sustituya, ó el Jefe respectivo en las Sucursales y demás dependencias habilitadas para recibir depósitos.

42. Los depósitos, así transmisibles como intransmisibles, podrán ser retirados por medio de apoderado, y en tal caso, con el resguardo original, se presentará el poder bastante en que se autorice á la persona que haya de recibirlos.

43. Los resguardos de los depósitos necesarios, de fianzas y judiciales, se conceptuarán anulados cuando así lo acuerde la Autoridad, Tribunal, Corporación ó persona á cuya disposición estén constituídos, siendo, por tanto, cancelados y devueltos los depósitos á la persona autorizada para recibirlos, sin necesidad de que se presente el resguardo, cuando así también lo acuerde quien haya decretado la anulación.

44. El Consejo de gobierno del Banco podrá autorizar y, en su caso, determinará las condiciones con que hayan de ser trasladados los depósitos de unas á otras Cajas del Banco, cuando los interesados lo soliciten.

45. La devolución de los depósitos bajo resguardos transmisibles se verificará á la presentación de estos documentos en las Cajas respectivas, después de comprobar su legitimidad, así como la regularidad de los endosos, si los tuvieren, y mediante el *Recibí* subscripto por la persona que tenga derecho á retirarlos.

Todo aquel que retire un depósito estará obligado á acreditar la identidad de su persona por los medios que el Banco estime necesarios para ello.

46. Los depósitos bajo resguardos intransmisibles serán devueltos mediante el *Recibí* subscripto por las personas á cuyo nombre se hayan constituído ó por sus legítimos causa-habientes, después de presentados aquéllos documentos originales en las Cajas respectivas, y de que se haya comprobado su legitimidad. El Banco podrá exigir la identidad de la persona en iguales términos que los establecidos en el art. 45 para los depósitos transmisibles.

Depósitos de efectivo.

47. Los depósitos de efectivo se constituirán por la persona que haya de disponer de ellos ó por un tercero, y consistirán en monedas de oro ó plata, ó en billetes del Banco de España. Los que sean voluntarios no podrán ser menores de doscientas pesetas.

48. El Banco de España no cobrará derecho alguno de custodia por los depósitos de efectivo que se constituyan en sus Cajas.

Depósitos de valores mobiliarios.

49. El Banco podrá admitir en depósito títulos definitivos ó provisionales de la Deuda del Estado y del Tesoro, de la Deuda pública de países extranjeros, Acciones

quatre; et si, pour des causes extraordinaires, il convient de les augmenter, il en sera également donné préalablement avis en temps opportun.

38. Les billets présentés à l'échange détériorés ou incomplets, dans des conditions présentant des doutes sur leur valeur, ne seront payés qu'après avoir été soumis préalablement à leur reconnaissance par un expert à la Banque d'Espagne.

Chapitre III. Des dépôts.

39. La Banque acceptera dans ses caisses des dépôts d'espèces, de valeurs mobilières et d'objets précieux.

Suivant les conditions dans lesquelles ils auront été constitués, les dépôts seront divisés en dépôts volontaires et nécessaires, dépôts judiciaires et dépôts en gage, et ils pourront être faits au nom d'une ou de plusieurs personnes, conjointement ou indistinctement.

40. Les dépôts volontaires seront constitués avec le caractère de dépôts transmissibles ou intransmissibles, à la volonté des intéressés ou de tiers; la propriété en pourra être transmise par tous les moyens reconnus par le droit commun. Pour les effets légaux, la Banque reconnaîtra comme le propriétaire des valeurs déposées la personne ou les personnes au profit desquelles a été délivré le certificat, ou le cessionnaire par voie d'endossement des dépôts transmissibles, s'il a été pris note de l'endossement dans l'établissement.

41. Dès la réception des dépôts, il sera délivré des récépissés provisoires lesquels seront échangés, le lendemain, contre des récépissés définitifs. Ceux-ci seront signés par le caissier compétent, le contrôleur et, le Gouverneur ou le sous-gouverneur le remplaçant, ou le chef respectif dans les succursales et les autres dépendances habilitées à recevoir des dépôts.

42. Les dépôts, tant transmissibles qu'intransmissibles, pourront être retirés par l'intermédiaire d'un fondé de pouvoir, et, dans ce cas, en même temps que le certificat original, on produira le pouvoir suffisant qui autorise la personne qui doit les recevoir.

43. Les certificats des dépôts nécessaires, des cautionnements et des dépôts judiciaires seront considérés comme annulés lorsqu'il en sera ainsi ordonné par l'autorité, le tribunal, la corporation ou la personne à la disposition de qui ils ont été constitués; ils seront, en conséquence, radiés et restitués à la personne autorisée à les recevoir, sans qu'il soit besoin de produire le certificat, quand il en sera ainsi décidé dans l'ordonnance qui a prescrit l'annulation.

44. Le Conseil de gouvernement de la Banque pourra autoriser, et, s'il y a lieu, il déterminera les conditions dans lesquelles les dépôts doivent être transférés d'une caisse à l'autre de la Banque, sur la demande des intéressés.

45. La restitution des dépôts sur certificats transmissibles sera opérée sur la présentation des dits documents aux caisses respectives, après vérification de leur régularité, ainsi que de la régularité des endossements, s'il en existe, et moyennant le *Recibí* (reçu) signé de la personne qui a le droit de les retirer.

Toute personne qui retire un dépôt sera tenue de justifier de son identité par les moyens que la Banque estime nécessaires à cet effet.

46. Les dépôts sur certificats intransmissibles seront remis sur le *Recibí* (reçu) signé par les personnes au nom de qui ils ont été constitués ou par leurs ayants-cause légitimes, après présentation des documents originaux aux caisses respectives, et vérification de leur légitimité. La Banque pourra exiger la justification de l'identité de la personne dans les mêmes termes qu'il est dit dans l'art. 45 en ce qui concerne les dépôts transmissibles.

Dépôts en espèces.

47. Les dépôts en espèces seront constitués par la personne qui en a la disposition ou par un tiers, et ils seront effectués en monnaies d'or ou d'argent, ou en billets de la Banque d'Espagne. Les dépôts volontaires ne pourront être inférieurs à 200 *pesetas.*

48. La Banque d'Espagne ne percevra aucun droit de garde pour les dépôts en espèces effectués dans ses caisses.

Dépôts de valeurs mobilières.

49. La Banque pourra accepter en dépôt des titres définitifs ou provisoires de la dette de l'État et du Trésor, de la dette publique de pays étrangers, d'actions

ú Obligaciones de Sociedades, Compañías ó Corporaciones públicas ó privadas, nacionales ó extranjeras, y valores mobiliarios de cualquier clase.

Los efectos de la Deuda del Estado y del Tesoro público que se entreguen en depósito serán presentados á las oficinas que los hayan emitido, para comprobar su legitimidad por los medios que las mismas tengan establecidos; igual precaución se tomará respecto de los demás efectos en papel, si las oficinas que los han emitido residen en la plaza y tienen medios de llenar este requisito, el cual se consignará en una de las facturas de presentación.

Cuando no pueda comprobarse la legitimidad de los valores, se expresará esta circunstancia en los resguardos que se expidan, no respondiendo en tal caso el Banco ni sus Sucursales de la autenticidad de los títulos. Los dueños de éstos podrán poner en cada uno de ellos la señal que estimen conveniente, para que al devolvérselos puedan comprobar si son los mismos que constituyeron en depósito.

50. El Banco responde de la devolución de los mismos títulos que se le confíen en depósito, ó sus equivalentes ó sustitutos, en los casos de conversión ó canje.

En los resguardos de depósitos se consignará el importe nominal de los efectos y su serie y numeración.

51. El Banco se encargará de cobrar los intereses ó dividendos de los efectos depositados que se paguen en la misma plaza en que esté constituído el depósito, y que venzan con posterioridad á la constitución del mismo. Respecto de los demás, el Consejo de gobierno adoptará las disposiciones que estime convenientes.

52. Los depósitos de valores podrán devengar los derechos de custodia que designe el Consejo de gobierno, anunciándose al público previamente las tarifas que se acuerden, así como las alteraciones que en ellas se introduzcan.

Los depósitos de efectos que constituya el Tesoro en el Banco no devengarán derechos de custodia si son retirados por el mismo Tesoro.

Depósitos de alhajas.

53. Se admitirán en depósito como alhajas los metales preciosos en barras, las monedas extranjeras sin curso legal en la Nación, las joyas de oro, plata ó pedrería, ú otros objetos de especial estimación.

Estos depósitos se admitirán en la Caja central, y en las Sucursales cuando lo permitan las condiciones del local.

54. Los depósitos de alhajas se presentarán en cajas ó envases cerrados, precintados y sellados, teniendo el Banco el derecho de examinar su contenido antes de admitirlos.

Las facturas de presentación expresarán en globo la índole de los objetos y el valor que se les asigne.

55. El Banco y sus Sucursales sólo quedan obligados á devolver íntegros los depósitos de monedas, barras y alhajas, sin responsabilidad alguna respecto al valor que se les hubiere dado, limitándose éste á la devolución de los bultos con el precinto intacto.

56. Los depósitos de alhajas devengarán los derechos de custodia que acuerde el Consejo de gobierno, anunciándolo al público previamente.

57. El Banco de España alquilará las Cajas especiales que tiene destinadas al efecto, bajo las condiciones que señale el Consejo de gobierno, figurando entre ellas las siguientes: 1.ª El Banco podrá reconocer, si lo estima conveniente, la clase de objetos que se guarden en las Cajas; — 2.ª Si el interesado no renueva en tiempo oportuno su abono ni devuelve las llaves de la Caja al Banco, se le exigirá el pago del alquiler por igual tiempo al del abono vencido. Además se procederá á la apertura de la Caja, levantando acta notarial en que se exprese su contenido, y éste se conservará cerrado, lacrado y sellado, y aplicándosele las disposiciones legales relativas á la prescripción del dominio y de acciones. Los gastos que se ocasionen por el acta notarial ó por cualquier otro concepto serán de cuenta del interesado; — 3.ª El extravío de las llaves dará lugar á que se repongan á costa del abonado; — 4.ª El Banco sólo responde de la seguridad de la Caja y de que permanecerá cerrada en la forma que el abonado la haya dejado.

ou obligations de sociétés, compagnies ou corporations publiques ou privées, nationales ou étrangères, et des valeurs mobilières de toute catégorie.

Les effets de la dette de l'État et du Trésor public, constitués en dépôt seront présentés aux offices qui les ont émis pour vérification de leur légitimité par les moyens établis par les dits établissements; la même précaution sera prise pour les autres effets en papier, si les établissements qui les ont émis ont leur siège dans la place et ont les moyens de satisfaire à cette demande, laquelle sera consignée sur un des bordereaux de présentation.

Lorsque la légitimité des valeurs ne pourra être vérifiée, il en sera fait mention sur les certificats délivrés, et, dans ce cas, la Banque et ses succursales ne seront pas responsables de l'authenticité des titres. Les propriétaires des titres pourront apposer sur chacun d'eux la marque qu'ils jugeront convenable pour pouvoir vérifier, lors de la restitution, si on leur remet les titres mêmes dont ils ont opéré le dépôt.

50. La Banque est responsable de la restitution des titres mêmes qui lui sont confiés en dépôt, ou de leurs équivalents ou de ceux qui leur ont été substitués, en cas de conversion ou d'échange.

Sur les certificats de dépôt, seront mentionnés le montant nominal de l'effet, ainsi que ses série et numéro.

51. La Banque se chargera de percevoir les intérêts ou dividendes des effets déposés, payables dans la place même où le dépôt a été effectué, qui viennent à échoir postérieurement à la constitution du dit dépôt. En ce qui concerne les autres, le Conseil de gouvernement adoptera les dispositions qu'il estimera convenables.

52. Il pourra être perçu, pour les dépôts de valeurs, des droits de garde indiqués par le Conseil de gouvernement, sauf à faire connaître préalablement au public les tarifs fixés et les modifications qui pourront y être apportées.

Il ne sera dû aucun droit de garde pour les dépôts d'effets opérés par le Trésor à la Banque, si le retrait en est effectué par le Trésor lui-même.

Dépôts d'objets de prix.

53. Seront acceptés en dépôt, comme objets de prix, les métaux précieux en barres, les monnaies étrangères n'ayant pas cours légal dans la Nation, les bijoux d'or, d'argent ou pierres précieuses, ou les autres objets de valeur spéciale.

Ces dépôts seront acceptés à la caisse centrale, et, dans les succursales, lorsque les conditions du local le permettent.

54. Les dépôts d'objets de prix seront présentés dans des caisses ou enveloppes fermées, ficelées et scellées, et la Banque aura le droit d'examiner leur contenu avant de les accepter.

Les bordereaux de présentation indiqueront in globo la nature des objets et la valeur qui leur est attribuée.

55. La Banque et ses succursales sont seulement tenues à la restitution intégrale des monnaies, lingots et bijoux, sans être aucunement responsables de la valeur qui leur aura été attribuée, et elle se bornera à restituer les paquets avec la ficelle intacte.

56. Il sera perçu pour les dépôts d'objets de prix, les droits de garde fixés par le Conseil de gouvernement, et qui seront préalablement portés à la connaissance du public.

57. La Banque d'Espagne louera les caisses spéciales par elle affectées à cet usage, sous les conditions déterminées par le Conseil de gouvernement, au nombre desquelles figureront les suivantes: 1° La Banque pourra vérifier, si elle le juge convenable la nature des objets conservés dans les caisses; — 2° Si l'intéressé ne renouvelle pas en temps utile son abonnement et ne restitue pas les clefs à la Banque, il sera tenu au payement du loyer pour un temps égal à l'abonnement échu. En outre, il sera procédé à l'ouverture de la caisse, sur procès-verbal notarié énonçant son contenu, lequel sera conservé clos, cacheté et scellé, et sera soumis aux prescriptions légales relatives à la prescription de la propriété et des actions. Les frais occasionnés par l'acte de notaire et par toute autre cause, seront à la charge de l'intéressé; — 3° La perte des clefs donnera lieu à leur réfection aux frais de l'intéressé; — 4° La Banque ne répond que de la sécurité de la caisse et de sa fermeture permanente dans l'état où l'a laissée l'abonné.

38*

Capítulo IV. De las cuentas corrientes.

58. El Banco de España podrá abrir cuenta corriente de efectivo ó de valores á las personas naturales ó jurídicas que lo soliciten y reúnan las condiciones que señale el Consejo de gobierno. Las peticiones de apertura de cuenta corriente se harán por comunicación dirigida al Gobernador del Banco, Director de la Sucursal ó Jefe de la dependencia en que se solicite la cuenta, expresando sus nombres, apellidos y domicilio; si fuese Sociedad mercantil, su razón social y los nombres de sus Gerentes; y si fuera Corporación, los de las personas que deban representarla, acreditándose estas circunstancias, si el Banco lo exigiese, con testimonio de las escrituras sociales, copias de Estatutos y certificados de acuerdos. En las que se soliciten por títulos del Reino ó extranjeros, se consignará el nombre y los dos apellidos del que disfrute la merced, abriéndose la cuenta en la forma que lo pidan.

Concedida la apertura de la cuenta corriente, pondrán su firma en los registros del Banco, ó en documento indubitable que pueda unirse á ellos, la persona ó personas que hayan de estar autorizadas para librar contra la misma. También se podrá abrir cuenta corriente á los interesados que habitual ó accidentalmente residan fuera de la población en que el Banco tenga establecidas sus oficinas, siempre que antes se llenen los requisitos exigidos por el presente Reglamento y los que á este efecto acuerde el Consejo de gobierno.

59. El Banco puede estimar ó desestimar cualquier petición de apertura de cuenta corriente, y cancelar las abiertas cuando lo crea conveniente, dejando el saldo á disposición de su dueño, sin necesidad de explicar los motivos de su determinación.

60. El Banco de España entregará á los tenedores de cuenta corriente cuadernos talonarios para el uso de la misma, y al recibirlos el tenedor de la cuenta aceptará y subscribirá su conformidad con las condiciones reglamentarias por que se rija esta clase de operaciones.

61. El Banco no responde de los perjuicios que puedan resultar de la pérdida ó substracción de los talones al portador.

62. El Banco suspenderá el pago de un talón, si antes de realizado es prevenido por el librador, hasta que se decida, por quien corresponda, la persona que deba percibir su importe, el cual se conservará entre tanto en calidad de depósito.

63. Podrá ser detenida, dando inmediatamente cuenta al Gobernador, Director de la Sucursal ó dependencia, la persona que presente al cobro un talón que, después de reconocido y comprobado, resulte ser ilegítimo.

64. Los particulares y los representantes de Sociedades y Corporaciones, facultados para ello, podrán autorizar á otra ú otras personas para la firma, y al efecto subscribirán la oportuna declaración en el registro que con este objeto se llevará en el Banco y sus Sucursales ó dependencias, dando á conocer la firma, que pondrá allí la persona autorizada, ó acreditará por medio de documento indubitable.

Cuentas corrientes de efectivo.

65. Las cuentas corrientes de efectivo no devengarán interés alguno, á menos que, por circunstancias muy atendibles, considere el Consejo de gobierno de conveniencia para el Establecimiento el abono de algún interés, en cuyo caso lo señalará, dando á su acuerdo la publicidad necesaria.

66. El Consejo de gobierno determinará cuál ha de ser el importe mínimo de la primera entrega que se haga para abrir una cuenta corriente, ya en Madrid ó en las dependencias del Banco, así como el importe mínimo también de las entregas sucesivas. Éstas podrán hacerse en cualquier Caja del Establecimiento ó sus dependencias, con abono á cuenta abierta en la misma ó en otra oficina.

67. Se recibirán en cuenta corriente billetes del Banco de España, monedas de oro y plata de curso legal y efectos realizables en la plaza en que esté abierta la cuenta, ó en cualquier otra que el Consejo de gobierno determine. El mismo Consejo señalará los términos y condiciones con que han de ser admitidos los expresados efectos.

Chapitre IV. Des comptes-courants.

58. La Banque d'Espagne pourra ouvrir un compte-courant d'espèces ou de valeurs aux personnes naturelles ou juridiques qui le demandent et qui réunissent les conditions déterminées par le Conseil de gouvernement. Les demandes d'ouverture de compte-courant seront faites par lettre adressée au Gouverneur de la Banque, au directeur de la succursale ou au chef de la dépendance dans laquelle l'ouverture du compte est demandée, en indiquant les prénoms, nom et domicile du requérant; la raison sociale et les noms des gérants, si la demande est faite par une société, et, si elle est faite par une corporation, les noms des personnes qui doivent la représenter, lesquelles circonstances devront être justifiées, si la Banque l'exige, au moyen d'extraits des actes de société, de copies des statuts ou de certificats des délibérations. Dans les demandes faites sur des titres du Royaume ou des titres étrangers, on énoncera le nom et les deux prénoms de celui qui en a la jouissance, et le compte sera ouvert dans la forme demandée.

Lorsque l'ouverture du compte-courant aura été accordée, la personne ou les personnes qui doivent être autorisées à tirer sur le dit compte apposeront leur signature sur les registres ou sur un document incontestable, susceptible d'y être annexé. Il pourra être également ouvert des comptes-courants aux intéressés qui résident habituellement ou accidentellement en dehors de la ville où les bureaux de la Banque sont établis, à la condition de remplir les conditions exigées par le présent règlement et par ceux que le Conseil de gouvernement élaborera à cet effet.

59. La Banque peut accorder ou rejeter toute demande d'ouverture de compte-courant, et radier les comptes ouverts quand elle le croit convenable, en laissant le solde à la disposition du propriétaire, sans avoir à motiver sa détermination.

60. La Banque d'Espagne remettra aux possesseurs d'un compte-courant des carnets à souche pour l'usage du dit compte, et, en les recevant, le porteur du compte signera une déclaration contenant acceptation des conditions réglementaires qui régissent ces sortes d'opérations.

61. La Banque n'est point responsable du préjudice que la perte du carnet peut occasionner au porteur.

62. La Banque suspendra le payement d'un ordre, si elle ne l'a pas effectué déjà, sur avis donné par le tireur, jusqu'à ce qu'il soit décidé, par qui de droit, à qui le montant en doit être acquitté, et, provisoirement, la somme à payer sera conservée à titre de dépôt.

63. Il pourra être procédé à l'arrestation, sauf à en rendre immédiatement compte au Gouverneur, au directeur de la succursale ou dépendance, de la personne qui présente au recouvrement un ordre de payement qui, après examen et vérification, est reconnu être illégitime.

64. Les particuliers et les représentants de sociétés et corporations, autorisés à cet effet, pourront déléguer à une autre ou à d'autres personnes le droit de signer à leur place, et, ils souscriront à cet effet une déclaration expresse sur le registre tenu pour cet objet à la Banque et dans ses succursales ou dépendances, en faisant connaître la signature qu'apposera également sur le dit registre la personne ainsi autorisée, ou en certifiant la signature de la dite personne au moyen d'un document non susceptible de contestation.

Comptes-courants d'espèces.

65. Il ne sera dû aucun intérêt pour les comptes-courants d'espèces, à moins que le Conseil de gouvernement ne juge convenable pour l'établissement de payer un certain intérêt, auquel cas il l'indiquera en donnant à sa décision la publicité nécessaire.

66. Le Conseil de gouvernement déterminera quel doit être le montant minimum de la première remise à effectuer pour ouvrir un compte-courant soit à Madrid, soit dans les dépendances de la Banque, ainsi que le minimum des autres remises successives. Les dites remises pourront être faites dans une caisse quelconque de l'établissement ou de ses dépendances, avec payement au compte ouvert à la dite caisse ou dans un autre bureau.

67. Seront acceptés en compte-courant les billets de la Banque d'Espagne, ainsi que les monnaies d'or et argent ayant cours légal et les effets payables dans la place où est ouvert le compte-courant ou dans toute autre place déterminée par le Conseil de gouvernement. Le Conseil de gouvernement déterminera également les délais et conditions que doivent remplir les dits effets pour être acceptés.

68. Sólo se considerará como saldo disponible en cuenta corriente el importe de los fondos entregados en metálico y los procedentes de valores ya realizados.

69. Las órdenes de pago contra cuenta corriente, se expedirán en los talones al portador, mandatos de transferencia ó cheques que el Banco haya entregado previamente á los interesados.

Ningún talón, mandato, cheque ó cualquier otra orden de pago se expedirá por cantidad menor de 100 pesetas, á no ser como saldo de cuenta, pudiendo el Banco exigir que se repita en letra antes de la firma la cantidad que aquéllos representen.

70. Mediante la conformidad previa del Banco, los tenedores de cuenta corriente de efectivo podrán librar sobre éstas, por medio de letras de cambio ú otros documentos mercantiles, dando el oportuno aviso por carta á la oficina del Banco donde se halle la cuenta.

También podrán los que tengan cuenta corriente aceptar sus letras al domicilio del Banco de España, en la plaza en que aquélla radique, para su pago, con fondos de la misma, previo aviso por carta á la oficina correspondiente.

71. Con la conveniente anticipación circulará el Banco, en fin de cada semestre, á los que tengan cuenta corriente, dos formularios de carta dirigida al Gobernador ó Jefe de dependencia, para que fijen los interesados, el saldo resultante el último día de aquél, y en ellos se consignará también la conformidad del Establecimiento. El Banco guardará un ejemplar de la carta y devolverá el otro al interesado.

La omisión de esta comprobación, y la del aviso en los casos de pérdida ó substración de talones y demás órdenes de pago, podrán motivar el cierre de la cuenta.

72. Se cerrarán también las cuentas corrientes de efectivo cuando en las liquidaciones de fin de año resulte que los interesados han dejado transcurrir seis meses sin hacer provisión de fondos, con un saldo menor de 100 pesetas.

Cuentas corrientes de valores.

73. Abierta una cuenta corriente de valores, se presentarán éstos bajo factura subscripta por la persona que haya de disponer de aquéllos, ó por un tercero, en la misma forma establecida para los depósitos de valores.

74. Cada cuenta corriente comprenderá una sola clase de valores.

75. Los titulares de estas cuentas dispondrán de los valores por medio de los talones que les facilitará el Banco, debiendo expresar en ellos las series y numeración de los títulos que deseen retirar, y siendo aplicable á la pérdida ó substracción de dichos documentos lo prevenido en los arts. 61 y 71.

76. El Banco de España percibirá por las cuentas corrientes de valores la remuneración que acuerde el Consejo de gobierno y que se publicará oportunamente.

Capítulo V. De los descuentos.

77. El Banco de España podrá admitir á descuento, en las condiciones que señala el art. 16 de sus Estatutos y dentro de los límites que determine el Consejo de gobierno, letras, cheques y otros efectos, girados sobre Madrid y demás plazas del Reino y que estén expedidos con las formalidades prescriptas por las leyes.

En el caso de que, conforme al art. 16 citado, una de las firmas se reemplace por un depósito de valores de los que el Banco admita para garantía de préstamos ó créditos, el resguardo de dicho depósito, constituído ó endosado á favor del Banco, quedará en su Cartera, afecto á la operación que garantice, hasta su completo pago, después del cual podrá retirar los valores el interesado.

El plazo de las letras ó efectos que se presenten á descuento no podrá exceder de noventa días.

Se admitirán también á descuento los cupones y títulos amortizados de Deudas del Estado, del Tesoro ó de valores que el Banco admita como garantía de préstamos.

78. El tipo de descuento y el mínimo de percepción lo fijará y anunciará el Consejo de gobierno, y los efectos se liquidarán á dicho tipo por los días que falten para su vencimiento ó cobro.

Mediante acuerdo del Consejo de gobierno podrá el Banco abonar una comisión á los sindicatos, gremios ó asociaciones comerciales, industriales ó agrícolas, que garanticen la realización de los efectos que presenten á descuento los agremiados.

68. Ne sera considéré comme solde disponible du compte-courant que le montant des fonds remis en espèces et le produit des valeurs déjà réalisées.

69. Les ordres de payement sur compte-courant seront délivrés au moyen d'ordres au porteur, mandats de transfert ou chèques remis préalablement par la Banque aux intéressés.

Aucun talon, mandat, chèque ou autre ordre quelconque de payement ne sera délivré pour une somme inférieure à 100 *pesetas*, à moins qu'il ne s'agisse d'un solde de compte, et la Banque pourra exiger que l'on répète en toutes lettres, avant la signature, la somme représentée par les dits talons, mandats, chèques ou ordres.

70. Moyennant le consentement préalable de la Banque, les possesseurs d'un compte-courant d'espèces pourront tirer sur elle par lettres de change ou autres documents commerciaux, à la condition d'en donner avis en temps utile par lettre au bureau de la Banque où le compte est ouvert.

Ceux qui ont un compte-courant pourront aussi accepter leurs lettres de change au siége de la Banque d'Espagne, dans la place où le dit compte est ouvert, pour qu'elles y soient payées sur les fonds du dit, moyennant avis préabablement adressé par lettre au bureau compétent.

71. La Banque remettra, à la fin de chaque trimestre, assez longtemps à l'avance, à ceux qui possèdent un compte-courant, deux formules d'une lettre adressée ou Gouverneur ou chef de la dépendance, pour fixer les intérêts, le solde restant le dernier jour du trimestre, et y indiquer également que l'établissement les reconnaît exacts. La Banque gardera un exemplaire de la lettre et renverra l'autre à l'intéressé.

L'omission de cette approbation, et de l'avis en cas de perte ou soustraction de talons ou autres ordres de payement, pourra motiver la clôture du compte.

72. Les comptes-courants d'espèces seront également clos lorsque des liquidations de fin d'année il résultera que les intéressés ont laissé s'écouler six mois sans faire provision, alors que le solde du compte était inférieur à 100 *pesetas*.

Comptes-courants de valeurs.

73. Lorsqu'un compte-courant de valeurs est ouvert, les valeurs seront présentées avec un bordereau signé de la personne qui doit en disposer, ou d'un tiers, dans la forme établie pour les dépôts de valeurs.

74. Chaque compte-courant comprendra une seule catégorie de valeurs.

75. Les titulaires des dits comptes en disposeront au moyen de talons que leur remettra la Banque, sur lesquels ils devront mentionner les séries et numéros des titres qu'ils désirent retirer, et, en cas de perte ou de soustraction de ces documents, on appliquera les dispositions contenues dans les articles 61 et 71.

76. La Banque d'Espagne percevra, pour les comptes-courants de valeurs, la rémunération fixée par le Conseil de gouvernement, laquelle sera annoncée en temps utile.

Chapitre V.　Des Escomptes.

77. La Banque d'Espagne pourra admettre à l'escompte, dans les conditions déterminées par l'art. 16 de ses statuts, et dans les limites fixées par le Conseil de gouvernement, les lettres de change, chèques, et autres effets tirés sur Madrid et les autres places du Royaume, délivrés avec les formalités prescrites par les lois.

Dans le cas où, conformément à l'art. 16 précité, une des signatures est remplacée par un dépôt de l'une des valeurs acceptées par la Banque en garantie de prêts ou créances, le certificat du dit dépôt constitué et endossé au profit de la Banque sera conservé dans son portefeuille et affecté à l'opération qu'il garantit jusqu'au complet payement, après quoi l'intéressé pourra opérer le retrait des valeurs.

Le terme des lettres de change ou effets présentés à l'escompte ne pourra dépasser quatre-vingt-dix jours.

Seront également acceptés à l'escompte les coupons et titres amortis des dettes de l'État, du Trésor ou des valeurs acceptées par la Banque en garantie de prêts.

78. Le taux de l'escompte et le minimum du droit à percevoir seront fixés et publiés, par le Conseil de gouvernement, et les effets seront liquidés à ce taux pour les jours restant à courir jusqu'à leur échéance ou payement.

Moyennant autorisation du Conseil de gouvernement, la Banque pourra payer une commission aux syndicats, corporations ou associations commerciales, industrielles ou agricoles qui garantissent la réalisation des effets présentés à l'escompte par leurs membres.

79. El Banco adquirirá cuantos antecedentes y datos reservados juzgue necesarios de los particulares, comerciantes, industriales, sociedades, sindicatos, gremios ó asociaciones comerciales, industriales ó agrícolas y demás entidades, cuyas firmas puedan ser admitidas en sus operaciones, para poder apreciar en todo momento la solvencia de las mismas.

80. Para la concesión de los descuentos se tendrá presente el crédito que puede reconocerse á los firmantes de los efectos, apreciando las cantidades que hayan recibido y la estimación de que gocen sus firmas.

81. Las personas que deseen descontar sus efectos de comercio en el Banco de España, podrán solicitarlo por medio de carta en que consignen su nombre, domicilio, negocios en que se ocupan, bienes que posean y referencias que pueden presentar.

Las Sociedades acompañarán, además, un testimonio de sus escrituras de constitución, en que conste la razón social, el nombre de los socios, el capital aportado, los negocios á que se dediquen aquéllas y las firmas que deban autorizar sus operaciones. Los particulares y las Sociedades presentarán también, si el Banco lo exige, una certificación de dos personas de notorio crédito que atestigüen la identidad de la persona, firma, solvencia y exacto cumplimiento de sus compromisos.

82. Los socios colectivos de una Compañía mercantil se computarán juntos, como una sola firma, para los efectos del descuento.

83. En las operaciones de descuento y negociación se podrá exigir la intervención de Agente de Bolsa ó Corredor de Comercio, y en las plazas en que no existan Agentes ni Corredores podrán ser reemplazados por Notario público.

84. El aval que supla la falta de una firma en los valores presentados á descuento, ha de ser prestado por persona de responsabilidad, á juicio del Banco.

85. En las letras admitidas á descuento que no fuesen aceptadas, deberá exigirse el afianzamiento de su valor, con arreglo al art. 481 del Código de Comercio.

86. La Administración del Banco es árbitra de admitir ó rechazar el descuento de efectos, sin que en ningún caso esté obligada á motivar su determinación.

87. El producto líquido de las negociaciones y descuentos verificados en el Banco se acreditará en las cuentas corrientes de los interesados ó en las que designen éstos en las facturas de presentación de los efectos.

Capítulo VI. De los préstamos con garantía de valores.

88. De conformidad con los arts. 17 y 18 de los Estatutos, el Banco podrá hacer préstamos con garantía de los valores ó efectos que se determinan en dichos artículos, siempre con las condiciones legales y por plazos que ne excedan de noventa días.

Los préstamos no serán menores de 500 pesetas en Madrid y 250 en las Sucursales y demás dependencias.

89. Vencido el préstamo con garantía y no pidiendo el interesado la cancelación, se entenderá prorrogado tácitamente, si al Banco conviniere, por noventa días; y así sucesivamente en los futuros vencimientos, mientras la ley conserve su duración legal á la póliza.

En todo caso el prestatario deberá satisfacer al Banco el importe de los intereses devengados en cada uno de los vencimientos, sin lo cual no podrá tenerse por efectuada la prórroga de la operación.

90. Para valorar la garantía de los préstamos sobre efectos públicos ó valores comerciales, se tendrá presente, no sólo la cotización oficial de aquellos valores, donde la haya, sino la verdadera estimación que en sí tengan; y los de las correspondientes á mercancías se obtendrán por los medios oficiales ó extraoficiales que se consideren más convenientes.

91. Las pastas de oro y las de plata que se den en garantía de préstamos serán valoradas, á costa de sus dueños, por ensayadores competentes á juicio del Banco y á presencia de un empleado del mismo, que las acompañará en su traslación á éste.

Las monedas extranjeras se estimarán por su valor intrínseco.

92. Toda operación de préstamo ha de ser intervenida por Agente de Bolsa, Corredor de Comercio ó Notario público, subscribiéndose por aquéllos la póliza

79. La Banque se procurera tous renseignements et données confidentiels qu'elle jugera nécessaires sur les particuliers, commerçants, industriels, sociétés, syndicats, corporations ou associations commerciales, industrielles ou agricoles et autres entités, dont les signatures peuvent être acceptées dans ses opérations, afin de pouvoir apprécier, à tout moment, leur solvabilité.

80. Pour accorder l'escompte on aura égard au crédit que l'on peut accorder aux signataires des effets dans la mesure des sommes qu'ils ont reçues et de l'estime dont jouit leur signature.

81. Les personnes désirant escompter leurs effets à la Banque d'Espagne pourront le demander par lettre en indiquant leurs nom, domicile, ainsi que les affaires dont ils s'occupent, les biens qu'ils possèdent et les références qu'ils peuvent présenter.

Les sociétés joindront à cette lettre un extrait certifié de leur acte de constitution constatant la raison sociale, le nom des associés, le capital apporté, les affaires auxquelles elles se livrent et les signatures qui doivent autoriser leurs opérations. Les particuliers et les sociétés produiront aussi, si la Banque l'exige, une attestation de deux personnes de solvabilité notoire, certifiant l'identité, la signature, la solvabilité de la personne, et qu'elle remplit exactement ses engagements.

82. Les associés en nom collectif d'une société ne seront jamais comptés que pour une seule signature, en ce qui concerne l'escompte.

83. Dans les opérations d'escompte et de négociation on pourra exiger l'intervention d'un agent de Bourse ou d'un courtier de commerce, et, dans les places où il n'y a ni agents ni courtiers, ils pourront être remplacés par un notaire.

84. L'aval qui supplée au défaut d'une signature dans les valeurs présentées à l'escompte, doit être donné par une personne solvable, au jugement de la Banque.

85. Dans les lettres de change acceptées à l'escompte qui n'ont pas fait l'objet d'une acceptation, on devra exiger le cautionnement de leur valeur, conformément à l'art. 481 du Code de commerce.

86. L'administration de la Banque est libre d'admettre ou de refuser l'escompte des effets, sans être tenue, en aucun cas, de motiver sa détermination.

87. Le produit liquide des négociations et escomptes effectués à la Banque sera porté au crédit des comptes-courants des intéressés ou de ceux par eux désignés dans le bordereau de présentation des effets.

Chapitre VI. Des prêts avec garantie de valeurs.

88. En conformité des articles 17 et 18 des statuts, la Banque pourra faire des prêts garantis par les valeurs ou effets déterminés dans les dits articles en observant les conditions légales et pourvu que les délais ne dépassent pas quatre-vingt-dix jours.

Les prêts ne seront pas inférieurs à 500 *pesetas*, à Madrid, ni à 250 *pesetas*, dans les succursales et dépendances.

89. A l'échéance du prêt fait avec garantie, si l'intéressé n'en demande pas la radiation, il sera présumé prorogé tacitement pour quatre-vingt-dix jours, si la Banque y consent, et ainsi de suite pour les échéances ultérieures, tant que la loi conserve à la police sa durée légale.

En tout cas, l'emprunteur devra acquitter à la Banque le montant des intérêts dus à chaque échéance, sinon, la prorogation de l'opération ne pourra être réputée faite.

90. Pour évaluer la garantie des prêts sur effets publics ou valeurs commerciales, il sera tenu compte non seulement de la cote officielle des dites valeurs, quand elle existe, mais de leur véritable estimation; et, si les effets représentent des marchandises, on les évaluera d'après les moyens officiels ou extraofficiels considérés comme les plus convenables.

91. Les barres d'or et d'argent données en garantie de prêts seront évaluées, aux frais des propriétaires, par des essayeurs que la Banque juge compétents et en présence d'un employé de la Banque qui les accompagnera pendant leur transport à la caisse.

Les monnaies étrangères seront estimées pour leur valeur intrinsèque.

92. Toute opération de prêt doit être réalisée par l'intermédiaire d'un agent de Bourse, d'un courtier de commerce ou d'un notaire public, lesquels souscriront

correspondiente y levantándose acta notarial, cuando la operación se intervenga por Notario, donde conste la clase y numeración de los valores que la garanticen.

93. Para formalizar los préstamos, los interesados acompañarán los valores que ofrezcan en garantía ó los resguardos de depósito en el Banco de los mismos, subscribiendo además las pólizas, cuyos impresos timbrados se les facilitarán.

94. El Banco de España podrá hacer reconocer la legitimidad de las garantías por los medios que estime más eficaces.

Las Sucursales y demás dependencias tendrán la facultad, cuando lo juzguen conveniente, de no dar por recibidos los títulos sino después de que, por su conducto, hayan sido reconocidos en Madrid en la Dirección general de la Deuda pública, ó en los puntos en que pueda practicarse este reconocimiento, si se trata de valores industriales y mercantiles, á fin de asegurarse de su legitimidad.

La falta de reconocimiento, por cualquiera causa, puede suplirse con la firma de persona de crédito que salga garante de la legitimidad de los valores.

95. En los préstamos sobre conocimientos de embarque y mercancías, además de los documentos que señalan los Estatutos, acompañarán los interesados un pagaré ajustado á los preceptos del Código de Comercio.

96. Los efectos que se den en garantía de préstamos sólo se admitirán por un valor que no exceda de las cuatro quintas partes del precio corriente.

Los metales preciosos se admitirán por el 90 por 100 de su valor intrínseco.

Los conocimientos de embarque y resguardos de depósitos de mercancías se tomarán en garantía por el 50 por 100, como máximum, del precio corriente que alcancen en la plaza los efectos que representen.

Los interesados están obligados á mejorar la garantía si el precio baja la décima parte del tipo de admisión.

97. El Banco de España procederá respecto á ventas de garantías, cualquiera que sea su clase, con arreglo á lo que disponen los arts. 23 y 24 de los Estatutos.

98. Los intereses correspondientes á cada préstamo se cobrarán por el Banco á su vencimiento, ó antes, si se liquidase aquél, con el mínimo de días de percepción de interés que fije el Consejo de gobierno.

99. La oficina correspondiente llamará la atención de los Jefes, y éstos en su caso de la Comisión respectiva, sobre las alteraciones que ocurran en el precio de los valores que constituyan la garantía de los préstamos.

Capítulo VII. De los créditos con garantía.

100. El Banco de España podrá abrir cuentas corrientes de crédito, con garantía de los efectos y valores á que se refiere el art. 17 de los Estatutos, en las condiciones y por las cantidades que tenga á bien acordar.

El tipo máximo á que se admitirán estos valores será el mismo designado para los préstamos.

101. Toda operación de crédito con garantía de los efectos ó valores á que le refiere el artículo anterior, se formalizará mediante póliza que facilitará el Banco.

102. La admisión, reposición y venta de las garantías, y prórroga de la operación á su vencimiento, se regularán por lo que disponen los Estatutos y este Reglamento respecto á los préstamos.

El Consejo de gobierno determinará los intereses que hayan de abonarse en esta clase de operaciones y la comisión si lo estima oportuno.

103. Conforme al art. 21 de los Estatutos, el Banco podrá abrir cuentas de crédito con garantía de letras aceptadas ó endosadas por tercero, ó de pagarés con dos firmas. En todo caso el vencimiento de estos efectos no excederá de un año.

A medida que se verifique el cobro, se abonarán en la cuenta de crédito que garanticen, rebajando el importe de dicho crédito en la parte proporcional que corresponda. Los efectos que no sean realizados á su vencimiento se devolverán en tiempo hábil al interesado, exigiendo el reembolso ó deduciendo el crédito, según proceda. Si en éste no hubiese saldo disponible, el interesado deberá entregar su importe ó sustituir con otros los efectos devueltos.

104. El plazo de estos créditos no excederá de noventa días, formalizándose en los documentos que al efecto facilitará el Banco y en los cuales irán detalladas las condiciones de la operación.

la police et dresseront l'acte notarié quand l'opération est faite par le ministère d'un notaire, en constatant dans l'acte la classe et les numéros des valeurs données en garantie.

93. Pour régulariser les prêts, les intéressés joindront les valeurs qu'ils offriront en garantie ou les certificats constatant leur dépôt à la Banque, et ils signeront, en outre, les polices dont les imprimés timbrés leur seront procurés.

94. La Banque d'Espagne pourra faire vérifier la légitimité de la garantie par les moyens qu'elle estime les plus efficaces.

Les succursales et autres dépendances, auront la faculté de ne pas considérer les titres comme reçus avant que, par leur intermédiaire, ils n'aient été vérifiés, à Madrid, à la Direction générale de la dette publique, ou dans les établissements où il est possible de procéder à cette vérification, s'il s'agit de valeurs industrielles et commerciales, afin de s'assurer de leur légitimité.

Il peut être suppléé au défaut de vérification, pour quelque cause que ce soit, par la signature d'une personne solvable se portant garante de la légitimité des valeurs.

95. Dans les prêts faits sur connaissements et marchandises, outre les documents indiqués par les statuts, les intéressés joindront un billet rédigé conformément aux prescriptions du Code de commerce.

96. Les effets donnés en garantie de prêts ne seront acceptés que pour une valeur ne dépassant pas les quatre cinquièmes de leur prix courant.

Les métaux précieux ne sont acceptés que pour 90% de leur valeur.

Les connaissements et les warrants de dépôts de marchandises seront pris comme garantie pour 50%, au maximum, du prix-courant atteint dans la place par les effets qu'ils représentent.

Les intéressés seront tenus de compléter le cautionnement, si le prix descend d'un dixième au-dessous du taux d'acceptation.

97. La Banque procédera, en ce qui concerne la vente des garanties, de quelque nature qu'elles soient, conformément aux dispositions des articles 23 et 24 des statuts.

98. Les intérêts correspondant à chaque prêt seront perçus par la Banque, à leur échéance, ou avant, si le prêt est liquidé, avec le minimum de jours de perception d'intérêts que fixera le Conseil de gouvernement.

99. Le bureau compétent signalera à l'attention des chefs, et ceux-ci s'il y a lieu, signaleront à la commission compétente les modifications qui surviendront dans le prix des valeurs constituant la garantie des prêts.

Chapitre VII. Des ouvertures de crédit avec garantie.

100. La Banque d'Espagne pourra ouvrir des comptes-courants de crédit garantis par les effets et valeurs dont il est parlé dans l'art. 17 des statuts, dans les conditions et pour les sommes qu'elle veut bien accorder.

Le taux maximum auquel seront acceptées ces valeurs sera le même que celui fixé pour les prêts.

101. Toute opération de crédit faite avec garantie d'effets ou valeurs dont il est parlé dans l'article précédent sera réalisée au moyen d'une police procurée par la Banque.

102. L'acceptation, le rétablissement et la vente des garanties, ainsi que la prorogation de l'opération à son échéance, seront réglés par les dispositions des statuts et du présent règlement relatives aux prêts.

Le Conseil de gouvernement déterminera les intérêts à payer pour cette nature d'opérations et la commission, s'il le juge opportun.

103. Conformément à l'art. 21 des statuts, la Banque pourra ouvrir des comptes de crédit garantis par des lettres de change acceptées ou endossées par un tiers, ou par des billets revêtus de deux signatures. En tout cas, l'échéance de ces effets ne dépassera pas un an.

A mesure que les dits effets sont recouvrés, ils seront portés au crédit du compte qu'ils garantissent, en diminuant d'autant le montant de la créance. Les effets non réalisés à l'échéance seront remis, en temps utile, à l'intéressé en exigeant le remboursement ou la réduction correspondante de la créance, suivant les cas. A défaut de solde disponible, l'intéressé devra en payer le montant ou donner d'autres effets en échange de ceux qui lui sont restitués.

104. Le délai de ces ouvertures de crédit ne dépassera pas quatre-vingt-dix jours, et elles seront régularisées au moyen de documents procurés à cet effet par la Banque et sur lesquels seront détaillées toutes les conditions de l'opération.

105. El Consejo de gobierno determinará la proporción que haya de guardar la garantía de estos créditos con el importe por que se concedan.

106. También podrán abrirse créditos con garantía personal, mediante documento en que se obliguen, solidariamente, dos ó más personas de reconocida solvencia, al pago de las cantidades de que disponga el acreditado.

Estos créditos se abrirán por el plazo máximo de noventa días, formalizándose en iguales términos que los expresados en el art. 103 para los créditos con garantía de efectos comerciales.

107. El concesionario de una cuenta de crédito con garantía podrá disponer de su importe por medio de talones de cuenta corriente que le entregará el Banco, ó por otro que éste acuerde.

108. Las cuentas corrientes de crédito se regirán por el mismo tipo de interés fijado para los préstamos.

Si el interesado tiene á su favor un saldo en su cuenta superior al crédito concedido, no devengará intereses el exceso.

Las entregas que se hagan para estas cuentas se conceptuarán como valor al siguiente día de efectuadas.

Capítulo VIII. De los giros y negociaciones.

109. El Banco de España hará las operaciones de giro que aconsejen sus relaciones con el comercio y la banca, para llenar los fines de su instituto.

Las letras que al efecto se expidan irán firmadas: en Madrid por el Jefe de Operaciones, y en sustitución de éste por el Jefe del Negociado de giros; en las Sucursales y demás dependencias por el Director, Jefe de éstas, ó el Jefe de Negociado encargado de este servicio, y en todo caso llevarán la toma de razón de la Intervención.

Las Sucursales y demás dependencias solamente harán las operaciones de giro ó negociación con arreglo á las instrucciones que hayan recibido de la Administración central.

110. Conforme al art. 19 de los Estatutos, el Banco de España podrá ceder y tomar en negociación los efectos sobre el extranjero que reúnan las condiciones legales, y teniendo en cuenta la solvencia de las firmas que los autoricen.

111. También podrá el Banco facilitar cartas de crédito sobre plazas del Reino y del extranjero, en las condiciones que el Consejo de gobierno determine.

Capítulo IX. De los cobros y pagos por cuenta ajena.

112. El Banco de España se encargará del servicio de cobros y pagos por cuenta ajena á los que tengan cuenta corriente abierta ó depósito constituído en el Banco ó sus dependencias, en las condiciones que estipule con los que lo soliciten y con arreglo á las disposiciones del Código de Comercio sobre el contrato de comisión mercantil.

En el caso de no realizarse el servicio solicitado, los gastos que hayan podido ocasionarse serán satisfechos por el interesado.

Banco Hipotecario de España.

Ley de 2 de Diciembre de 1872.

Don Amadeo I, por la gracia de Dios y la voluntad nacional Rey de España: A todos los que la presente vieren y entendieren, sabed: que las Cortes han decretado y Nos sancionado lo siguiente:

Art. 1. Durante cinco años consecutivos, que comprenden diez semestres, y empezarán á contarse desde el que vence en 31 de Diciembre corriente, se abonarán á los portadores de las varias clases de Deuda que especifica el artículo siguiente dos tercios de su interés en metálico y el otro tercio en papel de la Deuda consolidada exterior ó interior al tipo de 50 por 100. Sólo se pagará en Deuda exterior el tercio de interés correspondiente á la Deuda de esta misma clase. El tercio de interés de las otras Deudas se pagará en Deuda interior.

105. Le Conseil de gouvernement déterminera la proportion qu'il convient de maintenir entre la garantie et le montant du crédit accordé.

106. Il pourra être également ouvert des crédits avec garantie personnelle, au moyen de documents par lesquels deux ou plusieurs personnes, de solvabilité notoire, s'engageront solidairement au payement des sommes mises à la disposition du bénéficiaire de l'ouverture de crédit.

Ces ouvertures de crédit seront faites pour un maximum de quatre-vingt-dix jours, et régularisées dans les mêmes termes que celles dont il est parlé dans l'art. 103 pour les crédits ouverts avec garantie d'effets de commerce.

107. Le concessionnaire d'une ouverture de crédit avec garantie pourra disposer de son montant au moyen de talons de compte-courant que lui remettra la Banque, ou par tout autre moyen qu'elle acceptera.

108. Le taux de l'intérêt des comptes-courants de crédit sera le même que pour les prêts.

S'il existe au profit de l'intéressé un solde à son compte supérieur au crédit accordé, il ne sera pas dû d'intérêts pour l'excédent.

Les remises faites pour les dits comptes seront portées comme valeurs à l'actif, le lendemain du jour où elles auront été effectuées.

Chapitre VIII. Des tirages et négociations.

109. La Banque d'Espagne fera les opérations de tirage nécessitées par ses relations avec le commerce et la banque, en vue de répondre aux fins de son institution.

Les lettres de change délivrées à cet effet seront signées, à Madrid, par le chef des opérations, et, à son défaut, par le chef du bureau des tirages; dans les succursales et autres dépendances, par le directeur, le chef de la dépendance, ou le chef du bureau chargé de ce service, et, en tout cas, elles porteront le visa du Contrôle.

Les succursales et autres dépendances ne feront que les opérations de tirage ou négociation autorisées par les instructions qu'elles auront reçues de l'administration centrale.

110. Conformément à l'art. 19 des statuts, la Banque d'Espagne pourra céder et accepter pour les négocier les effets sur l'étranger réunissant les conditions légales, et en tenant compte de la solvabilité des signataires.

111. La Banque pourra également procurer des lettres de crédit sur des places du Royaume et de l'étranger, dans les conditions déterminées par le Conseil de gouvernement.

Chapitre IX. Des recouvrements et payements pour le compte d'autrui.

112. La Banque d'Espagne se chargera du service des recouvrements et payements pour le compte d'autrui, au profit de ceux qui ont un compte-courant ouvert ou un dépôt constitué à la Banque ou dans ses dépendances, dans les conditions stipulées avec ceux qui le demandent et en se conformant aux dispositions du Code de commerce sur le contrat de commission commerciale.

Dans le cas où le service sollicité n'aura pas été rendu, les frais qu'il aura pu occasionner seront acquittés par l'intéressé.

Banque hypothécaire d'Espagne.

Loi du 2 décembre 1872.

Don Amédée I, par la grâce de Dieu et la volonté nationale, Roi d'Espagne, à tous ceux qui les présentes verront, faisons savoir que les Cortès ont décrété et Nous avons sanctionné ce qui suit:

Art. 1er. Durant cinq années consécutives, comprenant dix semestres, et qui commenceront à compter de l'année prenant fin le 31 décembre courant, il sera payé aux porteurs des différentes classes de la dette spécifiées dans l'article suivant, les deux tiers de leurs intérêts en espèces et l'autre tiers en papier de la dette consolidée extérieure ou intérieure, au taux de 50%. Ne sera payé en dette extérieure que le tiers d'intérêt correspondant à la dette de cette même classe. Le tiers des intérêts des autres dettes sera payé en dette intérieure.

2. Están sometidas á las prescripciones de esta ley las clases de Deuda que á continuación se expresan: 1.º La Deuda consolidada al 3 por 100 interior y exterior; — 2.º Las inscripciones intransferibles, cualquiera que sea su aplicación, destino y procedencia; — 3.º Las acciones de carreteras; — 4.º Las acciones de obras públicas emitidas y las que se emitan; — 5.º Las obligaciones del Estado por subvenciones á ferrocarriles; — 6.º La Deuda del material del Tesoro.

3. Los dos tercios que se han de satisfacer en metálico se pagarán en dos mitades iguales al fin de los semestres respectivos. El impuesto del 5 por 100 se exigirá sobre el importe en efectivo que se satisfaga en cada semestre, con sujeción á lo dispuesto en esta ley, exceptuando la Deuda exterior.

4. La entrega de valores en pago del tercio se verificará en cada semestre. Cuando la cantidad á que ascienda el tercio no complete título, se entregará un residuo negociable en Bolsa. Los dueños de estos residuos podrán acumularlos para componer cantidades canjeables por títulos.

5. El pago en metálico de los dos tercios del interés de la Deuda será garantido con el ingreso de los pagarés de compradores de bienes nacionales y con los bienes que restan por vender, deducida la parte necesaria para saldar el descubierto actual del Tesoro. En representación de estos bienes se depositarán en el Banco Hipotecario de España, creado por esta ley, una suma de 150 millones de pesetas en billetes hipotecarios de los que se emitan con arreglo á lo dispuesto en el art. 10, que constituirá la garantía del pago en metálico de los dos tercios de los intereses de la Deuda.

Cada cupón pagado, á contar desde el 31 de Diciembre corriente, libera la décima parte de esta garantía.

6. Pasados los cinco años que fija el art. 1, las Deudas volverán á gozar el interés íntegro.

7. Las Deudas que se han emitido por consecuencia de tratados con potencias extranjeras quedan exceptuadas de este arreglo mientras los títulos que las representan permanezcan en poder de los respectivos Gobiernos, pero quedarán sometidas á él si los dichos títulos han sido ó fueren enajenados.

8. Se autoriza al Gobierno para emitir títulos de la Deuda consolidada exterior é interior en cantidad suficiente para producir 250 millones de pesetas, ó sean 1.000 millones de reales efectivos. La negociación de estos valores se hará en suscripción pública, al tipo fijado previamente por el Ministro de Hacienda, de acuerdo con el Consejo de Ministros. El producto de esta negociación se destina á saldar la Deuda flotante del Tesoro. Son aceptables en pago de esta emisión, así como de la que se establece en el art. 17, los valores de la Deuda flotante que se trata de consolidar.

9. Los intereses de la Deuda consolidada emitida en virtud de la autorización concedida por el artículo anterior serán pagados, dos tercios en metálico y un tercio en papel, durante el período de cinco años, como toda la Deuda de España.

10. Además de la emisión que dispone el art. 8, el Gobierno creará en cantidad de 300 millones de pesetas billetes hipotecarios al portador de 500 pesetas cada uno, con interés anual de 6 por 100, satisfecho por semestres vencidos en 31 de Diciembre y 30 de Junio de cada año, á contar desde 1.º de Enero de 1873.

11. Los bienes nacionales pendientes de venta y los pagarés de compradores de estos mismos bienes, deducidos los que están afectos al pago de Deudas especiales, servirán de garantía para el pago en metálico de las dos terceras partes de intereses de la Deuda exterior é interior, y para la emisión de billetes hipotecarios en la parte que se destina á saldar los descubiertos del Tesoro.

12. Los intereses de los billetes hipotecarios se comprenderán en los presupuestos generales del Estado, y serán satisfechos con cargo al mismo. La amortización se verificará con el ingreso de los pagarés disponibles en el día y con el producto de los bienes nacionales que se enajenen.

13. Se crea en Madrid un Banco de crédito territorial con el título de Banco Hipotecario de España; su capital será de 50 millones de pesetas dividido en 100.000 acciones de 500 pesetas cada una, que se emitirán con desembolso de 40 por 100. El Banco podrá aumentar su capital á 150 millones de pesetas.

La duración de la Sociedad será de 99 años.

14. Se autoriza al Gobierno para conceder al Banco de París y de los Países Bajos la facultad de crear el Banco Hipotecario de España á que se refiere el artí-

2. Sont soumises aux prescriptions de la présente loi les catégories des dettes ci-après indiquées: 1° La dette consolidée 3% intérieure et extérieure; — 2° Les inscriptions non transférables, quelles que soient leur application, destination et origine; — 3° Les actions des grandes routes; — 4° Les actions des travaux publics émises ou à émettre; — 5° Les obligations de l'État pour subventions aux chemins de fer; — 6° La dette du matériel du Trésor.

3. Les deux tiers à acquitter en espèces seront payés en deux parties égales à la fin des semestres respectifs. L'impôt de 5% sera exigé sur le montant effectivement payé en deniers chaque trimestre, en conformité des dispositions de la présente loi, exception faite de la dette extérieure.

4. La remise de valeurs en payement du tiers se fera chaque trimestre. Lorsque la somme à laquelle s'élève le tiers n'atteint pas la valeur complète d'un titre, il sera remis des coupures négociables en Bourse. Les propriétaires des dites coupures pourront les accumuler pour composer des sommes échangeables contre des titres.

5. Le payement en espèces des deux tiers de la dette sera garanti par la recette des billets des acheteurs de biens nationaux et par les biens restant à vendre, sous déduction de la partie nécessaire pour couvrir le découvert actuel du Trésor. En représentation de ces biens il sera déposé à la Banque hypothécaire d'Espagne, créée par la présente loi, une somme de 150 millions de *pesetas* en billets hypothécaires émis conformément aux dispositions de l'art. 10, lesquels constitueront la garantie du payement en espèces des deux tiers des intérêts de la dette.

Chaque coupon payé, à compter du 31 décembre courant, libérera d'un dixième la garantie.

6. Après l'expiration du délai de cinq années fixé par l'art. 1er, l'intérêt intégral des dettes sera de nouveau payé.

7. Les dettes émises en conséquence de traités avec des puissances étrangères sont exceptées de ce règlement tant que les titres qui les représentent sont en la possession des gouvernements respectifs, mais elles y seront soumises si les dits titres ont été ou viennent à être aliénés.

8. Le Gouvernement est autorisé à émettre des titres de la dette consolidée extérieure et intérieure en quantité suffisante pour produire 250 millions de *pesetas* ou 1000 millions de réaux effectifs. La négociation de ces valeurs se fera par souscription publique, au taux préalablement fixé par le ministre de l'*Hacienda*, d'accord avec le Conseil des Ministres. Le produit de cette négociation sera employé à solder la dette flottante du Trésor. Sont acceptables en payement de cette émission, ainsi que de l'émission établie par l'art. 17, les valeurs de la dette flottante qu'il s'agit de consolider.

9. Les intérêts de la dette consolidée émise en vertu de l'autorisation accordée par l'article précédent, seront payés, deux tiers en espèces, et un tiers en papier, durant la période de cinq ans, comme toute la dette de l'Espagne.

10. Outre l'émission dont il est parlé dans l'art. 8, le Gouvernement créera des billets hypothécaires au porteur de 100 *pesetas* l'un, avec intérêt annuel à 6%, payable par semestres échus, au 31 décembre et 30 juin de chaque année, à compter du 1er janvier 1873, pour une somme de 300 millions de *pesetas*.

11. Les biens nationaux dont la vente est pendante, ainsi que les billets des acheteurs des dits biens, sous déduction de ceux affectés au payement des dettes spéciales, serviront de garanties du payement en espèces de deux tiers des intérêts de la dette extérieure et intérieure, et de la partie de l'émission des billets hypothécaires affectés à couvrir les découverts du Trésor.

12. Les intérêts des billets hypothécaires seront compris dans le budget général de l'État, et ils seront payés par lui. L'amortissement sera effectué au moyen des billets disponibles et du produit des biens nationaux qui seront aliénés.

13. Il est créé à Madrid une Banque de crédit foncier sous le titre de Banque hypothécaire d'Espagne; son capital sera de 50 millions de *pesetas*, divisé en 100 000 actions de 500 *pesetas* chacune, qui seront émises avec déboursement de 40%. La Banque pourra porter son capital à 150 millions de *pesetas*.

La durée de la Société sera de 99 ans.

14. Le Gouvernement est autorisé à concéder à la Banque de Paris et des Pays-Bas la faculté de créer la Banque hypothécaire d'Espagne dont il est parlé

culo anterior, y su constitución definitiva habrá de realizarse dentro de los tres meses siguientes á la fecha de la concesión. Para constituirse habrá de tener en Caja el importe efectivo del 25 por 100 del capital social[1].

15. El Gobierno entregará al Banco Hipotecario:

Los pagarés de bienes nacionales, deducidos los que estén afectos al pago de Deudas especiales;

Inventario de los bienes que deben enajenarse con arreglo á las leyes. Quedan exceptuadas las minas de Ríotinto y Almadén y las salinas de Torrevieja.

Los plazos al contado serán cobrados por el Banco, y también los pagarés de los vencimientos sucesivos, á cuyo efecto le serán entregados á medida que se verifiquen las ventas.

Los ingresos que produzcan los pagarés y la venta de bienes se destinan exclusivamente á la amortización de los billetes hipotecarios creados por esta ley.

El Banco Hipotecario cobrará los pagarés á su vencimiento y los plazos al contado, mediante una comisión de $1^1/_4$ por 100 por los cobrables y 1 por 100 por los incobrables, conforme lo verifica el Banco de España por los billetes hipotecarios de la primera serie.

Las sumas ingresadas de este modo se destinarán en 31 de Diciembre de cada año á la amortización por sorteo de los billetes hipotecarios.

El Banco hará el abono de los intereses al respecto de un 6 por 100 correspondientes á las sumas que por importe de los bienes nacionales haya cobrado y conservado en su poder hasta que se inviertan en la amortización de los billetes hipotecarios.

16. El Estado se reserva el derecho de venta. El Banco podrá ejercer la investigación con los mismos derechos señalados á los investigadores; podrá pedir la venta en subasta pública de cualquier finca.

17. Los 150 millones de pesetas en billetes hipotecarios que se aplican á saldar los descubiertos del Tesoro se negociarán en suscripción pública, al tipo previamente fijado por el Gobierno, abierta por el Banco Hipotecario en Madrid y en el extranjero, si el Gobierno lo acordare, mediante una comisión de $1^1/_4$ por 100 sobre el efectivo.

El Banco podrá quedarse con la mitad de la emisión al tipo que el Gobierno fije.

El Banco hará las emisiones sucesivas con las mismas condiciones.

18. La suscripción que el Gobierno recibiere directamente en sus dependencias de España no devengará premio alguno por comisión.

19. El Banco Hipotecario, y en su representación el de París y los Países Bajos, anticiparán al Gobierno con garantía de los productos de esta negociación y por el plazo de tres meses una suma de 100 millones de pesetas, con el interés anual de 10 por 100 en el caso de que se haya reintegrado de sus préstamos al Tesoro español; en otro caso los préstamos no reembolsados se entenderán á cuenta de este anticipo.

20. En el caso de que los pagarés disponibles entregados al Banco no sean suficientes para cubrir la emisión de 300 millones de pesetas en billetes hipotecarios, el Gobierno entregará los bonos del Tesoro existentes en cartera para cubrir el resto, y serán retirados á medida que se complete la garantía en pagarés.

21. El Banco Hipotecario será dirigido por un Gobernador libremente elegido por el Gobierno;

Tres Subgobernadores nombrados por el Gobierno á propuesta del Consejo de administración;

Un Consejo de administración elegido por los accionistas, compuesto de 12 Consejeros (mínimum) y 24 (máximum).

El Gobernador y dos Subgobernadores serán precisamente españoles. Las dos terceras partes de los Consejeros serán españoles también.

Estos cargos de Gobernador, Subgobernador y Consejero, como cualquiera otro de sus sucursales de provincias, no podrán ser desempeñados por individuos que formen parte del actual Congreso ó Senado.

El primer Consejo de administración durará tres años, y será designado por los fundadores. Se renovará saliendo tres Consejeros cada año, designados por la

[1] Vease, á continuación de la Ley, lo dispuesto por el Real Decreto de 31 de Enero de 1873.

dans l'article précédent, et elle devra être définitivement constituée dans les trois mois qui suivront la date de la concession. Pour se constituer, elle devra avoir effectivement en caisse une somme égale à 25% du capital social[1].

15. Le Gouvernement remettra à la Banque hypothécaire:

Les billets des biens nationaux, sous déduction de ceux affectés au payement de dettes spéciales;

Un inventaire des biens qui doivent être aliénés conformément aux lois. Sont exceptées les mines de Río-tinto et Almaden et les salines de Torrevieja.

Les bons au comptant seront recouvrés par la Banque ainsi que les billets à échéances successives, et, à cet effet, ils leur seront remis au fur et à mesure de la réalisation des ventes;

Les recettes provenant des billets et de la vente de biens sont affectés exclusivement à l'amortissement des billets hypothécaires créés par la présente loi.

La Banque hypothécaire touchera les billets à l'échéance et les bons au comptant moyennant une commission de $1^1/_4\%$ pour les recouvrables et de 1% pour les irrecouvrables, comme le fait la Banque d'Espagne pour les billets hypothécaires de la 1re série.

Les sommes reçues de cette manière seront affectées le, 31 décembre de chaque année, à l'amortissement par voie de tirage au sort des billets hypothécaires.

La Banque fera le payement des intérêts dans la proportion de 6% des sommes par elle touchées et conservées sur le montant des biens nationaux jusqu'à leur emploi pour l'amortissement des billets hypothécaires.

16. L'Etat se réserve le droit d'opérer les ventes. La Banque pourra procéder à la recherche avec les mêmes droits que ceux attribués aux *investigadores*; elle pourra demander la vente aux enchères de tout immeuble quelconque.

17. Les 150 millions de *pesetas* de billets hypothécaires affectés à solder les découverts du Trésor seront négociés par voie de souscription publique, au taux préalablement fixé par le Gouvernement, laquelle sera ouverte par la Banque hypothécaire à Madrid et à l'étranger, si le Gouvernement le permet, moyennant une commission de $1^1/_4$ pour 100 sur les espèces.

La Banque pourra s'arrêter à la moitié de l'émission au taux fixé par le Gouvernement.

La Banque fera les émissions successives aux mêmes conditions.

18. Il ne sera payé aucune commission pour les souscriptions reçues directement par le Gouvernement, dans ses bureaux, en Espagne.

19. La Banque hypothécaire, et, en son nom, la Banque de Paris et des Pays-Bas, avanceront au Gouvernement, garantie par les produits de cette souscription, et pour le délai de trois mois, une somme de 100 millions de *pesetas* avec intérêt à 10 pour 100 l'an, en cas de remboursement des prêts par eux faits au Trésor espagnol; dans le cas contraire, les prêts non remboursés seront réputés faits à valoir sur l'avance de fonds stipulé au présent article.

20. Dans le cas où les billets disponibles reçus par la Banque ne suffiraient pas pour couvrir l'émission de 300 millions de *pesetas* en billets hypothécaires, le Gouvernement remettra les bons du Trésor existant en portefeuille pour couvrir le surplus, lesquels seront retirés au fur et à mesure que la garantie en billets sera complétée.

21. La Banque hypothécaire sera dirigée par un Gouverneur librement nommé par le Gouvernement;

Trois Sous-Gouverneurs nommés par le Gouvernement sur la proposition du Conseil d'administration;

Un Conseil d'administration nommé par les actionnaires, composé de 12 membres au moins et de 24 membres au plus.

Le Gouverneur et les Sous-Gouverneurs seront obligatoirement espagnols. Les deux tiers des membres du Conseil seront également espagnols.

Les fonctions de Gouverneur, Sous-Gouverneurs et membres du Conseil, de même que toute autre charge dans les succursales de province, ne pourront pas être remplies par des membres actuellement en fonctions du Congrès et ou du Sénat.

La durée des fonctions du premier Conseil d'administration sera de trois années, et ses membres seront désignés par les fondateurs. Pour le remplacer, il sortira, chaque

---

[1]) V. ci-après le décret royal du 31 janvier 1873.

·suerte, hasta la completa renovación, y por antigüedad después, eligiendo su reemplazo la Junta general de accionistas.

Los Consejeros salientes son reelegibles.

22. El Banco tendrá su domicilio social en Madrid, con la facultad de crear sucursales en las provincias y representaciones en el extranjero.

El Banco podrá usar como sello y escudo las armas de España con el lema Banco Hipotecario de España.

23. Las operaciones del Banco Hipotecario serán: 1.º Prestar con primera hipoteca de bienes inmuebles, cuya .propiedad esté inscrita en el Registro de la propiedad, suma equivalente á la mitad á lo más de su valor en tasación, reembolsable á largo plazo por anualidades ó semestres, ó á corto plazo con amortización ó sin ella. Se considerará también como primera hipoteca la que garantice un préstamo por cuyo medio queden reembolsados y extinguidos los créditos anteriores inscritos que graven la finca hipotecada; — 2.º Adquirir créditos asegurados con hipoteca ya existente, que tengan las condiciones expresadas en el número anterior; — 3.º Prestar á las Diputaciones provinciales y Ayuntamientos, legalmente autorizados para contraer empréstitos, las sumas que permita su respectiva autorización, aunque sea sin hipoteca, siempre que esté asegurado su reembolso y el pago de los intereses con un recargo ó impuesto especial ó recurso permanente que figure en el respectivo presupuesto; — 4.º Adquirir ó descontar créditos contra provincias ó pueblos, siempre que reunan todas las condiciones expresadas en el número anterior; — 5.º Hacer préstamos al Tesoro; — 6.º Emitir, en virtud de las operaciones ya enumeradas y hasta el importe de las cantidades prestadas, cédulas hipotecarias ú otras obligaciones reembolsables en épocas fijas ó por vía de sorteo. Podrán concederse á estos títulos primas ó premios, pagaderos en el momento del reembolso; — 7.º Negociar las mencionadas cédulas hipotecarias ú obligaciones, y prestar sobre estos títulos.

El capital social se destinará preferentemente á las operaciones ya indicadas.

24. El Banco queda igualmente autorizado: 1.º A recibir en depósito toda clase de valores en papel y metálico, y llevar cuentas corrientes por el importe total de aquéllos, consignados en libretas talonarias destinadas á este uso; — 2.º A emplear los fondos que se consignen en cuenta corriente, en préstamos, bien sobre sus propias cédulas hipotecarias ú obligaciones, ó bien sobre títulos del Estado, y en el descuento de letras de cambio; — 3.º A encargarse por cuenta del Estado de la recaudación de las contribuciones directas y del movimiento de fondos que reclame este servicio; — 4.º A tomar en arrendamiento ó administración propiedades ó establecimientos pertenecientes al Estado, provincias, pueblos, corporaciones ó particulares.

25. El Banco podrá, finalmente, hacer todas las operaciones comerciales que tengan por objeto el fomento de la agricultura ó de la industria minera, ó la construcción de edificios, abriendo para ello créditos á las Sociedades, autorizadas por el Gobierno para cualquiera de estos objetos, ó á las corporaciones ó sindicatos legalmente autorizados, pero siempre sobre hipoteca, prendas pretorias ó cualquier otra garantía de segura realización.

La forma y condiciones de la intervención del Banco en estas operaciones se determinarán ulteriormente por el Consejo de administración.

26. La suma total de cédulas hipotecarias en circulación no excederá del importe de los préstamos hipotecarios; el de las obligaciones especiales no excederá tampoco del de aquellos préstamos por cuya razón se emitan.

27. El Banco Hipotecario percibirá anualmente de sus deudores: 1.º Por intereses un tanto por 100 igual al que abone por los de las obligaciones ó cédulas que emita en razón de cada préstamo; — 2.º Por comisión y gastos, una cantidad que no exceda de 60 céntimos por 100 al año. El Gobierno podrá aumentar esta cantidad á petición del Banco y oyendo al Consejo de Estado cuando hubiere justa causa; — 3.º Por amortización, la cantidad que corresponda según el número de años en que haya de verificarse.

28. Los deudores al Banco Hipotecario podrán reembolsar en cualquier tiempo el capital que deban, ó alguna parte de él, siempre que la suma que reembolsen sea un múltiplo exacto de 250 pesetas y con las demás condiciones que establezcan los Estatutos.

année, trois membres, désignés par voie du tirage au sort, jusqu'à ce que le Conseil soit complètement renouvelé; ensuite, les membres sortiront dans l'ordre d'ancienneté, et les membres les remplaçant seront nommés par l'assemblée générale des actionnaires.

Les membres sortants sont rééligibles.

22. La Banque aura son siége à Madrid, avec la faculté de créer des succursales dans les provinces, et des représentations à l'étranger.

La Banque pourra faire usage du sceau et de l'écu aux armes d'Espagne, avec la devise «Banque hypothécaire d'Espagne».

23. Les opérations de la Banque hypothécaire serontles suivantes: 1° Prêter sur première hypothèque portant sur des immeubles dont la propriété est inscrite sur le registre de la propriété, une somme équivalente à la moitié au plus de l'estimation, remboursable à long terme par annuités ou semestres, ou à court terme avec ou sans amortissement. Sera considérée également comme une première hypothèque celle qui garantit le prêt au moyen duquel doivent être remboursées et éteintes les créances antérieurement inscrites qui grevaient l'immeuble hypothéqué; — 2° Acquérir des créances garanties par une hypothèque déjà existante, réunissant les conditions exigées par le numéro précédent; — 3° Prêter, même sans hypothèque, aux députations provinciales et aux municipalités dûment autorisées à contracter des emprunts, les sommes prévues dans l'autorisation, pourvu que le remboursement et le payement des intérêts soient garantis par des centimes additionnels ou par un impôt spécial ou par des ressources permanentes inscrites au budget respectif; — 4° Acquérir et escompter des créances sur les provinces ou les communes, pourvu qu'elles réunissent toutes les conditions énoncées dans le numéro précédent; — 5° Faire des prêts au Trésor; — 6° Emettre, en vertu des obligations énumérées ci-dessus et jusqu'à concurrence du montant des sommes prêtées, des cédules hypothécaires ou autres obligations remboursables à des époques fixes, ou par voie de tirage au sort. Il pourra être accordé à ces titres des primes payables au moment du remboursement; — 7° Négocier les dites cédules hypothécaires ou obligations, et prêter sur ces titres.

Le capital social sera appliqué de préférence aux opérations ci-dessus indiquées.

24. La Banque est également autorisée: 1° A recevoir en dépôt toute espèce de valeurs en papier et espèces, et à tenir des comptes-courants pour le montant total des dits dépôts consignés dans des carnets à souche destinés à cet usage; — 2° A employer les fonds consignés en compte-courant, en prêts soit sur ses propres cédules hypothécaires, soit sur des titres de l'État, et à l'escompte de lettres de change; — 3° A se charger, pour le compte de l'État, du recouvrement des contributions directes et du mouvement de fonds que réclame ce service; — 4° A prendre en concession ou à se charger d'administrer les propriétés ou établissements appartenant à l'État, aux provinces, communes ou particuliers.

25. La Banque pourra, enfin, faire toutes les opérations commerciales ayant pour objet le développement de l'agriculture ou de l'industrie minière, ou la construction d'édifices, en ouvrant des crédits aux Sociétés autorisées par le Gouvernement pour l'un quelconque de ces objets, ou aux corporations ou syndicats légalement autorisés, mais toujours sur hypothèque, gages donnés devant le juge, ou sur toute autre garantie de réalisation assurée.

La forme et les conditions de l'intervention de la Banque dans ces opérations seront déterminées ultérieurement par le Conseil d'administration.

26. La somme totale des cédules hypothécaires en circulation ne dépassera pas le montant des prêts hypothécaires; celui des obligations spéciales ne dépassera pas non plus le montant des prêts pour lesquels elles ont été émises.

27. La Banque hypothécaire percevra annuellement de ses débiteurs: 1° Pour intérêts, un tant pour 100 égal à celui payé pour les obligations ou cédules émises à raison de chaque prêt; — 2° Pour commission et frais, une somme ne dépassant pas 0,60 centimes par cent par année. Le Gouvernement pourra augmenter cette somme sur la demande de la Banque, le Conseil d'État entendu, s'il y a juste cause de le faire; — 3° Pour amortissement, la somme qu'il y aura lieu de percevoir d'après le nombre d'années dans lequel l'amortissement doit être effectué.

28. Les débiteurs de la Banque pourront rembourser, à toute époque, tout ou partie du montant de leur dette, pourvu que la somme remboursée soit un multiple exact de 250 *pesetas* et à la condition d'observer les autres conditions établies par les statuts.

Estos reembolsos se harán entregando su importe en metálico ó en obligaciones ó cédulas hipotecarias contadas por todo su valor nominal y que pertenezcan á la misma serie y año que las admitidas por razón del préstamo reembolsado. Los deudores pagarán además en este caso la indemnización que fije el Consejo de administración, la cual no podrá exceder nunca del 3 por 100 del capital que por anticipación se reembolse.

29. El Banco Hipotecario empleará todos los años en amortizar sus obligaciones y cédulas hipotecarias las sumas que reciba de sus deudores por amortización de los capitales que adeuden.

30. El capital, los intereses, y en su caso las primas ó premios de las cédulas hipotecarias, tienen por hipoteca especial, sin necesidad de inscripción, todas las que en cualquier tiempo se constituyan á favor del Banco sobre bienes inmuebles.

El capital, los intereses, y en su caso las primas ó premios de las obligaciones, tienen por hipoteca las que resulten á favor del Banco sobre los derechos cedidos á cambio de estas obligaciones.

31. Las obligaciones y cédulas hipotecarias, ya sean nominativas ó ya al portador, tendrán fuerza de escritura pública, sobre la cual haya recaído sentencia firme de remate, para el efecto de reclamar del Banco por la vía de apremio el pago del capital y de los intereses después de su vencimiento.

32. El Banco Hipotecario, si tuviera en su poder efectos públicos ó valores mercantiles como garantía de alguna deuda no pagada á su vencimiento, podrá hacerlos vender en la forma que determinen las leyes.

33. Vencido y no pagado un préstamo hipotecario ó cualquiera fracción de él ó sus intereses, requerirá el Banco por escrito al deudor para que satisfaga su débito.

Si el deudor no pagare en los dos días siguientes al del requerimiento, el Banco podrá pedir al Juez de primera instancia competente el secuestro y la posesión interina de la finca. Cerciorado el Juez con la presentación del título de la legitimidad del crédito y de la falta de pago, dictará providencia accediendo á la demanda, y ordenando la entrega interina de la finca al Banco si no se verificarse el pago dentro de quince días contados desde la presentación de la misma demanda. De esta providencia se tomará anotacion preventiva en el Registro de la propiedad en el mismo día de su notificación.

El Banco percibirá las rentas vencidas y no satisfechas del inmueble, aplicándolas al pago de su crédito, y recogerá asimismo los frutos y rentas posteriores, cubriendo con ellos primero los gastos de conservación y explotación que la misma finca exija, y después su propio crédito.

Podrá asimismo el Banco, de acuerdo con el deudor, continuar cobrando su crédito con el producto del inmueble secuestrado ó promover en cualquier tiempo, aunque sea sin dicho acuerdo, su enajenación y la rescisión del préstamo, en la forma establecida en el artículo siguiente.

Cuando el Banco tenga en su poder valores ó efectos del deudor, podrá aplicarlos al pago de sus créditos y entablar su reclamación por la diferencia.

34. Si la marcha regular de las operaciones del Banco exigiere el reintegro inmediato del préstamo, á juicio de su Consejo de administración, vencido que sea el plazo en que cualquier deudor hipotecario deba abonar capital ó intereses sin verificarlo, el Banco podrá, previo el requerimiento que dispone el art. 33, pedir desde luego al Juez competente la venta en subasta pública de la finca hipotecada y la rescisión del préstamo. En este caso, cerciorado el Juez con la presentación del título de la legitimidad del crédito, mandará anunciar la subasta en la *Gaceta*, *Boletín Oficial* y en alguno de los periódicos de la provincia por término de quince días y verificarla, con citación del deudor, ante uno de los escribanos del Juzgado ó del pueblo cabeza del partido en que radique la finca, en la forma en que se celebran las subastas voluntarias; pero con sujeción á lo que disponen las leyes respecto á la subasta judicial en cuanto al precio en que podrá verificarse la enajenación. A voluntad de las partes se tomará por tipo para la subasta la tasación hecha al tiempo de constituirse el préstamo, ó la que verifiquen de nuevo peritos nombrados la efecto.

Ces remboursements se feront en versant leur montant en espèces ou en obligations ou cédules hypothécaires calculées d'après leur valeur nominale intégrale et appartenant aux même série et année que celles émises pour le prêt remboursé. Les débiteurs payeront, en outre, dans ce cas, l'indemnité fixée par le Conseil d'administration, laquelle ne pourra jamais dépasser 3% du capital remboursé par anticipation.

29. La Banque hypothécaire employera tous les ans, pour l'amortissement de ses obligations et cédules hypothécaires, la somme qu'elle reçoit de ses débiteurs pour l'amortissement du capital de leur dette.

30. Le capital, les intérêts, et, s'il y a lieu, les primes des cédules hypothécaires, ont, en vertu d'une hypothèque spéciale, et sans qu'il soit besoin d'inscription, tous les droits de préférence constitués, à une date quelconque, au profit de la Banque sur les immeubles.

Le capital, les intérêts, et, s'il y a lieu, les primes des obligations ont par hypothèque les droits de préférence appartenant à la Banque sur les droits cédés en échange de ces obligations.

31. Les obligations et cédules hypothécaires, nominatives ou au porteur, auront l'autorité d'acte public ayant été suivi d'une sentence définitive d'adjudication, et permettront, en conséquence, de réclamer de la Banque, par voie de saisie le payement du capital et des intérêts après l'échéance.

32. La Banque hypothécaire, si elle a en sa possession des effets publics ou des valeurs commerciales en garantie d'une dette demeurée impayée à l'échéance, pourra les faire vendre dans la forme déterminée par la loi.

33. Lorsqu'un prêt hypothécaire, ou une fraction quelconque du dit prêt, ou les intérêts, ne sont pas payés à l'échéance, la Banque requerra par écrit le débiteur d'acquitter sa dette.

Faute par le débiteur de payer dans les deux jours qui suivent cette réquisition, la Banque pourra demander au juge de première instance compétent le séquestre et la mise en possession provisoire de l'immeuble. Le juge, après s'être assuré, par la production du titre, de la légitimité de la créance et du défaut de payement, prononcera l'ordonnance faisant droit à la demande et ordonnant la remise provisoire de l'immeuble à la Banque, si le payement n'est pas effectué dans les quinze jours à compter de l'introduction de la demande. Il sera pris note provisoire de cette ordonnance sur le registre de la propriété, le jour même de la notification.

La Banque percevra les revenus échus et non payés de l'immeuble, qu'elle appliquera au remboursement de sa créance, et elle recueillera également les fruits et revenus postérieurs avec lesquels elle acquittera, en premier lieu, les frais de conservation et d'exploitation nécessaires, et elle imputera le surplus sur sa créance.

La Banque pourra, de même, d'accord avec le débiteur, continuer à se payer de sa créance au moyen des fruits de l'immeuble placé sous séquestre ou provoquer, à toute époque, même en dehors de tout accord de cette nature, son aliénation et la résiliation du prêt, dans la forme établie par l'article suivant.

Lorsque la Banque a en sa possession des valeurs ou des effets du débiteur, elle pourra les appliquer au payement de ses créances et poursuivre le débiteur pour la différence.

34. Si la marche régulière des opérations de la Banque exige le remboursement immédiat du prêt, d'après l'appréciation du Conseil d'administration, et que le terme où tout débiteur hypothécaire quelconque doit payer le capital et les intérêts soit échu, sans que ce payement ait été effectué, la Banque pourra, moyennant sommation préalable dans les termes prévus par l'art. 33, demander immédiatement au Juge compétent d'ordonner la vente aux enchères de l'immeuble hypothéqué et la rescision du prêt. Dans ce cas, le juge, après avoir vérifié, sur la présentation du titre, la légitimité de la créance, ordonnera d'annoncer la mise aux enchères dans la *Gaceta*, le *Boletin oficial*, et dans l'un des périodiques de la province, dans un délai de quinze jours, et de procéder à cette vente, le débiteur dûment cité, devant l'un des *escribanos* du tribunal ou de la commune chef-lieu du *partido* où est situé l'immeuble, dans la forme des adjudications volontaires, mais en observant les prescriptions des lois relatives aux ventes judiciaires en ce qui concerne le prix auquel la vente pourra être faite. A la volonté des parties, il sera pris pour mise à prix l'estimation faite à l'époque de la réalisation du prêt, ou l'estimation qui sera faite par de nouveaux experts nommés à cet effet.

Si el deudor verificase el pago antes de la celebración del remate, se suspenderán los procedimientos; si no se verificase en dicho término, el Juez dictará providencia aprobando la subasta y declarando rescindido el préstamo.

Con el precio del remate se pagarán en primer lugar el capital y los réditos devengados por el Banco hasta el día del pago, los gastos de la subasta y enajenación y un 3 por 100 del capital que con anticipación recibe el mismo Banco á consecuencia de la rescisión del préstamo.

35. El secuestro, y en su caso la enajenación de las fincas hipotecadas, según lo dispuesto en los dos artículos anteriores, no se suspenderá por demanda que no se funde en algún título anteriormente inscrito, ni por la muerte del deudor, ni por la declaración en quiebra ó concurso del mismo ó del dueño de la finca hipotecada.

Vendida la finca, el comprador pagará al Banco, dentro de ocho días, todo lo que se deba por razón de su préstamo, y el sobrante que resulte del precio quedará á disposición de los Tribunales, para que lo distribuyan con arreglo á derecho. Este pago al Banco se entenderá sin perjuicio de la acción que pueda corresponder al deudor ó al tercero perjudicado, si lo hubiere, la cual podrá ejercitarse en el juicio correspondiente.

36. Cuando la finca hipotecada cambie de dueño, quedará de derecho subrogado el adquirente en todas las obligaciones que por razón de ella hubiere contraído su causante con el Banco. El adquirente dará conocimiento al Banco de su adquisición dentro de los quince días al en que se consume, y si no lo hiciere, le perjudicarán los procedimientos que aquél dirija contra su causante para el cobro de sus créditos.

37. El Gobierno, oyendo el dictamen del Consejo de Estado en pleno, aprobará los Estatutos del Banco Hipotecario y resolverá cuantas dudas y cuestiones puedan suscitarse para el planteamiento de esta ley.

Artículo adicional.

Son aplicables las disposiciones de carácter general que contiene la presente ley á cualesquiera otros establecimientos de crédito territorial que se formen [1].

Por tanto: Mandamos á todos los Tribunales, Justicias, Jefes, Gobernadores y demás Autoridades, así civiles como militares y eclesiásticas, de cualquier clase y dignidad, que guarden y hagan guardar, cumplir y ejecutar la presente ley en todas sus partes.

Dado en Palacio á dos de Diciembre de mil ochocientos setenta y dos. — Amadeo. — El Ministro de Hacienda, Servando Ruiz Gómez.

Reales Decretos de 31 de enero de 1873, 24 de Julio de 1879 y 12 de Octubre de 1879.

Real Decreto de 31 de Enero de 1873.

En cumplimiento del artículo 14 de la Ley de creación del Banco Hipotecario de España, se dictó este Real Decreto, publicado en la Colección Legislativa, tomo 110, página 267, por el que se concedió al Banco de Paris y de los Paises Bajos la facultad de crear dicho Banco Hipotecario con sujeción á la citada Ley. Al propio tiempo se aprobaban los Estatutos del mismo, que fué preciso modificar y reformar por virtud de lo dispuesto en él.

Real Decreto de 24 de Julio de 1879.

Por esta soberana disposición, publicada en la Gaceta de 28 de julio del mismo año, se convirtió en privilegiado y único el Banco Hipotecario de España, quedando por virtud de esto sin efecto alguno el Artículo adicional de la Ley de 1872. En ella se facultó tambien al Banco para poder comprar y vender sus propias cédulas y obligaciones hipotecarias y disponer de los fondos sociales no solo para las opera

[1] Véase, á continuación de la Ley, lo dispuesto en el Real Decreto de 24 de Julio de 1879.

Si le débiteur effectue le payement avant l'adjudication, la procédure sera suspendue, s'il ne paye pas dans ce délai, le juge rendra une l'ordonnance approuvant la vente et prononçant la résiliation du prêt.

Sur le prix de l'adjudication seront payés, en premier lieu, le capital et les intérêts dus à la Banque jusqu'au jour du payement; les frais de mise en vente et d'aliénation et une somme représentant 3% du capital que la Banque reçoit comme conséquence de la résiliation du prêt.

35. La mise sous séquestre, et, quand il y est procédé conformément aux dispositions des deux articles précédents, la vente ne seront point suspendues par une demande qui ne serait pas basée sur un titre antérieurement inscrit, ni par le décès du débiteur, ni par la déclaration de faillite ou la déconfiture du débiteur ou du propriétaire de l'immeuble hypothéqué.

La vente réalisée, l'acheteur payera à la Banque, dans les huit jours, tout ce qui est dû à raison du prêt, et le surplus du prix demeurera à la disposition du tribunal pour être distribué dans les formes de droit. Ce payement à la Banque s'entendra sans préjudice de l'action qui peut appartenir au débiteur ou au tiers lésé, s'il y a lieu, laquelle pourra être exercée au moyen de la procédure correspondante.

36. Lorsque l'immeuble hypothéqué change de propriétaire, l'acquéreur sera de plein droit subrogé à toutes les obligations dont son ayant-cause était tenu envers la Banque à raison du dit immeuble. L'acquéreur avisera la Banque de son acquisition, dans les quinze jours de la réalisation de la vente, et, à défaut de cette notification, les poursuites dirigées par la Banque contre son ayant-cause pour le recouvrement des créances produiront effet contre lui.

37. Le Gouvernement, après avoir entendu l'avis du Conseil d'Etat en assemblée générale, approuvera les statuts de la Banque hypothécaire et résoudra toutes les difficultés ou contestations qui pourront être soulevées pour l'exécution de la présente loi.

Article additionnel.

Les dispositions de caractère général contenues dans la présente loi sont applicables à tous autres établissements quelconques de crédit foncier qui viendront à s'établir[1].

En conséquence: Mandons à tous les tribunaux, justices, chefs, gouverneurs et autres autorités, tant civiles que militaires et ecclésiastiques, de tout ordre et dignité d'observer et faire observer accomplir et exécuter la présente loi dans toutes ses parties.

Donné au Palais le 2 décembre 1872. — Amédée. — Le Ministre de l'*Hacienda*, Servando Ruiz Gomez.

Décrets royaux du 31 janvier 1873, 24 juillet 1879 et 12 octobre 1879.

Décret royal du 31 janvier 1873.

En exécution de l'art. 14 de la loi portant création de la Banque hypothécaire d'Espagne, est édicté le présent décret royal publié dans la Collection législative, tome 110, page 267, par lequel est accordée à la Banque de Paris et des Pays-Bas la faculté de créer la dite Banque hypothécaire en conformité de la loi précitée. En même temps, ont été approuvés les statuts de la dite Banque, qu'il a été nécessaire de modifier et de réformer en vertu des dispositions du dit décret.

Décret royal du 24 juillet 1879.

En vertu de cette disposition souveraine, publiée dans la *Gaceta* du 28 juillet de la même année, la Banque hypothécaire d'Espagne a été convertie en banque privilégiée unique, et, en conséquence, l'article additionnel de la loi de 1872 demeure sans effet. Ce décret accorde, en outre, à la Banque le droit d'acheter et de vendre ses propres cédules et obligations hypothécaires et de disposer des fonds sociaux

---

[1] V. ci-après le décret du 24 juillet 1879.

ciones á que se refiere el art. 23 de la Ley, sino para las á que se refieren los artículos 24 y 29. Se redujo á dos el número de Subgobernadores y se dispuso igualmente que estos habian de ser españoles y ser nombrados por el Gobierno de S. M. á propuesta del Consejo de Administración del Banco.

Real Decreto de 12 de Octubre de 1879.

De conformidad con la importantísima reforma introducida por el Real Decreto anterior fué preciso redactar unos nuevos Estatutos para el régimen y funcionamiento del Banco los cuales fueron aprobados en esta fecha y publicados en la Gaceta de 20 del mismo mes y año.

Dichos Estatutos tienen 137 artículos y están divididos en 8 títulos que tratan de los siguientes materias: Título I. Denominación de la sociedad, su objeto, su duración y su domicilio. — Título II. Capital social, acciones y dividendos. — Título III. Dirección y administración de la sociedad. — Título IV. De los préstamos hipotecarios. — Título V. De las cédulas hpotecarias. — Título VI. Derechos legales de la sociedad. — Título VII. Del balance, reparto de dividendos y fondo de reserva. — Título VIII. De la disolución y liquidación del Banco.

El objeto principal del Banco es el hacer préstamos hipotecarios amortizables gradualmente dentro del plazo, para lo cual podrá emitir cédulas hipotecarias por el valor del préstamo, cobrando los intereses, la comisión y la amortización de los deudores hipotecarios. Estas cédulas, que no pueden ser menores de 100 pesetas, están aseguradas con la garantía especial del préstamo y con el capital de la sociedad.

Cuando los préstamos del Banco se hagan al Estado, las Diputaciones, los Ayuntamientos ú otras corporaciones debidamente autorizadas para ello, con garantias especiales, entonces podrá éste emitir por el valor de dichos préstamos Obligaciones especiales, de condiciones análogas á las de las cédulas. Tambien podrá dedicar su capital á préstamos hipotecarios á corto plazo, con devolución de su importe á la terminación del mismo, siempre que estén suficientemente garantidas las operaciones. A este efecto, asi como para los préstamos de amortización gradual, las fincas habrán de estar aseguradas convenientemente, y la anualidad con que queden gravadas por causa del préstamo no podrá exceder nunca de la renta líquida que produzcan.

La duración del privilegio del Banco es de 99 años á contar desde el dia que se publicó el Decreto de su autorización, ó sea desde el 31 de Enero de 1873.

Cámaras de comercio, industria y navegación.

Se crearon estas Cámaras en España por el Real Decreto de 9 de Abril de 1886, debido á la fecunda iniciativa del sabio catedrático de la Universidad de Valencia Dn. Eduardo Perez Pujol. Sufrió el tal Decreto importantes modificaciones, y para regularizar la existencia de dichas Cámaras se dictó el de 21 de Junio de 1901, que es el que está en vigor, sin otras modificaciones que las introducidas por los de 13 de Diciembre de 1901, 30 de Agosto de 1902 y 24 de Febrero de 1908.

He aquí ahora el texto del Real Decreto de 21 de Junio de 1901, con las modificaciones introducidas en el mismo por los de 1901, 1902 y 1908 ya citados.

Art. 1. Las Asociaciones de carácter permanente que, usando de su libertad constitucional, funden los comerciantes, industriales, navieros y capitanes de la marina mercante de altura, se considerarán como Cámaras oficiales del Comercio, de la Industria y de la Navegación, para los efectos de este decreto, si en su constitución y régimen se acomodan á los preceptos que en el mismo se establecen.

Estas Cámaras tendrán cerca de los Poderes públicos la representación de los intereses comerciales é industriales de la región en que se hallen legalmente establecidas, y gozarán de la condición de establecimientos públicos.

2. El Gobierno, á propuesta del Ministerio de Agricultura, Industria y Comercio y Obras públicas, declarará por Real decreto constituídas las Cámaras que lo soliciten, y señalará el territorio dentro del cual han de ejercer aquéllas sus funciones.

non seulement pour les opérations prévues dans l'art. 23 de cette loi, mais pour celles dont il est parlé dans les articles 24 et 29. Le nombre des sous-gouverneurs est réduit à deux, et il est spécifié qu'ils doivent être espagnols et nommés par le Gouvernement de S. M., sur la proposition du Conseil d'administration de la Banque.

Décret royal du 12 octobre 1879.

En conformité de l'importante réforme réalisée par le décret précédent, il a été nécessaire de rédiger de nouveaux statuts pour le régime et le fonctionnement de la Banque. Ces statuts furent approuvés à cette date et publiés dans la *Gaceta* du 29 des mêmes mois et an.

Ces statuts comprennent 137 articles et sont divisés en 8 titres, qui traitent des matières suivantes: Titre I. Dénomination de la société, son objet, sa durée, son siége. — Titre II. Capital social, actions et dividendes. — Titre III. Direction et administration de la société. — Titre IV. Des prêts hypothécaires. — Titre V. Des cédules hypothécaires. — Titre VI. Droits légaux de la société. — Titre VII. Du bilan, de la répartition des bénéfices et du fonds de réserve. — Titre VIII. De la dissolution et de la liquidation de la Banque.

L'objet principal de la Banque est de faire des prêts hypothécaires amortissables graduellement dans le délai pour lequel elle pourra émettre des cédules hypothécaires pour la valeur du prêt, les intérêts, la commission et l'amortissement étant à la charge des débiteurs hypothécaires. Ces cédules ne peuvent être inférieures à 100 *pesetas* et elles ont pour garantie le capital prêté et le capital de la société.

Lorsque les prêts sont faits à l'État, aux députations provinciales, aux municipalités ou aux autres corporations dûment autorisées, avec des garanties spéciales, la Banque peut alors émettre, jusqu'à concurrence du montant de ces prêts, des obligations spéciales, analogues aux cédules hypothécaires. Elle pourra aussi employer son capital à faire des prêts à court terme, remboursables à l'échéance pourvu qu'ils soient suffisamment garantis. A cet effet, de même que pour les prêts graduellement amortissables, les immeubles devront être convenablement assurés, et l'annuité à payer pour le prêt ne pourra jamais dépasser leur revenu net.

La durée du privilége de la Banque a été fixée à 99 ans à compter du jour de la promulgation du décret d'autorisation, c'est-à-dire du 31 janvier 1873.

Chambres de commerce, d'industrie et de navigation.

Ces chambres ont été créées en Espagne par le décret royal du 9 avril 1886; elles sont dues à la féconde initiative du savant professeur de l'Université de Valence D. Eduardo Perez Pujol. D'importantes modifications ont été apportées à ce décret, et, pour régulariser l'organisation de ces Chambres, un nouveau décret a été promulgué le 21 juin 1901. Ce dernier décret est encore en vigueur, mais certaines modifications y ont été introduites par les décrets des 13 décembre 1901, 30 août 1902, et 24 février 1908.

Voici les dispositions du décret du 21 juillet 1901, avec les modifications qui y ont été apportées par les décrets de 1901, 1902 et 1908.

Art. 1. Les associations ayant un caractère permanent que fondent, en faisant usage de la liberté accordée par la Constitution, les commerçants, industriels, armateurs et capitaines de navires marchands de haute mer, seront considérées comme Chambres officielles de commerce, d'industrie et de navigation, pour les effets du présent décret, si elles acceptent pour leur constitution et régime les prescriptions ci-après établies.

Ces Chambres représenteront devant les Pouvoirs publics les intérêts commerciaux et industriels de la région dans laquelle elles sont légalement établies, et elles jouiront de la condition d'établissements publics.

2. Le Gouvernement, sur la proposition du ministère de l'Agriculture, de l'Industrie, du Commerce et des Travaux publics, déclarera constituées, par décret royal, les Chambres qui en feront la demande, et il fixera le territoire dans lequel elles devront exercer leurs fonctions.

3.[1] Para pertenecer á una Cámara de Comercio, Industria y Navegación, se requiere: primero, ser español; segundo, ser comerciante, industrial ó naviero, por cuenta propia, con un año de ejercicio en estas profesiones; y tercero, contribuir á la Cámara con la cuota que por su reglamento se determine.

A la Cámara de Comercio, Industria y Navegación de Melilla podrán pertenecer, además de las personas que reúnan las condiciones expresadas en el párrafo anterior, todas las que, sin poseerlas, tengan otras que, á juicio de la Cámara, las capacite para esta distinción.

Podrán también pertenecer á las Cámaras: 1.° Los gerentes de sociedades ó empresas mercantiles, industriales ó de navegación, y los pilotos que sean ó hubieran sido capitanes de la marina mercante de altura; — 2.° Los profesores y peritos mercantiles, los ingenieros industriales, los fieles contrastes y los capitanes de puerto; — 3.° Los agentes comerciales, de cambio y Bolsa, de Aduanas y transportes y los corredores de comercio y corredores intérpretes de buques. Los comprendidos en los tres números anteriores necesitarán además la antigüedad de dos años en el ejercicio de sus respectivos cargos. Los comerciantes, industriales, navieros y capitanes de la marina mercante de altura que no estén domiciliados en la población donde exista Cámara oficial, podrán agregarse á la más próxima; — y 4.° Los comerciantes é industriales extranjeros, siempre que lleven diez años de residencia en España pagando contribución, y sin que su número exceda nunca de la décima parte de la totalidad de los asociados de cada una de esta clase de corporaciones.

4. Todos los miembros de la Cámara formarán su asamblea general.

La Cámara se dividirá en tres secciones denominadas de comercio, de industria y de navegación.

5. Toda Cámara oficial tendrá una Junta directiva, compuesta de un presidente, uno ó dos vicepresidentes, un tesorero, un contador, un archivero bibliotecario, un secretario general y á lo menos seis vocales.

En la Junta directiva tendrán necesariamente representación todas las entidades que compongan la Cámara.

6.[2] Serán elegibles para los cargos de la Junta directiva de las Cámaras de Comercio, Industria y Navegación, los miembros de éstas que figuren en sus listas con un año de anterioridad al dia de la elección, clasificados en los tres conceptos referidos. Los elegidos lo serán por tres años, renovándose en cada uno de ellos la Junta por terceras partes. Las secciones en que se divida la Junta elegirán su Presidente y Secretario.

7. La Junta directiva de cada Cámara, las de sus respectivas secciones, así como la Cámara misma y las secciones, se reunirán cuantas veces lo disponga su reglamento, y además cuando el Gobierno lo considere conveniente.

Podrán también reunirse diversas Cámaras ó sus Juntas directivas cuando el Gobierno así lo disponga, ó en los casos previstos en los reglamentos, para deliberar sobre intereses comunes á todas ellas.

La celebración de Congresos de las Cámaras de Comercio, de Industria y de Navegación, se acordará por el Gobierno á propuesta de aquéllas.

8. Cada Cámara formará el reglamento para su régimen interior con entera libertad, si bien respetando en él las disposiciones de este decreto. En el reglamento se fijará la cuota con que ha de contribuir cada miembro á los gastos comunes de la Cámara.

9.[3] Las Cámaras corresponderán directamente con los ministros.

10. Corresponderá á las Cámaras oficiales de Comercio, de Industria y de Navegación: 1.° Pedir al Poder Legislativo cuanto consideren conveniente para el desarrollo y mejora del comercio, de la industria y de la navegación; — 2.° Proponer al Gobierno, á instancia de éste ó por iniciativa propia, las reformas que en beneficio de aquellos intereses entienda que deben hacerse en las leyes

---

[1] Este artículo 3.° sufrió la primera modificación de su texto primitivo por el Real Decreto de 13 de Diciembre de 1901, y ha sido modificado de nuevo por el de 24 de Febrero de 1908, quedando en la forma que se inserta.

[2] Este artículo 6° quedó así redactado por el Real Decreto de 13 de Diciembre de 1901.

[3] La redacción primitiva del art. 9° se modificó por el citado Real Decreto de 13 de Diciembre de 1901, pero por virtud de lo dispuesto en el de 30 de Agosto de 1902 se suprimió.

3.[1] Pour appartenir à une Chambre de Commerce, d'Industrie et de Navigation, il faut, premièrement, être espagnol; deuxièmement, être pour son compte personnel, commerçant, industriel ou armateur, et exercer ces professions depuis un an; et troisièmement, apporter sa contribution à la Chambre dans une proportion déterminée par son règlement.

Pourront appartenir à la Chambre de Commerce, d'Industrie et de Navigation de Melilla, outre les personnes réunissant les conditions énoncées dans le paragraphe précédent, toutes personnes qui, sans les posséder, en ont d'autres qui, d'après le jugement de la Chambre, les rendent aptes à recevoir cette distinction.

Pourront également appartenir aux Chambres: 1° Les gérants de sociétés ou entreprises commerciales, industrielles ou de navigation, et les pilotes qui sont ou auront été capitaines de la marine marchande de haute mer; — 2° Les professeurs et experts commerciaux, les ingénieurs industriels, les inspecteurs des poids et mesures et les capitaines de port; — 3° Les agents commerciaux, de change et de bourse, de douanes et de transport, ainsi que les courtiers de commerce et les courtiers interprètes de navires. Les personnes énumérées dans les trois numéros précédents devront, en outre, avoir deux ans d'ancienneté dans l'exercice de leurs charges respectives. Les commerçants, industriels, armateurs et capitaines de la marine marchande de haute mer qui ne sont pas domiciliés dans la commune où il existe une Chambre officielle, pourront s'affilier à la Chambre la plus voisine; — et 4° Les commerçants et industriels étrangers, pourvu qu'ils aient dix ans de résidence en Espagne, y soient imposées, sans que leur nombre puisse jamais dépasser le dixième du nombre total des membres de chacune de ces corporations.

4. Tous les membres de la Chambre en formeront l'assemblée générale.

La Chambre se divisera en trois section sdites: du commerce, de l'industrie et de la navigation.

5. Toute Chambre officielle aura un Comité de direction composé d'un président, d'un ou de deux vice-présidents, d'un trésorier, d'un comptable, d'un archiviste bibliothécaire, d'un secrétaire général et de six membres au moins.

Dans le Comité de direction seront nécessairement représentées toutes les entités composant la Chambre.

6.[2] Seront éligibles aux charges du Comité de direction des Chambres de Commerce, d'Industrie et de Navigation, les membres inscrits sur leurs listes depuis un an au moins avant l'élection, classés sous les trois rubriques sus-rappelées. Les membres du Comité seront élus pour trois ans, et le Comité se renouvellera, chaque année, par tiers. Les sections dans lesquelles se divise le Comité éliront leur président et leur secrétaire.

7. Le Comité de direction de chaque Chambre, les comités de leurs sections respectives, ainsi que la Chambre elle-même se réuniront aussi souvent que le règlement le prescrit et, en outre, chaque fois que le Gouvernement le jugera utile.

Plusieurs Chambres ou leurs Comités de direction pourront aussi se réunir, lorsque le Gouvernement le prescrit, ou dans les cas prévus par les règlements, pour délibérer sur leurs intérêts communs.

La réunion de Congrès des Chambres de Commerce d'Industrie et de Navigation sera autorisée par le Gouvernement, sur la proposition des dites Chambres.

8. Chaque Chambre rédigera le règlement de son régime intérieur avec une entière liberté, mais en respectant les dispositions du présent décret. Ce règlement fixera la cotisation à payer par chaque membre pour contribuer aux dépenses communes de la Chambre.

9.[3] Les Chambres correspondront directement avec les ministres.

10. Il appartiendra aux Chambres de Commerce, d'Industrie et de Navigation de: 1° Demander au Pouvoir législatif toutes les mesures qu'elles jugent utiles au développement et au progrès du commerce, de l'industrie et de la navigation; — 2° Proposer au Gouvernement de faire, sur la requête du dit Pouvoir législatif ou en vertu de son initiative propre, les réformes qu'il y a lieu d'introduire, au profit de ces

---

[1] Cet article a été modifié une première fois par le décret royal du 13 décembre 1901; une seconde modification y a été apportée par le décret du 24 février 1908, qui lui a donné sa forme actuelle.

[2] Cet article a été ainsi rédigé par le décret du 13 décembre 1901.

[3] La rédaction primitive de cet article a été modifiée par le décret du 31 décembre 1901, mais le décret du 30 août 1902 l'a supprimé.

y disposiciones vigentes que á ellos se refieran; — 3.º Proponer asimismo la ejecución de las obras y el establecimiento ó reforma de los servicios públicos en lo que pueda ser conveniente para el comercio, la industria ó la navegación. A este fin estudiarán las Cámaras las vías de comunicación terrestres y marítimas y formarán itinerarios mercantiles; propondrán la construcción de caminos que faciliten el tráfico y cuantas medidas crean convenientes para la más fácil exportación de todo género de mercancías, y también para conducir los productos importados desde los puertos á los puntos de consumo á donde vayan dirigidos; — 4.º Promover y dirigir Exposiciones comerciales y de industrias terrestres y marítimas. Establecer, por iniciativa propia ó previo acuerdo con el Gobierno, y conforme á las bases que se señalen por éste, Museos comerciales ó industriales y oficios nacionales del comercio exterior; — 5.º Establecer y sostener relaciones con las demás Corporaciones mercantiles é industriales, así nacionales como extranjeras; — 6.º Nombrar y separar libremente á sus empleados, asignándoles la retribución que han de percibir y las funciones que deben desempeñar, elegir los delegados que han de representar á la Cámara cuando se reunan varias, y no hayan de concurrir á la reunión todos los miembros de cada una, y nombrar los corresponsales que estimen necesarios; — 7.º Promover entre los comerciantes, industriales y navieros el juicio de amigables componedores, como el más conveniente para la resolución de las cuestiones que entre ellos surjan, decidiendo, además, como Jurados, y con arreglo á las condiciones que voluntariamente establezcan las partes interesadas, las cuestiones que éstas les sometan; — 8.º Resolver las cuestiones que se susciten entre fabricantes y operarios cuando unos y otros se convengan en someterlas á la Cámara; — 9.º Ejercitar ante los Tribunales las acciones criminales para la persecución de los delitos cometidos en perjuicio de los intereses comunes del comercio, de la industria y de la navegación; — 10.º Nombrar veedores que, por cuenta de la Cámara, cuiden de la policía industrial y mercantil, para poner en conocimiento de las autoridades á quienes corresponda, los abusos y fraudes que se cometan en perjuicio del comercio de buena fe y en el de los fabricantes y operarios; — 11.º Fomentar directa ó indirectamente la enseñanza comercial, industrial y marítima, celebrando al efecto conferencias públicas, publicando Memorias, concediendo premios en concurso ó fuera de él á los autores de obras que versen sobre algún ramo del comercio, de la industria ó de la navegación, pensionando en el extranjero á los que merezcan este premio extraordinario, y fundando con sus propios recursos establecimientos de enseñanza de esos ramos; — 12.º Formar al principio de cada año una lista de peritos, que se remitirá al Juzgado correspondiente, para que emitan dictamen en toda clase de contiendas judiciales de carácter mercantil.

11. Las Cámaras habrán de ser necesariamente consultadas: 1.º Sobre los proyectos de tratados y arreglos comerciales y de navegación, reforma de Aranceles y de las Ordenanzas de Aduanas, de las tarifas de transportes y de los impuestos de toda clase que afecten directamente al comercio, á la industria y á la navegación, y en especial cuando se trate de establecer monopolios; — 2.º Sobre los usos y prácticas mercantiles, cuya uniformidad habrán de procurar; — 3.º Sobre la creación en el territorio de su jurisdicción de nuevas Cámaras, de Bolsas de Comercio, de agentes y corredores de esta clase, de Cambio y Bolsa, de sucursales de los Bancos y Bancos locales, de almacenes generales y salas de ventas públicas; — 4.º Sobre el precio de los transportes que haya de pagar el Estado, y el de la mano de obra para el trabajo en las prisiones; — 5.º Sobre los proyectos de obras públicas relacionados con la vida industrial y comercial, dentro del territorio de su circunscripción; — 6.º Sobre reforma del Código de Comercio y procedimiento mercantil.

12. Las Cámaras serán autorizadas, siempre que lo soliciten, para fundar establecimientos de carácter comercial, tales como almacenes generales, depósitos, salas de ventas públicas y bancos de pruebas para las armas.

También lo serán para administrar estos establecimientos, así como los Museos comerciales, Exposiciones mercantiles y oficios nacionales del comercio exterior que hayan sido establecidos por el Estado, las provincias ó los Municipios; cuando su fundación sea privada, podrá también conferírsele la administración, mediante los convenios que al efecto se celebren. Asimismo podrá confiárseles la administración de las Bolsas y Casas-lonjas que existan dentro de su territorio.

mêmes intérêts, dans les lois en vigueur, qui les concernent; — 3° Proposer également les travaux publics et l'établissement ou la réforme des services publics, dans ce qui peut être utile au commerce, à l'industrie ou à la navigation. A cet effet, les Chambres étudieront les voies de communication terrestres et maritimes et dresseront des itinéraires commerciaux; elles proposeront la construction de routes susceptibles de faciliter le trafic et toutes les mesures qu'elles croiront convenables pour rendre plus facile l'exportation de tout genre de marchandises, ainsi que pour transporter les produits des ports aux lieux où ils doivent être consommés; — 4° Provoquer et diriger des Expositions commerciales et industrielles terrestres et maritimes. Etablir, sur leur initiative propre ou d'accord avec le Gouvernement, et conformément aux bases établies à cet effet, des Musées commerciaux ou industriels et des offices nationaux du commerce extérieur; — 5° Etablir et entretenir des relations avec les autres Corporations commerciales et industrielles, tant nationales qu'étrangères; — 6° Nommer et révoquer librement leurs employés, fixer leur rétribution, et leurs fonctions, élire les délégués qui doivent les représenter, lorsque plusieurs Chambres doivent se réunir, et que tous les membres de chacune d'elles ne doivent pas prendre part à la réunion, et nommer les correspondants qu'elles estiment nécessaires; — 7° Provoquer entre les commerçants, industriels et armateurs l'arbitrage par amiables compositeurs, comme le moyen le plus convenable de résoudre les difficultés pouvant survenir entre eux, et décider, en outre, en qualité de jurés, et conformément aux conditions volontairement établies par les parties intéressées, les contestations que celles-ci leur soumettront; — 8° Résoudre les contestations survenues entre fabricants et ouvriers, lorsque les uns et les autres conviennent de les soumettre à la Chambre; — 9° Exercer devant les tribunaux les actions criminelles pour la poursuite des délits commis contre les intérêts communs du commerce, de l'industrie et de la navigation; — 10° Nommer des contrôleurs chargés, au nom de la Chambre, de surveiller la police industrielle et commerciale, pour porter à la connaissance des autorités compétentes les abus et les fraudes commises au préjudice du commerce de bonne foi, ainsi que des fabricants et ouvriers; — 10° Développer directement ou indirectement l'enseignement commercial, industriel et maritime, par des conférences publiques, la publication de mémoires, la concession de prix, au moyen de concours ou sans concours, aux auteurs d'ouvrages concernant une branche du commerce de l'industrie ou de la navigation, et la fondation, avec leurs propres ressources, d'établissements d'enseignement spéciaux; — 12° Former, au commencement de chaque année, la liste des experts, qui sera remise au tribunal compétent, chargés de donner leur avis sur toute espèce de contestations judiciaires présentant le caractère commercial.

11. Les Chambres devront être obligatoirement consultées: 1° Sur les projets de traités et d'arrangements de commerce et de navigation, la réforme des tarifs et ordonnances de douanes, des tarifs de transport et des impôts de toute catégorie affectant directement le commerce, l'industrie et la navigation, et, spécialement, lorsqu'il s'agit d'établir des monopoles; — 2° Sur les usages et pratiques du commerce qu'il y aura lieu d'uniformiser; — 3° Sur la création, sur le territoire de leur juridiction, de nouvelles Chambres, de Bourses de commerce, d'agents de change et de bourse et de courtiers de commerce, de succursales des banques, et de banques locales, de magasins généraux et de salles de ventes publiques; — 4° Sur le prix des transports qu'il y a lieu de payer à l'État, et de la main d'œuvre du travail dans les prisons; — 5° Sur les projets de travaux publics intéressant la vie industrielle et commerciale dans leur circonscription; — 6° Sur la réforme du Code de commerce et de la procédure commerciale.

12. Les Chambres seront autorisées, toutes les fois qu'elles le demanderont, à fonder des établissements de caractère commercial, tels que magasins généraux, dépôts, salles de ventes publiques et bancs d'épreuves pour les armes.
Elles le seront également pour administrer ces établissements, ainsi que les Musées commerciaux, Expositions universelles et offices nationaux du commerce extérieur établis par l'État, les provinces ou les municipalités; lorsque ces établissement seront des fondations privées, les Chambres pourront être également chargées de les administrer au moyen d'une convention intervenue à cet effet. Elles pourront également être chargées d'administrer les Bourses et établissements similaires qui existent sur leur territoire.

13. Las Cámaras pueden adquirir ó construir los edificios necesarios para su instalación ó la de los establecimientos que funden para uso del comercio, de la industria y de la navegación.

14. Las Cámaras, con arreglo á las leyes, podrán ser declaradas concesionarias de las obras públicas que radiquen dentro del territorio de su circunscripción respectiva, y especialmente de las que interesen á los puertos marítimos y á las vías de comunicación.

Siempre y en todo caso gozarán del derecho de vigilar esta clase de servicios.

15. Las Cámaras, bien aisladamente, ó bien concertándose entre sí algunas de ellas, pero siempre autorizadas por Real decreto, podrán contratar empréstitos para atender á los gastos de construcción de Bolsas de comercio, casas consulares, líneas telefónicas, fundación de establecimientos para uso del comercio, de la industria y de la navegación, y trabajos públicos relativos á los puertos marítimos, vías navegables y otras de comunicación, que sean legalmente autorizadas. — Cuando varias Cámaras intenten concentrarse para alguno de los fines indicados en el párrafo anterior, nombrará cada una de ellas una Comisión que la represente, y estas Comisiones reunidas discutirán y acordarán lo que convenga á sus intereses comunes, dentro del objeto especial de la convocatoria, y sin que en ningún caso puedan tratar de otros asuntos que.de los que hayan motivado la reunión.

Los acuerdos que adopten no serán ejecutivos sino después de haber sido ratificados por todas las Cámaras interesadas y por el ministro de Agricultura, Industria, Comercio y Obras públicas.

16. Siempre que alguna Cámara lo solicite, se le podrá confiar el contraste de pesas y medidas.

17. Independientemente del presupuesto ordinario, las Cámaras establecerán presupuestos especiales para los servicios que administren.

18. Mediante las reformas necesarias en las leyes vigentes, se confiará á las Cámaras la expedición de los certificados de origen, el Registro mercantil y la legalización de los libros que los comerciantes están obligados á llevar con arreglo al Código de Comercio.

19. Cuando una Cámara, previo acuerdo adoptado en reunión general extraordinaria y con audiencia de las Asociaciones sindicales ó gremiales á quienes estime conveniente consultar, pida la imposición de un recargo sobre el subsidio industrial y las patentes para aumentar sus recursos, el Gobierno someterá á la aprobación de las Cortes el oportuno proyecto de ley, por si éstas juzgasen conveniente hacer obligatoria la imposición dentro del territorio de la Cámara de que se trate.

20. El Gobierno concederá á las Cámaras las subvenciones que estime procedentes, determinando de una manera especial los fines á que deban ser destinadas.

21. Todos los años redactará cada una de las Cámaras la Memoria de los trabajos que haya realizado, la cual, en unión de los balances y cuentas correspondientes, será remitida al Ministerio de Agricultura, Industria, Comercio y Obras públicas para su publicación en la *Gaceta*.

22. Las Cámaras, por medio de *Boletines*, hojas impresas ó en la forma que juzguen más adecuada, proporcionarán á los miembros de su demarcación extractos de las sesiones celebradas y acuerdos tomados, así como cuantas noticias relativas al objeto de su institución puedan interesarles.

Con objeto de facilitar á las Cámaras el cumplimiento de su cometido y el estudio de los problemas económicos, se remitirán á las mismas, por los departamentos correspondientes, todas las publicaciones oficiales de carácter económico, sin omitir las Memorias consulares y cuantos documentos publique el Centro de informaciones comerciales del Ministerio de Estado[1].

23. En ningún caso podrán deliberar las Cámaras sobre asuntos ajenos á los fines de su fundación[2].

[1) Este segundo párrafo del art. 22 fué agregado por el Real Decreto de 13 de Diciembre de 1901.

[2) Por el mismo citado Real Decreto de 13 de Diciembre de 1901 se añadió un art. 24 referente á las Cámaras españolas en el extranjero que no insertamos porque se suprimió por el Real Decreto que figura á continuación de fecha 30 de Agosto de 1902. — También el texto primitivo del Real Decreto de 21 de Junio de 1901 contenía unas disposiciones transitorias que suprimimos porque hoy carecen por completo de interés.

13. Les Chambres peuvent acquérir ou construire les édifices nécessaires pour leur installation ou les établissements par elles fondés pour l'usage du commerce, de l'industrie et de la navigation.

14. Les Chambres, conformément aux lois, pourront être déclarées concessionnaires des travaux publics à effectuer sur le territoire de leur circonscription respective, et, spécialement, de ceux qui intéressent les ports maritimes et les voies de communication.

Toujours et en tout cas, elles auront le droit de surveiller les dits travaux.

15. Les Chambres, soit séparément, soit de concert entre certaines d'entre elles, mais toujours en vertu d'une autorisation donnée par décret royal, pourront contracter des emprunts pour acquitter les frais de construction de Bourses de commerce, maisons consulaires, lignes télégraphiques, fondations d'établissements à l'usage du commerce, de l'industrie et de la navigation, et travaux publics relatifs aux ports maritimes, voies navigables et autres voies de communication, légalement autorisées. — Lorsque plusieurs Chambres de commerce auront l'intention de se concerter pour l'une des fins prévues dans le paragraphe précédent, chacune d'elles nommera une commission chargée de la représenter, et ces Commissions réunies discuteront et arrêteront ce qui convient aux intérêts communs, en ce qui concerne l'objet spécial de l'ordre du jour de la lettre de convocation, et sans pouvoir jamais traiter d'autres questions que celles qui ont motivé la réunion.

Les délibérations adoptées ne seront exécutoires qu'après avoir été ratifiées par toutes les Chambres intéressées et par le ministre de l'Agriculture, de l'Industrie, du Commerce et des Travaux publics.

16. Toutes les fois qu'une Chambre le demandera, on pourra lui confier la vérification des poids et mesures.

17. Indépendamment du budget ordinaire, les Chambres établiront des budgets spéciaux pour les services qu'elles administrent.

18. Moyennant les réformes nécessaires dans les lois en vigueur, les Chambres seront chargées de la délivrance des certificats d'origine, du registre du commerce, de la légalisation des livres que les commerçants sont obligés de tenir conformément au Code de commerce.

19. Lorsqu'une Chambre, après délibération adoptée en réunion générale extraordinaire et après avoir entendu les associations syndicales ou corporations qu'elle estimera convenable de consulter, demandera l'établissement de centimes additionnels sur le subside industriel et les patentes, en vue d'augmenter ses ressources, le Gouvernement soumettra le projet de loi nécessaire à l'approbation des Cortès, lesquelles apprécieront s'il convient de rendre cet imposition supplémentaire obligatoire dans le ressort de la Chambre dont il s'agit.

20. Le Gouvernement accordera aux Chambres les subventions qu'il estime convenables, en déterminant spécialement les fins auxquelles elles devront être employées.

21. Tous les ans, chaque Chambre rédigera un rapport sur les travaux par elle réalisés, en y joignant ses budgets et comptes, et elle l'adressera au Ministère de l'Agriculture, du Commerce, de l'Industrie et des Travaux publics, pour être publié dans la *Gaceta*.

22. Les Chambres, au moyen de *bulletins*, feuilles imprimées, ou dans la forme qu'elles jugeront la plus convenable, communiqueront aux membres de leur circonscription des extraits des procès-verbaux de leurs séances et de leurs délibérations, ainsi que tous les renseignements relatifs à leur institution qui seront susceptibles de les intéresser.

Dans le but de procurer aux Chambres les moyens de remplir facilement leur mission et de leur faciliter l'étude des problèmes économiques, les départements compétents leur adresseront toutes les publications officielles d'un caractère économique, sans omettre les rapports des consuls et tous les documents publiés par le *Centre* des informations commerciales du ministère d'Etat[1].

23. En aucun cas, les Chambres ne pourront délibérer sur des questions étrangères aux fins de leur fondation[2].

---

[1] Ce second paragraphe a été ajouté par le décret royal du 13 décembre 1901.

[2] Ce même décret, du 13 décembre 1901, avait ajouté un art. 24 concernant les Chambres de commerce espagnoles à l'étranger. Nous ne le réproduisons pas par ce motif que cet article a été abrogé et remplacé par le décret du 30 août 1902 dont nous donnons le texte. — Le décret du 26 juin 1901 contenait en outre des dispositions transitoires que nous supprimons car elles ont aujourd'hui perdu tout intérêt.

Real Decreto de 30 de Agosto de 1902
sobre Cámaras de Comercio españolas en el extranjero.

Art. 1. Se deja sin efecto el art. 9 del Real decreto de 21 de Junio de 1901 sobre reorganización de las Cámaras de Comercio, así como también las resoluciones posteriores dictadas por este Ministerio acerca de las Cámaras de Comercio españolas en el extranjero.

2. Las Cámaras de Comercio españolas en el extranjero dependerán directamente del Ministerio de Estado y se regirán por las disposiciones que dictó este departamento en 2 y 7 de Octubre de 1886 y cuantas dictare en lo sucesivo.

A continuación se insertan las disposiciones citadas la primera en forma de nota, y la segunda íntegra.

Ministerio de Estado.
Circular.

Real orden á los Ministros de España en el extranjero de 2 de Octubre de 1886, acompañando el adjunto Memorandum «que ha de considerarse como pauta y traza general de lo que han de ser las Cámaras, y de modo alguno como molde definitivo y rígido, cosa incompatible con la índole de una institución que por su naturaleza ha de reflejar el peculiar carácter del país en que funcione y la rica variedad de la iniciativa local.»

Memorandum.

Para la instalación de las Cámaras de Comercio en el extranjero se tendrán presentes las siguientes observaciones:

I. Bases para la organización de las Cámaras de Comercio.

Art. 1. Las Cámaras de Comercio son instituciones de carácter privado, libremente formadas por los comerciantes é industriales españoles que residan en países extranjeros, bajo la tutela de las Autoridades diplomáticas y consulares.

2. Las Cámaras de Comercio en el exterior solo deberán establecerse en aquellos puntos en los cuales el tráfico con la Península tenga suficiente importancia y exista una colonia española bastante para el sostenimiento y desarrollo de la institución. Donde existan intereses comerciales, pero falte población española, podrá organizarse una agencia dependiente de la Cámara de Comercio más próxima.

3. Las Cámaras de Comercio en el exterior deberán provocar la creación inmediata de agencias ó sucursales.

4. Los presupuestos de las Cámaras de Comercio merecen especial atención, siendo preferible aplazar la formación de la Cámara á crearla sin suficientes recursos. El presupuesto de gastos debe ser todo lo reducido posible, limitándose al alquiler del local, al pago de un Secretario que lleve la correspondencia, actas y demás documentos de la Cámara, al gasto del correo y al de las publicaciones que se estimaren oportunas.

El presupuesto de ingresos de las Cámaras de Comercio podrá formarse: A. Con la cuota fija de los asociados y con los donativos de las suscriciones de aquellos que, aun no estándolo, deseen concurrir á su creación y mantenimiento. À este objeto deberá invitarse á todos aquellos españoles que, aun no residiendo en el punto en que haya de constituirse la Cámara, vivan, sin embargo, en el país, y tengan por tanto, interés en ayudar á su instalación. — B. Con los auxilios ó subvenciones que el Gobierno les conceda. — C. Con los auxilios que las Cámaras de Comercio del interior puedan proporcionarles. — D. Con aquellas retribuciones que en ocasiones dadas, y para los mismos fines de desarrollo y prosperidad del comercio, puedan establecerse.

5. El personal de las Cámaras de Comercio debe componerse de los españoles más respetables y entendidos en las materias económicas, cuidando además de que la Comisión ejecutiva se forme con personas activas y dispuestas al trabajo y gestiones que necesariamente ha de confiárseles.

Décret royal du 30 août 1902
sur les chambres de commerce espagnoles à l'étranger.

Art. 1. Est abrogé l'art. 9 du décret Royal du 21 juin 1901 sur la réorganisation des Chambres de commerce ainsi que les résolutions ultérieures prises par ce ministère en ce qui concerne les Chambres de commerce espagnoles à l'étranger.

2. Les Chambres de commerce espagnoles à l'étranger dépendront directement du ministère d'Etat et seront régies par les dispositions édictées par ce département, les 2 et 7 octobre 1886, et par celles qu'il édictera dans la suite.

Nous donnons ci-dessous les dispositions susvisées, la première sous forme d'analyse, et la seconde intégralement.

Ministère d'Etat.
Circulaire.

Ordre royal aux Ministres d'Espagne à l'étranger, du 2 octobre 1886, auquel est joint le mémorandum suivant «qui doit être considéré comme le modèle et le plan d'après lesquels les Chambres doivent être créées, mais non comme le cadre définitif et rigide de leur fonctionnement, ce qui serait inconciliable avec le caractère et la nature d'une institution destinée à refléter le caractère propre du pays où elle est établie et la riche variété de l'initiative locale.»

Mémorandum.

Pour l'installation des Chambres de commerce à l'étranger, on s'inspirera des observations suivantes:

I. Bases pour l'organisation des Chambres de commerce.

Art. 1. Les Chambres de commerce sont des institutions de caractère privé, librement formées par les commerçants espagnols qui résident à l'étranger, sous la tutelle des autorités diplomatiques et consulaires.

2. Les Chambres de commerce à l'extérieur ne devront être établies que dans les localités où le trafic avec la Péninsule a une importance suffisante et où il existe une colonie espagnole assez nombreuse pour soutenir et développer l'institution. Là où il existe des intérêts commerciaux, mais où la population espagnole est insuffisante, il pourra être établi une agence dépendant de la Chambre de commerce la plus rapprochée.

3. Les Chambres de commerce à l'extérieur devront provoquer la création immédiate d'agences et de succursales.

4. Les budgets des Chambres de commerce méritent une attention particulière; il est préférable de différer la création d'une Chambre de commerce que de la créer sans ressources suffisantes. Le budget des dépenses doit être le plus réduit possible; il convient de se borner au loyer du local, au traitement du secrétaire chargé de tenir la correspondance, les procès-verbaux et documents de la Chambre, aux frais de poste et des publications jugées opportunes.

Le budget des recettes des Chambres de commerce pourra comprendre: *A.* La cotisation des membres et les dons et souscriptions de ceux qui, sans être membres, désirent concourir à sa création et à son entretien. A cet effet, on devra inviter tous les Espagnols qui, bien que n'ayant pas leur résidence dans le lieu où doit être établie la Chambre, vivent cependant dans le pays et ont, en conséquence, intérêt à faciliter son installation. — *B.* Les secours ou subventions accordés par le Gouvernement. — *C.* Les secours que les Chambres de commerce de l'intérieur pourront procurer. — *D.* Les rétributions qui, dans les occasions données, pourront être établies pour les mêmes fins du développement et de la prospérité du commerce.

5. Le personnel des Chambres de commerce doit être composé des Espagnols les plus respectables et les plus entendus dans les matières économiques; on veillera, en outre, à ce que la Commission exécutive soit composée de personnes actives et possédant l'aptitude nécessaire aux travaux et fonctions qu'il sera nécessaire de leur confier.

II. Objeto de las Cámaras de Comercio.

El nombre adoptado para estas instituciones no significa que sus atribuciones estén reducidas á los asuntos puramente comerciales, sino que deben comprender también los industriales y los artísticos. Varias Cámaras de Comercio italianas en el exterior han adoptado para su título las palabras comercio y arte; y este ejemplo, y sobre todo este propósito merece ser imitado, cuando en España las Bellas Artes, y especialmente la pintura, tienen gran importancia.

Esto sentado, los objetos principales de las Cámaras de Comercio en el extranjero son: 1.º La organización de todos los comerciantes é industriales que vivan en país extranjero, en un centro común, desde el cual además de desarrollar sus propios intereses, los pongan en contacto directo con la Metrópoli; — 2.º El auxilio y desenvolvimiento de la acción diplomática y consular del Gobierno y de la iniciativa individual del comercio de la metrópoli, á cuyo efecto, además de las relaciones con el Gobierno central y sus agentes, deberán crearlas íntimas y sistemáticas con las Cámaras de Comercio españolas; — 3.º La formación anual de una Memoria dirigida al Ministerio de Estado, sobre la situación, progreso ó retroceso del comercio, de la industria y de la emigración española en el país; — 4.º La publicación en los plazos que se juzguen convenientes, y á ser posible todos los meses, de un Boletín comercial, industrial, marítimo y financiero que pueda ser cambiado con los de otros países y con las publicaciones españolas del mismo género, y esté encaminado á aumentar la ilustración general en materias económicas; — 5.º El envío, tanto al Ministerio de Estado como al de Fomento, de cuantas noticias é informes les fuesen pedidos ó ellos juzgaran oportuno hacer llegar á dichos centros; — 6.º El arbitraje en las cuestiones mercantiles, ya entre los españoles mismos, ya entre estos y los naturales del país, á fin de evitar litigios y perturbaciones y castigar rápidamente la mala fe mercantil; — 7.º La organización de locales comerciales de muestrarios españoles, á fin de transmitir á la Metrópoli las observaciones que al examinarlos hagan los consumidores en cuanto se refiera á las calidades, precios, envases, coloridos, etc. de los productos nacionales. Estos muestrarios han de ser lo más completos posible, y organizados bajo el punto de vista del consumo y del gusto de los habitantes del país respectivo; — 8.º El envío á España de iguales muestrarios de los productos del país que puedan ser objeto de consumo y tráfico en España, facilitando con este motivo á las Cámaras de Comercio españolas y al Gobierno la constitución de un Museo industrial y comercial de productos extranjeros, tan necesario para la industria; — 9.º La preparación de reuniones ó congresos de carácter económico, mercantil ó de navegación que tiendan á desarrollar y promover los intereses económicos de España.

III. Modelo de bases para el Reglamento de una Cámara de Comercio.

Título primero. Nombre, atribuciones, objetos.

Art. 1. Se constituye una Cámara de Comercio española para el desarrollo de las artes, la industria y el comercio en . . . .

2. El objeto primordial de esta institución es promover el desarrollo del comercio, centralizar los informes que le puedan ser útiles, proponer al Gobierno las reformas necesarias para su desarrollo, y crear todos aquellos elementos de comercio y navegación que ayuden al desenvolvimiento de las relaciones con España.

3. Las facultades de la Cámara de Comercio serán: *A*. Llevar un registro en el cual se inscriban cuantos comerciantes, industriales y artesanos residan en . . . (aquí se podrá comprender todo el país, una parte de él ó un distrito consular). — *B*. Proponer el arbitraje en cuantas cuestiones comerciales ocurran entre españoles y extranjeros ó entre españoles entre sí; pero siempre á condición de que el laudo sea inapelable, á lo cual se comprometerán por escrito las partes litigantes. — *C*. Corresponder, ya con el Ministerio, ya con el Gobierno central, ya con las Cámaras de comercio españolas, sobre todos los asuntos que se refieran al comercio, á la industria y al arte, y especialmente sobre los Aranceles de Aduana, derechos de navegación y faros, líneas de navegación, factorías y exposiciones. — *D*. Participar al Agente consular cuantas cuestiones puedan referirse al Gobierno del país, é interesen al comercio, al arte ó á la industria. — *E*. Iniciar los estudios necesarios para abrir nuevas vías de comercio ó fomentar las existentes. — *F*. Abrir

II. Objet des Chambres de commerce.

Le nom adopté pour ces institutions ne signifie pas que leurs attributions se limitent aux questions purement commerciales; ces attributions s'étendent également aux questions industrielles et artistiques. Plusieurs Chambres de commerce italiennes à l'extérieur ont adopté la qualification, «de commerce et des arts». Il y a là un exemple et une intention qui méritent d'être imités, alors surtout qu'en Espagne, les Beaux-Arts ont une si grande importance.

Ceci dit, les objets principaux des Chambres de commerce, à l'étranger, sont: L'organisation de tous les commerçants espagnols qui vivent en pays étranger, en un centre commun leur permettant, tout en développant leurs intérêts propres, de se mettre directement en contact avec la Métropole; — 2° L'aide et le développement de l'action diplomatique et consulaire du Gouvernement et de l'initiative individuelle du commerce de la Métropole, et, à cette fin, outre les relations avec le Gouvernement central et ses agents, il devra être créé des relations intimes et systématiques avec les Chambres de commerce espagnoles; — 3° La préparation annuelle d'un rapport, adressé au ministère d'Etat, sur la situation, le progrès ou le mouvement de recul du commerce, de l'industrie et de l'émigration espagnole dans le pays; — 4° La publication, dans les délais qui seront jugés utiles et autant que possible tous les mois, d'un bulletin commercial, industriel, maritime et financier, lequel pourra être échangé avec ceux d'autres pays et avec les publications espagnoles du même genre, de façon à augmenter la documentation générale dans les matières économiques; — 5° L'envoi, tant au ministère d'État qu'au ministère de *Fomento*, de tous les renseignements et avis qui pourront leur être demandés ou qu'elles jugeront opportun d'adresser à ces départements; — 6° L'arbitrage dans les contestations commerciales, tant entre espagnols qu'entre ceux-ci et les naturels du pays, afin d'éviter les litiges et les perturbations, et de châtier rapidement la mauvaise foi commerciale; — 7° L'organisation de locaux commerciaux contenant des collections d'articles espagnols, afin de transmettre à la Métropole les observations faites, en les examinant, par les consommateurs, en ce qui concerne les qualités, prix, emballages, couleurs, etc., des produits nationaux. Ces collections doivent être les plus complètes qu'il est possible, et organisées au point de vue du goût et des habitudes du pays; — 8° L'envoi en Espagne de collections semblables des produits du pays qui peuvent être consommés et vendus en Espagne, de façon à procurer aux Chambres de commerce espagnoles et au Gouvernement le moyen de constituer un Musée industriel et commercial des produits étrangers, si nécessaire pour l'industrie; — 9° La préparation de réunions ou Congrès économiques, commerciaux ou de navigation, dans le but de développer et de favoriser les intérêts économiques de l'Espagne.

III. Modèle de bases pour le Règlement d'une Chambre de commerce.
Titre premier. Nom, attributions, objet.

Art. 1. Il est constitué une Chambre de commerce pour le développement des arts, de l'industrie et du commerce dans . . .

2. L'objet principal de cette institution est de provoquer le développement du commerce, de centraliser les renseignements qui peuvent lui être utiles, de proposer au Gouvernement les réformes nécessaires à son développement, et de créer tous les éléments de commerce et de navigation susceptibles d'aider le développement des relations avec l'Espagne.

3. Les attributions de la Chambre de commerce seront les suivantes: *A.* Tenir un registre sur lequel seront inscrits tous les commerçants, industriels et artisans en résidence (on peut comprendre tout ou partie du pays, ou un district consulaire). — *B.* Proposer l'arbitrage dans toutes les contestations commerciales survenant entre espagnols et étrangers, ou entre espagnols, mais toujours sous la condition que la sentence arbitrale ne sera pas susceptible d'appel, et auxquelles fins les parties signeront un compromis. — *C.* Correspondre tant avec le ministère qu'avec le Gouvernement central et les Chambres de commerce espagnoles, sur toutes les questions se référant au commerce, à l'industrie et aux beaux-arts, et qui concernent, spécialement, les tarifs de douanes, les droits de navigation et de phare, les lignes de navigation, factoreries et expositions. — *D.* Signaler à l'agent consulaire toutes les questions pouvant faire l'objet d'une communication au Gouvernement du pays, et qui intéressent le commerce les arts ou l'industrie. — *E.* Prendre l'ini-

un registro en el cual todos los comerciantes, industriales y artesanos puedan hacer constar las observaciones que estimen oportuno, y que la Cámara transmitirá al Gobierno si lo juzga necesario. — *G*. Recibir las muestras de los productos españoles, facilitar las casas de comercio ó comisiones que se encarguen de su venta y suministrar los datos sobre precios, fletes, transportes, tarifas de Aduanas, etc., que pidan los comerciantes españoles. — *H*. Publicar una vez al menos cada año la estadística del comercio con la Metrópoli, acompañada de cuantas observaciones se encaminaren á su mejora y desarrollo.

4. La Cámara de comercio legalmente constituída representará el comercio español del país, distrito ó localidad donde esté constituída.

Título II. Composición de la Cámara y número de sus individuos.

5. La Cámara de Comercio se compondrá de ... miembros que serán elegidos entre la lista de todos los inscritos.

Toda elección se hará por mayoría de votos.

6. Los miembros elegidos para formar la Cámara de Comercio nombrarán después por mayoría la Junta de gobierno.

Estos nombramientos se harán por escrutinio secreto.

7. El cargo de miembro de la Cámara de Comercio durará ... años, siendo sus individuos reelegibles. Las renovaciones se harán por terceras partes, designándose por medio de sorteo los que han de salir por vez primera.

8. El cargo de miembro de la Cámara es gratuito.

9. Toda resolución de la Cámara se tomará por mayoría de votos.

Para que las deliberaciones sean válidas será preciso que se hallen presentes la mitad más uno de los miembros que la componen; en caso de empate, decidirá el voto del Presidente.

10. La Cámara de Comercio formará su propio reglamento interior. En él se designará la manera de renovar los cargos de la Junta.

11. Todo miembro dimisionario será reemplazado en la primera reunión de la Cámara; pero este nombramiento se extenderá con carácter temporal hasta la reunión de una Asamblea general.

La falta de asistencia durante ... meses á las sesiones de la Cámara se considerará como dimisión del cargo, procediéndose á su reemplazo.

12. Los individuos que pertenezcan á una misma sociedad ó razón social, no podrán formar parte simultaneamente de la Cámara de Comercio. Si fuesen nombrados varios se entenderá que el que haya obtenido mayor número de votos es el único elegido.

13. El Cónsul de España en la localidad, y en su caso el Ministro de España, será Presidente honorario de la Cámara.

Título III. Asambleas electorales, elecciones y juntas generales.

14. Tienen derecho á ser electores y elegibles todos los que ejerzan el comercio, la industria, las artes, los oficios constituídos en cierta categoría, los banqueros, los directores de las casas de comercio, de los establecimientos industriales y de las sociedades anónimas, los Agentes de Cambio y los Presidentes de los gremios que reunan las condiciones siguientes: *A*. Ser español, estar inscrito en el registro oficial del Consulado y hallarse en el pleno uso de los derechos civiles y políticos. — *B*. Ser mayor de 25 años. — *C*. No haber sido declarado en quiebra ó haber sido rehabilitado. — *D*. Residir y ejercer su profesión públicamente en ... — *E*. Inscribirse en el registro especial de la Cámara de Comercio. La inscripción en este registro supone la aceptación de los Estatutos de la Cámara.

15. Todo español que reuna las condiciones anteriores tiene derecho á reclamar su inscripción en el registro de la Cámara de Comercio.

16. Todos los inscritos en dicho registro serán electores. A este efecto, el registro se considerará abierto hasta 10 días antes de la Asamblea general.

17. La Asamblea general se celebrará todos los años en aquellos días y época que estén más conforme con las costumbres del país.

18. La Junta directiva fija la orden del día por sí misma.

tiative des études nécessaires pour ouvrir de nouvelles voies commerciales ou développer celles qui existent. — *F*. Ouvrir un registre sur lequel tous les commerçants, industriels et artisans pourront consigner les observations qu'ils jugeront· opportunes et que la Chambre transmettra au Gouvernement, si elle le juge nécessaire. — *G*. Recevoir les échantillons des produits espagnols, procurer les maisons de commerce ou de commission qui se chargent de leur vente, et fournir les renseignements sur les prix, frets, transports, tarifs de douanes, etc., qui leur seront demandés par les commerçants espagnols. — *H*. Publier, au moins une fois l'an, la statistique du commerce avec la Métropole, en y joignant toutes observations utiles à son progrès et à son développement.

4. La Chambre de commerce légalement constituée représentera le commerce espagnol du pays, du district ou de la localité où elle est établie.

Titre II.   Composition de la chambre et nombre de ses membres.

5. La Chambre de commerce comprendra ... membres, qui seront élus sur la liste de tous les commerçants inscrits.

Toute élection se fera à la majorité des voix.

6. Les membres élus pour former la Chambre de commerce nommeront ensuite, à la majorité, le Comité de gouvernement.

Ces nominations se feront au scrutin secret.

7. La durée des fonctions de membre de la Chambre de commerce sera de ... années; les membres seront rééligibles. Les renouvellements se feront par tiers, le tirage au sort désignera les membres qui devront sortir les premiers.

8. Les fonctions de membre de la Chambre sont gratuites.

9. Toute résolution de la Chambre sera prise à la majorité des voix.

Pour que les délibérations soient valables, il est nécessaire que la moitié plus un des membres de la Chambre soient présents. En cas de partage, la voix du président sera prépondérante.

10. La Chambre de commerce fera son règlement intérieur. Ce règlement indiquera la manière de renouveler les membres du Comité.

11. Tout membre démissionnaire sera remplacé, à la première réunion de la Chambre; toutefois la nomination du membre nouvellement nommé sera simplement provisoire jusqu'à la réunion d'une assemblée générale.

Le défaut d'assistance d'un membre pendant ... mois aux séances de la Chambre sera considéré comme une démission, et il sera pourvu à son remplacement.

12. Les personnes appartenant à une même société ou raison sociale, ne pourront faire partie ensemble de la Chambre de commerce. Si plusieurs d'entre elles ont été nommées, celle qui aura obtenu le plus de suffrages sera seule considérée comme élue.

13. Le Consul d'Espagne dans la localité, et, quand il y réside, le Ministre d'Espagne sera président honoraire de la Chambre.

Titre III.   Assemblées électorales. Elections.   Assemblées générales.

14. Ont le droit d'être électeurs et sont éligibles, tous ceux qui exercent le commerce, l'industrie, les arts, et certains offices formant une catégorie déterminée, les banquiers, les directeurs des maisons de commerce, établissements industriels, et de sociétés anonymes, les agents de change, et les présidents des groupements réunissant les conditions suivantes: *A*. Etre espagnol, inscrit sur le registre officiel du Consulat, et avoir la pleine jouissance de ses droits civils et politiques. — *B*. Etre majeur de 25 ans. — *C*. N'avoir pas été déclaré en état de faillite, ou avoir été réhabilité. — *D*. Résider et exercer publiquement sa profession dans ... — *E*. Se faire inscrire sur le registre spécial de la Chambre de commerce. L'inscription sur ce registre vaut acceptation des statuts de la Chambre.

15. Tout espagnol réunissant les conditions ci-dessus énoncées a le droit de réclamer son inscription sur le registre de la Chambre de commerce.

16. Tous les inscrits sur le dit registre seront électeurs. A cet effet, le registre sera réputé ouvert jusqu'au dizième jour précédant l'assemblée générale.

17. L'assemblée générale se tiendra, tous les ans, aux jours et époque en usage dans le pays.

18. Le Comité de direction fixera l'ordre du jour de l'assemblée générale.

19. La Asamblea general será presidida por el Cónsul, y en caso necesario por el Ministro de España en la localidad. Será anunciada con la debida anticipación, publicándose la orden del día.

20. Las decisiones se tomarán siempre por mayoría de los votos presentes.

21. Para discutir un asunto que no esté en la orden del día será preciso una proposición firmada por un número suficiente de electores. Esta proposición deberá presentarse al Presidente de la Cámara de Comercio, al menos con dos días de anticipación á aquel en que haya de celebrarse la Junta general.

Título IV. Recursos y gastos.

22. Los ingresos de la Cámara de Comercio se compondrán: 1.º De la contribución anual que deba pagar cada elector; — 2.º De las subvenciones que facilite el Gobierno central; — 3.º De las subvenciones que faciliten las Cámaras de Comercio de la Península; — 4.º De los donativos, legados, ingresos eventuales, etc.

23. La contribución anual que debe pagar cada miembro inscrito en el registro se fija en ...

24. La interrupción en el pago de la contribución señalada durante 6 meses priva del derecho de pertenecer á la Cámara de Comercio. Para ser reintegrado en él deberán pagarse los atrasos.

Título V. Disposiciones transitorias.

Una vez reunido el suficiente número de adhesiones para constituir la Cámara de Comercio, se nombrará un Comité de organización, que será presidido por el Cónsul de España en la localidad, cuyo Comité redactará el Reglamento, organizará la oficina, buscará el local y convocará en el más breve plazo posible una Junta general de todos los asociados, la cual aprobará el Reglamento, organizará la oficina, buscará el local y convocará en el más breve plazo posible una Junta general de todos los asociados, la cual aprobará el Reglamento y organizará la Cámara en términos suficientes para que pueda entrar en funciones.

Las Cámaras de Comercio se organizarán desde luego en los siguientes puntos: Londres, París, Méjico, Lima, Valparaiso, Buenos Aires, Nueva York, Tánger.

Para organizarlas en cualquier otro punto distinto de los mencionados se consultará necesariamente al Ministerio de Estado.

Madrid 7 de Octubre de 1886. (Gaceta de 8 de Octubre de 1886.)

Ley sobre Hipoteca naval de 21 de agosto 1893.

(Gaceta de 23 de agosto 1893.)

Art. 1. Pueden ser objeto de hipoteca los buques mercantes con arreglo á las disposiciones de esta ley.

Para este sólo efecto se considerarán tales buques como bienes inmuebles, entendiéndose modificado en este sentido el art. 585 del vigente Código de Comercio.

2. La hipoteca naval podrá constituirse á favor de determinada persona, ó á su orden, rigiéndose en cada uno de estos casos la transmisión del crédito hipotecario por los preceptos generales de los derechos que respectivamente le conciernen; pero todo endoso de crédito hipotecario naval habrá de inscribirse en el Registro, para que quien lo recibe por este medio pueda exigir su pago mediante el procedimiento que se establece en esta ley.

3. El contrato en que se constituya hipoteca, solamente podrá otorgarse: Por escritura pública. — Por póliza de Agente de Cambio y Bolsa, Corredor de Comercio ó Corredor Intérprete de buque, que firmen también las partes ó sus apoderados. — Por documento privado que firmen los interesados ó sus apoderados, y que presenten ambas partes, ó cuando menos la que consienta la hipoteca, al funcionario encargado de verificar la inscripción, identificando ante él su personalidad.

4. Sólo podrán constituir hipoteca los que tengan la libre disposición de sus bienes[1], ó en caso de no tenerla, se hallen autorizados para ello con arreglo á la ley.

---

[1] Con arreglo á las leyes civiles sólo tienen la libre disposición de sus bienes los mayores de edad que no estuvieren incapacitados por algún otro motivo.

19. L'assemblée générale sera présidée par le consul et, s'il est nécessaire, par le Ministre d'Espagne dans la localité. Elle sera annoncée dûment à l'avance, avec publication de l'ordre du jour.

20. Les décisions seront toujours prises à la majorité des voix des membres présents.

21. Pour discuter une question non inscrite à l'ordre du jour, il faudra une proposition signée d'un nombre suffisant d'électeurs. Cette proposition devra être remise au président de la Chambre de commerce, au moins deux jours avant celui où doit se tenir l'assemblée générale.

Titre IV. Ressources et dépenses.

22. Les recettes de la Chambre de commerce se composeront: 1° De la cotisation annuelle que doit payer chaque électeur; — 2° Des subventions du Gouvernement central; — 3° Des subventions des Chambres de commerce de la Péninsule; — 4° Des donations, legs, recettes éventuelles, etc.

23. La cotisation annuelle que doit payer chaque membre inscrit sur le registre est fixée à . . .

24. Le défaut de payement de la cotisation indiquée pendant six mois entraîne de plein droit privation du droit d'appartenir à la Chambre de commerce. Pour y rentrer il faudra acquitter les termes en retard.

Titre V. Dispositions transitoires.

Une fois que l'on aura réuni un nombre d'adhésions suffisantes pour constituer la Chambre de Commerce, on nommera un Comité d'organisation qui sera présidé par le Consul d'Espagne en fonctions dans la localité. Ce Comité rédigera le règlement, organisera l'office, cherchera le local et convoquera, dans le plus bref délai possible, une assemblée générale de tous les associés qui approuvera le règlement et organisera la Chambre dans des termes suffisants pour qu'elle puisse entrer en fonctions.

Les Chambres de Commerce seront organisées immédiatement dans les villes suivantes: Londres, Paris, Mexico, Lima, Valparaiso, Buenos-Ayres, New York, Tanger.

Pour les organiser dans toute autre ville que celles qui viennent d'être mentionnées, on devra consulter le ministère d'Etat.

Madrid, 7 octobre 1886. (*Gaceta* du 8 octobre 1886.)

Loi sur l'hypothèque maritime du 21 août 1893.

(*Gaceta* du 23 août 1893.)

Art. **1.** Les bâtiments marchands pourront être l'objet d'une hypothèque conformément à la présente loi.

A cet effet seulement, ils seront considérés comme immeubles, et l'art. 585 du Code de commerce actuellement en vigueur sera reputé modifié en ce sens.

2. L'hypothèque maritime pourra être constituée au profit d'une personne déterminée, ou à son ordre; dans les deux cas, la transmission de la créance hypothéquée sera régie par les règles générales du droit les concernant respectivement; cependant, tout endossement d'une créance hypothécaire maritime devra être inscrit sur le registre du commerce pour que celui qui a reçu la créance de cette manière puisse en exiger le payement en suivant la procédure établie par la présente loi.

3. Le contrat contenant constitution d'hypothèque ne pourra être fait que: Par acte public. — Par police d'un agent de change et de bourse ou d'un courtier interprète de navires, signée également des parties ou de leurs fondés de pouvoir. — Par document privé, signé par les intéressés ou leurs fondés de pouvoir, et présenté par les deux parties, ou, tout au moins, par celle qui consent l'hypothèque, au fonctionnaire chargé de procéder à l'inscription, avec obligation de justifier devant lui de sa qualité.

4. L'hypothèque ne pourra être constituée que par ceux qui ont la libre disposition de leurs biens[1], ou qui, ne la possédant pas, sont autorisés à cet effet conformément à la loi.

---

[1] D'après les lois civiles, les majeurs n'ayant encouru aucune incapacité, ont seuls la libre disposition de leurs biens.

Los que con arreglo al párrafo anterior tienen la facultad de constituir hipoteca voluntaria, podrán hacerlo por sí ó por medio de apoderado con poder especial para contraer este género de obligaciones, otorgado ante Notario público ó Agente mediador del comercio colegiado.

5. Cuando la propiedad de la nave pertenezca á dos ó más personas, será necesario que preceda acuerdo de todos los partícipes ó de la mayoría de ellos, computada ésta conforme á la regla establecida en el art. 589 del Código de Comercio.

El Director ó naviero nombrado con arreglo á lo dispuesto en el art. 594 del Código, podrá constituir hipoteca cuando estuviera especialmente facultado para ello por los copartícipes, en la forma prevenida en el citado art. 589.

La hipoteca sobre buques en construcción se constituirá por el propietario.

Podrá también constituirla el naviero, si en el contrato de construcción se le hubiese concedido especialmente esta facultad.

6. En todo contrato en que se constituya hipoteca naval se hará constar: 1.° Los nombres, apellidos, estado civil, profesión y domicilio del acreedor y del deudor; — 2.° El importe, en cantidad líquida y determinada, del crédito garantido con hipoteca y de las sumas á que en su caso se haga extensivo el gravamen por costas y por los intereses devengados que excedan de dos años y la anualidad corriente; — 3.° Fecha del vencimiento del capital y el pago de los intereses, y todas las demás estipulaciones que establezcan los contratantes sobre intereses, seguros, exclusión de la hipoteca de diversos accesorios del buque, etc.; — 4.° Expresión de si el crédito hipotecario se constituye á la orden ó simplemente á nombre de persona determinada; — 5.° Nombre, señas distintivas del buque, su descripción completa, número y fecha de su inscripción para navegar y su matrícula. Si el buque hipotecado estuviese en construcción, las condiciones que para su inscripción establece el art. 16; — 6.° El valor ó aprecio que se hace de la nave al tiempo de hipotecarse, si conforme á lo que ordena el art. 46 el acreedor y el deudor establecen en el contrato que este aprecio se tome como tipo para a subasta; — 7.° Cantidad de que responde cada nave, en el caso de que se hipotequen dos ó más en garantía de un solo crédito.

7. Se entenderán hipotecados juntamente con el casco del buque, y responderán de los compromisos anejos á la hipoteca, salvo pacto expreso en contrario, el aparejo, respetos, pertrechos y máquinas, si fuere de vapor, que se hallen á la sazón en el dominio del dueño ó dueños de la nave hipotecada; los fletes devengados y no percibidos por el viaje que estuviera haciendo, ó el último que hubiere rendido al hacerse efectivo el crédito hipotecario; las indemnizaciones que al buque correspondan por abordaje ú otros accidentes que den lugar á aquéllas y por la del seguro caso de siniestro.

8. Si se hubiese pactado que la indemnización por seguro esté comprendida en la hipoteca, ó si, con arreglo á lo dispuesto en el art. 7, nada se hubiera pactado, el dador del préstamo con hipoteca naval podrá en cualquier momento notificar su contrato de préstamo á la Compañía ó Compañías aseguradoras por medio de Notario, Agente de Bolsa y Cambio, Corredor ó Intérprete de buque.

La Compañía á quien se haya hecho la notificación no podrá pagar cantidad alguna á los dueños ó naviero sino de acuerdo y con consentimiento expreso del prestamista.

9. Si la indemnización por el seguro, caso de siniestro, se hubiere excluído expresamente de la hipoteca, el deudor quedará en libertad de asegurar la propiedad de la nave, con arreglo á lo que ordena el Código de Comercio, y el acreedor su crédito hipotecario, pero sin que el seguro en su totalidad, y por ambos conceptos, pueda exceder nunca del valor del buque asegurado, que se computará para este efecto como determina el Código de Comercio.

Si excediese, y por esta causa fuere necesario proceder á reducir el seguro, la reducción se hará primeramente en el del dueño y después en el del acreedor hipotecario.

10. La hipoteca naval constituída en favor de un préstamo que devenga interés, no asegurará en perjuicio de tercero, además del capital, sino los intereses de los dos últimos años transcurridos y la parte vencida de la anualidad corriente.

Ceux qui, conformément au paragraphe précédent, ont la faculté de constituer une hypothèque volontaire, pourront le faire par eux-mêmes ou par l'intermédiaire d'un mandataire muni d'un pouvoir spécial pour contracter ce genre d'obligations, donné devant un notaire public ou un agent intermédiaire du commerce faisant partie d'un collège.

5. Lorsque la propriété d'un navire appartient à deux un plusieurs personnes, il sera nécessaire d'obtenir préalablement le consentement de tous les propriétaires ou de la majorité d'entre eux, calculée conformément à la règle établie dans l'art. 589 du Code de commerce.

Le directeur ou l'armateur nommé conformément à la disposition contenue dans l'art. 594 du Code pourra constituer une hypothèque quand il y aura été spécialement autorisé par les intéressés, dans forme prévue dans le dit art. 589.

L'hypothèque sur bâtiments en construction sera constituée par le propriétaire.

Elle pourra l'être également par l'armateur, si le contrat de construction lui en attribue spécialement la faculté.

6. Dans tout contrat contenant constitution d'hypothèque, on devra énoncer: 1° Les prénoms, noms, état civil, profession et domicile du créancier et du débiteur; — 2° Le montant, en somme liquide et déterminée, de la créance garantie par l'hypothèque et des sommes auxquelles pourra s'étendre, s'il y a lieu, l'hypothèque pour frais et intérêts dus, lesquels n'excéderont pas deux années et l'annuité courante; — 3° La date de l'échéance du capital et du payement des intérêts, ainsi que toutes les autres stipulations faites par les intéressés sur les intérêts, les assurances, l'exclusion de l'hypothèque des divers accessoires du bâtiment, etc.; — 4° La mention que l'hypothèque est constituée à ordre ou simplement au profit d'une personne déterminée; — 5° Les nom, marques distinctives du bâtiment, sa description complète, leur numéro et date de son inscription et sa matricule. Si le bâtiment hypothéqué est en construction, les conditions exigées pour son inscription par l'art. 16; — 6° La valeur ou l'estimation du navire, à l'époque de la constitution de l'hypothèque, si, conformément aux prescriptions de l'art. 46, le créancier et le débiteur énoncent dans le contrat que cette évaluation sera prise comme mise à prix de l'adjudication; — 7° La somme pour laquelle chaque navire est grevé, dans le cas où deux ou plusieurs navires garantissent une seule créance.

7. Seront réputés hypothéqués conjointement avec le corps du bâtiment, et répondront des engagements accessoires à l'hypothèque, sauf convention contraire expresse, les apparaux, agrès, munitions et machines, s'il s'agit d'un bâtiment à vapeur, se trouvant, à l'époque du contrat, en la possession du ou des propriétaires du navire hypothéqué; les frets gagnés et non perçus pour le voyage en cours ou pour le dernier voyage que la créance hypothécaire à permis d'effectuer; les indemnités appartenant au bâtiment pour abordage ou autres accidents ayant pu y donner lieu, et pour l'assurance en cas de sinistre.

8. S'il n'a pas été convenu que l'indemnité payée par l'assurance est comprise dans l'hypothèque, ou si, conformément aux dispositions de l'art. 7, il n'a rien été conclu, le prêteur nanti d'une hypothèque maritime pourra, à toute époque, notifier son contrat de prêt à la compagnie ou aux compagnies d'assurances, par l'intermédiaire d'un notaire, d'un agent de bourse et de change, d'un courtier, ou d'un interprète de navires.

La compagnie à qui cette notification aura été faite, ne pourra payer aucune somme aux propriétaires ou à l'armateur sans se mettre d'accord et sans avoir obtenu le consentement du prêteur.

9. Si l'indemnité d'assurance, en cas de sinistre, a été exclue expressément de l'hypothèque, le débiteur demeurera libre d'assurer la propriété du navire, en conformité des prescriptions du Code de commerce, et le créancier, d'assurer sa créance hypothécaire, mais sans que l'assurance, dans sa totalité et pour les deux objets, puisse jamais dépasser la valeur du bâtiment assuré, laquelle sera calculée à cet effet comme le détermine le Code de commerce.

Si la dite valeur est dépassée et qu'il soit nécessaire, pour ce motif, de réduire l'assurance, la réduction portera, en premier lieu, sur l'assurance du propriétaire et ensuite sur celle du créancier hypothécaire.

10. L'hypothèque maritime constituée au profit d'un prêt productif d'intérêts ne garantira, au préjudice des tiers, outre le capital, que les intérêts des deux dernières années échues et la partie échue de l'annuité en cours.

11. Cuando se hipotequen varias naves á la vez por un solo crédito, se determinará la cantidad de gravamen de que cada una debe responder.

12. Fijada en la inscripción la parte de crédito de que deba responder cada nave, con arreglo á lo ordenado en el artículo anterior, no se podrá repetir contra ellas en perjuicio de tercero que tenga inscrito su derecho en el Registro, sino por la cantidad á que respectivamente estén afectas y la que á la misma corresponda por razón de intereses.

13. Lo dispuesto en el artículo anterior se entenderá sin perjuicio de que, si la hipoteca no alcanzara á cubrir la totalidad del crédito, pueda el acreedor repetir por la diferencia sobre las naves que conserve el deudor en su poder, pero simplemente por acción personal y sin otra prelación que la establecida por los principios generales consignados en el Código de Comercio.

14. Para que surta la hipoteca naval los efectos que esta ley le atribuye, ha de estar inscrita en el Registro mercantil de la provincia en que esté matriculado el buque objeto de ella, ó en el correspondiente al lugar de la construcción, cuando se trate de buques no matriculados.

También ha de constar anotada por el Registrador en la certificación del Registro que acredite la propiedad del buque, y que el Capitán de él ha de tener á bordo, con arreglo á lo dispuesto en el art. 612 del Código de Comercio, siendo motivo suficiente para denegar la inscripción la falta de presentación de este documento. Solamente en el caso de manifestar el dueño del buque hallarse éste en viaje, podrá omitirse la anotación indicada, que deberá hacerse inmediatamente que la nave regrese del viaje para que estaba destinada.

En la inscripción que en el Registro mercantil se verifique de la hipoteca, se hará constar expresamente si la anotación á que se refiere el párrafo anterior de este artículo se hizo, ó si, por el contrario, se omitió, y por qué causa.

15. La primera inscripción de cada buque será la de propiedad del mismo, y expresará la circunstancia que enumera el art. 22 del Código de Comercio. La falta de dicha inscripción será motivo suficiente para denegar cualquiera otra mientras se subsana la falta á instancia de quien tenga interés legítimo.

La inscripción de la propiedad del buque se efectuará en el Registro mercantil, presentando copia certificada de su matrícula ó asiento, expedida por el Comandante de Marina de la provincia en que esté matriculado.

Cuando el buque se matricule para navegar en punto perteneciente á Registro distinto del lugar de su construcción, los Registradores exigirán certificación correspondiente del Registro del lugar en que se efectúa la construcción. Lo mismo harán en los casos de traslación de la matrícula ó inscripción de un buque, cuando éste se hallase ya inscrito ó habilitado para navegar.

16. Para que pueda constituirse hipoteca sobre un buque en construcción, es indispensable que esté invertida en ella la tercera parte de la cantidad en que se haya presupuesto el valor total del casco.

Ántes de constituirse la hipoteca, será condición indispensable que en el Registro de naves de la provincia en que el buque se construya se haga la inscripción de la propiedad de la que va á ser objeto de la hipoteca.

A este efecto, el dueño ó armador presentará en el Registro una solicitud, acompañada de certificación expedida por un constructor naval, en que conste el estado de construcción del buque, longitud de su quilla y demás dimensiones de la nave, tonelaje y desplazamientos probables, calidad del buque, si ha de ser de vela ó de vapor, lugar de su construcción y expresión de los materiales que en él hayan de emplearse, coste del casco y plano del mismo buque.

Cuando la construcción se verifique por contrato, deberá inscribirse éste, presentando una copia del mismo, firmada por el dueño ó naviero.

Para que tenga efecto lo dispuesto en los párrafos anteriores, se abrirá en el Registro de naves una sección especial para inscribir los actos y contratos relativos á los buques en construcción.

La inscripción de la propiedad de una nave en construcción tendrá carácter de provisional hasta que, terminada ésta, pueda ser matriculada en el Registro de la Comandancia de Marina.

11. Lorsque plusieurs navires sont hypothéqués à la fois pour une seule créance, on déterminera le montant de la part grevant chacun d'eux et dont il doit répondre.

12. Lorsque la part de la créance dont chaque navire doit répondre aura été fixée dans l'inscription, conformément à ce qui est prescrit dans l'article précédent, il ne pourra être réclamé contre eux, au préjudice d'un tiers ayant fait inscrire son droit sur le registre du commerce, que la somme à la garantie de laquelle ils sont respectivement affectés et les intérêts correspondant à la dite somme.

13. La disposition contenue dans l'article précédent s'entendra sans préjudice du droit du créancier, si l'hypothèque ne couvre pas la totalité de la créance, de pouvoir poursuivre la payement de la différence sur les navires que le débiteur conserve en sa possession, mais simplement au moyen d'une action personnelle et sans autre droit de préférence que celui résultant des principes généraux du Code de commerce.

14. Pour que l'hypothèque maritime sorte les effets que la loi lui attribue, elle doit être inscrite sur le registre du commerce de la province de la matricule du bâtiment hypothèqué, ou dans celui du lieu de la construction, s'il s'agit de bâtiments non matriculés.

L'hypothèque doit également être constatée par le préposé du registre du commerce sur le certificat extrait du registre qui constate la propriété du bâtiment, et que le capitaine doit avoir à bord, conformément aux dispositions de l'art. 612 du Code de commerce, et le défaut de production de ce document sera un motif suffisant pour refuser l'inscription. La mention sus-indiquée ne pourra être omise que dans le cas seulement où le propriétaire du bâtiment prouvera qu'il est en voyage, et, dans ce cas, l'inscription devra être faite immédiatement après le retour du navire.

Dans l'inscription faite de l'hypothèque sur le registre du commerce, il devra être expressément constaté que la mention prévue par le paragraphe précédent du présent article a été effectuée, ou si, au contraire, elle a été omise, quelle est la cause de cette omission.

15. La première inscription de chaque bâtiment sera celle de la propriété du navire, laquelle énoncera les circonstances énumérées dans l'art. 22 du Code de commerce. Le défaut de cette inscription sera un motif suffisant pour refuser toute autre inscription, tant que la formalité n'aura pas été remplie à la requête de toute personne ayant un intérêt légitime.

L'inscription de la propriété du bâtiment sera faite sur le registre du commerce, sur la production d'une copie certifiée de la matricule ou de l'inscription, délivrée par le Commandant de Marine de la province où le bâtiment est immatriculé.

Lorsque le bâtiment est immatriculé pour naviguer dans une localité comprise dans un registre différent de celui du lieu de sa construction, les préposés exigeront une attestation du préposé du registre du lieu où a été effectuée la construction. Il en sera de même dans les cas de transfert de la matricule ou de l'inscription d'un bâtiment, lorsque ce navire a déjà été inscrit ou habilité pour la navigation.

16. Pour pouvoir constituer une hypothèque sur un navire en construction, il est indispensable que l'on ait employé à cette construction le tiers de la somme à laquelle a été estimée la valeur du corps.

Avant de constituer l'hypothèque, il sera indispensable de faire sur le registre des navires de la province de la construction du bâtiment, l'inscription de la propriété du navire qui doit faire l'objet de l'hypothèque.

A cet effet, le propriétaire ou l'armateur produira au bureau du registre une requête à laquelle sera annexé un certificat délivré par un constructeur naval sur lequel sera constaté l'état de la construction du bâtiment, la longueur de la quille et les autres dimensions du navire, ainsi que son tonnage et son déplacement probables, la qualité du bâtiment, s'il doit être à voile, ou à vapeur, le lieu de construction et l'indication des matériaux qui doivent y être employés, le coût de la coque et le plan du dit bâtiment.

Lorsque la construction est effectuée en vertu d'un contrat, ce contrat sera inscrit, sur la production d'une copie certifiée signée par le propriétaire ou l'armateur.

Pour que la disposition contenue dans les paragraphes précédents sorte effet, il sera ouvert sur le registre des navires une section spéciale où seront inscrits les actes et contrats relatifs aux bâtiments en construction.

L'inscription de la propriété d'un navire en construction aura un caractère provisoire jusqu'à ce que, la dite construction étant achevée, le navire puisse être inscrit sur le registre de la Commanderie maritime.

Cumplido este requisito, se convertirá en definitiva dicha inscripción, en la forma que determinarán los reglamentos.

17. Si el contrato de hipoteca naval se otorgase en país extranjero, para que surta los efectos que esta ley le atribuye, deberá celebrarse necesariamente ante el Cónsul español del puerto en que tenga lugar, y además inscribirse en el registro del Consulado, y se anotará en la certificación de propiedad que debe llevar el Capitán, con arreglo al art. 612 del Código de Comercio.

El Cónsul español transmitirá inmediatamente copia auténtica del contrato al Registro mercantil en que la nave se halle matriculada. El Registrador, luego que reciba la copia, deberá efectuar la inscripción en su Registro.

Con las mismas formalidades deberán otorgarse los demás contratos que se celebren en el extranjero y que hayan de tener prelación ó preferencia sobre el préstamo hipotecario naval en virtud de su inscripción en el Registro mercantil.

18. Para que el precio aplazado en caso de venta de la nave, y los créditos refaccionarios puedan perjudicar á la hipoteca naval, es necesario que consten en el Registro mercantil.

19. Para que pueda inscribirse en el Registro mercantil, surtiendo los efectos que determina el artículo anterior, el crédito por el precio de venta de la nave que no se paga al contado, es indispensable que así se exprese en el contrato, fijándose en cantidad líquida y determinada el precio que se aplaza, fecha en que ha de satisfacerse, interés que devenga, si lo hubiere, y las demás condiciones con que se consiente el aplazamiento.

20. Para que pueda anotarse en el Registro el crédito refaccionario, surtiendo los efectos que determina el art. 18, es necesario que el acreedor presente en el Registro de buques el contrato por escrito que en cualquier forma haya celebrado con el deudor para anticiparle de una vez ó sucesivamente cantidades para la construcción ó reparación de la nave objeto de la refacción.

Esta anotación surtirá todos los efectos de la hipoteca.

21. No será necesario que los títulos en cuya virtud se pida la anotación de créditos refaccionarios determinen fijamente la cantidad de dinero ó efectos en que consistan los mismos créditos, bastando que contenga los datos suficientes para liquidarlos al terminar las obras contratadas.

22. Si la nave que haya de ser objeto de la refacción estuviere afecta á hipoteca naval inscrita, no se hará la anotación sino en virtud de convenio unánime, consignado en escritura pública, ó por póliza de Agente de Cambio y Bolsa, ó de Corredor de Comercio ó de Corredor intérprete de buque entre el propietario de aquélla y la persona ó personas á cuyo favor estuviere constituída la hipoteca sobre el objeto de la refacción misma y el valor de la nave antes de empezar las obras, ó bien, á falta de convenio, en virtud de providencia judicial, dictada en expediente instruído para hacer constar dicho valor, con citación y audiencia previa y sumaria de los acreedores hipotecarios anteriores.

El valor que en cualquiera de dichas dos formas se diere antes de empezar las obras á la nave que ha de ser refaccionada, se hará constar en la anotación del crédito refaccionario.

23. El acreedor con hipoteca naval sobre la nave refaccionada cuyo valor se haga constar en la forma prescrita en los artículos precedentes, conservará su derecho de preferencia respecto al acreedor refaccionario, pero solamente por un valor igual al que se hubiere declarado á la misma nave.

24. Cualquiera anotación ó inscripción que se haga en el Registro mercantil contendrá necesariamente la fecha y hora de presentación de los documentos en virtud de los cuales haya de hacerse y la fecha y hora en que se efectuó; la manifestación de hallarse las anotaciones ó inscripciones conformes con los antecedentes de su razón, indicando el legajo correspondiente del Registro en que se hallan archivados; la manifestación de haberse anotado en la certificación de propiedad que debe llevar á bordo el Capitán, ó de no haberse hecho, y su causa.

25. La inscripción de hipoteca naval contendrá todas las condiciones marcadas en el art. 6 de esta ley en sus respectivos casos.

Lorsque cette condition sera remplie, la dite inscription sera transformée en une inscription définitive, dans la forme déterminée par les réglements.

17. Si le contrat d'hypothèque maritime est fait en pays étranger, il devra nécessairement, pour sortir les effets que la loi lui attribue, être passé devant le consul espagnol du lieu, et être en outre inscrit sur le registre du consulat, et mentionné sur le certificat de propriété dont le capitaine doit être porteur conformément à l'art. 612 du Code de Commerce.

Le consul espagnol transmettra immédiatement une copie authentique du contrat au bureau du registre du commerce où le navire est immatriculé. Le préposé, dès la réception de cette copie, devra effectuer l'inscription sur son registre.

Les mêmes formalités devront être remplies en ce qui concerne les autres contrats faits à l'étranger et qui ont pour objet de donner un droit de priorité ou de préférence sur le prêt hypothécaire maritime, en vertu de son inscription sur le registre de commerce.

18. Pour que le prix payable à terme et encore dû, en cas de vente du navire, et les créances pour réparations puissent préjudicier à l'hypothèque maritime, il est nécessaire qu'ils soient constatés sur le registre du commerce.

19. Pour pouvoir inscrire sur le registre du commerce, avec les effets déterminés dans l'article précédent, la créance du prix de vente du navire qui n'a pas été payée comptant, il est indispensable d'en faire mention dans le contrat et de fixer pour le prix payable à terme une somme liquide et déterminée, avec indication de la date du payement, des intérêts dus, s'il en a été stipulé, et des autres conditions auxquelles le terme est consenti.

20. Pour que l'on puisse mentionner sur le registre du commerce la créance pour réparation, et qu'elle sorte les effets déterminés dans l'art. 18, il est nécessaire que le créancier produise au bureau du registre des navires le contrat écrit fait sous quelque forme que ce soit avec le débiteur pour lui avancer, en une ou plusieurs fois successivement, les sommes nécessaires pour la construction ou la réparation du navire qui a été l'objet des réparations.

Cette mention sortira tous les effets de l'hypothèque.

21. Il ne sera pas nécessaire que les titres en vertu desquels est requise la mention des créances pour réparations, détermine exactement la somme d'argent ou les effets dans lesquels consistent ces dites créances, il suffit qu'ils contiennent les données suffisantes pour permettre de les liquider, à la fin des travaux stipulés.

22. Si le navire qui doit être l'objet d'une réparation est grevé d'une hypothèque maritime inscrite, il ne sera procédé à la mention qu'en vertu d'un accord unanime, constaté dans un acte public, ou dans une police d'agent de change et de bourse ou de courtier de commerce ou de courtier interprète de navires, entre le propriétaire du navire et la personne ou les personnes au profit desquelles a été constituée l'hypothèque, lequel accord portera sur l'objet même de la réparation et la valeur que le navire avait avant le commencement des travaux, ou, à défaut d'accord, en vertu d'une décision judiciaire, prononcée après enquête régulière à l'effet de constater la dite valeur, les créanciers hypothécaires antérieurs dûment cités et sommairement entendus au préalable.

La valeur attribuée au navire à réparer, sous l'une quelconque de ces formes, avant le commencement des travaux, sera constatée dans l'inscription de la créance pour réparations.

23. Le créancier ayant une hypothèque maritime sur le navire réparé dont la valeur a été constatée dans la forme prévue dans les articles précédents, conservera son droit de préférence contre le créancier qui a effectué les réparations, mais seulement pour une valeur égale à celle qui aura été attribuée au navire.

24. Toute annotation ou mention faite sur le registre du commerce contiendra nécessairement la date et l'heure de la production des documents en vertu desquels elle a été faite, ainsi que la date et l'heure auxquelles elle a été effectuée, la déclaration que les dites annotations et inscriptions sont conformes aux actes qui les ont motivées, avec mention de la liasse correspondante du registre dans laquelle ils ont été classés, la déclaration qu'il a été fait mention de l'inscription sur le certificat de propriété du navire que le capitaine doit avoir à bord, ou, si cette mention n'a pas été faite, la cause qui justifie cette omission.

25. L'inscription de l'hypothèque maritime réunira toutes les conditions indiquées dans l'art. 6 de la présente loi, suivant les différents cas par elle prévus.

La inscripción del precio aplazado por razón de venta contendrá:

El lugar, día, mes y año en que se otorga el contrato; nombres, apellidos, domicilio y estado civil del comprador y del vendedor.

Precio del buque, cantidad que se paga al contado y que se aplaza en cantidad líquida y determinada, fecha en que ha de satisfacerse, interés que devenga, si lo hubiere, y demás estipulaciones del contrato.

26. La anotación del crédito refaccionario contendrá: Lugar, día, mes y año en que se otorga el contrato, y si el documento en que éste se halle consignado es público ó privado; — Nombres, apellidos, domicilio y estado civil de los contratantes; — Valor dado á la nave antes de empezar las obras con que ha de ser refaccionada, si constare; — Cantidades que se entreguen ó hayan de entregarse para la refacción, ó los datos que hayan de servir para liquidarlas al terminar las obras; fechas en que se hayan hecho ó deban hacerse las entregas; — Las demás estipulaciones referentes á la refacción; — Expresión de los documentos en que consten las cantidades entregadas.

27. Para que pueda efectuarse la inscripción de hipoteca por razón de préstamo ó precio aplazado ó anotación de crédito refaccionario, deberá presentarse en el Registro el documento ó documentos que contengan todas las condiciones necesarias para que pueda efectuarse la inscripción ó anotación. Si alguna de aquéllas faltase, podrá subsanarse la falta mediante relación duplicada, que firmarán las partes. Del documento que haya servido para hacer la inscripción quedará en el Registro una copia simple, en la que el Registrador pondrá nota de ser conforme con el original. Si las condiciones que faltan se adicionan por relación de las partes, un duplicado quedará en el Registro.

28. La hipoteca naval sujeta directa é inmediatamente las naves sobre que se impone al cumplimiento de las obligaciones para cuya seguridad se constituye, cualquiera que sea su poseedor.

29. La hipoteca naval subsistirá íntegra mientras no se cancele respecto de cada buque sobre la totalidad de éste, aunque se reduzca la obligación garantizada, y sobre cualquiera parte del mismo que se conserve, aun cuando la restante haya desaparecido.

30. Ninguna inscripción se hará en el Registro de naves sin que se acredite previamente el pago de los impuestos establecidos ó que se establecieren por las leyes, si los devengare el acto ó contrato que se pretende inscribir.

No obstante lo prevenido en el párrafo anterior, podrá extenderse el asiento de presentación antes que se verifique el pago del impuesto; mas en tal caso se suspenderá la inscripción y se devolverá el título al que lo haya presentado, á fin de que en su vista se liquide y satisfaga dicho impuesto. Pagado éste, volverá el interesado á presentar el título en el Registro, y se extenderá la inscripción.

31. Tendrán preferencia sobre la hipoteca naval, y sin necesidad de que consten inscritos ni anotados en el Registro mercantil: 1.º Los impuestos ó contribuciones á favor del Estado, de la Provincia ó del Municipio que haya devengado el buque en su último viaje ó durante el año inmediatamente anterior; — 2.º Los derechos de pilotaje, tonelaje y los demás y otros de puertos, y los sueldos debidos al Capitán y tripulación, devengados aquellos derechos y estos sueldos en el último viaje del buque; — 3.º El importe de los premios de seguro de la nave de los dos últimos años, y si el seguro fuese mutuo, por los dos últimos dividendos que se hubiesen repartido; — 4.º Los créditos á que se refieren los números 7 y 10 del art. 580 del Código de Comercio.

32. También tendrán preferencia sobre la hipoteca naval siempre que se llenen las condiciones que se establecen en los artículos siguientes: 1.º Las cantidades tomadas á préstamo á la gruesa por el Capitán del buque durante el último viaje; — 2.º El importe de la avería gruesa que corresponda satisfacer al buque en el último viaje; — 3.º Los créditos refaccionarios contraídos por el Capitán también durante el último viaje; — 4.º Los derechos ó créditos litigiosos que antes de la inscripción hipotecaria hubiesen sido anotados preventivamente en el Registro, en virtud de mandamiento judicial cuando queden reconocidos en sentencia ejecutoria, ó en transacción otorgada ó aprobada por todos los interesados.

L'inscription de la créance du prix payable à terme, en cas de vente du navire, contiendra:

Les lieu, jour, mois et an du contrat, les prénoms, noms, domicile, état-civil de l'acheteur et du vendeur.

Le prix du bâtiment, la partie du prix payée comptant et celle payable à terme, en somme liquide et déterminée, avec mention de la date du payement, des intérêts dus, s'il y a lieu, et des autres stipulations du contrat.

26. La mention de la créance pour réparations contiendra: Les lieu, jour, mois et an du contrat, et si le contrat a été fait par acte public ou sous seing privé: — Les prénoms, noms, domicile et état-civil des contractants; — La valeur attribuée au navire avant de commencer les travaux de réparation, si elle est certaine; — Les sommes payées ou à payer pour la réparation ou les éléments pouvant servir à en liquider le coût lorsque les travaux seront terminés, les dates des payements effectués ou à effectuer; — Les autres stipulations relatives aux réparations; — Il sera fait mention des documents constatant les sommes versées.

27. Pour pouvoir opérer l'inscription d'une hypothèque constituée à raison d'un prêt ou d'un prix payable à terme, ou mentionner une créance ayant pour cause des réparations, on devra présenter au bureau du registre le ou les documents contenant toutes les indications nécessaires pour permettre de faire l'inscription ou l'annotation. Si l'une de ces indications fait défaut, il pourra y être suppléé au moyen d'une déclaration faite en double et signée par les parties. Une simple copie du document ayant servi pour faire l'inscription sera conservée au bureau du registre, sur laquelle le préposé apposera une mention certifiant qu'elle est conforme à l'original. Si les indications faisant défaut ont été remplacés par une déclaration additionnelle des parties, un des doubles demeurera au bureau du registre.

28. L'hypothèque maritime soumet directement et immédiatement le navire qu'elle grève à l'exécution des obligations pour la sûreté desquelles elle a été constituée, quel que soit son possesseur.

29. L'hypothèque maritime subsistera intégralement sur la totalité de chaque bâtiment, tant qu'elle n'aura pas été radiée, encore que l'obligation garantie vienne à être réduite, ainsi que sur toute partie qui subsiste du dit navire, encore que le reste ait disparu.

30. Il ne sera fait aucune inscription sur le registre des navires qu'après justification du payement des impôts établis ou à établir par les lois, si l'acte ou le contrat dont l'inscription est demandée y est soumis.

Nonobstant la disposition contenue dans le paragraphe précédent, il pourra être pris note de la production des actes avant justification du payement de l'impôt; mais, en ce cas, il sera sursis à l'inscription et le titre produit sera rendu afin que, sur le vu du dit titre, les droits soient liquidés et acquittés. Après payement de l'impôt, l'intéressé reviendra présenter le titre au bureau du registre, et il sera procédé à l'inscription.

31. Jouiront d'un droit de préférence sur l'hypothèque maritime, sans qu'il soit besoin d'inscription ou d'annotation antérieure sur le registre du commerce:
1° Les impôts et contributions au profit de l'État, de la province ou de la municipalité, dus par le navire durant son dernier voyage ou durant l'année qui l'a immédiatement précédé; — 2° Les droits de pilotage, tonnage, et autres droits de port, ainsi que les salaires dus au capitaine et à l'équipage dans le dernier voyage; — 3° Le montant des primes d'assurances du navire afférentes aux deux dernières années; et, si l'assurance est une assurance mutuelle, les deux derniers dividendes; — 4° Les créances visées dans les numéros 7 et 10 de l'art. 580 du Code de commerce.

32. Jouiront également d'un droit de préférence sur l'hypothèque maritime, pourvu qu'elles réunissent les conditions établies dans les articles suivants: 1° Les sommes empruntées à la grosse par le capitaine du bâtiment, durant le dernier voyage; — 2° Le montant de l'avarie grosse à la charge du navire durant le dernier voyage; — 3° Les créances pour cause de réparations consenties par le capitaine durant le dernier voyage; — 4° Les droits ou créances litigieuses dont il avait été fait mention sur le registre avant l'inscription de l'hypothèque, en vertu d'une ordonnance judiciaire, lorsqu'ils sont constatés par une sentence devenue exécutoire, ou par une transaction acceptée ou approuvée par tous les intéressés.

33. Para que el préstamo á la gruesa á que se refiere el artículo anterior tenga la preferencia que en el mismo se consigna, se necesita que el préstamo se haya tomado en el caso que establece expresamente el art. 611 del Código de Comercio, y observando todas las formalidades consignadas en el art. 583 del propio Código.

La anotación provisional que, con arreglo al último de los artículos citados, ha de hacer el Juez ó Tribunal, el Cónsul ó Autoridad local, en la certificación de la hoja de inscripción que el Capitán ha de llevar á bordo con arreglo al art. 612, surtirá todos sus efectos respecto á la preferencia, mientras el buque no regrese al puerto de salida.

Tan pronto como esto suceda, el dueño del buque, ó Capitán, deberá presentar la hoja de inscripción para que el préstamo se inscriba en el Registro mercantil dentro del plazo de las cuarenta y ocho horas en que el buque sea admitido á libre plática.

Si el puerto de regreso no pertenece al Registro mercantil en que el buque está inscrito, se presentará dentro del indicado plazo de cuarenta y ocho horas al Juez ó Autoridad local ó de Marina, el cual hará constar la presentación del documento y mandará librar exhorto al punto de inscripción del buque.

Hecha la presentación dentro de ese plazo, la inscripción surtirá el efecto de conservar la preferencia que establece el artículo anterior; para todos los demás que la ley atribuye á la inscripción, se considerará como fecha la del día en que se anotó provisionalmente la certificación de inscripción de propiedad del buque. Si se presentase después del indicado plazo, surtirá su efecto, pero sólo desde la fecha de la inscripción del Registro mercantil.

Sin perjuicio de las obligaciones que este artículo impone al dueño y al Capitán, los prestamistas ó las personas á quienes ellos lo encomendaren, podrán gestionar la inscripción del préstamo en el Registro.

34. Para que el importe de la avería gruesa que corresponda satisfacer al buque en el último viaje tenga la preferencia que se establece en el art. 32, será necesario: 1.º Que se haya procedido en la forma que establece el Código de Comercio en sus arts. 813 y 814; — 2.º Que los gastos que se hayan hecho y los daños que se hayan causado sean correspondientes á la avería gruesa; — 3.º Que la justificación de la avería se haya efectuado siempre con intervención de la Autoridad judicial española, si fuere español el puerto de arribada ó el de descarga; y si fuere extranjero, con intervención de la Autoridad consular, y si no existiese, ante la Autoridad local. El resultado se anotará en la certificación de inscripción de propiedad que debe llevar el Capitán; — 4.º Que la liquidación de la avería se haya efectuado con arreglo á las disposiciones del Código de Comercio, y consignado su resultado en la misma certificación.

Si la liquidación se verifica en puerto español del domicilio del dador del préstamo, éste será citado para intervenir en la liquidación de la avería; pero su derecho quedará limitado en este caso á consignar su protesta cuando, á su juicio, no se hubiere procedido con arreglo á derecho. Si no consigna protesta alguna, se entiende que consiente la liquidación de la avería, y perderá todo derecho para impugnarla.

La anotación provisional de la justificación de la avería, lo mismo que la anotación provisional de su liquidación, surtirá todos sus efectos respecto á la preferencia mientras el buque no regrese al puerto de salida, siendo aplicables todas las disposiciones que contiene el artículo anterior en sus párrafos tercero y cuarto.

35. Para que el importe de los créditos refaccionarios contraídos por el Capitán durante el último viaje tenga la preferencia que se establece en el art. 32, será necesario: 1.º Que la reparación del buque se haya hecho en los casos previstos en la regla 6.ª del art. 610 del Código de Comercio, y con el acuerdo que en la misma regla se establece; — 2.º Que para hacer las reparaciones y contraer los créditos refaccionarios se haya procedido en la forma que establece el art. 583 del propio Código; — 3.º Que se haya practicado la anotación provisional que ordena el citado art. 583.

33. Pour que le prêt à la grosse dont il est parlé dans l'article précédent, jouisse du droit de préférence prévu par le dit article, il est nécessaire qu'il ait été fait dans le cas expressément prévu par l'art. 611 du Code de commerce, et en observant toutes les formalités énoncées dans l'art. 583 du même Code.

L'annotation provisoire à faire, conformément au dernier des articles susvisés, par le juge ou le tribunal, le consul ou l'autorité locale, sur le certificat de la feuille d'inscription du navire que le capitaine doit avoir à bord, conformément à l'art. 612, sortira tous ses effets, en ce qui concerne le droit de préférence, tant que le bâtiment n'est pas rentré au port de départ.

Dès cette rentrée du navire, le propriétaire du bâtiment, ou le capitaine, devra présenter la feuille d'inscription pour que le prêt soit inscrit sur le registre du commerce, dans les quarante-huit heures de l'admission du navire à libre pratique.

Si le port de retour ne dépend pas du bureau du registre du commerce sur lequel le bâtiment est inscrit, la présentation sera faite, dans le délai de quarante-huit heures sus indiqué, au Juge ou à l'autorité locale ou maritime, laquelle constatera la présentation du document et ordonnera de le communiquer au lieu d'inscription du bâtiment.

Lorsque la présentation aura été faite dans le dit délai, l'inscription aura pour effet de conserver le droit de préférence établi dans l'article précédent; pour tous les autres effets que la loi attribue à l'inscription, elle sera considérée comme faite le jour de l'annotation provisoire apposée sur le certificat de propriété du bâtiment. Si la présentation est faite après l'expiration du délai indiqué, l'inscription ne produira son effet qu'à compter du jour où elle aura été effectuée sur le registre du commerce.

Sans préjudice des obligations imposées par le présent article au propriétaire et au capitaine, les prêteurs ou les personnes qu'ils auront chargées de ce soin, pourront requérir l'inscription du prêt sur le registre.

34. Pour que le montant de l'avarie grosse à la charge du bâtiment durant le dernier voyage jouisse du droit de préférence établi dans l'art. 32, il sera nécessaire: 1° Qu'il ait été procédé conformément aux prescriptions des articles 813 et 814 du Code de commerce; — 2° Que les frais qui ont été faits et les dommages qui ont été occasionnés constituent une avarie grosse; — 3° Que la justification de l'avarie ait été faite, dans tous les cas, avec l'intervention de l'autorité judiciaire espagnole, si le port de relâche ou de déchargement est un port espagnol, et, si ce port est un port étranger, avec l'intervention de l'autorité consulaire, s'il en existe une, ou de l'autorité locale. Le résultat de la justification sera mentionné sur le certificat d'inscription de la propriété du navire dont le capitaine doit être détenteur; — 4° Que la liquidation de l'avarie ait été faite conformément aux prescriptions du Code de commerce, et que le résultat de la liquidation ait été consigné sur le certificat.

Si la liquidation est faite dans le port espagnol du domicile du prêteur, celui-ci sera cité à intervenir à la liquidation de l'avarie, mais son droit se bornera, dans ce cas, à consigner sa protestation, lorsque, d'après lui, il n'aura pas été procédé conformément au droit. S'il ne dépose aucune protestation, il sera réputé consentir à la liquidation de l'avarie, et il perdra tout droit de la contredire.

L'annotation provisoire de la justification de l'avarie, de même que l'annotation provisoire de sa liquidation, sortiront tous leurs effets en ce qui concerne le droit de préférence, tant que le bâtiment ne sera pas rentré au port de départ, et il sera fait application de toutes les dispositions contenues dans les troisième et quatrième paragraphes de l'article précédent.

35. Pour que le montant des créances contractées pour cause de réparations par le capitaine durant le dernier voyage jouisse du droit de préférence établi dans l'art. 32, il sera nécessaire: 1° Que la réparation du bâtiment ait été faite dans les cas prévus dans la règle 6 de l'art. 610 du Code de commerce et avec les consentements réciproques exigés par cette même règle; — 2° Que pour faire les réparations et pour contracter les emprunts nécessaires, il ait été procédé dans la forme établie par l'art. 583 du même Code; — 3° Qu'il ait été fait l'annotation provisoire ordonnée par le dit art. 583.

La anotación provisional surtirá todos los efectos respecto á la preferencia mientras el buque no regrese al puerto de salida, siendo aplicables todas las disposiciones que contiene el art. 33 en sus párrafos tercero y cuarto.

Los créditos refaccionarios no comprendidos en este artículo se regirán por las reglas establecidas en los artículos 20, 21, 22, 23 y 36 de esta ley.

36. Ningún crédito, hecha excepción de los enumerados en el art. 31, tendrá preferencia sobre la hipoteca naval, si no está inscrito en el Registro mercantil correspondiente.

La mujer casada, aunque consten inscritas sus aportaciones ó derechos en el libro de comerciantes del Registro mercantil, no tendrá prelación respecto á los créditos ó derechos de tercero inscritos ó anotados sobre la nave, cuando no aparezca á su favor hipoteca expresa sobre la misma nave, ó la obtenga conforme al derecho común, la cual hipoteca surtirá sus efectos desde que fuere inscrita en el Registro de buques en la forma prevenida en la presente ley.

Los actos y contratos relativos á una nave que, según las disposiciones del Código de Comercio y de esta ley, son inscribibles en el Registro mercantil, no surtirán efecto en cuanto á tercero, sino desde la fecha de su inscripción, salvo lo dispuesto en el art. 32.

37. Se considerará como fecha de la inscripción, para todos los efectos que ésta deba producir, la fecha del asiento de presentación, que deberá constar en la inscripción misma.

38. Para determinar la preferencia entre dos ó más inscripciones de una misma fecha relativas á una misma nave, se atenderá á la hora de presentación en el Registro de los títulos respectivos.

39. El acreedor con hipoteca naval podrá ejercitar su derecho contra la nave ó naves afectas á él en los casos siguientes: 1.º Al vencimiento del plazo estipulado para la devolución del capital; — 2.º Al vencimiento del plazo estipulado para el pago de los intereses; — 3.º Cuando el deudor fuese declarado en quiebra ó concurso; — 4.º Cuando cualquiera de los buques hipotecados sufriese deterioro que le inutilice para navegar; — 5.º Cuando el buque se enajenase á un extranjero; — 6.º Cuando se cumplan las condiciones pactadas como resolutorias del contrato de préstamo, y todas las que produzcan el efecto de hacer exigible el capital ó los intereses; — 7.º Cuando ocurriese la pérdida de cualesquiera de los buques hipotecados, salvo pacto en contrario.

En los casos 4.º y 7.º sólo será exigible la cantidad asegurada con el buque inutilizado ó perdido, salvo pacto en contrario.

40. Los buques gravados con hipoteca no podrán enajenarse á un extranjero sin consentimiento del acreedor hipotecario ó sin que previamente el vendedor consigne el importe del crédito asegurado con la hipoteca, en la forma prevenida en los artículos 1.177 á 1.180 del Código civil[1].

La venta otorgada con infracción de lo dispuesto en el párrafo anterior será nula, y el vendedor incurrirá en la pena señalada en el art. 547 del Código penal[2].

41. Vencido y no pagado el préstamo hipotecario, ó cualquiera fracción de él ó sus intereses, el acreedor requerirá al deudor para que satisfaga su crédito, ya judicialmente ó por Notario, Agente de Bolsa ó Cambio, Corredor ó Intérprete de buque, en el lugar del domicilio señalado ó elegido para este efecto al contratar el préstamo. Si el deudor hubiese cambiado de domicilio, el requerimiento se

---

[1]) Véanse estos artículos en la parte del Código civil publicada á continuación del Código de comercio.

[2]) El art. 547 del Código penal dice así: El que defraudare á otro en la sustancia, cantidad ó calidad de las cosas que le entregare en virtud de un título obligatorio será castigado: — 1.º Con la pena de arresto mayor en sus grados mínimo y medio si la defraudación no excediere de 100 pesetas. — Con la de arresto mayor en su grado medio ó presidio correccional en su grado mínimo, excediendo de 100 pesetas y no pasando de 2.500. — Con la de presidio correccional en sus grados mínimo y medio, excediendo de 2.500 pesetas. — He aquí ahora la duración de las citadas penas: — *La de arresto mayor*, en su grado mínino, de un mes y un día á dos meses. — En su grado medio, de dos meses y un día á cuatro meses. — En su grado máximo de cuatro meses y un día á seis meses. — *La de prisión correccional:* en su grado mínimo, de seis meses y un día á dos años y cuatro meses. — En su grado medio: de dos años, cuatro meses y un día, á cuatro años y dos meses.

L'annotation provisoire sortira tous les effets, en ce qui concerne le droit de préférence, tant que le bâtiment ne sera pas rentré au port de départ, et il sera fait application de toutes les dispositions contenues dans les troisième et quatrième paragraphes de l'art. 33.

Les créances pour réparations non comprises dans le présent article, seront régies par les règles établies dans les articles 20, 21, 22, 23 et 36 de la présente loi.

36. Aucune créance, à l'exception de celles énumérées dans l'art. 31, ne jouira d'un droit de préférence sur l'hypothèque maritime, si elle n'est inscrite sur le registre du commerce correspondant.

La femme mariée, encore que ses apports et ses droits soient inscrits sur le livre des commerçants du registre du commerce, n'aura aucun droit de préférence sur les créances ou droits des tiers inscrits ou annotés sur le navire, lorsqu'il n'existe pas en sa faveur l'inscription d'une hypothèque expresse sur le navire même, ou qu'elle ne l'obtient pas, conformément au droit commun, laquelle hypothèque sortira ses effets à compter de son inscription sur le registre des navires, effectuée dans la forme prescrite par la présente loi.

Les actes et contrats relatifs à un navire qui, suivant les dispositions du Code de commerce et de la présente loi, doivent être inscrits sur le registre du commerce, ne sortiront effet, à l'égard des tiers, qu'à la date de leur inscription, sauf les dispositions contenues dans l'art. 32.

37. La date de l'inscription, pour tous les effets qu'elle doit produire, sera considérée comme étant celle de la mention constatant la présentation, laquelle devra être constatée dans l'inscription même.

38. Pour déterminer le droit de préférence entre deux ou plusieurs inscriptions prises à la même date, sur le même navire, on se référera à l'heure de la présentation des documents respectifs au bureau du registre.

39. Le créancier ayant une hypothèque maritime pourra exercer son droit contre le navire ou les navires grevés dans les cas suivants: 1° A l'échéance du terme stipulé pour le remboursement du capital; — 2° A l'échéance du terme stipulé pour le payement des intérêts; — 3° Lorsque le débiteur aura été déclaré en état de faillite ou en déconfiture; — 4° Lorsque l'un quelconque des bâtiments hypothéqués éprouvera des détériorations le rendant impropre à la navigation; — 5° Lorsque le bâtiment aura été vendu à un étranger; — 6° En cas de réalisation des conditions stipulées comme devant entraîner la résolution du contrat de prêt, et de toutes autres entraînant l'exigibilité du capital et des intérêts; — 7° En cas de perte de l'un quelconque des bâtiments hypothéqués, sauf convention contraire.

Dans les cas prévus sous les n°s 4 et 7, la somme assurée sur le navire devenu incapable de naviguer ou perdu sera seule exigible sauf convention contraire.

40. Les bâtiments grevés d'une hypothèque ne pourront être aliénés au profit d'un étranger sans le consentement du créancier hypothécaire ou sans consignation préalable par le vendeur du montant de la créance garantie par l'hypothèque, dans la forme prévue par les articles 1177 et 1180 du Code civil[1].

La vente faite en violation de la disposition contenue dans le paragraphe précédent sera nulle, et le vendeur encourra la peine indiquée dans l'art. 547 du Code pénal[2].

41. Le délai échu, à défaut de remboursement du prêt hypothécaire ou d'une portion quelconque du dit prêt, ou des intérêts, le créancier fera sommation au débiteur d'acquitter ce qui lui est dû, soit judiciairement, soit par le ministère d'un notaire, d'un agent de bourse ou de change, d'un courtier ou d'un interprète de navires, dans le lieu du domicile indiqué ou élu à cet effet dans le contrat de prêt.

---

[1] V. ces articles dans la partie du Code civil que nous avons réproduite à la suite du Code de commerce.

[2] L'art. 547 du Code pénal est ainsi conçu: Celui qui trompera une autre personne sur la substance ou la qualité des choses qu'il lui livre en vertu d'un titre obligatoire, sera puni: 1° De la peine de l'arrêt *mayor* dans ses degrés minimum et moyen, si la fraude ne dépasse pas 100 *pesetas*; — De la peine de l'arrêt *mayor* ou du *presidio* correctionnel au degré minimum, si la fraude dépasse 100 *pesetas* mais ne dépasse pas 2500 *pesetas*; — De la peine du *presidio* correctionnel aux degrés minimum ou moyen, si la fraude est supérieure à 2500 *pesetas*. — Voici quelle est la durée de ces peines: L'arrêt *mayor*, au degré minimum, de un mois et un jour à deux mois; au degré moyen, de 2 mois et un jour à 4 mois; au degré maximum, de 4 mois et un jour à 6 mois. — La *prision* correctionnelle, au degré minimum, de 6 mois et 1 jour à 2 ans et 4 mois; au degré moyen, de 2 ans, 4 mois et 1 jour à 4 ans et 2 mois.

hará en el lugar que hubiese señalado, si lo hubiera puesto en conocimiento del acreedor.

Si hubiere cambiado de domicilio y no se hallase en el último designado, el requerimiento se hará en éste, entendiéndose con los dependientes, si los tuviere; en defecto de éstos, con su mujer, hijos ó criados, y en su defecto, con un vecino con casa abierta, á quienes entregará copia del requerimiento.

42. Requerido el deudor en cualquiera de las formas marcadas en el artículo anterior, si no satisficiera íntegramente su deuda en el término de tercer día, el acreedor podrá reclamar del Juez competente el pago de las cantidades adeudadas y el embargo de la nave ó naves hipotecadas.

43. Cerciorado el Juez de la legalidad de la deuda por la presentación del documento en que se contrajo el préstamo, siempre que apareciese inscrito en el Registro, y de la falta de pago por la presentación del acta de requerimiento, acordará el embargo y mandará se proceda á la venta del buque ó buques hipotecados, por los trámites establecidos por la ley de Enjuiciamiento civil para la vía de apremio respecto á bienes inmuebles, si la causa que motiva la petición del acreedor fuese la primera ó la segunda del art. 39 de esta ley.

Si se fundase en la tercera, para declarar el embargo y la venta será necesario que se presente testimonio de la ejecutoria en que conste la declaración de la quiebra ó concurso.

Si fuere la cuarta, certificación expedida por la Autoridad competente, en virtud del reconocimiento que establece el art. 578 del Código de Comercio, de que el buque está inutilizado para navegar.

Si fuere la quinta, testimonio auténtico de la escritura de venta de la nave ó naves á súbdito extranjero, inscrita en el Registro de la propiedad correspondiente.

44. Cuando la causa que motiva la petición del acreedor sea la sexta ó séptima del art. 39, ó cuando sean la tercera, cuarta y quinta del propio artículo, y no acompañe los documentos que en sus respectivos casos marca el artículo anterior, se procederá con arreglo á los trámites establecidos por la ley de Enjuiciamiento civil para los incidentes; pero la sentencia se ejecutará por los que ordena la misma ley para el procedimiento de apremio respecto á bienes inmuebles[1].

45. No obstante lo dispuesto en el art. 42 de esta ley, no se llevará á efecto el embargo del buque cuando al tiempo de efectuarse se hallare cargado y dispuesto para hacerse á la mar, si cualquiera interesado en la expedición diere fianza que el Juez estime suficiente de que regresará dentro del plazo fijado en la patente, y obligándose, caso contrario, aunque fuese fortuito, á satisfacer la deuda. Pero siempre se requerirá al Capitán ó dueño del barco ó su representante á que, concluído el viaje para que fué despachado, regresará al puerto, llevándose entonces á efecto el embargo.

Tanto el embargo como el requerimiento se anotarán en el Registro mercantil y en la certificación de propiedad que debe llevar á bordo el Capitán.

46. Cuando en el contrato de préstamo se haya así pactado, se tomará como tipo para la primera subasta el que se hubiere dado á la nave, si lo pidiere el acreedor. Si no lo solicitase, el precio se fijará por peritos en la forma que establece la ley de Enjuiciamiento civil[2].

47. Si se trata de un buque en construcción, después del trámite de embargo, podrá, á voluntad del acreedor hipotecario, ó procederse á la venta en pública subasta de lo construído, ó bien admitirlo en pago de su crédito por el precio que fijen peritos nombrados con arreglo á lo que dispone la ley de Enjuiciamiento civil en la vía de apremio[3].

---

[1]) Este procedimiento está contenido en los artículos 1481 á 1531 de la Ley de Enjuiciamiento civil, y su contenido puede verse resumido en las páginas 68 á 70 *«Del procedimiento judicial en las cuestiones civiles mercantiles»* que precede al texto del Código de comercio.

[2]) Véase lo que acerca del *Dictamen* pericial se dice en la pag. 52. *Del procedimiento judical en las cuestiones civiles mercantiles.*

[3]) Véase la nota penúltima.

Lorsque le débiteur aura changé de domicile, la sommation devra être faite dans le lieu qu'il a indiqué, s'il a porté le changement de domicile à la connaissance du créancier.

Si le débiteur a changé de domicile et ne se trouve plus dans le dernier domicile par lui indiqué, la sommation sera faite dans ce dernier domicile, parlant à ses employés, s'il s'en trouve, ou, à leur défaut, à sa femme, à ses enfants ou domestiques, et, à leur défaut, à un voisin dont la maison sera ouverte, avec remise d'une copie de la dite sommation.

42. Si le débiteur dûment sommé, de l'une quelconque des manières indiquées dans l'article précédent, n'acquitte pas intégralement sa dette dans le délai de trois jours, le créancier pourra réclamer devant le juge compétent le payement des sommes dues et la saisie du navire ou des navires hypothéqués.

43. Après avoir vérifié la légalité de la dette, sur la production du document dans lequel le prêt a été contracté, pourvu qu'il porte mention de son inscription sur le registre, et le défaut de payement, par la présentation du commandement, le juge autorisera la saisie, et ordonnera de procéder à la vente du bâtiment ou des bâtiments hypothéqués, en observant les formalités établies par la loi de procédure civile pour la saisie des immeubles, si la demande du créancier est basée sur la première ou la seconde des causes énoncées dans l'art. 39 de la présente loi.

Si la demande est fondée sur la troisième cause énoncée au dit article, la saisie et la vente ne pourront être autorisées et ordonnées que sur le certificat attestant que la déclaration de l'état de faillite, ou de la déconfiture est devenue exécutoire.

Si la demande est fondée sur la quatrième cause énoncée au dit article, on devra produire un certificat délivré par l'autorité compétente, dressé en vertu de la vérification établie par l'art. 578 du Code de commerce, attestant que le bâtiment n'est plus apte à la navigation.

Si la demande est basée sur la cinquième cause énoncée au dit article, on produira un extrait authentique de l'acte de vente du ou des navires à un sujet étranger, inscrit sur le registre de la propriété correspondant.

44. Lorsque la cause motivant la demande du créancier est la sixième ou la septième cause énoncée dans l'art. 39, ou même la troisième, la quatrième ou la cinquième, mais sans qu'à la requête soient joints les documents prévus suivant les cas par l'article précédent, il sera procédé conformément aux règles établies par la loi de procédure civile pour les incidents; mais les formalités à remplir pour exécuter la sentence seront celles édictées par la même loi pour la procédure de la saisie des immeubles[1].

45. Nonobstant la disposition contenue dans l'art. 42 de la présente loi la saisie du bâtiment demeurera sans effet, lorsque, au moment d'y procéder, le navire se trouvera chargé et prêt à prendre la mer et que l'un quelconque des intéressés donnera caution estimée suffisante par le juge que le navire rentrera dans le délai fixé dans la patente, en s'obligeant, dans le cas contraire, fut-il fortuit, à rembourser la dette. Mais, dans tous les cas, il sera fait sommation au capitaine, ou propriétaire du bâtiment, ou à son représentant, d'avoir à rentrer au port après avoir achevé le voyage pour lequel le navire a été expédié, et la saisie produira alors effet.

La saisie, comme la sommation, seront mentionnées sur le registre du commerce et sur le certificat de propriété que le capitaine doit avoir à bord.

46. Lorsqu'il en aura été ainsi convenu dans le contrat de prêt, on prendra pour mise à prix de la première enchère la valeur attribuée au navire, si le créancier le demande. S'il ne le demande pas, le prix sera fixé par experts, conformément à la loi de procédure civile[2].

47. S'il s'agit d'un bâtiment en construction, le créancier hypothécaire, après qu'il aura été procédé à la saisie, pourra, à son choix, soit faire procéder à la vente aux enchères publiques de la partie construite, soit l'accepter en payement de sa créance au prix fixé par des experts nommés conformément aux prescriptions de la loi de procédure civile relatives à la procédure de saisie[3].

---

[1] V. les articles 1481 à 1531 de la *Ley de Enjuiciamiento civil* que nous avons résumés dans notre introduction «*De la procédure judiciaire dans les affaires civiles et commerciales*» p. 68 à 70.

[2] V. en ce qui concerne cette expertise, notre introduction, p. 52.

[3] V. la note 1 ci-dessus.

Si el valor de lo construído resultase inferior al crédito, en lo que falte se considerará como meramente personal. Si el precio de la nave fuese superior, el acreedor tendrá que consignar el exceso dentro del tercer día, á contar desde que se hizo la adjudicación.

48. Será Juez competente para conocer de la demanda en que se ejerciten acciones derivadas del derecho de hipoteca naval, á elección del actor, salvo el caso de sumisión expresa ó tácita: 1.º El del lugar en que se hubiere celebrado el acto ó contrato en que se constituyó la hipoteca; — 2.º El del puerto en que haya entrado el buque hipotecado; — 3.º El del domicilio del demandado; — 4.º El del lugar en que radique el Registro en que fué inscrita la hipoteca.

49. La acción hipotecaria naval prescribe á los diez años, contados desde que pueda ejercitarse, conforme á las disposiciones de esta ley.

50. Las inscripciones de hipoteca naval sólo pueden ser canceladas: 1.º Por consentimiento del acreedor hipotecario ó de sus causa-habientes, hecho constar por escritura pública ó acta notarial, póliza de Agente de Bolsa, Corredor, Corredor Intérprete de buques, ó por comparecencia personal del acreedor ó de su apoderado ante el Registrador, dando éste fe de conocimiento del interesado; — 2.º Por auto ó sentencia firme.

Las anotaciones preventivas de derecho litigioso serán canceladas cuando por resolución firme queden desestimadas ó sin curso las demandas que las hubieren ocasionado. Declarado ejecutoriamente el derecho, la anotación será convertida en inscripción, y ésta surtirá sus efectos desde la fecha de aquélla. Toda anotación preventiva, toda inscripción en que sea convertida y toda cancelación que se efectúe en el Registro, se harán constar tan pronto como sea posible en el certificado de inscripción de propiedad que debe llevar á bordo el Capitán.

En el asiento de cancelación constará necesariamente la hora, día, mes y año en que se ha efectuado, y el acto ó contrato en virtud del que se ha hecho.

51. En el caso de ser declarado en concurso el propietario de un buque, se considerarán comprendidos en el art. 1.923 del Código civil los créditos asegurados con hipoteca del mismo buque y los demás que tengan prelación sobre ellos, conforme á las disposiciones de esta ley[1].

Si fuese declarado en quiebra, se considerarán comprendidos dichos créditos en el art. 914 del Código de Comercio.

52. Entretanto que el Gobierno dicta los reglamentos necesarios para la ejecución de la presente ley, los Registradores se atendrán, en cuanto á la manera de llevar los registros, publicidad de los mismos y tarifa de sus operaciones, á lo establecido en esta ley, y á la vez á lo dispuesto en el reglamento interino de 21 de Diciembre de 1885, en cuanto no se oponga á los preceptos de la misma. Serán aplicables los derechos del núm. 7.º de las tarifas autorizadas por dicho reglamento á las inscripciones de constitución y cancelación de las hipotecas, y la de los núm. 9.º y 10.º á las transcripciones de una inscripción anterior y notas que se pongan respectivamente en los libros de Registro y en los certificados de los buques.

Los Registradores consignarán siempre al pie de su firma el importe de sus derechos, y el artículo ó artículos del Arancel que los determinen.

53. Quedan derogadas todas las leyes y demás disposiciones anteriores que sean contrarias á la presente ley.

---

[1] El art. 1923 del Código civil determina el derecho de preferencia que tienen los respectivos créditos sobre los bienes inmuebles del concursado por el orden siguiente: 1.º Los créditos á favor del Estado, sobre los bienes de los contribuyentes, por el importe de la última anualidad, vencida y no pagada, de los impuestos que graviten sobre ellos; — 2.º Los créditos de los aseguradores sobre los bienes asegurados, por los premios del seguro de dos años; y, si fuere el seguro mutuo, por los dos últimos dividendos que se hubiesen repartido; — 3.º Los créditos hipotecarios y los refaccionarios, anotados é inscritos en el Registro de la propiedad, sobre los bienes hipotecados ó que hubiesen sido objeto de la refacción; — 4.º Los créditos preventivamente anotados en el Registro de la propiedad, en virtud de mandamiento judicial, por embargos, secuestros ó ejecución de sentencias, sobre los bienes anotados, y sólo en cuanto á créditos posteriores; — 5.º Los refaccionarios no anotados ni inscritos, sobre los inmuebles á que la refacción se refiera, y sólo respecto á otros créditos distintos de los expresados en los cuatro números anteriores.

S'il se trouve que la valeur de la partie construite est inférieure à la créance, la différence sera considérée comme une simple créance personnelle. Si le prix est supérieur à la créance, le créancier devra consigner l'excédent, dans les trois jours de l'adjudication.

48. Seront compétents pour connaître de la demande introduite pour exercer les actions dérivées de l'hypothèque maritime, au choix du demandeur, sauf le cas de soumission expresse ou tacite: 1° Le juge du lieu où a été fait l'acte ou contrat contenant constitution de l'hypothèque; — 2° Le juge du port dans lequel est entré le bâtiment hypothéqué; — 3° Le juge du domicile du défendeur; — 4° Le juge du lieu où se trouve le registre sur lequel a été inscrite l'hypothèque.

49. L'action hypothécaire maritime se prescrit par dix années, à compter du jour où elle a pu être exercée conformément aux prescriptions de la présente loi.

50. Les inscriptions de l'hypothèque maritimes ne pourront être radiées: 1° Que du consentement du créancier hypothécaire ou de ses ayants-cause, constaté par acte public, ou par-devant notaire, ou par une police d'un agent de bourse, d'un courtier, d'un courtier interprète de navire, ou par une comparution personnelle du créancier ou de son fondé de pouvoir devant le préposé du registre dont il aura été donné par celui-ci connaissance à l'intéressé; — 2° Par ordonnance ou sentence devenue définitive.

Les annotations préventives d'un droit litigieux seront radiées, lorsqu'en vertu d'une résolution définitive, les demandes qui les avaient motivées sont devenues sans intérêt ou sans effet. Lorsque le droit aura été reconnu par une sentence exécutoire, l'annotation sera convertie en inscription. Toute annotation préventive, toute inscription dans laquelle une annotation préventive aura été convertie, et toute radiation effectuée sur le registre seront constatées, aussi promptement qu'il sera possible, sur le certificat de propriété du navire que doit avoir le capitaine.

La mention de radiation énoncera obligatoirement le jour, heure, mois et année où elle aura été effectuée, ainsi que l'acte ou contrat en vertu duquel elle aura été opérée.

51. Dans le cas où le propriétaire d'un bâtiment viendra, a être déclaré en déconfiture, seront considérées comme comprises dans l'art. 1923 du Code civil, les créances garanties par une hypothèque maritime sur le navire, ainsi que toutes autres ayant un droit de préférence sur elles conformément aux prescriptions de la présente loi [1].

S'il a été déclaré en état de faillite, les dites créances seront considérées comme comprises dans l'art. 914 du Code de commerce.

52. En attendant que le Gouvernement édicte les règlements nécessaires pour l'exécution de la présente loi, les préposés du registre du commerce, en ce qui concerne la manière de tenir les registres et leur publicité, ainsi qu'en ce qui concerne les tarifs des opérations, observeront, à la fois, les dispositions de la présente loi et celles du règlement provisoire du 21 décembre 1885, en tant qu'elles ne sont pas contraires à celles de la présente loi. Seront applicables, les droits fixés dans le n° 7 des tarifs établis par le règlement susvisé pour les inscriptions et les mentions de radiation des hypothèques, et ceux indiqués aux numéros 9 et 10 pour les transcriptions d'une inscription antérieure et les annotations faites respectivement sur les livres du registre du commerce et sur les certificats des bâtiments.

Les préposés consigneront toujours au-dessous de leur signature le montant de leurs droits, ainsi que l'article ou les articles du tarif qui les déterminent.

53. Sont et demeurent abrogées tous les lois et autres dispositions antérieures, contraires à la présente loi.

---

[1] L'art. 1923 Code civil détermine ainsi qu'il suit l'ordre de préférence des différentes créances sur les immeubles du débiteur en déconfiture: 1° Les créances de l'État sur les biens des contribuables, pour le montant de la dernière annuité non payée des impôts grevant les dits immeubles; — 2° Les créances des assureurs sur les biens assurés, pour les primes d'assurance des deux dernières années, et, s'il s'agit d'assurances mutuelles, pour les deux dernières quote-parts dont la liquidation a été opérée; — 3° Les créances hypothécaires et celles dues pour des réparations mentionnées et inscrites sur le registre de la propriété, sur les biens hypothéqués ou ayant fait l'objet de la réparation; — 4° Les créances ayant fait l'objet d'une annotation provisionnelle sur le registre de la propriété, en vertu d'une ordonnance judiciaire, par suite de saisie, séquestre, ou exécution de sentences, sur les biens désignés dans l'annotation, mais seulement sur les créances postérieures; — 5° Les créances pour réparations n'ayant fait l'objet ni d'une annotation, ni d'une inscription, sur les immeubles ayant fait l'objet de la réparation, mais seulement sur les créances autres que celles énoncées dans les quatre numéros précédents.

Artículos adicionales.

Art. 1. Las Compañías de crédito que se establezcan después de la promulgación de la presente ley que se propongan, sea con objeto especial y exclusivo, sea como una de sus operaciones, la de prestar con garantía de naves, podrán emitir cédulas ú obligaciones de crédito naval.

Las Compañías de crédito existentes al tiempo de empezar á regir esta ley que tengan señalada entre las operaciones á que puedan dedicarse la de prestar sobre buques, conforme á lo ordenado en el art. 175 del Código de Comercio, no podrán efectuar emisión alguna de obligaciones ó cédulas de crédito naval sin modificar al efecto sus estatutos, previos los procedimientos y requisitos establecidos en los mismos y en la escritura de constitución de la Sociedad y sin que preceda la inscripción del nuevo pacto en el Registro mercantil, con arreglo á lo que ordena el Código de Comercio en su art. 25.

2. Las obligaciones ó cédulas de crédito naval que emitan las Compañías autorizadas para ello, serán nominativas ó al portador, con amortización ó sin ella, y con lotes reembolsables en épocas fijas ó por vía de sorteo, con ó sin premio.

El capital nominal de estas obligaciones y el importe de los premios, si los hubiere, que estén en circulación, no excederá del importe del capital de los préstamos contratados.

Cuando en virtud de la amortización, ó por cualquier otra causa, los acreedores hipotecarios reembolsasen todo ó parte de sus préstamos, se amortizará una suma igual de obligaciones que estén en circulación, á no ser que en el intermedio se hubieran celebrado otros contratos de préstamo por una suma igual ó mayor.

Ley de 9 de Abril de 1904
sobre convenios preventivos de las Compañías concesionarias de Obras Públicas con sus acreedores.

La Ley de 19 de setiembre de 1896 fué una Ley cuyo principal objeto era el de un proyectado empréstito de 1.000 millones de pesetas que habían de entregar las Compañías de ferrocarriles á cambio de una prórroga de sus concesiones. Los artículos 3 y 4 de esta se referían al modo y manera como las citadas Compañías podían llegar á celebrar convenios con sus acreedores sin necesidad de tener que ir á la suspensión de pagos ni á la quiebra.

El empréstito fracasó, y parecía por tanto que los citados artículos 3 y 4 no podían tener aplicación, pero intentó utilizarlos la Compañía de los ferrocarriles Andaluces, se opusieron á ello algunos acreedores, la cuestión llegó al Tribunal Supremo, y este en sentencia de 28 de Enero de 1899 declaró que no estando derogada la Ley podían llevarse á cabo tales convenios.

Posteriormente, no creyendo el legislador que esto debía ser un privilegio exclusivo de las Compañías de ferrocarriles sino que debían hacerse extensivos tales convenios á todas las Compañías concesionarias de Obras Públicas se dictó la Ley de 9 de Abril de 1904 que es la vigente en la materia y la que publicamos á continuación.

Art. 1. Para aprobar los convenios que las Sociedades ó Empresas de Canales, Ferrocarriles y demás concesionarias de Obras públicas propusieren á sus acreedores, no será necesario el depósito de las obligaciones ó títulos de los créditos. La adhesión se acreditará por medio de estampilla, que se fijará en el título ú obligación, cuyo número, serie, calidad y fecha del convenio se harán constar por medio de certificado, que expedirá el Agente consular, Notario ó funcionario público del punto en que el estampillado hubiese tenido lugar, legalizándose en forma estas certificaciones. El voto contrario al convenio en su caso y lugar, se acreditará en la forma dispuesta para las adhesiones.

La propuesta y tramitación de los convenios ofrecidos por dichas Sociedades ó Empresas no les obligará á suspender los pagos ni á depositar el excedente de sus

Articles additionnels.

Art. 1. Les Sociétés de crédit qui s'établiront postérieurement à la promulgation de la présente loi, dans le but, soit comme objet spécial et exclusif de leurs opérations, soit comme l'un des objets de ces opérations, de prêter avec hypothèque sur des navires, pourront émettre des cédules hypothécaires de crédit maritime.

Les sociétés de crédit existantes à l'époque où la présente loi entrera en vigueur, qui auront annoncé comme compris dans les opérations auxquelles elles peuvent se livrer, les prêts sur navires, conformément aux prescriptions de l'art. 175 du Code de commerce, ne pourront faire aucune émission d'obligations ou de cédules de crédit maritime sans avoir à cet effet modifié leurs statuts, en observant la procédure et les formalités indiquées dans les dits statuts et dans l'acte de constitution de la Société et sans avoir préalablement fait inscrire le nouveau pacte social sur le registre du commerce, en conformité des prescriptions de l'art. 25 du Code de commerce.

2. Les obligations ou cédules de crédit maritime émises par les compagnies autorisées à cet effet, seront nominatives ou au porteur, avec ou sans amortissement, et avec lots remboursables à des époques fixes ou par voie de tirage au sort, avec ou sans prime.

Le capital nominal de ces obligations en circulation, et le montant des primes, s'il y en a, ne dépassera pas le montant du capital des prêts consentis.

Lorsque, par suite de l'amortissement, ou de toute autre cause, les créanciers hypothécaires seront remboursés de leurs prêts en tout ou partie, on amortira une quantité égale des obligations en circulation, à moins que, dans l'intervalle, il n'ait été fait d'autres contrats de prêt pour pareille somme ou pour une somme plus élevée.

Loi du 9 avril 1904
sur les concordats préventifs des compagnies concessionnaires de travaux publics avec leurs créanciers.

La loi du 19 septembre 1896 avait pour principal objet un projet d'emprunt de 1000 millions de *pesetas* à payer par les Compagnies de chemins de fer en échange d'une prorogation de leurs concessions. Les articles 3 et 4 indiquaient comment et de quelle manière ces compagnies parviendraient à faire des concordats avec leurs créanciers, sans avoir besoin de recourir à la suspension des payements et à la faillite.

L'emprunt échoua, et il semblait en conséquence que les articles 3 et 4 ne pourraient pas recevoir leur application. Cependant la Compagnie des chemins de fer andalous ayant manifesté l'intention d'en réclamer le bénéfice, malgré l'opposition de certains de ses créanciers, le Tribunal Suprême fut saisi de la question, et, par sentence du 28 janvier 1899, il déclara que cette loi n'étant pas abrogée, les concordats qu'elle prévoyait pouvaient être conclus.

Postérieurement, le législateur estimant qu'il ne devait pas y avoir là un privilége exclusif des Compagnies de chemins de fer, a étendu ces règles à toutes les compagnies concessionnaires de travaux publics, en adoptant la loi du 9 avril 1904, toujours en vigueur, et dont voici le texte.

Art. 1. Pour approuver les concordats proposés à leurs créanciers par les sociétés ou entreprises de canaux, chemins de fer et autres compagnies concessionnaires de travaux publics, il ne sera pas nécessaire d'effectuer le dépôt des obligations ou des titres des créances. L'adhésion sera certifiée au moyen de l'apposition d'une estampille sur le titre ou l'obligation, dont les numéro, série, qualité, ainsi que la date du concordat devront être indiqués dans un certificat délivré par l'agent consulaire, le notaire ou le fonctionnaire public du lieu où l'estampille a été apposée, lequel sera légalisé dans la forme en usage pour les certificats de ce genre. Le vote refusant le concordat, s'il y a lieu, sera constaté de la même manière que les adhésions.

La proposition et la procédure engagée à la suite des concordats offerts par les dites sociétés ou entreprises ne les obligeront pas à suspendre leurs payements,

ingresos, bajo expresa condición de mantener igualdad de trato entre los acreedores invitados á adherirse al convenio, y si las Compañías hubiesen obtenido anteriormente adhesiones al proyecto de convenio que presenten, acompañarán á éste los justificantes de las mismas.

El procedimiento para tramitar estos expedientes y el modo de computar los votos, serán los establecidos por la Ley de 12 de Noviembre de 1869[1], en relación con los artículos 932 al 937 de Código de Comercio, en cuanto sean compatibles con los preceptos que contiene esta Ley. El último párrafo del art. 3º y el art. 4º de la Ley de 19 de setiembre de 1896 serán aplicables á los convenios de que trata esta Ley[2].

2. La quiebra y la suspensión de pagos de las Empresas concesionarias de Obras públicas continuarán sometidas á los preceptos vigentes, sustituyéndose el depósito de las obligaciones y títulos de los créditos por la estampilla, tanto para las adhesiones como para los votos contrarios al convenio, según lo prevenido en el párrafo 1, art. 1 de esta Ley.

3. El Ministro de Gracia y Justicia queda autorizado para dictar las disposiciones que reclame el cumplimiento de la presente Ley[3].

Cámaras de Compensación.
Real Decreto de 30 de Marzo de 1905.

Art. 1. Se autoriza al Gobierno de Su Majestad para establecer en Madrid y Barcelona, de acuerdo con los Bancos y Sociedades de crédito domiciliados en dichas ciudades, Cámaras de compensación, que funcionarán en los edificios que designen los respectivos Consejos de administración, al constituirse.

2. El objeto exclusivo de las Cámaras de compensación es permitir á los Bancos, Sociedades de crédito y comerciantes que las formen, liquidar diariamente, por vía de compensación, todos los efectos comerciales que representen movimiento de fondos y tengan en su cartera el día de la liquidación.

3. La dirección de los nuevos organismos mercantiles será encomendada á Consejos de administración compuestos de cinco miembros, de los cuales, uno, que asumirá las funciones de presidente, será nombrado por el Gobierno; debiendo recaer tal nombramiento necesariamente en directores gerentes ó consejeros de las Sociedades de crédito asociadas para constituir la Cámara de compensación. De los cuatro miembros restantes, dos serán designados por los establecimientos de crédito asociados, y los otros dos serán elegidos por mayoría absoluta en junta general de socios.

4. Habrá, por lo menos cada año, una junta general de socios. Sin embargo, el Consejo de administración puede convocar las extraordinarias que juzgue conveniente, ó cuando lo solicite la mayoría de los socios.

5. El Consejo de administración elegirá entre los empleados de los Bancos asociados un funcionario para presenciar las operaciones diarias de las Cámaras. Obligación ineludible de tal funcionario es dar cuenta al Consejo de todo lo que ocurra durante las sesiones. Podrá ser sustituído ó ayudado por uno ó varios empleados, cuando lo acuerde el Consejo.

---

[1]) Este procedimiento puede verse en el estudio «Del procedimiento judicial en las cuestiones civiles mercantiles» pág. 85.

[2]) El último párrafo del art. 3º y el 4º de la citada Ley dicen así: A los títulos, valores, cédulas ó efectos de cualquiera clase, sujetos á ser timbrados ó á satisfacer el impuesto de derechos reales que las Compañías emitan en Sustitución ó por conversión de los que tengan emitidos con pago de esos tributos, les servirá de abono la cantidad que por la emisión de los antiguos se haya satisfecho en ambos conceptos, y se pagará únicamente la diferencia en más que corresponde por la mayor cantidad que puedan representar los títulos nuevos, en relación con la que representen los que se modifiquen ó sustituyan; entendiéndose vigente, tanto para la emisión como para la amortización de unos y de otros, el art. 11 de la ley de Presupuestos de 29 de Junio de 1887, con estricta sujeción al que se ultimarán todas las liquidaciones que ahora se hallen pendientes en cualquiera estado, ó que deban practicarse en lo futuro. — Las Compañías de ferrocarriles, para el cumplimiento del convenio á que esta ley se refiere, quedan exceptuadas del pago de los derechos reales y demás impuestos que por la legislación actual pudieran devengar.

[3]) No se ha dictado ninguna, todavía.

ni à déposer l'excédant de leurs recettes, à la condition expresse qu'elles maintiennent l'égalité de traitement entre les créanciers invités à adhérer au concordat, et, si les compagnies ont obtenu antérieurement des adhésions au projet de concordat par elles présenté, elles joindront à ce projet les justifications de ces adhésions.

La procédure à suivre, dans ce cas, et le mode de computation des votes seront les mêmes que ceux établis par la loi du 12 novembre 1869[1] combinée avec les articles 932 à 937 du Code de commerce, en tant qu'ils peuvent se concilier avec les prescriptions de la présente loi. Le dernier paragraphe de l'art. 3 et l'art. 4 de la loi du 19 septembre 1896 seront applicables aux concordats dont il est parlé dans la présente loi[2].

2. La faillite et la suspension des payements des entreprises concessionnaires de travaux publics, continueront à être soumises aux dispositions en vigueur, sauf substitution du dépôt des obligations et titres de créances par l'estampille, tant pour l'acceptation que pour les votes rejetant le concordat, ainsi qu'il est prévu dans le paragraphe 1er, de l'art. 1 de la présente loi.

3. Le ministre de Grâce et Justice est autorisé à édicter les dispositions nécessaires pour l'exécution de la présente loi[3].

Chambres de Compensation.
Décret royal du 30 mars 1905.

Art. 1. Le Gouvernement de S. M. est autorisé à établir à Madrid et à Barcelone, de concert avec les banques et sociétés de crédit ayant leur siége dans ces villes, des Chambres de compensation qui fonctionneront dans les édifices désignés, lors de leur constitution, par les conseils d'administration respectifs.

2. L'objet exclusif des Chambres de compensation est de permettre aux banques, sociétés de crédit et commerçants qui en font partie, de liquider journellement, par voie de compensation, tous les effets de commerce qui représentent un mouvement de fonds et qu'ils ont en portefeuille, le jour de la liquidation.

3. La direction des nouveaux organismes commerciaux sera confiée à des Conseils d'administration composés de cinq membres, dont un, qui prendra les fonctions de président, sera nommé par le Gouvernement; devront être nécessairement choisis pour ces fonctions, des directeurs, gérants, ou membres des conseils d'administration des sociétés de crédit qui se sont associées pour constituer la Chambre de compensation. Sur les quatre autres membres, deux seront désignés par les établissements de crédit associés, et les autres seront élus à la majorité absolue en assemblée générale des associés.

4. Il y aura, au moins chaque année, une assemblée générale des associés. Cependant le Conseil d'administration peut convoquer des assemblées générales extraordinaires lorsqu'il le juge convenable, ou que la demande en est faite par la majorité des associés.

5. Le Conseil d'administration choisira parmi les employés des banques associées un fonctionnaire qui sera chargé d'assister aux opérations quotidiennes des dites Chambres. Ce fonctionnaire sera tenu de rendre compte au Conseil de tout ce qui survient durant les séances. Il pourra être remplacé ou assisté par un ou plusieurs employés, si le Conseil l'y autorise.

---

[1] V. cette procédure dans notre étude ci-dessus sur la procédure judiciaire dans les affaires civiles et commerciales, p. 85.

[2] Le dernier paragraphe de l'article 3 et l'article 4 de cette loi sont ainsi conçus: «Les titres, valeurs, cédules ou effets de toute catégorie, soumis au timbre ou au payement de droits réels, émis par les compagnies en remplacement ou par suite de la conversion de ceux qu'elles ont émis et qui étaient grevés de ces taxes, seront réputés avoir acquitté la somme qui, lors de l'émission des anciens titres, avait été payée pour ces deux causes, et il ne sera dû que la différence en plus correspondant à la somme supérieure que les titres nouveaux peuvent représenter en comparaison avec celle que représentaient les titres anciens qu'ils modifient ou remplacent; étant entendu que l'art. 11 de la loi du budget du 29 juin 1887 demeure en vigueur, tant en ce qui concerne l'émission qu'en ce qui concerne l'amortissement de tous ces titres, et que toutes les liquidations actuellement pendantes ou qui s'ouvriront dans l'avenir devront être strictement terminées. — Les Compagnies de chemins de fer, pour l'exécution des concordats visés dans la présente loi, sont dispensées de payer les droits royaux et autres impôts dont elles peuvent être débitrices en vertu de la législation en vigueur.

[3] Aucun règlement n'a été jusqu'ici promulgué par application de cet article.

6. El Consejo de administración dictará un reglamento, que determine: 1.º Las condiciones precisas para ser admitido como socio en las Cámaras; — 2.º Casos en que procede la exclusión del socio; — 3.º Reglas de procedimiento que deben seguirse para la admisión y exclusión de los socios; — 4.º Garantía que deben prestar los socios para asegurar el pago de las diferencias en las liquidaciones; — 5.º Cuotas que deben abonarse mensualmente para contribuir á los gastos que se originen por el sostenimiento de las Cámaras; y 6.º El régimen de las operaciones que efectuará la Cámara de compensación.

El reglamento, antes de ser aplicado, será sometido á la aprobación del Gobierno.

7. La autorización de que trata el artículo primero de este decreto se hace extensiva á aquellas plazas mercantiles en que el número y cuantía de las transacciones comerciales hagan presumir eficaz resultado al establecer la Cámara de compensación.

Real Decreto de 27 de Agosto de 1900
sobre sociedades de seguros dedicadas á prevenir los riesgos por accidentes del trabajo.[1]

Art. **1.** Las sociedades de seguros que deseen sustituir al patrono en las obligaciones determinadas por la ley de accidentes del trabajo, deben dirigirse al Ministro de la Gobernación solicitando ser inscritas en el registro de las Asociaciones aceptadas al efecto, mediante el cumplimiento de estas disposiciones y demás vigentes.

2. Con la oportuna instancia se acompañará copia auténtica de la escritura o acta de fundación con sus modificaciones, y de los poderes de su representación en España, si la compañía fuese extranjera. Estos documentos serán devueltos á los interesados después de relacionarlos en el expediente, al que se unirá original la instancia presentada.

3. En la instancia se expresará el domicilio social en España de la sociedad, el capital desembolsado de la misma hasta la fecha, y el nombre de su director ó gerente.

4. Ninguna sociedad de seguros podrá ser registrada entre las aceptadas por el Ministro de la Gobernación sin tener constituída una fianza inicial á este efecto de 225.000 pesetas, y de 5.000 si se trata de una asociación mutua de seguros establecida por industriales ú operarios de una misma clase ó de un grupo de trabajos análogos. Deberá reponerse la fianza cuando el valor de cotización de los valores sea inferior en un 20% al admitido.

5. Cuando la fianza exigible por el Ministerio de Hacienda sea de 250.000 pesetas con arreglo á la proporcionalidad establecida con relación á los premios percibidos por el seguro de accidentes personales, se completará hasta 350.000 pesetas la

---

[1] Por el art. 12 de la Ley sobre accidentes del trabajo de 30 de Enero de 1900 se autorizó á los patronos para hacerse sustituir en todas ó en algunas de las obligaciones que dicha Ley les impone por sociedades de seguros que hayan sido aceptadas por el Ministerio de la Gobernación, pero siempre á condición de que la suma que el obrero reciba de la sociedad no sea inferior á la que le corresponda con arreglo á esta Ley. — Y en el art. 71 del Reglamento de 28 de Julio de 1900 para la aplicación de la citada Ley se establecieron las bases de este Real Decreto de 27 de Agosto 1900, determinando que las sociedades de seguros, mutuas ó por acciones, que pretendiesen ser aceptadas por el Ministerio de la Gobernación para sustituir á los patronos, habían de reunir las condiciones siguientes: — 1.ª Separación de las operaciones de seguros de accidentes personales de cualesquiera otras que realicen; — 2.ª Fianza especial; — 3.ª Aceptación de los preceptos legales vigentes en materia de accidentes del trabajo, principalmente respecto á los casos de siniestros, forma y cuantía de la indemnización y beneficiarios del seguro; — 4.ª Comunicación al Ministerio de la Gobernación de los Estatutos, balances, y empleo del capital, condiciones de las pólizas, tarifas de premios, cálculo de reservas de seguros y rentas vitalicias y estadísticas de contratos estipulados, sus novaciones y cumplimiento ó terminación. — Aun cuando el art. 72 de este Reglamento no se refiere al Decreto de 27 de Agosto, es, sin embargo, muy importante y por eso lo transcribimos á continuación. — La indemnización por fallecimiento á cargo de las compañías de seguros gozará de la exención por reclamaciones de acreedores reconocida por el art. 428 del Código de comercio.

6. Le Conseil d'administration fera un règlement déterminant : 1° Les conditions nécessaires pour être admis comme associé dans les Chambres ; — 2° Les cas d'exclusion d'un associé ; — 3° Les règles de procédure à suivre pour l'admission et l'exclusion des associés ; — 4° La garantie que doivent fournir les associés pour assurer le paiement des différences dans les liquidations ; — 5° La cotisation à payer mensuellement à titre de contribution aux frais d'entretien des chambres ; — et 6° Le régime des opérations effectuées par la Chambre de compensation.

Le règlement, avant toute application, sera soumis à l'approbation du Gouvernement.

7. L'autorisation dont il est parlé dans l'art. 1 du présent décret est étendue à toutes places de commerce dans lesquelles le nombre et le chiffre des transactions-commerciales feront présumer qu'il est utile d'y établir une Chambre de compensation.

Décret royal du 27 août 1900
sur les sociétés d'assurances qui ont pour objet de prévenir les risques des accidents du travail.[1]

Art. 1. Les compagnies d'assurances qui désirent se substituer aux patrons dans les obligations déterminées par la loi sur les accidents du travail, doivent adresser au ministre de l'intérieur une demande d'inscription sur le registre des associations acceptées à cet effet, à la condition de remplir les présentes prescriptions et toutes autres en vigueur.

2. A la requête sera jointe la copie authentique de l'acte de société et de ses modifications, et des pouvoirs de ses représentants en Espagne, s'il s'agit d'une compagnie étrangère. Ces documents seront rendus aux intéressés après avoir été relatés dans le dossier, auquel sera joint l'original de la requête.

3. La demande indiquera le siége social, en Espagne, de la compagnie, le capital déboursé jusqu'à la date de la dite requête, et le nom de son directeur ou gérant.

4. Nulle société ne pourra être enregistrée au nombre des compagnies acceptées par le ministre de l'intérieur, sans avoir constitué à cet effet un cautionnement spécial, de 225 000 *pesetas*, et de 5000 *pesetas*, s'il s'agit d'une association mutuelle d'assurances établie par des industriels ou ouvriers d'une même classe ou d'un même groupe de travaux analogues. Le cautionnement devra être complété, quand la valeur à laquelle il est coté sera inférieure à 20% de celle qu'il avait lors de sa constitution.

5. Lorsque le cautionnement exigible par le ministre de l'*Hacienda* sera de 250 000 *pesetas*, conformément à la proposition établie eu égard aux primes perçues pour l'assurance des accidents personnels, les cautionnements spéciaux établis

---

[1] L'art. 12 de la loi du 30 janvier 1900 sur les accidents du travail autorise les patrons à se substituer, pour l'exécution des obligations à eux imposées, des compagnies d'assurances acceptées par le ministre de l'intérieur, mais pourvu que la somme que l'ouvrier recevra de la Compagnie ne soit pas inférieure à celle qui lui appartient conformément à la loi. — D'autre part, l'art. 71 du règlement du 28 juillet 1900, rendu pour l'application de cette même loi, établit les bases du décret royal que nous reproduisons ci-dessus, en décidant que les compagnies d'assurances mutuelles ou par actions qui veulent être acceptées par le ministre de l'intérieur et autorisées à se substituer aux patrons, devront réunir les conditions suivantes : 1° Séparation des opérations d'assurances des accidents personnels de toute autre espèce d'assurances par elles faites ; — 2° Cautionnement spécial ; — 3° Acceptation des dispositions légales en vigueur en matière d'accidents du travail, spécialement en ce qui concerne les cas de sinistres, la forme et la quotité des indemnités, et les bénéficiaires de l'assurance ; — 4° Communication au ministère de l'intérieur des statuts, bilans et emploi du capital, conditions des polices, tarifs des primes, calcul des réserves d'assurances et rentes viagères, et statistiques des contrats stipulés, ainsi que de leur novation et exécution ou terminaison. — Bien que l'art. 72 de ce règlement ne se réfère pas au décret du 27 août, il est cependant très important, et c'est pourquoi nous le reproduisons ci-après. — L'indemnité en cas de décès, à charge des compagnies d'assurances ne sera pas saisissable par les créanciers conformément à l'art. 428 Code de commerce.

fianza especial de 225.000 pesetas á favor del Ministerio de la Gobernación, y hasta
50.000 pesetas la de 5.000 determinada por el art. 4[1].

Este suplemento de fianza podrá constituirse siguiendo el procedimiento gradual
hoy vigente para la Hacienda y en la forma aceptada por el artículo siguiente
y demás relacionados con el mismo.

6. La fianza especial que previene este Real Decreto podrá constituirse por
su estimación efectiva en valores del Estado ó en cédulas hipotecarias de Bancos
ó Compañías de caminos de hierro ó de empresas industriales de cualesquiera otra
clase que se coticen en Bolsa, ó en propiedad urbana, ó bien en hipotecas sobre
la misma, siempre que sean concernientes dichos valores ó derechos á la Península
é Islas adyacentes.

7. Constituyéndose la fianza en valores, deberán estos depositarse en la Caja
general de Depósitos ó en el Banco de España, y si se utilizaren al efecto derechos
reales, se observarán, solo por lo que se refiere al procedimiento y en cuanto no
sea opuesto á estas disposiciones, las reglas vigentes en materia de fianza de las
compañías de seguros para los efectos fiscales.

También se observarán las reglas citadas por lo que respecta á la devolución
de la fianza.

8. No podrá ser aceptada para los efectos que regulan estas disposiciones,
ninguna sociedad que no declare previa y validamente que se somete á la jurisdicción
de los Tribunales españoles competentes para conocer de los contratos de seguro
celebrados, á fin de sustituir á los patronos domiciliados en el Reino en las obligaciones derivadas de la ley de accidentes del trabajo.

9. Si la sociedad verifica otras operaciones, sean ó no de seguros, además de
las relativas al seguro de accidentes personales, deberá tener establecida la separación de esta rama en la forma necesaria para que las reservas de dicho seguro resulten
por completo independientes de las demás establecidas.

10. Las sociedades de seguros á que se refiere este Real Decreto deberán
comunicar por duplicado: 1.º Estatutos ó reglamento; — 2.º Tarifa detallada
de premios ordinarios y especiales para los seguros de accidentes personales (caso
de muerte y de invalidez) y de rentas ó pensiones vitalicias que practiquen,
ó bien bases para el reparto en las sociedades indicadas en el art. 4; — 3.º Reglas
adoptadas para la formación de reservas; — 4.º Tabla de mortalidad, tipo de
interés y cálculo de reservas admitidas respecto á las rentas vitalicias; —
5.º Modelos de pólizas de las diversas clases que se emitan.

11. Además presentarán cada año, á partir del de 1901, el balance del anterior,
si ya hubieren operado durante el mismo, expresando especialmente las reservas
afectas al seguro de accidentes, y una Memoria adicional, que comprenderá los
siguientes antecedentes, ó completará los que ya contenga el balance: 1.º Relación
del empleo del activo, especificando los valores; — 2.º Ingresos producidos por
el seguro de accidentes personales, distinguiendo el individual del colectivo, el
seguro directo y el reaseguro; — 3.º Abono de primas por reaseguro de operaciones; — 4.º Número de pólizas emitidas, rescindidas, caducadas y terminadas
por fin del contrato ó por siniestro, y total de capitales, salarios y rentas y
pensiones aseguradas con separación de los seguros individuales y colectivos, de
los riesgos asumidos y de los reasegurados; — 5.º Estado de siniestros reclamados, discutidos judicialmente y satisfechos, y su importe, diferenciando los
motivados por fallecimiento, por incapacidad absoluta (permanente y temporal)
y relativa (permanente y temporal). De dicho estado se formarán y comunicarán
avances trimestrales; — 6.º Observaciones que se estime conveniente exponer
sobre reformas en el servicio de seguro de accidentes del trabajo.

---

[1]) Por el art. 43 de la Ley de Presupuestos de 1895 al cual hace referencia el 5 de este Real
Decreto se exigió á las compañías de seguros tanto españolas como extranjeras una garantía
por los seguros que realizaren en España consistente en el 20% de las primas realizadas durante
el año anterior, por lo que respecta á las de seguros de vida, incendios y daños en la propiedad
mueble ó inmueble, y en el 20% de las realizadas durante el trimestre anterior por las compañías
de seguro marítimo y de valores; cuya garantía en ningún caso podría exceder, tratándose
de las primeras, de 1.000.000 de pesetas, y tratándose de las segundas de 250.000 pesetas.

au profit du ministère de l'Intérieur, par l'art. 4, seront élevées de 250 000 *pesetas*, à 350 000, et de 5000 à 50 000 *pesetas*[1].

Ce supplément de cautionnement pourra être constitué en suivant la procédure graduelle adoptée pour l'*Hacienda*, et dans la forme acceptée par l'article suivant et les autres articles relatifs au dit cautionnement.

6. Le cautionnement spécial prévu par le présent décret royal pourra être constitué pour son estimation effective, en valeurs de l'État ou en cédules hypothécaires de banques ou compagnies de chemins de fer ou d'entreprises industrielles de toute autre catégorie quelconque, cotées en Bourse, ou en propriétés urbaines, ou en créances hypothécaires sur des propriétés urbaines, pourvu que les dites valeurs ou droits soient dans la Péninsule ou les îles adjacentes.

7. Si le cautionnement est constitué en valeurs, ces valeurs devront être déposées à la Caisse générale des Dépôts ou à la Banque d'Espagne, et, s'il est fait emploi, pour ce cautionnement, de droits réels, on observera, mais seulement pour ce qui concerne la procédure et en tant qu'elles ne sont pas contraires aux présentes dispositions, les règles en vigueur en matière de cautionnement des compagnies d'assurances pour les effets fiscaux.

Les dites règles seront également appliquées pour ce qui concerne la restitution du cautionnement.

8. Nulle société ne pourra être acceptée, pour les effets réglés par les présentes dispositions, si elle ne déclare pas préalablement en termes valables, se soumettre à la juridiction des tribunaux espagnols compétents pour connaître des contrats d'assurances, afin de se substituer aux patrons domiciliés dans le Royaume, en ce qui concerne les obligations dérivant de la loi sur les accidents du travail.

9. Si la société fait d'autres opérations, outre celles relatives à l'assurance des accidents personnels, qu'il s'agisse ou non d'assurances, elle devra maintenir la séparation entre cette branche et les autres de telle manière qui sera nécessaire pour que les réserves de ces assurances soient complètement indépendantes des autres.

10. Les sociétés d'assurances visées par le présent décret royal devront communiquer en double exemplaire: 1° Leurs statuts ou règlements; — 2° Leur tarif détaillé de primes ordinaires et extraordinaires pour les assurances contre les accidents personnels (cas de mort et d'invalidité) et de rentes ou pensions viagères qu'elles servent, ou les bases pour la répartition entre les sociétés indiquées dans l'art. 4; — 3° Les règles adoptées pour la formation des réserves; — 4° Les tables de mortalité, taux d'intérêts, et calcul de réserves admises en ce qui concerne les rentes viagères; — 5° Les modèles de leurs différentes catégories de polices.

11. Elles présenteront, en outre, chaque année, à partir de 1901, le bilan de l'année précédente, si elles ont fait des opérations durant la dite année, en indiquant spécialement les réserves affectées à l'assurance des accidents, et un rapport additionnel qui comprendra les renseignements suivants ou complétera ceux que contient déjà le bilan: 1° Compte-rendu sur l'emploi de l'actif, avec indication des valeurs; — 2° Recettes produites par l'assurance des accidents personnels, en distinguant le produit individuel et le produit collectif, l'assurance directe et la réassurance; — 3° Payement des primes pour la réassurance d'opérations; — 4° Nombre de polices émises, résiliées, caduques et terminées par la fin du contrat ou par suite d'un sinistre, et total des capitaux, salaires et rentes et pensions assurées, en séparant les assurances individuelles et les assurances collectives, les risques assumés et les risques réassurés; — 5° État des sinistres réclamés, ayant fait l'objet d'une contestation judiciaire et payés, et leur montant, en distinguant ceux motivés par un décès, par une incapacité absolue (permanente et temporaire), et relative (permanente et temporaire). De cet état il sera communiqué des aperçus trimestriels; — 6° Observations que la société estime convenable de présenter sur les réformes à apporter dans le service de l'assurance des accidents du travail.

---

[1] L'art. 43 de la loi du budget de 1895, auquel se réfère notre article exige des compagnies tant étrangères qu'espagnoles qui veulent faire des assurances en Espagne, un cautionnement équivalant à 20% des primes réalisées durant l'année précédente quand il s'agit d'assurances sur la vie, contre l'incendie et contre les dommages à la propriété mobilière ou immobilière, et à 20% des primes réalisées durant le trimestre précédent, s'il s'agit d'assurances maritimes et de valeurs. Ce cautionnement ne peut jamais dépasser, toutefois, 1 million de *pesetas* dans le premier cas, ni 250 000 *pesetas* dans le second.

12. Estos antecedentes se utilizarán y resumirán para publicar cada año una «Información del seguro de accidentes del trabajo», de que se hará una edición económica de gran tirada.

13. Así que sea posible y se considere oportuno, se practicará una evaluación técnica de las responsabilidades admitidas por cada sociedad de seguro de accidentes del trabajo que se repetirá cada quinquenio.

14. El Ministerio de la Gobernación podrá, si lo cree justificado, comprobar anualmente los informes comunicados, con las facultades análogas á las reconocidas al de Hacienda.

15. Los contratos de seguro celebrados para sustituir al patrono en las obligaciones derivadas de la ley de accidentes del trabajo, habrán de adaptarse á los preceptos vigentes en esta materia, especialmente por lo que respecta á los casos de siniestro, forma y cuantía de la indemnización y beneficiarios del seguro.

16. Mientras no se reforme la tarifa de premios, no podrá concertarse por las sociedades contratos de seguros bajo la base de un tipo inferior al establecido al efecto por la misma. Si el Ministerio creyere que las sociedades reducían sus tarifas, por estímulo comercial, más de lo que consiente una apreciación prudente de las reglas actuariales y de la práctica del seguro de accidentes en otras naciones, podrá publicar para los efectos legales una tarifa mínima de premios.

17. Para informar y auxiliar al Ministro de la Gobernación en estos servicios de registro, comprobación, reglamentación y publicidad, relativos al seguro de accidentes del trabajo y otros análogos, se nombrará un Asesor general de seguros, que percibirá derechos de registro de los que anualmente satisfagan al efecto las sociedades de seguros aceptadas y se fijen de Real orden.

18. El Asesor general de seguros será de libre elección del Ministro.

El nombramiento se hará siempre por Real Decreto.

A continuación del nombramiento, se publicará en la Gaceta una relación de los méritos y servicios del designado, especialmente en materia de seguros, así en la esfera oficial como en la particular y en la Administración pública.

El Asesor formará parte, como vocal nato, de la Comisión de reformas sociales, y su cargo será incompatible con cualquier otro de una compañía de seguros.

19. El Asesor general de seguros propondrá al Ministro en el término máximo de un mes, á contar de la fecha de su nombramiento, las instrucciones y acuerdos de servicio general é interior necesarias para funcionar la oficina á su cargo.

20. No se registrará ni se librará certificación de inscripción de ninguna sociedad sin que esta acredite haber atendido debidamente las obligaciones impuestas por los artículos 4 y 17 de este Real Decreto.

21. Se publicarán en la *Gaceta de Madrid*, por lo menos cada trimestre, las resoluciones adoptadas durante el mismo por el Ministro de la Gobernación respecto á aceptación de sociedades para los efectos de la ley de accidentes del trabajo, pero nunca aisladamente, sino reproduciendo la lista general con las adiciones ó supresiones procedentes.

Las exclusiones y no inclusiones serán fundadas, y se publicarán íntegras en la *Gaceta* si así lo solicitare oficialmente la sociedad interesada[1].

---

[1] Las precedentes disposiciones han sido completadas por la Real orden de 16 de Octubre de 1900 relativa á las condiciones que han de llenar las sociedades de seguros para conseguir la aceptación del Ministerio para sustituir á los patronos y por la de 10 de Noviembre del mismo año referente á las asociaciones mutuas de obreros y patronos para el seguro de accidentes del trabajo, publicadas respectivamente en las Gacetas de 18 de Octubre y 16 de Noviembre del mismo año. — Los derechos de registro que han de satisfacer tanto las sociedades de seguros como las asociaciones mutuas se fijan todos los años por Real orden, y hasta ahora han sido siempre el 4 por 1.000 del importe de la fianza que han de constituir.

12. Ces renseignements seront utilisés et résumés dans une publication faite, chaque année, sous le titre de «Rapport sur l'assurance des accidents du travail», dont il sera fait une édition économique à grand tirage.

13. Dans la mesure qui sera possible et jugée opportune, il sera fait une évaluation technique des responsabilités admises par chaque société d'assurances des accidents du travail, laquelle sera renouvelée tous les cinq ans.

14. Le ministère de l'Intérieur pourra, s'il le croit utile, vérifier, chaque année, les rapports communiqués, avec les mêmes pouvoirs que ceux appartenant au ministère de l'*Hacienda*.

15. Les contrats d'assurances faits en vue de se substituer au patron dans les obligations résultant de la loi sur les accidents du travail, devront être conformes aux prescriptions en vigueur sur la matière, spécialement en ce qui concerne les cas de sinistre, la forme et le quantum de l'indemnité et les bénéficiaires de l'assurance.

16. Tant que le tarif des primes n'aura pas été réformé, il ne pourra pas être fait par les sociétés de contrats d'assurances sur la base d'un taux inférieur à celui établi à cet effet par chacune d'elles. Si le ministère croit que les sociétés réduisent leurs tarifs par esprit de concurrence commerciale, plutôt que par une appréciation prudente des règles actuaires et de la pratique de l'assurance chez d'autres nations, il pourra publier pour produire un effet légal, un tarif minimum des primes.

17. Pour renseigner et assister le ministre de l'Intérieur dans les services d'enregistrement, vérification, réglementation et publicité, en ce qui concerne l'assurance des accidents du travail et autres accidents analogues, il sera nommé un Assesseur général des assurances, qui percevra des droits d'enregistrement sur ceux que payent annuellement à cet effet les sociétés d'assurances acceptées, et qui seront fixés par ordre royal.

18. L'Assesseur général des assurances est au libre choix du ministre.

Il sera nommé toujours par décret royal.

A la suite de cette nomination, il sera publié dans la *Gaceta* un rapport sur les titres et les services du fonctionnaire désigné, spécialement en matière d'assurances, tant au point de vue officiel qu'au point de vue particulier, et dans l'administration publique.

L'Assesseur fera partie, en qualité de membre né, de la Commission des réformes sociales, et ses fonctions seront incompatibles avec toute autre charge quelconque dans une compagnie d'assurances.

19. L'Assesseur général proposera au ministre, dans le délai maximum de trois mois à compter de sa nomination, les instructions et arrêtés tant d'ordre général que d'ordre intérieur, nécessaires pour faire fonctionner l'office dont il a la charge.

20. Il ne sera enregistré ni délivré aucun certificat d'inscription d'une société, sans que celle-ci certifie avoir dûment pris connaissance des obligations imposées par les articles 4 et 17 du présent Décret Royal.

21. Seront publiées dans la *Gaceta de Madrid*, au moins tous les trimestres, les résolutions prises durant le trimestre par le ministère de l'Intérieur relativement à l'acceptation des sociétés pour les effets de la loi sur les accidents du travail; ces décisions ne seront pas, toutefois, publiées isolément, mais en reproduisant la liste générale avec les additions ou suppressions qu'il y aura lieu.

Les exclusions et les refus d'inscriptions seront motivés, et ils seront publiés intégralement dans la *Gaceta*, si la société intéressée le demande officiellement[1].

---

[1]) Les dispositions qui précèdent ont été complétées par l'ordre royal du 19 octobre 1900 (*Gaceta du* 18 octobre), relatif aux conditions que doivent remplir les sociétés d'assurances pour mériter d'être acceptées par le ministère et autorisées à se substituer aux patrons, et par la loi du 10 novembre de la même année, sur les associations mutuelles d'ouvriers et de patrons pour l'assurance contre les accidents du travail (*Gaceta* du 16 novembre). — Les droits d'enregistrement à payer, tant par les sociétés d'assurances que par les associations mutuelles, sont fixés chaque année par ordre royal. Ces droits ont toujours été jusqu'ici de 4% du montant du cautionnement à constituer.

Ley de 14 de mayo de 1908 acerca de las Empresas de Seguros.

Don Alfonso XIII. por la gracia de Dios y la Constitución, Rey de España:
A todos los que la presente vieren y entendieren, sabed: que las Cortes han
decretado y Nós sancionado lo siguiente:

Título primero. Disposiciones generales.

Art. 1. Las Compañías, Sociedades, Asociaciones, y en general todas las entidades nacionales ó extranjeras que tengan por fin realizar operaciones de seguro
sobre la vida humana, sobre la propiedad mueble ó inmueble y sobre toda otra
eventualidad, cualesquiera que sea su objeto, forma y denominación, están obligadas,
siempre que de un modo expreso no las exceptúe la ley, á solicitar del Ministerio
de Fomento la inscripción en el Registro que al efecto se establece.

Para los efectos de ella, serán considerados como nacionales las Sociedades ó
entidades cuyo domicilio social se halle en España y no sean filiales ó sucursales de
ninguna extranjera.

2. Con la solicitud de inscripción acompañarán redactados en castellano ó
traducidos al mismo idioma: 1.º Copia auténtica de la escritura, acta ó documento
público de constitución; — 2.º Tres ejemplares de los estatutos ó reglamentos
por que hayan de regirse ó sólo dos cuando ellos figurasen en la escritura; —
3.º Modelo de las pólizas ó contratos que hayan de usar en sus operaciones; —
4.º Justificación documental que acredite, si se trata de una Sociedad por acciones, el capital suscrito y que se ha desembolsado el 25 por 100 del mismo,
salvo lo prevenido en la disposición transitoria 5ª; — 5.º Las entidades que tengan
por objeto garantizar daños ó perjuicios á las personas, un ejemplar de las tarifas
adoptadas para sus operaciones y de las bases que han servido para su cálculo.
Las que garanticen daños y perjuicios en las cosas, nota de las tarifas que apliquen
ó al menos de la máxima y de la mínima, y de las razones que determinaron la aceptación de tales bases y su aplicación gradual; — 6.º Las entidades aseguradoras
que operan en el ramo de seguros de vida, tarifa completa de las diversas categorías de primas, tablas de mortalidad y sobrevivencia en que fundan sus cálculos
y demás bases para la formación de las reservas matemáticas; — 7.º Todas las
entidades aseguradoras á que el art. 1 se refiere, resguardo en la Caja general de
Depósitos, ó del Banco de España que acredite haber efectuado en metálico ó
valores públicos, industriales ó comerciales, españoles ó extranjeros, que una vez
aceptados por el Ministro de Fomento se incluirán en una lista cuya publicación y
subsiguiente modificación señalará el reglamento, un depósito necesario, que será:
a) De 200.000 pesetas para las entidades aseguradoras nacionales ó extranjeras
que operen en el ramo de seguros sobre la vida humana, siempre que las extranjeras
procedan de países que concedan á los españoles el mismo trato que á las suyas.
Cuando las Sociedades análogas de España sean tratadas por una Nación extranjera en su legislación de distinto modo que las nacionales, las procedentes de este
país elevarán el depósito á 500.000 pesetas; — b) El 5 por 100 del capital desembolsado, no pudiendo el depósito ser menor de 5.000 pesetas ni exigirse que exceda
de 100.000 para las entidades aseguradoras nacionales ó extranjeras que se consagren á otra clase de seguros distintos á los de vida. Esta disposición no será
aplicable á las Sociedades de Seguros contra accidentes de trabajo, que continuarán
sujetas á lo dispuesto en el art. 4 del Real decreto de 27 de Agosto de 1900[1];
— c) De 50.000 pesetas á las Sociedades administradoras de las Asociaciones á que
se refiere el art. 11[2] y de 25.000 pesetas más por cada una de las Asociaciones que
esas Sociedades administren cuando pasen de dos; — d) De 5.000 pesetas para las
Asociaciones propiamente mutuas, sin prima fija ó cuota, que aseguren á las personas del servicio militar; y, en general, de toda eventualidad no incluída en los
seguros de vida. Las que aseguren contra accidentes del trabajo estarán á lo
dispuesto en el mencionado art. 4 del citado Real decreto; — e) Las entidades
que se dediquen á varias ramas de seguros constituirán un solo depósito previo
correspondiente al mayor tipo. Cuando el depósito se efectuare en fondos públicos,
se admitirán éstos por el tipo medio de cotización del mes anterior al de la entrega

---

[1]) V. el citado artículo en la pág. 329.
[2]) V. el citado artículo en la pág. 330.

Loi du 14 mai 1908 sur les entreprises d'assurance.

Nous, Alphonse XIII, par la grâce de Dieu et la Constitution, Roi d'Espagne.
A tous ceux qui les présentes verront ou orront, faisons savoir que les Cortès
ont voté et que Nous avons sanctionné ce qui suit:

Titre premier. Dispositions générales.

Art. **1.** Les compagnies, sociétés, associations, et, en général, toutes les entités nationales ou étrangères ayant pour objet de faire des opérations d'assurance
sur la vie humaine, sur la propriété mobilière ou immobilière, ainsi que sur toute
autre éventualité, quelles que soit leur fin, leur forme et leur dénomination, sont
tenues, sauf dispense expresse de la loi, de solliciter du ministère de *Fomento* leur
inscription au registre qui sera institué à cet effet.

Pour les effets de cette inscription, on considérera comme nationales les sociétés
ou les entités dont le siége social se trouve en Espagne, et qui ne seront ni les filiales,
ni les succursales d'une entité étrangère.

2. A la requête à fin d'inscription seront jointes les pièces suivantes, rédigées ou traduites en castillan: 1° Une copie authentique de l'écriture publique,
de l'acte ou du document public constitutifs de l'entité; — 2° Trois exemplaires
des statuts ou règlements d'après lesquels l'entité devra être administrée, ou deux
seulement, lorsque ces documents figureront dans l'écriture publique; — 3° Un
spécimen des polices ou contrats, dont il doit être fait usage dans ses opérations; —
4° La justification documentaire, établissant, s'il s'agit d'une société par actions,
la souscription du capital et le versement du quart du dit capital, sauf toutefois
ce qui est prévu dans la 5ᵉ disposition transitoire; — 5° Pour les entités qui ont
pour objet de garantir les personnes de dommages et préjudices, un exemplaire des
tarifs adoptés pour leurs opérations et des bases qui ont servi aux calculs de ces
tarifs. Pour les sociétés ayant pour but de garantir les dommages et préjudices
survenant aux choses, un barême des tarifs qu'elles appliquent, ou, au moins, de
leurs taux maxima et minima, et un exposé des motifs qui les ont déterminées à
adopter ces bases et leur application graduelle; — 6° Pour les assureurs exploitant
la branche d'assurances sur la vie, le tarif complet des diverses catégories de primes,
les tables de mortalité et de survivance sur lesquelles elles fondent leurs calculs, et
toutes les autres bases qui servent à la formation de leurs réserves mathématiques; —
7° Pour tous les assureurs auxquels se réfère l'art. 1ᵉʳ, une attestation de la Caisse
générale des Dépôts ou de la Banque d'Espagne, établissant qu'elles ont effectué,
soit en numéraire, soit en fonds publics, soit en valeurs industrielles ou commerciales, espagnoles ou étrangères, lesquelles, après avoir été agréées par le ministre
de *Fomento* seront inscrites sur une liste, dont le règlement d'administration à intervenir déterminera la publication et les modifications, une consignation obligatoire,
qui sera: a) De 200 000 *pesetas* pour les assureurs — nationaux ou étrangers —
qui exploitent la branche des assurances sur la vie humaine, pourvu cependant
que les entités étrangères proviennent de pays qui concèdent aux entreprises
espagnoles de même nature le même traitement qu'aux leurs propres. Lorsque les
sociétés espagnoles analogues seront traitées par une nation étrangère, et en vertu
de la législation de celle-ci, d'une manière autre que les entreprises nationales,
celles-ci seront assujetties en Espagne à une consignation de 500 000 *pesetas*; —
b) De 5% du capital versé, ce dépôt ne pouvant être inférieur à la somme de
5000 *pesetas*, ni supérieur à celle de 100 000, pour les assureurs nationaux ou
étrangers autres que les compagnies d'assurances sur la vie. Cette disposition ne
sera pas applicable aux sociétés d'assurance contre les accidents de travail, qui
continueront à être régies par l'art. 4 du décret royal du 27 août 1900 [1]; — c) De
50 000 *pesetas* pour les sociétés administratrices des associations auxquelles se
rapporte l'art. 11 [2], et de 25000 *pesetas* en sus par chacune des associations que
ces sociétés administrent, si leur nombre est supérieur à deux; — d) De 5000 *pesetas*
pour les associations réellement mutuelles sans prime fixe ni cotisation, et qui
assurent les personnes contre le service militaire, et, en général, contre toute
éventualité ne rentrant pas dans l'assurance sur la vie. Les assurances contre

[1] V. l'article cité p. 329.
[2] V. l'article cité aux pp. 330.

42*

en caja. Sin embargo, si los valores se cotizasen por encima de la par, se admitirá á la par. También se admitirán como garantía inmuebles urbanos liberados y registrados en España y primeras hipotecas sobre los mismos, apreciando para este objeto unos y otros en el 75 por 100 de su valor.

3. Se exceptúan de los preceptos de esta ley, previo depósito en la Inspección general de Seguros, de un ejemplar autorizado de sus estatutos y un modelo de sus pólizas y con la obligación de remitir á la misma copia de sus balances anuales: 1.º Los Montepíos, Sociedades de socorros mutuos y, en general, las constituídas con fines exclusivamente benéficos, siempre que sus fondos se destinen únicamente á realizar dichos fines, salvo los gastos de administración; — 2.º Las Asociaciones mutuas sin prima fija ó cuota, de carácter local, municipal ó provincial, que no tengan por fin el lucro y sí exclusivamente la indemnización de los daños ó riesgos que los asociados puedan sufrir en sus bienes; — 3.º Las entidades aseguradoras que se dediquen al seguro con el contrato de transporte, así terrestre como marítimo, las cuales, cumpliendo los requisitos que dispongan las leyes, podrán realizar libremente sus operaciones sin más limitación que la de hacer autorizar sus contratos en la forma que determine el Código de Comercio[1].

4. Además de los documentos enumerados en el art. 2, las entidades aseguradoras extranjeras sometidas á esta ley justificarán: a) Hallarse constituídas y funcionando con arreglo á las leyes del país de origen; — b) La existencia de un solo delegado en España con plenos poderes para dirigir las operaciones y representarlas judicial y extrajudicialmente; — c) La indicación de un domicilio en el cual se concentren todas las operaciones que realicen en España.

5. En el plazo de tres meses quedará acordada ó desestimada la solicitud de inscripción y se notificará la Real orden al solicitante, publicándose además en el primer caso en la *Gaceta de Madrid*.

La negativa de inscripción en el Registro llevará siempre consigo la prohibición de funcionar la entidad aseguradora en operaciones que tengan por base el seguro de cualquier clase que sea.

La entidad solicitante podrá recurrir en vía contenciosa contra el acuerdo que deniegue su pretensión.

6. Será negada la inscripción en el Registro, y, por tanto, la autorización para funcionar: 1.º A toda entidad aseguradora que deje de unir á la solicitud alguno de los documentos y justificantes enumerados en el art. 2, y advertida de la falta no la subsane en el término de quince días; — 2.º Cuando no aparezca de una manera clara y concreta de los estatutos y reglamentos por que haya de regirse la colectividad, los derechos y deberes de los asociados y el fin que se proponen; — 3.º Cuando del examen de las condiciones de pólizas ó contratos resulte que éstos contienen condiciones ilegales, ambiguas ó lesivas para los asegurados; — 4.º Cuando del examen de las tarifas, tablas de mortalidad y demás bases de cálculo de primas y reservas resulte evidente la imposibilidad de cumplir los beneficios ó provechos que se ofrezcan en la cuantía y en el tiempo que se señalen ó éstos se funden en loterías ó en azares que no haya medio de determinar con base racional de cálculo; — 5.º Cuando no se consigne en los estatutos ó en acuerdos incorporados á ellos la forma y modo de inversión de las cantidades que la Asociación recaude.

7. Si la inscripción fuese denegada con carácter definitivo, en la misma disposición que lo acuerde se ordenará la devolución del depósito ó cancelación de la garantía, comunicándolo así á la Caja general de Depósitos ó al Banco de España

---

[1]) V. los arts. 382 y 737 del Cód. de com. en las pág. 151 y 202.

les accidents du travail seront régies par les dispositions de l'art. 4 du dit décret royal; — e) Les assureurs qui exploitent les différentes branches d'assurances, constitueront un seul dépôt préalable correspondant au taux le plus élevé. Lorsque le dépôt sera effectué en fonds publics, ces valeurs seront admises pour le cours moyen du mois précédant celui de leur versement à la Caisse. Cependant, si les valeurs sont cotées au-dessus du pair, elles seront admises au pair. On admettra également comme garantie les immeubles urbains non grevés et enregistrés en Espagne, ainsi que les premières hypothèques sur les dits immeubles, en les évaluant les uns et les autres pour cet objet, à 75% de leur valeur.

3. Sont exceptés des prescriptions de la présente loi, après dépôt préalable à l'Inspection Générale des Assurances d'un exemplaire authentique de leurs statuts et d'un modèle de leurs polices, et moyennant l'obligation de remettre à la dite Inspection la copie de leurs bilans annuels: 1° Les Caisses de secours, sociétés de secours mutuels, et, en général, les sociétés constituées exclusivement pour des fins de bienfaisance, pourvu que leurs ressources soient uniquement affectées à la réalisation de ces fins, sauf leurs frais d'administration; — 2° Les associations mutuelles sans prime fixe ni cotisation, de caractère local, municipal ou provincial, qui n'ont point pour objet le lucre, mais bien et exclusivement l'indemnisation des dommages et risques qui peuvent atteindre les associés dans leurs biens; — 3° Les assureurs s'adonnant à l'assurance du contrat de transport terrestre ou maritime qui remplissent les conditions imposées par les lois, pourront réaliser librement leurs opérations, sans autre restriction que celle de faire libeller leurs contrats dans la forme déterminée par le Code de Commerce[1].

4. Outre les documents énumérés à l'art. 2, les entités d'assurance étrangères soumises à la présente loi devront justifier: a) Qu'elles ont été constituées et qu'elles fonctionnent conformément aux lois de leur pays d'origine; — b) Qu'elles ont constitué pour l'Espagne un délégué unique avec pleins pouvoirs pour diriger leurs opérations et les représenter en justice et extrajudiciairement; — c) Qu'elles indiquent un siège où se trouvent réunies toutes les opérations qu'elles font en Espagne.

5. Dans le délai de trois mois, la requête à fin d'immatriculation sera accueillie ou rejetée et la notification de l'ordre royal sera faite au postulant. Si la dite requête est favorablement accueillie, l'ordre royal sera en outre publié dans la *Gaceta de Madrid*.

Le refus d'immatriculation au Registre emportera toujours interdiction pour l'entreprise de se livrer à des opérations reposant sur l'assurance, quel qu'en soit l'objet.

L'entité qui a introduit la requête, pourra introduire le recours contentieux contre la décision qui l'en aura déboutée.

6. L'immatriculation au Registre, et, par suite, l'autorisation de fonctionner, sera refusée: 1° A tout assureur qui aura négligé d'annexer à sa requête quelqu'un des documents ou quelqu'une des justifications énumérés à l'art. 2 de la présente loi, et qui, ayant été averti de cette omission, ne l'aura pas réparée dans le délai de quinze jours; — 2° Lorsque ne ressortiront pas clairement et intrinsèquement des statuts et des règlements appelés à régir la collectivité, les droits et obligations des associés et l'objet qu'ils se proposent; — 3° Lorsque de l'examen des polices ou des contrats il résultera qu'ils contiennent des conditions illégales, ambiguës ou dommageables pour les assurés; — 4° Lorsque de l'examen des tarifs, des tables de mortalité, et des autres bases servant au calcul des primes et des réserves, résultera à l'évidence l'impossibilité de réaliser les bénéfices ou les avantages qui ont été offerts aux assurés, dans la mesure ou dans le laps de temps indiqués, ou lorsque les bénéfices ou avantages reposeront sur des loteries ou des hasards impossibles à déterminer au moyen d'une base rationnelle de calcul; — 5° Lorsque le mode ou la forme de la conversion des sommes perçues par l'association n'est pas consigné dans les statuts ou dans les délibérations qui s'y trouvent incorporées.

7. Lorsque le refus d'immatriculation aura acquis un caractère définitif, la décision même qui la prononcera contiendra l'ordre de restituer le dépôt ou la radiation de la garantie, et elle sera notifiée à la Caisse générale des Dépôts ou à la

---

[1] V. les articles 382 et 737 du Code de com., pp. 151 et 202.

para la inmediata entrega al solicitante de los valores depositados y dictándose las disposiciones que liberen á los inmuebles de la responsabilidad á que estaban sujetos.

Si la inscripción fuese otorgada, se computará el depósito de inscripción para la formación de las reservas matemáticas ó de garantía que esta ley exige.

8. Queda prohibido asegurar para caso de muerte á los niños menores de catorce años.

Exceptúanse los contraseguros que tengan por objeto asegurar, para caso de muerte del niño, el reembolso de las primas pagadas por un seguro de supervivencia basado sobre el mismo sujeto.

9. Corresponderá en lo sucesivo al Ministerio de Fomento ó á sus delegados la inspección y vigilancia de las Asociaciones ó entidades que tengan por objeto el seguro en cualquiera de sus ramas ó formas, sin perjuicio de la acción fiscal en lo que la concierne y de lo dispuesto en el artículo siguiente.

10. Las Sociedades de Seguros de accidentes del trabajo estarán sujetas á las disposiciones de esta ley, además de las especiales vigentes ó que fije el Ministerio de la Gobernación, de quien singularmente dependen.

Título II.   De la publicidad y de las garantías.

11. Las Asociaciones vulgarmente llamadas tontinas y chartelusianas, consignarán en el Banco de España, á disposición del Consejo directivo ó de administración, las sumas que recauden de los asociados españoles en tanto no se inviertan en fondos públicos y se depositen en la forma y modo que se determina en el artículo siguiente. No podrá deducirse de estas cantidades más que el tanto por ciento que señalen expresamente los estatutos para atender á los gastos de administración, ni podrá retirarse el depósito de las 25.000 pesetas para cada Asociación á que se refiere el apartado c del art. 2 hasta que se liquide dicha Asociación.

12. Las Asociaciones á que se refiere el artículo anterior presentarán trimestralmente en la Inspección de Seguros una nota expresiva de las cantidades recaudadas, factura ó nota del agente de cambio y bolsa que detalle la inversión de esa suma, deducido el tanto por ciento estatutario, precisamente en los valores que se determinan con arreglo á esta ley y á su reglamento, y el resguardo de depósito de los mismos en el Banco del España en concepto de intransferible y sólo negociable al término del período de acumulación.

La inspección de Seguros ordenará el reintegro de las sumas recaudadas que no hubiesen sido invertidas debiendo serlo con arreglo al párrafo anterior, y la Sociedad administradora de la Asociación las reintegrará en el plazo de un año con los intereses de demora á que hubiere lugar. Si transcurrido el plazo no se hubiere reintegrado, será borrada del Registro la Asociación de que se trate y se procederá á su liquidación.

13. Todas las entidades aseguradoras insertarán en sus pólizas y contratos y en cuantos documentos, anuncios y prospectos figure la cifra del capital social, que no podrá ser nunca la del nominal, sino la del suscrito, otra en caracteres de no menor tamaño expresiva de la cantidad desembolsada en metálico por los asociados ó accionistas.

Ninguna de estas entidades aseguradoras podrá publicar carteles, anuncios, prospectos ni hojas de propaganda que no hayan sido previamente autorizados por la Inspección de Seguros, la cual los examinará para ver si contienen datos ó informaciones falsos ó que puedan inducir á error al público, así respecto al objeto de la entidad como á las ventajas que ofrece. La autorización para la publicación del anuncio se hará dentro del plazo de ocho días desde el de su presentación, y la resolución se comunicará al presidente ó gerente de la Sociedad solicitante. El reglamento que para la ejecución de esta ley ha de dictarse determinará la manera de dar cumplimiento á este precepto.

Los periódicos ó agencias de publicidad que la den á cualesquiera anuncios de Compañías de Seguros no autorizados por la Inspección en la forma que prescribe

Banque d'Espagne, pour que les valeurs déposées soient immédiatement remises au postulant, et que soient prises les dispositions qui libéreront les immeubles des responsabilités auxquelles ils se trouvaient assujettis.

En cas d'admission de l'immatriculation, le dépôt effectué en vue de celle-ci sera affecté à la constitution des réserves mathématiques ou de garantie exigées par la loi.

8. Il est interdit d'assurer le cas de décès de mineurs de quatorze ans.

Sont exceptées de cette prohibition, les contre-assurances ayant pour objet d'assurer, en cas de décès d'un enfant, le remboursement des primes payées pour une assurance de survivance établie sur la tête même de celui-ci.

9. Il appartiendra désormais au ministre de *Fomento* ou à ses délégués de pourvoir à l'inspection et à la surveillance des associations et entités ayant pour objet l'assurance sous l'une quelconque de ses formes, sans préjudice de l'action fiscale, en ce qui touche son domaine propre, et des dispositions de l'article suivant.

10. Les sociétés d'assurances contre les accidents du travail seront assujetties aux dispositions de la présente loi, en dehors des dispositions spéciales en vigueur ou de celles que déterminera le ministère de l'Intérieur, dont elles dépendent spécialement.

Titre II. De la publicité et des garanties.

11. Les associations vulgairement nommées tontines ou *chartelusianas* consigneront à la Banque d'Espagne, à la disposition du Conseil de direction ou d'administration, les sommes par elles perçues de leurs associés espagnols, lorsque celles-ci ne seront point converties en fonds publics, et ces dépôts seront effectués suivant le mode et la forme déterminés par l'article suivant. On ne pourra déduire de ces sommes que le pourcentage expressément indiqué par les statuts pour faire face aux frais d'administration, retirer le dépôt de 25 000 *pesetas* par association, dont il est question sous la lettre *c* de l'art. 2, tant que l'association dont s'agit n'aura pas été liquidée.

12. Les associations auxquelles se réfère l'article précédent, présenteront, chaque trimestre, à l'Inspection des Assurances un bordereau faisant ressortir les sommes encaissées, la note ou le bordereau de l'agent de change et de bourse, qui donne le détail de l'emploi de ces sommes, sous la déduction du tant pour cent statutaire, spécialement en ce qui touche les valeurs qui se déterminent en conformité de la présente loi et du règlement d'administration qui la complète, et le certificat de dépôt des dites valeurs à la Banque d'Espagne avec la mention *intransférable et négociable seulement à l'expiration de la période* d'accumulation.

L'Inspection des Assurances ordonnera la remise en caisse des sommes versées et qui n'auraient pas été converties, dans les cas où elles devaient l'être aux termes du paragraphe ci-dessus, et la société administratrice de l'association les réintégrera dans le délai d'un an avec les intérêts moratoires, s'il y a lieu. Si ce reversement n'a pas été effectué, à l'expiration du dit délai, l'association intéressée sera rayée du Registre et il sera procédé à sa liquidation.

13. Toutes les entités ayant pour objet l'assurance l'inséreront dans leurs polices, contrats et tous leurs autres documents, annonces et prospectus, portant mention du chiffre de leur capital social, — lequel ne devra jamais être celui du capital nominal, mais celui du capital souscrit, — un second chiffre, imprimé en caractères de même dimension, et qui devra exprimer la somme versée en numéraire par les associés ou actionnaires.

Aucune de ces entités ne pourra publier d'affiches, d'annonces, de prospectus ou de feuilles de propagande, sans que ces imprimés aient reçu l'approbation de l'Inspection des Assurances, laquelle s'assurera qu'ils ne contiennent pas d'informations fausses ou de nature à induire le public en erreur, tant en ce qui concerne le but poursuivi par l'entreprise qu'en ce qui concerne les avantages offerts. L'autorisation relative à la publication de l'annonce sera prise dans la huitaine du jour où celle-ci aura été présentée, et elle sera communiquée au président ou au gérant de la société demanderesse. Le règlement d'administration qui devra être rendu pour l'exécution de la présente loi, déterminera la manière dont il sera satisfait à cette prescription.

Les périodiques et les agences de publicité qui distribuent à tout venant des avis intéressant des compagnies d'assurances non autorisées par l'Inspection dans la

el reglamento, serán subsidiariamente responsables de los daños y perjuicios á cuya indemnización resulten condenadas las Compañías anunciantes por efecto de esos anuncios, sin perjuicio de las responsabilidades penales á que haya lugar con arreglo á las leyes y disposiciones vigentes.

14. Las entidades aseguradoras están obligadas á publicar anualmente en idioma castellano una Memoria comprensiva de la situación de la Sociedad y operaciones realizadas en España al terminar el ejercicio económico, la que, acompañada del balance y de la cuenta de pérdidas y ganancias, será presentada á la Inspección de Seguros dentro de los seis meses siguientes al en que se cierre el ejercicio á que se contraigan. De dichas Memorias imprimirán un número de ejemplares suficientes para poderlos vender á todo asegurado, que lo hubiere solicitado con anterioridad, al precio no mayor de 1 peseta, y doce más para ponerlos gratuitamente, durante todo el año, á disposición de los accionistas en el domicilio social.

El balance y la cuenta de pérdidas y ganancias serán publicados en la *Gaceta de Madrid*, dentro del mismo plazo, por cuenta de las entidades á que se refieran.

Las Compañías aseguradoras existentes que por sus estatutos no estén obligadas á formar balances anuales, no tendrán obligación de presentar anualmente la Memoria y el balance, ni de publicar éste cada año en la *Gaceta de Madrid*; pero sí publicarán anualmente en ésta un resumen suficientemente claro de las operaciones realizadas en el año, de las pérdidas y ganancias y movimiento de reservas que se hayan originado, y publicarán y presentarán la Memoria y balance general en los plazos en que, según los respectivos estatutos, deban formarlos.

Tanto por las entidades nacionales como para las extranjeras, el balance y la cuenta de pérdidas y ganancias, en el primer caso, y el de sus filiales ó sucursales en España, en el segundo, habrán de ajustarse á modelos determinados por el Ministro de Fomento, oída la Junta consultiva.

15. Quedan obligadas dichas entidades aseguradoras á facilitar á la inspección de Seguros, previa orden del comisario general, en la forma y plazo que se determinen, los documentos, noticias y certificaciones que sean necesarios para conocer la marcha de las mismas.

16. Las entidades aseguradoras, así nacionales como extranjeras, que se dediquen al seguro de vida y no estén sometidas á lo dispuesto en el art. 11, establecerán, además de la reserva estatutaria, una reserva matemática.

17. Esta reserva estará constituída por la cifra que represente el exceso del valor actual de los compromisos que hubiere de cumplir la Compañía sobre el valor actual de las primas netas que han de satisfacer los asegurados, fundado precisamente en las bases de cálculo de la Empresa, presentados con arreglo al núm. 6 del art. 2 de esta ley, y aceptados por el Ministerio de Fomento.

La suma á que ascienda esta reserva estará representada por metálico, valores públicos, industriales y comerciales, españoles ó extranjeros de los incluídos en una lista, cuya redacción, aprobación y publicación determinará el reglamento; cantidades prestadas por las Compañías sobre sus propias pólizas ó sobre dichos valores; inmuebles urbanos situados en España, y primeras hipotecas sobre los mismos, apreciados unos y otras en el 75 por 100 de su valor real.

El 50 por 100 cuando menos de la suma á que ascienda la reserva, se ingresará en la Caja de Depósitos ó en el Banco de España, y no podrá ser retirado total ni parcialmente sino para cumplir las obligaciones contraídas y aquéllas á que resulten condenadas las Compañías, en virtud de sentencia firme de los Tribunales españoles, á favor de asegurados españoles. La parte de reserva que se deposite habrá de invertirse necesariamente en metálico ó valores de los incluídos en la lista de referencia, y la mitad por lo menos de ese 50 por 100, ó sea un 25 por 100 de la reserva matemática total, se constituirá en valores españoles.

Las Compañías podrán canjear los valores depositados por otros incluídos en la lista, previa notificación á la Junta consultiva, y tendrán la obligación de sustituir

forme prescrite par le règlement, seront subsidiairement responsables des dommages et préjudices qu'à raison de la publication des dits avis les compagnies qui en sont les auteurs seraient condamnées à réparer, sans préjudice des responsabilités pénales de droit d'après les lois et les dispositions en vigueur.

14. Les assureurs sont tenus de publier chaque année en langue castillane un rapport exposant la situation de la société et les opérations réalisées en Espagne à l'expiration de l'exercice économique écoulé, lequel, accompagné du bilan et du compte de profits et pertes, sera présenté à l'Inspection des Assurances dans les six mois, qui suivront celui de la clôture de l'exercice auquel ces pièces se rapportent. Il sera imprimé de ces mémoires un nombre d'exemplaires suffisants pour qu'il en puisse être vendu à tout assuré, qui en aurait demandé un par avance sans que le prix puisse dépasser une *peseta*, et douze exemplaires devront toujours être tenus gratuitement à la disposition des actionnaires au siège social.

Le bilan et le compte de profits et pertes seront publiés dans la *Gaceta de Madrid*, dans le même délai, aux frais des entités auxquelles ces documents se réfèrent.

Les Compagnies d'assurances existantes, qui ne sont pas tenues en vertu de leurs statuts de dresser un bilan annuel, ne seront pas obligées de présenter chaque année leur rapport et leur bilan, ni de les faire publier annuellement dans la *Gaceta de Madrid*; toutefois, il sera publié annuellement dans la *Gaceta* un résumé suffisamment clair des opérations réalisées dans l'année, des profits et des pertes et du mouvement qui se sera produit dans les réserves, et les compagnies dites publieront et présenteront leur rapport et leur bilan général dans les délais impartis pour les établir par leurs statuts particuliers.

Sans qu'il y ait lieu de distinguer entre les entités nationales et les étrangères, le bilan et le compte de profits et pertes devront être établis conformément à des modèles déterminés par le Ministre de Fomento, après avis de la commission consultative. Pour les entreprises nationales, ces documents feront ressortir l'ensemble de leurs opérations, et pour les étrangères, celles de leurs filiales ou succursales établies en Espagne.

15. Les assureurs sont obligés de produire à l'Inspection des Assurances, sur l'ordre préalable du commissaire général, dans la forme et le délai qui seront déterminés, les documents, notices et certificats nécessaires pour se rendre compte de leur marche.

16. Les assureurs nationaux ou étrangers, qui exploitent la branche vie, et ne sont pas soumises aux dispositions de l'art. 11, constitueront, en dehors de la réserve statutaire, une réserve mathématique.

17. Cette réserve sera constituée par le chiffre qui représentera l'excédent de la valeur actuelle des obligations que la compagnie doit remplir sur la valeur actuelle des primes nettes à acquitter par les assurés, cet excédent étant nécessairement établi d'après les bases de calcul de l'entreprise, présentées comme il est exprimé sous le n° 6 de l'art. 2 de la présente loi, et acceptées par le Ministère du Fomento.

La somme à laquelle s'élève cette réserve sera représentée en numéraire, valeurs publiques, industrielles et commerciales, espagnoles ou étrangères comprises dans une liste dont la rédaction, l'approbation et la publication seront déterminées par le règlement; par les sommes prêtées par les compagnies sur leurs propres polices ou sur les dites valeurs, par des immeubles urbains situés en Espagne et des premières hypothèques sur ces immeubles, et évalués, les uns et les autres, à 75% de leur valeur réelle.

Cinquante pour cent au moins de la somme à laquelle s'élève la réserve, seront versés à la Caisse des Dépôts ou à la Banque d'Espagne, et ne pourront en être retirés, ni totalement, ni en partie; que pour remplir les obligations contractées et celles qui résulteraient de condamnations prononcées contre les compagnies par des jugements définitifs, rendus au bénéfice d'assurés espagnols par des tribunaux espagnols. La partie déposée de la réserve sera obligatoirement convertie en numéraire ou en valeurs comprises dans la liste susmentionnée, et la moitié au moins de ces 50%, soit 25% de la réserve mathématique totale, sera constituée en valeurs espagnoles.

Les compagnies pourront échanger les valeurs déposées par elles contre d'autres comprises dans la dite liste, après notification à la commission consultative, et elles

el importe de la parte de reserva constituída en un valor determinado cuando éste sea excluído de la lista, en la forma que prescriba el reglamento. Cuando el otro 50 por 100 de la reserva esté total ó parcialmente invertido en metálico ó valores, las Compañías podrán también ingresarlos en la Caja de Depósitos ó en el Banco de España y retirarlos cuando lo deseen. En todo caso, deberán tener en España, á disposición de la Junta consultiva, el documento que acredite la existencia de los valores en que esté total y parcialmente invertido ese 50 por 100 con las garantías que determine el reglamento.

Los inmuebles ó hipotecas que según el primer párrafo de este artículo estén sujetos á la reserva matemática, en la mitad de ella no depositada, no podrán exceder en ningún caso del 25 por 100 del importe total de esa reserva.

Toda la reserva matemática deberá estar afecta á responder del cumplimiento de los contratos entre el asegurador y los asegurados, cuando ellos se celebraren en España, ó cuando, celebrados en el extranjero, el asegurado fuera español y hubiese estipulado expresamente que se cumpla en España el contrato.

Los elementos que constituyen la reserva matemática estarán exentos de toda contribución que no sea la general que corresponde á cada uno de los bienes que pueden integrar la mencionada reserva.

Los derechos de los tenedores de pólizas españolas sobre tal reserva, se entienden sin perjuicio de los que se deriven de sus respectivos contratos.

18. Las entidades de seguros que no se dediquen al de la vida, cualquiera que sea su nacionalidad establecerán, además de la reserva estatutaria, una reserva de riesgos en curso.

Esta reserva se hallará constituída por la parte de primas destinadas al cumplimiento de futuras obligaciones no extinguidas en el ejercicio corriente.

Para calcularla se clasificarán las pólizas según las fechas de su estipulación y el número de meses que ha de correr el riesgo asegurado durante el año siguiente hasta el vencimiento de las primas anuales respectivas. La reserva importará tantas dozavas partes del premio cobrado cuantos sean los meses del ejercicio siguiente, durante los cuales correrá el riesgo hasta el vencimiento de la nueva prima.

19. Son aplicables al importe de la reserva de riesgos en curso las mismas disposiciones previstas en el art. 17 para las reservas matemáticas de las Compañías de seguros de vida; pero la parte de ella que constituya el depósito obligatorio será sólo del 40 por 100 de su importe total. Las Compañías que simultáneamente se dediquen al seguro de vida y á los de otra clase constituirán, separadamente, y en la forma expresada, las correspondientes reservas matemáticas y de riesgos en curso y los depósitos á ellas inherentes.

20. Cuando las entidades aseguradoras sean extranjeras, la reserva matemática y la de riesgos en curso se referirán, no sólo á los contratos que se celebren por las sucursales ó filiales españolas, sino á todos los que deban domiciliarse en ellas. Dichas reservas estarán situadas en España en la forma prevenida en los art. 17 y 18 y afectas en primer término á responder de esos contratos, sin perjuicio de los demás derechos que de los mismos se deriven para los asegurados.

A los efectos del párrafo anterior, quedarán sometidos al régimen de la ley los contratos que se refieran á personas que tengan su domicilio en España ó á bienes muebles ó inmuebles que radiquen en este país, aunque aparezcan suscritos en el extranjero, siempre que en este último caso se estipulase expresamente que el contrato debe cumplirse en España.

No se admitirá deducción alguna, para el cómputo de las reservas matemáticas ó de riesgos en curso, por razón de reaseguro, en el extranjero, de los contratos domiciliados en España ó que en ella hayan de cumplirse.

21. Cuando una entidad aseguradora cese en sus operaciones y acredite haber cumplido todos los compromisos que tenga contraídos, el Ministerio de Fomento ordenará, oída la Junta consultiva de Seguros, la devolución del saldo de las reservas que resultare á su favor.

22. Las entidades extranjeras establecidas ó que se establezcan en España por medio de representación ó sucursal, estarán obligadas á llevar, en idioma castellano,

seront tenues de remplacer, dans la forme prescrite par le règlement, le montant de la partie de la réserve constituée en une valeur déterminée, s'il arrive que cette valeur soit exclue de cette liste. Lorsque les autres 50% de la réserve seront totalement ou partiellement convertis en numéraire ou en valeurs, les compagnies pourront également les verser à la Caisse des Dépôts ou à la Banque d'Espagne, et les en retirer à leur volonté. En tout cas, elles devront tenir en Espagne, à la disposition de la Commission consultative, le document qui justifie de l'existence des valeurs, dans lesquelles ces 50% sont employés, en totalité ou en partie, avec les garanties prescrites par le règlement.

Les immeubles et les hypothèques qui, aux termes du paragraphe premier du présent article, sont assujettis à la réserve mathématique, ne pourront, lorsque la moitié de cette réserve n'aura pas été déposée, excéder en aucun cas 25% du chiffre total de celle-ci.

La totalité de la réserve mathématique devra rester affectée à la garantie de l'exécution des contrats passés entre l'assureur et les assurés, lorsque ceux-ci auront été passés en Espagne, ou lorsqu'ils l'auront été à l'étranger et que, l'assuré étant sujet espagnol, il aura été expressément stipulé que le contrat serait exécuté en Espagne.

Les éléments constitutifs de la réserve mathématique seront exempts de toute contribution autre que la contribution générale qui atteint chacun des biens formant la dite réserve.

Les droits des porteurs de polices espagnoles sur la dite réserve sont ceux qui leur appartiennent sans préjudice de ceux qui dérivent de leurs contrats respectifs.

18. Les assureurs qui ne font pas d'assurance sur la vie, constitueront, quelle que soit leur nationalité, en dehors de la réserve statutaire, une réserve pour les risques en cours.

Cette réserve sera constituée proportionnellement aux primes destinées à l'accomplissement des obligations futures non éteintes dans l'exercice courant.

Pour le calcul de cette part, les polices seront classées d'après la date de leur signature et le nombre de mois de l'année suivante, pendant lequel le risque assuré doit courir jusqu'à l'échéance de leurs primes annuelles respectives. La réserve comprendra autant de douzièmes de la prime payée, qu'il subsiste de mois de l'exercice suivant, durant lesquels court le risque jusqu'à l'échéance de la nouvelle prime.

19. Sont applicables au montant de la réserve pour les risques en cours, les dispositions prévues à l'art. 17 pour la constitution des réserves mathématiques des compagnies d'assurances sur la vie; toutefois, la partie de celle-ci qui forme le dépôt obligatoire, ne sera que de 40% de son importance totale. Les compagnies qui font simultanément les assurances sur la vie et les assurances de quelque autre nature, constitueront, séparément, et dans la forme sus-énoncée, la réserve mathématique et celle relative aux risques en cours, ainsi que les dépôts imposés pour chacune de ces réserves.

20. Lorsque les assureurs seront étrangers, la réserve mathématique et la réserve affectée aux risques en cours se rapporteront non seulement aux contrats passés par leurs succursales ou filiales espagnoles, mais à tous ceux qui doivent se domicilier dans les dites filiales ou succursales. Les dites réserves seront constituées en Espagne dans la forme prévue aux articles 17 et 18, et affectées en première ligne à la responsabilité résultant de ces contrats, sans préjudice des autres droits qui en dérivent en faveur des assurés.

Pour les effets du paragraphe précédent, demeureront soumis au régime de la présente loi les contrats se rapportant à des personnes ayant leur domicile en Espagne ou à des biens meubles ou immeubles qui se trouvent dans ce pays, encore que les dits contrats aient été souscrits à l'étranger, pourvu que, dans ce dernier cas, il ait été expressément stipulé que la convention doit s'exécuter en Espagne.

Il ne sera admis aucune réduction dans le comput de la réserve mathématique ou des risques en cours, pour cause de réassurance, à l'étranger, des contrats faits en Espagne ou qui doivent s'exécuter dans ce pays.

21. Lorsqu'une entité ayant pour objet l'assurance cesse ses opérations et justifie de l'exécution de tous les contrats qu'elle avait passés, le ministère *de Fomento* ordonnera, la commission consultative entendue, que le solde de réserves qui existerait à son profit, lui soit restitué.

22. Les entités étrangères établies en Espagne ou qui s'y établiront au moyen de représentants ou de succursales, seront obligées de tenir, en langue castillane,

una contabilidad especial para las operaciones que celebren en España ó hayan de cumplir en ella. Los contratos que estas sucursales hagan estarán también redactados en castellano, y sus estatutos y documentos se presentarán en el propio idioma, y ese texto será el único que tenga valor legal.

23. Las cuestiones litigiosas que puedan suscitarse con motivo de los contratos de seguros sujetos á esta ley, serán sometidos á la jurisdicción española, sin que sea válido ningún pacto en contrario.

Título III.   De la Junta Consultiva y de la Inspección de seguros.

24. Se crea en el Ministerio de Fomento un organismo denominado Junta consultiva de Seguros, que tendrá por principal objeto asesorar al Ministro de Fomento en esta clase de asuntos, y se compondrá de un presidente y 16 miembros, á saber:

Dos Senadores; dos Diputados; dos individuos elegidos entre los que reúnan las condiciones siguientes: académicos de Ciencias exactas, catedráticos de esta Facultad de la Universidad de Madrid, ó personas de reconocida competencia en materia de seguros; un catedrático de la Facultad de Derecho de la Universidad de Madrid; un vocal del Instituto de Reformas sociales; un representante del Ministerio de Hacienda, propuesto por el Ministro; un director gerente de Sociedades de seguros de vida; dos directores gerentes de Compañías anónimas de seguros distintos de los de vida; dos directores gerentes de Compañías tontinas ó mutuas de seguros distintos de los de la vida, y dos asegurados españoles, todos nombrados por el Ministro de Fomento.

Los directores de Compañías de seguros serán designados por el Ministerio de Fomento de entre los que las respectivas Compañías de cada grupo le propongan, pero el nombramiento recaerá en tres directores de Compañías nacionales y en dos de extranjeras.

El comisario general de seguros será presidente nato de la Junta consultiva.

El reglamento determinará la forma de nombramiento, elección y renovación de los miembros de esta Junta; el Ministro de Fomento designará el vicepresidente y el secretario.

La Junta habrá de ser oída en lo relativo á las peticiones de inscripción en el Registro de Sociedades de Seguros y en todos los casos previstos por esta ley y por el reglamento. Podrá, además, el Ministro de Fomento solicitar su informe en todas las cuestiones relativas á la ejecución de los mismos.

Para que sean válidos los acuerdos de la Junta es necesario que concurran á la deliberación ó votación once, cuando menos, de sus miembros. En caso de empate, decidirá el voto del presidente.

El reglamento determinará las causas que pueden motivar la ausencia justificada y el número de faltas de asistencia injustificadas que pueden bastar para que se entienda renunciado el cargo y se proceda á elección ó designación de nuevo vocal.

25. Se crea también en el Ministerio de Fomento un Centro denominado Inspección de Seguros, bajo la dirección de un comisario general; los gastos de personal y material del servicio serán incluídos en el presupuesto general del Estado.

El comisario será de libre designación del Ministro entre quienes tengan, cuando menos, la categoría de jefe superior de Administración.

El nombramiento del personal de este organismo se hará sin sujeción á lo que prescribe la ley de 21 de Julio de 1876[1] y disposiciones posteriores. Será nombrado y separado por el Ministro, á propuesta del comisario general, y oída la Junta consultiva, debiendo recaer el nombramiento en aquellos que tengan acreditados en el ramo conocimientos especiales.

El reglamento determinará la fianza que habrán de prestar.

---

[1]) La citada Ley es la de Presupuestos de dicho año que reguló la entrada y ascenso de los funcionarios públicos en la Administración del Estado.

une comptabilité spéciale pour les opérations qu'elles feront ou qu'elles auront à exécuter en Espagne. Les contrats passés par ces succursales seront également rédigés en castillan; leurs statuts et documents seront libellés dans la même langue et ce texte sera le seul ayant valeur légale.

23. Les questions litigieuses qui pourraient s'élever à raison des contrats d'assurances assujettis à la présente loi, seront soumis à la juridiction des tribunaux espagnols, et toute convention contraire sera nulle.

Titre III. De la commission consultative et de l'inspection des assurances.

24. Il est créé au ministère *de Fomento* un organisme dénommé Commission consultative des Assurances, qui aura pour principale fonction d'assister le ministre *de Fomento* dans ces sortes d'affaires, et se composera d'un président et de seize membres, savoir:

Deux Sénateurs; deux députés; deux personnes choisies parmi celles qui réunissent les conditions suivantes: membre de l'académie des Sciences exactes, professeur titulaire de la Faculté de Sciences de l'Université de Madrid, ou personnalités de compétence reconnue en matière d'assurances; un professeur titulaire de la Faculté de droit de l'Université de Madrid; un membre de l'Institut des Réformes Sociales; un représentant du ministère de l'*Hacienda* proposé par le ministre; un directeur-gérant de compagnies d'assurances sur la vie; deux directeurs-gérants de sociétés anonymes d'assurances autres que les assurances sur la vie; deux directeurs-gérants de tontines ou d'assurances mutuelles autres que les assurances sur la vie; et deux assurés espagnols, tous nommés par le ministre *de Fomento*.

Les directeurs des compagnies d'assurances seront désignés par le ministère *de Fomento* parmi ceux qui lui seront proposés par les compagnies de chaque branche, mais leur nomination portera sur trois directeurs de compagnies nationales et deux directeurs de compagnies étrangères.

Le commissaire général des assurances sera le président né de la commission consultative.

Le règlement déterminera la forme de la nomination, du choix et du renouvellement des membres de la Commission; le ministre *de Fomento* désignera le vice-président et le secrétaire.

La Commission devra être entendue sur ce qui sera relatif aux demandes d'immatriculation au Registre des sociétés d'assurances et dans tous les cas prévus par la présente loi ou par le règlement. En outre, le ministre *de Fomento* pourra requérir son avis dans toutes les questions relatives à l'exécution de la dite loi et du dit règlement.

Pour que les décisions de la Commission consultative soient valables, il est nécessaire que onze au moins de ses membres aient concouru à la délibération ou au vote. En cas de partage, la voix du président sera prépondérante.

Le règlement déterminera les causes de nature à justifier l'absence d'un membre et le nombre d'absences injustifiées pouvant suffire pour qu'un membre puisse être réputé démissionnaire et pour qu'il soit procédé au choix ou à la désignation d'un nouveau commissaire pourvu d'une voix délibérative.

25. Il est également créé au ministère *de Fomento* sous la direction d'un commissaire général un bureau dénommé Inspection des Assurances; les frais de personnel et de matériel du service seront compris dans le budget de l'État.

La nomination du commissaire sera faite, selon libre choix du Ministre, parmi les fonctionnaires ayant au moins le rang de chef supérieur d'administration.

La nomination du personnel du dit organisme sera faite sans avoir égard aux prescription de la loi du 21 juillet 1876 [1] et aux dispositions postérieures. Ce personnel sera nommé et révoqué par le ministre, sur la proposition du commissaire général et la commission consultative entendue, et les nominations devront être faites en faveur des personnes qui auront justifié de connaissances spéciales.

Le règlement déterminera les cautionnements à fournir.

---

[1] Cette loi est celle du budget de l'année 1876, qui règle l'entrée au service et l'avancement des fonctionnaires publics de l'État.

26. Quedan sometidas las entidades dedicadas al seguro en cualquiera de sus formas, á la vigilancia de los visitadores que formen parte como tales del personal técnico de la Inspección de Seguros, quienes podrán comprobar, en el domicilio social de dicha entidad, las operaciones que realicen, examinando sus libros de contabilidad y cuantos documentos y justificantes consideren conveniente compulsar, para formar juicio acerca del régimen legal y situación económica de la entidad.

Estas visitas se harán, previa orden escrita para cada caso, del comisario general de seguros, la cual deberá exhibirse siempre que lo requiera un representante de la entidad objeto de la visita.

Los visitadores propondrán al comisario general que se impongan á las Compañías las correcciones y multas á que hubiere lugar.

El personal de la Inspección, antes de ejercer sus funciones, prestará juramento de no divulgar los datos y secretos de que en virtud de ella lleguen á tener conocimiento.

Unicamente el comisario general en persona podrá exigir la exhibición de los libros de pólizas ó inquirir los nombres de los beneficiarios y de los poseedores de las pólizas.

27. El funcionario debidamente autorizado para practicar una visita, redactará un acta después de terminado su cometido, insertándola en el libro especial que para este efecto habrá de tener cada Compañía, y consignará en el acta el resultado de la visita, emitiendo su opinión acerca de la conducta de la Sociedad en el cumplimiento de sus obligaciones, las deficiencias que observe y las medidas y correcciones que estime deben aplicarse.

En la visita podrá ser requerida la presencia de un notario por la Sociedad intervenida.

Una copia de dicha acta se elevará al comisario general.

Las Compañías podrán hacer uso de lo que en el acta conste, si lo estimasen conveniente.

28. Las entidades sometidas al régimen de esta ley satisfarán anualmente un impuesto, que no podrá exceder del 1 por 1.000 de las sumas recibidas como primas ó cuotas para compensar á la Hacienda los gastos que ocasione el servicio.

29. Por el Ministro de Fomento se podrá crear, previo estudio y propuesta de la Junta consultiva, un Cuerpo de corredores jurados de seguros, á cuyo efecto en un Real decreto y en reglamento especial se determinará: a) Las condiciones personales que habrá de reunir el aspirante al cargo y los medios oficiales de acreditarlas; — b) La forma en que deberán practicarse las oposiciones ó los exámenes para que quienes hayan de actuar como corredores en el ramo de seguros á que se dediquen acrediten poseer los conocimientos necesarios; — c) La fianza que han de prestar los nombrados, antes de ejercer el cargo; — d) Los derechos y corretaje que podrán percibir y que han de pesar siempre sobre los productores de seguros; — e) Las responsabilidades que les incumban y la penalidad especial aplicable á las infracciones que puedan cometer.

Una vez creado el Cuerpo de corredores jurados de Seguros, no será válido contrato alguno que se celebre sin su intervención, salvo lo dispuesto en el número 3 del art. 3 de esta ley y las excepciones que se establezcan en el reglamento especial.

30. En el reglamento para la ejecución de esta ley se precisarán claramente los plazos en que la Junta consultiva, la Inspección general y el Cuerpo de corredores de Seguros habrán de cumplir las funciones que para con el público les incumban, y se señalarán de igual manera las penalidades aplicables á los funcionarios responsables de delitos ó faltas en el ejercicio de sus cargos respectivos, sin perjuicio del derecho que á las Sociedades y á los particulares asiste de ejercitar contra ellos la ley de 29 de Marzo de 1904 sobre responsabilidad civil de los funcionarios públicos.

31. Por la Inspección general de Seguros se publicará, á lo menos quincenalmente, un *Boletín oficial de Seguros* con cuantos datos, noticias y avisos interesantes para los asegurados adquiera aquel organismo.

26. Les entités ayant pour objet l'assurance sous toutes ses formes, demeurent soumises à la surveillance des inspecteurs, appartenant en cette qualité au personnel technique de l'Inspection des Assurances, lesquels pourront vérifier, au siège social de l'entreprise, les opérations traitées par elle, en examinant les livres de comptabilité, ainsi que tous autres documents ou pièces justificatives qu'ils jugeront convenable de compulser pour se former une opinion tant sur le régime légal, que sur la situation économique de la compagnie.

Ces inspections se feront sur un ordre écrit délivré, dans chaque cas, par le commissaire général des assurances. Cette pièce devra toujours être représentée à la réquisition d'un représentant de l'entité qui fait l'objet de l'inspection.

Les inspecteurs proposeront au commissaire général d'imposer aux compagnies telles rectifications et amendes qu'il y aura lieu.

Le personnel de l'Inspection, avant d'entrer en fonctions, prêtera serment de ne pas divulguer les données et les secrets dont il viendrait à avoir connaissance à raison de ses fonctions.

Il appartiendra au Commissaire Général, agissant seul et en personne, d'exiger l'exhibition du registre des polices ou la communication des noms des bénéficiaires et des détenteurs des dites polices.

27. Le fonctionnaire dûment autorisé à effectuer une inspection en rédigera un procès-verbal aussitôt après avoir rempli sa mission, et il l'insérera dans un registre spécial que chaque compagnie est obligée de tenir à cet effet. Il y consignera le résultat de son inspection, en exprimant son opinion sur la façon dont la société remplit ses obligations, les manquements qu'il aura constatés, les mesures à prendre et les pénalités à appliquer.

La société inspectée pourra requérir la présence d'un notaire à l'inspection.

Copie du dit procès-verbal sera adressée au commissaire général.

Les compagnies pourront, si elles le jugent à propos, faire usage de ce qui est énoncé au dit procès-verbal.

28. Les entités soumises au régime de la présente loi acquitteront annuellement un impôt, qui ne pourra excéder 1 pour 1000 des sommes reçues à titre de prime ou de cotisation, pour remboursement à l'Administration de l'*Hacienda* des frais occasionnés par le service.

29. Le ministre *de Fomento* pourra créer, après étude de la commission consultative et sur la proposition de celle-ci, un corps de courtiers assermentés d'assurances. A cet effet, un décret royal et un règlement spécial détermineront: *a)* Les conditions personnelles que devront réunir les aspirants à ces fonctions et les moyens officiels par lesquels ils pourront justifier qu'ils les remplissent; — *b)* La forme dans laquelle il devra être procédé aux concours et examens des candidats aux fonctions de courtier dans la branche d'assurances à laquelle ceux-ci désirent s'attacher, afin de vérifier s'ils possèdent les connaissances nécessaires; — *c)* Le cautionnement que les courtiers nommés devront déposer; avant d'entrer en fonctions; — *d)* Les droits et le courtage qu'ils pourront percevoir, lesquels demeurent toujours à la charge des souscripteurs d'assurances; — *e)* Les responsabilités qui leur incombent et les pénalités spéciales applicables aux infractions qu'ils pourraient commettre.

Après que le corps de courtiers jurés d'assurances aura été créé, aucun contrat d'assurances ne sera plus valable, s'il a été passé sans l'intervention de ces courtiers, sauf ce qui est prescrit sous le n° 3 de l'art. 3 de la présente loi, et les exceptions qui seront établies dans le règlement spécial.

30. Le règlement édicté pour l'exécution de la présente loi précisera clairement les délais dans lesquels la Commission consultative, l'Inspection générale et le corps des courtiers d'assurances auront à accomplir les fonctions qui leur incombent à l'égard du public, et il indiquera de la même façon les pénalités applicables aux fonctionnaires responsables de délits ou de manquements dans l'exercice de leur charge, sans préjudice du droit appartenant aux sociétés et aux particuliers de recourir contre eux en vertu de la loi du 29 mars 1904, sur la responsabilité civile des fonctionnaires publics.

31. Il sera publié par l'Inspection Générale des Assurances, au moins chaque quinzaine, un *Bulletin officiel des Assurances* contenant tous les renseignements, avis et communications intéressant les assurés qu'acquerra cet organisme.

Asimismo incumbirá á la Inspección general de Seguros entender en las consultas y reclamaciones que hagan los asegurados acerca de la interpretación y cumplimiento de la presente ley.

Título IV. De las responsabilidades.

32. Las entidades ó Sociedades dedicadas á operaciones de seguros que las realicen sin haber sido inscritas en el Registro, incurrirán en una multa de 100 pesetas por cada una de las pólizas que hubieren suscrito. Estas multas serán satisfechas por el gerente de la Sociedad de su peculio personal y sólo subsidiariamente por el fondo común de la Compañía, sin perjuicio de la responsabilidad que á ésta ó á sus agentes incumban por el ejercicio clandestino de la industria del seguro ó por manifiesta desobediencia á lo estatuído sobre la materia.

33. Las entidades que infrinjan lo preceptuado en el art. 8 incurrirán cada vez en la multa de 2.000 pesetas, aplicándose á su cobro las disposiciones señaladas en el artículo anterior, sin perjuicio también de la responsabilidad especial que, con arreglo á las leyes, pudiera caberles por razón del contrato ó de los contratos ilegales que celebren.

Los que en el plazo fijado en el art. 14 no hubieren cumplido los deberes que en él se señalan, incurrirán en la multa de 20 á 100 pesetas por cada día de retraso.

La concesión que se deriva del hecho de la inscripción en el Registro quedará en suspenso desde el momento en que por el Ministro de Fomento, oída la Junta consultiva de Seguros, se declare que la entidad no funciona con arreglo á los estatutos ó documentos presentados, ó no se ajusta á los preceptos legales y reglamentos. La decisión ministerial que se dicte dispondrá además que si en el plazo de treinta días, á partir de su notificación, no fueren rectificadas las infracciones, se intervendrán los libros y cajas sociales, procediéndose de oficio y á costa de la Sociedad á esa rectificación, y en caso de no ser posible se declarará su disolución.

Contra esta última resolución podrá recurrirse en vía contenciosa.

34. El comisario general podrá corregir con multas de 10 á 100 pesetas diarias las faltas cometidas por las entidades dedicadas á operaciones de seguros en cualquier forma ó ramo, aplicándose á su cobro las disposiciones señaladas en el artículo anterior.

De la resolución del comisario general podrán los interesados alzarse ante el Ministro, de cuya resolución no podrá recurrirse.

35. Si por los visitadores ó de cualquier otro modo se descubriese que una entidad aseguradora infringe las disposiciones legales ó estatutarias relativas al cálculo de las reservas, falsea los balances, la cuenta de pérdidas y ganancias ó cualquier otro documento de los que deben publicarse ó elevarse al Ministerio de Fomento ó comete cualquier otra infracción que tienda á ocultar la verdadera situación de la Empresa, el Ministro de Fomento impondrá á ésta una multa de 1.000 á 10.000 pesetas, una vez oída sobre el caso la Junta consultiva de Seguros, y sin perjuicio de la responsabilidad penal de la Sociedad, aplicándose al cobro de la multa las disposiciones señaladas en el artículo anterior.

Contra la disposición en que la multa se imponga podrán recurrir los interesados en vía contenciosa.

36. Se entenderá aplicable el art. 548, número 5, del Código penal[1], cuando la entidad aseguradora se apropie ó distraiga cualquiera clase de bienes afectos á las reservas matemáticas ó de riesgos en curso ó simular precio en ellos que hiciera ineficaces esas garantías.

---

[1] Dice así el n.º 5º de este art. combinado con el anterior: Incurrirán en la pena de arresto mayor en sus grados mínimo y medio si la defraudación no excediere de 100 pesetas; en la de arresto mayor en su grado medio ó presidio correccional si excede de 100 y no pasa de 2.500 pesetas, y en la de presidio correccional en sus grados mínimo y medio excediendo de dicha cantidad, los que en perjuicio de otro se apropiaren ó distrajeren dinero, efectos ó cualquier otra cosa mueble que hubieren recibido en depósito, comisión ó administración ó por otro título que produzca obligación de entregarla ó devolverla ó negaren haberla recibido. — Las penas se impondrán en el grado máximo en el caso de depósito miserable ó necesario.

L'Inspection générale des Assurances devra également entendre les assurés en leurs demandes de consultations et réclamations, en ce qui concerne l'interprétation et l'exécution de la présente loi.

Titre IV. Des responsabilités.

32. Les entités ou sociétés ayant pour objet des opérations d'assurances, qui en ont realisé sans avoir été immatriculées au Registre, encourront une amende de 100 *pesetas*, par chaque police souscrite. Ces amendes seront acquittées par le gérant de la société de ses deniers personnels, et seulement subsidiairement sur le fonds commun de la compagnie, sans préjudice de la responsabilité qui incombe à celle-ci ou à ses agents à raison de l'exercice clandestin de l'industrie des assurances ou pour désobéissance manifeste à la règlementation de la matière.

33. Les entités qui contreviendront aux prescriptions de l'art. 8 encourraient, pour chaque infraction, une amende de 2000 *pesetas*, au recouvrement de laquelle seront appliquées les dispositions énoncées dans l'article précédent, sans préjudice également de la responsabilité spéciale qui peut les atteindre aux termes des lois, à raison de la passation d'un ou de plusieurs contrats illégaux.

Ceux qui n'auront point accompli dans le délai fixé à l'art. 14 les obligations qui s'y trouvent énoncées, encourront une amende de 20 à 100 *pesetas* par jour de retard.

La concession dérivant du fait de l'immatriculation au Registre sera suspendue à partir du moment où le ministre *de Fomento*, la Commission consultative entendue, aura déclaré que l'entreprise ne fonctionne plus dans les termes des statuts ou des documents présentés, ou en conformité des prescriptions légales et réglementaires. La décision ministérielle qui sera prise, disposera, en outre, que, si, dans un délai de trente jours à partir de sa notification, les infractions n'ont pas été rectifiées, les livres et les caisses sociaux seront mis sous séquestre, et qu'il sera procédé, aux frais de la société et d'office, à cette rectification, — ou, si celle-ci n'est pas possible, que la société sera dissoute.

Le recours contentieux est ouvert à la société contre cette dernière décision.

34. Le commissaire général pourra frapper d'amendes de 10 à 100 *pesetas* par jour, les manquements commis par les entités qui ont pour objet l'assurance sous quelque forme ou dans quelque branche que ce soit, en appliquant au recouvrement de ces pénalités les dispositions énoncées à l'article précédent.

Les intéressés pourront en appeler de la décision du commissaire général devant le ministre, dont la sentence ne sera susceptible d'aucun recours.

35. S'il vient à être découvert, soit par les inspecteurs, soit de toute autre manière, qu'un assureur enfreint les dispositions légales ou statutaires relatives au calcul des réserves, qu'il falsifie ses bilans, son compte de profits et pertes ou tout autre document devant être publié ou communiqué au ministère *de Fomento*, ou qu'il commet toute autre infraction ayant pour but de dissimuler la situation réelle de l'entreprise, le ministre *de Fomento* le frappera d'une amende de 1000 à 10 000 *pesetas*, après avoir pris l'avis de la Commission consultative des assurances, et sans préjudice de la responsabilité pénale de la société, et les dispositions énoncées dans l'article précédent s'appliqueront au paiement de l'amende.

Le recours contentieux est ouvert aux intéressés contre la décision qui les frappe de l'amende ci-dessus.

36. Le nº 5 de l'art. 548 du Code pénal[1] s'appliquera lorsque l'entité qui a pour objet l'assurance se sera approprié ou aura détourné une valeur d'un ordre quelconque affectée à la réserve mathématique ou à celle propre aux risques courants, ou lorsqu'elle aura attribué à ces effets un prix simulé, qui rend ces garanties inefficaces.

---

[1] Le nº 5 de cet article, combiné avec l'article précédent, est ainsi conçu: «Encourront la peine du degré le plus faible et du degré moyen des arrêts majeurs, lorsque la fraude ne dépassera pas 100 *pesetas*; celle du degré le plus sévère des arrêts majeurs, ou de l'emprisonnement correctionnel, si le préjudice excède 100 *pesetas* et n'en excède pas 2500, et celle de l'emprisonnement correctionnel à ses degrés inférieur et moyen, si ce dernier préjudice est dépassé, ceux qui se seront approprié ou auront détourné, au préjudice d'autrui, du numéraire, des effets ou tout autre objet mobilier, qu'ils auraient reçus à titre de dépôt, de mandat, ou en vue de l'administration des dits objets, ou à tout autre titre emportant obligation de les livrer ou restituer, ou qui nieront les avoir reçus. — Les peines seront appliquées dans leur degré le plus rigoureux en cas de dépôt misérable ou nécessaire.»

Será aplicable el núm. 7 del mismo artículo[1] cuando con engaño, respecto á las garantías legales de las Empresas aseguradoras por parte de éstas ó respecto de sus propias declaraciones por parte del asegurado, se suscribiere contrato de seguro en el cual apareciese demostrada la existencia de una defraudación.

37. Para las Sociedades anónimas será obligatoria la disolución cuando las pérdidas hayan mermado en una mitad el capital social suscrito.

38. El comisario general por sí ó previa denuncia de una entidad aseguradora cualquiera ó de un asociado ó interesado en alguna de las Asociaciones exceptuadas en el art. 3, podrá decretar una visita de inspección para comprobar si la Sociedad exceptuada ejecuta operaciones por las cuales deba dejar de serlo, sometiéndose á los preceptos de esta ley. Si la sospecha ó la denuncia que motivó la visita resultase fundada, incurrirá la entidad culpable en la penalidad establecida en el art. 32.

Igualmente procederá la Inspección por sí ó ante denuncia regular de un particular ó de una Sociedad contra cuantas entidades empleen indebidamente en sus anuncios, títulos ó prospectos de negocios las palabras «seguro», «contraseguro», «coaseguro» ó «reaseguro».

Cuando la denuncia hecha por un particular ó entidad contra una Compañía de Seguros resultare falsa, sin perjuicio de las responsabilidades penales á que ello diere lugar, se insertará, á cargo y coste del falso denunciante en la *Gaceta de Madrid* y en dos de los periódicos de mayor circulación de la localidad donde tuviere su domicilio la entidad denunciada, el acta de comprobación de la falsedad de la imputación, una vez autorizada su inserción por el comisario general de Seguros, oída la Junta consultiva.

39. Los contratantes que otorguen ó cumplimenten contratos infringiendo lo dispuesto en el art. 20, párrafo 2, no podrán invocar ante los Tribunales españoles las cláusulas de los mismos ni la ejecutoria ganada en los Tribunales extranjeros.

Incurrirán además solidariamente la entidad aseguradora, su agente y el tenedor de la póliza, en las responsabilidades pecuniarias determinadas en los artículos 32, 33 y 34 de esta ley y en las definidas en las leyes de Hacienda.

Disposiciones transitorias.

1. Esta ley empezará á regir á los seis meses de su promulgación, á cuyo efecto tres meses antes estará publicado por el Ministerio de Fomento el reglamento provisional para su aplicación.

2. El reglamento definitivo redactado por la Junta consultiva y aprobado por el Ministerio de Fomento, oído el Consejo de Estado, comenzará á regir á los doce meses de la promulgación de esta ley.

3. Las Sociedades aseguradoras en funcionamiento al promulgarse esta ley que no pertenezcan al número de las exceptuadas en el art. 3, presentarán en el blazo de cuatro meses, á contar desde esta fecha, los documentos exigidos en el art. 2 en sus diferentes números, con la solicitud de inscripción.

Las exceptuadas presentarán los documentos que previene el art. 3.

Las entidades que transcurrido el plazo de cuatro meses no hubieren solicitado la inscripción, se entenderá que optan por no someterse á las prescripciones de la presente ley y prefieren proceder á su liquidación.

A este efecto establecerán en los tres meses siguientes á la expiración del plazo de opción una oficina liquidadora encargada de facilitar á sus asegurados los informes que necesiten relativos á sus pólizas; del cobro y transmisión de las primas y del pago de siniestros, rescates de contratos de seguros sobre la vida, préstamos y rentas vitalicias, de seguir los litigios por cuenta de la Compañía; presentar los documentos que la Inspección les exija, y de cumplir las disposiciones fiscales, y tendrán además la obligación de constituir las reservas matemáticas y de riesgos en curso, según

---

[1] 7° Los que defraudaren haciendo suscribir á otro con engaño algun documento. (La pena aplicable á estos es la misma que queda indicada en la nota anterior.)

Le n° 7 du même article s'appliquera[1], lorsqu'il aura été souscrit frauduleusement, eu égard tant aux garanties légales des entreprises d'assurances de la part de celles-ci, qu'aux propres déclarations de l'assuré de la part de ce dernier, un contrat d'assurances, dans lequel sera prouvée l'existence d'une fraude.

37. En ce qui concerne les sociétés anonymes, la dissolution sera obligatoire quand les pertes auront réduit de moitié le capital social souscrit.

38. Le commissaire général pourra, soit d'office, soit sur la dénonciation d'une entité quelconque ayant pour objet les assurances, soit sur celle d'un associé ou d'une personne intéressée à l'une des associations exceptées par l'art. 3, décréter une visite d'inspection pour vérifier si la société qui bénéficie de l'exception traite des opérations qui auraient pour effet de lui faire perdre l'avantage du régime exceptionnel, et de l'assujettir aux prescriptions de la présente loi. S'il en résulte que le soupçon ou la dénonciation qui ont motivé la visite sont fondés, l'entité coupable encourra la pénalité établie par l'art. 32.

L'Inspection procédera également, soit d'office, soit sur une dénonciation régulière d'un particulier ou d'une société, contre toutes les entités qui emploieraient indûment dans leurs annonces, titres ou prospectus d'affaires, les mots *assurance*, *contre-assurance*, *co-assurance* ou *réassurance*.

Lorsque la dénonciation faite par un particulier ou par une entité contre une compagnie d'assurances sera reconnue fausse, on inscrira dans la *Gaceta de Madrid* et dans deux périodiques de large circulation publiés dans la localité où l'entreprise dénoncée a son siége, à la charge et aux frais de l'auteur de la fausse dénonciation et sans préjudice des responsabilités pénales engagées, le procès-verbal établissant la fausseté de l'imputation, après que cette insertion aura été autorisée par le commissaire général des assurances, la commission consultative entendue.

39. Les contractants, qui auront passé ou complété des conventions au mépris du dispositif du paragraphe second de l'art. 20, ne pourront, ni en invoquer les clauses devant les tribunaux espagnols, ni obtenir l'exéquatur des jugements qu'ils auraient obtenus devant les tribunaux étrangers.

En outre, l'entreprise d'assurances, son agent et le porteur de la police encourront solidairement les responsabilités pécuniaires énoncées dans les articles 32, 33 et 34 de la présente loi et celles déterminées par les lois de finances.

Dispositions transitoires.

1. La présente loi entrera en vigueur dans les six mois de sa promulgation, et, à cet effet, le ministère *de Fomento* publiera, trois mois avant l'échéance de ce terme, un règlement provisoire pour son application.

2. Le règlement définitif élaboré par la Commission consultative et approuvé par le ministère *de Fomento*, le Conseil d'Etat entendu, entrera en vigueur douze mois après la promulgation de la présente loi.

3. Les sociétés d'assurances qui seront en exploitation au moment de la promulgation de la présente loi, et qui ne seront pas au nombre de celles exceptées par l'art. 3, présenteront, dans le délai de quatre mois, à compter de cette date, les documents exigés par les différents numéros de l'art. 2, en même temps que la requête à fin d'immatriculation.

Les sociétés bénéficiant du régime d'exception présenteront les documents prévus par l'art. 3.

Les entités qui auront laissé écouler le délai de quatre mois sans avoir sollicité leur immatriculation, seront réputées avoir opté pour la non-soumission aux prescriptions de la présente loi, et préférer procéder à leur liquidation.

A cet effet, elles institueront dans les trois mois qui suivront l'expiration du délai d'option un bureau de liquidation chargé de procurer à leurs assurés les renseignements dont ils auront besoin au sujet de leurs polices; de pouvoir au payement et à la transmission des primes, au payement des sinistres, au rachat des polices d'assurances sur la vie, des prêts et rentes viagères; de suivre les instances pour le compte de la compagnie; de présenter les documents exigés par l'Inspection et de se conformer aux dispositions fiscales. Ce bureau sera en outre tenu

---

[1] N° 7 du même article: «Ceux qui auront commis une escroquerie en faisant frauduleusement souscrire un document quelconque à autrui.» (La peine applicable à ces derniers est celle indiquée dans la note précédente.)

previenen los artículos 17 y 18 respecto de todos los contratos de seguros que tengan pendientes.

Serán nulos todos los contratos de seguros que estas entidades celebren con posterioridad á la fecha de la promulgación de la presente ley.

Las Compañías ó entidades de seguros que se creen desde la fecha de la promulgación de la ley, se someterán desde luego á todas las disposiciones de la ley, considerándose á este efecto como en funcionamiento, en la fecha de empezar á regir sus preceptos.

Toda infracción de las precedentes disposiciones llevará consigo la multa de 25.000 pesetas, que se hará inmediatamente efectiva, sin perjuicio de los procedimientos legales á que hubiere lugar.

Esta disposición transitoria será aplicable á las entidades cuya inscripción fuere definitivamente denegada.

4. Las entidades aseguradoras que soliciten su inscripción en el Registro, estarán sometidas á lo dispuesto en esta ley y en el reglamento que para su aplicación se dicte, y tomarán las medidas necesarias para que transcurridos seis meses desde la fecha de la promulgación de esta ley sean aplicados sus preceptos á todos los contratos entonces en curso y á los que se celebren en lo sucesivo.

A la solicitud de inscripción acompañarán los documentos exigidos en el art. 2 con las excepciones siguientes: a) Las entidades que no deban su existencia á una escritura social podrán presentar en vez de ella testimonio ó copia fehaciente de la disposición del Poder público que les haya dado vida; — b) El depósito de garantía exigido por el art. 43 de la ley de Presupuestos de 30 de Junio de 1895, y en su caso el exigido por el Real decreto del Ministro de la Gobernación de 27 de Agosto de 1900, podrá quedar afecto al cumplimiento del precepto 7 del art. 2, y el exceso, si lo hubiere, se computará para los depósitos exigidos por esta ley por razón de reservas.

5. Las Compañías ó entidades que no tengan desembolsado el 25 por 100 del capital social que se exige por el apartado 4 del art. 2, serán dispensadas de hacerlo si la reserva estatutaria que hubieren acumulado, sumada al desembolso efectivo realizado por los accionistas, alcanzare una cifra igual á dicho 25 por 100.

6. Se concede á las Compañías aseguradoras inscritas un plazo de cinco años para que en la proporción mínima anual de una quinta parte sustituyan los valores de su cartera afectos á las reservas que no pertenezcan á los incluídos en la lista, cuya redacción, publicación y rectificación determinará el reglamento con arreglo al art. 17 de esta ley.

Asimismo se concede á las Compañías ó entidades aseguradoras un plazo igual para que, en la proporción indicada, puedan completar el desembolso del 25 por 100 del capital social.

El reglamento determinará también la forma de publicación y rectificación de la lista de valores en que habrán de invertirse las cantidades recaudadas por las Asociaciones á que se refiere el art. 12.

Por tanto mandamos á todos los Tribunales, Justicias, Jefes, Gobernadores y demás Autoridades, así Civiles como Militares y Eclesiásticas, de cualquier clase y dignidad, que guarden y hagan guardar, cumplir y ejecutar la presente ley en todas sus partes.

Dado en Palacio á catorce de Mayo de 1908. — Yo el Rey. — El Ministro de Fomento, Augusto González Besada.

Reglamento provisional
de 26 de julio de 1908 para la aplicación de la Ley de 14 de mayo de 1908 acerca del registro é inspección de las Empresas de seguros.

Por Real Decreto de 26 de julio de 1908, publicado en la Gaceta de 12 de agosto del mismo año, se aprobó este Reglamento que contiene 122 artículos y 19 disposiciones transitorias.

Está dividido el Reglamento en 7 capítulos cuyos epígrafes y subdivisiones son como siguen:

de constituer les réserves mathématiques et celles concernant les risques courants aux termes des articles 17 et 18, en ce qui concerne tous leurs contrats d'assurances en cours.

Seront nuls, tous les contrats d'assurances que ces entités passeraient postérieurement à la date de la promulgation de la présente loi.

Les compagnies d'assurances ou entités qui se créeraient postérieurement à le promulgation de la présente loi, seront immédiatement soumises à toutes ses dispositions, et seront considérées, à cet effet, comme fonctionnant à la date où ses dispositions ont commencé à être en vigueur.

Toute infraction aux précédentes dispositions emportera avec elle une amende de 25 000 *pesetas*, qui sera immédiatement recouvrée, sans préjudice des instances légales, s'il échet.

Cette disposition transitoire s'appliquera aux entités, auxquelles l'immatriculation aura été définitivement refusée.

4. Les entités ayant pour objet les assurances qui sollicitent leur immatriculation au Registre, seront soumises aux dispositions de la présente loi et du règlement édicté pour son application, et devront prendre les mesures nécessaires pour que ces dispositions soient appliquées, après l'expiration d'un délai de six mois à compter de sa promulgation, à tous les contrats alors en cours et à ceux qui seront passés ultérieurement.

A la requête à fin d'immatriculation seront joints les documents exigés par l'art. 2, sauf les exceptions ci-après: a) Les entités qui ne tirent pas leur existence d'un acte de société, pourront présenter, aux lieu et place de celui-ci, une attestation ou une copie faisant foi de la disposition du Pouvoir Exécutif qui leur a donné naissance; — b) Le dépôt de garantie exigé par l'art. 43 de la loi budgétaire du 30 juin 1895, et, le cas échéant, celui qui est exigé par le décret royal du ministre de l'Intérieur du 27 août 1900, pourra demeurer affecté à l'exécution de la septième disposition de l'art. 2, et l'excédent, s'il en existe, sera versé pour la constitution des dépôts prescrits par la présente loi pour la formation des réserves.

5. Les compagnies ou entités qui n'auront pas versé 25% de leur capital social, ainsi que l'exige le numéro 4 de l'art. 2, seront dispensées d'effectuer ce versement, si leur réserve statutaire accumulée et représentant le total des versements effectivement réalisés par les actionnaires, atteint un chiffre égal aux dits 25%.

6. Il est accordé aux Compagnies d'assurances immatriculées un délai de cinq ans pour leur permettre de remplacer, dans la proportion d'un cinquième au moins par an les valeurs de leur portefeuille affectées à leurs réserves et qui ne figurent pas sur la liste, dont la rédaction, la publication et la rectification seront déterminées par le règlement pris aux termes de l'art. 17 de la présente loi.

De même, il est concédé aux entités et aux compagnies d'assurances un délai égal, pour leur permettre de compléter, dans la proportion indiquée, le versement du quart de leur capital social.

Le règlement déterminera également la forme de la publication et de la rectification de la liste des valeurs, en lesquelles devront être converties les sommes perçues par les associations visés dans l'art. 12.

En conséquence, Nous ordonnons à tous tribunaux, justices, directeurs, gouverneurs et aux autres autorités, tant civiles que militaires et ecclésiastiques, quels que soient leur ordre ou leur rang, de maintenir et de faire maintenir, d'accomplir et d'exécuter la présente loi dans toutes ses parties.

Donné au Palais, le 14 mai 1908. — Moi, le Roy. — Le Ministre de *Fomento*: Augusto Gonzalés Besada.

Règlement provisoire

du 26 juillet 1908 pour l'application de la loi du 14 mai 1908, sur l'immatriculation et l'inspection des entreprises d'assurances.

Le présent règlement, qui contient 122 articles et 19 dispositions transitoires, a été approuvé par décret royal du 26 juillet 1908, publié dans la *Gaceta* du 12 août de la même année.

Ce règlement est divisé en sept chapitres, dont les titres et les subdivisions sont les suivantes:

Capítulo I. Disposiciones generales. — Capítulo II. De la inscripción. a) De
la solicitud y documentos anexos. b) De la presentación de las bases técnicas. c) Del
depósito necesario. d) Requisitos especiales para las Empresas extranjeras. e) De
las entidades exceptuadas. f) De la resolución de la solicitud. — Capítulo III.
De la publicidad y de las garantías. I. De la constitución y administración de las
Asociaciones en forma tontina. — II. De la administración de las Empresas de seguros.
a) De los documentos, libros y registros. b) De las cuentas de cada ejercicio. c) Contabilidad especial para España de las Compañías extrangeras. d) De las aclaraciones
pedidas por la inspección de seguros. — III. De la gestión técnica. a) Reserva
matemática de primas del seguro sobre la vida. b) De la reserva de riesgos en curso.
c) De la inversión de las reservas. d) De la forma de acreditar la inversión de las
reservas. e) Del depósito relativo á las reservas. — Capítulo IV. De la Junta consultiva de seguros. a) De la constitución. b) Del Comisario general. c) Atribuciones
de la Junta consultiva. d) Funcionamiento. — Capítulo V. Objeto y organización
de la Inspección de seguros. a) Del personal y su nombramiento. b) De la fianza
y juramento. c) Del ejercicio de la acción investigadora. d) Del Boletin oficial de
Seguros. e) Del impuesto especial. — Capítulo VI. De la aplicación de las penalidades. — Capítulo VII. Disposiciones transitorias.

Este Reglamento ha de aplicarse á toda persona ó entidad individual ó colectiva,
nacional ó extranjera que se dedique en España á las operaciones de seguros ó rease-
guros, sea cualquiera su forma ó denominación. Para poder dedicarse á ello es
forzosa la previa inscripción en el Registro establecido al efecto, no pudiendo dedicar
sus fondos ni su actividad á otra cosa que la que constituya el objeto de la empresa
ó sociedad. La inscripción ha de solicitarse por escrito y la solicitud ha de contener
los pormenores todos que previene el Reglamento y ha de ir tambien acompañada
de los documentos que en él se previenen. Quedan exceptuadas de la constitución
del depósito legal las sociedades de seguros contra accidentes del trabajo que acrediten
de un modo fehaciente que tienen á disposición del Gobierno la fianza inicial de
225.000 pesetas. Las asociaciones mutuas de esta clase bastará que acrediten una
fianza de 5.000. Las Empresas ó Sociedades extranjeras habrán de acreditar: que
se hallan constituidas legalmente en su pais, que tienen un Delegado general nombrado para España, un domicilio legal en la misma y que se someten á la jurisdicción de los Tribunales españoles en todo lo que á sus operaciones en España
se refiere. Quedan exceptuados del cumplimiento de lo prevenido en este Reglamento los seguros de transportes terrestres y marítimos y los Montepios, Sociedades
de socorros mutuos y demás Asociaciones de beneficencia de mutuo auxilio, las que
habrán de comunicar sin embargo, sus Estatutos á la Inspección general. Las
inscripciones de Empresas ó Sociedades que se acuerden se harán publicar en la
Gaceta de Madrid y las denegaciones de inscripción que habrán de ser fundadas,
podrán impugnarse por la via contenciosa. Los acuerdos favorables á la inscripción
caducan al año de la fecha de su publicación en la Gaceta.

Las demás prescripciones del Reglamento son de tal manera minuciosas que
su extracto haría interminable esta nota.

Tratados de comercio y otras convenciones comerciales vigentes.

Alemania. — 12 de Febrero de 1899. — Canje de notas. Simple claúsula de la nación
más favorecida, excepto las concesiones hechas á Portugal. Contratado por
5 años. Denunciable, pasado dicho plazo, con un año de anticipación. Hoy
prorrogado *sine die*. No se publicó en la Gaceta, pero para su ejecución se
dictó la Real orden del Ministerio de Hacienda de 26 de Junio del mismo año,
publicada en la Gaceta del 30.

Annam. — 29 de Junio de 1892. — Concesión unilateral del trato de la nación más
favorecida excepto las concesiones especiales hechas á Portugal. Esta concesión
se hizo por Real orden, publicada en la Gaceta de 1.° de Julio del mismo año.

Chapitre I. Dispositions Générales. — Chapitre II. De l'immatriculation.
a) De la requête à fin d'immatriculation et des documents à y annexer. b) De
la présentation des bases techniques. c) Du dépôt obligatoire. d) Des conditions
spéciales imposées aux entreprises étrangères. e) Des entités vivant sous un régime
exceptionnel. f) De la réponse faite à la requête. — Chapitre III. De la publicité
et des garanties. I. De la constitution et de l'administration des associations de
forme tontinière. — II. De l'administration des entreprises d'assurances. a) Des
documents, livres et registres. b) Des comptes de chaque exercice. c) De la comptabilité spéciale pour l'Espagne des compagnies étrangères. d) Des éclaircissements
demandés par l'Inspection des Assurances. — III. De la gestion technique. a) De
la réserve mathématique des primes de l'assurance sur la vie. b) De la réserve
relative aux risques en cours. c) De la conversion des réserves. d) De la forme
dans laquelle il doit être justifié de la conversion des réserves. e) Du dépôt relatif
aux réserves. — Chapitre IV. De la Commission consultative des Assurances. a) De
sa constitution. b) Du Commissaire général. c) Attributions de la Commission
consultative. d) De son fonctionnement. — Chapitre V. De l'objet et de l'organisation
de l'Inpection des Assurances. a) Du personnel et de sa nomination. b) Du cautionnement et du serment. c) De l'exercice du droit d'investigation. d) Du *Bulletin
Officiel des Assurances*. e) De l'impôt spécial. — Chapitre VI. De l'application
des pénalités. — Chapitre VII. Dispositions transitoires.

Ce règlement doit être appliqué à toute personne ou entité individuelle ou
collective, nationale ou étragne, qui traite en Espagne des opérations d'assurance
ou de réassurance, quelles que soient leur forme ou leur dénomination. Pour être
admis à se livrer à l'industrie de l'assurance, il est obligatoire de s'être au préalable
fait immatriculer dans le Registre tenu à cet effet, et il n'est pas permis de consacrer ses fonds ni son activité à autre chose qu'à ce qui constitue l'objet de l'entreprise ou de la société. L'immatriculation doit être sollicitée par écrit, et la requête
doit contenir tous les détails prévus par le règlement, de même qu'être accompagnée
des documents prescrits par celui-ci. Demeurent exemptées de la constitution
du dépôt légal, les sociétés d'assurance contre les accidents du travail, qui justifient
d'une manière qui fait foi, qu'elles tiennent à la disposition du Gouvernement
le cautionnement initial de 225000 *pesetas*. Pour les assurances mutuelles de cette
branche, il suffira de justifier d'un cautionnement de 5000 *pesetas*. Les entreprises
et sociétés étrangères devront justifier: qu'elles sont légalement constituées dans
leur pays d'origine, qu'elles ont un délégué général nommé pour l'Espagne un
siége social dans ce pays, et qu'elles se soumettent à la juridiction des tribunaux
espagnols pour tout ce qui se rapporte à leurs opérations traitées en Espagne. Demeurent exemptées de l'obligation de se conformer au Règlement, les assurances
de transports terrestres et maritimes et les associations de secours, les sociétés
de secours mutuels et les autres associations de bienfaisance de secours mutuel,
qui seront, toutefois, tenues de communiquer leurs statuts à l'Inspection Générale.
Les immatriculations des entreprises et des sociétés agréées seront publiées dans
la *Gaceta de Madrid*, et les refus d'immatriculation, — lesquels devront être motivés, — pourront être attaqués par la voie contentieuse. Les décisions favorables
à l'immatriculation deviennent caduques un an après leur publication dans la *Gaceta*.

Les autres prescriptions du Règlement sont à ce point minutieuses, que leur
simple sommaire rendrait cette note interminable.

Traités de commerce et autres conventions commerciales en vigueur.

Allemagne. — 12 février 1899. — Echange de protocoles. Simple clause de la nation
la plus favorisée, sauf les exceptions consenties en faveur du Portugal. Traité
passé pour cinq années. Dénonciation facultative à l'expiration de ce délai,
en prévenant un an d'avance. Aujourd'hui ce traité est prorogé *sine die*. Il
n'a pas été publié dans la *Gaceta*, mais son exécution a été assurée par ordre
royal du ministère de l'*Hacienda* en date du 26 juin de la même année, publié
dans la *Gaceta* du 30 du même mois.

Annam. — 29 juin 1892. — Concession unilatérale du traitement de la nation la
plus favorisée, sauf les concessions spéciales consenties au Portugal. Cette
concession a été faite par un ordre royal publié dans la *Gaceta* du 1er juillet
de la même année.

Andorra. — 17 de Agosto de 1867. — Cambio de notas concediendo franquicia de
Aduanas. Publicado en la Colección Legislativa, tomo 98, página 77.

Argentina. — 29 de Junio de 1892. — Lo mismo que Annam.

Austria-Hungria. — 15/22 de Enero de 1895. — Canje de notas. Sin especial periodo
de denuncia. Simple claúsula de la nación más favorecida, excepción de las
concesiones especiales hechas á Portugal. No publicado en la Gaceta.

Bélgica. — 14/22 de Diciembre de 1894. — Igual que el anterior.

Bolivia. — 29 de Junio de 1892. — Lo mismo que Annam.

Colombia. — 23 de Junio de 1906. — Concesión unilateral de la 2.ª columna del
Arancel de Aduanas de España, sin las modificaciones introducidas en la
misma por los tratados. El Real Decreto de aprobación del texto definitivo
de los Aranceles se publicó en la Gaceta de 28 del mismo mes y año.

Costa-Rica. — 29 de Junio de 1892. — Lo mismo que Annam.

Cuba. — 10 de Diciembre de 1898. — Tratado de Paris con los Estados Unidos.
Asimilación recíproca á los nacionales de los buques de la otra parte contratante, salvo los privilegios especiales otorgados á los buques nacionales en
comercio de cabotaje. Franquicia arancelaria de las obras científicas, lite-
rarias y artísticas en las Aduanas de la Isla. Publicado en la Gaceta de 3 de
Mayo de 1899.

Chile. — 29 de Junio de 1892.— Lo mismo que Annam.

China. — 29 de Junio de 1892. — Lo mismo que Annam.

Dinamarca. — 4 de Julio de 1893. — Convenio. Claúsula de la nación más favorecida,
limitado á un cuadro determinado de mercancias. Publicado en la Gaceta de
25 de Agosto de 1894.

Egipto. — 29 de Junio de 1892. — Lo mismo que Annam.

El Ecuador. — 23 de Junio de 1906. — Lo mismo que Columbia.

Estados-Unidos de Norte América. — 1.º Agosto de 1906. — Convenio. Claúsula
de la nación más favorecida (sección 3ª de la tarifa americana, 2.ª columna
del Arancel español y régimen contractual por parte de España) salvo los beneficios concedidos por los Estados-Unidos á Cuba y por España á Portugal.
Plazo de duración un año. Denunciable en cualquier tiempo con plazo de un año,
salvo si alguna de las partes contratantes negase la aplicación de alguna ventaja
arancelaria á la otra, en cuyo caso esta queda desde el mismo momento libre de
todas sus obligaciones. Publicados en la Gaceta de 30 de Agosto del mismo año.

Filipinas. — 10 de Diciembre de 1898. — Tratado de Paris celebrado con los Estados-
Unidos. Concedido el mismo trato á los buques y mercancias españolas que
á los de los Estados-Unidos. Duración 10 años á contar del 11 de Abril de 1899.
Publicado en la Gaceta de 3 de Mayo de 1899.

Francia y Argelia. — 29 de Setiembre de 1906. — Canje de notas. Claúsula simple
de la nación más favorecida, excepto las concesiones hechas á Portugal. Duración *sine die*, denunciable con 3 meses de anticipación. Publicado en la Gaceta
de 1.º de Diciembre del mismo año.

Gran Bretaña y sus Colonias. — 20/29 de Junio de 1894. — Canje de notas. Claúsula
simple de la nación más favorecida, excepto las concesiones especiales hechas
á Portugal. Cada una de las Colonias británicas puede en cualquier tiempo
separarse de lo convenido. Prorrogado por tiempo indefinido, con periodo de
denuncia de 6 meses por el canje de notas de 28/29 de Diciembre del mismo año.
No se publicó en la Gaceta; pero por la Ley de 10 de Julio del mismo año. (Gaceta
del 28) se confirmó este convenio.

Grecia. — 23 de Setiembre de 1903. — Tratado de comercio y navegación. Claúsula
simple de la nación más favorecida, excepto las concesiones especiales hechas
á Portugal. Denunciable en todo tiempo con un año de plazo. Publicado en
la Gaceta de 25 de Noviembre de 1904.

Guatemala. — 29 de Junio de 1892. — Lo mismo que Annam.

Havay. — 29 de Junio de 1892. — Lo mismo que Annam.

Japón. — 15 de Mayo de 1911. — Tratado de comercio y navegación. Convenio
especial. Claúsula simple de la nación más favorecida, excepto las concesiones
especiales hechas à Portugal. Duración 5 años. Denunciable despues de este
plazo con un año de anticipación. Publicado en la Gaceta de 3 de abril de 1901.

Andorre. — 17 août 1867. — Echange de notes concernant la franchise douanière. Publiées dans la Collection Législative, tome 98, page 77.

République Argentine. — 29 juin 1892. — Même traité qu'avec l'Annam.

Autriche-Hongrie. — 15/22 janvier 1895. — Echange de notes. Aucun délai spécial de dénonciation. Simple clause de la nation la plus favorisée, sauf en ce qui concerne les concessions spéciales accordées au Portugal. Traité non publié dans la *Gaceta*.

Belgique. — 14/22 décembre 1894. — Pareil au traité précédent avec le même pays.

Bolivie. — 29 juin 1892. — Le même qu'avec l'Annam.

Colombie. — 23 juin 1906. — Concession unilatérale de la deuxième colonne du tarif espagnol des douanes, moins les modifications y introduites en vertu de traités. Le décret royal d'approbation du texte définitif des tarifs a été publié dans la *Gaceta* du 28 du même mois de la même année.

Costa-Rica. — 29 juin 1892. — Le même qu'avec l'Annam.

Cuba. — 10 décembre 1898. — Traité de Paris avec les Etats-Unis. Assimilation réciproque aux navires nationaux de ceux appartenant à chacune des parties contractantes, sauf les priviléges spéciaux accordés aux navires nationaux pour le commerce de cabotage. Franchise douanière pour les ouvrages scientifiques, littéraires et artistiques, à l'entrée dans l'Ile. Publié dans la *Gaceta* du 3 mai 1899.

Chili. — 29 juin 1892. — Le même qu'avec l'Annam.

Chine. — 29 juin 1892. — Le même qu'avec l'Annam.

Danemark. — 4 juillet 1893. — Convention. Clause de la nation la plus favorisée, limitée à des espèces déterminées de marchandises. Publiée dans la *Gaceta* du 25 août 1894.

Egypte. — 29 juin 1892. — Le même qu'avec l'Annam.

Equateur. — 23 juin 1906. — Même traité qu'avec la Colombie.

Etats-Unis de l'Amérique du Nord. — 1er août 1906. — Convention. Clause de la nation la plus favorisée (section 3 du tarif américain, 2e colonne du tarif espagnol et régime contractuel de la part de l'Espagne), sauf les concessions spéciales consenties par les Etats-Unis en faveur de Cuba, et par l'Espagne en faveur du Portugal. Délai de validité: un an. Ce traité est susceptible d'être dénoncé en tout temps en prévenant un an d'avance, sauf le cas où l'une quelconque des parties viendrait à refuser à l'autre le bénéfice d'un avantage de tarif, auquel cas celle-ci serait affranchie, à ce moment même, de toutes ses obligations. — *Gaceta* du 30 août de la même année.

Philippines. — 10 décembre 1898. — Traité de Paris avec les Etats-Unis. Concession du même traitement aux navires et aux marchandises espagnols et à ceux des Etats-Unis. Durée du traité: dix ans, à compter du 11 avril 1899. Publié dans la *Gaceta* du 3 mai 1899.

France et Algérie. — 29 septembre 1906. — Échange de notes. Clause pure et simple de la nation la plus favorisée, sauf les concessions spéciales faites au Portugal. Durée indéfinie. Dénonciation possible en prévenant trois mois d'avance. Publié dans la *Gaceta* du 1er décembre de la même année.

Grande-Bretagne et Colonies. — 20/29 juin 1894. — Echange de notes. Clause pure et simple de la nation la plus favorisée, sauf les concessions spéciales consenties en faveur du Portugal. Chacune des colonies britanniques pourra, à tout moment, renoncer à la convention. Le traité, prorogé pour un temps indéfini, pourra, en vertu de l'échange de notes des 28/29 décembre de la même année, faire l'objet d'une dénonciation en prévenant six mois d'avance. Il n'a pas été publié dans la *Gaceta*, mais la loi du 10 juillet de la même année, publiée dans la *Gaceta* du 28, l'a confirmé.

Grèce. — 23 septembre 1903. — Traité de commerce et de navigation. Clause pure et simple de la nation la plus favorisée, sauf les concessions spéciales consenties au Portugal. Peut être dénoncé en tout temps, en prévenant un an d'avance. Publié dans la *Gaceta* du 25 novembre 1904.

Guatémala. — 29 juin 1892. — Le même qu'avec l'Annam.

Haway. — 29 juin 1892. — Le même qu'avec l'Annam.

Japon. — 28 mars 1900. — Convention spéciale. Clause pure et simple de la nation la plus favorisée, sauf les concessions consenties au Portugal. Ce traité conclu pour une durée de 5 ans peut être dénoncé à partir de l'expiration de ce délai en prévenant un an d'avance. Publié dans la *Gaceta* du 3 avril 1901.

Luxemburgo. — 29 de Junio de 1892. — Lo mismo que Annam.

Marruecos. — 29 de Junio de 1892. — Lo mismo que Annam.

México. — 29 de Junio de 1892. — Lo mismo que Annam.

Nicaragua. — 29 de Junio de 1892. — Lo mismo que Annam.

Noruega. — 27 de Junio de 1892. — Tratado de comercio y navegación. Tarifa contractual y claúsula de la nación más favorecida para un cuadro determinado de mercancias, á excepción de las concesiones hechas á Portugal. Denunciable desde 5 de Febrero de 1905. Modificado en 7 de Octubre de 1895, 30 de Junio de 1897, 25 de Agosto de 1903 y 5 de Febrero de 1904. Se publicó en la Gaceta de 1º de Noviembre de 1893 y las modificaciones, en las de 31 de Diciembre de 1895, 7 de Julio de 1897, 19 de Febrero y rectificación de 21 del mismo de 1904.

Paises-Bajos. — 12 de Julio de 1892. — Declaración. Para España, claúsula de la nación más favorecida. Para los Paises-Bajos, tarifa contractual y claúsula de la nación más favorecida para determinado cuadro de mercancias. Modificado por otra declaración de 13 de Noviembre de 1899. Denunciable con un año de anticipación. Se publicó en la Gaceta de 14 de Diciembre de 1893.

Paraguay. — 29 de Junio de 1892. — Lo mismo que Annam.

Persia. — 29 de Junio de 1892. — Lo mismo que Annam.

Peru. — 29 de Junio de 1892. — Lo mismo que Annam.

Portugal. — 27 de Marzo de 1893. — Tratado de comercio y navegación. Tarifa contractual con amplias concesiones en baja. Claúsula de la nación más favorecida general. Duración 10 años, prorrogado de 5 en 5, caso de no haber sido denunciado antes de comenzar el quinquenio siguiente. Convenio para su ejecución de 29 de Junio de 1894. Publicados en las Gacetas de 29 de Setiembre de 1893 y 4 de Julio de 1894.

Rusia. — 2/6 de Enero de 1899. — Canje de notas. Claúsula simple de la nación más favorecida, excepto las concesiones especiales hechas á Portugal. No publicado en la Gaceta.

Salvador. — 29 de Junio de 1892. — Lo mismo que Annam.

Siam. — 29 de Junio de 1892. — Lo mismo que Annam.

Suecia. — 27 de Junio de 1892. — Tratado de comercio y navegación como el de Dinamarca. Publicado en la Gaceta de 1.º de Noviembre de 1893.

Suiza. — 1.º Setiembre de 1906. — Tratado de comercio. Tarifa contractual. Claúsula general de la nación más favorecida, excepto las concesiones especiales hechas á Portugal. Duración hasta 31 de Diciembre de 1917. Denunciable con 12 meses de anticipación. Prorrogable de año en año. Publicado en la Gaceta de 20 de Noviembre del mismo año.

Tunez. — 12 de Enero de 1897. — Declaración entre España y Francia comprendiendo en el régimen francés las relaciones comerciales con dicho pais. Publicado en la Gaceta de 23 de Febrero del mismo año, el Real Decreto confirmatorio de esta declaración de fecha 22 del mismo.

Turquía. — 29 de Junio de 1892. — Lo mismo que Annam.

Uruguay. — 29 de Junio de 1892. — Lo mismo que Annam.

Venezuela. — 29 de Junio de 1892. — Lo mismo que Annam.

Nota. Que afecten especialmente al derecho mercantil no tiene España ningun tratado ni convención particular por cuanto los extranjeros en España pueden lo mismo que los españoles ejercer el comercio sin traba ni cortapisa especial alguna por virtud de lo prescrito en el artículo 15 de Código de Comercio vigente. Por lo demás España se ha adherido á los Convenios Universales sobre correos, telégrafos y protección de marcas de fábrica, de comercio y privilegios de invención.

Luxembourg. — 29 juin 1892. — Même traité qu'avec l'Annam.

Maroc. — 29 juin 1892. — Même traité qu'avec l'Annam.

Mexique. — 29 juin 1892. — Même traité qu'avec l'Annam.

Nicaragua. — 29 juin 1892. — Même traité qu'avec l'Annam.

Norvége. — 27 juin 1892. — Traité de commerce et de navigation. Tarif contractuel et clause de la nation la plus favorisée pour certaines catégories de marchandises et à l'exception des concessions faites au Portugal. Ce traité peut être dénoncé depuis le 5 février 1905. Il a été modifié les 7 octobre 1895, 30 juin 1897, 25 août 1903 et 5 février 1904, et a été publié dans la *Gaceta* du 1er novembre 1893. Les modifications ont paru dans les numéros des 31 décembre 1895, 7 juillet 1897, 19 et 21 février 1904; ce dernier numéro contenant une rectification.

Pays-Bas. — 12 juillet 1892. — Déclaration. Pour l'Espagne, clause de la nation la plus favorisée. Pour les Pays-Bas, tarif contractuel et clause de la nation la plus favorisée pour certaines sortes de marchandises. Modifié par une nouvelle déclaration du 13 novembre 1899. Peut être dénoncé en prévenant un an d'avance. Publié dans la *Gaceta* du 14 décembre 1893.

Paraguay. — 29 juin 1892. — Même traité qu'avec l'Annam.

Perse. — 29 juin 1892. — Même traité qu'avec l'Annam.

Pérou. — 29 juin 1892. — Même traité qu'avec l'Annam.

Portugal. — 27 mars 1893. — Traité de commerce et de navigation. Tarif contractuel avec d'amples concessions sous forme de rabais de droits. Clause générale de la nation la plus favorisée. Durée: dix ans, avec prorogations de cinq en cinq ans, en cas de non-dénonciation avant le commencement d'un quinquennat. Convention pour l'exécution du traité, en date du 29 juin 1894. Publication dans la *Gaceta*: 29 septembre 1893 et 4 juillet 1894.

Russie. — 2/6 janvier 1899. — Echange de notes. Clause pure et simple de la nation la plus favorisée, sauf les concessions spéciales faites au Portugal. Non publié dans la *Gaceta*.

Salvador. — 29 juin 1892. — Même traité qu'avec l'Annam.

Siam. — 29 juin 1892. — Même traité qu'avec l'Annam.

Suède. — 27 juin 1892. — Traité de commerce et de navigation pareil à celui conclu avec le Danemark. Publié dans la *Gaceta* du 1er novembre 1893.

Suisse. — 1er septembre 1906. — Traité de Commerce. Tarif contractuel. Clause générale de la nation la plus favorisée, sauf les concessions spéciales consenties au Portugal. Durée: jusqu'au 31 décembre 1917. Délai de dénonciation: douze mois. La convention est prorogeable d'année en année; elle a été publiée dans la *Gaceta* du 20 novembre 1906.

Tunis. — 12 janvier 1897. — Déclaration passée entre l'Espagne et la France et plaçant sous le régime français les relations commerciales de l'Espagne et de la Tunisie. Publiée dans la *Gaceta* du 23 février de la même année. Le décret royal qui confirme la déclaration susdite porte la date du 22 du même mois.

Turquie. — 29 juin 1892. — Même traité qu'avec l'Annam.

Uruguay. — 29 juin 1892. — Même traité qu'avec l'Annam.

Vénézuéla. — 29 juin 1892. — Même traité qu'avec l'Annam.

Note. L'Espagne ne possède aucun traité ni aucune convention particulière affectant spécialement le droit commercial. En conséquence, les étrangers peuvent exercer le commerce en Espagne de la même manière que les nationaux, sans aucune restriction ni entrave, suivant ce qui est prescrit à l'art. 15 du Code de Commerce en vigueur. — Au demeurant, l'Espagne a adhéré aux Conventions universelles concernant les Postes et Télégraphes, la protection des marques de fabrique et de commerce et les brevets d'invention.

Índice.

Table des matières.

Código de Comercio.

Libro primero. De los comerciantes y del comercio en general.

Libro segundo. De los contratos especiales del comercio.

Code de Commerce.

Livre premier. Des commerçants et du commerce en général.

Livre deuxième. Des contrats spéciaux du commerce.

Leyes Complementarias.

Lois complémentaires.

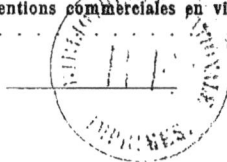

TYPOGRAPHIE SPAMER, LEIPZIG

LIBRAIRIE GÉNÉRALE DE DROIT & DE JURISPRUDENCE

ANCIENNE LIBRAIRIE CHEVALIER-MARESCQ & Cie et ANCIENNE LIBRAIRIE F. PICHON RÉUNIES

F. PICHON et DURAND-AUZIAS, ADMINISTRATEURS. Librairie du Conseil d'État
et de la Société de Législation comparée

20, rue Soufflot, PARIS (5e arrondt)

LES
LOIS COMMERCIALES
DE L'UNIVERS

RECUEIL COMPRENANT L'ENSEMBLE DES TEXTES RELATIFS AU
DROIT COMMERCIAL, AVEC DES RÉFÉRENCES AU DROIT CIVIL,
AUX LOIS D'ORGANISATION JUDICIAIRE ET A LA PROCÉDURE

Textes originaux et commentaires avec traduction française
en regard par de nombreux collaborateurs de tous pays

Directeur:
M. CHARLES LYON-CAEN

Membre de l'Institut de France, Professeur de Droit Commercial à la Faculté de Droit de
l'Université de Paris, Doyen honoraire.

Rédacteurs en Chef: MM.

PAUL CARPENTIER

Avocat à Lille, Ancien Bâtonnier de l'Ordre.

FERNAND DAGUIN

Avocat à la Cour d'Appel de Paris, Secrétaire-
Général de la Société de Législation comparée,
Associé de l'Institut de Droit International.

Secrétaire de la rédaction:
M. HENRI PRUDHOMME

Juge au Tribunal Civil de Lille, Secrétaire-Général de la Société Générale des Prisons.

40 VOLUMES GRAND IN 8º. RENFERMANT ENVIRON 22 400 PAGES

PRIX de la SOUSCRIPTION à L'OUVRAGE COMPLET: Chaque volume,
broché: 43 Fr., relié: 45 Fr. Chaque volume acheté séparément, broché: 52 Fr.,
reliure soignée en demi-chagrin avec coins: 55 Fr.

Prix de l'ouvrage complet:
broché 1720 francs; — relié demi-chagrin 1800 francs.

L'ouvrage sera constamment tenu au courant

L'ouvrage que nous offrons au public, répond à un besoin, que le développement extraordinaire de l'industrie, le progrès constant des moyens de communication, et, par voie de conséquence, l'expansion du commerce international, rendent chaque jour plus pressant. — De plus en plus, au milieu des conflits des lois nationales, dont quelques-unes à peine présentent un commencement d'unification, l'homme d'affaires est intéressé à pouvoir se rendre compte de toutes les suites des opérations qu'il traite avec le dehors, et il est indispensable au légiste d'avoir sous la main des documents soigneusement révisés, contrôlés, classés et traduits, qui lui permettent de donner en toute sécurité des consultations sur des matières de droit étranger. — La science du droit comparé enfin, que de fréquents Congrès internationaux, voire même des assemblées diplomatiques, et l'incessante action d'importantes sociétés scientifiques spéciales ont rapidement fait progresser dans ces derniers temps, réclame la publication d'un tableau complet de l'état actuel du droit commercial, qui est, de sa nature, la plus internationale des branches du droit privé. — Au surplus, le moment paraît bien choisi pour une telle entreprise: depuis trente ans et plus, un effort considérable vers le perfectionnement de ces institutions s'est manifesté chez toutes les nations: des législations éparses ont été codifiées et des réformes profondes menées à bien. Elles peuvent être envisagées comme ayant, pour un certain temps, fixé la physionomie du droit, et mis les textes en rapport et en harmonie avec les besoins de la production et l'expansion du trafic.

Les Lois commerciales de l'Univers, pour atteindre le double but scientifique et pratique précisé plus haut, comprendront notamment des *Introductions historiques* et des *Exposés de la procédure commerciale*, qui permettront à un étranger de se rendre compte de la marche d'un procès, ou, plus généralement, des rapports de la procédure avec le droit commercial. On y trouvera en outre, avec une version française intégrale:

1° tous les Codes de Commerce des pays civilisés, les lois sur le *change*, la *faillite*, les *sociétés* et les textes du *droit maritime;*

2° les textes qui régissent les opérations de bourse, les transports par voie ferrée ou par eau, les assurances commerciales, la propriété industrielle, etc. ... (Il n'est fait usage de l'analyse que pour les dispositions de moindre importance au point de vue du droit international);

3° les Traités de Commerce, de Navigation et d'Etablissement;

4° le Droit commercial coutumier, tel que l'usage et la jurisprudence l'ont établi dans nombre de pays, comme la Grande-Bretagne, les Etats-Unis d'Amérique, les Etats Scandinaves, la Chine, etc. ...

5° une bibliographie complète des principaux ouvrages publiés sur les matières du recueil;

6° les dispositions du Droit administratif, auxquelles renvoie le Droit commercial;

7° une étude comparative des institutions de Droit commercial dans les différents pays et une table analytique;

8° un index comparatif des termes de droit dans toutes les langues, et une table des matières.

Les Lois commerciales de l'Univers, publiées sous la haute direction de M. Charles LYON-CAEN, membre de l'Académie des Sciences Morales et Politiques et Professeur à la Faculté de Droit de l'Université de Paris, par M. Paul CARPENTIER, ancien bâtonnier de l'Ordre des Avocats de Lille, et M. Fernand DAGUIN, avocat à la Cour de Paris et Secrétaire-Général de la Société de Législation Comparée, ne se borneront pas, il faudrait se garder de le croire, à la sèche reproduction des Codes de Commerce et des lois des diverses nations. Le texte original, *placé partout en regard de sa traduction française*, y sera expliqué et commenté par des annotations claires et pratiques, de manière à mettre le lecteur à même d'en étudier aisément l'esprit et de le pénétrer à fond. — Cette œuvre, qui embrasse un si vaste ensemble, s'adresse non seulement aux savants et à tous ceux, qui, — juristes, industriels et négociants, — s'occupent d'affaires internationales mais à de nombreuses administrations publiques, puisque les Consulats, les Tribunaux de presque tous les degrés, les Chambres de Commerce, etc. ... y trouveront réunis sous une forme facile à consulter, les sources authentiques du droit commercial de tous les peuples. — Afin de permettre d'apercevoir le domaine auquel s'étend notre ouvrage, nous ne pouvons mieux faire que de joindre à ce prospectus une vue d'ensemble de certaines de nos sections les plus importantes, telles que l'Autriche, — (la Hongrie faisant naturellement l'objet d'une section particulière,) — la Grande-Bretagne et ses Colonies, les Etats-Unis et l'Allemagne.

AUTRICHE.

Aperçu historique du Droit Commercial.
Bibliographie (7 pages).
Exposé de la Procédure Civile (10 pages).
Coup d'œil sur les Lois Annexes (8 pages).
Code de Commerce.
Lois Annexes.
Loi du 17 décembre 1862, sur la mise en vigueur du
   Code de Commerce.
Loi du 9 avril 1873, sur les associations coopératives
   et économiques.
Ordonnance du 14 mai 1873, sur l'établissement et
   la tenue du Registre des Associations.
Loi du 6 mars 1906, sur les sociétés à responsabilité
   limitée.
Loi du 28 avril 1889, sur l'établissement et l'exploi-
   tation des magasins généraux et sur les titres qu'ils
   délivrent.
Ordonnance du 9 mars 1863, sur l'établissement et la
   tenue du Registre du Commerce.
Ordonnance du 26 avril 1906, modifiant la précédente.
Ordonnance du 20 septembre 1899, portant réglementation des conditions dans lesquelles pourront se
   constituer et fusionner les sociétés par actions.
Étude sur l'autorisation des sociétés étrangères.
Ordonnance du 28 octobre 1865, sur les exceptions au
   droit commun admises en faveur de certains
   établissements de crédit.
Loi du 24 avril 1874, sur les droits des porteurs de
   lettres de gage.
Loi du 24 avril 1874, sur la représentation commune
   des droits des propriétaires d'obligations au porteur
   et sur l'inscription hypothécaire qui leur est accordée.
Loi du 5 décembre 1877, complétant les deux précédentes.

Change.

Introduction.
Ordonnance générale sur le Change.
Loi du 3 avril 1906, sur les chèques.

Faillite.

Introduction.
Loi du 25 décembre 1868, mettant en vigueur l'Ordon-
   nance sur la Faillite.
Ordonnance sur la Faillite.
Loi du 16 mars 1884, sur la contestation des opérations
   conclues par un débiteur insolvable.

Bosnie-Herzégovine.

Introduction (6 pages).
Code de Commerce.
Loi sur le Change (24 juin 1883).
Faillite (Loi du 24 juin 1883).

Législation commune à l'Autriche et à la Hongrie.
Droit maritime.
Code maritime.
Loi du 7 mai 1879, sur l'insertion des navires de commerce
   au Registre Naval.
Diverses ordonnances sur la marine marchande.

Grande Bretagne.

Nous avons dit plus haut que les États anglo-saxons
des deux côtés de l'Atlantique vivaient encore plus ou
moins sous le régime du droit coutumier. Après avoir
jeté un coup d'œil sur la manière dont nous avons reproduit une législation codifiée, on prendra sans doute
quelque intérêt à suivre le développement et l'ordonnance de notre travail sur les pays de coutume.
Nous y avons apporté le plus grand soin, et pour le
Royaume-Uni, nous joignons à un exposé méthodique
de la coutume et du **Common Law**, les derniers documents de jurisprudence et une bibliographie complète,
le tout sous une forme absolument nouvelle.

En outre, comme on le verra plus loin, nous nous sommes
attachés à reproduire la législation de toutes les colonies
britanniques suivantes en un recueil, considérable et
tel qu'il n'en existe point encore à ce jour, ni en Angleterre, ni en Amérique. Il nous suffira, pour en indiquer
la valeur, de donner les noms des savants qui y ont
collaboré.
Ce sont:
M. *Ch. H. Huberich*, Conseiller-ès-lois à Berlin et Paris,
   professeur à l'Université Leland-Stanford junior à Palo-
   Alto (Californie.) (*Canada. — Australasie. — Nouvelle-
   Zélande.*)
M. *Jos. Baptista*, avocat, ancien professeur à l'École de
   Droit du Gouvernement local, à Bombay. (*Empire
   des Indes et Dépendances.*)
M. *R. W. Lee*, professeur à l'Université d'Oxford et
   deux avocats distingués au Barreau de Cape-Town.
   (Afrique du Sud.)
M. *L. Rejalo*, professeur à Malte.

La tâche que nous avons assumée n'était pas moins
ardue en ce qui touche les États-Unis, en raison de
la coexistence de la législation fédérale et du droit
particulier à chaque Etat.
M. *Ch. H. Huberich* a bien voulu en accepter la haute
   direction, et les matières suivantes ont été, entre
   autres, rédigées sous son contrôle par les personnalités
   très qualifiées dont voici la liste:
Introduction générale. — M. *C. H. Huberich.*
Bibliographie. — M. *F. E. Chipman*, avocat à Boston.
Organisation et procédure, judiciaires. — M. *R. T. Devlin*,
   procureur-général des États Unis pour la Californie.
Contrats. — M. *H. W. Ballantine*, professeur à l'Université
   de Montana à Missoula.
Droit des banques. — M. *W. U. Moore*, avocat, professeur
   à l'Université de Wisconsin à Madison.
Valeurs Commerciales. — M. *Donald J. Kiser*, Conseiller-
   ès-lois à Chicago.
Faillite. — M. *J. W. Magrath*, Conseiller-ès-lois, avocat
   à New-York.
*Achat-vente, Agents et commissionnaires et contrat
d'affrètement.* — M. *O. K. Mac-Murray*, professeur à
   l'Université de Californie, à Berkeley.
Sociétés. — M. *J. B. Lichtenberger*, agrégé à l'Université de
   Pensylvanie à Philadelphie.
Sociétés anonymes. — M. *Ch. Andrews Huston*, professeur
   agrégé à l'Université Leland-Stanford junior.
Assurance maritime. — M. *W. R. Vance*, professeur à
   l'Université de Yale à New Haven.
Traités de commerce et droit consulaire. — M. *J. R. Baker*,
   du Ministère des Affaires Étrangères.

Dans chacun de ces traités spéciaux, le texte des lois
fédérales et particulières est illustré d'un commentaire.
Quant à l'ouvrage entier, il est conçu de telle sorte que l'ensemble de la législation commerciale de la grande République se trouve, pour la première fois, réuni et synthétisé.

Citons encore, à titre d'exemple, ce que nous avons
fait pour la législation de l'Allemagne: chacune de ses
parties a été confiée à un spécialiste éminent: la préface générale est l'œuvre de M. le Professeur *Lehmann*,
de l'Université de Goettingen; MM. les Conseillers *Sievers*
et *Könige*, du Tribunal de l'Empire, ont bien voulu se charger respectivement de la *Procédure* et de la matière des
Assurances ; M. *Ritter*, Conseiller à la Cour d'Appel (Tribunal régional supérieur) de Hambourg, de la *Législation
Commerciale en général*, et M. *Brodmann*, Conseiller au
Tribunal de l'Empire à Leipzig, du *Droit maritime.*

C'est, comme on le voit, une véritable encyclopédie que
nous avons instituée au service de la science, de l'industrie
et du commerce, qui trouveront aplanies, grâce aux travaux de nos auteurs, des voies jusqu'ici inaccessibles.

Voici en quels termes l'éminent Directeur des *Lois Commerciales de l'Univers*
présente cet ouvrage au public dans la savante préface dont il l'a fait précéder:

«En publiant les textes avec la traduction française de ces codes et de ces lois en
si grand nombre, en constatant les coutumes qui régissent, pour une large part,
le commerce en Grande-Bretagne et dans les États-Unis d'Amérique, cet ouvrage
fournit aux travailleurs et à tous ceux qui ont à interpréter ou à appliquer les législations commerciales, une réunion de documents unique en son genre. Cet ouvrage
sera un instrument de travail indispensable pour toutes les études de législation

commerciale comparée, pour les législateurs de tous les pays qui auront à compléter ou à modifier leurs lois nationales, pour tous ceux qui, dans la pratique, auront à consulter les lois commerciales de pays autres que celui dont ils sont les ressortissants. Il pourra ainsi contribuer, pour une large part, à faire progresser les législations, à éclairer la pratique et à favoriser un rapprochement entre les lois commerciales, si désirable pour le développement des relations entre les divers pays, et condition essentielle de l'accroissement de la richesse générale et de la consolidation de la paix entre les nations.»

L'ouvrage complet sera divisé en quarante volumes, ainsi répartis:

AMÉRIQUE DU SUD.

1. République Argentine et Uruguay.
2. Colombie.
3. Vénézuela et Equateur.
4. Brésil.
5. Pérou et Bolivie.
6. Chili et Paraguay.

AMÉRIQUE DU NORD.

7 à 10. Etats-Unis.
11. Mexique, Guatémala et Cuba.
12. San-Salvador, République Dominicaine et Nicaragua.
13. Costa-Rica, Honduras, République de Haïti, Panama.

AFRIQUE ET ASIE.

14. Egypte, Libéria, Perse, Chine, Japon, Siam.

EUROPE (Nord et Nord-Est).

15 et 16. Grande Bretagne.
17. Colonies Britanniques, 1e et 3e Parties.
18 et 19. id. 2e Partie.
20. id. 4e Partie.
21 et 22. id. 5e Partie.
23. Suède et Norvège.
24. Danemark.
25. Législation commune des Etats Scandinaves.

EUROPE CENTRALE.

26. France, Colonies et Protectorats Tunis, Maroc, Monaco.
27. Belgique et Luxembourg.
28. Pays-Bas et Colonies Néerlandaises.
29 à 31. Allemagne.
32. Autriche, Bosnie-Herzégovine.
33. Hongrie, Croatie-Esclavonie.
34. Bulgarie et Turquie.

EUROPE ORIENTALE.

35. Russie et Pologne.
36. Finlande, Serbie et Monténégro.

EUROPE MÉRIDIONALE.

37. Espagne.
38. Portugal et Grèce.
39. Italie, République de Saint-Marin, Roumanie.
40. Volume contenant un répertoire synoptique de lois, une table des matières, un index méthodique.
   — Suisse.
Détail des cinq volumes concernant les colonies britanniques:
17. 1e partie. **Amérique du Nord. — Canada.**
18. 2e partie. **Asie.** Empire des Indes avec Ceylan, Strait Settlements.
19. 3e partie. **Asie de Afrique.** Hong-Kong et Wey-Hāi-Wey, Afrique du Sud.
20. 4e partie. **Australie I.**
21. 5e partie. **Australie II.**

Avis important.

Les institutions juridiques qui ont apparu comme les plus parfaites au moment de leur mise en vigueur, vieillissent au fur et à mesure que se transforment les besoins des peuples et les conditions générales d'existence des civilisations. Aussi un ouvrage tel que celui que nous mettons en vente, constituerait-il une œuvre morte, s'il ne se renouvelait constamment par la reproduction des textes les plus récents. Nous en avons, en conséquence, prévu dès à présent la continuation par des suppléments annuels, que nos souscripteurs pourront se procurer moyennant un faible abonnement. Les *Lois Commerciales de l'Univers* se compléteront donc à mesure que le besoin s'en fera sentir par des *Archives Commerciales*, dont nous ferons connaître le plan dès l'achèvement de notre publication. Sept volumes, qui seront promptement suivis de plusieurs autres, sont actuellement en vente: les vol. IV, Brésil; VI, Chili et Paraguay; XIII, Costa-Rica, Honduras, Haïti, Panama; XXIII, Suède et Norvège; XXIV, Danemark; XXV, Etats Scandinaves; XXVIII, Pays-Bas et Colonies Néerlandaises; XXXIII, Hongrie, Croatie, Slavonie; XXXV, Russie, Pologne.

Liste des auteurs des Travaux originaux.

MM.

Aguirre (Carlos), Avocat à Mexico.
Allan (Murisan), Avocat à Penang (presqu'île de Malacca).
Astroem (A.), Docteur en droit, Avocat à Malmoe.
Azpuru (José), Avocat et notaire à Guatémala.
Baker (J. R.), Avocat, Washington.
Balliêre (Paul), Avocat.
Ballantine (H. W.), Avocat, Professeur de Jurisprudence, Missoula.
Baptista (Joseph), Avocat, Ancien Professeur de Jurisprudence à l'Ecole de Droit du Gouvernement Local, à Bombav.
Baty (Th.), Avocat à Londres.
Benito (Lorenzo), Docteur en droit, Professeur à l'Université de Droit Commercial à Barcelone, Avocat aux barreaux de Madrid et de Barcelone.
Berge (Stephen), Conseiller à la Cour d'Appel de Paris, Ancien Directeur de Sewier Judiciaire de la Tunisie.
Berro-Garcia (Ad.), Bachelier à Montévidéo.
Bitti (H.), Docteur en droit, Vice-Consul Impérial d'Allemagne à Constantinople.
Breit (James), Docteur en droit, Avocat-Avoué à Dresde.
Brodmann (E.), Conseiller au Tribunal de l'Empire de Leipzig.
Bustilio (Pedro-J.), Avocat à Tegucigalpa (Honduras).
Carpentier (André), Docteur en droit, Avocat à Lille.
Chichmanow (M. St.), Ancien Conseiller de Légation à l'Agence Diplomatique de Bulgarie à Vienne.
Chipman (Frank E.), Avocat, Boston.
Chung-Hui-Wang, Docteur en droit à Canton.
Cohn (Georges), Prof. de droit à l'Université de Zurich.
Crueger (H.), Professeur, Conseiller de Justice à Berlin-Westend.
Cueto (Le Professeur del), Doyen de la Faculté de Droit de La-Havane.
Cupowitch (Charles), Professeur de droit à l'Université d'Agram.
Daily Alves de Sa (Eduardo), Avocat à Lisbonne.
Devlin (R. Th.), Avocat, California.
Dimitriu (Basile), Professeur à l'Université de Jassy.
Diobouniotis (G.), Privat-Docent pour le Droit Commercial à l'Université d'Athènes.
Djurowitch (Mitar), Avocat à Cettigné.
Duchesne (Mlle.), Avocat à la Cour d'Appel de Paris.
Dumreicher (Le baron Frédéric de), Docteur en droit, Avocat à la Cour d'Appel mixte du Caire.
Engel II(C.), Docteur en droit, Conseiller de Justice à Berlin.
Felkner (Wladimir de), Conseiller aulique au Département Impérial russe des Finances, Berlin.
Fernandez-Pradel (Arturo), Avocat à Santiago (Chili).
Fiaischien (Georges), Docteur en droit, Conseiller à la Cour d'Appel de Bucarest.
Forke (A.), Docteur en droit, Professeur au Séminaire Oriental de Berlin.
Gane (Stégan), Docteur en droit, Avocat à Botosani (Roumanie).
Garcia-Acevedo (Daniel), Docteur en droit, Avocat à Montévidéo.
Georgewitch (André), Professeur à l'Ecole Royale Supérieure de Belgrade, Conseiller d'Etat en retraite du Royaume de Serbie.
Gertscher (Adalbert), Docteur en droit, Président de la Cour d'Appel de Trieste.
Giannini (Torquato-Carlo), Professeur à l'Ecole des Postes et Télégraphes de Rome.
Goldschmidt (Siegfried), Docteur en droit, Avocat-Avoué à Berlin.
Greenfield (James), Docteur en droit, à Tabriz.
Hamangiu (C.), Procureur-Général à la Cour d'Appel de Jassy.
Hambro (E.), Conseiller à la Cour Suprême de Christiania.
Hasselot, Traducteur juré près les tribunaux de Paris.
Hekmeijer (F.-C.), Président du Tribunal de la Haye.
Hennebicq (L.), Docteur en droit, Avocat à la Cour d'Appel de Bruxelles.
Horn (G.), Docteur en droit, Avocat à la Cour d'Appel de Paris.
Huberich (Ch.-H.), Docteur en droit, Conseiller ès-lois, Avocat à Berlin et à Paris, ancien Professeur à l'Université Leland-Stanford, à Palo-Alto (Californie).

MM.

Huss (Henri), Interprète de la Légation Impériale d'Allemagne à Bogota.
Huston (A.), Professeur de droit à l'Université Leland-Stanford, California.
Jaeger (E.), Docteur en droit, Professeur à l'Université de Leipzig.
Kallenberg (Ernst), Docteur en droit, Professeur à l'Université de Stockholm.
Kiser (Donald-J.), Conseiller ès-lois à Chicago.
Klibanski (Henri), Avocat-Avoué à Berlin.
Koenig (B. de), Conseiller intime de Légation en exercice, Berlin-Schlachtensee.
Koenige (H.), Conseiller au Tribunal de l'Empire, à Leipzig.
Kück (R.), Avocat-Avoué, Secrétaire de la Légation de la République Dominicaine, à Hambourg.
Lama (Miguel-Antonio de la), Juge à la Cour Militaire-Suprême à Lima (Pérou).
Langgard-Menezes (Rodrigo-Octavio de), Professeur titulaire à l'Université, Avocat à Rio-de-Janeiro.
Lara (Benigno), Docteur en droit, Membre de la Chambre des Députés de Bolivie, à la Paz.
Lee (R.-W.), Professeur de droit à l'Université d'Oxford.
Lehmann (Carl), Docteur en droit, Professeur de Droit à l'Université de Goettingen.
Lenoble, Avocat à la Cour d'Appel de Paris.
L'Evesque (Charles), Docteur en droit, Secrétaire de la Commission de Codification des Lois au Ministère de la Justice, à Bangkok.
Levy (Bela), Avocat-Avoué à Budapest.
Lichtenberger (J. B.), Avocat, Philadelphia.
Loenholm (L.), Professeur à l'Université Impériale de Tokio.
Magrath, Conseiller ès-lois à New York.
Mamelock (Arthur), Docteur en droit, Avocat-Avoué à Zurich.
Mandy (Georges A.), Docteur en droit des Paris, Avocat, Bucarest.
Mayer (P.), Docteur en droit, Consul Impérial d'Allemagne à Bilbao.
Mencos (Alberto), Professeur à l'Université de Guatémala.
Michaïlowitch (Stanoje), Docteur en droit, Attaché à la Légation serbe à Berlin.
Moore (W. U.), Professeur de droit, Madison.
McMurray (O. H.), Professeur de droit, Berkeley.
Padel (Wilhelm), Ancien Consul Impérial d'Allemagne et Directeur de la Banque Hypothécaire Egyptienne au Caire.
Paulian (André), Professeur à l'Ecole des Hauts-Etrades à Paris.
Pergament (J. J.), Bâtonnier de l'Ordre des Avocats à Odessa.
Philippi (Julio), Avocat à Santiago (Chili), Docteur en droit.
Poujol (Alex.), Juge au Tribunal Civil de Port-au-Prince (Haïti).
Quesada (Ernesto), Juge, Professeur aux Facultés de Droit de Buenos-Ayres, de la Plata, etc., Buenos-Ayres.
Regteren-Altena (Martinus van), Avocat à la Cour d'Appel d'Amsterdam.
Reuter (E.), Avocat à Luxembourg.
Ritter (C.), Conseiller à la Cour d'Appel de Hambourg.
Rivas (Angel-César), Docteur en droit, Avocat à Caracas, Ancien Professeur à l'Université.
Rodriguez (Clodomiro), Avocat, Docteur en droit à Assomption.
Rolland (le baron Hector de), Premier-Président de la Cour d'Appel de Monaco.
Rossi (Reyes-Arrieta-), Docteur en droit, Ancien Magistrat de la Cour Suprême, Professeur à l'Ecole de Droit de San-Salvador.
Salis (Louis-Rodolphe de), Docteur en droit, Professeur honoraire à l'Université de Berne, à Zurich.
Schreckenthal (Paul), Docteur en droit, Secrétaire au Ministère du Commerce et de l'Industrie, à Vienne.
Schuler (A.), Avocat à Assomption.
Senz (Albert), Secrétaire du Consulat à la Corogne (Espagne).
Sibley (N.-W.), Avocat à Liverpool.

MM.

Sievers (H.), Docteur en droit, Conseiller au Tribunal de l'Empire, à Leipzig.

Sommati di Mombello (le comte Louis), Docteur en droit, à Berlin.

Sraffa (Angelo), Professeur aux Universités de Parme et de Milan, à Milan.

Steinfuehrer (Karl), Drogman à la Légation d'Allemagne à Tanger.

Stewart Mac Cants (F.), Juge au Tribunal Suprême à Monrovia (Libéria).

Streit (Georges de), Avocat, Professeur à l'Université d'Athènes.

Subow (Pierre A.), Procureur-Général près la Cour d'Appel de Sofia.

MM.

Tybjerg (Erland), Docteur en droit, Assesseur au Tribunal Criminel de Copenhague.

Uribe (Antonio-José), Docteur en droit, Ancien Ministre d'Etat, Avocat et Professeur à la Faculté de Droit de Bogota.

Urrutia (Francisco-José), Avocat à Quito.

Vance (W. R.), Professeur de droit, New-Haven.

Verona (Anton), Docteur en droit, Conseiller à la Cour Suprême de Vienne.

Vrbanió (François), Docteur en droit, Professeur à l'Université d'Agram.

Yün-Ma, Docteur en droit, à Stanjan-Fou.

Zavadskij (A.-W.), Privat-Docent à l'Université de Kazan.

Zelaya (Ramon), Avocat, Consul-Général de Costa-Rica en Italie, à Gênes.

Liste des auteurs des Travaux originaux. (Suite.)

Prix de l'ouvrage complet en quarante volumes:

Broché . . . . 1720 fr.
Demi-reliure veau soignée avec coins 1800 fr.

Payables à raison de 43 Fr. le volume broché, ou de 45 Fr. le volume relié.

Chaque volume pris séparément:

Broché . . . . 52 fr.
Demi-reliure . . . . 55 fr.

Division de l'ouvrage: